Manual de fonética e fonologia da língua portuguesa

Escrito inteiramente em português, o *Manual de fonética e fonologia da língua portuguesa* é uma obra que abrange todos os aspectos fonéticos e fonológicos desse idioma, inclusive as questões de fonética acústica e auditiva, fonotática e traços suprassegmentais, que a maioria dos livros didáticos não aborda.

Neste livro, o estudante encontrará uma introdução detalhada e exata, mas acessível, à fonética e à fonologia da língua portuguesa. Inclui capítulos introdutórios que contextualizam essas disciplinas no campo geral da linguística e salientam o papel dos sons e sua representação na comunicação humana.

Principais características:
- Escrito por fonetistas qualificados e versados nas questões atuais da ciência fonética.
- Não é preciso já saber linguística, pois o livro expõe todos os termos e conceitos linguísticos necessários.
- Cada capítulo conta com um resumo, uma lista de conceitos e termos, perguntas de revisão e exercícios de pronúncia relevantes destinados à prática dos conselhos e sugestões específicos do capítulo.
- Os capítulos que abordam a produção física dos sons contêm seções de "Dicas Pedagógicas", "Conselhos Práticos" e "Exercícios de Pronúncia" que ligam a teoria aos aspectos práticos da boa pronúncia.
- Uma característica exclusiva deste livro é a exposição da fonética e fonologia das três principais normas cultas da língua portuguesa: a de São Paulo e do Rio de Janeiro para o português brasileiro (PB), e a de Lisboa para o português europeu (PE).
- Numerosas imagens, gráficos e tabelas para ilustrar claramente cada conceito.
- Recursos eletrônicos, disponíveis online nos materiais de *eResource*, com a pronúncia dos sons, frases e exercícios do livro.

O *Manual de fonética e fonologia da língua portuguesa* é uma introdução abrangente a esses campos, escrita de modo a ser clara e acessível aos estudantes de português em nível avançado, para ajudá-los a entender como melhorar a própria pronúncia. O livro é excelente também tanto para alunos de pós-graduação, como para professores, linguistas e profissionais de letras.

Willis C. Fails é professor associado de linguística das línguas portuguesa e espanhola da Universidade Brigham Young, EUA.

J. Halvor Clegg é professor associado *jubilado* de linguística e da língua espanhola da Universidade Brigham Young, EUA.

Manual de fonética e fonologia da língua portuguesa

Willis C. Fails

J. Halvor Clegg

LONDON AND NEW YORK

First published 2022
by Routledge
2 Park Square, Milton Park, Abingdon, Oxon OX14 4RN

and by Routledge
52 Vanderbilt Avenue, New York, NY 10017

Routledge is an imprint of the Taylor & Francis Group, an informa business.

© 2022 Willis C. Fails and J. Halvor Clegg

The right of Willis C. Fails and J. Halvor Clegg to be identified as author of this work has been asserted by them in accordance with sections 77 and 78 of the Copyright, Designs and Patents Act 1988.

All rights reserved. No part of this book may be reprinted or reproduced or utilised in any form or by any electronic, mechanical, or other means, now known or hereafter invented, including photocopying and recording, or in any information storage or retrieval system, without permission in writing from the publishers.

Trademark notice: Product or corporate names may be trademarks or registered trademarks, and are used only for identification and explanation without intent to infringe.

British Library Cataloguing-in-Publication Data
A catalogue record for this book is available from the British Library

Library of Congress Cataloging-in-Publication Data
A catalog record has been requested for this book

ISBN: 978-0-367-17990-8 (hbk)
ISBN: 978-0-367-17991-5 (pbk)
ISBN: 978-0-429-05893-6 (ebk)
DOI: 10.4324/9780429058936

Typeset in Minion Pro
by Willis C. Fails

Publisher's note
This book has been prepared from camera-ready copy provided by the authors.

The *eResource* material for this book is available at:
www.routledge.com/9780367179915

Dedicatória e agradecimentos

Este livro é dedicado a todos os que esperam sua publicação há tantos anos: a nossos professores, que nos iluminaram, como também a nossos alunos, que nos brindaram a oportunidade de ensinar os princípios aqui apresentados. Agradecemos também as recomendações e a ajuda de nossos colegas, em especial a ajuda de Kent Minson que nos ajudou na composição tipográfica. Expressamos nossa gratidão a Jenna Barton, nossa artista, por suas excelentes ilustrações, como também a J. Scott Miller, o diretor de nossa faculdade por seu apoio moral e financeiro. Sobretudo dedicamos o livro a nossas esposas, Simone e Miriam, que com tanta paciência e carinho nos apoiaram neste projeto. Expressamos a nossa imensa gratidão a Simone que com tanta boa vontade, longanimidade e perícia revisou todo o texto do livro, não obstante, quaisquer erros ainda existentes são nossos.

Índice geral

Dedicatória e agradecimentos v
Lista de figuras e tabelas xix
Prólogo xxxi

Seção I: Introdução 1

Capítulo 1: A comunicação humana 3
O indivíduo e a sociedade 3
A comunicação verbal e a comunicação não verbal 3
    A comunicação não verbal 3
    A comunicação verbal 5
A codificação e a decodificação 6
As habilidades utilizadas na comunicação verbal 7
Resumo 8
Perguntas de revisão 9
Conceitos e termos 9
Recursos eletrônicos 10
Leituras suplementares 10

Capítulo 2: A linguística 11
A linguagem 11
O signo linguístico 12
A codificação de uma mensagem 14
Os campos básicos da linguística 15
    A semântica 15
    A sintaxe 17
    A morfologia 21
    A fonética e a fonologia 24
Os ramos secundários da linguística — outras perspectivas 25
Resumo 26
Conceitos e termos 26
Perguntas de revisão 27
Leituras suplementares 27

Capítulo 3: A fonética e a fonologia 29
A fonética 29
    O som no ato de comunicação 29
    O som na cadeia fônica 30
A fonologia 33
    As relações entre fonemas: a oposição 33
    As relações entre fonemas e alofones: a distribuição 34
    O posicionamento e as sequências de fonemas: a fonotática 34
Resumo: a fonética em contraste com a fonologia 35
Conceitos e termos 36
Perguntas de revisão 36
Leituras suplementares 36

Capítulo 4: Sistemas de escrita 37
A pré-escrita 37
    Os desenhos 37
    Os pictogramas 38

Índice geral

       Os ideogramas 38
   Os sistemas plenos de escrita 39
       A escrita logográfica 39
       A escrita silábica 42
       A escrita consonantal 44
       A escrita alfabética 46
       Combinações de sistemas de escrita 49
   Os sistemas fonológicos e ortográficos 49
   O alfabeto fonético 51
   Resumo 52
   Perguntas de revisão 54
   Recursos eletrônicos 54
   Conceitos e termos 55
   Leituras suplementares 55

Seção II: A fonética 57

Capítulo 5: A fonética articulatória 59

   A produção fisiológica da fala 59
       O sistema nervoso 59
       Os órgãos e cavidades infraglóticos 59
       A laringe 62
       As cavidades supraglóticas 66
   A descrição dos sons 69
       Comparação entre consoantes e vogais 69
       A classificação das consoantes 69
       A classificação das vogais 73
       A transcrição fonética 74
   Os processos fonéticos 74
       Dois princípios gerais que governam os processos fonéticos 75
       A coarticulação/assimilação 75
   Resumo 78
   Conceitos e termos 81
   Perguntas de revisão 82
   Recursos eletrônicos 82
   Leituras suplementares 83

Capítulo 6: A fonética acústica 85

   O conceito geral de onda 85
       As propriedades das ondas 86
       As ondas simples e complexas 87
       As ondas harmônicas e inarmônicas 87
   A onda sonora 87
       As propriedades das ondas sonoras harmônicas 89
       As ondas sonoras harmônicas na música e na fala 91
       As ondas sonoras inarmônicas na música e na fala 93
   A análise instrumental da onda sonora 94
       A forma de onda 94
       O sonograma 95
       A seção espectrográfica 97
       A amplitude e o tom fundamental 98
       A interpretação de sonogramas 99
   Resumo 104

    Perguntas de revisão. 107
    Conceitos e termos 108
    Recursos eletrônicos 109

Capítulo 7: A fonética auditiva 111
    A audição: a recepção da onda sonora 111
        O ouvido externo 111
        O ouvido médio 112
        O ouvido interno 113
        O sistema nervoso auditivo 114
    Percepção: a interpretação da onda sonora 115
        Categorização dos sons 116
        A percepção dos elementos suprassegmentais 118
        Outros fatores na percepção da fala 118
        Teorias gerais e incógnitas sobre a percepção 120
    Resumo. 120
    Perguntas de revisão 122
    Conceitos e termos 122

Seção III: A fonologia   123

Capítulo 8: A relação entre fonemas: a oposição e a neutralização . . . 125
    A oposição entre fonemas 126
        O fonema, o par mínimo, a oposição e traços distintivos 126
        Os fonemas do português. 128
    A neutralização 133
    Número e frequência dos fonemas do português 137
        A frequência dos fonemas do português 137
    Resumo. 139
    Perguntas de revisão 141
    Conceitos e termos 142
    Exercícios de transcrição 142
    Recursos eletrônicos 143

Capítulo 9: A relação entre fonemas e alofones: a distribuição 145
    A distribuição 145
        A distribuição única 147
        A distribuição complementar 148
        A distribuição livre 153
        A distribuição mista 153
    Aplicação prática 154
    A transcrição fonética 155
    Resumo. 155
    Perguntas de revisão 156
    Exercícios de transcrição 156
    Conceitos e termos 157
    Recursos eletrônicos 159

Capítulo 10: O posicionamento e a sequência de fonemas: a fonotática 163
    A sílaba. 163
    Os fonemas e suas posições fonotáticas 164
        Os fonemas consonantais na fonotática 164
        Os fonemas vocálicos na fonotática 166
    As posições fonotáticas na sílaba e palavra 168
        O núcleo silábico 168

O ataque silábico interior de palavra................... 168
A coda silábica interior de palavra.................... 168
A posição inicial de palavra......................... 169
A posição final de palavra.......................... 169
Sequências de fonemas................................ 169
Encontros vocálicos.............................. 169
Encontros consonantais............................ 169
Encontros mistos................................ 171
Restrições fonotáticas na formação de palavras.................. 171
Resumo.. 172
Conceitos e termos................................. 174
Perguntas de revisão................................ 174
Recursos eletrônicos................................ 176

Seção IV: Os fonemas vocálicos e seus sons........ **177**
Capítulo 11: Os sistemas vocálicos do português e do inglês......179
Características das vogais em geral....................... 179
A classificação fonológica e fonética das vogais................. 180
Os traços fonológicos dos fonemas vocálicos................ 180
Os traços fonéticos dos alofones vocálicos................. 180
Comparação entre o sistema vocálico do português e o do inglês........... 183
Comparação entre o ataque e a cessação vocálicos................. 183
O ataque vocálico............................... 184
A cessação vocálica.............................. 184
A comparação entre os sistemas vocálicos tônicos do português e do inglês.... 185
O sistema fonológico das vogais tônicas do português............. 185
O sistema fonológico das vogais tônicas do inglês.............. 186
A comparação entre os sistemas vocálicos átonos do português e do inglês.... 190
A redução no sistema das vogais átonas no português do Brasil......... 190
A redução no sistema das vogais átonas no português europeu......... 191
A não redução vocálica de [ɛ a ɔ] em posição átona no português europeu.. 191
O sistema fonológico das vogais átonas do inglês............... 193
Contrastes entre os sistemas vocálicos do português e do inglês........... 195
Ataque e cessação vocálicos......................... 195
Os sistemas vocálicos segundo sua tonicidade................ 195
As vogais em posição tônica......................... 197
Os ditongos.................................. 199
As vogais em posição átona......................... 199
Pontos essenciais............................... 200
Resumo.. 201
Perguntas de revisão................................ 202
Recursos eletrônicos................................ 203
Conceitos e termos................................. 203
Capítulo 12: Os fonemas vocálicos.........................205
O fonema /i/.................................... 206
A distribuição do fonema /i/ no Brasil.................... 206
A distribuição do fonema /i/ em Portugal.................. 207
Comparação entre os alofones do fonema /i/ no Brasil e em Portugal..... 208
A fonética do alofone [i]........................... 208
A fonética do alofone [ɨ]........................... 209
A fonética dos alofones [j], [i̯] e [ĩ]..................... 210

    Dicas pedagógicas 210
    Conselhos práticos. 212
O fonema /u/ 212
    A distribuição do fonema /u/ no Brasil. 213
    A distribuição do fonema /u/ em Portugal 213
    Comparação entre os alofones do fonema /u/ no Brasil e em Portugal 214
    A fonética do alofone [u] 214
    A fonética dos alofones [w], [u̯] e [ũ] 215
    Dicas pedagógicas 215
    Conselhos práticos 217
O fonema /e/ 217
    A distribuição do fonema /e/ no Brasil. 217
    A distribuição do fonema /e/ em Portugal 218
    Comparação entre os alofones do fonema /e/ no Brasil e em Portugal 219
    A fonética do alofone [e] 219
    A fonética do alofone [ɐ] 220
    A fonética dos alofones [ɨ], [j], [i̯] e [ẽ] 221
    Variação dialetal 221
    Dicas pedagógicas 222
    Conselhos práticos 222
O fonema /o/ 223
    A distribuição do fonema /o/ no Brasil. 223
    A distribuição do fonema /o/ em Portugal 224
    Comparação entre os alofones do fonema /o/ no Brasil e em Portugal 225
    A fonética do alofone [o] 225
    A fonética dos alofones [u], [w], [u̯] e [õ] 225
    Variação dialetal 225
    Dicas pedagógicas 226
    Conselhos práticos. 227
O fonema /ɛ/ 228
    A distribuição do fonema /ɛ/ no Brasil. 228
    A distribuição do fonema /ɛ/ em Portugal 228
    Comparação entre os alofones do fonema /ɛ/ no Brasil e em Portugal 228
    A fonética do alofone [ɛ] 228
    A fonética do alofone [ɐ] 230
    Dicas pedagógicas 230
    Conselhos práticos 231
O fonema /ɔ/ 231
    A distribuição do fonema /ɔ/ no Brasil. 231
    A distribuição do fonema /ɔ/ em Portugal 231
    Comparação entre os alofones do fonema /ɔ/ no Brasil e em Portugal 232
    A fonética do alofone [ɔ] 232
    Dicas pedagógicas 232
    Conselhos práticos. 234
O fonema /a/ 234
    A distribuição do fonema /a/ no Brasil. 234
    A distribuição do fonema /a/ em Portugal 235
    Comparação entre os alofones do fonema /a/ no Brasil e em Portugal 236
    A fonética do alofone [a] 236
    A fonética dos alofones [ɐ] e [ɐ̃] 236
    Dicas pedagógicas 236
    Conselhos práticos. 238

Os alofones vocálicos oronasais e nasalizados 238
Os alofones vocálicos ensurdecidos 239
Conceitos e termos 240
Resumo 240
Perguntas de revisão 242
Exercícios de pronúncia 242
Recursos eletrônicos 244

Capítulo 13: As vogais meio-abertas e meio-fechadas 247
A fonologia das vogais médias 247
A fonética das vogais médias 248
    As vogais [e] e [ɛ] 248
    As vogais [o] e [ɔ] 249
A ortografia das vogais médias 250
Dicas e alternâncias referentes às vogais médias 251
    As vogais médias nos substantivos 252
    As vogais médias nos verbos 253
    As vogais médias nos adjetivos 258
    As vogais médias nos pronomes 259
    As vogais médias nos determinantes 260
    As vogais médias nos advérbios 261
    As vogais médias nas preposições 261
Outros exemplos de contraste 261
Considerações dialetais quanto às vogais médias 262
Alguns recursos úteis 263
Resumo 263
Perguntas de revisão 264
Conceitos e termos 266
Exercícios de pronúncia 266
Recursos eletrônicos 266

Capítulo 14: Encontros vocálicos 269
A fusão vocálica 269
    Vogais homólogas entre palavras 269
    Vogais homólogas entre morfemas da mesma palavra 272
    Vogais homólogas dentro de um radical 273
    Vogais heterólogas entre palavras com a primeira terminada em /a/ átona . . 273
    Contrações entre preposições e determinantes 273
    Dicas pedagógicas 274
    Conselhos práticos 275
Ditongos e tritongos 275
    Ditongos crescentes 276
    Ditongos decrescentes 278
    Tritongos 279
    Considerações fonológicas 282
    Variação dialetal 283
    Dicas pedagógicas 284
    Conselhos práticos 287
Sinérese e sinalefa 288
    Dicas pedagógicas 289
    Conselhos práticos 290
Hiato 290
    Dicas pedagógicas 291
    Conselhos práticos 291

Resumo... 292
    A fusão vocálica............................. 293
    Os ditongos e tritongos...................... 294
    A sinérese/sinalefa.......................... 294
    Hiato....................................... 294
    Contrastes entre as soluções fonéticas....... 295
Conceitos e termos............................... 295
Perguntas de revisão............................. 296
Exercícios de pronúncia.......................... 297
Recursos eletrônicos............................. 299

Capítulo 15: A nasalização vocálica 301
A fonologia da nasalização vocálica.............. 301
    A natureza da nasalização vocálica........... 301
    Dois tipos de nasalização vocálica........... 303
    As vogais oronasais.......................... 303
    As vogais nasalizadas........................ 308
    Alternâncias morfológicas.................... 309
A fonética das vogais oronasais e nasalizadas.... 311
    O grau de nasalização........................ 312
    Alongamento vocálico das vogais oronasais.... 316
Nasalização das vogais simples................... 317
    A vogal [ĩ].................................. 317
    A vogal [ũ].................................. 319
    A vogal [ẽ].................................. 320
    A vogal [õ].................................. 321
    A vogal [ɐ̃].................................. 321
    Dicas pedagógicas............................ 322
    Conselhos práticos........................... 323
Nasalização dos ditongos......................... 323
    O ditongo [ẽũ̯]............................... 323
    O ditongo [ẽĩ̯]............................... 324
    O ditongo [oĩ̯]............................... 324
    O ditongo [ũĩ̯]............................... 324
    O ditongo [ɐ̃ĩ̯]............................... 325
    Dicas pedagógicas............................ 325
    Conselhos práticos........................... 326
Resumo... 326
Perguntas de revisão............................. 327
Conceitos e termos............................... 327
Exercícios de pronúncia.......................... 328
Recursos eletrônicos............................. 329

Seção V: Os fonemas consonantais e seus sons 331
Capítulo 16: Os fonemas oclusivos 333
Características gerais dos fonemas oclusivos..... 333
    A oposição entre os fonemas oclusivos........ 333
    A fonotática dos fonemas oclusivos........... 333
    A distribuição alofônica dos fonemas oclusivos.. 335
Caraterísticas gerais dos alofones oclusivos..... 335
    O modo de articulação........................ 336
    O ponto de articulação....................... 336

O estado das cordas vocais	336
Caraterísticas gerais dos alofones africados	340
O modo de articulação	340
O ponto de articulação e o estado das cordas vocais	341
Os fonemas oclusivos	341
O fonema /p/	341
O fonema /t/	344
O fonema /k/	350
O fonema /b/	353
O fonema /d/	355
O fonema /g/	360
Resumo	363
Perguntas de revisão	364
Exercícios de pronúncia	365
Conceitos e termos	365
Recursos eletrônicos	367

Capítulo 17: Os fonemas fricativos 369

Características gerais dos fonemas fricativos	369
A oposição entre os fonemas fricativos	369
A distribuição alofônica dos fonemas fricativos	369
A fonotática dos fonemas fricativos	370
A neutralização e os fonemas fricativos	370
Características gerais dos alofones fricativos	371
O modo de articulação	371
O ponto de articulação	371
O estado das cordas vocais	372
Os fonemas fricativos	372
O fonema /f/	372
O fonema /v/	373
O fonema /s/	375
O fonema /z/	377
O arquifonema /S/	379
O fonema /ʃ/	382
O fonema /ʒ/	384
O grafema {x}	385
Resumo	386
Perguntas de revisão	387
Exercícios de pronúncia	387
Conceitos e termos	387
Recursos eletrônicos	389

Capítulo 18: Os fonemas nasais 391

Características gerais dos fonemas nasais	391
A oposição entre os fonemas nasais	391
A distribuição alofônica dos fonemas nasais	391
A fonotática dos fonemas nasais	391
Características gerais dos alofones nasais	392
O modo de articulação	392
O ponto de articulação	393
O estado das cordas vocais	393
Os fonemas nasais	393
O fonema /m/	393
O fonema /n/	395

O fonema /ɲ/.. 397
O arquifonema /N/... 400
   A fonologia do arquifonema /N/............................. 400
   O arquifonema /N/ diante de consoantes...................... 401
   O arquifonema /N/ em posição final de palavra ou grupo fônico 408
Resumo.. 408
Conceitos e termos... 409
Perguntas de revisão 410
Exercícios de pronúncia 410
Recursos eletrônicos 411

Capítulo 19: Os fonemas laterais e vibrantes 413

Características gerais dos fonemas laterais..................... 413
   A oposição entre os fonemas laterais 413
   A distribuição alofônica dos fonemas laterais 413
   A fonotática dos fonemas laterais 413
Características gerais dos alofones laterais.................... 413
   O modo de articulação 413
   O ponto de articulação 414
   O estado das cordas vocais 414
Os fonemas laterais.. 414
   O fonema /l/.. 414
   O fonema /ʎ/.. 422
Características gerais dos fonemas vibrantes................... 425
   A oposição entre os fonemas vibrantes 425
   A distribuição alofônica dos fonemas vibrantes 425
   A fonotática dos fonemas vibrantes 425
Características gerais dos alofones vibrantes.................. 426
   O modo de articulação 426
   O ponto de articulação 426
   O estado das cordas vocais 427
Os fonemas vibrantes... 427
   O fonema /ɾ/.. 427
   O fonema /r/.. 430
O arquifonema /R/.. 438
   A fonologia do arquifonema /R/.............................. 438
Resumo.. 441
   Os fonemas laterais 441
   Os fonemas vibrantes 442
Perguntas de revisão... 442
Exercícios de pronúncia.. 443
Conceitos e termos... 443
Recursos eletrônicos 444

Capítulo 20: Encontros consonantais......................... 447

Encontros de consoantes homólogas.............................. 447
   Encontros homólogos com o fonema /l/ 447
   Encontros homólogos com o arquifonema /S/ 448
   Encontros homólogos com o arquifonema /N/ 450
   Encontros homólogos com o arquifonema /R/................... 450
Encontros consonantais tautossilábicos......................... 451
   Encontros tautossilábicos consonantais no ataque 451
   Encontros tautossilábicos consonantais na coda 452
Encontros consonantais heterossilábicos........................ 453

Encontros heterossilábicos consonantais na mesma palavra 453
Encontros consonantais entre palavras 460
Resumo. 460
Perguntas de revisão 460
Exercícios de pronúncia 461
Conceitos e termos 461
Recursos eletrônicos 463

Seção VI: Os elementos suprassegmentais 465
Capítulo 21: A sílaba e a silabação 467
Problemas na definição da sílaba 467
A definição fonológica da sílaba 467
A definição fonética da sílaba 468
A definição ortográfica da sílaba 470
Os elementos da sílaba do português 470
O ataque silábico 470
O núcleo silábico 472
A coda silábica 472
A categorização das sílabas 473
As formas silábicas canônicas do português e do inglês 473
As estruturas silábicas do português 474
A silabação 474
Regras gerais da silabação 475
A silabação fonética 476
A silabação ortográfica 478
Dicas pedagógicas 478
Conselhos práticos 482
Resumo. 482
Perguntas de revisão 483
Conceitos e termos 484
Exercícios de pronúncia 484
Recursos eletrônicos 485

Capítulo 22: A tonicidade ou acento fonético 487
Considerações teóricas de tonicidade 487
Aspectos acústicos da onda sonora que indicam a tonicidade 487
A tonicidade em português e inglês 488
O timbre como indicador de tonicidade 488
A duração como indicador de tonicidade 489
O tom como indicador de tonicidade 493
A intensidade como indicador de tonicidade 495
Comparação dos indicadores de tonicidade 497
Resumo dos indicadores de tonicidade 500
A posição da sílaba tônica 502
Tipologia do acento 502
Posição da sílaba tônica 502
Variabilidade na posição da sílaba tônica 503
Palavras tônicas e palavras átonas em português 504
Categorias de palavras tônicas 504
Categorias com palavras tônicas e palavras átonas 504
Palavras com duas sílabas tônicas 508
O acento ortográfico 509

O acento ortográfico na escrita. 509
O acento ortográfico na leitura. 512
Outros sinais diacríticos 513
Dicas pedagógicas. 514
   Os indicadores do acento 514
   A posição da sílaba tônica em português 514
   Palavras tônicas e átonas em português 514
   O acento ortográfico e outros sinais diacríticos 514
Conselhos práticos 514
   Os indicadores de acento 514
   A posição da sílaba tônica em português 515
   Palavras tônicas e átonas em português 515
   O acento ortográfico. 515
Resumo. 515
   Os indicadores de acento 515
   A posição da sílaba tônica em português 515
   Palavras tônicas e átonas em português 515
   O acento ortográfico. 516
Perguntas de revisão 516
Conceitos e termos 517
Exercícios de pronúncia 518
Recursos eletrônicos 518

Capítulo 23: A duração, o ritmo e a ênfase 521

A duração segmental 521
   A duração vocálica 521
   A duração consonantal 522
   Dicas pedagógicas 523
   Conselhos práticos 524
A duração silábica 524
   O efeito da composição da sílaba na duração 524
   O efeito da tonicidade na duração 524
   O efeito da posição da sílaba no grupo fônico 524
   Dicas pedagógicas 525
   Conselhos práticos 525
O ritmo. 525
   O ritmo na poesia 525
   O ritmo do inglês 527
   O ritmo do português 527
   O contraste entre os dois sistemas rítmicos 528
   Dicas pedagógicas 528
   Conselhos práticos 528
A ênfase ou foco contrastivo 528
   Elementos linguísticos que podem ser enfatizados 529
   Recursos linguísticos empregados para indicar os elementos focalizados 530
   Dicas pedagógicas 534
   Conselhos práticos 534
Resumo 534
Perguntas de revisão 535
Conceitos e termos 536
Exercícios de pronúncia 536
Recursos eletrônicos 537

Capítulo 24: A entonação .539
Sirremas, fronteiras entonacionais e grupos fônicos . 540
- O sirrema . 540
- A fronteira entonacional . 542
- O grupo fônico . 543

A representação de tom no grupo fônico . 546
- A entonação em âmbito fonológico e fonético . 547
- Níveis tonais na fala . 547
- Métodos de representação da entonação . 548
- O tonema . 551

Os padrões de entonação do português . 551
- As frases declarativas . 552
- As orações interrogativas . 555
- As orações imperativas . 559
- As expressões exclamativas . 559

Notas dialetais . 559
Dicas pedagógicas . 560
Conselhos práticos . 560
Resumo . 561
Conceitos e termos . 564
Perguntas de revisão . 565
Exercícios de pronúncia . 566
Recursos eletrônicos . 566

Apêndice . **569**

Índice remissivo . **577**

Lista de figuras e tabelas

Seção I: Introdução
Capítulo 1: A comunicação humana
1.1 Os seres humanos comunicam-se pela seleção de roupas, etc. 4
1.2 A bandeira é um símbolo de uma nação ou do que é pertencente a ela. 5
1.3 Gráfico circular dá uma representação visual da porcentagem de falantes nativos de português provenientes dos diferentes países de fala portuguesa.. 5
1.4 O modelo de comunicação. 6
1.5 As habilidades necessárias para codificar e decodificar mensagens pelas três vias de comunicação verbal. 7
1.6 As duas modalidades de comunicação efetuam-se mediante três veículos distintos. . . . 9

Capítulo 2: A linguística
2.1 Significado em âmbito de língua (imagem mental) e em âmbito de fala (manifestação física). 13
2.2 Significante em âmbito de língua (imagem mental) e em âmbito de fala (representação física). 13
2.3 As relações entre os conceitos de significado e significante em âmbito de língua e fala. . . 13
2.4 O conceito da posição relativa entre o giz e a mesa. 14
2.5 A estrutura de "Minha irmã comprou uma casa nova na floresta, a qual meu tio construiu". 19
2.6 A regra transformativa para a voz passiva. 20
2.7 A distinção entre os dois tipos de regras sintáticas e os níveis sintáticos que produzem. . . 21
2.8 Distinções entre os afixos derivacionais e flexionais. 22
2.9 Os campos de estudo da linguística. 27

Capítulo 3: A fonética e a fonologia
3.1 A articulação de [f]. 29
3.2 O traço da forma de onda para os sons [f] e [a] do português.. 30
3.3 Entre as fases tensivas dos sons encadeados criam-se transições com a distensão de um som e a intensão do seguinte. 32
3.4 Comparação entre a fonética e a fonologia. 35

Capítulo 4: Sistemas de escrita
4.1 O significante da via oral e da via escrita. 37
4.2 Um cavalo desenhado numa pedra ao ar livre no vale do Côa. 38
4.3 Pictograma de uma cerâmica de Líria, província de Valência, Espanha. 38
4.4 A escrita mesopotâmica evoluiu dos pictogramas e ideogramas a logogramas. 40
4.5 O significado do caractere fonológico 方 fang [fɑ̃ŋ] varia segundo determinativos semânticos. 41
4.6 O significado e o valor fonético do caractere 人 ren [zɛn] variam segundo determinativos fonológicos. 42
4.7 O texto de uma carja em romance escrita no alfabeto consonantal árabe por Al-Aʿmāal-Tuṭīlī. 45
4.8 O alfabeto grego clássico consistia em 24 letras. 46
4.9 O russo é um idioma eslavo cujo alfabeto cirílico atualmente é composto por 33 letras. . . 47
4.10 Os tipos de falta de correspondência exata entre fonema e letra que existem em português. 50
4.11 O grafema em cada tipo de sistema de escrita.. 53
4.12 Distinções básicas entre grafemas, fonemas e alofones. 53

Seção II: A fonética
Capítulo 5: A fonética articulatória
5.1 Localização dos órgãos fonadores. 59
5.2 As principais zonas do cérebro em relação à produção da fala. 60
5.3 Os órgãos fonadores infraglóticos. 60
5.4 A respiração ocorre em duas fases — a inspiração e a expiração. 61

5.5 A respiração: porcentagem de tempo dedicado à fase de inspiração e à fase de expiração. . 61
5.6 A porcentagem da capacidade vital dos pulmões que se emprega na respiração. . . . 62
5.7 A estrutura anatômica da laringe. 62
5.8 Vista longitudinal recortada da laringe. 63
5.9 Os estados da glote. 64
5.10 Fotografias dos distintos estados das cordas vocais extraídas de vídeo em alta velocidade. . 64
5.11 Quando se sopra por entre duas papeletas, a pressão de ar entre elas diminui, criando uma força atrativa entre elas. 65
5.12 O ar, ao passar pelo estreitamento entre as cordas vocais, acerela-se, criando uma força atrativa entre elas. 66
5.13 Um ciclo vibratório das cordas vocais durante a produção da vogal [i]. 66
5.14 Recorte esquemático das cordas vocais durante um ciclo vibratório. 66
5.15 Recorte da cabeça mostrando as três cavidades supraglóticas. 67
5.16 A produção dos sons orais com o véu palatino aderido à parede faríngea. 67
5.17 A produção dos sons nasais e oronasais com o véu palatino separado da parede faríngea. . 67
5.18 Os órgãos articulatórios supraglóticos. 68
5.19 Os pontos de articulação das consoantes do português. 71
5.20 Quadro fonético das consoantes do português. 72
5.21 Quadro fonético das vogais do português. 74
5.22 A pronúncia da palavra {asno}, com o alofone sonoro [z] diante da consoante sonora [n]. . 75
5.23 A coarticulação antecipatória. 76
5.24 A coarticulação perseveratória. 76
5.25 A coarticulação recíproca. 77
5.26 A coarticulação convergente. 77
5.27 Tipos de movimentos das cordas vocais. 78
5.28 A interação entre as cavidades oral e nasal. 79
5.29 As consoantes em contraste com as vogais. 79
5.30 A coarticulação/assimilação. 80

Capítulo 6: A fonética acústica
6.1 Uma onda ao longo de uma corda. 85
6.2 Umas ondas numa poça de água. 85
6.3 O movimento físico do pêndulo e a representação gráfica de seu movimento através do tempo. 86
6.4 Forma de onda de três ciclos de uma onda senoidal, indicando a amplitude e o período. . 86
6.5 A soma de ondas simples para formar uma onda complexa. 87
6.6 Três ciclos de uma onda composta harmônica. 88
6.7 As ondas inarmônicas não têm nenhum padrão repetido ao longo do tempo. 88
6.8 Movimento de uma molécula na propagação microscópica de uma onda sonora. . . . 88
6.9 Fases de compressão e rarefação da propagação macroscópica da onda sonora. 89
6.10 A forma de onda da vogal [a] pronunciada com volume baixo e alto. 89
6.11 A forma de onda da vogal [a] pronunciada em tom baixo e alto. 90
6.12 A forma de onda da vogal [a] e da vogal [e] pronunciadas com o mesmo tom e volume. . 90
6.13 A forma de onda da vogal [a] (curta) e da vogal [aː] (alongada). 91
6.14 A forma de onda de cinco instrumentos musicais e de cinco vogais portuguesas [i e a o u]. 92
6.15 A onda complexa é a soma do tom fundamental (x) e dos harmônicos (2x, 3x, 4x, etc.). . 92
6.16 As formas de onda das consoantes [f] e [s] são inarmônicas, sem padrão repetido. . . . 93
6.17 As formas de uma onda harmônica, de uma quase-harmônica e de uma inarmônica. . . 94
6.18 O sonograma de banda estreita da vogal [a] produzida em tom grave e tom agudo. . . . 96
6.19 O sonograma de banda larga da vogal [a] produzida em tom grave e tom agudo. 97
6.20 Uma seção espectrográfica de um momento específico do sonograma. 98
6.21 A forma de onda da oração "A fonética acústica é fascinante". 98
6.22 Sonogramas de banda larga da onda inarmônica da consoante [s] com a onda harmônica das sete vogais do português. 99

6.23 Sonogramas de banda larga das consoantes sonoras [l], [n] e [z]. 100
6.24 Representação esquemática do primeiro e segundo formantes das vogais portuguesas. . . 100
6.25 Gráfico das vogais portuguesas posicionadas pelo valores do primeiro e segundo formantes. 101
6.26 Sonograma de banda larga indicando os distintos modos de articulação das consoantes do português. 101
6.27 Sonograma de banda estreita com as transições vocálicas antes e depois das oclusivas. . . 102
6.28 Sonograma de banda estreita com as transições vocálicas antes e depois das fricativas. . . 103
6.29 Sonograma de banda larga mostrando a diferença entre os sons surdos e sonoros. 103
6.30 Sonograma de banda larga da oração "De músico, poeta e louco, todos temos um pouco". 104
6.31 Tipos de ondas.. 105
6.32 Correlação perceptiva das propriedades físicas da onda. 105
6.33 Os diferentes métodos de análise da onda sonora. 106
6.34 Como medir F_0, F_1 e F_2 num sonograma de banda larga. 107
6.35 Como identificar as consoantes no sonograma. 108

Capítulo 7: A fonética auditiva
7.1 As regiões principais do ouvido. 111
7.2 Os componentes principais do ouvido externo. 112
7.3 Os componentes principais do ouvido médio. 112
7.4 Os componentes principais do ouvido interno. 113
7.5 Corte transversal parcial do caracol da cóclea e representação da cóclea desenrolada. . . 114
7.6 Corte transversal de uma volta do caracol da cóclea e corte transversal ampliado da escala média. 114
7.7 Representação esquemática das frequências em hertz reconhecidas pela membrana basilar. 115
7.8 Trajetória dos impulsos acústico-nervais da cóclea até à área de Wernicke. 115
7.9 O cérebro, com as zonas referentes à análise linguística da onda sonora. 115
7.10 Gráfico de várias produções das vogais portuguesas. 117
7.11 Sonogramas de uma oração produzida ao vivo e transmitida por telefone. 119
7.12 Os componentes do sistema de audição. 121
7.13 O processo de categorização dos sons. 121

Seção III: A fonologia
Capítulo 8: A relação entre fonemas: a oposição e a neutralização
8.1 Os fonemas que se contrastam podem aparecer em qualquer posição da palavra ou sequência. 127
8.2 O quadro das consoantes do português com os fonemas circulados. 128
8.3 Oposições consonantais baseadas no modo de articulação. 129
8.4 Oposições consonantais baseadas no ponto de articulação. 130
8.5 Oposições consonantais baseadas no estado das cordas vocais. 131
8.6 O quadro das vogais do português com os fonemas circulados. 131
8.7 Oposições vocálicas baseadas no modo de articulação. 132
8.8 Oposições vocálicas baseadas no ponto de articulação. 132
8.9 Oposições com o fonema /a/. 132
8.10 Oposição entre /m/, /n/ e /ɲ/ em posição inicial de sílaba. 133
8.11 A transcrição fonética e a fonológica das consoantes nasais em posição final de sílaba. . . 134
8.12 O comportamento dos fonemas nasais depende da posição silábica em que aparecem. . . 134
8.13 No par mínimo [káro] [káɾo], as vibrantes estão em posição inicial de sílaba interior de palavra. 135
8.14 A transcrição fonética e a fonológica das consoantes vibrantes em posição final de sílaba. . 135
8.15 O comportamento dos fonemas vibrantes depende da posição silábica em que aparecem. 135
8.16 Oposição entre /s/ e /z/ em posição inicial de sílaba. 136
8.17 A transcrição fonética e a fonológica das consoantes fricativas alveolares em posição final de sílaba. 136
8.18 O comportamento dos fonemas fricativos alveolares depende da posição silábica. 137
8.19 A frequência dos fonemas do português. 138

8.20 A frequência relativa entre vogais e consoantes. 139
8.21 A frequência relativa dos fonemas vocálicos. 139
8.22 A frequência de ocorrência das consoantes por modo de articulação. 140
8.23 A frequência de ocorrência das consoantes por ponto de articulação. 140
8.24 A frequência de ocorrência das consoantes por estado das cordas vocais. 140
8.25 O contraste entre a oposição e a neutralização. 141
8.26 Um trecho ortográfico com sua transcrição fonológica. 142

Capítulo 9: A relação entre fonemas e alofones: a distribuição
9.1 O modelo da sílaba. 145
9.2 Convenções de notação linguística empregadas na representação das regras de distribuição. 146
9.3 Fonemas com distribuição única. 147
9.4 Fonemas com distribuição complementar. 148
9.5 Os quatro tipos de relações entre o fonema ou arquifonema e seus alofones. 157
9.6 Os símbolos e abreviaturas usados na especificação das regras fonéticas. 157
9.7 Regras de distribuição dos fonemas consonantais. 158
9.8 Regras de distribuição dos arquifonemas consonantais. 159
9.9 As regras de distribuição dos fonemas vocálicos. 160
9.10 Um trecho ortográfico com sua transcrição fonética. 161

Capítulo 10: O posicionamento e a sequência de fonemas: a fonotática
10.1 Exemplos de convenções empregadas para indicar as posições em que os fonemas aparecem. 163
10.2 As possibilidades quanto às vogais /i u/ em posição nuclear. 167
10.3 As possibilidades quanto às vogais /e o/ em posição nuclear. 167
10.4 Encontros consonantais no ataque. 170
10.5 Encontros consonantais na coda. 170
10.6 O esquema das 32 sequências teóricas de quatro consoantes seguidas em posição interior de palavra. 171
10.7 A sílaba portuguesa compõe-se de várias combinações de consoantes e vogais. . . . 173
10.8 O posicionamento consonantal no sistema fonológico do português no ataque e na coda. 173
10.9 As possíveis posições de cada tipo de fonema em relação ao núcleo da sílaba. . . . 174
10.10 Estruturas silábicas em palavras do português segundo as regras fonotáticas. . . . 175

Seção IV: Os fonemas vocálicos e seus sons
Capítulo 11: Os sistemas vocálicos do português e do inglês
11.1 Os sete fonemas vocálicos do português. 180
11.2 Quadro fonético das vogais do português. 180
11.3 O ataque vocálico crescente do português. 184
11.4 O ataque vocálico abrupto do inglês. 184
11.5 A cessação vocálica abrupta do português. 185
11.6 A cessação vocálica decrescente do inglês. 185
11.7 Os fonemas vocálicos tônicos do inglês. 186
11.8 Doze dos fonemas vocálicos aparecem na sequência modelo /b_t/ em inglês. 186
11.9 Os núcleos vocálicos fonemáticos tônicos do inglês. 188
11.10 As vogais ortográficas em suas formas longas e curtas. 190
11.11 O padrão geral do inglês das vogais curtas e longas. 190
11.12 Os sons vocálicos átonos plenos do inglês. 194
11.13 Os sons vocálicos átonos reduzidos do inglês. 194
11.14 Os quinze núcleos vocálicos fonemáticos do inglês em sílabas tônicas, átonas e reduzidas. 194
11.15 Ataque e cessação vocálicos do português e do inglês. 196
11.16 Os sistemas vocálicos segundo a tonicidade. 196
11.17 A falta de correspondência entre as sete vogais tônicas do português e as e suas supostas vogais correspondentes do inglês. 197

11.18 Comparação entre as vogais portuguesas [i e ɛ a ɔ o u] e as vogais inglesas [iɪ̯ eɪ̯ ɛ ɑ ɔ oʊ̯ uʊ̯]. 198
11.19 Exemplos dos ditongos [eɪ̯], [oʊ̯] e [aɪ̯] em inglês e em português. 199
11.20 A classificação fonética das vogais. 202

Capítulo 12: Os fonemas vocálicos

12.1 Comparação entre os alofones do fonema /i/ usados no português brasileiro e no europeu. 208
12.2 A posição dos órgãos articulatórios para o som [i]: perfil, vista frontal e traço articulatório. 208
12.3 Seis ciclos da forma de onda do som [i]. 208
12.4 Espectrograma de banda estreita e de banda larga do som [i]. 209
12.5 A posição dos órgãos articulatórios para o som [ɨ]: perfil, vista frontal e traço articulatório. 209
12.6 Seis ciclos da forma de onda do som [ɨ]. 209
12.7 Espectrograma de banda estreita e de banda larga do som [ɨ]. 210
12.8 A posição das vogais [i ɨ] do português em relação a outras vogais do português e do inglês. 210
12.9 As vogais do inglês que interferem na aquisição da vogal [i] do português. 211
12.10 Comparação entre os alofones do fonema /u/ usados no português brasileiro e no europeu. 214
12.11 A posição dos órgãos articulatórios para o som [u]: perfil, vista frontal e traço articulatório. 214
12.12 Seis ciclos da forma de onda do som [u]. 214
12.13 Espectrograma de banda estreita e de banda larga do som [u]. 215
12.14 A posição da vogal [u] do português em relação a outras vogais do português e do inglês. 215
12.15 As vogais do inglês que interferem na aquisição de uma boa pronúncia da vogal [u] do português. 216
12.16 Comparação entre os alofones do fonema /e/ usados no português brasileiro e no europeu. 219
12.17 A posição dos órgãos articulatórios para o som [e]: perfil, vista frontal e traço articulatório. 220
12.18 Seis ciclos da forma da onda do som [e]. 220
12.19 Espectrograma de banda estreita e de banda larga do som [e]. 220
12.20 A posição dos órgãos articulatórios para o som [ɐ]: perfil, vista frontal e traço articulatório. 221
12.21 Seis ciclos da forma da onda do som [ɐ]. 221
12.22 Espectrograma de banda estreita e de banda larga do som [ɐ]. 221
12.23 A posição das vogais [e ɐ] do português em relação a outras vogais do português e do inglês. 222
12.24 As quatro vogais inglesas com timbres mais próximos à vogal portuguesa [e] são [eɪ̯ ɛ iɪ̯ ə]. 223
12.25 Comparação entre os alofones do fonema /o/ usados no português brasileiro e no europeu. 225
12.26 A posição dos órgãos articulatórios do som [o]: perfil, vista frontal e traço articulatório. . 226
12.27 Seis ciclos da forma de onda do som [o]. 226
12.28 Espectrograma de banda estreita e de banda larga do som [o]. 226
12.29 A posição da vogal [o] do português em relação a outras vogais do português e do inglês. 227
12.30 As quatro vogais inglesas com timbres mais próximos à vogal portuguesa [o] são [oʊ̯ ɑ ə ɔ]. 227
12.31 Comparação entre os alofones do fonema /ɛ/ usados no português brasileiro e no europeu. 229
12.32 A posição dos órgãos articulatórios do som [ɛ]: perfil, vista frontal e traço articulatório. . 229
12.33 A posição da vogal [ɛ] do português em relação a outras vogais do português e do inglês. 229
12.34 Seis ciclos da forma de onda do som [ɛ]. 230
12.35 Espectrograma de banda estreita e de banda larga do som [ɛ]. 230
12.36 As duas vogais inglesas com timbres próximos à vogal portuguesa [ɛ] são [eɪ̯ iɪ̯]. . . . 231
12.37 Comparação entre os alofones do fonema /ɔ/ usados no português brasileiro e no europeu. 232
12.38 A posição dos órgãos articulatórios do som [ɔ]: perfil, vista frontal e traço articulatório. . 233
12.39 A posição da vogal [ɔ] do português em relação a outras vogais do português e do inglês. 233
12.40 Seis ciclos da forma de onda do som [ɔ]. 233
12.41 Espectrograma de banda estreita e de banda larga do som [ɔ]. 234
12.42 As vogais do inglês que interferem na aquisição de uma boa pronúncia da vogal [ɔ]. . . 234
12.43 Comparação entre os alofones do fonema /a/ usados no português brasileiro e no europeu. 237
12.44 A posição dos órgãos articulatórios para o som [a]: perfil, vista frontal e traço articulatório. 237
12.45 Seis ciclos da forma de onda do som [a]. 237
12.46 Espectrograma de banda estreita e de banda larga do som [a]. 237

12.47 A posição das vogais [a ɐ] do português em relação a outras vogais do português e do inglês. 238
12.48 As três vogais inglesas com timbres mais próximos à vogal portuguesa [a] são [æ ɑ ə]. . . . 238
12.49 Comparação da forma de onda da vogal sonora [a] e a vogal surda [ḁ]. 239
12.50 Comparação do sonograma das vogais sonoras [i e a o u] (depois da consonante [s]) com as vogais surdas [i̥ e̥ ḁ o̥ u̥]. 239
12.51 Diagramas articulatórios das vogais do português. 241

Capítulo 13: As vogais meio-abertas e meio-fechadas

13.1 As oposições fonólogicas com as vogais meio-abertas e meio-fechadas provadas por pares mínimos. 247
13.2 A posição das vogais [e ɛ a] do português e as vogais [ɛ æ ʌ ɑ] e [ei̯ ai̯] do inglês. 249
13.3 A posição das vogais [o ɔ a] do português e as vogais [ɔ ʌ ɑ] e [ou̯ ai̯] do inglês. 250
13.4 As vogais meio-fechadas [e o] e meio-abertas [ɛ ɔ] nos substantivos. 252
13.5 No português europeu, as sete vogais tônicas podem ou não ser reduzidas. 263
13.6 As vogais tônicas médias nos substantivos. 264
13.7 A alternância vocálica nas formas verbais com vogal média como última vogal do radical. 265

Capítulo 14: Encontros vocálicos

14.1 A aplicação das regras de fusão de vogais homólogas entre duas palavras com a primeira vogal átona. 270
14.2 A aplicação das regras de fusão de vogais homólogas entre duas palavras com a primeira vogal tônica. 271
14.3 Sonograma de banda larga de {está aqui} e {está ágil}. 272
14.4 A aplicação das regras de fusão vocálica com uma palavra terminada em [ɐ] e a seguinte começada em vogal átona. 274
14.5 A solução do inglês para vogais homólogas. 274
14.6 A pronúncia correta e incorreta de vogais homólogas ou heterólogas entre duas palavras.. 275
14.7 O ditongo crescente. 276
14.8 Os ditongos crescentes ocorrem no interior de uma palavra como também entre duas palavras. 277
14.9 Sonograma de ditongos crescentes nas palavras {piada} e {quatro}. 278
14.10 O ditongo decrescente. 279
14.11 Os ditongos decrescentes ocorrem no interior de uma palavra como também entre duas palavras. 280
14.12 Sonograma de ditongos decrescentes nas palavras {baixo} e {pauto}. 280
14.13 As vinte sequências vocálicas que poderiam produzir tritongos. 281
14.14 Sonograma dos tritongos em {associais} e {no auge}. 282
14.15 Exemplos dos ditongos [ei̯], [ou̯] e [ai̯] em inglês e em português. 282
14.16 As diferenças entre os ditongos crescentes e decrescentes. 284
14.17 Exemplos da distinção entre vogais plenas e ditongos. 285
14.18 A posição de vogais [i u], semiconsoantes [j w] e semivogais [i̯ u̯] em português. 286
14.19 A duração relativa das vogais simples, dos ditongos crescentes e decrescentes e dos tritongos. 287
14.20 Sonograma de {teor} pronunciado com ditongo, sinérese e hiato. 288
14.21 A duração relativa da vogal simples e da sinérese/sinalefa. 289
14.22 Sonograma do hiato em {teor}, {real} e {fazia}. 291
14.23 A duração relativa da vogal simples, da sinérese/sinalefa e do hiato. 291
14.24 Os encontros vocálicos que ocorrem em português e sua solução fonética preferida em interior de palavra. 292
14.25 Os encontros vocálicos que ocorrem em português e sua solução fonética preferida entre duas palavras. 293
14.26 A duração relativa da realização fonética dos encontros vocálicos. 295

Capítulo 15: A nasalização vocálica

15.1 As vogais oronasais simples nas posições tônicas e átonas. 304
15.2 A frequência dos fonemas vocálicos comparada à frequência de seus alofones oronasais. . 304

15.3	Os ditongos oronasais nas posições tônicas e átonas.	305
15.4	A frequência dos ditongos oronasais comparadas às frecuências dos alofones oronasais.	306
15.5	Nasograma das palavras {limpo}, {lima} e {lida} da norma culta do Rio de Janeiro.	312
15.6	Nasograma das palavras {limpo}, {lima} e {lida} da norma culta de Lisboa.	313
15.7	As porcentagens de nasalidade das cinco vogais quando oronasais, nasalizadas e orais.	313
15.8	Nasograma das palavras {lima}, {lina} e {linha} da norma culta do Rio de Janeiro.	314
15.9	Nasograma das palavras {lima}, {lina} e {linha} da norma culta de Lisboa.	314
15.10	Nasograma das palavras {cama} e {acamado} da norma culta de São Paulo.	315
15.11	Nasograma das palavras {mito} e {minto} da norma culta de São Paulo.	315
15.12	Nasogramas da sílaba /káN/ da palavra {canta} em português e em espanhol.	316
15.13	Nasogramas das palavras {o mato} e {um mato}.	316
15.14	Sonograma das palavras {senda} e {seda}.	317
15.15	A posição das vogais ornonasais [ĩ ẽ ɛ̃ õ ũ] e das vogais orais [i e ɛ a ɐ ɨ ɔ o u] do português.	317
15.16	Traço articulatório da vogal oronasal [ĩ].	318
15.17	Seis ciclos da forma de onda da vogal oral [i] e da vogal oronasal [ĩ].	319
15.18	Seis ciclos da forma de onda da vogal oral [u] e da vogal oronasal [ũ].	319
15.19	Seis ciclos da forma de onda da vogal oral [e] e da vogal oronasal [ẽ].	320
15.20	Seis ciclos da forma de onda da vogal oral [o] e da vogal oronasal [õ].	321
15.21	Seis ciclos da forma de onda da vogal oral [ɐ] e da vogal oronasal [ɐ̃].	322
15.22	O ditongo correto [ẽũ̯] do português e o ditongo errôneo [æ̃ũ̯].	324
15.23	Os ditongos oronasais [ẽĩ̯ ɐ̃ĩ̯ õĩ̯ ũĩ̯] do português e o ditongo errôneo [ãĩ̯] baseado no inglês.	325

Seção V: Os fonemas consonantais e seus sons
Capítulo 16: Os fonemas oclusivos

16.1	Pares mínimos/análogos que mostram oposições entre os fonemas oclusivos.	333
16.2	Os fonemas oclusivos nas distintas posições fonotáticas em que aparecem.	334
16.3	A produção dos sons oclusivos com suas três fases: intensão, tensão e distensão.	336
16.4	Representação temporal dos passos para a articulação de uma oclusiva surda em posição inicial de sílaba seguida de uma vogal em português.	337
16.5	Representação temporal dos passos para a articulação de uma oclusiva surda em posição inicial de sílaba seguida de uma vogal em inglês.	337
16.6	Forma de onda e sonograma da palavra portuguesa [pá] {pá} e da palavra inglesa [pʰɑ́] {paw}.	338
16.7	As formas de onda da transição entre oclusiva surda e vogal em português e inglês.	338
16.8	Representação temporal dos passos para a articulação de uma oclusiva sonora em posição inicial de grupo fônico seguida de uma vogal, indicando a pré-sonorização típica do português.	339
16.9	Representação temporal dos passos para a articulação de uma oclusiva sonora em posição inicial de grupo fônico seguida de uma vogal do inglês, indicando um mínimo de pré-sonorização com respeito ao português.	339
16.10	Forma de onda e sonograma da palavra portuguesa [bé] {"B"} e da palavra inglesa [béɪ̯] {bay}.	340
16.11	O modo de articulação dos sons africados.	341
16.12	Porcentagens de ocorrência do fonema /p/ em seus distintos contornos fonológicos.	342
16.13	A posição articulatória do som [p].	342
16.14	Forma de onda e sonograma da articulação do som português [p].	343
16.15	Forma de onda e sonograma d som português [p] seguido de vogal epentética [ɨ].	343
16.16	Porcentagens de ocorrência do fonema /t/ em seus distintos contornos fonológicos.	345
16.17	A posição articulatória do som [t].	345
16.18	Forma de onda e sonograma do som português oclusivo dental surdo [t].	345
16.19	Forma de onda e sonograma de [t] mais vogal epentética na pronúncia lisboeta de [χítɨmu].	346
16.20	A posição articulatória do som [tʃ].	346
16.21	Forma de onda e sonograma da articulação do som [tʃ] na palavra {bate}.	347
16.22	A relação temporal entre os elementos oclusivo e fricativo das variantes do africado [tʃ].	347

16.23 A posição articulatória do som [t] do português em contraste com o som [t] do inglês. . . 349
16.24 As correspondências grafêmicas do fonema /k/. 350
16.25 Porcentagens de ocorrência do fonema /k/ em seus distintos contornos fonológicos. . . 351
16.26 A posição articulatória do som [k]. 351
16.27 Forma de onda e sonograma do som [k]. 351
16.28 Forma de onda e sonograma de [k] mais vogal epentética na pronúncia paulistana de [pákʲtu]. 352
16.29 Porcentagens de ocorrência do fonema /b/ em seus distintos contornos fonológicos. . . 354
16.30 A posição articulatória do som [b]. 354
16.31 Forma de onda e sonograma do som [b]. 355
16.32 Forma de onda e sonograma de [b] mais vogal epentética na pronúncia paulistana de [abinéga]. 355
16.33 Porcentagens de ocorrência do fonema /d/ em seus distintos contornos fonológicos. . . 357
16.34 A posição articulatória do som [d]. 357
16.35 Forma de onda e sonograma do som [d]. 357
16.36 Forma de onda e sonograma de [d] mais vogal epentética na pronúncia lisboeta de [ɐdivíχ]. 358
16.37 A posição articulatória do som [ʤ]. 358
16.38 Forma de onda e sonograma da articulação do som [ʤ] na palavra {dica}. 359
16.39 As correspondências grafêmicas do fonema /g/. 361
16.40 Porcentagens de ocorrência do fonema /g/ em seus distintos contornos fonológicos. . . 361
16.41 A posição articulatória do som [g]. 362
16.42 Forma de onda e sonograma do som [g]. 362
16.43 Forma de onda e sonograma de [g] mais vogal epentética na pronúncia paulistana de [dógʲmɐ]. 362
16.44 Porcentagens de ocorrência dos fonemas oclusivos em seus distintos contextos fonotáticos. 363
16.45 Comparação do VOT dos alofones oclusivos surdos e sonoros do português e do inglês. . 364

Capítulo 17: Os fonemas fricativos
17.1 A oposição entre os fonemas fricativos em posição inicial. 369
17.2 Porcentagens de ocorrência dos fonemas fricativos em seus distintos contextos fonotáticos. 370
17.3 Oposição e neutralização em relação com os fonemas /s/ e /z/. 371
17.4 O modo de articulação dos sons fricativos. 371
17.5 A distribuição fonotática do fonema /f/. 372
17.6 A posição articulatória dos sons [f] e [v]. 373
17.7 Forma de onda e sonograma da articulação do som português [f] na palavra {fofo}. . . 373
17.8 A distribuição fonotática do fonema /v/. 374
17.9 Forma de onda e sonograma da articulação do som português [v] na palavra {vovô}. . . 374
17.10 As correspondências grafêmicas do fonema /s/. 375
17.11 A distribuição fonotática do fonema /s/. 376
17.12 A posição articulatória dos sons [s] e [z] apicodental-laminoalveolares. 376
17.13 Forma de onda e sonograma da articulação do som português [s] na palavra {saci}. . . 377
17.14 As correspondências grafêmicas do fonema /z/. 378
17.15 A distribuição fonotática do fonema /s/. 378
17.16 Forma de onda e sonograma da articulação do som português [z] na palavra {Zezé}. . . 379
17.17 As correspondências grafêmicas do arquifonema /S/. 380
17.18 A distribuição fonotática do arquifonema /S/. 381
17.19 Forma de onda e sonograma da articulação da palavra {pasta} sem e com palatalização. 381
17.20 As correspondências grafêmicas do fonema /ʃ/. 383
17.21 A distribuição fonotática do fonema /ʃ/. 383
17.22 A posição articulatória dos sons [ʃ] e [ʒ]. 383
17.23 Forma de onda e sonograma da articulação do som português [ʃ] na palavra {chuchu}. . 383
17.24 As correspondências grafêmicas do fonema /ʒ/. 384
17.25 A distribuição fonotática do fonema /ʒ/. 384
17.26 Forma de onda e sonograma da articulação do som português [ʒ] na expressão {já já}. . 385
17.27 As correspondências fonemáticos do grafema {x}. 385

Capítulo 18: Os fonemas nasais

18.1   Os fatos fonotáticos referentes aos fonemas nasais. 391
18.2   Cinco ciclos das formas de onda das consoantes nasais [m n ɲ]. 393
18.3   A distribuição fonotática do fonema /m/. 394
18.4   A posição articulatória do som [m]. A posição da língua varia com a vogal seguinte. . . 394
18.5   Nasograma e sonograma do alofone [m] na palavra [káma]. 395
18.6   A distribuição fonotática do fonema /n/. 395
18.7   A posição articulatória do som [n]. 396
18.8   Nasograma e sonograma do alofone [n] na palavra [kɛ̃nɐ]. 396
18.9   A posição articulatória do som [ɲ]. 397
18.10 Nasograma e sonograma do alofone [ɲ] na palavra [kɛ̃ɲɐ]. 398
18.11 A fonologia e fonética do som [ɲ] de português e dos sons [nj] do português e inglês. . . 399
18.12 A relação entre o arquifonema nasal /N/ e seus alofones em posição interior e final. . . 400
18.13 A transição entre uma vogal oronasal e consoante oclusiva, africada ou fricativa labiodental. 401
18.14 A aplicação da regra de distribuição complementar de /N/ antes de consoantes. 402
18.15 Nasograma da palavra [ẽᵐbus], indicando a clara presença da consoante de transição [m]. 402
18.16 Nasograma e sonograma de {o mato} e {um mato}. 403
18.17 A posição articulatória do som [ɱ]. 403
18.18 Nasograma e sonograma de {ênfase}. 404
18.19 A posição articulatória do som [n̪]. 404
18.20 Nasograma da palavra [kɛ̃ⁿtu], indicando a clara presença da consoante de transição [n̪]. 404
18.21 Nasograma da palavra [kɛ̃su]. 405
18.22 Nasograma e sonograma de {o navio} e {um navio}. 405
18.23 Nasograma da palavra [ẽʃu]. 406
18.24 A posição articulatória da nasal palatalizada [n̠] comparada com a nasal palatal [ɲ]. . . 406
18.25 Nasograma das palavras [ũⁿdʒíɐ]. 407
18.26 A posição articulatória do som [ŋ]. 407
18.27 Nasograma da palavra [kɛ̃ᵑgɐ], indicando a clara presença da consoante de transição [ŋ]. 407
18.28 Nasograma das palavras [ũrámu] e [ũhẽmu]. 407
18.29 Nasogramas das palavras {sim} [sí] do português e {sing} [sɪŋ] do inglês. 408
18.30 Possibilidades dos sons nasais na estrutura silábica. 409

Capítulo 19: Os fonemas laterais e vibrantes

19.1   Cinco ciclos das formas de onda das consoantes laterais [l] e [ʎ]. 414
19.2   Exemplos da distribuição complementar do fonema /l/ no Brasil e em Portugal. . . . 415
19.3   A distribuição fonotática do fonema /l/. 416
19.4   A posição articulatória do som lateral alveolar [l] e seu palatograma. 416
19.5   Sonograma do alofone [l] na palavra [kálɐ]. 417
19.6   A posição articulatória do som lateral dental velarizado [ɫ] e seu palatograma. 417
19.7   Sonograma da palavra {alto} na pronúncia do Brasil e de Portugal. 418
19.8   A posição articulatória do som [ɰ] (Brasil). Não há contato com o céu da boca. 418
19.9   O alofone [ɰ] é não arredondado e o alofone [u̯] é arredondado. 419
19.10 Sonograma do alofone [ɰ] (Brasil) na palavra {mal}. 419
19.11 A posição articulatória do som lateral apicoalveolar velarizado [ɫ] e seu palatograma. . . 419
19.12 Sonograma do alofone [ɫ] (Portugal) na palavra {mal}. 420
19.13 A posição articulatória do som [ʎ]. 422
19.14 Sonograma do alofone [ʎ] da palavra [páʎɐ]. 423
19.15 A fonologia e fonética do som [ʎ] de português e dos sons [lj/ɫj] de português e inglês. . 424
19.16 A distribuição fonotática dos fonemas vibrantes e do arquifonema /R/. 426
19.17 Formas de onda das consoantes vibrantes [ɾ r]. 427
19.18 A distribuição fonotática do fonema /ɾ/. 427
19.19 A posição articulatória do som [ɾ] e seu palatograma. 428
19.20 Sonograma do som [ɾ] na palavra {cara} e do som [d] da palavra {cada}. 429

19.21 Os principais alofones do fonema /r/ do inglês. 430
19.22 A distribuição fonotática do fonema /r/. 431
19.23 Sonograma do som fricativo glotal sonoro [h] nas palavras {rima} e {carro}. . . . 432
19.24 Diagrama articulatório e sonograma do som fricativo uvular surdo [χ]. 432
19.25 A posição articulatória do som [x]. 433
19.26 A posição articulatória do som [r] com seu palatograma. 434
19.27 Sonograma do alofone [r] na palavra [káru] e do alofone [ɾ] na palavra [káɾu]. . . . 435
19.28 Diagrama articulatório e sonograma do som vibrante múltiplo uvular sonora [ʀ]. . . . 436
19.29 Diagrama articulatório e sonograma do som fricativo uvular sonoro [ʁ]. 437
19.30 A distribuição fonológica do arquifonema /R/. 439
19.31 A aplicação da distribuição mista do arquifonema /R/. 440
19.32 Os sons vibrantes na estrutura silábica. 442

Capítulo 20: Encontros consonantais
20.1   Sonograma de {mil lagus} pronúncia brasileira e europeia. 448
20.2   As formas de onda de {o sapo/os sapos} e {a zona/as zonas} no Brasil. 449
20.3   Sonogramas de {os sapos} e {as zonas} em Portugal. 449
20.4   Sonograma de [máɾházu] na norma culta paulistana. 450
20.5   Encontros consonantais no ataque. 452
20.6   Encontros consonantais na coda. 453
20.7   Tabela dos possíveis encontros consonantais entre sílabas (C$C) em que a segunda sílaba começa com obstruintes. 454
20.8   Sonogramas de {ritmo} de São Paulo e Lisboa com as vogais epentéticas [i] e [ɨ]. . . . 455
20.9   Tabela dos possíveis encontros consonantais entre sílabas (C$C) em que a segunda sílaba começa com soante. 457

Seção VI: Os elementos suprassegmentais
Capítulo 21: A sílaba e a silabação
21.1   O modelo estrutural da sílaba. 468
21.2   O modelo gerativista da sílaba. 468
21.3   O modelo fonotático da sílaba portuguesa. 468
21.4   Esquema silábico com base na abertura bucal da palavra portuguesa {general} com três sílabas. 469
21.5   Divisão da palavra inglesa {cats} em duas sílabas baseada na abertura bucal de seus sons. 469
21.6   Os obstruintes oclusivos simples no ataque. 470
21.7   Os obstruintes fricativos simples no ataque. 470
21.8   As soantes simples no ataque. 471
21.9   Encontros de duas consoantes no ataque com uma oclusiva ou fricativa labiodental mais vibrante simples. 471
21.10 Encontros de duas consoantes no ataque com uma oclusiva ou fricativa labiodental mais lateral alveolar. 471
21.11 Os obstruintes simples na coda em posição final de sílaba interior de palavra. 472
21.12 O fonema /l/ e os arquifonemas na coda. 473
21.13 Dois elementos consonantais na coda. 473
21.14 O contraste entre sílaba aberta e fechada. 473
21.15 Os três tipos de silabação. 475
21.16 Regra um: contraste entre o modelo prototípico da sílaba em português e inglês. . . . 475
21.17 Regras dois e três: exemplos de sua aplicação. 476
21.18 O efeito da ligação entre vogais na fonotática entre palavras. 477
21.19 A aplicação dos três tipos de silabação aos dois tipos de fusão consonantal: a simples e a alongada. 478
21.20 Os critérios para identificar o núcleo silábico numa sequência de duas vogais altas. . . 480

21.21	Os critérios para identificar o núcleo silábico de uma sequência de duas vogais exceto quando ambas forem altas.	481
21.22	Texto ortográfico dividido em sílabas fonéticas.	483

Capítulo 22: A tonicidade ou acento fonético

22.1	Resumo das diferenças entre o acento ortográfico e o acento fonético.	487
22.2	Os sistemas vocálicos do inglês de acordo com a tonicidade.	489
22.3	Os sistemas vocálicos do português de acordo com a tonicidade.	489
22.4	A duração relativa de vogais tônicas e átonas em inglês.	491
22.5	A duração relativa de vogais tônicas e átonas em português.	492
22.6	O traço tonal do substantivo inglês *content* [kʰɑ́ntʰɛnt] e do adjetivo inglês *content* [kʰəntʰɛ́nt].	493
22.7	O traço tonal do adjetivo inglês *content* [kʰəntʰɛ́nt] em uma oração afirmativa e em uma oração interrogativa.	494
22.8	O tom em duas articulações da palavra *caminho* [kamĩ́ɲo].	494
22.9	O tom na pronúncia interrogativa de *caminho* [kamĩ́ɲo] e *caminhou* [kamĩɲóu̯].	495
22.10	A intensidade do substantivo inglês *content* [kʰɑ́ntʰɛnt] e do adjetivo inglês *content* [kʰəntʰɛ́nt].	495
22.11	A intensidade de *cântara* [kẽ́ⁿtaɾɐ], *cantara* [kẽⁿtáɾɐ] e *cantará* [kẽⁿtaɾá] representada no traço da onda sonora e no traço da intensidade em decibéis.	496
22.12	A comparação dos indicadores de tonicidade em duas articulações da palavra inglesa *multiplication*.	497
22.13	A comparação dos indicadores de tonicidade na articulação do substantivo inglês *content* e do adjetivo *content*.	498
22.14	A comparação dos indicadores de tonicidade em duas articulações da palavra inglesa *politically*.	498
22.15	A comparação dos indicadores de tonicidade em duas articulações da palavra portuguesa *multiplicação*.	499
22.16	A comparação dos indicadores de tonicidade em três palavras portuguesas *cântara, cantara, cantará*.	500
22.17	A comparação dos indicadores de acento nas articulações das palavras portuguesas *caminho* e *caminhou*.	500
22.18	O papel dos possíveis indicadores acústicos de tonicidade em inglês e português.	502
22.19	Tríades de palavras que variam principalmente pela posição do acento fonético.	503
22.20	Termos para denominar as distintas posições da sílaba tónica.	503
22.21	Pronomes pessoais que sempre levam acento fonético.	505
22.22	Pronomes pessoais que não levam acento fonético.	505
22.23	Categorias de palavras que comtêm palavras tanto tônicas como átonas.	516

Capítulo 23: A duração, o ritmo e a ênfase

23.1	A duração das consoantes inglesas: uma fricativa, uma oclusiva e uma nasal.	522
23.2	A duração das consoantes homólogas portuguesas alongadas: nasais e laterais.	523
23.3	Comparação relativa dos ritmos do espanhol, português brasileiro, português europeu e inglês.	528
23.4	Comparação da ênfase fonética do inglês com a ênfase sintática do português.	532
23.5	Ênfase em orações declarativas mediante recursos sintáticos.	533
23.6	Ênfase em orações declarativas mediante recursos fonéticos com explicações contrastivas.	533
23.7	A caracterização do ritmo do português e do inglês.	535
23.8	Os recursos mais usados em português e inglês para dar a ênfase.	535

Capítulo 24: A entonação

24.1	O traço do tom fundamental de "A prova será na quinta" e de "O João está em casa?"	549
24.2	Os padrões de entonação das frases declarativas segundo seus grupos fônicos.	552
24.3	Comparação de duas orações sem hipérbato e com hipérbato.	554
24.4	Comparação de perguntas diretas e indiretas.	558
24.5	Os elementos suprassegmentais da oração — sirrema, fronteira entonacional, grupo fônico.	561

24.6 Tipos de grupos fônicos com exemplos. 562
24.7 Métodos de representação gráfica da entonação tanto em âmbito fonético como em âmbito fonológico. 562
24.8 Padrões de entonação das frases declarativas. 563
24.9 Padrões de entonação das orações interrogativas. 564
24.10 Padrões de entonação das orações imperativas. 565
24.11 Padrão de entonação de expressões exclamativas. 565

Prólogo

Este livro é produto dos setenta e três anos que é a soma total de nossa experiência no ensino superior de fonética, fonologia e pronúncia do português, espanhol e inglês. Quando decidimos empreender a tarefa de escrever um tratado desses tópicos, foi-nos forçoso tomar várias decisões: Qual seria a melhor forma de ajudar o aluno a adquirir uma boa pronúncia do português? Quais seriam os melhores recursos para ajudar o aluno a adquirir uma boa pronúncia? Que detalhes da fonética deveriam ser incluídos? Que dialeto ou dialetos deveriam ser apresentados? Que corrente teórica deveria ser empregada? É importante também considerar outras perguntas: Por que é importante a aquisição de uma boa pronúncia? Que novidades o livro deve conter? O que não deve ser incluído no livro?

Qual seria a melhor forma de ajudar o aluno a adquirir uma boa pronúncia do português?

Tradicionalmente os livros usados nesse campo enfatizam ou a prática ou a teoria. A prática ou imitação inclui a repetição de palavras ou frases, às vezes sem a instrução necessária para que o aluno saiba o que precisa fazer para adquirir uma boa pronúncia. Os métodos de ensino de pronúncia baseados só na imitação funcionam para alguns estudantes que são bons imitadores, mas a maioria não adquire uma boa pronúncia só por imitação. O método da imitação também tem o problema de que, na ausência do modelo, não se consiga manter a boa pronúncia, o que só é possível quando se tem também um entendimento do sistema de sons. O ensino exclusivo da fonética e fonologia teórica e descritiva também não produz resultados satisfatórios para o aperfeiçoamento da pronúncia por carecer de explicações práticas para a articulação de sons.

O presente tratado parte do princípio de que a maneira mais eficaz de melhorar a pronúncia é por meio do entendimento dos fundamentos fonéticos e fonológicos e de como esses princípios se aplicam à pronúncia do português, para, depois, colocá-los em prática. Fica claro, portanto, que não se pode ensinar bem a prática sem ensinar também a teoria e que sem aprender esta, a maioria dos estudantes não adquirirá nem manterá uma boa pronúncia. Por isso, o livro começa por abordar a questão da comunicação humana e dos recursos de que dispomos para realizá-la. O livro explica como os sons fazem parte da comunicação humana e comenta a diferença entre a percepção mental de um som e sua produção física.

O maior impedimento para uma boa pronúncia de um segundo idioma é o "conhecimento" que o aluno tem do sistema de sons de seu idioma materno. O que o aluno tende a fazer ao aprender um idioma novo é aplicar as regras, os padrões e a estrutura de seu idioma materno, o que se chama *transferência negativa*. Para superar os efeitos dessa transferência negativa, o aluno tem que primeiro aprender a reconhecer tais diferenças e depois aprender a produzir o correto. É preciso entender o sistema de sons de uma língua não só para produzir bem seus sons, mas também para entender corretamente seus falantes maternos.

Quais seriam os melhores recursos para ajudar o aluno a adquirir uma boa pronúncia?

Encontra-se muito presente na metodologia pedagógica de hoje a importância dos estilos de aprendizagem. No que se refere à aquisição da pronúncia há três que se destacam: o visual, o auditivo e o cinestésico. Este livro apresenta os sons de forma a apelar a todos os três.

A apresentação dos sons neste livro segue uma abordagem integrada, que combina a fonologia, a fonética e a prática. Ademais, integra metodologia visual, auditiva e cinestética. Na apresentação fonológica de cada fonema, comentam-se suas oposições e neutralizações, a distribuição de seus alofones, suas posições fonotáticas, suas frequências e suas correspondências grafêmicas. Na apresentação fonética de cada alofone, dá-se uma descrição pormenorizada de sua articulação, incluem-se formas de onda e sonogramas relevantes para uma boa descrição acústica dos sons e apresentam-se dados de como se reconhecem auditivamente os diferentes sons.

Quanto à aplicação, incluem-se sempre seções de dicas pedagógicas e conselhos práticos para reforçar os conceitos ensinados e ajudar o estudante a modificar seus hábitos articulatórios. Nos capítulos e sobretudo na seção de dicas pedagógicas comentam-se as diferenças entre o sistema do inglês e o do português para ajudar o estudante a vencer os efeitos da transferência negativa para conseguir, com prática, adquirir uma pronúncia nativa. Ao final de cada capítulo, inclui-se uma lista de conceitos e termos e uma lista de perguntas de revisão. Para exemplificar e sintetizar os conceitos ensinados, ao longo do livro incluem-se centenas de figuras e tabelas que servem de auxílios visuais para reforçar a aprendizagem.

Outro recurso importante para o estudante são as transcrições fonéticas. As transcrições fonéticas são importantes porque forçam o aluno a identificar os sons que precisará produzir ao falar. É preciso conhecer os sons antes de ser capaz de produzi-los. O aluno que aplicar essa técnica verá uma melhora na própria pronúncia.

É preciso desenvolver duas habilidades para adquirir boa pronúncia. A primeira é a habilidade de perceber os sons do português e reconhecer os elementos que produzem um sotaque estrangeiro. A segunda é a habilidade de fazer todos os movimentos físicos necessários para a produção dos sons corretos do português e praticá-los até que, em vez de empregar a articulação aprendida em sua própria língua materna, o aluno empregue automaticamente a articulação correta da língua portuguesa. Essa aquisição ocorre em três etapas: 1) o reconhecimento da diferença entre os sons do português e do inglês como também dos novos sons do português, 2) a aprendizagem acadêmica de como se produz o som correto e 3) a prática dos movimentos articulatórios até se tornarem naturais. É fundamental que o aluno pratique em voz alta: por melhor que seja a explicação teórica, é essencial que o aluno pratique bem e bastante.

Que detalhes da fonética deveriam ser incluídos?

Tradicionalmente os livros de fonética e pronúncia do português concentram-se na fonética articulatória, ignorando a fonética acústica e a fonética auditiva. Este livro não só contém um capítulo introdutório sobre cada um dos três ramos da fonética, como também comenta esses aspectos na exposição de cada som ao longo do livro. A parte expositória também inclui os resultados de extensas investigações originais.

Que dialeto ou dialetos deveriam ser apresentados?

A abordagem deste livro é inovadora porque trata três normas cultas: dois do Brasil e um Portugal. Do Brasil, apresentam-se as normas de São Paulo e do Rio de Janeiro; de Portugal apresenta-se a norma de Lisboa. É claro que existem muitas outras variedades nesses dois países sem contar as outras variedades de outros países, mas este não é um livro de dialetologia portuguesa. Se o aluno conseguir adquirir qualquer dessas três normas aqui apresentadas, sua fala será reconhecida como culta em qualquer lugar.

Que corrente teórica deveria ser seguida?

A questão da corrente teórica a ser seguida pode gerar polêmica, em parte porque existem várias teorias e cada teoria tem seus defensores. As distintas teorias muitas vezes destacam distintas características fônicas. Neste livro optamos por uma abordagem teórica estruturalista mais desenvolvida porque apresenta várias vantagens: Primeiro, o estruturalismo forma a base de todas as outras teorias mais recentes. Segundo, é uma linha teórica mais acessível para o aluno não especialista em linguística. Terceiro, é mais geral e atende às exigências da disciplina, que são: descrever a organização do sistema de sons do português, especificar as relações entre eles e indicar a relação entre o som físico e a imagem mental que ele evoca.

Por que é importante a aquisição de uma boa pronúncia?

Existem estudos que indicam que para que a fala em uma segunda língua seja considerada aceitável, a boa pronúncia pesa mais do que a boa gramática. É importante que a pronúncia de quem fala um segundo idioma aproxime-se dos parâmetros da pronúncia de falantes nativos, de outra forma pode haver mal-entendidos por parte do ouvinte ou o ouvinte simplesmente pode cansar-se do esforço necessário para continuar a conversa. Por outro lado, quando se tem uma boa pronúncia, é possível integrar-se melhor à cultura e com a gente local, e os benefícios disso são de um valor inestimável.

Que novidades o livro contém?

O livro é completo. Começa com a comunicação humana e descreve como o subcampo da fonética se situa em relação ao campo da linguística e seus demais subcampos. Apresenta o conceito de sistema de escrita e descreve sua relação com os sons da linguagem oral. Trata das três áreas da fonética, tanto a fonética articulatória, como a acústica e a auditiva. No campo da fonologia, descreve questões de fonotática, matéria que não costuma ser examinada em outros livros de fonética e fonologia. Os capítulos sobre os encontros vocálicos e consonantais também são inovadores. Há seções que introduzem os conceitos de tonicidade, duração, ritmo e entonação, sempre com base em investigações originais. Todos os conceitos apresentados são ilustrados por centenas de figuras e tabelas de apoio como também referências a recursos eletrônicos integrados no texto.

O que não está incluído no livro?

Quanto ao sistema de sons do português, há muitos comentários e muitas observações que se poderiam fazer mas que fogem ao escopo deste livro, que é ajudar o aluno a adquirir uma boa pronúncia de uma das três normas cultas aqui apresentadas e aprender a reconhecer as características das outras normas para ter uma percepção mais cosmopolitana da língua portuguesa. Este não é um livro dedicado à dialetologia, apesar de incluir seções de "notas dialetais", que comentam algumas outras variantes dialetais do mundo lusófono se são pertencentes a outra norma culta regional. O livro não pretende ser um livro de fonética e fonologia inglesas, ainda que inclua descrições do sistema de inglês quando é necessário para explicar o problema de "transferências negativas" do inglês ao português que o estudante precisa aprender a evitar. O livro não pretende ser um livro de sociolinguística, apesar de comentar alguns casos de pronúncias que são variações sociais, recomendando que se evitem por não representarem uma norma culta. Ainda que se apresentem alguns elementos da fonologia gerativa, a abordagem geral não é gerativista, mas sim estruturalista, pelos motivos já mencionados. O livro não trata da fonética e fonologia diacrônicas.

Que recursos eletrônicos estão disponíveis e como se acessam?

Existem recursos eletrônicos tanto para o professor como para os alunos. Para os professores há sugestões de programas de curso tanto para semestres como para trimestres letivos. Também incluem-se modelos de provas.

Para os alunos, existe no site da *Routledge* um arquivo de recursos eletrônicos, o *eResource*, com materiais destinados a exemplificar os conceitos apresentados no texto de cada capítulo. No livro, esses materiais são identificados por um número de referência e um ícone que indica o tipo de arquivo disponível no *eResource*: ◘ = fotografia, 🎥 = vídeo, 🔊 = som, 📖 = texto, EX = exercício. Além disso, há atividades para cada capítulo.

O arquivo do eResource encontra-se no seguinte site:
www.routledge.com/9780367179915

Sugestões para os alunos

Sugere-se que os alunos leiam atentamente cada capítulo, reconhecendo que há muitos detalhes apresentados nas tabelas, nas figuras e no texto para ilustrar os conceitos ensinados. Os conceitos mais importantes, aqueles que os estudantes precisam entender bem, são recapitulados no resumo e reforçados pelos "Conceitos e termos" e "Perguntas de revisão". É importante que façam também os "Exercícios de pronúncia". Além disso, o *eResource* contém várias "Atividades" para reforçar o entendimento dos princípios ensinados.

Desejamos que este livro seja proveitoso para professores e alunos empenhados em expandir seu conhecimento das belezas do português. Em especial desejamos que através do livro, o aluno venha a futuramente desfrutar dos benefícios de uma boa pronúncia em português. Temos confiança de que esse será o resultado do estudo e prática dos conceitos aqui apresentados.

SEÇÃO I
Introdução

Capítulos 1–4

O estudo da fonética e da fonologia exige uma visão da posição dessas disciplinas no processo comunicativo humano e um entendimento do seu papel na linguística em geral. Nesta seção, examina-se o processo da comunicação humana do ponto de vista da ciência da linguística. Descreve-se como os estudos da fonética e da fonologia se encaixam dentro do esqueleto da linguística e contrastam-se esses dois campos especificando suas distinções. Conclui-se com uma apresentação das técnicas de representação escrita dos diversos idiomas do mundo e dos seus sons.

Capítulo 1

A comunicação humana

Diz-se que a linguagem consiste em sons, porém, a comunicação humana é muito mais que uma concatenação de sons isolados. Ainda que seja certo que a base da comunicação humana sejam os sons, não faltam exemplos de cadeias fônicas sem valor comunicativo. Quem escuta alguém falar um idioma desconhecido percebe os sons, mas não participa do ato de comunicação. Os infantes, ou seja, as crianças que ainda não falam, são capazes de produzir uma gama de sons mais ampla do que seus pais e, nos seus primeiros anos, passam por uma fase em que experimentam a produção de novos sons que também carecem de fins comunicativos.

O que separa os seres humanos dos outros seres vivos é a sua habilidade de atribuir significado a um número infinito de sequências de sons, enquanto a comunicação dos animais se limita a um número muito reduzido de ruídos primitivos. O ser humano tem a habilidade inata de adquirir um sistema de comunicação que lhe permite, entre outras coisas, estruturar um inventário de sons, criando sequências para articular novos conceitos. Esse sistema é compartilhado com os outros membros de sua comunidade linguística, e todos os membros dessa comunidade participam da fixação do sistema linguístico particular de sua própria sociedade.

O indivíduo e a sociedade

Todas as pessoas enfrentam a constante necessidade de modificar sua própria visão do mundo para ajustar-se às normas da sociedade. Por um lado, os indivíduos desejam manter a própria identidade; por outro, a sociedade tem normas e regras de comportamento que a protegem do caos e asseguram a sua continuidade.

À medida que crescem e aprendem, as crianças utilizam a sua habilidade inata de interpretar e expressar os acontecimentos quotidianos. Ao comparar suas próprias impressões com as de outros, chegam a um acordo tácito quanto ao que é aceitável ou inaceitável. O processo através do qual as crianças se adaptam ao sistema geral da comunidade denomina-se a **socialização**. Um componente essencial da socialização é a aquisição da linguagem, pois ela permite que os membros de uma sociedade se comuniquem uns com os outros.

A comunicação verbal e a comunicação não verbal

Quando se consideram todos os elementos envolvidos na comunicação, fica evidente que existem vários meios de comunicação. Por exemplo, quando um orador faz um discurso a um público, ele não é a única pessoa que se comunica. Os ouvintes também podem transmitir mensagens através de olhares, gestos, sons ou simplesmente pela postura.[1] Há, porém, uma diferença quanto à natureza das comunicações. O principal meio de comunicação do orador é verbal; o dos ouvintes é não verbal.

A comunicação não verbal

A comunicação não verbal transmite informações sem recorrer à palavra. Os seres humanos comunicam-se por meio do aspecto físico, da postura do corpo, da escolha de roupas e acessórios, da expressão do rosto e dos olhos, entre outras maneiras. Com a concessão de espaço pessoal, com o contato físico, com sabores ou odores e até com a pontualidade, divulgamos informações, como se vê na Fig. 1.1.

Há três veículos de comunicação não verbal que, devido a suas correlações linguísticas, merecem mais atenção: as emissões acústicas, as representações gráficas e os movimentos físicos.

As emissões acústicas

No campo das emissões acústicas não verbais, pode-se distinguir entre os signos acústicos, que são símbolos isolados, e a paralinguística, que guarda uma estreita relação com a comunicação verbal.

Ao emitir signos acústicos isolados com valores comunicativos, o ser humano pode empregar instrumentos artificiais bem como sua própria capacidade fonadora. Por exemplo, num jogo de basquete, o árbitro apita para mandar que os jogadores parem.[2] O vaqueiro norte-americano produz um estalo lateral para tanger o cavalo.[3]

A paralinguística inclui todos os elementos acústicos da fala que transcendem

1.1 Os seres humanos comunicam-se pela seleção de roupas e acessórios, e com a concessão de espaço pessoal e o contato físico. A mensagem assim comunicada varia de cultura em cultura e de época em época. (De *Hombre de hoy*)

o significado das palavras da mensagem. Alguns desses fatores são a ênfase, o tom de voz e a rapidez de fala, que podem indicar irritação, tédio, ternura, dúvida, etc. com respeito à mensagem. Os elementos paralinguísticos podem até alterar o significado dos enunciados. Dependendo desses fatores paralinguísticos, a expressão "Que maravilha!" pode ser uma verdadeira expressão de alegria ou um insulto irônico.[4]

As representações gráficas

Os principais tipos de representação gráfica são: *ícones*, *sinais* e *gráficos*. As representações gráficas podem, por si sós, comunicar uma mensagem ou podem servir para esclarecer ou salientar a comunicação verbal ou elementos dela.

O que distingue os *ícones* das outras classes de representações gráficas é sua semelhança com o objeto que representam. Sendo assim, os ícones podem ser fotografias, desenhos, mapas, etc. Como diz o ditado: "Uma imagem vale mais do que mil palavras". Um exemplo disso pode ser o anúncio de um novo produto que inclui um formulário de pedido que, para ser destacado, tem de ser cortado com a tesoura. Pode-se indicar isso com um ícone acompanhado ou não de instruções em palavras.

O *sinal*, por outro lado, é uma abstração; representa um conceito sem preservar a relação com seu aspecto físico. Assim, uma bandeira nacional pode referir-se ao país ou a algo relacionado a ele, como se vê na Fig. 1.2.

Uma das características dos sinais é a possibilidade de representarem vários conceitos afins. Emprega-se o símbolo $, por exemplo, como sinal para os conceitos "dinheiro, dólares, reais, escudos, rico, caro, etc." Outros sinais são:

♥ † ✡ ♣

Os *gráficos* e as *tabelas* aparecem frequentemente em publicações ou em auxílios visuais e servem para representar relações. As

A comunicação humana

1.2 A bandeira é um símbolo de uma nação ou do que é pertencente a ela.

Falantes de português

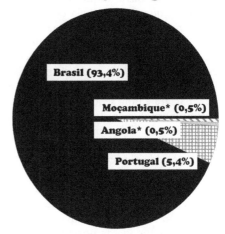

*baseado no número de luso-falantes nativos
N.B. O número de luso-falantes nativos de Guiné-Bissau, Cabo Verde, São Tomé e Príncipe e Timor Leste é insignificante.

1.3 O gráfico circular dá uma representação visual da porcentagem de falantes nativos de português provenientes dos diferentes países de fala portuguesa.

tabelas apresentam toda uma matriz de informações, e os gráficos apresentam as relações quantificadas destacadas em um formato de fácil visualização. Os gráficos podem ter várias formas: gráficos lineares, gráficos de barras ou gráficos circulares. A Fig. 1.3 contém um exemplo de gráfico circular. A Fig. 1.5 (p. 7) contém um exemplo de tabela.

Os movimentos físicos

A cinésica, que estuda o significado dos movimentos físicos, identifica quatro tipos de movimentos não verbais: os *gestos emblemáticos*, os *gestos aclaradores*, os *gestos reguladores* e as *expressões de emoção*.

Os *gestos emblemáticos* são os movimentos que têm um significado fixo em si. O movimento no qual um pai estende o braço em frente do corpo, a palma para baixo ou para cima, os dedos movendo-se em direção à palma, diz à criança que venha.[5] 🎥

Os *gestos aclaradores* são os movimentos que acompanham e exemplificam a comunicação verbal. Um cliente que quer dois refrigerantes pode aclarar a comunicação verbal indicando com os dedos o número de refrigerantes desejados.[6] 📷

Os *gestos reguladores* são os movimentos que indicam a tomada de turno numa conversação. Nos diálogos, esses movimentos, que podem ser um olhar, os meneios de cabeça ou um gesto da mão, podem servir para ceder o controle da tomada de turno, para mantê-lo, pedi-lo ou para negá-lo a outro.[7] 🎥

As *expressões de emoção* indicam a intensidade do estado emocional em que nos encontramos ou com que recebemos ou transmitimos outra comunicação. O ouvinte que fecha a mão, tenciona os músculos e respira rapidamente comunica que ficou furioso ao escutar uma comunicação desagradável.[8] 📷

A comunicação verbal

A comunicação verbal ocorre mediante o uso de palavras. A própria palavra verbal, neste sentido, vem do vocábulo latino *verbum*, que significa "palavra". A comunicação verbal ocorre por meio dos mesmos três veículos usados na comunicação não verbal. No veículo das *emissões acústicas*, a palavra "livro" é uma sequência de sons: [lívru].[9] 🔊 No veículo das *representações gráficas*, a palavra "livro" em português é uma sequência de letras escritas: {livro}. No veículo dos *movimentos físicos*, a palavra "livro" em LIBRAS (Língua Brasileira de Sinais) é um movimento em que as mãos inicialmente estão juntas e se abrem em forma de "livro" duas vezes. Em LGP (Língua Gestual Portuguesa) abre-se uma mão como livro aberto e usa-se o dedo médio da outra mão como para virar uma página duas vezes.[10] 🎥

Pode-se definir a **palavra** como sendo um símbolo arbitrário que representa um conceito e que é aceito pela comunidade linguística. A palavra, que como já se expôs, pode ser comunicada pelos mesmos três veículos empregados na comunicação não verbal. Porém, como se verá adiante, a principal via de comunicação verbal é a oral, em que a palavra é uma sequência de sons que se combinam de acordo com um sistema regulamentado. O sistema de sons do português não inclui nem o apito nem o estalo lateral mencionados como signos acústicos da comunicação não verbal. Existe então uma diferença muito importante entre as sequências de sons verbais e as sequências de sons não verbais; enquanto estas podem abarcar a totalidade da possível produção humana, as sequências de sons verbais pertencem a sistemas organizados, limitados e próprios de cada idioma.

A codificação e a decodificação

O propósito principal da comunicação é básico: transmitir um conceito a outra pessoa. O processo envolve pelo menos duas pessoas, um **emissor** (ou falante) e um **receptor** (ou ouvinte), que compartilham um sistema comunicativo e que empregam um meio para transmitir e receber uma **mensagem**. É importante destacar, no entanto, que toda comunicação, tanto verbal como não verbal, é regida pela cultura e sociedade em que ocorre.

A Fig. 1.4 apresenta um modelo de comunicação. Nesse modelo, o emissor, ao conceber um conceito que deseja comunicar, procura se expressar de maneira que o receptor perceba o conceito da mesma forma em que o emissor o concebeu mentalmente. Para alcançar essa meta, o emissor tem que **codificar** o conceito, ou seja, convertê-lo a um código para criar uma mensagem a ser transmitida por um meio apropriado. Ao receber a mensagem, o receptor tem que **decodificá**-la. Se houver boa comunicação, o receptor terá em mente o mesmo conceito que o emissor concebeu inicialmente.

O contexto é de suma importância no processo de intercâmbio de mensagens. Ele inclui todas as informações relativas ao ambiente, atitudes, desejos, experiências, etc. que os interlocutores compartilham. Um aluno que encontra o recado "venha falar comigo" escrito pelo professor numa

1.4 O modelo de comunicação.

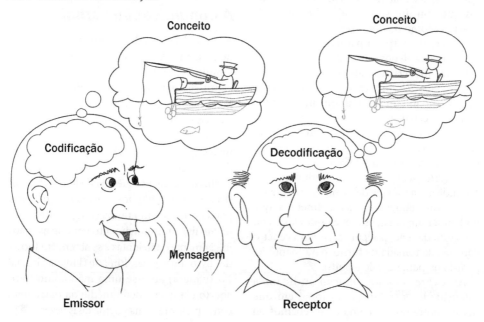

prova em que tenha tirado nota 10, receberá uma mensagem completamente diferente do aluno que tenha tirado 4 e receba o mesmo recado. Nesse caso, a codificação é a mesma; a diferença reside no contexto fornecido pelas duas notas.

No campo da comunicação verbal, as mensagens normalmente são transmitidas por *via oral* ou por *via escrita*. Como mostra a Fig. 1.4, a mensagem na comunicação por via oral sai da boca do emissor codificada em sons e penetra o ouvido do receptor para ser decodificada. Na comunicação por via escrita, o conceito é codificado em símbolos gráficos (ou letras) escritos manual ou mecanicamente. Ao ver os símbolos escritos, o receptor os decodifica.

As habilidades utilizadas na comunicação verbal

Tal como a comunicação não verbal, a comunicação verbal pode ocorrer por três veículos: as emissões acústicas, as representações gráficas e os movimentos físicos. O emissor e o receptor precisam desenvolver certas habilidades para comunicarem-se através desses veículos. O veículo primário da comunicação verbal são as emissões acústicas realizadas por via oral. A via escrita e a via gestual são vias secundárias em que a mensagem é transmitida por meio dos veículos das representações gráficas ou dos movimentos físicos, respectivamente.

A manifestação principal do idioma realiza-se por emissões acústicas, ou seja, a comunicação verbal por via oral. Isto se evidencia em dois fatos: Primeiro, a criança aprende a dominar a via oral antes de começar o estudo da via escrita. Segundo, existem idiomas no mundo, como os de pequenas tribos isoladas da África, Austrália e América, que nem sequer têm formas escritas. Na via oral, a codificação se manifesta na **fala** e a decodificação, na **compreensão auditiva**.

A via escrita é uma manifestação secundária do idioma; é meramente uma maneira de registrar graficamente a via oral. Nas sociedades letradas, em que o aprendizado da escrita é generalizado, a codificação manifesta-se na **escrita** e a decodificação, na **leitura**.

A via gestual é outra manifestação complementar do idioma que tem o propósito de possibilitar a comunicação com ou entre pessoas surdas ou surdas-mudas através de um sistema de movimentos físicos. Portanto, não é de aquisição geral. Nesse meio, a codificação se manifesta mediante os movimentos das mãos, segundo as convenções da **língua de sinais**, e a decodificação, mediante a **compreensão visual** dos movimentos manuais.

A Tab. 1.5 mostra as habilidades necessárias para codificar e decodificar mensagens por essas três vias. As quatro habilidades de aquisição geral (indicadas pelas casas sombreadas) são a fala, a compreensão auditiva, a escrita e a leitura.

No processo de aprendizado do idioma materno, as habilidades generais são adquiridas na seguinte ordem: compreensão auditiva, fala, leitura, escrita. Isso implica que a criança primeiro adquire a via oral e depois adquire a via escrita. Em ambas as vias vale ressaltar que primeiro adquire-se a decodificação e depois a codificação. É interessante notar também que a aquisição

1.5 As habilidades necessárias para codificar e decodificar mensagens pelas três vias da comunicação verbal. As casas sombreadas são de aquisição geral.

As habilidades da comunicação verbal	Via oral	Via escrita	Via gestual
Codificação	fala	escrita	falar usando a língua de sinais
Decodificação	compreenssão auditiva	leitura	compreenssão visual

da via oral é informal; isto é, a criança adquire-a em casa ao relacionar-se com seu ambiente em suas atividades diárias. A aquisição da via escrita, por outro lado, é formal; ou seja, aprende-se na escola ou por ensino explícito.

O processo de aprendizado de um segundo idioma é muito distinto, porque já se começa com a habilidade de comunicar-se verbalmente na língua materna. Este processo é também muito variado. Varia de acordo com a situação social de quem o aprende: de sua idade, de onde vive, do idioma dos pais, etc. Varia também de acordo com a situação de aprendizado do segundo idioma: se o aprende em casa, na rua ou na escola.

O grau de dificuldade do aprendizado de um segundo idioma depende do grau de semelhança ou diferença entre o primeiro e o segundo idioma em suas bases léxicas, suas estruturas linguísticas e seus sistemas de escrita. De modo geral, quando os sistemas não são extremamente diferentes, as habilidades mais difíceis de adquirir são a fala e a escrita, pois os processos de codificação exigem a produção, enquanto que os de decodificação (a compreensão auditiva e a leitura) só exigem o reconhecimento. Por outro lado, os processos de via oral são mais difíceis que os de via escrita porque têm que ocorrer instantaneamente, enquanto as habilidades de via escrita permitem a possibilidade de longas pausas para reformular a comunicação ou a possibilidade de voltar várias vezes a reexaminar a mensagem codificada para interpretá-la.

Considerando-se que a codificação é mais difícil que a decodificação e que a via oral é mais difícil que a via escrita (quando a via escrita do segundo idioma não é extremamente diferente da do idioma materno), a habilidade mais difícil de se adquirir do segundo idioma é a fala.

Um dos aspectos linguísticos que dificulta a aquisição da fala é o sistema de sons empregado para transmitir a mensagem. Quem aprende um segundo idioma costuma impor a estrutura dos sons do idioma materno na pronúncia do segundo idioma. Isso costuma produzir pelo menos um "sotaque estrangeiro" e no pior dos casos, converte o que se falou em algo incompreensível. Este livro tem o objetivo de ajudar o estudante a entender como funciona o sistema de sons do português e como pronunciar corretamente esses sons de forma a eliminar a interferência do inglês no seu português.

Resumo

A **comunicação humana** consiste em empregar sistemas de regras e normas para a transmissão de conceitos entre os membros de uma sociedade. Cada indivíduo pode fazer uso de duas modalidades de comunicação para efetuar essa transmissão: a **comunicação verbal** e a **comunicação não verbal**. A diferença fundamental entre a comunicação verbal e a não verbal é que esta ocorre sem recorrer à palavra e aquela depende da palavra.

Pode-se definir a **palavra**, em sua manifestação primária, como sendo um símbolo arbitrário que representa um conceito e que é aceito pela comunidade linguística. Em sua manifestação primária, ou seja, a da via oral, a palavra se compõe de uma sequência de sons que se combinam de acordo com um sistema organizado de modelos. As manifestações secundárias incluem a via escrita, em que as palavras portuguesas se compõem de uma sequência de letras ortográficas, e a via gestual, em que as palavras se compõem de uma sequência de movimentos com as mãos.

Em forma esquemática, então, pode-se dizer que em sua manifestação primária:

A palavra é:
- um símbolo arbitrário
    - que representa um conceito
    - que é aceito por uma comunidade linguística específica
- uma sequência de sons
    - regida por regras que determinam o posicionamento permissível dos sons e suas sequências permissíveis

O **modelo de comunicação** consiste num **emissor** que **codifica** um conceito, a **mensagem** transmitida e um **receptor** que o **decodifica**.

Tanto a comunicação não verbal como a comunicação verbal podem ser efetuadas por três **veículos** distintos: as **emissões acústicas**, as **representações gráficas** e os **movimentos físicos**. A Tab. 1.6 mostra como as duas modalidades de comunicação utilizam esses veículos.

O tipo de comunicação humana mais utilizado e abrangente para a transmissão de conceitos complexos é a comunicação verbal. As vias mais difundidas da comunicação verbal (indicadas pelas casas sombreadas na Tab. 1.6) são a via oral e a via escrita, sendo que a via oral é primária e a via escrita, secundária. Portanto, as habilidades mais usadas e ensinadas são a fala e a compreensão auditiva da via oral e a escrita e a leitura da via escrita. Na fonética e na fonologia, as habilidades mais relevantes são as da via oral: a fala e a compreensão auditiva.

Perguntas de revisão

1. O que distingue o ser humano dos outros seres?
2. O que permite ao ser humano adquirir um sistema de comunicação?

1.6 As duas modalidades de comunicação efetuam-se mediante três veículos distintos.

A comunicação humana	A comunicação verbal (com palavras)	A comunicação não verbal (sem palavras)
Emissões acústicas	**VIA ORAL** fala comprensão auditiva	signos acústicos signos paralinguísticos
Representações gráficas	**VIA ESCRITA** escrita leitura	ícones sinais gráficos
Movimentos físicos	**VIA GESTUAL** falar usando a língua de sinais comprensão visual	gestos emblemáticos gestos aclaradores gestos reguladores expressões de emoção

Conceitos e termos

codificar/codificação	emissor	palavra
compreensão auditiva	escrita	receptor
compreensão visual	fala	representações gráficas
comunicação humana	leitura	socialização
comunicação não verbal	língua de sinais	veículos de comunicação
comunicação verbal	mensagem	via escrita
decodificar/decodificação	modelo de comunicação	via gestual
emissões acústicas	movimentos físicos	via oral

3. O que diferencia a comunicação verbal da não verbal?

4. Quais são os três veículos da comunicação humana?

5. Como a comunicação não verbal ocorre nos três veículos de comunicação humana?

6. Quais são os tipos de movimentos físicos da comunicação não verbal?

7. Quais são os tipos de representações gráficas da comunicação não verbal?

8. Quais são os tipos de emissões acústicas da comunicação não verbal?

9. Como a comunicação verbal ocorre nos três veículos de comunicação humana?

10. Quais são os elementos que definem o conceito de palavra?

11. Comente o modelo da comunicação.

12. Comente o papel do contexto na comunicação.

13. Quais são as vias da comunicação verbal e quais as diferenças entre elas?

14. Explique as relações entre as quatro habilidades principais envolvidas na comunicação.

15. Em que ordem adquirem-se as habilidades principais na aquisição do idioma materno?

16. Que fatores afetam a dificuldade da aquisição de um segundo idioma?

17. Na aquisição de um segundo idioma, quais são as habilidades mais difíceis/ mais fáceis de adquirir? Por quê?

Recursos eletrônicos

1. Fotos de diferentes comunicações não verbais.

2. O apito do árbitro num jogo atlético.

3. Um estalo vaqueiro.

4. Exclamações que demonstram diferenças paralinguísticas.

5. Vídeo do gesto de chamar uma criança.

6. Foto de um cliente que quer dois ingressos.

7. Vídeo de reguladores numa conversa.

8. Foto de uma expressão de emoção de uma pessoa furiosa.

9. Emissão acústica da palavra *livro*.

10. Gesto que representa a palavra *livro* em LIBRAS e em LGP.

Leituras suplementares

Andersen, Peter A. *Nonverbal Communication: Forms and Functions* (2nd ed.). Long Grove, Ill.: Waveland Press, 2008.

Barker, Larry L. & Gaut, Deborah Roach. *Communication*, 8th ed. Boston: Allyn & Bacon, 2002.

Gass, Susan M. & Selinker, Larry. *Second Language Acquisition: An Introductory Course* (4th ed.). New York: Routledge, 2013.

Capítulo 2

A linguística

A linguística é a ciência que estuda a natureza e a estrutura da comunicação humana. Ainda que o linguista se interesse por todos os aspectos da comunicação, seu enfoque principal é a **linguagem** ou a comunicação verbal — especificamente por via oral, que é a manifestação primária da linguagem. Sendo assim, a linguística estuda a linguagem, que inclui todos os eventos relacionados com o processo de codificação, transmissão e decodificação da mensagem.

A linguagem

O pai da linguística moderna, Ferdinand de Saussure, foi o primeiro a diferenciar os conceitos de língua e fala. Para Saussure, a linguagem consistia na combinação de língua e fala.

> Linguagem = Língua + Fala

A **fala**, segundo Saussure, é a **produção acústica e individual** de cada emissor ou falante. Com respeito a nosso modelo de comunicação, a fala, por via oral, concentra-se na **mensagem** que sai da boca. A fala tem propriedades físicas observáveis. Os participantes de um ato de comunicação percebem os movimentos articulatórios que produzem o som; também ouvem o som produzido. A fala é, portanto, a realização, transmissão e recepção físicas do conceito codificado, ou seja, da mensagem.

A **língua**, segundo Saussure, compreende o conjunto de **normas e regras mentais** que todos os membros de uma determinada comunidade linguística têm em comum — é, pois, o modelo normativo da comunidade linguística. Com respeito ao modelo de comunicação, a língua é o código ou sistema de regras que o falante emprega ao codificar uma mensagem e que o ouvinte emprega ao decodificá-la. A língua, então, existe na mente; é algo que não se pode ver, nem sentir, nem ouvir. Sendo a língua um fenômeno mental, não pode ser estudada diretamente; só se podem estudar as estruturas mentais por meio da observação de sua realização na fala.

Esses conceitos de fala e língua foram reelaborados por Noam Chomsky, o linguista de maior renome na atualidade. Chomsky usa o termo **desempenho** (*performance*) em vez de *fala* para referir-se aos processos físicos envolvidos na realização do ato de fala e o termo **competência** (*competence*) em vez de *língua* para referir-se ao conhecimento da língua que o falante armazena na memória ao longo da vida.

As estruturas da língua servem como base da organização da fala. Por exemplo, para expressar suas ideias, o falante codifica suas mensagens em orações. Essas orações geralmente têm uma sequência de elementos que inclui um sujeito, um verbo e, às vezes, um complemento verbal. Se o falante não constrói suas orações de acordo com o modelo gramatical da língua, é possível que a sua produção fônica não seja inteligível para o ouvinte ou que pelo menos o incomode. Por que é então que dois seres humanos se entendem ao falar? É porque os dois compartilham as mesmas regras, as mesmas estruturas, os mesmos símbolos: enfim, compartilham o mesmo sistema de língua. Um ser humano poderia articular todos os sons possíveis e inventar todas as palavras que quisesse, mas sem seguir o sistema de alguma **língua**, jamais conseguiria comunicar-se com competência.

Cada comunidade linguística tem suas próprias estruturas e seus próprios sistemas de regras que unificam os membros da comunidade e que os distinguem dos membros de outras comunidades. Existem alguns casos, porém, de duas linguagens distintas que possuem algumas estruturas em comum, o que permite, às vezes, uma inteligibilidade mútua parcial. Por exemplo, o falante de português pode entender muito do que diz o falante de espanhol. Em outros casos, a diferença entre as estruturas de duas línguas é tão grande que torna impossível a compreensão entre os falantes das mesmas, como é o caso do português e do chinês.

O conceito de comunidade linguística pode ser muito amplo ou muito restrito. A comunidade linguística portuguesa é muito ampla e pode ser dividida em subcomunidades, cada uma com suas próprias normas e regras. A língua de cada subcomunidade é chamada **dialeto**. No mundo lusitano existem dezenas de dialetos, que, apesar das diferenças, ainda são de modo geral mutuamente inteligíveis. Ainda que o lisboeta coma *ananás* e *tangerinas* e o paulistano, *abacaxi* e *mexericas*, os dois podem comunicar-se bem porque compartilham a mesma língua.

A comunicação verbal ocorre somente quando estão presentes os dois componentes da **linguagem**; se qualquer um dos dois elementos da linguagem, a saber a língua ou a fala, estiver ausente, não há comunicação entre o emissor e o receptor.

Um exemplo que demonstra a falta de comunicação pela ausência do elemento "língua" é o que ocorre quando um falante monolíngue de inglês (I) se encontra com um falante monolíngue de português (P). Quando P fala, não há comunicação, porque, apesar de I perceber os sons, não compartilha o sistema de língua necessário para decodificar a mensagem. O falante de inglês até pode tentar imitar alguns dos sons que escuta, mas também não há comunicação, porque os sons produzidos não representam nenhum conceito para ele.

A ausência do elemento "fala" também resulta na falta de comunicação. Alguém que tenha sofrido um derrame cerebral pode manter a faculdade cerebral que controla os conceitos da língua, mas lamentavelmente, ao perder o controle físico necessário para expressá-los pela fala, fica restringido em sua habilidade de comunicar-se.

O signo linguístico

Saussure também criou outra fórmula que auxilia na compreensão das duas facetas que têm tanto a fala como a língua. De outro ponto de vista, a linguagem se compõe de unidades básicas que se chamam signos linguísticos. O signo linguístico é uma unidade linguística que transmite significado. Ele permite a transferência de conceitos por ser a união de um significado com um significante.

Signo linguístico = Significado + Significante

O **significado** é o conceito ou a ideia que se quer transmitir. No **âmbito da fala** (que é o âmbito de expressão individual), o significado de "caverna" é de fato uma caverna, uma entidade física, concreta. No **âmbito da língua** (que é um âmbito de normas mentais), uma "caverna" é o conceito mental, abstrato, de "cavidade subterrânea". Esse conceito inclui todas as características e ideias que uma comunidade linguística tem em comum quanto à classificação do que se considera uma "caverna".

Na Fig. 2.1, o que o cavernícola vê é sua caverna — o significado em âmbito de fala. O que concebe em sua mente é uma imagem do que é uma caverna — o significado em âmbito de língua.

O **significante** é a palavra ou símbolo arbitrário escolhido por uma comunidade linguística para representar um significado. O **âmbito da fala** é a enunciação de uma sequência de sons concretos, fisicamente produzidos. Na simbologia da linguística em âmbito de fala, representa-se o significante entre **colchetes** como [kavérnɐ]. No **âmbito da língua**, o significante é uma sequência de imagens mentais de sons. Esse significante é a imagem mental ou abstrata da palavra que se usa para representar um significado. Ao ver um objeto, pode-se pensar em seu significante sem articulá-lo. Na simbologia da linguística, o significante, em âmbito de língua é representado entre **barras** como /kavéRna/.

Na Fig. 2.2, o cavernícola tem em mente uma imagem mental dos sons da palavra — o significante em âmbito de língua — que

2.1 Significado em âmbito de língua (imagem mental) e em âmbito de fala (manifestação física).

2.2 Significante em âmbito de língua (imagem mental) e em âmbito de fala (representação física).

é o símbolo arbitrário escolhido por sua comunidade linguística para representar esse significado. Para transmiti-lo à mulher, emprega uma cadeia de sons — o significante em âmbito da fala — para simbolizar sua caverna. A mulher, por sua vez, ao perceber essa cadeia de sons, pensa no mesmo símbolo, o significante em âmbito da língua, em que pensava o cavernícola.

Para resumir, os conceitos de significado e significante existem tanto em âmbito de fala como em âmbito de língua. A Fig. 2.3 apresenta uma síntese das relações entre esses conceitos.

O significado e o significante integram o signo linguístico, que serve como base da comunicação verbal. O signo linguístico, segundo Saussure, é a união do conceito com seu símbolo e é essa união que permite que o emissor e o receptor se comuniquem.

Na comunicação, o signo linguístico é um elemento que funciona como uma unidade. Se falta um de seus componentes, não ocorre a comunicação. Por exemplo, se um falante sabe o "significado" mas não o "significante", vê-se obrigado a recorrer à circunlocução. Assim o aluno que sabe bem o que é um "overhead projector" falará do

2.3 As relações entre os conceitos de significado e significante em âmbito de língua e fala.

	Língua	Fala
Significado	(imagem mental de caverna)	(caverna)
Significante	/kavéRna/	[kavérnɐ]

"aparelho que o professor usa na aula para projetar numa tela imagens de figuras, gráficos ou textos" porque desconhece o **significante** *retroprojetor*. Nesse caso, a comunicação sofre porque essa descrição, além de ser prolixa, não informa se o aparelho citado se trata de um projetor de slides ou outro tipo de projetor, o que deixa a mensagem ambígua.

Por outro lado, o falante que usa o significante *aríete* não comunica nada se o ouvinte ao receber o "significante" não sabe o "significado". Ainda que se apresente o significante num contexto explícito como "Os soldados usaram um aríete para derrubar a porta do castelo", quem não souber que o significado de *aríete* é "máquina militar que se empregava antigamente para derrubar muralhas (*battering ram*)", não conseguirá decodificar a mensagem com precisão.

A codificação de uma mensagem

Como já se expôs anteriormente, o emissor, ao conceituar uma ideia que queira comunicar a um receptor, tem de codificá-la para transmiti-la. Caso decida comunicá-la por via oral, entram em ação os princípios de língua e fala por um lado e os de significado e significante por outro lado. Se o conceito a ser comunicado for a posição relativa do giz e da mesa que se veem na Fig. 2.4, provavelmente se dirá algo como "O giz está na mesa". Mas de que forma o emissor passa do conceito visto na Fig. 2.4 à produção física da oração: "O giz está na mesa?"

A codificação é um amplo conjunto de processos mentais e físicos. Um dos primeiros processos é o de escolher os símbolos (significantes) para representar os elementos (significados) do conceito. Em nosso exemplo, então, devemos empregar os significantes "mesa giz em estar". Mas este passo não nos deixa com uma mensagem aceitável.

De acordo com as normas da linguagem, é necessário que os significantes componham uma oração que tenha estrutura e ordem. Para nosso exemplo, a ordem das

2.4 O conceito da posição relativa entre o giz e a mesa.

palavras escolhidas terá que ser "giz estar em mesa". Além disso, as normas exigem a presença de outras palavras para introduzir as palavras "giz" e "mesa".

No entanto, a comunicação ainda não tem uma estrutura aceitável — é preciso que todas as palavras tenham a forma correta. Assim, a forma da palavra que introduz as palavras "giz" e "mesa" tem que ser "o" e "a" respectivamente, e o verbo "estar" tem que apresentar-se na forma "está". Também as palavras "em" e "a" se combinam na forma "na". A estrutura da oração já está pronta: "O giz está na mesa".

Para transmitir o conceito, porém, é necessário converter essa sequência de palavras em sons. Os processos da linguagem relacionados ao som são o tema deste livro.

Esse exemplo permite-nos ver que a codificação de uma mensagem tem no mínimo quatro etapas essenciais:

1. a seleção de signos linguísticos, cujos significantes se prestem a representar os significados dos elementos do conceito a ser comunicado;
2. a organização desses signos linguísticos em orações;
3. a acomodação da forma das palavras à estrutura ou contexto da oração;
4. a transmissão da oração mediante a formação de sons.

Os campos básicos da linguística

A linguística estuda precisamente os sistemas básicos que produzem as estruturas delineadas no processo de codificação. Esses sistemas compõe-se das regras e das estruturas que o ser humano emprega para codificar e decodificar mensagens.

A **linguística** compreende quatro campos básicos, um para cada tipo de sistema: o sistema de significado, o sistema de estruturas de orações, o sistema de formas de palavras e o sistema de sons. A disciplina que estuda o significado é a **semântica**. A **sintaxe** estuda a estrutura das orações. O sistema das formas de palavras é o enfoque da **morfologia**. O estudo do sistema de sons denomina-se **fonologia**.

A semântica

A semântica é a ciência que estuda o significado. O significado manifesta-se em três níveis. O primeiro nível é o **significado da palavra**. O segundo nível, o **significado da oração**, resulta da organização das palavras em orações. O terceiro nível, que é chamado **pragmática**, estuda a maneira em que o contexto afeta a interpretação do enunciado.

O significado da palavra

O estudo semântico das palavras trata do significado de cada palavra em si ou da relação que pode existir entre palavras. A questão do significado das palavras não é simples e o semanticista empenha-se em descobrir a natureza do significado e suas nuances. Intenta também descrever a relação filosófica que existe entre o significado e o significante. Cada falante dispõe de um léxico, ou "dicionário mental", que relaciona significados e significantes.

A lexicologia estuda o significado de cada palavra. O lexicógrafo tenta definir o léxico formalmente pela produção de dicionários e estudos sobre as palavras. Isso inclui a preparação de dicionários monolíngues, bilíngues, regionais, dialetais, etimológicos e técnicos, como também dicionários de sinônimos e antônimos e dicionários de uso.

Outros aspectos fundamentais que afetam o significado da palavra são a denotação e a conotação. A denotação da palavra *advogado*, por exemplo, é algo como "pessoa legalmente autorizada para litigar ou aconselhar em assuntos jurídicos". Já a conotação inclui todos os valores afetivos atribuídos aos advogados, sejam positivos ou negativos.

Existem também várias relações entre palavras que fazem parte do estudo da semântica: a sinonímia, a antonímia, a hiponímia, a hiperonímia, a ambiguidade, a polissemia e a homofonia. A sinonímia estuda as relações de semelhança e diferença de sentido que existem entre várias palavras: por exemplo, *bela, linda, bonita* e *formosa*. A antonímia investiga a relação de oposição de sentido entre duas palavras que representem dois extremos ao longo de um continuum: por exemplo, *bem* e *mal*.

A hiponímia e a hiperonímia analisam as relações de inclusão. Por exemplo, a relação entre *rosa* e *flor* é que esta inclui aquela; *rosa*, então, é um hipônimo de flor e *flor* é o hiperônimo de *rosa*. A ambiguidade léxica se vê exemplificada na oração *é um abacaxi*, que, de acordo com o contexto, pode referir-se ao fruto comestível de uma planta ou a uma coisa trabalhosa ou desagradável. Tanto a polissemia como a homofonia têm a ver com diferentes palavras que se formam mediante a mesma sequência de sons. No caso da polissemia as duas palavras vêm do mesmo radical semântico. Assim, as palavras *fala* (o substantivo) e *fala* (o verbo) representam um caso de polissemia por derivarem-se do mesmo radical. Por outro lado, *acento* (sinal diacrítico) e *assento* (para sentar) são homófonos, porque não existe nenhum elo semântico entre os dois significados.

O significado da oração

O significado de uma oração é mais do que a soma do significado de suas partes porque a estrutura da oração indica as relações existentes entre suas partes. O estudo semântico da oração trata do **significado das estruturas da oração**, dos **referentes**

dos componentes da oração, da avaliação da **veracidade da oração** e das **relações entre orações**.

Ao estudar o **significado das estruturas da oração**, por exemplo, pode-se examinar o papel temático ou semântico que um elemento nominal de uma oração exerce. Assim pode-se ver que o papel da palavra *João* é distinto em cada uma das seguintes orações:

1. *João* bateu na porta. [sujeito]
2. Vejo *João*. [objeto direto]
3. Dei dinheiro para *João*. [objeto indireto]
4. A porta bateu em *João*. [objeto de preposição]

A semântica também estuda a interpretação dos pronomes, que são uma espécie de variável linguística, porque podem mudar de referente de acordo com a circunstância. Por exemplo, o pronome *eu* muda de significado de acordo com quem o diga. Esse conceito de referência variável chama-se dêixis e aplica-se também a referência temporal (*ontem, hoje, amanhã*) e espacial (*este, esse, aquele*).

Além disso, a semântica estuda a **referência dos componentes da oração**. O referente, que é o elemento a que se alude num enunciado, pode variar de acordo com o contexto. Por exemplo, a oração *O cavalo é uma besta de carga* pode referir-se ao cavalo em geral ou a um cavalo específico.

Os estudos sobre a **veracidade das orações** vão além dos temas linguísticos e entram na esfera da filosofia. A veracidade descreve a relação (verdadeira ou falsa) que existe entre os elementos de uma oração ou entre orações.

A semântica examina vários tipos de **relações entre orações**. Perífrase (análoga à sinonímia) é a relação entre duas orações que têm o mesmo significado: *João sairá amanhã* e *João vai sair amanhã*. Contradição (análoga à antonímia) é a relação entre duas orações que não podem ser verdadeiras ao mesmo tempo: *Minha esposa é inteligente* e *Sou solteiro*. A vinculação (análoga à hiponímia) refere-se ao caso em que a veracidade de uma oração inclui a veracidade de outra. Por exemplo, a oração *Fulano é feliz* implica a veracidade da oração *Fulano está contente normalmente*. A ambiguidade estrutural (análoga à homofonia) refere-se à situação em que uma oração tem, devido a sua estrutura, duas possíveis interpretações. Assim, a oração *O assassinato de Beatriz foi horroroso* é ambígua, porque pode servir para descrever tanto algo que ela tenha feito (assassinado alguém) como algo que lhe tenha acontecido (alguém a assassinou).

A pragmática

A **pragmática** é o ramo da semântica que estuda o efeito do contexto no significado da oração. Estuda especificamente como as **atitudes e crenças**, as **pressuposições** e os **princípios de cooperação conversacional** afetam a interpretação do significado de uma oração. Também estuda o papel do propósito do **ato de fala**.

As **atitudes e crenças** dos falantes muitas vezes afetam a maneira em que interpretamos o significado de uma oração. De fato, às vezes, nossas atitudes e crenças clarificam a ambiguidade de uma oração. Por exemplo, se comparamos as duas orações *O juiz recusou-se a soltar o réu por ser cauteloso* e *O juiz recusou-se a soltar o réu por ser perigoso*, vemos que apresentam uma ambiguidade estrutural — ou seja, as palavras "cauteloso" e "perigoso" podem referir-se tanto ao juiz quanto ao réu. Nossas atitudes e crenças, porém, dizem-nos que o juiz é cauteloso e o réu, perigoso.

A **pressuposição** refere-se ao caso em que a veracidade de uma oração pressupõe a veracidade de outra. Por exemplo: *Alegro-me de que esteja aqui* pressupõe a veracidade de *Você está aqui*.

Os **princípios de cooperação conversacional** empregam quatro máximas para avaliar se um enunciado é ou não é apropriado: a relevância, a qualidade, a quantidade e a clareza. Por exemplo, o ouvinte que escuta a oração *João não se embebedou ontem à noite* pode inferir que *João se embebeda com certa frequência*, porque de outra maneira, a oração não seria relevante. A qualidade refere-se à expectativa de que o enunciado seja verdadeiro; a quantidade, a que se espera que o enunciado contenha informações suficientes para o contexto sem exceder o necessário; a clareza, a que o enunciado seja claro e não ambíguo.

Ao examinar-se o propósito do **ato de fala**, podem ser identificados vários motivos pelos quais realizamos um enunciado: para asseverar, interrogar, mandar, etc. Muitas vezes o significado de uma oração vai além de sua simples estrutura. Por exemplo, a mãe que diz ao filho *Seu quarto está muito sujo* provavelmente não o faz para asseverar esse fato, mas sim para mandar-lhe que o limpe. Ao perguntar a uma criança por telefone *A tua mãe está?*, o falante geralmente não quer que a criança responda com um mero "*Sim*" ou "*Não*", mas sim que chame a mãe ao telefone.

A sintaxe

A sintaxe é a ciência que estuda a organização e estrutura da oração e as relações que existem entre suas palavras e constituintes. As palavras em si pertencem a diversas categorias gramaticais dependendo de seu significado e forma: substantivo, verbo, adjetivo, advérbio, preposição, conjunção, pronome, determinante e interjeição. A sintaxe interessa-se em estudar a função das palavras e dos constituintes da oração. Por exemplo, ainda que a palavra *nadar* tenha a forma de verbo, na oração *Nadar é bom exercício*, exerce a função de substantivo. Um constituinte é um agrupamento de palavras que juntas exercem a mesma função. Por exemplo, se comparamos os sintagmas *o livro azul* e *o livro de cor avermelhada* vemos que o constituinte (sintagma preposicional) *de cor avermelhada* tem a mesma função que o adjetivo *azul* e, assim, funciona como uma só entidade ou constituinte.

A oração

Existem várias teorias sintáticas, porém a mais prática para a introdução dos conceitos básicos divide a oração em três estruturas principais: sintagmas nominais, sintagmas verbais e modificadores. A estrutura de uma oração (**O**) exige, no mínimo, a presença de um sintagma nominal (**SN** ou sujeito) e de um sintagma verbal (**SV** ou predicado). A oração pode ampliar-se mediante um modificador (**Mod**). A formalização da oração, então, segue a regra:

$$O \rightarrow SN_{suj} + SV + (Mod)$$

Esse tipo de regra, que gera a estrutura de uma oração, é chamado de **regra estrutural**. A representação do *Mod* entre parênteses indica que esse é um elemento optativo e não obrigatório.

A análise sintática da oração *João saiu ontem* indica a presença de um SN (João), um SV (saiu) e um Mod (ontem). A análise, que se apresenta geralmente em forma de "árvores", indica não somente os elementos estruturais da oração, mas também suas funções e relações.

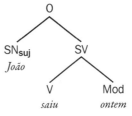

O sintagma nominal

O elemento central do SN é o nome ou substantivo. No SN, o substantivo pode aparecer sozinho, como no caso de *João*. Pode estar precedido por determinantes (Det — artigos, demonstrativos, possessivos, numerais, etc.) como "*o professor*", "*todos os três meninos*". Pode estar sucedido por modificadores (Mod) como "*as montanhas altas*". A regra para SN é:

$$SN \rightarrow (Det) + N + (Mod)$$

Assim, representa-se o SN *os alunos inteligentes* em forma de árvore da seguinte maneira:

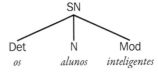

Na oração, o SN pode exercer quatro funções distintas. Pode funcionar como **sujeito** (SN_{suj}) de uma oração como no exemplo "*João* saiu ontem". Nesse caso, o SN é dominado diretamente pela oração (O). Em outros casos, o SN funciona como **objeto direto** (SN$_{od}$) e é dominado pelo SV como na oração "Sicrano comprou *o livro*". O SN também pode funcionar como **objeto indireto** (SN$_{oi}$), também dominado pelo SV. O objeto indireto refere-se a outra entidade ligada ao evento descrito pela oração como por exemplo: "Maria deu um livro *a Beltrano*". A última possibilidade é que o SN funcione como **objeto de preposição** (SN$_{op}$). Nesse caso, o SN é dominado por um sintagma preposicional (SP) com função de modificador como na oração: "O livro está n*a mesa*". Um exemplo de oração que contém essas quatro funções nominais é "Maria deu um livro a João no parque". Representa-se a estrutura dessa oração da seguinte maneira:

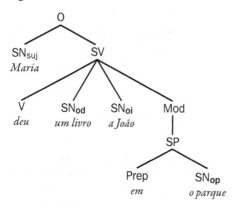

O sintagma verbal

O SV pode tomar várias formas distintas dependendo das características semânticas do verbo. Classificam-se os verbos em três grupos principais: copulativos, intransitivos e transitivos. Os principais verbos copulativos são *ser* e *estar*. Esses verbos servem para ligar o sujeito da oração a outro substantivo (Fulano *é* professor.) ou modificador (Sicrano *é* inteligente.). Os verbos intransitivos são os que comunicam um evento sem objeto direto (Maria *canta* bem.). Na teoria sintática geral, os verbos transitivos são os que vão acompanhados de um objeto direto (João *estuda* fonética.).

Um dos elementos fundamentais do sintagma verbal é o auxiliar (**Aux**). Esta estrutura contém a especificação de tempo e aspecto e pode conter os verbos auxiliares como *estar* + gerúndio (*está correndo*) e *ter* + particípio passado (*tenho comido*). O SV pode ter também, como foi exemplificado acima, um ou mais elementos SN ou Mod. A regra, pois, do SV é:

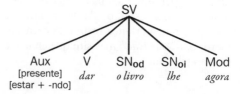

Assim, representa-se o SV *está lhe dando o livro agora* da seguinte maneira:

```
              SV
   ┌─────┬─────┬─────┬─────┐
  Aux    V   SN_od  SN_oi  Mod
[presente] dar o livro lhe  agora
[estar + -ndo]
```

O modificador

Os modificadores (**Mod**) acrescentam detalhes explicativos ou especificativos secundários à estrutura primária. As estruturas de modificação (indicadas abaixo em negrito) podem aderir-se a quase qualquer outra estrutura (sublinhadas abaixo). A estrutura modificada pode ser:

- uma oração (**De verdade**, fomos ao cinema.);
- um substantivo (Nos deu um livro **antiquado**.);
- um verbo (Chegaram **antes de sairmos**.);
- um adjetivo (O pai da noiva ficou **muito** zangado.);
- um advérbio (Nunca pude correr **tão** rapidamente.).

Estruturalmente, há três tipos de modificação: a simples, a sintagmática e a oracional. O **modificador simples** ocorre geralmente com a presença de uma só palavra — um adjetivo para a modificação de substantivos (Minha irmã comprou uma casa *nova*) ou um advérbio para a modificação de outras estruturas (Meu tio construiu uma casa *recentemente*). O **modificador sintagmático** ocorre com a presença de um sintagma preposicional (Minha irmã comprou uma casa *na floresta*). Esse sintagma pode exercer função adjetival ou adverbial, conforme a estrutura que modifica. O terceiro tipo é o modificador oracional. Os modificadores oracionais são orações que funcionam como modificadores de algum elemento da oração principal. (Minha irmã comprou uma casa *que o meu tio construiu*.). Pode-se expressar a regra para *Mod* da seguinte maneira (as chaves indicam que se pode usar qualquer das alternativas):

$$\text{Mod} \rightarrow \begin{Bmatrix} \text{SA} \\ \text{SP} \\ \text{O} \end{Bmatrix}$$

SA é um sintagma adjetival ou adverbial, cuja regra é:

$$\text{SA} \rightarrow (\text{quantificador}) + \begin{bmatrix} \text{Adj} \\ \text{Adv} \end{bmatrix} + (\text{Mod})$$

A regra para o sintagma preposicional (SP) é:

$$\text{SP} \rightarrow \text{Prep} + \text{SN}_{cp}$$

Esses três tipos de modificação se manifestam na oração "Minha irmã comprou uma casa nova na floresta, a qual meu tio construiu". Vê-se essa oração representada na Fig. 2.5.

A recursividade

A linguística moderna tem como princípio básico o conceito de que sempre se podem criar novas orações e que assim existe um número infinito de novas orações possíveis. Também aceita o princípio de que a oração em si pode ser de tamanho infinito devido à recursividade. A recursividade é o princípio que permite a expansão de uma estrutura mediante a aplicação cíclica das próprias regras estruturais. Essa expansão cíclica se vê nas manifestações sintáticas de recursividade: a **coordenação** e a **subordinação**.

2.5 A estrutura de "Minha irmã comprou uma casa nova na floresta, a qual meu tio construiu".

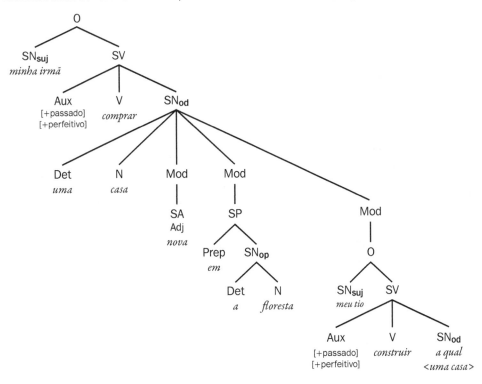

A **coordenação** une dois ou mais elementos do mesmo tipo numa série, ligados por uma conjunção. A regra da coordenação é:

> X → X + conj + X

O **X** pode representar qualquer estrutura, seja uma **O** (*João chegou e Maria saiu.*), **SN** (*O professor e o estudante falaram.*), **SV** (*Os alunos estudaram e se saíram bem na prova*), ou **Mod** (*Os estudantes são inteligentes e dedicados.*).

A **subordinação** ocorre quando uma estrutura oracional se expande pela inclusão de outra oração. Por exemplo, como já foi dito, o **Mod** e o **SN**) podem ser realizados como uma **O**:

> Mod → O
> SN → O

A oração "*Minha irmã comprou uma casa nova na floresta, a qual meu tio construiu*" serve de exemplo. Nela, um dos modificadores de *casa* é a oração *Meu tio construiu a casa*. Na oração "*Que tu o tenhas feito me irrita*", o sujeito (SN$_{suj}$) da oração principal é a oração subordinada *Tu o tens feito*.

Níveis de estrutura sintática

A sintaxe moderna estuda a estrutura em dois níveis — a **estrutura profunda** (o âmbito da língua ou âmbito da organização mental) e a **estrutura superficial** (o âmbito da fala ou âmbito da realização física). As orações *Fulano abriu a porta* e *A porta foi aberta por Fulano* referem-se ao mesmo evento; ou seja, as relações semânticas entre os vários elementos dessas duas orações são as mesmas; assim, as duas estruturas superficiais têm a mesma estrutura profunda produzida pelas regras estruturais, como se vê na seguinte árvore:

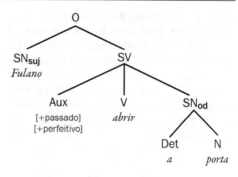

A diferença entre essas duas orações, que se manifesta na estrutura superficial, é a seleção de *Fulano* ou de *a porta* como elemento de enfoque principal. A estrutura superficial que salienta *a porta* se produz mediante a aplicação de uma **regra transformacional** à estrutura profunda da oração. Essa regra tem a forma demonstrada na Fig. 2.6.

Assim, as regras estruturais produzem a estrutura profunda. As regras transformacionais dão à estrutura profunda uma estrutura superficial. A Tab. 2.7 resume a distinção entre os dois tipos de regras sintáticas e os níveis sintáticos que produzem.

Uma nota sobre a terminologia sintática

É preciso rever alguns termos da gramática tradicional da língua portuguesa e sua correspondência com os termos aos quais os falantes nativos de inglês estão acostumados:

O termo frase em português tradicionalmente refere-se a qualquer enunciado que tenha sentido completo. Contanto que tenha sentido completo, a frase não precisa conter verbo (chamada frase nominal) e pode até ser composta por uma única palavra. "Fogo!", "Que bonito!", "O quê?" são todos exemplos de frases. O anglofalante precisa prestar atenção porque "frase" em português não é o mesmo que "phrase" em inglês.

O termo oração tradicionalmente em português refere-se à unidade sintática

2.6 A regra transformativa para a voz passiva.

SN$_1$ + V + SN$_2$	⇒	SN$_2$ + ser + V$_{particípio\ passado}$ + (por + SN$_1$)
Fulano abriu a porta	/	A porta foi aberta (por Fulano)

Tipo de regra	Estrutura produzida	Formato	O que a regra faz
Regras estruturais	Estrutura profunda	X ⟶ Y + Z	Cria a estrutura profunda.
Regras transformacionais	Estrutura superficial	DE ⟹ ME	Transforma a estrutura profunda na estrutura superficial.

2.7 A distinção entre os dois tipos de regras sintáticas e os níveis sintáticos que produzem. DE = Descrição estrutural; ME = Mudança estrutural.

organizada em torno de um ou mais verbos. O termo "oração" pode ser usado tanto para denominar uma frase, o que em inglês chama-se "sentence", como para denominar o que em inglês se chama "clause".

Um período é uma frase, portanto com sentido completo, constituída de uma ou mais orações. É sempre usado para denominar o que em inglês chama-se "sentence".

Um sintagma é uma sequência de palavras organizadas em torno de um núcleo, que funciona como uma unidade sintática. Corresponde ao que na gramática inglesa chama-se "phrase": Noun phrase= sintagma nominal, verb phrase = sintagma verbal, prepositional phrase = sintagma preposicional, etc.

Para os fins deste livro, o termo "oração" será adotado tanto para períodos (sentences) como para as orações subordinadas ou coordenadas (clauses), como é comum na análise sintática. O símbolo "O" refere-se a "oração" tanto no sentido de "oração" (clause) com no sentido de "período" (sentence). Para o aluno anglofalante, a atenção ao contexto é essencial para diferenciar quando "oração" se refere a "sentence" e quando se refere a "clause".

A morfologia

A morfologia é o ramo da linguística que estuda a **estrutura das palavras**. O elemento principal na estrutura das palavras é o **morfema**, que é a unidade mínima com significado semântico ou gramatical.

Os morfemas podem classificar-se em **livres** ou **presos**. O morfema livre é aquele que pode ser empregado sozinho (como a palavra *escravo*); já o morfema preso, como o próprio nome indica, é o que precisa ligar-se a outro morfema. Por exemplo: a terminação *-izar* da palavra *escravizar*.

As palavras, por outro lado, podem ser classificadas segundo as características dos morfemas que as compõem. Uma palavra **simples** é composta por um só morfema (por exemplo o substantivo *terra*). Uma palavra **complexa** é composta por mais de um morfema (por exemplo o verbo *a–terrizar*). Uma palavra **composta** contém mais de um radical (por exemplo o substantivo *porta-aviões*).

A estrutura das palavras complexas

Os morfemas das palavras complexas podem classificar-se como **radicais** ou como **afixos**.

O radical, que provê o significado básico da palavra, pode ser livre (como se vê no exemplo de *terra*) ou preso (como se vê no exemplo de *in–epto*, em que a raiz não pode ser empregada sozinha no português moderno). Todas as palavras da língua têm um radical. Às vezes, o radical é uma palavra completa (*terra*, que também é morfema livre) e outras, é somente uma parte da palavra (*aterrizar*).

Ao radical, podem-se acrescentar afixos de três tipos: os **prefixos** (que vêm antes do radical: *re–nascer*), os **infixos** (que vêm no meio da palavra: *ser-lhe-á*) ou os **sufixos** (que vêm depois do radical: *nasc–eram*).

O morfema, como já se definiu, é a unidade mínima de significado das palavras. Na prática, um mesmo morfema pode apresentar-se de diversas formas. O morfema derivacional que expressa negação, por exemplo, pode apresentar-se como *i-*, *in-*, ou *im-* dependendo do morfema que o suceda: *i-legível, in-aceitável, im-possível*. As variantes de um morfema são chamadas de **alomorfos**. O morfema que expressa o conceito de pluralidade possui dois alomorfos: *-s* ou *-es* dependendo do morfema anterior. Por exemplo: *livro-s, cor-es*.

A estrutura interna das palavras é representada graficamente por meio de árvores morfológicas. A seguinte árvore demonstra a estrutura da palavra complexa *internacionalizações*.

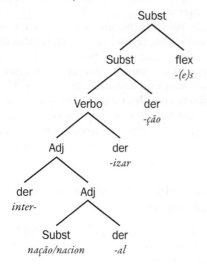

Nessa palavra, o radical é o substantivo *nação*, que se transforma no adjetivo *nacional* mediante a aplicação do sufixo derivacional *-al* que significa 'pertencente ou relativo a'. Acrescentando-se o prefixo derivacional *inter-*, que significa 'entre uma e outra', forma-se o adjetivo *internacional*. O sufixo derivacional *-izar*, que significa 'transformar em', produz o verbo *internacionalizar*. O sufixo derivacional *-ção*, que significa 'ação e efeito de', produz *internacionalização*, substantivo que pode pluralizar-se mediante a aplicação do alomorfo flexional *-es*, formando assim a palavra *internacionalizações*.

Os afixos derivacionais e flexionais

Os afixos também podem ser classificados como **derivacionais** ou **flexionais**. A Tab. 2.8 resume as diferenças entre esses dois tipos de afixos.

A **derivação** é o processo de formação de palavras no qual sufixos ou prefixos são afixados ao radical e lhe acrescentam informação semântica. Os morfemas derivacionais se aplicam somente a uma parte das palavras de uma categoria gramatical. Por exemplo: enquanto o sufixo *-al* se adere com o mesmo significado aos radicais *nação/nacional, derivação/derivacional* e *substantivo/substantival*, não pode aderir-se a outros substantivos como *livro, país* nem *religião*. Os afixos derivacionais aplicados a um radical podem mudar a categoria gramatical da palavra. Por exemplo: o sufixo derivacional *-al*, ao aderir-se diretamente ao radical substantival *nação/nacion*, acrescenta-lhe o significado de 'pertencente ou relativo a' e muda a categoria gramatical da palavra resultante (*nacional*) a adjetivo. Outra característica dos morfemas derivacionais é a de se afixarem o mais próximo possível do radical.

O exemplo da palavra *internacionalizações*, já representada em forma de árvore, contém quatro afixos derivacionais {*inter-*, *-al*, *-iza*, *-ção*} que demonstram como

2.8 Distinções entre os afixos derivacionais e flexionais.

	Afixo derivacional	Sufixo flexional
Aplicação	parcial	≈ total
Categoria	pode ou não mudar a categoria	não muda a categoria
Colocação	mais perto do radical	mais longe do radical
Informação	semântica	gramatical

esse tipo de afixo altera o significado da palavra, acrescentando-lhe outra dimensão semântica. Um afixo derivacional muito comum é o diminutivo –*inho*, que além de seu significado básico de pequenez (por exemplo: *carrinho, casinha*), pode indicar carinho (por exemplo: *filhinho, amorzinho*). No caso de *cedinho*, intensifica a ideia de cedo e passa a significar "muito cedo".

A **flexão** é o processo que altera a forma de uma palavra mediante a afixação de sufixos ao radical que lhe acrescentam informação gramatical. Os morfemas flexionais são colocados o mais longe possível do radical. Os morfemas flexionais aplicam-se a todas (ou a quase todas) as palavras de uma categoria gramatical. Os sufixos flexionais não mudam a categoria gramatical da palavra.

As classes gramaticais que admitem a flexão são o substantivo, o adjetivo, o verbo e o pronome. Os substantivos flexionam-se em número (*casa—casas, flor—flores*) enquanto os adjetivos se flexionam tanto em número (*bonito—bonitos, feliz—felizes*) quanto em gênero (*bonito—bonita, chileno—chilena*). Os verbos flexionam-se em tempo, aspecto, modo, número e pessoa. Por exemplo, a forma verbal *tenhamos* indica a primeira pessoa do plural do presente do subjuntivo com aspecto imperfectivo. Os pronomes flexionam-se em número, pessoa, tratamento, função (também chamado caso) e, às vezes, gênero. Por exemplo, o pronome *lhes* é empregado como objeto indireto e indica a terceira pessoa plural.

A formação de palavras

A morfologia estuda também as várias maneiras e processos pelos quais as palavras se formam. Os processos mais produtivos de formação de palavras são a **derivação** (abordada na seção anterior) e a **composição**.

As palavras **compostas** caracterizam-se por terem dois ou mais radicais da mesma classe gramatical ou de classes gramaticais diversas. As palavras compostas podem formar-se pela união de substantivo + substantivo (*ferrovia, porco-espinho*), verbo + substantivo (*passatempo, arranha-céu*), substantivo + adjetivo (*pernilongo, criado-mudo*), verbo + verbo (*vaivém, perde-ganha*) ou adjetivo + adjetivo (*tragicômico, surdo-mudo*). Entre as outras possíveis combinações, existe a possibilidade de formar palavras compostas de substantivo + sintagma preposicional (*caixa-d'água, lua-de-mel*) e até um sintagma verbal (*sabe-tudo, bem-me-quer*). A palavra composta pode ser escrita ortograficamente como uma só palavra (*paraquedas, girassol*), como palavra escrita com hífen (*para-brisas, couve-flor*) ou como palavras separadas (*secretária eletrônica, máquina de escrever*).

Existem também muitos outros processos de formação de palavras. A **conversão** (também conhecida como derivação imprópria) ocorre quando se emprega uma palavra de uma categoria gramatical em função de outra categoria. Por exemplo, o verbo *dever* 'must, ought' converteu-se no substantivo *o dever* 'duty, obligation'. O particípio passado do verbo *impor*, isto é, *imposto* 'imposed', converteu-se no substantivo *o imposto* 'tax'. O adjetivo *rápido* 'fast, quick' pode ser empregado como advérbio em orações do tipo *João corre rápido*.

A **redução** ocorre quando uma parte da palavra substitui a palavra inteira. Assim, pode-se usar a palavra *moto* para referir-se a *motocicleta*, ou *foto* para referir-se a *fotografia*.

A **combinação** é a união de elementos parciais não radicais de duas palavras diferentes para formar uma palavra nova. Dessa maneira criou-se a palavra *informática* de **inform**ação auto**mática**, a palavra *UniCamp* de **Uni**versidade de **Camp**inas [unikẽᵐpi] e a palavra *embora* de *em boa hora*.

Um processo semelhante é aquele pelo qual uma **sigla** se transforma em um **acrônimo** e forma uma palavra nova mediante o emprego do primeiro som (ou até os primeiros dois sons) de cada uma das palavras sucessivas (ou pelo menos das palavras principais) de uma locução. Alguns exemplos são *FAB* [fábi], que vem de *Força Aérea Brasileira*, e *USP* [úspi], que vem de *Universidade de São Paulo*.

Entre os outros processos de formação de palavras encontra-se a **derivação regressiva**, que é a formação de um vocábulo mais simples pela supressão de um suposto afixo de uma palavra tomada por derivada. Dessa maneira a palavra *ajuda* foi criada da palavra *ajudar* pela eliminação do sufixo *–r*, que marca o infinitivo. O neologismo *ajuda* provavelmente surgiu porque erroneamente tinha-se concebido que *ajudar* tivesse sido formado pela afixação do sufixo verbal *–r* ao substantivo *ajuda*, antes inexistente. De igual forma criou-se o substantivo *choro* do verbo *chorar*. Quer dizer, o verbo *chorar* serviu de base para a criação do substantivo *choro* (de forma mais simples) e não ao contrário que teria sido o processo mais geral.

Outro processo é a **reduplicação**, que resulta da simples repetição de um vocábulo, que pode causar alterações no significado. Dessa forma o significado da oração *Venho já* é distinto do significado da oração *Venho já já*, porque esta comunica uma nuance de imediação que aquela não transmite. De igual forma, as palavras *tico-tico*, *nanar* e *papar* contêm reduplicações.

A **onomatopeia** é a criação de palavras que procuram imitar sons e ruídos não linguísticos. Alguns exemplos são os sons de animais (*miau* 'meow', *cocorocó* 'cock-a-doodle-doo'), os substantivos que descrevem ruídos (*o assobio* 'whistle', *o chiado* 'hiss') e os verbos que descrevem a produção de sons (*piar* 'to chirp', *coaxar* 'to croak').

Os **empréstimos**, palavras que têm origem em outro idioma, representam outro processo através do qual o português adquire muitos vocábulos novos. Por exemplo, foram introduzidos do inglês as palavras *bacon* [béįkõ], *carpete*, *cheque* e *estandardizar*, algumas delas de emprego geral nas comunidades de língua portuguesa. Entre os empréstimos encontram-se exemplos de outros processos como a **inovação**, a criação de novas palavras, geralmente de origem científica como *náilon*, *Teflon*®, etc.

Também se observa o processo de **extensão**, em que se passa a empregar o nome da marca de algum produto como seu nome genérico. Assim, no começo do século XX usava-se a palavra *klaxon*, que era a marca inglesa de uma buzina automobilística, como sinônimo de buzina, qualquer que fosse a marca. De igual maneira entre as décadas de 1970 e 1990 empregava-se o termo *Winchéster*® para qualquer disco rígido ('hard drive'), porque essa foi a primeira marca de discos rígidos introduzida no Brasil. Outros exemplos incluem Bombril® que é empregado em vez de "palha de aço" e Gillete® em vez de "lâmina de barbear". Outro tipo de extensão é o emprego de um nome próprio para um conceito inventado ou descoberto por uma pessoa. Assim, *watt* (de James Watt, inventor e engenheiro escocês) passou a ser uma medida de potência e *hertz* (de Heinrich Hertz, físico alemão) passou a ser uma medida de frequência equivalente a um ciclo por segundo.

A fonética e a fonologia

A fonética e a fonologia são as ciências que estudam os sons da linguagem. Assim como no caso das estruturas sintáticas, é possível estudar os sons tanto do ponto de vista da língua quanto da fala. Como indica o título deste livro, *Manual de fonética e fonologia da língua portuguesa*, essas duas disciplinas são distintas. A fonética é o estudo dos sons no âmbito da fala; a fonologia é o estudo dos sons no âmbito da língua.

A fonética, que é o estudo dos sons no âmbito da fala, ocupa-se da questão da produção física dos sons, entre outras. Quer dizer, estuda a realização de cada som individual. A fonologia, que é o estudo dos sons no âmbito da língua, investiga a imagem mental dos sons e a relação entre as imagens mentais e os sons produzidos. Essas imagens mentais dos sons formam, então, um sistema governado por regras utilizadas por todos os membros de uma comunidade linguística.

Como o enfoque principal deste livro é a fonética e a fonologia, apresentar-se-ão os detalhes do contraste entre esses dois campos de estudo no próximo capítulo.

Os ramos secundários da linguística — outras perspectivas

Os campos básicos que formam o núcleo do estudo linguístico — a semântica, a sintaxe, a morfologia, a fonética e fonologia — podem ser examinados de diversas perspectivas, ou seja, de vários pontos de vista ou enfoques.

A **sociolinguística** estuda o relacionamento entre a linguagem e a sociedade. A política da linguagem, o bilinguismo e a sociologia da linguagem são alguns ramos da linguística que estudam o papel da linguagem na sociedade. A sociolinguística examina também as variações sociais que existem na fala dos membros de uma comunidade linguística. As estruturas semânticas, sintáticas, morfológicas, fonológicas e fonéticas empregadas podem variar de acordo com o sexo do falante, sua classe socioeconômica, sua idade, sua origem, seu grau de escolaridade e o ambiente social em que se encontra, entre outros fatores sociais.

A **dialetologia** estuda as variações regionais de determinada linguagem. Não é difícil observar que existem muitas diferenças entre a fala dos gaúchos, paulistanos, cariocas, recifenses, lisboetas, coimbrenses e moçambicanos. O dialetólogo descreve as diferentes características das estruturas básicas de cada dialeto. A variação dialetal manifesta-se principalmente no campo fonético (em que os sons e a entonação podem variar de acordo com a região ou subcomunidade linguística) e no campo semântico (em que podem existir variantes léxicas). No entanto, pode haver variação dialectal também na morfologia e na sintaxe.

De modo geral, apresentam-se neste livro os sons e a entonação que refletem três normas cultas: a norma brasileira paulistana, a norma brasileira carioca e a norma portuguesa lisboeta. Mencionar-se-ão também outras principais variantes fonéticas do Brasil e de Portugal para cada fonema.

A **psicolinguística** estuda os aspectos psíquicos da linguagem. Há dois ramos principais na psicolinguística. O primeiro é o estudo da **aquisição da linguagem**, que examina as etapas pelas quais as crianças passam no aprendizado das estruturas linguísticas básicas. A segunda é o estudo do **processamento da linguagem**, que investiga os mecanismos psicológicos que o falante emprega na codificação e decodificação da linguagem. A **neurolinguística** ocupa-se do estudo do processamento cerebral da linguagem. Sendo assim, investiga as regiões do cérebro que operam nos processos de codificação e decodificação e a transmissão de seus impulsos através do sistema nervoso central.

A **linguística aplicada** estuda principalmente as estruturas linguísticas básicas do ponto de vista do falante não nativo. Nesse ramo estudam-se a aquisição de um segundo idioma e os métodos de ensino do mesmo.

A **linguística histórica** estuda a evolução da língua e as mudanças que sofreu nos campos da semântica, sintaxe, morfologia, fonologia e fonética. Ainda que o enfoque principal dos linguistas costume ser a comunicação oral, existe também um ramo tradicional da linguística chamado filologia, que se interessa pelo estudo de textos antigos. Uma das áreas mais produtivas da linguística histórica é a **etimologia**, que estuda a história ou origem das palavras. O estudo etimológico da palavra *salário*, por exemplo, revela que essa palavra começa a aparecer na escrita por volta do século XIII. Originalmente tinha o significado de "ração de sal" (que pagava-se aos soldados romanos pelo seu serviço) ou "soldo para comprar sal". Daí estendeu o emprego da palavra a representar o dinheiro pago ao empregado.

Ainda que a comunicação oral seja seu principal objeto de estudo, a linguística também estuda os **sistemas de escrita**. Esse ramo da linguística analisa os diversos sistemas criados pelo ser humano para representar a linguagem graficamente.

A **linguística computacional** aplica as tecnologias da informática aos sistemas de linguagem e vem sendo utilizada para comprovar muitas das estruturas e teorias gerais de linguagem propostas pelos linguistas. As aplicações práticas desse ramo incluem a síntese da linguagem (a produção artificial da fala), o reconhecimento da linguagem (a interpretação automática da fala) e a tradução automática.

Parte das teorias gerais são dedicadas ao estudo da **gramática universal**, que investiga as estruturas que as línguas naturais do mundo têm em comum. Outra parte é dedicada ao estudo dos processos cognitivos que o ser humano utiliza para correlacionar as experiências à comunicação verbal; esse ramo linguístico denomina-se **linguística cognitiva**. Outro ramo de estudo que considera mais de uma língua é a **linguística comparativa**, que analisa as semelhanças e divergências entre as estruturas linguísticas de dois ou mais idiomas.

Resumo

A **linguística** é a ciência que estuda a natureza e a estrutura da comunicação humana e que se concentra principalmente na comunicação verbal, ou seja, a linguagem. A definição clássica de **linguagem** inclui dois elementos: a **língua** (ou seja, os aspectos mentais) e a **fala** (ou seja, os aspectos físicos). O **signo linguístico** é composto por dois elementos: o **significado** (o conceito ou ideia) e o **significante** (a palavra ou símbolo arbitrário que representa o conceito ou ideia). É possível identificar esses elementos tanto no âmbito da língua quanto no âmbito da fala, como se exemplificou na Fig. 2.3.

Na codificação e decodificação de uma mensagem podem-se identificar vários processos ou estruturas. A **linguística** dedica-se à análise, descrição e explicação desses processos e estruturas. Os campos básicos da linguística são a **semântica** (que estuda o elo entre o enunciado e seu significado), a **sintaxe** (que estuda a estrutura da oração), a **morfologia** (que estuda a estrutura da palavra) e a **fonética** e **fonologia** (que estudam os processos relacionados aos sons empregados na elaboração, transmissão e interpretação dos enunciados).

A Tab. 2.9 mostra os campos básicos da linguística e as estruturas que são seu objeto de estudo. Mostra também os ramos secundários da linguística e seus respectivos enfoques no estudo da linguagem. Os ramos secundários da linguística estudam as mesmas estruturas que são objeto de estudo dos campos básicos, mas o fazem com um enfoque diferenciado e específico. Por exemplo, na dialetologia pode-se estudar a variação fonética regional ou na linguística histórica pode-se traçar a evolução de um fenômeno morfológico.

Agora que a relação da fonética e da fonologia com os demais campos e ramos da linguística já foi apresentada, o próximo capítulo será dedicado à análise mais detalhada das diferenças entre a fonética e a fonologia.

Conceitos e termos

acrônimo	fonologia	ramos secundários
barras	fala	semântica
campos básicos	frase	sigla
colchetes	língua	significado
competência	linguística	significante
desempenho	morfema	signo linguístico
derivação	morfologia	sintagma
dialeto	oração	sintaxe
flexão	período	
fonética	pragmática	

Os campos básicos da linguística		Os ramos secundários da linguística — outras perspectivas	
CAMPO	ESTRUTURA	RAMO	PONTO DE VISTA/ENFOQUE
Fonética/Fonologia	Sons	Sociolinguística	Aspectos sociais da linguagem
Morfologia	Palavras	Dialetologia	Variação regional
Sintaxe	Orações	Psicolinguística	Aspectos psíquicos da linguagem
Semântica	Significado	*Aquisição da linguagem*	*Aprendizado da língua materna*
		Processamento da linguagem	*Processos mentais de codificação/decodificação*
		Neurolinguística	Processamento cerebral da linguagem
		Linguística aplicada	A linguagem do não-nativo
		Aquisição de um segundo idioma	*Aprendizado de um segundo idioma*
		Linguística histórica	Mudanças históricas no idioma
		Filologia	*Estudo de textos antigos*
		Etimologia	*História ou origem das palavras*
		Sistemas de escrita	A comunicação por via escrita
		Linguística computacional	Processamento de estruturas linguísticas por computador
		Linguística universal	Estruturas comuns a todos os idiomas
		Linguística cognitiva	A linguagem em relação aos processos cognitivos
		Linguística comparativa	Semelhanças e divergências entre idiomas

2.9 Os campos de estudo da linguística.

Perguntas de revisão

1. Quais são os componentes da linguagem e como eles se diferenciam?
2. Quais são os componentes do signo linguístico e como eles se diferenciam?
3. Qual é o objeto de estudo de cada um dos quatro principais campos da linguística?
4. Enumere alguns dos processos e estruturas estudados na semântica.
5. Enumere alguns dos processos e estruturas estudados na sintaxe.
6. Enumere alguns dos processos e estruturas estudados na morfologia.
7. O que se estuda na fonologia?
8. O que se estuda na fonética?
9. Como os campos básicos da linguística se diferenciam dos ramos secundários?
10. Enumere cinco perspectivas específicas (ramos secundários) e comente o seu ponto de vista ou enfoque.

Leituras suplementares

Azevedo, Milton M. *Portuguese: A Linguistic Introduction.* Cambridge, England: Cambridge University Press, 2005.

Carnie, Andrew; Sato, Yosuke; & Siddiqui, Daniel. *The Routledge Handbook of Syntax.* London: Routledge, 2014.

Hurford, James R., & Heasley, Brendan. *Semantics: A Coursebook*. Cambridge, England: Cambridge University Press, 1983.

Matthews, Peter H. *Morphology: An Introduction to the Theory of Word-structure* (2nd ed.). Cambridge, England: Cambridge University Press, 1991.

O'Grady, William; Archibald, John; Aronoff, Mark; & Rees-Miller, Janie. *Contemporary Linguistics: An Introduction* (6th ed.). Boston: Bedford/St. Martin's Press, 2010.

Parker, Frank. *Linguistics for Non-Linguists: A Primer with Exercises* (3rd ed.). Boston: Allyn & Bacon, 2000.

Saussure, Ferdinand de. *Course in General Linguistics*, trans. Wade Baskin. New York: McGraw-Hill, 1966.

Capítulo 3
A fonética e a fonologia

Na análise linguística dos sons é importante diferenciar entre o estudo dos sons no âmbito da fala e o estudo dos sons no âmbito da língua. A ciência que estuda os sons no âmbito da fala é a **fonética** e o seu estudo no âmbito da língua é a **fonologia**.

A fonética

A fonética, sendo o estudo do significante no âmbito de fala, ocupa-se dos aspectos físicos do som. O elemento básico da fonética é o som produzido, que se representa entre colchetes: [kavέrnɐ]. Pode-se examinar o som de duas perspectivas: primeiro, da perspectiva das três etapas do ato da comunicação e segundo, da perspectiva da interação entre os diferentes sons da cadeia fônica.

O som no ato de comunicação

A comunicação incorpora três etapas: a codificação, a mensagem e a decodificação. Pode-se estudar o som a partir desses três pontos de vista. A codificação inclui a produção dos sons por parte do falante ou emissor. A produção sonora é o objeto de estudo da **fonética articulatória** (ou fonética fisiológica). O conceito concebido pelo emissor é transmitido mediante a mensagem, que é constituída de ondas sonoras produzidas na codificação. A onda sonora em si é o objeto de estudo da **fonética acústica**. A decodificação da mensagem inclui a percepção da onda sonora por parte do receptor ou ouvinte. Essa etapa é o objeto de estudo da **fonética auditiva** (ou fonética perceptiva).

A fonética articulatória

A fonética articulatória estuda os órgãos físicos e os seus movimentos relacionados com a formação da cadeia fônica. Trata, portanto, dos processos físicos que o ser humano emprega para realizar, na fala, o código da língua produzido na mente. O cérebro controla a conversão da **língua** à **fala**, mandando impulsos pelos nervos aos distintos órgãos que participam da produção do som. Como a produção do som depende do movimento do ar, o estudo da fonética articulatória tem que incluir uma descrição dos órgãos que proveem o ar e dos órgãos que alteram o seu transcurso ao passar pelas cordas vocais, pela boca ou pelo nariz.

A fonética articulatória estuda e descreve a formação dos sons. A formação do som [f], por exemplo, pode ser descrita da seguinte maneira: O lábio inferior e os dentes superiores (como se vê na Fig. 3.1) entram em contato enquanto o falante produz uma corrente de ar (por meio da compressão dos pulmões) que, ao passar por esse ponto de contato labiodental, cria a fricção típica do som [f]. Na produção desse som, as cordas vocais não vibram e todo o ar fonador que escapa, sai pela boca. Vê-se

3.1 A articulação de [f].

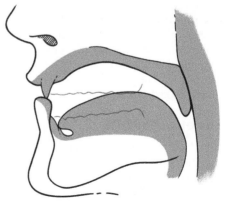

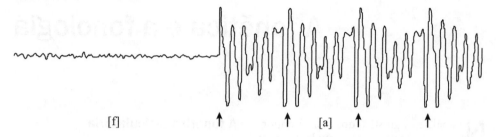

3.2 O traço da forma de onda para os sons [f] e [a] do português. As flechas indicam o começo de cada ciclo da forma da onda da vogal. O eixo vertical representa o volume ou amplitude. O eixo horizontal representa o transcurso do tempo.

assim que a fonética articulatória dedica-se à descrição dos processos físicos envolvidos na formação dos sons.

A fonética acústica

A fonética acústica utiliza os avanços tecnológicos da física para estudar as ondas sonoras produzidas pelos movimentos articulatórios do emissor. A fonética acústica estuda as ondas produzidas no ato de fala e descreve suas características em termos de frequência, amplitude, duração e timbre. Essas características podem ser examinadas por meio da análise de ondas sonoras, como se vê na Fig. 3.2, que é uma representação gráfica da forma de onda dos sons [f] e [a]. Na representação da forma de onda, o eixo vertical corresponde ao volume ou à amplitude e o eixo horizontal ao tempo transcorrido.

A onda sonora do som [f] tem um deslocamento vertical (ou amplitude) muito baixo e uma forma inconsistente. Essas características se destacam na comparação com a onda sonora do som [a], cuja amplitude é notavelmente maior. Também se pode ver a regularidade da forma de onda do som [a], observando que há unidades da onda, ou ciclos, que se repetem consistentemente. Na Fig. 3.2, as flechas indicam o começo de cada ciclo.

A fonética auditiva

A fonética auditiva se ocupa da maneira como o receptor recebe e interpreta as ondas sonoras. A fonética auditiva estuda o processo fisiológico através do qual o ouvido do receptor transforma as ondas sonoras em impulsos nervosos a serem transmitidos ao cérebro. Embora a fonética articulatória e, como consequência, a fonética acústica tratem de uma infinidade de possibilidades físicas, o receptor enfrenta o problema de reduzir essa infinidade de sons a unidades distintas. No caso da imagem mental de /f/, por exemplo, ainda que a produção normativa se realize mediante contato entre os dentes superiores e o lábio inferior, ocorrem na fala ligeiras variações na pronúncia que também se percebem como /f/. A investigação dos parâmetros que o receptor emprega para efetuar essa delimitação é outro objetivo da fonética auditiva.

O som na cadeia fônica

Pode-se também estudar os sons da cadeia fônica a partir dos cinco tipos de interação possíveis entre eles. Primeiro, pode-se estudar o som como **segmento** isolado. Segundo, pode-se considerar as **transições** entre os sons adjacentes. Terceiro, pode-se examinar como cada som interage com seus vizinhos mediante a aplicação de **processos fonéticos** dinâmicos. Quarto, pode-se considerar o som no contexto da **sílaba**. Quinto, podem-se estudar as **alterações suprassegmentais** acrescentadas aos sons de uma sílaba.

O segmento

Os elementos segmentais da cadeia fônica são comumente chamados de sons. A **segmentação** da cadeia fônica é, portanto, um processo perceptivo em que o receptor isola os segmentos e identifica os sons contidos na onda sonora. A pronúncia da palavra *achamos*, então, contém seis segmentos: [a-ʃ-ẽ-m-u-s].

Assim como cada idioma tem suas próprias palavras, também tem seus próprios sons segmentais para representá-las. Ao compararem-se o inglês e o português, por exemplo, encontram-se sons em um dos idiomas que não existem no outro. Os sons [ʎ] de *olho* e [ɲ] de *minha* existem em português mas não em inglês. Por outro lado, o inglês norte-americano tem os sons [ɹ] de *very*, [ʊ] de *book* e [æ] de *hat* que não existem em português. A comparação desses sistemas revela a existência de sons muito parecidos, mas que têm leves diferenças articulatórias. Por exemplo, a posição da língua na pronúncia de [d] na palavra *dog* do inglês é diferente de sua posição na palavra *dedo* do português.

A produção do som se divide em três fases. Há uma fase inicial de **intensão**, uma fase central de **tensão** e uma fase final de **distensão** como demonstra a seguinte figura:

Na **fase intensiva** o falante começa a aumentar a pressão do ar e a mover os órgãos articulatórios até a posição articulatória característica de cada som. Quando o falante alcança a pressão e a posição necessárias para produzir o som, ele as sustém com um máximo de tensão articulatória durante a **fase tensiva**. Depois de suster o som durante a fase tensiva, o falante passa à **fase distensiva**, na qual diminui a pressão e afasta os órgãos articulatórios de sua posição tensiva até começar a intensão do som seguinte ou até uma posição de repouso. Essas três fases podem ser notadas, por exemplo, na produção do som [p]. Na fase intensiva, fecham-se os lábios. Na fase tensiva, aumenta-se a pressão do ar bucal mediante a compressão dos pulmões. Na fase distensiva, abrem-se os lábios, causando um som explosivo devido à saída repentina do ar pressurizado da boca.

Esses movimentos físicos resumem-se na seguinte figura:

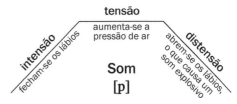

A análise segmental também se ocupa da classificação dos sons, sendo a divisão mais geral a distinção entre as consoantes e as vogais. A classificação dos sons se baseia numa descrição de suas características articulatórias. No português, essa classificação inclui a especificação de dois traços no caso das vogais e três no caso das consoantes. Por exemplo, a consoante [f] se classifica como fricativa labiodental surda. É *fricativa* devido à fricção que se produz ao forçar a corrente de ar pelo estreitamento *labiodental* formado pelo contato do lábio inferior com os dentes superiores. É consoante *surda*, porque se produz sem que as cordas vocais vibrem.

As transições entre segmentos

Tradicionalmente, a fonética concentra-se precisamente no estudo de sons ou segmentos. Porém, a cadeia fônica não é meramente a concatenação de sons discretos, porque inclui também fases de transição entre os sons. Trata-se de um contínuo fisiológico e acústico de sons e transições que não se dividem tão nitidamente em segmentos. Essas transições ocorrem em parte porque a cadeia fônica se forma devido à posição de vários órgãos articulatórios, cujos movimentos são independentes. Esses movimentos independentes são comparáveis à maneira em que os vários instrumentos de uma orquestra entram em ação em momentos distintos para produzir um conjunto acústico sinfônico.

Como a fala é uma cadeia de sons, cada um com suas três fases, a concatenação dos sons contíguos afeta a produção da fase distensiva do primeiro e a intensiva do segundo. Isso quer dizer que a cadeia fônica não se forma com uma série de sons

Capítulo 3

3.3 Entre as fases tensivas dos sons encadeados criam-se transições com a distensão de um som e a intensão do seguinte.

independentes: não se termina a fase distensiva de um som antes de começar a fase intensiva do seguinte. O que ocorre é que entre as fases tensivas dos sons adjacentes cria-se uma zona de transição que resulta da combinação das fases distensivas e intensivas dos dois sons como se vê na Fig. 3.3.

A importância dessas zonas de transição ficou clara nas pesquisas sobre a produção artificial da fala. Nas primeiras tentativas de produção artificial da fala por computador, concatenaram-se as gravações das fases tensivas dos sons. Os resultados foram inaceitáveis porque a cadeia fônica resultante não foi inteligível para os ouvintes. Foi necessário acrescentar as transições entre as fases tensivas para produzir uma fala compreensível.

Os processos fonéticos

A proximidade dos sons na cadeia fônica torna possível uma interação em sua produção. Isso ocorre em parte pelo entrelaçamento da distensão de um som com a intensão do próximo som. Essas interações se refletem nos diferentes processos utilizados. Os casos mais comuns são os que resultam de um processo chamado **assimilação** em que a fase tensiva de um som adquire características de seu vizinho. Por exemplo, o som da consoante *m* de *um bebê* [ũᵐbebé] se articula na mesma posição que o *m* de *uma* [úmɐ]. Em outro contexto, porém, o resultado fonético pode ser outro. Por exemplo, o *m* de *um dedo* [ũⁿdédu] se assimila à mesma posição de articulação da consoante [d]; quer dizer, tanto o *m* quanto o *d* são produzidos com contato entre o ápice da língua e a face interior dos dentes superiores. Neste caso, o *m* adquire uma característica articulatória do som [d], a de ser dental.

A sílaba

Na fonética, a unidade superior ao segmento é a **sílaba**, composta de um ou mais segmentos. A sílaba, representada pelo símbolo σ (a letra *sigma* ou *s* do alfabeto grego), pode compor-se de um ou mais elementos: o **ataque**, a **rima**, o **núcleo** e a **coda**. A seguinte árvore da sílaba/palavra *ser*, indica as relações entre esses elementos.

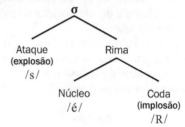

A sílaba se divide inicialmente em duas unidades: o **ataque** e a **rima**. O ataque é um elemento optativo da sílaba. Quando ocorre em português, costuma ser uma consoante (o *s* de *ser*) ou encontro consonantal (o *tr* de *trem*). Tradicionalmente as consoantes que ocorrem nessa posição silábica se chamam explosivas ou se diz que ocorrem em **posição explosiva**.

A rima, por sua vez, divide-se também em duas unidades: o **núcleo** e a **coda**. O núcleo é um elemento obrigatório da sílaba. Em português o núcleo é sistematicamente uma vogal (o *e* de *ser* ou *trem*). A coda é outro elemento optativo da sílaba. Quando ocorre em português, costuma ser uma consoante (o *r* de *ser* e o *m* de *trem*). Tradicionalmente essas consoantes se chamam implosivas ou se diz que ocorrem em **posição implosiva**.

As alterações suprassegmentais

A sílaba, como unidade que se cria de um ou mais segmentos, pode sofrer três alterações suprassegmentais. A primeira é a **tonicidade**, a segunda a **duração** e a terceira a **entonação**.

A **tonicidade** resulta principalmente da força articulatória. Em português, há dois tipos de sílabas de acordo com sua tonicidade: as tônicas e as átonas. Na palavra /kázas/, o /a/ da primeira sílaba tem maior força articulatória e, por isso, a sílaba é chamada de **tônica**, enquanto o /a/ da segunda sílaba tem menor força articulatória e, por isso, a sílaba é chamada de **átona**.

A **duração** se refere ao tempo utilizado na produção dos sons de uma sílaba. Certas sílabas podem alongar-se ou não dependendo de seu contorno fonológico. De modo geral, as sílabas acentuadas ou tônicas são ligeiramente mais longas do que as sílabas não acentuadas ou átonas.

A **entonação** descreve as variações de tom que caracterizam a produção da cadeia fônica. Na palavra /kázas/, produz-se a primeira sílaba num tom mais alto que a segunda. Essas variações de tom também distinguem as frases afirmativas das interrogativas e exclamativas. O contraste se vê ao comparar: "*João está aqui*", "*João está aqui?*" e "*João está aqui!*"

O grupo fônico

O **grupo fônico** é uma unidade formada por uma ou mais sílabas. Estabelecem-se seus limites geralmente por pausas, que são interrupções breves ou longas na produção da cadeia fônica. O conceito de grupo fônico é de suma importância no estudo dos processos fonéticos e no estudo da entonação. Um grupo fônico é, portanto, um conjunto de todos os sons da cadeia fônica compreendidos entre duas pausas.

A fonologia

A fonologia, sendo o estudo do significante no âmbito de língua, ocupa-se dos aspectos sistemáticos da imagem mental que o som evoca. Essa imagem mental ou som abstrato é o **fonema**, que é a unidade básica da fonologia. O fonema é representado entre barras inclinadas: /kavéRna/. A fonologia organiza as articulações fonéticas dentro de um sistema de sons próprio de cada idioma.

A fonologia identifica os fonemas da língua e descreve os três tipos de relação referentes aos fonemas: O primeiro tipo consiste nas **relações entre os diferentes fonemas**. O segundo tipo consiste nas **relações entre os fonemas e os seus alofones**, ou seja, a conexão entre cada fonema e suas realizações na fala. O terceiro tipo consiste nas relações referentes ao posicionamento dos fonemas e às sequências de fonemas que a língua permite. O estudo desses posicionamentos e sequências constitui a **fonotática**.

As relações entre fonemas: a oposição

Como o fonema é uma unidade abstrata, é impossível examiná-lo diretamente: só se pode examiná-lo através de suas realizações físicas. Para entender como o sistema de sons se estrutura na mente, é preciso especificar a relação que existe entre os sons físicos e os fonemas mentais. O primeiro passo é o de identificar os fonemas do português. Para realizar essa identificação, é necessário encontrar pares mínimos. Um **par mínimo** são duas sequências fônicas idênticas com a exceção de só um dos seus sons, no qual essa única diferença causa uma mudança de significado. Por exemplo, ao comparar as cadeias fônicas *pato* [pátu] e *bato* [bátu] nota-se que há somente uma diferença nos sons e que essa única diferença causa uma mudança de significado. Sendo assim, [pátu] e [bátu] formam um par mínimo. O fato dessas duas sequências fonéticas evocarem na mente dois significados diferentes deve-se à diferença entre os sons [p] e [b], já que os demais sons são iguais. Os sons [p] e [b], então evocam na mente duas imagens distintas: o fonema /p/ e o fonema /b/.

[pátu] ⟶ /p/
[bátu] ⟶ /b/   /p/ ~ /b/

A relação que existe entre esses fonemas é uma de **oposição fonológica**, que é a relação mais básica entre fonemas. Na simbologia da linguística, essa relação se indica com "~" que se lê "se opõe a". O exemplo de [pátu] e [bátu] prova que /p/ ~ /b/, que se lê "o fonema /p/ se opõe ao fonema /b/".

As relações entre fonemas e alofones: a distribuição

Cada som da cadeia fônica evoca na mente um fonema. Do ponto de vista do emissor, pode-se dizer que cada fonema se realiza na fala mediante um som ou alofone. O **alofone** é um som produzido como manifestação física do fonema. A fonologia se ocupa também de descrever as relações que existem entre os fonemas e seus alofones.

A relação que existe entre os fonemas e seus alofones na cadeia fônica denomina-se **distribuição**. Os exemplos *parto* [pártu] e *parte* [pártʃi] servem para demonstrar a distribuição dos alofones do fonema /t/ que ocorre em alguns dialetos do português. No primeiro caso, o fonema /t/ realiza-se por meio do alofone [t], que se produz com o contato da língua com a superfície posterior dos dentes superiores, o que causa uma obstrução total da saída da corrente de ar seguida imediatamente pela produção da vogal. No segundo caso, o fonema /t/ realiza-se mediante o alofone [tʃ]. A fase intensiva do [tʃ] resulta numa obstrução total pré-palatal e na fase tensiva aumenta-se a pressão do ar bucal. A fase distensiva, porém, divide-se em duas partes: na primeira, abre-se a boca levemente para formar uma passagem estreita pela qual se força o ar, criando um som chiado e, na segunda, aumenta-se a abertura da boca para produzir-se a vogal que sucede a consoante. Nessas duas cadeias fônicas trata-se do mesmo conceito: /paRtíR/. O uso dos diferentes alofones, [t] e [tʃ], não muda o significado e, assim, esses dois sons evocam a mesma imagem mental, a do fonema /t/.

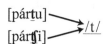

Esse caso demonstra que, no dialeto em questão, o fonema /t/ tem dois alofones: um, o som [tʃ], que ocorre antes do som [i], e o outro, o som [t], que ocorre em todos os outros lugares. Esse caso é só um exemplo; apresentar-se-á a distribuição completa do fonema /t/ num capítulo posterior. Além de especificar quais são o alofones de cada fonema, a distribuição tem que indicar onde cada um deles ocorre no contexto da cadeia fônica.

A relação entre [t] e [tʃ], então, é distinta da que existe entre [p] e [b]. No caso de [t] e [tʃ], os dois sons são alofones que ocorrem na **distribuição** do mesmo fonema /t/; quer dizer, esses dois sons evocam a mesma imagem mental. No caso de [p] e [b], cada som representa um fonema distinto em **oposição**, porque evocam imagens mentais distintas, ou seja, os dois fonemas /p/ e /b/, criando assim uma mudança de significado.

O posicionamento e as sequências de fonemas: a fonotática

A **fonotática** é o estudo do **posicionamento** dos fonemas que o sistema e as normas da língua permitem. Isso inclui uma especificação das **sequências** ou combinações de fonemas que se aceitam em determinado idioma. Também inclui uma especificação do **posicionamento** dos fonemas na estrutura de sílabas e palavras.

O sistema fonotático do português também limita os encontros consonantais que podem ocorrer em posição inicial de palavra. Por exemplo, o sistema português não permite que uma palavra comece com o encontro /s/ mais consoante. Por isso, o empréstimo da palavra norueguesa *ski* /skí/ produziu *esqui* /eskí/. Acrescentou-se a vogal /e/ justamente para evitar um encontro consonantal assistemático em posição inicial de palavra.

Outro exemplo de uma regra fonotática do português é a que identifica as consoantes que podem ocorrer no final das palavras. Nas palavras autenticamente portuguesas, o número de possibilidades é muito reduzido. De todos os fonemas consonantais do português, há somente quatro que aparecem sistematicamente no final das palavras:

além	/aléN/	/N/
andar	/andáR/	/R/
passas	/pásaS/	/S/
banal	/banál/	/l/

Resumo

É muito importante saber distinguir entre a fonética e a fonologia. Como já se explicou o que cada uma dessas disciplinas estuda, vale compará-las diretamente a fim de salientar suas semelhanças e diferenças. A Tab. 3.4 apresenta os contrastes mais significativos.

Tanto a fonética como a fonologia estudam a descrição do significante. A fonética estuda o significante no âmbito da fala; a fonologia o estuda no âmbito da língua. A fonética descreve os sons físicos do ponto de vista articulatório, acústico ou auditivo. A descrição desses aspectos físicos do som pode ser feita sem referir-se a nenhum sistema ou idioma específico. Isto é, pode-se produzir um determinado som da mesma maneira em vários idiomas.

Os sons assim produzidos evocam na mente fonemas distintos. A fonologia descreve as relações entre os diferentes fonemas e as relações entre os fonemas e seus alofones. Os sons, então, formam um sistema governado por regras comuns a todos os membros de uma comunidade linguística. Sendo assim, a fonologia é inseparável da língua, pois descreve a organização dos sons no sistema particular de cada idioma.

Um dos conceitos básicos para a identificação dos fonemas de um idioma ou linguagem é o do **par mínimo**. De forma esquemática, pode-se resumir que:

Um par mínimo
- São duas sequências fônicas idênticas
  - com a exceção de somente um som
  - e essa única diferença causa uma mudança de significado.
- É empregado para comprovar a oposição entre dois fonemas.

Sendo assim, o fato das duas sequências fônicas [pátu] e [bátu] evocarem na mente dois conceitos diferentes, comprova que existe oposição fonológica entre os fonemas /p/ e /b/.

É importante, porém, salientar que há uma diferença fundamental entre os conceitos de *fonema* e *som* por um lado e o conceito de *letra* por outro, distinção essa a ser destacada no próximo capítulo.

Perguntas de revisão

1. O que a fonética estuda?
2. Qual é o elemento básico da fonética e como se representa?

3.4 Comparação entre a fonética e a fonologia.

	Fonética	Fonologia
Âmbito	fala/indivíduo	língua/sociedade
Unidade básica	som	fonema
Representação gráfica	[kavérnɐ] entre colchetes	/kavéRna/ entre barras
Processos	físicos	mentais
Enfoque	sons individuais	sistema de sons
Disciplinas	DESCRIÇÕES: 1) articulatórias 2) acústicas 3) auditivas	RELAÇÕES: 1) oposições entre fonemas 2) distribuições de alofones 3) fonotática

Conceitos e termos

acento	fonética	posição implosiva
alofone	fonética acústica	processos fonéticos
alterações suprassegmentais	fonética articulatória	relações entre fonemas
	fonética auditiva	relações entre fonemas e alofones
assimilação	fonologia	
ataque	fonotática	rima
coda	grupo fônico	segmento
distensão	intensão	segmentação
distribuição	núcleo silábico	sílaba
duração	oposição fonológica	tensão
entonação	par mínimo	tonicidade
fonema	posição explosiva	transições

3. Quais são os três campos de estudo da fonética?

4. O que a fonética articulatória estuda?

5. O que a fonética acústica estuda?

6. O que a fonética auditiva estuda?

7. Quais são as três fases da produção do som e o que ocorre em cada uma delas?

8. O que é um processo fonético? Dê um exemplo.

9. O que a fonologia estuda?

10. Explique a estrutura silábica das palavras *três*, *dá* e *em* seguindo o modelo da sílaba.

11. Qual é o elemento básico da fonologia e como se representa?

12. O que são os fonemas? Como se representam? Dê exemplos.

13. Quais são os três tipos de relações que a fonologia descreve?

14. O que é a oposição fonológica? Dê um exemplo.

15. O que são os alofones? Como se representam? Dê exemplos.

16. O que uma distribuição de alofones especifica?

17. Qual é a diferença entre oposição e distribuição?

18. O que a fonotática estuda?

19. Quais são as diferenças entre a fonética e a fonologia?

Leituras suplementares

Hawkins, Peter. *Introducing Phonology*. London: Hutchinson, 1984.

Ladefoged, Peter. *A Course in Phonetics* (5th ed.). Boston: Thompson Wadsworth, 2006.

Capítulo 4
Sistemas de escrita

A comunicação verbal é uma habilidade comum a todas as civilizações humanas do mundo. Enquanto todas são capazes de comunicarem-se por via oral, nem todas dispõem de um sistema de representação gráfica de sua linguagem. A criação da escrita foi o avanço que permitiu que o homem fizesse um registro duradouro e portátil de suas palavras. O estudo da escrita, portanto, abrange os métodos que o ser humano já engenhou para expressar graficamente sua comunicação verbal.

Como citado no Capítulo 2, a comunicação verbal depende do signo linguístico, que é a união do significado e o significante. O significado pode ser expresso por três vias: a oral, a escrita e a gestual. No âmbito da fala, então, o significado é um objeto ou conceito e o significante, por via oral, é uma cadeia fônica, sons ou sequências de sons que representam os significados. O significante por via escrita são símbolos gráficos que representam ou o significado diretamente ou a cadeia fônica de seu significante. A Fig. 4.1 apresenta como o significante da via oral representa o significado e como o significante da via escrita, por sua vez, representa o significante da via oral.

Este capítulo apresenta um resumo do papel do som nos sistemas de escrita. Inicia-se com uma breve revisão da história da escrita, dos diferentes tipos de escrita e de como se pode representar o som tanto para fins comunicativos como para fins linguísticos.

A pré-escrita

Os princípios fundamentais da escrita não surgiram de repente. A origem da escrita encontra-se em sistemas de pré-escrita. Essa denominação sugere que esses sistemas são parciais, porque não são capazes de representar toda e qualquer comunicação verbal e porque carecem de uma base fonológica, dois dos requisitos de um sistema pleno de escrita.

Os desenhos

Os precursores da escrita se acham nos **desenhos** ou arte rupestre pintados ou talhados em cavernas e rochas por seres humanos pré-históricos. Ainda que os desenhos tenham valor artístico, não se sabe com exatidão com que propósito foram feitos. É possível que tivessem valor religioso ou mágico e até que tivessem certo valor comunicativo, mas os desenhos de imagens não constituem um sistema de escrita porque as imagens não representam uma cadeia fônica falada. Seu valor comunicativo enquadra-se melhor no campo da comunicação não verbal. O único ponto comum entre os desenhos e a escrita é o fato de constituírem um registro gráfico. Porém, sem as técnicas desenvolvidas na elaboração dos desenhos, não teria sido possível chegar à criação da escrita.

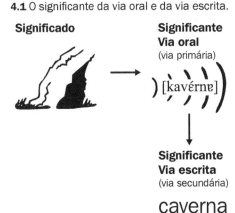

4.1 O significante da via oral e da via escrita.

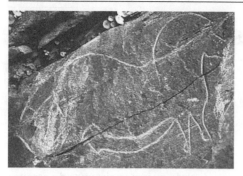

4.2 Um cavalo desenhado numa pedra ao ar livre no vale do Côa, perto de Vila Nova de Foz Côa, distrito da Guarda, Portugal, aproximadamente 20.000 a. C.

Em Portugal, os exemplos mais famosos de arte rupestre são as gravuras de animais desenhadas nas pedras xistosas de Foz Côa, que se encontram no vale do Côa, afluente do Rio Douro, no nordeste de Portugal. Esses desenhos, que datam de 20.000 a. C., como o do cavalo na Fig. 4.2, não levaram ao desenvolvimento de nenhum sistema de escrita em Portugal, como ocorreu em outras partes do mundo.

Os pictogramas

O passo seguinte na criação de um sistema gráfico de comunicação, depois dos desenhos, foram os **pictogramas**. Pictogramas são ícones desenvolvidos para representar objetos ou conceitos concretos. Os sumérios, por exemplo, usavam o símbolo ✳ para representar 'estrela'; os egípcios usavam o símbolo ⚱ para 'alaúde'. Às vezes, os pictogramas se combinavam para indicar uma mensagem mais complexa. Os sistemas de escrita pictográfica, porém, são apenas sistemas parciais de escrita, o que se deve a duas razões principais: Primeiro, não são capazes de representar toda e qualquer comunicação. Segundo, não podem ser lidos da mesma maneira por distintos membros da mesma comunidade linguística, pois os pictogramas não representam uma cadeia nem fônica nem sintática de palavras.

Um dos melhores exemplos da Península Ibérica se vê numa cerâmica de Líria, da província de Valência, mostrada na Fig. 4.3. Esse exemplo, da civilização ibérica, que floresceu no litoral oriental da península entre a era neolítica e os tempos históricos, data do século III a. C.

Os ideogramas

Os pictogramas eram muito limitados em seus temas, pois só serviam para representar substantivos concretos: não funcionavam para comunicar conceitos abstratos. Para esse fim, começaram a empregar-se os pictogramas com valores nocionais relacionados ao significado original. Esse avanço estendeu o uso do pictograma: além de representar o conceito concreto original, ampliou-se seu uso, convertendo assim o pictograma em **ideograma**. Dessa maneira surgiram os ideogramas, representações gráficas que não guardavam estreita relação física com o conceito que representavam. Por exemplo, o pictograma sumério de ✳ [múl] 'estrela' passou a ter como ideograma o valor de [díŋgir] 'deus' e depois [án] 'céus'. Mesmo com esse avanço de abstração, os sistemas ideográficos continuaram sendo sistemas parciais por terem as mesmas

4.3 Pictograma de uma cerâmica de Líria, província de Valência, Espanha, que data do terceiro século a. C.

limitações dos sistemas pictográficos — careciam de um sistema aberto, capaz de representar um número ilimitado de conceitos, como também de um sistema capaz de representar os sons da língua.

Os sistemas plenos de escrita

Dos sistemas parciais já descritos, só três chegaram a incorporar independentemente as inovações necessárias para converterem-se em sistemas plenos ou completos de escrita: o sumério, o chinês e o maia. A maioria das autoridades reconhecem estes três sistemas como os únicos sistemas de escrita autóctones. Os sistemas autóctones são aqueles que se desenvolveram sem qualquer influência externa, ou seja, não são fruto da evolução nem da adaptação de outro sistema preexistente, nem tampouco são criados propositalmente por influência do conhecimento de outros sistemas de escrita. O sistema de escrita sumério deu origem ao sistema de escrita do fenício, que deu origem ao do grego, que deu origem ao do latim, que por sua vez deu origem ao do português. O sistema de escrita chinesa segue vigente. A escrita maia pereceu.

As características de um **sistema pleno de escrita** partem de certas premissas fundamentais. A **primeira** é **a primazia da via oral**. Quer dizer, todos os sistemas plenos de escrita que se desenvolveram na história do mundo são uma extensão gráfica do atributo exclusivo do ser humano: a fala. Como consequência, um sistema pleno de escrita precisa ter a capacidade de *representar toda e qualquer comunicação da via oral*. Também é preciso que os significantes escritos sigam *a mesma sintaxe que a cadeia falada*. A **segunda** premissa é que os sistemas plenos de escrita **têm que incluir um componente fônico**. O acréscimo de um componente fônico dá ao sistema a capacidade de representar um número ilimitado de conceitos e de incluir neologismos e empréstimos. A **terceira** premissa é que um sistema pleno de escrita deve permitir **a mesma leitura** por parte dos leitores da mesma sociedade linguística.

O desenvolvimento dos sistemas de escrita tem seguido vários rumos e estilos. Basicamente, os sistemas de escrita classificam-se em quatro grupos principais: a **escrita logográfica**, a **escrita silábica**, a **escrita consonantal** e a **escrita alfabética**. Os símbolos desses sistemas representam respectivamente **palavras** (ou **morfemas**), **sílabas**, **fonemas consonantais** ou **todos os fonemas** de um enunciado.

Para entender os sistemas de escrita, é preciso considerar mais três conceitos. O primeiro é o **grafema**, que é a unidade mínima da escrita. Representa-se o grafema entre chaves, como a letra {s} ou a letra {x}, para distingui-lo do fonema ou alofone. Por exemplo, o significante *caverna* tem sete grafemas {c+a+v+e+r+n+a}; enquanto que o significante *e* tem somente um {e}. O segundo é o **quadro**, que é um agrupamento de grafemas delimitado por espaços em branco para destacá-lo e separá-lo dos demais agrupamentos ao seu redor. Em português, por exemplo, o quadro corresponde a uma palavra. Cada palavra, então, separa-se das palavras adjacentes por meio de espaços. O terceiro conceito é a **orientação**, que descreve a colocação e a direção dos grafemas e quadros. Em português, por exemplo, lê-se a linha da esquerda para a direita, a página de cima para baixo e começa-se a ler o livro com a lombada à mão esquerda.

A escrita logográfica

Dos pictogramas e ideogramas brotaram os sistemas de escrita logográfica — os primeiros verdadeiros sistemas plenos de escrita. A escrita logográfica baseia-se no logograma, que é um símbolo gráfico representativo de palavra ou morfema. Entre os sistemas logográficos mais importantes encontram-se a escrita cuneiforme suméria[1] (que apareceu cerca de 3350 a. C.), os hieróglifos egípcios[2] (que apareceram por volta de 3100 a. C.) e os caracteres chineses[3] (que apareceram aprox. 1200 a. C.). É interessante observar que nenhum sistema de escritura logográfica desenvolveu-se na península ibérica.

Os sistemas logográficos de escrita surgiram como resultado de três inovações:

Capítulo 4

Pictograma	Valor fonético e semântico do pictograma	Valor fonético e semântico do ideograma	Primeiro logograma	Escrita cuneiforme antiga	Escrita cuneiforme clássica
✳	[múl] estrela		✳		
✳		[diŋgir] deus [án] céus	✳		
🏹	[tí] flecha	[tí] vida (homófono)			
🐂	[gú] boi	[gú?ud] forte			

4.4 A escrita mesopotâmica evoluiu dos pictogramas e ideogramas a logogramas cada vez mais abstratos.

A primeira inovação, e a mais significativa, surgiu pela aplicação do **princípio de rébus**, em que os pictogramas e ideogramas passaram a ser empregados tanto por seu **valor semântico** como por seu **valor fonológico**. Assim, os pictogramas e ideogramas, inventados para simbolizar certas palavras, passaram a referir-se também a palavras homófonas, ou às palavras compostas, ao menos em parte, pelos mesmos sons. Então, o grafema, que já era empregado por seu valor semântico, passou a ser também empregado por seu valor fônico.

A segunda inovação ocorreu quando os pictogramas e ideogramas passaram a ser encadeados de acordo com a sintaxe da língua que representavam. No sumério, os logogramas eram dispostos em linhas horizontais a serem lidas da esquerda para a direita e de cima para baixo. No chinês, os logogramas são dispostos em linhas verticais a serem lidas de cima para baixo e da direita para a esquerda.

A terceira inovação ocorreu quando os pictogramas e ideogramas deixaram de parecer-se com o objeto representado e tornaram-se mais estilizados, mais abstratos. Nesses sistemas, os grafemas que se utilizam para representar palavras ou morfemas se denominam **logogramas**. A Tab. 4.4 demonstra a estilização dos logogramas do sumério através dos anos. Também demonstra como os símbolos passaram a ser empregados para representar tanto conceitos como sequências de sons.

Técnicas de adaptação

Um dos problemas que resultou da dupla utilização dos símbolos escritos, usados tanto para representar o significado (o conceito) como para representar o significante (os sons que representam o conceito), foi a dificuldade de saber quando determinado símbolo representava um ou outro. Outro problema foi o de como representar palavras homófonas, que são palavras distintas formadas pela mesma sequência de sons. A solução foi a criação e uso de um sistema que emprega um **determinativo semântico** para representar o significado e um **determinativo fonológico** para representar o significante por aplicação do princípio de rébus.

O sumério, por exemplo, tinha um logograma ⊲⊣ para a palavra [tí] 'flecha'. Por aplicação do princípio de rébus, esse logograma passou também a representar a

Caractere fonológico	Determinativo semântico	Significado/ valor fonético	Caractere composto	Significado/ valor fonético
方 quadrado fang [faŋ]	糸	seda ssu [szɨ]	紡	fiar fang [faŋ]
	言	palavras, fala yan [ɟɛn]	訪	indagar fang [faŋ]
	艹	erva, palha cao [ts'ao]	芳	fragrante fang [faŋ]

4.5 O significado do caractere fonológico 方 *fang* [fáŋ] varia quando se acrescentam distintos determinativos semânticos.

palavra [tí] 'vida'. Para eliminar a ambiguidade resultante, os escrivães começaram a escrever 'flecha' com o símbolo 口 referente a 'madeira' [gíʃ] antes ou depois do símbolo para [tí]. O símbolo para 'madeira', então, servia como determinativo semântico, aclarando que nesse caso o significante ⊲⊰ 口 [tí] tinha relação com madeira, quer dizer, 'flecha'.

Os chineses desenvolveram independentemente as mesmas técnicas utilizadas pelos sumérios para ampliar seu sistema de escrita. Eles acrescentaram determinativos tanto semânticos como fonológicos para precisar o significado de seus símbolos escritos. Ao contrário dos sumérios, porém, os chineses fundiram os grafemas semânticos e fonológicos de modo a formar caracteres compostos. Tanto os caracteres simples como os compostos são escritos nos limites de um quadro ou marco imaginário de tamanho uniforme, ou seja, os caracteres compostos e os simples ocupam a mesma área quadrada.

Como o determinativo fonológico fundiu-se ao logograma semântico de modo a ocupar um só quadro, o chinês tornou-se um sistema logográfico por excelência, nunca evoluindo como o sumério ou o egípcio para um sistema essencialmente silábico ou consonantal. Apesar de sua aparência logográfica, a escrita chinesa tem elementos fonológicos. Esses elementos fonológicos permitem que o leitor de chinês saiba decifrar um caractere desconhecido com certa precisão. Também permite que se escrevam neologismos (palavras novas) e estrangeirismos (palavras emprestadas de outros idiomas).

A Tab. 4.5 contém exemplos do mandarim que mostram como o significado do caractere fonológico 方 *fang* [fáŋ] varia quando se acrescentam distintos determinativos semânticos. A tabela apresenta os logogramas com seu significado, transliteração e valor fonético. Os caracteres compostos são logogramas que se compõem de dois grafemas: um de natureza fonológica 方 *fang* [fáŋ] e outro de natureza semântica que aponta para o significado do logograma. Pode-se observar, então, que ainda que a forma escrita desses caracteres compostos seja distinta, o valor fonético de todos eles é o mesmo: [fáŋ], diferenciando-se somente pelo tom.

A Tab. 4.6, também do mandarim, mostra a variação do significado e valor fonético do caractere semântico para 'pessoa' 人 *ren* [zɛn] quando combinado a diferentes determinativos fonológicos. (Nota-se que a forma combinatória 亻 de *ren* [zɛn] é um pouco diferente da forma solitária 人.) Os caracteres compostos se compõem de dois grafemas, mas na comparação entre esses logogramas, vê-se que têm em comum o caractere semântico. O outro grafema é o determinativo fonológico que aponta para a pronúncia do conjunto. Pode-se observar, então, que nesse caso o caractere composto tem um valor fonético semelhante ao de seu determinativo fonológico.

Caractere semântico	Determinativo fonológico	Significado/ valor fonético	Caractere composto	Significado/ valor fonético
亻 homem, pessoa *ren* [ẓen]	丁	indivíduo *ding* [tiŋ]	仃	sozinho *ding* [tiŋ]
	十	dez *shi* [ʂɚ]	什	dez soldados *shi* [ʂɚ]
	力	força *li* [li]	仂	excesso *le* [lə]

4.6 O significado e o valor fonético do caractere semântico para 'pessoa' 人 *ren* [ẓen] variam quando ele se combina a diferentes determinativos fonológicos.

Vantagens e desvantagens

Uma das vantagens dos sistemas logográficos de escrita é que eles facilitam a comunicação por escrito entre falantes de idiomas ou dialetos distintos que empregam o mesmo sistema. Mesmo que um chinês e um japonês monolíngues não consigam comunicar-se oralmente, podem fazê-lo, até certo ponto, por escrito. Por exemplo, o logograma 人, que representa o conceito de *pessoa*, se pronuncia [ẓén] no chinês mandarim, [ján] no chinês cantonês e [çi̥tó] em japonês, todos com o mesmo significado. O logograma 家, que representa o conceito de *casa* ou *lar*, se pronuncia [ʤjá] no chinês mandarim, [ká] no chinês cantonês e [ié] em japonês.

Outra vantagem do sistema logográfico é sua efetividade para idiomas como o chinês, que possui muitas palavras homófonas. Num sistema logográfico, os homófonos têm grafias distintas devido aos determinativos semânticos.

A principal desvantagem é o grande número de símbolos que são imprescindíveis aprender para ler e escrever. Dos 50.000 caracteres que constam no maior dicionário chinês, o estudante universitário sabe por volta de 4.000 a 5.000. Além de causar problemas de aprendizado, essa grande quantidade de caracteres dificultava a impressão e a datilografia antes que o uso de computadores se tornasse comum.

A escrita silábica

Dos sistemas logográficos, nos quais certos símbolos representavam os sons de uma sílaba, brotou a ideia de criar um sistema de escrita em que o grafema representasse os sons da sílaba. A introdução da escrita silábica foi paulatina; inicialmente se usou em conjunto com o sistema logográfico como demonstra um texto logográfico sumério com a seguinte representação do nome "Hammurabi", em que cada símbolo representa uma sequência de sons.

Ha- am- mu- ra- bi
Hammurabi

No caso do sumério, o grafema deixou de identificar-se tanto com o conceito semântico e começou a ser empregado principalmente por seu valor fonológico. Esses grafemas passaram, então, a representar os sons de sílabas inteiras.

Entre os sistemas silábicos mais importantes, encontram-se a escritura silábica mediterrânea[4] 📖 (que apareceu por volta de 1450 a. C.), o japonês — hiragana e katakana —[5] 📖 (desde o século IX d. C.) e o maia (desde o século III ao XVII d. C.).

Num sistema de escrita silábica, cada grafema representa os sons de uma sílaba. O conjunto dos grafemas necessários para representar as sílabas de um idioma se chama **silabário**. O conceito de silabário exige que haja um grafema distinto para todas as possíveis sílabas de um idioma. Dessa maneira teria que haver cinco grafemas para representar [ba], [be], [bi], [bo], [bu] e outros cinco para [bam], [ban], [bas], [bat] e [bal]. Dependendo dos padrões que a fonotática permite, o número de possibilidades em cada idioma poderia ser muito grande.

É interessante o aparecimento da escrita parcialmente silábica no leste e no sul da Península Ibérica com base na escrita mediterrânea. As inscrições ibéricas datam de 600 a 200 a. C. Esse surgimento tardio possibilitou que essa escrita fosse influenciada por sistemas alfabéticos, influência essa que se vê pelo uso de símbolos que representam sons individuais mesclados aos símbolos que representam sílabas. O seguinte exemplo vem da cerâmica de Líria apresentada anteriormente na Fig. 4.3. Seu significado é desconhecido.

⊙ △ D : 吕 ʳ ⧫ 吕 D
gu du a   de i s te a

Na América Central, onde a civilização maia floresceu, desenvolveu-se um sistema de escrita autóctone: o único sistema pleno de escrita pré-colombiana das Américas. A escrita maia, assim como outros sistemas de escrita, era a princípio logográfica, mas com o tempo tornou-se cada vez mais silábica. Esse era um sistema complicado, pois além de empregar logogramas, tinha vários grafemas alternativos para as sílabas. O sistema de escrita maia teve uso do século III ao século XVII d. C. O seguinte glifo demonstra o caráter silábico da escrita maia.

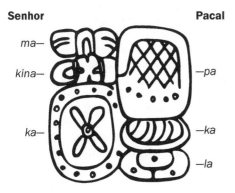

Senhor Pacal
ma—
kina—
      —pa
ka—
      —ka
      —la

O glifo vem de uma inscrição de Palenque, México e indica o título e nome do "senhor Pacal". A correspondência silábica ou logográfica de cada grafema maia é indicada de cada lado.

Ainda que a escrita maia seja de interesse geral, esse sistema extinguiu-se sem evoluir nem gerar um sistema em uso hoje em dia.

Técnicas de adaptação

No caso da palavra suméria "Hammurabi" já citada, o nome se escreveu mediante o uso de cinco grafemas apesar de ter quatro sílabas por empregar uma técnica que muitos dos sistemas de escrita silábica têm em comum: o **encaixamento silábico**. Por esse princípio é possível representar a sílaba [ham] mediante o encaixamento de dois grafemas: um para [ha] e outro para [am]. O emprego de encaixamento silábico também permitia que se escrevesse o idioma com um número menor de grafemas do que o necessário nos sistemas logográficos.

O seguinte exemplo da escrita silábica mediterrânea (a chamada *Escrita Linear B*) demonstra duas técnicas de adaptação. Nessa escrita, representam-se as duas sílabas da palavra t^{h}rānus (*escabelo*) da seguinte maneira:

⌐ |o |v|
ta ra nu
t^{h}rānus

Esse exemplo demonstra que o sistema não tinha símbolos para representar todas as sílabas, pois não havia símbolo nem para a sílaba [t^{h}rā] nem para a sílaba [nus]. Diante disso, a técnica usada na representação da primeira sílaba é o encaixamento silábico por **supressão** em que se suprime a vogal do primeiro grafema. A técnica usada na representação da segunda sílaba é o **suprimento**. O leitor tinha que suprir a consoante final da sílaba baseando-se no contexto.

Os silabários mais reconhecidos no mundo de hoje são do japonês. A escrita japonesa começou no século VIII d. C. com o empréstimo dos caracteres chineses, ou *kanji*. Esses caracteres serviam muito bem para representar os radicais das palavras, mas não para representar as flexões morfológicas do japonês. Isso só se tornou possível com o surgimento no século IX d. C. do silabário **katakana** (ou escrita fragmentária) e do silabário **hiragana** (ou caracteres simplificados). Os dois silabários, cada um de 71 símbolos derivados do *kanji*, têm usos diferentes: usa-se o katakana para escrever palavras estrangeiras e o hiragana para grafar flexões morfológicas e partículas gramaticais. Na escrita silábica japonesa, também emprega-se a técnica de encaixamento silábico. Tóquio とぎょ, a capital de Japão, é um bom exemplo. Na escrita, o símbolo diminutivo, ょ *yo*, indica que os sons dessa sílaba se encaixam na sílaba anterior, き *ki*, mediante a supressão da vogal [i]. Dessa maneira *to-ki-yo* se pronuncia *to-kyo*.

O exemplo da escrita maia também apresenta um caso de encaixamento por supressão em que suprime-se a última vogal. Assim escreve-se a palavra "Pacal", de duas sílabas, com três grafemas: "pa", "ka" e "la".

Vantagens e desvantagens

O uso de um silabário apresenta vantagens e desvantagens. Uma das vantagens do silabário é a imensa redução do número de símbolos necessários para representar a linguagem. Todos os 50.000 caracteres existentes do *kanji* japonês poderiam ser escritos com os 71 caracteres do silabário. O silabário, além de reduzir as dificuldades de aprendizado, reduz também os problemas tipográficos. Uma das desvantagens, porém, é que esse modelo não permite a discriminação ortográfica de palavras homófanas.

O silabário é adequado para o japonês devido à estrutura fonotática do idioma, em que cada sílaba se forma de uma vogal (V), uma consoante e vogal (CV) ou da consoante /n/, que também funciona como sílaba. No entanto, o uso de um silabário para o inglês, por exemplo, seria bastante problemático por causa do número exorbitante de combinações de sons permitidas na estrutura silábica da língua.

O silabário também facilita a escrita de neologismos (palavras novas) e se emprega também na escrita de palavras estrangeiras. Entretanto, há um problema no seu uso para estrangeirismos quando a aproximação fonética do sistema silábico para o estrangeirismo não é muito exata. O sobrenome Clegg do inglês, por exemplo, transcreve-se クレッグ (ku-re-[pausa]-gu).

A escrita consonantal

O primeiro sistema de escrita consonantal foi criado entre os cananeus, ou antigos fenícios, ao leste do Mar Mediterrâneo por volta de 1500 a. C. Os cananeus, sob a influência do egípcio, tomaram emprestado o princípio do determinativo fonológico consonantal e criaram um alfabeto consonantal. Num sistema de escrita consonantal, representam-se somente os fonemas consonantais de uma palavra; as vogais são deduzidas de acordo com o contexto.

O alfabeto consonantal dos cananeus criou-se por aplicação do **princípio acrofônico** pelo qual os grafemas comuns adquiriram o valor fonético de seu primeiro som. Por exemplo, o símbolo △, que representava a palavra *daleth* 'porta de uma tenda', passou a representar somente o primeiro fonema (/d/) da palavra.

Esse sistema cananeu logo evoluiu e originou o antigo árabe (1300 a. C.),[6] 📖 o fenício (1100 a. C.)[7] 📖 e o antigo hebraico (1000 a. C.),[8] 📖 os sistemas consonantais mais importantes e mais relevantes à Península Ibérica.

A escrita arábica é a escrita consonantal mais difundida; emprega-se para representar não somente o árabe (do Marrocos à Síria), mas também para idiomas não arábicos como o persa ou parse (do Irã), o urdu (do Paquistão) e o pachto (do Afeganistão). No passado, seu uso difundiu-se até a Península Ibérica onde foi empregada durante quase oito séculos. Empregou-se não somente na escrita do árabe, como também para escrever estribilhos ou carjas em romance. Quanto a sua orientação, leem-se as linhas da direita para a esquerda e encadernam-se os livros com a lombada à direita. O texto da Fig. 4.7, com sua transliteração e tradução, é de uma carja de Al-Aʿmā al-Tuṭīlī, que viveu em Múrcia e Sevilha e morreu em 1126. O sistema fonológico do árabe consiste em 28 consoantes e seis vogais. A escrita arábica

Sistemas de escrita

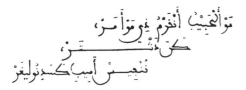

mw l-ḥabīb 'nfrm <u>d</u>y mw 'm'r
k' n d št'r
nn fys 'myb k š' <u>d</u> nw lg'r

Mi amor está enfermo de mi amar.
¿Cómo no lo ha de estar?
¿No ves que a mí no ha de llegar?

4.7 O texto é de uma carja em romance escrita no alfabeto consonantal árabe por Al-A'mā al-Tuṭīlī, que viveu em Múrcia e Sevilha e morreu em 1126. Ao lado, aparecem a transliteração consonantal e a transliteração/tradução vocálica.

tem pelo menos um símbolo para cada uma das 28 consoantes. É importante notar que a escrita árabe é cursiva, isto é, as letras de uma mesma palavra se conectam.

Na Fenícia, situada na área onde hoje se encontra o Líbano, criou-se uma escrita consonantal que serviu de base para o alfabeto grego, que logo foi adaptado para o alfabeto latino, que por sua vez foi adaptado para representar mais idiomas atuais que qualquer outro sistema do mundo. Os fenícios, navegantes que dominavam o comércio mediterrâneo, disseminaram sua escrita nos lugares por onde passaram. Introduziram-na na Península Ibérica ao estabelecerem-se em seu litoral por volta do ano 1100 a. C. Foram encontradas inscrições fenícias em moedas, lâminas e pedras de várias partes do sul e leste da Península Ibérica. Essas inscrições datam desde a época da chegada dos fenícios até o primeiro século a. C. e desaparecem com a difusão do latim. O alfabeto fenício consistia em 22 grafemas consonantais que correspondiam aos fonemas consonantais do fenício. Como o árabe, a escrita fenícia se orientava da direita para a esquerda, em linhas que se liam de cima para baixo.

Outro alfabeto consonantal usado hoje em dia é o do hebraico. A escrita hebraica desenvolveu-se na área correspondente à atual Israel, mas conservou-se durante muitos anos entre os judeus em diversas partes do mundo, inclusive na Península Ibérica. O alfabeto consonantal hebraico consiste em 22 símbolos com correspondência fonológica. Como no caso do árabe, o alfabeto consonantal do hebraico também foi usado para representar o espanhol, sobretudo para escrever carjas.

Técnicas de adaptação

Os sistemas de escrita consonantal costumam empregar duas técnicas de adaptação: o uso de **alógrafos** e de **sinais vocálicos**.

Tanto o árabe como o hebraico empregam alógrafos, ou seja, distintos símbolos para representar o mesmo fonema de acordo com sua posição na sequência ortográfica: seja isolada, inicial, medial ou final de palavra. Isso, em parte, resulta do fato de que o árabe tem somente uma escrita cursiva em que a maior parte dos grafemas de uma palavra se conectam. O seguinte exemplo indica os quatro alógrafos do fonema /t/.

ت ـت ـتـ تـ
isolado final medial inicial

Enquanto abundam símbolos para as consoantes, as vogais não são representadas na escrita clássica. Em tempos mais recentes, porém, a dificuldade de interpolar as vogais não representadas deu impulso ao emprego de sinais vocálicos, em que se marcam as consoantes com pequenos pontos, círculos ou traços que se colocam em cima ou debaixo das consoantes para indicar as vogais que as acompanham. O seguinte exemplo da palavra 'al-mixaddah (almofada) demonstra a escrita arábica sem sinais vocálicos e com eles.

المخدة اَلْمِخَدَّةُ
sem sinais vocálicos com sinais vocálicos

Como a escrita arábica, a escrita hebraica emprega sinais vocálicos, tem alógrafos (mesmo que somente cinco) e escreve-se da direita para esquerda em linhas que se leem de cima para baixo. Ao contrário do árabe, o hebraico não tem uma escrita cursiva;

os grafemas utilizados para escrever uma palavra nunca se conectam.

Vantagens e desvantagens

A vantagem de um sistema de escrita consonantal é a economia de símbolos. Isso resulta, porém, na criação de uma escrita que, às vezes, é ambígua ou de difícil compreensão. Deve-se comentar ainda, que esse tipo de sistema é mais adequado para idiomas que costumam ter sílabas formadas por consoante mais vogal mais consoante (CVC) como os idiomas semíticos ou o inglês. Ao aplicar-se o princípio da escrita consonantal ao inglês *ths s stll rdbl* (this is still readable). Porém, ao aplicar esse sistema a um idioma que costuma formar suas sílabas de consoante mais vogal (CV), como o português, *rsltd n t lgvl* (o resultado não é tão legível).

A escrita alfabética

O primeiro passo histórico da passagem da escrita consonantal à escrita alfabética foi a incorporação de símbolos vocálicos ao inventário de símbolos consonantais para formar um sistema fonológico completo. A base teórica de um sistema alfabético é que cada fonema seja representado por um grafema distinto.

Entre os alfabetos mais importantes e mais relevantes à civilização ocidental encontram-se o alfabeto grego (que data do século VIII a. C.)[9], o alfabeto latino (que apareceu pouco depois do grego)[10] e o alfabeto cirílico (desde o século IX d. C.).[11]

O alfabeto **grego** foi o primeiro a incorporar grafemas para a representação tanto de vogais como de consoantes, criando assim um alfabeto completo. Essa inovação sucedeu como resultado de uma adaptação errônea do alfabeto consonantal fenício. Os fenícios tinham um símbolo ᛣ, chamado 'ʔalep' ('boi'), que representava o primeiro som consonantal de seu nome [ʔ] (um golpe de glote). Os gregos não tinham esse som em seu sistema fonológico e ao adaptar o alfabeto consonantal dos fenícios ao grego, supuseram que este símbolo representasse o primeiro som que eles percebiam: a vogal [a].

Os gregos adaptaram não somente o símbolo, mas também seu nome, convertendo-o em A 'alfa'. Da mesma maneira, os gregos adaptaram ou inventaram outros símbolos para as demais vogais. O segundo símbolo de seu sistema de escrita, B, foi chamado de 'beta'. Ao juntar-se o nome do primeiro símbolo, 'alfa', com o nome do segundo, 'beta', produziu-se a palavra que é a origem de 'alfabeto'. Um alfabeto é, então, uma lista ordenada das letras empregadas nesse sistema de escrita.

Além de converter o sistema consonantal dos fenícios num alfabeto completo, os gregos mudaram a orientação da escrita, preferindo escrever da esquerda para a direita, em linhas que se leem de cima para baixo. Os primeiros símbolos foram as letras maiúsculas e, depois de vários séculos, surgiram as letras minúsculas. O alfabeto grego clássico consistia em 24 letras, cada uma com forma maiúscula e minúscula. O alfabeto incluía sete vogais. A Fig. 4.8 apresenta o alfabeto grego e sua transliteração ao alfabeto latino. A extensão da influência cultural dos gregos fez com que seu alfabeto também se propagasse pelo mundo, ainda que hoje em dia seu uso se limite a Grécia e Chipre.

O alfabeto **latino** resultou de várias formas do alfabeto grego que foram levadas à Península Itálica pouco depois de sua criação na Grécia. Na Península Itálica, o alfabeto foi adaptado por várias civilizações, sendo a principal delas a civilização romana. De suas humildes origens na província itálica do Latium (Lácio), os romanos, que falavam latim, propagaram seu alfabeto pelo mundo e esse alfabeto transformou-se no sistema de escrita mais empregado, atualmente, em

4.8 O alfabeto grego clássico consistía em 24 letras, cada uma com uma forma maiúscula e minúscula, sete das quais representavam vogais. A segunda linha contém a transliteração ao alfabeto latino.

Αα Ββ Γγ Δδ Εε Ζζ Ηη Θθ Ιι Κκ Λλ Μμ Νν Ξξ Οο Ππ Ρρ Σσς Ττ Υυ Φφ Χχ Ψψ Ωω
 a   b   g   d ě dz ē th i   k   l   m   n ks ŏ   p   r   s   t   u   f kh ps ō

termos do número de idiomas que o utilizam em sua escrita. O alfabeto latino é utilizado na escrita de mais de 190 idiomas, por mais de 3,7 mil milhões de pessoas.

Tanto o alfabeto latino como o grego, compunha-se originalmente só de maiúsculas; a criação das minúsculas tardou vários séculos. A orientação da escrita era da esquerda para a direita e, na prática, NÃOSEUSAVAMESPAÇOSPARAINDICARADIVISÃOENTREPALAVRAS. O alfabeto latino clássico consistia em 23 letras:

A B C D E F G H I K L M N O P Q R S T V X Y Z

Outro alfabeto europeu de uso contemporâneo é o alfabeto **cirílico**. Atribui-se sua origem aos irmãos, São Cirilo e São Metódio, apóstolos gregos aos eslavos, os quais, no século IX d. C., criaram um alfabeto baseado no grego para representar os idiomas eslavos. O alfabeto russo, idioma eslavo, consta hoje de 33 letras, com uma forma maiúscula e minúscula para cada uma. Esse alfabeto contém 12 vogais e 21 consoantes apresentadas na Fig. 4.9 com sua transliteração ao alfabeto latino. Hoje, o alfabeto cirílico é empregado não somente para o russo, mas também para o búlgaro, o sérvio e outros idiomas minoritários da Romênia, do Irã e da ex-União Soviética.

Quase todos os outros alfabetos do mundo derivaram-se sucessivamente do alfabeto fenício. Por exemplo, o alfabeto fenício chegou à Índia durante o século VII a. C., onde se adaptou para formar o alfabeto brâmico, que por sua vez serviu como base não somente para os alfabetos da Índia e do sudeste da Ásia, mas também para o alfabeto da Mongólia.

Mais adiante serão apresentados três exemplos de escritas resultantes dessas adaptações. O alfabeto hindi derivou-se do brami entre os séculos VII e IX da era cristã. O hindi, que é o idioma principal do norte da Índia, lê-se em linhas horizontais da esquerda para a direita, de cima para baixo. O alfabeto laosiano, derivado do brami no século XIII, escreve-se com a mesma orientação do hindi. O alfabeto mongol, que também se derivou indiretamente do brami no século XIII, é escrito de cima para baixo em colunas que vão da esquerda para a direita.

Outro alfabeto de particular interesse por ser único e original, é o alfabeto hangul do coreano. É único porque foi criado com base fonológica; é original porque foi desenvolvido em 1444 especificamente para o coreano sem recorrer aos alfabetos usados para representar outros idiomas. Além disso, esse alfabeto inclui meios para representar as relações entre os sons. Por exemplo, os símbolos para sons produzidos mediante contacto dos dois lábios contém um quadro: ㅁ para [m] e ㅂ para [p]. Tradicionalmente, o coreano escrevia-se de cima para baixo em colunas que se liam da direita para a esquerda. Em tempos modernos, porém, escreve-se com a mesma orientação do português.

Os grafemas das sílabas do coreano são traçados de modo a formar quadros. As palavras também são grafadas em quadros formados pelo agrupamento das sílabas

4.9 O russo é um idioma eslavo cujo alfabeto cirílico atualmente é composto por 33 letras, 12 vogais e 21 consoantes, todas elas com formas maiúsculas e minúsculas. Vê-se abaixo o alfabeto russo com sua transliteração ao alfabeto latino.

Аа Бб Вв Гг Дд Ее Ёё Жж Зз Ии Йй Кк Лл Мм Нн Оо Пп Рр Сс Тт Уу Фф Хх Цц
a   b   v   g   d   e   jo   ž   z   i   j   k   l   m   n   o   p   r   s   t   u   f   kh ts

Чч Шш Щщ Ъъ Ыы Ьь Ээ Юю Яя
č   š   šč   -   y   -   eh ju ja

de cada palavra. Um exemplo é o próprio nome do alfabeto hangul, que se escreve da seguinte maneira:

한글 ha n g u l

O primeiro quadro, 한, contém três grafemas, (ㅎ, ㅏ e ㄴ), que representam a sílaba /han/, a primeira sílaba da palavra. O segundo quadro 글, também contém três grafemas, (ㄱ, ㅡ e ㄹ), que representam a sílaba /gul/, a segunda sílaba da palavra. Ao lado da representação em coreano, pode-se observar a organização dos grafemas fonemáticos indicados em quadros silábicos por sua representação em letras do alfabeto latino.

Técnicas de adaptação

O alfabeto latino é empregado por mais idiomas que qualquer outro alfabeto. Além de ser empregado na escrita da grande maioria dos idiomas europeus, também é empregado na escrita de idiomas falados em lugares bem distantes uns dos outros, como o turco (da Ásia ocidental), o malaio (do sudeste da Ásia), o tonganês (da Oceânia) e o suaíle (do leste da África). O processo de adaptação, porém, nem sempre foi fácil e, às vezes, envolveu o emprego de várias técnicas.

Uma das técnicas de adaptação é a **criação de novos grafemas** para representar fonemas inexistentes no latim. Por exemplo, os normandos acrescentaram a letra "W" na escrita do anglo-saxão. Assim também, durante a era medieval, o "J" passou a ser diferenciado do "I", assim como o "U" do "V". Dessa forma o alfabeto latino de 23 letras transformou-se no alfabeto inglês de 26 letras.

Outra técnica empregada na adaptação de um alfabeto a outro idioma é o emprego de **dígrafos**. Por exemplo, em inglês, os dígrafos *th*, *sh* e *ch* representam um só fonema como nas palavras *thick*, *ship* e *cheap*. Em português os dígrafos *ch*, *lh* e *nh* representam um só fonema como nas palavras *chato*, *alho* e *vinha*.

A maioria dos alfabetos de hoje em dia também emprega **alógrafos** na forma de letras maiúsculas (ABCDE) e minúsculas (abcde). Outros alógrafos surgem devido ao uso de letra de forma (abcde) e de letra cursiva (*abcde*).

Outra técnica é o emprego de **sinais diacríticos** para ampliar a utilidade das letras existentes. Por exemplo, o acento agudo (´), o acento grave (`), o acento circunflexo (ˆ), o trema ou *umlaut* (¨), o til (˜), o *caron* ou *háček* (ˇ), o anel ou *kroužek,* (˚) ou a cedilha (,) podem alterar o som da letra que os acompanham. Em português, por exemplo, o {a} e o {ã} representam sons distintos.

Às vezes, a adaptação do alfabeto de um idioma para outro resulta na **eliminação** de uma ou mais letras, porque a fonologia do idioma não inclui o som por ela representado e, portanto, a letra torna-se desnecessária. Dessa forma, os romanos, ao adaptar o alfabeto grego ao latim, eliminaram a letra Θ porque não representava nenhum fonema do latim.

Vantagens e desvantagens

A principal vantagem da utilização do alfabeto é esse ser um sistema completo; ou seja, é um sistema que representa todos os fonemas do idioma. Isso produz uma maior economia, porque se utiliza um número mínimo de símbolos em comparação com sistemas logográficos ou silábicos. Ao mesmo tempo, ao comparar a economia do sistema alfabético com o sistema consonantal, o que perde o sistema alfabético por ter mais letras, recupera por ser mais completo e por possibilitar uma maior correlação entre símbolo e fonema.

É difícil encontrar desvantagens significativas do sistema alfabético. Observou-se que os sistemas consonantais têm menos letras, mas esta pequena vantagem é alcançada a custo da integridade do sistema. Observou-se também que os sistemas logográficos têm a possibilidade de ter distintas representações para palavras homófonas, mas esta pequena vantagem é alcançada a custo da economia de símbolos. Mesmo assim, tanto o inglês quanto o português têm exemplos de palavras homófonas com escrita distinta: por exemplo, *vane*, *vain* e *vein* em inglês e *concerto* e *conserto* em português.

Combinações de sistemas de escrita

Um dos peritos mais reconhecidos no estudo de sistemas de escrita, I. J. Gelb, afirma que: "Não há nenhum sistema puro de escrita, assim como não há nenhuma raça pura na antropologia nem linguagem pura na linguística".[1] Na verdade, pode-se dizer que as classificações de escrita logográfica, silábica, consonantal e alfabética não representam categorias discretas.

A maioria dos sistemas de escrita incorporam elementos de mais de um tipo de escrita. Por exemplo, a cerâmica de Líria combina um pictograma e uma inscrição em escrita silábica. Os exemplos de combinações não se limitam a casos históricos; encontram-se mesmo no mundo atual.

O exemplo por excelência de um sistema misto é o japonês, em que se pode encontrar justapostos o sistema logográfico (*kanji,* caracteres chineses), o sistema silábico (*katakana* e *hiragana,* símbolos dos silabários) e o sistema alfabético (*romaji,* japonês escrito com letras do alfabeto latino/romano).

Atualmente, até os idiomas de escrita tradicionalmente alfabética, como o inglês e o português, ocasionalmente empregam logogramas. Do inglês temos exemplos como "Vote 4 John", no qual o símbolo "4" (que normalmente representaria um número) é empregado por seu valor fonológico /fɔr/. Em português ocorrem exemplos como "Flamengo x Palmeiras" (no qual o "x" é utilizado para representar a palavra "versus" ou "contra"), "fita k-7" (no qual a letra "k" e o algarismo "7" são usados por seu valor fonológico, respectivamente /ka/ e /sɛte/, para formar a palavra "cassete") e "X-tudo"

no qual a letra "X" é empregada por seu valor fonológico, para substituir a palavra inglesa "cheese" em sua pronúncia aportuguesada [ʃis].

No campo da matemática, abundam logogramas muito conhecidos: 5 (cinco), = (igual a), ÷ (dividido por) e ∞ (infinidade). Existem logogramas também para conceitos monetários: € (o euro da Europa), £ (a libra britânica), ₳ (o antigo austral argentino) e $ (dinheiro, o antigo escudo português ou o dólar norte-americano, entre outros).

É de notar-se, que como no caso do chinês, o mesmo logograma pode representar várias realizações fonéticas. Dessa maneira o símbolo "4" realiza-se como [fɔɹ] em inglês, [kwátɾu] em português e [ʃi] em japonês.

Realmente todos os atuais sistemas de escrita são mistos; quer dizer, empregam diversos tipos de símbolos: alfabéticos, logogramas e até pictogramas. Por exemplo, nos sinais rodoviários empregam-se pictogramas para representar conceitos como "restaurante", "acampamento" e "aeroporto" como se vê a seguir:

Restaurante Acampamento Aeroporto

Os pictogramas desses sinais não são considerados logogramas, porque ainda são bastante semelhantes ao conceito que representam e não formam parte de um sistema pleno de escrita, capaz de representar toda e qualquer comunicação verbal.

Os sistemas fonológicos e ortográficos

Como explicado anteriormente, existem vários sistemas de escrita. A base do sistema alfabético é fonológica; ou seja, de modo geral, um símbolo ortográfico representa um fonema. Esse sistema, empregado para a escrita do português e inglês entre outros, apresenta, porém, certas irregularidades nos dois idiomas, seja por razões de evolução da língua ou por razões da própria estrutura

---

[1] Ignace J. Gelb, *A Study of Writing* (Chicago: University of Chicago Press, 1969) p. 199.

fonológica do idioma. Como resultado, o sistema alfabético, cuja base teórica é a representação gráfica dos fonemas, não é um sistema exato, pois não existe uma correspondência exata entre cada letra do alfabeto e cada fonema da língua.

Há seis casos distintos em que não existe uma correspondência exata entre as letras e os fonemas:

O primeiro é o caso em que existe mais de uma letra para o mesmo fonema. Por exemplo, dependendo do contexto e dialeto, o fonema /s/ pode ser representado pelas letras {s}, {c}, {ç} {ss}, {sc}, {sç}, {xc} ou {x} — ex. {sim} /siN/, {concerto} /koNséRto/, {roça} /rósa/, {massa} /mása/, {nascer} /naséR/, {desço} /déso/, {exceto} /eséto/, {máximo} /másimo/.

No segundo caso, acontece o inverso do primeiro: Uma só letra é usada para representar mais de um fonema. Esse é o caso da letra {g} que, dependendo do contexto em que ocorre, pode representar o fonema /g/ ou o fonema /ʒ/ — ex. {gigante} /ʒigáNte/.

O terceiro caso é aquele em que uma sequência de duas letras representa um só fonema, como no caso das letras {ch}, {lh} e {nh} que representam os fonemas /ʃ/, /ʎ/ e /ɲ/ — ex. {chato} /ʃáto/, {alho} /áʎo/ e {punho} /púɲo/.

No quarto caso ocorre o inverso do terceiro: Uma só letra representa uma sequência de dois fonemas, como acontece com o {x}, que, às vezes, representa a sequência fonemática /ks/ — ex. {táxi} /táksi/.

O quinto caso é aquele em que se emprega um grafema que não representa fonema algum. É o que acontece com a letra {h} — ex. {hábil} /ábil/.

No sexto caso, ocorre o inverso do quinto: A palavra contém um fonema, mas não contém nenhuma letra para representá-lo. É o que acontece na palavra {advogado} /adivogádo/, a qual contém o fonema /i/, mas não conta com um grafema que o represente.

A Tab. 4.10 resume os casos em que falta correspondência exata entre a ortografia e a fonologia. Apesar das anomalias ou irregularidades entre o sistema de escrita e o sistema fonológico, a base fundamental do sistema de escrita alfabética continua sendo a fonologia.

Muitas das anomalias atuais entre os sistemas ortográficos e fonológicos se devem à evolução histórica da língua. Por exemplo, a palavra inglesa {knee} antigamente começava com o som [k], mas em sua evolução ao inglês moderno o som [k] desapareceu da pronúncia, no entanto, a letra {k} se manteve na grafia da

4.10 Os tipos de falta de correspondência exata entre fonema e letra que existem em português.

Falta de correspondência exata	Descrição	Exemplo
2+ letras → 1 fonema	mais de uma letra ou sequênca representa um só fonema	{s}, {c}, {ç}, {ss}, {sc}, {sç}, {xc} ou {x} → /s/
1 letra → 2 fonemas distintos	uma letra representa mais de um fonema	{g} → /g/ o /ʒ/
1 dígrafo → 1 fonema	um dígrafo representa um fonema	{ch} → /ʃ/
1 letra → 1 sequência de dois fonemas	uma só letra representa uma sequência de dois fonemas	{x} → /ks/
1 letra → ∅	um grafema não representa nenhum fonema	{h} → ∅
0 letras → 1 fonema	um fonema não tem representação grafêmica	{∅} → /i/

palavra. Existem exemplos semelhantes em português. A palavra portuguesa {haver}, por exemplo, antigamente começava com o som [h], mas atualmente começa com a vogal [a]. Apesar de o som ter desaparecido no processo da evolução histórica do idioma, ainda se mantém o {h} na escrita.

Os exemplos da falta de correspondência exata entre as letras e os fonemas indicam que o sistema de escrita do português não é um sistema completamente fonemático como se costuma afirmar. Por exemplo, seria possível escrever a palavra {roça} como {rossa}, o que representaria uma diferença de letras mas não de sons. O inglês, que também emprega um sistema de escrita alfabética, é menos fonemático que o português. Um exemplo famoso é a representação de {ghoti} para a palavra {fish}. Isso vem do uso de {gh} de {enough}, {o} de {women} e {ti} de {nation}. Ainda que o português contenha menos variações em seu sistema de escrita que o inglês, os dois sistemas apresentam múltiplos exemplos de falta de correspondência exata entre letra e fonema.

O alfabeto fonético

Se o sistema alfabético não é completamente fonemático porque carece de uma correspondência exata entre fonema e letra, muito menos pode considerar-se um sistema fonético, porque há ainda menos correspondência exata entre som e letra. Por exemplo, as sequências *os cachorros* e *os gatos*, pronunciados [uskaʃóhus] e [uzgátus], contêm duas articulações diferentes do grafema {s}. Nos dois casos, a letra {s} representa o fonema /s/, mas os sons produzidos são diferentes: [s] e [z]. A falta de uma correspondência exata entre as letras e os sons demonstra que o sistema ortográfico do português não é adequado para a representação gráfica de seus sons.

Para representar adequadamente os sons, é preciso utilizar um alfabeto fonético que mantenha uma **correspondência exata** entre os símbolos e cada um dos sons da fala. Para atender a essa necessidade, criaram-se vários alfabetos fonéticos. O principal alfabeto fonético atual é o **Alfabeto Fonético Internacional** ou **AFI**.

Um dos princípios básicos do AFI é que os símbolos representam determinados sons, independentemente do idioma. Isso quer dizer que o símbolo [f] representa tanto o som inicial da palavra portuguesa {família} como o som inicial das palavras inglesas {family} e {photo}. Também quer dizer que sempre que se queira representar esse som, emprega-se o símbolo [f]. Dessa mesma maneira, emprega-se o símbolo [ɾ] tanto na palavra portuguesa {cara} [káɾɐ] como na palavra inglesa {city} [ˈsɪɾi].

Mesmo assim, deve ser óbvio que há símbolos usados para o português que não se empregam para o inglês e vice-versa, pois os dois idiomas contêm sons que o outro não tem. Por exemplo, o português tem os sons [ɲ], [ʎ] e [ɐ̃w̃], como nas palavras {mi**nh**a}, {a**lh**o} e {s**ão**}, inexistentes em inglês. O inglês tem os sons [ɻ], [æ] e [ɪ], como nas palavras {ca**r**}, {c**a**t} e {k**i**t}, inexistentes em português.

A criação do AFI seguiu quatro princípios fundamentais. O primeiro foi empregar símbolos totalmente distintos para os distintos fonemas. Dessa forma, existem os dois símbolos [s] e [ʃ] para representar a consoante inicial das palavras {sim} e {chá}. O segundo princípio foi o de dar preferência a primeiro o alfabeto romano e segundo o alfabeto grego na seleção de símbolos. Como se pode ver, os símbolos fonéticos para as vogais de *pê* e *pé* são do alfabeto romano [e] e do alfabeto grego [ɛ]. O terceiro princípio foi que, caso fosse necessário um novo símbolo, ele seria criado com base em símbolos desses dois alfabetos. Dessa forma, emprega-se [ɲ] para um som nasal palatal e [ŋ] para um som nasal velar. O quarto foi que só se empregariam sinais diacríticos no caso de variações dialetais ou quando seu uso evitaria a criação de toda uma série de símbolos novos como no caso das vogais nasalizadas [ĩ ẽ ɐ̃ õ ũ].

Emprega-se o AFI neste manual porque é o alfabeto fonético de maior uso atual. A representação dos sons da cadeia fônica com os símbolos do AFI se faz mediante a **transcrição fonética** [trɛskrisẽũfonéʧikɐ]. A habilidade de transcrever foneticamente é necessária para quem se dedica ao estudo dos sons. A grande vantagem da transcrição fonética é dar ao aluno uma representação visual dos sons que devem ser produzidos.

É importante observar que a transcrição fonética não é uma representação ortográfica, porque não é um sistema de uso geral em nenhuma comunidade linguística. O AFI é o alfabeto fonético preferido por linguistas para a transcrição fonética por ser suficientemente amplo para representar toda a gama de sons produzidos nos idiomas do mundo.

Resumo

O principal propósito deste capítulo foi o de examinar as diversas formas pelas quais a linguagem pode ser representada graficamente. Embora o processo de criação da comunicação por via escrita siga diversos modelos com diversos enfoques, o padrão geral é a passagem de uma base semântica para uma base fonológica. De fato, todos os sistemas confirmam a suma importância do som em qualquer representação gráfica da linguagem.

Um segundo propósito foi demonstrar porque nenhum dos sistemas de escrita dos diversos idiomas serve para registrar graficamente os sons do idioma. O terceiro foi introduzir o Alfabeto Fonético Internacional, usado pelos linguistas para esse fim.

Entre as primeiras representações gráficas na Península Ibérica estão os exemplos dos **desenhos** ou arte rupestre, como os de Foz Côa. O avanço seguinte foi a substituição dos desenhos pela representação de objetos mediante ícones, chamados **pictogramas**. Com sua utilização para a representação de conceitos abstratos relacionados aos objetos representados, os pictogramas converteram-se em **ideogramas**. Esse passo gerou o nível de abstração necessário para a posterior criação de sistemas plenos de escrita.

Os **sistemas plenos de escrita** atendem às seguintes premissas fundamentais:

- são secundários à via oral;
  - servem para representar toda e qualquer comunicação da via oral;
  - seguem a mesma sintaxe da cadeia falada;
- incluem um componente fônico;
- permitem a mesma leitura por leitores da mesma sociedade linguística.

Como explicado anteriormente, o **grafema** é a unidade ortográfica mínima que representa diversos elementos segundo o sistema de escrita. A ortografia é o método de representação gráfica empregado em cada cultura para escrever seu idioma. A Tab. 4.11 resume o que os grafemas representam em cada tipo de sistema de escrita.

Não se pode dizer que haja um sistema de escrita superior aos demais. Todos os sistemas plenos de escrita são capazes de cumprir com o requisito fundamental de poder expressar toda e qualquer comunicação verbal da via oral. O uso de diferentes sistemas por diferentes idiomas se deve a fatores históricos e culturais. O sistema logográfico é adequado aos fins comunicativos do chinês e seria sumamente difícil trocá-lo por outro sistema. Já a língua inglesa, que emprega um sistema alfabético, está muito longe de contar com uma correlação exata entre grafemas e fonemas. Mesmo depois de muitos anos de argumentação a favor de uma reforma ortográfica, essa reforma nunca ocorreu, principalmente por razões práticas e culturais.

Nos sistemas alfabéticos, os grafemas são as letras do alfabeto ou os dígrafos que se representam entre chaves, por exemplo {b} ou {v}. A **transcrição ortográfica** de um idioma alfabético ocorre por meio de grafemas.

Como explicado anteriormente, o **fonema** é a imagem mental que o som evoca. O fonema é o elemento básico da fonologia e é representado entre barras: / /. Quando um símbolo aparece entre barras, por exemplo /b/ ou /v/, isso indica que ele representa um fonema. A **transcrição fonológica** de uma língua emprega os fonemas, entre barras, para representar a sequência das imagens mentais dos sons que ocorrem na formação de significantes.

Sistema	O que o grafema representa	Exemplos de idiomas atuais	Exemplos de grafemas	Transcripção fonética	Técnicas de adaptação
Logográfico	um significado ou os sons de um significante	o chinês	言	[jén]	determinativos fonológicos e semânticos
Silábico	os fonemas de uma sílaba	o japonês (katakana e hiragana)	ク	[ku]	encaixamento silábico supressão suprimento
Consonantal	um fonema consonantal	o árabe o hebraico	ת	[t]	pontos vocálicos alógrafos
Alfabético	um fonema	o português o russo	{a-v-a-n-t-e}	[avéⁿtʃi]	dígrafos sinais diacríticos novos grafemas alógrafos eliminação

4.11 O grafema em cada tipo de sistema de escrita.

O **alofone** é um som que se emprega na fala para realizar um fonema. O alofone, que é o elemento básico da fonética, representa-se entre colchetes: [ ]. Quando um símbolo aparece entre colchetes, por exemplo [b] o [v], isso indica que representa um som ou alofone. A **transcrição fonética** representa a concatenação dos sons da fala.

O contraste entre essas três unidades — grafemas, fonemas e alofones — é de grande importância no estudo de fonética e fonologia. A Tab. 4.12 contém um resumo comparativo dos três.

O estudo dos sistemas de escrita constata o fato de que todos eles são representações gráficas da fala de um idioma. No caso do português, em geral, o grafema ou letra corresponde ao fonema, ainda que não haja uma correspondência exata.

Ainda que todos os sistemas plenos de escrita precisem ter uma maneira de representar sons, o linguista necessita de um método de representação gráfica em

4.12 Distinções básicas entre grafemas, fonemas e alofones.

Unidade	Sistema	Definição	Representa-se entre	Exemplo
Grafema	ortografia	a unidade mínima de cada sistema de escrita	{ } chaves	{assento} {acento}
Fonema	fonologia	a imagem mental que corresponde ao som	/ / barras	/aséNto/
Alofone	fonética	o som da fala que representa ao fonema	[ ] colchetes	[aséⁿtu]

que haja uma correspondência exata entre símbolo e som. Para isso, emprega-se o **Alfabeto Fonético Internacional**, ou AFI, na descrição e transcrição de sons. É importante que os estudantes de português aprendam a fazer transcrição fonética, empregando o AFI, para o aprimoramento de sua pronúncia.

Com essa base teórica, é possível prosseguir agora a um estudo mais detalhado dos princípios da fonética.

Perguntas de revisão

1. De que maneiras se pode expressar o significante?

2. Quais são os tipos de pré-escrita?

3. Quais são as premissas fundamentais dos sistemas plenos de escrita?

4. Por que é necessário que um sistema pleno de escrita tenha um componente fônico?

5. Quais são os quatro grupos principais de sistemas de escrita? O que o grafema representa em cada sistema? Dê exemplos de cada sistema.

6. Quais são as vantagens e desvantagens dos sistemas logográficos de escrita?

7. Quais são as vantagens e desvantagens dos sistemas silábicos de escrita?

8. Quais são as vantagens e desvantagens dos sistemas consonantais de escrita?

9. Por que o alfabeto grego é importante?

10. Por que o alfabeto latino é importante?

11. Quais são algumas das técnicas empregadas na adaptação de um alfabeto a outro idioma? Dê exemplos.

12. Quais são as vantagens e desvantagens dos sistemas alfabéticos de escrita?

13. Quando se fala em combinação de sistemas de escrita, a que isso se refere? Dê exemplos.

14. Será que o sistema de escrita portuguesa é um sistema fonológico perfeito? Dê exemplos que comprovem sua resposta.

15. Será que o sistema de escrita portuguesa é um sistema puro? Dê exemplos que comprovem sua resposta.

16. Qual é a diferença entre fonema, alofone e grafema. O que cada um representa? Dê exemplos.

17. De que maneiras se manifesta a falta de correspondência exata em português entre grafemas (letras) e fonemas?

18. Qual é a diferença entre um alfabeto ortográfico e um alfabeto fonético. Dê exemplos.

19. Por que é necessário ter um alfabeto fonético?

20. Qual é o alfabeto fonético mais empregado hoje em dia?

21. O que a sigla "AFI" representa?

22. Por que é importante estudar os sistemas de escrita?

23. O que representa o grafema no sistema alfabético? Defenda a sua resposta.

Recursos eletrônicos

1. 📖 Texto em cuneiforme suméria.

2. 📖 Texto em hieroglifos egípcios.

3. 📖 Texto em caracteres chineses.

4. 📖 Texto em escrita silábica mediterrânea.

5. 📖 Os silabários japoneses.

6. 📖 O alfabeto árabe.

7. 📖 O alfabeto fenício.

8. 📖 Alfabeto e texto hebraicos.

9. 📖 Texto grego.

Conceitos e termos

AFI	dígrafo	princípio acrofônico
alfabeto	eliminação	princípio de rébus
alfabeto fonético internacional	encaixamento silábico	quadro
alofone	escrita alfabética	silabário
alógrafo	escrita consonantal	sinais vocálicos
barras / /	escrita logográfica	sinal diacrítico
chaves { }	escrita silábica	sistema íntegro de escrita
colchetes [ ]	fonema	supressão
correspondência exata	grafema	suprimento
criação de novos grafemas	ideograma	transcrição fonética
desenho	logograma	transcrição fonológica
determinativo fonológico	orientação	transcrição ortográfica
determinativo semântico	pictograma	transliteração

10. 📖 Texto em latim no alfabeto latino.

11. 📖 Texto em russo no alfabeto cirílico.

Leituras suplementares

Daniels, Peter T. & Bright, William (eds.). *The World's Writing Systems*. New York: Oxford University Press, 1996.

De Francis, John. *Visible Speech: The Diverse Oneness of Writing Systems*. Honolulu: University of Hawaii Press, 1989.

SEÇÃO II
A fonética

Capítulos 5–7

A fonética estuda o significante no âmbito da fala e, portanto, ocupa-se dos aspectos físicos do som. Esses aspectos podem ser examinados do ponto de vista do emissor na **fonética articulatória**, da mensagem na **fonética acústica** ou do receptor na **fonética auditiva**. A fonética articulatória examina a produção física da fala, a classificação dos sons da fala e os processos fonéticos que afetam a produção da cadeia fônica. A fonética acústica estuda a transmissão dos sons e as características da onda sonora. A fonética auditiva estuda como a onda sonora é ouvida e interpretada.

Capítulo 5
A fonética articulatória

A fonética articulatória estuda todo o processo fisiológico do emissor na produção dos sons da cadeia fônica. Também classifica os sons produzidos com base na descrição de sua produção.

A produção fisiológica da fala

A articulação dos sons depende da participação dos órgãos encontrados em quatro áreas do corpo, cuja localização se vê na Fig. 5.1. Primeiro, qualquer som da fala tem suas origens no **sistema nervoso**. Segundo, sua realização fisiológica começa nos **órgãos e cavidades infraglóticos**, que incluem os órgãos de respiração e as passagens de ar. Terceiro, a **laringe**, órgão fonador onde residem as cordas vocais, participa do processo de produção. E quarto, a formação do som conclui-se com a participação dos **órgãos e cavidades supraglóticos**, que incluem a boca e seus órgãos bem como o nariz. É nessa zona que a saída de ar é modificada, transformando-se nos sons da fala.

5.1 Localização dos órgãos fonadores.

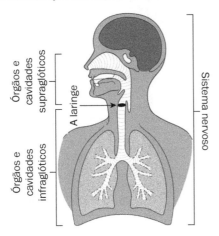

O sistema nervoso

A produção do som articulado começa no **cérebro**. O emissor, ao conceber um conceito que quer transmitir, o codifica segundo os passos já destacados no Capítulo 2. Quer dizer, o cérebro do emissor executa vários processos: 1) seleciona as palavras que correspondem ao conceito, 2) põe-nas em certa ordem, 3) seleciona a forma apropriada de cada palavra, 4) identifica os fonemas associados a cada palavra e escolhe os sons necessários para realizar as sequências de fonemas e 5) determina os movimentos físicos necessários para sua produção. Esses processos ocorrem na parte do cérebro chamada **área de Broca** ou **córtex anterior da fala**, localizada no lobo frontal como se vê na Fig. 5.2.

Organizada a codificação, o cérebro, desde o **córtex motor**, transmite impulsos por redes de nervos para acionar os músculos que controlam os distintos órgãos fonadores. Um desses nervos é o **nervo frênico** que inerva o diafragma, localizado nas cavidades infraglóticas. Outro é o **nervo laríngeo recorrente**, que inerva os músculos controladores das cordas vocais encontradas na cavidade laríngea. Há também muitos nervos que controlam os movimentos dos distintos órgãos supraglóticos, como por exemplo o **nervo hipoglosso** que inerva uma porção da língua.

Os órgãos e cavidades infraglóticos

Os órgãos e cavidades infraglóticos são os que se encontram abaixo da laringe. As principais cavidades são a torácica, que contém os pulmões e o coração, e a cavidade abdominal, que contém, entre outros órgãos, o estômago. Os órgãos fonadores das cavidades infraglóticas incluem o diafragma, os músculos intercostais, os

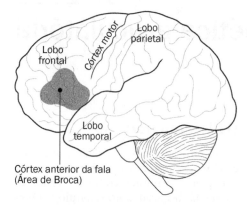

5.2 As principais zonas do cérebro em relação à produção da fala.

pulmões, os brônquios e a traqueia como se vê na Fig. 5.3.

As estruturas anatômicas da região infraglótica

O **diafragma** consiste numa série de músculos que se encontram no extremo inferior da cavidade torácica, separando-a da cavidade abdominal. Ao contrair-se, o diafragma empurra a cavidade abdominal, deixando mais espaço para os pulmões. Os **músculos intercostais** são, na realidade, dois grupos de músculos que se encontram entre as costelas. Um desses grupos serve para aumentar o tamanho da cavidade torácica, permitindo assim a expansão dos pulmões, e o outro serve para diminuir o tamanho da cavidade torácica, resultando na contração dos pulmões.

Os **pulmões**, por sua vez, são órgãos passivos que servem como recipientes do ar que se respira e que se usa para falar. Mudam sua forma de acordo com os movimentos dos músculos, já descritos, que controlam o tamanho da cavidade torácica. O ar entra e sai dos pulmões por meio de dois tubos que se chamam os **brônquios**, que por sua vez conectam com a **traqueia**, outro tubo que, por sua vez, conecta-se com a laringe.

A respiração

Os órgãos infraglóticos são responsáveis pela **respiração**. A respiração consiste em duas fases: a inspiração e a expiração. Para inspirar, o diafragma contrai-se, empurrando a cavidade abdominal para baixo, e os músculos intercostais externos contraem-se, abrindo e elevando as costelas. Esses movimentos resultam num aumento do volume da cavidade torácica e, consequentemente, na expansão dos pulmões como se vê na Fig. 5.4.

Para entender o resultado dos movimentos físicos da inspiração, é necessário compreender dois princípios da física relativos às propriedades dos gases (neste caso o ar): Primeiro, quando se trata de uma quantidade fixa de um determinado gás, existe uma relação inversa entre o volume do gás (V) e sua pressão (P). A equação que descreve esta relação é $PV=c$, onde c equivale a um valor constante. Isso quer dizer que, com uma quantidade fixa de gás, quando se diminui o volume, aumenta-se a pressão e vice-versa. Segundo, os gases, quando o volume é fixo, sempre buscam um equilíbrio de pressão.

Aplicando-se esses dois princípios aos movimentos de inspiração, pode-se entender por que ocorre o processo. Quando os pulmões se expandem devido à contração do diafragma e dos músculos intercostais externos, seu volume interno aumenta, o que causa uma baixa súbita da pressão do ar em seu interior. Essa queda de pressão faz com que o ar entre pelo nariz ou pela boca aberta para restaurar o equilíbrio entre a pressão do ar dentro dos pulmões e a pressão atmosférica.

A **expiração** resulta de um processo análogo. À medida que a tensão do diafragma

5.3 Os órgãos fonadores infraglóticos.

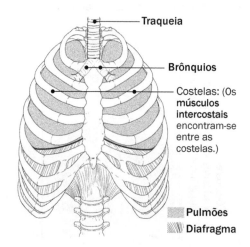

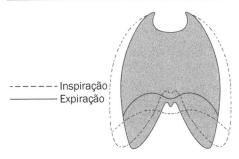

5.4 A respiração ocorre em duas fases — a inspiração e a expiração —, devido à expansão e contração da cavidade torácica.

diminui, os órgãos abdominais empurram o diafragma para cima. Ao mesmo tempo, os músculos intercostais internos contraem-se, fechando e abaixando as costelas. Esses dois movimentos servem para diminuir o volume da cavidade torácica. Com a redução do volume da cavidade torácica, o volume dos pulmões diminui imediatamente, o que causa uma subida repentina de pressão. O ar então sai pelo nariz ou pela boca aberta de modo a equilibrar a pressão do ar dentro deles com a pressão atmosférica.

O processo da respiração tem duas funções fundamentais para o ser humano. A primeira função é a de prover o ar necessário para suster a vida; é o que acontece na **respiração em repouso**. A segunda função é a da **respiração fonadora**, que prove o ar necessário para falar. Há diferenças básicas entre esses dois tipos de respiração.

Uma das diferenças entre a respiração em repouso e a respiração fonadora é a porcentagem de tempo dedicado a suas duas fases — a inspiração e a expiração — como se indica na Fig. 5.5. Na respiração em repouso, gasta-se 40% do tempo na inspiração e 60% na expiração. Na respiração fonadora, gasta-se 10% do tempo na inspiração e 90% na expiração. O aumento na duração da expiração na respiração fonadora se deve ao fato de que o propósito desse tipo de respiração é armazenar o ar nos pulmões para a produção de sons. Enquanto a inspiração ocorre rapidamente para que se possa continuar a fala, a expiração ocorre paulatinamente, e o volume de ar expelido varia segundo as necessidades dos sons produzidos. Esse armazenamento de ar é imprescindível, porque sem movimento de ar, não pode haver produção de som. É importante destacar que tanto em português como em inglês todos os sons se formam durante a expiração.

Outra diferença básica entre os dois tipos de respiração tem relação com a porcentagem da capacidade vital dos pulmões utilizada, como demonstra a Fig. 5.6. Na respiração em repouso, emprega-se de modo geral só 10% da capacidade vital dos pulmões, ou seja, inspira-se até que os pulmões alcancem 50% de sua capacidade vital e expira-se até que lhes restem 40% de sua capacidade vital. Na respiração fonadora, emprega-se aproximadamente 25% da capacidade vital: inspira-se até alcançar 60% da capacidade vital e expira-se até que lhes restem por volta de 35% da capacidade vital.

Pode-se observar que na respiração fonadora emprega-se mais do que o dobro da capacidade vital dos pulmões que a respiração em repouso emprega. Isso deve-se à necessidade de ter uma boa reserva de ar para produzir a fala.

A expiração expele uma coluna de ar que é utilizada para formar todos os sons do português e do inglês. Ao sair das cavidades infraglóticas, essa coluna de ar passa pela laringe, onde ocorre o processo de fonação.

5.5 A respiração: porcentagem de tempo dedicado à fase de inspiração e à fase de expiração.

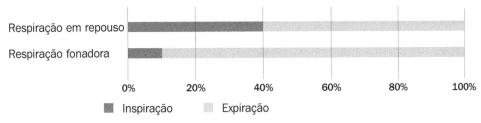

Capítulo 5

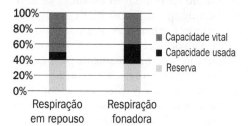

5.6 A porcentagem da capacidade vital dos pulmões que se emprega na respiração em repouso e na respiração fonadora. A capacidade vital representa o volume máximo de ar que os pulmões podem conter. A reserva representa a quantidade de ar que fica nos pulmões depois da expiração.

A laringe

A laringe é uma estrutura que se encontra entre a traqueia e a faringe, que é o tubo superior à laringe que a conecta com a boca e com o nariz. A laringe contém as cordas vocais, cartilagens e músculos, como se vê na Fig. 5.7.

Anatomia e fisiologia da laringe

As cordas vocais se encontram no pescoço imediatamente posteriores à **cartilagem tireoide**, cuja proeminência anterior costuma ser chamada de pomo de Adão, chamado assim porque costuma ser visivelmente mais saliente nos homens. A cartilagem tireoide, além de servir como âncora para as cordas vocais, as encerra e protege. Abaixo dessa cartilagem, encontra-se a **cartilagem cricoide**, que encerra e protege a parte superior da traqueia. Há também duas **cartilagens aritenoides**, que se encontram no extremo posterior de cada corda vocal. Essas cartilagens também servem de âncoras para as cordas vocais, facilitando o posicionamento das mesmas para produzir os distintos tipos de sons.

As **cordas vocais** são responsáveis pela fonação. São dois conjuntos flexíveis de ligamentos (os ligamentos vocálicos) e músculos (os músculos tireoaritenóideos). Cada um desses conjuntos é coberto de uma membrana mucosa, que se compõe de

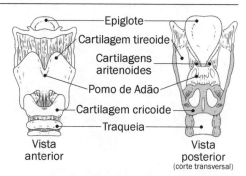

5.7 A estrutura anatômica da laringe.

três camadas mais uma superfície epitelial de cor branca, como se vê na Fig. 5.8. As três camadas são de distintas espessuras e viscosidades, o que lhes permite deslizar sobre a base muscular (formada pelo músculo tireoaritenóideo). A camada intermediária de cada conjunto contém um ligamento vocálico paralelo ao músculo tireoaritenóideo. A extremidade anterior das pregas e ligamentos vocais se fixam na cartilagem tireoide, na região do pomo de Adão. Já sua extremidade posterior se fixa às cartilagens aritenoides, como mostra a Fig. 5.8 — daí o nome "**músculos tireoaritenóideos**" e "**ligamento vocálico**". Além de poder contrair-se ou relaxar-se por serem, em parte, formadas por tecido muscular, as cordas vocais podem posicionar-se em distintas configurações pela ação de um complexo sistema de outros músculos atados às cartilagens aritenoides.

Quando as cordas vocais estão apartadas, há um espaço entre elas. Esse espaço vazio entre as cordas vocais se chama **rima da glote**. Os termos infraglótico e supraglótico, então, referem-se à posição abaixo da rima da glote ou acima dela, ou seja, abaixo das cordas vocais ou acima delas. É preciso diferenciar, porém, a rima da glote da epiglote. A epiglote, que se vê na Fig. 5.7 e na Fig. 5.8, é uma saliência cartilaginosa situada à raiz da língua. Ela move-se de forma a fechar a ligação da faringe com a glote para impedir que alimentos e líquidos ingeridos entrem pela faringe durante a deglutição. A glote é a parte da laringe onde se situam as cordas vocais e a rima da glote é o espaço vazio que se forma entre as cordas vocais, quando estas se afastam.

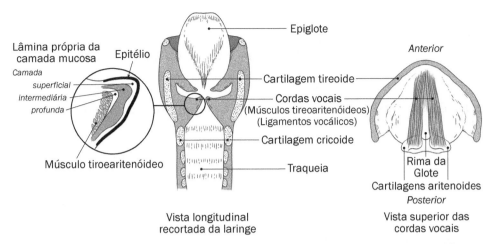

5.8 Vista longitudinal recortada da laringe, mostrando as cordas vocais (com uma vista magnificada de uma delas) e vista superior das cordas vocais, mostrando as estruturas adjacentes.

Os movimentos das cordas vocais

Há três tipos básicos de movimento das cordas vocais na formação dos sons do português. Dois tipos de movimentos dependem do controle muscular direto ou indireto das cordas vocais. Por controle muscular direto, as cordas vocais tanto podem alongar-se ou afrouxar-se como abrir-se (abdução) ou fechar-se (adução). O terceiro tipo de movimento depende tanto da corrente de ar como do controle muscular. Esse é o movimento vibratório: as cordas vocais podem vibrar ou não vibrar. Cada um desses movimentos dá aos sons produzidos características distintas que serão examinadas a seguir.

O movimento de **alongamento** ou **afrouxamento** das cordas vocais tem o efeito de subir ou baixar o tom, ou seja, torna o som mais agudo ou mais grave. Esse movimento ocorre pela ação dos músculos ligados às cartilagens aritenoides e faz com que essas cartilagens se aproximem ou se afastem (reduzindo ou aumentando a distância entre elas). Pode-se comparar esse movimento à ação de afinar a corda de um violão. Quando se aperta a cravelha retesa-se a corda a ela ligada, o que torna o som produzido por essa corda mais agudo. Quando se desaperta a cravelha, a corda a ela ligada se afrouxa e o som produzido torna-se mais grave. A contração dos músculos tireoaritenóideos faz com que as cordas vocais se tensionem. Esse tensionamento alonga e **adelgaça** as cordas vocais. Já o relaxamento desses mesmos músculos relaxa a tensão das cordas vocais, **espessando**-as. Isso também é comparável aos sons produzidos pelo violão: as cordas mais grossas produzem sons mais graves, enquanto as mais finas produzem sons mais agudos.

A parte posterior das cordas vocais pode **abrir-se** ou **fechar-se** (ou seja, as cordas podem distanciar-se ou juntar-se) mediante a ação dos músculos atados às cartilagens aritenoides. A posição aberta chama-se a **abdução**; a posição fechada, a **adução**. Esse posicionamento das cordas vocais produz os distintos **estados da glote**, que são resultado de cinco diferentes graus de abertura das cordas vocais. Esses graus de abertura são representados nos diagramas da Fig. 5.9. Na Fig. 5.10, veem-se fotografias dos diversos estados da glote mostrados nos diagramas da Fig. 5.9.[1] A seguir vê-se uma descrição detalhada de cada estado.

1. A **respiração** ocorre quando as cordas vocais estão relaxadas e abertas ao máximo, deixando a passagem entre a boca e os pulmões inteiramente livre. As fotografias da Fig. 5.10 mostram claramente a abertura máxima das cordas vocais durante a respiração.

Capítulo 5

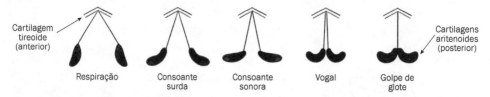

5.9 Os estados da glote são resultantes do grau de abertura ou fechamento das cordas vocais. As linhas entre a cartilagem tireoide e as aritenoides representam as cordas vocais.

2. As **consoantes surdas**, como por exemplo, [p], [t], [f] ou [s], são produzidas quando as cordas vocais estão um pouco mais próximas uma da outra, deixando a abertura um pouco menor do que durante a respiração. Na produção das consoantes surdas as cordas vocais não vibram: ficam tão separadas e relaxadas que não é possível vibrarem. A segunda fotografia da Fig. 5.10 mostra as cordas vocais durante a produção da consoante surda [s].

3. As **consoantes sonoras**, como por exemplo, [b], [d], [v] ou [z], são produzidas quando as cordas vocais se aproximam um pouco mais uma da outra, deixando a abertura um pouco menor do que durante a produção das consoantes surdas. Na produção das consoantes sonoras, as cordas vocais se aproximam o suficiente para permitir sua vibração. Esse processo será descrito em detalhes mais adiante. Pode-se ver na fotografia da Fig. 5.10 das cordas vocais durante a produção da consoante sonora [z] que as cordas vocais se aproximam muito mais numa consoante sonora que numa consoante surda, o que permite a sua vibração.

4. As **vogais**, como, por exemplo, [a], [e], [i], [o] ou [u], são produzidas quando as cordas vocais estão ainda mais próximas uma da outra, reduzindo ao mínimo a abertura da glote. As vogais são quase sempre sonoras, produzidas com a vibração das cordas vocais. Essa vibração será descrita mais adiante onde aparecem também fotografias desse processo. Na fotografia da Fig. 5.10, que mostra as cordas vocais durante a produção da vogal [a], vê-se que a abertura é mínima.

5. O **golpe de glote**, som típico do inglês, produz-se pelo fechamento total das cordas vocais. Esse som, cujo símbolo fonético é [ʔ], é o som que separa as duas vogais na realização da expressão inglesa *oh-oh*. Como se verá, esse som não existe em português. A Fig. 5.10 mostra a posição das cordas vocais na pronúncia desse som. Deve-se notar que as cordas não somente se aproximam, mas também se encurtam bastante na articulação do golpe de glote.

A fonação depende do posicionamento e tensionamento das cordas vocais que por sua vez dependem de ações musculares. O posicionamento das cordas

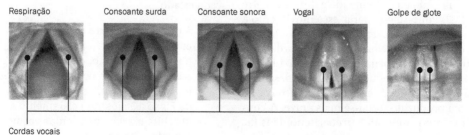

5.10 Fotografias dos distintos estados das cordas vocais extraídas de vídeo em alta velocidade.

vocais depende dos músculos ligados às cartilagens aritenoides; seu tensionamento se deve à ação dos músculos tireoaritenóideos. Outra força envolvida é o retrocesso elástico, que é a tendência de um objeto sob tensão (como uma mola) de voltar a sua posição original quando a tensão é eliminada.

O terceiro tipo de movimento é o de vibração ou não vibração das cordas vocais. Ao contrário dos movimentos anteriores, ele não depende exclusivamente da ação muscular. A vibração das cordas vocais resulta de uma combinação de posicionamentos musculares e de forças aerodinâmicas. É claro que a vibração não pode ocorrer por movimento muscular direto, já que na vibração, as cordas vocais abrem e fecham-se com uma frequência média de 125 vezes por segundo (125 por segundo ou *cps*) no homem e 200 cps na mulher. Os músculos do corpo humano são incapazes de movimentar-se tão rapidamente.

As forças aerodinâmicas principais para a fonação são duas. A primeira é a gerada quando a pressão de ar dentro de um espaço confinado aumenta além da resistência da matéria que o contém, o que força a abertura de um ponto de escape. A segunda é um fenômeno que resulta do princípio de Bernoulli, que leva o nome do cientista suíço Daniel Bernoulli que o descreveu. Esse princípio afirma que um gás (neste caso o ar) em movimento tem sua pressão reduzida. Um exemplo desse princípio é o que ocorre quando se sopra por entre duas papeletas retangulares, uma junto ao lábio inferior e a outra junto ao lábio superior com uma pequena separação entre elas como se vê na Fig. 5.11.[2] 🎥 Como a pressão do ar em movimento é mais baixa, o ar abaixo e o ar acima das papeletas empurram-nas uma contra a outra até que se toquem. Ao tocarem-se, acaba o movimento de ar entre as papeletas e, assim, também a força atrativa; em seguida a pressão do ar que sai da boca as separa de novo. O contínuo intercâmbio entre essas duas forças aerodinâmicas cria a vibração das papeletas que imita a vibração das cordas vocais.

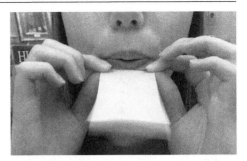

5.11 Quando se sopra por entre duas papeletas, a pressão de ar entre elas diminui, criando uma força atrativa entre elas. Quando as papeletas se tocam, o movimento de ar entre elas acaba e, com ele, a força atrativa, e a pressão do ar que sai da boca, as separa de novo. O contínuo intercâmbio entre essas duas forças aerodinâmicas cria a vibração das papeletas.

O ciclo vibratório das cordas vocais resulta, então, do intercâmbio entre essas forças:

1. Os músculos que controlam as cordas vocais fazem com que se aproximem e suas camadas mucosas entrem em contato.

2. A pressão do ar abaixo das cordas vocais aumenta até superar-lhes a resistência, e elas começam a abrir-se de baixo para cima, produzindo uma glote convergente.

3. A abertura da glote coloca duas forças em atuação: Primeiro, com a aceleração do ar pela glote, a pressão cai devido ao princípio de Bernoulli, o que exerce uma força atrativa entre as cordas vocais, como se vê na Fig. 5.12. Segundo, devido ao retrocesso elástico, as cordas vocais voltam a sua posição anterior. Com essas duas forças, as cordas vocais começam a fechar-se, outra vez de baixo para cima, produzindo uma glote divergente.

4. O fechamento das cordas vocais se completa e o ciclo vibratório se repete pelo tempo determinado pelo falante ou cantor.

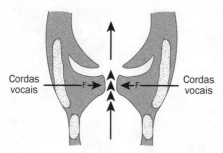

5.12 O ar, ao passar pelo estreitamento entre as cordas vocais, acelera-se, o que abaixa a pressão e cria uma força atrativa (F) entre elas.

A Fig. 5.13 contém fotografias da sequência de um ciclo vibratório das cordas vocais na produção da vogal [i].[3] 🎥 Nas fotos se veem somente duas dimensões, porém, as cordas vocais são tridimensionais; quer dizer, têm também uma verticalidade (vista na Fig. 5.12 e Fig. 5.14). Como já se descreveu, o ciclo de vibração começa inicialmente na parte inferior das cordas vocais e segue até a parte superior. Dessa maneira, as cordas vocais, ao vibrar, movimentam-se em ondas de baixo para cima, produzindo uma onda que se chama a onda mucosa. A Fig. 5.14 demonstra um ciclo vibratório e como a onda mucosa procede de baixo para cima devido às forças já descritas.

A vibração das cordas vocais, porém, depende de seu grau de abertura. Se os músculos mantêm as cordas vocais mais separadas, o ar que passa entre elas não consegue fechá-las, impedindo-as de vibrar como no caso das consoantes surdas ou da respiração. Se as cordas vocais se mantêm totalmente fechadas devido ao controle muscular, o ar não consegue abri-las, como no caso do golpe de glote.

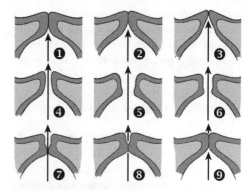

5.14 Recorte esquemático das cordas vocais durante um ciclo vibratório, indicando a onda mucosa com a glote convergente e divergente.

As cavidades supraglóticas

As cavidades supraglóticas são a **cavidade faríngea**, a **cavidade nasal** e a **cavidade bucal** ou oral. Essas três cavidades se veem na Fig. 5.15. Todas têm um papel na produção de sons, contudo a cavidade mais ativa e mais importante é a cavidade bucal. Ela pode sofrer uma multidão de articulações enquanto que as cavidades faríngea e nasal não se modificam com a mesma facilidade.[4] 🎥

A cavidade faríngea

O ar da fonação, ao sair da laringe, entra na faringe, a primeira cavidade supraglótica. A faringe funciona, em primeiro lugar, como passagem entre a laringe e as cavidades nasal e bucal. As paredes faríngeas podem movimentar-se tornando a faringe mais larga ou mais estreita. Esse movimento participa da produção de certos sons de algumas línguas semíticas e africanas, mas não ocorre na produção dos sons do português.

5.13 Um ciclo vibratório das cordas vocais durante a produção da vogal [i]. Acima delas, vê-se a cartilagem tireoide; abaixo, as cartilagens aritenoides.

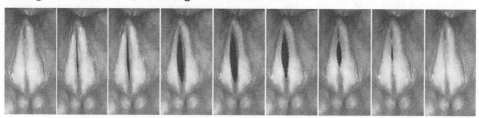

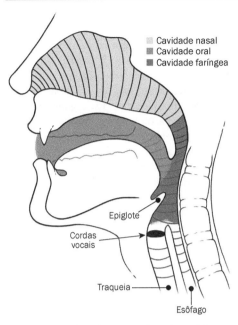

5.15 Recorte da cabeça mostrando as três cavidades supraglóticas.

A cavidade nasal

A cavidade nasal serve como caixa de ressonância para o som produzido. A cavidade nasal em si não tem nenhum movimento. É o movimento do palato mole ou véu palatino que determina se a cavidade nasal participa ou não da produção de determinados sons.

Quando se levanta o véu palatino, ele adere-se à parede faríngea, fechando a entrada da cavidade nasal e impedindo que o ar entre nela. Com o véu palatino nessa posição e com a boca fechada, produzem-se alguns dos sons consonantais, como, por exemplo, o [b] de *barco* e o [k] de *cama*. Com o véu palatino levantado e a boca aberta produz-se a grande maioria dos sons consonantais e vocálicos, como o [s] de *saúde* e o [a] de *casa*. Esses dois casos apresentam-se nos diagramas da Fig. 15.16. Como o ar não passa pela cavidade nasal em sua produção, esses sons chamam-se **sons orais**.[5] ◀⋵

Quando se baixa o véu palatino, ele se separa da parede faríngea, abrindo a entrada à cavidade nasal e permitindo que o ar entre e ressoe nessa cavidade. Com o véu palatino nessa posição e com a boca fechada, produzem-se os sons consonantais nasais, como, por exemplo, o [m] de *cama* e o [n] de *cana*. Devido ao fato de que todo o ar passa pela cavidade nasal em sua produção, esses sons chamam-se **sons nasais**.[6] ◀⋵ Com o véu palatino baixado e a boca aberta, produzem-se alguns sons vocálicos, tais como o [ẽ] de *lã* e o [ĩ] de *minha*. Como o ar passa tanto pela cavidade nasal quanto pela cavidade oral em sua produção, esses sons denominam-se **sons oronasais**.[7] ◀⋵ Esses dois casos são ilustrados nos diagramas da Fig. 5.17.

5.16 A produção dos sons orais com o véu palatino aderido à parede faríngea.

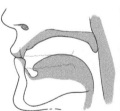

Com o véu palatino levantado e aderido à parede faríngea, o ar não passa pela cavidade nasal. Com o véu levantado e a boca fechada, articulam-se consoantes oclusivas, por exemplo [b].

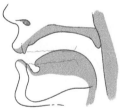

Com o véu palatino levantado e aderido à parede faríngea, o ar não passa pela cavidade nasal. Com o véu levantado e a boca aberta, articulam-se as demais consoantes orais e as vogais orais, por exemplo [a].

5.17 A produção dos sons nasais e oronasais com o véu palatino separado da parede faríngea.

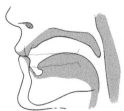

Com o véu palatino baixado e separado da parede faríngea, o ar passa pela cavidade nasal. Nessa conformação, com a boca fechada, articulam-se as consoantes nasais, por exemplo [m].

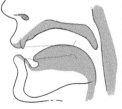

Com o véu palatino baixado e separado da parede faríngea, o ar passa pela cavidade nasal. Nessa conformação, com a boca aberta, articulam-se as vogais oronasais, por exemplo [ẽ].

Capítulo 5

A cavidade bucal

A cavidade bucal é a cavidade em que ocorre a maioria das manipulações da saída de ar para efetuar a articulação dos distintos sons. Como se vê na Fig. 5.18, a cavidade bucal contém vários órgãos articulatórios empregados na produção dos sons. Os órgãos articulatórios da cavidade bucal podem classificar-se como **móveis/ativos** ou **imóveis/passivos**. Os ativos são os músculos que podem movimentar-se de por si mesmos (os **lábios** e a **língua**) ou são tecidos que podem ser movidos (o **véu palatino**).

Na cavidade bucal, o órgão mais ativo é a língua, que é formada por um conjunto de vários músculos capazes de fazerem-na mudar de forma e posição. Os linguistas dividem a língua em diferentes zonas devido a seu tamanho e extensão. O ápice é a ponta da língua, que é uma zona muito pequena. Imediatamente posterior ao ápice, encontra-se a lâmina. A zona central da língua, o dorso, divide-se em três regiões: o pré-dorso, o meio-dorso e o pós-dorso. A última zona da língua é sua porção vertical, chamada raiz da língua.

Os órgãos articulatórios passivos não têm movimento próprio. Os órgãos ativos se movem para entrar em contato com outro órgão articulatório (seja ativo ou passivo) ou para aproximar-se dele. Os órgãos articulatórios passivos incluem os **dentes** e o céu da boca. A primeira zona do céu da boca são os **alvéolos**, que é a área plana imediatamente posterior aos dentes superiores. Posterior aos alvéolos, o céu da boca abre-se numa extensa região rígida chamado **palato** ou palato duro. Em seguida, o tecido muda no ponto onde começa o **véu palatino** ou palato mole. Podem-se distinguir essas três zonas ao traçá-las com o ápice da língua, começando nos dentes e terminando na parte anterior do véu palatino. No extremo posterior do véu, encontra-se a **úvula**, que pode ser empregada na produção de alguns sons. A úvula, que também se chama campainha por parecer-se com o badalo de um sino, pode ser vista no espelho ao abrir-se bem a boca.

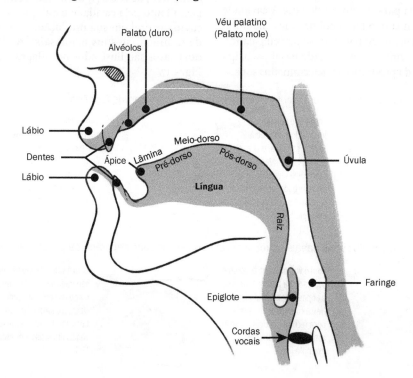

5.18 Os órgãos articulatórios supraglóticos.

A descrição dos sons

A descrição dos sons depende principalmente da especificação tradicional de seus atributos ou traços articulatórios. A primeira classificação de sons foi definida pelos gregos, que separaram as consoantes das vogais. As consoantes foram denominadas assim porque costumam ligar-se a outros sons — ou seja, soam junto com um outro som, normalmente uma vogal, por exemplo: [be], [se], [de] ou [eni]. O nome "vogal" vem da raiz latina *vox* e as vogais receberam esse nome por serem sons normalmente produzidos com a vibração das cordas vocais.

Comparação entre consoantes e vogais

As consoantes diferem das vogais em cinco características articulatórias. Algumas dessas diferenças são supraglóticas e relacionam-se à conformação da cavidade bucal; outras são laríngeas e tem relação com os movimentos articulatórios das cordas vocais.

Quanto à conformação da cavidade bucal, as consoantes diferem das vogais no grau de **abertura da boca**. As consoantes são produzidas com menor abertura bucal e as vogais com maior abertura bucal. Pode-se constatar isso pela comparação do grau de abertura bucal do som consonantal [d] com a do som vocálico [a] da palavra {dá}. Articulatoriamente, o grau de abertura resulta de outra diferença — a **ação dos músculos** que controlam o posicionamento da mandíbula. Os músculos elevadores são responsáveis por fechar ou reduzir a abertura da boca para a produção das consoantes, já os músculos depressores são responsáveis por abrir a boca na produção das vogais.

Quanto ao posicionamento das cordas vocais, as consoantes diferem das vogais no grau de **abertura das cordas vocais**. Como se vê na Fig. 5.9, as cordas vocais separam-se menos na produção das vogais que na produção das consoantes sonoras ou surdas. Há também uma diferença em relação à **tensão das cordas vocais**, que ficam menos tensas na produção das consoantes que na produção das vogais.

As diferenças na abertura e tensão das cordas vocais acarretam outras diferenças na produção de consoantes e vogais. As consoantes diferem-se das vogais quanto ao **gasto de ar** necessário para sua produção. O gasto de ar é maior na produção das consoantes e menor na produção das vogais. É fácil comprovar esse fato: Encha os pulmões completamente de ar e articule o som [s] de {gás} tanto tempo quanto se puder, medindo a duração de sua produção. Repita o mesmo procedimento articulando o som [a] de {gás}. Muitas vezes, o estudante pensa que como a abertura da boca é maior na produção das vogais, o gasto de ar também deve ser maior; mas não é o grau de abertura da boca que determina o gasto de ar e sim a abertura das cordas vocais.

A segunda consequência do posicionamento das cordas vocais no contraste entre consoantes e vogais é a frequência de sua vibração. Como as cordas estão mais próximas na produção das vogais, é natural que vibrem em uma frequência mais alta (ou seja, mais vezes por unidade de tempo) que na transição entre vogais e consoantes (ou vice-versa).

A classificação das consoantes

Classificam-se as consoantes segundo três traços de sua articulação: o modo de articulação, o ponto de articulação e o estado das cordas vocais.

Modo de articulação

O modo de articulação refere-se a como se manipula a saída do ar fonador nas cavidades supraglóticas para produzir o som. São sete os modos de articulação dos sons consonantais que ocorrem em português.

Produzem-se as consoantes **oclusivas** mediante a oclusão ou fechamento completo da cavidade bucal. O véu palatino adere-se à parede faríngea impedindo que o ar saia pela cavidade nasal; a cavidade bucal também se fecha completamente mediante o contato de dois órgãos articulatórios. Depois desse fechamento total, os pulmões comprimem-se mediante ações musculares, o que diminui o volume do ar interno e aumenta a sua pressão na cavidade bucal. A última etapa da produção das oclusivas é a abertura repentina da oclusão, o que produz uma explosão momentânea de ar. As consoantes oclusivas do português são: [p] de {pão}, [t] de {tão}, [k] de {cão}, [b] de {bar}, [d] de {dar} e [g] de {gás}.[8] ◀≦

As consoantes **fricativas** são produzidas mediante o estreitamento do canal articulatório sem chegar à total oclusão. Quando o ar é forçado a passar por essa estreita abertura, ocorre a fricção entre as moléculas de ar e os órgãos articulatórios. É isso o que gera o som fricativo característico dessas consoantes. Os sons fricativos do português são: [f] de {faca}, [v] de {vaca}, [s] de {caça}, [z] de {casa}, [ʃ] de {chato}, [ʒ] de {jato}, [χ] de {carro} (no Rio de Janeiro), [h] de {carro} (em São Paulo) e [ʁ] de {carro} (em Lisboa).[9] ◀≦

As consoantes **africadas** são combinações de oclusivas e fricativas. O som africado começa como uma oclusiva, com um fechamento seguido de um aumento de pressão e uma explosão. Na explosão da africada, porém, a boca não se abre totalmente, como no caso das oclusivas. Abre-se apenas até formar a estreita passagem característica da produção das fricativas. As africadas só ocorrem em alguns dialetos do português: [tʃ] de {ti} e [dʒ] de {de} (pronúncia geral do Brasil).[10] ◀≦

As consoantes **nasais** resultam da combinação da oclusão bucal e do abaixamento do véu palatino, o que permite a saída continua de ar pela cavidade nasal. As consoantes nasais do português são: [m] de {mão}, [ɱ] de {enfeite}, [n̪] de {janta}, [n] de {não}, [n̪] de {dente} (pronúncia geral do Brasil), [ɲ] de {unha} e [ŋ] de {pinga}.[11] ◀≦

As consoantes **laterais** são produzidas mediante o contato medial da língua (ou seja, a região central da língua e não os lados) com o céu da boca, enquanto o ar sai livremente pelos lados da língua. É por isso que esses sons se denominam laterais. As consoantes laterais do português são: [l] de {lado}, [ɫ] de {mal} (pronúncia de Portugal), [ɫ] de {alto} e [ʎ] de {alho}.[12] ◀≦

A consoante **vibrante simples** é articulada com o contato rápido entre dois órgãos. O único exemplo desse modo de articulação em português ocorre com o contato entre o ápice da língua e os alvéolos. Essa sequência articulatória produz o som [ɾ] de {caro}.[13] ◀≦

As consoantes **vibrantes múltiplas** são articuladas com dois ou mais toques entre dois órgãos. Os únicos exemplos desse modo de articulação em português ocorrem em dois dialetos distintos para pronunciar palavras, como por exemplo {carro}. Em Portugal e no extremo sul do Brasil ouve-se [r] para {carro}, som sonoro que se produz mediante contatos rápidos e repetidos entre o ápice da língua e os alvéolos. Às vezes, na pronúncia do Rio de Janeiro e no sul de Portugal, produz-se [ʀ], som vibrante múltipla sonora que se produz mediante contatos rápidos e repetidos entre a úvula e a raiz da língua.[14] ◀≦

Ponto de articulação

O ponto de articulação especifica os órgãos articulatórios que se aproximam para formar o fechamento ou estreitamento necessário para a produção do som. Portanto, os nomes dos pontos de articulação têm que indicar o nome de pelo menos dois órgãos articulatórios que se aproximam. A Fig. 5.19 indica o nome e a posição dos oito principais pontos de articulação das consoantes do português.[15] 🆇

As consoantes **bilabiais** são as que se articulam mediante o fechamento dos lábios. Os sons bilabiais do português incluem os sons [p] de {pato}, [b] de {bato} e [m] de {mato}.[16] ◀≦

As consoantes **labiodentais** são articuladas mediante o contato do lábio inferior com os dentes superiores. As consoantes labiodentais do português são: [f] de {foto}, [v] de {voto} e [ɱ] de {enfeite}.[17] ◀≦

As consoantes **linguodentais** pronunciam-se mediante o contato da língua com a face interior dos dentes superiores. As consoantes linguodentais do português são: [t] de {tão}, [d] de {dão}, [ɫ] de {alto} e [n̪] de {janta}.[18] ◀≦

As consoantes **linguoalveolares** produzem-se mediante a aproximação da

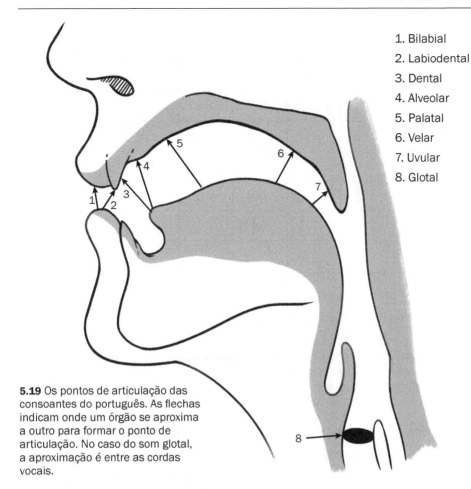

1. Bilabial
2. Labiodental
3. Dental
4. Alveolar
5. Palatal
6. Velar
7. Uvular
8. Glotal

5.19 Os pontos de articulação das consoantes do português. As flechas indicam onde um órgão se aproxima a outro para formar o ponto de articulação. No caso do som glotal, a aproximação é entre as cordas vocais.

língua com os alvéolos. Há várias consoantes linguoalveolares: [s] de {caça}, [z] de {casa}, [n] de {cana}, [l] de {ali}, [ɫ] de {mal} (pronúncia de Portugal), [ɾ] de {caro} e [r] de {carro} (pronúncia em alguns lugares de Portugal ou do extremo sul do Brasil).[19] ◀

As consoantes **linguopalatais** produzem-se mediante a aproximação da língua com o palato duro. As consoantes linguopalatais são: [ʃ] de {chato}, [ʒ] de {jato}, [ʎ] de {alho}, [ɲ] de {banho}, como também [tʃ] de {ti}, [dʒ] de {de} e [n̪] de {dente} (pronúncia geral do Brasil).[20] ◀

As consoantes **linguovelares** realizam-se mediante a aproximação do pós-dorso da língua com o véu palatino. Nesse ponto formam-se os sons [k] de {cão}, [g] de {gato} e [ŋ] de {pinga}.[21] ◀

As consoantes **linguouvulares** realizam-se mediante a aproximação do pós-dorso, ou parte superior da raiz da língua, com a úvula. Nesse ponto formam os sons [χ] de {carro} (na pronúncia do Rio de Janeiro) e [ʀ ʁ] de {carro} (na pronúncia de zonas de Portugal).[22] ◀

A consoante **glotal** realiza-se mediante a aproximação das duas cordas vocais, o que constringe a passagem do ar pela glote. Nesse ponto de articulação, produz-se o som [h] de {carro} (na pronúncia geral de São Paulo).[23] ◀

Nos nomes dos pontos de articulação, é natural que o elemento mais repetido seja "linguo", já que a língua é flexível e é capaz de aproximar-se de muitos outros órgãos. Por ser tão generalizado, existe o costume na fonética de não repetir o elemento "linguo". Por isso, prefere-se o termo "dental" a "linguodental", "velar" a "linguovelar", etc. Quando se menciona um só órgão no ponto

	Bilabial		Labio-dental		Dental		Alveolar		Palatal		Velar		Uvular		Glotal	
	SUR	SON	SUR	SON	SUR	SON	SUR	SON	SUR	SON	SUR	SON	SUR	SON	SUR	SON
Oclusiva	p	b			t	d					k	g				
Fricativa			f	v			s	z	ʃ	ʒ			χ	ʁ	h	
Africada									tʃ	dʒ						
Nasal		m		ɱ		n̪		n		n̠ ɲ		ŋ				
Lateral						l̪		l ɫ		ʎ						
Vibrante simples								ɾ								
Vibrante múltipla								r						R		

5.20 Quadro fonético das consoantes do português.

de articulação, supõe-se que o segundo órgão é a língua. O termo "glotal" refere-se automaticamente a dois órgãos, pois o termo se refere ao espaço entre as duas cordas vocais.

O estado das cordas vocais

Quando as cordas vocais vibram na produção do som, ele é denominado **sonoro** (ou vozeado). Quando as cordas vocais não vibram na produção do som, ele é denominado **surdo** (ou desvozeado). Enquanto as vogais costumam ser sonoras, há consoantes surdas e sonoras. Neste livro usam-se os termos surdo e sonoro par poder diferenciar entre surdo (*ingl.* voiceless) e desvozeado (*ingl.* devoiced), distinção que será esclarecida mais adiante.

As consoantes **sonoras** são articuladas quando as cordas vocais se mantêm numa posição adequada para a vibração como se vê na Fig. 5.9. Pode-se sentir essa vibração ao tocar a parte anterior do pescoço na região do pomo de Adão com os dedos. A maioria das consoantes do português são sonoras. As consoantes assim produzidas incluem os sons [b] de {bato}, [z] de {casa}, [m] de {cama}, [l] de {lago} e [ɾ] de {caro}.[24] ◀≲

As consoantes **surdas** produzem-se quando as cordas vocais estão separadas demais para vibrar espontaneamente como se vê na Fig. 5.9. Ao tocar o pescoço com os dedos durante a produção desses sons, não se sente nenhuma vibração. As consoantes surdas do português incluem os sons [p] de {capa}, [s] de {caça} e [h] de {carro} (pronúncia de São Paulo).[25] ◀≲

Quadro fonético das consoantes do português

O quadro das consoantes, que se vê na Fig. 5.20, apresenta os símbolos fonéticos dos sons de acordo com os traços de modo de articulação, ponto de articulação e estado das cordas vocais. Por convenção linguística, os modos de articulação (quer dizer: oclusiva, fricativa, africada, nasal, lateral, vibrante simples e vibrante múltipla) são listados na coluna indicadora do quadro. Os pontos de articulação (quer dizer: bilabial, labiodental, dental, alveolar, palatal, velar, uvular e glotal) aparecem no cabeçalho do quadro. A linha pontilhada que divide cada coluna serve para separar os sons surdos dos sonoros. À esquerda ficam as consoantes surdas e à direita, as consoantes sonoras.

Pode-se usar as classificações do quadro fonético quanto ao modo e ponto de articulação e estado das cordas vocais para definir cada consoante. Por exemplo, o som [p] é uma consoante *oclusiva* (modo de articulação) *bilabial* (ponto de articulação) *surda* (estado das cordas vocais). O som [ɲ] é uma *nasal palatal sonora*. O som [tʃ] é uma *africada palatal surda*, enquanto o som [ʃ] é uma *fricativa palatal surda*. O som [r] é uma *vibrante múltipla alveolar*. Esse mesmo padrão serve para descrever todos os sons de todos os idiomas. Os alunos precisam saber o quadro de cor.[26] ◀≶ EX

A classificação das vogais

As vogais classificam-se por dois traços articulatórios: o modo de articulação e o ponto de articulação. Não é necessário descrever o estado das cordas vocais porque fonologicamente são sempre sonoras.

O modo de articulação

Assim como ocorre com o modo de articulação das consoantes, o modo de articulação das diversas vogais também varia quanto ao grau de abertura da boca, sendo a abertura de qualquer vogal maior que a de qualquer consoante. De acordo com o modo de articulação, os sons vocálicos do português enquadram-se em seis classificações.

As **semiconsoantes** ([j] e [w]) ocorrem quando os fonemas /i/ e /u/ átonos precedem outra vogal dentro da mesma sílaba. Exemplos incluem o som [j] na sequência {esse ano} e o som [w] da palavra {quando}.[27] ◀≶

As **semivogais** ([i̯], [u̯] e [ɯ̯]) ocorrem quando os fonemas /i/, /u/ átonos e o fonema /l/ sucedem a outra vogal dentro da mesma sílaba. Exemplos incluem o som [i̯] de {rei}, o som [u̯] de {vou} e o som [ɯ̯] de {mal} (pronúncia do Brasil). As semivogais também ocorrem nasalizadas: [ĩ̯] de {mãe} e [ũ̯] de {vão}.[28] ◀≶

As vogais **fechadas** [i] e [u] são produzidas aproximando-se a língua do céu da boca, sem chegar a causar turbulência. Exemplos incluem o [i] de {vida}, o [u] de {uva} e o som [ɨ] da preposição {de}, pronúncia de Lisboa. As vogais fechadas também ocorrem nasalizadas: [ĩ] de {fim} e [ũ] de {um}.[29] ◀≶

As vogais **meio-fechadas** [e], [o] e [ə] são produzidas com a boca um pouco mais aberta que nas vogais fechadas. Exemplos incluem o [e] de {vê}, o [o] de {avô} e o [ə] de {defeito} [dəfḛi̯tu] em Portugal. As vogais meio-fechadas também ocorrem nasalizadas: [ẽ] de {enche} e [õ] de {bom}.[30] ◀≶

As vogais **meio-abertas** [ɛ] e [ɔ] são produzidas com a boca um pouco mais aberta que nas vogais meio-fechadas. Exemplos incluem o [ɛ] de {pé} e o [ɔ] de {avó}. Também existe a vogal meio-aberta oral [ɐ] e a nasalizada [ɐ̃] como nas palavras {fila} e {ancho}.[31] ◀≶

A vogal **aberta** [a] produz-se com a boca bem aberta. Um exemplo é o [a] de {dá}.[32] ◀≶

O ponto de articulação

Como ocorre no caso das consoantes, as vogais também são produzidas em distintos pontos da boca. Entretanto, a terminologia que se emprega para descrever seu ponto de articulação é outra devido ao menor número de possibilidades anatômicas. Enquanto a gama dos pontos de articulação das consoantes do português vai de bilabial a glotal, a gama das vogais vai de palatal (anterior) a velar (posterior).

As vogais **anteriores** são produzidas pela aproximação do pré-dorso da língua com a região palatal. Exemplos incluem o som [j] da sequência {esse ano}, o [i̯] de {rei}, o [i] de {vida}, o [e] de {vê} e o [ɛ] de {pé}.[33] ◀≶

As vogais **centrais** são produzidas com a língua plana na boca sem aproximação nem anterior nem posterior. Exemplos incluem os sons [a] e [ɐ] de {casa} e os sons [ə] do verbo {suceder} e [ɨ] da preposição {de}, pronúncia de Lisboa.[34] ◀≶

As vogais **posteriores** são produzidas pela aproximação do pós-dorso da língua com a região velar. Exemplos incluem o [w] de {quando}, o [u̯] de {vou}, o [u] de {uva}, o [o] de {avô} e o [ɔ] de {avó}.[35] ◀≶

O som caraterístico de cada vogal é resultado da combinação do modo de articulação (ou seja, o grau de abertura) com o ponto de articulação (ou seja, a zona bucal onde ocorre a maior aproximação da língua com o céu da boca). Em suma, quando se muda a forma do instrumento fonador — isto é, a conformação da boca, dos lábios e da língua — muda a vogal.

O quadro fonético das vogais do português

O quadro das vogais, Fig. 5.21, apresenta os símbolos fonéticos dos sons de acordo com os traços de seu modo e ponto de articulação. Os modos de articulação das vogais (quer dizer: semiconsoante, semivogal, fechada, meio-fechada, meio-aberta e aberta) são listados na coluna indicadora do quadro. Os pontos de articulação (quer dizer: anterior, central e posterior) aparecem no cabeçalho do quadro.

Esse quadro demonstra como se pode classificar cada som vocálico de acordo com seu modo e ponto de articulação. Por exemplo, descreve-se o som [a] como vogal *aberta* (modo de articulação) *central* (ponto de articulação). Descreve-se o som [u] como vogal *fechada posterior*, já o som [j] é uma *semiconsoante anterior*. Na sequência inversa vê-se o [ɛ] que é uma vogal *meio-aberta anterior* e o [o] que é uma vogal *meio-fechada posterior*. Esse padrão serve para descrever todas as vogais de qualquer idioma. Outra vez, o estudante precisa saber o quadro de cor.[36] 📖 EX

	Anterior	Central	Posterior
Semi-consoante	j		w
Semivogal	i̯ ĩ̯		ɰ̯ u̯ ũ̯
Fechada	i ĩ	ɨ	u ũ
Meio-fechada	e ẽ	ə	o õ
Meio-aberta	ɛ	ɐ ɐ̃	ɔ
Aberta		a	

5.21 Quadro fonético das vogais do português.

A transcrição fonética

Os símbolos apresentados nos quadros fonéticos das consoantes e das vogais do português pertencem ao Alfabeto Fonético Internacional ou AFI. Conforme visto no Capítulo 4, esses símbolos constituem um sistema de representação gráfica precisa com correspondência exata entre símbolo e som. Como já visto, é impossível fiar-se num sistema de escrita ortográfica para esse fim.

Uma das ferramentas imprescindíveis no aprendizado da pronúncia correta de um segundo idioma é a transcrição fonética. Através do processo da transcrição fonética, o estudante percebe melhor quais são os sons produzidos em determinados contextos, ou pelo menos, quais são os sons que se devem produzir em tais casos. Com a prática de transcrição, o estudante começa a ver como os processos fonéticos operam na produção do português.

A transcrição consiste simplesmente em utilizar os símbolos do Alfabeto Fonético Internacional para representar fielmente por escrito os sons produzidos. A transcrição fonética sempre é feita entre colchetes, [koɰ̯ʃétʃis]. Isso indica claramente que os símbolos empregados são símbolos fonéticos, representando assim sons e não fonemas nem grafemas/letras. É importante também observar que não se separam as palavras com espaços, porque na produção da cadeia articulatória falada, não há nenhuma separação. De fato, uma das tarefas mais difíceis para o ouvinte ou receptor que aprende um novo idioma é a de segmentar a cadeia fônica em palavras. O estudante precisa praticar a transcrição fonética até dominá-la.[37] 📖

Os processos fonéticos

Os sons não se produzem isoladamente. Esse princípio já foi introduzido no Capítulo 3, quando se comentaram as zonas de transição que ocorrem entre as fases intensivas, tensivas e distensivas de sons vizinhos. No exemplo da palavra {asno}, representada na Fig. 5.22, observa-se que a pronúncia é [ázno], em que o fonema /s/ que precede o fonema /n/ realiza-se mediante o alofone sonoro [z].

O exemplo de {asno} demonstra como os processos fonéticos afetam a pronúncia. O som que representa o fonema /s/ produz-se como [z], variante sonora, porque na sua produção antecipa-se a sonoridade do [n], que é o som que segue.

5.22 A pronúncia da palavra {asno}, em que o fonema /s/ precede ao fonema /n/ e assim realiza-se mediante um alofone sonoro [z].

A seguir, descrever-se-ão dois princípios gerais da produção fonética como também diversos tipos de coarticulação ou assimilação, que é o processo fonético mais comum em todos os idiomas. Há outros processos fonéticos mais específicos que também serão apresentados em capítulos futuros.

Dois princípios gerais que governam os processos fonéticos

O exemplo da realização do fonema /s/ de [ázno] demonstra muito bem como opera um dos princípios mais fundamentais da fonética que é a da **facilidade de articulação**. Esse princípio explica que, na cadeia fônica, modifica-se a produção dos sons para facilitar a produção física dos segmentos, reduzindo o número ou a complexidade dos movimentos físicos necessários para sua produção. No exemplo de [ázno], as cordas vocais têm que vibrar tanto para a produção da vogal inicial [á] como também para a consoante [n]. Para facilitar a pronúncia, a vibração das cordas vocais continua durante o som intermediário, produzindo assim o som [z] em vez do som [s]. Isso simplifica a produção física, pois evita a necessidade de parar a vibração das cordas vocais depois do [a] para recomeçá-la na produção do som [n].[38]

As modificações que os sons podem sofrer para facilitar a articulação de um segmento são limitadas. Os limites são impostos por outro princípio fundamental que é o da **separação perceptiva suficiente**. Esse princípio exige que haja uma diferença facilmente perceptível entre sons que representam fonemas que se opõem em determinado contexto. Por exemplo, ao comparar as palavras [káɾo] {caro} e [káro] {carro} (pronúncia de Portugal), nota-se que a produção da segunda seria mais fácil com uma vibrante simples como ocorre na primeira. Isso não ocorre, contudo, porque dessa forma não se manteria a oposição fonológica necessária para diferenciar uma palavra da outra. A verdade é que muitas vezes na pronúncia, a vibrante múltipla que poderia ser produzida mediante duas vibrações da língua, produz-se com três ou quatro simplesmente para facilitar a tarefa do receptor, intensificando a separação perceptiva.[39]

Nos idiomas do mundo são vários os processos fonéticos empregados para facilitar a articulação das cadeias fônicas pelo emissor de modo a manter a separação perceptiva necessária para o receptor. Em português, porém, há só um processo relevante e importante — e é o processo mais comum e geral em todos os idiomas do mundo: a **coarticulação** ou **assimilação**.

A coarticulação/assimilação

A coarticulação ou assimilação é o processo fonético em que um som adquire ou adota uma ou mais características de um som vizinho. O exemplo dado anteriormente de [ázno] é um exemplo de assimilação, pois a articulação do alofone do fonema /s/, adquire a sonorização do som seguinte [n]. Os dois termos, coarticulação e assimilação, referem-se ao mesmo princípio. Ambos referem-se aos casos nos quais um som adquire características de um som vizinho, tornando-se mais semelhante a ele.

Em teoria, há quatro tipos de coarticulação determinadas pela relação entre os sons mudados e os sons que causam a mudança. Os quatro tipos são a **coarticulação antecipatória**, a **coarticulação perseveratória**, a **coarticulação recíproca** e a **coarticulação convergente**. Os traços a que se assemelham os sons podem ser o ponto de articulação, o modo de articulação ou o estado das cordas vocais.

A coarticulação antecipatória

A coarticulação antecipatória ocorre quando um som se modifica, adquirindo traços fonéticos do som seguinte. Isto é, o som modifica-se antecipando um traço ou mais do próximo som como se vê na Fig. 5.23. Esse tipo de coarticulação também se chama **assimilação regressiva** porque um som posterior influencia o som anterior. Servirão de exemplos os seguintes casos: o primeiro em que um som assimila o traço do ponto de articulação, o segundo em que um som assimila o traço do estado das cordas vocais e o terceiro em que o som assimila o traço do estado do véu palatino.

Como exemplo de coarticulação do ponto de articulação, cita-se a palavra {ingrato}, foneticamente [í*ŋ*grátu]. Aqui a nasal que precede o fonema /g/ adquire o mesmo ponto de articulação desse fonema — quer dizer, torna-se velar. É interessante observar que a mesma regra opera em inglês em que a pronúncia da palavra é [ˈɪŋɹeɪtˑ]. Esse processo em que a consoante nasal assimila-se ao ponto de articulação da consoante que segue é um processo típico da maioria dos idiomas do mundo.

Como exemplo de coarticulação relativa ao estado das cordas vocais, repete-se a palavra {asno} que foneticamente é realizada como [ázno]. Aqui a consoante /s/ se sonoriza tornando-se [z] ao assemelhar-se à consoante sonora que a segue. Esse tipo de coarticulação ou assimilação se denomina **sonorização**, pois nele um elemento surdo sonoriza-se pela influência de um som vizinho.

Outro caso de coarticulação ocorre quando a qualidade de uma vogal se modifica diante de uma consoante nasal em posição final de sílaba como nas palavras [ké*ⁿ*tɐ] {canta} ou [ló*ŋ*gu] {longo}. Nesses casos, a vogal se produz com o véu palatino separado da parede faríngea, a mesma posição adotada pelo véu na consoante seguinte. Como a vogal se transforma numa vogal oronasal ou nasalizada, esse tipo de assimilação denomina-se **nasalização**.[40] ◀⋹

A coarticulação perseveratória

A coarticulação perseveratória ocorre quando os traços fonéticos de um som se impõem ao som seguinte como se vê na Fig. 5.24. Isso é, um segundo som modifica-se pela perseverança de um ou mais traços do som anterior. Esse tipo de coarticulação também se chama a **assimilação progressiva**, pois um som anterior influencia um som posterior. Servirão de exemplos dois casos: o primeiro vem do inglês e o segundo do português. Em ambos um som assimila o estado das cordas vocais do som que o precede.

Em inglês a forma do verbo {to be} em terceira pessoa singular do presente é {is} [ɪz], que termina numa fricativa alveolar sonora. Esse verbo se combina a sujeitos nominais e pronominais como em {he's} [ˈhiːz] ou {Tim's} [ˈtʰɪmz], que também terminam em consoante sonora. A forma combinatória é diferente, porém, no caso de {it's} [ˈɪts] ou {Kit's} [ˈkʰɪts], que terminam em consoante surda. Isso ocorre porque a surdez do penúltimo som se estende ou persevera na consoante que o segue.

Em português, às vezes, vê-se o mesmo fenômeno de coarticulação perseveratória do estado das cordas vocais. Ao contar, às vezes, o emissor produz a sequência de {quatro, cinco, seis, sete, oito} da seguinte forma [kwátɾu̥/síŋku̥/séɪ̯s/séʧi̥/óɪ̯tu̥] em que o sinal diacrítico do círculo escrito debaixo das vogais [̥] indica que a vogal é surda — quer dizer, produz-se sussurrada, sem vibração das cordas vocais. Pode-se notar que a vogal surda só aparece depois de consoantes surdas ante uma pausa, e assim a surdez da consoante persevera durante a produção da

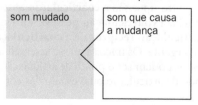

5.23 A coarticulação antecipatória.

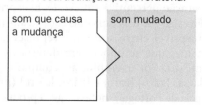

5.24 A coarticulação perseveratória.

vogal. Esse tipo de coarticulação ou assimilação denomina-se **ensurdecimento** já que um elemento sonoro torna-se surdo por influência de um som vizinho.[41]

A coarticulação recproca

A coarticulação recíproca ocorre quando os traços fonéticos de um primeiro som se impõem ao som seguinte e, ao mesmo tempo, esse primeiro som adquire traços do segundo som, como se vê na Fig. 5.25. Ou seja, é uma combinação de coarticulação antecipatória e perseveratória em que há uma assimilação recíproca entre os dois sons. Esse tipo de coarticulação também se chama **assimilação dupla,** mas esse tipo de assimilação não ocorre em português.

Servirá de exemplo de coarticulação recíproca o caso do espanhol nas sequências em que uma consoante nasal é seguida de uma oclusiva bilabial sonora. Em espanhol, a solução fonética desse encontro é [mb] como nos exemplos de [kãmbjo] {cambio} ou [ẽmbáno] {en vano}. Nesse caso, a primeira consoante realiza-se como nasal bilabial por assimilar o ponto de articulação da consoante bilabial seguinte. Ao mesmo tempo, a segunda consoante se realiza como oclusiva e não como fricativa, devido à influência do modo de articulação do som nasal que o precede. Isto se deve ao fato de que, na produção da nasal [m], os lábios se mantêm totalmente fechados. Portanto, fica claro que, na transição para o som seguinte, os lábios já estão fechados e isso faz com que esse som seja oclusivo e não fricativo.[42]

A coarticulação convergente

A coarticulação convergente ocorre quando os traços fonéticos de um primeiro e de um terceiro som impõem-se ao som intermediário como se vê na Fig. 5.26. É, pois, uma combinação da coarticulação antecipatória e perseveratória em que os traços do primeiro som (perseveratória) e do terceiro som (antecipatória) convergem no segundo. Servirão de exemplos desse tipo de coarticulação outro caso de ensurdecimento vocálico e um caso dialetal do português continental.

O caso do ensurdecimento vocálico já mencionado também pode ocorrer quando a vogal não precede uma pausa, resultando numa coarticulação convergente. Por exemplo, a palavra {sete} pode ser pronunciada como [sɛtʃi̥] quando isolada. Na sequência {sete livros}, porém, o ensurdecimento é impossível já que o som que segue, [l], se produz com a vibração das cordas vocais: [sɛtʃilívɾus]. Na sequência {sete carros}, porém, o ensurdecimento vocálico é de novo possível: [sɛtʃi̥káhus]. Isso deve-se ao fato de que a consoante seguinte também se articula sem a vibração das cordas vocais. Rodeada assim entre duas consoantes sem vibração das cordas vocais, a vogal, por recíproca, pode produzir-se também sem a vibração delas.

A coarticulação convergente explica também a realização da palavra {obrigado} no norte de Portugal como [oβɾiɣáðo], em que os fonemas oclusivos sonoros /b/, /g/ e /d/ se encontram rodeados de vogais ou entre /ɾ/ e vogal.[43] Nesse caso, as consoantes intervocálicas (ou entre vibrante simples e vogal) se produzem com um modo de articulação fricativo em vez de um modo de articulação oclusivo. Isso ocorre porque o grau de abertura bucal é maior na articulação das fricativas do que nas oclusivas. A consoante oclusiva, ao encontrar-se entre duas vogais que exigem uma maior abertura bucal, acaba por ser produzida com a boca parcialmente aberta, transformando-se em fricativa. Esse tipo de assimilação chama-se **fricativização**.

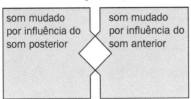

5.25 A coarticulação recíproca.

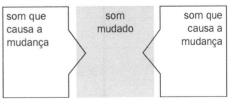

5.26 A coarticulação convergente.

Resumo

O propósito deste capítulo foi o de examinar os processos envolvidos na produção dos sons da comunicação verbal por via oral. Também se introduziu a descrição dos sons de acordo com seus traços articulatórios. A produção física da fala depende da interação de órgãos pertencentes a quatro grupos: o sistema nervoso, as cavidades infraglóticas, a laringe e as cavidades supraglóticas.

O **sistema nervoso** inclui o cérebro, que concebe o conceito a ser transmitido, codifica-o e organiza as sequências de movimentos físicos para produzir os sons necessários para transmitir a mensagem. O cérebro manda uma série de impulsos neuromotores aos órgãos através de um sistema de nervos. O cérebro organiza temporalmente a transmissão dos impulsos para que a interação entre os demais órgãos fonadores produza os sons desejados.

Os **órgãos infraglóticos** são responsáveis pelo fornecimento do ar necessário para a produção de sons. Esse ar é imprescindível, porque sem movimento de ar, não pode haver produção sonora. Os órgãos infraglóticos incluem os **pulmões**, que funcionam como reservatórios de ar; o **diafragma** e os **músculos intercostais**, que servem para controlar a expansão ou contração dos pulmões; e os **brônquios** e a **traqueia**, que são dutos de ar. Esses órgãos são responsáveis pela respiração e é na fase respiratória da expiração que todos os sons do português são produzidos.

A **laringe** encontra-se entre a traqueia e a faringe e consiste numa cavidade que contém as cordas vocais. As **cordas vocais** são um conjunto de ligamentos e músculos com uma membrana mucosa que são responsáveis pela fonação. As cordas vocais têm três tipos de movimentos que se resumem na Fig. 5.27.

As **cavidades supraglóticas** são três: a cavidade faríngea, a cavidade nasal e a cavidade bucal. Na produção dos sons do português, a **cavidade faríngea** serve unicamente como passagem de ar. A **cavidade nasal**, porém, serve como cavidade de ressonância quando se baixa o véu palatino, permitindo a passagem de ar pela fossa nasal. A **cavidade bucal** é onde ocorrem as principais manipulações do ar que produzem as distinções entre a maioria dos diferentes sons de um idioma. É importante ter um conhecimento detalhado da anatomia da cavidade bucal apresentada na Fig. 5.18 para poder descrever precisamente a produção de cada som. A Fig. 5.28 apresenta como a abertura ou fechamento das cavidades oral e nasal resulta na produção de distintos tipos de sons. A cavidade nasal fecha-se mediante o levantamento do véu palatino contra a parede faríngea; a cavidade oral, mediante a oclusão de dois órgãos bucais.

Os sons de um idioma se dividem inicialmente entre **vogais** e **consoantes**. A Fig. 5.29 resume as diferenças entre vogais e consoantes.

As consoantes são classificadas de acordo com o **modo de articulação**, o **ponto de articulação** e o **estado das cordas vocais**. As vogais são classificadas de acordo com o modo de articulação e o ponto de articulação. É imprescindível saber bem o quadro fonético das consoantes do português da

Tipo de movimento	Como afeta o som				
abrir-se (abdução)/ fechar-se (adução)	Respiração	Consoante surda	Consoante sonora	Vogal	Golpe de glote
vibrar/não vibrar	produção de som sonoro/surdo				
alongar/afrouxar adelgaçar/espessar	sobe/baixa o tom fundamental				

5.27 Tipos de movimentos das cordas vocais.

5.28 A interação entre as cavidades oral e nasal.

	Cavidade nasal	Cavidade oral	Som produzido
	fechada/véu levantado	boca fechada	oclusiva oral [b]
		boca aberta	consoante oral [s] vogal oral [a]
	aberta/véu baixado	boca fechada	consoante nasal [m]
		boca aberta	vogal oronasal [ẽ]

Fig. 5.20 e o quadro fonético das vogais do português da Fig. 5.21.

Os símbolos dos quadros são do **Alfabeto Fonético Internacional (AFI)**. O uso desses símbolos permite a transcrição dos sons dos enunciados do português com uma correspondência exata, o que não é possível por meio de nenhum outro sistema de escrita. A transcrição fonética é uma excelente ferramenta para o estrangeiro que deseje melhorar sua pronúncia. O benefício principal é que permite ao estudante ver os sons que deve produzir em cada contexto e quais são os processos fonéticos que operam na produção do português.

Na produção da cadeia fônica, há dois princípios ou forças que regem o produto fonético final. O primeiro é a **facilidade de articulação** que favorece o emissor. De acordo com esse princípio, o falante tem a liberdade de mudar a produção dos elementos segmentais para que lhe seja mais fácil produzir a sequência de sons, reduzindo ou simplificando os movimentos articulatórios necessários. Essa liberdade é restrita pelo segundo princípio ou força, que é a **separação perceptiva suficiente** necessária para que o receptor interprete a onda sonora com maior facilidade. Para o benefício do ouvinte, o falante tem que diferenciar ao máximo os sons que representam os fonemas que se opõem fonologicamente.

O processo fonético mais importante na produção da cadeia fônica é a **coarticulação** ou **assimilação** que é a manifestação mais típica do princípio da facilidade de articulação.

Os diferentes tipos de coarticulação são classificados de duas formas: primeiro, pela posição relativa dos sons mudados e dos sons que causam a mudança. Por esse critério, a coarticulação pode ser classificada como antecipatória, perseveratória, recíproca, ou convergente.

A segunda forma de classificação de coarticulações é pelo traço fonético transmitido

5.29 As consoantes em contraste com as vogais.

Características articulatórias	Vogais	Consoantes
abertura da boca	maior abertura	menor abertura
ação muscular	músculos depressores	músculos elevadores
abertura das cordas vocais	menos abertas	mais abertas
tensão das cordas vocais	maior tensão	menos tensão
gasto de ar	menos gasto de ar	mais gasto de ar

Tipo de coarticulação	Tipo de assimilação	Posições relativas dos sons	Exemplos
Antecipatória	Regressiva		assimilação ao ponto de articulação da consoante que segue [ĩŋgɾáto] sonorização [áʒnu] nasalização [kéⁿto]
Perseveratória	Progressiva		ensurdecimento [síŋko̦]
Recíproca	Dupla		assimilação [kãmbjo]* [ẽmbáno]*(espanhol)
Convergente	Convergente		fricativização [oβɾiɣáðo]* *(dialetal)

■ = som mudado ⬚ = som que causa a mudança

5.30 A coarticulação/assimilação.

ao som mudado pelo som que causa a mudança. Por esse critério a assimilação pode ser classificada como sonorização, ensurdecimento, nasalização, etc. A Fig. 5.30 resume os tipos de coarticulação ou assimilação.

Neste capítulo examinaram-se os movimentos físicos através dos quais o emissor produz os sons, ou, em outras palavras, pelos quais o emissor transmite a mensagem. Também se examinou a descrição dos sons da fala e como os processos fonéticos afetam a integração dos diversos sons na cadeia fônica. Na comunicação verbal por via oral, a mensagem é uma onda sonora, as características e a transmissão da qual serão examinados no próximo capítulo.

Conceitos e termos

abertura da boca
abertura das cordas vocais
ação das cordas vocais
africada
alveolar
alvéolos
área de Broca
assimilação
  convergente
  dupla
  progressiva
  regressiva
bilabial
brônquios
cartilagem cricoide
cartilagem tireoide
cartilagens aritenoides
cavidade bucal
cavidade faríngea
cavidade nasal
cavidades infraglóticas
cavidades supraglóticas
cérebro
coarticulação
  antecipatória
  convergente
  perseveratória
  recíproca
consoantes
cordas vocais
  abertura (abdução)
  adelgaçamento
  afrouxamento
  alongamento
  espessamento
  fechamento (adução)
  não vibração
  vibração

córtex anterior de fala
córtex motor
dental
dentes
diafragma
ensurdecimento
estado da glote
estado das cordas vocais
expiração
facilidade de articulação
fonética articulatória
fricativa
gasto de ar
glotal
glote
golpe de glote
inspiração
labiodental
lábios
laringe
lateral
língua
  ápice
  lâmina
  pré-dorso
  meio-dorso
  pós-dorso
  raiz
modo de articulação
músculos intercostais
músculos tireoaritenóideos
nasal
nasalização
nervo frênico

nervo hipoglosso
nervo laríngeo recorrente
oclusiva
palatal
palato
ponto de articulação
pulmões
quadro fonético
respiração
  fonadora
  em repouso
rima da glote
semiconsoante
semivogal
separação perceptiva
  suficiente
sistema nervoso
som nasal
som oral
som oronasal
som sonoro
som surdo
sonorização
tensão das cordas vocais
transcrição fonética
traqueia
uvular
velar
véu palatino
vibrante múltipla
vibrante simples
vogais

Capítulo 5

Perguntas de revisão

1. Quais são os órgãos articulatórios infraglóticos e qual o seu papel?

2. Quais são os órgãos articulatórios laríngeos e qual o seu papel?

3. Quais são os órgãos articulatórios supraglóticos e qual o seu papel?

4. Quais são as cavidades supraglóticas e qual o seu papel?

5. Quais são os resultados dos diferentes movimentos das cordas vocais?

6. Explique as relações entre a abertura e fechamento da cavidade oral/bucal e da cavidade nasal. Que sons se produzem nas distintas configurações?

7. Explique a relação entre a abertura da glote e a vibração das cordas vocais.

8. Explique como as cordas vocais vibram.

9. Quais são os traços usados para definir as consoantes? Dê exemplos para cada traço.

10. Quais são os traços usados para definir as vogais? Dê exemplos para cada traço.

11. Comente as diferenças entre consoantes e vogais.

12. Quais são os propósitos da transcrição fonética?

13. Qual é a relação entre os princípios da facilidade de articulação e a separação perceptiva suficiente?

14. Quais são os quatro tipos de coarticulação/assimilação? Descreva cada um segundo a relação existente entre os sons envolvidos e indique as diferenças entre os diversos tipos de coarticulação/assimilação.

Recursos eletrônicos

1. 🎥 Vídeo de alta velocidade da ação das cordas vocais mostrando distintos estados da glote.

2. 🎥 Vídeo mostrando o princípio de Bernoulli soprando entre duas papeletas.

3. 🎥 Vídeo da vibração das cordas vocais feito com um laringoscópio da KayPENTAX.

4. 🎥 Vídeo fluoroscópico da pronúncia de várias orações.

5. 🔊 Sons orais.

6. 🔊 Sons nasais.

7. 🔊 Sons oronasais.

8. 🔊 Consoantes oclusivas.

9. 🔊 Consoantes fricativas.

10. 🔊 Consoantes africadas.

11. 🔊 Consoantes nasais.

12. 🔊 Consoantes laterais.

13. 🔊 Consoante vibrante simples.

14. 🔊 Consoantes vibrantes múltiplas.

15. 🖼 Os pontos de articulação.

16. 🔊 Consoantes bilabiais.

17. 🔊 Consoantes labiodentais.

18. 🔊 Consoantes dentais.

19. 🔊 Consoantes alveolares.

20. 🔊 Consoantes palatais.

21. 🔊 Consoantes velares.

22. 🔊 Consoantes uvulares.

23. 🔊 Consoante glotal.

24. 🔊 Consoantes sonoras.

25. 🔊 Consoantes surdas.

26. 📖 EX Quadro fonético consonantal completo (para estudar) e quadro fonético em branco (para praticar).
27. 🔊 Semiconsoantes.
28. 🔊 Semivogais.
29. 🔊 Vogais fechadas.
30. 🔊 Vogais meio-fechadas.
31. 🔊 Vogais meio-abertas.
32. 🔊 Vogal aberta.
33. 🔊 Vogais anteriores.
34. 🔊 Vogais centrais.
35. 🔊 Vogais posteriores.
36. 📖 EX Quadro fonético vocálico completo (para estudar) e quadro fonético em branco (para praticar).
37. 📖 Transcrições fonéticas.
38. 🔊 Exemplo de facilidade de articulação: [áznu].
39. 🔊 Exemplo de separação perceptiva suficiente: [káɾu] [káɾu].
40. 🔊 Exemplos de coarticulação antecipatória.
41. 🔊 Exemplos de coarticulação perseveratória.
42. 🔊 Exemplos de coarticulação recíproca.
43. 🔊 Exemplos de coarticulação convergente.

Leituras suplementares

Borden, Gloria J. & Harris, Katherine S. *Speech Science Primer: Physiology, Acoustics and Perception of Speech* (2nd ed.). Baltimore: Williams & Wilkins, 1984.

Denes, Peter B. & Pinson, Elliot N. *The Speech Chain: The Physics and Biology of Spoken Language*. Garden City, NY: Anchor Books, 1973.

Ladefoged, Peter. *A Course in Phonetics* (5th ed.). Boston: Thomson Wadsworth, 2006.

Laver, John. *Principles of Phonetics*. Cambridge: Cambridge University Press, 1994.

Capítulo 6
A fonética acústica

A fonética acústica ocupa-se do estudo da mensagem, ou seja, da onda sonora transmitida entre o emissor e o receptor. O conjunto de movimentos físicos por parte do emissor tem por objetivo a produção de uma onda sonora que pode ser transmitida ao receptor. O estudo da fonética fica incompleto sem o exame dessa segunda fase, que é a transmissão do som, porque, sem a onda sonora, não pode haver comunicação por via oral. Este capítulo contém uma breve introdução ao estudo das ondas, em particular da onda sonora, para melhor demonstrar como os movimentos articulatórios do emissor produzem a onda sonora e como ela chega aos ouvidos do receptor.

O conceito geral de onda

Uma onda é a transmissão de energia através de determinado meio. Para entender essa definição melhor, vale examinar uns exemplos. O primeiro exemplo é de uma corda como se vê na Fig. 6.1. Se duas pessoas segurarem cada uma em uma ponta de uma corda e a estenderem entre si, e, se uma das pessoas levantar e abaixar sua ponta da corda rapidamente, a energia resultante percorrerá a corda em forma de onda até chegar à outra ponta.[1] É importante notar que não é a corda em si que viaja entre as duas pessoas. É só a energia transmitida à corda pelo movimento do braço da primeira pessoa o que viaja entre as duas pessoas; a corda é simplesmente o meio pelo qual essa energia passa. É preciso notar que o movimento de cada ponto específico da corda ocorre no eixo vertical, enquanto a propagação da onda em si ocorre no eixo horizontal.

O segundo exemplo é de uma pedra lançada à água como se vê na Fig. 6.2. Quando se atira uma pedra numa poça, formam-se ondas que viajam em círculos concêntricos do ponto de impacto até a margem da poça.[2] Outra vez é importante notar que não é a água que se desloca do ponto de impacto até a margem, mas sim a energia transmitida à água. Para provar isso, basta colocar um barquinho na água e observar que o barquinho não viaja com as ondas até a margem; ele apenas sobe e desce no eixo vertical, enquanto a energia da pedra lançada viaja no eixo horizontal através do meio aquático.

O terceiro exemplo é de um pêndulo. O movimento do pêndulo, representado na Fig. 6.3, não apresenta a mesma imagem de uma ondulação tão visível quanto a dos primeiros dois exemplos. Porém, o movimento

6.1 Se duas pessoas segurarem cada uma em uma ponta de uma corda e a estenderem entre si, e, se uma das pessoas levantar e abaixar sua ponta da corda rapidamente, a energia resultante percorrerá a corda em forma de onda até chegar à outra ponta.

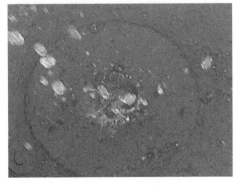

6.2 Quando se atira uma pedra numa poça, formam-se ondas que viajam em círculos concêntricos do ponto de impacto até as margens da poça.

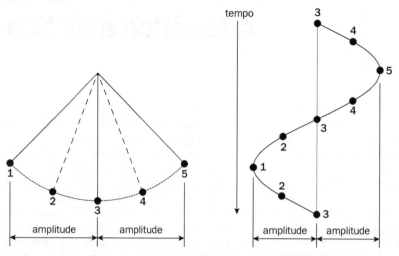

6.3 O movimento físico do pêndulo e a representação gráfica de seu movimento através do tempo.

é uma onda, pois representa a transferência de energia através de um meio. Na Fig. 6.3, pode-se observar que ao passar pela posição de equilíbrio (posição 3), o pêndulo depois passa pela posição 4 diminuindo a velocidade até parar na posição 5. Daí começa a acelerar, passando de novo pela posição 4 até chegar de novo à posição de equilíbrio. Daí diminui a velocidade ao passar pela posição 2 até parar na posição 1, de onde acelera de novo passando pela posição 2 até chegar de novo à posição 3, que é a posição de equilíbrio.[3] 🎥 Ao examinar o movimento do pêndulo mais a fundo, vê-se que de fato é uma onda, pois se seu movimento for traçado num gráfico, em que se represente o tempo no eixo vertical e a distância de deslocamento da posição de equilíbrio no eixo horizontal, como mostra a Fig. 6.3, ver-se-á claramente a forma de uma onda.

As propriedades das ondas

O movimento físico dos objetos dos exemplos anteriores tem uma **forma de onda** senoidal, vista na Fig. 6.4. No eixo horizontal da forma de onda, representa-se o decorrer do tempo. No eixo vertical representa-se a distância de afastamento do objeto de sua posição de equilíbrio. Nessa representação gráfica, podem-se medir dois aspectos muito importantes da onda. O primeiro é a **amplitude**, que se define como a distância do máximo afastamento de um objeto de sua posição de equilíbrio e que se mede no eixo vertical. O segundo é o **período**, que se define como o tempo necessário para completar um ciclo e que se mede no eixo horizontal. O **ciclo** é a trajetória da transferência de energia desde uma posição de equilíbrio a outra posição

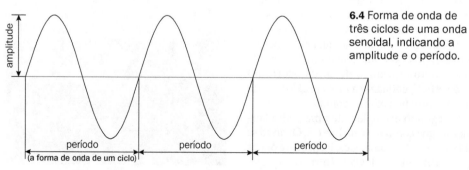

6.4 Forma de onda de três ciclos de uma onda senoidal, indicando a amplitude e o período.

de equilíbrio onde volta a repetir o mesmo padrão de movimento.

O período correlaciona-se com outro aspecto muito importante que é a **frequência**, que é o inverso do período e que se mede em **ciclos por segundo** (*cps*).

$$\text{frequência} = \frac{1}{\text{período}}$$

A frequência também expressa-se em *hertz* (*Hz*), uma unidade equivalente ao ciclo por segundo: ou seja, 100 *cps* = 100 *Hz*. Por exemplo, caso se complete um ciclo num centésimo de um segundo (1/100 de um segundo), a frequência será de 100 ciclos por segundo, porque se podem completar 100 ciclos num segundo (100 *cps*).

As ondas simples e complexas

Os exemplos já examinados são de **ondas simples** que se representam mediante curvas senoidais em que a transferência de energia ocorre regular e consistentemente. As ondas simples ou senoidais podem combinar-se e formar **ondas complexas**. Para determinar o traçado da forma de uma onda complexa é preciso somar a amplitude das diferentes ondas simples que a compõem em cada ponto do eixo temporal. Na Fig. 6.5, então, a combinação da *onda simples A* com a *onda simples B* produz uma nova *onda complexa C*. No gráfico da Fig. 6.5 pode-se observar que a onda complexa ainda tem sua própria amplitude (o máximo de deslocamento em relação à posição de equilíbrio) e seu próprio período (o tempo necessário para completar um ciclo).

As ondas harmônicas e inarmônicas

Os exemplos dados até agora, tanto as ondas simples como as complexas, foram todos de ondas **harmônicas** ou **periódicas** por terem um período e um ciclo, ou seja, um padrão de movimento repetido através do tempo. A Fig. 6.6 contém outro exemplo de uma onda complexa harmônica onde se observa que o padrão do ciclo se repete. Por outro lado, as ondas **inarmônicas** ou **aperiódicas** não têm um padrão de movimento repetitivo e portanto não têm nem ciclo nem período como se pode observar na Fig. 6.7.

A onda sonora

A onda sonora é a transferência de energia acústica através de um meio. A energia acústica resulta da produção de qualquer som,

6.5 A soma de ondas simples para formar uma onda complexa, que também tem sua amplitude e período.

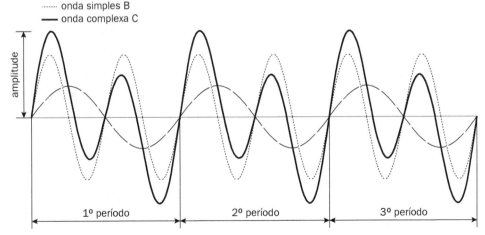

Capítulo 6

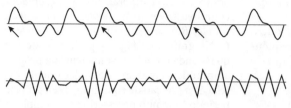

6.6 Três ciclos de uma onda complexa harmônica. As flechas indicam o começo de cada ciclo.

6.7 As ondas inarmônicas não têm nenhum padrão repetido ao longo do tempo.

como os exemplos já citados da toca do apito do árbitro ou o estalo lateral do vaqueiro como também a própria fala. No contexto linguístico, as ondas sonoras que se estudam se limitam àquelas produzidas pelos movimentos articulatórios descritos no Capítulo 5. O meio de transmissão é geralmente o ar, apesar do som também ser transmissível por outros meios, como por exemplo uma porta ou uma parede. A onda sonora difere dos exemplos já citados porque é uma onda longitudinal em que o movimento do meio (nesse caso as moléculas de ar) é paralelo à **propagação** da onda.

Na fala humana, os movimentos articulatórios têm por objetivo colocar em movimento as moléculas de ar, produzindo vibrações que se propagam da boca do emissor até o ouvido do receptor. A Fig. 6.8 ilustra a transmissão de energia por meio do ar a um nível microscópico. Essa figura mostra como o padrão de movimento iniciado pelos agentes fonadores se transmite de uma molécula a outra. Os círculos representam a posição das moléculas de ar através do tempo. Na Fig. 6.8, vê-se que o movimento da molécula negra através do tempo é de vibração ou oscilação ao redor de sua posição de equilíbrio. A onda propaga-se pelo ar na mesma direção da vibração molecular e o padrão de vibração de uma molécula transmite-se à molécula vizinha.

À primeira vista, esse padrão de movimento molecular pode não parecer uma onda, mas outra vez, quando se representa graficamente o movimento da molécula negra, vê-se que é análogo ao movimento do pêndulo.

Em nível macroscópico, essa transferência molecular de energia resulta na propagação da onda, como se vê na Fig. 6.9, em que os círculos novamente representam as moléculas de ar. A unidade utilizada para a contagem de moléculas chama-se mol (*pl.* moles). Um mol é igual a $6,02 \times 10^{23}$ moléculas. A Fig. 6.9 representa como a onda sonora afeta a densidade molecular de seu meio de propagação. A propagação da onda pelo ar produz duas fases de transmissão: a **fase de compressão**, em que a distribuição espacial das moléculas é mais densa, ou seja, em que a pressão do ar é mais alta, e a **fase de rarefação**, em que a distribuição espacial das moléculas é menos densa, ou seja, em que a pressão do ar é mais baixa.

A forma de uma onda sonora consiste no padrão de vibração de uma molécula do meio de transmissão. A Fig. 6.4 representa a forma de onda criada pela vibração de uma molécula. Nota-se que a parte da onda acima da posição de equilíbrio corresponde à fase de compressão e que a parte abaixo da posição de equilíbrio corresponde à fase de rarefação. Ao contrário das ondas em geral, todas as ondas sonoras produzidas pelo ser humano são complexas.

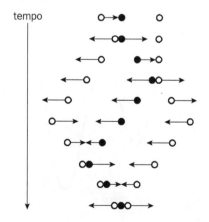

6.8 Movimento de uma molécula (círculo negro) na propagação microscópica de uma onda sonora.

A fonética acústica

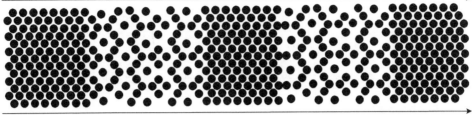

6.9 Fases de compressão e rarefação da propagação macroscópica da onda sonora.

As propriedades das ondas sonoras harmônicas

As ondas sonoras têm as mesmas propriedades que as ondas em geral: amplitude, tom, duração e timbre.

A amplitude

Mede-se a **amplitude** da onda sonora cientificamente em decibéis, medida física que indica o volume relativo de um som. Na representação gráfica da forma de onda, a amplitude aparece no eixo vertical. A amplitude corresponde à percepção da **intensidade** ou **volume** do som. Sendo assim, quanto menor a amplitude menor o seu volume e quanto maior a amplitude, maior o volume do som. Vê-se isso ao comparar-se a amplitude da forma de onda da vogal [a] de baixo volume com a amplitude da vogal [a] de alto volume que se veem na Fig. 6.10.[4] ◀

O tom

As ondas sonoras harmônicas apresentam um período, que é o tempo necessário para completar um ciclo. Como já se expôs, o período correlaciona-se com a **frequência**, sendo a frequência o inverso do período. A frequência, por sua vez, é uma medida física da onda em ciclos por segundo que corresponde à percepção do **tom** do som que, tanto na fala como nas notas da escala musical, pode ser mais grave ou mais agudo. Sendo assim, quanto mais baixa a frequência, mais grave/baixo o tom e quanto mais alta a frequência, mais agudo/alto o tom. Vê-se isso na Fig. 6.11 que compara o período de duas produções da vogal [a], uma em tom baixo e outro em tom alto.[5] ◀ Na Fig. 6.11, o tom alto é uma oitava mais alto que o tom baixo, o que quer dizer que a frequência do tom alto é o dobro da frequência do tom baixo. Também quer dizer que o período do tom alto é a metade do período do tom baixo. Na fala, a variação da frequência de um som tem repercussões na entonação e na tonicidade

6.10 A forma de onda da vogal [a] pronunciada com volume baixo e volume alto em que varia a amplitude.

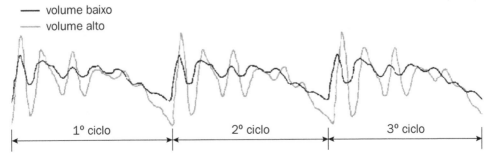

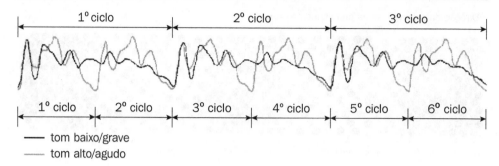

6.11 A forma de onda da vogal [a] pronunciada em tom baixo/grave e tom alto/agudo com variação do período. Observa-se que a onda de tom baixo tem três ciclos ou períodos e a de tom alto tem seis, pois a diferença de tom entre as duas vogais é de uma oitava.

no caso do inglês e do português e até na distinção léxica em outros idiomas como o chinês ou o navajo.

O timbre

As ondas sonoras harmônicas também apresentam ciclos. O ciclo é um padrão de movimento ou de vibração que se repete ao longo do tempo. A forma de onda do **ciclo** é uma representação física que corresponde à percepção do **timbre** ou qualidade do som. O timbre não tem medida, pois resulta dos distintos padrões de vibração das moléculas de ar, que podem ser visualizados pelas diferenças na forma de onda. O padrão de vibração pode mudar sem que mude a frequência, o que produz um som de qualidade ou timbre diferente. Se as vogais [a] e [e] forem produzidas no mesmo tom e amplitude, serão produzidas duas ondas que se diferenciam só pelo timbre, ou seja, ondas com ciclos e formas de onda diferentes, como se vê na Fig. 6.12.[6]

A duração

Outro aspecto importante da onda sonora é a **duração**, que se refere simplesmente ao tempo durante o qual se sustém a produção de determinado som. Como a produção de um som é muito rápida, geralmente se mede a sua duração em milissegundos. Comparando-se a duração da vogal tônica [a] de azar com a vogal longa [aː] da palavra *Baamas* (português europeu), que também ocorre na união das palavras *está alto*, percebe-se que tanto a vogal tônica de *Baamas* como a vogal tônica compartilhada em *está alto* têm duração mais longa do que a vogal tônica de azar. Na Fig. 6.13, vê-se que a única diferença entre a vogal curta e a vogal longa é sua duração.[7]

6.12 A forma de onda da vogal [a] e da vogal [e] pronunciadas no mesmo tom e com o mesmo volume. Pode-se observar que as duas ondas têm a mesma amplitude e período, mas a forma de onda é diferente.

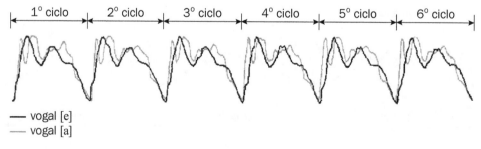

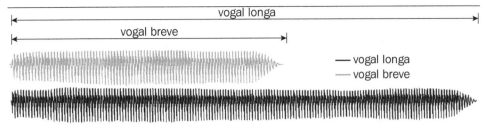

6.13 A forma de onda da vogal [a] (curta) e da vogal [aː] (alongada) pronunciadas no mesmo tom e com o mesmo volume. Pode-se observar que as duas ondas têm a mesma amplitude e período, mas uma simplesmente dura mais que a outra.

As ondas sonoras harmônicas na música e na fala

As ondas harmônicas ou periódicas ocorrem quando há uma vibração ou oscilação consistente, o que produz uma onda que tem um ciclo que se repete. Essa onda é, consequentemente, periódica porque se pode medir o período, que é o tempo necessário para completar um ciclo. Acusticamente, a grande maioria das ondas produzidas na música são ondas harmônicas ou periódicas, já que são produzidas pela vibração de algo. No piano, violão ou violino vibram as cordas; no clarinete ou oboé vibram uma ou duas palhetas; no trompete ou trombone vibram os lábios do músico; na flauta e no órgão, vibra uma coluna de ar dentro de um tubo.

Em português os sons mais frequentes são as vogais. Esses sons transmitem-se por ondas harmônicas ou periódicas. A fonte de todos os sons harmônicos da fala humana é a vibração das cordas vocais. Na Fig. 6.14 vêm-se as formas de onda de sons produzidos por alguns instrumentos musicais e de cinco vogais portuguesas [a e i o u].[8]

Para entender a natureza complexa de uma onda sonora, é útil examinar a ação que ocorre numa corda de violão quando é tocada. Ao considerar o movimento da corda, o que se observa é um fuso de movimento, como se vê no seguinte desenho:

Examinando-se esse movimento, pode-se notar que os extremos da corda não se movimentam porque são fixos e nota-se também que o máximo de deslocamento ocorre no meio da corda. Uma análise mais profunda revela que seu movimento complexo resulta da soma de várias ondas simples. As ondas simples, que combinadas produzem a onda complexa, guardam uma relação fixa entre si. Devido aos extremos serem fixos, todas as ondas simples que passam a formar parte da onda complexa têm frequências que são múltiplos inteiros da frequência mais baixa, denominada **tom fundamental**. As demais frequências simples chamam-se harmônicos.

O tom fundamental por definição, então, é o primeiro harmônico. Os demais harmônicos, os múltiplos inteiros do tom fundamental, têm dois ciclos, três ciclos, quatro ciclos, etc., ao longo da corda, como se vê na Fig. 6.15. O fuso de movimento, então, é formado por uma onda composta pelo tom fundamental e os demais harmônicos.

Na voz humana, é possível mudar o tom fundamental ou a altura (grave/agudo) de um som alterando-se a extensão e espessura das cordas vocais. Isso tem seu paralelo nos instrumentos musicais. As cordas mais longas ou mais espessas produzem tons mais baixos/graves; as cordas mais curtas ou mais delgadas produzem tons mais altos/agudos.

A vibração regular de qualquer elemento (seja uma corda, uma palheta, os lábios, uma coluna de ar ou as próprias cordas vocais) produz um tom fundamental. É importante observar que, mesmo que dois instrumentos diferentes produzam um som com o mesmo tom fundamental, o ouvinte percebe a diferença entre o som de um instrumento e o do outro. Por exemplo,

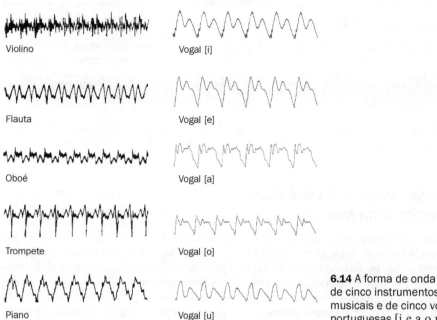

6.14 A forma de onda de cinco instrumentos musicais e de cinco vogais portuguesas [i e a o u].

um violino e um trompete podem tocar a mesma nota (i.e., dó central) e, ainda que as duas ondas produzidas tenham o mesmo tom fundamental, o ouvinte consegue diferenciar as duas ondas. Isso ocorre porque a forma e a matéria de cada instrumento filtram ou atenuam diferentes harmônicos, que são absorvidos com suas amplitudes reduzidas pelo fenômeno de **atenuação**. Por outro lado, amplificam-se outros harmônicos, que pelo fenômeno de **ressonância**, reforçam-se nas câmaras dos diferentes instrumentos. Como o violino e o trompete têm diferentes formas físicas e são feitos de diferentes materiais, cada um filtra ou acentua diferentes harmônicos. Sendo assim, o som que percebemos é uma onda composta do tom fundamental mais os harmônicos — alguns filtrados ou atenuados e outros reforçados ou amplificados. Os instrumentos diferenciam-se por seu timbre ou qualidade sonora gerada pelas diferenças na sua composição e forma. Isso se reflete nas distintas formas de onda produzidas, como se vê na Fig. 6.14. Uma definição concisa de **timbre** é: a qualidade do som ou o efeito acústico total que resulta da conformação do tom fundamental e dos harmônicos que passam pelo processo de filtração, no qual alguns deles são reforçados e outros atenuados. A vibração é, portanto, a **fonte** do tom fundamental e seus harmônicos, a forma e matéria do instrumento são o **filtro** que produz o timbre que diferencia os sons dos diversos instrumentos.

No caso da fala, os exemplos por excelência de sons harmônicos são as vogais, que, em português, empregam-se quase sistematicamente como núcleos

6.15 A onda complexa é a soma do tom fundamental (x) e dos harmônicos (2x, 3x, 4x, etc.).

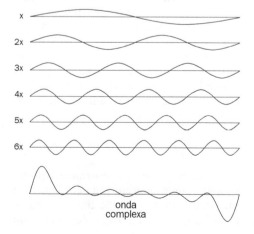

silábicos. É importante observar que um falante pode produzir a vogal [i] e a vogal [o] no mesmo tom fundamental. Quando isso acontece, as duas ondas sonoras têm a mesma frequência. A diferença que se percebe entre os dois sons deve-se ao timbre, pois muda-se radicalmente a forma do instrumento (a posição dos lábios, a abertura bucal, a posição da língua dentro da boca, etc.). Essa mudança física altera o padrão de filtração e ressonância dos harmônicos que resultam da vibração das cordas vocais. As distintas vogais, então, diferem em timbre ou em **qualidade vocálica** devido a uma mudança na posição dos órgãos e a conformação das cavidades de ressonância do aparelho fonador. As diferenças físicas produzem distintos padrões nas formas de onda como se mostra também na Fig. 6.14.

As ondas sonoras inarmônicas na música e na fala

As ondas inarmônicas ou aperiódicas ocorrem quando não há uma vibração consistente, o que produz uma onda caótica, sem ciclos, nem períodos, nem padrão que se repita ao longo do tempo. No campo da música, alguns instrumentos que produzem ondas inarmônicas são os tambores, maracás ou pandeiretas. Entre os sons que produzem ondas inarmônicas no campo da fala humana encontram-se as consoantes [f] e [s]. A Fig. 6.16 mostra as formas de onda desses sons.

Como não há nenhum padrão de vibração que se repita, a onda não tem tom fundamental. Pode-se comprovar isso com um pequeno experimento: cantar a vogal [a] em duas notas musicais e, depois, tentar cantar a consoante [s] nas mesmas duas notas. Isso é impossível porque a consoante [s] não tem tom fundamental devido ao fato de que as cordas vocais não vibram durante sua produção.

A vibração ou não vibração das cordas é um traço binário; isto é, elas simplesmente vibram ou não vibram — não existe fisiologicamente um meio-termo. Porém, quanto à periodicidade da onda sonora, existe sim um continuum. Como já se expôs, as ondas sonoras das vogais exibem um alto grau de periodicidade — são, então, os melhores exemplos de ondas harmônicas na fala. As consoantes surdas, por outro lado, são os melhores exemplos de sons com ondas inarmônicas na fala, já que não existe em sua forma de onda nenhum elemento que se repita consistentemente. No entanto, há outras duas categorias de sons com características interessantes quanto à periodicidade de suas ondas: as consoantes quase-harmônicas e as soantes.

O exame do som [z] da palavra [kázɐ] {casa}, revela que é uma onda complexa proveniente de duas fontes. A primeira fonte é a vibração das cordas vocais, que por si mesmas produzem uma onda harmônica. A segunda fonte é a turbulência de ar que resulta da fricção entre as moléculas de ar ao serem forçadas a passar pelo estreitamento formado entre o pré-dorso da língua e os alvéolos, o que produz uma onda inarmônica. A combinação de uma onda harmônica com uma onda inarmônica gera uma onda ainda inarmônica, mas com uma certa periodicidade. Esse tipo de onda chama-se **quase-periódica** ou **quase-harmônica**. Como se vê ao comparar-se a forma de onda dos sons [a], [z] e [s] apresentados na Fig. 6.17, a forma de onda do som [z] apresenta dois quase-ciclos que têm o mesmo período.[9] ◀ Porém, os detalhes de

6.16 As formas de onda das consoantes [f] e [s] são inarmônicas, sem padrão repetido.

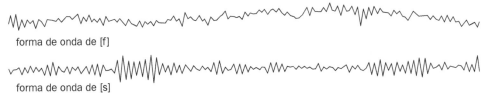

cada quase-ciclo são diferentes devido ao componente inarmônico.

Além das vogais, há outros dois grupos de sons linguísticos com ondas harmônicas: são as consoantes nasais e as laterais. Por terem ondas harmônicas, as consoantes desses dois grupos se denominam **soantes**. Seguindo o padrão da linguística geral, as vibrantes de português normalmente são classificadas como soantes. Essa categorização será examinada em mais detalhes no Capítulo 19. As formas de onda das consoantes soantes são mais harmônicas que as das consoantes sonoras, já que suas ondas sonoras têm ciclos que se repetem como as ondas sonoras das vogais.

Em termos da periodicidade da onda, o continuum vai das vogais (as mais harmônicas) às nasais/laterais, às outras consoantes sonoras até as consoantes surdas (as mais inarmônicas).

A análise instrumental da onda sonora

Como a onda sonora é invisível, é preciso utilizar instrumentos técnicos para estudá-la. Ao longo dos anos, foram desenvolvidos vários tipos de instrumentos que permitem a análise de diferentes aspectos da onda mediante diferentes representações da mesma. As representações mais importantes e úteis da onda sonora, que se examinarão aqui, são quatro: 1) a forma de onda (já abordada), 2) o espectrograma, 3) a seção espectrográfica e 4) a representação de amplitude e tom fundamental.

A forma de onda

A forma de onda, como já foi exposto, representa o movimento ou vibração de uma molécula (geralmente de ar) que se choca com outras moléculas, o que resulta na transmissão do som. Na representação gráfica da forma de onda, como já foi explicado, mede-se a amplitude (que corresponde à intensidade ou ao volume do som) em decibéis no eixo vertical. O eixo horizontal representa o decorrer do tempo. Veem-se exemplos das formas de onda de vários sons nas Figuras 6.14, 6.16 e 6.17. Historicamente as primeiras representações da forma de onda foram produzidas num aparelho chamado o osciloscópio (inventado em 1897 pelo físico alemão Karl Ferdinand Braun). Hoje em dia, há diversos programas de computador comumente usados para produzi-las.

6.17 A forma de onda da vogal [a] é harmônica, a forma de onda da consoante [z] é quase-harmônica e a forma de onda da consoante [s] é inarmônica.

dois ciclos da forma de onda periódica de [a]

dois quase-ciclos da forma de onda quase-periódica de [z]

forma de onda aperiódica de [s]

O sonograma

A forma da onda presta-se muito bem à representação da amplitude da onda e à diferenciação entre as consoantes e as vogais, porém, não permite a fácil diferenciação entre as diversas vogais nem entre consoantes específicas. O próximo passo tecnológico significativo para o estudo da fonética acústica ocorreu com a invenção do espectrógrafo nos anos quarenta do século passado por R. K. Potter, que lançou a aplicação do espectrógrafo à linguística com a publicação de seu livro *Visible Speech*. Nesse livro, Potter e seus colegas descreveram como é possível distinguir e reconhecer os diferentes sons por meio do espectrograma de sua onda sonora. Essa técnica de análise linguística tornou-se acessível à comunidade linguística com a produção do primeiro espectrógrafo comercial (o *Sona-Graph*), em 1951, pela companhia Kay Elemetrics.

O espectrógrafo essencialmente produz uma imagem visual que decompõe a onda complexa e mostra onde se encontra a energia acústica no espectro do som produzido. A imagem produzida pelo espectrógrafo chama-se **espectrograma** ou **sonograma**. Como já comentado, a onda sonora da fala é sempre uma onda complexa.

Para produzir o sonograma, o espectrógrafo analisa a gravação da onda sonora em cada momento de seu decurso e indica em que frequências e com que amplitude encontra-se a energia acústica através do tempo. O sonograma apresenta dados acústicos da onda sonora em três dimensões. No eixo horizontal, mede-se o decorrer do tempo em milissegundos. No eixo vertical, mede-se a frequência da energia acústica presente como componente da onda sonora, a qual se mede em ciclos por segundo (cps) ou hertz (Hz). O sonograma tipicamente representa uma gama de frequências entre o cps e 8000 cps. A terceira dimensão acústica observável é a amplitude do componente acústico de cada frequência. A amplitude não pode ser medida com exatidão no sonograma, mas representa-se a amplitude relativa apenas pela cor mais clara ou mais escura: quanto mais escura a representação, maior a amplitude, quanto mais clara a representação, menor a amplitude.

Há vários formatos ou tipos de sonograma, dois deles são os sonogramas de banda larga e os de banda estreita. A largura do sonograma (estreita ou larga) depende da gama de filtros empregados na análise espectrográfica. Tradicionalmente, o filtro dos sonogramas de banda estreita é de 75 Hz e o filtro de banda larga é de 300 Hz. A distinção entre o sonograma de banda estreita e o de banda larga é análoga à diferença entre a vista dos estacionamentos de um campus universitário da perspectiva de um helicóptero que sobrevoe o campus e a mesma vista da perspectiva de um avião comercial a grande altitude. Do helicóptero, a olho nu, pode-se contar o número de automóveis num estacionamento; do avião, a olho nu, talvez seja possível contar apenas o número de estacionamentos.

O sonograma de banda estreita

Os sonogramas de banda estreita examinam a onda sonora de uma perspectiva mais próxima. São os mais adequados para ver os harmônicos de uma onda porque o filtro é suficientemente estreito para discriminar entre os harmônicos que se fundem num sonograma de banda larga como se verá claramente adiante. Na Fig. 6.18, vê-se um sonograma de banda estreita da vogal portuguesa [a] que começa num tom e termina em outro, uma oitava mais alta que o primeiro.

No sonograma de banda estreita da Fig. 6.18, observam-se vários fatos muito importantes:

- Primeiro, pode-se comparar a frequência do tom fundamental ou primeiro harmônico (A_1) no começo e no final do sonograma. Medindo-se a frequência do primeiro harmônico no começo e no final do eixo vertical, observa-se que, no final, a medida do A_1 é o dobro do que era no começo. Isso indica que subiu uma oitava, porque cada vez que se sobe uma oitava, dobra-se a frequência do tom fundamental.

- Segundo, pode-se observar que a separação entre os harmônicos (isto é, a distância entre A_1 e A_2, entre A_2 e A_3, entre A_3 e A_4, etc.) no final é o dobro do que era no começo. Isso se deve a que matematicamente as frequências em cps dos harmônicos são múltiplos inteiros da frequência do tom fundamental, e como se dobrou a frequência de A_1, dobrou-se também a separação entre os harmônicos.

- Terceiro, observa-se que partes da imagem são mais claras e outras mais escuras. Isso indica uma diferença na intensidade ou volume de cada harmônico. A cor mais clara indica que os harmônicos foram atenuados. Alguns harmônicos até desaparecem por completo. A cor mais escura indica que os harmônicos foram amplificados por ressonância. A conformação desses harmônicos resulta no timbre distintivo de cada som e faz com que cada vogal tenha um ciclo ou forma de onda distintivo.
- Quarto, pode-se ver como o sonograma decompõe a onda complexa, indicando a que frequências e com que amplitudes ocorrem os harmônicos que passam pelo filtro da boca, integrando-se à onda complexa que se escuta.
- Quinto, pode-se observar que apesar das mudanças nas frequências dos harmônicos e na separação entre eles, há faixas pretas que correm pelas mesmas frequências ao longo do sonograma. Isso indica que há certas faixas de frequências que passam pelo filtro da boca, mas são independentes da mudança do tom fundamental. Como se verá adiante, isso tem relação com o fenômeno do timbre e com a identificação das distintas vogais.

O sonograma de banda larga

Os sonogramas de banda larga são distintos dos de banda estreita porque, devido ao tamanho do filtro, não se distinguem os harmônicos individuais; isto é, os de banda larga examinam a onda sonora desde uma perspectiva mais afastada. O que contrapõe os dois tipos de sonograma não é nem a onda sonora nem o processo mediante o qual se realiza a análise, mas simplesmente o tamanho de filtro empregado na análise, ou seja, a perspectiva da qual se examina a onda.

No sonograma de banda estreita da Fig. 6.18, veem-se mais de perto os detalhes e podem-se distinguir e contar os harmônicos. No sonograma de banda larga da Fig. 6.19, vê-se o mesmo trecho de fala de uma perspectiva mais afastada. No sonograma de banda larga, não se distinguem mais os harmônicos; veem-se somente os grupos de harmônicos que foram reforçados ou atenuados. Esses grupos ou zonas de harmônicos reforçados que não foram filtrados, chamam-se **formantes**.

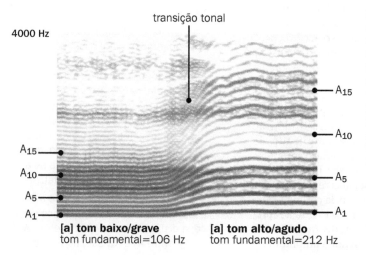

6.18 O sonograma de banda estreita da vogal [a] produzida em tom grave e tom agudo. O tom agudo é uma oitava mais alto que o tom grave, por isso o tom fundamental da vogal aguda é o dobro do tom fundamental da vogal grave.

No sonograma de banda larga a Fig. 6.19 podem-se observar vários fatos muito importantes:

- Primeiro, não é possível discernir os harmônicos individuais. O que se veem são os formantes. Comparando-se os dois tipos de sonograma, observa-se que os formantes do sonograma de banda larga correspondem aos grupos ou zonas de harmônicos reforçados ou atenuados do sonograma de banda estreita.
- Segundo, pode-se observar que pela fusão dos harmônicos, não se pode medir o tom fundamental no eixo vertical do sonograma de banda larga.
- Terceiro, pode-se observar que partes da imagem são mais claras e outras mais escuras, o que indica variação na amplitude dos formantes. Na segunda parte do sonograma, a cor é mais escura, indicando maior amplitude. Isso ocorre porque o tom é mais alto e, por conseguinte, as estrias verticais são mais compactas.
- Quarto, ainda que se possam distinguir as zonas de harmônicos não filtrados no sonograma de banda estreita, o sonograma de banda larga oferece uma melhor visualização das zonas não filtradas e permite que se meçam as frequências dos formantes.
- Quinto, no sonograma de banda larga pode-se observar a conformação de formantes característica da vogal [a]. Como se verá adiante, todos os sons harmônicos têm timbres ou padrões de formantes que são distintivos.

A seção espectrográfica

Costuma-se dizer que o sonograma representa três dimensões: a dimensão temporal (do eixo horizontal x), a frequência (do eixo vertical y) e a amplitude (que em figura tridimensional corresponderia ao eixo z, perpendicular ao plano xy). O sonograma permite medir com exatidão os valores dos primeiros dois eixos (x e y), mas, por ser uma figura bidimensional, não permite a medição da amplitude no eixo z. Em vez disso, no sonograma a amplitude é representada pela cor mais clara ou mais escura. É a seção espectrográfica que permite a medição da amplitude, pois traça a frequência no eixo horizontal e a amplitude no eixo vertical de um momento determinado. Na Fig. 6.20, vê-se um sonograma da vogal portuguesa [a] junto com uma seção espectrográfica do momento indicado pela barra vertical no sonograma.

O valor da seção espectrográfica é que permite visualizar e medir melhor a amplitude. Efetivamente, a seção espectrográfica fixa o tempo para permitir uma visão dos

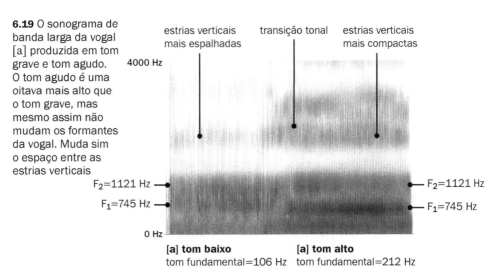

6.19 O sonograma de banda larga da vogal [a] produzida em tom grave e tom agudo. O tom agudo é uma oitava mais alto que o tom grave, mas mesmo assim não mudam os formantes da vogal. Muda sim o espaço entre as estrias verticais

[a] tom baixo
tom fundamental=106 Hz

[a] tom alto
tom fundamental=212 Hz

Capítulo 6

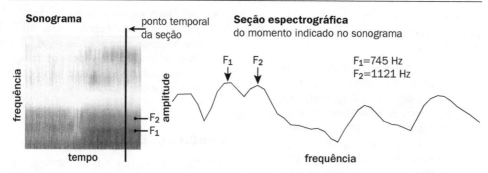

6.20 Pode-se produzir uma seção espectrográfica de um momento específico do sonograma. A seção exibe uma representação da amplitude de cada frequência num ponto temporal específico.

aspectos da frequência e a amplitude num dado momento.

A amplitude e o tom fundamental

Ainda que se possam medir a amplitude e a frequência de uma onda sonora no sonograma ou na seção espectrográfica, existem outros meios que permitem mais fácil medição e mais clara visualização desses dois aspectos da onda sonora. Como se vê na Fig. 6.21, esses meios produzem uma exposição sincronizada do tom e da amplitude.

Como já comentado, existem programas acústicos que permitem a produção de um registro sincronizado da amplitude e do tom fundamental. A Fig. 6.21 é uma representação da oração "A fonética acústica é fascinante".[10] ◀≋ O gráfico superior representa a amplitude, medida em decibéis. Em geral, a amplitude das vogais e consoantes nasais é sempre maior que a dos demais sons. Pode-se notar também sua queda drástica nas oclusivas surdas. O gráfico intermediário representa o tom fundamental, medido em hertz ou ciclos por segundo. Observa-se que não se registra nenhum tom para os sons surdos. Observa-se também que o tom desce no final da oração. O

6.21 A forma de onda da oração "A fonética acústica é fascinante", bem como o traço do tom fundamental e o traço da energia (amplitude).

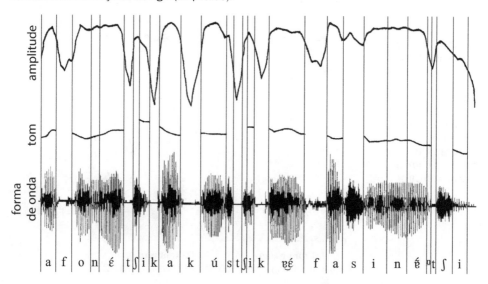

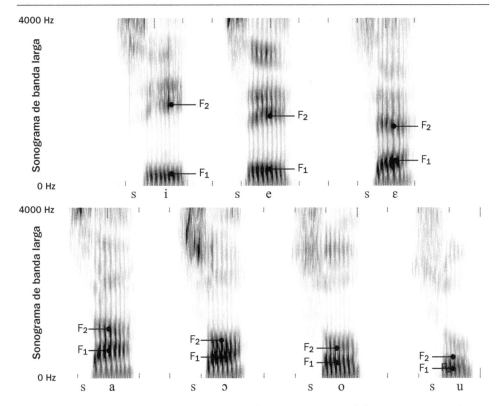

6.22 Sonogramas de banda larga da onda inarmônica da consoante [s] com a onda harmônica das sete vogais do português. No sonograma de banda larga veem-se os formantes dos sons vocálicos. O som [s], sendo consoante surda, não tem nem harmônicos nem formantes, só energia acústica que se vê espalhada pela região superior.

gráfico inferior é a forma de onda. Os gráficos estão correlacionados temporalmente. O fonetista emprega essas representações para estudar os fenômenos que dependem da amplitude e do tom, tais como a tonicidade e a entonação.

A interpretação de sonogramas

O receptor só consegue distinguir os diferentes sons porque cada som tem uma onda sonora característica e particular. As diferenças físicas entre as ondas dos distintos sons fazem-se visíveis no sonograma. Sendo assim, é possível, com prática e paciência, decifrar o enunciado mediante a interpretação do sonograma. O processo de interpretação realiza-se mediante uma análise de várias características acústicas correlacionadas aos aspectos articulatórios já descritos nos capítulos anteriores. Uma das características mais importantes é a que permite diferenciar as vogais das consoantes.

Ondas harmônicas e inarmônicas

Uma das primeiras coisas que se pode observar em um sonograma é a diferença entre o espectro de uma onda harmônica e o de uma onda inarmônica. Na Fig. 6.22 vê-se um sonograma de banda larga da sequência de sons portugueses [si se sɛ sa sɔ so su].[11] ◀€ Ao comparar os espectros do som [s] com os das vogais [i e ɛ a ɔ o u], nota-se que no sonograma de banda larga a energia acústica organiza-se em formantes, enquanto que o espectro da consoante [s] apresenta energia acústica intensa espalhada indistintamente por toda uma gama de frequências entre aproximadamente 3200 cps e 8000 cps. As ondas sonoras das vogais, então, com seus harmônicos bem definidos, são ondas harmônicas prototípicas. As ondas sonoras da consoante surda [s], com ausência total de harmônicos, são ondas inarmônicas prototípicas.

A distinção entre ondas harmônicas e inarmônicas, porém, não é uma dicotomia. Existem também sons intermediários que apresentam matizes das características dos dois tipos de onda. Como se vê na Fig. 6.23, algumas consoantes, por exemplo [l] ou [n], apresentam formantes, ainda que atenuados e menos definidos que os das vogais. Por terem formantes como as vogais, essas consoantes são chamadas "soantes". As outras consoantes sonoras são ainda mais problemáticas. A onda sonora do som [z], por exemplo, resulta da composição de uma onda harmônica (procedente da vibração das cordas vocais) e de uma onda inarmônica (resultante da turbulência de ar na região alveolar). Como se vê também na Fig. 6.23, o sonograma não apresenta formantes, apesar da vibração das cordas vocais.

As vogais

Como se vê na Fig. 6.22, o padrão dos formantes de cada uma das vogais [i e ɛ a ɔ o u] é distintivo. O sonograma permite que os formantes sejam medidos em cps. O primeiro e o segundo formantes são os mais importantes para a identificação de cada vogal. Para medir o formante calcula-se a frequência média do formante no meio de seu decurso temporal. A Fig. 6.24 mostra a representação gráfica dos valores dos primeiros dois formantes das vogais do português tirados das medidas do sonograma da Fig. 6.22.

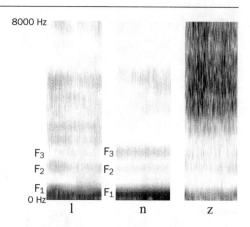

6.23 Sonogramas de banda larga das consoantes sonoras [l], [n] e [z]. Os sons [l] e [n] são soantes, apresentando assim formantes ainda que atenuados. A consoante [z] não os apresenta.

É interessante marcar os valores dos formantes num gráfico, com os valores do primeiro formante (F_1) no eixo vertical e os valores do segundo formante (F_2) no eixo horizontal. Na Fig. 6.25, os valores mais baixos encontram-se no ângulo superior direito. O gráfico contendo os valores dos formantes de cada vogal chama-se **"triângulo vocálico"**. Nesse caso, porém, o posicionamento das vogais depende diretamente de medidas acústicas científicas de características físicas da própria onda sonora e não de traços articulatórios impressionistas.

Ao examinar o quadro vocálico, encontram-se as seguintes correlações entre os padrões dos primeiros dois formantes e os aspectos articulatórios dos sons vocálicos. O **primeiro formante** (F_1) correlaciona-se com o modo de articulação, ou seja, a abertura bucal: isto é, quanto mais alto o primeiro formante,

6.24 Representação esquemática do primeiro e segundo formantes das vogais portuguesas.

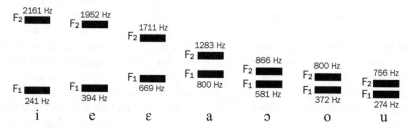

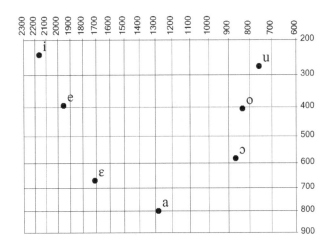

6.25 Gráfico das vogais portuguesas posicionadas pelos valores do primeiro formante (no eixo vertical) e do segundo formante (no eixo horizontal). A escala logarítmica do gráfico aproxima a percepção auditiva do ouvido humano.

mais aberta a vogal e maior a abertura bucal; quanto mais baixo o primeiro formante, mais fechada a vogal e menor a abertura bucal. O **segundo formante** (F_2) correlaciona-se com o ponto de articulação da vogal, ou o ponto onde a língua mais se aproxima do céu da boca: isto é, quanto mais alto o segundo formante, mais anterior a vogal e mais anterior a aproximação da língua ao céu da boca; quanto mais baixo o segundo formante, mais posterior a vogal e mais posterior a aproximação da língua ao céu da boca.

As consoantes

A interpretação das consoantes no sonograma, depende da identificação de seus três traços articulatórios: o modo de articulação, o ponto de articulação e o estado das cordas vocais.

É relativamente fácil identificar alguns **modos de articulação**; há outros modos, porém, que são mais difíceis de interpretar. A Fig. 6.26 apresenta um sonograma das sequências [áta ása átʃa áma ála áɾa ára], que contêm uma consoante oclusiva, fricativa, africada, nasal, lateral, vibrante simples e vibrante múltipla.[12] A oclusiva destaca-se por seu período de ausência de energia acústica que corresponde ao período em que não há saída de ar. Reconhece-se a fricativa por sua energia espalhada por toda uma região que corresponde à turbulência produzida ao forçar o ar por um estreitamento. A africada, que é uma combinação

6.26 Sonograma de banda larga, indicando os distintos modos de articulação das consoantes do português.

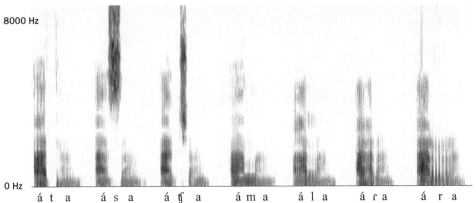

de oclusiva com fricativa, distingue-se por essas duas etapas. A nasal e a lateral são consoantes que também se chamam soantes, porque manifestam formantes. Entretanto, esses formantes são mais débeis que os das vogais. É preciso diferenciar as soantes pelo padrão de formantes que apresentam. A vibrante simples e a vibrante múltipla destacam-se pelo número de interrupções ou vibrações que se veem. Na Fig. 6.26, nota-se uma interrupção na onda sonora da vibrante simples e quatro interrupções na da vibrante múltipla.

Existem diversas formas de identificar os diferentes **pontos de articulação** em um sonograma. A escolha do melhor método depende, em parte, do modo de articulação. No caso das oclusivas, para identificar o ponto de articulação é preciso analisar as transições dos formantes vocálicos na passagem da vogal para a consoante e da consoante para a vogal. Como se vê na Fig. 6.27, das sequências [ápa áta áka], as transições no final da primeira vogal são diferentes, dependendo do ponto de articulação da consoante seguinte.[13] ◀∈ Além disso, as transições no começo da segunda vogal variam de acordo com a consoante que precede. No caso das fricativas, além das mesmas transições já mencionadas, a energia acústica varia dentro das faixas mostradas na Fig. 6.28, das sequências [áfa ása áʃa].[14] ◀∈ O ponto de articulação das consoantes nasais e laterais depende de características acústicas particulares que se apresentarão nos Capítulos 15 e 16.

É relativamente fácil identificar qual é o estado das cordas vocais, isto é, reconhecer se um som é sonoro ou surdo. Num sonograma de banda larga, os sons sonoros apresentam estrias verticais; os sons surdos não têm tais estrias. Vê-se isso na comparação dos sonogramas de [áʃa áʒa] da Fig. 6.29.[15] ◀∈

O tom fundamental

Apesar de ser mais fácil identificar o tom fundamental numa representação como a da Fig. 6.21, é possível identificá-lo também no sonograma. Como já se expôs anteriormente, o tom fundamental corresponde ao número de ciclos vibratórios por segundo. No sonograma de banda estreita o tom fundamental corresponde ao valor em cps do primeiro harmônico (A_1). Isso pode ser visto na Fig. 6.18, que indica como a frequência do primeiro harmônico dobra ao subir uma oitava. No sonograma de banda larga, porém, não se distinguem os harmônicos. Não obstante, é possível calcular o tom fundamental de um som sonoro de um sonograma de banda larga. As estrias verticais representam

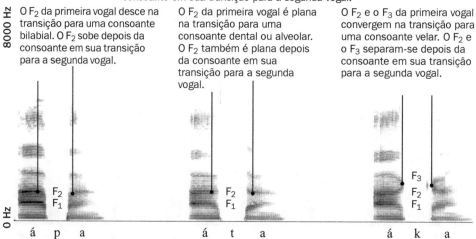

6.27 Sonograma de banda estreita indicando as transições dos formantes vocálicos antes e depois das oclusivas bilabial, dental e velar.

A fonética acústica

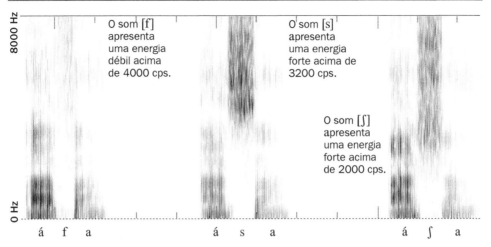

6.28 Sonograma de banda estreita indicando as transições dos formantes vocálicos que precedem e sucedem as fricativas labiodental, alveolar e palatal.

os ciclos vibratórios das cordas vocais. Medindo-se o tempo transcorrido entre essas estrias, então, revela-se o período ou o tempo que levou para completar o ciclo. Como já foi explicado, a frequência é o inverso do período. Isso quer dizer que se o período é de 1/125 de segundo, a frequência do tom fundamental é de 125 cps. Vê-se esse fenômeno claramente na Fig. 6.19, que representa a vogal [a] que começa num tom mais baixo e termina num tom uma oitava mais alto. Pode-se observar que o tempo entre cada estria vertical, ou seja, o período no final da vogal é a metade do que era no princípio. Num sonograma que apresenta os formantes F_1, F_2, F_3, etc., o tom fundamental denomina-se F_0. Os termos tom fundamental, A_1 e F_0 são, portanto, equivalentes.

O processo de interpretação

Para ilustrar como se interpreta um sonograma de um enunciado, apresenta-se na Fig. 6.30 uma amostra do dito popular: *De músico, poeta e louco, todos temos um pouco.*[16] ◀

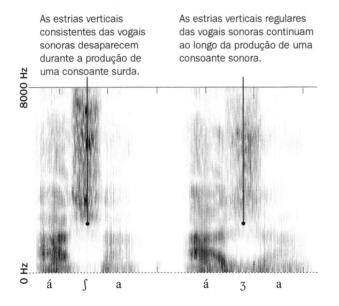

As estrias verticais consistentes das vogais sonoras desaparecem durante a produção de uma consoante surda.

As estrias verticais regulares das vogais sonoras continuam ao longo da produção de uma consoante sonora.

6.29 Sonograma de banda larga mostrando a diferença entre os sons surdos e sonoros.

Capítulo 6

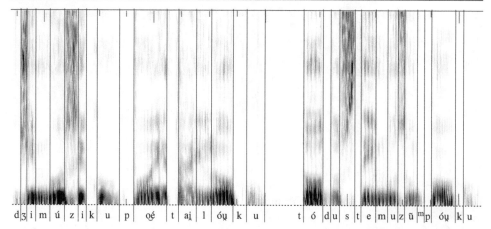

6.30 Sonograma de banda larga (de 0 a 8000Hz) da oração "De músico, poeta e louco, todos temos um pouco".

A análise de um espectrograma geralmente começa com a identificação das vogais. É possível identificar as vogais pela presença de seus formantes distintivos. Para identificá-las, medem-se as frequências do primeiro e segundo formantes, que, então, são comparadas com os valores dos formantes apresentados na Fig. 6.24. Depois procede-se a uma identificação das consoantes, identificando-as como sonoras ou surdas pela presença ou ausência das estrias verticais. Depois identifica-se o modo de articulação. As oclusivas reconhecem-se pela ausência de energia acústica e as fricativas por uma energia acústica espalhada. As africadas são simplesmente uma combinação das características de uma oclusiva seguida de uma fricativa. As nasais e laterais identificam-se por seus formantes débeis e as vibrantes simples e múltiplas por suas breves interrupções. Identifica-se o ponto de articulação das consoantes pelas transições dos formantes vocálicos de acordo com o apresentado nas Fig. 6.27 e Fig. 6.28.

Resumo

A fonética acústica estuda a onda sonora. Como toda onda, a onda sonora é uma transferência de energia através de algum meio, geralmente o ar. As ondas, em geral, podem classificar-se como simples ou complexas por um lado e harmônicas ou inarmônicas por outro, como se vê na tabela da Fig. 6.31.

Como a onda sonora é invisível, só pode ser estudada mediante uma análise instrumental no laboratório. Os instrumentos permitem a análise das propriedades da onda, que são sua amplitude, frequência, duração e timbre. A correlação perceptiva dessas propriedades físicas encontra-se na Tab. 6.32. Os diversos instrumentos de análise e os aspectos da onda sonora que cada instrumento analisa estão resumidos na Tab. 6.33.

A produção de todos os sons depende do movimento de ar. Um dos modelos mais vigentes na produção da fala é a teoria da fonte e do filtro. Segundo esse modelo, a **fonte** do som, sobretudo no caso da fonação ou produção de um som sonoro, é a vibração das cordas vocais na laringe. A fonte produz o tom fundamental com todos seus harmônicos, formando assim uma onda complexa. No caso do sussurro, a fonte é a abdução das cordas vocais sem que cheguem a vibrar.

O **filtro** que modifica o som ali produzido encontra-se nas cavidades supraglóticas mediante as distintas conformações faríngeas, bucais e nasais que adotam os órgãos das já mencionadas cavidades. No caso das vogais e soantes, filtram-se (quer dizer, eliminam-se ou atenuam-se) distintos harmônicos enquanto que outros harmônicos se reforçam ao ressoar nas cavidades supraglóticas, criando assim o timbre particular do som harmônico. No caso das demais consoantes, modifica-se a

A fonética acústica

Tipo de onda	Definição	Exemplo da música	Exemplo da fala	Exemplo da forma de onda
Onda harmônica simples	curva senoidal	diapasão	(não há)	
Onda harmônica complexa	onda com um ciclo ou padrão que se repete	instrumentos de corda ou de sopro	vogais e soantes	
Onda quase-harmônica	composta por uma onda harmônica e uma inarmônica	tímpanos	consoantes sonoras	
Onda inarmônica	onda sem nenhum elemento repetido	tambores, pandeireta, címbalo, etc.	consoantes surdas	

6.31 Tipos de ondas.

saída de ar ou por uma obstrução, um estreitamento ou outra conformação dos canais bucal e nasal, convertendo a onda num som quase-harmônico ou inarmônico.

Uma vez produzida, a onda sonora propaga-se pelo ar. Com a produção da onda sonora de cada som, as moléculas de ar entram em distintos padrões de vibração, e esses padrões transmitem-se de molécula em molécula desde o aparelho fonador do emissor até o ouvido do receptor.

Um dos aspectos básicos da onda sonora harmônica é seu tom fundamental. O tom fundamental corresponde à frequência de vibração das cordas vocais humanas. O tom fundamental também se denomina primeiro harmônico (A_1) ou formante zero (F_0) e pode-se medir a sua frequência em cps de três maneiras:

1. Pode-se medi-la diretamente no traço do tom fundamental.

2. No sonograma de banda estreita, pode-se medir a frequência do primeiro harmônico (A_1), que é o F_0.

3. Também é possível calcular o tom fundamental do sonograma de banda larga medindo-se o período da onda sonora no eixo horizontal e calculando a frequência, que é o inverso do período.

6.32 Correlação perceptiva das propriedades físicas da onda.

Propriedade	Definição	Correlação perceptiva	Medida	efeito mudado ao alterar a propriedade
amplitude	máximo de afastamento da posição de repouso	intensidade	decibéis	volume
frequência	número de ciclos por segundo/inverso do período	tom	cps/Hz	tom alto/agudo ou baixo/grave
duração	tempo que se sustém a produção do som	duração	milissegundos	duração
ciclo	padrão ou elemento repetido da forma de onda	timbre	(não se quantifica)	qualidade vocálica

Capítulo 6

Análise instrumental	Fenômeno que se representa nos eixos	Utilidade	Amostra
forma de onda	x = tempo y = amplitude	a) diferencia as ondas harmônicas das inarmônicas b) medir o período de uma onda harmônica c) medir a amplitude	
sonograma de banda estreita	x = tempo y = frequência z = amplitude (cor clara ou escura)	a) distinguir os harmônicos vocálicos b) ver o padrão de filtração e ressonância dos harmônicos c) A_1 = tom fundamental	
sonograma de banda larga	x = tempo y = frequência z = amplitude (cor clara ou escura)	a) distinguir/medir os formantes vocálicos b) ver as estrias dos sons sonoros c) ver as características consonantais	
a seção espectrográfica	x = frequência y = amplitude	ver a amplitude da energia acústica de cada frequência num momento fixo	
o traço do tom fundamental	x = tempo y = frequência do tom fundamental	ver o tom fundamental dos sons sonoros; os sons surdos não têm tom fundamental	
o traço de energia	x = tempo y = amplitude	ver a amplitude da onda ao longo do tempo	

6.33 Os diferentes métodos de análise e os aspectos da onda sonora que cada método permite destacar.

Com referência ao sonograma de banda larga, existem três medidas importantes: F_0 (o formante zero), F_1 (o primeiro formante) e F_2 (o segundo formante). A Tab. 6.34 apresenta um resumo do que cada um indica.

Os movimentos articulatórios dos diferentes sons produzem ondas sonoras distintas. É possível reconhecer os sons pelas características físicas das diferentes ondas sonoras. Por isso, a interpretação dos sonogramas permite a identificação dos sons neles representados. O processo de identificação depende da avaliação de vários critérios. Inicialmente, é preciso verificar se o som é harmônico ou inarmônico, isto é, se a onda apresenta harmônicos ou formantes ou não.

Formante	O que representa	Como se mede
F_0	tom fundamental	Mede-se o período (a distância entre duas estrias verticais) em milissegundos no eixo horizontal: o inverso do período é o tom fundamental
F_1	corresponde ao modo de articulação ou abertura bucal • quanto mais alto o primeiro formante, mais aberta a boca • quanto mais baixo o primeiro formante, mais fechada a boca	Mede-se a frequência em *cps* do primeiro formante no eixo vertical do sonograma de banda larga
F_2	corresponde ao ponto de articulação • quanto mais alto o segundo formante, mais anterior a vogal • quanto mais baixo o segundo formante, mais posterior a vogal	Mede-se a frequência em *cps* do segundo formante no eixo vertical do sonograma de banda larga

6.34 As três medidas importantes: F_0 (formante zero), F_1 (primeiro formante) e F_2 (segundo formante) e como se medem num sonograma de banda larga.

De modo geral, isso ajuda a determinar se o som é vogal ou consoante. Identificam-se as vogais pelos valores de seu primeiro e segundo formantes. Para identificar as consoantes, é preciso determinar o modo de articulação, o ponto de articulação e o estado das cordas vocais segundo os critérios resumidos no quadro da Tab. 6.35.

O Capítulo 5 examinou a fonética articulatória, isto é, como o emissor produz o som ou onda sonora. Este capítulo examinou a fonética acústica, ou como se transmite a mensagem através da propagação da onda sonora. O próximo capítulo, examinará a fonética auditiva, isto é, como o receptor recebe e interpreta a onda sonora.

Perguntas de revisão

1. Qual é diferença entre a fonética acústica e a articulatória?
2. Quais são as propriedades das ondas sonoras?
3. Onde se origina o tom fundamental nos instrumentos musicais e na voz humana?
4. Quais são as correlações perceptivas de amplitude, tom e ciclo?
5. Como se diferenciam as ondas sonoras dos distintos instrumentos musicais e as ondas sonoras das distintas vogais?
6. Descreva a propagação da onda sonora a nível microscópico e macroscópico.
7. Qual é a correlação articulatória do primeiro formante de um sonograma?
8. Quais são as correlações articulatórias do segundo formante de um sonograma?
9. Quais são os papéis da fonte e do filtro na produção da onda complexa?
10. Qual é o papel de filtração e ressonância na criação do timbre?
11. O que se mede nos eixos vertical e horizontal de uma forma de onda?
12. O que se mede nas "três dimensões" de um sonograma?
13. Quais são as estruturas acústicas que se distinguem num sonograma de banda estreita?

Traço	Exemplo	Características acústicas
Modo de articulação	oclusiva	uma interrupção, espaço vazio
	fricativa	energia espalhada pelas frequências mais altas
	africada	a combinação de uma oclusiva seguida de uma fricativa
	nasal	formantes débeis em certas frequências
	lateral	formantes muito débeis em certas frequências
	vibrante simples	uma interrupção de curta duração da onda sonora
	vibrante múltipla	uma série de interrupções rápidas de curta duração
Ponto de articulação	bilabial, labiodental, dental, alveolar, palatal, velar, uvular, glotal	as transições dos formantes das vogais adjacentes e a gama de energia acústica
Estado das cordas vocais	surda	a falta de estrias verticais consistentes
	sonora	a presença de estrias verticais regulares

6.35 Para identificar as consoantes no sonograma, é preciso determinar o modo de articulação, o ponto de articulação e o estado das cordas vocais.

Conceitos e termos

amplitude
banda estreita
banda larga
ciclo
cps
duração
fase de compressão
fase de rarefação
filtração
fonética acústica
forma de onda
formante
formante zero (F_0)

frequência
harmônico
hertz
intensidade/volume
onda
onda complexa
onda harmônica/periódica
onda inarmônica/ aperiódica
onda quase-harmônica
onda simples
onda sonora
período

primeiro formante (F_1)
primeiro harmônico (A_1)
ressonância
seção espectrográfica
segundo formante (F_2)
sonograma/espectrograma
soantes
timbre/qualidade vocálica
tom
tom fundamental
tonicidade
triângulo vocálico

14. Quais são as estruturas acústicas que se distinguem num sonograma de banda larga?

15. Quais são as estruturas acústicas que se distinguem numa seção espectrográfica?

16. Como se distingue um som harmônico de um inarmônico num sonograma?

17. Como se identifica uma vogal num sonograma?

18. Como se identifica o modo de articulação de uma consoante num sonograma?

19. Como se identifica o ponto de articulação de uma consoante num sonograma?

20. Como se identifica o estado das cordas vocais num sonograma?

21. Indique a relação entre formantes vocálicos e o "triângulo vocálico".

Recursos eletrônicos

1. 🎥 Vídeo de uma onda transmitida por uma corda.

2. 🎥 Vídeo de uma onda transmitida pela água numa poça.

3. 🎥 Vídeo do movimento de um pêndulo.

4. 🔊 A vogal [a] em volume baixo e alto.

5. 🔊 A vogal [a] em tom baixo/grave e alto/agudo.

6. 🔊 As vogais [a] e [e] no mesmo tom e volume.

7. 🔊 A vogal [a] com duração curta e longa.

8. 🔊 As vogais [a e i o u].

9. 🔊 Os sons [a z s].

10. 🔊 "A fonética acústica é fascinante."

11. 🔊 As sequências [si se sɛ sa sɔ so su].

12. 🔊 Sequências que demonstram os distintos modos de articulação das consoantes.

13. 🔊 Sequências que demonstram os distintos pontos de articulação das consoantes oclusivas.

14. 🔊 Sequências que demonstram os distintos pontos de articulação das consoantes fricativas.

15. 🔊 Sequências que demonstram a diferença entre sons surdos e sonoros.

16. 🔊 "De músico, poeta e louco, todos temos um pouco."

Capítulo 7
A fonética auditiva

A fonética auditiva estuda os processos que o receptor realiza para a audição e percepção da onda sonora. A onda sonora, produzida pelo emissor, propaga-se através das moléculas de ar até chegar ao ouvido do receptor onde começa o processo de audição, em que o ouvido amplifica e decompõe a onda sonora e a converte em impulsos nervosos a serem transmitidos ao cérebro. A percepção ocorre no cérebro com a interpretação linguística dos impulsos nervosos a ele transmitidos, que é o começo do processo de decodificação.

A audição: a recepção da onda sonora

A audição, cujo órgão principal é o ouvido, é o mais complexo dos cinco sentidos do ser humano devido ao número de componentes anatômicos do ouvido em si e ao número de transformações físicas que a energia acústica recebida sofre. O ouvido divide-se inicialmente em três partes: **ouvido externo**, **ouvido médio** e **ouvido interno**. A Fig. 7.1 indica a posição dessas três partes do ouvido. O processo auditivo conclui-se com o componente do **sistema nervoso auditivo** que transmite a informação recolhida pelo ouvido ao cérebro.

O ouvido externo

As partes principais do ouvido externo são a orelha (também chamada pavilhão auricular) e o canal auditivo externo, como vê-se na Fig. 7.2. A orelha em si serve como uma antena para captar a onda sonora. Sua forma favorece a recepção de sons produzidos em frente do receptor. O trago, a pequena protuberância à entrada do canal auditivo externo, serve de proteção para o ouvido.

O **canal auditivo externo** em si é um tubo condutor de ar com uma extensão de entre 2,5 cm e 3,5 cm e um diâmetro de aproximadamente 0,7 cm, pelo qual passa a onda sonora. O tubo, aberto no extremo exterior, é fechado em seu extremo interior pela membrana timpânica. Essa conformação

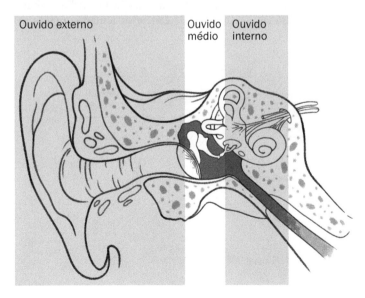

7.1 As regiões principais do ouvido.

Capítulo 7

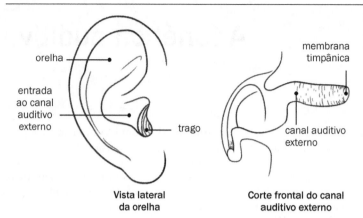

7.2 Os componentes principais do ouvido externo.

permite que se amplifique um pouco a amplitude da onda sonora, sobre todo nas frequências mais altas. O canal é forrado de pelinhos e de cerume que protegem o ouvido de objetos estranhos.

O ouvido médio

O ouvido médio é mais complicado e tem mais componentes que o ouvido externo. Compõe-se principalmente da membrana timpânica e dos chamados ossículos, que veem-se na Fig. 7.3. Ao chegar ao final do canal auditivo exterior, a onda sonora transfere seus padrões de vibração à **membrana timpânica**, uma membrana ovalada de tecido fibroso extremamente sensível às vibrações do ar. As frequências baixas fazem vibrar toda a extensão da membrana, enquanto que as frequências altas fazem vibrar distintas regiões da membrana.

Da membrana timpânica, a energia se transfere a uma cadeia ossicular formada pelos três menores ossos do corpo: o **martelo** (*malleus*), a **bigorna** (*incus*) e o **estribo** (*stapes*). Especificamente, a superfície interior da membrana timpânica se conecta ao cabo do martelo que recebe a energia vibratória. Com isso, a transmissão de energia muda de um sistema acústico a um sistema mecânico. O cabo do martelo funciona como uma alavanca que amplifica a energia transmitida à cabeça do martelo. A cabeça do martelo se encosta no corpo da bigorna que serve de fulcro entre o martelo e o estribo, amplificando de novo a energia transmitida. O processo inferior da bigorna se encosta no estribo, passando-lhe sua energia. O estribo, o último elemento da cadeia ossicular, contém dois

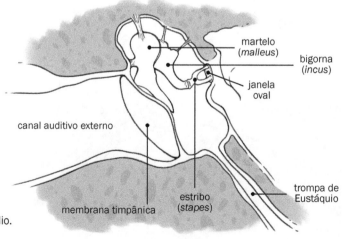

7.3 Os componentes principais do ouvido médio.

processos cilíndricos que terminam num assento que se encaixa na janela oval, que é o começo do ouvido interno.

O estribo sofre dois tipos de movimento. Em primeiro lugar, atua como um êmbolo, passando horizontalmente a energia sonora à janela oval. Em segundo lugar, pode sofrer um movimento perpendicular, o chamado reflexo auditivo, quando o ouvido médio capta um som de volume muito alto. Esse reflexo tem como objetivo proteger o ouvido interno de sons de volume demasiadamente alto que poderiam danificar o frágil mecanismo do ouvido interno.

A cadeia ossicular assenta-se numa câmara de ar, mas o ar não intervém na transmissão de energia. O ar ambiental da câmara do ouvido médio provém da trompa de Eustáquio, que se conecta à faringe nasal. Esse ar é necessário para que a membrana timpânica funcione, que não pode responder adequadamente à onda sonora acústica no canal auditivo externo sem que haja um equilíbrio de pressão de ar dos dois lados. A transmissão da energia sonora através do sistema mecânico dos ossos permite que a energia se amplifique para que a pressão da energia sonora contra a janela oval seja de trinta a quarenta vezes maior que a pressão contra a membrana timpânica.

O ouvido interno

O sistema auditivo do ouvido interno começa onde o estribo se conecta à **janela oval** que dá entrada à cóclea, o principal órgão do ouvido interno, que é repleta de líquido. Como se vê na Fig. 7.4, o ouvido interno também contém três canais semicirculares e três câmaras menores, também cheios de líquido, responsáveis pelo sentido de equilíbrio e posicionamento corporal. Essas estruturas, junto com a cóclea, são conhecidas como labirinto membranoso.

Voltando à audição, nota-se que a cóclea tem forma fixa e se encaixa no osso temporal do crânio, que é o osso mais denso do corpo humano. A **cóclea** em si tem a forma de caracol, com duas voltas e três quartos. Dentro da cóclea há três canais, dois (um superior e outro inferior) deles transmitem a energia sonora e o terceiro (entre os outros dois) converte a energia em impulsos nervosos. A janela oval se conecta ao canal superior, chamado a escala vestibular. Quando o estribo empurra a janela oval, funciona como êmbolo, criando uma ondulação no **líquido perilinfático** do canal vestibular. Como se vê na Fig. 7.5, a ondulação viaja ao longo do canal ou **escala vestibular** chegando ao **helicotrema**, que é a passagem para o canal inferior, chamado **escala timpânica**. A ondulação segue pelo canal timpânico até chegar à **janela redonda**, que se distende até o ouvido médio para compensar o movimento da janela oval.

A ondulação do líquido nas escalas vestibular e timpânica causa um movimento da membrana que se encontra entre a escala timpânica e o canal médio, chamado **escala média** ou canal coclear. Esse canal, por sua vez, cheio de **líquido endolinfático**, contém o chamado **órgão de Córti** ou o órgão de audição, como se vê na Fig. 7.6. A membrana inferior que divide a escala timpânica da escala média, chamada **membrana basilar**, tem a superfície superior forrada de fibras ciliadas, que são pelinhos muito finos dispostos em padrões organizados. A membrana basilar varia em espessura ao longo de sua extensão pela cóclea. Devido a essa variação em espessura, a membrana basilar responde a frequências acústicas distintas. Quando a membrana basilar se levanta na região que corresponde a determinada frequência, suas fibras ciliadas entram em contato com a parte superior da **membrana tectória**. Quando as fibras ciliadas entram

7.4 Os componentes principais do ouvido interno.

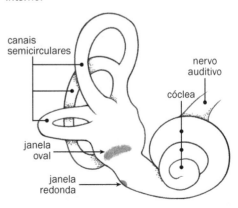

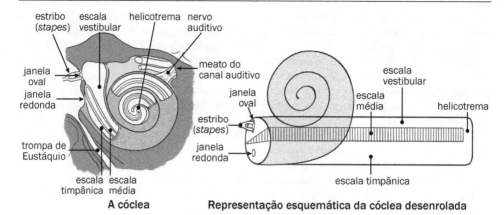

7.5 Corte transversal parcial do caracol da cóclea e uma representação esquemática da cóclea desenrolada.

em contato com a membrana tectória, excitam-se os sensores neurais que registram a existência de energia sonora em sua frequência específica. O mecanismo auditivo do ser humano é tão preciso que reconhece até oito frequências entre dois semitons musicais, ou seja, pode precisar oito níveis distintos entre duas notas consecutivas do piano.

Quando uma onda complexa se propaga pelo líquido perilinfático na cóclea, esta registra ao longo de suas voltas as diferentes frequências da onda, das mais baixas às mais altas. A Fig. 7.7 indica o lugar relativo da percepção das frequências reconhecidas pelo ouvido humano desde 20 cps até 20.000 cps.

O sistema nervoso auditivo

Os sensores neurais se excitam ao reconhecer a presença de energia acústica em sua frequência específica. Os nervos que provêm de cada uma dessas posições se combinam até unirem-se todos no **nervo auditivo**, que é o oitavo nervo cranial. No sistema auditivo humano há como 30.000 fibras em cada um dos dois nervos auditivos.

O nervo auditivo de cada ouvido, como se vê na Fig. 7.5, sai da cóclea e passa por um

7.6 Corte transversal de uma volta do caracol da cóclea e corte transversal ampliado da escala média.

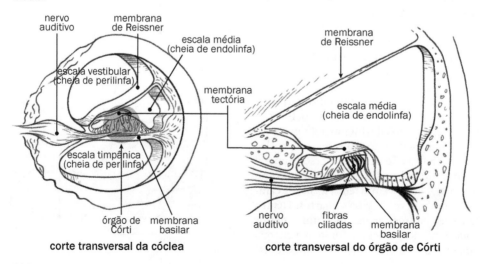

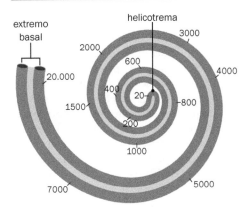

7.7 Representação esquemática das frequências em hertz reconhecidas pela membrana basilar.

orifício (o meato do canal auditivo) no osso temporal e vai até a medula oblongada. É nessa região que os sinais transmitidos pelos diferentes nervos são comparados de forma a permitir a localização do som produzido. Os nervos aqui se entrecruzam; o nervo auditivo esquerdo passa pelo mesencéfalo e segue até o lóbulo temporal direito enquanto o nervo auditivo direito passa pelo mesencéfalo e segue até o lóbulo temporal esquerdo, como se vê na Fig. 7.8. Dessa forma toda a informação sobre as frequências e amplitudes percebidas através do tempo pela cóclea chega à região do lóbulo temporal

7.8 As flechas pontilhadas representam a trajetória dos impulsos acústico-nervais da cóclea até a área de Wernicke.

que se denomina o **córtex auditivo central** (veja Fig. 7.9). Depois de chegar ao córtex auditivo, essa informação passa à região do cérebro denominada a **área de Wernicke** ou córtex posterior da fala, onde começa o processo de reconhecimento e identificação dos sons da mensagem transmitida.

Percepção: a interpretação da onda sonora

É na área de Wernicke que se analisam as distintas características acústicas provenientes das ondas sonoras compostas que passaram pelo canal auditivo externo e movimentaram a membrana timpânica. Todas as características acústicas dessas ondas, isto é, sua amplitude, frequência, timbre, duração, enfim, toda a caracterização espectrográfica das ondas, transmitem-se pelo sistema mecânico ossicular do ouvido médio, pelo sistema líquido da cóclea no ouvido interno, pelo sistema neural auditivo até a área de Wernicke do lobo temporal do cérebro.

Um dos primeiros passos na análise dos dados neurais é o de descartar os sons ambientais. Exemplos desses tipos de sons são o chiado dos aparelhos eletrônicos, o zumbido de ventiladores ou o barulho do trânsito. Também podem incluir a fala de terceiros que não são o foco da atenção do

7.9 O cérebro, com as zonas referentes à análise linguística da onda sonora.

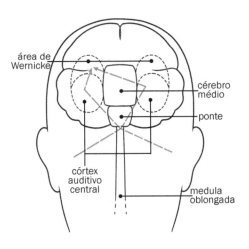
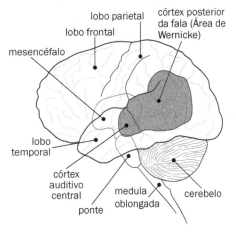

ouvinte. Uma vez descartada essa informação, o cérebro começa o processo de separação e identificação dos sons/impulsos individuais.

Categorização dos sons

A categorização dos sons inclui três processos: a **segmentação**, a **identificação** e a **sistematização**. A segmentação tem a ver com a separação da cadeia fônica/acústica/neural contínua em unidades distintas. Esse fenômeno já foi abordado na seção "O Segmento" do Capítulo 3. No Capítulo 6, examinaram-se os problemas desse mesmo processo de segmentação na análise do espectrograma. A identificação é o processo pelo qual o receptor recebe um sem-fim de possíveis realizações físicas e as reduz a um número finito de sons. A sistematização reduz esse número de sons ainda mais ao relacionar cada um com sua imagem mental ou fonema.

A segmentação

A categorização dos sons começa com a separação da onda sonora em segmentos. O problema principal do processo é como dividir uma onda fluida e contínua não segmental em segmentos. Essa situação problemática se origina nos próprios movimentos articulatórios que produziram a onda. Já que a onda sonora se produz mediante uma série de distintos movimentos articulatórios fluidos de vários órgãos, existem zonas de transição entre os sons.

Cada som é reconhecível principalmente por sua fase tensiva; contudo, a onda sonora produzida contém a intensão e a distensão de cada som. Os encontros entre a distensão de um som e a intensão do som seguinte criam zonas de transição. Essas zonas de transição também são importantes na identificação dos distintos segmentos, sobretudo com as oclusivas, como se viu no Capítulo 6. Apesar das complicações encontradas nas transições, o receptor é de fato capaz de segmentar a informação neuroacústica recebida.

A identificação

Uma vez segmentada a onda sonora, o receptor necessita identificar o "som" relacionado com cada segmento. O problema dessa identificação resume-se da seguinte forma. Dada a produção de cem sons [f] ou de cem sons [a], em termos articulatórios e, como consequência, em termos acústicos cada [f] e cada [a] serão um pouco diferentes dos demais. Por sua grande semelhança entre si, no entretanto, o cérebro classificará todos como simplesmente [f] ou [a], apesar das diferenças físicas que podem haver.

O fato de que o receptor classifica como um só som toda uma gama de realizações físicas implica que o cérebro usa vários indícios ou limites acústico-neurais distintivos na identificação do som. Nesse processo, realiza-se na área de Wernicke uma análise neurológica análoga à análise espectrográfica estudada no Capítulo 6. Cada som, então, tem seus traços acústico-neurais diferenciadores.

Identificam-se as vogais pela presença de formantes fortes. A identificação das vogais específicas depende da posição de seus formantes. Conforme apresentado no capítulo anterior, o primeiro formante (F_1) correlaciona-se com o modo de articulação e o segundo formante (F_2), com o ponto de articulação. Não é que cada vogal tenha um valor absoluto do F_1 e do F_2, porque os valores variam de um falante para outro e de acordo com contexto fonético-fonológico da vogal. Os valores podem variar também de acordo com o estado emocional do falante. Até haverá pequenas diferenças nos formantes da vogal [á] de /páɾ/ articulada várias vezes pelo mesmo falante. Por isso, o que importa na identificação da vogal é a faixa de valores para os dois formantes. O conceito da gama relativa de valores exemplifica-se no quadro vocálico da Fig. 7.10, que mapeia várias articulações de cada vogal portuguesa. Como se vê, até pode haver sobreposição das gamas de duas vogais vizinhas. Nesses casos, intervêm na identificação da vogal outros fatores: por exemplo, o contexto em que se encontra a vogal, a relação da vogal com o sistema vocálico e o que o receptor espera ouvir.

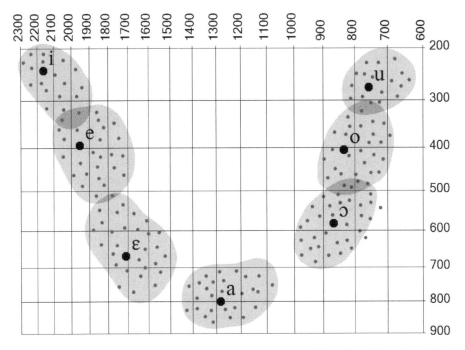

7.10 Gráfico de várias produções das vogais portuguesas posicionadas pelos valores do primeiro formante (no eixo vertical) e do segundo formante (no eixo horizontal).

As consoantes nasais e laterais identificam-se pela presença de débeis formantes. Outra vez, a identificação das consoantes específicas depende da localização de seus formantes conforme apresentou-se no capítulo anterior.

As consoantes oclusivas identificam-se por seu período de silêncio total no caso das oclusivas surdas e por seu período de um só tom fundamental sem nenhuma outra ressonância no caso das oclusivas sonoras. O ponto de articulação identifica-se pelas transições dos formantes das vogais anteriores ou posteriores à consoante.

As consoantes fricativas identificam-se por seu período de energia acústica inarmônica espalhada por uma região ampla de frequência. Isso pode ser acompanhado ou não de um tom fundamental. O ponto de articulação identifica-se tanto pelas transições dos formantes das vogais anteriores ou posteriores, como também pela faixa e intensidade da energia espalhada.

As consoantes africadas identificam-se pela combinação de uma oclusiva com uma fricativa.

As vibrantes identificam-se pelo número de interrupções rápidas na cadeia acústica-neural. Com uma só interrupção reconhece-se uma vibrante simples; com mais de uma, identifica-se uma vibrante múltipla.

O fato de que o receptor identifica e interpreta o som escutado através de sua experiência prévia, faz com que tenda a perceber os sons de um segundo idioma empregando o sistema de indícios ou limites acústico-neurais de seu idioma materno. Enfim, sua percepção do som (o que acha que ouve) é diferente daquilo que um falante nativo do segundo idioma ouviria. Por exemplo, um anglofalante ao escutar a sequência fonética [sḛw̃], é capaz de identificar o conjunto vocálico como [æw] segundo os parâmetros perceptivos do inglês. Devido a esse fenômeno, é imprescindível que quem aprende o português como segundo idioma aprenda a reconhecer os novos sons. É necessário reconhecê-los primeiro para depois aprender a produzi-los.

A sistematização

O terceiro passo do processo de categorização dos sons ocorre quando o receptor encaixa o som percebido no sistema fonológico da língua. Isto é, identifica o fonema, ou imagem mental, que o som físico evoca. Dessa forma completa-se a transferência sonora do emissor ao receptor; o receptor é capaz de identificar a mesma sequência de fonemas que o emissor tinha em mente ao produzir sua onda sonora. Com a sistematização dos segmentos percebidos, o número de unidades identificadas se reduz, já que toda língua contém menos fonemas que alofones.

É importante notar que essas associações de sons ou alofones com seus respectivos fonemas podem variar de acordo com a língua examinada. Por exemplo, tanto o anglo como o lusofalante são capazes de identificar o som [ɾ], uma vibrante simples alveolar sonora. O lusofalante, porém, o sistematiza como o fonema /ɾ/ (como por exemplo na palavra {para}), enquanto o anglofalante o sistematiza como o fonema /t/ (como por exemplo na palavra {city}). Quem aprende o português como segunda língua tem que aprender essas novas associações; enfim, tem que adquirir o novo sistema fonológico.

Uma parte importante do novo sistema fonológico é a fonotática, ou seja, as sequências de fonemas que a língua permite e as posições em que os fonemas podem aparecer na formação de sílabas e palavras. Às vezes, o receptor pode servir-se do conhecimento das regras fonotáticas na identificação dos sons. Por exemplo, se em português, um receptor percebe um som fricativo em posição inicial de palavra diante de um som [l], identifica o som fricativo como [f], pois essa é a única combinação de fonemas possível nesse caso.

A percepção dos elementos suprassegmentais

A percepção dos três elementos suprassegmentais de tonicidade, duração e entonação corresponde à percepção dos matizes de amplitude, duração e frequência presentes na onda sonora inicial e a transmissão acústica-neural resultante. Como se verá posteriormente, os indícios de cada um são diferentes para cada língua. Cada um desses aspectos será abordado individualmente em seus respectivos capítulos.

Outros fatores na percepção da fala

Além dos fatores principais já comentados no processo da percepção, existem outros fatores secundários que merecem alguma discussão. Devido à existência de tantas variações nas características físicas dos órgãos fonadores dos falantes, existe também uma imensa variedade nas características dos impulsos acústico-neurais que chegam à área de Wernicke para serem interpretados. Já mencionou-se o caso da interpretação dos formantes vocálicos, em que o receptor não pode interpretar os valores absolutos das frequências do F_1 e F_2 para a identificação da vogal. O que o receptor faz é analisar as faixas de frequências em que o emissor produz o F_1 e o F_2. Uma vez examinadas essas faixas de frequências, o receptor as usa como padrão de comparação para reconhecer cada valor emitido por determinado falante. Dessa forma o receptor é capaz de sistematizar as produções individuais e relativas de cada emissor. Esse processo denomina-se **normalização**.

Vê-se outro exemplo de normalização nos padrões de entonação da pergunta *Maria está aqui?* e da exclamação *Maria está aqui!* A interrogação é marcada pela entonação final ascendente, enquanto a exclamação é marcada pelo término em entonação descendente. Contudo, se a pergunta for feita por um homem e a exclamação por uma mulher, é muito possível que o homem termine a pergunta em um tom mais alto do que o tom final da exclamação feita pela mulher. Mesmo assim, o receptor é capaz de perceber que o homem fez uma pergunta e que a mulher fez uma exclamação. Isso é possível porque o receptor não presta atenção aos valores absolutos da frequência do tom fundamental ao interpretar a mensagem, mas os normaliza ou os relativiza à gama de frequências fundamentais empregada por cada emissor.

No processo de percepção um dos primeiros passos do receptor é identificar quais são as faixas de variação de todas as características acústicas da onda sonora na fala do emissor. Dessa forma normaliza as amplitudes, as frequências fundamentais, as durações, as frequências dos formantes; enfim, todos os aspectos da onda sonora e as relativiza para poder interpretá-las.

Outro fenômeno importante é que o receptor tende a perceber o que espera escutar. Existem várias provas disso. Às vezes, na fala, o emissor pode enganar-se e pronunciar mal uma palavra ou sequência de palavras, mas, mesmo assim, o receptor entende bem o que o emissor queria dizer, por vezes até sem perceber o lapso do emissor.

O receptor com frequência utiliza o contexto ou a situação para interpretar o impulso acústico-neural recebido. Por exemplo, se o receptor espera receber uma chamada de sua amiga Sarita, e de repente no telefone outra voz feminina diz "fala Anita", nessas circunstâncias o receptor é capaz de ainda "escutar" "fala Sarita". E esse princípio explica o emprego da linguagem não verbal na forma de aclarações. Por exemplo, se o emissor declara que quer "três ingressos" e o diz com os três dedos levantados, o receptor não vai enganar-se e pensar que queira "seis ingressos".

Quanto à percepção da fala, é interessante notar porque o receptor percebe sua própria fala de maneira diferente de como outros a percebem. Isso se manifesta quando uma pessoa se grava a si mesma: sua impressão é que a gravação não reproduz bem sua voz, enquanto que os demais acham que é uma reprodução perfeita. Explica-se esse fenômeno pelo fato de que, quando uma pessoa se escuta a si mesma, a onda sonora percebida propaga-se por dois meios. A onda é transmitida pelo ar até os ouvidos e, ao mesmo tempo, se propaga através dos tecidos da cabeça até os ouvidos. Esse segundo componente não faz parte da gravação e, por isso, a gravação reproduz o que os outros escutam e não o que o próprio falante escuta.

Outro aspecto interessante da percepção é o que ocorre com o telefone. Sabe-se que é mais difícil entender uma conversa telefônica que uma conversa em pessoa. O grau de dificuldade aumenta quando a conversa ocorre num segundo idioma e pode aumentar ainda mais dependendo da qualidade da transmissão acústica telefônica. Existem fatores tecnológicos que explicam a dificuldade da percepção. Como já se expôs, o ser humano é capaz de detectar uma gama de frequências de 20 Hz a 20.000 Hz. O telefone, porém, costuma transmitir uma gama reduzida de aproximadamente 400 Hz a 3200 Hz. Com essa redução, não se transmite nem o tom fundamental nem o primeiro formante de algumas vogais, como se vê na Fig. 7.11. Também não se transmite a informação acústica necessária para a identificação das consoantes fricativas. Frente a essa redução de informação acústica, o receptor vê-se forçado a adivinhar que informação acústica ficou de fora. Acontece que o receptor adivinha melhor a informação ausente em seu idioma materno que num segundo idioma. Em alguns países

7.11 Sonogramas de uma oração. O primeiro mostra a informação acústica principal disponível ao vivo, que se encontra entre 0 Hz e 8000 Hz. (O ouvido humano, no entanto, é capaz de perceber entre 20 Hz e 20.000 Hz). O segundo sonograma mostra a informação acústica total disponível por telefone.

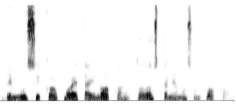

A informação acústica disponível ao vivo

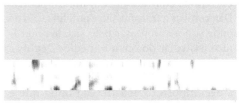

A informação acústica disponível por telefone

a faixa de frequências transmitida é ainda menor, dificultando ainda mais a tarefa da percepção. Um outro problema é que pode haver barulho ou interferência na transmissão, o que complica o processo da análise da onda sonora, sobretudo com os cortes que ocorrem nas ligações por celular.

Teorias gerais e incógnitas sobre a percepção

Existem várias teorias que intentam explicar exatamente como funciona o processo da percepção. Algumas se focalizam nos segmentos, outras nas transições entre segmentos e ainda outras nos processos que o receptor empregaria na replicação articulatória ou acústica do som percebido. Existem também outras perguntas. Como se arquivam os indícios, como imagens do significado em si ou do significante? Qual é o papel da semântica, sintaxe e morfologia no processo da percepção? Como se explica o fato de que nem sempre existem critérios acústico-neurais que permitam a identificação dos fonemas um por um? A realidade da situação é que, apesar das várias teorias existentes e da quantidade de informação já recolhida, não se sabem ainda as respostas às muitas perguntas que ficam.

Resumo

A fonética auditiva trata das atividades pelas quais o receptor recebe e interpreta a onda sonora que a ele chega do emissor. A primeira atividade chama-se audição e a segunda percepção.

A primeira atividade, a **audição**, é a recepção e o reconhecimento físico dos sons produzidos. Como já se viu, a onda sonora corre pelo canal auditivo do ouvido externo e se choca contra a membrana timpânica. Daí, começa a transmissão e amplificação da onda sonora ao passar pelo sistema mecânico ossicular do ouvido médio. Depois a onda sonora passa pelo sistema líquido da cóclea do ouvido interno; a cóclea realiza a decomposição acústica da onda que é necessária para a percepção dos sons. Em seguida, o sistema neural auditivo leva a informação acústica reconhecida até a área de Wernicke do lobo temporal do cérebro.

As quatro fases na audição do ser humano correspondem às distintas estruturas anatômicas do ouvido e aos distintos meios empregados em sua transmissão. Os componentes do sistema de audição resumem-se na Tab. 7.12, que indica também suas estruturas anatômicas e meios de transmissão.

A segunda atividade da fonética auditiva é a percepção ou a interpretação da onda sonora. Uma vez recebidos os indícios acústico-neurais na área de Wernicke, o receptor começa o processo de categorização dos sons. Esse processo inclui três etapas: a segmentação, a identificação e a sistematização. A Tab. 7.13 resume o resultado dessas etapas da categorização.

Como parte desse processo, o receptor tem que normalizar todos os valores acústico-neurais recebidos para poder interpretá-los. Esse processo de normalização faz-se necessário devido à grande variedade que existe nos órgãos fonadores dos emissores com quem o receptor pode conversar, o que produz uma grande variação nas ondas sonoras a se interpretar. A normalização das característica acústicas ocorre ao longo de todo o processo de percepção, afetando a análise de amplitude, tom fundamental, timbre e duração.

O processo de percepção aqui descrito é um modelo simplificado que não leva em conta todas as complexidades que surgem na prática. Não obstante, serve como modelo para entender os processos necessários para que o receptor decodifique a mensagem. A utilização desse modelo simplificado é análoga ao que ocorre no ensino de ciências, no qual são comuns as referências a "condições ideais" para determinados processos, mesmo que na realidade essas condições nunca ocorram, pois isso permite que o aluno entenda melhor os princípios ensinados.

Aqui termina a exposição dos processos de produção, transmissão e interpretação das cadeias fônicas. A próxima seção do livro será dedicado à exposição das relações básicas da fonologia.

A fonética auditiva

Componente	Estruturas anatômicas	Meio de transmissão
Ouvido externo	orelha canal auditivo externo	transmissão acústica através do ar
Ouvido médio	membrana timpânica martelo, bigorna e estribo	transmissão mecânica através da cadeia ossicular
Ouvido interno	janelas oval e redonda cóclea membranas basilar e tectória escalas vestibular, média e timpânica	transmissão ondular através do líquido da cóclea
Sistema nervoso	nervo auditivo córtex auditivo central área de Wernicke/córtex posterior da fala	transmissão neural através do nervo auditivo

7.12 Os componentes do sistema de audição.

Etapa	Processo	Produto linguístico	Número e tipo de elementos
Segmentação	dividir a cadeia fluida de impulsos em segmentos	segmentos discretos a serem identificados	número infinito de sons
Identificação	correlacionar cada segmento com um som ou alofone	uma sequência de sons identificados	número finito de alofones
Sistematização	correlacionar cada alofone com seu fonema	uma sequência de fonemas	número finito e reduzido de fonemas

7.13 O processo de categorização dos sons.

Perguntas de revisão

1. Quais são as diferenças entre a fonética articulatória, acústica e auditiva?

2. Quais são os quatro principais componentes do ouvido?

3. Como se transmite a energia sonora através dos quatro componentes do ouvido?

4. Quais são os componentes do ouvido externo e como funcionam no processo de audição?

5. Quais são os componentes do ouvido médio e como funcionam no processo de audição?

6. Quais são os componentes do ouvido interno e como funcionam no processo de audição?

7. Quais são os componentes do sistema nervoso auditivo e como funcionam no processo de audição?

8. Como a audição se diferencia da percepção e por que as duas são importantes?

9. Quais são os processos de categorização dos sons por parte do receptor?

10. Defina e diferencie os processos de segmentação, identificação e sistematização e indique qual é o resultado de cada um desses três processos?

11. Que elementos acústico-neurais se empregam para identificar as vogais e as consoantes?

12. Como se emprega o processo de normalização na percepção de vogais e na percepção de entonação?

13. Por que é mais difícil perceber uma conversa por telefone que ao vivo, sobretudo num idioma estrangeiro?

Conceitos e termos

área de Wernicke	fonética auditiva	nervo auditivo
audição	helicotrema	normalização
bigorna (*incus*)	identificação	órgão de Córti
canal auditivo externo	janela oval	ouvido externo
cóclea	janela redonda	ouvido interno
córtex auditivo central	líquido endolinfático	ouvido médio
córtex posterior da fala	líquido perilinfático	percepção
escala média	martelo (*malleus*)	segmentação
escala timpânica	membrana basilar	sistema nervoso auditivo
escala vestibular	membrana tectória	sistematização
estribo (*stapes*)	membrana timpânica	

SEÇÃO III
A fonologia

Capítulos 8–10

A fonologia estuda o significante no âmbito da língua e, assim, ocupa-se dos conceitos mentais do som. O conceito mental do som chama-se *fonema,* que é a unidade básica da fonologia. A fonologia enfoca o sistema de sons, isso implica que o importante não são os sons isolados, mas sim as relações existentes entre eles. A fonologia examina três tipos de relações. O primeiro tipo são **as relações entre fonemas**, que incluem a **oposição** e a **neutralização**. O segundo tipo são **as relações entre fonemas e alofones**, que incluem a especificação da **distribuição** dos alofones que representam cada fonema. O terceiro tipo são as **sequências de fonemas** e seu **posicionamento** permissível em determinada língua. O estudo das sequências de fonemas e seu posicionamento é conhecido como a **fonotática**.

SEÇÃO III

A fonologia

(Capítulos 6-11)

Capítulo 8

A relação entre fonemas: a oposição e a neutralização

O fenômeno da percepção da fala estudado no capítulo anterior demonstra como a fonética e a fonologia se integram no processo de decodificação. Como se viu, o receptor primeiro tem que segmentar a cadeia acústica contínua em sons discretos. Depois, no processo da identificação de sons, o receptor classifica os segmentos foneticamente, agrupando os sons semelhantes como alofones. No processo de sistematização, o receptor classifica os alofones identificados fonologicamente, emparelhando-os com a imagem mental correspondente, ou seja, encaixa a imagem mental do som no sistema dos sons da língua. Essa imagem mental do som é o fonema.

Pode-se perguntar por que estudar a fonologia se o que se quer adquirir é uma boa pronúncia fonética. Há vários motivos. O falante monolíngue de qualquer idioma tem um conhecimento implícito do sistema fonológico de seu idioma materno, adquirido através do processo natural da socialização. Esse conhecimento, junto com os hábitos articulatórios fonéticos obtidos durante o mesmo processo de socialização, permite-lhe ter um "sotaque" nativo. Esse conhecimento implícito da estrutura da linguagem materna, que lhe é uma grande vantagem na produção e percepção fonética de seu idioma nativo, converte-se numa desvantagem quando tenta aprender um segundo idioma. Essa desvantagem se manifesta porque o estudante que começa a aprender um segundo idioma tende a produzir e a perceber os sons do segundo idioma através do conhecimento e os hábitos articulatórios já estabelecidos de seu idioma nativo.

Para superar a influência inerente do idioma nativo na produção e percepção de um segundo idioma, é necessário que o estudante de um segundo idioma aprenda o novo sistema explicitamente. Quer dizer, tem que aprender tanto a fonologia como também a fonética do segundo idioma para que adquira a habilidade de produzir uma pronúncia natural e sistemática do idioma que quer falar.

As crianças conseguem adquirir um conhecimento implícito do sistema por si mesmas durante um período ideal de aquisição, escutando e analisando tacitamente a fala de todos os seres humanos que as rodeiam. Apesar das horas de exposição diária a sua língua materna, leva alguns anos para que as crianças adquiram esse conhecimento. Já o adulto que queira adquirir o sistema de sons de um segundo idioma, ainda que tenha anos de experiência, normalmente não adquire uma boa pronúncia nem um entendimento do sistema de sons sem o estudo explícito dos dois. Isso se deve à força com que os parâmetros de seu idioma nativo se impõem à sua percepção e produção linguística.

Para poder pronunciar bem um segundo idioma, é necessário que o estudante saiba primeiro "escutar", ou seja, identificar e sistematizar os sons da onda sonora que chega ao ouvido. Para a grande maioria, isso não é possível sem um bom entendimento tanto dos sons fonéticos como do sistema fonológico do novo idioma.

Todos os idiomas se sistematizam de maneira diferente e não se pode transferir o sistema de um idioma para outro. Os sistemas fonológicos costumam ser muito rígidos e só mudam paulatinamente ao longo de séculos. No caso do português, essa rigidez é ainda mais persistente: Nada mudou em quatro séculos.

A fonologia procura descrever e até explicar os fenômenos fonéticos dentro do contexto de um sistema abrangente. Em outras palavras, procura sistematizar os processos mentais da produção e da percepção da linguagem. Sendo que o que se estuda é de natureza mental, que não se pode observar diretamente, as aproximações teóricas são muitas e variadas. A abordagem que se apresenta aqui baseia-se na fonologia estrutural, porque é mais acessível ao estudante, é mais abrangente em seu enfoque e, além disso, é a base de todas as demais teorias com todos seus pontos de vista particulares.

Há dois tipos de relações entre fonemas que desempenham um papel importante na fonologia: a **oposição** e a **neutralização**. Na oposição, os fonemas que se contrastam produzem mudanças de significado. Na neutralização, vê-se que, em certos casos, esse contraste desaparece.

A oposição entre fonemas

O estudo da fonologia começa com o conceito fundamental do fonema e de sua identificação através de pares mínimos. Com isso podem ser estabelecidas as oposições que existem entre os fonemas de determinada linguagem. Aqui examinar-se-ão esses conceitos básicos e apresentar-se-ão as oposições entre os fonemas do português.

O fonema, o par mínimo, a oposição e traços distintivos

O **fonema** é o conceito mental de um som; é a imagem que o emissor tem em mente ao produzir um som da fala e é a mesma imagem que evoca-se na mente do receptor ao perceber um som produzido numa cadeia fônica. O fonema é a unidade básica do sistema de sons no âmbito da língua.

É importante entender também o que o fonema *não* é. Primeiro, um fonema *não* é um som físico produzido. Quer dizer, o fonema não é uma realização física audível. A realização física acústica de um fonema é um alofone que corresponde à fonética. Como o fonema é uma unidade mental e abstrata, é impossível examiná-lo com os aparelhos do laboratório como se pode fazer com os sons produzidos. Segundo, um fonema *não* é uma letra. Ou seja, o fonema não é um grafema do sistema comum de escrita. A representação gráfica mediante letras corresponde à ortografia. Não há correspondência exata entre o conceito de letra e fonema, como já se expôs detalhadamente no Capítulo 4.

O par mínimo

O **par mínimo** é a ferramenta ou o instrumento que se emprega para provar a existência dos fonemas. A definição de um par mínimo contém dois critérios fundamentais. O primeiro critério é que o par mínimo constitui-se de duas sequências de segmentos fônicos idênticos com a exceção de um só segmento. O segundo critério é que essa única diferença de segmentos causa uma mudança de significado. Em geral, essas duas sequências são duas palavras de significados diferentes. Os segmentos que se contrastam podem aparecer em qualquer posição da palavra ou sequência como demonstram os exemplos da Tab. 8.1.

O primeiro exemplo da tabela ([pátu] e [bátu]) é uma repetição do exemplo usado no Capítulo 3 para introduzir os conceitos do par mínimo e da oposição. Tanto nesse exemplo, como no segundo, ([fínu] e [sínu]), o contraste ocorre entre as consoantes que aparecem na primeira posição da cadeia. No terceiro exemplo ([pátu] e [pítu]), o contraste ocorre entre as vogais que aparecem na segunda posição. No quarto exemplo ([pánu] e [páɾu]), o contraste ocorre na terceira posição entre as vogais. No quinto exemplo ([pátɐ] e [pátu]), o contraste ocorre entre as vogais que aparecem na quarta ou última posição. No sexto exemplo ([máɾ] e [más]), o contraste ocorre entre as consoantes que aparecem na terceira ou última posição.

A oposição

A **oposição** é a relação entre os dois fonemas que se contrastam no par mínimo. O par mínimo, então, comprova a existência de uma oposição e, portanto, comprova a existência dos dois fonemas que se opõem. A substituição de um dos fonemas pelo

8.1 Os fonemas que se contrastam podem aparecer em qualquer posição da palavra ou sequência.

[pátu]⟶ /p/		
[bátu]⟶ /b/	/p/ ~ /b/	
contraste em 1ª posição		

[pátu]⟶ /a/		
[pítu]⟶ /i/	/a/ ~ /i/	
contraste em 2ª posição		

[pátɐ]⟶ /a/		
[pátu]⟶ /o/	/a/ ~ /o/	
contraste em 4ª posição		

[fínu]⟶ /f/		
[sínu]⟶ /s/	/f/ ~ /s/	
contraste em 1ª posição		

[pánu]⟶ /n/		
[páɾu]⟶ /ɾ/	/n/ ~ /ɾ/	
contraste em 3ª posição		

[máɾ]⟶ /R/		
[más]⟶ /S/	/R/ ~ /S/	
contraste em 3ª posição		

outro muda o significado da sequência fônica. O par mínimo serve para estabelecer a relação entre fonemas precisamente por isolar o contraste entre os dois segmentos. Por exemplo, o fato de haver uma diferença de significado entre [pátu] e [bátu], deve-se à distinção entre os sons iniciais sendo que os demais sons são idênticos. Assim, vê-se que o som [p] evoca na mente uma imagem, o fonema /p/, enquanto o som [b] evoca uma imagem diferente, o fonema /b/. Com isso pode-se dizer que o fonema /p/ se opõe ao fonema /b/, o que se escreve da seguinte maneira:

$$/p/ \sim /b/$$

A oposição fonológica entre dois fonemas estabelece-se, então, por encontrar um par mínimo em que o mudar um som por outro causa uma mudança de significado. Se a substituição de um som por outro *não* causa uma mudança de significado, então não há uma oposição e os dois sons resultam ser alofones do mesmo fonema. Por exemplo, ao comparar a sequência articulada de [páɾʧi] com a sequência [páɾti] nota-se que não muda o significado. Isso comprova então que os dois sons [ʧ] e [t] são alofones do mesmo fonema /t/ e que, em português, os sons [ʧ] e [t] não representam fonemas distintos como acontece em inglês, por exemplo: [ˈʧɪn] *chin* ~ [ˈtʰɪn] *tin*.

O traço distintivo/não distintivo

Quando dois fonemas se opõem, pode-se dizer que o traço que os diferencia é um **traço distintivo**. O traço distintivo também chama-se **traço pertinente** ou **traço funcional**. É importante entender que esses termos só se aplicam quando há uma distinção fonológica ou oposição entre fonemas. Ao examinar a relação entre [p] e [b] no quadro fonológico das consoantes de português, nota-se que os dois símbolos estão circulados. Isso quer dizer que são fonemas e que a relação entre eles é de oposição. Na oposição entre /p/ e /b/, por exemplo, o traço distintivo é o do *estado das cordas vocais*, já que os dois fonemas são oclusivos quanto ao modo de articulação e bilabiais quanto ao ponto de articulação; só se diferenciam quanto ao estado das cordas vocais, sendo o fonema /p/ surdo e o fonema /b/ sonoro.

Os pares mínimos da Tab. 8.1 exemplificam outros traços distintivos. Por exemplo, o traço distintivo que caracteriza a oposição entre /f/ e /s/ é o ponto de articulação (labiodental/alveolar). O traço distintivo que caracteriza a oposição entre /n/ e /ɾ/ é o modo de articulação

Capítulo 8

	Bilabial		Labio-dental		Dental		Alveolar		Palatal		Velar		Uvular		Glotal	
	SUR	SON	SUR	SON	SUR	SON	SUR	SON	SUR	SON	SUR	SON	SUR	SON	SUR	SON
Oclusiva	(p)	(b)			(t)	(d)					(k)	(g)				
Fricativa			(f)	(v)			(s)	(z)	(ʃ)	(ʒ)			χ	ʁ	h	
Africada									tʃ	dʒ						
Nasal	(m)		ɱ		n̪		(n)		(nɲ)		ŋ					
Lateral					ɫ̪		(l)ɫ		(ʎ)							
Vibrante simples							ɾ									
Vibrante múltipla							r						R			

8.2 O quadro das consoantes do português com os fonemas circulados. O círculo indica que o símbolo representa tanto um alofone, ex., [b], como um fonema, ex., /b/. Os símbolos não circulados não são fonemas, mas são alofones de um dos fonemas circulados.

(nasal/vibrante simples). Já /f/ e /n/ diferem nos três traços.

Ao comparar o som [t] com o som [tʃ] nota-se que se diferenciam pelo modo de articulação (oclusiva/fricativa) e pelo ponto de articulação (dental/palatal). No caso de [t] / [tʃ], porém, nem o modo nem o ponto de articulação são traços distintivos mas são sim **traços não distintivos**. A diferença fonética existente entre [t] e [tʃ] [páɾti/páɾtʃi] não é distintiva porque não há nenhuma mudança de significado. Devido a isso, não há nenhum traço pertinente nem funcional no âmbito fonológico que diferencie [t] e [tʃ] em português. Por isso, pode-se ver no quadro fonológico das consoantes que só um dos símbolos está circulado, representando o fonema /t/. Sempre que se comparam dois sons que não representam dois fonemas que se opõem, o traço que diferencia os dois sons é um traço não distintivo.

Os fonemas do português

A primeira tarefa da fonologia é a de sistematizar os sons que ocorrem num determinado idioma. O processo através do qual se identificam quais são os fonemas do português ou de qualquer outro idioma é o de encontrar pares mínimos que contrastem os sons identificados. A Tab. 8.1 apresenta diversos pares mínimos que contêm várias oposições. Os exemplos da tabela estabelecem as seguintes oposições:

/p/ ~ /b/ do par mínimo [pátu] e [bátu],
/f/ ~ /s/ do par mínimo [fínu] e [sínu],
/a/ ~ /i/ do par mínimo [pátu] e [pítu],
/n/ ~ /ɾ/ do par mínimo [pánu] e [páɾu],
/a/ ~ /o/ do par mínimo [pátɐ] e [pátu],
/R/ ~ /S/ do par mínimo [máɾ] e [más].[1]

Os fonemas consonantais

No Capítulo 5, apresentou-se o quadro dos sons consonantais do português. Por meio de pares mínimos que contrastam os sons do quadro, identificam-se quais são os fonemas consonantais do português. A Tab. 8.2 apresenta os fonemas consonantais do português e seus alofones. Os símbolos circulados representam tanto o fonema (ex. /b/) quanto um alofone do mesmo fonema (ex. [b]). Os símbolos não circulados não são fonemas, mas sim alofones de um dos fonemas circulados, por exemplo: [tʃ], que é alofone de /t/.

As oposições consonantais baseadas nos traços distintivos

As oposições consonantais podem basear-se em quaisquer dos traços distintivos que, para as consoantes, são três: o modo de articulação, o ponto de articulação e o estado das cordas vocais.

Os fonemas podem opor-se em um só traço distintivo, em dois traços distintivos ou até em todos os três. Por exemplo, a oposição entre /p/ e /t/, comprovada pelo par mínimo [kápɐ] [kátɐ], baseia-se só no traço distintivo de ponto de articulação, sendo este dental e aquele bilabial. Os dois têm o mesmo modo de articulação (oclusivo) e o mesmo estado das cordas vocais (surdo). Por outro lado, a oposição entre /p/ e /d/, comprovada pelo par mínimo [pḛu̯] [dḛu̯], baseia-se em dois traços. Um dos traços distintivos dessa oposição é o ponto de articulação, sendo este dental e aquele bilabial. O outro traço distintivo dessa oposição é o estado das cordas vocais, sendo este sonoro e aquele surdo. Os fonemas /p/ e /d/ têm o mesmo modo de articulação (oclusivo). Um exemplo de oposição em que todos os três traços são distintivos é a oposição entre /p/ e /n/, comprovada pelo par mínimo [kápɐ] [kánɐ], sendo este nasal alveolar sonoro e aquele oclusivo bilabial surdo.

Não importa se há um, dois ou três traços distintivos; o importante é que haja de fato uma oposição comprovada por pares mínimos. É interessante, porém, examinar os casos de oposição em que há só um traço distintivo. Para esse fim, apresentam-se adiante as oposições baseadas no modo de articulação, no ponto de articulação e no estado das cordas vocais.

Há três séries de oposições que se baseiam no **modo de articulação**: /b/~/m/; /z/~/n/~/l/~/ɾ/~/r/; /ʒ/~/ɲ/~/ʎ/. Em todas essas oposições, os fonemas têm em comum o ponto de articulação e o estado das cordas vocais. Na Tab. 8.3, apresentam-se essas três séries, junto com pares mínimos que comprovam as oposições.[2]

Há seis séries de oposições cujo traço distintivo é o **ponto de articulação**: /p/~/t/~/k/; /b/~/d/~/g/; /f/~/s/~/ʃ/; /v/~/z/~/ʒ/; /m/~/n/~/ɲ/ e /l/~/ʎ/. Em todas essas oposições, os traços que os fonemas têm em comum são o modo de articulação e o estado das cordas vocais. A Tab. 8.4 apresenta essas seis séries com pares mínimos que comprovam as oposições.[3]

Há também seis séries de oposições que se baseiam no **estado das cordas vocais**: /p/~/b/; /t/~/d/; /k/~/g/; /f/~/v/; /s/~/z/ e /ʃ/~/ʒ/. Em todas essas oposições, os fonemas têm em comum o modo

8.3 Oposições consonantais baseadas no modo de articulação.

Oposição	Par mínimo	Traços não distintivos	Traço distintivo
/b/ ~ /m/	[bálɐ] [málɐ]	bilabial sonoro	/b/ oclusivo /m/ nasal
/z/ ~ /n/ ~ /l/ ~ /ɾ/ ~ /r/	[kázu] [kánu] [kálu] [káɾu] [káru]	alveolar sonoro	/z/ fricativa /n/ nasal /l/ lateral /ɾ/ vibrante simples /r/ vibrante múltiplo
/ʒ/ ~ /ɲ/ ~ /ʎ/	[séʒɐ] [séɲɐ] [séʎɐ]	palatal sonoro	/ʒ/ fricativo /ɲ/ nasal /ʎ/ lateral

Oposição	Par mínimo	Traços não distintivos	Traço distintivo
/p/ ~ /t/ ~ /k/	[pẽu̯] [tẽu̯] [kẽu̯]	oclusivo surdo	/p/ bilabial /t/ dental /k/ velar
/b/ ~ /d/ ~ /g/	[bátɐ] [dátɐ] [gátɐ]	oclusivo sonoro	/b/ bilabial /d/ dental /g/ velar
/f/ ~ /s/ ~ /ʃ/	[féi̯u] [séi̯u] [ʃéi̯u]	fricativo surdo	/f/ labiodental /s/ alveolar /ʃ/ palatal
/v/ ~ /z/ ~ /ʒ/	[velár] [zelár] [ʒelár]	fricativo sonoro	/v/ labiodental /z/ alveolar /ʒ/ palatal
/m/ ~ /n/ ~ /ɲ/	[mẽmɐ] [nẽnɐ] [mẽɲɐ]	nasal sonoro	/m/ bilabial /n/ alveolar /ɲ/ palatal
/l/ ~ /ʎ/	[gálu] [gáʎu]	lateral sonoro	/l/ alveolar /ʎ/ palatal

8.4 Oposições consonantais baseadas no ponto de articulação.

de articulação e o ponto de articulação. A Tab. 8.5 apresenta essas seis séries com pares mínimos que comprovam as oposições.[4] ◀⋲

As Tabelas 8.3, 8.4 e 8.5 não indicam todas as oposições consonantais possíveis. Por exemplo, não apresentam a oposição entre /g/ e /r/ comprovada pelo par mínimo [gátu] [rátu]. Mesmo assim, essas tabelas demonstram pelo menos uma oposição para cada um dos fonemas consonantais do português, estabelecendo uma base de dezenove fonemas consonantais para o português.

Os fonemas vocálicos

No Capítulo 5, apresentou-se também o quadro dos sons vocálicos do português. Por meio de pares mínimos que contrastam os sons do quadro, identificam-se os fonemas vocálicos do português. Na Tab. 8.6, os fonemas vocálicos do português aparecem circulados.

Os símbolos circulados representam tanto um fonema (ex. /i/) quanto um alofone do mesmo fonema (ex. [i]). Os símbolos não circulados não são fonemas, mas sim alofones de um dos fonemas marcados, por exemplo: [j] é alofone do fonema /i/.

Os pares mínimos da Tab. 8.1 são exemplos de oposição vocálica entre /a/ e /i/. Os traços distintivos são o modo de articulação (aberto/fechado) e o ponto de articulação (central/anterior). Os traços distintivos que caracterizam a oposição entre /a/ e /o/ são outra vez o modo de articulação (aberto/meio-fechado) e o ponto de articulação (central/posterior).

As oposições vocálicas baseadas nos traços distintivos

As oposições vocálicas podem basear-se em quaisquer dos traços vocálicos distintivos que, para as vogais, são dois: o modo de articulação

A relação entre fonemas: a oposição e a neutralização

Oposição	Par mínimo	Traços não distintivos	Traço distintivo
/p/ ~ /b/	[pátu] [bátu]	oclusivo bilabial	/p/ surdo /b/ sonoro
/t/ ~ /d/	[tẽy̆] [dẽy̆]	oclusivo dental	/t/ surdo /d/ sonoro
/k/ ~ /g/	[kátu] [gátu]	oclusivo velar	/k/ surdo /g/ sonoro
/f/ ~ /v/	[fákɐ] [vákɐ]	fricativo labiodental	/f/ surdo /v/ sonoro
/s/ ~ /z/	[kásɐ] [kázɐ]	fricativo alveolar	/s/ surdo /z/ sonoro
/ʃ/ ~ /ʒ/	[ʃátu] [ʒátu]	fricativo palatal	/ʃ/ surdo /ʒ/ sonoro

8.5 Oposições consonantais baseadas no estado das cordas vocais.

e o ponto de articulação. Essa diferença entre vogais e consoantes deve-se ao fato de todos os fonemas vocálicos serem sonoros.

Há duas séries de oposições cujo traço distintivo é o modo de articulação: /i/~/e/~/ɛ/ e /u/~/o/~/ɔ/. Nessas

8.6 O quadro das vogais do português com os fonemas circulados. O círculo indica que o símbolo representa tanto um alofone, ex., [i], como um fonema, ex., /i/. Os símbolos não circulados são alofones de um dos fonemas circulados.

	Anterior	Central	Posterior
Semi-consoante	j		w
Semivogal	i̯ ĩ̯		u̯ ṵ ũ̯
Fechada	ⓘ ĩ	ɨ	ⓤ ũ
Meio-fechada	ⓔ ẽ	ə	ⓞ õ
Meio-aberta	ⓔ	ɐ ɐ̃	ⓞ
Aberta		ⓐ	

oposições, os fonemas têm o mesmo ponto de articulação. A Tab. 8.7, apresenta essas duas séries com pares mínimos que comprovam as oposições.[5] ◀⋵

Há três séries de oposições cujo traço distintivo é o ponto de articulação: /i/~/u/, /e/~/o/ e /ɛ/~/ɔ/. Nessas oposições, os fonemas têm o mesmo modo de articulação. A Tab. 8.8 apresenta essas três séries com pares mínimos que comprovam as oposições.[6] ◀⋵

Todos os fonemas vocálicos já apareceram duas vezes nessas tabelas de oposições com a exceção do fonema /a/, que é o único fonema central. Isso deve-se ao fato de as oposições com o fonema /a/ sempre basearem-se em mais de um traço distintivo. A Tab. 8.9 indica algumas dessas oposições.[7] ◀⋵

As Tabelas 8.7, 8.8 e 8.9 não contêm todas as oposições vocálicas possíveis. Por exemplo, não contêm a oposição entre /a/ e /u/ comprovada pelo par mínimo de [amór] [umór]. No entanto, essas tabelas incluem pelo menos uma oposição para cada um desses fonemas, estabelecendo uma base de sete fonemas vocálicos para o português.

Oposição	Par mínimo	Traço não distintivo	Traço distintivo
/i/ ~ /e/ ~ /ɛ/	[pízu] [pézu] [pɛ́zu]	anterior	/i/ fechado /e/ meio-fechado /ɛ/ meio-aberto
/u/ ~ /o/ ~ /ɔ/	[ʒúgu] [ʒógu] [ʒɔ́gu]	posterior	/u/ fechado /o/ meio-fechado /ɔ/ meio-aberto

8.7 Oposições vocálicas baseadas no modo de articulação.

Oposição	Par mínimo	Traço não distintivo	Traço distintivo
/i/ ~ /u/	[ligár] [lugár]	fechado	/i/ anterior /u/ posterior
/e/ ~ /o/	[kebɾár] [kobɾár]	meio-fechado	/e/ anterior /o/ posterior
/ɛ/ ~ /ɔ/	[vɛ́to] [vɔ́to]	meio-aberto	/ɛ/ anterior /ɔ/ posterior

8.8 Oposições vocálicas baseadas no ponto de articulação.

Oposição	Par mínimo	Traços distintivos
/a/ ~ /i/	[másɐ] [mísɐ]	central/aberto anterior/fechado
/a/ ~ /o/	[káɾo] [kóɾo]	central/aberto ponto de articulação

8.9 Oposições com o fonema /a/.

Algumas descrições do português europeu incluem um oitavo fonema: /ɐ/. Os defensores dessa posição apontam para pares mínimos como [táʎɐ] {talha} e [téʎɐ] {telha} como prova da oposição entre /a/ e /ɐ/. Os problemas com essa análise são duas: 1) A pronúncia dessas palavras no Brasil é [táʎɐ] e [téʎɐ], que prova a oposição entre /a/ e /e/. 2) Em Portugal não existe nenhum par mínimo que contraste /e/ e /ɐ/. Juntando esses dois fatos com o fato de que a palavra {telha} deve ter a mesma especificação fonológica no Brasil e em Portugal, a melhor explicação dos fatos é que a forma subjacente da palavra {telha} deve ser /téʎa/ e que o fonema /e/ realiza-se [e] no Brasil e [ɐ] em Portugal por aparecer diante de consoante palatal.

A diferença entre as formas verbais {falamos} [fɐlɐ́mus] (presente) e {falámos} [fɐlámus] (pretérito perfeito) será tratada no Capítulo 13.

A neutralização

A neutralização é a perda de oposição entre dois ou mais fonemas. Com essa definição é importante observar que, para que haja neutralização, é necessário que haja oposição, porque não se pode perder algo que nunca existiu.

A neutralização é um fenômeno fonológico, ou seja, que ocorre em âmbito de língua. Na seção anterior, examinou-se a oposição, que é a relação entre dois fonemas distintivos. Essa relação distintiva é um elemento chave da comunicação humana, pois cria a possibilidade de expressar um alto número de significantes com um número reduzido de fonemas. A neutralização corresponde a casos específicos em que o sistema de oposições entre fonemas se reduz ainda mais.

O tipo de neutralização que ocorre em português é a neutralização **sincrônica** ou **parcial**, já que é a perda de oposição entre dois ou mais fonemas em um determinado contexto fonológico, mas não em todos. Em português, a neutralização ocorre em posição silábica implosiva, quer dizer, na coda silábica. Essa neutralização costuma ocorrer entre fonemas que compartilham traços fonológicos.

A neutralização parcial entre dois fonemas resulta na criação de um **arquifonema**, um novo conceito que representa a fusão dos fonemas neutralizados. O símbolo que se emprega no âmbito fonológico para representar o arquifonema é sempre um símbolo maiúsculo entre duas barras: /N/, /R/ e /S/. O arquifonema só aparece na **transcrição fonológica**. Utiliza-se a transcrição fonológica para especificar uma sequência de fonemas e arquifonemas, que são unidades mentais, no âmbito de língua. Esse tipo de transcrição difere da transcrição fonética, que é uma representação dos sons físicos produzidos. No português de hoje, há três neutralizações parciais importantes generalizadas: a neutralização dos fonemas nasais, a neutralização dos fonemas vibrantes e a neutralização dos fonemas fricativos alveolares.

A neutralização parcial dos fonemas nasais

Já foi estabelecida a oposição fonológica entre os fonemas nasais /m/, /n/ e /ɲ/. É importante notar que no exemplo dos pares mínimos [mɛ́mɐ] [mɛ́nɐ] [mɛ́ɲɐ], os fonemas nasais aparecem em posição inicial de sílaba interior de palavra. Como demonstra o segundo exemplo da Tab. 8.10, existe oposição entre /m/ e /n/ também em posição inicial de palavra.[8]

Os exemplos da Tab. 8.10 estabelecem a oposição entre os fonemas nasais que ocorrem em posição inicial de sílaba, quer dizer, em posição silábica explosiva, ou seja, no ataque da sílaba. A situação é muito diferente em posição final de sílaba, quer dizer, em posição silábica implosiva, ou seja, na coda da sílaba. Os exemplos da Tab. 8.11 mostram as consoantes nasais nessa posição.[9]

Nos exemplos da primeira coluna da Tab. 8.11 a nasal está em posição final de palavra; os dois substantivos estão precedidos do artigo indefinido /uN/. Porém, nesses casos, a nasal em posição final de palavra realiza-se mediante a nasalização da vogal anterior e a produção das consoantes [m] e [n̪], sem que a mudança entre os dois sons

8.10 Oposição entre /m/, /n/ e /ɲ/ em posição inicial de sílaba.

Oposição	Par mínimo	Posição fonológica
/m/ ~ /n/ ~ /ɲ/	[mɛ́mɐ] [mɛ́nɐ] [mɛ́ɲɐ]	inicial de sílaba interior de palavra
/m/ ~ /n/	[mɛ́u̯] [nɛ́u̯]	inicial de sílaba inicial de palavra

Consoante nasal em posição final de palavra		Consoante nasal em posição final de sílaba interior de palavra	
TRANSCRIÇÃO FONÉTICA	TRANSCRIÇÃO FONOLÓGICA	TRANSCRIÇÃO FONÉTICA	TRANSCRIÇÃO FONOLÓGICA
[ũᵐpátu] [ũⁿdédu]	/uN páto/ /uN dédo/	[kẽᵐpu] [ẽⁿdo]	/káNpo/ /áNdo/

8.11 A transcrição fonética e a transcrição fonológica das consoantes nasais em posição final de sílaba.

	Ataque silábico INICIAL DE SÍLABA POSIÇÃO SILÁBICA EXPLOSIVA	Coda silábica FINAL DE SÍLABA POSIÇÃO SILÁBICA IMPLOSIVA
RELAÇÃO ENTRE OS FONEMAS NASAIS	oposição	neutralização
SÍMBOLOS FONOLÓGICOS	/m/ ~ /n/ ~ /ɲ/	/N/
EXEMPLOS FONÉTICOS	[mɛ́mɐ] [mɛ́nɐ] [mɛ́ɲɐ]	[ũᵐpátu] [ũⁿdédu]

8.12 O comportamento dos fonemas nasais depende da posição silábica em que aparecem.

altere o significado, como ocorre no caso de [kámɐ] [kánɐ]. Isso, portanto, indica uma neutralização entre os fonemas /m/ e /n/. Essa neutralização parcial resulta no arquifonema nasal /N/.

Os exemplos da segunda coluna da Tab. 8.11, com a nasal em posição final de sílaba interior de palavra, também demonstram uma falta de oposição entre os fonemas /m/ e /n/. Esse fato reforça-se ao notar que não existem palavras como *[káⁿpo] nem *[áᵐdo].[1] Nesse caso, então, também há uma neutralização parcial que resulta no arquifonema nasal /N/. A Tab. 8.11 demonstra tanto a transcrição fonética quanto a transcrição fonológica dos exemplos de /N/ em posição implosiva.

Pode-se ver na Tab. 8.12 como os fonemas nasais se comportam de modo diferente de acordo com a posição silábica em que aparecem. No ataque silábico (ou seja, em posição inicial de sílaba ou posição silábica explosiva) há oposição entre os três fonemas nasais: /m/ ~ /n/ ~ /ɲ/. Na coda silábica (o seja em posição final de sílaba ou posição silábica implosiva) há uma neutralização que resulta no arquifonema nasal /N/. A neutralização parcial entre os fonemas nasais ocorre em posição fonológica final de sílaba e final de palavra.

A questão do estado e difusão do arquifonema /N/ na fonologia da língua portuguesa é complicada e polêmica. Os detalhes dessa controvérsia e suas consequências teóricas serão apresentados no Capítulo 15, que tratará da nasalização vocálica.

A neutralização parcial dos fonemas vibrantes

Já foi demonstrada a oposição fonológica existente entre os fonemas vibrantes /ɾ/ e /r/. É importante notar que no exemplo dos pares mínimos [káɾu] [káru], os vibrantes aparecem em posição inicial de sílaba interior de palavra.[10]

---

[1] O uso do asterisco é uma convenção linguística para indicar que uma estrutura não é confirmada nem aceita de acordo com as normas da língua.

A relação entre fonemas: a oposição e a neutralização

Oposição	Par mínimo	Posição fonológica
/ɾ/ ~ /r/	[káɾu] [káru]	inicial de sílaba interior de palavra

8.13 No par mínimo [káɾo] [káro], as vibrantes aparecem em posição inicial de sílaba interior de palavra.

O exemplo da Tab. 8.13 demonstra a oposição entre os fonemas vibrantes que ocorre em posição inicial de sílaba interior de palavra, ou seja, em posição silábica explosiva ou no ataque da sílaba. A situação é muito diferente em posição final de sílaba, ou seja, em posição silábica implosiva ou na coda da sílaba. Os exemplos da Tab. 8.14 mostram as consoantes vibrantes nessa posição.[11] 🔊

Nos exemplos da primeira coluna da Tab. 8.14, com a vibrante em posição final de palavra, tanto [estudáɾ] como [estudár] evocam o mesmo significado. Isso quer dizer que na palavra {estudar}, a realização do som como [ɾ] ou [r] não altera o significado como ocorre no caso de [káɾo] [káro]. Nesse caso, então, existe uma neutralização, ou falta de oposição entre os fonemas /ɾ/ e /r/. Essa neutralização parcial resulta no arquifonema vibrante /R/.

Os exemplos da segunda coluna da Tab. 8.14, com a vibrante em posição final de sílaba interior de palavra, também demonstram uma falta de oposição entre os fonemas /ɾ/ e /r/. Na palavra {carta}, a mudança do som de [ɾ] a [r] também não altera o significado. Nesse caso também há uma neutralização parcial que resulta no arquifonema vibrante /R/. A Tab. 8.15 demonstra tanto a oposição quanto a neutralização dos fonemas vibrantes.

Pode-se ver na Tab. 8.15 como os fonemas vibrantes se comportam de modo diferente de acordo com a posição silábica em que aparecem. No ataque silábico interior de

8.14 A transcrição fonética e a transcrição fonológica das consoantes vibrantes em posição final de sílaba.

Vibrante em posição final de palavra		Vibrante em posição final de sílaba interior de palavra	
TRANSCRIÇÃO FONÉTICA	TRANSCRIÇÃO FONOLÓGICA	TRANSCRIÇÃO FONÉTICA	TRANSCRIÇÃO FONOLÓGICA
[estudáɾ] [estudár]	/estudáR/	[káɾtɐ] [kártɐ]	/káRta/

8.15 O comportamento dos fonemas vibrantes depende da posição silábica em que aparecem.

	Ataque silábico INÍCIO DE SÍLABA POSIÇÃO SILÁBICA EXPLOSIVA	Coda silábica FINAL DE SÍLABA POSIÇÃO SILÁBICA IMPLOSIVA
RELAÇÃO ENTRE OS FONEMAS VIBRANTES	oposição	neutralização
SÍMBOLOS FONOLÓGICOS	/ɾ/ ~ /r/	/R/
EXEMPLOS FONÉTICOS	[káɾu] [káru]	[káɾtɐ] [kártɐ]

Oposição	Par mínimo	Posição fonológica
/s/ ~ /z/	[kásɐ] [kázɐ]	início de sílaba interior de palavra
/s/ ~ /z/	[soár] [zoár]	início de sílaba início de palavra

8.16 Oposição entre /s/ e /z/ em posição inicial de sílaba.

palavra (ou seja, em posição inicial de sílaba ou posição silábica explosiva interior de palavra) há oposição entre os dois fonemas vibrantes: /ɾ/ ~ /r/. Na coda silábica (ou seja, em posição final de sílaba ou posição silábica implosiva) há uma neutralização que resulta no arquifonema vibrante /R/. A neutralização parcial entre os fonemas vibrantes ocorre em posição fonológica final de sílaba e final de palavra.

A neutralização parcial dos fonemas fricativos alveolares

Já foi demonstrada a oposição fonológica existente entre os fonemas fricativos alveolares /s/ e /z/. É importante notar que no exemplo dos pares mínimos [kásɐ] [kázɐ], os fricativos alveolares aparecem em posição inicial de sílaba interior de palavra.[12] ◀

O exemplo da Tab. 8.16 demonstra a oposição entre os fonemas fricativos alveolares que ocorrem em posição inicial de sílaba interior de palavra e em posição inicial de palavra. A situação é muito diferente em posição final de sílaba, ou seja, em posição silábica implosiva ou na coda da sílaba.

Os exemplos da Tab. 8.17 demonstram as consoantes fricativas alveolares nessa posição.[13] ◀

Nos exemplos da primeira coluna da Tab. 8.17 a fricativa alveolar está em posição final de palavra; os dois substantivos estão precedidos pelo artigo definido /oS/. Porém, nesses casos, a fricativa alveolar em posição final de palavra assimila-se ao estado das cordas vocais do som seguinte, resultando no som [s] ou [z], mas nesse caso a mudança entre os dois sons não altera o significado como ocorre no caso de [kásɐ] [kázɐ]. Isso indica, então, uma neutralização entre os fonemas /s/ e /z/. Essa neutralização parcial resulta no arquifonema fricativo alveolar /S/. Na norma culta do Rio e de Lisboa, o arquifonema /S/ realiza-se nesses casos como [ʃ] ou [ʒ].

Os exemplos da segunda coluna da Tab. 8.17, com a fricativa alveolar em posição final de sílaba interior de palavra, também demonstram uma falta de oposição entre os fonemas /s/ e /z/. Esse fato reforça-se ao notar que não existem palavras como *[ézt͡ʃi] nem *[désdʑi]. Nesse caso, então, também há uma neutralização parcial que resulta no arquifonema

8.17 A transcrição fonética e a transcrição fonológica das consoantes fricativas alveolares em posição final de palavra.

Fricativa alveolar em posição final de palavra		Fricativa alveolar em posição final de sílaba interior de palavra	
TRANSCRIÇÃO FONÉTICA	TRANSCRIÇÃO FONOLÓGICA	TRANSCRIÇÃO FONÉTICA	TRANSCRIÇÃO FONOLÓGICA
[uskáhus/uʃkáhuʃ]	/uS károS/	[ést͡ʃi/éʃtɨ]	/éSte/
[uzgátus/uʒgátuʃ]	/uS gátoS/	[dézdʑi/déʒdɨ]	/déSde/

fricativo alveolar /S/. A Tab. 8.17 demonstra tanto a transcrição fonética quanto a transcrição fonológica dos exemplos de /S/ em posição implosiva.

Pode-se ver na Tab. 8.18 como os fonemas fricativos alveolares se comportam de modo diferente de acordo com a posição silábica em que aparecem. No ataque silábico interior de palavra (ou seja, em posição inicial de sílaba ou posição silábica explosiva interior de palavra) há oposição entre os dois fonemas fricativos alveolares: /s/ ~ /z/. Na coda silábica (ou seja, em posição final de sílaba ou posição silábica implosiva) há uma neutralização que resulta no arquifonema fricativo /S/.

Número e frequência dos fonemas do português

Já examinadas as oposições e neutralizações entre os fonemas do português, é possível fixar o número de fonemas e arquifonemas que ocorrem no sistema fonológico. Também é possível examinar a frequência relativa de ocorrência dos fonemas do português.

O sistema fonológico vocálico do português é extremamente estável tanto histórica como geograficamente. O sistema vocálico básico do português é constituído por *sete* vogais como demonstra o quadro já apresentado neste capítulo. Esse é o mesmo sistema que o português mantém há mais de um milênio e é o mesmo sistema fonológico empregado em todo o mundo lusófono.

O sistema fonológico consonantal do português também é estável e consiste em *dezenove* consoantes.

A frequência dos fonemas do português

É interessante examinar a frequência dos fonemas do português na cadeia fônica. Os dados apresentados na Tab. 8.19 foram compilados do corpus de Ramsey, um corpus de mais de um milhão e meio de palavras. Os textos examinados são em prosa. A Tab. 8.19 apresenta os fonemas e arquifonemas, o número de ocorrências e a porcentagem de ocorrência de cada fonema e arquifonema na amostra.

A primeira divisão que se faz na classificação dos fonemas é entre vogais e consoantes. A soma de todas as ocorrências dos sete fonemas vocálicos do português é igual a 47,9% do total de ocorrências de todos os fonemas dessa língua. Já a soma de todas as ocorrências dos dezenove fonemas e dos três arquifonemas consonantais corresponde a 52,1% dos fonemas do português. Esses dados encontram-se na Tab. 8.20.

A frequência dos fonemas vocálicos

Como já se expôs, as vogais representam um pouco menos da metade dos sons da amostra: 47,9%. Os quatro fonemas mais comuns

8.18 O comportamento dos fonemas fricativos alveolares depende da posição silábica em que aparecem.

	Ataque silábico INICIAL DE SÍLABA POSIÇÃO SILÁBICA EXPLOSIVA	Coda silábica FINAL DE SÍLABA POSIÇÃO SILÁBICA IMPLOSIVA
RELAÇÃO ENTRE OS FONEMAS FRICATIVOS ALVEOLARES	oposição	neutralização
SÍMBOLOS FONOLÓGICOS	/s/ ~ /z/	/S/
EXEMPLOS FONÉTICOS	[kásɐ] [kázɐ]	[uskáhus] [uzgátus]

Fonema	Número	Porcentagem
/a/	1.005.469	14,2%
/e/	823.989	11,7%
/o/	725.884	10,3%
/i/	465.162	6,6%
/N/	400.404	5,7%
/d/	365.681	5,2%
/l/	345.682	4,9%
/t/	323.027	4,6%
/S/	303.935	4,3%
/s/	256.790	3,6%
/ɾ/	254.266	3,6%
/k/	236.327	3,3%
/u/	224.214	3,2%
/p/	188.455	2,7%
/m/	186.407	2,6%
/R/	154.600	2,2%
/n/	135.927	1,9%
/v/	108.978	1,5%
/ɛ/	87.806	1,2%
/b/	73.370	1,0%
/z/	66.669	0,9%
/f/	65.526	0,9%
/g/	62.412	0,9%
/ɔ/	53.547	0,8%
/r/	44.779	0,6%
/ʒ/	42.840	0,6%
/ɲ/	25.948	0,4%
/ʎ/	21.097	0,3%
/ʃ/	19.190	0,3%
Total	7.071.381	100%

8.19 A frequência dos fonemas do português segundo dados de uma amostra de mais de um milhão e meio de palavras.

são /a/, /e/, /o/ e /i/, que compõem 42,7% da frequência de todos os fonemas da amostra. Isso quer dizer que mais de quatro de cada dez fonemas empregados em português são uma dessas quatro vogais. Além disso, essas quatro vogais correspondem a 90% de todas as ocorrências de fonemas vocálicos da amostra. As vogais /u/, /ɛ/ e /ɔ/ só aparecem respectivamente em décima terceira, décima nona e vigésima quarta posição dos fonemas na amostra. As vogais meio-abertas /ɛ/ e /ɔ/ são muito importantes apesar de terem frequência relativamente baixa. Sua importância deve-se ao fato de aparecerem em muitos pares mínimos com as vogais meio-fechadas correspondentes. Sua frequência relativamente baixa deve-se ao fato de só aparecerem em determinadas sílabas tônicas. A Tab. 8.21 mostra a frequência relativa dos fonemas vocálicos.

A frequência dos fonemas consonantais

Os fonemas consonantais representam 52,1% dos fonemas da amostra. Os fonemas consonantais mais comuns são o arquifonema /N/, o fonema /d/ e o fonema /l/. Os fonemas consonantais menos comuns são os fonemas /ɲ/, /ʎ/ e /ʃ/.

De acordo com o modo de articulação, os fonemas consonantais agrupam-se em duas categorias gerais: **obstruintes** (ou seja, os oclusivos e os fricativos) e **soantes** (ou seja, os nasais, os laterais e os vibrantes). É impressionante a alta porcentagem da frequência dos fonemas oclusivos em comparação com os demais obstruintes e a alta porcentagem da frequência dos fonemas nasais em comparação com os demais soantes. A Tab. 8.22 indica as frequências de ocorrência das consoantes classificadas por modo de articulação.

Na análise da frequência de ocorrência dos fonemas consonantais pelo ponto de articulação, o que impressiona é a predominância dos fonemas alveolares, que perfazem 42,5% do total dos fonemas consonantais. Vale observar, porém, que há cinco fonemas alveolares e um arquifonema, que é mais que o número de fonemas de qualquer outro ponto de articulação. Num segundo lugar muito distante, encontram-se os

Classificação	Número	Porcentagem do total de fonemas
Consoantes	3.685.310	52,1%
Vogais	3.386.071	47,9%
Total	7.071.381	100%

8.20 A frequência relativa entre vogais e consoantes.

8.21 A frequência relativa dos fonemas vocálicos.

Vogal	Número	Porcentagem entre os fonemas vocálicos
/a/	1.005.469	29,7%
/e/	823.989	24,3%
/o/	725.884	21,4%
/i/	465.162	13,7%
/u/	224.214	6,6%
/ɛ/	87.806	2,6%
/ɔ/	53.547	1,6%
Total	3.386.071	100%

fonemas dentais com 18,7% das ocorrências com só dois fonemas. Os três fonemas bilabiais representam 12,2% do total. Os pontos de articulação menos frequentes são velar, com 8,1% das ocorrências, labiodental, com 4,7% das ocorrências e palatal, com 2,9% das ocorrências. Vale observar que esses pontos de articulação têm dois fonemas, um fonema e três fonemas respectivamente. Na análise da frequência de ocorrência dos fonemas consonantais pelo ponto de articulação, separou-se o arquifonema /N/ porque representa a neutralização de dois fonemas com diferentes pontos de articulação. A Tab. 8.23 indica a frequência de ocorrência das consoantes, classificadas por ponto de articulação.

Os fonemas consonantais agrupam-se em duas categorias de acordo com o estado das cordas vocais: os surdos e os sonoros. Os seis fonemas surdos representam 29,6% das ocorrências, enquanto que os treze fonemas sonoros e os arquifonemas /N/ e /R/ representam 62,2% das ocorrências. Na análise separou-se o arquifonema /S/, que representa 8,2% dos fonemas consonantais, porque representa a neutralização de um fonema surdo e um fonema sonoro. A Tab. 8.24 indica a frequência de ocorrência das consoantes classificadas pelo estado das cordas vocais.

Resumo

Uma das relações que a fonologia descreve é a relação entre fonemas. São dois os tipos de relações entre fonemas: a oposição e a neutralização. Para identificar as oposições e neutralizações é necessário utilizar o conceito do par mínimo. O par mínimo são duas sequências fônicas idênticas exceto por um único som e essa única diferença causa uma mudança de significado. O contraste entre a oposição e a neutralização é resumido na Tab. 8.25.

Mediante a identificação das **oposições** existentes em português, constata-se que

Classificação por modo de articulação	Número	Porcentagem entre os fonemas consonantais	Porcentagem por categoria
Obstruintes	2.113.200	57,3%	**Obstruintes**
Oclusivos	1.249.272	33,9%	59,1%
Fricativos	863.928	23,4%	40,9%
Soantes	1.572.110	42,7%	**Soantes**
Nasais	748.686	20,3%	47,6%
Vibrantes	453.645	12,3%	28,9%
Laterais	369.779	10,0%	23,5%
Total	3.685.310	100%	

8.22 A frequência de ocorrência das consoantes por modo de articulação.

Classificação por ponto de articulação	Número	Porcentagem entre os fonemas consonantais
Bilabial	448.232	12,2%
Labiodental	174.504	4,7%
Dental	688.708	18,7%
Alveolar	1.565.648	42,5%
Palatal	109.075	2,9%
Velar	298.739	8,1%
Arquifonema /N/	430.670	10,9%
Total	3.685.310	100%

8.23 A frequência de ocorrência das consoantes por ponto de articulação.

Classificação pelo estado das cordas vocais	Número	Porcentagem entre os fonemas consonantais
Surdos	1.089.315	30,1%
Sonoros	2.226.679	61,5%
Arquifonema /S/	303.935	8,4%
Total	3.619.929	100%

8.24 A frequência de ocorrência das consoantes por estado das cordas vocais.

o português tem uma base de sete fonemas vocálicos e dezenove fonemas consonantais. Esses fonemas são apresentados no quadro das consoantes (a Tab. 8.2) e no quadro das vogais (a Tab. 8.3) deste capítulo. É importante saber esses quadros e entender que todos os símbolos desses dois quadros representam sons e que os símbolos marcados em círculos também representam os fonemas do português.

A **neutralização** é a perda de oposição entre dois ou mais fonemas em determinado contexto fonológico. Sendo assim, a neutralização em português é do tipo **sincrônico** ou **parcial**, já que não ocorre em todos os contextos. Esse tipo de neutralização gera um **arquifonema**.

Quanto à **frequência de ocorrência** dos fonemas do português, é interessante observar que 47,9% dos fonemas que ocorrem na cadeia fônica são as sete vogais. As dezenove consoantes representam 52,1% dos fonemas da cadeia fônica. A alta frequência dos fonemas vocálicos indica que é muito importante que quem aprende o português como segunda língua dê a devida atenção à aquisição do sistema vocálico. Pelos dados apresentados pode-se ver quais são os fonemas vocálicos de maior frequência. Pode-se ver também quais são os fonemas consonantais de maior e menor frequência. Pode-se ver também com que frequência ocorrem os fonemas consonantais segundo seus traços distintivos de modo de articulação, ponto de articulação e estado das cordas vocais.

A **transcrição fonológica** é uma transcrição em que se especifica a sequência de fonemas e arquifonemas que compõem os grupos fônicos de uma comunicação verbal. É útil por indicar os diferentes fonemas empregados em um enunciado. O entendimento do sistema dos fonemas é fundamental para a compreensão das relações entre os sons do idioma. O Quadro 8.26 apresenta, com fins ilustrativos, um fragmento textual em escrita ortográfica com a sua transcrição fonológica. Devido aos inumeráveis sinais diacríticos empregados nas transcrições fonológicas (e mais ainda nas fonéticas), quando essas transcrições são feitas à mão, é melhor sempre pular uma linha (equivalente ao espaço duplo na digitação).

Na transcrição fonológica indica-se com um espaço a divisão entre palavras. Emprega-se também o símbolo "+" para representar a união entre dois morfemas da mesma palavra. Assim a palavra {desencontrar} pode representar-se fonologicamente como /deS+eNkoNtɾ+áR/.

Identificados os fonemas e arquifonemas do sistema fonológico do português, é hora de examinar a outra relação que a fonologia descreve, que é a relação entre os fonemas e seus alofones.

Perguntas de revisão

1. Por que é preciso estudar a fonologia?
2. Qual é a relação entre os conceitos de oposição e par mínimo?
3. Qual é a relação entre os conceitos de oposição e neutralização?
4. Dê as oposições consonantais baseadas no modo de articulação.

8.25 O contraste entre a oposição e a neutralização.

Relação	Definição	Exemplo	Comprovada por
Oposição	a relação entre dois fonemas distintivos	/t/ ~ /d/	o par mínimo [téũ] [déũ]
Neutralização	a perda de oposição entre dois ou mais fonemas	arquifonema /S/	/uS károS/ [uskáhus/uʃkáhuʃ] /uS gátoS/ [uzgátus/uʒgátuʃ]

Capítulo 8

TRANSCRIÇÃO ORTOGRÁFICA:	TRANSCRIÇÃO FONOLÓGICA:
{Enganara-se / e em vez de dizer Roma / dissera Córsega. / Encontraram-se imediatamente nos campos desta última ilha, / que então não era ainda habitada. / O parvo subiu a um cerro / para se orientar, / mas a princesa / que não tirara os pés do tapete / disse: / Tapete, / leva-me para o meu palácio.}	/eNganára se / e eN véS de dizéR róma / diséra kóRsega // eNkoNtráraN se imediátaméNte noS káNpoS déSta última íʎa / ke eNtáoN náoN éra aíNda abitáda // o páRvo subíu a uN séru / para se orieNtáR / maS a priNséza / ke náoN tirára oS péS do tapéte / díse // tapéte / léva me para o meu palásiu /

8.26 Um trecho ortográfico com sua transcrição fonológica.

5. Dê as oposições consonantais baseadas no ponto de articulação.

6. Dê as oposições consonantais baseadas no estado das cordas vocais.

7. Dê as oposições vocálicas baseadas no modo de articulação.

8. Dê as oposições vocálicas baseadas no ponto de articulação.

9. Qual é a relação entre neutralização e arquifonema?

10. Quais são os fonemas consonantais mais frequentes e menos frequentes do português?

11. Quais são os fonemas vocálicos mais frequentes e menos frequentes do português?

12. Quais são as características da transcrição fonológica?

Exercícios de transcrição

Transcreva fonologicamente os seguintes trechos literários (o gabarito encontra-se no apêndice):[2]

1. {Veio à Justiça. / Ele pôs-se a contar o sucedido com o compadre pobre / e levaram este preso. / No caminho, / os guardas quiseram descansar, / amarraram o pobre a uma árvore / e deitaram-se a dormir a sesta. / Passou um pastor com uns carneiros / e perguntou-lhe o que era.}

2. {Ora o irmão que estava preso / tinha um cão e um gato, / e estes, / logo que souberam que seu dono estava na cadeia, / trataram de lá ir ter com ele. / Uma vez chegados, / tomaram conhecimento de que o conde, / irmão do seu dono, / lhe tinha roubado a caixa/

[2]*Contos Populares Portugueses: Antologia*, Ed. Francisco Lyon de Castro (Publicações Europa-América Lda, 40ª ed., s/d).

Conceitos e termos

arquifonema	oposição	traço não distintivo
consoante	par mínimo	traço não pertinente
fonema	soantes	traço pertinente
neutralização	traço distintivo	transcrição fonológica
obstruintes	traço funcional	vogal

e cuidaram ambos de ir ao palácio dele / para a trazer. / Para esse fim / fizeram um batel de casca de abóbora, / pois tinham de atravessar o mar.}

3. {Havia fora da cidade / uma quadrilha de ladrões, / e o capitão deles / andava à espera da ocasião da partida do mercador. / Assim que soube o dia em que ele saiu da cidade, / vestiu-se com trajes de mendigo, / e ao anoitecer / estava toda a sua quadrilha / no canto da rua onde moravam as três meninas.}

4. {Mas no bar / já se sabia da entrevista mal sucedida, / da cólera de Ramiro. / Exageravam-se os fatos: / que houvera bate-boca violento, / que o velho político expulsara Altino de sua casa, / que este fora mandado por Mundinho propor acordos, / pedir trégua e clemência.}

5. {Andava o genro do rei / visitando as suas tropas, / quando viu o seu desalmado companheiro / alistado em um dos batalhões do reino. / Mandou-o ir ao palácio / e deu-se a conhecer. / Ficou o malvado aflito,/ mas o príncipe disse-lhe / que não lhe tencionava fazer mal algum, / apesar da infâmia que ele praticara.}

6. {O cavaleiro recebeu o vidro, / mandou avançar o leão / e matou a velha. / Depois desencantou todos os que estavam na torre. / O irmão / porém, / apenas soube que a mulher, / por engano, / havia quebrado os laços conjugais, / assassinou o seu salvador.}

7. {No dia seguinte, / foi ele ao curral, / tirou os olhos a cinco cabras, / guardou-os no bolso / e foi visitar a noiva. / Mal a viu, / atirou-lhe com os olhos das cabras / e passou-lhe pela cara as mãos cheias de sangue. / A rapariga indignou-se, /repreendeu-o asperamente / e pô-lo fora de casa.}

8. {A rainha, / sob a impressão das injúrias do marido, / feriu o braço com um alfinete, / e nas três pingas de sangue / molhou a caneta / e com ela escreveu o seu nome / num papel que o cavaleiro lhe apresentou. / Em seguida, / o cavaleiro guardou o documento / e desapareceu.}

Recursos eletrônicos

1. 🔊 Exemplos de pares mínimos.

2. 🔊 Oposições consonantais baseadas no modo de articulação.

3. 🔊 Oposições consonantais baseadas no ponto de articulação.

4. 🔊 Oposições consonantais baseadas no estado das cordas vocais.

5. 🔊 Oposições vocálicas baseadas no modo de articulação.

6. 🔊 Oposições vocálicas baseadas no ponto de articulação.

7. 🔊 Oposições vocálicas do fonema /a/.

8. 🔊 Oposição entre /m/, /n/ e /ɲ/ em posição inicial de sílaba interior de palavra e entre /m/ e /n/ em posição inicial de palavra.

9. 🔊 Neutralização entre as consoantes nasais em posição final de sílaba.

10. 🔊 Oposição entre /ɾ/ e /r/ em posição inicial de sílaba interior de palavra.

11. 🔊 Neutralização entre as consoantes vibrantes em posição final de sílaba.

12. 🔊 Oposição entre /s/ e /z/ em posição inicial de palavra e inicial de sílaba interior de palavra.

13. 🔊 Neutralização entre as consoantes alveolares em posição final de sílaba interior de palavra e final de palavra.

Capítulo 9
A relação entre fonemas e alofones: a distribuição

O segundo tipo de relação que a fonologia tem que descrever e explicar é a que existe entre os fonemas (ou arquifonemas) e seus alofones. O fonema em si, sendo um conceito mental, não é um som produzido. O fonema é representado na fala mediante sons que são chamados alofones. Um alofone é um som produzido que representa um fonema. A especificação da relação entre um fonema e seus alofones chama-se **distribuição**.

A fonologia do português é relativamente estável e não varia de dialeto em dialeto. Como foi apresentado no Capítulo 8, o português tem uma base de sete fonemas vocálicos, dezenove fonemas consonantais e três arquifonemas consonantais. A fonética do português, porém varia muito de dialeto em dialeto.

O objetivo deste livro é ensinar os aspectos envolvidos na pronúncia da norma culta para ajudar quem aprende o português como segunda língua a aproximar sua própria pronúncia o máximo possível da pronúncia nativa desse idioma. Para isso as distribuições apresentadas focalizarão três normas cultas: São Paulo, Rio de Janeiro e Lisboa.

O objetivo deste capítulo é o de apresentar o conceito fonológico de distribuição e os tipos de distribuição existentes em português. Apresentar-se-ão exemplos para demonstrar como operam os distintos tipos. As outras possibilidades alofônicas que podem existir nas três normas cultas, serão apresentadas no seus devidos capítulos.

A distribuição

A distribuição de alofones depende de vários fatores já apresentados. Para entender onde e como os alofones dos fonemas de português se distribuem, vale recapitular três conceitos fundamentais.

Primeiro, é vital lembrar a distinção entre consoantes e vogais. No contexto da distribuição, os contrastes mais importantes são os da abertura bucal e os da abertura das cordas vocais. A abertura bucal é maior na produção das vogais do que na produção das consoantes. Em contrapartida, a abertura das cordas vocais é menor na produção das vogais do que na produção das consoantes.

Segundo, é imprescindível considerar a estrutura da sílaba. A Fig. 9.1 representa a estrutura da sílaba apresentada anteriormente.

Nesse modelo, a sílaba (representada pelo símbolo σ) divide-se em ataque e rima. A rima, por sua vez, divide-se em núcleo e coda. O núcleo silábico do português é sistematicamente uma vogal. O ataque e a coda, quando ocorrem, costumam ser consoantes. Também costuma-se dizer que os fonemas do ataque ocorrem em posição silábica **explosiva**, enquanto os fonemas da coda ocorrem em posição **implosiva**.

Terceiro, é necessário reconhecer o papel do grupo fônico na distribuição porque os alofones podem aparecer em várias posições dentro desse grupo. A posição inicial ou final do fonema no grupo fônico, ou seja,

9.1 O modelo da sílaba.

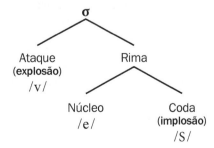

	Convenções de notação linguística
→	a flecha interpreta-se como "realiza-se como"
/	a barra maior interpreta-se como "no contexto de" ou "quando ocorre" em determinado contexto fonotático
__	o travessão baixo emprega-se para indicar a posição do fonema ou som que se examina em relação com os demais elementos da sequência fônica
$	o cifrão indica o limite ou divisão entre duas sílabas
#	este símbolo indica o limite ou divisão entre duas palavras
V	este símbolo representa qualquer vogal
C	este símbolo representa qualquer consoante
C_0	o zero subscrito indica zero ou mais consoantes (se houver número superescrito indicará o número máximo de consoantes)
N	este símbolo representa qualquer consoante nasal
S	este símbolo representa qualquer consoante fricativa alveolar
R	este símbolo representa qualquer consoante vibrante
n.o.l.	esta sigla é a abreviatura para "nos outros lugares"
/	dentro de uma transcrição, seja fonética ou fonológica, usa-se a barra para indicar a pausa que ocorre entre dois grupos fônicos
//	a barra dupla indica uma pausa maior, como entre orações

9.2 Convenções de notação linguística empregadas na representação das regras de distribuição.

se ele vem precedido ou seguido de pausa, pode influenciar a escolha do alofone empregado.

São várias as convenções de notação linguística empregadas na representação da distribuição. A Tab. 9.2 apresenta as notações e a descrição de seu significado. É importante empregar essas convenções pelo mesmo motivo pelo qual se emprega o AFI: o de usar símbolos uniformes reconhecidos pela comunidade de linguistas. O emprego dessas convenções também serve para representar as distribuições graficamente de forma sucinta, sem ter que recorrer a uma longa descrição em prosa. Os exemplos de uso encontram-se mais adiante no contexto das regras específicas.

A seguinte regra demonstra como esses símbolos podem ser empregados para representar a distribuição dos alofones de um fonema. A regra apresenta de maneira formal uma das possíveis distribuições do arquifonema /S/.

$$/S/ \rightarrow [z] \ / \ \_C_{sonora}$$
$$/\ \_\#V$$
$$[s] \ / \ n.o.l.$$

A regra acima indica que o arquifonema /S/ realiza-se como fricativa alveolar sonora [z] quando o fonema ocorre diante de uma consoante sonora ou em posição final de palavra diante de uma vogal e que realiza-se como fricativa alveolar surda [s] nos outros lugares (n.o.l.).

A distribuição indica a relação entre um fonema e seus alofones. Sendo assim, a representação dessa relação sempre começa com o fonema seguido de uma flecha que conduz ao alofone ou aos alofones que se empregam para realizar o fonema na fala. Se há mais de um alofone, a distribuição especifica quais são e onde ocorrem. Há quatro tipos de distribuições em português: 1) **distribuição única**, 2) **distribuição complementar**, 3) **distribuição livre** e 4) **distribuição mista**. As próximas seções deste capítulo contêm a definição de cada tipo de distribuição e indicam os fonemas que apresentam cada tipo. Indicam também as regras correspondentes, mas a apresentação dos pormenores fonéticos e fonológicos de cada som e fonema ficará para os capítulos da quarta e quinta seções do livro. Os Capítulos 11 a 15 (Seção IV) tratam das vogais; os Capítulos 16 a 20 (Seção V) tratam das consoantes.

A distribuição única

A distribuição única descreve a relação entre um fonema e seu único alofone. Essa relação é a mais simples das distribuições, em que existe uma correspondência exata entre o fonema e seu alofone. Em termos precisos, como já se viu no Capítulo 6 sobre a fonética acústica, existe quase um sem fim de variantes de sons que se realizam na fala. Quer dizer, se dez falantes de língua portuguesa articulam o som [f] em dez contextos diferentes, haverá cem articulações ligeiramente diferentes. É praticamente impossível produzir duas vezes exatamente o mesmo som com o aparelho fonador humano. Porém, na prática, como já se examinou no Capítulo 7 sobre a fonética auditiva, o cérebro humano tem a habilidade de agrupar as articulações ligeiramente diferentes numa só categoria, quer dizer, um alofone, através do processo de identificação.

Existem além disso variantes dialetais que são também ligeiramente diferentes. Algumas dessas variantes que têm certa extensão geográfica e frequência de uso serão apresentadas nas notas dialetais dos capítulos que se encontram na Seção IV e na Seção V. As variantes que se apresentam como sistemáticas são as que costumam ocorrer nas normas cultas gerais da língua portuguesa.

Como exemplo de um fonema com distribuição única, apresenta-se o fonema /f/, que na norma culta geral tem um só alofone: a fricativa labiodental surda [f]. A regra de distribuição escreve-se formalmente da seguinte maneira:

$$/f/ \longrightarrow [f]$$

Dos fonemas obstruintes, quase todos têm uma distribuição única. As únicas possíveis exceções são as oclusivas dentais /t/ e /d/, que têm uma distribuição única só em alguns dialetos; em outros dialetos, esses fonemas têm outro tipo de distribuição que será apresentado em seguida. Entre os fonemas soantes há cinco fonemas que têm distribuição única. Os três fonemas nasais /m/, /n/ e /ɲ/ têm distribuição única, ao contrário do arquifonema /N/, cuja distribuição é diferente, sendo que o arquifonema por definição tem pelo menos dois alofones. O fonema /ʎ/ também tem uma distribuição única. Dos vibrantes, o vibrante simples /ɾ/ tem distribuição única. Há dois fonemas vocálicos com distribuição única: /ɛ/ e /ɔ/. A Tab. 9.3 resume os fonemas que têm distribuição única.

9.3 Fonemas com distribuição única.

Categoria		Fonemas
Obstruintes	oclusivos	/p/ /t/* /k/ /b/ /d/* /g/
	fricativos	/f/ /s/ /ʃ/ /v/ /z/ /ʒ/
Soantes	nasais	/m/ /n/ /ɲ/
	laterais	/ʎ/
	vibrantes	/ɾ/
Vogais		/ɛ/ /ɔ/

*distribuição única em alguns dialetos

A distribuição complementar

A distribuição complementar descreve a relação entre um fonema e dois alofones, ou mais de dois alofones, onde os alofones ocorrem em contextos fonológicos concretos que se excluem mutuamente. Isso quer dizer que um primeiro alofone ocorre sempre em determinado contexto e não em outro. Um segundo alofone ocorre exclusivamente em outro contexto e assim os demais alofones sucessivamente (se houver). Um exemplo desse tipo de distribuição é a do arquifonema /S/, cuja regra já se apresentou. Observa-se que na regra dada para o arquifonema /S/, o alofone sonoro [z] ocorre sempre diante de uma consoante sonora e em posição final de palavra diante de vogal. Por outro lado, o alofone surdo [s] ocorre sempre em todos os demais contornos possíveis (nos outros lugares=n.o.l.), mas nunca diante de consoante sonora nem diante de vogal em posição final de palavra. Esse tipo de distribuição chama-se complementar porque a soma da distribuição especificada para cada alofone completa a totalidade dos possíveis contextos em que o fonema aparece.

Há dois fonemas obstruintes que têm distribuição complementar. Os dois fonemas oclusivos dentais, a saber /t/ e /d/, podem ter distribuição complementar, dependendo do dialeto. Entre os fricativos há somente o arquifonema /S/ com distribuição complementar; de fato, dependendo do dialeto, existem duas distribuições diferentes. Entre os fonemas soantes são o arquifonema nasal /N/ e o fonema lateral alveolar /l/ que têm distribuição complementar. Há cinco fonemas vocálicos com distribuição complementar: /i/, /e/, /a/, /o/ e /u/. De fato, todos os fonemas vocálicos têm distribuição complementar com a exceção das vogais meio-abertas /ɛ/ e /ɔ/. A Tab. 9.4 resume os fonemas que têm distribuição complementar.

Há dez fonemas com distribuição complementar, cujas regras serão resumidas neste capítulo. Cada regra será acompanhada de uma descrição em prosa. É importante lembrar que o objetivo desta seção não é de dar todas as regras das distintas normas cultas que se apresentarão neste livro, mas sim de ensinar e exemplificar o

Categoria		Fonemas
Obstruintes	oclusivos	/t/* /d/*
	fricativos	/S/
Soantes	nasal	/N/
	lateral	/l/
Vogais		/i/ /u/ /e/ /o/ /a/

*só em alguns dialetos

9.4 Fonemas com distribuição complementar.

conceito dos distintos tipos de distribuição. Os Capítulos 12 a 19 apresentarão as regras das três normas cultas tratadas neste livro.

A **Regra 1** descreve a distribuição complementar optativa dos fonemas oclusivos dentais. Como já se explicou na seção anterior, os fonemas /t/ e /d/ têm distribuição única em alguns dialetos (de modo geral no extremo sul do Brasil, em Portugal e até em algumas variedades do nordeste de Brasil) e distribuição complementar nos outros.

A Regra 1 descreve a palatalização dos fonemas /t/ e /d/ que ocorre em muitos dialetos diante do som de [i]. É importante salientar que essa palatalização, em que se muda o ponto de articulação dos sons [t] e [d] (sons dentais) para os sons [tʃ] e [dʒ] (sons palatais), só ocorre diante da vogal anterior (palatal) fechada [i], seja qual for a sua origem. O som de [i] pode ser alofone do fonema /i/ como na palavra /testígo/ [testʃígu] ou do fonema /e/ como na palavra /párte/ [pártʃi]. Também pode haver palatalização diante de uma vogal epentética como na palavra /rítmo/ [hítʃimu]. O conceito da vogal epentética será abordada em mais detalhes no Capítulo 10.

A regra de palatalização aplica-se também ao fonema oclusivo dental sonoro /d/ nos mesmos contextos. Outra vez, só ocorre diante da vogal anterior (palatal) fechada [i], seja qual for a sua origem. O som de [i] pode ser alofone do fonema /i/ como na palavra /desidíR/ [desidʒír] ou do fonema /e/ como na palavra /desíde/ [desídʒi]. Também pode haver palatalização diante de uma vogal epentética como na palavra /advogádo/ [adʒivogádu].[1]

Regra 1:

/t d/ ⟶ [tʃ dʒ] / __[i]
        [t d] / n.o.l.

As Regras 2 e 3 descrevem a distribuição complementar do arquifonema /S/ e o comportamento desse arquifonema em distintas normas cultas.

A **Regra 2** descreve a distribuição que se emprega na norma culta de São Paulo. Pode-se observar isso no comportamento do /S/ da palavra {dois}, que termina com o arquifonema /S/. O som final da palavra muda de acordo com o contexto fonológico em que o fonema /S/ ocorre. Quando se diz esse número diante da palavra {livros}, o arquifonema /S/ ocorre diante de uma consoante sonora e realiza-se mediante o alofone sonoro [z] [dói̯zlívrus]. Diante da palavra {autos}, o arquifonema /S/ ocorre em posição final de palavra diante de uma vogal e realiza-se também mediante o alofone sonoro [z] [dói̯záu̯tus]. Na sequência {dois carros}, o arquifonema /S/ ocorre diante de uma consoante surda (quer dizer, ocorre em um dos outros lugares) e realiza-se mediante o alofone surdo [s] [dói̯skáhus]. O mesmo fenômeno ocorre quando o arquifonema /S/ aparece em posição final de sílaba interior de palavra: /méSmo/ [mézmu] e /páSta/ [pástɐ]. A posição final de grupo fônico é também "um dos outros lugares" em que o arquifonema se realiza como alofone fricativo alveolar surdo: [s], exemplo {quero duas} /kɛ́rodúaS/ [kɛ́rudúɐs].[2] ◀⋲

Regra 2 (sem palatalização):

/S/ ⟶ [z] / __C_{sonora}
          / __#V
     [s] / n.o.l.

A **Regra 3** descreve a distribuição que se emprega na norma culta do Rio de Janeiro e de Lisboa onde ocorre a palatalização do /S/. O fenômeno chama-se palatalização porque o que seria um som alveolar [s] vira um som palatal [ʃ]. Pode-se observar isso no comportamento do /S/ da palavra {dois}, que termina com o arquifonema /S/. O som final da palavra muda de acordo com o contexto fonológico em que ocorre o arquifonema /S/. Quando se diz esse número diante da palavra {livros}, o arquifonema /S/ ocorre diante de uma consoante sonora e realiza-se mediante o alofone sonoro palatal [ʒ] [dói̯ʒlívruʃ]. Diante da palavra {autos}, o arquifonema /S/ ocorre em posição final de palavra diante de uma vogal e realiza-se mediante o alofone sonoro [z] [dói̯záu̯tuʃ]. Na sequência {dois carros}, o arquifonema /S/ ocorre diante de uma consoante surda (quer dizer, ocorre em um dos outros lugares) e realiza-se mediante o alofone surdo [s] [dói̯ʃkáhuʃ]. O mesmo fenômeno ocorre quando o arquifonema /S/ aparece em posição final de sílaba interior de palavra: /méSmo/ [méʒmu] e /páSta/ [páʃtɐ]. A posição final de grupo fônico é também "um dos outros lugares" em que o arquifonema realiza-se como o alofone fricativo palatal surdo: [ʃ], exemplo {quero duas} /kɛ́rodúaS/ [kɛ́rudúɐʃ].[3] ◀⋲

Regra 3 (com palatalização):

/S/ ⟶ [ʒ] / __C_{sonora}
        [z] / __#V
        [ʃ] / n.o.l.

As Regras 4 e 5 descrevem a distribuição complementar do arquifonema /N/ e o seu efeito na vogal anterior. A questão do estado e extensão do arquifonema /N/ na fonologia da língua portuguesa, como também o estado das vogais oronasais, é complicada e polêmica. Os detalhes dessa controvérsia e as suas consequências teóricas serão apresentados no Capítulo 15 que tratará o fenômeno de nasalização vocálica na língua portuguesa. Fonotaticamente o arquifonema nasal ocorre na coda silábica interior de palavra ou final de palavra.

A **Regra 4** descreve o comportamento do arquifonema /N/ na coda silábica, seja interior ou final de palavra, seguida ou não do arquifonema /S/. Em todo caso o arquifonema nasal sempre nasaliza a vogal anterior; se ainda resta uma consoante nasal de transição ou não depende da consoante inicial da sílaba seguinte. Se a consoante inicial da seguinte sílaba é oclusiva, africada (que começa com oclusiva), ou fricativa labiodental, existe uma breve consoante nasal que se produz na transição entre a vogal oronasal final de sílaba e a seguinte consoante. As seguintes palavras servirão de exemplos: /iNgráto/ [ĩᵑgrátu], /éNféite/ [ẽᵐféi̯t͡ʃi], /éNtɾa/ [ẽⁿtɾe], /maláNdɾo/ [malẽⁿdɾu], /óNde/ [õⁿd͡ʒi], /uNbɾál/ [ũᵐbɾáɰ̞]. Nos outros lugares não há consoante nasal de transição e só fica a nasalização da vogal anterior: /káNsa/ [kẽsa], /iNstáNte/ [ĩstẽⁿt͡ʃi].[4] ◀≲

Regra 4:

/VN/ ⟶ [Ṽᵐ] / __C$_{ocl.\ bilabial}$
[Ṽᶬ] / __C$_{fric.\ labiodental}$
[Ṽⁿ] / __C$_{ocl.\ dental}$
[Ṽⁿ] / __C$_{afr.\ palatal}$
[Ṽᵑ] / __C$_{ocl.\ velar}$
[Ṽ] / n.o.l.

A **Regra 5** especifica a ditongação da vogal /e/ quando ocorre diante do arquifonema /N/ na coda silábica final de palavra. É Importante notar que essa ditongação não ocorre em posição interior de palavra. A combinação das Regras 4 e 5, então, explicam os seguintes exemplos: /fíN/ [fĩ́] e /fíNS/ [fĩ́s], /tɾeN/ [tɾẽi̯/tɾẽi̯] e /tɾeNS/ [tɾẽi̯s/tɾẽi̯s], /masáN/ [masẽ́] e /masáNS/ [masẽ́s], /bóN/ [bṍ] e /bóNS/ [bṍs], /álbuN/ [áɰ̞bũ] e /álbuNS/ [áɰ̞bũs].[5] ◀≲

Regra 5:

/eN/ ⟶ [ẽi̯] / __N(S)# (BR)
/eN/ ⟶ [ẽi̯] / __N(S)# (PO)

Muito problemáticos, porém, para a especificação fonológica são os ditongos oronasais, que só aparecem fonotaticamente em posição final de palavra e que sempre terminam em semivogal. Foneticamente são cinco: [ẽɰ̞], [ẽi̯], [ẽi̯], [õi̯] e [ũi̯]. Dos ditongos oronasais alguns podem ser tanto tônicos quanto átonos, outros são sempre tônicos, Alguns podem ser lexicais (uma parte integral da palavra em si), outros podem ser morfológicos (uma desinência ou sufixo). Todos esses detalhes e outros relativos à complexidade do fenômeno da nasalização vocálica e do arquifonema /N/ apresentar-se-ão no Capítulo 15 e no Capítulo 18 respectivamente.[6] ◀≲

As Regras 6 e 7 descrevem a distribuição do fonema /l/ nos dialetos do Brasil e de Portugal. Como se verá no Capítulo 19, a diferença principal se deve à vocalização que ocorre na coda silábica no Brasil.

A **Regra 6**, que descreve a distribuição do fonema /l/ no português brasileiro, indica que se usa o alofone [l] no ataque silábico precedido ou não de outra consoante: {lado} [ládu] ou {plano} [plánu]. Na coda silábica diante de uma oclusiva dental ocorre uma lateral velarizada de transição [ɫ] Nos outros lugares, quer dizer, na coda silábica diante de qualquer outra consoante, diante de palavra iniciada por vogal ou em posição final absoluta, o fonema /l/ realiza-se como uma semivogal posterior não arredondada [ɰ].[7] ◀≲

Regra 6 (Brasil):

/l/ ⟶ [l] / C_0$__
[ɫ] / __C_{dental}$
[ɰ] / __$

A **Regra 7** descreve a distribuição do fonema /l/ no português europeu. Outra vez, a regra indica que se usa o alofone [l] no ataque silábico precedido ou não de outra consoante: {lado} [ládu] ou {plano} [plánu]. Na coda silábica, porém, há diferenças. Diante de uma oclusiva dental ocorre uma lateral dental velarizada plena [ɫ]. Nos outros lugares, quer dizer, na coda silábica diante de qualquer outra consoante, diante de palavra iniciada por vogal ou em posição final absoluta, o fonema /l/ realiza-se como uma lateral alveolar velarizada [ɫ].[8] ◀≲

Regra 7 (Portugal):

/l/ ⟶ [l] / C_0$__
[ɫ] / __C_{dental}$
[ɫ] / __$

As Regras 8, 9 e 10 descrevem as distribuições complementares dos fonemas vocálicos /i u e o a/ da norma culta brasileira.

A **Regra 8** indica que, de modo geral, emprega-se a semiconsoante [j] quando a vogal é átona e precede uma vogal nuclear átona: {ânsia} [ẽ.sjɐ] e {ansiedade} [ẽ.sje.dá.dʒi]. Os fonemas /i u/ átonos depois de uma vogal nuclear realizam-se como as semivogais [i̯ u̯]. Servem de exemplos {vai} [vái̯] e {vou} [vóu̯]. Diante do arquifonema nasal, as vogais /i u/ nasalizam-se como nos exemplos {pinta} [pĩⁿtɐ] e {ungir} [ũʒíɾ]. Nos outros lugares, produzem-se as vogais [i u]: {quis} [kís] e {cubo} [kúbu]. A Regra 8 não explica, porém, os casos em que os fonemas /i u/ se realizam como [j w] em posição interior de palavra como nas palavras {ânsia} [ẽsja] ou {quatro} [kwátɾu], fenômeno que será comentado no Capítulo 14.⁹ ◀

Regra 8 (Brasil):

/i u/ ⟶ [j w] / __*V_nuclear átona
[i̯ u̯] / V_nuclear__*
[ĩ ũ] / __N(S)$
[i u] / n.o.l.

*vogal em posição átona
Obs. [j w] também aparecem em outros lugares, veja Capítulos 12 e 14.

A **Regra 9** indica que os fonemas /e o/ realizam-se como semiconsoantes [j w] quando são átonos em posição final de palavra diante de vogal nuclear. Assim, as sequências {quase aqui} e {oito amigos} viram [kwázjakí] e [ói̯twamígus]. Os fonemas /e o/ sofrem alçamento vocálico em posição final de palavra e as palavras {vale} e {outro} viram [váli] e {óu̯tɾu]. De acordo com a Regra 5, já apresentada, o fonema /e/ ditonga-se e nasaliza-se em [ẽi̯] em posição final de palavra, seja tônica ou átona. Assim a palavra {contagem} vira [kõⁿtáʒẽi̯] e a palavra {armazém} vira [aɾmaʒẽi̯]. Já o fonema /o/ na mesma posição só se nasaliza: {bom} [bõ]. Diante do arquifonema nasal em posição final de sílaba interior de palavra, as vogais /e o/ nasalizam-se como nos exemplos {ensinar} [ẽsináɾ] e {ponta} [põⁿtɐ]. Nos outros lugares produzem-se as vogais [e o]: {velo} [vélu] e {moça} [mósɐ].¹⁰ ◀

Regra 9 (Brasil):

/e o/ ⟶ [j w] / __*#V_nuclear
[i u] / __*#
[ẽi̯ õ] / __N(S)#
[ẽ õ] / __N(S)$
[e o] / n.o.l.

*vogal átona em posição final de palavra

A **Regra 10** indica que o fonema /a/ também sofre alçamento vocálico em posição átona final de palavra e a palavra {casa} vira [kázɐ]. Diante do arquifonema nasal, a vogal /a/ nasaliza-se com alçamento como nas palavras {cansa} [kẽsɐ] e {cansar} [kẽsáɾ]. Em posição tônica diante de consoante nasal em posição inicial de sílaba, a vogal /a/ também se nasaliza com alçamento como nas palavras {cama} [kẽmɐ] e {cana} [kẽnɐ]. Nos outros lugares produz-se a vogal [a]: {fato} [fátu].¹¹ ◀

Regra 10 (Brasil):

/a/ ⟶ [ɐ] / __*#
[ẽ] / __N(S)$
     __$C_nasal
[a] / n.o.l.

*vogal átona em posição final de palavra

As Regras 11, 12, 13, 14 e 15 descrevem as distribuições complementares dos fonemas vocálicos /i u e o a/ da norma culta lisboeta.

A **Regra 11** indica que o fonema /i/ realiza-se como semiconsoante [j] quando átona diante de uma vogal nuclear. Desta maneira, as palavras {ciar} e {réstia} viram [sjáɾ] e [ʀɛ́ʃtja]. O fonema /i/ átono depois de uma vogal nuclear realiza-se como a semivogal [i̯]. Servem de exemplos {vai} [vái̯] e {foi} [fói̯]. Em posição átona em que o fonema /i/ não forme ditongo, a vogal sofre centralização; assim as palavras {visita} e {adivinha} viram [vɨzítɐ] e [ɐdivíɲɐ]. Diante do arquifonema nasal, a vogal /i/ nasaliza-se como nos exemplos {pinta} [pí^{n}tɐ] e {ungir} [ũʒír]. Nos outros lugares produz-se a vogal [i]: {quis} [kíʃ] e {misto} [míʃtu].¹² ◀

Regra 11 (Portugal):

/i/ ⟶ [j] / __*V$_{nuclear}$
    [i̯] / V$_{nuclear}$__*
    [ɨ] / __*
    [ĩ] / __N(S)$
    [i] / n.o.l.

*vogal em posição átona
(Ver Capítulo 12 para as exceções.)

A **Regra 12** indica que o fonema /u/ realiza-se como semiconsoante [w] quando átona diante de uma vogal nuclear. Desta forma as palavras {quatro} e {suar} viram [kwátru] e [swár]. O fonema /u/ átono depois de uma vogal nuclear realiza-se como a semivogal [u̯]. Servem de exemplos {vou} [vóu̯] e {deu} [déu̯]. Diante do arquifonema nasal, a vogal /u/ nasaliza-se como nos exemplos {junto} [ʒú^{n}tu] e {abunda} [ɐbú^{n}dɐ]. Nos outros lugares, produz-se a vogal [u]: {ajuda} [ɐʒúdɐ] e {cubo} [kúbu].¹³ ◀

Regra 12 (Portugal):

/u/ ⟶ [w] / __*V$_{nuclear}$
    [u̯] / V$_{nuclear}$__*
    [ũ] / __N(S)$
    [u] / n.o.l.

*vogal em posição átona
(Ver Capítulo 12 para as exceções.)

A **Regra 13** indica que o fonema /e/ realiza-se como semiconsoante [j] quando é átona diante de vogal nuclear. Assim as palavras {cear} e {gémeo} viram [sjár] e [ʒémju]. O fonema /e/ sofre alçamento quando átona em posição inicial de palavra como exemplificam as palavras {educar} [idukár] e {erguer} [iɾgéɾ]. Nas outras posições átonas o fonema /e/ sofre alçamento e centralização como nas palavras {vale} [váli] e {telefone} [tiliffóni]. O fonema /e/ centraliza-se a [ɐ] diante de consoante palatal ou a semivogal [j] como nas palavras {telha} [téʎɐ] e {queijo} [kéjʒu]. O fonema /e/ centraliza-se, ditonga-se e nasaliza-se em [ẽj̃] diante de /N/ em posição final de palavra seja tônica ou átona. Deste modo a palavra {contagem} vira [kõ^{n}táʒẽj̃] e a palavra {armazém} vira [ɐɾmazẽj̃]. Porém, a centralização não acontece nas desinências verbais como {bebem} [bébẽj̃] ou {falem} [fálẽj̃] como se explica no Capítulo 15. Diante do arquifonema nasal em posição final de sílaba interior de palavra, a vogal /e/ nasaliza-se como nos exemplos {ensinar} [ẽsinár] e {tempo} [té^{m}pu]. Nos outros lugares produz-se a vogal [e]: {velo} [vélu] e {zelo} [zélu].¹⁴ ◀

Regra 13 (Portugal):

/e/ ⟶ [j]   / __*V$_{nuclear}$
    [i]   / #__*
    [ɨ]   / __*
    [ẽj̃] / __N(S)#
    [ẽ]   / __N(S)$
    [ɐ]   / __C$_{palatal}$
           / __[j̯]
    [e]   / n.o.l.

*vogal em posição átona

A **Regra 14** indica que o fonema /o/ realiza-se como semiconsoante [w] quando é átono diante de vogal nuclear. Assim as palavras {soar} e {roído} viram [swár] e [ʀwídu]. O fonema /o/ sofre alçamento vocálico em posição átona e as palavras {ovelha} e {outro} viram [uvéʎɐ] e [óu̯tru]. Diante do arquifonema nasal, a vogal /o/ nasaliza-se como nos exemplos {ontem} [ó^{n}tẽj̃] e {ponta} [pó^{n}tɐ]. Nos outros lugares produz-se a vogal [o]: {porto} [pórtu] e {moça} [mósɐ].¹⁵ ◀

Regra 14 (Portugal):

/o/ ⟶ [w] / __*V$_{tônica}$
    [u] / __*
    [õ] / __N(S)$
    [o] / n.o.l.

*vogal em posição átona

A **Regra 15** indica que o fonema /a/ realiza-se como vogal meio-aberta central [ɐ] quando ocorre em posição átona. Assim as palavras {casar} e {mesa} viram [kɐzáɾ] e [mézɐ]. Diante do arquifonema nasal, a vogal /a/ eleva-se e nasaliza-se a vogal [ẽ] como nos exemplos {ânsia} [ẽ́sja] e {elegante} [iligẽ́ⁿti]. Nos outros lugares produz-se a vogal [a]: {capa} [kápɐ] e {reinado} [ʀɐĩnádu]. As exceções serão comentadas no Capítulo 12.[16]

Regra 15 (Portugal):

$$/a/ \longrightarrow \begin{matrix} [\text{ɐ}] & / \underline{\quad}^* \\ & / \underline{\quad}\$C_{nasal} \\ [\text{ẽ}] & / \underline{\quad}N(S)\$ \\ [a] & / \text{n.o.l.} \end{matrix}$$

*vogal átona (Ver Capítulo 12 para exceções.)

A distribuição livre

A distribuição livre descreve a relação entre um fonema e dois alofones, ou mais de dois alofones, onde os alofones podem ocorrer no mesmo contexto fonológico. Ao contrário da distribuição complementar, onde os alofones aparecem em contextos fonológicos que se excluem mutuamente, na distribuição livre não há regra que determine qual dos alofones tem que ser usado em um determinado contexto. Isso quer dizer que num determinado contexto fonológico, pode-se escolher livremente entre os possíveis alofones. A escolha da variante por um falante segue padrões sociais, regionais ou até individuais, mas cada falante costuma ser consistente com a sua escolha. A especificação de uma distribuição livre, portanto, simplesmente apresenta uma lista dos alofones que podem ser empregados para representar o fonema.

Não há muitos fonemas que manifestam uma distribuição livre. De fato o único caso abordado neste capítulo é o do fonema vibrante múltiplo /r/. Como se verá, os casos de distribuição livre costumam representar variantes dialetais.

A **Regra 16** descreve a distribuição livre do fonema vibrante múltipla. Indica que o fonema /r/ pode ser realizado como fricativa glotal surda [h], como fricativa uvular surda [χ], como vibrante múltipla alveolar [r], como vibrante múltipla uvular sonora [ʀ] e como fricativa uvular sonora [ʁ]. Todos esses sons são variantes dialetais ou idioletais que se comentarão em mais detalhes no Capítulo 19.[17]

Regra 16:

$$/r/ \longrightarrow [h \; \chi \; r \; \text{ʀ} \; \text{ʁ}]^*$$

*variantes dialetais/idioletais

A distribuição mista

A distribuição mista descreve a relação entre um fonema e dois ou mais alofones nos casos em que determinados contextos (podem ser um ou mais) exigem um alofone específico, mas há distribuição livre em outros contextos. Esse tipo de distribuição combina uma distribuição complementar e uma distribuição livre e por isso chama-se "mista". O único exemplo do português de uma distribuição mista ocorre com o arquifonema vibrante /R/.

A **Regra 17** descreve a distribuição mista do arquifonema vibrante /R/, indicando que o arquifonema /R/ tem que ser realizado como vibrante simples [ɾ] em posição final de palavra diante de vogal inicial da palavra seguinte como no caso de {por isso} [poɾíso]. Nos demais lugares, o arquifonema /R/ tem uma distribuição livre sistemática em que pode realizar-se mediante qualquer das principais variantes dos dois fonemas vibrantes neutralizados. Por isso, então, a vibrante simples [ɾ] inclui-se na parte livre da distribuição mista do arquifonema /R/ mas não do fonema /r/. Ocorrem, então, nos demais lugares a vibrante simples [ɾ], a fricativa glotal surda [h], a fricativa uvular surda [χ] a vibrante múltiplo alveolar [r], a vibrante múltiplo uvular sonora [ʀ] e a fricativa múltiplo uvular sonora [ʁ].[18]

Regra 17:

$$/R/ \longrightarrow \begin{matrix} [\text{ɾ}] & / \underline{\quad}\#V \\ [\text{ɾ h } \chi \text{ r ʀ ʁ}] & / \text{n.o.l.} \end{matrix}$$

Aplicação prática

O lusofalante que não tenha estudado fonética, não saberia explicar os processos que essas regras descrevem. Também não saberia dar essa lista de regras. Mesmo assim, todo lusofalante as aplica ao falar. Todo falante de português aprende a aplicar essas regras pelo processo de socialização na aquisição do idioma.

Pode-se perguntar se todo falante nativo aplica essas regras de distribuição em todos os casos. A resposta geralmente é "sim", embora ocorram variações dialetais e até lapsos pessoais. Porém, essas regras representam a realização nas "normas cultas" do português. O termo "norma culta," como aqui empregado, refere-se à pronúncia prestigiada de uma comunidade linguística por ser associada às classes mais instruídas. Este livro, como já explicado, concentra-se na norma culta de três grandes centros culturais — São Paulo, Rio de Janeiro e Lisboa. Se o estudante aprender a aplicar essas regras a sua própria fala, seu português soará como o de um falante nativo com alto grau de instrução.

O ensino da pronúncia em nível avançado costuma basear-se ou no modelo imitativo ou no de aplicação dos princípios da fonética e da fonologia. Quando se emprega exclusivamente o modelo imitativo, o ensino fica limitado à imitação da pronúncia do professor, seja ele falante nativo de português ou não. Por outro lado, quando se aplicam os princípios fonéticos e fonológicos, essa limitação deixa de existir, pois o ensino e aprendizado se baseiam no entendimento do sistema de sons do português.

A imitação como técnica de aquisição da pronúncia tem vantagens e desvantagens e o êxito do estudante em adquirir uma boa pronúncia só por imitação varia muito de acordo com o indivíduo. Há pessoas que imitam muito bem devido a suas habilidades naturais enquanto outros simplesmente carecem da habilidade de imitar os sons. Uma vantagem é que se o estudante tiver a capacidade de imitar bem um bom modelo de pronúncia, a imitação pode ser um método mais rápido de aquisição. O ensino por esse método não requer que o professor entenda os princípios linguísticos da fonética e fonologia. Para que o ensino de pronúncia por imitação seja bem sucedido, é indispensável que o professor tenha uma boa pronúncia e que os estudantes consigam imitar bem o modelo apresentado pelo professor.

Como desvantagem pode-se citar que o ensino por imitação limita-se ao modelo ou variedade da pronúncia do professor. No caso do português, com suas três normas culturais importantes, isso é uma grande limitação. Outra grande desvantagem da dependência só da imitação é que não há remédio para o estudante que não consegue imitar o som. Outra desvantagem é a dificuldade da manutenção do sotaque a longo prazo depois de perder-se o contato com um bom modelo. A manutenção de uma boa pronúncia adquirida somente por imitação pode ser problemática, pois a pronúncia pode degradar-se pela influência ou transferência negativa do sistema dominante da língua materna.

O aprendizado do sistema fonético e fonológico como técnica de aquisição da pronúncia também tem vantagens e desvantagens. Uma das desvantagens é que exige mais conhecimento linguístico por parte do professor e exige que os estudantes aprendam conceitos acadêmicos em vez de simplesmente tentar repetir o que escutam. Uma grande vantagem, porém, é que o estudante que não consegue imitar os sons, adquire as ferramentas necessárias para saber o que fazer com seu aparelho fonador para produzir os sons desejados. Além disso, adquire os meios de ensinar outros a fazerem o mesmo. Por basear-se no aprendizado de princípios e em sua aplicação, possibilita que o estudante retenha uma boa pronúncia por mais tempo, em parte porque lhe dá os recursos para a autocorreção. O aprendizado do sistema ajuda tanto quem consegue aprender por imitação como quem não consegue.

É recomendável, então, que o estudante decore as regras fonéticas e que aprenda os princípios e processos fonéticos e fonológicos referentes à produção dos sons da norma culta do português que queira adquirir para poder aplicá-los em sua própria fala. Um bom entendimento dos princípios ajuda o estudante a neutralizar as influências dominantes de sua língua materna. Para melhor aquisição de uma boa pronúncia o ideal é empregar ambas as técnicas: o aprendizado do sistema acompanhado da imitação e prática de um bom modelo.

A transcrição fonética

Neste livro há exemplos e exercícios de transcrição fonética, que é simplesmente a representação escrita da fala de acordo com as regras fonéticas apresentadas usando os devidos símbolos do AFI (Alfabeto Fonético Internacional). A transcrição faz que o aluno veja claramente que sons devem ser produzidos em cada contexto fonético. Assim o estudante não tem que adivinhar que som deve ser produzido em determinado contexto porque simplesmente pode vê-lo graficamente. Aprender a aplicar as regras e ver o resultado por escrito faz com que o aluno tenha que pensar nas regras fonéticas e na sua aplicação

Obviamente, pode-se usar o AFI para representar distinções dialetais do português e até os erros da interlíngua do estudante durante seu período de aprendizado, mas o enfoque aqui é mais prescritivista: quais são os sons que correspondem a uma norma culta, aceitáveis como tais em toda a extensão do mundo lusófono? Ao ver a transcrição dos sons que devem ser produzidos, o aluno pode, então, praticar a sua produção. A prática da transcrição fonética junto com a prática de sua aplicação na fala ajudam a melhorar a pronúncia do estudante. Por isso, o final deste capítulo traz exercícios de transcrição fonética.

Resumo

A distribuição de alofones descreve a relação entre o fonema ou arquifonema e seus alofones ou sons físicos que se empregam para representá-los. Há quatro tipos de relações entre o fonema ou arquifonema e seus respectivos alofones: 1) distribuição única, 2) distribuição complementar, 3) distribuição livre e 4) distribuição mista. A Tab. 9.5 resume esses quatro tipos de relações, dá a definição de cada uma bem como um exemplo do tipo de regra e uma lista dos fonemas governados por cada tipo de regra. Na especificação das regras fonéticas, é importante saber e entender os símbolos e abreviaturas da Tab. 9.6.

As regras de distribuição para os fonemas consonantais resumem-se na Tab. 9.7., que está dividida em colunas para indicar as diferenças entre as normas cultas de São Paulo, do Rio de Janeiro e de Lisboa.

Os arquifonemas também têm uma distribuição de alofones. É interessante notar que os três arquifonemas apresentam dois tipos diferentes de distribuição. A neutralização dos fonemas nasais resulta no arquifonema nasal /N/, que tem uma distribuição complementar. A neutralização dos fonemas vibrantes resulta no arquifonema vibrante /R/, que tem uma distribuição mista. A neutralização dos fonemas fricativos alveolares resulta no arquifonema /S/, que tem uma distribuição complementar. As regras de distribuição para os arquifonemas resumem-se na Tab. 9.8.

As regras de distribuição para os fonemas vocálicos resumem-se na Tab. 9.9. As vogais /ɛ/ e /ɔ/ têm distribuições únicas. Todas as demais vogais têm distribuições complementares, com diferenças entre as normas cultas do Brasil e de Portugal. Essas regras cobrem a maioria dos casos; as exceções e variações serão apresentadas no Capítulo 12.

A transcrição fonética resulta da aplicação dessas regras à representação gráfica da fala. Ela é útil no reconhecimento dos sons a serem empregados nos distintos contornos fonéticos. O aperfeiçoamento da pronúncia começa com o reconhecimento dos sons que devem ser produzidos.

A Fig. 9.10 apresenta, com fins ilustrativos, um trecho ortográfico com sua transcrição fonética nas três normas cultas. Devido aos muitos sinais diacríticos, é sempre melhor escrever as transcrições fonéticas em espaço duplo. Nota-se também que na transcrição fonética não se separam as palavras por espaços, isso porque na fala também não se indica essa divisão.

É claro que nas transcrições da Fig. 9.10, há alguns conceitos importantes e símbolos empregados que ainda não foram tratados a fundo. Todos esses detalhes serão apresentados nos próximos capítulos. Mesmo assim, pode-se ver que a seleção dos alofones que ocorrem nessa transcrição seguem as regras apresentadas neste capítulo. Por exemplo, os primeiros dois sons são uma vogal meio-fechada oronasal [ẽ] de acordo com as Regras 9 ou 13 por aparecer diante do arquifonema nasal /N/. Depois o arquifonema nasal /N/ realiza-se como uma consoante nasal velar de transição [ŋ] por aparecer diante de uma consoante oclusiva velar de acordo com a Regra 4.

Agora que as relações entre fonemas e entre fonemas e seus alofones já foram examinadas, para concluir a introdução ao estudo da fonologia, falta apenas o estudo das posições fonológicas em que os fonemas e arquifonemas ocorrem, ou seja, o estudo da fonotática.

Perguntas de revisão

1. Quais são as notações linguísticas empregadas nas regras de distribuição?

2. Qual é o propósito da notação linguística empregada nas regras de distribuição?

3. Quais são os tipos de distribuição e como se diferenciam?

4. Que fonemas têm distribuição única?

5. Que fonemas/arquifonemas têm distribuição complementar e quais são as suas regras?

6. Que fonema tem distribuição livre e qual a sua regra?

7. Que arquifonema tem distribuição mista e qual a sua regra?

8. Como são as distribuições dos fonemas vocálicos?

9. Quais são as diferenças entre as regras vocálicas do Brasil e de Portugal?

10. Como são as distribuições dos arquifonemas?

11. Quais são as características de uma transcrição fonética? Como é diferente de uma transcrição fonológica?

Exercícios de transcrição

Transcreva os seguintes trechos literários foneticamente (o gabarito encontra-se no apêndice).[1]

1. {Veio à Justiça. / Ele pôs-se a contar o sucedido com o compadre pobre / e levaram este preso. / No caminho, / os guardas quiseram descansar, / amarraram o pobre a uma árvore / e deitaram-se a dormir a sesta. / Passou um pastor com uns carneiros / e perguntou-lhe o que era.}

2. {Ora o irmão que estava preso / tinha um cão e um gato, / e estes, / logo que souberam que seu dono estava na cadeia, / trataram de lá ir ter com ele. / Uma vez chegados, / tomaram conhecimento de que o conde, / irmão do seu dono, / lhe tinha roubado a caixa / e cuidaram ambos de ir ao palácio dele / para a trazer. / Para esse fim / fizeram um batel de casca de abóbora, / pois tinham de atravessar o mar.}

3. {Havia fora da cidade / uma quadrilha de ladrões, / e o capitão deles / andava à espera da ocasião da partida do mercador. / Assim que soube o dia em que ele saiu da cidade, / vestiu-se com trajes de mendigo, / e ao anoitecer / estava toda a sua quadrilha / no canto da rua onde moravam as três meninas.}

4. {Mas no bar / já se sabia da entrevista mal sucedida, / da cólera de Ramiro. / Exageravam-se os fatos: / que houvera bate-boca violento, / que o velho

---

[1]*Contos Populares Portugueses: Antologia*, Ed. Francisco Lyon de Castro (Publicações Europa-América Lda, 40ª ed., s/d).

A relação entre fonemas e alofones: a distribuição

Tipo de distribuição	Definição	Exemplo	Fonemas com esse tipo de distribuição
Única	o fonema tem um só alofone	/f/ → [f]	/p t k b d g f s ʃ v z ʒ m n ɲ ʎ ɾ ɛ ɔ/
Comple-mentar	o fonema tem mais de um alofone e os alofones ocorrem em contextos fonológicos que se excluem mutuamente	/S/ → [z] / __C_{sonora} __#V [s] / n.o.l.	/t d l S N i e a o u/
Livre	o fonema tem mais de um alofone e os alofones ocorrem no mesmo contexto fonológico	/r/ → [h χ r R ʁ]* *variantes dialetais/idioletais	/r/
Mista	o fonema tem mais de um alofone, um(s) que ocorre(m) em contexto(s) específico(s) e outro(s) que ocorre(m) com distribuição livre em outro(s) contexto(s)	/R/ → [ɾ] / __#V [ɾ h χ r R ʁ] / n.o.l.	/R/

9.5 Os quatro tipos de relações entre o fonema ou arquifonema e seus alofones.

→	"realiza-se como"	C	uma consoante
/	"no contexto de"	C_0	zero ou mais consoantes
__	a posição do fonema	N	uma consoante nasal
$	divisão entre sílabas	L	uma consoante lateral
#	divisão entre palavras	R	uma consoante vibrante
/ //	divisão entre grupos fônicos	S	uma consoante fricativa alveolar
V	uma vogal	n.o.l.	"nos outros lugares"

9.6 Os símbolos e abreviaturas usados na especificação das regras fonéticas.

Conceitos e termos

distribuição   distribuição livre   distribuição única
distribuição complementar   distribuição mista   regra de distribuição

Fonema	Norma culta—São Paulo	Norma culta—Rio de Janeiro	Norma culta—Lisboa
/p/		/p/ → [p]	
/t/	/t/ → [tʃ] / __[i] [t] / n.o.l.		/t/ → [t]
/k/		/k/ → [k]	
/b/		/b/ → [b]	
/d/	/d/ → [dʒ] / __[i] [d] / n.o.l.		/d/ → [d]
/g/		/g/ → [g]	
/f/		/f/ → [f]	
/v/		/v/ → [v]	
/s/		/s/ → [s]	
/z/		/z/ → [z]	
/ʃ/		/ʃ/ → [ʃ]	
/ʒ/		/ʒ/ → [ʒ]	
/m/		/m/ → [m]	
/n/		/n/ → [n]	
/ɲ/		/ɲ/ → [ɲ]	
/l/	/l/ → [l] / $C₀__ [ɫ] / __$C_dental [w̃] / __$		/l/ → [l] / $C₀__ [ɫ] / __$C_dental [ɫ] / __$
/ʎ/		/ʎ/ → [ʎ]	
/ɾ/		/ɾ/ → [ɾ]	
/r/	/r/ → [h ...]	/r/ → [χ ...]	/r/ → [ʀ ʁ ...]

9.7 Regras de distribuição dos fonemas consonantais de acordo com as normas cultas de São Paulo, do Rio de Janeiro e de Lisboa. O fonema /r/ tem distribuição livre; aqui apresenta-se o alofone mais comum para cada norma culta. As reticências indicam a possibilidade de outros alofones.

A relação entre fonemas e alofones: a distribuição

Arqui-Fonema	Norma culta— São Paulo	Norma culta— Rio de Janeiro	Norma culta— Lisboa
/N/	/VN/ $\rightarrow$ [$\tilde{V}^m$] / __$C_{ocl.\ bilabial}$ [$\tilde{V}^{mj}$] / __$C_{fric.\ labiodental}$ [$\tilde{V}^n$] / __$C_{ocl.\ dental}$ [$\tilde{V}^{nj}$] / __$C_{afr.\ palatal}$ [$\tilde{V}^\eta$] / __$C_{ocl.\ velar}$ [$\tilde{V}$] / n.o.l.		
/R/	/R/ $\rightarrow$ [ɾ] / __#V [h ...] / n.o.l.	/R/ $\rightarrow$ [ɾ] / __#V [χ ...] / n.o.l.	/R/ $\rightarrow$ [ɾ] / __#V [ʀ ...] / n.o.l.
/S/	/S/ $\rightarrow$ [z] / __C_{sonora} / __#V [s] / n.o.l.	/S/ $\rightarrow$ [ʒ] / __C_{sonora} [z] / __#V [ʃ] / n.o.l.	

9.8 Regras de distribuição dos arquifonemas consonantais de acordo com as normas cultas de São Paulo, do Rio de Janeiro e de Lisboa. O arquifonema /R/ tem uma distribuição mista; aqui apresenta-se o alofone mais comum para cada norma culta. As reticências indicam a possibilidade de outros alofones.

político expulsara Altino de sua casa, / que este fora mandado por Mundinho propor acordos, / pedir trégua e clemência.}

5. {Andava o genro do rei / visitando as suas tropas, / quando viu o seu desalmado companheiro / alistado em um dos batalhões do reino. / Mandou-o ir ao palácio / e deu-se a conhecer. / Ficou o malvado aflito, / mas o príncipe disse-lhe / que não lhe tencionava fazer mal algum, / apesar da infâmia que ele praticara.}

6. {O cavaleiro recebeu o vidro, / mandou avançar o leão / e matou a velha. / Depois desencantou todos os que estavam na torre. / O irmão / porém, / apenas soube que a mulher, / por engano, / havia quebrado os laços conjugais, / assassinou o seu salvador.}

7. {No dia seguinte, / foi ele ao curral, / tirou os olhos a cinco cabras, / guardou-os no bolso / e foi visitar a noiva. / Mal a viu, / atirou-lhe com os olhos das cabras / e passou-lhe pela cara as mãos cheias de sangue. / A rapariga indignou-se, / repreendeu-o asperamente / e pô-lo fora de casa.}

8. {A rainha, / sob a impressão das injúrias do marido, / feriu o braço com um alfinete, / e nas três pingas de sangue / molhou a caneta / e com ela escreveu o seu nome / num papel que o cavaleiro lhe apresentou. / Em seguida, / o cavaleiro guardou o documento / e desapareceu.}

Recursos eletrônicos

1. 🔊 Exemplos da distribuição complementar optativa dos fonemas /t d/.

2. 🔊 Exemplos da distribuição complementar do arquifonema /S/ sem palatalização.

Fonema	Norma culta—São Paulo/Rio de Janeiro	Norma culta—Lisboa
/i/	/i/ → [j] / __*V$_{nuclear}$ átona [i̯] / V$_{nuclear}$__* [ĩ] / __N(S)\$ [i] / n.o.l. *vogal em posição átona	/i/ → [j] / __*V$_{nuclear}$ [i̯] / V$_{nuclear}$__* [ɨ] / __* [ĩ] / __N(S)\$ [i] / n.o.l. *vogal em posição átona
/e/	/e/ → [j] / __*#V$_{nuclear}$ [i] / __*# [ẽi̯] / __N(S)# [ẽ] / __N(S)\$ [ɐ] / n.o.l. *vogal átona em posição final de palavra	/e/ → [j] / __*V$_{nuclear}$ [i] / #__* [ɨ] / __* [ẽi̯] / __N(S)# [ẽ] / __N(S)\$ [ɐ] / __C$_{palatal}$, __[i̯] [e] / n.o.l. *vogal em posição átona
/ɛ/	/ɛ/ → [ɛ]	/ɛ/ → [ɛ]
/a/	/a/ → [ɐ] / __*# [ɐ̃] / __N(S)\$, __\$C$_{nasal}$ (tônica) [a] / n.o.l. *vogal átona em posição final de palavra	/a/ → [ɐ] / __* , __\$C$_{nasal}$ [ɐ̃] / __N(S)\$ [a] / n.o.l. *vogal em posição átona (com exceções)
/ɔ/	/ɔ/ → [ɔ]	/ɔ/ → [ɔ]
/o/	/o/ → [w] / __*#V$_{nuclear}$ [u] / __*# [õ] / __N(S)\$ [o] / n.o.l. *vogal átona em posição final de palavra	/o/ → [w] / __*V$_{tônica}$ [u] / __* [õ] / __N(S)\$ [o] / n.o.l. *vogal em posição átona
/u/	/u/ → [w] / __*V$_{nuclear}$ [u̯] / V$_{nuclear}$__* [ũ] / __N(S)\$ [u] / n.o.l. *vogal em posição átona	/u/ → [w] / __*V$_{nuclear}$ [u̯] / V$_{nuclear}$__* [ũ] / __N(S)\$ [u] / n.o.l. *vogal em posição átona

9.9 As regras de distribuição dos fonemas vocálicos. Essas regras cobrem a grande maioria dos casos. Nem todas as vogais átonas se reduzem na norma culta de Lisboa como visto no Capítulo 12.

TRANSCRIÇÃO ORTOGRÁFICA:	TRANSCRIÇÃO FONÉTICA (SÃO PAULO):
{Enganara-se / e em vez de dizer Roma / dissera Córsega. / Encontraram-se imediatamente nos campos desta última ilha, / que então não era ainda habitada. / O parvo subiu a um cerro / para se orientar, / mas a princesa / que não tirara os pés do tapete / disse: / Tapete, / leva-me para o meu palácio.}	[ẽᵑganáɾesi / jẽĩᵐvézʤiʤizéɾhómɐ / ʤiséɾekóɾsegɐ // ẽᵑkõᵑtráɾẽʊ̃simeʤiáta méᵑʧinuskéᵐpuzdésteʊ̯ɰ̯ʧimeĺʎɐ / kjẽᵑ tẽʊ̯ŋẽʊ̯ɛ́ɾaíᵑdabitádɐ // upáɾvusubíwaʊ̯ séhu / paɾesjoɾiẽᵑtáɾ / mazapɾĩsézɐ / kinẽʊ̯ŋʤiɾáɾuspézdutapéʧi / ʤísi // tapéʧi / lɛ́vɐmiparumeʊ̯palásju]
TRANSCRIÇÃO FONÉTICA (RIO DE JANEIRO):	TRANSCRIÇÃO FONÉTICA (LISBOA):
[ẽᵑganáɾesi / jẽĩvézʤiʤizéɾχómɐ / ʤiséɾekóχsegɐ // ẽᵑkõᵑtráɾẽʊ̃simeʤiáta méᵑʧinuʃkéᵐpuzdésteʊ̯ɰ̯ʧimeĺʎɐ / kjẽᵑ tẽʊ̯ŋẽʊ̯ɛ́ɾaíᵑdabitádɐ // upáɾvusubíwaʊ̯ séχu / paɾesjoɾiẽᵑtáχ / mazapɾĩsézɐ / kinẽʊ̯ŋʤiɾáɾuʃpézdutapéʧi / ʤísi // tapéʧi / lɛ́vɐmiparumeʊ̯palásju]	[ẽᵑgɐnáɾɐsi / jẽĩvézdidizéɾʀómɐ / diséɾekóɾsigɐ // ẽᵑkõᵑtráɾẽʊ̃simedjátɐ méᵑtinuʃkéᵐpuzdéstɐʊ̯ɫtimeĺʎɐ / kjẽᵑ tẽʊ̯ŋẽʊ̯ɛ́ɾeíᵑdɐbitádɐ // upáɾvusubíwɐʊ̯ séʀu / pɐɾesjoɾjẽᵑtáɾ / mɐzɐpɾĩsézɐ / kinẽʊ̯ŋtiɾáɾuʃpézdutɐpéti / dísɨ // tɐpéti / lɛ́vɐmipɐrumeʊ̯pɐlásju]

9.10 Um trecho ortográfico com sua correspondente transcrição fonética.

3. 🔊 Exemplos da distribuição complementar do arquifonema /S/ com palatalização.

4. 🔊 Exemplos da distribuição complementar do arquifonema /N/.

5. 🔊 Exemplos do efeito do arquifonema /N/ na vogal /e/ átona em posição final de palavra.

6. 🔊 Exemplos dos ditongos oronasais.

7. 🔊 Exemplos da distribuição complementar do fonema /l/ no Brasil.

8. 🔊 Exemplos da distribuição complementar do fonema /l/ em Portugal.

9. 🔊 Exemplos da distribuição complementar dos fonemas /i u/ no Brasil.

10. 🔊 Exemplos da distribuição complementar dos fonemas /e o/ no Brasil.

11. 🔊 Exemplos da distribuição complementar do fonema /a/ no Brasil.

12. 🔊 Exemplos da distribuição complementar do fonema /i/ em Portugal.

13. 🔊 Exemplos da distribuição complementar do fonema /u/ em Portugal.

14. 🔊 Exemplos da distribuição complementar do fonema /e/ em Portugal.

15. 🔊 Exemplos da distribuição complementar do fonema /o/ em Portugal.

16. 🔊 Exemplos da distribuição complementar do fonema /a/ em Portugal.

17. 🔊 Exemplos da distribuição livre do fonema /r/.

18. 🔊 Exemplos da distribuição mista do arquifonema /R/.

Capítulo 10

O posicionamento e a sequência de fonemas: a fonotática

O Capítulo 8 examinou as relações entre fonemas, ou seja, a oposição e a neutralização; já o Capítulo 9 examinou as relações entre fonemas e alofones, ou seja, a distribuição de alofones. O terceiro tipo de relação que a fonologia estuda é a fonotática, que descreve as normas aceitáveis para o posicionamento dos fonemas e para as sequências de fonemas que o sistema de determinada língua permite. Consequentemente estuda também os possíveis contornos fonológicos em que cada fonema pode ocorrer. Em outras palavras, apresenta os padrões que regem a aceitabilidade ou não aceitabilidade de uma sequência fônica como sílaba ou como palavra.

No Capítulo 8, apresentaram-se as frequências de ocorrência dos fonemas do português. Essas frequências, porém, foram estatísticas gerais, sem levar em conta as posições fonotáticas nem as sequências fonológicas em que aparecem os distintos fonemas. As posições fonotáticas em que os distintos fonemas aparecem ou não, são fortemente ligadas à sílaba e, secundariamente, à palavra. Como será visto, a posição fonotática em relação à oração não é relevante. Para indicar as posições em que aparecem os fonemas, empregam-se as convenções apresentadas no capítulo anterior segundo os exemplos da Tab. 10.1.

A fonotática ocupa-se do jogo entre os distintos fonemas e as posições ou sequências em que podem ou não aparecer na sílaba, palavra ou grupo fônico. A fonotática rege as posições aceitáveis e não aceitáveis de cada fonema.

Este capítulo apresentará a fonotática da perspectiva do fonema e examinará as possíveis posições fonotáticas em que cada fonema do português aparece em relação tanto à sílaba quanto à palavra. Depois, examinará as sequências de consoantes e vogais que se aceitam. Concluirá por examinar as restrições fonotáticas na formação de sílabas e palavras.

Como o conceito da sílaba é importantíssimo no estudo da fonotática, vale resumir alguns conceitos básicos da estrutura silábica.

A sílaba

Como já visto, representa-se o modelo geral da sílaba mediante uma árvore. No alto da árvore encontra-se o símbolo σ, a letra *sigma* ou *s* do alfabeto grego, que representa o conceito da *sílaba*. A sílaba

#__	um som que ocorre em posição inicial de palavra	**10.1** Exemplos de convenções empregadas para indicar as posições em que os fonemas aparecem.
__#	um som que ocorre em posição final de palavra	
$__	um som que ocorre em posição inicial de sílaba	
__$	um som que ocorre em posição final de sílaba	
$C__	um som que ocorre depois de uma consoante inicial de sílaba	
__C$	um som que ocorre antes de uma consoante final de sílaba	
/__	um som que ocorre em posição inicial de grupo fônico	
__/	um som que ocorre em posição final de grupo fônico	

pode compor-se dos elementos de **ataque**, **rima**, **núcleo** e **coda** como exemplifica a seguinte árvore da sílaba/palavra *tal*.

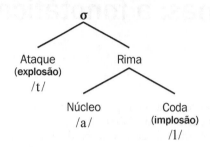

A sílaba divide-se inicialmente em duas partes: o **ataque** e a **rima**. O ataque é um elemento optativo da sílaba; quer dizer, nem toda sílaba tem um ataque. Quando ocorre em português, costuma ser uma consoante (o *t* de *tal*) ou encontro consonantal (o *tr* de *três*). Tradicionalmente as consoantes que ocorrem em posição inicial de sílaba chamam-se explosivas ou se diz que ocorrem em **posição explosiva**. Essa posição representa-se convencionalmente por $.

A rima, por sua vez, divide-se em duas partes: o **núcleo** e a **coda**. O núcleo é um elemento obrigatório da sílaba. Em português o núcleo é sistematicamente uma vogal (o *a* de *tal* ou o *ê* de *três*). A coda é outro elemento optativo da sílaba. Quando ocorre em português, costuma ser uma consoante (o *l* de *tal* ou o *s* de *três*). Tradicionalmente as consoantes que ocorrem em posição final de sílaba chamam-se implosivas ou se diz que ocorrem em **posição implosiva**. Essa posição representa-se convencionalmente por __$.

Os fonemas e suas posições fonotáticas

A sílaba é o ponto de referência do qual se examinam as possíveis posições fonotáticas em que os fonemas do português aparecem. Como já se apresentou, a estrutura elementar da sílaba inclui o ataque, o núcleo e a coda. Ainda que as palavras se componham de sílabas, o posicionamento dos fonemas na palavra pode estar sujeito a outras restrições. Por exemplo: o fato de uma consoante ocorrer em posição inicial de sílaba interior de palavra não quer dizer automaticamente que possa ocorrer em posição inicial de palavra. Outro exemplo: o fato de uma consoante ocorrer em posição final de sílaba interior de palavra não quer dizer automaticamente que possa ocorrer também em posição final de palavra. De fato, o número de fonemas que ocorre em posição final de palavra em português é muito reduzido.

Os fonemas consonantais na fonotática

Em português, as consoantes sistematicamente ocorrem somente no ataque ou na coda da sílaba. Esta seção examinará todas as posições em que os fonemas consonantais podem aparecer.

As consoantes oclusivas

Todas as consoantes oclusivas, /p t k b d g/, ocorrem e opõem-se no ataque. A oposição entre todos os fonemas oclusivos em posição inicial de palavra comprova-se com as palavras /páto/, /táto/, /káto/, /báto/, /dáto/ e /gáto/. Todos os fonemas oclusivos também ocorrem e se opõem em posição inicial de sílaba interior de palavra, como demonstram as palavras /lápa/, /láta/, /láka/, /lábo/, /ládo/ e /lágo/.

Os fonemas oclusivos não ocorrem na coda do português. Em posição final de sílaba interior de palavra ocorrem ortograficamente com muito pouca frequência, por exemplo: /ápto/, /étniko/, /kákto/, /obtéɾ/, /adkíɾe/ e /sígno/. Essas palavras são cultismos, quer dizer, são palavras que entraram tardiamente no português das línguas clássicas em que essas combinações consonantais eram comuns.

Em português, a coda é uma posição fonologicamente instável. Esse fato atesta-se mediante três fenômenos: primeiro, há poucas consoantes que aparecem em posição final; segundo, é nessa posição que ocorrem as neutralizações que resultam nos arquifonemas /N/, /R/ e /S/; e terceiro, quando há uma oclusiva em posição final, sempre se produz uma vogal epentética, que é uma vogal inserida na cadeia fônica que faz com que a oclusiva vire inicial de sílaba. No Brasil essa vogal é [i]; em Portugal é [ɨ]. Essas vogais epentéticas ensurdecem-se geralmente quando seguem uma consoante surda. As vogais epentéticas também podem ser ditas mais rapidamente que as demais vogais, fato que se indica na transcrição com um símbolo sobrescrito. Sendo assim, as palavras dadas como exemplos no parágrafo anterior com oclusivas em posição final viram: [1] 🔊

Palavra	Brasil	Portugal
/ápto/	[ápⁱtu]	[ápɨtu]
/étniko/	[étʃⁱniku]	[étɨniku]
/kákto/	[kákⁱtu]	[kákɨtu]
/obtér/	[obⁱtér]	[obɨtér]
/adkíre/	[adʒⁱkíri]	[ɐdɨkíɾi]
/sígno/	[sígⁱnu]	[sígɨnu]

Não há nenhuma palavra de origem portuguesa que termine em consoante oclusiva. As únicas palavras terminadas em oclusivas que aparecem em alguns dicionários são estrangeirismos, acrônimos ou abreviaturas. Em todo caso, essas palavras pronunciam-se com a dita vogal epentética; por exemplo: o estrangeirismo {Big Mac} vira [bígimákⁱ] no Brasil, o acrônimo USP (Universidade de São Paulo) vira [úspi].

As consoantes fricativas

Todas as consoantes fricativas, /f v s z ʃ ʒ/, ocorrem e se opõem no ataque. A oposição entre todos os fonemas fricativos em posição inicial de palavra comprova-se com as palavras /fáka/ /váka/, /sága/ /zága/ e /ʃáto/ /ʒáto/. Todos esses fonemas também ocorrem e se opõem em posição inicial de sílaba interior de palavra como mostram as palavras /mófo/ /móvo/, /kása/ /káza/ e /áʃo/ /áʒo/.

Os fonemas fricativos como grupo aparecem com muito pouca frequência na coda com a única exceção do arquifonema /S/. Em posição final de sílaba interior de palavra só ocorre com alguma frequência o arquifonema /S/, por exemplo, /báSta/, /eSkóla/ e /eSbóso/. Os exemplos de /f/ nessa posição são raríssimos, por exemplo, /áfta/ e /oftálmiko/. Exemplos de /v/, /ʃ/ e /ʒ/ são inexistentes nessa posição.

Em posição final de palavra, o único fonema fricativo que ocorre sistematicamente é o arquifonema /S/. Entre os exemplos encontram-se /depóiS/, /méS/ e /iNgléS/, além dos milhares de formas morfológicas que terminam em /S/. Os demais fonemas fricativos não ocorrem em posição final de palavra em palavras portuguesas.

As consoantes nasais

Em posição inicial de palavra ocorrem dois dos três fonemas nasais, /m/ e /n/, como já se apresentou no Capítulo 8. Dois exemplos de pares mínimos que comprovam a oposição entre esses fonemas são /máta/ /náta/ e /mɔ́ɾe/ /nɔ́ɾɐ/. O fonema /ɲ/ não ocorre sistematicamente em português em posição inicial de palavra. Das cinquenta e quatro palavras que constam no dicionário *Aurélio* que começam com {nh}, são todas indigenismos (ex. *nhandu*), estrangeirismos (ex. *nhoque*), ou reduções (ex. *nhô* (de *senhor*)). Em posição inicial de sílaba interior de palavra há oposição entre todos os três fonemas nasais /m n ɲ/, como se vê no exemplo de /míme/ /mína/ /míɲa/.

Na coda, tanto em posição final de sílaba interior de palavra como em posição final de palavra, há neutralização dos fonemas nasais que resulta no arquifonema nasal /N/. Essa neutralização já foi tratada no Capítulo 8 e sua resultante distribuição complementar no Capítulo 9. Pode-se ver como as letras {m} e {n} de fato representam o mesmo fonema e que os fonemas /m/ e /n/ não se opõem em posição final pela comparação do substantivo singular {trem} e o seu plural {trens}.

As consoantes laterais

O fonema /l/ ocorre em todas as posições do ataque e da coda. Ocorre em posição inicial de palavra, /ládo/, como também em posição inicial de sílaba interior de palavra, /gálo/. Ocorre em posição final de sílaba interior de palavra, /álto/, como também em posição final de palavra, /tál/. Como será visto mais adiante, o fonema /l/ também ocorre em encontros consonantais, por exemplo /pláno/. O fonema /l/ tem distribuição complementar, apresentada no Capítulo 9.

O caso do fonema palatal /ʎ/ difere do caso do fonema lateral alveolar /l/, pois o /ʎ/ só ocorre sistematicamente no ataque em posição inicial de sílaba interior de palavra: /páʎa/, /íʎa/, /káʎa/. O fonema /ʎ/ não ocorre sistematicamente em português em posição inicial de palavra. Das onze palavras que constam no dicionário *Aurélio* que começam com {lh}, são todas estrangeirismos (ex. *lhama*), ou reduções (ex. *lhufas*, (de *bulhufas*)) ou formas do pronome dativo de terceira pessoa *lhe*, que não podem aparecer em posição inicial de grupo fônico. O fonema /ʎ/ não ocorre nunca na coda.

As consoantes vibrantes

Os fonemas /ɾ/ e /r/ e o arquifonema /R/ seguem, em geral, o padrão fonotático das nasais: o arquifonema ocorre na coda e os fonemas no ataque. No ataque, os fonemas /ɾ/ e /r/ opõem-se unicamente em posição inicial de sílaba interior de palavra, quer dizer, em posição intervocálica interior de palavra. Isso comprova-se com as palavras /káɾo/ /káro/. Além dessa posição, o fonema vibrante simples /ɾ/ ocorre também no ataque em encontros consonantais, por exemplo /bɾíza/. É importante observar que o vibrante simples /ɾ/ não aparece em posição inicial de palavra. O fonema vibrante múltiplo /r/ é o que ocorre em posição inicial de palavra: {rosa} /rɔ́za/. O fonema /r/ também ocorre em posição inicial de sílaba precedido por consoante alveolar: /óNra/.

Na coda, tanto em posição final de sílaba interior de palavra como em posição final de palavra, há neutralização entre os fonemas vibrantes que resulta no arquifonema vibrante /R/. Essa neutralização já foi tratada no Capítulo 8 e sua resultante distribuição mista no Capítulo 9.

Os fonemas vocálicos na fonotática

As vogais do português podem ser classificadas como tônicas ou átonas. As vogais tônicas são as que levam acento fonético; as vogais átonas não o levam. Em inglês as vogais tônicas chamam-se ou "tonic" ou "stressed". Em inglês as vogais átonas chamam-se ou "atonic" ou "unstressed".

As sílabas também podem ser tônicas ou átonas, de acordo com a tonicidade de seu núcleo silábico. As sílabas átonas podem ser pretônicas ou postônicas, dependendo de sua posição em relação à sílaba tônica da palavra. Em português é importante diferenciar entre a sílaba postônica interior de palavra e a final de palavra. Em Portugal, é também importante diferenciar entre a sílaba pretônica interior de palavra e a inicial de palavra.

Em português, todas as vogais ocorrem sistematicamente como núcleo silábico quando são tônicas, quer dizer, foneticamente acentuadas. Também são o núcleo silábico quando ocorrem a sós numa sílaba átona ou como o elemento primário de um ditongo ou tritongo. As vogais altas ou fechadas, ou seja, /i/ e /u/, podem também aparecer como elementos tanto do ataque como da coda, onde formam a parte secundária de um ditongo ou tritongo.

As vogais fechadas/altas

As duas vogais fechadas, /i u/, também chamadas vogais altas, são respectivamente a quarta e quinta vogais mais frequentes do português. Essas vogais ocorrem e opõem-se principalmente no núcleo, onde podem aparecer como vogais tônicas ou átonas. A Tab. 10.2 resume as possibilidades das vogais /i u/ em posição nuclear.

Os fonemas vocálicos altos /i u/ como vogais simples ocorrem em relativamente poucas palavras em posição final de palavra. Porém, é importante lembrar que os sons [i u] são frequentes em posição átona final de palavra devido ao alçamento dos fonemas /e o/. Em posição final de palavra o fonema /i/ ou /u/ costumam ser tônicos como nas palavras /rubí/ e /uɾubú/. No caso do /í/ a maior parte são flexões de verbos da segunda e terceira conjugações em primeira pessoa singular ({aprendi} {gemi}). Em posição final de palavra o fonema /i/ átono é raríssimo (/ʒúɾi/) e o fonema /u/ átono não existe nessa posição. Em resumo, com a exceção das formas verbais terminadas em /í/, pode-se afirmar que a presença dos fonemas vocálicos altos em posição

10.2 As possibilidades quanto às vogais /i u/ em posição nuclear.

	Tônica	Átona
Inicial de palavra	/íno/ /úno/	/inánime/ /unánime/
Pré-tônica		/ligáɾ/ /lugáɾ/
Tônica	/píɲo/ /púɲo/	
Pós-tônica		/tásito/ /kómputo/
Final de palavra	/tí/ /tú/	/ʒúɾi/ {não existe}

final de palavra é assistemática, sobretudo quando são vogais simples. De fato, 99,1% das palavras terminadas em /u/ terminam em ditongos; 94,4% das palavras terminadas em /i/ terminam em ditongos.

Como elemento de ditongo, os fonemas vocálicos altos aparecem em posição inicial de palavra (/eufemíSmo/), interior de palavra (/eNdeuzáR/) como em posição final de palavra (/mereséu/). Existem também pares mínimos que contrastam os fonemas /i/ e /u/ em ditongos: por exemplo, /pái/ e /páu/.

As vogais meio-fechadas/médias altas

As duas vogais meio-fechadas, /e o/, também chamadas vogais médias altas, são respectivamente o segundo e o terceiro fonemas mais frequentes do português. Essas vogais ocorrem e opõem-se no núcleo silábico, onde podem aparecer como vogais tônicas ou átonas. A ocorrência dos fonemas /e/ e /o/ tônicos em posição final de palavra não é comum: no dicionário constam dez palavras terminadas em {ê} (por exemplo: *ateliê, caratê, comitê*) e treze palavras terminadas em {ô} (por exemplo: *camelô, judô, robô*). A Tab. 10.3 resume as possibilidades das vogais /e o/ em posição nuclear.

As vogais meio-abertas/médias baixas

As duas vogais meio-abertas, /ɛ ɔ/, também chamadas vogais médias baixas, são as vogais menos frequentes do português; de fato o fonema /ɛ/ representa só 1,2% dos fonemas do corpus de Ramsey e o fonema /ɔ/, só 0,8%. Essas vogais são muito menos frequentes que as demais devido ao fato de só ocorrerem em posição tônica, seja

10.3 As possibilidades quanto às vogais /e o/ em posição nuclear.

	Tônica	Átona
Inicial de palavra	/épa/ /ópa/	/emitíR/ /omitíR/
Pré-tônica		/delíto/ /dolíto/
Tônica	/séniko/ /sóniko/	
Pós-tônica		/número/ /kómodo/
Final de palavra	/vosé/ /avó/	/káze/ /kázo/

inicial de palavra (*época, ótimo*), interior de palavra (*cancela, labora*) ou final de palavra (*até, paletó*). São também as únicas vogais que não aparecem diante do arquifonema /N/ e como consequência nunca se nasalizam. Existem também várias alternâncias significativas entre as vogais meio-fechadas e meio-abertas, por exemplo [sélu] [sélu] e [pósu] [pósu], tema que será tratado detalhadamente no Capítulo 13.

A vogal aberta/baixa

A vogal aberta, ou seja, o /a/, também chamada vogal baixa, é o fonema mais frequente do português. Essa vogal ocorre como vogal tônica ou átona nas posições inicial de palavra {*ânimo, animado*}, interior de palavra {*virado, viraremos*} e final de palavra {*sofá, mesa*}. Pode-se classificar a posição da vogal também como pretônica {*alerto*} ou postônica {*bêbado*}.

As posições fonotáticas na sílaba e palavra

Examinadas as posições em que cada fonema do português pode aparecer, vale especificar a sua colocação referente à estrutura silábica e as sequências de fonemas que o português permite. Serão, portanto, examinados os fonemas que podem ocorrer no ataque, núcleo ou coda silábicos e os que não podem, bem como os que podem ocorrer em posição inicial ou final de palavra e os que não podem.

O núcleo silábico

Na sílaba do português, o núcleo é um elemento obrigatório. Além do mais, o núcleo é sistematicamente um dos sete fonemas vocálicos /i e ɛ a ɔ o u/. Como já foi explicado, o núcleo silábico pode ser tônico ou átono. Os átonos, podem ser pretônicos ou postônicos. O núcleo, seja tônico ou átono, também pode aparecer em posição inicial ou final de palavra.

Existem três restrições sistemáticas já apresentadas que merecem ser repetidas aqui. A primeira é que as vogais /ɛ ɔ/ só aparecem sistematicamente em posição tônica, seja inicial, medial ou final de palavra. A segunda é que as vogais altas /i u/ raramente aparecem (sejam tônicas ou átonas) em posição final de palavra, com a exceção da vogal tônica /í/, por ser desinência verbal. A terceira é que as vogais médias altas /e o/ não costumam aparecer em posição tônica final de palavra.

O ataque silábico interior de palavra

O ataque silábico é um elemento optativo da sílaba portuguesa. O ataque pode ser vocálico ou consonantal. O ataque vocálico pode ocorrer quando a vogal /i/ ou a vogal /u/ átonas encontram-se em posição pré-nuclear onde se realizam como semiconsoantes. Esse é o caso dos ditongos como {ânsia} /áNsia/ [ɛ́sjɐ] ou {quatro} /kuátro/ [kwátru]. O ataque consonantal em posição interior de palavra pode ser qualquer fonema consonantal: por exemplo, /mí.ɲa/ {minha} ou /pí.ka.ɾo/ {pícaro}. Na transcrição emprega-se o ponto para indicar a divisa entre sílabas.

A coda silábica interior de palavra

A coda silábica é um elemento optativo da sílaba portuguesa. A coda pode ser ou vocálica ou consonantal. A coda vocálica ocorre quando a vogal /i/ ou a vogal /u/ átonas encontram-se em posição pós-nuclear onde aparecem como semivogais. Esse é o caso dos ditongos como /pái/ {pai} ou /páu/ {pau}.

Ao contrário do que acontece no ataque, nem todos os fonemas consonantais podem aparecer na coda silábica. Na coda aparece sistematicamente só o fonema /l/ e os arquifonemas /N R S/. Ocorrem com pouca frequência os fonemas oclusivos /p b t d k g/ e o fonema fricativo /f/. Quando ocorrem, aparecem principalmente em palavras cultas em que foneticamente a consoante oclusiva vira inicial de sílaba pelo acréscimo de uma vogal epentética. Os fonemas fricativos /v ʃ ʒ/ e as soantes /ʎ ɲ/ não aparecem nunca nessa posição.

A posição inicial de palavra

Todos os fonemas vocálicos podem aparecer em posição inicial de palavra, tanto em posição átona como em posição tônica, com a exceção de /ɛ ɔ/, que só podem ser tônicos. Ainda que todos os fonemas consonantais podem aparecer no ataque silábico em geral, há três fonemas que sistematicamente não aparecem em posição inicial de palavra: os fonemas /ʎ/, /ɲ/ e /ɾ/. As restrições quanto a esses fonemas em posição inicial de palavra já foram comentadas antes neste capítulo.

A posição final de palavra

Em posição final de palavra, só os fonemas vocálicos /e a o/ são frequentes. Como já explicado, os fonemas vocálicos /i ɛ ɔ u/ são raros nessa posição, com a exceção da desinência verbal /í/.

Nas palavras originalmente portuguesas, as possibilidades para os fonemas consonantais em posição final de palavra também são muito reduzidas. De todos os fonemas consonantais do português, há só quatro, /l N R S/, que aparecem sistematicamente em posição final de palavra:

final	/finál/	/l/
também	/taNbéN/	/N/
andar	/andáR/	/R/
capaz	/kapáS/	/S/

Os demais fonemas consonantais ou não ocorrem em posição final de palavra ou pelo menos não ocorrem em palavras de origem portuguesa como já foi demonstrado neste capítulo. Os estrangeirismos que terminam em outras consoantes pronunciam-se com uma vogal epentética no final para adequar o vocábulo à fonotática do português.

Sequências de fonemas

Na fonotática, é importante examinar também as sequências de fonemas vocálicos e as sequências de fonemas consonantais que podem ocorrer dentro de uma sílaba. Para falar dos encontros possíveis e impossíveis é útil dividir os fonemas ou sons em quatro classes naturais: as vogais, as deslizantes (ou glides), as soantes e as obstruintes.

As vogais já foram definidas articulatória, acústica e auditivamente. São a classe de sons de português unicamente adequados para formar o núcleo da sílaba. As deslizantes são os sons ou alofones que se empregam na realização das vogais altas quando ocorrem em posição pré-nuclear ou pós-nuclear num ditongo ou tritongo, quer dizer, quando se realizam como semiconsoantes ou semivogais. As soantes são as consoantes acusticamente mais semelhantes às vogais, ou seja, são os sons que, em geral, têm sonoridade e uma débil estrutura de formantes. As soantes incluem os fonemas e arquifonemas nasais, laterais e vibrantes. As soantes também costumam ter uma abertura articulatória maior que as demais consoantes. Os fonemas obstruintes são as consoantes mais fechadas articulatoriamente, que se produzem com uma notável constrição articulatória. Esse é a única classe que têm fonemas surdos.

Encontros vocálicos

Os exemplos sistemáticos de encontros vocálicos já introduzidos foram as combinações de vogais e deslizantes na formação de ditongos ou tritongos. Os ditongos ocorrem quando se tem uma vogal átona alta em posição pré-nuclear ou pós-nuclear. Em posição pré-nuclear a deslizante é uma semiconsoante como nos exemplos [ɛ́sjɐ̯] e [kwátɾu]. Em posição pós-nuclear a deslizante é uma semivogal como nos exemplos [pái̯] e [páu̯]. Os tritongos resultam da combinação dos dois tipos de ditongos, isto é, de deslizante mais vogal nuclear mais deslizante como nos exemplos [agwéi̯] e [mjáu̯]. Os encontros vocálicos chamados sinérese e sinalefa só serão apresentados no Capítulo 14 devido a sua complexidade fonética e fonológica.

Encontros consonantais

A norma geral do português divide duas consoantes contíguas entre duas sílabas distintas: por exemplo, *mes-mo*, *jun-tam*, *es-ta*. Porém, há alguns casos em que duas consoantes se juntam ou no ataque silábico ou na coda silábica. O português, ao contrário do inglês, não admite nunca uma sequência de três consoantes na mesma sílaba.

O encontro de duas consoantes ocorre geralmente em posição inicial de palavra ou sílaba. As combinações de consoantes que aparecem nessa posição em português compõem-se sempre de uma obstruinte mais uma soante. Em português não aparecem nunca duas obstruintes no ataque silábico. As possibilidades limitam-se ainda mais sendo que as únicas combinações que ocorrem formam-se de um fonema oclusivo ou um fonema fricativo labiodental /f/ ou /v/ mais um fonema líquido, ou seja, /l/ ou /ɾ/. De todas essas possíveis combinações há só duas que não ocorrem: /dl/ e /vl/. É importante observar que os encontros /vɾ/ e /tl/ só aparecem em posição interior de palavra (como nas palavras /li.vɾo/ e /a.tle.ta/), nunca em posição inicial de palavra. As possibilidades podem representar-se mediante o esquema apresentado na Tab. 10.4.

10.4 Encontros consonantais no ataque. O símbolo ✹ indica que a combinação não existe.

/p t k/ /b d g/ /f v/	/l/ /ɾ/
oclusiva ou /f v/ (obstruinte)	líquida (soante)
pl	pɾ
*tl	tɾ
kl	kɾ
bl	bɾ
dl ✹	dɾ
gl	gɾ
fl	fɾ
vl ✹	*vɾ

*somente interior de palavra

Na Tab. 10.4 inclui-se o termo "líquida" como subcategoria de soante. É um termo tradicional para referir-se ao grupo de sons que inclui os sons tipo "L" e tipo "R" em todas as línguas. Mesmo que não seja um termo foneticamente preciso, é útil na fonologia para agrupar esses sons que compartilham comportamentos fonotáticos.

O único caso de um encontro de duas consoantes em posição final de palavra em português é a sequência /NS/, que aparece nas formas plurais de substantivos e adjetivos terminadas em /N/. Servem de exemplos *trens* /tréNS/ e *aviões* /avióeNS/.

Mesmo em posição final de sílaba interior de palavra existem poucas possibilidades para o encontro de duas consoantes na coda silábica. Os encontros consonantais que ocorrem mais nessa posição em português compõem-se de um arquifonema soante /N R/ mais o arquifonema obstruinte /S/: por exemplo, *transgredir* /tráNS.gɾe.díR/ e *perspicaz* /peRS.pi.káS/. Também são possíveis /bS dS lS/: *obstante, adstrato, solstício*. As possibilidades representam-se na Tab. 10.5.

Devido à norma geral que divide duas consoantes entre duas sílabas, os casos em que a sílaba fica com um encontro consonantal na coda limitam-se a exemplos em que o encontro é seguido por outra consoante. A palavra *cansa*, por exemplo, divide-se em duas sílabas entre as duas consoantes: /káN.sa/. A palavra *consta*, porém, apresenta uma dificuldade. Existe a inclinação de separar a primeira sílaba como /kóN/, porque /kóNS/ não é uma sílaba agradável. O problema é que se a primeira sílaba for /kóN/, a segunda teria que

10.5 Encontros consonantais na coda.

/N/ /R/ /l/ /b/ /d/	/S/
arquifonemas/fonema soantes fonemas oclusivos anteriores sonoros	arquifonema fricativo (obstruinte)
NS ou RS	
bS ou dS	

#...	C	C	$	C	C	...#
	/N R/	/S/		/p t k/ /b d g/ /f v/	/l/ /ɾ/	

Das 32 possíveis sequências só existem: /NStr/, /NSkr/, /NSgr/, /NSpl/ e /RSkr/.

10.6 O esquema das 32 sequências teóricas de quatro consoantes seguidas em posição interior de palavra. Porém, na prática, só existem cinco dessas sequências.

ser /sta/, o que seria ainda menos aceitável; de fato, é totalmente impossível. A única divisão viável de *consta*, então, é /kóNS.ta/.

Ortograficamente parece haver casos em que seria possível a combinação de oclusiva mais /S/ em posição final de sílaba porque segue outra consoante, por exemplo: *obstruinte* ou *adstrato*. Nesses casos, porém, é preciso lembrar do princípio da vogal epentética já introduzido. Assim, essas palavras são pronunciadas [o.bis.tɾu.íⁿ.tʃi] e [a.dʒis.trá.tu] no Brasil e [ɔ.bⁱʃ.tru.éⁿ.ti] e [ɐ.dⁱʃ.trá.tu] em Portugal.

A combinação de um encontro consonantal na coda de uma sílaba seguida de um encontro consonantal no ataque da sílaba seguinte, permite uma sequência de quatro fonemas consonantais em posição interior de palavra. Nesse caso, sempre haverá um limite silábico entre a segunda e a terceira consoantes. As regras fonotáticas permitem uma especificação de quais seriam as possibilidades para cada um dos fonemas dessa sequência. Das 32 possíveis sequências apresentadas na Tab. 10.6, somente cinco existem: /NStr/, /NSkr/,/NSgr/, /NSpl/ e /RSkr/ como nas palavras *instruir, transcrever, transgredir, transplantar* e *perscrutar*.

As regras aqui apresentadas dos encontros de fonemas permitidos em português mostra a admirável simplicidade do sistema fonotático do português comparado com o do inglês.

Encontros mistos

Existe também a possibilidade de que o ataque ou a coda contenham grupos formados de um encontro misto de consoantes e vogais. Nesses casos o elemento vocálico será uma deslizante. Dessa forma, o ataque pode consistir numa consoante mais uma semiconsoante (ex. [kɔ́.pjɐ] ou [kwá.tru]). O ataque com duas consoantes mais semiconsoante é muito raro (ex. [pɾɔ́.pɾju] ou [kóⁿ.gɾwɐ]).

A coda pode consistir numa semivogal mais consoante (ex. [hejⁿ.té.gɾɐ] ou [aʊ̯s.tráɰ]). Em português, não existem sequências de uma semivogal seguida de duas consoantes em âmbito fonético.

Examinados os padrões aceitáveis na formação da sílaba, agora serão investigadas algumas das restrições que limitam a formação de palavras em português.

Restrições fonotáticas na formação de palavras

As regras fonotáticas de cada língua regem a formação de palavras. Essas regras servem para excluir do idioma certos encontros de fonemas que são alheios à norma e que não produzem palavras bem formadas. Existem dois tipos de palavras que se excluem do léxico de determinado idioma: lacunas acidentais e lacunas sistemáticas. De modo geral, uma lacuna se trata de sequências de fonemas que não aparecem no léxico de determinada língua. Uma **lacuna acidental** é uma sequência de fonemas permitida pelo idioma, mas que não tem significado; quer dizer, é uma sequência de fonemas que poderia ser uma palavra, mas que não é; ou seja, ainda não existe nenhum significado ligado a essa sequência de sons que é fonotaticamente aceitável. Ocorre o contrário no caso da **lacuna sistemática**, que é uma sequência de fonemas não permitida pelo idioma; ou seja, é uma sequência de fonemas que não pode formar uma palavra de acordo com as regras fonotáticas do idioma.

Em inglês, por exemplo, existe a palavra {brick} e em português existe a palavra {plano}. Essas sequências são significantes bem formados a que as respectivas comunidades linguísticas já designaram significados correspondentes. Por outro lado {blick} é uma sequência de sons aceitável dentro do sistema inglês como é também {frano} dentro do sistema português, mas essas duas sequências não se ligam a nenhum significado. As sequências {blick} e {frano} são exemplos de lacunas acidentais de inglês e português respetivamente, sequências de sons que poderiam ter significado, mas não têm.

É diferente com as sequências {bnick} e {pnalo}. Essas sequências representam lacunas sistemáticas, porque além de não ocorrerem, são também sequências que não podem ocorrer por violarem as restrições fonotáticas do inglês e do português respectivamente. Essas restrições proíbem a sequência de um fonema oclusivo seguido de um fonema nasal em posição inicial de palavra.

Como já foi comentado no Capítulo 1, sobre a comunicação humana, a sequência {pst} não é uma palavra nem em inglês nem em português. É verdade que esse é um símbolo arbitrário que representa um significado aceito pela comunidade linguística. Também é verdade que se forma de uma sequência de sons, mas não é uma sequência aceitável para a formação de palavras. Por isso, só se pode concluir que é um signo acústico que pertence à comunicação não verbal. Não é uma palavra porque não segue as regras fonotáticas portuguesas para a formação de palavras, pois: 1) não contém um núcleo silábico, quer dizer, que não contém uma vogal; 2) contém o encontro /ps/ em posição inicial; e 3) contém o fonema /t/ em posição final (ainda que seja possível em inglês, não é em português).

Veem-se claramente os efeitos das restrições fonotáticas na formação de palavras nos ajustes ou adaptações que sofrem os **empréstimos lexicais** de outros idiomas que se incorporam ao português. Um exemplo é o que ocorre com a palavra {ski} do norueguês que na adaptação ao português transformou-se em {esqui}. Essa adaptação ocorre pela restrição fonotática do português que impossibilita que uma palavra comece com um encontro consonantal formado por /s/ seguido de qualquer outra consoante. Por isso, o empréstimo ao português da palavra norueguesa *ski* /skí/ produziu *esqui* /es.kí/. Acrescentou-se a vogal inicial /e/ justamente para que não aparecesse o encontro assistemático /sk/ dentro da mesma sílaba.

As restrições fonotáticas surgem das limitações quanto às posições em que os diferentes fonemas ou combinações de fonemas podem aparecer em relação à estrutura silábica prototípica do português e a estrutura lexical portuguesa.

Resumo

A fonotática é o terceiro tipo de relação descrita pela fonologia. Trata-se da especificação dos contornos fonológicos em que cada fonema pode aparecer e das sequências de fonemas que a linguagem aceita na formação de suas palavras. Muitas das regras vinculam-se ao conceito da estrutura silábica, que inclui o ataque (ou explosão), o núcleo e a coda (ou implosão). O núcleo é um elemento obrigatório da sílaba e, em português, é sempre uma vogal. O ataque e a coda são elementos optativos da sílaba, ou seja, nem toda sílaba precisa ter nem ataque nem coda. Em português o ataque e a coda compõem-se de várias combinações de consoantes e vogais como demonstra a Tab. 10.7.

As regras fonotáticas do português regem os fonemas que podem ou não aparecer no ataque ou na coda nas posições inicial ou final de palavra, ou nas posições inicial ou final de sílaba interior de palavra. Também regem os encontros consonantais que podem ou que não podem ocorrer nessas mesmas posições. A Tab. 10.8 indica as possibilidades aceitáveis de posicionamento consonantal no sistema fonológico do português.

O posicionamento e a sequência de fonemas: a fonotática

Ataque	Núcleo	Coda
C		C
CC		CC
V	Vogal	V
CV		VC
CCV		VCC

10.7 A sílaba portuguesa compõe-se de várias combinações de consoantes e vogais.

O estudo da Tab. 10.8 permite várias observações e comparações. A primeira observação refere-se ao número de fonemas consonantais que podem ocorrer nos distintos contornos ou posições fonológicos do português. Em geral, pode-se afirmar que há sempre mais possibilidades consonantais no ataque que na coda. Pode-se notar também que há sempre mais possibilidades consonantais em posição final de sílaba interior de palavra que em posição final de palavra. Os detalhes fonotáticos da ocorrência dos fonemas simples do português resumem-se nos seguintes pontos:

- O maior número de fonemas consonantais ocorre em posição inicial de sílaba interior de palavra, onde podem ocorrer todas as consoantes.
- Depois vem a posição inicial de palavra onde há somente três fonemas consonantais que não ocorrem: /ʎ/, /ɲ/ e /ɾ/.
- As possibilidades de ocorrência de fonemas consonantais reduzem-se bastante em posição final de sílaba interior de palavra. Nessa posição ocorrem os três arquifonemas /N R S/ e raramente os fonemas /p b t d k g f s l/.
- O contorno mais restritivo para a ocorrência de fonemas consonantais é a posição final de palavra onde ocorrem só os três arquifonemas /N R S/ e o fonema /l/.

As restrições de posicionamento das consoantes aumentam quando estas ocorrem em encontros consonantais. Como no caso

10.8 As possibilidades aceitáveis de posicionamento consonantal no sistema fonológico do português no ataque e na coda.

Contorno fonológico	Ataque		Coda	
Limite de palavra com uma consoante	#CV	todos os fonemas consonantais menos /ʎ/, /ɲ/ e /ɾ/	VC#	os arquifonemas /N/, /R/ e /S/, e o fonema /l/
Limite de palavra com duas consoantes	#CCV	oclusiva ou /f v/ mais líquida, exceto /tl/, /dl/, /vl/ e /vɾ/	VCC#	só /NS/
Limite de sílaba interior de palavra com uma consoante	$CV	todos os fonemas consonantais	VC$	os arquifonemas /N/, /R/ e /S/, o fonema /l/ e, raramente, /p b t d k g f/
Limite de sílaba interior de palavra com duas consoantes	$CCV	oclusiva ou /f v/ mais líquida, exceto /dl/ e /vl/	VCC$	só /NS/ e /RS/

	Ataque		Núcleo	Coda		
-3	-2	-1	0	+1	+2	+3
obstruinte	soante	deslizante	vogal	deslizante	soante	obstruinte

10.9 As possíveis posições de cada tipo de fonema em relação ao núcleo da sílaba.

das consoantes simples, há menos restrições em posição inicial que em posição final. Os catorze encontros consonantais formados por um fonema oclusivo ou /f v/ mais uma líquida ocorrem em posição inicial de sílaba interior de palavra. Em posição inicial de palavra só ocorrem treze encontros, já que /vɾ/ não aparece nessa posição. Em posição final de sílaba interior de palavra ocorrem com pouca frequência os encontros /NS RS/. Em português só o encontro /NS/ pode aparecer em posição final de palavra.

É importante lembrar o que já foi apresentado sobre a ocorrência dos arquifonemas, que sistematicamente ocorrem unicamente em posição final enquanto os fonemas relativos ao arquifonema ocorrem em posição inicial. Em outras palavras, os fonemas nasais e vibrantes apresentam oposição em posição inicial, mas sofrem neutralização em posição final.

Podem-se resumir as possíveis estruturas silábicas do português mediante um esquema do comportamento fonotático dos fonemas dos quatro classes naturais de sons. A Tab. 10.9 indica as possíveis posições de cada tipo de fonema em relação ao núcleo da sílaba. Esse esquema não significa que todos os elementos têm que aparecer em cada sílaba, mas sim a ordem em que aparecem, se é que aparecem. Por exemplo, se uma sílaba contiver uma deslizante, esta sempre aparecerá imediatamente antes ou depois do núcleo. Um fonema obstruinte sempre precederá qualquer soante no ataque ou sucederá qualquer soante na coda. Pode-se ver a aplicação da Tab. 10.9 nos exemplos da Tab. 10.10. Esses poucos exemplos mostram como as sílabas do português se estruturam segundo as regras fonotáticas expostas neste capítulo.

Com os princípios da fonotática e os demais princípios básicos da fonética e fonologia já examinados, é possível passar a um estudo pormenorizado de cada fonema e suas realizações fonéticas.

Perguntas de revisão

1. Quais são as convenções linguísticas empregadas para representar os contornos fonológicos?

2. Comente a estrutura da sílaba.

3. Em que contornos fonotáticos aparecem os fonemas /p d s ɾ m l/?

4. Quais são as possíveis posições fonotáticas das vogais altas?

Conceitos e termos

ataque	encontro misto	obstruinte
coda	encontro vocálico	posição explosiva
deslizante (glide)	fonotática	posição implosiva
ditongo	lacuna acidental	restrição fonotática
empréstimo lexical	lacuna sistemática	rima
encontro consonantal	núcleo	soante

A relação entre fonemas e alofones: a distribuição

{transportes}

t	ɾ	a	N	S	$	p	ó	R	$	t	e	S
-3	-2	0	+2	+3		-3	0	+2		-3	0	+3
obs	son	vog	son	obs		obs	vog	son		obs	vog	obs

{calmante}

k	a	l	$	m	á	N	$	t	e
-3	0	+2		-2	0	+2		-3	0
obs	vog	son		son	vog	son		obs	vog

{obstruir}

o	$	b	i	s	$	t	ɾ	u	$	í	R
0		+3	0	+3		-3	-2	0		0	+2
vog		obs	vog	obs		obs	son	vog		vog	son

{quatro}

k	u	á	$	t	ɾ	o
-3	-1	0		-3	-2	0
obs	des	vog		obs	son	vog

{reinado}

r	e	i	$	n	á	$	d	o
-2	0	+1		-2	0		-3	0
son	vog	des		son	vog		obs	vog

{fazia}

f	a	$	z	í	$	a
-3	0		-3	0		0
obs	vog		obs	vog		vog

10.10 Tabela da estrutura de diferentes sílabas em palavras do português segundo as regras fonotáticas.

5. Que fonemas consonantais simples podem aparecer em posição inicial de palavra?

6. Que fonemas consonantais simples podem aparecer em posição inicial de sílaba interior de palavra?

7. Que fonemas consonantais simples podem aparecer em posição final de sílaba interior de palavra?

8. Que fonemas consonantais simples podem aparecer em posição final de palavra?

9. Que encontros consonantais podem aparecer em posição inicial de palavra e em posição inicial de sílaba?

10. Que encontros consonantais podem aparecer em posição final de palavra e em posição inicial de sílaba?

11. Comente os possíveis encontros consonantais.

12. Comente os possíveis encontros vocálicos.

13. Compare e diferencie os encontros vocálicos dos encontros consonantais e dos encontros mistos.

14. Qual é a diferença entre uma lacuna acidental e uma lacuna sistemática?

Recursos eletrônicos

1. 🔊 Vogais epentéticas no Brasil e em Portugal.

SEÇÃO IV
Os fonemas vocálicos e seus sons

Capítulos 11–15

Com uma base linguística, fonética e fonológica já estabelecida, é possível comparar os sistemas vocálicos do inglês e português e os fonemas do português e os alofones que os representam. Os capítulos desta seção tratam dos fonemas vocálicos do português de acordo com suas características fonológicas desde as seguintes perspectivas: a oposição, a frequência, a distribuição e a fonotática. Também se apresentam os detalhes articulatórios, acústicos e auditivos de cada um dos alofones vocálicos. Devido a que o propósito destes capítulos é mais prático, dicas pedagógicas são introduzidas junto com conselhos práticos dirigidos ao estudante de português para a aquisição de uma boa pronúncia. Devido à alta frequência de vogais na cadeia falada, é imprescindível que o estudante adquira o sistema em seus pormenores para atingir uma boa pronúncia. Ao final de cada capítulo, encontram-se exercícios que ajudarão o estudante a incorporar as dicas pedagógicas e os conselhos práticos na sua pronúncia. Incluem-se capítulos sobre três aspectos problemáticos para o anglofalante: as vogais meio-fechadas e meio-abertas; os encontros vocálicos; e a nasalização vocálica.

Capítulo 11

Os sistemas vocálicos do português e do inglês

O português tem sete fonemas vocálicos: /i e ɛ a ɔ o u/. Eles são de suma importância porque, como já apresentado, primeiro, representam 47,9% dos fonemas da amostra estudada e, segundo, são os únicos fonemas que podem funcionar como núcleo da sílaba em português. Este capítulo trata da ocorrência dos fonemas vocálicos em posição silábica nuclear; a ocorrência não nuclear das vogais se apresenta no Capítulo 14 que trata dos encontros vocálicos.

O sistema vocálico do português tem duas características que costumam causar dificuldades para os falantes de um outro idioma ao aprender português. A primeira é a distinção entre as vogais meio-fechadas e meio-abertas, ou seja, [e o] e [ɛ ɔ], assunto examinado no Capítulo 13. A segunda é a nasalização vocálica, assunto examinado no Capítulo 15.

É importante reconhecer que a maior diferença entre a norma culta do Brasil (tanto São Paulo como Rio de Janeiro), por um lado, e a norma culta de Lisboa, por outro lado, é o sistema vocálico. Por isso, a apresentação dos fonemas vocálicos foi dividida para tratar dos detalhes fonéticos e fonológicos de cada variedade.

Este capítulo contém uma apresentação geral das características fonéticas das vogais. Apresenta também uma classificação mais detalhada das vogais, comparando os sistemas vocálicos do português e do inglês. O Capítulo 12 contém uma análise de cada fonema vocálico da língua portuguesa. Nessa análise serão apresentados os dados fonológicos e fonéticos de cada fonema. O Capítulo 12 inclui também chaves para a aquisição de uma boa pronúncia das vogais do português.

Características das vogais em geral

É útil recapitular o que já foi apresentado sobre as características das vogais em comparação com as consoantes. No Capítulo 5, ficou estabelecido que, do ponto de vista articulatório, comparadas às consoantes, as vogais:

- apresentam uma maior abertura bucal;
- formam-se mediante a ação dos músculos depressores;
- apresentam um fechamento maior das cordas vocais;
- apresentam maior tensão das cordas vocais, o que produz um tom mais alto;
- exigem menos gasto de ar em sua produção.

No Capítulo 6, ficou estabelecido que, do ponto de vista acústico, comparadas às consoantes, as vogais:

- costumam ser produzidas num tom mais alto do que as consoantes vizinhas;
- produzem-se com maior intensidade do que as consoantes vizinhas;
- costumam ter maior duração do que as consoantes vizinhas;
- caracterizam-se por formantes bem definidos e intensos.

O Capítulo 7 explicou como o processo auditivo produz uma imagem mental das características acústicas da vogal e como o cérebro interpreta essa informação nos processos da identificação e sistematização dos sons vocálicos recebidos.

	Anterior	Central	Posterior
Fechada	i		u
Meio-fechada	e		o
Meio-aberta	ɛ		ɔ
Aberta		a	

11.1 Os sete fonemas vocálicos do português.

A classificação fonológica e fonética das vogais

A classificação das vogais pode ser fonológica ou fonética. É importante entender a diferença entre as duas classificações. A classificação fonológica contém o número mínimo de traços necessários que reflita a oposição entre os sete fonemas vocálicos do português. A classificação fonética, porém, contém o número máximo de traços possíveis para descrever todos os detalhes da produção física dos alofones vocálicos do português.

Os traços fonológicos dos fonemas vocálicos

Para diferenciar os sete fonemas vocálicos do português são precisos só dois traços fonológicos: **o modo de articulação** e **o ponto de articulação**. O modo de articulação refere-se ao grau de abertura bucal; assim classificam-se as vogais como fechadas /i u/, meio-fechadas /e o/, meio-abertas /ɛ ɔ/ e aberta /a/. O ponto de articulação refere-se à região bucal em que a língua se aproxima mais ao céu da boca; assim classificam-se as vogais como anteriores /i e ɛ/, central /a/ e posteriores /ɔ o u/. É possível contrastar os sete fonemas vocálicos do português mediante a aplicação desses dois traços como se pode ver na Tab. 11.1.

Seguindo esse padrão, o fonema /i/ diferencia-se do fonema /u/ por este ser fechado posterior e aquele fechado anterior. Da mesma maneira o fonema /ɔ/

	Anterior	Central	Posterior
Semi-consoante	j		w
Semivogal	i̯ ĩ̯		u̯ ũ̯
Fechada	i ĩ	ɨ	u ũ
Meio-fechada	e ẽ	ə	o õ
Meio-aberta	ɛ	ɐ ɐ̃	ɔ
Aberta		a	

11.2 Quadro fonético das vogais do português.

diferencia-se do fonema /e/ por este ser meio-fechado anterior e aquele meio-aberto posterior. Seguindo o mesmo modelo, o fonema /u/ se distingue do fonema /a/ por este ser aberto central e aquele fechado posterior.

Os traços fonéticos dos alofones vocálicos

Os mesmos traços fonológicos das vogais (ou seja, o modo de articulação e o ponto de articulação) também são traços fonéticos, porque refletem características importantes da produção dos alofones vocálicos. Esses dois traços são tanto fonológicos (porque contém a informação mínima necessária para estabelecer a oposição entre os fonemas) como fonéticos (porque descrevem os traços articulatórios principais). A Tab. 11.2 repete o quadro fonético das vogais do português contido no Capítulo 5.

Além dos traços principais, existem outros cinco traços fonéticos relativos a outros aspectos da pronúncia dos alofones vocálicos: o estado das cordas vocais, o estado do véu palatino, o estado dos lábios, a duração e a intensidade.

O modo de articulação

Quanto ao modo de articulação, como já visto, as vogais classificam-se foneticamente de acordo com o grau da abertura bucal. De acordo com o grau de abertura, os alofones vocálicos orais que aparecem no núcleo silábico classificam-se como **fechados** [i ɨ u], **meio-fechados** [e ə o], **meio-abertos** [ɛ ɐ ɔ] ou **aberto** [a]. Também aparecem em posição não nuclear as **semiconsoantes** [j w] e as **semivogais** [i̯ u̯ ɥ].

O estudante de fonética pode observar a progressão na abertura bucal de fechada a meio-fechada a meio-aberta a aberta ao pronunciar as sequências [i e ɛ a] e [u o ɔ a]. Pode-se ver melhor essa progressão ao pronunciar essas sequências frente ao espelho ou quando outra pessoa as articula. Pode-se sentir a mesma progressão pondo os dedos sobre os lábios ou a mano debaixo do queixo ao articular essas sequências.[1]

O ponto de articulação

Quanto ao ponto de articulação, como também já foi apresentado, as vogais classificam-se foneticamente de acordo com a região da boca em que a língua se aproxima mais do céu da boca. Quando a língua se aproxima mais da zona palatal da boca, classificam-se as vogais como anteriores. Quando a língua se aproxima mais da zona velar da boca, as vogais denominam-se posteriores. Quando a língua adota uma posição intermediária entre anterior e posterior, classifica-se a vogal como central. De acordo com o ponto de articulação, os alofones vocálicos orais que aparecem no núcleo silábico classificam-se como **anteriores** [i e ɛ], **posteriores** [u o ɔ] ou **centrais** [ɨ ə ɐ a].

O estudante de fonética pode observar a mudança na posição da língua ao comparar a articulação das vogais [i u], [e o] e [ɛ ɔ]. Nas vogais [i e ɛ] pode-se sentir que a aproximação mais estreita da língua ocorre na região palatal; a aproximação mais estreita ocorre na região velar com as vogais [u o ɔ]. Com a língua mais plana entre a região palatal e a região velar produzem-se as vogais centrais: [ɨ ə ɐ a].

O estado das cordas vocais

As vogais, no âmbito fonético, também podem ser classificadas de acordo com o estado das cordas vocais. Como apresentado no Capítulo 5, o grau de abertura/fechamento das cordas vocais, junto com a passagem de ar controlam a vibração (sons sonoros) ou não vibração (sons surdos) das cordas vocais. Em geral, as vogais são sonoras. Porém, há casos em português em que a vogal costuma ensurdecer-se devido à assimilação. Em português essa assimilação é optativa mas muito frequente. Emprega-se o sinal diacrítico [̥] para indicar um som ensurdecido.

Os casos em que ocorre a produção de uma **vogal ensurdecida**, são quando uma vogal átona ocorre entre uma consoante surda e uma pausa como por exemplo nas palavras {cinco} [síⁿku̥] e {sete} [séʧi̥]. O ensurdecimento pode até afetar uma consoante líquida que intervenha entre a consoante surda e a vogal átona diante de uma pausa como nos exemplos de {quatro} [kwátɾu̥] e {ampla} [ẽᵐpl̥ɐ̥]. O ensurdecimento pode acontecer mesmo que haja uma consoante surda [s] antes da pausa como nas palavras {passas} [pásɐ̥s] e {traços} [trásu̥s].

Há também outros contextos em que ocorre o ensurdecimento. Ocorre com vogais átonas entre duas consoantes surdas em posição interior de palavra, como por exemplo nas palavras {apitar} [api̥tár] ou {capuchinho} [kapu̥ʃíɲu]. Isso acontece até com mais frequência quando se trata de uma vogal epentética como na palavra {apto} [ápi̥tu] ou [ápi̥tu]. No caso das vogais epentéticas, o fenômeno acontece mesmo que a segunda vogal seja sonora como na palavra {étnico} [éʧi̥niku] ou [éti̥niku]. Em forma de regra pode-se expressar este ensurdecimento optativo da seguinte maneira:[2]

$$V \rightarrow V̥ \bigg/ \begin{array}{l} C_{surda}(L^1) \_\_ (S)/ \\ C_{surda} \_\_ C_{surda} \end{array}$$

$$\emptyset \rightarrow [i̥ ɨ̥]^2 / C_{surda} \_\_ C$$

[1] consoante líquida que também se ensurdece
[2] vogal epentética

O estudante de fonética pode sentir a diferença entre as vogais sonoras e as vogais surdas colocando os dedos sobre a laringe. Ao articular as vogais [i e a o u], pode-se sentir a vibração das cordas vocais com os dedos. Ao sussurrar as vogais [i̥ e̥ ɐ̥ o̥ u̥], não se sente a vibração.³ ◀€

O papel que o estado das cordas vocais desempenha no sistema vocálico do português é totalmente fonético, já que não cria nunca uma oposição fonológica com as vogais sonoras. Os sons vocálicos surdos são sempre alofones dos fonemas vocálicos, que são sonoros por natureza.

O estado do véu palatino

As vogais também podem ser classificadas de acordo com o estado do véu palatino. Como já foi apresentado no Capítulo 5, a posição do véu palatino, seja levantado ou baixado, controla a quantidade de ar que se admite à cavidade nasal. Na produção de toda vogal a boca se mantém aberta. Se ao mesmo tempo o véu palatino se mantiver levantado de forma de aderir-se à parede faríngea, isso impedirá que o ar entre na cavidade nasal: assim se produzem as **vogais orais**. Se ao articular uma vogal o véu palatino se mantiver baixado, afastado da parede faríngea, permitirá que o ar entre na cavidade nasal: assim se produzem as **vogais nasalizadas** ou **vogais oronasais**. Emprega-se o sinal diacrítico [˜] para indicar a nasalização das vogais.

A diferença entre uma vogal nasalizada e uma vogal oronasal é o grau de aproximação ou afastamento do véu palatino da parede faríngea. Por isso, é importante diferenciar entre os possíveis graus de nasalização, assunto que será tratado em detalhes no Capítulo 15.

Existe uma polêmica em torno do papel da nasalização vocálica em português. Alguns linguistas afirmam que a nasalização vocálica é um fenômeno fonético. Desse ponto de vista, as vogais nasalizadas [ĩ ẽ ɐ̃ õ ũ] serão sempre alofones dos fonemas vocálicos orais /i e a o u/. A nasalização costuma ocorrer em dois contextos diferentes. O primeiro é quando a vogal ocorre diante de um arquifonema nasal /N/ em posição final de sílaba. Nesse caso, a nasalização da vogal é obrigatória: [lĩᵐpu] [ẽⁿtɾɐ] [kẽᵐpu] [põⁿtu] [ʒũⁿtu].⁴ ◀€ A seguinte regra descreve a nasalização vocálica obrigatória exemplificada por essas palavras:

$$V \rightarrow \tilde{V} \ / \_\_ N\$$$

O segundo contexto é quando a vogal ocorre diante de um fonema nasal em posição inicial de sílaba. Nesse contexto, a nasalização da vogal é optativa, dependendo do dialeto ou idioleto: [lĩmɐ] [pẽnɐ] [kẽmɐ] [dõnɐ] [hũmu].⁵ ◀€

Do outro lado da polêmica estão os linguistas que afirmam que as vogais nasalizadas são fonemas que se opõem aos fonemas orais. Apontam para palavras como [lá] e [lɛ̃], [kásɐ] e [kɛ̃sɐ] e ainda [sítu] e [sĩⁿtu], afirmando que são pares mínimos provando a oposição entre /a/ ~ /ɐ̃/ e /i/ ~ /ĩ/.

No Capítulo 15 comentar-se-ão mais detalhes sobre essa polêmica, mas, por enquanto, adotar-se-á o ponto de vista de que as vogais oronasais são alofones que derivam-se dos fonemas orais.

O estudante de fonética pode sentir a diferença entre as vogais orais e as vogais oronasais ao produzi-las tapando e destapando o nariz. Ao articular as vogais orais [i e a o u], pode-se notar que o som produzido não muda ao tapar e destapar o nariz. Isso deve-se ao fato de que com o véu palatino levantado, o ar não entra na cavidade nasal e, como consequência, o efeito de tapar o nariz é nulo. Porém, ao baixar o véu palatino, afastando-o da parede faríngea, produzem-se as vogais oronasais [ĩ ẽ ɐ̃ õ ũ]. Nessa configuração, o som altera-se muito ao tapar e destapar o nariz. Isso deve-se ao fato de que na produção dessas vogais há ar que sai tanto pelo nariz quanto pela boca.⁶ 🎥

O estado dos lábios

As vogais, no âmbito fonético, classificam-se também de acordo com o estado dos lábios. De acordo com esse traço, as vogais podem classificar-se como **arredondadas** ou **não arredondadas**. Essa diferença fica evidente quando se compara a conformação dos lábios na produção das vogais [i] e [u]. Na articulação do som [u] os cantos da boca se aproximam, os lábios se arredondam e se projetam para frente. Na articulação do som [i] os cantos da boca se afastam da posição normal e os lábios se abrem. De acordo com esse traço, as vogais [i e ɛ a] classificam-se como não arredondadas e as vogais [ɔ o u] como arredondadas.⁷ 🔊 Pode-se comprovar isso observando-se a posição dos lábios no espelho ao pronunciar as vogais. Pode-se sentir a diferença ao colocar os dedos sobre os cantos dos lábios durante a articulação das vogais. Acusticamente, o arredondamento de uma vogal tem o efeito de baixar o segundo formante.

O papel que o estado dos lábios desempenha no sistema vocálico do português é totalmente fonético, já que esse traço não cria nunca por si só uma oposição fonológica. É um traço redundante porque segue a mesma classificação dada pelo ponto de articulação. Quer dizer, para o português, os únicos fonemas vocálicos que são arredondados são os posteriores; todos os demais fonemas vocálicos são não arredondados.

A tonicidade ou intensidade

De acordo com sua tonicidade ou intensidade as vogais do português classificam-se como **vogais tônicas** ou **vogais átonas**. Em inglês esses conceitos denominam-se mediante os termos "stressed" e "unstressed" e serão tratados em mais detalhes no Capítulo 22. O fenômeno da tonicidade é fonológico e fonético como tem que ver com a representação mental de um conjunto de palavras e sua articulação; não tem que ver com sua grafia. Por exemplo, na palavra {cantara} o primeiro e o último [a] são átonos e o penúltimo é tônico, ainda que a palavra não contenha nenhum acento ortográfico: [kẽⁿtáɾɐ]. Já na palavra {cântara} a primeira vogal é tônica e as outras duas são átonas: [kẽⁿtaɾɐ].⁸ 🔊

A duração

Como já comentado em capítulos anteriores, os sons podem variar no tempo durante o qual se mantém sua produção. De acordo com sua duração, uma vogal pode classificar-se como **vogal longa** ou **vogal curta**. As variações dependem de vários fatores: a tonicidade da vogal, a posição fonológica da vogal ou sua combinação com outras vogais. Por exemplo, na realização da sequência {está aqui} o som do [a]

pode ser curto: [estákí]. Na realização da sequência {está alto} o som do [á:] é longo: [está:ˡto].⁹ 🔊 O alongamento de um som transcreve-se com o uso do símbolo [ː]. Os detalhes do fenômeno de alongamento vocálico serão tratados no Capítulo 14.

Comparação entre o sistema vocálico do português e o do inglês

Como introdução à apresentação das vogais do português, é útil examinar as várias diferenças que existem entre os sistemas vocálicos do português e do inglês. Os sistemas apresentam diferenças quanto ao ataque e à cessação das vogais. Tanto no sistema do português como no do inglês há um contraste marcante entre vogais tônicas e átonas. Há uma grande diferença entre o número de vogais do português e o número de vogais do inglês bem como na distribuição desses fonemas no espaço vocálico. Outra diferença entre os dois sistemas refere-se à variação dialetal existente em cada um.

Comparação entre o ataque e a cessação vocálicos

Como já visto, a produção de qualquer som consiste em três fases: a intensão, a tensão e a distensão. Já foi comentada a importância da coarticulação que resulta da sobreposição da distensão de um som na intensão do som seguinte. Mesmo assim, é possível encontrar vogais em dois casos especiais onde não ocorre essa sobreposição. Quando a vogal ocorre em posição inicial de grupo fônico (quer dizer, depois de uma pausa), pode-se falar do **ataque vocálico**, sendo que a intensão da vogal não se mistura com nenhuma distensão. Quando a vogal ocorre em posição final de grupo fônico (quer dizer, diante de uma pausa), pode-se falar da **cessação vocálica**, sendo que a distensão da vogal não se mistura com nenhuma intensão.

O ataque vocálico

É importante contrastar o ataque vocálico do português com o do inglês porque são muito diferentes. O ataque vocálico ocorre somente quando o grupo fônico começa com uma vogal, em outras palavras, ocorre unicamente quando a vogal segue uma pausa. O português tem um **ataque vocálico crescente** enquanto que o inglês tem um ataque **vocálico abrupto**.

Em português, o ataque vocálico crescente ocorre quando se começa a forçar o ar dos pulmões para a laringe com as cordas vocais já abertas na posição precisa para que entrem em vibração com a passagem do ar. Começam a vibrar com uma amplitude muito baixa, mas com o aumento do volume de ar que passa, aumenta-se gradualmente a amplitude. A Fig. 11.3 mostra o efeito acústico do ataque vocálico crescente.

Em inglês, é diferente: o ataque vocálico abrupto ocorre quando se começa a forçar o ar dos pulmões para a laringe com as cordas vocais fechadas. O que resulta, então, é um grande aumento de pressão de ar abaixo das cordas vocais sem produção de som. Quando, de repente, as cordas vocais se abrem devido à pressão sob elas, produz-se inicialmente uma explosão de ar que passa pelas cordas vocais, também chamado de golpe de glote. As cordas vocais, então, começam a vibrar repentinamente com a amplitude da fase tensiva da vogal. A Fig. 11.4 mostra o efeito acústico do ataque vocálico abrupto.

Ao comparar o ataque vocálico do português com o do inglês, nota-se a diferença entre a intensão da vogal de cada idioma. A intensão do ataque vocálico do português é uma produção vocálica com amplitude crescente, devido às cordas vocais se encontrarem inicialmente abertas. Em contraste, a intensão do ataque vocálico do inglês é explosiva, um golpe de glote, devido às cordas vocais se encontrarem inicialmente fechadas. Pode-se escutar a diferença fonética no ataque vocálico ao comparar as seguintes séries de palavras: [aˡtáɾ] [asẽ̞ũ] [ẽ̞mplu] {altar, ação, amplo} demonstram o ataque vocálico crescente do português enquanto que [ʔáltʰɹ̩] [ʔǽkʃən] [ʔǽmpl̩] {altar, action, ample} demonstram o ataque vocálico abrupto do inglês, com golpe de glote inicial.[10]

A cessação vocálica

É importante também perceber a grande diferença entre a cessação vocálica do português e a do inglês. A cessação ocorre quando o grupo fônico termina com uma vogal, em outras palavras, ocorre unicamente quando a vogal precede uma pausa. O português tem uma **cessação vocálica abrupta** enquanto o inglês tem uma **cessação vocálica decrescente**.

Em português, a cessação vocálica abrupta ocorre porque depois da produção da fase tensiva da vogal, a produção do som cessa mediante um fechamento repentino das cordas vocais. A Fig. 11.5 mostra o efeito acústico da cessação vocálica abrupta.

Já em inglês, a cessação vocálica decrescente ocorre porque depois da produção da fase tensiva da vogal diminui-se a passagem de ar pelas cordas vocais, o que diminui gradualmente a amplitude da onda sonora até que seja inaudível. A Fig. 11.6 mostra o efeito acústico da cessação vocálica decrescente.

Ao comparar a cessação vocálica do português com a do inglês, nota-se a diferença entre a distensão da vogal de cada idioma. A distensão da cessação vocálica do português ocorre pela terminação repentina da produção vocálica mediante o fechamento das cordas vocais. Em contraste, a distensão da cessação vocálica do inglês ocorre pela diminuição gradual da

11.3 O ataque vocálico crescente do português.

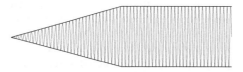

11.4 O ataque vocálico abrupto do inglês.

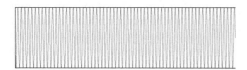

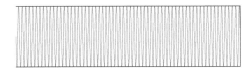

11.5 A cessação vocálica abrupta do português.

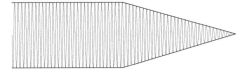

11.6 A cessação vocálica decrescente do inglês.

força articulatória até chegar ao silêncio. Vê-se facilmente essa grande diferença comparando-se as seguintes séries de palavras: [tú] [nó] [ʒá] [sé] [sí] {tu, nó, zá, sê, si} demonstram a cessação vocálica abrupta do português enquanto que [tʰúu̯] [nóu̯] [yá] [séi̯] [síi̯] {two, no, yaw, say, see} demonstram a cessação vocálica decrescente do inglês.[11] 🔈

A comparação entre os sistemas vocálicos tônicos do português e do inglês

Antes de comparar os sistemas vocálicos do português e do inglês, é preciso primeiro analisar cada um individualmente. Primeiro apresentar-se-ão alguns aspectos do sistema vocálico do português com fins contrastivos. Depois será apresentado o sistema vocálico do inglês, porque é necessário entender o sistema do inglês para entender o que o aluno anglofalante precisa fazer para produzir as vogais do português corretamente e evitar a influência negativa do inglês.

O sistema fonológico das vogais tônicas do português

Como já foi apresentado, o sistema vocálico fonológico do português em posição tônica, tanto nos dialetos brasileiros como nos dialetos europeus, é um sistema simétrico de sete vogais: [i e ɛ a ɔ o u]. O seguinte esquema dos fonemas vocálicos indica em forma gráfica como as sete vogais do português se situam no espaço vocálico:

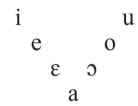

Já foi comprovada a existência de sete fonemas vocálicos para o português. Todas as vogais podem aparecer em pelo menos uma das sequências modelo /p_so/ ou /p_zo/ o que comprova a oposição entre esses sete fonemas vocálicos. A série com /s/ inclui: [pésu] [pásu] [pɔ́su] [pósu] [púsu], que ortograficamente são {peço, passo, posso, poço, puço}. A série com /z/ inclui: [pízu] [pézu] [pɛ́zu], que ortograficamente são {piso, peso (*substantivo*), peso (*verbo*)}.[12] 🔈

Dos sete fonemas vocálicos do português, dois, os fonemas /ɛ/ e /ɔ/, têm distribuições únicas e só podem aparecer sistematicamente em posição tônica. Os outros cinco, /i e a o u/ têm distribuições complementares diferenciadas no Brasil e em Portugal. Essas regras já foram apresentadas no Capítulo 9. As regras para /i/ e /u/ descrevem a possível formação de ditongos, assunto que será examinado em detalhes no Capítulo 14.

Do ponto de vista da fonotática, observa-se que os sete fonemas vocálicos podem ocorrer como o núcleo de uma sílaba monofonemática, ou seja, numa sílaba de um só fonema, neste caso, a própria vogal. Alguns exemplos são {**i**-lha} /í.ʎa/, {**e**-le} /é.le/, {**e**-co} /ɛ́.ko/, {**a**-bre} /á.bɾe/, {**o**-bra} /ɔ́.bɾa/, {**o**-co} /ó.ko/ e {**ú**-til} /ú.til/. Os fonemas vocálicos ocorrem como núcleo silábico em todos os tipos de sílaba; isto é, podem ou não ser precedidos de um ataque e/ou podem ou não ser seguidos de uma coda. As seguintes palavras exemplificam núcleos silábicos precedidos por um ataque: *pi-co, pe-na* /e/, *pe-ca* /ɛ/, *si-lá-bi-co, fo-ssa* /ɔ/, *mo-ço* /o/, *se-gu-ro*. Como exemplos de núcleos silábicos seguidos de uma coda podem citar-se *is-to, en-te* /e/, *es-ta* /ɛ/ *an-tes, ób-vio* /ɔ/, *os-tra* /o/, *um-bral*. Alguns exemplos de núcleos silábicos com um ataque e uma coda são *pin-to, len-to* /e/, *per-na* /ɛ/, *can-to, cos-ta* /ɔ/, *con-ta* /o/ e *cul-to*.

Vale recapitular outros dados fonotáticos dos fonemas vocálicos que se apresentaram no Capítulo 10. Os fonemas vocálicos tônicos podem ocorrer em posição inicial, interior ou final de palavra. As vogais tônicas podem aparecer em sílabas com ou sem ataque e com ou sem coda. Em posição final de palavra, com a exceção de algumas flexões verbais, palavras de origem indígena e derivações adjetivais, as vogais tônicas são pouco frequentes.

O sistema fonológico das vogais tônicas do inglês

O sistema vocálico do inglês que se apresenta neste livro é do chamado dialeto do meio-oeste dos Estados Unidos. Escolheu-se esse dialeto por representar uma norma culta aceita em todas as regiões do país. Em posição tônica, o sistema é quase-simétrico e inclui quinze núcleos silábicos com oposição fonológica; os núcleos apresentam-se na Fig. 11.7.

Pode-se constatar o valor fonemático dos quinze núcleos vocálicos do inglês mediante pares mínimos. A Tab. 11.8 mostra como doze dos fonemas aparecem na sequência modelo /b_t/. Todas essas palavras monossilábicas funcionam como membros de pares mínimos. Neste caso as palavras têm a forma silábica CVC: /b_t/. Ao mudar o núcleo vocálico produz-se uma mudança de significado e portanto é uma palavra diferente. Por exemplo, o par mínimo [bii̯t] [bɪt] comprova a oposição entre os fonemas /ii̯/ e /ɪ/. O par mínimo [bii̯t] [bei̯t] comprova a oposição entre os fonemas /ii̯/ e /ei̯/. Dessa maneira pode-se fazer um contraste fonológico entre todos esses doze núcleos vocálicos.

Ficam três núcleos vocálicos por comentar por não ocorrerem na sequência modelo /b_t/: /ʊ ɔi̯ ɔ/. O fonema /ʊ/ comprova-se pela oposição a /uu̯/ como demonstram os pares mínimos [kʰʊk] [kʰuu̯k] {cook, kook} e [wʊd] [wuu̯d] {would, wooed}. O fonema /ɔi̯/ comprova-se pela oposição a /oṵ/ como demonstram os pares mínimos [kʰɔi̯n] [kʰoṵn] {coin, cone} e [bɔi̯] [boṵ] {boy, bow}. O fonema /ɔ/ comprova-se em alguns dialetos do leste dos Estados Unidos onde se opõe ao fonema /ɑ/ como demonstram os pares mínimos /kɑt/ /kɔt/ {cot, caught}. Nesses dialetos {bought} rima com {caught}. No dialeto americano do meio-oeste o som de [ɔ] só ocorre como alofone de /o/ diante

11.7 Os fonemas vocálicos tônicos do inglês.

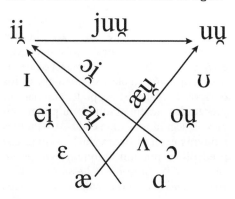

11.8 Doze dos fonemas vocálicos aparecem na sequência modelo /b_t/ em inglês. Todas estas palavras monosilábicas podem ser usadas em pares mínimos.

Forma fonemática	Palavra ortográfica
ii̯	{beat, beet}
ɪ	{bit}
ei̯	{bait, bate}
ɛ	{bet}
æ	{bat}
ɑ	{bought}
ʌ	{but}
oṵ	{boat}
uu̯	{boot}
ai̯	{bite}
æṵ	{bout}
juu̯	{butte}

do fonema /r/ como nas palavras [bɔɹ] {bore, boar} e [fɔɹ] {for, fore, four}.[13] 🔊

O anglofalante costuma pensar que o inglês tem cinco vogais: *i e a o u*. O conceito de que o inglês tenha só cinco vogais é um conceito puramente ortográfico, pois os exemplos acima demostram que o inglês tem quinze núcleos vocálicos que se opõem. De fato, cada letra ortográfica pode representar múltiplos fonemas. Por exemplo, o grafema {a} pode realizar-se como [ɑ] em {*father*}, como [eɪ̯] em {*date*} ou como [æ] em {*cat*}. A Tab. 11.9 mostra as correspondências grafêmicas para os quinze núcleos vocálicos fonêmicos do inglês. É importante, porém, lembrar que essas correspondências são generalizações e não regras absolutas, pois a tabela também contém exceções notáveis.

A Tab. 11.9 apresenta os quinze núcleos vocálicos do inglês na primeira coluna. O resto da tabela apresenta as correspondências ortográficas. Tradicionalmente dividem-se os núcleos vocálicos em três grupos: vogais longas, vogais curtas e ditongos. A Tab. 11.10 apresenta as vogais ortográficas em suas formas longas e curtas (também chamadas breves), dando primeiro o valor fonético e segundo a forma ortográfica.[14] 🔊

Os ditongos são três: [æʊ̯] {sound}, [ɔɪ̯] {boy}, [juʊ̯] {muse} (tecnicamente um tritongo). O grande problema ortográfico/fonético do inglês é: Como representar os quinze núcleos vocálicos fonológicos com só cinco grafemas ou letras vocálicas? O padrão geral do inglês, que se indica nesses quadros, é que se uma só letra vocálica se apresenta entre duas letras consonantais na mesma sílaba {CVC}, a vogal é considerada curta. Por outro lado, se a palavra escreve-se com uma consoante mais vogal mais consoante mais a vogal {e} (chamada *é muda*) {CVCe}, ou se a palavra escreve-se com uma consoante mais dois grafemas vocálicos mais consoante {CVVC}, a vogal é considerada longa. Essa generalização, que se resume na Tab. 11.11, é claramente ortográfica.[14] 🔊

Outra categorização que se usa na descrição das vogais inglesas é entre vogais tensas (ingl. *tense*) e frouxas (ingl. *lax*). Sem exceção, as vogais frouxas são todas vogais tradicionalmente chamadas de curtas. As vogais tensas são tradicionalmente longas ou ditongos com somente duas exceções. As duas exceções são os núcleos [ɑ] e [ɔ], que tradicionalmente são consideradas curtas, mas que se consideram tensas. É interessante destacar que na maioria dos dialetos americanos houve uma neutralização parcial entre os fonemas /ɑ/ e /ɔ/. Por exemplo, para alguns dialetos do leste dos Estados Unidos, as palavras [kʰɑt] {cot} e [kʰɔt] {caught} são um par mínimo que demonstra a oposição entre os fonemas /ɑ/ e /ɔ/. Porém, na maioria dos dialetos americanos, essas duas palavras têm a mesma pronúncia: [kʰɑt]. Diante do fonema /r/, porém, mantém-se a oposição em quase todos os dialetos americanos: [fɑɹ] {far} e [fɔɹ] {four}.

A categorização entre vogais tensas e frouxas não é fonética; ou seja, não representa traços fisiológicos pertinentes a sua produção. O que ela representa é a categorização fonotática dos núcleos vocálicos. Por exemplo, tanto vogais tensas como frouxas podem aparecer em sílabas terminadas em consoante: [béɪ̯t] [bét] [bíɪ̯t] [bít]. Por outro lado, só as vogais tensas aparecem em sílabas terminadas com a própria vogal: [béɪ̯] [bíɪ̯]. São impossíveis em inglês palavras como *[bé] ou *[bí]. A distinção entre tensa e frouxa é claramente fonotática.

Ao examinar as diferenças fonéticas entre os núcleos vocálicos do inglês, pode-se notar que há três fatores principais que influenciam sua produção: a duração, o timbre e a ditongação. A duração refere-se simplesmente ao tempo que leva a produção de determinado som. O timbre refere-se à qualidade vocálica que resulta da conformação dos formantes vocálicos. Estes, por sua vez, variam de acordo com os aspectos anatômicos referentes à produção da vogal como, por exemplo, a abertura bucal ou a posição da língua. A ditongação resulta da mudança de timbre através do tempo. Ao comparar a vogal longa [iɪ̯] com a vogal curta [ɪ], como se veem nas palavras [bíɪ̯t] {beat} e [bít] {bit}, observa-se que a vogal curta não é somente mais curta que a longa, mas que também tem um timbre distinto e que não apresenta ditongação

Capítulo 11

11.9 Os núcleos vocálicos fonemáticos tônicos do inglês.

Núcleo vocálico	Grafemas	Exemplos	Exceções notáveis
i̯i̯	e (longa)	be, he, she, these, even	
	ea	each, leave, mean, please, reach, sea, speak, beast, heat, stream, teach, weak, beat, seat, deal, heal, real, steal	break, great, heavy
	ee	week, deep, feet, free, green, fleet, sleet, feel, wheel, heel, steel	been
	ei	either, receive, seize	veil, their
	ie	chief, piece, believe, grief, field, yield	friend
I	i (curta)	big, fish, since, it, flip, sit, bit, knit, flick, ill, will, milk, until	island, sign
	e (_r)	here, mere, sphere, sincere	
	ea (_r)	clear, dear, ear, hear, tear	bear, tear, wear
	ee (_r)	beer, cheer, deer, queer	
	ie (_r)	pier, fierce, pierce	
ei̯	a (longa)	face, brave, shape, take, bake, lake, sate, sale, male, pale, whale	have
	ai	plain, raise, wait, paint, saint, sail, tail, mail, fail	again, said, against
	ay	say, stay, way, day	says, aye
	ei (_gh/gn/n)	eight, neighbor, weigh, reign, rein, vein	height
	ey	they, convey	eye
ɛ	e (curta)	best, dress, end, fence, bet, get, set, let	pretty
	ea (_d)	bread, lead, dead, ready, head, read	bead, lead, read
	a (_r)	care, square, dare, rare, ware	are
	ai (_r)	air, chair, hair, fair	
æ	a (curta)	ask, man, sad, bank, last, pass, bag, sand, path, fancy, master	want, watch, what, was, many
ɑ	a (curta _r/l)	art, star, car, all, salt, ball, talk	war, half, shall
	o (curta)	box, drop, God, stop, got, rock, cross, long, off, cost, lost, soft, strong, cloth, loss, song, wrong, often, offer, office	most, whom, both, son, woman, women, once, follow
	au	cause, pause, Paul, daughter	laugh
	aw	draw, law, saw, paw	
ɔ	o (curta _r)	corn, for, form, north, short, born, Lord, sort, storm, forth, report, morning, order, corner, former	word, work, world, worth
	oo (_r)	door, floor, poor	
	ou (_r)	course, four, court, pour, your	journey, our, hour

Os sistemas vocálicos do português e do inglês

Núcleo vocálico	Grafemas	Exemplos	Exceções notáveis
oṷ	o (longa)	go, no, so, ago, alone, close, home, hope, stone, those, whole, bone, nose, note, smoke, spoke, suppose	do, into, to, who, move, lose, gone, does, shoe, love
	oa	boat, coal, coast	broad
	ou (_l)	soul, shoulder, poultry	should, could, would
	ow	bow, blow, grow, own, row, snow	how, wow, sow, vow, now, pow, row
ʌ	u (curta)	but, rush, run, jump, dull, burn, hurt, us	busy, truth, full, pull, put, sugar
ʊ	oo (_oclusiva)	hood, stood, good, wood, book, brook, cook, hook, look, shook, took, foot, soot, roof	blood, flood, food, mood, shoot, roof
	ou (_ld#)	could, should, would	
uṷ	ew	blew, flew, screw	
	oo	too, woo, room, school, soon, moon	
	u (final)	flu	
	ue	true, blue, clue, flue	
	ui	fruit, suit	build, built
aḭ	i (longa)	die, lie, drive, arrive, live, iron	give, live
	i (curta _gh/ld/nd/gn)	high, night, light, child, wild, wind, find, mind, sign	wind
	y	by, fly, cry, sky, supply	
	uy	buy, guy	
æṷ*	ou	about, around, found, house, out, sound, south, loud, count, doubt, loud, mouth, drought	brought, though, through, country, touch, young
	ow	bow, down, brown, now, cow, row, town, crown, flower, crowd, how	bow, row, know
ɔḭ	oi	point, voice, noise, soil	
	oy	boy, destroy, joy, toy	
juṷ	ew	few, hew, pew, ewe, new [njúṷ]	new [núṷ], grew
	u (longa)	use, pure, music	rule, blue

*Este símbolo representa a realidade fonética típica do dialeto do meio-oeste, que tradicionalmente é representado por [aṷ].

Vogal ortográfica	Longa	Curta
{i}	[aɪ̯] {kite}	[ɪ] {kit}
{e}	[iɪ̯] {beat}	[ɛ] {bet}
{a}	[eɪ̯] {bait}	[æ] {bat}
{o}	[oʊ̯] {goat}	[ɑ] {got} [ɔ] {for}
{u}	[uʊ̯] {coop}	[ʌ] {cup} [ʊ] {put}

11.10 As vogais ortográficas em suas formas longas e curtas.

Vogal inglesa	Padrão ortográfico	Exemplo
curta	CVC	{met}
longa	CVCe CVVC	{mete} {meat}

11.11 O padrão geral do inglês das vogais curtas e longas.

como a longa. De modo geral, as vogais longas do inglês têm uma duração maior com ditongação, ou seja, uma mudança de timbre ao longo de sua realização. As vogais curtas, por sua vez, têm menor duração e timbre mais constante.

A comparação entre os sistemas vocálicos átonos do português e do inglês

O sistema vocálico átono do português é muito diferente do sistema vocálico átono do inglês e é muito diferente também do sistema vocálico tônico do português. O sistema vocálico átono do português é bastante complicado por dois motivos: Primeiro, há uma diferença entre as vogais átonas não finais e as vogais átonas finais. Segundo, há uma diferença entre os sistemas átonos no Brasil e em Portugal.

O princípio geral que rege o sistema vocálico átono do português é a **redução**, que pode referir-se ao número de alofones como também ao grau de abertura dos alofones. Foneticamente o processo de redução resulta da elevação ou **alçamento** em que uma vogal fecha-se. Assim, em geral, a vogal [a] fecha-se a [ɐ], as vogais [ɛ] e [ɔ] fecham-se a [e] e [o] respectivamente e as vogais [e] e [o] fecham-se a [i] e [u] respectivamente. Em Portugal há também **centralização** das vogais anteriores a [ɨ]. Os casos de não redução das vogais átonas no português europeu serão tratados mais à frente.

Adiante encontra-se uma análise das vogais átonas do português seguida de uma análise do sistema do inglês. Com isso será possível ver posteriormente as grandes diferenças que existem entre os sistemas vocálicos átonos dos dois idiomas.

A redução no sistema das vogais átonas no português do Brasil

No Brasil, o sistema vocálico átono em posição não final reduz-se de sete a cinco vogais, formando um sistema simétrico. Como já comentado antes, as vogais meio-abertas /ɛ/ e /ɔ/ não ocorrem em posição átona. O seguinte quadro mostra o espaço vocálico desse sistema.

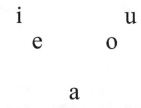

No Brasil, o sistema vocálico átono em posição final reduz-se ainda mais, consistindo de apenas três vogais devido ao fenômeno de alçamento vocálico em que a vogal aberta vira meio-aberta e as vogais meio-fechadas viram fechadas. O seguinte quadro mostra o espaço vocálico desse sistema.

```
    i         u

         ɐ
```

A redução no sistema das vogais átonas no português europeu

Em Portugal, o sistema vocálico átono em posição não final teoricamente se reduz de sete a quatro vogais, formando um sistema que só aparenta ser simétrico. Em Portugal, o ajuste do sistema vocálico átono nessa posição é ainda mais marcado que no Brasil. Há alçamento das vogais /a o/ a [ɐ u] respectivamente. A vogal /e/, no entanto, sofre alçamento a [i] em posição átona inicial de palavra e alçamento e centralização a [ɨ] em posição átona interior de palavra. Como já foi comentado antes, as vogais meio-abertas /ɛ/ e /ɔ/ não ocorrem em posição átona. O seguinte quadro mostra o espaço vocálico desse sistema.

```
    i    ɨ    u

         ɐ
```

Os seguintes exemplos mostram essas reduções por comparação da palavra primitiva com a vogal em posição tônica com uma de suas palavras derivadas com a vogal em posição pretônica:[15] 🔊

{medo}	[médu]	{medroso}	[mɨdrózu]
{belo}	[bélu]	{beleza}	[bɨlézɐ]
{sal}	[sáɫ]	{saleiro}	[sɐléɪɾu]
{porta}	[pórtɐ]	{porteiro}	[puʀtéɪɾu]
{fogo}	[fógu]	{fogueira}	[fugéɪɾɐ]

Os processos de alçamento e centralização descritos acima descrevem o comportamento geral do sistema vocálico átono. Porém, há casos em que vogais pretônicas não se alçam e as vogais [ɛ a ɔ] encontram-se em posição átona. Essas exceções serão discutidas na próxima seção.

Em Portugal, o sistema vocálico átono em posição final reduz-se ainda mais, tornando-se um sistema assimétrico de três vogais. Isso também difere do padrão do Brasil, pois a vogal /e/ (em posição não final) sofre não somente um alçamento, mas também uma centralização. O seguinte quadro mostra o espaço vocálico desse sistema.

```
    ɨ         u

         ɐ
```

Pode-se constatar a existência de cinco fonemas vocálicos em posição átona, já que os fonemas /ɛ ɔ/ não aparecem sistematicamente nessa posição. Vale recapitular também outros dados fonotáticos para os fonemas vocálicos que foram apresentados no Capítulo 10. Os fonemas vocálicos átonos podem ocorrer em posição inicial, interior ou final de palavra. Também ocorrem em sílabas com ou sem ataque e com ou sem coda. Entretanto, em posição final de palavra, ocorrem algumas limitações sistemáticas: as vogais /e/ /a/ e /o/ átonas são comuns em posição final de palavra, enquanto que as vogais /i/ e /u/, como fonemas átonos, são pouco frequentes nessa posição.

A não redução vocálica de [ɛ a ɔ] em posição átona no português europeu

Como já foi explicado em capítulos anteriores, o padrão geral do sistema vocálico do português europeu reduz as vogais /e ɛ a ɔ o/ a [i ɨ ɐ u] em posição átona. Porém em Portugal, existem casos em que a vogal pretônica não se reduz. Essas exceções às normas de redução vocálica classificam-se ou como regulares ou irregulares.

Casos regulares de não redução

Há vários tipos da não redução vocálica no português europeu em posição pretônica que alguns autores classificam como "regulares" devido ao contexto fonotático em que ocorrem.

Em palavras derivadas diante de [ɫ]

Os seguintes exemplos são considerados regulares, pois são derivados nos quais o grau de abertura da palavra primitiva se mantém na forma derivada em sílaba fechada diante de [ɫ]:[16] ◀⋵

{feltro} [féɫtɾu]   {feltragem} [feɫtɾáʒẽɪ̯]
{relva} [ʀɛ́ɫvɐ]   {relvado} [ʀɛɫvádu]
{sal} [sáɫ]   {salgado} [saɫgádu]
{molde} [mɔ́ɫdi]   {moldar} [mɔɫdáɾ]
{polpa} [póɫpɐ]   {polpudo} [poɫpúdu]

Em palavras com ditongos decrescentes

A não redução em posição pretônica também ocorre quando a palavra primitiva contém um ditongo:[17] ◀⋵

{gaita} [gájtɐ]   {gaiteiro} [gaitéjɾu]
{pauta} [páy̯tɐ]   {pautado} [páy̯tádu]
{deus} [déy̯ʃ]   {endeusar} [ẽⁿdey̯záɾ]
{foice} [fójsi]   {foicinha} [foisíɲɐ]
{touro} [tóy̯ɾu]   {tourada} [toy̯ɾádɐ]

Em substantivos terminados em /ɛɾ/ átono

Há alguns substantivos em português que terminam em {er} átono. Nesse caso encontra-se a vogal meio-aberta [ɛ] em posição postônica: {revólver} [ʀevɔ́ɫvɛɾ], {suéter} [swétɛɾ], {éter} [étɛɾ], {líder} [lídɛɾ]. Observe que no Brasil todas essas palavras terminam em [eɾ] com vogal meio-fechada por ser átona.[18] ◀⋵

Em posição inicial de palavra

Alguns autores citam a posição inicial de palavra como contexto que impede a redução vocálica típica do português em posição átona, dando como exemplos {olhar} [oʎáɾ], {ermita} [eɾmítɐ]. Mesmo assim abundam exemplos de redução, mas não de centralização, como exemplificam as seguintes palavras: {educar} [idukáɾ], {equilíbrio} [ikɨlíbɾju], {atual} [ɐtwáɫ], {orelha} [uɾéʎɐ].[19] ◀⋵

Em certas palavras diminutivas e aumentativas

Nas palavras diminutivas e aumentativas com {-zinho, -zito, -zão} etc. a vogal tônica da palavra primitiva não sofre redução:[20] ◀⋵

{devagar} [divɐgáɾ]
    {devagarzinho} [divɐgáɾzíɲu]
{pobre} [pɔ́bɾi]
    {pobrezito} [pɔ́bɾizítu]
{papel} [pɐpéɫ]
    {papelzinho} [pɐpéɫzíɲu]
{mulher} [muʎéɾ]
    {mulherzona} [muʎéɾzónɐ]

Nesses casos, a não redução deve-se ao fato de essas palavras terem um "acento secundário", ou seja, contêm duas sílabas tônicas: uma sílaba tônica no sufixo e uma sílaba subtônica na palavra primitiva.

Já as palavras diminutivas terminadas em {-inho} e o superlativo absoluto {-íssimo} não produzem o "acento secundário", e a vogal tônica da palavra primitiva se reduz:[21] ◀⋵

{devagar} [divɐgáɾ]
    {devagarinho} [divɐgɐɾíɲu]
{pobre} [pɔ́bɾi]
    {pobríssimo} [pubɾísimu]
{papel} [pɐpéɫ]
    {papelinho} [pɐpɨɫíɲu]
{mulher} [muʎéɾ]
    {mulherona} [muʎiɾónɐ]

Em advérbios terminados em {-mente}

Os advérbios terminados em {-mente} também têm um "acento secundário", fato confirmado com a antiga ortografia (até 1973): {ràpidamente, cortêsmente}. Essas palavras são compostas da forma feminina do adjetivo mais a palavra {mente}. Ainda que não haja mais acento ortográfico, elas continuam a ter duas sílabas tônicas, o que preserva a qualidade da vogal tônica da palavra primitiva:[22] ◀⋵

{seca, *adj.*} [sékɐ]
    {secamente} [sékɐméⁿʧi]
{bela} [bélɐ]
    {belamente} [bélɐméⁿʧi]
{rápida} [hápidɐ]
    {rapidamente} [hápidɐméⁿʧi]
{só} [sɔ́]
    {somente} [sɔméⁿʧi]

{pronta} [pɾɔ́ⁿtɐ]
{prontamente} [pɾɔ́ⁿtɐméⁿʧi]

Casos irregulares de não redução

Existem também muitas palavras no português europeu em que ocorre a não redução sem que haja uma explicação fonológica. Alguns desses casos eram representados ortograficamente na antiga ortografia. Até 1990 em Portugal, encontros consonantais como {pt, pc pç ct cc cç} em muitos casos simplesmente indicavam a não redução da vogal pretônica anterior, às vezes com a pronúncia da primeira consoante, às vezes sem: {baptismo} [batíʒmu], {activo} [atívu], {opcional} [ɔpsjunáɫ], {colecção} [kulɛsẽ́ũ], {defectivo} [difɛkɨtívu]. Essas combinações, no entanto, nem sempre resultam na não redução com exemplificam as palavras {actual} [ɐtwáɫ], {caracteres} [kɐɾɐtéɾiʃ] e {tactear} [tɐtjáɾ], Na nova ortografia, porém, esses encontros foram eliminados nos casos em que a primeira consoante não é pronunciada. Ficam, então, como as muitas outras palavras que nunca tiveram sinal ortográfico que indicasse a não redução de uma vogal pretônica: {dilação} [dilasẽ́ũ], {invasor} [ĩvazóɾ], {aquecer} [ɐkɛséɾ].²³ ◀ꜜ

Diante dos muitos exemplos de casos "irregulares" e até de exceções aos casos regulares, é melhor simplesmente admitir que as vogais átonas pré-tônicas têm que ser aprendidas lexicalmente. Fonologicamente isso quer dizer que em posição átona não final em Portugal haveria oito fonemas /i e ɛ a ɐ ɔ o u/ ainda que não haja necessariamente oposição entre todos eles, porque às vezes o /a/ se reduz e às vezes não. Portanto, a única maneira de saber onde há redução e onde não há, é memorizar a especificação fonológica de cada palavra.

Os sons vocálicos átonos em Portugal

Devido aos muitos casos de não redução vocálica em posição átona não final no português europeu, há dez sons vocálicos que aparecem nessa posição:

O sistema fonológico das vogais átonas do inglês

A situação das vogais inglesas em posição átona é também muito complicada devido ao fato de existirem **vogais átonas plenas** e **vogais átonas reduzidas**. As vogais átonas plenas têm geralmente o mesmo timbre que as vogais tônicas, mas costumam ser um pouco mais curtas. No caso do /iɪ̯/, /eɪ̯/, /oʊ̯/ e /uʊ̯/ pode haver também uma diminuição ou perda da ditongação. As vogais reduzidas sofrem ainda mais redução tanto de timbre como de duração. Quanto ao timbre, a redução é para uma vogal média central, o chamado *schwa* [ə] (ou em alguns casos para uma vogal alta central [ɨ]). Quanto à duração, a redução pode resultar numa vogal cuja duração corresponde, no máximo, à décima parte da duração de uma vogal tônica. A Tab. 11.12 e a Tab. 11.13 representam estes dois sistemas.

A **redução vocálica** do inglês ocasiona a redução e centralização do quadro vocálico. O som mais central, o *schwa* [ə], é o som mais frequente do inglês. O *schwa* [ə] é produzido com a boca entreaberta, a língua em posição de repouso e as cordas vocais em vibração. O som do *schwa* [ə] pode ser representado ortograficamente por todos os grafemas: {a} *contraband, dramatic, fraternity*; {e} *elephant, basketball, women*; {i} *multiplication, musical, irritate*; {o} *profession, collide, sorority*; {u} *campus, album, tuberculosis*. A vogal alta central [ɨ] ocorre em posição átona por coarticulação como nos seguintes exemplos: *roses, bushes, roasted, coded*.²⁴ ◀ꜜ

A Tab. 11.14 contém exemplos de como os quinze núcleos vocálicos fonemáticos podem aparecer em sílabas tônicas, átonas e reduzidas. Na sílaba tônica, a vogal tem um valor mais distintivo e uma pronúncia

Capítulo 11

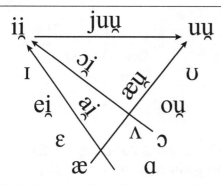

11.12 Os sons vocálicos átonos plenos do inglês.

11.13 Os sons vocálicos átonos reduzidos do inglês.

11.14 Exemplos de como os quinze núcleos vocálicos fonemáticos do inglês podem aparecer em sílabas tônicas, átonas e reduzidas.

Núcleo vocálico	Sílaba tônica	Sílaba átona	Sílaba reduzida
i̯i	legal	legalistic	legality
ɪ	similar	similarity	similitude
ei̯	eradication	eradicate	eradicable
ɛ	progenitor	progestational	progeny
æ	fantasy	fantastic	infant
ɑ	ball	football	balloon
ɔ	fortify	fortification	effort
ou̯	phoneme	phonetician	phonetics
ʊ	bookshelf	textbook	
uu̯	illuminate	illumination	
ʌ	confront	frontier	confrontation
ai̯	invite	invitee	invitation
æu̯	outer	outlying	
ɔi̯	devoice	invoice	
ju̯u̯	immune	immunize	immunization [jə]

de maior duração. Na sílaba átona, a vogal é ainda plena, mas sofre uma breve redução de duração e pode perder a ditongação. Na sílaba reduzida, perde-se a distinção do timbre, produzindo a vogal *schwa* [ə] sempre com curta duração.[25]

Outro caso que se deve comentar é o da redução completa, ou seja, a redução ao zero fonético. Essa redução manifesta-se em vários tipos de palavras. A redução ao zero ocorre na terminação das formas do tempo passado dos verbos. Com o verbo {started} [stá.ɹid], a terminação tem claramente uma vogal, enquanto as palavras {timed} [tʰáɪmd] e {passed} [pʰǽst] realizam-se foneticamente com uma só vogal no radical e a desinência verbal não contém nenhuma vogal articulada. Outra redução inclui o fenômeno em que a perda da vogal faz com que a consoante seguinte converta-se no núcleo silábico. Esse fenômeno ocorre regularmente com as soantes: {little} [lír ɬ], {button} [bʌʔn̩], {mother} [mʌ́ðɹ̩].[26]

O processo de redução que ocorre nas sílabas átonas é um processo prototípico do inglês. Esse processo manifesta-se na redução temporal das vogais plenas de sílabas átonas e intensifica-se na implosão do sistema vocálico nas vogais centrais das sílabas reduzidas. Termina com a redução total a zero em alguns casos.

Contrastes entre os sistemas vocálicos do português e do inglês

Os sistemas vocálicos do português e do inglês são marcada e fundamentalmente diferentes em sua organização e realização. Já foi mencionada a distinção entre o ataque e a cessação vocálicos. A configuração do sistema vocálico do português é totalmente distinta da configuração do sistema das vogais inglesas. As diferenças notam-se tanto nas vogais que ocorrem em sílabas tônicas como também nas vogais que ocorrem em sílabas átonas. Devido às diferenças entre os sistemas vocálicos, é imprescindível que quem estuda português como segundo idioma aprenda a pronunciar bem as vogais dessa língua.

Ataque e cessação vocálicos

O ataque vocálico ocorre quando o primeiro som de um grupo fônico é uma vogal. Em outras palavras, ocorre quando a vogal sucede a uma pausa: /V... Em português a fase intensiva da vogal, ou seja o ataque vocálico, é crescente, enquanto em inglês a fase intensiva é abrupta.

A cessação vocálica ocorre quando o último som de um grupo fônico é uma vogal. Em outras palavras, ocorre quando a vogal precede a uma pausa: ...V/. Em português a fase distensiva da vogal, ou seja a cessação vocálica, é abrupta, enquanto em inglês a fase distensiva é decrescente. Esses dados resumem-se na Fig. 11.15.

Ao comparar os dois idiomas nota-se que o ataque e a cessação se realizam de forma inversa: enquanto o ataque vocálico do português é crescente, a cessação vocálica do inglês é decrescente. Em contrapartida, enquanto o ataque vocálico do inglês é abrupto, é a cessação vocálica do português que é abrupta.

Os sistemas vocálicos segundo sua tonicidade

O português tem um sistema vocálico diferenciado segundo a tonicidade. Em posição tônica, tanto no Brasil quanto em Portugal, o português tem um sistema simétrico de sete vogais. Em posição átona não final, há um sistema simétrico de cinco vogais no Brasil e de quatro vogais em Portugal. Em posição átona final, há um sistema simétrico de três vogais no Brasil e um sistema assimétrico de três vogais em Portugal. O inglês também tem três classificações de acordo com a tonicidade: posição tônica, posição átona plena e posição átona reduzida. A Tab. 11.16 resume os sistemas vocálicos dos dois idiomas segundo sua tonicidade.

	Ataque vocálico /V...	Cessação vocálica ...V/
Português	◁▭▭▭▭	▭▭▭▭▭
Inglês	▭▭▭▭▭	▭▭▭▭▷

11.15 Ataque e cessação vocálicos do português e do inglês.

11.16 Os sistemas vocálicos segundo a tonicidade.

		Português	Inglês	
Sistema tônico		i　　　u 　e　　o 　ɛ　　ɔ 　　a	iį　juų　　uų 　ɪ　　　　　ʊ 　eį　aį　　oų 　　ɛ　　ʌ　ɔ 　　　æ　　ɑ	Sistema tônico
Sistema átono não final	BRASIL	i　　u 　e　o 　a	iį　juų　　uų 　ɪ　　　　　ʊ 　eį　aį　　oų 　　ɛ　　ʌ　ɔ 　　　æ　　ɑ	Sistema átono pleno
	PORTUGAL	i　ɨ　u 　ɐ		
Sistema átono final	BRASIL	i　　u 　ɐ	ɨ ə	Sistema átono reduzido
	PORTUGAL	i　ɨ　u 　ɐ		

São surpreendentes as diferenças entre os sistemas vocálicos dos dois idiomas. Os sistemas do português são em grande parte simétricos com a exceção das vogais átonas de Portugal, onde é difícil saber quando a vogal átona se reduz. O sistema do inglês, em contraste, é quase-simétrico, complicado e, em posição átona, é difícil determinar quando haverá uma vogal plena e uma reduzida.

As vogais em posição tônica

Em posição tônica, o português tem um sistema simétrico básico de sete vogais. Já o inglês tem um sistema quase-simétrico complicado de quinze núcleos vocálicos fonemáticos que inclui vogais simples, ditongos e até um tritongo.

Ao contrastar os dois sistemas tônicos é importantíssimo observar que há somente uma ou duas das vogais tônicas portuguesas comparáveis a vogais do sistema vocálico do inglês (dependendo do dialeto do inglês). Em outras palavras, o anglofalante que aprende português tem que aprender a pronunciar pelo menos cinco ou seis sons novos. As vogais portuguesas em sua maioria são marcadamente distintas das vogais do inglês devido a diferenças de timbre, ditongação e, consequentemente, duração. Infelizmente, alguns manuais de pronúncia e vários livros didáticos de língua portuguesa para anglofalantes erroneamente apresentam essas vogais como equivalentes.

A Tab. 11.17 destaca claramente a falta de correspondência entre as sete vogais portuguesas e suas supostas vogais correspondentes do inglês.[27] ◀ No caso das quatro vogais fechadas e meio-fechadas do português /i e o u/, a pronúncia inglesa começa com uma vogal que se aproxima à vogal portuguesa, mas em inglês o complexo vocálico não termina com essa vogal simples, mas continua com uma ditongação, isto é, ocorre uma mudança de timbre, o que aumenta sensivelmente sua duração. Em inglês, não se produzem /i e o u/ mas sim /ii̯ ei̯ ou̯ uu̯/ ou até /juu̯/.

O caso das vogais meio-abertas do português /ɛ ɔ/ é muito interessante porque essas duas vogais até existem fonologicamente em pelo menos alguns dialetos do inglês. O fonema /ɛ/ do inglês existe em palavras como {bet} [bɛt] e {den} [dɛn]. Isso não quer dizer que não existam problemas para o anglofalante. Em primeiro lugar, o fonema /ɛ/ do inglês não ocorre em posição final nem de sílaba nem de palavra — contexto comum para o fonema em português. Em segundo lugar, como será apresentado mais adiante, as articulações fonéticas do [ɛ] são diferentes em português e inglês.

O fonema /ɔ/ do inglês existe em alguns dialetos inclusive em posição final de palavra: {law} [lɔ]. Assim como o fonema /ɛ/, aparece em sílabas com coda: {caught} [kʰɔt] ou {all} [ɔl]. O problema para o anglofalante é que em muitos dialetos do inglês, já houve uma neutralização entre os fonemas /ɔ/ e /ɑ/ em toda posição menos diante de /r/. Assim, [fɔɹ] {for} e [fɑɹ] {far} são um par mínimo, mas na maioria dos dialetos norte-americanos já perdeu-se a distinção entre essas duas vogais e {cot} e {caught} resultam na mesma pronúncia de [kʰɑt]. O som [ɔ], então, só ocorre nesses dialetos do inglês

11.17 A falta de correspondência entre as sete vogais tônicas do português e suas supostas vogais correspondentes do inglês.

	Português	Inglês
/i/	si [sí]	see, sea [sii̯]
/e/	sê [sé]	say [sei̯]
/ɛ/	pé [pɛ́]	*
/a/	lá [lá]	law [lɑ]
/ɔ/	pó [pɔ́]	**law [lɔ]
/o/	judô [ʒudó]	judo [ʤúdou̯]
/u/	tu [tú]	two [tʰuu̯]

*A vogal /ɛ/ não existe em posição final de palavra em inglês. ** A vogal /ɔ/ só existe em posição final de palavra em alguns dialetos do inglês.

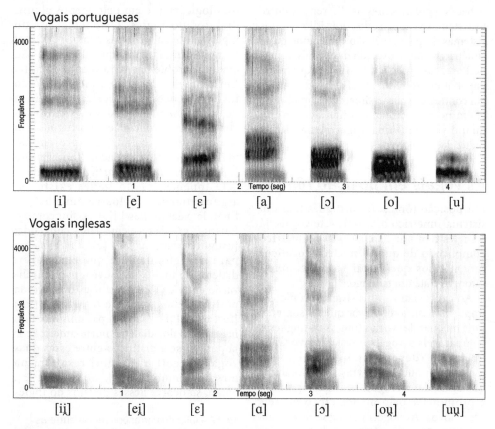

11.18 Comparação entre as vogais portuguesas [i e ɛ a ɔ o u] e as vogais inglesas [iɪ eɪ ɛ ɑ ɔ oʊ uʊ]. Pode-se ver que as vogais portuguesas [i e o u] são vogais simples, como demonstram os formantes estáveis. No entanto, as vogais inglesas [iɪ eɪ oʊ uʊ], suas supostas equivalências inglesas contidas nas palavras {see, say, sew, sue}, são claramente ditongos, como demonstra a forte transição de suas distensões. Ao comparar as vogais [ɛ ɔ] dos dois idiomas, nota-se mais movimento nos seus formantes em inglês, como também uma duração menor. As frequências dos formantes da vogal portuguesa [a] e da vogal inglesa [ɑ] também são diferentes.

diante de [ɻ], um som inexistente nas normas cultas do português aqui consideradas. Assim como no caso do [ɛ], as articulações fonéticas do [ɔ] são diferentes em português e inglês.

O fonema /a/ do português também não tem equivalente em inglês. Nesse caso a diferença entre o português e o inglês não se trata de uma ditongação, mas sim de uma marcada diferença de timbre e de duração. Por isso, a vogal do inglês {cot} [kát] é muito diferente da vogal do português {pá} [pá].

Todas essas diferenças de timbre, ditongação e duração aparecem claramente nos sonogramas da Fig. 11.18. Comparando-se o [i e o u] do português com o [iɪ eɪ oʊ uʊ] do inglês, pode-se notar a ditongação das vogais inglesas devido à mudança nos formantes em comparação com os formantes estáveis de português. Observando-se a escala temporal, também nota-se que as vogais do inglês são mais longas que as supostas vogais equivalentes do português. Outra observação é que as vogais [ɛ ɔ] do português têm a mesma duração que as demais vogais, mas em inglês, são mais curtas. Pode-se notar também a diferença no timbre da vogal [a] portuguesa e da vogal [ɑ] inglesa, como comprova a diferença entre seus formantes.

Outra discrepância significativa entre os sistemas vocálicos do português e do inglês encontra-se na análise fonológica dos ditongos. Como já visto, o inglês conta com sete ditongos e um tritongo que funcionam como núcleos fonemáticos: por exemplo, as palavras [bíɪt] {beat}, [béɪt] {bait}, [bóʊt] {boat}, [búʊt] {boot}, [báɪt] {bite}, [bǽʊt] {bout}, [bɔ́ɪl] {boil} e [bjúʊt] {butte}. Na análise fonológica todas são classificadas como palavras monossilábicas com estrutura CVC — isto é, são formadas por uma consoante mais vogal mais consoante — apesar de terem no meio um complexo vocálico em que há uma mudança de timbre, isto é, foneticamente são ditongos ou tritongos, mas fonologicamente representam um só fonema.

Os ditongos

A situação dos ditongos em português é muito diferente. Uma diferença é que o português tem mais ditongos que o inglês, por isso os ditongos do português serão tratados em seu próprio capítulo. Há, porém, três ditongos do inglês que são foneticamente similares a três dos ditongos do português. Esses ditongos são os núcleos [eɪ], [oʊ] e [aɪ]. A Tab. 11.19 apresenta exemplos desses ditongos tanto em inglês como em português junto com sua transcrição fonética e estrutura fonológica.

A diferença mais significativa é a da estrutura fonológica. No caso do inglês, o ditongo fonético [eɪ] representa um só fonema /eɪ/, sendo o ditongo um complexo vocálico que funciona em si como o núcleo da sílaba. No caso do português, o ditongo fonético [eɪ] representa dois fonemas, sendo o fonema /e/ o núcleo da sílaba, seguida do fonema /i/ que ocorre foneticamente como semivogal na coda silábica. Uma prova de que os ditongos têm que ser analisados dessa maneira é que, em português, existem pares mínimos de palavras em que o fonema vocálico /e/ ou /a/ ocorre seguido ou não do fonema /i/ como no caso de [sé] [séɪ̯] ou [vá] [váɪ̯]. Em inglês tais oposições não existem.[28] 🔊

As vogais em posição átona

Existe uma redução no sistema vocálico átono tanto em inglês como em português, porém a natureza da redução é diferente. Essa redução pode manifestar-se tanto no número de vogais quanto em sua duração. Afeta também o timbre vocálico.

Em inglês, como já visto, existem dois sistemas de vogais átonas: o sistema átono pleno e o sistema átono reduzido. O sistema átono pleno é igual ao sistema tônico exceto por ter uma tendência à redução de sua duração e à perda da ditongação das vogais longas. O sistema átono reduzido, baseia-se no princípio de centralização vocálica. Assim todas as vogais tônicas menos [ʊ uʊ̯ æʊ̯ ɔɪ̯] podem ser reduzidas a *schwa* [ə] como mostra o seguinte quadro:

11.19 Exemplos dos ditongos [eɪ̯], [oʊ̯] e [aɪ̯] em inglês e em português.

Inglês			Português		
EXEMPLO	TRANSCRIÇÃO FONÉTICA	ESTRUTURA FONOLÓGICA	EXEMPLO	TRANSCRIÇÃO FONÉTICA	ESTRUTURA FONOLÓGICA
base	[ˈbeɪ̯s]	CVC /b/ + /eɪ̯/ + /s/	seis	[séɪ̯s]	CVVC /s/ + /é/ + /i/ + /s/
vote	[ˈvoʊ̯t]	CVC /v/ + /oʊ̯/ + /t/	vou	[vóʊ̯]	CVV /v/ + /ó/ + /u/
height	[ˈhaɪ̯t]	CVC /h/ + /aɪ̯/ + /t/	vai	[váɪ̯]	CVV /v/ + /á/ + /i/

Capítulo 11

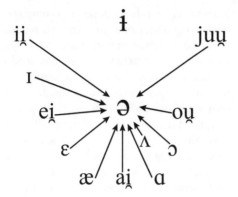

No português do Brasil, a única diferença entre o sistema vocálico tônico e o sistema vocálico átono em posição não final, é que naquele não existem as vogais /ɛ ɔ/, pois essas mesmas alçam-se a [e o]. A alternância entre /e ɛ/ e /o ɔ/ que resulta desse princípio será o tema do Capítulo 13. O seguinte quadro mostra esse alçamento.

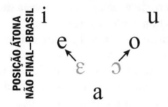

Em posição átona final de palavra no Brasil, alçam-se ainda mais as vogais. A vogal aberta /a/ fecha-se e transforma-se na vogal meio-aberta [ɐ] como exemplificam as palavras {veja} [véʒɐ] e {ousa} [óṷzɐ]. As vogais meio-fechadas /e o/ fecham-se ainda mais e transformam-se nas vogais fechadas [i u] como exemplificam as palavras {feche} [féʃi] e {urso} [úɾsu]. O seguinte quadro mostra esse alçamento.[29] ◀≡

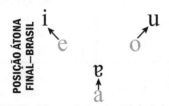

No português europeu, o alçamento das vogais do sistema átono não final é mais generalizado, afetando também as vogais /e a o/. Essa regra baseia-se não só no alçamento mas também na centralização. A regra não é absoluta, pois existem casos em que o fonema /e/ se realiza ora como [ɨ], ora como [e] ou [i]. Existem casos em que o fonema /o/ se realiza ora como [o], ora como [u]. Há casos em que aparecem o [ɛ a ɔ] sem alçamento em posição pretônica como já visto neste capítulo. O seguinte quadro mostra tanto o alçamento como a centralização, observando-se que, em muitos casos lexicais, as vogais em cinza não se reduzem.

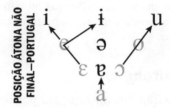

Em posição átona final de palavra em Portugal há também um sistema de três vogais devido ao alçamento e centralização. Em geral, segue o mesmo padrão que no Brasil com a diferença de que a vogal meio-fechada /e/ fecha-se e centraliza-se a [ɨ] como exemplificam as palavras {feche} [féʃɨ] e {onde} [őⁿdɨ]. O seguinte quadro mostra esse alçamento e centralização.[30] ◀≡

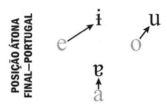

Pontos essenciais

Sendo que todas as sílabas do português e quase todas as sílabas do inglês contêm uma vogal como núcleo, as vogais formam a base dos dois sistemas fonológicos. Nos dois idiomas, a frequência de ocorrência média dos fonemas vocálicos supera a frequência de ocorrência média das consoantes. De acordo com um estudo[1] as 15 vogais do inglês representaram 37,4% da amostra, uma média de 2,67% por fonema. No mesmo estudo, as 25 consoantes do inglês representaram 62,6% da amostra, uma média de 2,50% por fonema.

De acordo com o estudo de frequência dos fonemas do português apresentado neste livro, as 7 vogais do português representaram 47,9% da amostra, uma média de 6,84% por fonema. Já as 22 consoantes do português (19 fonemas mais 3 arquifonemas) representaram 52,1% da amostra, uma média de 2,37% por fonema. Essa comparação demonstra a maior presença das vogais em português, indicando a grande importância de acertar bem a sua pronúncia.

Comparando-se os sistemas vocálicos do português e do inglês da perspectiva fonológica, pode-se notar que o português tem um sistema invariável de sete fonemas em posição tônica. O sistema vocálico do inglês, por outro lado, é um sistema muito complexo de quinze fonemas vocálicos em posição tônica. Os dois idiomas apresentam dois sistemas distintos em posição átona em que opera o princípio de redução. Os dois idiomas exibem variação dialetal tanto no sistema vocálico quanto no sistema consonantal, mas nisso predomina mais a variação vocálica.

As grandes diferenças entre os sistemas vocálicos do português e do inglês destacam a suma importância de dedicar muito esforço à aquisição do sistema fonológico e da realização fonética das vogais do português. Já que as vogais são os fonemas mais frequentes do português, representando quase 50% dos fonemas, é muito importante que o aluno se concentre em adquirir uma boa pronúncia dos seus alofones. O aluno que não adquire uma boa pronúncia das vogais nunca terá um sotaque aceitável em português.

Resumo

As vogais, como grupo de sons, apresentam características articulatórias, acústicas e auditivas comuns. Articulatoriamente apresentam uma maior abertura bucal, formam-se mediante a ação dos músculos depressores, têm um fechamento maior das cordas vocais, têm maior tensão das cordas vocais, o que produz um tom mais alto, e exigem menos gasto de ar em sua produção em comparação com as consoantes. Acusticamente as vogais costumam ser produzidas num tom mais alto, com uma maior intensidade e com uma maior duração em relação às consoantes vizinhas. Também caracterizam-se por formantes acústicos bem definidos e intensos. Auditivamente as vogais são percebidas pela imagem mental das características acústicas dos seus formantes transmitidas ao cérebro, que interpreta essa informação pelos processos da identificação e sistematização.

A classificação fonológica das vogais reflete o número mínimo de traços necessários para diferenciar os sete fonemas vocálicos do português que se opõem fonologicamente. Em português a definição dos sete fonemas vocálicos estabelece-se com dois traços: o modo de articulação e o ponto de articulação.

A classificação fonética das vogais inclui todos os fatores articulatórios necessários para a produção da vogal. Sendo assim, a classificação fonética inclui o modo de articulação, o ponto de articulação, o estado das cordas vocais, o estado do véu palatino, o estado dos lábios, a tonicidade e a duração como se vê na Tab. 11.20.

O ataque vocálico refere-se ao caso em que o primeiro som de um grupo fônico é uma vogal. A cessação vocálica refere-se ao caso em que o último som de um grupo fônico é uma vogal. É importante lembrar que os dois idiomas manifestam características fonéticas opostas tanto no ataque como na cessação como mostra a Tab. 11.15.

O português tem três sistemas vocálicos que dependem da tonicidade. Em posição tônica o sistema consiste em sete fonemas tanto no Brasil quanto em Portugal. Em posição átona não final, há cinco alofones no Brasil e até dez em Portugal. Enquanto as vogais nessa exibem certa regularidade no Brasil, são inconsistentes em Portugal, pois, nem sempre se reduzem. Em posição

---

[1] Rebecca E. Hayden (1950), "The Relative Frequency of Phonemes in General-American English", *WORD*, 6(3), 217–223.

Traço fonético	Segundo esse traço a vogal pode ser...
modo de articulação	fechada, meio-fechada, meio-aberta, aberta
ponto de articulação	anterior, central, posterior
estado das cordas vocais	sonora, surda
estado do véu palatino	oral, nasalizada, oronasal
estado dos lábios	não arredondada, arredondada
tonicidade	tônica, átona
duração	longa, curta

11.20 A classificação fonética das vogais.

átona final, há três alofones: [i ɐ u] no Brasil e [ɨ ɐ u] em Portugal.

O inglês, por sua vez, tem um sistema muito mais complicado de quinze núcleos vocálicos que ocorrem em posição tônica. Em posição átona, o inglês tem dois sistemas: um pleno, de quinze vogais, e outro reduzido, em que a vogal pronunciada tende a *schwa* [ə]. Como no português de Portugal, é problemático saber quando há redução ou não. Os sistemas vocálicos dos dois idiomas constam na Tab. 11.16.

Perguntas de revisão

1. Quais são as características articulatórias das vogais em contraste com as consoantes?

2. Quais são as características acústicas das vogais em contraste com as consoantes?

3. Quais são os traços fonológicos das vogais? Dê exemplos.

4. Quais são os traços fonéticos das vogais? Dê exemplos.

5. Como o ouvinte/receptor diferencia as vogais?

6. Explique o papel das vogais ensurdecidas em português. Explique e exemplifique a regra de ensurdecimento vocálico.

7. Explique e exemplifique a regra de nasalização vocálica.

8. Explique o papel de labialização nas vogais do português.

9. Como se classificam as vogais do português segundo sua tonicidade? Dê exemplos.

10. Como se classificam as vogais do português segundo sua duração? Dê exemplos.

11. A que se referem os conceitos de ataque e cessação vocálicos?

12. Compare o ataque vocálico do português com o do inglês.

13. Compare a cessação vocálica do português com a do inglês.

14. Dê os sistemas vocálicos tônicos do português e do inglês. Como se contrastam?

15. Escreva uma lista de palavras que exemplifiquem os quinze núcleos fonemáticos tônicos do inglês junto com sua transcrição fonética.

16. Quais são as diferenças entre as vogais longas e curtas ortográficas do inglês?

Conceitos e termos

- alongamento vocálico
- alçamento vocálico
- ataque vocálico abrupto
- ataque vocálico crescente
- centralização vocálica
- cessação vocálica abrupta
- cessação vocálica decrescente
- duração vocálica
- estado das cordas vocais
- estado do véu palatino
- estado dos lábios
- modo de articulação
- nasalização
- núcleo vocálico
- ponto de articulação
- redução vocálica
- *schwa*
- sistema vocálico átono
- sistema vocálico tônico
- tonicidade
- traços vocálicos fonéticos
- traços vocálicos fonológicos
- vogais átonas plenas
- vogais átonas reduzidas
- vogal aberta
- vogal anterior
- vogal arredondada
- vogal átona
- vogal central
- vogal curta
- vogal ensurdecida
- vogal fechada
- vogal longa
- vogal meio-aberta
- vogal meio-fechada
- vogal não arredondada
- vogal nasalizada
- vogal oral
- vogal oronasal
- vogal posterior
- vogal tônica

Quais os seus símbolos fonéticos? Dê exemplos.

17. Dê os sistemas vocálicos átonos do português e do inglês. Como se contrastam?

18. Quais são as diferenças entre o sistema vocálico átono pleno e o sistema vocálico átono reduzido do inglês? Dê exemplos.

19. Como se representa o som *schwa* ortograficamente em inglês? Dê exemplos. Qual é o seu símbolo fonético?

20. Quantas das sete vogais portuguesas se encontram entre as quinze vogais inglesas? Dê exemplos.

Recursos eletrônicos

1. 🎥 Vídeo da abertura progressiva das sequências vocálicas.
2. 🔊 O ensurdecimento vocálico.
3. 🔊 As vogais sonoras e as ensurdecidas.
4. 🔊 Palavras com vogais oronasais.
5. 🔊 Palavras com vogais nasalizadas.
6. 🔊 A comparação entre as séries de vogais orais e oronasais.
7. 🎥 As vogais não arredondadas e as arredondadas.
8. 🔊 As vogais átonas e as tônicas.
9. 🔊 O alongamento vocálico.
10. 🔊 O ataque vocálico crescente e o ataque vocálico abrupto.
11. 🔊 A cessação vocálica abrupta e a cessação vocálica decrescente.
12. 🔊 Pares mínimos dos fonemas vocálicos do português.
13. 🔊 Exemplos dos fonemas vocálicos do inglês.
14. 🔊 As vogais inglesas longas e curtas. (Tab. 11.10 e Tab. 11.11)

15. 🔊 Redução vocálica em Portugal.
16. 🔊 Não redução vocálica diante de [ɫ] em Portugal.
17. 🔊 Não redução vocálica em ditongos átonos decrescentes em Portugal.
18. 🔊 Não redução vocálica em substantivos terminados em [ɛɾ] em Portugal.
19. 🔊 Não redução vocálica em posição inicial de palavra em Portugal.
20. 🔊 Não redução vocálica em palavras diminutivas e aumentativas com "acento secundário" em Portugal.
21. 🔊 Redução vocálica em palavras diminutivas e aumentativas sem "acento secundário" em Portugal.
22. 🔊 Não redução vocálica em advérbios em {-mente} em Portugal.
23. 🔊 Não redução irregular em Portugal.
24. 🔊 As vogais reduzidas inglesas.
25. 🔊 As vogais tônicas, átonas e reduzidas do inglês. (Tab. 11.14)
26. 🔊 A redução vocálica ao zero fonético em inglês.
27. 🔊 A comparação entre as vogais tônicas do português e do inglês. (Tab. 11.17)
28. 🔊 O contraste entre [e] e [eɪ̯] em português.
29. 🔊 Alçamento das vogais átonas no Brasil.
30. 🔊 Alçamento e centralização das vogais átonas em Portugal.

Capítulo 12

Os fonemas vocálicos

Para que o estudante aprenda a pronunciar o português bem, é imperativo que entenda o sistema fonológico dessa língua. Quando um emissor produz uma cadeia fônica, tem que produzi-la dentro dos parâmetros que permitem que o receptor identifique e sistematize os sons de acordo com o sistema fonológico da língua comum. Quando um emissor não produz uma cadeia fônica dentro dos parâmetros do sistema, o enunciado pode ter um forte sotaque estrangeiro ou até mesmo ser ininteligível. Caso o receptor tenha muita boa-vontade, talvez, com esforço, consiga entender o enunciado. Entretanto, muitas vezes, especialmente quando a compreensão exige muito esforço, ocorre de o receptor simplesmente desistir de tentar entender o que é dito.

A apresentação dos fonemas individuais neste livro segue o modelo geral teórico já introduzido. Examina-se cada fonema a partir de uma análise fonológica que inclui a especificação das relações entre fonemas, da distribuição de seus alofones e de suas características fonotáticas. Como a ortografia tem base fonemática e não fonética, este capítulo também comentará as correspondências entre os fonemas e suas possíveis grafias.

Na análise fonética, apresenta-se cada alofone e comenta-se suas características articulatórias, acústicas e auditivas. A análise articulatória contém uma descrição pormenorizada dos movimentos físicos necessários para produzir cada som corretamente. Inclui-se também um desenho articulatório que permite ver o posicionamento correto dos órgãos fonadores. A análise acústica contém uma descrição da onda sonora apoiada por um traço da forma de onda e por um espectrograma do som. A análise auditiva contém uma descrição dos traços da onda sonora que o receptor emprega para identificar e sistematizar o som.

Os detalhes fonéticos são necessários porque na aquisição de uma segunda língua é imprescindível adquirir tanto seu sistema fonológico como o fonético. Isto é, o aluno precisa adquirir a habilidade de controlar os órgãos articulatórios para poder produzir a onda sonora correta, de modo a permitir a fácil identificação e sistematização do som por parte do receptor. Em alguns casos, incluem-se também notas dialetais quanto a variantes regionais comuns.

Conclui-se a análise de cada fonema com uma seção de dicas pedagógicas para ajudar o aluno a melhorar sua pronúncia. Durante o aprendizado de um segundo idioma, a tendência é de produzirem-se os sons do segundo idioma de acordo com as normas fonéticas do idioma materno. Essa interferência dos sons do idioma materno na produção fonética do segundo idioma é a principal fonte responsável pelo sotaque estrangeiro. O fato de não existir uma correspondência exata entre os sons do português e os do inglês faz com que, ao aprender o português, o anglofalante empregue os sons mais próximos de sua primeira língua para enunciar as palavras da segunda. Esse fenômeno denomina-se **princípio do som mais próximo**. As dicas pedagógicas, em primeiro lugar, ajudarão o aluno a ver as diferenças entre o som português em questão e seu correspondente mais próximo em inglês. Essas dicas partem do princípio de que é necessário que o estudante primeiro perceba como o som desejado difere do som inglês para então poder produzir corretamente o som português; isto é, a percepção precede a produção.

O fonema /i/

O fonema /i/ tem o mesmo ponto de articulação que as vogais /e/ e /ɛ/, sendo os três fonemas vogais anteriores. Tem o mesmo modo de articulação que a vogal /u/, sendo as duas vogais fechadas ou altas. O fonema /i/ difere dos fonemas vocálicos /a e ɛ ɔ o/ porque em sua forma átona pode combinar-se a outra vogal qualquer para formar ditongos. Os ditongos serão tratados em mais detalhes no Capítulo 14.

O fonema /i/ opõe-se aos demais fonemas vocálicos /e ɛ a ɔ o u/ como exemplificam as séries [pí pé pé pá] e [ví vó vó vú]. Ele é o quarto fonema mais frequente do português, em ocorrência corresponde a 6,6% do total dos fonemas. Os quatro fonemas mais comuns do português são as vogais /a e o i/.[1]

Ortograficamente, o fonema /i/ representa-se sistematicamente pelo grafema {i}; o grafema {y} só aparece em palavras estrangeiras. Observa-se que a letra {i} pode ser acompanhada do acento agudo: {í}. É importante lembrar que o grafema {i} sem acento agudo escrito em posição final de palavra depois de consoante representa uma vogal tônica, como nas palavras {senti} e {guri}. Em posição final de palavra depois de uma vogal, representa a vogal átona de um ditongo como nas palavras {cai} e {sei}.

Com referência à fonotática, o fonema /i/ aparece mais frequentemente como núcleo vocálico, mas, ao contrário dos fonemas /e ɛ a ɔ o/, o fonema /i/ pode aparecer tanto no ataque como na coda da sílaba. O fonema /i/ pode ser tônico tanto em posição inicial como medial: [ĩⁿtʃimu], [ĩⁿtʃímu]. Como se vê nos exemplos anteriores, também pode ser átono em posição inicial e medial.

É importante observar que o fonema /i/ não ocorre frequentemente em posição final de palavra, seja tônico ou átono. Só 4,5% dos exemplos do fonema /i/ na amostra aparecem em posição final de palavra. As ocorrências tônicas do fonema /i/ em posição final de palavra são sistemáticas na conjugação verbal da 1ª pessoa singular dos verbos das 2ª e 3ª conjugações, tanto no pretérito perfeito (ex.: {comi} e {saí}) como nos imperativos de 2ª pessoa plural da 3ª conjugação (ex.: {parti}). O /i/ tônico ocorre também em alguns indigenismos como {açaí} e {guarani}.

As ocorrências átonas do fonema /i/ em posição final de palavra limitam-se a pouquíssimas palavras em duas categorias. A primeira é a das palavras terminadas na vogal simples /i/ como {júri} e {táxi}. A segunda é a das palavras terminadas em ditongos como {boi} e {rei}, categoria essa que também inclui formas verbais como {vai}, o pretérito perfeito de 1ª pessoa singular da 1ª conjugação como {falei} e os imperativos de 2ª pessoa plural da 1ª e 2ª conjugações como {andai} e {comei}.

A distribuição do fonema /i/ no Brasil

O fonema /i/ no Brasil tem uma distribuição complementar, ou seja, é representado mediante quatro alofones principais: [i], [ĩ], [j] e [i̯]. A base da distribuição complementar é o processo de nasalização e a estrutura silábica que pode resultar na formação de ditongos e tritongos. A seguinte regra é a mesma apresentada no Capítulo 9:

$$/i/ \rightarrow \begin{array}{l} [j] \ / \ \_\_^{*}V_{nuclear}\text{ átona} \\ [i̯] \ / \ V_{nuclear}\_\_^{*} \\ [ĩ] \ / \ \_\_N(S)\$ \\ [i] \ / \ \text{n.o.l.} \end{array}$$

*vogal em posição átona

A regra do fonema /i/ para o Brasil indica que, de modo geral, emprega-se a semiconsoante [j] quando a vogal é átona e precede uma vogal nuclear átona: {ânsia} [ẽ.sjɐ] e {ansiedade} [ẽ.sje.dá.dʒi]. Isso também se aplica a quando é átono em posição final de palavra diante de vogal nuclear. Assim, a sequência {falei aqui} vira [faléjakí]. Entretanto, quando a vogal que segue o fonema /i/ é tônica, o /i/ realiza-se também como vogal nuclear: {ansioso} [ẽ.si.ó.zu]. Quando o fonema /i/ é átono e vem precedido de qualquer vogal, realiza-se como a semivogal [i̯]: {cai} [kái̯] e {vaidade} [vai̯.dá.dʒi]. O emprego do ponto na transcrição indica a divisão silábica. Os detalhes da formação dos ditongos e os pormenores articulatórios, acústicos e auditivos dos alofones empregados nos ditongos e tritongos serão apresentados no Capítulo 14.² ◀❊

A regra também indica que se emprega a vogal fechada anterior nasalizada [ĩ] para o fonema /i/ quando este precede o arquifonema /N/ em posição final de sílaba ou final de palavra, seja tônica ou átona: {inseto} [ĩsétu] ou {íngreme} [ĩᵑgɾemi]. Os detalhes da nasalização e os pormenores articulatórios, acústicos e auditivos dos alofones nasalizados serão apresentados no Capítulo 15.³ ◀❊

Nos outros lugares, o fonema /i/ realiza-se com o seu alofone principal [i] tanto em posição tônica quanto posição átona. Em posição inicial de palavra, são exemplos {isto} [ístu] e {igual} [igwáṳ]. Em posição medial, {exibo} [ezíbu] e {êxito} [ézitu]. Em posição final de palavra, {comi} [komí] e {táxi} [táksi]. O alofone [i] também aparece como a vogal epentética entre encontros consonantais fonotaticamente inaceitáveis em português {advogado} [a.dʒi.vo.gá.du] e {ritmo} [hí.tʃi.mu].⁴ ◀❊

Há outro alofone que não aparece na regra de /i/, mas que já foi apresentado antes: o alofone ensurdecido [i̥]. Esse alofone não é obrigatório, mas aparece com muita frequência quando o fonema /i/ é átono entre consoante surda (seguida ou não de líquida) em posição final de grupo fônico (precedida ou não de /S/). Um exemplo seria a palavra táxi [táksi̥], nos casos em que apareça em final de grupo fônico, ou seja, diante de uma pausa. O ensurdecimento pode ocorrer também quando o /i/ átono vem entre duas consoantes surdas: {apitou} [api̥tóṵ] ou {etiqueta} [etʃi̥kétɐ].⁵ ◀❊

É muito comum que o ensurdecimento ocorra na vogal epentética que surge entre uma consoante surda e uma consoante de outra sílaba. Assim, a palavra {apto} vira [ápi̥tṵ] e {étnico} vira [étʃi̥nikṵ].⁶ ◀❊

A distribuição do fonema /i/ em Portugal

O fonema /i/ em Portugal, em contraste com o Brasil, tem cinco alofones principais: [i], [ĩ], [ɨ], [j] e [i̥]. A seguinte regra é uma ampliação da regra apresentada no Capítulo 9:

/i/ ⟶ [j] / __*V_nuclear_
[i̯] / V_nuclear___*
[ɨ] / __*
[ĩ] / __N(S)$
[i] / n.o.l.

*vogal em posição átona

A distribuição complementar gira em torno de três processos: 1) o processo de formação de ditongos e tritongos, 2) o processo de centralização vocálica e 3) o processo de nasalização.

A regra do fonema /i/ para Portugal indica que, de modo geral, emprega-se a semiconsoante [j] quando é átona e precede uma vogal nuclear, seja esta tônica ou átona: {piano} [pjé.nu] ou {ânsia} [ɐ̃.sjɐ]. Quando o fonema /i/ é átono e vem depois de qualquer vogal, realiza-se como a semivogal [i̯]: {cai} [kái̯] e {vaidade} [vai̯.dá.dʒi]. Outra vez, os detalhes da formação dos ditongos e os pormenores articulatórios, acústicos e auditivos dos alofones empregados nos ditongos e tritongos serão apresentados no Capítulo 14.⁷ ◀❊

Em posição átona o fonema /i/ costuma centralizar-se à vogal fechada central [ɨ]. Apesar dessa norma, existem anomalias em que a vogal átona pretônica resiste à centralização. Assim, frente à norma seguida pelas palavras {adivinha} [ɐdivíɲɐ] e {visita} [vizítɐ] existe a anomalia das palavras {diferença} [difiɾẽ́sɐ] e {cismático} [siʒmátiku]. Em caso de dúvida, o aluno deve consultar um dicionário confiável de Portugal que contenha a transcrição fonética das palavras como o *Dicionário Infopédia da Língua Portuguesa* (da Porto Editora). Em alguns dialetos ou idioletos usa-se o som mais aberto [ə].⁸ ◀❊

O alofone [ɨ] pode reduzir-se temporalmente a [ᵻ]. Assim, aparece muito como vogal epentética entre encontros consonantais fonotaticamente inaceitáveis em português como na palavra {advogado} [a.dᵻ.vo.gá.du].⁹ ◀❊

Como no Brasil, emprega-se a vogal fechada anterior nasalizada [ĩ] para o fonema /i/ quando precede o arquifonema /N/ em posição final de sílaba ou final de palavra, seja tônica ou átona: {inseto} [ĩsétu] ou {íngreme} [ĩŋgɾimi]. Há, porém, diferenças entre o Brasil e Portugal quanto à nasalização que serão apresentados no Capítulo 15.[10] ◀⋵

Nos outros lugares, o fonema /i/ realiza-se com o alofone [i]. Isso ocorre principalmente em posição tônica, seja posição inicial de palavra ({isto} [ístu]), posição interior de palavra ({exibo} [izíbu]) ou posição final de palavra ({comi} [kumí]). Também ocorre em algumas palavras em posição átona não final conforme já foi explicado. Ocorre também nas pouquíssimas palavras que terminam em /i/ átona: {júri} [ʒúɾi], {táxi} [táksi] e {álibi} [álibi].[11] ◀⋵

Como no Brasil, o fonema /i/ pode ensurdecer-se nas mesmas posições, só que em Portugal a vogal átona ensurdecida centraliza-se a [ɨ̥]: {etiqueta} [etɨ̥kétɐ]. Esse fenômeno é ainda mais pronunciado no caso de vogais epentéticas: {ritmo} [ʀí.tɨ̥mu].[12] ◀⋵

Comparação entre os alofones do fonema /i/ no Brasil e em Portugal

A Tab. 12.1 compara os alofones do fonema /i/ usados no português brasileiro e no europeu.[13] ◀⋵

Palavra	Brasil	Portugal
/piáno/	[pi.ḝ.nu]	[pjḝ.nu]
/áNsia/	[ɐ̃sjɐ]	[ɐ̃sjɐ]
/bói/	[bój̣]	[bój̣]
/adivíno/	[adʒivínu]	[ɐdɨvínu]
/píNto/	[píⁿtu]	[píⁿtu]
/piNtáR/	[pĩⁿtáɾ]	[pĩⁿtáɾ]
/píno/	[pínu]	[pínu]

12.1 Comparação entre os alofones do fonema /i/ usados no português brasileiro e no europeu.

A fonética do alofone [i]

O [i] é o principal alofone do fonema /i/ porque é o que ocorre como núcleo silábico em posição tônica na ausência de nasalização. Como já explicado, também pode aparecer em posição átona.

A descrição articulatória do alofone [i] é igual à definição fonológica do fonema. Quanto ao modo de articulação, é foneticamente uma vogal fechada e, quanto ao ponto de articulação, é anterior. Como vogal anterior, o som [i] é não arredondado. Pode-se ver claramente o posicionamento dos lábios e da língua na Fig. 12.2.

12.2 A posição dos órgãos articulatórios para o som [i]: perfil, vista frontal e traço articulatório.

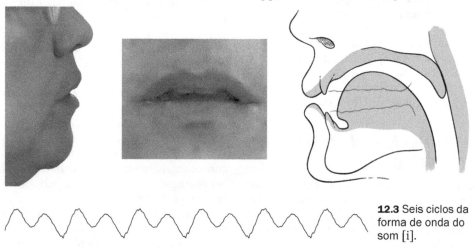

12.3 Seis ciclos da forma de onda do som [i].

Os fonemas vocálicos

A caracterização acústica do som [i] é a de uma onda sonora harmônica, ou seja, a onda tem um tom fundamental e harmônicos. A Fig. 12.3 representa sua forma de onda.

Os harmônicos que fazem parte da onda composta dão ao som [i] seu timbre característico. Este consiste em um primeiro formante de aproximadamente 241 Hz e um segundo formante de aproximadamente 2161 Hz, dependendo do falante. O sonograma da Fig. 12.4 representa esses formantes.

A percepção auditiva do som [i] por parte do receptor, depende da identificação da vogal pela energia acústica das frequências dos formantes produzidos pelo emissor. O receptor sistematiza o som [i] como representante do fonema /i/. O sonograma da Fig. 12.4 representa esses mesmos formantes.

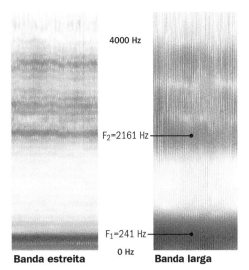

Banda estreita   **Banda larga**

12.4 Espectrograma de banda estreita e de banda larga do som [i].

A fonética do alofone [ɨ]

O alofone [ɨ] costuma aparecer em Portugal em posição átona não final. Quanto à descrição articulatória, o alofone [ɨ] é uma vogal fechada, central, não arredondada. Pode-se ver claramente o posicionamento dos lábios e da língua na Fig. 12.5.

A caracterização acústica do som [ɨ] é a de uma onda sonora harmônica, isto é, a onda tem um tom fundamental e harmônicos. A Fig. 12.6 representa sua forma de onda.

Os harmônicos que fazem parte da onda composta dão ao som [ɨ] seu timbre característico. O timbre consiste em um primeiro formante de aproximadamente 219 Hz e um segundo formante de aproximadamente 1174 Hz, dependendo do falante. O sonograma da Fig. 12.7 mostra esses formantes.

A percepção auditiva do som [ɨ] por parte do receptor, depende da identificação da vogal

12.5 A posição dos órgãos articulatórios para o som [ɨ]: perfil, vista frontal e traço articulatório.

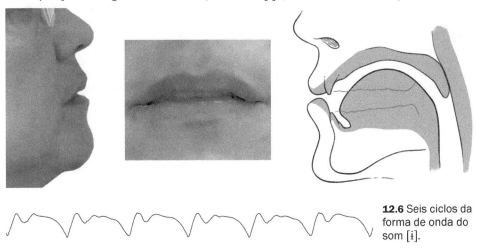

12.6 Seis ciclos da forma de onda do som [ɨ].

Capítulo 12

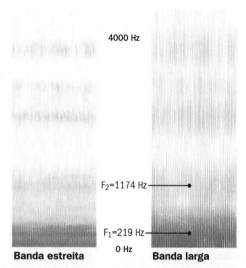

12.7 Espectrograma de banda estreita e de banda larga do som [ɨ].

pela energia acústica das frequências dos formantes produzidos pelo emissor. O receptor sistematiza o som [ɨ] como representante do fonema /i/. O sonograma da Fig. 12.7 apresenta esses mesmos formantes.

A fonética dos alofones [j], [i̯] e [ĩ]

Os sons [j] e [i̯] são alofones combinatórios empregados só na formação de ditongos e tritongos, que serão examinados articulatória, acústica e auditivamente no Capítulo 14. O som [ĩ] é o alofone oronasal, que será examinado fonológica, articulatória, acústica e auditivamente no Capítulo 15.

Dicas pedagógicas

É importante reconhecer que o som [i] não ocorre em inglês. Há livros didáticos e manuais de pronúncia que erroneamente indicam uma correlação entre o som [i] do português e o som vocálico de {beat} [biɪt] do inglês. A Fig. 12.8 contém um gráfico que localiza as vogais [i e a o] do português e as vogais [ɪ ə] do inglês, como também o ponto de partida dos ditongos [iɪ eɪ] do inglês de acordo com seus formantes. O gráfico indica claramente que o ponto de partida do ditongo [iɪ] do inglês é próximo à vogal [i] do português. Não indica, porém, a estabilidade dos formantes da vogal [i] do português e a ditongação ou transição dos formantes da [iɪ] inglesa, o que se pode ver no sonograma da Fig. 11.18.

As interferências do inglês na pronúncia do português por parte do aluno anglofalante tem relação tanto com o timbre como com a duração. A Fig. 12.8 é útil para a visualização das possíveis interferências de timbre das vogais inglesas. As três vogais inglesas que costumam interferir na

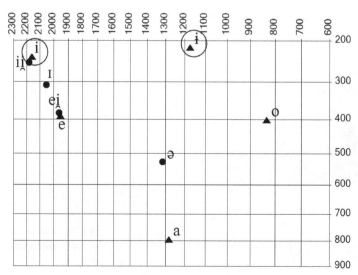

12.8 A posição das vogais [i ɨ e a o] do português (indicadas por um triângulo) e as vogais [ɪ ə] do inglês como também os pontos de partida dos ditongos [iɪ eɪ] do inglês (indicados por uma bolinha), segundo seus formantes. As vogais em foco [i ɨ] do português estão circuladas.

Os fonemas vocálicos

pronúncia da vogal portuguesa [i] são [iɪ̯ ɪ ə] como se pode ver na Tab. 12.9.

Como se vê na Fig. 12.8, a vogal portuguesa [i] está muito perto do ponto de partida do ditongo [iɪ̯] do inglês. Como o som [i] não costuma ocorrer em inglês sem ditongação, o anglofalante tende a produzir o ditongo automaticamente quando tenta produzir o som [i] do português. Outra interferência comum é o emprego errôneo da vogal curta inglesa [ɪ]. Essa interferência costuma ocorrer com palavras cognatas que em inglês contém o fonema /ɪ/. Esse fenômeno somente ocorre em sílabas fechadas, sendo que, segundo as regras fonotáticas do inglês, o fonema /ɪ/ não ocorre em sílabas abertas. Como exemplos dessa transferência negativa podem citar-se as palavras {importante} {interessante} {incapaz} que têm que ser pronunciadas como [ĩᵐportẽⁿʧi] [ĩⁿteresẽⁿʧi] [ĩŋkapás] e não como *[ɪ̃ᵐportẽⁿʧi] *[ɪ̃ⁿteresẽⁿʧi] *[ɪ̃ŋkapás].

Além das interferências já mencionadas, outra interferência frequente do inglês é a produção do *schwa* [ə] em sílabas átonas. Essa tendência é mais forte quando se trata do fonema /i/ átono em posição não final como nas palavras {típico} {difícil} {cíclico} que tem que ser pronunciadas como [ʧípiku] [ʤifísiɰ] [síkliku] e não como *[típəkoʊ̯] *[dəfísəl] *[síkləkoʊ̯].

Na Tab. 12.9 nota-se que além de interferências de timbre há também interferências de duração. A principal interferência quanto ao fonema /i/ refere-se à ditongação que o anglofalante costuma produzir para o alofone [i] do português. Essa interferência costuma ocorrer em posição tônica (como no exemplo de {sea, see} [síɪ̯]).

Como no inglês, o timbre dos alofones dos fonemas vocálicos em português são sujeitos a mudanças de acordo com a tonicidade. Há três casos em que o fonema /i/ átono tem a mesma solução fonética tanto no Brasil quanto em Portugal: 1) antes de uma outra vogal átona onde manifesta-se mediante a semiconsoante [j] como em {ansiedade} [ẽsjedáʤi] ou {ânsia} [ẽ́sja]; 2) depois de outra vogal, onde pronuncia-se [i̯], como nas palavras {coisa} [kói̯za] ou {vaidade} [vai̯dáʤi]; e 3) antes de consoante nasal em posição final de sílaba, como nas palavras {quintal} [kĩⁿtáɰ] e {insular} [ĩsulár]. Nos outros lugares a vogal átona /i/ no Brasil é representada pelo alofone [i] e em Portugal pelo alofone [ɨ].

Para imitar o sotaque brasileiro, então, o aluno precisa simplesmente produzir a mesma vogal [i] sem redução nenhuma e sem ditongação como descrito para a posição tônica. Em Portugal, porém, a situação é diferente: o aluno precisa produzir a vogal [ɨ], que é uma redução com centralização. Essa vogal existe em inglês. É a última vogal na formação das formas plurais de substantivos e conjugações verbais de terceira pessoa singular terminados em /s z ʃ ʒ ʧ ʤ/: {busses} [básɨz], {buzzes} [bázɨz], {bushes} [búʃɨz], {collages} [kʰəláʒɨz], {churches} [ʧɝ́ʧɨz], {judges} [ʤʌ́ʤɨz]. Também ocorre na formação do tempo passado e do particípio passado dos verbos terminados em /t d/: {seated} [síɾɨd], {molded} [moʊ̯łdɨd]. Essa vogal [ɨ] em inglês representa o esforço mínimo para produzir uma vogal para separar a consoante

12.9 As vogais do inglês que interferem na aquisição de uma boa pronúncia da vogal [i] do português.

Som inglês	Palavra inglesa	Palavra portuguesa	Interferência inglesa
[iɪ̯]	see [siɪ̯]	si [sí]	*[siɪ̯]
[ɪ]	important [ɪmˈpʰɔɹ̯ʔnt̚]	importante [ĩᵐportẽⁿʧi]	*[ɪ̃ᵐportẽⁿʧi]
[ə]	political [pʰəˈlɪɾəkʰəł]	político [políʧiku]	*[pəlírəku]

211

final do radical substantival ou verbal da sua desinência.

A regra de distribuição do fonema /i/ do português inclui a formação de ditongos e tritongos com [j i̯] e a nasalização com [ĩ], assuntos que serão examinados nos Capítulos 14 e 15 respectivamente.

O anglofalante também deve estar atento aos lugares em que o fonema /i/ se manifesta mediante seus alofones ensurdecidos [i̥ i̥].

Conselhos práticos

O anglofalante que queira adquirir uma boa pronúncia da vogal /i/ do português deve:

- produzir a vogal [i] do português com duração breve e com timbre mais próximo ao do começo da vogal [ii̯] do inglês, mas sem ditongação;
- seguir a regra de distribuição complementar;
- inserir a vogal epentética [i] no Brasil e [ɨ] em Portugal entre duas consoantes que formem uma sequência fonotaticamente inaceitável em português;
- não produzir a vogal curta inglesa [ɪ];
- não alongar a produção da vogal [i] em sílabas tônicas;
- não reduzir a vogal a *schwa* [ə] em sílabas átonas — mas produzir a vogal [i] no Brasil e [ɨ] em Portugal.

O fonema /u/

O fonema /u/ tem o mesmo ponto de articulação que as vogais /o/ e /ɔ/, sendo os três fonemas vogais posteriores. Tem o mesmo modo de articulação que a vogal /i/, sendo as duas vogais fechadas ou altas. O fonema /u/ difere dos fonemas vocálicos /a e ɛ ɔ o/ porque, em sua forma átona, pode combinar-se a outra vogal qualquer para formar um ditongo. Os ditongos serão tratados em mais detalhes no Capítulo 14.

O fonema /u/ opõe-se aos demais fonemas vocálicos /i e ɛ a ɔ o/ como exemplificam as séries [vú ví vó vɔ́ vá] e [sú sí sé sé]. O fonema /u/ é o décimo terceiro fonema mais frequente do português com uma porcentagem de frequência de 3,2% do total dos fonemas.[14] ◀

Ortograficamente, o fonema /u/ representa-se sistematicamente pelo grafema {u}; o grafema {w} só aparece em palavras estrangeiras. Observa-se que a letra {u} pode ser acompanhada do acento agudo: {ú}. É importante lembrar que o grafema {u} sem acento agudo escrito em posição final de palavra depois de consoante representa uma vogal tônica como nas palavras {caju} e {urubu}. Em posição final de palavra depois de uma vogal, representa a vogal átona de um ditongo como nas palavras {vou} e {meu}.

Uma das consequências da reforma ortográfica de 1990 foi a eliminação do trema (¨). Esse sinal diacrítico era usado sobre a vogal {u} para indicar que representava o fonema /u/ quando este vinha precedido das consoantes {g} ou {q} e seguido por {e} ou {i}, como nas palavras {sequela} [sekwélɐ] ou {linguiça} [liⁿgwísɐ]. Sem o trema o {u} não representava o fonema /u/, mas indicava que o {g} e o {q} representavam os fonemas /g/ ou /k/ diante dos fonemas /e/ ou /i/ como nas palavras {paquete} [pakétʃi] ou {seguinte} [segíⁿtʃi]. Com a eliminação do trema na nova ortografia, é impossível saber qual a função do {u} pela ortografia — se {linguiça} deve ser [liⁿgísɐ] ou [liⁿgwísɐ]. O aluno precisa simplesmente decorar a palavra, procurando-a num dicionário que indique a pronúncia, já que nem todos o fazem.[15] ◀

Fonotaticamente, o fonema /u/ costuma aparecer principalmente como núcleo vocálico, mas ao contrário dos fonemas /e ɛ a ɔ o/, pode aparecer tanto no ataque como na coda da sílaba. O fonema /u/ pode ser tônico tanto em posição inicial como medial: [úniku], [kanúdu]. Também pode ser átono em posição inicial e medial: [ubikádu], [hótulu].[16] ◀

É importante observar que o fonema /u/ como o fonema /i/ ocorre com bastante frequência em posição átona final de palavra. Na amostra, 19,6% das ocorrências do fonema /u/ foram em posição final de palavra. São raras as ocorrências do fonema /u/ tônico em posição final de palavra, sendo a maioria indigenismos: [kaʒú], [urubú]. Na grande maioria das palavras terminadas em /u/, o /u/ é átono e resulta em semivogal: [séu̯], [sóu̯].[17] ◀

A distribuição do fonema /u/ no Brasil

O fonema /u/ no Brasil tem uma distribuição complementar, isto é, manifesta-se mediante quatro alofones principais: [u], [ũ], [w] e [u̥]. A base da distribuição complementar é o processo de nasalização e a estrutura silábica que pode resultar na formação de ditongos e tritongos. A seguinte regra é a mesma apresentada no Capítulo 9:

$$/u/ \rightarrow [w] \ / \ \_\_ *V_{nuclear}$$
$$[u̥] \ / \ V_{nuclear}\_\_ *$$
$$[ũ] \ / \ \_\_N(S)\$$$
$$[u] \ / \ n.o.l.$$

*vogal em posição átona

A regra do fonema /u/ para o Brasil indica que, de modo geral, emprega-se a semiconsoante [w] quando o fonema é átono e precede uma vogal nuclear, seja tônica ou átona: {quatro} [kwá.tɾu] ou {vácuo} [vá.kwu]. Isso também se aplica quando é átono em posição final de palavra diante de vogal nuclear. Assim, a sequência {meu amigo} vira [mewamígu]. Quando o fonema /u/ átono é precedido de qualquer vogal, realiza-se como a semivogal [u̥]: {vou} [vóu̥] e {mau} [máu̥]. Os detalhes da formação dos ditongos e os pormenores articulatórios, acústicos e auditivos dos alofones empregados nos ditongos e tritongos serão apresentados no Capítulo 14.[18]

A regra também indica que se emprega a vogal fechada posterior nasalizada [ũ] para o fonema /u/ quando precede o arquifonema /N/ em posição final de sílaba ou final de palavra, seja tônica ou átona: {ungir} [ũʒíɾ] ou {chumbo} [ʃũᵐbu]. Os detalhes da nasalização e os pormenores articulatórios, acústicos e auditivos dos alofones nasalizados serão apresentados no Capítulo 15.[19]

Nos outros lugares, o fonema /u/ realiza-se com o seu alofone principal [u] tanto em posição tônica quanto em posição átona. Em posição inicial de palavra, portanto, existem os exemplos de {uso} [úzu] e {usar} [uzáɾ]. Em posição medial existem {subo} [súbu] e {subir} [subíɾ]. Em posição final de palavra existem poucos exemplos de /u/ tônico: {caju} [kaʒú] e {urubu} [uɾubú]. O fonema /u/ simples átono é sistematicamente inexistente em posição final de palavra.[20]

Há outro alofone que não aparece na regra de /u/, mas que já foi apresentado antes: o alofone ensurdecido [u̥]. Esse alofone não é obrigatório, mas aparece com certa frequência quando o fonema /u/ é átono entre duas consoantes surdas: {deputar} [depu̥táɾ] ou {cutucamos} [kutu̥kámus].[21]

A distribuição do fonema /u/ em Portugal

O fonema /u/ em Portugal tem a mesma regra básica do Brasil com quatro alofones: [u], [ũ], [w] e [u̥]. A seguinte regra é a mesma que já foi apresentada no Capítulo 9:

$$/u/ \rightarrow [w] \ / \ \_\_ *V_{nuclear}$$
$$[u̥] \ / \ V_{nuclear}\_\_ *$$
$$[ũ] \ / \ \_\_N(S)\$$$
$$[u] \ / \ n.o.l.$$

*vogal em posição átona

A base da distribuição complementar são dois processos: 1) o processo da formação de ditongos e tritongos e 2) o processo de nasalização.

A regra do fonema /u/ para Portugal indica que, de modo geral, emprega-se a semiconsoante [w] quando é átona e precede uma vogal nuclear, seja tônica ou átona: {quatro} [kwá.tɾu] e {quarenta} [kwa.ɾẽⁿ.tɐ]. Quando o fonema /u/ é átono depois de qualquer vogal, realiza-se como a semivogal [u̥]: {seu} [séu̥] e {viu} [víu̥]. Outra vez, os detalhes da formação dos ditongos e os pormenores articulatórios, acústicos e auditivos dos alofones empregados nos ditongos e tritongos serão apresentados no Capítulo 14.[22]

Como no Brasil, emprega-se a vogal fechada posterior nasalizada [ũ] para o fonema /u/ quando precede o arquifonema /N/ em posição final de sílaba ou final de palavra, seja tônica ou átona: {ungir} [ũʒíɾ] ou {chumbo} [ʃũᵐbu]. Há, porém, diferenças entre o Brasil e Portugal quanto à nasalização que serão apresentadas no Capítulo 15.[23]

Nos outros lugares, o fonema /u/ realiza-se com o alofone [u]. Isso ocorre principalmente em posição tônica, seja posição inicial ({único} [úniku]), medial ({maduro} [madúɾu]) ou final de palavra ({urubu} [uɾubú]). Também ocorre em posição átona não final, seja posição inicial ({usar} [uzáɾ]) ou medial de palavra ({título} [títulu]). O fonema /u/ tônico é raro em posição final de palavra, aparecendo só em palavras estrangeiras; o fonema /u/ átono simples em posição final de palavra é sistematicamente inexistente.[24] ◀

Como no Brasil, o fonema /u/ pode ensurdecer-se quando for átono entre duas consoantes surdas: {deputar} [depu̥táɾ] ou {cutucamos} [kutu̥kámus].[25] ◀

Comparação entre os alofones do fonema /u/ no Brasil e em Portugal

A Tab. 12.10 compara os alofones do fonema /u/ usados no português brasileiro e no europeu.[26] ◀

A fonética do alofone [u]

O principal alofone do fonema /u/ é o som [u], porque é o que ocorre como núcleo silábico em posição tônica na

Palavra	Brasil	Portugal
/kwátɾo/	[kwátɾu]	[kwátɾu]
/vóu/	[vóu̯]	[vóu̯]
/uNʒíR/	[ũʒíɾ]	[ũʒíʁ]
/madúɾo/	[madúɾu]	[madúɾu]

12.10 Comparação entre os alofones do fonema /u/ usados no português brasileiro e no europeu.

ausência de nasalização. Conforme já explicado, também pode aparecer em posição átona.

A descrição articulatória do alofone [u] é igual à definição fonológica do fonema. Quanto ao modo de articulação, é foneticamente uma vogal fechada e, quanto ao ponto de articulação, é posterior. Como vogal posterior, o som [u] é arredondado. Pode-se ver claramente o posicionamento dos lábios e da língua na Fig. 12.11.

A caracterização acústica do som [u] é a de uma onda sonora harmônica, ou seja, a onda tem um tom fundamental e harmônicos. Sua forma de onda está representada na Fig. 12.12.

Os harmônicos que chegam a formar parte da onda composta dão ao som [u] seu timbre característico. O timbre

12.11 A posição dos órgãos articulatórios para o som [u]: perfil, vista frontal e traço articulatório.

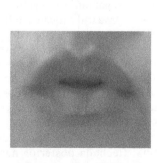
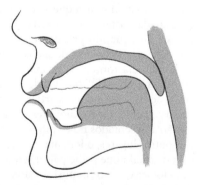

12.12 Seis ciclos da forma de onda do som [u].

Os fonemas vocálicos

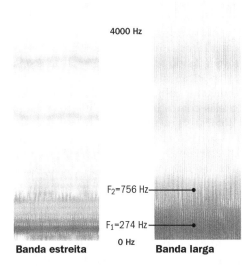

12.13 Espectrograma de banda estreita e de banda larga do som [u].

A fonética dos alofones [w], [u̯] e [ũ]

Os sons [w] e [u̯] são alofones combinatórios só empregados na formação de ditongos e tritongos, que serão examinados articulatória, acústica e auditivamente no Capítulo 14. O som [ũ] é o alofone oronasal, que será examinado fonológica, articulatória, acústica e auditivamente no Capítulo 15.

Dicas pedagógicas

É importante reconhecer que o som [u] não ocorre em inglês. Há livros didáticos e manuais de pronúncia que erroneamente indicam uma correlação entre o som [u] do português e o som vocálico de {boot} [buu̯t] do inglês. A Fig. 12.14 contém um gráfico que localiza as vogais [e ɛ a ɔ o u] do português e as vogais [ʊ ə] do inglês, como também o ponto de partida dos ditongos [uu̯ ou̯] do inglês de acordo com seus formantes. O gráfico indica claramente que o ponto de partida do ditongo [uu̯] do inglês é próximo à vogal [u] do português. Não indica, porém, a estabilidade dos formantes da vogal [u] do português nem a ditongação ou transição dos formantes da [uu̯] inglesa, o que se pode ver na Fig. 11.18.

As interferências do inglês na pronúncia do português por parte do anglofalante são relativas tanto ao timbre como à duração.

consiste em um primeiro formante com cerca de 274 Hz e um segundo formante com cerca de 756 Hz, dependendo do falante. O sonograma da Fig. 12.13 representa esses formantes.

A percepção auditiva do som [u] por parte do receptor depende da identificação da vogal pela energia acústica das frequências dos formantes produzidos pelo emissor. O receptor sistematiza o som [u] como representante do fonema /u/. O sonograma da Fig. 12.13 mostra esses mesmos formantes

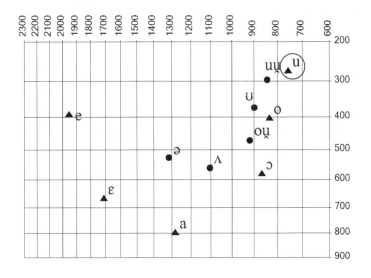

12.14 A posição das vogais [e ɛ a ɔ o u] do português (indicadas por um triângulo) e as vogais [ʊ ʌ ə] do inglês como também os pontos de partida dos ditongos [uu̯ ou̯] do inglês (indicados por uma bolinha), segundo seus formantes. A vogal em foco [u] do português está circulada.

A Fig. 12.14 é útil para a visualização das possíveis interferências de timbre das vogais inglesas. As cinco vogais inglesas que costumam interferir na pronúncia da vogal portuguesa [u] são [uw̥ juw̥ ʊ ʌ ə] como se pode ver na Tab. 12.15.

Como se vê na Fig. 12.14, a vogal portuguesa [u] está muito perto do ponto de partida do ditongo [uw̥] do inglês. Como o som [u] não costuma ocorrer em inglês sem ditongação, o anglofalante tende a produzir o ditongo automaticamente quando tenta produzir o som [u] do português.

Outra interferência comum é o emprego errôneo da vogal curta inglesa [ʊ]. Essa interferência costuma ocorrer com palavras cognatas que em inglês contém o fonema /ʊ/. Esse fenômeno só ocorre em sílabas fechadas, já que, segundo as regras fonotáticas do inglês, o fonema /ʊ/ não ocorre em sílabas abertas. Como exemplos dessa transferência negativa podem citar-se as palavras {durante} e {júri} que têm que ser pronunciadas como [duɾẽⁿʧi] [ʒúɾi] e não como *[dʊɾẽⁿʧi] nem *[ʒʊ́ɾi].

Outra possível interferência é o emprego errôneo da vogal curta inglesa [ʌ], que pode ocorrer com palavras cognatas que, em inglês, contém o fonema /ʌ/. Esse fenômeno só pode ocorrer em sílabas tônicas travadas devido às regras fonotáticas do inglês. Como exemplos dessa transferência negativa podem citar-se as palavras {busto} {cúspide} que têm que ser pronunciadas como [bústu] e [kúspiʤi] e não como *[bʌ́stu] nem *[kʌ́spiʤi].

Além das interferências do inglês já mencionadas, existe a interferência frequente que leva à produção do *schwa* [ə] em sílabas átonas. Essa tendência é mais forte quando se trata do fonema /u/ átono em posição não final como nas palavras {bufete} e {julho} que têm que ser pronunciadas como [buféʧi] [ʒúʎu] e não como *[bəféʧi] *[ʒəʎu].

Na Tab. 12.15 nota-se que além de interferências de timbre, há também interferências de duração. A interferência principal quanto ao fonema /u/ refere-se à ditongação ou tritongação que o anglofalante costuma produzir para o alofone [u] do português. Essa interferência costuma ocorrer em posição tônica (como nos exemplos errôneos de *[túw̥] ou *[mjúw̥ziku].

Como ocorre no inglês, o timbre dos alofones dos fonemas vocálicos em português são sujeitos a mudanças de acordo com a tonicidade. O fonema /u/ átono tem a mesma solução fonética em Portugal e no Brasil. Antes de uma outra vogal átona realiza-se mediante a semiconsoante [w] como em {quarenta} [kwaɾẽⁿtɐ] ou {vácuo} [vákwu]. Depois de outra vogal pronuncia-se [w̥] como nas palavras {causa} [káw̥za] ou {pouco} [pów̥ku]. Diante de consoante nasal em posição final de sílaba como nas palavras {umbral} [ũᵐbráw̥] e {álbuns} [áw̥bũs]. Nos outros lugares a vogal átona /u/ é representada pelo alofone [u].

Para imitar tanto a pronúncia do Brasil como a de Portugal, portanto, o aluno

12.15 As vogais do inglês que interferem na aquisição de uma boa pronúncia da vogal [u] do português.

Som inglês	Palavra inglesa	Palavra portuguesa	Interferência inglesa
[uw̥]	two [ˈtʰuw̥]	tu [tú]	*[tʰúw̥]
[juw̥]	music [ˈmjuw̥zɪk]	música [múzika]	*[mjúw̥zəkə]
[ʊ]	during [ˈdʊɹiiŋ]	durante [duɾẽⁿʧi]	*[dʊɾẽⁿʧi]
[ʌ]	bust	busto [bústu]	*[bʌ́sto]
[ə]	natural [ˈnætʃɹəɫ]	natural [natuɾáw̥]	*[natəɾáw̥]

precisa simplesmente produzir o /u/ tônico com a mesma vogal [u] conforme descrito para a posição tônica — sem redução nenhuma e sem ditongação nem tritongação.

A regra de distribuição do fonema /u/ do português inclui a formação de ditongos e tritongos com [w u̯] e a nasalização com [ũ], assuntos esses que serão examinados nos Capítulos 14 e 15 respectivamente.

O anglofalante também deve estar atento aos lugares em que o fonema /u/ se realiza mediante seu alofone ensurdecido [u̥].

Conselhos práticos

O anglofalante que queira adquirir uma boa pronúncia da vogal /u/ do português deve:

- produzir a vogal [u] do português com duração breve e com timbre mais próximo ao começo da vogal [uu̯] do inglês, mas sem ditongação;
- seguir a regra de distribuição complementar;
- não produzir as vogais longas inglesas: nem o ditongo [uu̯] nem o tritongo [juu̯];
- não produzir as vogais curtas inglesas [ʊ ʌ];
- não alongar a produção da vogal [u] em sílabas tônicas;
- não reduzir a vogal a *schwa* [ə] em sílabas átonas — produzindo sempre a vogal [u].

O fonema /e/

O fonema /e/ tem o mesmo ponto de articulação que as vogais /i/ e /ɛ/, sendo os três fonemas vogais anteriores. Tem o mesmo modo de articulação que a vogal /o/, sendo as duas vogais meio-fechadas.

O fonema /e/ opõe-se aos demais fonemas vocálicos /i ɛ a ɔ o u/ como exemplificam as séries [pé pɛ́ pá pɔ́] e [né nó nó nú]. O fonema /e/ é o segundo mais frequente do português com uma frequência de 11,7% do total dos fonemas.

O grafema principal do fonema /e/ é {e}, mas esse grafema também pode representar o fonema /ɛ/, problema esse que será discutido no Capítulo 13. Observa-se que o grafema {e} aceita dois sinais diacríticos. O principal é o acento circunflexo {ê} e essa grafia representa exclusivamente o fonema /e/. Com acento agudo o {é} diante de /N/ em posição final de palavra também representa o fonema /e/: por exemplo, {também} e {contém}. Nos outros contextos, a letra {e} com acento agudo {é} representa o fonema /ɛ/.

Quanto à fonotática, o fonema /e/ aparece sempre como núcleo vocálico, com uma única exceção, que será discutida abaixo. O fonema /e/ pode ser tônico em posição inicial, medial e final: {gênero} /ʒéneɾo/, {tempero} /teNpéɾo/, {você} /vosé/. Pode ser átono também nessas mesmas posições: {entrar} /eNtɾáR/, {apelar} /apeláR/, {parece} /paɾése/.

A distribuição do fonema /e/ no Brasil

A regra de distribuição complementar do fonema /e/ é a regra vocálica mais complicada que existe no português brasileiro, pois tem seis alofones. Vê-se a seguir a regra para o Brasil apresentada no Capítulo 9, mas com um pequeno ajuste:

$$/e/ \rightarrow \begin{array}{ll} [j] & / \_\_*\#V_{nuclear} \\ [i] & / \_\_*(S)\# \\ [ĩ] & / \tilde{V}_{nuclear}\_\_N \\ [ẽi̯] & / \_\_N(S)\# \\ [ẽ] & / \_\_N(S)\$ \\ [e] & / \text{n.o.l.} \end{array}$$

*vogal átona em posição final de palavra

No Brasil, a regra geral é que o fonema /e/ em posição átona final de palavra sofre alçamento e realiza-se mediante o alofone anterior fechado [i] como se vê nas palavras {doze} [dózi] e {cabe} [kábi]. O mesmo alçamento ocorre diante do arquifonema /S/: {antes} [ẽⁿtʃis]. Quando esse alçamento ocorre em posição final de palavra diante de uma palavra que começa com vogal, forma-se um ditongo e o fonema /e/ realiza-se como uma semiconsoante: {para se orientar} [paɾesjoɾiẽⁿtáɾ] ou {esse artigo} [esjaɾtʃígu].²⁷ ◀⋲

Quando o fonema /e/ precede o arquifonema /N/ (seguido ou não do arquifonema /S/) seguido de divisão silábica, a vogal sofre nasalização realizando-se mediante o alofone [ẽ], seja tônica ou átona. As palavras {entra} [ẽⁿtɾɐ] e {entrar} [ẽⁿtɾáɾ] são exemplos disso. Se o fonema /e/ precede o arquifonema /N/ (seguido ou não do arquifonema /S/) em posição final de palavra, a vogal sofre ditongação além de nasalização realizando-se mediante a sequência fonética [ẽj̃], seja tônica ou átona. As palavras {ontem} [óⁿtẽj̃] e {além} [alẽj̃] são exemplos disso. Ainda há o caso do [j̃], que aparece nos ditongos nasalizados [ẽj̃ õj̃ ẽj̃ ũj̃] como nas palavras {capitães} [kapitẽj̃s], {corações} [koɾasõj̃s], {bens} [bẽj̃s] e {muito} [mũj̃tu]. A análise desses ditongos é polêmica e será tratada no Capítulo 15.²⁸ ◀⋲

A regra não menciona o fenômeno de ensurdecimento já comentado na descrição do estado das cordas vocais na produção das vogais. O fonema /e/ pode ensurdecer-se optativamente quando é átono em posição final de grupo fônico (seguido ou não de /S/) depois de consoante surda (seguida ou não de líquida), realizando-se mediante o alofone [i̥]: {parte} [páɾtʃi̥], {saque} [sáki̥], {mestre} [méstɾi̥] ou {simples} [sĩmpli̥s]. O ensurdecimento também pode ocorrer com o /e/ quando átono entre duas consoantes surdas: {apetece} [ape̥tési̥]. ²⁹ ◀⋲

A distribuição do fonema /e/ em Portugal

A regra de distribuição complementar do fonema /e/ para Portugal é ainda mais complicada do que a regra para o Brasil. Vê-se a seguir a regra para o Portugal apresentada no Capítulo 9, mas com alguns pequenos ajustes:

/e/ ⟶ [j] / __*V$_{nuclear}$
  Ø / #__*SC_{ocl. sur.}$
  [i] / #__*
  [ɨ] / __*
  [j̃] / Ṽ$_{nuclear}$__N
  [ẽj̃] / __N(S)#
  [ẽ] / __N(S)$
  [ɐ] / __C$_{palatal}$
      __[ʎ]
  [e] / n.o.l.

*vogal em posição átona

Em Portugal, existe muita variação quanto à pronúncia do fonema /e/ em posição átona. A regra geral é que o fonema /e/ em posição átona final de palavra sofre alçamento e centralização e realiza-se mediante o alofone central fechado [ɨ] como se vê nas palavras {doze} [dózɨ] e {cabe} [kábɨ]. É extremamente perceptível em palavras como [dɨ], [kɨ] e [sɨ]. Nessa posição, é comum que a duração da vogal se reduza, o que se pode transcrever com o símbolo fonético sobrescrito: [dózᶤ] e {cabe} [kábᶤ]. Reduz-se tanto que alguns linguistas dizem que a realização é um zero fonético, porém, não chega a pronunciar-se sem distensão como nas palavras inglesas {doze} [dóu̯z̚]e {cob} [kʰáb̚].³⁰ ◀⋲

A vogal /e/ átona em posição interior de palavra também costuma sofrer alçamento e centralização e realizar-se mediante o alofone central fechado [ɨ]. Alguns exemplos são {elevação} [ilɨvɐsẽũ̯], {elemento} [ilɨméⁿtu], {existir} [iziʃtíɾ]. Outra vez, em alguns dialetos ou idioletos usa-se o som mais aberto [ə].³¹ ◀⋲

A vogal /e/ átona em posição inicial de palavra costuma sofrer alçamento e realizar-se mediante o alofone anterior fechado [i]. Alguns exemplos são as palavras {economia} [ikɔnumíɐ], {evidente} [ividḗⁿti] e {ervilha} [iɾvíʎɐ].³² ◀⋲

A situação das vogais átonas não finais do português europeu é mais complicada ainda, já que, apesar de várias descrições fonológicas

Os fonemas vocálicos

dizerem que nessa posição o sistema se reduz a quatro vogais, [i ɨ ɐ u], existem dicionários e guias de pronúncia que indicam tanto [e] ({erguer} [eɾɡéɾ], {herança} [eɾɐ́sɐ]) quanto [ɛ] ({pecado} [pɛkádu], {elétrico} [ɛlɛ́triku]) nessas posições sem dar nenhuma regra nem explicação; é quase como se houvesse sete fonemas nessa posição /i e ɛ a ɔ o u/, ainda que não haja exemplos de pares mínimos. A recomendação é consultar um bom dicionário de Portugal que contenha a transcrição fonética dos verbetes como o dicionário da Porto Editora (https://www.infopedia.pt).³³ ◀⋵

Quando esse alçamento ocorre em posição final de palavra seguida de outra palavra iniciada por vogal, forma-se um ditongo e o fonema /e/ realiza-se como a semiconsoante [j]: {para se orientar} [pɐɾɐsjɔɾjẽⁿtáɾ] ou {esse artigo} [esjaɾtíɡu].³⁴ ◀⋵

Quando o fonema /e/ precede o arquifonema /N/ (seguido ou não do arquifonema /S/) seguido de divisão silábica, a vogal sofre nasalização realizando-se mediante o alofone [ẽ], seja tônica ou átona. Dois exemplos são as palavras {entra} [ẽⁿtɾɐ] e {entrar} [ẽⁿtɾáɾ]. Se o fonema /e/ precede o arquifonema /N/ (seguido ou não do arquifonema /S/) em posição final de palavra, a vogal sofre centralização e ditongação, além de nasalização, realizando-se mediante a sequência fonética [ẽĩ̯], seja tônica ou átona. Dois exemplos são as palavras {ontem} [óⁿtẽĩ̯] e {além} [alẽĩ̯]. Ainda há o caso do [ĩ̯], que aparece nos ditongos nasalizados [ẽĩ̯ õĩ̯ ũĩ̯] como nas palavras {capitães} [kapitẽĩ̯ʃ], {corações} [koɾasõĩ̯ʃ] e {muito} [mũĩ̯tu]. A análise desses ditongos nasalizados é polêmica e será tratada no Capítulo 15.³⁵ ◀⋵

Em Portugal, o fonema /e/ exibe centralização ao alofone meio-aberto central [ɐ] quando vem seguido de consoante palatal e da semivogal [i̯].) Exemplos do primeiro caso (/e/ mais consoante palatal) são {desenho} [dizɐ́ɲu], {telha} [tɛ́ʎɐ], {fecho} [féʃu], {desejo} [dizɐ́ʒu]. Exemplos do segundo caso (/e/ mais semivogal /i/) são {beijo} [béi̯ʒu] e {veiga} [véi̯ɡɐ]. Às vezes o fonema /e/ realiza-se como /ɐi̯/ mesmo na ausência do fonema /i/: {êxito} [ɐ́i̯zitu] ou {sexto} [sɐ́i̯ʃtu].³⁶ ◀⋵

Outro fenômeno muito difundido é a realização do /e/ átono como zero fonético diante do arquifonema /S/ em posição inicial de palavra. Assim as palavras {escola}, {esquisito} e {expectativa} podem ser pronunciadas tanto como [ʃkɔ́lɐ], [ʃkɨzítu] e [ʃpɛk̚tɐtívɐ] quanto como [iʃkɔ́lɐ], [iʃkɨzítu] e [iʃpɛk̚tɐtívɐ].³⁷ ◀⋵

A regra não menciona o fenômeno de ensurdecimento já comentado na descrição do estado das cordas vocais na produção das vogais. O fonema /e/ só pode ensurdecer-se optativamente quando é átono em posição final de grupo fônico depois de consoante surda, realizando-se mediante o alofone [i̥]: {parte} [páɾti̥] ou {saque} [sáki̥]. {mestre} [méʃtɾi̥] e {simples} [sĩᵐpli̥ʃ].³⁸ ◀⋵

Comparação entre os alofones do fonema /e/ no Brasil e em Portugal

A Tab. 12.16 compara os alofones do fonema /e/ usados no português brasileiro e no europeu.³⁹ ◀⋵

A fonética do alofone [e]

O [e] é o principal alofone do fonema /e/ em posição tônica. A descrição articulatória do alofone [e] é igual à definição do fonema:

12.16 Comparação entre os alofones do fonema /e/ usados no português brasileiro e no europeu.

Palavra	Brasil	Portugal
/kábe/	[kábi]	[kábɨ]
/eleméNto/	[elemẽⁿtu]	[ilimẽⁿtu]
/ése áto/	[ésjátu]	[ésjátu]
/peleáR/	[peleáɾ]	[pɨljáɾ]
/éNtra/	[ẽⁿtɾɐ]	[ẽⁿtɾɐ]
/tambéN/	[tẽᵐbéĩ̯]	[tẽᵐbéĩ̯]
/korasóN+es/	[korasõĩ̯s]	[kuɾɐsõĩ̯s]
/téʎa/	[téʎɐ]	[tɛ́ʎɐ]
/béizo/	[béiʒo]	[béiʒo]

Capítulo 12

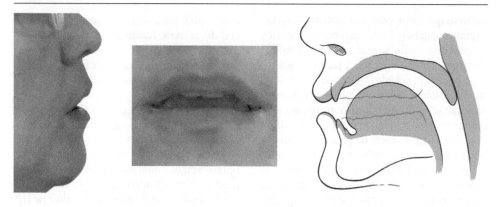

12.17 A posição dos órgãos articulatórios para o som [e]: perfil, vista frontal e traço articulatório.

12.18 Seis ciclos da forma da onda do som [e].

quanto ao modo de articulação, é vogal meio-fechada e quanto ao ponto de articulação é anterior. Por não ser vogal posterior, a vogal [e] é não arredondada. Pode-se ver claramente o posicionamento dos lábios e da língua na Fig. 12.17.

A caracterização acústica do som [e] é a de uma onda sonora harmônica, isto é, a onda tem um tom fundamental e harmônicos. A Fig. 12.18 representa sua forma de onda.

Os harmônicos que fazem parte da onda composta dão ao som [e] seu timbre característico. O timbre consiste em um primeiro formante de aproximadamente 394 Hz e um segundo formante de aproximadamente 1952 Hz, dependendo do falante. O sonograma da Fig. 12.19 mostra esses formantes.

A percepção auditiva do som [e] por parte do receptor, depende da identificação da vogal pela energia acústica das frequências dos formantes produzidos pelo emissor. Esses mesmos formantes se acham representados no sonograma da Fig. 12.19.

A fonética do alofone [ɐ]

O som [ɐ] é alofone do fonema /e/ em Portugal. Quanto à descrição articulatória, o modo de articulação do alofone vocálico [ɐ] é meio-aberto e o ponto de articulação é central. Por não ser uma vogal posterior, a vogal [ɐ] é não arredondada. Pode-se ver claramente o posicionamento dos lábios e da língua na Fig. 12.20.

A caracterização acústica do som [ɐ] é a de uma onda sonora harmônica, isto é, a onda tem um tom fundamental e

12.19 Espectrograma de banda estreita e de banda larga do som [e].

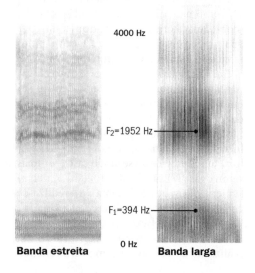

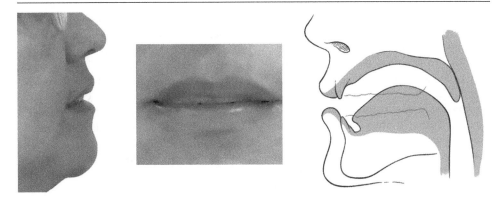

12.20 A posição dos órgãos articulatórios para o som [ɐ]: perfil, vista frontal e traço articulatório.

12.21 Seis ciclos da forma da onda do som [ɐ].

harmônicos. A Fig. 12.21 representa sua forma de onda.

Os harmônicos que fazem parte da onda composta dão ao som [ɐ] seu timbre característico. O timbre consiste em um primeiro formante de aproximadamente 636 Hz e um segundo formante de aproximadamente 1305 Hz, dependendo do falante. Esses formantes se veem no sonograma da Fig. 12.22.

12.22 Espectrograma de banda estreita e de banda larga do som [ɐ].

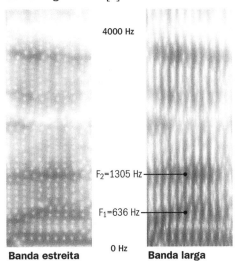

A percepção auditiva do som [ɐ] por parte do receptor, depende da identificação da vogal pela energia acústica das frequências dos formantes produzidos pelo emissor. O sonograma da Fig. 12.22 representa esses mesmos formantes.

A fonética dos alofones [ɨ], [j], [i̯] e [ẽ]

O som [ɨ] já foi apresentado como alofone do fonema /i/. Os sons [j] e [w] são alofones combinatórios só empregados na formação de ditongos e tritongos, que serão examinados articulatória, acústica e auditivamente no Capítulo 14. O som [ẽ] é o alofone oronasal, que será examinado fonológica, articulatória, acústica e auditivamente no Capítulo 15.

Variação dialetal

No Brasil, ouve-se na fala de algumas pessoas ou de algumas regiões o alçamento da vogal /e/ em [i] em posição pretônica ou em posição postônica não final. Exemplos em posição pretônica incluem /menínu/ [minínu], /beʃíga/ [biʃígɐ], /senóura/ [sinóy̆rɐ], /seɲóR/ [siɲór], /pekéno/ [pikénu]. Em alguns dialetos esse alçamento chega a palatalizar o /t/ ou o /d/: /teátɾu/ [t͡ʃiátɾu/t͡ʃjátɾu], /deS+óito/ [d͡ʒizóitu]. Alguns exemplos em posição postônica não final são /íNgɾeme/ [íŋgɾimi], /fólego/ [fóligu], /pésego/ [pésigu]. O fenômeno é bem difundido em algumas palavras, como as aqui citadas, mas estende-se a mais palavras entre as camadas sociais baixas. A recomendação é seguir a regra normativa, sem alçamento da vogal pretônica nem da postônica.

Na região do nordeste do Brasil é muito comum que haja abaixamento vocálico do fonema /e/ em [ɛ] em posição pretônica. Exemplos incluem /elétɾiko/ [ɛlétɾiku], /pekádo/ [pɛkádu]. Outra vez a recomendação é seguir a regra normativa, neste caso sem abaixamento ou abertura da vogal pretônica.

Dicas pedagógicas

É importante reconhecer que o som [e] não ocorre na maioria dos dialetos do inglês. Vários livros didáticos e manuais de pronúncia erroneamente indicam uma correlação entre o som [e] do português e o som vocálico de {cave} [ei̯] ou a primeira vogal de {savor} [ei̯]. A Fig. 12.23 contém um gráfico que localiza as vogais [i ɨ e ɛ a ɐ ɔ o] do português e as vogais [ɛ æ ɑ ə] do inglês como também o ponto de partida dos ditongos [ei̯ ai̯] do inglês segundo seus formantes. O gráfico indica claramente que a vogal [e] do português produz-se muito perto do ponto de partida do ditongo [ei̯] do inglês. O aluno precisa produzir a vogal [e] sem a ditongação do inglês. O aluno também precisa evitar o alongamento da vogal [e], tendência essa que vem da pronúncia da vogal "longa" do inglês.

As interferências do inglês na pronúncia do português por parte do aluno anglofalante manifestam-se tanto no timbre como na duração. A Fig. 12.23 é útil para visualizar as possíveis interferências de timbre das vogais inglesas. As quatro vogais inglesas com timbres mais próximos à vogal portuguesa [e] são [ei̯ ɛ ii̯ ə]. Essas vogais interferem na aquisição de uma boa pronúncia da vogal [e] como se pode ver na Tab. 12.24.

Conselhos práticos

O anglofalante que queira adquirir uma boa pronúncia da vogal /e/ do português deve:

• produzir a vogal [e] do português em posição tônica com um timbre mais próximo ao começo da vogal [ei̯] do ditongo inglês, mas sem ditongação;

• nunca produzir as vogais [ei̯ ɛ ii̯] do inglês em posição tônica;

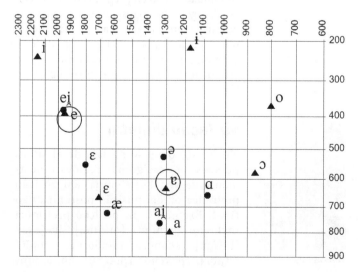

12.23 A posição das vogais [i ɨ e ɛ a ɐ ɔ o] do português (indicadas por um triângulo) e as vogais [ɛ æ ɑ ə] do inglês, como também o ponto de partida dos ditongos [ei̯ ai̯] do inglês (indicados por uma bolinha), segundo seus formantes. As vogais em foco [e ɐ] do português estão circuladas.

- em Portugal, produzir a vogal [ɐ] diante de consoante palatal ou da semiconsoante [i̯];
- no Brasil, produzir a vogal [e] em posição átona não final;
- em Portugal, produzir a vogal [ɨ] em posição átona medial e a vogal [i] em posição átona inicial (lembrando que pode haver também [e ɛ] em alguns casos);
- no Brasil, produzir a vogal [i] e a vogal [ɨ] em Portugal em posição átona final;
- no Brasil, nunca produzir a vogal [ə] do inglês em posição átona;
- produzir a vogal nasalizada [ẽ] quando seguida do arquifonema /N/ em posição não final e o ditongo nasalizado [ẽi̯] (Brasil) ou [ẽi̯] (Portugal) quando seguida do arquifonema /N/ em posição final de palavra.

O fonema /o/

O fonema /o/ tem o mesmo ponto de articulação que as vogais /u/ e /ɔ/, sendo os três fonemas vogais posteriores. Tem o mesmo modo de articulação que a vogal /e/, sendo as duas vogais meio-fechadas.

O fonema /o/ opõe-se aos demais fonemas vocálicos /i e ɛ a ɔ u/ como exemplificam as séries [pó pá pé pé pí] e [nó nɔ́ nú]. O fonema /o/ é o terceiro fonema mais frequente do português com uma porcentagem de 10,3% do total dos fonemas.

O grafema principal do fonema /o/ é {o}, mas esse grafema também pode representar o fonema /ɔ/. Esse problema será discutido no Capítulo 13. Observa-se que, quando representa o fonema /o/, a letra {o} pode ser acompanhada de dois sinais diacríticos: o acento circunflexo {ô} e o til {õ}; já a letra {o} com acento agudo {ó} representa o fonema /ɔ/.

Quanto à fonotática, o fonema /o/ aparece sempre como núcleo vocálico, com uma única exceção que será discutida abaixo. O fonema /o/ pode ser tônico em posição inicial, medial e final: {homem} /ómeN/, {conforto} /koNfóRto/, {judô} /ʒudó/. Pode também ser átono nessas mesmas posições: {polenta} /poléNta/, {cômodo} /kómodu/, {porto} /póRto/.

A distribuição do fonema /o/ no Brasil

A regra de distribuição complementar do fonema /o/ no Brasil é quase tão complicada quanto a do fonema /e/, pois também tem seis alofones. Vê-se a seguir a regra já apresentada no Capítulo 9, mas com um pequeno ajuste:

/o/ ⟶ [w] / __*#V$_{nuclear}$
[u] / __*(S)#
[ũ̯] / Ṽ$_{nuclear}$__N
[õ] / __N(S)$
[o] / n.o.l.

*vogal átona em posição final de palavra

12.24 As quatro vogais inglesas com timbres mais próximos à vogal portuguesa [e] são [ei̯ ɛ ii̯ ə]. Essas vogais podem interferir na aquisição de uma boa pronúncia da vogal [e] portuguesa.

Som inglês	Palavra inglesa	Palavra portuguesa	Interferência inglesa
[ei̯]	day [déi̯]	dê [dé]	*[déi̯]
[ɛ]	necessary [nɛ́səsɛɹi]	necessário [nesesárju]	*[nɛsəsárju]
[ii̯]	eternal [ii̯tʰɹ́nɫ]	eterno [etérnu]	*[ii̯térnu]
[ə]	element [éləmɨnt]	elemento [eleméⁿtu]	*[ɛləméⁿtu]

No Brasil, a regra geral é que o fonema /o/ em posição átona final de palavra sofre alçamento e realiza-se mediante o alofone posterior fechado [u] como se vê nas palavras {cabo} [kábu] e {caso} [kázu]. Quando esse alçamento ocorre em posição final de palavra diante de uma palavra que começa com vogal, forma-se um ditongo e o fonema /o/ realiza-se como semiconsoante: {quatro anjos} [kwátrwɐ̃ʒus] ou {falo espanhol} [fálwespaɲóɯ̯].⁴⁰ ◀᙮

Quando o fonema /o/ precede o arquifonema /N/ (seguido ou não do arquifonema /S/) seguido de divisão silábica, a vogal sofre nasalização realizando-se mediante o alofone [õ], seja tônica ou átona. Isso exemplifica-se nas palavras {onça} [ṍsɐ] e {constar} [kõstáɾ]. Em posição final de palavra, ocorre o mesmo: {com} [kõ] e {bom} [bõ]. Há também o caso de [ũ], que aparece no ditongo nasalizado [ẽũ̯] como nas palavras {mão} [mɐ̃ũ̯] e {cidadãos} [sidadɐ̃ũ̯s]. A análise desse ditongo é polêmica e será tratada no Capítulo 15.⁴¹ ◀᙮

Não mencionado na regra é o fenômeno de ensurdecimento já comentado na descrição do estado das cordas vocais na produção das vogais. O fonema /o/ pode ensurdecer-se optativamente quando é átono em posição final de grupo fônico (seguido ou não de /S/) depois de consoante surda (seguida ou não de líquida), realizando-se mediante o alofone [u̥]: {parto} [páɾtu̥], {caço} [kásu̥], {compro} [kõᵐpɾu̥], {amplos} [ẽᵐplu̥s]. Esse ensurdecimento também pode ocorrer quando o /o/ átono vem entre duas consoantes surdas: {potável} [potáveɯ̯].⁴² ◀᙮

A distribuição do fonema /o/ em Portugal

A regra de distribuição complementar do fonema /o/ para Portugal é semelhante à regra para o Brasil, só que alguns alofones ocorrem em contextos mais abrangentes. A seguinte regra já foi apresentada no Capítulo 9.

/o/ ⟶ [w] / __*V_tônica
[u] / __*
[ũ] / Ṽ_nuclear__N
[õ] / __N(S)$
[o] / n.o.l.
*vogal em posição átona

Em Portugal existe muita variação quanto à pronúncia do fonema /o/ em posição átona. A regra geral é que o fonema /o/ em posição átona final de palavra sofre alçamento e realiza-se mediante o alofone posterior fechado [u] como no Brasil: {cabo} [kábu] e {caso} [kázu].⁴³ ◀᙮

A vogal /o/ átona em posição interior de palavra, em contraste com o Brasil, também costuma sofrer alçamento e realizar-se mediante o alofone posterior fechado [u]. Alguns exemplos são {polir} [pulíɾ], {socorro} [sukóʁu], {abotoar} [abutwáɾ].⁴⁴ ◀᙮

A vogal /o/ átona em posição inicial de palavra costuma sofrer alçamento e realizar-se mediante o alofone posterior fechado [u]. As palavras {honesto} [unɛ́ʃtu] e {oficial} [ufisjáł] são exemplos disso.⁴⁵ ◀᙮

Em Portugal, porém, a situação das vogais átonas não finais é mais complicada ainda, já que, apesar de várias descrições fonológicas dizerem que nessa posição o sistema se reduz a quatro vogais, [i ɨ ɐ u], existem dicionários e guias de pronúncia que indicam tanto [o] ({hospital} [oʃpitáł], {obrigado} [oʁiɡádu]) quanto [ɔ] ({economia} [ikɔnumíɐ], {você} [vɔsé]) nessas posições sem dar nenhuma regra nem explicação; é quase como se houvesse sete fonemas nessa posição /i e ɛ a ɔ o u/, ainda que não haja exemplos de pares mínimos. A recomendação é consultar um bom dicionário de Portugal que contenha a transcrição fonética dos verbetes como o dicionário da Porto Editora (https://www.infopedia.pt).⁴⁶ ◀᙮

Quando esse alçamento ocorre em posição final de palavra seguida por outra palavra que comece com vogal, forma-se um ditongo, como no Brasil, e o fonema /o/ realiza-se como a semiconsoante [w]:

{quatro anjos} [kwátrwẽ́ʒus] ou {falo espanhol} [fálwiʃpɐɲóɫ].⁴⁷ ◀﹦

Quando o fonema /o/ precede o arquifonema /N/ (seguido ou não do arquifonema /S/) seguido por divisão silábica, a vogal sofre nasalização realizando-se mediante o alofone [õ], seja tônica ou átona. Isso exemplifica-se nas palavras {ontem} [õⁿtẽj̃] e {contar} [kõⁿtár]. Em posição final de palavra, ocorre o mesmo: {com} [kõ] e {bom} [bõ]. Há também o caso de [ũ̯], que aparece no ditongo nasalizado [ẽũ̯] como nas palavras {mão} [mẽũ̯] e {cidadãos} [sidɐdẽũ̯ʃ]. A análise desse ditongo é polêmica e será tratada no Capítulo 15.⁴⁸ ◀﹦

Não mencionado na regra é o fenômeno de ensurdecimento já comentado na descrição do estado das cordas vocais na produção das vogais. O fonema /o/ só pode ensurdecer-se optativamente quando é átono em posição final de grupo fônico depois de consoante surda, realizando-se mediante o alofone [u̥]: {parto} [pártu̥] ou {saco} [sáku̥].⁴⁹ ◀﹦

Comparação entre os alofones do fonema /o/ no Brasil e em Portugal

A Tab. 12.25 compara os alofones do fonema /o/ usados no português brasileiro e no europeu.⁵⁰ ◀﹦

A fonética do alofone [o]

O [o] é o principal alofone do fonema /o/ em posição tônica. A descrição articulatória do alofone [o] é igual à definição do fonema: quanto ao modo de articulação, é uma vogal meio-fechada e quanto ao ponto de articulação é posterior. Por ser uma vogal posterior, a vogal [o] é arredondada. Pode-se ver claramente o posicionamento dos lábios e da língua na Fig. 12.26.

A caracterização acústica do som [o] é a de uma onda sonora harmônica, com um tom fundamental e harmônicos. A Fig. 12.27 representa sua forma de onda.

Os harmônicos que fazem parte da onda composta dão ao som [o] seu timbre característico. O timbre consiste em um primeiro

Palavra	Brasil	Portugal
/kábo/	[kábu]	[kábu]
/no áto/	[nwátu]	[nwátu]
/óNsa/	[ṍsɐ]	[ṍsɐ]
/bóN/	[bṍ]	[bṍ]
/máoN/	[mẽũ̯]	[mẽũ̯]
/políR/	[políɾ]	[pulíɾ]
/onésto/	[onéstu]	[unéʃtu]
/vosé/	[vosé]	[vɔsé]

12.25 Comparação entre os alofones do fonema /o/ usados no português brasileiro e no europeu.

formante de cerca de 372 Hz e um segundo formante de cerca de 800 Hz, dependendo do falante. O sonograma da Fig. 12.28 mostra esses formantes.

A percepção auditiva do som [o] por parte do receptor, depende da identificação da vogal pela energia acústica das frequências dos formantes produzidos pelo emissor. O sonograma da Fig. 12.28 representa esses formantes.

A fonética dos alofones [u], [w], [u̯] e [õ]

O som [u] já foi apresentado como alofone do fonema /u/. Os sons [w] e [u̯] são alofones combinatórios só empregados na formação de ditongos e tritongos, que serão examinados articulatória, acústica e auditivamente no Capítulo 14. O som [õ] é o alofone oronasal, que será examinado fonológica, articulatória, acústica e auditivamente no Capítulo 15.

Variação dialetal

No Brasil, ouve-se na fala de algumas pessoas ou de algumas regiões o alçamento da vogal /o/ em [u] em posição pretônica ou em posição postônica não final.

Capítulo 12

Alguns exemplos em posição pretônica são /koʎér/ [kuʎér], /sofría/ [sufríɐ], /boláʃa/ [buláʃɐ], /gazolína/ [gazulínɐ]. Exemplos em posição postônica não final incluem /abóbora/ [abóburɐ], /fósforo/ [fósfuru], /búsola/ [búsulɐ]. Às vezes o alçamento resulta em ditongo como em /boáte/ [bwátʃi]. O fenômeno é bem difundido com algumas palavras, como as aqui citadas, mas estende-se a mais palavras entre as camadas sociais baixas. A recomendação é seguir a regra normativa, sem alçamento da vogal pretônica nem postônica.

Na região do nordeste do Brasil é muito comum que haja abaixamento vocálico do fonema /o/ em [ɔ] em posição pretônica. Exemplos incluem /fortaléza/ [fɔrtalézɐ], /posibilidáde/ [pɔsibilidádi]. Outra vez a recomendação é seguir a regra normativa, neste caso sem abaixamento da vogal pretônica.

Dicas pedagógicas

É importante reconhecer que o som [o] não é um som que ocorre na maioria dos dialetos do inglês. Vários didáticos e manuais de pronúncia erroneamente indicam uma correlação entre o som [o] do português e o som vocálico de {cove} [oʊ] ou a primeira vogal de {rover} [oʊ].

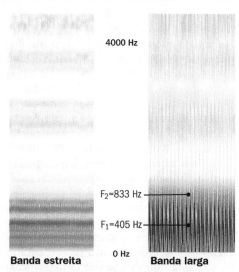

12.28 Espectrograma de banda estreita e de banda larga para o som [o].

A Fig. 12.29 contém um gráfico que localiza as vogais [e ɛ a ɔ o] do português e as vogais [ɑ ə] do inglês como também o ponto de partida do ditongo [oʊ] do inglês segundo seus formantes. O gráfico indica claramente que a vogal [o] do português é produzida muito perto do ponto de partida do ditongo [oʊ] do inglês. O aluno precisa produzir a vogal [o] sem a ditongação do inglês. O aluno também precisa evitar o alongamento da vogal [o], tendência essa

12.26 A posição dos órgãos articulatórios do som [o]: perfil, vista frontal e traço articulatório.

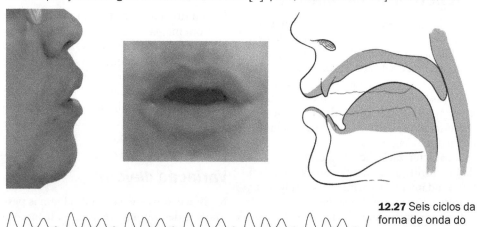

12.27 Seis ciclos da forma de onda do som [o].

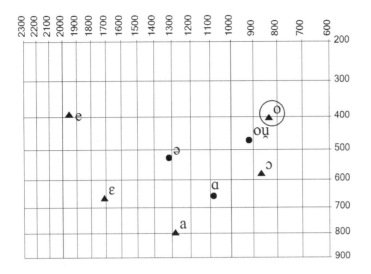

12.29 A posição das vogais [e ɛ a ɔ o] do português (indicadas por um triângulo) e as vogais [ɑ ə] do inglês como também o ponto de partida do ditongo [oʊ̯] do inglês (indicados por uma bolinha), segundo seus formantes. A vogal em foco [o] do português está circulada.

que vem do inglês na pronúncia da vogal "longa".

As interferências do inglês na pronúncia do português na produção fonética dos alunos anglofalantes têm relação tanto com o timbre quanto com a duração. A Tab. 12.29 é útil na visualização das possíveis interferências de timbre das vogais inglesas. As quatro vogais inglesas com timbres mais próximos à vogal portuguesa [o] são [oʊ̯ ɑ ə ɔ]. Essas vogais interferem na aquisição de uma boa pronúncia da vogal [o] como se vê na Tab. 12.30.

Conselhos práticos

O anglofalante que queira adquirir uma boa pronúncia da vogal /o/ do português deve:

- produzir a vogal [o] do português em posição tônica com um timbre mais próximo ao do começo da vogal [oʊ̯] do ditongo inglês, mas sem ditongação;
- nunca produzir as vogais [oʊ̯ ɑ uʊ̯] do inglês em posição tônica;
- no Brasil, produzir a vogal [o] em posição átona não final e a vogal [u] em posição átona final;
- em Portugal, produzir a vogal [u] em posição átona (lembrando que pode haver também [o ɔ] em alguns casos);
- no Brasil, nunca produzir a vogal [ə] do inglês em posição átona;
- produzir a vogal nasalizada [õ] diante do arquifonema /N/ sem ditongação.

12.30 As quatro vogais inglesas com timbres mais próximos à vogal portuguesa [o] são [oʊ̯ ɑ ə ɔ]. Essas vogais interferem na aquisição de uma boa pronúncia da vogal [o] em português.

Som inglês	Palavra inglesa	Palavra portuguesa	Interferência inglesa
[oʊ̯]	no [nóʊ̯]	avô [avó]	*[əvóʊ̯]
[ɑ]	opportunity [apʰɹ̩'tʰuʊ̯nəɾi]	oportunidade [opoɾtunidádʒi]	*[ɑpoɾtunidádʒi]
[ə]	complete [kʰəm'pl̥iiț]	completo [kõᵐpléto]	*[kʰəmpléto]
[ɔ]	pour [pɔ́ɹ]	pôr [pór]	*[pɔ́ɾ]

O fonema /ɛ/

O fonema /ɛ/ tem o mesmo ponto de articulação das vogais /i/ e /e/, sendo os três fonemas vogais anteriores. Tem o mesmo modo de articulação da vogal /ɔ/, sendo as duas vogais meio-abertas.

O fonema /ɛ/ opõe-se aos demais fonemas vocálicos /i e a ɔ o u/ como se exemplifica com as séries [pé pé pá pí] e [né na nɔ́ nó nú]. O fonema /ɛ/ é o décimo nono fonema mais frequente do português com uma porcentagem de frequência de 1,2% do total dos fonemas. Vê-se, portanto, que esse fonema é muito menos frequente que as vogais /i e a o u/. Isso ocorre porque as vogais /ɛ ɔ/ só ocorrem sistematicamente em posição tônica.

Existem alternâncias morfológicas entre os fonemas /e/ e /ɛ/. Essas alternâncias serão discutidas em detalhes no Capítulo 13.

O grafema principal do fonema /ɛ/ é {e}, mas esse grafema também pode representar o fonema /e/. Esse problema será discutido no Capítulo 13. Observa-se que, quando a letra {e} representa o fonema /ɛ/, o único sinal diacrítico que pode acompanhá-la é o acento agudo {é}. A letra {e} com acento agudo {é} representa exclusivamente o fonema /ɛ/.

Quanto à fonotática, o fonema /ɛ/ aparece sistematicamente como núcleo vocálico tônico. O fonema /ɛ/ pode ser tônico em posição inicial, medial e final de palavra: {étnico} /étniko/, {eterno} /etéRno/, {pontapé} /poNtapé/. A possibilidade de o fonema /ɛ/ ou do alofone [ɛ] aparecerem em posição átona foi discutida no Capítulo 11 e na seção de variação dialetal do fonema /e/.

A distribuição do fonema /ɛ/ no Brasil

O fonema /ɛ/ tem uma regra de distribuição única. A seguinte regra já foi apresentada no Capítulo 9:

$$/ɛ/ \longrightarrow [ɛ]$$

Por ter distribuição única, o fonema /ɛ/ realiza-se sempre mediante o alofone anterior meio-aberto [ɛ] como se vê nas palavras {bebe} [bɛ́bi] e {chalé} [ʃalɛ́]. Como o fonema /ɛ/ é sempre tônico, nunca sofre ensurdecimento.[51]

A distribuição do fonema /ɛ/ em Portugal

Em Portugal, há um pequeno ajuste na distribuição do fonema /ɛ/, que a transforma em distribuição complementar.

$$/ɛ/ \longrightarrow [ɐ] \ / \ \_\_l+*$$
$$[ɛ] \ / \ n.o.l.$$

*em formas plurais

O som [ɐ] aparece em Portugal como alofone do fonema /ɛ/ na forma plural de palavras terminadas em /l/. O símbolo "+" indica o limite de morfemas para o acréscimo do morfema plural. Assim a palavra {papel} [pɐpɛ́ɫ] pluraliza-se como {papéis} [pɐpɛ́iʃ]. Na norma culta de São Paulo a forma plural é [papɛ́is].[52]

Nas outras posições, o fonema /ɛ/ sempre se realiza mediante o seu alofone principal [ɛ].

Comparação entre os alofones do fonema /ɛ/ no Brasil e em Portugal

A Tab. 12.31 compara os alofones do fonema /ɛ/ usados no português brasileiro e no europeu.[53]

A fonética do alofone [ɛ]

O [ɛ] é o principal alofone do fonema /ɛ/. A descrição articulatória do alofone [ɛ] é igual à definição do fonema: quanto ao modo de articulação, é uma vogal meio-aberta e quanto ao ponto de articulação é anterior. Por não ser vogal posterior, a vogal [ɛ] é não arredondada. Pode-se ver claramente o posicionamento dos lábios e da língua na Fig. 12.32.

Apesar de o inglês também ter o som [ɛ] e apesar de empregar-se o mesmo símbolo fonético para os dois idiomas, o som que

Palavra	Brasil	Portugal
/papél+es/	[papéɪs]	[pɐpéɪʃ]
/bébe/	[bébi]	[bébɨ]

12.31 Comparação entre os alofones do fonema /ɛ/ usados no português brasileiro e no europeu.

esse símbolo [ɛ] representa é diferente foneticamente nos dois idiomas. Essa diferença é consequência do princípio de separação perceptiva suficiente. O som do [ɛ] em português é mais aberto que o som do [ɛ] em inglês, como se observa na Fig. 12.33. Isso deve-se ao fato de que basicamente o mesmo espaço vocálico distribui-se entre três vogais em inglês [eɪ ɛ æ] {bait, bet, bat} e entre duas vogais em português [e ɛ] {pê pé}. Uma consequência disso é a grande dificuldade que o lusofalante tem em diferenciar o [ɛ] {bet} do [æ] {bat} do inglês tanto na percepção quanto na produção, devido ao [ɛ] do português estar tão próximo ao [æ] do inglês.

A caracterização **acústica** do som [ɛ] é a de uma onda sonora harmônica com um tom fundamental e harmônicos. Vê-se sua forma de onda representada na Fig. 12.34.

Os harmônicos que fazem parte da onda composta dão ao som [ɛ] seu timbre característico. O timbre consiste em um primeiro formante de aproximadamente 548 Hz e um

12.32 A posição dos órgãos articulatórios para o som [ɛ]: perfil, vista frontal e traço articulatório.

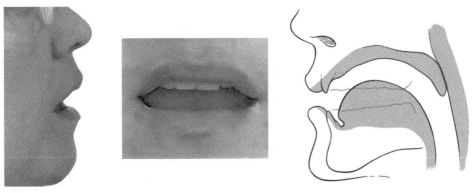

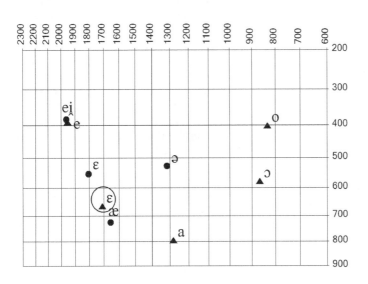

12.33 A posição das vogais [e ɛ a ɔ o] do português (indicadas por um triângulo) e das vogais [æ ɛ ə] do inglês como também o ponto de partida do ditongo [eɪ] do inglês (indicados por uma bolinha), segundo seus formantes. A vogal em foco [ɛ] do português está circulada.

12.34 Seis ciclos da forma de onda do som [ɛ].

segundo formante de aproximadamente 1601 Hz, dependendo do falante. O sonograma da Fig. 12.35 mostra esses formantes.

A percepção auditiva do som [ɛ] por parte do receptor, depende da identificação da vogal pela energia acústica das frequências dos formantes produzidos pelo emissor. O sonograma da Fig. 12.35 mostra esses mesmos formantes.

A fonética do alofone [ɐ]

O som [ɐ] já foi apresentado como alofone do fonema /e/.

Dicas pedagógicas

É importante reconhecer que o som [ɛ] do português é mais aberto e, portanto, diferente do som [ɛ] do inglês. A Fig. 12.33 mostra essa diferença. O aluno deve praticar a imitação desse som [ɛ] mais aberto, quase beirando no som [æ] do inglês. Isso é comprovado pelo fato dos lusofalantes costumarem ter dificuldade em perceber e produzir a distinção em inglês entre {bet} e {bat}.

Outro fator problemático na pronúncia do som [ɛ] do português é que fonotaticamente esse pode ser o último som de uma sílaba ou de uma palavra, o que é impossível em inglês. O português tem palavras como {revés} [hevés] e {boné} [boné]; o inglês tem a palavra {mess} mas a palavra *[mé] é fonotaticamente impossível. O fato de tais palavras serem impossíveis em inglês dificulta a pronúncia desse tipo de palavra em português para os anglofalantes.

Um dos principais problemas para o anglofalante que aprende português é saber diferenciar entre os fonemas /e/ e /ɛ/. Há duas dicas importantes: 1) o fonema /ɛ/ só ocorre sistematicamente em posição tônica e 2) o grafema {é} sempre representa o fonema /ɛ/. Fora isso, o aluno simplesmente tem que aprender qual é a vogal — nesse caso se é /e/ ou /ɛ/ — da mesma maneira que quem aprende o inglês precisa aprender que a palavra para *isca* é [béɪt] com a vogal [eɪ] e que a palavra para *apostar* é [bɛ́t] com a vogal [ɛ]. O aluno pode aprender qual é a vogal ou por imitação de um modelo fiável ou por consulta a um bom dicionário que indique a pronúncia. O Capítulo 13 contém mais informações sobre as vogais médias.

As interferências do inglês na pronúncia do português na produção fonética dos alunos anglofalantes têm relação tanto com o timbre quanto com a duração. A Fig. 12.33 ajuda a visualizar as possíveis interferências de timbre das vogais inglesas. Quanto à diferença de duração, é importante lembrar que a duração da vogal [eɪ] do inglês {bait} é longa e a duração da vogal [ɛ] do inglês {bet} é curta. Porém, as vogais [é ɛ́] do português devem ter a mesma duração, mais ou menos equivalente à de uma vogal curta do inglês.

As duas vogais inglesas com timbres próximos à vogal portuguesa [ɛ] são [eɪ ɪ]. Essas vogais podem interferir na aquisição de uma boa pronúncia da vogal [ɛ] como se pode ver na Tab. 12.36.

12.35 Espectrograma de banda estreita e de banda larga do som [ɛ].

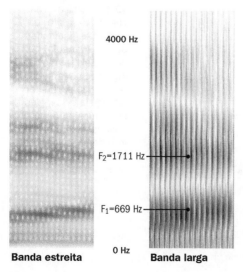

Banda estreita   Banda larga

Os fonemas vocálicos

Som inglês	Palavra inglesa	Palavra portuguesa	Interferência inglesa
[eɪ̯]	say [séɪ̯]	fé [fɛ́]	*[fɛ́ɪ̯]
[iɪ̯]	complete [kʰəmˈpl̥iɪ̯t̚]	completo [koᵐplétu]	*[kəᵐplɪ́ɪ̯toʊ̯]

12.36 As duas vogais inglesas com timbres próximos à vogal portuguesa [ɛ] são [eɪ̯ iɪ̯]. Essas vogais podem interferir na aquisição de uma boa pronúncia da vogal [ɛ] em português.

Conselhos práticos

O anglofalante que queira adquirir uma boa pronúncia da vogal /ɛ/ do português deve:

- produzir a vogal [ɛ] do português em posição tônica com um timbre mais aberto que a vogal [ɛ] do inglês;
- nunca produzir as vogais [eɪ̯ iɪ̯] do inglês;
- em Portugal produzir a vogal [ɐ] nas formas plurais de substantivos terminados em /ɛl/;
- lembrar que a vogal [ɛ] não se nasaliza.

O fonema /ɔ/

O fonema /ɔ/ tem o mesmo ponto de articulação que as vogais /u/ e /o/, sendo os três fonemas vogais posteriores. Tem o mesmo modo de articulação que a vogal /ɛ/, sendo as duas vogais meio-abertas.

O fonema /ɔ/ opõe-se aos demais fonemas vocálicos /i e ɛ a o u/ como exemplificam as séries [pó pá pé pé pí] e [nó na nó nú]. O fonema /ɔ/ é o vigésimo quarto fonema mais frequente do português com uma porcentagem de frequência de 0,8% do total dos fonemas. Isso quer dizer que é menos frequente que todas as demais vogais /i e ɛ a o u/. As vogais /ɛ ɔ/ são as menos frequentes devido aos fonemas só ocorrerem sistematicamente em posição tônica.

Existem alternâncias morfológicas entre os fonemas /o/ e /ɔ/. Essas alternâncias serão discutidas em detalhes no Capítulo 13.

O principal grafema do fonema /ɔ/ é {o}, mas esse grafema também pode representar o fonema /o/. Esse problema será discutido no Capítulo 13. Observa-se que quando a letra {o} representa o fonema /ɔ/, o único sinal diacrítico que pode acompanhá-lo é o acento agudo {ó}. A letra {o} com acento agudo {ó} representa exclusivamente o fonema /ɔ/.

Quanto à fonotática, o fonema /ɔ/ aparece sistematicamente como núcleo vocálico tônico. O fonema /ɔ/ pode ser tônico em posição inicial, medial e final de palavra: {ótimo} /ɔ́tʃimu/, {codorna} /kodɔ́Rna/, {abricó} /abrikɔ́/. A possibilidade de o fonema /ɔ/ ou o alofone [ɔ] aparecerem em posição átona já foi discutida no Capítulo 11 e na seção de variação dialetal do fonema /o/ deste capítulo.

A distribuição do fonema /ɔ/ no Brasil

O fonema /ɔ/ tem uma regra de distribuição única. A seguinte regra já foi apresentada no Capítulo 9:

$$/ɔ/ \longrightarrow [ɔ]$$

Por ter distribuição única, o fonema /ɔ/ realiza-se sempre mediante o alofone posterior meio-aberto [ɔ] como se vê nas palavras {cola} [kɔ́lɐ] e {avó} [avɔ́]. Como o fonema /ɔ/ é sempre tônico, nunca sofre ensurdecimento.[54] ◀

A distribuição do fonema /ɔ/ em Portugal

Em Portugal, o fonema /ɔ/ também tem uma regra de distribuição única. A seguinte regra já foi apresentada no Capítulo 9:

$$/ɔ/ \longrightarrow [ɔ]$$

Como no Brasil, o fonema /ɔ/ sempre realiza-se com o alofone [ɔ].

Comparação entre os alofones do fonema /ɔ/ no Brasil e em Portugal

A Tab. 12.37 compara os alofones do fonema /ɔ/ usados no português brasileiro e no europeu.[55] ◀₹

A fonética do alofone [ɔ]

O [ɔ] é o único alofone do fonema /ɔ/. A descrição articulatória do alofone [ɔ] é igual à definição do fonema: quanto ao modo de articulação, é uma vogal meio-aberta e quanto ao ponto de articulação é posterior. Por ser posterior, a vogal [ɔ] é arredondada. Pode-se ver claramente o posicionamento dos lábios e da língua na Fig. 12.38.

Apesar de o inglês também ter o som [ɔ], a pronúncia correta desse som em português é muito problemática tanto por motivos fonológicos como por motivos fonéticos.

Em alguns dialetos do inglês, existe uma oposição fonológica entre os fonemas /ɑ/ e /ɔ/, exemplificada pelo par mínimo {cot} [kʰɑt̚] e {caught} [kʰɔt̚]. Para os falantes desses dialetos, a percepção do fonema /ɔ/ deveria ser mais fácil, mas nem sempre é. Para os falantes do inglês que não diferenciam esses dois fonemas, o som [ɔ] ainda existe, mas só ocorre diante do som inglês /ɹ/, como nas palavras {four} [fɔɹ] ou {core} [kʰɔɹ]. Como o /ɔ/ do português nunca aparece nesse contorno fonológico, a habilidade do anglofalante de produzir o som nesse contexto não se transfere para ajudá-lo em português.[56] ◀₹

Além disso, o som [ɔ] também é diferente foneticamente nos dois idiomas, outra vez como consequência do princípio de separação perceptiva suficiente. A diferença é que o som [ɔ] em português é mais aberto

e posterior que o som [ɔ] em inglês, fato que se pode observar na Fig. 12.39. Isso deve-se ao fato de que três vogais inglesas [oʊ ɔ ɑ] {boat, caught, cot} e duas vogais portuguesas [o ɔ] {avô avó} distribuem-se pelo mesmo espaço vocálico. Outro fator é que, em português, normalmente há maior projeção dos lábios que em inglês.

A caracterização acústica do som [ɔ] é a de uma onda sonora harmônica, com um tom fundamental e harmônicos. A Fig. 12.40 representa sua forma de onda.

Os harmônicos que fazem parte da onda composta dão ao som [ɔ] seu timbre característico. Esse timbre consiste em um primeiro formante de cerca de 581 Hz e um segundo formante de cerca de 866 Hz, dependendo do falante. O sonograma da Fig. 12.41 mostra esses formantes.

A percepção auditiva do som [ɔ] por parte do receptor, depende da identificação da vogal pela energia acústica das frequências dos formantes produzidos pelo emissor. Esses mesmos formantes se acham representados no sonograma da Fig. 12.41.

Dicas pedagógicas

É importante reconhecer que o som [ɔ] do português é diferente do som [ɔ] do inglês, sendo aquele mais aberto e mais posterior. A Fig. 12.39 mostra essa diferença. O principal problema que o aluno enfrenta ao tentar pronunciar o [ɔ] bem aberto do português é sua proximidade do espaço vocálico do [ɑ] do inglês aliada ao fato de o [ɔ] do português ser arredondado e de o [ɑ] do inglês não ser. Por causa disso, o anglofalante com frequência substitui o [ɔ] pelo [ɑ], produzindo *[átʃimu] em vez de [ɔ́tʃimu] para {ótimo} e *[ɑbvioú] em vez de [ɔ́bvju] para {óbvio}.[57] ◀₹

Outro fator problemático na pronúncia do som [ɔ] do português é que fonotaticamente ele pode ser o último som de uma sílaba. Essa é uma posição impossível para o [ɔ] nos dialetos do inglês em que os fonemas /ɔ/ e /ɑ/ só se opõem diante de /r/. O português tem palavras como {paletó} [paletɔ́], {abricó} [abrikɔ́] e {avó} [avɔ́]; em alguns dialetos do inglês a palavra {law} termina em [ɔ] ([lɔ́]), mas na maioria dos dialetos termina em [ɑ] ([lɑ́]). O fato de o som [ɔ] não existir

Palavra	Brasil	Portugal
/abrikɔ́/	[abrikɔ́]	[ɐbrikɔ́]
/kɔ́la/	[kɔ́lɐ]	[kɔ́lɐ]

12.37 Comparação entre os alofones do fonema /ɔ/ usados no português brasileiro e no europeu.

Os fonemas vocálicos

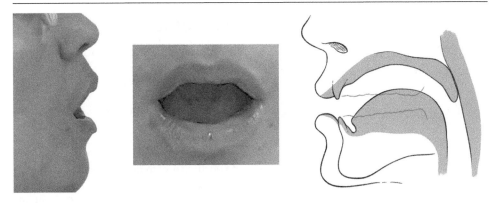

12.38 A posição dos órgãos articulatórios para o som [ɔ]: perfil, vista frontal e traço articulatório.

em posição final de palavra para muitos anglofalantes, dificulta a sua pronúncia nessa posição em português.[58] ◀̇

Um dos principais problemas para o anglofalante que aprende português é saber diferenciar os fonemas /o/ e /ɔ/. Há duas dicas importantes: 1) o fonema /ɔ/ só ocorre sistematicamente em posição tônica e 2) o grafema {ó} sempre representa o fonema /ɔ/. Fora isso, o aluno simplesmente tem que aprender qual é a vogal — nesse caso se é /o/ ou /ɔ/ — da mesma maneira que quem aprende o inglês precisa aprender que a palavra para uma *cama estreita e portátil feita de lona* é [kʰát̚] com a vogal [ɑ] e que a palavra para *capturado* é [kʰɔ́t̚] com a vogal [ɔ] em alguns dialetos. Um contraste em inglês em todos os dialetos é *longe* [fɑ́ɹ] e *quatro* [fɔ́ɹ]. O aluno pode aprender qual é a vogal por imitação de um modelo fiável ou por consulta a um bom dicionário que indique a pronúncia. O Capítulo 13 contém mais informações sobre as vogais médias.

As interferências do inglês na pronúncia do português por parte do aluno anglofalante têm relação tanto com o timbre quanto com a duração. A Fig. 12.39 ajuda a visualizar as possíveis interferências de timbre das vogais

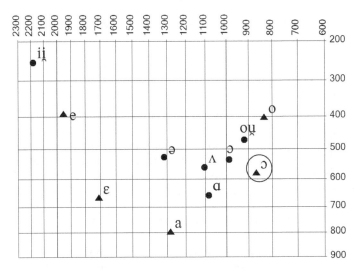

12.39 A posição das vogais [o ɔ a ɛ e] do português (indicadas por um triângulo) como também das vogais [ɑ ɔ ə ʌ] do inglês e do ponto de partida do ditongo [oʊ̯] do inglês (indicados por uma bolinha), segundo seus formantes. A vogal em foco [ɔ] do português está circulada.

12.40 Seis ciclos da forma de onda do som [ɔ].

Capítulo 12

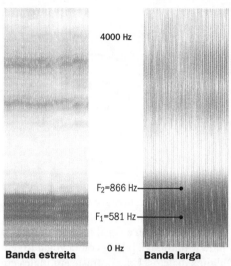

Banda estreita **Banda larga**

12.41 Espectrograma de banda estreita e de banda larga do som [ɔ].

inglesas. Quanto à diferença de duração, é importante lembrar que a vogal [oʊ̯] do inglês {boat} é longa e a vogal [ɔ] do inglês {cot} é curta. Já as vogais [ó ɔ́] do português devem ter a mesma duração, mais ou menos equivalente à de uma vogal curta do inglês.

As três vogais inglesas com timbres próximos à vogal portuguesa [ɔ] são [oʊ̯ ɑ ʌ]. Duas dessas vogais podem interferir na aquisição de uma boa pronúncia da vogal [ɔ] como se pode ver na Tab. 12.42.

Conselhos práticos

O anglofalante que queira adquirir uma boa pronúncia da vogal /ɔ/ do português deve:

- produzir a vogal [ɔ] do português em posição tônica com um timbre mais aberto que o da vogal [ɔ] do inglês;
- nunca produzir as vogais [oʊ̯ ɑ] do inglês;
- lembrar que a vogal [ɔ] não se nasaliza.

O fonema /a/

O fonema /a/ é único dentro do sistema vocálico do português por ser o único fonema vocálico central e também o único fonema aberto.

O fonema /a/ opõe-se aos demais fonemas vocálicos /i e ɛ ɔ o u/ como exemplificam as séries [pá pé pɛ́ pí] e [ná nɔ́ nó nú]. O fonema /a/ é o mais frequente do português com uma porcentagem de frequência de 14,2% do total dos fonemas. Há uma correspondência exata entre o grafema {a} e o fonema /a/. Observa-se que a letra {a} pode ser acompanhada de vários sinais diacríticos: {á â à ã}.

Quanto à fonotática, o fonema /a/ aparece sempre como núcleo vocálico. O fonema /a/ pode ser tônico em posição inicial, medial e final de palavra: /káNtaɾa/, /kaNtáɾa/, /kaNtaɾá/. Como se vê também nos exemplos anteriores, o fonema /a/ pode ser átono nessas mesmas posições.

A distribuição do fonema /a/ no Brasil

A regra de distribuição complementar do fonema /a/ para o Brasil, que já foi apresentada no Capítulo 9, é:

$$/a/ \longrightarrow [ɐ] / \_\_*\#$$
$$[ɐ̃] / \genfrac{}{}{0pt}{}{\_\_N(S)\$}{´\$C_{nasal}}$$
$$[a] / \text{n.o.l.}$$

*vogal átona em posição final de palavra

No Brasil, o fonema /a/ em posição átona final de palavra realiza-se mediante o alofone meio-aberto central [ɐ] como se vê nas palavras {mesa} [mézɐ] e {ouça} [óʊ̯sɐ]. Quando

12.42 As vogais do inglês que interferem na aquisição de uma boa pronúncia da vogal [ɔ].

Som inglês	Palavra inglesa	Palavra portuguesa	Interferência inglesa
[oʊ̯]	so [sóʊ̯]	só [sɔ́]	*[sóʊ̯]
[ɑ]	optimum [ápˈtʰəməm]	ótimo [ɔ́tʃimu]	*[átʃəmoʊ̯]

o fonema /a/ precede o arquifonema /N/ (seguido ou não do arquifonema /S/) diante de divisão silábica, a vogal sofre alçamento e nasalização realizando-se mediante o alofone [ẽ], seja tônica ou átona. As palavras {canta} [kẽⁿtɐ] e {cantar} [kẽⁿtáɾ] são exemplos disso. Quando o fonema /a/ ocorre em posição tônica final de sílaba seguido de uma consoante nasal em posição inicial da próxima sílaba, a vogal /a/ se alça e se nasaliza quando tônica mas não necessariamente quando átona. Assim a forma verbal {ama} vira [ẽmɐ] enquanto o infinitivo {amar} pode ser [amáɾ] ou [ẽmáɾ]. Nos outros lugares, ou seja, em posição tônica ou átona não final não seguida de consoante nasal, o som é o alofone central aberto [a]. Exemplos incluem {agora} [agɔ́ɾɐ], {ápice} [ápisi], {amará} [amaɾá] e olfato [oṵfátu].⁵⁹ ◀⁓

Há outras peculiaridades que precisam ser mencionadas. O primeiro é o caso dos artigos definidos {a as}. Apesar de a vogal ser átona e ocorrer em posição final de palavra, pronuncia-se sempre com a vogal aberta: [a as]. O mesmo acontece com as preposições {a} e {para}. Mesmo sendo palavras átonas, no Brasil pronunciam-se [a] e [paɾɐ].

Não mencionado na regra é o fenômeno de ensurdecimento já comentado na descrição do estado das cordas vocais na produção das vogais. O fonema /a/ só pode ensurdecer-se quando é átono. Esse ensurdecimento é optativo e costuma acontecer depois de consoante surda e seguida de pausa: {capa} [kápɐ̥] ou {faca} [fákɐ̥].⁶⁰ ◀⁓

A distribuição do fonema /a/ em Portugal

A regra de distribuição complementar do fonema /a/ para Portugal, já apresentada no Capítulo 9, é:

$$/a/ \rightarrow \begin{matrix} [ɐ] & / \underline{}^* \\ & \underline{}\$C_{nasal} \\ [ẽ] & / \underline{}N(S)\$ \\ [a] & / \text{n.o.l.} \end{matrix}$$

*vogal em posição átona (com exceções)

Em Portugal, o fonema /a/ tende a [ɐ] em toda posição átona, não só em posição átona final como é o caso no Brasil. Assim a palavra {aranha} vira [ɐɾéɲɐ] e a palavra {câmara} vira [kémɐɾɐ]. O fonema /a/ em posição final de sílaba, seja tônico ou átono, seguido de sílaba iniciada por consoante nasal, sofre alçamento, mas não sofre nasalização: {ama} vira [émɐ] e {amar} vira [ɐmáɾ]. O fonema /a/ ante o arquifonema /N/ (seguido ou não do arquifonema /S/) diante de divisão silábica, sofre alçamento e nasalização realizando-se mediante o alofone [ẽ], seja tônico ou átono. Nas outras posições, o som é o alofone central aberto [a].⁶¹ ◀⁓

Existem, porém, exceções em que a vogal /a/, mesmo sendo átona, não se reduz a [ɐ]. A explicação mais fácil para as exceções é às vezes fonológica e às vezes morfológica ou léxica.

A melhor explicação para os seguintes casos de manutenção do som [a] baseia-se em fatores fonológicos. O fonema /a/ em posição átona continua aberto diante de um /l/ ou /R/ em posição final de sílaba: {altar} [aɫtáɾ] e {dólar} [dólaɾ]. Também continua aberto diante do fonema /ɲ/: {banhar} [baɲáɾ] e {ganhar} [gaɲáɾ].⁶² ◀⁓

A melhor explicação para os seguintes casos de manutenção do som de [a] baseia-se em fatores morfológicos. O fonema /a/ em posição átona continua aberto diante de alguns sufixos como [-sẽṵ/-zẽṵ] e [-tóɾ/-túɾɐ]: {invasão} [ĩvazẽṵ] e {fator} [fatóɾ].⁶³ ◀⁓

A melhor explicação para os seguintes casos de manutenção do som [a] baseia-se na grafia dessas palavras, visto que teoricamente são muito problemáticos. A vogal [a] fica aberta mesmo quando átona diante de sequências consonantais como {gn} [magⁱnétiku], {x} [masimizáɾ/maksimizáɾ] e {bp} (*baptismo* — na ortografia antiga) [batíʒmu]. Essas exceções são lexicais e às vezes a antiga ortografia ajudava a identificar a pronúncia correta.⁶⁴ ◀⁓

Apesar dessas normas, existem anomalias em que a vogal átona pretônica resiste ao alçamento. Assim, frente à norma seguida pela palavra {cavalo} [kɐválu] existe a anomalia da palavra {caveira} [kavéjɾɐ]. Frente à norma seguida pela palavra {ação} [asẽṵ] existe a anomalia {votação} [votɐsẽṵ]. É quase como se houvesse dois fonemas /a/ e /ɐ/ em posição átona, ainda que não haja exemplos de pares mínimos, porque não existe uma regra para determinar qual se usa em cada caso. Em caso de dúvida, o aluno deve consultar um dicionário confiável de Portugal que contenha a transcrição fonética das palavras como o Dicionário Infopédia da Língua Portuguesa da Porto Editora.

Em Portugal, há um contexto que poderia servir de argumento a favor da considera-se a vogal /ɐ/ como fonema: a alternância entre as formas do presente e do pretérito perfeito das formas verbais em 1ª pessoa plural dos verbos da primeira conjugação: {falamos, *presente*} [fɐlémus] e {falámos, *pretérito*} [fɐlámus]. Essa distinção não existe no Brasil e algumas autoridades dizem que está desaparecendo em Portugal, motivos pelos quais, entre outros já citados, não se inclui o /ɐ/ no inventário dos fonemas do português.[65]

Ao contrário do que ocorre no português do Brasil, os artigos definidos {a as}, que são sempre átonos, sofrem alçamento. Assim pronunciam-se como [ɐ] e [ɐs]: {a cama} [ɐkémɐ] e {as camas} [ɐʃkémɐʃ]. O mesmo acontece com as preposições {a} e {para}, que resultam ser [ɐ] e [pɐrɐ].[66]

Comparação entre os alofones do fonema /a/ no Brasil e em Portugal

A Tab. 12.43 compara os alofones do fonema /a/ usados no português brasileiro e no europeu.[67]

A fonética do alofone [a]

O [a] é o principal alofone do fonema /a/ em posição tônica. A descrição articulatória do alofone [a] é igual à definição do fonema: quanto ao modo de articulação, é uma vogal aberta ou baixa e quanto ao ponto de articulação é central. Por não ser posterior, a vogal [a] é não arredondada. Pode-se ver claramente o posicionamento dos lábios e da língua na Fig. 12.44.

A caracterização acústica do som [a] é a de uma onda sonora harmônica, quer dizer, a onda tem um tom fundamental e

Palavra	Brasil	Portugal
/káɾo/	[káɾu]	[káɾu]
/méza/	[mézɐ]	[mézɐ]
/káNto/	[kẽⁿtu]	[kẽⁿtu]
/kaNtáR/	[kẽⁿtáɾ]	[kẽⁿtáɾ]
/káma/	[kémɐ]	[kémɐ]
/akamádo/	[akamádu]	[ɐkɐmádu]
/a káza/	[akázɐ]	[ɐkázɐ]

12.43 Comparação entre os alofones do fonema /a/ usados no português brasileiro e no europeu.

harmônicos. A Fig. 12.45 representa sua forma de onda.

Os harmônicos que fazem parte da onda composta dão ao som [a] seu timbre característico. O timbre consiste em um primeiro formante de cerca de 800 Hz e um segundo formante de cerca de 1283 Hz, dependendo do falante. O sonograma da Fig. 12.46 mostra esses formantes.

A percepção auditiva do som [a] por parte do receptor, depende da identificação da vogal pela energia acústica das frequências dos formantes produzidos pelo emissor. O sonograma da Fig. 12.46 representa esses mesmos formantes.

A fonética dos alofones [ɐ] e [ɐ̃]

O som [ɐ] já foi apresentado como alofone do fonema /e/. O som [ɐ̃] é o alofone oronasal, que será examinado fonológica, articulatória, acústica e auditivamente no Capítulo 15.

Dicas pedagógicas

É importante reconhecer que o som [a] não é um som que ocorre na maioria dos dialetos do inglês. Alguns livros didáticos e manuais de pronúncia erroneamente indicam uma correlação entre o som [a] do português e o som vocálico de {hot} [ɑ] ou

Os fonemas vocálicos

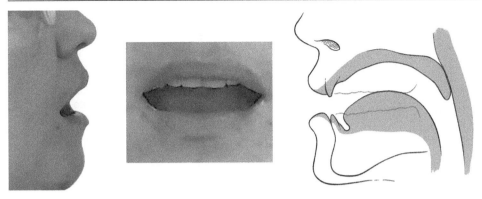

12.44 A posição dos órgãos articulatórios para o som [a]: perfil, vista frontal e traço articulatório.

12.45 Seis ciclos da forma de onda do som [a].

a primeira vogal de {father} [ɑ]. A Fig. 12.47 contém um gráfico que localiza as vogais [e ɛ a ɔ o] de português e as vogais [ɛ æ ɑ ə] de inglês como também o ponto de partida do ditongo [ai̯], segundo seus formantes. O gráfico indica claramente que a vogal [ɑ] do inglês é muito diferente da vogal [a] do português. De fato, o som [a] do português difere tanto da vogal [ɑ] do inglês como da vogal [æ] do inglês. O gráfico mostra que o som vocálico do inglês mais próximo ao

12.46 Espectrograma de banda estreita e de banda larga do som [a].

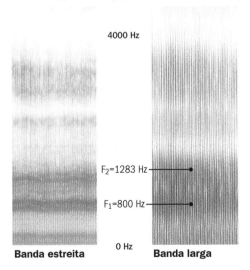

som vocálico [a] do português é a vogal que ocorre ao começo do ditongo [ai̯] como nas palavras inglesas {bite}, {right}, {height}, {sky}, {buy} ou {lie}.

As interferências do inglês na pronúncia do português, por parte do aluno anglofalante, têm relação tanto com o timbre como com a duração. A Fig. 12.47 é útil para visualizar as possíveis interferências de timbre das vogais inglesas. As três vogais inglesas com timbres mais próximos à vogal portuguesa [a] são [æ ɑ ə]. Também interfere a vogal inglesa [ei̯] pelo nome do grafema {a} [ei̯]. Essas vogais interferem na aquisição de uma boa pronúncia da vogal [a] como se pode ver na Tab. 12.48.

Na Tab. 12.48 observa-se também que há além de interferências de timbre, interferências de duração. Nos exemplos de {la} *[lá:] e {cama} *[ká:mə] se vê que o anglofalante transfere o alongamento sistemático de [á:] do inglês à produção do português.

É importante lembrar que em português o timbre da vogal muda segundo sua tonicidade. A mudança é um alçamento vocálico à vogal [ɐ]. Esse alçamento ocorre em posição átona final no Brasil, mas estende-se sistematicamente à posição átona geral em Portugal. O anglofalante deve reconhecer que a vogal alvo do português é [ɐ] e não a vogal *schwa* [ə] do inglês,

Capítulo 12

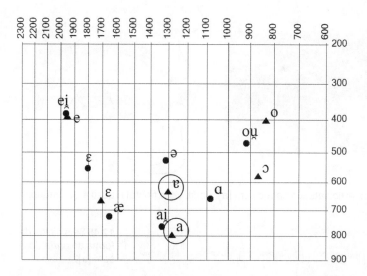

12.47 A posição das vogais [e ɛ a ɐ ɔ o] do português (indicadas por um triângulo) e as vogais [ɛ æ ə] do inglês, como também o ponto de partida dos ditongos [eɪ̯ aɪ̯ oʊ̯] do inglês (indicados por uma bolinha), segundo seus formantes. As vogais em foco [a ɐ] do português estão circuladas.

sendo a vogal [ɐ] do português uma vogal intermediária entre a vogal [a] do português e a vogal [ə] do inglês em termos de sua abertura.

A regra de distribuição do fonema /a/ do português inclui a nasalização em [ɐ̃] que será examinada no Capítulo 15. O anglofalante também deve estar atento aos lugares em que o fonema /a/ se representa mediante seu alofone ensurdecido [ɐ̥].

Conselhos práticos

O anglofalante que queira adquirir uma boa pronúncia da vogal /a/ do português deve:

- produzir a vogal [a] do português com um timbre mais próximo ao começo da vogal [aɪ̯] do ditongo inglês;
- nunca produzir as vogais [ɑ] [æ] nem [eɪ̯] do inglês;
- não alongar a produção da vogal [a] em sílabas tônicas;
- no Brasil, produzir [ɐ] em sílabas átonas finais;
- em Portugal, produzir [ɐ] em sílabas átonas.

Os alofones vocálicos oronasais e nasalizados

A nasalização vocálica é um assunto de alta importância na fonologia e fonética da língua portuguesa. Existe até uma grande polêmica quanto ao estado fonológico das vogais

12.48 As três vogais inglesas com timbres mais próximos à vogal portuguesa [a] são [æ ɑ ə]. Também interfere a letra inglesa {a} pelo nome de seu grafema [eɪ̯]. Essas vogais interferem na aquisição de uma boa pronúncia da vogal portuguesa [a].

Som inglês	Palavra inglesa	Palavra portuguesa	Interferência inglesa
[ɑ]	law [lɑː]	chá [ʃá]	*[ʃɑː]
[ə]	analysis [ənǽləsɪs]	análise [análizi]	*[ənálizi]
[æ]	castle [kʰǽsɫ]	castelo [kastélu]	*[kǽstélu]
[eɪ̯]	atypical [eɪ̯típəkəɫ]	atípico [atʃípiku]	*[eɪ̯tʃípiku]

oronasais e nasalizadas em português: se são fonemas ou alofones. A discussão desse assunto fica para o Capítulo 15. Por enquanto esses sons têm sido tratados como alofones de seus respectivos fonemas orais. Segue a regra geral da nasalização vocálica apresentada no Capítulo 11 para as vogais oronasais:

$$V \rightarrow \tilde{V} \; / \; \_\_ \; N\$$$

O Capítulo 15 também incluirá uma apresentação dos detalhes articulatórios, acústicos e auditivos das vogais oronasais e nasalizadas, junto com dicas pedagógicas e conselhos práticos para o aluno de português.

Os alofones vocálicos ensurdecidos

Articulatoriamente, os alofones vocálicos ensurdecidos resultam de uma assimilação de uma ou duas consoantes surdas. Esse ensurdecimento ocorre em várias situações. A aplicação da regra não é obrigatória, mas é muito comum. A regra dada no Capítulo 11 foi:

$$V \rightarrow \underset{\circ}{V} \; \Big/ \begin{array}{l} C_{surda}(L^1) \_\_ (S)/ \\ C_{surda} \_\_ C_{surda} \end{array}$$

$$\emptyset \rightarrow [\underset{\circ}{i} \; \underset{\circ}{i}]^2 / C_{surda} \_\_ C$$

[1] consoante líquida que também se ensurdece
[2] vogal epentética

O ensurdecimento vocálico ocorre como resultado de uma coarticulação perseveratória em que a surdez de uma consoante surda persevera durante a articulação da vogal átona seguinte em posição final de grupo fônico. Nesse contexto, ocorrem as vogais [i̥ e̥ u̥]: {sete} [sétʃi̥], {gata} [gátɐ̥], {cinco} [sĩŋku̥]. O ensurdecimento pode-se estender a uma consoante líquida e pode acontecer até com a presença de um /S/ subsequente: {quatro} [kwátɾu̥] e {amplas} [ẽᵐpl̥ɐ̥s].[68] 🔊

O ensurdecimento também pode ocorrer com vogais átonas entre duas consoantes surdas em posição interior de palavra como já apresentado no Capítulo 11: {apitar} [api̥táɾ] ou {capuchinho} [kapuʃĩɲu]. Isso acontece até com mais frequência quando se trata de uma vogal epentética como na palavra {apto} [ápi̥tu] ou [ápi̥tu]. No caso das vogais epentéticas, o fenômeno acontece mesmo que a segunda vogal seja sonora como na palavra {étnico} [étʃi̥niku] ou [étʃi̥niku].[69] 🔊

Acusticamente, as formas de onda das vogais ensurdecidas são de ondas inarmônicas, sem nenhum ciclo que se repita. Por outro lado, a amplitude ou volume é muito menor que a das ondas sonoras. Esses fatos são claramente visíveis nas formas de onda de [a] e [ḁ] da Fig. 12.49.

Como se vê na Fig. 12.50, que compara os sonogramas das vogais sonoras e surdas, as amplitudes das sonoras são muito mais altas como indica a negrura de seus formantes. As vogais surdas, que não têm formantes devido à falta de um tom fundamental, não obstante apresentam zonas de energia acústica nas mesmas zonas onde se esperariam os formantes das vogais orais. Isso deve-se a que

12.49 Comparação da forma de onda da vogal sonora [a] e a vogal surda [ḁ].

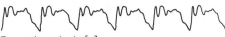
Forma de onda de [a]

Forma de onda de [ḁ]

12.50 Comparação do sonograma das vogais sonoras [i e a o u] (depois da consoante [s]) com o das vogais surdas [i̥ e̥ ɐ̥ o̥ u̥].

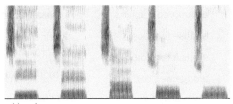
Vogais sonoras

Vogais surdas

a conformação bucal deixa passar a energia acústica correspondente a essas frequências.

Auditivamente, a vogal sussurrada é muito débil, quase imperceptível ao ouvido do anglofalante. Porém, para o lusofalante, a vogal sussurrada é perceptível sim, porque entra em função seu conhecimento das regras fonotáticas.

Resumo

Já que quase a metade dos sons produzidos na cadeia fônica são vogais (na amostra perfazem 47,9% dos sons), é muito importante acertar bem a sua pronúncia para aproximar-se a um sotaque verdadeiramente nativo. Quando não se consegue obter uma pronúncia nativa pela imitação, é bom entender que a causa de um "sotaque estrangeiro" é quase sempre a interferência da fonética e fonologia do idioma materno do aluno. Os erros de pronúncia por parte do estudante anglofalante que aprende português resultam da transferência negativa do sistema fonológico dos hábitos fonéticos do inglês.

Este capítulo examinou cada um dos sete fonemas vocálicos tanto do ponto de vista fonológico quanto do ponto de vista fonético. Examinou-os tanto no português brasileiro quanto no português europeu. Fonologicamente, para cada fonema, examinaram-se suas oposições, a distribuição de seus alofones e suas propriedades fonotáticas. Foneticamente, para cada alofone, examinaram-se suas características articulatórias, acústicas e auditivas. Também incluíram-se dicas pedagógicas e conselhos práticos para superar os problemas da transferência negativa do inglês. A Tab. 12.51 resume os diagramas articulatórios dos alofones vocálicos do português.

Embora seja preciso estudar os detalhes de cada fonema vocálico, mesmo assim há algumas dicas pedagógicas globais para o anglofalante. Com respeito às vogais tônicas do português, o aluno deve:

- produzir as vogais [i e o u] e evitar a ditongação e o alongamento que resulta na produção dos ditongos [ii̯ ei̯ ou̯ uu̯] e o tritongo [juu̯] para os fonemas /i e o u/;
- produzir as vogais [i a u] e evitar a pronúncia das vogais curtas inglesas [ɪ æ ʊ];
- produzir a vogal [ɛ] do português mais aberta que a vogal [ɛ] do inglês;
- produzir a vogal [a] de português e não a vogal [ɑ] de inglês;
- aprender se as vogais médias tônicas são meio-fechadas [e o] ou meio-abertas [ɛ ɔ].

As principais dicas pedagógicas para o anglofalante com respeito às vogais átonas do português são:

Conceitos e termos

alçamento vocálico	nasalização	vogal central
análise fonética	princípio do som mais próximo	vogal curta
análise fonológica		vogal ensurdecida
alongamento	redução vocálica	vogal epentética
centralização	schwa	vogal longa
distribuição	sotaque	vogal nasalizada
ditongação	tonicidade	
ensurdecimento	transferência negativa	vogal oral
interferência	variação dialetal	vogal oronasal
manutenção	vogal átona	vogal tônica

Os fonemas vocálicos

	Anterior	Central	Posterior
Fechada	[i]	[ɨ]	[u]
Meio-fechada	[e]		[o]
Meio-aberta	[ɛ]	[ɐ]	[ɔ]
Aberta		[a]	

12.51 Diagramas articulatórios das vogais do português.

- lembrar que, no Brasil, o sistema vocálico átono não final reduz-se a cinco vogais [i e a o u] e que, em posição átona final, reduz-se a três [i ɐ u];
- lembrar que, em Portugal, o sistema vocálico átono não final reduz-se a quatro vogais [i ɨ ɐ u] e que, em posição átona final, reduz-se a três [ɨ ɐ u] com muitas exceções.

Agora que os fonemas vocálicos nucleares já foram examinados, o Capítulo 13 tratará dos problemas com as vogais médias do português.

Perguntas de revisão

1. Comprove a oposição entre os sete fonemas vocálicos do português.

2. Compare a distribuição de alofones dos sete fonemas vocálicos do português.

3. Comente as características fonotáticas dos sete fonemas vocálicos do português.

4. Explique como a interferência negativa e o princípio do som mais próximo afetam a pronúncia de um segundo idioma. Dê exemplos.

5. Qual é a regra de distribuição complementar para o fonema /i/? Dê exemplos. Quais são as diferenças entre o Brasil e Portugal?

6. Quais são os conselhos práticos para a produção dos alofones do fonema /i/?

7. Qual é a regra de distribuição complementar para o fonema /u/? Dê exemplos. Quais são as diferenças entre o Brasil e Portugal?

8. Quais são os conselhos práticos para a produção dos alofones do fonema /u/?

9. Qual é a regra de distribuição complementar para o fonema /e/? Dê exemplos. Quais são as diferenças entre o Brasil e Portugal?

10. Quais são os conselhos práticos para a produção dos alofones do fonema /e/?

11. Qual é a regra de distribuição complementar para o fonema /o/? Dê exemplos. Quais são as diferenças entre o Brasil e Portugal?

12. Quais são os conselhos práticos para a produção dos alofones do fonema /o/?

13. Qual é a regra de distribuição complementar para o fonema /ɛ/? Dê exemplos. Quais são as diferenças entre o Brasil e Portugal?

14. Quais são os conselhos práticos para a produção do alofone do fonema /ɛ/?

15. Qual é a regra de distribuição complementar para o fonema /ɔ/? Dê exemplos. Quais são as diferenças entre o Brasil e Portugal?

16. Quais são os conselhos práticos para a produção do alofone do fonema /ɔ/?

17. Qual é a regra de distribuição complementar para o fonema /a/? Dê exemplos. Quais são as diferenças entre o Brasil e Portugal?

18. Quais são os conselhos práticos para a produção dos alofones do fonema /a/?

19. O que o anglofalante precisa fazer para pronunciar bem as vogais tônicas do português?

20. O que o anglofalante precisa fazer para pronunciar bem as vogais átonas do português?

Exercícios de pronúncia

Seguem abaixo listas de palavras com cada fonema vocálico do português. O *eResource* contém dois modelos de pronúncia para cada lista — um com a norma vocálica do Brasil e um com a norma vocálica de Portugal. Cada lista contará com a transcrição fonética e uma gravação para essas duas modalidades. O aluno deve escolher e imitar a norma que preferir.

A vogal /i/[70]

Pronuncie as seguintes palavras aplicando a regra de distribuição do fonema /i/ da norma culta que preferir. Cuidado para não pronunciar as vogais [i̯ ɪ] do inglês.

ajeito	digo	ir
animar	exigente	irritar
ânsia	facilitar	líquido
aprendizado	ficção	mínimo
bisturi	fila	missa
bói	filho	pico
cíclico	hesitar	pintura
cigano	importante	pistola
diferente	impossível	quilo
difícil	interessante	ridículo

Os fonemas vocálicos

signo	típico	vinho
sincero	vaidade	visitar
ti	vi	vive

A vogal /u/[71] EX

Pronuncie as seguintes palavras aplicando a regra de distribuição do fonema /u/ da norma culta que preferir. Cuidado para não pronunciar as vogais [uʷ juʷ ʊ] do inglês.

aguda	duro	pudim
ajuda	dúvida	puro
algum	espetáculo	quanto
aluno	fuga	qualidade
ambulância	fumo	ridículo
ângulo	furor	seguro
atributo	fuzil	sublime
burócrata	futebol	superior
burro	futuro	supor
buzina	grupo	tabu
corpulento	julho	tu
coruja	lucrar	tubo
cultivo	lúgubre	uniforme
curandeiro	luxo	universidade
curiosidade	mudo	uso
duplicar	musa	útil
duração	musgo	uva
durante	nuvem	vou

A vogal /e/[72] EX

Pronuncie as seguintes palavras aplicando a regra de distribuição do fonema /e/ da norma culta que preferir. Cuidado para não pronunciar as vogais [iʲ eʲ ɛ] do inglês.

acento	desenho	lê
alteza	eliminar	lento
amêndoa	em	me
aquele	emocional	mente
base	ênfase	mesa
bebê	entregar	meses
beijo	enxaqueca	metrô
cantarei	erguer	nobreza
ceia	exato	número
classe	extra	pecar
comer	fale	pelo
dê	falei	pesado
decano	fase	pescar
dedo	fazem	peso
defesa	fecho	pêssego
delgado	felpa	presente
dentro	fez	proteger

que	seja	vem
queima	ser	veneno
revelar	sexta	venta
sabe	tê	veremos
sê	telha	vive
seca	temem	viveram
sede	tende	você
sei	vê	

A vogal /o/[73] EX

Pronuncie as seguintes palavras aplicando a regra de distribuição do fonema /o/ da norma culta que preferir. Cuidado para não pronunciar as vogais [oʷ ʊ ɔ ɑ] do inglês.

abotoar	homem	operar
como	monte	opor
completo	novembro	orar
comunista	objeto	orégano
cor	obrigar	ortodoxo
com	obsoleto	otimizar
dois	ocasional	outubro
espanhol	ocupar	peso
faço	ofender	pouco
fogão	oferecer	psicologia
fonologia	olho	tocante
fonte	onde	todo
gol	ônibus	tomaram
gota	ontem	vamos

A vogal /ɛ/[74] EX

Pronuncie as seguintes palavras aplicando a regra de distribuição do fonema /ɛ/ da norma culta que preferir. Cuidado para não pronunciar a vogal [eʲ] do inglês nem a vogal [e] do português.

acéquia	flecha	metro
acesso	gesto	moeda
besta	greve	neto
berinjela	guerra	novela
café	hipoteca	papéis
castelo	hotéis	pé
década	incrível	prego
decibéis	inquérito	pressa
deserto	inseto	projeto
eco	jacaré	ré
entrega	janela	regra
espaguete	lebre	resto
ferro	leste	sequela
festa	maré	série

A vogal /ɔ/⁷⁵ EX

Pronuncie as seguintes palavras aplicando a regra de distribuição do fonema /ɔ/ da norma culta que preferir. Cuidado para não pronunciar as vogais [oʊ ɑ] do inglês nem a vogal [o] do português.

abricó	floco	nó
anzol	fogos	noz
avó	gaivota	óculos
borda	glote	olhos
bosque	história	órgão
brioche	hoste	paletó
choque	idiota	petróleo
cobra	informe	porta
costa	jiboia	prova
dó	jota	quiosque
dose	lóbulo	roda
escola	lote	rótulo
estoque	manobra	sacola
farol	mocotó	

A vogal /a/⁷⁶ EX

Pronuncie as seguintes palavras aplicando a regra de distribuição do fonema /a/ da norma culta que preferir. Cuidado para não pronunciar as vogais [æ ɑ aɪ eɪ] do inglês.

amanhã	fácil	nada
amoral	fala	palavra
analítico	fantasia	papai
anual	faz	para
atípico	fazer	quatro
banana	ganhar	seja
base	haver	tal
cama	já	tanto
casa	lá	tenha
dá	labor	tomam
ela	laboratório	uma
espanhol	mamãe	vá
esta	mapa	valha

Recursos eletrônicos

1. 🔊 A oposição do fonema /i/ com as demais vogais.
2. 🔊 Os alofones [j i̯] do fonema /i/ no Brasil.
3. 🔊 A nasalização do fonema /i/ no Brasil.
4. 🔊 O alofone [i] do fonema /i/ e a vogal epentética no Brasil.
5. 🔊 O ensurdecimento do fonema /i/ no Brasil.
6. 🔊 O ensurdecimento da vogal epentética [i̥] no Brasil.
7. 🔊 Os alofones [j i̯] do fonema /i/ em Portugal.
8. 🔊 A centralização do fonema /i/ em Portugal e palavras anômalas.
9. 🔊 A redução temporal da vogal epentética em Portugal
10. 🔊 A nasalização do fonema /i/ em Portugal.
11. 🔊 O alofone [i] do fonema /i/ em Portugal.
12. 🔊 O ensurdecimento do fonema /i/ em Portugal.
13. 🔊 Comparação entre os alofones do fonema /i/ no Brasil e em Portugal.
14. 🔊 A oposição do fonema /u/ com as demais vogais.
15. 🔊 A pronúncia de palavras grafadas com {gu} ou {qu}.
16. 🔊 O fonema /u/ tônico e átono em posição não final.
17. 🔊 O fonema /u/ tônico e átono em posição final.
18. 🔊 Os alofones [w u̯] do fonema /u/ no Brasil.
19. 🔊 A nasalização do fonema /u/ no Brasil.
20. 🔊 O alofone [u] do fonema /u/.
21. 🔊 O ensurdecimento do fonema /u/ no Brasil.
22. 🔊 Os alofones [w u̯] do fonema /u/ em Portugal.

Os fonemas vocálicos

23. 🔊 A nasalização do fonema /u/ em Portugal.
24. 🔊 O alofone [u] do fonema /u/ em Portugal.
25. 🔊 O ensurdecimento do fonema /u/ em Portugal.
26. 🔊 Comparação entre os alofones do fonema /u/ no Brasil e em Portugal.
27. 🔊 O fonema /e/ em posição final de palavra no Brasil: alçamento em [i] ou ditongação em [j].
28. 🔊 A nasalização do fonema /e/ no Brasil.
29. 🔊 O ensurdecimento do fonema /e/ no Brasil.
30. 🔊 O fonema /e/ em posição final de palavra em Portugal: alçamento e centralização em [ɨ] e realização de zero fonético.
31. 🔊 O alofone [ɨ] do fonema /e/ em posição interior de palavra em Portugal.
32. 🔊 O alofone [i] do fonema /e/ em posição inicial de palavra em Portugal.
33. 🔊 O fonema /e/ em posição átona não final de palavra em Portugal: outras opções.
34. 🔊 O alofone [j] do fonema /e/ em Portugal seguido de vogal.
35. 🔊 A nasalização do fonema /e/ em Portugal.
36. 🔊 O alofone [ɐ] do fonema /e/ em Portugal.
37. 🔊 A realização do fonema /e/ em posição inicial de palavra seguido do arquifonema /S/ em Portugal.
38. 🔊 O ensurdecimento do fonema /o/ em Portugal.
39. 🔊 Comparação entre os alofones do fonema /e/ no Brasil e em Portugal.
40. 🔊 O fonema /o/ em posição final de palavra no Brasil: alçamento em [u] ou ditongação em [w].
41. 🔊 A nasalização do fonema /o/ no Brasil.
42. 🔊 O ensurdecimento do fonema /o/ no Brasil.
43. 🔊 O fonema /o/ em posição final de palavra em Portugal: alçamento em [u].
44. 🔊 O fonema /o/ em posição átona interior de palavra em Portugal: alçamento em [u].
45. 🔊 O fonema /o/ em posição átona inicial de palavra em Portugal: alçamento em [u].
46. 🔊 O fonema /o/ em posição átona não final de palavra em Portugal: outras opções.
47. 🔊 O alofone [w] do fonema /o/ em Portugal seguido de vogal.
48. 🔊 A nasalização do fonema /o/ em Portugal.
49. 🔊 O ensurdecimento do fonema /o/ em Portugal.
50. 🔊 Comparação entre os alofones do fonema /o/ no Brasil e em Portugal.
51. 🔊 O alofone [ɛ] do fonema /ɛ/ no Brasil e em Portugal.
52. 🔊 O alofone [ɐ] do fonema /ɛ/ em Portugal.
53. 🔊 Comparação entre os alofones do fonema /ɛ/ no Brasil e em Portugal.
54. 🔊 O alofone [ɔ] do fonema /ɔ/ no Brasil e em Portugal.
55. 🔊 Comparação entre os alofones do fonema /ɔ/ no Brasil e em Portugal.
56. 🔊 A oposição entre /ɔ/ e /ɑ/ em inglês.
57. 🔊 A pronúncia do som [ɔ] em posição não final.

Capítulo 12

58. 🔊 A pronúncia do som [ɔ] em posição final.
59. 🔊 Os alofones do fonema /a/ no Brasil.
60. 🔊 O ensurdecimento do fonema /a/ no Brasil.
61. 🔊 Os alofones do fonema /a/ em Portugal.
62. 🔊 A manutenção do som [a] por motivos fonológicos em Portugal.
63. 🔊 A manutenção do som [a] por motivos morfológicos em Portugal.
64. 🔊 A manutenção do som [a] por motivos lexicais/grafêmicos em Portugal.
65. 🔊 O contraste verbal entre o presente [fɐlémus] e o pretérito [fɐlámus] em Portugal.
66. 🔊 Diferenças no alçamento da vogal /a/ entre o Brasil e Portugal.
67. 🔊 Comparação entre os alofones do fonema /a/ no Brasil e em Portugal.
68. 🔊 Ensurdecimento em posição final de palavra.
69. 🔊 Ensurdecimento em posição interior de palavra.
70. EX Exercícios de pronúncia: a vogal /i/.
71. EX Exercícios de pronúncia: a vogal /u/.
72. EX Exercícios de pronúncia: a vogal /e/.
73. EX Exercícios de pronúncia: a vogal /o/.
74. EX Exercícios de pronúncia: a vogal /ɛ/.
75. EX Exercícios de pronúncia: a vogal /ɔ/.
76. EX Exercícios de pronúncia: a vogal /a/.

Capítulo 13
As vogais meio-abertas e meio-fechadas

Um dos principais problemas que os aprendizes de português como segunda língua enfrentam é perceber e produzir a distinção que existe entre as vogais meio-abertas e meio-fechadas: isto é, entre /e/ e /ɛ/ e entre /o/ e /ɔ/. Os problemas são de vários tipos: fonológicos, fonéticos, ortográficos e até morfológicos.

A fonologia das vogais médias

O principal fato que o aprendiz precisa entender é que existe oposição fonológica entre as quatro vogais médias /e ɛ o ɔ/ e entre as quatro vogais médias e os outros três fonemas vocálicos /i a u/. Essas oposições se comprovam mediante os pares mínimos apresentados na Tab. 13.1.[1] ◀⋲

Muitas vezes o aluno quer saber qual é a "regra" para determinar se o "e" ou o "o" deve ser meio-aberto ou meio-fechado. A resposta é que não há regra, como demonstra o fato de existirem pares mínimos como [pé] [pé] e [avó] [avó]. O aluno simplesmente precisa aprender qual é a vogal correta. Pedir uma regra para saber diferenciar entre as vogais médias é análogo a alguém que aprende inglês querer uma regra para saber porque a palavra para *peixe* é [fɪʃ] e não [fiʃ] — simplesmente não há regra; o aluno tem que aprender qual é a vogal, pois são fonemas distintivos.

Mesmo assim, há uma característica fonotática que pode ajudar: Na norma culta do Brasil e, de modo geral, de Portugal, as vogais /ɛ/ e /ɔ/ sistematicamente ocorrem só em posição tônica. Isso quer dizer que quando a vogal média é átona, só pode ser [e] ou [o]. Há também padrões de

13.1 As oposições fonológicas com as vogais meio-abertas e meio-fechadas provadas por pares mínimos.

	Oposições	Par mínimo		Oposições	Par mínimo
/e/	/i/	[péɾa] [píɾa]	/o/	/i/	[bóʎɐ] [bíʎa]
	/ɛ/	[séku] [sɛ́ku]		/e/	[sóku] [séku]
	/a/	[sékɐ] [sákɐ]		/ɛ/	[sóku] [sɛ́ku]
	/ɔ/	[pé] [pɔ́]		/a/	[sóku] [sáku]
	/o/	[séku] [sóku]		/ɔ/	[sóku] [sɔ́ku]
	/u/	[émɐ] [úmɐ]		/u/	[sómɐ] [súmɐ]
/ɛ/	/i/	[pɛ́] [pí]	/ɔ/	/i/	[pɔ́] [pí]
	/e/	[pɛ́] [pé]		/e/	[pɔ́] [pé]
	/a/	[pɛ́] [pá]		/ɛ/	[pɔ́] [pɛ́]
	/ɔ/	[pɛ́] [pɔ́]		/a/	[pɔ́] [pá]
	/o/	[sɛ́ku] [sóku]		/o/	[sɔ́ku] [sóku]
	/u/	[ɛ́hɐ] [úhɐ]		/u/	[sɔ́ku] [súku]

alternância morfológica que podem ajudar quanto a seleção da vogal certa que serão apresentados adiante.

Como os fonemas /ɛ/ e /ɔ/ só ocorrem em posição tônica, é possível falar de sua neutralização com os fonemas /e/ e /o/ em posição átona. Por exemplo, a vogal tônica do número {10} [dés] é [ɛ́], mas quando no número {18} [dezóįtu/dizóįtu] essa vogal vira átona pronunciando-se como [e] ou [i] no Brasil e [ɨ] em Portugal, mas nunca como [ɛ]. Como se verá mais adiante no Capítulo 15, essa neutralização também ocorre com a nasalização vocálica, existindo as vogais [ẽ] e [õ] mas não existindo nem [ɛ̃] nem [ɔ̃].² ◀≲

Fonotaticamente já foi comentado que em português a vogal /ɛ/ só aparece em posição tônica. Em inglês, porém, tanto /eį/ como /ɛ/ podem aparecer tanto em posição tônica quanto posição átona.

Ao contrastar o sistema vocálico do português com o do inglês, é importante lembrar que, em inglês, existe uma oposição entre /eį/~/ɛ/ [beįt] [bɛt] {bait/bate} {bet}. O contraste fonológico é entre um fonema complexo e um fonema simples. Em português existe o contraste entre [sé], [sɛ́] e [séį]. A palavra inglesa [béįt] forma-se de três fonemas: /b+éį+t/. A palavra portuguesa [séį] também forma-se de três fonemas: /s+é+i/. A existência do fonema complexo em inglês implica uma diferença fundamental no sistema fonológico e não só uma diferença fonética, porque enquanto em português é possível um contraste entre [e] e [ɛ], em inglês não é.³ ◀≲

A situação com as vogais médias posteriores é um pouco diferente devido a diferenças dialetais do inglês. Em português, pode-se ver um contraste entre [vó], [vɔ́] e [vóų], mas o exemplo paralelo do inglês, que seria /oų/~/ɔ/ [boųt] [bɔt]. {boat} {bought} só existe em alguns dialetos em que a palavra {bought} pronuncia-se [bɔt] e não [bɑt]. Mesmo assim, basta dizer que em português é possível o contraste entre [o] e [ɔ]; em inglês esse contraste não é possível em nenhum dialeto.⁴ ◀≲

A fonética das vogais médias

As descrições fonéticas das vogais médias, [e ɛ o ɔ], já foram apresentadas no Capítulo 12. Mesmo assim, já que essas vogais são tão importantes e que são tão diferentes das vogais médias do inglês, vale aqui apresentar mais uns detalhes.

As vogais [e] e [ɛ]

Quanto à vogal [e], o anglofalante precisa reconhecer a diferença entre a vogal plena [e] e o ditongo [eį]. Como já foi explicado, a vogal plena [e] ocorre em português, mas não ocorre em inglês. O ditongo [eį] ocorre tanto em inglês quanto em português. Em inglês, porém, representa um só fonema: assim, a palavra {bait} [beįt] consiste numa estrutura de CVC. Em português, na palavra {seis} [seįs], o ditongo representa dois fonemas e a palavra consiste numa estrutura de CVVC.

O que o anglofalante precisa fazer para melhorar a sua pronúncia de português é perder o hábito de ditongar o /e/, a não ser que seja seguida do fonema /i/ átono e assim diferenciar bem as palavras {sê} [sé] e {sei} [séį], evitando a tendência do inglês de produzir ambas como [séį].

Quanto à vogal [ɛ], o problema para o anglofalante é um pouco diferente. A vogal [ɛ] existe como vogal plena nos dois idiomas, mas mesmo assim há uma diferença sutil no som produzido em cada um. A diferença é de abertura articulatória e deve-se às diferenças no sistema vocálico que se veem na Fig. 13.2. No espaço vocálico das vogais anteriores de média a baixa, existem três vogais em inglês: o começo do ditongo [eį] e as vogais [ɛ] e [æ]. No mesmo espaço em português existem só duas: [e] e [ɛ]. Devido ao princípio de separação perceptiva suficiente, as vogais tendem a distribuir-se proporcionalmente pelo espaço disponível. O resultado aqui é que o [ɛ] do português tende a ser mais aberto que o [ɛ] do inglês.

Existe também um problema para o anglofalante que resulta da fonotática do inglês. Como já foi apresentado no Capítulo 11, a vogal [ɛ] do inglês é curta e, sendo assim, não aparece em posição final nem de sílaba nem de palavra. Em inglês é só a vogal [eɪ̯] que aparece nessa posição. Devido a isso, o anglofalante tem a forte tendência de produzir palavras como {fé}, {pé} e {até} como *[féɪ̯], *[péɪ̯], *[ətéɪ̯] em vez de [fɛ́], [pɛ́] e [atɛ́].[5] ◀₣

Uma outra consideração a levar em conta quanto às vogais médias anteriores é que o contraste entre [eɪ̯] e [ɛ] em inglês não é só de timbre, mas também de duração. O contraste entre [e] e [ɛ] em português é só de timbre, já que as duas vogais têm mais ou menos a mesma duração em posição tônica, que é a única posição em que existe oposição fonológica entre elas.

Os conselhos para o aprendiz são três:

- produzir a vogal [e] plena do português sem alongá-la como ocorre em inglês;
- produzir a vogal [e] plena do português sem ditongá-la em [eɪ̯] como ocorre em inglês;
- produzir a vogal [ɛ] do português com a boca mais aberta do que no inglês.

As vogais [o] e [ɔ]

Quanto à vogal [o], o anglofalante precisa reconhecer a diferença entre a vogal plena [o] e o ditongo [oʊ̯]. Como já foi explicado, a vogal plena [o] ocorre em português, mas não ocorre em inglês. O ditongo [oʊ̯] ocorre tanto em inglês quanto em português. Em inglês, porém, representa um só fonema: assim, a palavra {boat} [boʊ̯t] consiste numa estrutura de CVC. Em português, na palavra {vou} [voʊ̯] o ditongo representa dois fonemas e a palavra consiste numa estrutura de CVV.

O que o anglofalante precisa fazer para melhorar a sua pronúncia de português é perder o hábito de ditongar o /o/, a não ser que seja seguido do fonema /u/ átono e assim diferenciar bem as palavras {vô} [vó] e {vou} [vóʊ̯], evitando a tendência do inglês de produzir ambas como [vóʊ̯].

A vogal [ɔ] é bem mais problemática para o anglofalante, pois o fonema /ɔ/ não existe na maioria dos dialetos norte-americanos.

Em alguns dialetos norte-americanos (principalmente no leste) do inglês, existe uma oposição entre /ɔ/ e /ɑ/ comprovada pelo par mínimo [kʰɔt̚] {caught} e [kʰɑt̚] {cot}. Nesses dialetos, o fonema /ɔ/ também ocorre em posição final de palavra como em [sɔ́] (saw) e [lɔ́] {law}. Outra vez, porém, a correspondência entre o som de [ɔ] desses dialetos do inglês e o som de [ɔ] do português não é exata devido às diferenças no sistema vocálico que se veem na Fig. 13.3. No espaço vocálico das vogais posteriores de média a baixa, existem quatro vogais em inglês: o começo do ditongo [oʊ̯] e as vogais [ɔ], [ʌ] e [ɑ]. No mesmo espaço em português existem só duas: [o]

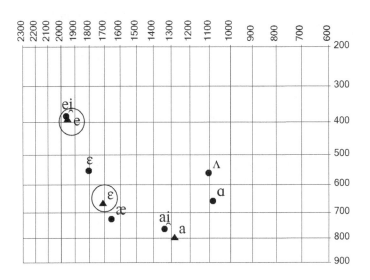

13.2 A posição das vogais [e ɛ a] do português (indicadas por um triângulo) e as vogais [ɛ æ ʌ ɑ] do inglês como também o ponto de partida dos ditongos [eɪ̯ aɪ̯] do inglês (indicados por uma bolinha), segundo seus formantes. As vogais em foco [e ɛ] do português estão circuladas.

e [ɔ]. Devido ao princípio de separação perceptiva suficiente, as vogais tendem a distribuir-se proporcionalmente pelo espaço disponível. O resultado aqui é que o [ɔ] do português tende a ser mais aberto e mais posterior que o [ɔ] do inglês.

Na maioria dos dialetos norte-americanos (os do oeste e meio-oeste), não existe oposição entre /ɔ/ e /ɑ/ e as palavras {caught} e {cot} pronunciam-se da mesma maneira: [kʰɑt̚]. As palavras {saw} e {law} pronunciam-se [sá] (saw) e [lá]. O som [ɔ] existe nesses dialetos, mas somente diante do som de [ɹ] como nas palavras {four} [fóɹ] e {core} [kʰóɹ]. O fato do som existir em inglês, não ajuda o anglofalante na aquisição do português, porque em inglês esse som só ocorre num contexto que não existe no português padrão.

Uma outra consideração a levar em conta quanto às vogais médias posteriores é que o contraste entre [oṷ] e [ɔ] em inglês não é só de timbre, mas também de duração. O contraste entre [o] e [ɔ] em português é só de timbre, as duas vogais têm mais ou menos a mesma duração em posição tônica, a única posição em que existe oposição fonológica entre elas.

Quanto ao timbre da vogal [ɔ], o aluno precisa lembrar que a boca precisa estar meio-aberta com os lábios arredondados conforme se vê na Fig. 12.38.

Os conselhos para o aprendiz são três:

- produzir a vogal [o] plena do português sem alongá-la como ocorre em inglês;
- produzir a vogal [o] plena do português sem ditongá-la em [oṷ] como ocorre em inglês;
- produzir a vogal [ɔ] do português com a boca mais aberta do que no no inglês e com os lábios bem arredondados.

A ortografia das vogais médias

Conforme já foi explicado no Capítulo 4, de modo geral, os sistemas de escrita alfabética têm uma base fonológica em que, supostamente, o grafema ou letra deve representar um fonema determinado. No caso das vogais médias do português, porém, isso não ocorre e, na grande maioria dos casos, é impossível saber pela ortografia se a letra {e} representa o fonema /e/ ou o fonema /ɛ/ ou se a letra {o} representa o fonema /o/ ou o fonema /ɔ/.

Existem algumas dicas que podem ajudar. Na norma culta do Brasil, se a letra {e} ou {o} representar uma vogal átona, a pronúncia será [e] ou [o], já que /ɛ/ e /ɔ/ só existem em posição tônica. Se essas letras tiverem um acento agudo {é} ou {ó}, a sua pronúncia será de [ɛ] e [ɔ]. Se essas letras tiverem um acento circunflexo {ê} ou {ô}, a

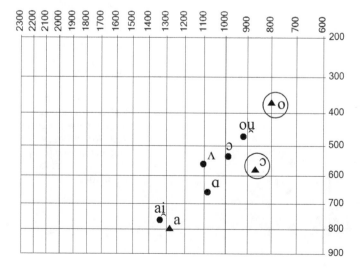

13.3 A posição das vogais [o ɔ a] do português (indicadas por um triângulo) e as vogais [ɔ ʌ ɑ] do inglês como também o ponto de partida dos ditongos [oṷ aɪ̯] do inglês (indicadas por uma bolinha), segundo seus formantes. As vogais em foco [o ɔ] do português estão circuladas.

sua pronúncia será de [e] e [o]. Nos outros casos, o aluno simplesmente precisa aprender qual é o fonema vocálico tônico para cada palavra.

Antes das reformas ortográficas de 1945 e 1990, empregava-se mais o sinal diacrítico para indicar o timbre vocálico e não só a sua tonicidade. Por exemplo, antes das reformas escrevia-se {pêlo} [pélu] para o substantivo para 'hair', {pélo} [pɛlu] para a forma verbal 'I remove the skin' e {pelo} [pelu] para a contração de {*por* + *o*}; com a reforma a grafia dos três ficou igual sem acentos ortográficos. Na nova ortografia só ficaram dois acentos diferenciais: 1) o verbo {pôr} mantém o circunflexo para que não haja confusão com a preposição {por}; e 2) {pôde} [pódʒi] (o pretérito perfeito do verbo *poder*) mantém o circunflexo para que não haja confusão com {pode} [pɔdʒi] (o presente do verbo *poder*).[6] ◀⋵

Com as reformas, o sinal diacrítico passou a ser empregado só quando é preciso para indicar a tonicidade. Nesse caso usa-se o acento agudo quando a vogal é meio-aberta e o acento circunflexo quando a vogal é meio-fechada. Por exemplo, é fácil ver que as palavras {ético} e {ótimo} começam com vogais meio-abertas pelo acento agudo: [ɛtʃiku] e [ɔtʃimu]. Sabe-se que as palavras {êxito} e {ônibus} começam com vogais meio-fechadas pelo acento circunflexo: [ezitu] e [onibus].[7] ◀⋵

Quando não é preciso acentuar o {e} ou o {o} para indicar a sílaba tônica, o acento foi abolido e, se o leitor não conhece a palavra, fica sem saber o timbre da vogal. Assim não há nenhuma dica ortográfica que indique se a palavra {acerto} é [asértu] ou [asɛrtu] ou se a palavra {chinelo} é [ʃinélu] ou [ʃinɛlu]. Essa incerteza estende-se às vogais médias posteriores também; não há nenhuma dica ortográfica que indique se a palavra {esboço} é [ezbósu] ou [ezbɔsu] ou se a palavra {bloco} é [blóku] ou [blɔku].[8] ◀⋵

Supostamente, deveria ser possível verificar qual o timbre das vogais médias consultando-se um bom dicionário. No verbete do substantivo {acerto} do dicionário Aurélio[1] vê-se: **acerto** (ê), indicando que a vogal tônica é a vogal meio-fechada [é]. Porém, não há nenhuma indicação de que a palavra {chinelo} deve ser pronunciada [ʃinélu] com vogal meio-aberta. O verbete do substantivo {esboço} aparece como **esboço** (ô), indicando que a vogal tônica é a vogal meio-fechada [ó]. Porém, não há nenhuma indicação de que a palavra {bloco} deve ser pronunciada [blɔku] com vogal meio-aberta.[9] ◀⋵

Pior ainda são palavras como o substantivo {fogo} que aparece como **fogo** (ô), indicando a sua pronúncia com vogal tônica meio-fechada [fógu]. Como os dicionários não costumam ter um verbete para o substantivo no singular e outro para o substantivo no plural, o usuário poderia presumir que a forma plural teria a mesma vogal tônica que a forma singular, mas não tem. Só no final da definição 19 que há uma nota de que a forma plural é **fogos** (ó), indicando a sua pronúncia com vogal tônica meio-aberta [fɔgus].[10] ◀⋵

Dicas e alternâncias referentes às vogais médias

Como já foi apresentado, o aprendizado das vogais médias é muito complicado para o estrangeiro. Mesmo assim, existem algumas dicas e alguns padrões de alternância que podem ajudar. Essas dicas e padrões aqui se apresentam por classe gramatical.

As estatísticas vêm de um banco de dados baseado nos verbetes portugueses de um dicionário bilíngue de Houaiss.[2] O banco de dados inclui todos os verbetes em que as vogais {e} ou {o} estão em posição tônica ou que podem aparecer em posição tônica

---

[1] Aurélio Buarque de Holanda Ferreira, *Dicionário Aurélio da Língua Portuguesa*, 5ª ed. (Curitiba: Editora Positivo, 2010).

[2] Antônio Houaiss & Catherine B. Avery, *The New Appleton Dictionary of the English and Portuguese Languages* (New York: Appleton-Century-Crofts, 1967).

devido a uma flexão morfológica. O banco consiste em 19.476 verbetes.

As vogais médias nos substantivos

Existe um mito de que quando o substantivo termina em {o}, a vogal média tônica {e o} será meio-fechada [e o]. De acordo com o mito, a palavra {porto} será pronunciada [pórtu] com [o] por terminar em {o}. A realidade, porém, é que não existe uma correlação entre uma vogal tônica meio-fechada e um substantivo terminado em {o}. No banco de dados, dos 3.980 substantivos que terminam em {o}, 2.912 (73,1%) contém a vogal tônica meio-fechada [e] ou [o]. Dos 3.980 substantivos que terminam em {o}, 1.017 (25,6%) contém a vogal tônica meio-aberta [ɛ] ou [ɔ]. Já 51 (1,3%) alterna entre a forma singular e plural. Com essas frequências, fica claro que não dá para confiar na generalização do mito. A Tab. 13.4 contém exemplos de todos esses casos.

A segunda parte do mito é que quando o substantivo termina em {a} ou {e}, a vogal média tônica {e o} será meio-aberta [ɛ ɔ]. De acordo com o mito, a palavra {porta} será pronunciada [pórtɐ] com [ɔ] por terminar em {a}. Outra vez não existe uma correlação entre uma vogal tônica meio-aberta e um substantivo terminado em {a} ou {e}. No banco de dados, dos 4.332 substantivos que terminam em {a} ou {e}, só 1,863 (43,0%) contém a vogal tônica meio-aberta [ɛ] ou [ɔ]. Dos 4.332 substantivos que terminam em {a} ou {e}, 2.469 (57,0%) contém a vogal tônica meio-fechada [e] ou [o]. Outra vez, fica comprovado que a generalização é falsa. A Tab. 13.4 contém exemplos de todos esses casos.[11]

No banco de dados, há 51 palavras que terminam em {o} cuja forma singular contém uma vogal tônica meio-fechada [ó] mas cuja forma plural é com uma vogal tônica meio-aberta [ɔ́]. Isso representa 1,3% dos 3.980 substantivos terminados em {o}. A seguinte lista contém algumas das palavras mais comuns que exibem essa alternância:[12]

{avô}	[avó]	{avós}	[avɔ́s]
{corpo}	[kórpu]	{corpos}	[kɔ́rpus]
{fogo}	[fógu]	{fogos}	[fɔ́gus]
{jogo}	[jógu]	{jogos}	[jɔ́gus]
{morto}	[mórtu]	{mortos}	[mɔ́rtus]

Porém, a maioria dos substantivos terminados em {o} não sofrem metafonia ou alternância vocálica ao formar o plural. Seguem alguns exemplos:[13]

{adorno}	[adórnu]	{adornos}	[adórnus]
{dono}	[dónu]	{donos}	[dónus]
{lobo}	[lóbu]	{lobos}	[lóbus]
{moço}	[mósu]	{moços}	[mósus]
{soco}	[sóku]	{socos}	[sókus]

13.4 As vogais meio-fechadas [e o] e meio-abertas [ɛ ɔ] nos substantivos terminados em {o} por um lado e {a} e {e} por outro.

Substantivos terminados em {o}		Substantivos terminados em {a} ou {e}	
Com vogal meio-fechada	Com vogal meio-aberta	Com vogal meio-aberta	Com vogal meio-fechada
{aterro} [atéhu]	{afeto} [afétu]	{capela} [kapélɐ]	{abelha} [abéʎɐ]
{cabelo} [kabélu]	{cebu} [sébu]	{febre} [fébɾi]	{caneta} [kanétɐ]
{desejo} [deséʒu]	{elo} [élu]	{lebre} [lébɾi]	{leme} [lémi]
{medo} [médu]	{inseto} [ĩsétu]	{moeda} [moédɐ]	{peste} [péstʃi]
{sebo} [sébu]	{resto} [héstu]	{regra} [régɾɐ]	{pureza} [puɾézɐ]
{acordo} [akórdu]	{bloco} [blɔ́ku]	{bigode} [bigɔ́dʒi]	{aroma} [aɾómɐ]
{bordo} [bórdu]	{foco} [fɔ́ku]	{cofre} [kɔ́fri]	{cebola} [sebólɐ]
{esboço} [ezbósu]	{modo} [mɔ́du]	{glote} [glɔ́tʃi]	{escova} [eskóvɐ]
{molho} [móʎu]	{solo} [sɔ́lu]	{moda} [mɔ́dɐ]	{moça} [mósɐ]
{sono} [sónu]	{voto} [vɔ́tu]	{prova} [pɾɔ́vɐ]	{mosca} [móskɐ]

Além dos pares mínimos mostrados na Tab. 13.1, existem muitos casos de pares análogos. O termo **par análogo** refere-se a duas palavras que se diferenciam apenas por dois sons. As palavras [pórtu] e [pórtɐ], por exemplo, são pares análogos, pois se diferenciam apenas pelo segundo e quinto fonemas que, na primeira, são respectivamente /o/ e /o/ e, na segunda, /ɔ/ e /a/. Esse tipo de alternância vocálica na qual a vogal tônica das palavras terminadas em /o/ é meio-fechada e a vogal tônica das palavras terminadas em /a/ é meio-aberta é provavelmente a origem do mito já citado. Seguem outros exemplos:[14] ◀⁞

{fosso}	[fósu]	{fossa}	[fɔ́sɐ]
{morto}	[mórtu]	{morta}	[mɔ́rtɐ]
{ovo}	[óvu]	{ova}	[ɔ́vɐ]
{sogro}	[sógɾu]	{sogra}	[sɔ́gɾɐ]
{torto}	[tórtu]	{torta}	[tɔ́rtɐ]

O que se apresentou sobre as palavras diminutivas e aumentativas com {-zinho, -zito, -zão} etc. na seção sobre a não redução vocálica em Portugal no Capítulo 11 vale também para o Brasil, onde se encontram exemplos como {cafezinho} [kafézíɲu] e {sozinho} [sózíɲu] devido ao fenômeno do "acento secundário".[15] ◀⁞

Há alguns contextos em que se pode saber pela fonotática se a vogal média tônica é meio-fechada ou meio-aberta. Um desses contextos é diante do fonema /l/ em posição final de palavra. Nesse caso a vogal média tônica é sempre meio-aberta. Seguem alguns exemplos:[16] ◀⁞

{anel}	[anéɯ/ɐnéɫ]
{mel}	[méɯ/méɫ]
{papel}	[papéɯ/pɐpéɫ]
{pastel}	[pastéɯ/pɐstéɫ]
{anzol}	[ẽzɔ́ɯ/ẽzɔ́ɫ]
{caracol}	[kaɾakɔ́ɯ/kɐɾɐkɔ́ɫ]
{farol}	[faɾɔ́ɯ/fɐɾɔ́ɫ]
{sol}	[sɔ́ɯ/sɔ́ɫ]

Outro contexto em que se pode saber pela fonotática se a vogal média tônica é meio-aberta ou meio-fechada, é quando a vogal se nasaliza. Nesse caso a vogal é sempre meio-fechada, pois nas normas cultas não existe a nasalização das vogais /ɛ/ nem /ɔ/.

Esse assunto será tratado em mais detalhes no Capítulo 15.

Dicas quanto às vogais médias nos substantivos

Ao aprender um substantivo, é importante que o aluno aprenda todos os seus sons. Isso inclui especialmente as vogais e, se a vogal tônica for média, é preciso que aprenda se a vogal tônica é [é], [ɛ́], [ó] ou [ɔ́]. É tão importante saber que a palavra {bloco} é [blɔ́ku] e não *[bloku] em português quanto é saber que a palavra {fish} do inglês é [fiʃ] e não *[fiʃ]. É também importante aprender os casos em que o singular tem uma vogal meio-fechada (por exemplo {ovo} [óvu]) e o plural tem uma vogal meio-aberta (por exemplo {ovos} [ɔ́vus]).

As vogais médias nos verbos

Para acertar a pronúncia das vogais médias nos verbos, é preciso examinar as conjugações do sistema verbal do português nos tempos do presente (indicativo e subjuntivo/conjuntivo) e do pretérito perfeito (e os tempos que dele se derivam: o pretérito imperfeito e futuro do subjuntivo/conjuntivo).

O presente do indicativo e do subjuntivo/conjuntivo

A vogal da penúltima sílaba de um infinitivo é sempre átona, mas na conjugação do presente, com a exceção da 1ª e 2ª pessoas do plural, essa vogal vira tônica. Se essa vogal for uma vogal média, no infinitivo será meio-fechada por ser átona (com as exceções de Portugal já comentadas), mas quando vira tônica, está sujeita a abrir-se tornando-se meio-aberta. Os verbos em que isso ocorre chamam-se verbos com alternância vocálica. É preciso aprender verbo por verbo quais sofrem esse tipo de alternância e quais não.

Verbos da 1ª conjugação {-ar}

Os verbos *levar* e *notar* servem de exemplos de verbos da 1ª conjugação com alternância vocálica. A conjugação nos tempos do presente é:[17] ◀⁞

Capítulo 13

Indicativo		Subjuntivo	
l<u>e</u>vo	l<u>e</u>vamos	l<u>e</u>ve	l<u>e</u>vemos
l<u>e</u>vas	l<u>e</u>vais	l<u>e</u>ves	l<u>e</u>veis
l<u>e</u>va	l<u>e</u>vam	l<u>e</u>ve	l<u>e</u>vem

Indicativo		Subjuntivo	
n<u>o</u>to	n<u>o</u>tamos	n<u>o</u>to	n<u>o</u>temos
n<u>o</u>tas	n<u>o</u>tais	n<u>o</u>tes	n<u>o</u>teis
n<u>o</u>ta	n<u>o</u>tam	n<u>o</u>te	n<u>o</u>tem

O problema é que a ortografia, outra vez, não indica o timbre vocálico das vogais médias. Nos verbos de alternância vocálica da 1ª conjugação, a vogal média sublinhada é a última vogal do radical, que é meio-aberta sempre que for tônica, se não for, é meio-fechada como indica a seguinte tabela:

Alternância vocálica nos tempos do presente em verbos da 1ª conjugação

Indicativo		Subjuntivo	
ɛ/ɔ	e/o	ɛ/ɔ	e/o
ɛ/ɔ	e/o	ɛ/ɔ	e/o
ɛ/ɔ	ɛ/ɔ	ɛ/ɔ	ɛ/ɔ

O verbo *chegar* serve de exemplo de verbo da 1ª conjugação sem alternância vocálica. A conjugação nos tempos do presente é:[18] ◀₣

Indicativo		Subjuntivo	
ch<u>e</u>go	ch<u>e</u>gamos	ch<u>e</u>gue	ch<u>e</u>guemos
ch<u>e</u>gas	ch<u>e</u>gais	ch<u>e</u>gues	ch<u>e</u>gueis
ch<u>e</u>ga	ch<u>e</u>gam	ch<u>e</u>gue	ch<u>e</u>guem

Nesse caso não há alternância vocálica e a última vogal do radical é sempre meio-fechada conforme a seguinte tabela:

A última vogal do radical em verbos da 1ª conjugação sem alternância vocálica

Indicativo		Subjuntivo	
e/o	e/o	e/o	e/o
e/o	e/o	e/o	e/o
e/o	e/o	e/o	e/o

É preciso simplesmente aprender se o verbo sofre ou não alternância vocálica. No banco de dados, dos 2.744 verbos da 1ª conjugação com {e} ou {o} na última sílaba do radical, 1.304 (47,5%) são verbos regulares com alternância vocálica. São 1.415 (51,6%) os verbos regulares sem alternância vocálica. O restante dos verbos (0,9%) tem diversas irregularidades.

Verbos da 2ª conjugação {-er}

Os verbos *beber* e *mover* servem de exemplos de verbos da 2ª conjugação com alternância vocálica. A conjugação nos tempos do presente é:[19] ◀₣

Indicativo		Subjuntivo	
b<u>e</u>bo	b<u>e</u>bemos	b<u>e</u>ba	b<u>e</u>bamos
b<u>e</u>bes	b<u>e</u>beis	b<u>e</u>bas	b<u>e</u>bais
b<u>e</u>be	b<u>e</u>bem	b<u>e</u>ba	b<u>e</u>bam
m<u>o</u>vo	m<u>o</u>vemos	m<u>o</u>va	m<u>o</u>vamos
m<u>o</u>ves	m<u>o</u>veis	m<u>o</u>vas	m<u>o</u>vais
m<u>o</u>ve	m<u>o</u>vem	m<u>o</u>va	m<u>o</u>vam

O caso dos verbos da 2ª conjugação é diferente do caso da 1ª conjugação pois na 1ª pessoa do presente do indicativo, a última vogal do radical se mantém meio-fechada. Isso tem repercussões no presente do subjuntivo. Como o presente do subjuntivo tem o mesmo radical do presente do indicativo, cuja última vogal é meio-fechada, todas as formas do presente do subjuntivo também contêm essa vogal meio-fechada como se vê na seguinte tabela:

Alternância vocálica nos tempos do
presente em verbos da 2ª conjugação

Indicativo　　　　Subjuntivo

e/o	e/o	e/o	e/o
ɛ/ɔ	e/o	e/o	e/o
ɛ/ɔ	ɛ/ɔ	e/o	e/o

O verbo *romper* serve de exemplo de verbo da 2ª conjugação sem alternância vocálica. A conjugação nos tempos do presente é:[20] ◀≶

Indicativo　　　　Subjuntivo

r<u>o</u>mpo	r<u>o</u>mpemos	r<u>o</u>mpa	r<u>o</u>mpamos
r<u>o</u>mpes	r<u>o</u>mpeis	r<u>o</u>mpas	r<u>o</u>mpais
r<u>o</u>mpe	r<u>o</u>mpem	r<u>o</u>mpa	r<u>o</u>mpam

Nesse caso não há alternância vocálica e a última vogal do radical é sempre meio-fechada conforme a seguinte tabela:

A última vogal do radical em verbos
da 2ª conjugação sem alternância vocálica

Indicativo　　　　Subjuntivo

e/o	e/o	e/o	e/o
e/o	e/o	e/o	e/o
e/o	e/o	e/o	e/o

É preciso simplesmente aprender se o verbo sofre ou não alternância vocálica. No banco de dados, dos 444 verbos da 2ª conjugação com {e} ou {o} na última sílaba do radical, 326 (73,4%) são verbos regulares com alternância vocálica. São 106 (23,9%) os verbos regulares sem alternância vocálica. O restante dos verbos (2,7%) tem diversas outras irregularidades.

Vale comentar aqui um princípio geral que se pode exemplificar com o verbo *comer*. O princípio geral é que, no Brasil, normalmente não ocorrem vogais meio-abertas diante de fonemas nasais, mas em Portugal sim. O verbo *comer*, então, tem alternância vocálica em Portugal ([kɔ́mⁱʃ], [kɔ́mⁱ], [kɔ́mẽɪ̯]) mas no Brasil não tem alternância ([kómis], [kómi], [kómẽɪ̯]).[21] ◀≶

Verbos da 3ª conjugação {-ir}

No banco de dados há só 124 verbos da 3ª conjugação com {e} ou {o} na última sílaba do radical. Ainda que seja a conjugação menos numerosa, é a que exibe mais variação: há quatro padrões diferentes. O padrão mais comum exemplifica-se com os verbos *seguir* e *dormir*. A conjugação nos tempos do presente é:[22] ◀≶

Indicativo　　　　Subjuntivo

s<u>i</u>go	s<u>e</u>guimos	s<u>i</u>ga	s<u>i</u>gamos
s<u>e</u>gues	s<u>e</u>guis	s<u>i</u>gas	s<u>i</u>gais
s<u>e</u>gue	s<u>e</u>guem	s<u>i</u>ga	s<u>i</u>gam
d<u>u</u>rmo	d<u>o</u>rmimos	d<u>u</u>rma	d<u>u</u>rmamos
d<u>o</u>rmes	d<u>o</u>rmis	d<u>u</u>rmas	d<u>u</u>rmais
d<u>o</u>rme	d<u>o</u>rmem	d<u>u</u>rma	d<u>u</u>rmam

Nesse padrão, a última vogal do radical alça-se a uma vogal fechada [i] ou [u] na 1ª pessoa do presente do indicativo, e essa vogal passa a todas as formas do presente do subjuntivo. Inclui-se aqui também o verbo *subir*. Dos 124 verbos em {-ir} do banco de dados, 54 (43,5%) exibem esse padrão que se representa na seguinte tabela:

Alternância vocálica
nos tempos do presente em verbos da
3ª conjugação padrão *seguir* e *dormir*

Indicativo　　　　Subjuntivo

i/u	e/o	i/u	i/u
ɛ/ɔ	e/o	i/u	i/u
ɛ/ɔ	ɛ/ɔ	i/u	i/u

O segundo padrão de alternância vocálica mais comum nos verbos da 3ª conjugação exemplifica-se com os verbos *agredir* e *sortir*. Nesses verbos, a vogal alça-se a [i] ou [u] sempre que for tônica, não somente na forma de 1ª pessoa singular. A conjugação nos tempos do presente é:[23] ◄⋵

Indicativo		Subjuntivo	
agrido	agredimos	agrida	agridamos
agrides	agredis	agridas	agridais
agride	agridem	agrida	agridam

Indicativo		Subjuntivo	
surto	sortimos	surta	surtamos
surtes	sortis	surtas	surtais
surte	surtem	surta	surtam

Nesse padrão o /e/ e /o/ só permanecem na 1ª e 2ª pessoa plural em 12 verbos (0,9%) dos verbos no banco de dados conforme a seguinte tabela:

Alternância vocálica
nos tempos do presente em verbos da
3ª conjugação padrão *agredir* e *sortir*

Indicativo		Subjuntivo	
i/u	e/o	i/u	i/u
i/u	e/o	i/u	i/u
i/u	i/u	i/u	i/u

O terceiro padrão de alternância vocálica mais comum afeta só os verbos *pedir* e *medir* e seus derivados. Esses verbos são irregulares na 1ª pessoa singular do presente do indicativo cujas formas são {peço} e {meço} conforme o seguinte modelo:[24] ◄⋵

Indicativo		Subjuntivo	
peço	pedimos	peça	peçamos
pedes	pedis	peças	peçais
pede	pedem	peça	peçam

Esses verbos seguem basicamente o padrão do verbo *seguir* no presente do indicativo com a exceção da 1ª pessoa singular onde a vogal tônica das formas irregulares é meio-aberta: [pɛ́su] e [mɛ́su]. Essas formas são a base do presente do subjuntivo, onde a última vogal do radical é meio-aberta quando é tônica, mas fecha-se quando átona. A alternância nesses verbos segue este modelo:

Alternância vocálica
nos tempos do presente em verbos da
3ª conjugação padrão *pedir* e *medir*

Indicativo		Subjuntivo	
ɛ	e	ɛ	e
ɛ	e	ɛ	e
ɛ	ɛ	ɛ	ɛ

O quarto padrão de alternância vocálica mais comum dos verbos em {-ir} afeta só o verbo *sentir* e os seus derivados, que só diferem do primeiro padrão dos verbos em {-ir} por não terem nenhuma forma com [ɛ], a vogal meio-aberta. Conjuga-se da seguinte forma nos tempos do presente:[25] ◄⋵

Indicativo		Subjuntivo	
sinto	sentimos	sinta	sintamos
sentes	sentis	sintas	sintais
sente	sentem	sinta	sintam

Outra vez a forma da 1ª pessoa singular do presente do indicativo afeta o presente do subjuntivo, em que todas as formas contêm a vogal [i] conforme o seguinte modelo:

Alternância vocálica
nos tempos do presente em verbos da
3ª conjugação padrão *sentir*

Indicativo		Subjuntivo	
i	e	i	i
e	e	i	i
e	e	i	i

Novamente, é preciso simplesmente aprender se o verbo tem ou não alternância vocálica. No caso dos verbos da 3ª conjugação que tenham alternância vocálica, é preciso aprender qual o padrão de alternância. Ao somar as percentagens dadas acima, notar-se-á que nem chegam perto de 100%. Isso porque 43 verbos, ou 34,7%, são verbos defectivos, ou seja, são verbos que não têm, no mínimo, 1ª pessoa singular do presente do indicativo e, como consequência, não se conjugam no presente do subjuntivo.

O pretérito perfeito do indicativo e o imperfeito e futuro do subjuntivo/conjuntivo

Muitas gramáticas e livros didáticos de português para estrangeiros apontam para a diferença no acento ortográfico das formas verbais de 1ª pessoa plural do imperfeito do subjuntivo exemplificado por {devêssemos} e {tivéssemos}. Mas a diferença vai muito além de uma diferença ortográfica, vai além da 3ª pessoa plural, vai além do imperfeito do subjuntivo.

Primeiro, é importante entender que a diferença não é ortográfica: é fonológica/fonética. De acordo com o princípio já apresentado a grafia {ê} representa /e/ e a grafia {é} representa /ɛ/. A pronúncia, então, de {devêssemos} é com [e], vogal meio-fechada, assim [devésemus/dɨvésɨmuʃ]. A pronúncia de {tivéssemos} é com [ɛ], vogal meio-aberta, assim [tʃivɛ́semus/tɨvɛ́sɨmuʃ].²⁶ ◀⁞

Segundo, é importante entender que as outras pessoas do imperfeito do subjuntivo contêm a mesma vogal que a forma da 1ª pessoa plural ainda que não tenham acento agudo nem circunflexo. A transcrição da conjugação dos verbos *dever* e *ter* no imperfeito do subjuntivo é:²⁷ ◀⁞

dever

[devési]	[devésemus]
[devésis]	[devései̯s]
[devési]	[devéséĩ]

ter

[tʃivési]	[tʃivésemus]
[tʃivésis]	[tʃivései̯s]
[tʃivési]	[tʃivéséĩ]

Terceiro, o radical do imperfeito do subjuntivo vem do radical da 3ª pessoa plural do pretérito perfeito do indicativo. A forma do imperfeito do subjuntivo [devési], vem, portanto, do pretérito perfeito do indicativo [devéɾẽŷ]. A forma do imperfeito do subjuntivo [tʃivési] vem do pretérito perfeito do indicativo [tʃivéɾẽŷ].²⁸ ◀⁞

Quarto, o radical do pretérito perfeito do indicativo também serve como radical do futuro do subjuntivo. Sendo assim a conjugação dos verbos exemplares *dever* e *ter* no futuro do subjuntivo é:²⁹ ◀⁞

dever

[devéɾ]	[devéɾmus]
[devéɾis]	[devéɾdʒis]
[devéɾ]	[devéɾéĩ]

ter

[tʃivéɾ]	[tʃivéɾmus]
[tʃivéɾis]	[tʃivéɾdʒis]
[tʃivéɾ]	[tʃivéɾéĩ]

Já que todas essas formas, sejam com vogal meio-aberta ou meio-fechada, partem da 3ª pessoa plural do pretérito perfeito do indicativo, como saber se a última vogal de determinada forma é meio-aberta ou meio-fechada? O princípio é muito fácil: Se a forma da 3ª pessoa plural do pretérito perfeito do indicativo é regular como {deveram}, então a vogal é meio-fechada Se a forma é irregular como {tiveram}, então a vogal é meio-aberta. A seguinte lista contém essas forma irregulares do pretérito perfeito (o asterisco indica que a forma irregular também aparece com os verbos derivados):³⁰ ◀⁞

aprazer	aprouveram
caber	couberam
dar	deram
dizer*	disseram
estar	estiveram
fazer	fizeram
haver	houveram
poder	puderam
por*	puseram
querer	quiseram
saber	souberam
ter*	tiveram
trazer	trouxeram
vir*	vieram

A única exceção à regra do verbos irregulares conterem vogal meio-aberta são os verbos *ser* e *ir* que compartilham a forma verbal *foram*, que mesmo sendo de conjugação irregular tem a vogal meio-fechada [fóɾẽŷ]. Assim, todas as formas que se baseiam no pretérito perfeito também têm a vogal meio-fechada [ó]: [fósi], [fóɾɐ], etc.³¹ ◀⁞

Nesses verbos irregulares, é importante diferenciar os infinitivos pessoais das formas do futuro do subjuntivo dos verbos da 2ª conjugação. A vogal tônica dos infinitivos é sempre meio-fechada [é] seguindo o próprio padrão do infinitivo. A vogal tônica das formas do futuro do subjuntivo desses verbos irregulares (com a exceção dos verbos *ir/ser*) é sempre meio-aberta [ɛ́] seguindo o padrão da 3ª pessoa plural do pretérito perfeito. A seguinte tabela mostra essa diferença para o verbo *fazer*:[32] ◀

Infinitivo pessoal		Futuro do subjuntivo	
[fazér]	[fazéɾmus]	[fizéɾ]	[fizéɾmus]
[fazéɾis]	[fazéɾʤis]	[fizéɾis]	[fizéɾʤis]
[fazéɾ]	[fazéɾẽj̃]	[fizéɾ]	[fizéɾẽj̃]

Dicas quanto às vogais médias nos verbos

A melhor fonte de informação referente às vogais médias nas conjugações verbais para quem aprende o português como segunda língua é um bom dicionário bilíngue. Os dicionários monolíngues, mesmo que tenham tabelas de conjugação verbal, dão somente informação ortográfica, mas não dão informação fonética. Como já citado, dão as formas conjugadas de {levo} e {chego} sem nenhuma indicação de que este é [ʃégu] com vogal meio-fechada e que aquele é [lɛ́vu] com vogal meio-aberta. Os bons dicionários bilíngues geralmente têm no verbete um número que se refere a um apêndice com tabelas de conjugação que devem indicar se as vogais médias são meio-fechadas ou meio-abertas no caso do presente do indicativo e subjuntivo. Não costumam indicar nada, porém, referente ao timbre vocálico dos verbos irregulares em 3ª pessoa plural do pretérito perfeito nem das conjugações que dependem dele.

Implicações fonológicas

É possível indicar os verbos que sofrem alternância vocálica utilizando-se o fonema /ɛ/ na especificação fonológica do radical verbal. Assim, o verbo {levar} teria a forma subjacente /lɛv+ar/. Quando essa vogal aparece em posição tônica, a realização é com [ɛ́] mesmo; quando a vogal é átona, sofre redução a [e] ou [ɨ], dependendo do dialeto, mesmo no infinitivo.

As vogais médias nos adjetivos

Os adjetivos apresentam cinco padrões de alternância das vogais médias em suas flexões. O padrão geral é que se a vogal tônica média no singular masculino for meio-fechada é essa a vogal que se mantém nas outras formas.

No banco de dados, dos 6.019 adjetivos, 3.172 (52,7%) contêm uma vogal tônica meio-fechada. Os adjetivos *seco* e *roto* servem de exemplos do seguinte padrão:[33] ◀

[séku]	[sékus]	[hótu]	[hótus]
[sékɐ]	[sékɐs]	[hótɐ]	[hótɐs]
e	e	o	o
e	e	o	o

No banco de dados, dos 6.019 adjetivos, 2.005 (33,3%) contêm uma vogal tônica meio-aberta. Os adjetivos *certo* e *pobre* servem de exemplos do seguinte padrão:[34] ◀

[sɛ́rtu]	[sɛ́rtus]	[pɔ́bɾi]	[pɔ́bɾis]
[sɛ́rtɐ]	[sɛ́rtɐs]	[pɔ́bɾi]	[pɔ́bɾis]
ɛ	ɛ	ɔ	ɔ
ɛ	ɛ	ɔ	ɔ

O terceiro padrão exibe uma alternância, pois a vogal tônica no singular masculino é meio-fechada, mas nas outras formas é meio-aberta. No banco de dados há 762 adjetivos (12,7%) que tem esse padrão. Só a vogal média posterior tem essa alternância. A grande maioria desses (96,5%) termina em {-oso}; há somente 27 adjetivos dessa categoria que não terminam em {-oso}. A seguinte tabela mostra essa alternância com *gostoso* como exemplo:³⁵ ◀⅋

[gostózu]	[gostózus]
[gostózɐ]	[gostózɐs]

o	ɔ
ɔ	ɔ

Entre os 27 adjetivos não terminados em {-oso} que se enquadram nesse padrão, encontram-se: *novo, grosso, dorminhoco, torto, morto* e 19 derivados de {-posto}.

O quarto padrão descreve a alternância dos poucos adjetivos cujas formas masculinas terminam em {-ão} e cujas formas femininas terminam em {-ona}. Há 56 (0,9%) no banco de dados com esse padrão. Quase todos são aumentativos. O adjetivo *grandão* serve de exemplo:³⁶ ◀⅋

[grẽⁿdéṷ]	[grẽⁿdóĩs]
[grẽⁿdónɐ]	[grẽⁿdónɐs]

éṷ	óĩs
ónɐ	ónɐs

O quinto padrão descreve a alternância dos poucos adjetivos cujas formas masculinas terminam em {-eu} e cujas formas femininas terminam em {-eia}. Há 24 (0,4%) no banco de dados com esse padrão. Quase todos são gentílicos. O adjetivo *europeu* serve de exemplo:³⁷ ◀⅋

[eṷropéṷ]	[eṷropéṷs]
[eṷropéjɐ]	[eṷropéjɐs]

éṷ	éṷs
éjɐ	éjɐs

Dicas quanto às vogais médias nos adjetivos

Ao aprender um adjetivo, é importante que o aluno aprenda todos os sons do adjetivo.

Isso inclui especialmente as vogais e, se a vogal tônica for média, é preciso aprender se a vogal tônica é /é/, /ɛ́/, /ó/ ou /ɔ́/, como foi o caso com os substantivos. Todas as flexões adjetivais contêm a mesma vogal que o singular masculino salvo os adjetivos que terminam em {-oso} e poucos outros irregulares. É importante que o aluno aprenda bem o padrão de alternância exemplificado por *gostoso* e *novo*.

As vogais médias nos pronomes

Os pronomes pessoais podem ser divididos por dois critérios principais. Pela tonicidade são tônicos ou átonos. Os pronomes também se classificam pelo caso ou função que exercem: sujeito (nominativo), objeto direto (acusativo), objeto indireto (dativo), ou objeto de preposição (indireto precedido de preposição). Sendo que alguns dos pronomes contêm vogais médias, aqui se apresentam suas formas.

Os pronomes que funcionam como sujeitos e objetos de preposição são tônicos:³⁸ ◀⅋

Formas no Brasil

Sujeito		Objeto de preposição	
[éṷ]	[nɔ́s]	[mí]	[nɔ́s]
[tú]	[vɔ́s]	[ʧí/tí]	[vɔ́s]
[éli/élɐ]	[élis/élɐs]	[éli/élɐ]	[élis/élɐs]

Além das formas anteriores existem pronomes que são semanticamente de 2ª pessoa com concordância em 3ª pessoa: [vosé], [vosés], [useɲór], [aseɲórɐ], [useɲóris], [aseɲórɐs].

Formas em Portugal

Sujeito		Objeto de preposição	
[éṷ]	[nɔ́ʃ]	[mí]	[nɔ́ʃ]
[tú]	[vɔ́ʃ]	[ʧí/tí]	[vɔ́ʃ]
[éli/élɐ]	[éliʃ/élɐʃ]	[éli/élɐ]	[éliʃ/élɐʃ]

Além das formas anteriores existem pronomes que são semanticamente de 2ª pessoa com concordância em 3ª pessoa: [vɔsé], [vɔséʃ], [usiɲór], [ɐsiɲórɐ], [uʃsiɲóriʃ], [ɐʃsiɲórɐʃ].

Os pronomes que funcionam como objetos diretos e indiretos são átonos:[39] ◀≲

Formas no Brasil

Objeto direto		Objeto indireto	
[mi]	[nus]	[mi]	[nus]
[tʃi/ti]	[vus]	[tʃi/ti]	[vus]
[u/a]	[us/as]	[ʎi]	[ʎis]

Formas em Portugal

Objeto direto		Objeto indireto	
[mɨ]	[nuʃ]	[mɨ]	[nuʃ]
[tɨ]	[vuʃ]	[tɨ]	[vuʃ]
[u/ɐ]	[uʃ/ɐʃ]	[ʎi]	[ʎiʃ]

O contraste mais importante que o aluno precisa acertar é a diferença entre {nós} [nós], que funciona como sujeito ou objeto de preposição, e {nos} [nus], que funciona como objeto direto ou indireto.

As vogais médias nos determinantes

Como os determinantes servem para introduzir os substantivos, essa não é uma categoria numerosa, mas é uma categoria de alta frequência. Aqui serão comentados os determinantes com vogais médias.

Artigos definidos

Os artigos definidos são sempre palavras átonas. Há quatro formas; masculino singular {o}, masculino plural {os}, feminino singular {a} e feminino plural {as}. Como é átona, a forma masculina singular pronuncia-se [u] tanto no Brasil quanto em Portugal. A forma masculina plural, então, é [us/uʃ] no Brasil e [uʃ] em Portugal. As formas femininas, porém, são diferentes. Em Portugal são [ɐ] e [ɐʃ], mas no Brasil apesar de serem átonas, são [a] e [as/aʃ].[40] ◀≲

Demonstrativos

Os demonstrativos são determinantes que indicam proximidade relativa à posição do emissor ou a algum outro ponto de referência temporal ou nocional: {este, esta, estes, estas} indicam maior proximidade, {esse, essa, esses, essas} indicam distância média e {aquele, aquela, aqueles, aquelas} indicam a maior distância. Em todos os casos, as formas masculinas têm a vogal tônica meio-fechada [é] e as formas femininas, a vogal meio-aberta [ɛ́].[41] ◀≲

Possessivos

Os possessivos masculinos de 1ª (meu/meus), 2ª (teu/teus) e 3ª pessoa singular (seu/seus) e de 3ª pessoa plural (seu/seus) contêm o ditongo {-eu}, cuja vogal nuclear é sempre meio-fechada [é]: assim, [meu̯], [teu̯s], [seu̯], [seu̯s]. Já em 1ª (nosso/nossos/nossa/nossas) e 2ª pessoa plural (vosso/vossos/vossa/vossas), todas as formas contêm a vogal meio-aberta [ɔ] tanto nas formas masculinas como nas femininas: assim, [nɔsu], [nɔsɐs], [vɔsɐ], [vɔsus].[42] ◀≲

Números cardinais

Alguns números cardinais contêm vogais médias em posição tônica e é preciso saber se essas vogais são meio-abertas ou meio-fechadas. Os números até quinze nessa categoria são: [dói̯s], [trés], [séi̯s], [sétʃi], [ói̯tu], [nóvi], [dés], [ózi], [dózi], [trézi] e [katórzi]. É interessante notar o que acontece quando essas vogais viram átonas em combinação com outros números. Na palavra {dezoito}, por exemplo, não se produz mais o elemento [dés]. Já que a vogal é átona, ela se reduz. Em Portugal o número vira [dɨzói̯tu] e no Brasil, [dezói̯tu] ou até [dʒizói̯tu].[43] ◀≲

Números ordinais

Há alguns números ordinais que contêm vogais médias em posição tônica e é preciso saber se essas vogais são meio-abertas ou meio-fechadas. Os números até vinte nessa categoria são: [priméi̯ru/priméi̯ɾu], [terséi̯ɾu/tɨɾséi̯ɾu], [séstu], [sétʃimu], [nóno], [désimu], [viʒézimu].[44] ◀≲

As vogais médias nos advérbios

Os advérbios são uma categoria que não se flexiona, então não exibem alternância. Mesmo assim é importante saber se as vogais médias dos advérbios são meio-abertas ou meio-fechadas. Dos 54 advérbios com vogais médias tônicas no banco de dados, 31 (57,4%) têm vogal meio-fechada e 23 (42,6%) têm vogal meio-aberta. As seguintes listas contêm alguns dos advérbios mais comuns agrupados por timbre da vogal tônica:[45] ◀≲

Meio-fechadas [é] [ó]
{apenas}   [apénɐs/ɐpénɐʃ]
{cedo}   [sédu]
{dentro}   [dénᵗɾu]
{onde}   [óⁿdʒi/óⁿdɨ]
{ontem}   [óⁿtẽɪ̯/óⁿtẽɪ̯]
{pois}   [pói̯s/pói̯ʃ]
{talvez}   [tau̯vés/tau̯véʃ]
{também}   [tẽᵐbéɪ̯/tẽᵐbéɪ̯]

Meio-abertas [ɛ́] [ɔ́]
{após}   [apɔ́s/ɐpɔ́ʃ]
{até}   [atɛ́/ɐtɛ́]
{através}   [atɾavɛ́s/ɐtɾɐvɛ́ʃ]
{derredor} [dehedɔ́ɾ/diʁidɔ́ɾ]
{logo}   [lɔ́gu]
{perto}   [pɛ́ɾtu]
{presto}   [pɾɛ́stu/pɾɛ́ʃtu]
{sós}   [sɔ́s/sɔ́ʃ]

Vale repetir algo já comentado sobre a categoria de advérbios terminados em {-mente}: Esses advérbios derivam-se da forma feminina de um adjetivo à qual se acrescenta o sufixo {-mente}. Essas palavras contêm duas sílabas tônicas: uma no sufixo {-mente} e outra no radical. Como já explicado se a sílaba tônica for uma vogal média, essa vogal mantém seu timbre meio-fechado ou meio-aberto. Assim o adjetivo {cuidadosa} [kwidadóza] torna-se o advérbio {cuidadosa} [kwidadózamẽⁿtʃi].

As vogais médias nas preposições

As preposições são outra categoria não flexionada em que é preciso saber a qualidade vocálica. Há poucas preposições, que são divididas em três grupos. As preposições simples são as tradicionais que se formam de uma só palavra. As que têm vogais médias são: após [após/ɐpóʃ], até [atɛ́/ɐtɛ́], com [kõ], contra [kṍⁿtɾɐ], de [dʒi/dɨ], desde [dézdʒi/dézdɨ], em [ẽɪ̯/ẽɪ̯], entre [ẽⁿtɾi/éⁿtɾi], por [poɾ], sem [sẽɪ̯/sẽɪ̯], sob [sobi/sobɨ] e sobre [sobɾi/sobɾɨ].[46] ◀≲

O segundo grupo de preposições são as chamadas acidentais; são palavras de outras categorias gramaticais que se converteram em preposições. As que têm vogais médias são: afora [afɔ́ɾɐ/ɐfɔ́ɾɐ], como [komu], conforme [kõfɔ́ɾmi/kõfɔ́ɾmɨ], exceto [esétu/iʃsétu], feito [féi̯tu/féi̯tu], fora [fɔ́ɾɐ] e menos [ménus/ménuʃ]. O terceiro grupo são as locuções prepositivas, que são preposições compostas. Podem começar ou não com uma preposição mas sempre contêm uma palavra de outra categoria tônica e sempre terminam com uma preposição simples átona. Exemplos são: *graças a, em frente a, junto a, ao redor de*.[47] ◀≲

Outros exemplos de contraste

A oposição fonológica entre as vogais médias já ficou bem comprovada. Entre os muitos pares mínimos que comprovam a existência dos quatro fonemas /e ɛ o ɔ/, há alguns tipos de oposição muito interessantes porque contrastam palavras de distintas categorias.

O contraste mais numeroso é entre substantivos e verbos. Por exemplo o substantivo {o troco} [tɾóku] contrasta com a forma verbal {eu troco} [tɾɔ́ku]. O substantivo {o jogo} [ʒógu] contrasta com a forma verbal {eu jogo} [ʒɔ́gu]. O substantivo {o acerto} [asértu] contrasta com a forma verbal {eu acerto} [asɛ́ɾtu]. Nem é preciso que essas oposições venham do mesmo radical. Por exemplo, o substantivo {a colher} [koʎɛ́ɾ/kuʎɛ́ɾ] contrasta com o infinitivo do verbo {colher} [koʎéɾ/kuʎéɾ]. O substantivo {o poço} [pósu] contrasta com a forma verbal {eu posso} [pɔ́su].[48] ◀≲

Apesar dos muitos exemplos de contrastes entre substantivos e formas verbais, é importante lembrar que essa alternância não é categórica: existem também casos em que o substantivo e a forma verbal têm a mesma vogal, seja meio-fechada ou meio-aberta. Por exemplo, {eu desejo} e {o desejo} pronunciam-se com vogal meio-fechada [dezéʒu/dizéʒu] como também {eu abono} e {o abono} que se pronunciam [abónu/ɐbónu]. Por exemplo, {ele nega} e {a nega} pronunciam-se com vogal meio-aberta [négɐ] como também {ele amola} e {a mola} que se pronunciam [éljamɔ́lɐ/éɫɐmɔ́lɐ] e [amɔ́lɐ/ɐmɔ́lɐ].[49] ◀⋲

Um outro tipo de contraste é entre verbo e adjetivo. Entre os exemplos desse tipo encontram-se a forma verbal {eu seco} [séku] que contrasta com o adjetivo {seco} [séku] e a forma verbal {eu leso} [lézu] contrasta com o adjetivo {leso} [lézu]. O adjetivo {inglesa} [ĩᵑglézɐ] contrasta com a forma verbal {ela inglesa} (*anglicize*) [ĩᵑglézɐ]. Nessa categoria existem muitos exemplos também de pares análogos por motivos semântico-morfológicos como o adjetivo {fofo} [fófu] e a forma verbal {eu afofo} [afɔ́fu].[50] ◀⋲

Contrastes entre substantivos e adjetivos são mais raros, mas existem. Por exemplo, o substantivo {a sesta} [séstɐ] contrasta com o adjetivo {sexta} [séstɐ].[51] ◀⋲

Existem até contrastes entre substantivos. Por exemplo, o substantivo {o sebo} [sébu] contrasta com o substantivo {o cebo} [sébu]. Entre os pares análogos dessa categoria, existem muitos outros exemplos: {bolo} [bólu] e {bola} [bɔ́lɐ], {porto} [pórtu] e {porta} [pɔ́rtɐ], {pelo} [pélu] e {pela} [pɛ́lɐ].[52] ◀⋲

Com tantos contrastes tão significativos, é fácil ver o quanto é importante acertar na pronúncia do timbre vocálico das vogais médias.

Considerações dialetais quanto às vogais médias

Existem vários pontos em relação às vogais médias em que há diferenças dialetais. A diferença principal ocorre entre as normas cultas do Brasil e de Portugal. Essas diferenças aparecem tanto em posição tônica quanto em posição átona.

Em posição tônica, nas três normas cultas consideradas neste livro, existem sete fonemas vocálicos. Em quase todos os casos, os fonemas são os mesmos. Entretanto é possível encontrar diferenças.

Uma dessas diferenças em posição tônica ocorre com as vogais médias diante de consoantes nasais, como por exemplo na palavra {tônica/tónica}. Apesar de que a última reforma ortográfica teve como objetivo unificar a ortografia dos países lusófonos, deixou que existissem normas diferentes quando representassem pronúncias diferentes. Esse é o caso de {tônico} [tóniku] no Brasil e {tónico} [tɔ́niku] em Portugal. Outro exemplo é {bônus} [bónus] no Brasil e {bónus} [bɔ́nus] em Portugal.

Essa diferença corresponde a uma diferença fonética geral. No Brasil, as vogais meio-abertas fecham-se diante de consoante nasal; quer dizer, as vogais [ɛ] e [ɔ] não costumam aparecer diante de consoante nasal, realizando-se como [e] e [o]. Na maioria dos casos, isso não se reflete na ortografia. Por exemplo, o verbo {comer} é um verbo de alternância radical em Portugal: {ele come} [kɔ́mɨ]. No Brasil não tem alternância devido ao fechamento da vogal diante de consoante nasal: {ele come} [kómi].

As diferenças dialetais em posição átona resultam das diferenças quanto à redução vocálica. Como já foi apresentado, no Brasil, nas normas cultas de São Paulo e do Rio de Janeiro, o sistema vocálico tônico de sete vogais se reduz a cinco em posição átona não final. Isso impede que apareçam [ɛ] e [ɔ] em sílabas átonas, lembrando, porém, que aparecem sim nos casos de palavras com "acento secundário", como já explicado. No Brasil, as vogais meio-abertas só aparecem em sílabas átonas fora das duas normas cultas aqui consideradas, nos dialetos do nordeste.

Como já foi apresentado, em Portugal, na norma culta de Lisboa, o sistema vocálico tônico de sete vogais não sofre a mesma redução que no Brasil; de fato, podem aparecer até dez sons vocálicos. Isso acontece porque os fonemas tônicos em Portugal podem ou não alçar-se e/ou centralizar-se conforme os exemplos da Tab. 13.5.[53] ◀⋲

Alguns recursos úteis

Neste capítulo já se falou sobre a importância de consultar recursos fiáveis em caso de dúvidas. Os recursos podem ser classificados em três categorias: dicionários monolíngues, dicionários bilíngues e dicionários de pronúncia.

Já se falou das limitações dos dicionários monolíngues quanto a sua utilidade como recurso para a pronúncia de palavras. A maioria não apresenta transcrições nem informa de maneira completa e consistente o timbre das vogais médias, sobretudo nas formas conjugadas dos verbos. Uma boa fonte para a pronúncia europeia encontra-se no site da Porto Editora: https://www.infopedia.pt. Não há uma boa referência na internet para a pronúncia brasileira.

Os dicionários bilíngues muitas vezes oferecem boas informações. Os melhores já têm transcrição em AFI que indica o timbre vocálico das vogais médias. Têm também referências a tabelas que informam se há alternância vocálica nas forma verbais.

Um outro recurso muito interessante é o "Dicionário fonético" do "Portal da Língua Portuguesa". Esse recurso indica a pronúncia "padrão" e "não padrão" de São Paulo, Rio de Janeiro e Lisboa (as três normas cultas tratadas neste livro) como também Luanda, Maputo e Dili.

Resumo

O conceito mais importante a se lembrar quanto às vogais meio-abertas e meio-fechadas é que são fonemas. Quem adquire o português precisa simplesmente aprender se as vogais médias de cada palavra que aprende são meio-abertas ou meio-fechadas porque não existem regras para determiná-lo — se existissem regras para determiná-lo, essas vogais não seriam fonemas, pois a regra serviria para especificar a distribuição dos alofones de um só fonema. Vale repetir que, na maioria dos casos, a ortografia não ajuda. Mesmo assim, existem algumas dicas úteis quanto aos fonemas das vogais médias.

As oposições entre as vogais médias /ɛ e/ e /ɔ o/ ocorrem em posição tônica. Devido à redução vocálica que ocorre em posição átona, não existem pares mínimos que contrastem esses pares de fonemas médios nessa posição. No Brasil, a redução deixa só cinco vogais em posição átona não final [i e a o u] e três em posição átona final [i ɐ u]; quer dizer, as vogais [ɛ ɔ] não aparecem em posição átona. A situação em Portugal é bem mais complicada. Apesar das descrições gerais do português europeu indicarem a redução a quatro vogais em posição átona não final [i ɨ ɐ u], depois indicam os casos de não redução — regular e irregular — que resultam na ocorrência das vogais [e ɛ a ɔ o] também em posição átona. O resultado é que para o português

13.5 No português europeu, as sete vogais tônicas podem ou não ser reduzidas por alçamento ou centralização em posição átona.

Fonema	Possíveis reduções	Posição átona	
		Exemplo de não redução	Exemplo de redução
/i/	[i]	{bilateral} [bilɐtiɾáɫ]	{adivinha} [ɐdivíɲɐ]
/e/	[i ɨ]	{erguer} [eɾgéɾ]	{edição} [idisḗṽ]
/ɛ/	[e ɨ]	{aquecer} [akɛséɾ]	{tabelado} [tabɨládu]
/a/	[ɐ]	{açucar} [ɐsúkaɾ]	{actual} [ɐtwáɫ]
/ɔ/	[o u]	{ocupar} [ɔkupáɾ]	{acordar} [ɐkuɾdáɾ]
/o/	[u]	{obedecer} [obɨdiséɾ]	{cortar} [kuɾtáɾ]
/u/		{pular} [puláɾ]	

europeu, é preciso aprender o timbre vocálico tanto das vogais tônicas quanto das vogais átonas não finais.

Além de aprender onde se deve produzir [e ɛ ɔ o] quem aprende português como segundo idioma precisa aprender como produzir [e ɛ ɔ o]. Os sons de [e] e [o] não devem ser produzidos como os ditongos [ej] e [oṷ], que seriam os sons mais próximos do inglês. O som de [ɛ] em português é mais aberto do que o som de [ɛ] em inglês devido à distribuição no espaço vocálico das vogais inglesas [ɛ] e [æ]. Também existe em distintos contextos fonotáticos que em inglês. O som [ɔ] do português é problemático porque, na maioria dos dialetos norte-americanos, só ocorre diante do som de [ɹ], contexto que nunca aparece em português.

Quanto aos substantivos com vogais médias em posição tônica, o aluno simplesmente tem que aprender se a vogal é meio-aberta ou meio-fechada. A vogal é elemento intrínseco da palavra. O mito de que os substantivos terminados em {o} têm vogal tônica meio-fechada [e] ou [o] fica refutado. O mito de que os substantivos terminados em {e} ou {a} têm vogal tônica meio-aberta [ɛ] ou [ɔ] também fica refutado. Existe também uma pequena classe de substantivos com a vogal tônica [o] no singular e [ɔ] no plural. A Tab. 13.6 resume esses dados.

Quanto aos verbos com vogais médias na última sílaba do radical, o aluno simplesmente tem que aprender se o verbo sofre alternância radical (como *levar*) ou não (como *chegar*). Também precisa aprender os distintos padrões de alternância para os verbos da 1ª, 2ª e 3ª conjugações. Além disso, precisa aprender como as formas verbais irregulares de 3ª pessoa plural do pretérito perfeito afetam o imperfeito do subjuntivo e o futuro do subjuntivo. A Tab. 13.7 resume os dados concernentes à alternância vocálica nos verbos.

Quanto aos adjetivos com vogais médias em posição tônica, outra vez, o aluno simplesmente tem que aprender se a vogal é meio-aberta ou meio-fechada na forma masculina singular. Em quase todos os casos, as outras formas mantêm a vogal tônica do masculino singular, seja meio-fechada ou meio-aberta. As únicas exceções são os adjetivos que terminam em {-oso} [ózu] com vogal tônica meio-fechada no masculino singular, mas que tem vogal meio-aberta nas demais formas: [ɔ́zus], [ɔ́zɐ], [ɔ́zɐs]. Essa alternância também se aplica a um grupo muito pequeno de adjetivos não terminados em {-oso}, como {novo} e {grosso}.

O aluno também precisa aprender as formas dos pronomes, dos determinantes, dos advérbios e das preposições.

Perguntas de revisão

1. Por que não existe uma regra para determinar se uma vogal é meio-aberta ou meio-fechada?

2. Comente a redução vocálica em posição átona no Brasil e em Portugal.

13.6 As vogais tônicas médias nos substantivos.

Substantivo terminado em...	Vogal tônica	Porcentagem	Exemplos
{o} 4.023 substantivos	[e o]	73,1%	{medo, sebo, porto, esboço}
	[ɛ ɔ]	25,6%	{teto, afeto, modo, bloco}
	[o] sing. [ɔ] pl.	1,3%	{olho/olhos, jogo/jogos}
{a e} 4.332 substantivos	[ɛ ɔ]	43,0%	{capela, regra, porta, prova}
	[e o]	57,0%	{beleza, caneta, cebola, moça}

Conjugação verbal	Com alternância	Sem alternância	Outras irregularidades
1ª 2.744 verbos	47,5%	51,6	0,9%
2ª 444 verbos	73,4%	23,9%	2,7%
3ª 124 verbos	57,3%	8,0%	34,7%

13.7 A alternância vocálica nas formas verbais com vogal média como última vogal do radical, conjugados no presente do indicativo e no presente do subjuntivo.

3. Comente a não redução vocálica em posição átona em Portugal, tanto regular quanto irregular.

4. Comente o conceito de "acento secundário" e como afeta as vogais médias.

5. O que o anglofalante precisa fazer para pronunciar bem a vogal [e]?

6. O que o anglofalante precisa fazer para pronunciar bem a vogal [ɛ]?

7. O que o anglofalante precisa fazer para pronunciar bem a vogal [o]?

8. O que o anglofalante precisa fazer para pronunciar bem a vogal [ɔ]?

9. Quais são os únicos casos em que a ortografia pode ajudar a especificar o timbre das vogais médias? Dê exemplos.

10. Quais são os casos em que a ortografia não ajuda a especificar o timbre das vogais médias? Dê exemplos.

11. Como é possível saber a qualidade vocálica das vogais médias nos substantivos?

12. Comente a alternância vocálica que pode haver nos substantivos?

13. Dê exemplos de alguns pares mínimos que provem a oposição entre /e/ e /ɛ/.

14. Dê exemplos de alguns pares análogos que provem a oposição entre /e/ e /ɛ/.

15. Dê exemplos de alguns pares mínimos que provem a oposição entre /o/ e /ɔ/.

16. Dê exemplos de alguns pares análogos que provem a oposição entre /o/ e /ɔ/.

17. Qual é o padrão de alternância nos verbos da 1ª conjugação?

18. Qual é o padrão de alternância nos verbos da 2ª conjugação?

19. Quais são os padrões de alternância nos verbos da 3ª conjugação?

20. Como é possível saber se um verbo sofre alternância vocálica?

21. Como uma forma verbal irregular em 3ª pessoa plural do pretérito perfeito afeta outras formas verbais?

22. Como é possível saber a qualidade de uma vogal média tônica nos adjetivos?

23. Comente a alternância vocálica nos adjetivos que terminam em {-oso}.

24. Comente a qualidade vocálica das vogais médias nos pronomes.

25. Comente a qualidade vocálica das vogais médias nos determinantes.

26. Como é possível saber a qualidade de uma vogal média tônica nos advérbios e preposições?

27. Dê exemplos em que a alternância vocálica diferencie um substantivo de uma forma verbal.

Capítulo 13

28. Dê exemplos em que a alternância vocálica diferencie um adjetivo de uma forma verbal.

29. Dê exemplos de pares mínimos ou pares análogos em que a alternância vocálica diferencie dois substantivos.

Exercícios de pronúncia

Pares mínimos/análogos que contrastam /ɛ/ e /e/[54] EX

Pronuncie os seguintes pares mínimos ou pares análogos diferenciando bem o /ɛ/ do /e/ sem ditongação do /e/.

cela	selo
ela	ele
esse ("s" BR)	esse (this)
a messe (crop)	eu meto
pé (foot)	pê ("p")
pele	pelo
prece	preço
sede (headquarters)	sede (thirst)

Pares mínimos/análogos que contrastam /ɔ/ e /o/[55] EX

Pronuncie os seguintes pares mínimos ou pares análogos diferenciando bem o /ɔ/ do /o/ sem ditongação do /o/.

belicosa	belicoso
a bordo	o bordo
boto	bote
corte (cut)	corte (court)
fossa	fosso
óleo	olho
ósseo	osso
porta	porto

Contrastes entre verbos e substantivos com /ɛ/ e /e/[56] EX

Pronuncie os seguintes pares de expressões diferenciando bem o /ɛ/ do /e/ sem ditongação do /e/.

eu adereço	o adereço
eu aperto	o aperto
eu carrego	o carrego
eu começo	o começo
eu gelo	o gelo
eu refresco	o refresco
eu selo	o selo
eu testo	o texto

Contrastes entre verbos e substantivos com /ɔ/ e /o/[57] EX

Pronuncie os seguintes pares de expressões diferenciando bem o /ɔ/ do /o/ sem ditongação do /o/.

eu acordo	o acordo
eu adorno	o adorno
eu almoço	o almoço
eu arroto	o arroto
eu coro	o coro
ele forma	a forma
eu retorno	o retorno
ele soca	o soco

Recursos eletrônicos

1. 🔊 Pares mínimos contrastando as vogais médias e todas as demais vogais do português conforme a Tab. 13.1.

2. 🔊 A redução da vogal meio-aberta [ɛ] em posição átona.

3. 🔊 Oposição inglesa /eɪ̯ ɛ/ e portuguesa /e ɛ eɪ̯/.

Conceitos e termos

alçamento	não redução regular	vogais meio-abertas
alternância vocálica	par análogo	vogais meio-fechadas
centralização	par mínimo	
não redução irregular	redução vocálica	

As vogais meio-abertas e meio-fechadas

4. 🔊 Oposição portuguesa /o ɔ oṷ/ e inglesa /oṷ ɔ/.

5. 🔊 A pronúncia da vogal [ɛ].

6. 🔊 Exemplos de [e ɛ ɔ o].

7. 🔊 Exemplos de [e ɛ ɔ o].

8. 🔊 Exemplos de [e ɛ ɔ o].

9. 🔊 Exemplos de [e ɛ ɔ o].

10. 🔊 Exemplos de [o ɔ].

11. 🔊 As palavras da Tab. 13.4.

12. 🔊 Alternância vocálica nas formas singular e plural de substantivos.

13. 🔊 Não alternância vocálica nas formas singular e plural de substantivos.

14. 🔊 Pares análogos com alternância vocálica nos substantivos.

15. 🔊 Palavras com "acento secundário".

16. 🔊 Palavras com vogais médias diante de /l/ final de palavra.

17. 🔊 A conjugação dos verbos {levar} e {notar} da 1ª conjugação no presente do indicativo e subjuntivo com alternância vocálica.

18. 🔊 A conjugação do verbo {chegar} da 1ª conjugação no presente do indicativo e subjuntivo sem alternância vocálica.

19. 🔊 A conjugação dos verbos {beber} e {mover} da 2ª conjugação no presente do indicativo e subjuntivo com alternância vocálica.

20. 🔊 A conjugação do verbo {romper} da 2ª conjugação no presente do indicativo e subjuntivo sem alternância vocálica.

21. 🔊 Formas verbais do verbo {comer} da 1ª conjugação no presente do indicativo em Portugal e no Brasil.

22. 🔊 A conjugação dos verbos {seguir} e {dormir} da 3ª conjugação no presente do indicativo e subjuntivo com alternância vocálica.

23. 🔊 A conjugação dos verbos {agredir} e {sortir} da 3ª conjugação no presente do indicativo e subjuntivo com alternância vocálica.

24. 🔊 A conjugação do verbo {pedir} e {medir} da 3ª conjugação no presente do indicativo e subjuntivo com alternância vocálica.

25. 🔊 A conjugação do verbo {sentir} da 3ª conjugação no presente do indicativo e subjuntivo com alternância vocálica.

26. 🔊 Formas do imperfeito do subjuntivo.

27. 🔊 A conjugação dos verbos {dever} e {ter} no imperfeito do subjuntivo.

28. 🔊 O pretérito perfeito do indicativo e o imperfeito do subjuntivo dos verbos {dever} e {ter}.

29. 🔊 A conjugação dos verbos {dever} e {ter} no futuro do subjuntivo.

30. 🔊 As formas irregulares de 3ª pessoa plural no pretérito perfeito do indicativo.

31. 🔊 A forma irregular dos verbos {ser/ir} em 3ª pessoa plural no pretérito perfeito do indicativo e nas formas baseadas nela.

32. 🔊 As formas do verbo {fazer} no infinitivo pessoal e do futuro do subjuntivo.

33. 🔊 As formas de adjetivos com vogais tônicas meio-fechadas.

34. 🔊 As formas de adjetivos com vogais tônicas meio-abertas.

35. 🔊 As formas de adjetivos terminados em {-oso} com alternância vocálica.

36. 🔊 As formas de adjetivos cujo masculino singular termina em {-ão}.

37. 🔊 As formas de adjetivos cujo masculino singular termina em {-eu}.

38. 🔊 Os pronomes tônicos.

39. 🔊 Os pronomes átonos.

40. 🔊 Os artigos definidos.

41. 🔊 Os demonstrativos.

42. 🔊 Os possessivos.

43. 🔊 Os números cardinais.
44. 🔊 Os números ordinais.
45. 🔊 Advérbios.
46. 🔊 Preposições simples.
47. 🔊 Preposições acidentais e compostas.
48. 🔊 Contrastes entre substantivos e formas verbais.
49. 🔊 Casos em que os substantivos e a forma verbal têm a mesma vogal.
50. 🔊 Contrastes entre a forma verbal e o adjetivo.
51. 🔊 Contrastes entre substantivos e adjetivos.
52. 🔊 Contrastes entre substantivos.
53. 🔊 Os exemplos da Tab. 13.5 da redução e não redução no português europeu.
54. EX Pares mínimos/análogos que contrastam /e/ e /ɛ/.
55. EX Pares mínimos/análogos que contrastam /o/ e /ɔ/.
56. EX Contrastes entre verbos e substantivos com /e/ e /ɛ/.
57. EX Contrastes entre verbos e substantivos com /o/ e /ɔ/.

Capítulo 14
Encontros vocálicos

A língua portuguesa permite vários tipos de encontros vocálicos que se examinam no presente capítulo. Esses encontros apresentam-se tanto em interior de palavra como também na fonossintaxe quer dizer, entre morfemas e entre palavras. Esses encontros podem resultar numa ligação ou enlace em que as vogais se combinam numa sílaba só ou que ocorrem em sílabas diferentes. Os possíveis encontros vocálicos resultam em quatro fenômenos: 1) fusão vocálica, 2) ditongos/tritongos, 3) sinérese/sinalefa e 4) hiato.

O resultado fonético de um encontro vocálico depende das vogais que formam parte da sequência e de sua posição fonotática. Se as vogais são homólogas, isto é, se a sequência é de dois fonemas idênticos, o resultado é uma **fusão vocálica**. Se um ou dois dos fonemas vocálicos são altos e átonos, o resultado pode ser um **ditongo** ou **tritongo**. Se o encontro vocálico se compõe de duas vogais não altas, o resultado é uma **sinérese** ou **sinalefa**. Se o encontro vocálico é formado por uma vogal alta tônica seguida de uma vogal não alta, o resultado é um **hiato**, ou seja, as vogais pertencem a sílabas diferentes. Há também outros contextos que podem resultar em fusão e hiato. A chave no estudo da realização fonética dos encontros vocálicos são os fenômenos de duração e timbre.

Sendo que os encontros vocálicos ocorrem com certa frequência em português e sendo que os resultados são muito diferentes dos que ocorrem em inglês, é muito importante que o anglofalante que queira adquirir uma boa pronúncia do português, aprenda a lidar bem com esses encontros.

A fusão vocálica

Chama-se fusão vocálica o fenômeno fonético no qual dois sons vocálicos se fundem em uma só vogal. Essas vogais são geralmente homólogas (o mesmo fonema vocálico), mas também há casos em que são heterólogas (dois sons vocálicos diferentes).

O encontro de duas vogais idênticas ocorre em três situações fonotáticas: pode ocorrer dentro de um radical, entre morfemas de uma mesma palavra ou entre palavras distintas. Contudo, a regra geral para a fusão é a mesma nos três casos.

A regra geral é simplesmente que as duas vogais se fundem para formar uma só vogal que será o núcleo silábico de uma só sílaba. Se as duas vogais forem átonas, a vogal resultante também será átona sem alongamento: por exemplo, {quase igual} [kwázigwáɰ]. Se qualquer uma das duas vogais for tônica, a vogal resultante costuma ser tônica e alongada, com duas particularidades. Se a primeira vogal for tônica e a segunda átona pode haver alongamento ou não, sobretudo na fala rápida: por exemplo, {está aqui} pode ser tanto [ɛstáːkí] quanto [ɛstákí]. Se a segunda vogal for tônica, o alongamento pode ser acompanhado por uma mudança de tom e intensidade ao longo da vogal alongada, sobretudo se a segunda vogal pertencer a uma palavra enfatizada. Por exemplo: {vi igrejas/vi ídolos} [víːgreʒɐs/víːdolus].[1] A representação gráfica das regras é a seguinte:

$$V + V \longrightarrow V$$
$$\acute{V} + V \longrightarrow \acute{V}ː$$
$$V + \acute{V} \longrightarrow \acute{V}ː$$
$$\acute{V} + \acute{V} \longrightarrow \acute{V}ː$$

Vogais homólogas entre palavras

Há duas situações em que pode haver vogais homólogas entre palavras em português.

A primeira ocorre quando a vogal final da primeira palavra é átona, ou seja, [i ɐ u ɨ]. A segunda ocorre quando a vogal final da primeira palavra é tônica, ou seja, [í é ɛ́ á ɔ́ ó ú]. Cada uma dessas divisões também pode ser dividida em dois, dependendo da tonicidade da segunda vogal.

Primeira vogal átona e segunda vogal átona

De modo geral, quando a primeira vogal é átona e a segunda também é, há uma simples fusão sem alongamento, porém, há alguns outros fatores a levar em consideração dependendo da vogal. Com a vogal [i] no Brasil há uma simples fusão; assim as palavras {quase igual} viram [kwázigwáṷ]. Com a vogal [ɨ] em Portugal, há também uma simples fusão sem alongamento, mas a vogal produzida é a vogal inicial da segunda palavra; assim as palavras {quase [kwázɨ] igual [igwáɫ]} viram [kwázigwáɫ]. Com a vogal [u] tanto no Brasil quanto em Portugal há uma simples fusão sem alongamento; assim as palavras {caso urgente} viram [kázuʁʒéⁿʧi] e [kázuʁʒéⁿti] respectivamente.[2] ◀︎

O caso da vogal [ɐ] é mais complicado e varia mais entre o Brasil e Portugal. As variações têm que ver principalmente com as duas palavras átonas {a} — o artigo e a preposição. No Brasil a pronúncia dessas palavras é sempre [a] em contraste com o [ɐ] em posição final átona em outras palavras. Em Portugal, porém, sofrem alçamento, convertendo-se em [ɐ], como em qualquer outra palavra.

No Brasil, quando uma palavra que termina em [ɐ] é seguida de uma palavra que começa com [a], há uma fusão à segunda vogal sem alongamento; assim as palavras {essa [ésɐ] ação [aséũ]} viram [ésaséũ]. Em Portugal, quando uma palavra que termina em [ɐ] é seguida de uma palavra que começa com [ɐ], há uma fusão simples sem alongamento; assim as palavras {essa [ésɐ] ação [ɐséũ]} viram [ésɐséũ]. A Tab. 14.1 inclui a regra geral e exemplos da fusão vocálica entre palavras quando as duas vogais são átonas.[3] ◀︎

No Brasil, quando o artigo {a} ou a preposição {a} aparecem diante de uma palavra que começa com /a/, há uma fusão simples em [a]. Na fala comum ocorre sem alongamento: por exemplo, na oração "Comprei a aliança que ela queria" [kõᵐpréjaliésɐ]. Porém quando é preciso destacar a presença do artigo, é possível alongar a vogal. Por exemplo, a resposta à pergunta "Prefere a aliança ou o colar?" pode ser "a aliança" [aːliésɐ]. Em Portugal segue-se o mesmo padrão com [ɐ].[4] ◀︎

O último caso que precisa ser apresentado nesta seção é o da sequência da preposição {a} e os artigos {a} {as} e os demonstrativos {aquele, etc.}. Nesse caso há sempre uma fusão simples em [a] ou [as] tanto no Brasil como em Portugal. Essas fusões refletem-se até na ortografia com o uso do acento grave ou crase para representá-la: {à} {às} e {àquele} {àquelas}, etc.

14.1 A aplicação das regras de fusão de vogais homólogas entre duas palavras com a primeira vogal átona.

Regra	Exemplos ortográficos	Transcrições (Brasil)	Transcrições (Portugal)
V + V → V	{quase igual} {caso urgente} {essa ação}	[kwázigwáṷ] [kázuʁʒéⁿʧi] [ésaséũ]	[kwázigwáɫ] [kázuʁʒéⁿti] [ésɐséũ]
V + V́ → V́ː	{quase íntimo} {caso único} {esta águia}	[kwázĩːⁿʧimu] [kázúːniku] [éstáːgiɐ]	[kwázĩːⁿtimu] [kázúːniku] [éstáːgjɐ]

Primeira vogal átona e segunda vogal tônica

De modo geral, quando a primeira vogal é átona e a segunda é tônica, há uma fusão vocálica com alongamento. Com a vogal [i] tanto no Brasil quanto em Portugal as palavras {quase íntimo} viram [kwázíːⁿʧimu] ou [kwázíːⁿtimu]. Com a vogal [u] tanto no Brasil quanto em Portugal as palavras {caso único} viram [kázúːniku] e [kázúːnɨku] respectivamente.[5]

No Brasil, quando uma palavra que termina em [ɐ] é seguida de uma palavra que começa com [á], pode haver uma fusão à segunda vogal com alongamento vocálico ou pode haver a pronúncia das duas vogais num caso de sinalefa. As palavras {esta [éstɐ] águia [ágiɐ]}, assim, podem ser ou [éstáːgiɐ] ou [éstɐ́ágiɐ]. É semelhante o caso em Portugal: [estáːgjɐ] ou [éstɐ́ágjɐ]. Todos esses casos com sua regra geral encontram-se também na Tab. 14.1.[6]

Primeira vogal tônica e segunda vogal átona

Existem cinco possibilidades de sequências de vogais homólogas em que a primeira vogal é tônica e a segunda átona, pois há somente cinco vogais que sistematicamente ocorrem em posição átona [i e a o u]. O resultado é normalmente uma fusão simples a uma vogal tônica com alongamento. Os exemplos encontram-se na Tab. 14.2.[7]

Primeira vogal tônica e segunda vogal tônica

Existem sete possibilidades de sequências de vogais homólogas em que tanto a primeira como a segunda são vogais tônicas já que todos os sete fonemas vocálicos ocorrem sistematicamente em posição tônica [i e ɛ a ɔ o u]. O resultado é sempre a fusão a uma vogal tônica com alongamento. Os exemplos encontram-se também na Tab. 14.2.[8]

Alongamento vocálico em português

A Fig. 14.3 contém um sonograma e a representação gráfica de amplitude que contrasta a fusão vocálica ocorrida em {está aquí} [estákí] e {está ágil} [estáːʒiʊ̯]. No sonograma vê-se claramente tanto a fusão vocálica quanto o alongamento no caso de

14.2 A aplicação das regras de fusão de vogais homólogas entre duas palavras com a primeira vogal tônica.

Regra	Exemplos ortográficos	Transcrições (Brasil)	Transcrições (Portugal)
$\acute{V} + V \rightarrow \acute{V}{:}$	{vi igrejas}	[víːgɾéʒɐs]	[víːgɾéʒɐʃ]
	{vê efeitos}	[véːfêi̯tus]	[véːfêi̯tuʃ]
	{está aqui}	[estáːkí]	[eʃtáːkí]
	{robô obeso}	[hobóːbézu]	[ʁobóːbézu]
	{caju usável}	[kaʒúːzáveʊ̯]	[kaʒúːzável̴]
$\acute{V} + \acute{V} \rightarrow \acute{V}{:}$	{vi ídolos}	[víːdolus]	[víːduluʃ]
	{vê esse}	[véːsi]	[véːsɨ]
	{fé ética}	[féːʧikɐ]	[féːtikɐ]
	{está ágil}	[estáːʒiʊ̯]	[estáːʒil̴]
	{só ópera}	[sɔ́ːpeɐ]	[sɔ́ːpɨɐ]
	{robô homem}	[hobóːmẽĩ̯]	[ʁobóːmẽĩ̯]
	{caju único}	[kaʒúːniku]	[kaʒúːniku]

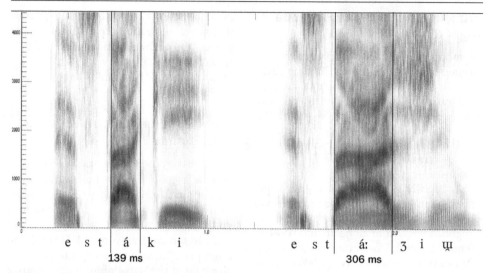

14.3 Sonograma de banda larga de {está aqui} e {está ágil}.

{está ágil}. Nota-se a fusão na continuidade dos formantes das vogais tônicas das duas palavras; ao comparar a vogal [á] de [estákí] com a de [está:ʒiɯ] observa-se que os formantes são constantes e que têm as mesmas frequências. Existem até três diferenças. Primeiro, pode-se observar no sonograma que a vogal [á] de [está:ʒiɯ] dura 122% mais que a vogal [á] de [estákí]. De fato, as vogais alongadas do português costumam durar entre 112% e 189% mais que as vogais não alongadas. Segundo, pode haver um aumento de amplitude em que o volume da vogal alongada aumenta um pouco no final. Também pode haver uma leve mudança de tom em que a porção amplificada sobe ou baixa de tom.[9] ◀ᴇ

As regras de fusão também se aplicam às sequências de três vogais homólogas que podem aparecer em até três palavras. Exemplos desse fenômeno incluem {vai à /a+a/ habitação} e {tenho o urubu}. que pronunciam-se sem alongamento: [vajabitasẽɰ̃] e [téɲurubú]. O fato de haver três vogais homólogas não quer dizer necessariamente que se alongue a vogal, para isso pelo menos uma das vogais homólogas teria que ser tônica. Sendo assim, {foge e migra} e {foge e imigra} produziriam o mesmo resultado fonético, [fóʒimígrɐ], só diferenciáveis pelo contexto. Nesse caso, por questão de clareza, é possível usar alongamento para distingui-los: {foge e migra} [fóʒimígrɐ] e {foge e imigra} [fóʒi:mígrɐ].[10] ◀ᴇ

É importante reconhecer, porém, que essas regras não são absolutas. Há pelo menos dois fatores que podem afetar o resultado fonético. O primeiro é a rapidez da fala. Por exemplo, a sequência {está aqui}, que segundo a regra será [está:ki] pode ser [estáki], sem alongamento, na fala rápida. O segundo fator tem que ver ou com a estrutura sintática ou com ênfase. Por exemplo, a sequência {vi igrejas} vira [ví:greʒɐs], com alongamento; mas quando se tira ênfase da palavra "igrejas" acrescentando um adjetivo, pode desparecer o alongamento e a sequência {vi igrejas novas} pode ser [vígréʒɐsnóvas].

Vogais homólogas entre morfemas da mesma palavra

São dois os tipos de casos que resultam em fonemas vocálicos homólogos. O primeiro tipo resulta de prefixos como *co-* ou *re-* diante de radicais que começam com vogais homólogas como nas palavras *cooperação* ou *reenviar*. Outra vez o tratamento é diferente entre o Brasil e Portugal. No Brasil pode-se alongar a vogal ([ko:peɾasẽɰ̃], [hẽ:viár]) ou não ([koperár], [hẽviár]). Em Portugal forma-se de novo um ditongo: ([kwupɨɾɐsẽɰ̃], [ʀjẽvjár]).[11] ◀ᴇ

O segundo tipo que resulta em vogais homólogas entre morfemas são conjugações verbais. Um dos casos ocorre com verbos da primeira conjugação terminados em -*ear* ou -*oar*. O verbo *passear* (que no Brasil costuma ser pronunciado com hiato em três sílabas tanto como [pa.se.áɾ] quanto como [pa.si.áɾ], mas que em Portugal costuma-se pronunciar com ditongo em duas sílabas como [pɐ.sjáɾ]), por exemplo, tem as formas *passeei* [1ª pessoa singular do pretérito perfeito] e *passeie* e *passeemos* [1ª pessoa singular e plural do presente do subjuntivo]. *Passeei* no Brasil é pronunciado comumente como [pa.si.éi̯] ou [pa.sjéi̯] para distingui-lo bem de *passeie* [pa.séi̯] ou [pa.sé.ji]. Em Portugal essas formas verbais são [pɐ.sjéi̯] e [pɐ.sé.ji]. Na forma *passeemos*, as vogais homólogas fundem-se e alongam-se tanto no Brasil quanto em Portugal, já que é o segundo /e/ que é tônico: [pa.séː.mus] no Brasil e [pɐ.séː.muʃ] em Portugal.¹²◀€

O verbo *magoar* (que no Brasil costuma ser pronunciado com hiato em três sílabas como [ma.go.áɾ] ou [ma.gu.áɾ] mas que em Portugal costuma-se pronunciar com ditongo em duas sílabas como [mɐ.gwáɾ]), por exemplo, tem a forma *magoou* [3ª pessoa singular do pretérito perfeito]. *Magoou* no Brasil é pronunciado comumente como [ma.góːu̯] ou [ma.gu.óu̯]. Em Portugal essa forma verbal é [mɐ.gwóu̯].¹³◀€

Vogais homólogas dentro de um radical

Existem pouquíssimos casos de vogais homólogas dentro de um radical — nenhum deles é de palavra de origem portuguesa. As palavras *caatinga*, *niilista* e *zoologia* contêm vogais átonas homólogas em posição pretônica. Nesse caso a vogal fundida sofre alongamento tanto no Brasil quanto em Portugal. Assim as palavras viram [kaːtʃĩⁿgɐ], [niːlístɐ] e [zoːloʒíɐ] no Brasil e [kɐːtĩⁿgɐ], [niːlístɐ] e [zuːloʒíɐ] em Portugal. Observa-se que essas exceções à regra ocorrem em posição pretônica.

O português brasileiro e o europeu têm soluções fonéticas diferentes para os casos de vogais homólogas em posição átona postônica: No Brasil as vogais simplesmente se fundem sem alongamento como exemplifica a palavra *álcool* [áu̯kou̯]. de acordo com a regra geral. Em Portugal, forma-se um ditongo: [áɫkwɔɫ].¹⁴◀€

Vogais heterólogas entre palavras com a primeira terminada em /a/ átona

Quando a primeira palavra termina em fonema /a/ átono, que se realiza como [ɐ], e a palavra seguinte começa com vogal átona, há uma fusão vocálica: a vogal final [ɐ] da primeira palavra elide-se e só se pronuncia a vogal átona inicial da segunda palavra. Quando a palavra seguinte começa com vogal tônica, a vogal final [ɐ] quase não se pronuncia, produzindo uma sinalefa (fenômeno que será explicado depois) com a vogal tônica inicial da segunda palavra. Essas regras expressam-se da seguinte maneira:

$$\text{ɐ\#} + V \longrightarrow V$$
$$\text{ɐ\#} + \acute{V} \longrightarrow \text{ɐ̯}\acute{V}$$

Um exemplo da aplicação da primeira dessas regras seria a sequência de palavras {casa isolada} que na fala normal vira [kázizoládɐ]. A segunda dessas regras exemplifica-se com a sequência de palavras {cada ilha} que na fala normal vira [kádɐ̯íʎɐ]. A Tab. 14.4 contém exemplos desses tipos de fusão com todas as combinações vocálicas possíveis.¹⁵◀€

Outra vez, é importante reconhecer que essas regras não são absolutas: a rapidez da fala ou a estrutura sintática ou a ênfase podem afetar o resultado. A sequência {adora água} comumente será [adóɾɐ̯águɐ], mas a sequência {adora água pura} vira facilmente [adóɾágwɐpúɾɐ].

Contrações entre preposições e determinantes

Existem alguns casos de contrações entre preposições e certos determinantes que resultam em fusões vocálicas. A preposição {de} sofre fusão na formação de contrações

Regra	Exemplos ortográficos	Transcrições (Brasil)	Transcrições (Portugal)
$ɐ + V_{átona} \rightarrow V$	{casa isolada}	[kázizoládɐ]	[kázizuládɐ]
	{casa excelente}	[kázeselẽⁿʤi]	[kázɐɪ̯ʃselẽⁿti]
	{casa habitada}	[kázabitádɐ]	[kázɐbitádɐ]
	{casa obtida}	[kázobiʧídɐ]	[kázobⁱtídɐ]
	{casa usada}	[kázuzádɐ]	[kázuzádɐ]
$ɐ + V́ \rightarrow ɐ̯V́$	{adora ilhas}	[adɔ́ɾɐ̯íʎɐs]	[ɐdɔ́ɾɐ̯íʎɐʃ]
	{adora êxito}	[adɔ́ɾɐ̯ézitu]	[ɐdɔ́ɾɐ̯ɛi̯zitu]
	{adora elos}	[adɔ́ɾɐ̯ɛ́lus]	[ɐdɔ́ɾɐ̯ɛ́luʃ]
	{adora água}	[adɔ́ɾɐ̯ágwɐ]	[ɐdɔ́ɾɐ̯ágwɐ]
	{adora ovos}	[adɔ́ɾɐ̯óvus]	[ɐdɔ́ɾɐ̯óvuʃ]
	{adora ouro}	[adɔ́ɾɐ̯ówɾu]	[ɐdɔ́ɾɐ̯ówɾu]
	{adora uvas}	[adɔ́ɾɐ̯úvɐs]	[ɐdɔ́ɾɐ̯úvɐʃ]

14.4 A aplicação da regra para a fusão vocálica com uma palavra terminada em [ɐ] e a seguinte começada em qualquer vogal átona ou tônica.

como {do, dos, da, das}, {desse, dessa, daqueles}, etc. A preposição {em} sofre fusão na formação de contrações como {no, nos, na, nas}, {nesse, nessa, naqueles}, etc. Já a preposição {para}, na linguagem oral, costuma sofrer contrações como [pɾu pɾus pɾa pɾas]. As fusões com a preposição {a} já foram comentadas. O mesmo processo ocorre com os pronomes de 3ª pessoa: {dele, deles}, etc., e {nela, nelas}, etc.

Dicas pedagógicas

É importante observar que a solução fonética para as vogais homólogas em inglês é muito diferente da solução em português. A solução em inglês é a introdução de um golpe de glote para separar as duas vogais homólogas. O golpe de glote se produz mediante o fechamento completo das cordas vocais, o que produz uma interrupção total momentânea da corrente de ar que passa pelas cavidades fonadoras. A primeira vogal termina com uma cessação vocálica abrupta. Com essa interrupção, aumenta-se a pressão de ar debaixo das cordas vocais. Depois da interrupção, de duração muito breve, abrem-se de novo as cordas vocais, o que produz uma explosão de ar no início da fonação da segunda vogal. A segunda vogal começa, então, com um ataque vocálico abrupto. Essa solução inglesa é representada graficamente na Fig. 14.5.

No inglês intercala-se um golpe de glote não somente entre vogais homólogas, mas também entre vogais vizinhas. As soluções fonéticas para {cooperate}, {the law of the land} e {free interest} são, então, [kʰoʊ̯ʔápʰəɹeɪ̯t], [ðəlá:ʔəvðəlǽnd] e [fɹíɪ̯ʔíntɹəst].[16] ◀

O anglofalante que queira adquirir uma pronúncia correta do português tem que evitar por completo a transferência negativa do golpe de glote do inglês entre vogais homólogas ou heterólogas e, em vez disso, produzir uma fusão vocálica como se vê na Tab. 14.6.

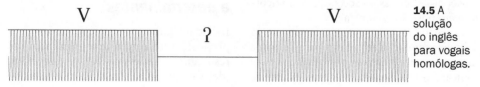

14.5 A solução do inglês para vogais homólogas.

Sequência ortográfica	Transferência negativa do inglês	Pronúncia correta do português
{caso urgente}	*[kázuʔuɾʒẽⁿʤi]	[kázuɾʒẽⁿʤi]
{essa ação}	*[ésɐʔasẽȗ̃]	[ésasẽȗ̃] / [ésɐsẽȗ̃]
{quase íntimo}	*[kwáziʔíⁿʤimu]	[kwázíːⁿʤimu]
{está aquí}	*[estáʔakí]	[estákí]
{só ópera}	*[sóʔópeɐ]	[sóːpeɐ]
{casa isolada}	*[kázɐʔizoládɐ]	[kázizuládɐ]

14.6 A pronúncia correta e incorreta de vogais homólogas ou heterólogas entre duas palavras. Quando há duas possibilidades, a primeira é do Brasil e a segunda de Portugal.

As principais dicas pedagógicas para fusão vocálica em português são:

1. As vogais homólogas fundem-se numa só vogal, sem a intervenção de golpe de glote.
2. Se qualquer das duas vogais homólogas fundidas for tônica, o resultado também será uma vogal tônica.
3. Se a segunda das duas vogais homólogas fundidas for tônica, o resultado será uma vogal alongada.
4. A vogal alongada apresenta um aumento de intensidade ou amplitude e uma mudança de tom no decorrer de sua produção o que permite a percepção das duas vogais.
5. Se uma palavra termina em [ɐ] e a próxima palavra começa com qualquer vogal átona, só se pronuncia a vogal inicial da segunda palavra.
6. Se uma palavra termina em [ɐ] e a próxima palavra começa com qualquer vogal tônica, produz-se uma sinalefa entre [ɐ] e a seguinte vogal tônica.

Conselhos práticos

O anglofalante que queira adquirir uma boa pronúncia dos encontros de vogais homólogas do português deve:

- produzir uma fusão vocálica quando se tem um encontro de vogais homólogas ou;
- alongar o resultado da fusão vocálica quando uma das vogais homólogas é tônica com um aumento de amplitude e uma mudança de tom nessa vogal ou na segunda vogal se as duas forem tônicas;
- elidir a vogal [ɐ] quando aparece em posição final de palavra diante de uma outra palavra que começa com vogal átona,
- evitar a interferência negativa do inglês que resultaria na intercalação de um golpe de glote [ʔ] entre vogais homólogas ou vizinhas.

Ditongos e tritongos

Os ditongos ocorrem quando há um encontro de duas vogais numa só sílaba, sendo pelo menos uma delas uma vogal alta átona. A vogal alta átona pode preceder ou seguir a outra vogal. A vogal alta realiza-se somente como um movimento articulatório ou uma transição acústica; quer dizer, não resulta na produção vocálica com uma posição articulatória constante nem timbre acústico estável. A outra vogal funciona sempre como o núcleo silábico. Se a vogal alta átona precede a outra vogal, o resultado é um **ditongo crescente**. Se a vogal alta átona segue a outra vogal, o resultado é um **ditongo decrescente**.

Em português, quando uma vogal alta átona vem depois de outra vogal, o resultado é sempre um ditongo decrescente. Por outro lado, quando uma vogal alta átona vem diante de outra vogal, o resultado pode ser ditongo crescente ou hiato como se verá mais adiante.

Ditongos crescentes

Os ditongos crescentes ocorrem quando se tem uma vogal alta átona seguida de qualquer outra vogal. Segundo as regras de distribuição já apresentadas, a primeira das duas vogais aparece em posição pré-nuclear e realiza-se como semiconsoante. A estrutura fonética dos ditongos crescentes representa-se da seguinte maneira:

Esses ditongos chamam-se crescentes porque crescem em abertura bucal; isto é, começam com o elemento mais fechado, a semiconsoante, e terminam numa vogal plena como se vê na Fig. 14.7. Os ditongos crescentes são dezesseis: oito que começam com a semiconsoante anterior [ji je jɛ ja jɐ jɔ jo ju] e oito que começam com a semiconsoante posterior [wi we wɛ wa wɐ wɔ wo wu].[17] ◀

A ditongação desses encontros vocálicos ocorre tanto em interior de palavra como entre duas palavras como mostram os exemplos da Tab. 14.8.[18] ◀

Pode-se notar que o núcleo do ditongo, ou seja, a vogal que segue a semiconsoante, pode ser tônico, como na palavra {cambiar} [kɐ̃ᵐbjáɾ], ou átono, como na palavra {cambia} [kɐ̃ᵐbjɐ].[19] ◀

Com respeito à pronúncia de encontros nos quais uma vogal alta átona é seguida de outra vogal, existe uma variabilidade de acordo com diversos parâmetros: a posição das vogais na palavra (se as vogais ocorrem em interior de palavra ou entre duas palavras), o país (Brasil ou Portugal), o timbre da primeira vogal ([i] ou [u] átona), ou a rapidez da fala (lenta, normal ou rápida).

A vogal [i] átona diante de outra vogal na mesma palavra

Em Portugal, a ditongação do [i] diante de outra vogal na mesma palavra é geral independente dos outros fatores já comentados. No Brasil, porém, a situação é mais variável.

Com respeito à vogal [i] no Brasil, a solução fonética é quase sempre um hiato quando a segunda vogal é tônica (assim {piano} vira [pi.ɐ̃.nu]). Quando a segunda vogal é átona não final, a solução é geralmente um hiato também (assim {piedade} [pi.e.dá.dʒi]). Quando a segunda vogal é átona final, a solução varia entre hiato e ditongo crescente (assim {ânsia} vira [ɐ̃.si.ɐ] ou [ɐ̃.sjɐ]).[20] ◀

A vogal [i] átona em posição final seguida de palavra iniciada por outra vogal

Em Portugal, a ditongação do [i] diante de outra vogal na palavra seguinte é também geral independente dos outros fatores já comentados.

No Brasil, nesse contexto, ao contrário do que ocorre com esses encontros em posição interior de palavra, a solução fonética geral, independente da tonicidade da segunda vogal, é ditongo como se vê

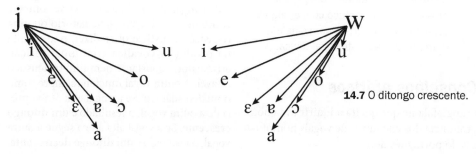

14.7 O ditongo crescente.

na Tab. 14.8. Embora a sequência /iá/ em posição interior de palavra produza um hiato ({piano} [pi.ẽ.nu]), o mesmo encontro entre palavras produz um ditongo ({se Ana for} [sjẽ.nɐ.fóɾ]).[21] ◀⋲

A vogal [u] átona diante de outra vogal na mesma palavra

Como no caso do [i], em Portugal a ditongação do [u] diante de outra vogal na mesma palavra é geral independente dos outros fatores já comentados. Outra vez, no Brasil a situação é mais variável.

Com respeito à vogal [u] no Brasil, a situação é mais complicada: há casos em que só ocorre a ditongação e casos em que ocorre o hiato, mas com possibilidade de ditongo também. Embora a solução fonética do [i] diante de outra vogal tônica seja quase sempre um hiato, a vogal [u] costuma formar um ditongo com a vogal seguinte.

Essa ditongação é de regra sempre que a palavra vem de vocábulo latino com /kw/ ou /gw/: assim as palavras {quatro}, {frequência} e {igual} são [kwátɾu], [fɾekwẽ́sjɐ] e [igwáṷ] sendo impossível a sua pronúncia sem ditongo. Quando a etimologia é outra, porém, o encontro costuma pronunciar-se com hiato, ainda que seja possível a pronúncia com ditongo: assim {cueca} é mais comum como [ku.ékɐ], mas é possível também [kwé.kɐ]. A solução é a mesma diante de uma vogal átona não final: assim {frequentar} [fɾe.kwẽ́ⁿ.táɾ] com ditongo e {crueldade} [kɾu.eṷ.dá.ʤi] com hiato. A solução continua igual diante de vogal átona final: assim {água} [ágwɐ] com ditongo e {mútua} com ditongo [mú.twɐ] ou hiato [mú.tu.ɐ].[22] ◀⋲

Tanto no Brasil quanto em Portugal existe outra situação que possibilita a produção de ditongos crescentes em posição interior de palavra na fala rápida e coloquial: A

14.8 Os ditongos crescentes ocorrem no interior de uma palavra como também entre duas palavras.

Ditongo	Dentro de uma palavra	Entre duas palavras
[ji]	{série} [sɛ́ɾji]	(fusão) {quase ilha} [kwází:ʎɐ]
[je]	{deficiente} [defisjẽ́ⁿʧi]	{se ele} [sjéli]/[sjéli̥]
[jɛ]	{infiel} [ĩfjɛ́ɫ]	{se ela} [sjélɐ]
[ja]	{cambiar} [kẽᵐbjáɾ]	{se alguém} [sjaṷgẽ́ĩ̯]/[sjaɫgẽ́ĩ̯]
[jɐ]	{câmbia} [kẽᵐbjɐ]	{se antes} [sjẽ́ⁿʧis]/[sjẽ́ⁿtiʃ]
[jɔ]	{biólogo} [bjɔ́logu]	{se ótimo} [sjɔ́ʧimu]/[sjɔ́timu]
[jo]	{piolho} [pjóʎu]	{se hoje} [sjóʒi]/[sjóʒi̥]
[ju]	{silêncio} [silẽ́sju]	{ache o azul} [áʃjuazúṷ]/[áʃjuazúɫ]
[wi]	{cuidado} [kwidádu]	{outro inteiro} [óṷtɾwĩⁿtéjɾu]/[óṷtɾwĩⁿtéjɾu]
[we]	{frequência} [fɾekwẽ́sjɐ]	{outro exemplo} [óṷtɾwezẽ́ᵐplu]
[wɛ]	{cueca} [kwékɐ]	{outro eco} [óṷtɾwéku]
[wa]	{quatro} [kwátɾu]	{outro amigo} [óṷtɾwamígu] (Brasil)
[wɐ]	{água} [ágwɐ]	{outro amigo} [óṷtɾwɐmígu] (Portugal)
[wɔ]	{quórum} [kwɔ́ɾũ]	{outro órgão} [óṷtɾwɔ́ɾgẽṷ̃]
[wo]	{aquoso} [akwózu]	{outro olho} [óṷtɾwóʎu] tb. fusão [óṷtɾó:ʎu]
[wu]	{vácuo} [vákwu]	{aprovo o uso} [apɾóvwúzu]

ocorrência de uma vogal /e/ ou /o/ em posição átona que alça-se em [i] ou [u]. Assim as palavras {bobear} e {magoar} podem virar [bobjáɾ] e [magwáɾ].[23] ◀‿

Quanto à relação entre a ortografia e a fonologia, a reforma ortográfica de 1990 introduziu uma falta de correspondência. Antes da reforma, as sequências [kwe], [kwi], [gwe], [gwi] escreviam-se com trema para indicar a presença de ditongo: {qüe}, {qüi}, {güe}, {güi}. As sequências [ke], [ki], [ge], [gi] escreviam-se sem trema: {que}, {qui}, {gue}, {gui}. Com a lamentável e desnecessária decisão de tirar o trema da ortografia portuguesa, agora é impossível saber pela forma escrita se {que} representa [ke] ou [kwe], se {qui} representa [ki] ou [kwi], se {gue} representa [ge] ou [gwe], ou se {gui} representa [gi] ou [gwi].

A vogal [u] átona em posição final seguida de palavra iniciada por outra vogal

Em Portugal, a ditongação do [u] diante de outra vogal na palavra seguinte é também geral independente dos outros fatores já comentados.

No Brasil, nesse contexto, a solução fonética geral independente da tonicidade da segunda vogal é também um ditongo como se vê na Tab. 14.8.

As características fonéticas dos ditongos crescentes

A Fig. 14.9 contém um sonograma da palavra {piada} pronunciada com ditongo [pjá.dɐ] e da palavra {quatro} [kwa.tɾu].[24] ◀‿ Pode-se observar que os primeiros dois formantes dos ditongos [já] e [wá] não começam com valores estáveis, simplesmente apresentam uma transição para os valores estáveis da vogal [a], que é o núcleo silábico. Articulatoriamente, então, as semiconsoantes [j] e [w] são simplesmente movimentos contínuos de um ponto de partida próximo a onde se realizam normalmente as vogais [i] e [u] até a posição do núcleo vocálico. Esse movimento reflete-se na transição dos formantes no sonograma da Fig. 14.9.

Ditongos decrescentes

Os ditongos decrescentes ocorrem quando se juntam uma vogal qualquer e uma vogal

14.9 Sonograma de ditongos crescentes nas palavras {piada} e {quatro}. A semiconsoante [j] começa com valores de 384 Hz para F_1 e 1931 Hz para F_2. A semiconsoante [w] começa com valores de 362 Hz para F_1 e 756 Hz para F_2.

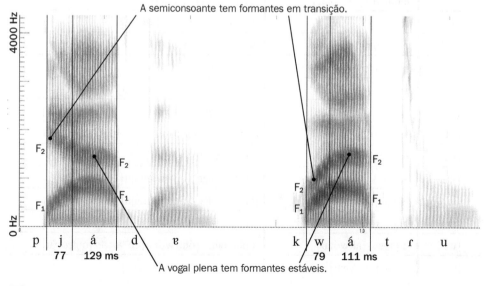

alta átona. Segundo as regras de distribuição já apresentadas, a segunda das duas vogais aparece em posição pós-nuclear e realiza-se como semivogal. Representa-se a estrutura fonética dos ditongos decrescentes da seguinte maneira:

$$V\genfrac{}{}{0pt}{}{\underset{\ }{i}}{\underset{\ }{u}}$$

Esses ditongos chamam-se decrescentes porque decrescem em abertura bucal; quer dizer, começam com uma vogal plena e terminam com um elemento mais fechado, uma semivogal, como se vê na Fig. 14.10. Os ditongos decrescentes são dezesseis: oito que terminam com a semivogal anterior, ou seja, [ii̯ ei̯ ɛi̯ ai̯ ɐi̯ ɔi̯ oi̯ ui̯] e oito que terminam com a semivogal posterior, ou seja, [iu̯ eu̯ ɛu̯ au̯ ɐu̯ ɔu̯ ou̯ uu̯].[25]

Nota-se que o núcleo do ditongo, ou seja, a vogal que precede a semivogal, pode ser tônica, como na palavra {baile} [bái̯li], ou átona, como na palavra {bailar} [bai̯láɾ].

A ditongação dos encontros vocálicos terminados em [i u] ocorrem em interior de palavra e também entre duas palavras como mostram os exemplos da Tab. 14.11.[26] Observa-se que, nos ditongos que ocorrem entre palavras, o núcleo vocálico em posição final de palavra precisa ser tônico, caso contrário a vogal se reduziria a [i ɐ u]. Para as vogais [i u], então, a Tab. 14.11 inclui dois exemplos: um com vogal tônica ao final da primeira palavra e outro com vogal átona ao final da primeira palavra. No caso do /a/ em posição final da primeira palavra dá-se um exemplo em que a vogal é tônica, o que resulta em ditongo ({está irritado} [estái̯hitádu]) e um exemplo em que ela é átona, o que resulta em elisão ({casa isolada} [kázizoláda]).

É importante observar as várias possibilidades que resultam das sequências de duas vogais altas em posição interior de palavra. O fator principal a considerar-se nessas combinações é a tonicidade das vogais. Se as duas vogais são átonas, como na palavra {enviuvar} ou {ajuizar}, a solução mais comum no Brasil é um ditongo decrescente [ẽ.viu̯.váɾ] [a.ʒui̯.záɾ] e em Portugal, um ditongo crescente [ẽ.vju.váɾ] [a.ʒwi.záɾ] (que também são possíveis no Brasil).[27] Já foi apresentado na seção sobre ditongos crescentes o que acontece quando a segunda vogal é tônica ou quando a sequência vem de fonte latina com /kʷi/ ou /gʷi/. Quando a primeira vogal é tônica e a segunda átona sempre forma-se um ditongo decrescente tanto em interior de palavra como entre duas palavras, como nos exemplos da Tab. 14.11.

A Fig. 14.12 contém um sonograma das palavras {baixo} e {pauto}. Pode-se observar que os formantes das semivogais nos ditongos [ái̯] e [áu̯] não terminam com valores estáveis, simplesmente apresentam uma transição dos valores estáveis da vogal [a], que é o núcleo silábico, ao final do ditongo. Articulatoriamente, pois, as semivogais [i̯] e [u̯] são simplesmente movimentos contínuos desde o núcleo da sílaba até um ponto final próximo a onde se realizam normalmente as vogais [i] e [u]. Esse movimento reflete-se na transição dos formantes no sonograma da Fig. 14.12.

Tritongos

Os tritongos representam uma combinação de um ditongo crescente com um ditongo

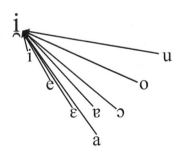
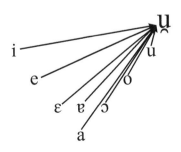

14.10 O ditongo decrescente.

Capítulo 14

Ditongo	Dentro de uma palavra	Entre duas palavras
[ii̯]	{inicie} [inisíi̯]	(fusão) {se irou} [siroṷ] {saí ileso} [saíi̯lézu]
[ei̯]	{sei} [séi̯]	{bebê irritado} [bebéi̯hitádu]
[ɛi̯]	{mil-réis} Br [miṷhéi̯s]	{é irritado} [éi̯hitádu]
[ai̯]	{sai} [sái̯]	{está irritado} [estái̯hitádu]
[ɐ̃i̯]	{eixo} Pt [ɐ̃i̯ʃu]	(elisão) {casa isolada} [kázizoláda]
[ɔi̯]	{rói} [hɔ́i̯]	{dó inútil} [dɔ́i̯núʧiṷ]
[oi̯]	{boi} [bói̯]	{tricô intricado} [trikói̯ⁿtrikádu]
[ui̯]	{gratuito} [gratúi̯tu]	{urubú irritado} [urubúi̯hitádu]
[iṷ]	{viu} [víṷ]	{vi o casal} [víṷkazáṷ]
[eṷ]	{seu} [séṷ]	{sê humilde} [séṷmíṷʤi]
[ɛṷ]	{céu} [sɛ́ṷ]	{sé humilde} [séṷmíṷʤi]
[aṷ]	{pau} [páṷ]	{está ululando} [estáṷluléⁿdu]
[ɐ̃ṷ]	só ocorre com nasalização	(elisão) {casa humilde} [kázumíṷʤi]
[ɔṷ]	não ocorre	{pó ubícuo} [pɔ́ṷbíkwu]
[oṷ]	{vou} [vóṷ]	{avô humilde} [avóṷmíṷʤi]
[uṷ]	{recuo} [hekúṷ]	(fusão) {caso usual} [kázuzuáṷ] {urubu usual} [urubúṷzuáṷ]

14.11 Os ditongos decrescentes ocorrem no interior de uma palavra como também entre duas palavras.

14.12 Sonograma de ditongos decrescentes nas palavras {baixo} e {pauto}. A semivogal [i̯] termina com valores de 285 Hz para F_1 e 2150 Hz para F_2. A semivogal [ṷ] termina com valores de 252 Hz para F_1 e 691 Hz para F_2.

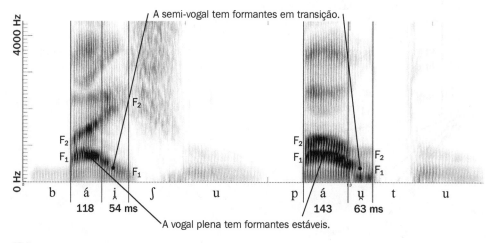

Encontros vocálicos

Tritongos com núcleo vocálico /e/			Tritongos com núcleo vocálico /o/		
[jei̯]	{passeei}	[pa.sjéi̯]*	[joi̯]	{disse oito}	[dʒí.sjói̯.tu]
[jeu̯]	{disse eu}	[dʒi.sjéu̯]	[jou̯]	{passe ou não}	[pá.sjóu̯.nẽũ̯]
[wei̯]	{aguei}	[a.gwéi̯]	[woi̯]	{acho oito}	[á.ʃwói̯.tu]
[weu̯]	{passo eu}	[pá.swéu̯]	[wou̯]	{continuou}	[kõ.tʃi.nwóu̯]*
Tritongos com núcleo vocálico /ɛ/			Tritongos com núcleo vocálico /ɔ/		
[jɛi̯]	{fiéis}	[fjɛ́i̯s]*	[jɔi̯]	{Maceió ileso}	[ma.se.jɔ́i̯.lé.zu]
[jɛu̯]	{e é urgente}	[jɛ́u̯.ʒẽⁿ.tʃi]	[jɔu̯]	{Maceió usual}	[ma.se.jɔ́u̯.zu.áu̯]
[wɛi̯]	{o caso é ideal}	[u.ká.zwɛ́i̯.deáu̯]	[wɔi̯]	{faço "ó" igual}	[fá.swɔ́i̯.gwáu̯]
[wɛu̯]	{o caso é usual}	[u.ká.zwɛ́u̯.zu.áu̯]	[wɔu̯]	{faço "ó" uma vez}	[fá.swɔ́u̯.mɐ.vés]
Tritongos com núcleo vocálico /a/					
[jai̯]	{confiai}	[kõ.fjái̯]*	[wai̯]	{enxaguai}	[ẽ.ʃa.gwái̯]
[jɐu̯]	{cede ao pai}	[sé.dʒjɐu̯.pái̯]	[wɐu̯]	{carro autônomo}	[ká.hwɐ́u̯.tó.no.mu]

14.13 As vinte sequências vocálicas que poderiam produzir tritongos. O asterico indica que no Brasil a pronúncia mais comum é de uma vogal seguida de ditongo decrescente.

decrescente. Ocorrem quando se juntam três vogais em uma só sílaba sendo a primeira vogal alta átona, a segunda vogal não alta e a terceira vogal alta átona. A realização fonética é de semiconsoante seguida de vogal não alta, que é o núcleo silábico, seguida de semivogal. Pode-se representar a estrutura fonética dos tritongos da seguinte maneira:

$$\begin{matrix} j & & i̯ \\ & V & \\ w & & u̯ \end{matrix}$$

Segundo essa estrutura, há vinte possíveis tritongos, porém os casos com [ɛ] e [ɔ] são raríssimos, pois fonotaticamente só podem ocorrer numa sequência de três palavras com a palavra {é} (verbo) ou a palavra {o} (o nome da letra do alfabeto) no meio. Os exemplos de tritongos em geral são escassos em comparação com os exemplos de ditongos em português. Há poucos exemplos de tritongos em interior de palavra; a maioria ocorre entre duas ou até três palavras. Os vinte encontros vocálicos que produzem tritongos encontram-se na Tab. 14.13 com exemplos.[28] ◀

É importante lembrar que os tritongos precisam seguir o modelo apresentado e que eles não são simplesmente sequências de três vogais. Por exemplo, as sequências de três vogais que aparecem nas palavras {saia} e {saía} não são tritongos, porque não começam nem terminam com vogal alta átona e a vogal nuclear é alta. As realizações fonéticas são respectivamente [sái̯.ɐ] e [sa.í.ɐ]. A palavra {saía} tem três sílabas devido aos dois hiatos. A palavra {sáia} tem duas sílabas: o encontro vocálico formado por ditongo decrescente seguido de hiato entre [ái̯] e [ɐ].

Em Portugal a regra é a formação de tritongos com essas sequências. Assim, a palavra {associais} pronuncia-se geralmente como [a.so.sjái̯s] em Portugal. No Brasil, porém, devido à tendência de não produzir ditongos crescentes em interior de palavra, sobretudo com vogal tônica, a pronúncia mais comum costuma ser [a.so.si.ái̯s]. A exceção é quando se tem a sequência [kw] ou [gw] de etimologia latina. Assim, no Brasil, a palavra {continuai} costuma ser

Capítulo 14

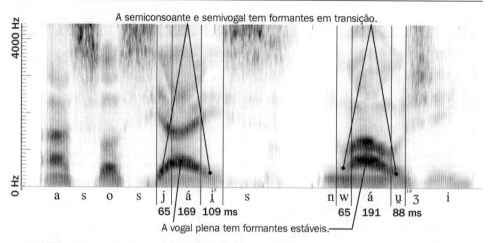

14.14 Sonograma dos tritongos em {associais} e {no auge}.

pronunciada [kõⁿ.ʧi.nu.ái̯], ainda que seja possível [kõⁿ.ʧi.nwái̯]. Por outro lado, a palavra {enxaguai} só pode ser pronunciada com tritongo [ẽ.ʃa.gwái̯], sendo impossível *[ẽ.ʃa.gu.ái̯].

A Fig. 14.14 contém um sonograma da palavra {associais} e a sequência {no auge}. Pode-se observar que os primeiros dois formantes dos tritongos [jái̯] e [wáu̯] não começam nem terminam com valores estáveis. Portanto, articulatoriamente as semiconsoantes [j] e [w] são simplesmente movimentos contínuos de um ponto de partida próximo ao ponto de articulação normal das vogais [i] e [u] até a posição do núcleo vocálico. As semivogais [i̯] e [u̯] são simplesmente movimentos contínuos do núcleo da sílaba até um ponto final próximo ao ponto de articulação normal das vogais [i] e [u]. Esses movimentos refletem-se nas transições dos formantes no sonograma da Fig. 14.14.

Considerações fonológicas

A primeira consideração fonológica a ser tratada é a diferença que há entre os ditongos do inglês e os ditongos do português. A diferença fonológica entre os ditongos do português e do inglês já foi apresentada no Capítulo 12. Repete-se aqui o quadro que contrasta a análise dos ditongos [ei̯], [ou̯] e [ai̯] que são os únicos ditongos decrescentes que ocorrem nos dois idiomas. A Tab. 14.15 apresenta exemplos desses ditongos tanto em inglês como em português com a sua transcrição fonética e estrutura fonológica.

14.15 Exemplos dos ditongos [ei̯], [ou̯] e [ai̯] em inglês e em português.

Inglês			Português		
EXEMPLO	TRANSCRIÇÃO FONÉTICA	ESTRUTURA FONOLÓGICA	EXEMPLO	TRANSCRIÇÃO FONÉTICA	ESTRUTURA FONOLÓGICA
base	[ˈbei̯s]	CVC /b/ + /ei̯/ + /s/	seis	[séi̯s]	CVVC /s/ + /é/ + /i/ + /s/
vote	[ˈvou̯t]	CVC /v/ + /ou̯/ + /t/	vou	[vóu̯]	CVV /v/ + /ó/ + /u/
height	[ˈhai̯t]	CVC /h/ + /ai̯/ + /t/	vai	[vái̯]	CVV /v/ + /á/ + /i/

Em suma, a diferença mais significativa é a da estrutura fonológica. No caso do inglês, o ditongo fonético [ei̯] representa um fonema só /ei̯/, sendo o ditongo um complexo vocálico que funciona em si como o núcleo da sílaba. No caso do português, o ditongo fonético [ei̯] representa dois fonemas, sendo o fonema /e/ o núcleo da sílaba, seguido do fonema /i/ que ocorre foneticamente como semivogal na coda silábica. Uma prova de que os ditongos têm que ser analisados assim, é que em português existem pares de palavras em que o fonema vocálico /e/ ocorre seguido ou não do fonema /i/, como no caso de [péi̯nɐ/péi̯na] {peina} e [pénɐ] {pena} ou no caso de [séi̯/séi̯] {sei} e [sé/sê]. Em inglês tais oposições são impossíveis. O mesmo tipo de contraste acontece com [o/ou̯] e com [a/ai̯]. Vê-se isso ao comparar as palavras [vó/vóu̯] {vô/vou} e as palavras [vá/vái̯] {vá/vai}. Outra vez, tais contrastes são impossíveis em inglês, pois os ditongos em si representam um fonema só, como mostra a Tab. 14.15.[29] 🔈

A segunda consideração fonológica tem a ver com a especificação fonemática das sequências [kw] e [gw] especificamente e dos ditongos crescentes que começam com /u/ em geral, quando esses ocorrem em interior de palavra. Em Portugal, a análise é simples: o [w] sempre se deriva do fonema /u/, já que o /u/ átono diante de outra vogal sempre se realiza como [w], formando um ditongo crescente.

No Brasil, porém, como já se apresentou, há casos em que o ditongo é obrigatório e casos em que é optativo. Assim as palavras {água} e {averiguar} só podem ser pronunciadas com ditongo crescente: [á.gwɐ] e [a.ve.ɾi.gwáɾ]. Por outro lado as palavras {cueca} e {continuar} podem ser pronunciadas com hiato (que é mais comum) ou com ditongo: [ku.é.kɐ/kwé.kɐ] e [kõⁿ.tʃi.nu.áɾ/kõⁿ.tʃi.nwáɾ]. O problema é como especificar fonologicamente as situações em que a ditongação é obrigatória e aquelas em que a realização é preferencialmente feita com hiato.[30] 🔈

Uma possível solução para o Brasil seria postular um fonema /w/ que apareceria na especificação das palavras em que a ditongação é obrigatória. Assim, a especificação fonológica da palavra {sequência} [se.kwẽ.sjɐ] seria /sekwéNsia/ e a da palavra {água} [á.gwɐ] seria /ágwa/. Para as palavras que costumam ser pronunciadas com hiato, mas em que o ditongo é também possível a especificação fonológica seria com /u/, que seria pronunciada como [u] ante um limite silábico e [w] não havendo um limite entre o fonema /u/ e a vogal seguinte. Dessa forma, as palavras {cueca} e {dual} seriam, fonologicamente, /kuéka/ e /duál/ com a pronúncia de [ku.é.kɐ/kwé.kɐ] e [du.áu̯/dwáu̯].[31] 🔈

Essa possível solução não é isenta de problemas. A proposição de um fonema /w/ é problemática porque não existe nenhum exemplo de par mínimo em que o uso do fonema /u/ em vez do fonema /w/ resultaria em oposição. Só serviria para indicar quando o encontro de uma vogal alta átona posterior seguida de outra vogal obrigatoriamente formaria ditongo crescente, impossibilitando uma realização com hiato. Assim a palavra {quatro}, com a especificação fonológica de /kwá.tɾo/ teria que ser pronunciada [kwá.tɾu] e nunca *[ku.á.tɾu]. Fonotaticamente o fonema /w/ só poderia aparecer depois do fonemas /k/ ou /g/, porque etimologicamente vem do /k^w/ e /g^w/ do latim.

Variação dialetal

Há duas variações dialetais concernentes a ditongos que merecem atenção. A primeira é a ditongação que ocorre na norma culta do Rio de Janeiro com a inserção da semivogal [i̯] entre uma vogal tônica e o arquifonema /S/. Assim as palavras {vez, paz, nós, luz} viram [véi̯ʃ / pái̯ʃ / nɔ́i̯ʃ / lúi̯ʃ]. Observa-se que nesse caso a regra de distribuição para o arquifonema /S/ que se emprega é a com palatalização. Essa ditongação ocorre mesmo quando as palavras homófonas tem estruturas fonológicas diversas, como nos casos em que /S/ final faz parte do radical de uma palavra, mas não da outra. Por exemplo: {paz} 'peace' /páS/ e {pás} 'shovels' /pá+S/, ambas pronunciadas como [pái̯ʃ]. Outras vezes, palavras que não seriam homófonas, tornam-se homófonas devido à ditongação. Isso é o que acontece, por exemplo, com as palavras {mas} e {mais}: a palavra {mas} /maS/, sofre ditongação e é realizada [mai̯ʃ], o que a torna homófona à palavra {mais} /maiS/.

283

Capítulo 14

Tipo de ditongo	Forma fonológica	Forma fonética	
ditongo crescente (cresce em abertura começando com semiconsoante)	/iV/ /uV/ vogal /i/ ou /u/ átona seguida de outra vogal	[ji] [je] [jɛ] [ja] [jɐ] [jɔ] [jo] [ju]	[wi] [we] [wɛ] [wa] [wɐ] [wɔ] [wo] [wu]
ditongo decrescente (decresce em abertura terminando em semivogal)	/Vi/ /Vu/ vogal seguida de vogal /i/ ou /u/ átona	[ii̯] [ei̯] [ɛi̯] [ai̯] [ɐi̯] [ɔi̯] [oi̯] [ui̯]	[iu̯] [eu̯] [ɛu̯] [au̯] [ɐu̯] [ɔu̯] [ou̯] [uu̯]

14.16 As diferenças entre os ditongos crescentes e decrescentes.

Outra variação é a monotongação que ocorre na fala dialetal do Alentejo em Portugal. Essa interessante variação não é da norma culta, mas ocorre quando os ditongos /ei/ [ei̯/ɐi̯] e [ou̯] da norma culta viram [e] e [o] como por exemplo nas palavras {ferreiro} [feréru] e {outono} [otónu].

Dicas pedagógicas

Ditongos

O princípio básico do qual o aluno deve lembrar-se é que os ditongos resultam do encontro de duas vogais, sendo pelo menos uma delas ao mesmo tempo alta e átona. Nesses casos, as duas vogais pronunciam-se numa sílaba só. Os ditongos são de dois tipos: crescentes e decrescentes. A Tab. 14.16 mostra as diferenças entre esses dois tipos de ditongo.

De modo geral, o núcleo vocálico de uma sílaba com ditongo é a vogal mais aberta. É preciso examinar, porém, o que acontece quando as duas vogais são altas — /i/ e /u/. Em português existem todas as possibilidades — tanto a primeira como a segunda vogal do ditongo pode ser a tônica. Seguem-se as quatro possibilidades:

[íu̯]   {viu}   [víu̯]
[úi̯]   {gratuito} [gra.túi̯.tu]
[iú]   {viúva}   [vi.ú.vɐ/vjú.vɐ]
[uí]   {juízo}   [ʒu.í.zu/ʒwí.zu]

A vogal tônica em segunda posição costuma produzir hiato no Brasil e ditongo crescente em Portugal. Ainda observa-se a preferência geral por ditongo decrescente, que escreve-se sem acento ortográfico. Já o hiato ou ditongo crescente precisa de acento ortográfico.[32]

Existe também a possibilidade de que as duas vogais altas sejam foneticamente homólogas. São quatro as possibilidades:

[íi̯]   {envie}   [ẽv.íi̯]
[ji/i] {série}   [sé.rji/sé.ri]
[úu̯]   {atuo}   [a.túu̯]
[wu]   {mútuo}   [mú.twu]

Quando a primeira vogal é tônica costuma-se produzir um ditongo decrescente em que a amplitude e o tom diminui na semivogal. Quando as duas vogais são átonas, produz-se um ditongo crescente (ou simplesmente uma vogal plena no caso do [i]).[33]

É interessante notar que enquanto o espanhol tem preferência pelo ditongo crescente, o português prefere o ditongo decrescente. O caso da forma verbal {fui}

Núcleo vocálico	Vogais plenas		Ditongos	
i	fi ri rir	[fí] [hí] [híɾ]	fie rio ruir	[fíj̑] [híu̯] [ʀwíɾ]
e	tema dês sente atemos	[téma] [dés] [séⁿti] [atémus]	teima deus ciente atuemos	[téj̑mɐ] [déu̯s] [sjéⁿti] [atwémus]
a	arar ato vagem fraga	[aɾáɾ] [átu] [váʒéj̑] [fráɡɐ]	airar auto viagem frágua	[aj̑ɾáɾ] [áu̯to] [vjáʒéj̑] [fráɡwa]
o	novo vô bombo contigo	[nóvu] [vó] [bóᵐbu] [kõⁿʧigu]	noivo vou biombo contíguo	[nój̑vu] [vóu̯] [bjóᵐbu] [kõⁿʧigwu]
u	tu ato mudo	[tú] [átu] [múdu]	Tui atuo miúdo	[túj̑] [atúu̯] [mjúdu]

14.17 Exemplos da distinção entre vogais plenas e ditongos. No caso dos encontros com /i u/ em primeira posição, costuma-se produzir hiato no Brasil e ditongo crescente em Portugal. OBS: Não há exemplos de nem [ji] nem [wu] em interior de palavra.

mostra essas preferências. Em espanhol é pronunciada [fwí], com ditongo crescente; em português, [fúj̑], com ditongo decrescente.³⁴ ◀≶

É muito importante que o aluno aprenda a produzir ditongos não somente em posição interior de palavra, mas também entre duas palavras. Isso se aplica tanto aos ditongos crescentes, como mostra a Tab. 14.8, quanto aos ditongos decrescentes, como mostra a Tab. 14.11.

Quanto ao encontro formado por vogal alta átona seguida de outra vogal tônica, o aluno deve-se lembrar que no Brasil, em interior de palavra, a tendência é produzir hiato e, entre duas palavras, ditongo crescente: assim, a palavra {enviar} costuma ser pronunciada [ẽ.vi.áɾ] e a sequência {cabe algo}, [ká.bjáu̯.gu]. Já em Portugal, a tendência é produzir sempre ditongo crescente: assim, a palavra {enviar} é pronunciada [ẽ.vjáɾ]; em Portugal não ocorre esse encontro fonético entre palavras e a pronúncia da sequência {cabe algo} é [kábɨáɫgu].³⁵ ◀≶

O aluno também precisa reconhecer a distinção que há em português entre vogais plenas e ditongos. Já foi comentada a diferença fonológica entre os ditongos do inglês e do português, mas é preciso observar que, no próprio português, existem contrastes de timbre muito importantes entre vogais plenas e ditongos que podem ocasionar erros de pronúncia e causar dificuldades de compreensão. A Tab. 14.17 contém exemplos desse tipo de contraste.³⁶ ◀≶

O anglofalante precisa ter especial cuidado quanto à distinção entre [e/ej̑] e [o/ou̯] pois nem [e] nem [o] existem em inglês. A tendência do anglofalante é de produzir as palavras {sê} e {vô} como *[séj̑] e *[vóu̯] em vez do certo que é [sé] e [vó]. Por outro lado, o hispanofalante que aprende português precisa ter cuidado especial para pronunciar os ditongos decrescentes [ej̑] e [ou̯] nos seus devidos lugares. Isso é evidente nas formas verbais {falei} e {falou} que tem que ser pronunciadas como [faléj̑] e [falóu̯] e não com a terminação de vogal plena como em espanhol {hablé} {habló} [aβlé] [aβló].³⁷ ◀≶

Comparando-se os exemplos da Tab. 14.17, vê-se que a duração e o timbre têm papéis muito importantes na diferenciação entre as vogais plenas e os ditongos. De fato, nos sonogramas das Figuras 14.9, 14.12 e 14.14 veem-se claramente as mudanças de timbre nas transições dos formantes das semiconsoantes e das semivogais e a estabilidade do timbre dos núcleos silábicos. A Fig. 14.18 mostra as diferenças de timbre entre os formantes das vogais plenas [i u], a posição inicial das semiconsoantes [j w] e a posição final das semivogais [i̯ u̯]. Pode-se notar que os sons mais fechados são as vogais plenas. As semivogais são mais abertas e mais centralizadas. As duas semiconsoantes são ainda um pouco mais abertas e mais centralizadas.

Há outro fenômeno relativo a ditongos que precisa ser descrito. Ele ocorre quando, em uma sequência de três vogais, a vogal do meio é alta e átona. Teoricamente há três possíveis soluções fonéticas: 1) três sílabas [V.V.V], ou seja, a produção de hiato entre cada uma das vogais, 2) duas sílabas [VV.V], ou seja, um ditongo decrescente seguido de outra vogal, ou 3) duas sílabas [V.VV], ou seja, vogal seguida de ditongo decrescente. Como já visto anteriormente, em interior de palavra o ditongo decrescente predomina. Assim, a palavra {feiura} produz-se sistematicamente como [féi̯.ú.ɾɐ]. Entre palavras, porém é o ditongo crescente que prevalece. Assim é comum que a sequência {estou aqui} se pronuncie [es.tó.wa.ki] em vez de [es.tóu̯.a.ki].[38] ◀≶

Tritongos

O aluno deve levar em conta que os tritongos, encontros de três vogais seguidas produzidas na mesma sílaba, só podem ocorrer quando a sequência de vogais é vogal alta átona seguida de vogal não alta seguida, por sua vez, de outra vogal alta átona. O tritongo pode ser considerado então como uma combinação de um ditongo crescente e um ditongo decrescente. É importante observar que essas sequências nem sempre produzem tritongos, sobretudo no Brasil, onde em posição interior de palavra não se produzem ditongos crescentes com a frequência com que se produzem em Portugal. Assim, a palavra {fiéis} no Brasil costuma ser [fi.éi̯s] sem tritongo, mas em Portugal é [fjéi̯s] com tritongo.[39] ◀≶

Comparação entre ditongos e tritongos

A Fig. 14.19 contém um gráfico que mostra a duração relativa da vogal simples, do ditongo crescente, do ditongo decrescente e do tritongo. A duração das sequências é medida em milissegundos. O ditongo crescente dura em média 42% mais que a vogal simples. O ditongo decrescente dura em média 36% mais que a vogal simples. O tritongo dura em média 147% mais que a vogal simples. Em todas essas sequências, o elemento mais longo é o núcleo silábico, apesar de ser

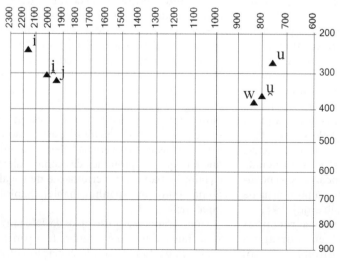

14.18 A posição das vogais [i u] do português, a posição inicial das semiconsoantes [j w] e a posição final das semivogais [i̯ u̯].

sempre mais curto que uma vogal plena. De fato, o núcleo vocálico de um ditongo ou tritongo dura em média consistentemente 4% menos que uma vogal simples.

No ditongo crescente, 39% corresponde à semiconsoante e 61% ao núcleo vocálico. No ditongo decrescente, 69% corresponde ao núcleo vocálico e 31% à semivogal. Quanto à duração relativa da transição e do núcleo vocálico, o ditongo crescente é quase uma perfeita inversão do ditongo decrescente, só que a duração deste é maior que a daquele.

A duração do tritongo não corresponde à mera soma da duração do ditongo crescente à do ditongo decrescente que o compõem. A semiconsoante representa 19% do tritongo e é relativamente mais curta que no ditongo crescente. O núcleo corresponde a 52% do tritongo e dura relativamente mais que no ditongo crescente e no ditongo decrescente. A semivogal representa 29% do tritongo e também dura relativamente mais que no ditongo decrescente.

É muito importante saber que essas diferenças de duração existem em português. Mesmo assim, os ditongos do português são relativamente mais curtos que os núcleos vocálicos complexos do inglês. Portanto, o aluno tem que tentar produzir o ditongo de uma maneira breve, mais ou menos equivalente à duração de uma vogal simples.

Conselhos práticos

O anglofalante que queira adquirir uma boa pronúncia dos ditongos e tritongos do português deve:

- lembrar que, no Brasil, o encontro de /i/ átono com uma vogal tônica em posição interior de palavra costuma resultar em hiato e em ditongo crescente ante vogal átona;
- lembrar que, em Portugal, o encontro de /i/ átono com outra vogal costuma resultar em ditongo crescente,
- lembrar que o encontro de /i/ átono entre palavras, costuma resultar em ditongo crescente tanto no Brasil quanto em Portugal;
- lembrar que o encontro de /u/ átono com outra vogal em posição interior de palavra, costuma resultar em hiato no Brasil (exceto grupos [k^w g^w] do latim) e em ditongo crescente em Portugal;
- lembrar que o encontro de uma vogal com /i/ ou /u/ átono sempre resulta em ditongo decrescente;
- lembrar que o português tem preferência por ditongo decrescente;
- lembrar que em posição interior de palavra a sequência /i/ ou /u/ átono mais vogal mais /i/ ou /u/ átono resulta em duas sílabas (vogal/hiato/ ditongo decrescente) no Brasil e tritongo em Portugal;
- acertar a diferença fonética entre as vogais plenas [e/o] e os ditongos decrescentes [ei̯/ou̯];
- produzir os ditongos e tritongos com duração mais curta que os do inglês;
- produzir as semiconsoantes e semivogais como transições, quer dizer, com um movimento contínuo ligado aos formantes estáveis do núcleo vocálico.

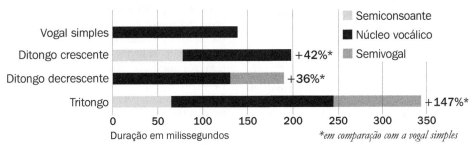

14.19 A duração relativa em milissegundos das vogais simples, dos ditongos crescentes, dos ditongos decrescentes e dos tritongos. Indica-se também a composição interna dos encontros vocálicos.

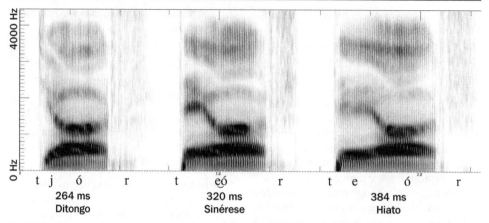

14.20 Sonograma de {teor} pronunciado com ditongo, sinérese e hiato.

Sinérese e sinalefa

Tradicionalmente, define-se sinérese como sendo "a passagem de um hiato a ditongo no interior da palavra" e sinalefa como sendo "a ditongação do hiato [...] entre vocábulos".[1] Segundo essas definições vários dos diversos casos de ditongação e tritongação citados em seções anteriores deste livro poderiam ser classificados como casos de sinérese ou de sinalefa: {cueca} [kwé.kɐ] e {se ela} [sjé.lɐ], por exemplo.

Considerando-se que os ditongos são ocorrências de semiconsoante mais vogal ou de vogal mais semivogal na mesma sílaba e que tritongos são ocorrências de semiconsoante mais vogal mais semivogal na mesma sílaba, a definição tradicional de sinérese e sinalefa não é foneticamente completa. Isso porque pode ocorrer de, na pronúncia, dois fonemas vocálicos distintos que normalmente pertenceriam a diferentes sílabas unirem-se em uma única sílaba, sem que um deles se transforme necessariamente em semiconsoante nem semivogal. Neste livro, os termos sinérese e sinalefa serão usados exclusivamente com referência à junção de duas vogais não altas em uma sílaba só sem que haja ditongação fonética.

Assim, sinérese e sinalefa ocorrem entre vogais não altas que não sofrem alçamento a vogais altas, pois, se sofressem, formariam ditongos. Há vinte encontros dessas vogais não altas que poderiam resultar em sinérese ou sinalefa: /eɛ/, /ea/, /eɔ/, /eo/, /ɛe/, /ɛa/, /ɛɔ/, /ɛo/, /ae/, /aɛ/, /aɔ/, /ao/, /ɔe/, /ɔɛ/, /ɔa/, /ɔo/, /oe/, /oɛ/, /oa/, /oɔ/. Nessas combinações, pode ser tônica a primeira vogal (V́V) ou a segunda vogal (VV́), ou ambas podem ser tônicas (V́V́) ou átonas (VV). Teoricamente todas essas combinações poderiam resultar em sinalefa; todas também poderiam resultar em sinérese com a exceção de que duas vogais tônicas não podem ocorrer na mesma palavra e que /ɛ/ e /ɔ/ não podem ser átonas. Já que as duas vogais ocorrem na mesma sílaba, o núcleo silábico dos casos de sinérese e sinalefa chama-se **núcleo bivocálico**.

Segundo essas definições fonéticas, essencialmente, a sinérese e a sinalefa são o mesmo fenômeno; diferem somente no contexto em que ocorrem. Transcreve-se o enlace fonético resultante da sinérese ou sinalefa com uma ligadura (‿) entre as duas vogais combinadas. Por exemplo, a sequência [ea] em {real} [heáw] é sinérese mas em {vê algo} [véáwgu] é sinalefa.[40]

Com respeito à sinérese, nem todas as sequências teóricas existem e, dependendo da rapidez de fala, nem todas resultam em sinérese. A palavra {teor}, por exemplo, tem três possíveis soluções fonéticas: [te.óɾ] (com hiato), [teóɾ] (com sinérese), ou [tjóɾ] (com ditongo).[41] A Fig. 14.20 mostra as diferenças entre as três realizações. Observa-se que o sonograma do ditongo indica uma transição acústica até a vogal

---
[1] Celso Cunha & Lindley Cintra, *Nova gramática do português contemporâneo*, 2a ed., (Rio de Janeiro: Nova Fronteira, 1985), p. 51.

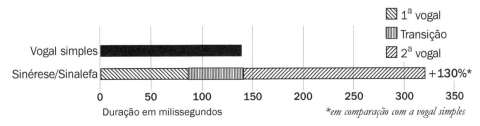

14.21 A duração relativa da vogal simples e da sinérese/sinalefa em milissegundos. Indica-se também a composição interna das sequências vocálicas.

estável, o da sinérese indica uma vogal estável curta seguida de transição e vogal estável longa. Já o do hiato indica duas vogais mais longas estáveis de cada lado da transição. Ainda que seja possível a pronúncia da palavra com sinérese, a pronúncia mais comum no Brasil é com hiato e a pronúncia mais comum em Portugal é com ditongo.

Com respeito à sinalefa, de acordo com a definição restrita aqui utilizada, as possibilidades são bastante limitadas já que a vogal final átona de uma palavra diante de uma vogal inicial da palavra seguinte costuma ser elidida no caso do /a/ ou sofrer alçamento e ditongação no caso do /e/ e do /o/, conforme já foi explicado. Isso limita as possibilidades: a primeira palavra precisa terminar em vogal tônica. Por exemplo, a sequência {É Otávio}, poderia ser pronunciada [é.o.tá.vju] (com hiato) ou [éo.tá.vju] (com sinalefa).[42] ◀

Na fala, é possível que haja sequências de mais de duas vogais devido à combinação de sinérese/sinalefa ou dessas com ditongos. Por exemplo: A oração {ele é o oitavo} contém uma sequência de cinco vogais seguidas. Juntando as normas já apresentadas, isso daria no Brasil [é.ljé.woi̯.tá.vu], ou seja, a sequência de cinco vogais se resolve num ditongo crescente e num tritongo. A sequência {se é ele} poderia dar [sjéé.li], resolvendo-se na junção de um ditongo crescente com sinalefa.[43] ◀

Dicas pedagógicas

Tanto a sinérese como a sinalefa diferenciam-se dos ditongos porque começam e terminam com uma vogal plena estável ligadas por uma transição, já o ditongo só tem transição e uma vogal plena estável. O ponto em comum com os ditongos é que o lusofalante as percebe como uma só sílaba apesar dessa sílaba conter dois núcleos.

A Fig. 14.21 contém um gráfico que mostra a duração relativa da vogal simples e a da sinérese ou sinalefa. Essa duração se mede em milissegundos. A sinérese/sinalefa dura em média 130% mais que a vogal simples. Da duração total da sinérese/sinalefa, 27% do tempo é tomado pela primeira vogal, 17% pela transição e 56% pela segunda vogal. Como se vê, das duas vogais estáveis, a primeira dura relativamente menos que a segunda e são separadas por um período de transição. Vale observar que, em geral, a segunda vogal é mais longa que a primeira, independente da tonicidade. Em outras palavras, não existe uma correlação entre a intensidade de uma das duas vogais de uma sinérese/sinalefa e a sua duração.

É importante que o aprendiz da língua portuguesa reconheça que a sinérese e a sinalefa são elementos que ocorrem na pronúncia natural, mesmo que não sejam necessariamente a solução fonética mais comum para o encontro de duas vogais não altas. Ainda que em muitos casos esses encontros resultem em hiato no Brasil e ditongo em Portugal, existem exemplos abundantes do fenômeno de sinérese e sinalefa na poesia, na música e na fala.

Com respeito aos encontros que podem resultar em sinérese/sinalefa, o anglofalante geralmente precisa reconhecer que dependendo da norma culta que queira seguir, a solução fonética pode ser hiato ou ditongo, ou até mesmo sinérese/sinalefa. No caso da sinalefa em particular, o aluno precisa evitar a tendência do inglês, que é separar as duas palavras intercalando um golpe de glote [ʔ] entre elas.

Conselhos práticos

O anglofalante que queira adquirir uma boa pronúncia dos encontros que podem resultar em sinérese ou sinalefa em português deve:

- produzir o devido hiato, sinérese/sinalefa, ou ditongo de acordo com a norma culta que prefere seguir, conforme explicado no texto;
- evitar a tendência de separar as vogais do encontro em duas sílabas distintas com golpe de glote [ʔ].

Hiato

Ocorre **hiato** quando há duas vogais contíguas pronunciadas em sílabas separadas. Há quatro tipos de hiato: três são optativos e um é obrigatório. Os hiatos optativos resultam da ruptura da fusão de vogais homólogas, da ruptura de um ditongo ou de elementos de um tritongo, ou da ruptura de uma sinérese/sinalefa. O encontro vocálico em que as duas vogais obrigatoriamente pronunciam-se em sílabas separadas chama-se **hiato natural**.

No caso do encontro entre duas vogais homólogas, a preferência do lusofalante na fala espontânea é fusão. Basicamente não existe hiato entre vogais homólogas.

O caso do encontro entre vogais altas átonas e qualquer outra vogal é um pouco mais complicado. Com a vogal alta átona em posição pós-nuclear, sempre forma-se um ditongo decrescente tanto em interior de palavra como entre duas palavras. Com a vogal alta átona em posição pré-nuclear, a situação é mais complexa. Nos casos de /kʷ/ e /gʷ/ etimológicos do latim, forma-se sempre um ditongo crescente. No mais, em interior de palavra, no Brasil ocorre hiato [pi.ẽ.nu] enquanto em Portugal ocorre ditongo crescente [pjá.nu]. Entre palavras a norma é ditongo crescente tanto no Brasil quanto em Portugal: {quase aqui} [kwá.zja.kí].⁴⁴ ◀︎

No caso dos encontros entre duas vogais não altas, a solução fonética é ainda mais variável. A solução fonética mais comum não costuma ser a sinérese/sinalefa fonética descrita na seção anterior. No Brasil é mais comum o hiato. Ainda que a palavra {real} possa ser realizada [he̯áɰ] com sinérese, é mais comum que se pronuncie com hiato: [he.áɰ]. Em Portugal quando se trata de vogais médias, é mais comum o alçamento e ditongação. Assim as palavras {real} e {magoar} realizam-se como [ʀjáɫ] e [magwáɾ]. Entre palavras, quando as duas vogais do encontro são tônicas, a solução mais comum é hiato tanto no Brasil quanto em Portugal: {vê algo} vira [vé.áɰ.gu] ou [vé.áɫ.gu].⁴⁵ ◀︎

O hiato natural ou obrigatório ocorre com o encontro de uma vogal alta tônica seguida de uma vogal não alta: por exemplo, {fazia} [fa.zí.ɐ], {míope} [mí.o.pi] e {lua} [lú.ɐ]. Observa-se, porém, que em Portugal, devido ao alçamento da vogal átona, forma-se um ditongo decrescente como no caso de {míope} [míu̯.pɨ].⁴⁶ ◀︎

No Brasil, os encontros de uma vogal com uma vogal alta tônica também resultam em hiato natural ou obrigatório: por exemplo, {reúne} [he.ú.ni] e {veículo} [ve.í.culo] ([vɐ.í.cu.lu] em Portugal). Observa-se, porém, que em Portugal, devido ao alçamento da vogal átona, forma-se um ditongo crescente como no caso de {reúne} [ʀjú.ni].⁴⁷ ◀︎

O hiato também ocorre entre palavras com o encontro de uma vogal alta tônica com uma vogal não alta: por exemplo, {comi ontem} [ko.mí.õⁿ.tẽɪ̯], {urubu animado} [u.ru.bú.a.ni.má.du]. Também ocorre com os encontros entre palavras nos quais uma vogal alta tônica é seguida de outra vogal: por exemplo, {vê araras} [vé.a.rá.ɐs], {caju enorme} [ka.ʒú.e.nɔ́ɾ.mi].⁴⁸ ◀︎

A Fig. 14.22 contém um sonograma dos hiatos optativos em {teor} e {real} e do hiato obrigatório em {fazia}. A palavra {teor} também aparece na Fig. 14.20 realizada com ditongo, sinérese e hiato. Tanto o hiato como a sinérese/sinalefa se formam de uma vogal estável, uma transição vocálica e uma segunda vogal estável. A diferença é que no hiato, cada uma das duas vogais tem a duração de uma vogal simples. O resultado é que a duração da sinérese/sinalefa é em média

Encontros vocálicos

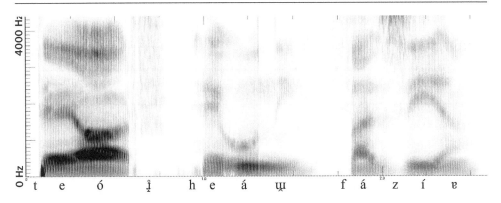

14.22 Sonograma do hiato em {teor}, {real} e {fazia}.

130% mais longa que a da vogal simples, mas o hiato dura 176% mais que a vogal simples.

Dicas pedagógicas

O hiato difere da fusão vocálica, do ditongo ou tritongo e da sinérese ou sinalefa porque cada vogal que o compõe pode ter duração aproximadamente igual ou até maior do que a duração de uma vogal simples. Por isso percebe-se o hiato como duas sílabas distintas. A Fig. 14.23 contém um gráfico com a duração relativa da vogal simples, da sinérese ou sinalefa e do hiato. Mede-se a duração das sequências em milissegundos. Enquanto a sinérese/sinalefa dura em média 130% mais que uma vogal simples, o hiato dura em média 176% mais que uma vogal simples. Na composição interna dos hiatos, 35% do tempo é tomado pela primeira vogal, 15% pela transição e 50% pela segunda vogal, o que se correlaciona com a composição interna da sinérese/sinalefa. Isso quer dizer que cada uma das duas vogais estáveis tem mais ou menos a mesma duração que as vogais simples e um período de transição separa as duas vogais.

É importante que o aprendiz da língua portuguesa reconheça que o hiato só é obrigatório na sequência de vogal alta tônica seguida de outra vogal ou de vogal mais vogal alta tônica, o que constituem hiatos naturais.

Conselhos práticos

O anglofalante que queira adquirir uma boa pronúncia do hiato em português deve:

- lembrar que um hiato natural ou obrigatório só ocorre em dois casos: 1) quando uma vogal alta tônica é seguida de outra vogal ou 2) quando uma vogal qualquer é seguida de vogal alta tônica;

- lembrar que, no Brasil, se produz hiato em vez de ditongo crescente em posição interior de palavra (com a exceção dos grupos etimológicos do latim [k^w] e [g^w]);

14.23 A duração relativa em milissegundos da vogal simples, da sinérese/sinalefa e do hiato. Indica-se também a composição interna das sequências vocálicas.

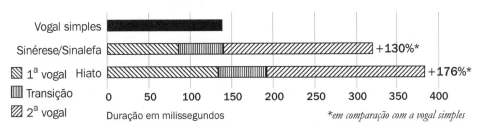

Encontros vocálicos	Fórmula	Solução fonética preferida do encontro em interior de uma palavra	
		Brasil	Portugal
duas vogais homólogas {muito raro}	$V_1 V_1$	fusão com alongamento e mudança de amplitude e tom	
vogal alta átona seguida de outra vogal	$\genfrac{}{}{0pt}{}{i}{u}V$	hiato (menos kw gw)	ditongo crescente
vogal não alta seguida de vogal alta átona	$V\genfrac{}{}{0pt}{}{i}{u}$	ditongo decrescente	
vogal alta átona seguida de vogal não alta seguida de vogal alta átona	$\genfrac{}{}{0pt}{}{i}{u}V\genfrac{}{}{0pt}{}{i}{u}$	hiato mais ditongo decrescente (menos kw gw)	tritongo
duas vogais heterólogas não altas	$V_{\text{não alta}} V_{\text{não alta}}$	hiato (sinérese)	alçamento de /e/ ou /o/ e ditongo crescente ou hiato
uma vogal alta tônica seguida de outra vogal	$\genfrac{}{}{0pt}{}{í}{ú}V$	hiato natural	

14.24 Os encontros vocálicos que ocorrem em português e sua solução fonética preferida em posição interior de palavra.

- lembrar que o hiato deve durar mais que o dobro da duração de uma vogal simples;
- lembrar que a produção indevida de hiato pode ser característica de uma pronúncia estrangeira. (Se um lusofalante o faz, pode ser aceitável, mas se um estrangeiro o faz, é por ser estrangeiro.)

Resumo

A realização fonética dos encontros vocálicos depende de seis fatores: **o timbre**, **a duração**, a **tonicidade** das vogais, como também **a estrutura silábica**, o **país** e se o encontro ocorre em **posição interior de palavra ou entre duas palavras**. Neste capítulo foram examinados todos os tipos de encontros possíveis considerando-se esses fatores. Esses encontros resultam em fusão vocálica, em ditongos ou tritongos, em sinérese/sinalefa ou em hiato. A Tab. 14.24 apresenta um resumo dos encontros vocálicos que ocorrem em português e a solução fonética preferida em posição interior de palavra. A Tab. 14.25 apresenta um resumo dos encontros vocálicos que ocorrem em português e a solução fonética preferida entre palavras. É importante enfatizar que, em português, jamais se separam por golpe de glote as vogais de um encontro vocálico de um grupo fônico, como ocorre comumente em inglês.

Os sonogramas apresentados nas seções anteriores mostram como os resultados fonéticos das sequências vocálicas são diferentes. É importante observar os fatores fonéticos que definem a fusão, o ditongo/tritongo, a sinérese/sinalefa e o hiato.

Encontros vocálicos	Fórmula	Solução fonética preferida do encontro entre duas palavras	
		Brasil	Portugal
duas vogais homólogas (menos /a/)	$V_1 \# V_1$	fusão com alongamento e mudança de amplitude e tom	
primeira palavra terminada em /a/ átona seguida de vogal átona	$a \# V$	elisão da vogal [ɐ]	
primeira palavra terminada em /a/ átona seguida de vogal tônica	$a \# \acute{V}$	sinalefa com [ɐ$\acute{V}$]	
vogal alta átona seguida de outra vogal	$\substack{i \\ u} \# V$	ditongo crescente	
vogal não alta seguida de vogal alta átona	$V \# \substack{i \\ u}$	ditongo decrescente	
vogal alta átona seguida de vogal não alta seguida de vogal alta átona	$\substack{i \\ u} V \substack{i \\ u}$	tritongo	
duas vogais heterólogas foneticamente não altas	$V_{\text{não alta}} \# V_{\text{não alta}}$	hiato (sinalefa)	
uma vogal alta tônica seguida de outra vogal	$\substack{\acute{i} \\ \acute{u}} \# V$	hiato natural	

14.25 Os encontros vocálicos que ocorrem em português e sua solução fonética preferida entre duas palavras.

A fusão vocálica

Chama-se fusão vocálica o fenômeno em que um encontro entre duas vogais resulta na produção de uma só. Há três tipos de fusão abordados neste capítulo. O primeiro deles ocorre quando se têm vogais homólogas. Quando as duas vogais homólogas são átonas, a duração da vogal fundida é igual à duração de uma vogal simples ou plena. Quando uma das vogais homólogas é tônica, o resultado é uma vogal tônica que dura em torno de 122% mais que a vogal simples. Além do alongamento, a vogal fundida sofre um aumento de amplitude e uma mudança de tom. A vogal fundida sempre pertence a uma só sílaba.

O segundo tipo de encontro que resulta em fusão é quando se tem um /a/ átono ao final de uma palavra diante de uma vogal átona inicial de palavra, Nesse caso, a vogal /a/ final elide-se por completo. Se a primeira vogal da segunda palavra for tônica, produz-se uma sinalefa.

O terceiro tipo ocorre com a contração das preposições {de, em} e na fala {para} mais certos determinantes resultando nas forma como {do, das, nos, naqueles} e na fala [pru prɐs], etc.

Os ditongos e tritongos

Os ditongos crescentes caracterizam-se acusticamente por uma transição vocálica inicial (semiconsoante) seguida de um núcleo vocálico. Os ditongos decrescentes caracterizam-se por um núcleo vocálico seguido de uma transição vocálica final (semivogal). Essas transições não têm nenhuma estabilidade nos formantes. Os ditongos crescentes duram cerca de 42% mais que uma vogal plena. Os ditongos decrescentes duram cerca de 36% mais que uma vogal simples. Os tritongos duram 147% mais que uma vogal simples. As vogais que formam as transições são sempre átonas; o núcleo vocálico pode ser tônico ou átono. Os ditongos e tritongos sempre pertencem a uma só sílaba.

No português europeu costuma-se produzir ditongo crescente sempre que se tem uma vogal alta átona diante de outra vogal tanto em interior de palavra quanto entre palavras. No Brasil, porém, produz-se o ditongo entre palavras, mas em interior de palavra costuma-se produzir hiato, a não ser que se trate do [k^w] ou [g^w] do latim. Já com o encontro entre uma vogal nuclear e uma semivogal, produz-se sempre um ditongo decrescente.

Cabe comentar de novo o caso do trema, agora obsoleto. Até 1971, no Brasil, o trema exercia uma função poética para indicar um hiato, quer dizer, a separação de duas vogais contíguas em sílabas separadas. Assim, a grafia {saüdade} num poema indicava que, para a métrica poética, a palavra tinha que ser pronunciada [sa.u.dá.ʤi], rompendo-se o ditongo decrescente habitual.[49] ◀

A segunda função do trema era bem mais importante e só foi suspensa no acordo ortográfico de 1990. Usava-se o trema sobre o {u} para indicar que o {u} formava parte de um ditongo crescente depois das letras {q} e {g} e era, portanto, pronunciado. Dessa forma a grafia indicava que a palavra {lingüísta} pronunciava-se [lĩŋgwístɐ] e não *[lĩŋgístɐ]. Com a reforma não se sabe pela ortografia se a palavra {sequestro} deve ser pronunciada [sekwéstru] ou *[sekéstru] ou se a da palavra {líquido} deve ser *[líkwidu] ou [líkidu].[50] ◀

A sinérese/sinalefa

A sinérese/sinalefa caracteriza-se acusticamente por ter timbres estáveis ao começo e ao final do encontro vocálico, com uma transição intermediária. As vogais, que são plenas, podem ter uma duração maior ou menor que uma vogal simples, mas no total, a sinérese ou sinalefa dura em média 130% mais que uma vogal simples. Nesses encontros as duas vogais podem ser tônicas ou átonas independentemente, mas a tônica tende a ser mais longa. Se as duas são longas, é a segunda que tende a ser mais longa. Esses encontros vocálicos são sempre percebidos como uma só sílaba. Na transcrição fonética indica-se a sinérese/sinalefa com uma ligadura: [‿].

O que aqui se consideram casos de sinérese (o encontro em interior de palavra) ou de sinalefa (o encontro entre duas palavras) são encontros de vogais não altas sem levar em consideração ditongos que ocorrem devido ao processo de alçamento vocálico.

Em posição interior de palavra, nesses casos, a solução fonética mais comum no Brasil é o hiato ([he.áw]), enquanto em Portugal é o alçamento vocálico com ditongação quando a primeira vogal é média átona ([hjáɫ]). De fato a produção de uma sinérese fonética ([he̯áw/he̯áɫ]) não é a solução fonética mais comum.

Entre duas palavras, nesses casos, a solução mais comum tanto no Brasil quanto em Portugal é o hiato ([vé.áw.gu/vé.áɫ.gu]), ainda que seja possível uma sinalefa fonética ([véáw.gu/véáɫ.gu]).

Hiato

O hiato, assim como a sinérese ou a sinalefa, caracteriza-se por ter timbres estáveis ao começo e ao final do encontro vocálico, com uma transição entre eles. Porém, cada vogal dura mais que as vogais de uma sinérese ou sinalefa. A duração de um hiato é cerca de 176% da duração de uma vogal plena. O hiato natural ou obrigatório ocorre somente no encontro de uma vogal alta tônica seguida de outra vogal ou de uma vogal seguida de vogal alta átona. Sempre se percebe o hiato como duas sílabas distintas.

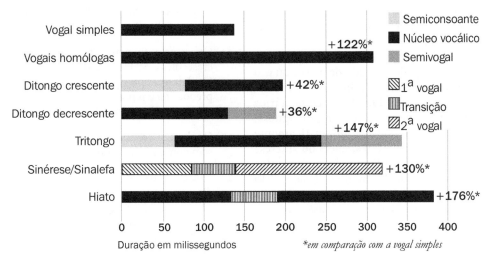

14.26 A duração relativa em milissegundos da realização fonética dos encontros vocálicos. Indica-se também a composição interna de cada encontro vocálico.

Contrastes entre as soluções fonéticas

Um estudo pormenorizado dos resultados fonéticos dos encontros vocálicos deixa evidente o papel fundamental da duração. É importante lembrar que a duração é relativa e que as porcentagens aqui apresentadas não são absolutas; representam mais propriamente os valores típicos associados aos distintos fenômenos. Quando se produz um encontro vocálico com uma duração típica, é fácil analisar o encontro como sendo fusão, ditongo, sinérese/sinalefa ou hiato. Porém, quando a duração do encontro tem um valor intermediário, isso dificulta a classificação da sequência. A Fig. 14.20 contém um sonograma da realização da palavra {teor} pronunciada de três maneiras distintas: com ditongo [tjóɾ], com sinérese [te̯óɾ] e com hiato [te.óɾ] para fins comparativos.

É interessante observar que as transições sempre têm mais ou menos a mesma duração relativa dentro do encontro vocálico. No caso dos ditongos crescentes e decrescentes, a transição, ou seja, a semiconsoante ou semivogal, varia entre 31% e 39% da duração total. No caso da sinérese/sinalefa ou do hiato, a transição representa em torno de 15% da duração total. As transições no caso dos ditongos e tritongos têm valor fonológico em português, enquanto que as mesmas transições não o têm no caso de sinérese/sinalefa nem hiato. A Fig. 14.26 contém um

Conceitos e termos

alçamento	golpe de glote	transição vocálica
alongamento	hiato	tritongo
ditongo	hiato natural	vogais altas
ditongo crescente	núcleo bivocálico	vogais heterólogas
ditongo decrescente	semiconsoante	vogais homólogas
encontro vocálico	semivogal	vogais não altas
formante estável	sinalefa	vogal plena/simples
fusão vocálica	sinérese	

resumo da duração dos diferentes tipos de encontro. Indica também a estrutura interna dos encontros vocálicos.

A análise dos dados dos encontros vocálicos deixa evidente o fato de que os quatro tipos de encontro são fenômenos nitidamente diferentes. Em alguns comentários sobre a literatura da língua portuguesa, encontra-se o emprego linguisticamente inadequado do termo sinalefa ou sinérese para qualquer realização de um encontro vocálico produzida em uma sílaba só. Isto é, aplica-se erroneamente os termos para casos que foneticamente são fusão vocálica ou ditongação.

Perguntas de revisão

1. Quais são os quatro fenômenos fonéticos que resultam dos encontros vocálicos? Dê exemplos.

2. Quais são as regras para os encontros de vogais homólogas? Dê exemplos.

3. Quais são as características acústicas da fusão vocálica?

4. O que o anglofalante deve fazer e o que deve evitar para pronunciar bem um encontro de duas vogais homólogas? Dê exemplos.

5. Qual é o papel do alongamento vocálico na solução fonética do encontro entre vogais homólogas?

6. Qual é o papel da tonicidade em relação à solução fonética do encontro entre vogais homólogas?

7. Qual é a solução fonética do encontro entre a vogal [ɐ] final de palavra e outra vogal inicial de palavra? Dê exemplos.

8. Quais são os fatores a serem considerados quanto à solução fonética entre uma vogal alta átona e outra vogal? Dê exemplos.

9. O que é um ditongo crescente? Quais são esses ditongos?

10. O que é um ditongo decrescente? Quais são esses ditongos?

11. Quais são as diferenças entre os ditongos crescentes e os ditongos decrescentes? Qual desses dois tipos de ditongo predomina em português? Quais são as evidências desse predomínio?

12. Qual é a diferença fonológica entre semiconsoante e semivogal?

13. Que encontros vocálicos resultam em ditongo crescente? Compare o Brasil com Portugal. Compare a solução em posição interior de palavra com a solução entre duas palavras. Dê exemplos.

14. Que encontros vocálicos resultam em ditongo decrescente? Compare o Brasil com Portugal. Compare a solução em posição interior de palavra com a solução entre duas palavras. Dê exemplos.

15. Quais são as características acústicas do ditongo crescente e do decrescente?

16. O que o anglofalante deve fazer e o que deve evitar para pronunciar bem os ditongos? Dê exemplos.

17. Qual é o papel do alçamento vocálico em relação a ditongos crescentes?

18. Como os ditongos do português são diferentes dos do inglês fonologicamente?

19. Qual é a fórmula do tritongo? Dê exemplos.

20. Quais são as características acústicas do tritongo?

21. O que o anglofalante deve fazer e o que deve evitar para pronunciar bem os tritongos? Dê exemplos.

22. Quais são as diferenças acústicas entre semiconsoante, semivogal e vogal plena?

23. Compare a duração relativa de uma vogal simples com a duração de um

ditongo crescente, de um ditongo decrescente e de um tritongo.

24. Que encontros vocálicos podem produzir a sinérese ou a sinalefa fonéticas? Dê exemplos.

25. Qual é a diferença entre sinérese e sinalefa. Dê exemplos.

26. Quais são as características acústicas da sinérese ou sinalefa?

27. Compare a duração relativa de uma vogal simples à de uma sinérese/sinalefa fonética.

28. O que o anglofalante deve fazer e o que deve evitar para pronunciar bem uma sinérese/sinalefa? Dê exemplos.

29. O que é um núcleo bivocálico? Dê exemplos.

30. Quais são as soluções mais comuns dos encontros entre duas vogais não altas?

31. Quais são os quatro tipos de encontros vocálicos que podem resultar num hiato? Dê exemplos.

32. Qual é a diferença entre um hiato optativo e um obrigatório. Dê exemplos.

33. Quais são as características acústicas do hiato?

34. Compare a duração relativa de uma vogal simples com as de um ditongo/tritongo, uma sinérese/sinalefa e um hiato.

35. O que o anglofalante deve fazer e o que deve evitar para pronunciar bem um hiato? Dê exemplos.

Exercícios de pronúncia

Seguem abaixo listas de palavras com os diferentes tipos de encontros vocálicos do português. O *eResource* contém dois modelos de pronúncia para cada lista — um com a norma vocálica do Brasil e um com a norma vocálica de Portugal. Cada lista conta com a transcrição fonética e uma gravação para essas duas modalidades. O aluno deve escolher e imitar a norma que preferir.

A fusão vocálica

Pronuncie as seguintes sequências de palavras com a devida fusão vocálica, seja alongada ou não, evitando introduzir um golpe de glote [ʔ]:[51] EX

avó ótima
avô orgulhoso
babá apta
café étnico
caso urgente
chá aguado
dê exemplos
está ágil
está aqui
fase inicial
fé épica
lê edições

novo uso
passe inútil
pivô oval
quase íntimo
robô obediente
saí ileso
sê elegante
só ópera
tribo útil
tricô original
vê efeitos
vendo uvas

Pronuncie as seguintes sequências de palavras com a devida elisão vocálica evitando introduzir um golpe de glote [ʔ]:[52] EX

aula intensa
bolsa imensa
cama elástica
casa elegante
cena humorística
fala humana

manha horrível
música efêmera
novela oculta
roupa usada
vala horrorosa
vista invejável

Ditongo crescente/Hiato (vogal alta átona mais outra vogal)

Pronuncie as seguintes palavras ou sequências com vogal alta átona diante de vogal tônica produzindo o ditongo ou hiato que corresponda:[53] EX

adiemos
afiado
aquele êxodo
ausente hoje
ave ótima
brilho ótimo
come uvas
confiamos
dieta

duelo
dueto
flutuar
furioso
meio árido
oito atos
piano
piora
preciosa

precioso
quadro
quase ávido

quatro éguas
que erro
que ótimo

Pronuncie as seguintes palavras ou sequências com vogal alta átona diante de outra vogal átona produzindo o ditongo ou hiato correspondente:⁵⁴ EX

ânsia
árdua
caso inútil
esse urubu
estátua
flutuação
faço homenagens
foge assustado
fome urgente

grande omissão
jejuaremos
olhe aqui
outro ardor
piedade
primeiro amor
princípio
quase orgulhosa
se amarelo

Ditongo decrescente (vogal mais vogal alta átona)

Pronuncie as seguintes palavras ou sequências com vogal mais vogal alta átona:⁵⁵ EX

auto
avó idosa
avô humilde
baixo
bangalô infestado
boi
boné usado
café incrível
café urgente
caixa
deixa
Europa
fauna
feiura

feixe
grau
nêutron
noivado
pá imensa
paisagem
pauta
peixe
reunião
robô imóvel
robô usado
sou
vai
vou

Ditongo/Hiato e vogal plena

Pronuncie as seguintes palavras, procurando diferenciar bem a vogal plena do ditongo/hiato:⁵⁶ EX

ages	ágeis	fecho	feixe
amoré	aimoré	Mara	Maura
ajo	ágio	moro	mouro
ato	auto	oro	ouro
cotado	coitado	pano	paina
coro	couro	pena	peina
dê	dei	rena	reina
do	dou	sê	sei

Tritongo

Pronuncie as seguintes palavras ou sequências com tritongos, procurando pronunciar o encontro vocálico numa sílaba só, evitando a introdução de um hiato:⁵⁷ EX

atuei
conte a ideia
deixo a impressão
fale a Humberto
fiai
fieis

jejuei
manuais
Uruguai
vejo a ironia
verifique a ignição
visuais

Sinérese/Sinalefa

Pronuncie as seguintes palavras ou sequências com sinérese/sinalefa, procurando pronunciar o encontro vocálico numa sílaba só, evitando a introdução de um hiato:⁵⁸ EX

aorta
auréola
avó armada
avô eleito
beata
caolho
corta elos
doeria
fundeado
há eco
leal

meteoro
pá emprestada
paga hoje
poema
pó odioso
povoar
real
só artigos
Teodoro
teor
teoria

Hiato natural

Pronuncie as seguintes palavras ou sequências com hiato, procurando pronunciar o encontro vocálico em duas sílabas separadas sem introduzir um golpe de glote [?]:⁵⁹ EX

açaí
aéreo
alvará ético
baú
chá errado
conteúdo
dó agudo
doía
está ótimo
frio
gaúcha
há eco
lá hoje

lá era
lua
miúdo
reúnam
roído
saímos
saúde
só ônibus
só ilhas
vazio
veículo
vi ontem

Recursos eletrônicos

1. 🔊 Exemplos de fusão vocálica.
2. 🔊 Fusão vocálica entre duas vogais homólogas átonas.
3. 🔊 Fusão vocálica entre as vogais [ɐ] e [a] átonas.
4. 🔊 Fusão vocálica entre a preposição {a} e a vogal [a].
5. 🔊 Fusão vocálica entre vogais homólogas: vogal alta átona e vogal alta tônica.
6. 🔊 Fusão vocálica entre vogais homólogas: /a/ átona e /a/ tônica. (Tab. 14.1)
7. 🔊 Fusão vocálica entre vogais homólogas: vogal tônica e vogal átona. (Tab. 14.2)
8. 🔊 Fusão vocálica entre vogais homólogas: vogal tônica e vogal tônica. (Tab. 14.2)
9. 🔊 Alongamento vocálico em português. (Fig. 14.3)
10. 🔊 Alongamento vocálico com três vogais homólogas.
11. 🔊 Vogais homólogas entre prefixos e radicais.
12. 🔊 Vogais homólogas entre radicais e conjugações verbais: passear.
13. 🔊 Vogais homólogas entre radicais e conjugações verbais: magoar.
14. 🔊 Vogais homólogas com fusão vocálica dentro de um radical.
15. 🔊 Vogais heterólogas entre palavras com a primeira terminada em /a/ átona. (Tab. 14.4)
16. 🔊 Golpe de glote em inglês. (Tab. 14.6)
17. 🔊 Ditongos crescentes isolados.
18. 🔊 Ditongos crescentes dentro de uma palavra e entre palavras. (Tab. 14.8)
19. 🔊 Ditongos crescentes com núcleo tônico ou átono.
20. 🔊 Vogal [i] átona diante de outra vogal na mesma palavra.
21. 🔊 Vogal [i] átona final de palavra diante de outra vogal na palavra seguinte.
22. 🔊 Vogal [u] átona diante de outra vogal na mesma palavra.
23. 🔊 Alçamento das vogais medias átonas que podem resultar em ditongos.
24. 🔊 Ditongos crescentes. (Fig. 14.9)
25. 🔊 Ditongos decrescentes isolados.
26. 🔊 Ditongos decrescentes dentro de uma palavra e entre palavras. (Tab. 14.11)
27. 🔊 Encontros vocálicos entre duas vogais altas átonas dentro de uma palavra.
28. 🔊 Tritongos.
29. 🔊 Contraste entre ditongos em inglês e em português.
30. 🔊 Encontros entre vogais altas átonas e outra vogal no Brasil e em Portugal.
31. 🔊 Encontros entre a vogal /u/ átona e outra vogal no Brasil e em Portugal.
32. 🔊Encontros entre duas vogais altas sendo uma delas tônica.
33. 🔊 Encontros de vogal alta átona e outra vogal átona em posição final de palavra.
34. 🔊 O verbo {fui} em espanhol e português.
35. 🔊 Contrastes entre Brasil e Portugal quanto ao encontro entre vogal alta átona e outra vogal.
36. 🔊 Contrastes entre vogais plenas e ditongos. (Tab. 14.17)
37. 🔊 Contrastes entre formas verbais do espanhol e português.

Capítulo 14

38. 🔊 Contraste entre ditongos crescentes e decrescentes.
39. 🔊 Tritongos em contraste com vogal mais ditongo.
40. 🔊 Casos de sinérese e sinalefa.
41. 🔊 A palavra {teor}: contraste entre hiato, sinérese e ditongo.
42. 🔊 Contrastes entre hiato e sinalefa.
43. 🔊 Encontros vocálicos com três ou mais vogais seguidas.
44. 🔊 Ditongos crescentes comuns em Portugal e no Brasil.
45. 🔊 Hiato, sinérese e ditongo em Portugal e no Brasil.
46. 🔊 Hiatos naturais ou obrigatórios dentro de uma palavra com a primeira vogal tônica.
47. 🔊 Hiatos naturais ou obrigatórios dentro de uma palavra com a segunda vogal tônica.
48. 🔊 Hiatos naturais ou obrigatórios entre palavras.
49. 🔊 Hiato poético.
50. 🔊 Ditongos crescentes com [w].
51. EX Exercícios de pronúncia: fusão de vogais homólogas.
52. EX Exercícios de pronúncia: vogal /a/ átona final de palavra mais outra vogal.
53. EX Exercícios de pronúncia: ditongo crescente/hiato (vogal alta átona mais outra vogal tônica).
54. EX Exercícios de pronúncia: ditongo crescente/hiato (vogal alta átona mais outra vogal átona).
55. EX Exercícios de pronúncia: ditongo decrescente (vogal mais vogal alta).
56. EX Exercícios de pronúncia: contrastes entre vogal plena e ditongo/hiato.
57. EX Exercícios de pronúncia: tritongos.
58. EX Exercícios de pronúncia: sinérese e sinalefa.
59. EX Exercícios de pronúncia: hiato natural.

Capítulo 15

A nasalização vocálica

Um dos principais problemas que os aprendizes de português como segunda língua enfrentam é perceber e produzir a diferença existente entre as vogais orais e as oronasais e nasalizadas. A natureza fonológica dessas vogais é muito polêmica e já correu muita tinta em publicações acadêmicas ao seu respeito. Neste capítulo será apresentado um resumo da argumentação teórica concernente à nasalização vocálica e serão explicados os detalhes fonéticos dessas vogais. Também serão abordados seus aspectos ortográficos e morfológicos.

Em termos gerais, a nasalização vocálica ocorre quando o véu palatino se separa da parede faríngea e o ar que escapa na produção da vogal sai tanto pela boca quanto pelo nariz. Apesar de muitos autores chamarem essas vogais de vogais nasais, tecnicamente esse termo é impreciso, pois o ar não escapa somente pelo nariz. Os termos mais precisos são *oronasais*, que indica as duas cavidades envolvidas na sua produção, ou *nasalizadas*, que implica o acréscimo de um componente nasal à vogal oral devido à onda sonora também ressoar na cavidade nasal. Os termos vogal oronasal e vogal nasalizada serão diferenciados mais adiante.

A fonologia da nasalização vocálica

Para que a descrição fonológica do fenômeno da **nasalização vocálica** seja satisfatória e completa, é preciso que descreva a natureza dos fonemas envolvidos na nasalização. É preciso também incluir os tipos de nasalização e os contextos fonotáticos em que cada um ocorre. Além disso é necessário apresentar os dados das vogais simples e dos ditongos e como a nasalização opera nas formas morfológicas de verbos, substantivos e adjetivos.

A natureza da nasalização vocálica

A polêmica teórica referente à nasalização vocálica gira em torno da natureza fonológica das vogais oronasais. Existem basicamente dois campos opostos: há linguistas que defendem a teoria de que as vogais oronasais são monofonemáticas enquanto outros defendem a teoria de que essas vogais são bifonemáticas.

A teoria monofonemática

A **teoria monofonemática** alega que cada vogal oronasal deriva-se de um único fonema oronasal. Ou seja, o som [ĩ] deriva-se do fonema /ĩ/, o som [ẽ] deriva-se do fonema /ẽ/, o som [ɐ̃] deriva-se do fonema /ɐ̃/, o som [õ] deriva-se do fonema /õ/ e o som [ũ] deriva-se do fonema /ũ/. Essa teoria postula, então, a existência de fonemas vocálicos oronasais. Existem argumentos tanto a favor como contra essa hipótese.

Os defensores da teoria monofonemática apontam para pares mínimos como [lá] e [lɐ̃], [vá] e [vɐ̃] ou [fá] e [fɐ̃] para demonstrar a oposição entre o fonema /a/ e o fonema /ɐ̃/ e assim comprovar a existência de fonemas oronasais. Para demonstrar a existência do fonema /ĩ/, usam pares mínimos como [sí] e [sĩ]. Para demonstrar a existência do fonema /ẽ/, usam pares mínimos como [sédɐ] e [sẽⁿdɐ]. Para demonstrar a existência do fonema /õ/, usam pares mínimos como [tróku] e [trõᵑku]. Para demonstrar a existência do fonema /u/, usam pares mínimos como [u] e [ũ].[1] ◂

A teoria bifonemática

Segundo a **teoria bifonemática**, as vogais oronasais [ĩ ẽ ɐ̃ õ ũ] derivam-se de uma sequência de dois fonemas — um fonema vocálico oral seguido do arquifonema nasal.

Essa teoria não postula a existência de fonemas oronasais, e a representação fonológica dos alofones [ĩ ẽ ɐ̃ õ ũ] é /iN eN aN oN uN/ respectivamente. Outra vez, existem argumentos tanto a favor como contra essa hipótese.

Um dos argumentos a favor da teoria bifonemática é de natureza morfológica e contraria o argumento a favor da análise monofonemática. Ao comparar as palavras {sã} (*healthy, f.*) e {sanar} (*cure, make healthy*), nota-se que as duas palavras têm um elo semântico mas que se pronunciam [sɐ̃́] e [sanár]. A pergunta, então, é qual é a base fonológica ou **forma fonológica subjacente** das duas palavras? Especificamente, qual é o primeiro fonema vocálico das duas palavras? Existem três possibilidades teóricas.[2]

1) Poderia-se dizer que os primeiros fonemas vocálicos são /ɐ̃/ e /a/, o que facilmente daria o resultado fonético correto. O problema é que as duas palavras vinculadas semanticamente teriam radicais diferentes, o que implicaria que uma palavra não tem nada a ver com a outra.

2) Uma segunda possibilidade seria postular que o fonema oronasal /ɐ̃/ seria o primeiro fonema vocálico de ambas as palavras. A forma /sɐ̃/ facilmente produz a realização fonética de [sɐ̃́]. Essa análise monofonemática complica-se, porém, na palavra {sanar} que teria a especificação fonológica de /sɐ̃+ar/ em que o fonema /ɐ̃/ por estar diante de limite de morfema desnasalizar-se-ia em [ɐ], abrir-se-ia ou abaixar-se-ia em [a], depois do qual inserir-se-ia uma consoante nasal para produzir [sanár]. Esse processo parece pouco natural.

3) A terceira possibilidade é postular que o fonema vocálico dessas duas palavras é o fonema oral /a/. A forma subjacente de [sɐ̃́], então, consistiria na consoante inicial /s/ seguida da vogal oral /á/ seguida do arquifonema /N/. Nessa análise bifonemática, /sáN/ é realizado como [sɐ̃́] pela aplicação de duas regras naturais: primeiro, a nasalização e alçamento da vogal /a/, o que resulta em [ɐ̃́], e, segundo, a elisão da consoante nasal por estar em posição final de palavra. Já a palavra {sanar} deriva-se da forma subjacente /sáN+ar/ em que o arquifonema /N/, por estar diante de limite morfêmico seguido de vogal realiza-se com o alofone [n], convertendo-se em consoante nasal inicial de sílaba com o efeito de não nasalizar nem fechar a vogal anterior. A teoria bifonemática parece ser a mais aceita por fonólogos brasileiros e portugueses. As seguintes regras gerais descrevem o fenômeno:

$$/V/ \longrightarrow [\tilde{V}] \;/\; \_\_N\$$$
$$/N/ \longrightarrow \emptyset \;/\; \tilde{V}\_\_\$C*$$

*exceto oclusivas, africadas, ou fricativas labiodentais

Há outra evidência experimental que apoia a teoria bifonemática. Essa evidência vem de um estudo em que se mediu a duração média de vogais orais e oronasais nos mesmos contextos.[1] Ao comparar palavras como {seda} e {senda}, descobriram que a vogal tônica oronasal é 27% mais longa que a vogal tônica oral. Os autores argumentam que a vogal oronasal é mais longa porque representa dois fonemas — uma vogal mais o arquifonema nasal.[3]

Existe também evidência fonotática que aponta para a presença do arquifonema /N/ na criação das vogais oronasais. Já se confirmou que o fonema vibrante simples /ɾ/ e o fonema vibrante múltiplo /r/ só se opõem em posição intervocálica interior de palavra como prova o par mínimo [káɾu] [káru]. Se a estrutura subjacente das vogais oronasais fosse mesmo uma vogal oronasal, seria de se esperar que houvesse pares mínimos com as vibrantes no contexto de /Ṽ__V/, mas não existem. Já que não existe o vibrante simples nesse contexto, o fonema vibrante só pode ser múltiplo, o que indica a presença de uma consoante no final da sílaba anterior. A palavra {honra} [ṍrɐ/ṍʀɐ], então, só pode ter como forma subjacente /óNra/.

Encontra-se mais um argumento a favor da teoria bifonemática ao compararem-se as palavras {canta} [kɐ̃́ⁿtɐ] e {cansa} [kɐ̃́sɐ]. Observa-se que na pronúncia de {canta} há uma consoante nasal de transição entre a

---

[1] João Antônio de Moraes e W. Leo Wetzels, "Sobre a duração dos segmentos vocálicos nasais e nasalizados em português: um exercício de fonologia experimental", *Cadernos de Estudos Linguísticos* 23 (1992): 153–166.

vogal oronasal /ẽ/ e a consoante oclusiva /t/, que não existe na palavra {cansa}. A questão da consoante nasal de transição será apresentada em mais detalhes no Capítulo 18, mas do ponto de vista fonológico é mais natural que a consoante nasal seja elidida em {cansa} do que inserida em {canta}.[4] ◀

Ainda outro argumento é que a teoria bifonemática explica os dados fonéticos existentes de forma correta, natural e sucinta isto é, com menos fonemas que a hipótese monofonemática. A teoria bifonemática é mais econômica e será a adotada neste livro.

Dois tipos de nasalização vocálica

Há dois processos de nasalização vocálica em português, cada um resulta em um tipo diferente de nasalização. O primeiro processo gera as vogais oronasais e o segundo gera as vogais nasalizadas. Esses dois tipos de vogais se diferem tanto fonológica como foneticamente. Fonologicamente diferem em seu posicionamento fonotático. Foneticamente diferem no grau de nasalização e na variação dialetal que admitem.

Vogais oronasais

As **vogais oronasais** ocorrem quando uma vogal é seguida do arquifonema nasal /N/, que só pode ocorrer em posição final de sílaba ou morfema interior de palavra, ou em posição final de palavra. Nesse caso, a nasalização da vogal é obrigatória e, em muitos casos, contrastiva, como demonstram os seguintes exemplos:[5] ◀

{hábito}	[ábitu]	{âmbito}	[ẽᵐbitu]
{feda}	[fédɐ]	{fenda}	[fẽⁿdɐ]
{siso}	[sísu]	{cinzo}	[sĩzu]
{lobo}	[lóbu]	{lombo}	[lõᵐbu]
{suga}	[súgɐ]	{sunga}	[sũᵑgɐ]

Fonotaticamente, as vogais oronasais podem aparecer em posição tônica, como nos exemplos dados. Quando tônicas, aparecem no início [ẽᵑgulu], no meio [famĩⁿtu] ou no fim [masẽ] da palavra. As vogais oronasais também aparecem em posição átona. As vogais oronasais simples, quando átonas, podem aparecer no início [ẽᵑgulár] e no interior [fomẽⁿtár] da palavra; em posição final de palavra são muito raros [ímẽ] [ɔ́rfẽ]. Já os ditongos oronasais podem ocorrer em final de palavra sejam tônicos ou átonos. A matéria relativa aos ditongos oronasais será tratada mais adiante.[6] ◀

Foneticamente, as vogais oronasais geralmente têm um maior grau de nasalização, conceito esse que será apresentado em detalhes na seção de fonética deste capítulo.

Vogais nasalizadas

As **vogais nasalizadas** ocorrem quando uma vogal em posição final de sílaba ou de palavra é seguida de um fonema nasal /m n ɲ/ em posição inicial de sílaba. Nesse caso, a nasalização da vogal é optativa, variável, mas nunca contrastiva, como demonstram os seguintes exemplos:[7] ◀

{cama}	[kámɐ/kémɐ/kẽ́mɐ]
{lema}	[lémɐ/lẽ́mɐ]
{ninho}	[níɲu/nĩ́ɲu]
{lona}	[lónɐ/lṍnɐ]
{suma}	[súmɐ/sṹmɐ]

Fonotaticamente, as vogais nasalizadas podem aparecer em posição tônica, como nos exemplos dados. Quando tônicas, aparecem no início [ánimu/énimu/ẽ́nimu] ou no interior [kamíɲu/kɐmíɲu] da palavra, mas não em posição final de palavra onde os fonemas /m n ɲ/ não ocorrem. As vogais nasalizadas também aparecem em posição átona. Quando átonas, podem ocorrer no início [anímu/ɐnímu/ẽnímu] e no interior [fenómenu/fẽnṍmẽnu] da palavra.[8] ◀

Foneticamente, a nasalização das vogais nessa posição é optativa. Quando se nasalizam, geralmente têm um menor grau de nasalização. O conceito de grau de nasalização será apresentado em detalhes na seção de fonética deste capítulo.

As vogais oronasais

As vogais oronasais podem ser vogais simples ou ditongos.

Vogais oronasais simples

Existem cinco **vogais oronasais simples**: [ĩ ẽ ɐ̃ õ ũ]. Seguindo a análise bifonemática já

Vogal oronasal simples	Tonicidade	Sílaba inicial	Sílaba medial	Sílaba final
[ĩ]	Tônica	/íNdole/ [ĩⁿdoli]	/estíNto/ [estʃĩⁿtu]	/fíN/ [fĩ]
	Átona	/iNdíka/ [ĩⁿdʒíkɐ]	/estiNgíR/ [estʃĩⁿgír]	
[ẽ]	Tônica	/éNte/ [éⁿtʃi]	/doéNte/ [doéⁿtʃi]	
	Átona	/eNtráR/ [éⁿtrár]	/aveNtál/ [avẽⁿtáɯ]	
[ɛ̃]	Tônica	/áNtes/ [ɛ̃ⁿtʃis]	/espáNde/ [espɛ̃ⁿdʒi]	/masáN/ [masɛ̃]
	Átona	/aNtiga/ [ɛ̃ⁿtʃígɐ]	/espaNdíR/ [espɛ̃ⁿdʒír]	/ímaN/ [ímɛ̃]
[õ]	Tônica	/óNbɾo/ [óᵐbɾu]	/remóNta/ [hemóⁿtɐ]	/bóN/ [bṍ]
	Átona	/poNdéɾa/ [põⁿdéɾɐ]	/amoNtóa/ [amõⁿtóɐ]	
[ũ]	Tônica	/úNgaɾo/ [ũⁿgaɾu]	/imúNdo/ [imũⁿdu]	/komúN/ [komũ]
	Átona	/uNtádo/ [ũⁿtádu]	/inuNdáR/ [inũⁿdár]	

15.1 As vogais oronasais simples nas posições tônicas e átonas em sílabas nas posições inicial, medial e final de palavra. Os exemplos dão a forma fonológica subjacente e uma realização fonética.

apresentada, essas vogais oronasais derivam-se de sequencias de vogais orais mais o arquifonema nasal /N/: /iN eN aN oN uN/. Como já foi demonstrado, podem ser tônicas ou átonas. Também podem aparecer na sílaba inicial, em sílaba medial ou na sílaba final. A Tab. 15.1 contém exemplos dessas vogais nesses contextos fonológicos.[9]

É interessante observar que a vogal aberta /a/ e as vogais meio-abertas /ɛ ɔ/ alçam-se ao nasalizarem-se; quer dizer, essas vogais não existem nasalizadas.

Quanto à frequência dos sons vocálicos oronasais, observa-se que segue a mesma ordem que os fonemas vocálicos, lembrando que os sons vocálicos oronasais derivam-se dos fonemas vocálicos. A Tab. 15.2 mostra as estatísticas que comparam a frequência dos fonemas vocálicos com a de seus alofones oronasais. As porcentagens dos fonemas

15.2 A frequência dos fonemas vocálicos comparada à frequência de seus alofones oronasais.

Fonema	# de fonemas vocálicos	% dos fonemas vocálicos	Sons oronasais	# de sons oronasais	% dos sons oronasais	% dos sons oronasais dos fonemas vocálicos correspondentes
/a/	1.005.469	29,7%	[ɛ̃]	108.697	34,2%	10,8%
/e/	823.989	24,3%	[ẽ]	84.554	26,6%	10,3%
/o/	725.884	21,4%	[õ]	56.950	17,9%	7,8%
/i/	465.162	13,7%	[ĩ]	37.953	12,0%	8,2%
/u/	224.214	6,6%	[ũ]	29.367	9,3%	13,1%
Total	3.244.718	95,7%		317.521	100%	

A nasalização vocálica

Ditongo oronasal	Tonicidade	Posição não final de palavra	Posição final de palavra
[ẽũ̯]	Tônica		{virão} /vir+áN/ [virẽũ̯] {leão} /leóN/ [leẽũ̯] {pão} /páN/ [pẽũ̯] {mão} /máoN/ [mẽũ̯] {mãos} /máoN+eS/ [mẽũ̯s]
	Átona	Só em derivados como {mãozada}	{viram} /vír+aN/ [vírẽũ̯] {órgão} /ɔ́RgaoN/ [ɔ́rgẽũ̯]
[ẽĩ̯]	Tônica	{cãibra} /káiNbrɐ/ [kẽĩ̯ᵐbrɐ]	{mãe} /máeN/ [mẽĩ̯] {pães} /páN+eS/ [pẽĩ̯s] {bem} /béN/ [bẽĩ̯] (Portugal)
	Átona	Só em derivados como {cãezinhos}	
[ẽĩ̯]	Tônica		{bem} /béN/ [bẽĩ̯] (Brasil)
	Átona		{falem} /fál+eN/ [fálẽĩ̯]
[õĩ̯]	Tônica		{leões} /leóN+eS/ [leóĩ̯s] {põe} /póN+e/ [põĩ̯]
	Átona		
[ũĩ̯]	Tônica	{muito} /múiNto/ [mũĩ̯ⁿtu]	
	Átona	Só em derivados como {muitíssimo}	

15.3 Os ditongos oronasais nas posições tônicas e átonas em sílabas nas posições não final e final de palavra. Os exemplos dão a forma ortográfica, a forma fonológica subjacente e uma realização fonética.

vocálicos da lista não somam 100%, pois não se incluíram os fonemas /ɛ/ nem /ɔ/ que não se nasalizam. Já as porcentagens dos sons vocálicos oronasais somam 100%.

Ditongos oronasais

Existem cinco **ditongos oronasais**: [ẽũ̯ ẽĩ̯ ẽĩ̯ õĩ̯ ũĩ̯]. Todos os ditongos oronasais são decrescentes. A Tab. 15.3 contém exemplos dessas vogais em posição final e não final.[10] ◀ Pode-se observar que alguns dos ditongos são lexicais (são parte do radical como em /páN/) e outros morfológicos (são parte de uma flexão como /vir+áN/). Se a forma subjacente fonológica das vogais simples ficou complicada e polêmica, a forma subjacente dos ditongos oronasais ficou mais complicada ainda. Isso deve-se em parte à polêmica de quão abstratas podem ser as estruturas subjacentes que servem de base para as palavras flexionadas e derivadas. Aqui os ditongos oronasais serão tratados tanto fonológica como ortograficamente. Posteriormente serão tratados foneticamente.

É importante observar que os ditongos oronasais só aparecem sistematicamente em posição final de palavra. Em posição não final de palavra, o ditongo [ẽĩ̯] só aparece em posição tônica em umas dez palavras — a maioria rebuscadas. O ditongo [ũĩ̯] só existe na palavra {muito} e nas suas flexões e derivados. Em posição não final, os ditongos [ẽũ̯ ẽĩ̯ ũĩ̯] só ocorrem átonos ou com "acento secundário" em palavras derivadas.

Em posição final de palavra, os ditongos [ẽũ̯ ẽĩ̯ ẽĩ̯] aparecem tanto em sílabas tônicas quanto em sílabas átonas. O ditongo [õĩ̯] só ocorre tônico e em posição final e o ditongo [ũĩ̯] não aparece nunca nessa posição.

Ditongos oronasais	Nº total de ditongos oronasais	% dos ditongos oronasais	% das ocorrências da vogal oronasal [Ṽ] que são no ditongo oronasal correspondente	% das ocorrências do fonema vocálico /V/ que são no ditongo oronasal correspondente
[ẽṹ]	72.387	58,1%	66,6%	7,2%
[ẽĩ̯]	2.183	1,7%	2,0%	0,2%
[ẽĩ̯]	39.479	31,7%	46,7%	4,8%
[õĩ̯]	6.937	5,6%	12,2%	1,0%
[ũĩ̯]	3.596	2,9%	12,2%	1,6%
Total	124.582	100,0%		

15.4 A frequência dos ditongos oronasais comparadas às frequências dos alofones oronasais e fonemas vocálicos correspondentes.

A Tab. 15.4 mostra a frequência dos ditongos oronasais. Como se pode ver, o ditongo [ẽṹ] é o ditongo oronasal mais comum do português, já que o corpus mostra que representa 58,1% dos ditongos oronasais. O ditongo oronasal menos comum é [ẽĩ̯], que representa só 1,7% dos ditongos oronasais. Os ditongos mais comuns são [ẽṹ] e [éĩ̯] em parte porque aparecem nas forma verbais de 3ª pessoa plural em que as forma verbais costumam terminar em {-am} e {-em}.

O ditongo [ẽṹ]

O ditongo [ẽṹ] é o ditongo oronasal mais frequente do português, em parte porque o fonema /a/ é o fonema mais frequente do idioma, porque aparece em flexões morfológicas e porque vem de mais de uma estrutura subjacente. No corpus, o ditongo apareceu 72.387 vezes, o que representa 58,1% dos ditongos oronasais, 66,6% das ocorrências do som [ẽ] e 7,2% das ocorrências do fonema /a/.

Ortograficamente, o grafema {ão} sempre representa o ditongo [ẽṹ], que pode aparecer em posição tônica {oração}, posição átona {órgão} e em posição interior de palavra com "acento secundário" {mãozinha}. Em sílabas átonas em posição final de palavra, escreve-se {am} em formas verbais como {falam, escrevam}. Sendo assim, a desinência verbal de 3ª pessoa plural do futuro do presente e do pretérito perfeito têm o mesmo som; a única diferença é a tonicidade: portanto, o ditongo é tônico em {escreverão} [escreveréṹ] e é átono em {escreveram} [escrevéréṹ].¹¹

Uma das três estruturas subjacentes que produz o ditongo [ẽṹ] é /+áN/. Essa estrutura aparece em posição tônica final na 3ª pessoa plural do futuro do presente do indicativo, como nas palavras {falarão} e {escreverão}. A conjugação forma-se do infinitivo mais a desinência tônica /+áN/. O mesmo processo aplica-se às conjugações do tempo presente tanto do indicativo {falam} como do subjuntivo {escrevam}, que se formam do radical verbal mais a desinência átona /+aN/.

Essas terminações são semelhantes às de alguns substantivos como {pão} /páN/. Nesses casos, a forma subjacente /áN/ no final de palavra ou morfema converte-se em [ẽṹ] mediante a aplicação de três processos: O primeiro ditonga a vogal /a/ diante do arquifonema /N/ em posição final, resultando na forma intermediária de /áu̯N/. O segundo, já visto antes, é o processo em que o arquifonema nasaliza a vogal anterior, nesse caso o ditongo, e alça a vogal /a/, resultando na forma intermediária de /ẽṹN/. O terceiro processo, também já visto, resulta na elisão da consoante nasal, resultando em [ẽṹ].¹²

Uma segunda estrutura subjacente que produz o ditongo [ẽṹ] é /óN/. Essa estrutura aparece em posição tônica final de um grande número de substantivos, como na palavra {oração} /orasóN/. Em palavras desse tipo, a forma subjacente /óN/ em final de palavra ou morfema converte-se em [ẽũ̯] mediante a aplicação de quatro processos: O primeiro ditonga a vogal /o/ diante do arquifonema /N/ em posição final, resultando na forma intermédia de /óṷN/. O segundo centraliza a vogal /o/ diante de /ṷN/ em posição final, resultando na forma intermédia de /ɐ́ṷN/. O terceiro é o processo em que o arquifonema nasaliza a vogal anterior, nesse caso o ditongo, resultando na forma intermediária de /ɐ̃ṷ̃N/. O quarto processo resulta na elisão da consoante nasal resultando em [ɐ̃ṷ̃].

A terceira estrutura subjacente que produz o ditongo [ɐ̃ṷ̃] é /áoN/. Essa estrutura aparece em posição tônica final de um pequeno número de substantivos, como na palavra {mão} /máoN/. Em palavras desse tipo, a forma subjacente de /áoN/ final de palavra ou morfema converte-se em [ɐ̃ṷ̃] mediante a aplicação de três processos: O primeiro ditonga o encontro vocálico /áo/ em ditongo decrescente diante do arquifonema /N/ em posição final, resultando na forma intermédia de /áṷN/. O segundo é o processo em que o arquifonema nasaliza a vogal anterior, nesse caso o ditongo, e alça a vogal /a/, resultando na forma intermediária de /ɐ̃ṷ̃N/. O terceiro processo resulta na elisão da consoante nasal, resultando em [ɐ̃ṷ̃]. O mesmo processo aplica-se à forma plural: {mãos} /máoN+eS/ [mɐ̃ṷ̃s]. O mesmo acontece com a terminação átona como nas palavras {órgão/órgãos} e {bênção/bênçãos}.[13] ◀⋲

Ainda que as primeiras duas derivações desta seção funcionem, o problema é que existem exceções. Quanto à primeira, em que a forma subjacente termina em /áN/, existe o substantivo /páN/ que dá [pɐ̃ṷ̃], mas também existe /masáN/ que dá [masɐ̃́]. O estudante simplesmente tem que aprender qual é o padrão seguido por cada palavra. Quanto à segunda derivação em que a forma subjacente termina em /óN/, existe o substantivo /orasóN/ que dá [orasɐ̃ṷ̃], mas também existe o substantivo /sóN/ que dá [só]. Outra vez, o estudante simplesmente tem que aprender qual é o padrão seguido por cada palavra.[14] ◀⋲

O ditongo [ɐ̃ĩ̯]

O ditongo [ɐ̃ĩ̯] é o ditongo oronasal menos frequente do português. No corpus, o ditongo apareceu 2.183 vezes, o que representa só 0,2% das ocorrências do fonema /a/, 1,7% dos ditongos oronasais e 2,0% das ocorrências do som [ɐ̃].

Ortograficamente, o ditongo [ɐ̃ĩ̯] corresponde a {ãe} ou {ãi}. São poucos os exemplos: a palavra {mãe} sendo a mais frequente em posição tônica final. Há só umas dez palavras com o ditongo em posição interior de palavra, sendo [kɐ̃́ĩ̯mbrɐ] (grafada *cãibra* ou *câimbra*) a mais comum.

Há três estruturas que produzem o ditongo [ɐ̃ĩ̯]. A estrutura mais comum é a forma plural de substantivos como {pães}. Já se tratou do singular {pão} [pɐ̃ṷ̃] na seção anterior. A derivação de {pães} /páN+eS/ segue o seguinte processo: O arquifonema /N/ alça e nasaliza a vogal /a/ em [ɐ̃] antes de elidir-se. O fonema /e/ alça-se em [i], sendo átono final, torna-se semivogal [i̯] e nasaliza-se em [ĩ̯] devido a uma coarticulação perseveratória, produzindo [pɐ̃ĩ̯s].[15] ◀⋲

Uma segunda estrutura que produz o ditongo [ɐ̃ĩ̯] é /áeN/ ou /áiN/ como nas palavras {mãe} ou {cãibra}. A derivação nesses casos é quase direta: a nasalização e alçamento do [ɐ̃], a ditongação e nasalização do [ĩ̯] e a elisão do arquifonema. Isso vale também para a forma plural de {mães}.[16] ◀⋲

Uma terceira estrutura produz o ditongo oronasal [ẽĩ̯], mas só em Portugal. Isso ocorre com a sequência /éN#/ em posição final de palavra. Um exemplo é a palavra {bem}, que em Portugal realiza-se [bẽĩ̯]. Nesse caso há nasalização e centralização do /e/ em [ẽ], ditongação do [ẽ] em [ẽĩ̯] e elisão da consoante nasal, produzindo [bẽĩ̯]. Esse processo vale também para o plural {bens} [bẽĩ̯s].[17] ◀⋲

O ditongo [ẽĩ̯]

O ditongo [ẽĩ̯] é o segundo ditongo oronasal mais frequente do português. No corpus, o ditongo apareceu 39.479 vezes, o que representa 4,8% das ocorrências do fonema /e/,

31,7% dos ditongos oronasais e 46,7% das ocorrências do som [ẽ].

Ortograficamente, o ditongo [éĩ] corresponde a {em#} ou {ens#} tônicos no Brasil e {-em} átonos no Brasil e em Portugal. O exemplo de {bem}, já explicado para Portugal, é pronunciado [béĩ] no Brasil. Nesse caso há nasalização (mas não centralização como em Portugal) do /e/ em [ẽ], ditongação do [ẽ] em [ẽĩ] e elisão da consoante nasal, produzindo [béĩ]. Esse processo vale também para o plural {bens} [béĩs].[18]

Em posição átona final, a desinência verbal /+eN/ ditonga-se em [ẽĩ] tanto no Brasil quanto em Portugal. Assim o verbo {falem} é [fálẽĩ] nos dois países.[18]

O ditongo [õĩ]

O ditongo [õĩ] é o terceiro ditongo oronasal mais frequente do português. No corpus, o ditongo apareceu 6.937 vezes, o que representa 1,0% das ocorrências do fonema /o/, 5,6% dos ditongos oronasais e 12,2% das ocorrências do som [õ].

Ortograficamente, o ditongo [õĩ] corresponde exclusivamente aos grafemas {õe}. Esse ditongo ocorre em duas situações; ambas têm a ver com formas morfológicas.

A primeira dessas formas morfológicas são as formas plurais de palavra como {leões} /leóN+eS/. Essa derivação também é direta: a nasalização do [õ], o alçamento, ditongação e nasalização do [ĩ] e a elisão do arquifonema, resultando em [leóĩs].[19]

A segunda dessas formas morfológicas só afeta o verbo {pôr} e seus derivados. As formas subjacentes de {põe} e {põem} são /póN+e/ e /póN+eN/. A derivação dessas formas gerais segue o padrão da pluralização dos substantivos como {leão}, só sem o /S/ final. Esse processo resulta em [póĩ] para ambas as formas.[19]

O ditongo [ũĩ]

O ditongo [ũĩ] é o segundo ditongo oronasal menos frequente do português. Nesse caso, porém, os números enganam um pouco, porque o ditongo só aparece na palavra {muito} e suas flexões e derivados. Já que a palavra {muito} é de alta frequência, o ditongo apareceu 3.596 vezes, o que representa 1,6% das ocorrências do fonema /u/, 2,9% dos ditongos oronasais e 12,2% das ocorrências do som [ũ].

Ortograficamente, o ditongo [ũĩ] corresponde exclusivamente aos grafemas {ui} depois do grafema {m} e só em formas da palavra {muito}. A forma subjacente sincrônica é /múiNto/, ainda que historicamente tenha surgido devido a uma assimilação progressiva do /m/ inicial.[20]

As vogais nasalizadas

As vogais nasalizadas são diferentes das vogais oronasais tanto fonológica quanto foneticamente. Fonologicamente as vogais oronasais sempre surgem da presença de um arquifonema subjacente nasal /N/. A vogal ocorre fonologicamente numa sílaba fechada pelo arquifonema e, nesse caso, a nasalização da vogal é obrigatória. Sendo assim, as vogais oronasais podem ser contrastivas como já se apresentou: [sédɐ] /séda/ e [sénᵈdɐ] /séNda/, etc. As vogais nasalizadas, por outro lado, resultam de uma simples assimilação regressiva fonética sem a presença do arquifonema. Nesse caso, a vogal ocorre fonologicamente em posição final de sílaba e a nasalização é de certa forma optativa e nunca é contrastiva.

As vogais nasalizadas aparecem em uma sílaba aberta diante de um fonema nasal /m n ɲ/ em posição inicial de sílaba interior de palavra. No caso da vogal /a/, a nasalização também resulta em alçamento. Assim, palavras como {cama} /káma/, {cana} /kána/, {canha} /káɲa/, podem realizar-se foneticamente como [kɐ̃ma], [kɐ̃na], [kɐ̃ɲa] respectivamente. Existe bastante variação quanto a esse tipo de nasalização por ser optativa.[21]

A variabilidade manifesta-se no grau de nasalização, um fenômeno que será discutido na seção de fonética e que depende de vários fatores: 1) o dialeto (neste livro apresentam-se três normas cultas), 2) a vogal, 3) a tonicidade e 4) o ponto de articulação da consoante nasal seguinte.

De modo geral, a nasalização mais forte ocorre na norma culta de São Paulo e a mais fraca na norma culta de Lisboa, como se verá mais adiante na seção de fonética. Já a nasalização da norma culta do Rio de Janeiro fica no meio, mas tende a ser bem mais semelhante à de São Paulo.

Quanto às vogais, são /i/ e /a/ as que mais tendem a nasalizar-se nesse contexto, sobretudo no Brasil. A nasalização do fonema /a/ também implica o alçamento para [ẽ].

A tonicidade afeta a nasalização de uma maneira diferente dependendo da norma culta. No Brasil, a vogal nasaliza-se nessa posição quando tônica, mas quando átona existe variação dialetal e idioletal. Assim, a palavra {cama} vira [kɐ́mɐ], mas a palavra {acamado} pode ser tanto [akamádu] como [akɐ̃mádu]. Já em Portugal, apenas há nasalização vocálica na transição entre a vogal e a consoante (como se verá mais adiante), e essas duas palavras pronunciam-se [kɐ́mɐ] e [ɐkɐmádu], ou seja, com alçamento mas sem nasalização.[22] ◀⃞

O ponto de articulação da consoante nasal em posição inicial de sílaba afeta o grau de nasalização da vogal anterior. A consoante nasal inicial de sílaba que mais tende a nasalizar a vogal anterior, sobretudo no Brasil é /ɲ/, seguida de /m/ e depois /n/ como se verá adiante.

Alternâncias morfológicas

Há três categorias de palavras sujeitas a **alternâncias morfológicas** em flexões e derivações que têm a ver com o arquifonema /N/: substantivos, adjetivos e verbos. Já se falou antes da dificuldade em estabelecer as formas subjacentes fonológicas que resultam na nasalização na língua portuguesa. A polêmica gira em torno de quão abstrata pode ser a forma subjacente empregada para descrever todas as alternâncias. Como se verá, de modo geral, quanto mais formas se queiram incluir, mais abstrata precisa ser a forma subjacente.

Alternâncias nos substantivos

As alternâncias nos substantivos que incluem o arquifonema /N/ aparecem tanto como vogais oronasais simples quanto como ditongos.

Alternância com vogais oronasais simples

Existem vários exemplos de alternância que podem ser usados para provar se a presença do arquifonema nasal é mesmo a fonte das vogais oronasais:

{fã}	/fáN/	{fanático}	/faN+átiko/
{tom}	/tóN/	{tonal}	/toN+ál/
{fim}	/fíN/	{final}	/fiN+ál/
{atum}	/atúN/	{atuneiro}	/atuN+eiro/

Outros exemplos de alternância incluem: {capim/capinar}, {lã/lanada}, {bom/boníssimo}, {um unir}.

Os exemplos não incluem a vogal /e/ porque a vogal [ẽ] nunca ocorre em posição final de palavra, pois /eN#/ sempre ditonga nessa posição em [ẽj̃] ou [ɐ̃j̃] quando tônica em Portugal. A regra que converte a forma subjacente derivativa especifica que o arquifonema /N/ realiza-se como [n] numa palavra diante de limite de morfema (que não seja marcador de plural) que comece com vogal.

Alternância com ditongos oronasais

Existem também alternâncias com os ditongos oronasais como demonstram os seguintes exemplos:

{leão}	/leóN/	{leoneira}	/leóN+éira/
{pão}	/páN/	{panado}	/paN+ádo/
{pagão}	/pagáoN/	{paganal}	/pagáoN+al/

Além desses exemplos, existem casos de alternância mas que vieram mais diretamente do latim como {mão} {manusear} e {bem} {benefício}. Outra vez o arquifonema /N/ realiza-se como [n] numa palavra diante de limite de morfema (que não seja marcador de plural) que comece com vogal. No caso de {paganal}, é também necessário elidir o /o/ diante do arquifonema em formas derivadas.

O problema de [ẽ#] e [ẽũ#]

A forma subjacente proposta anteriormente neste capítulo para as palavras {maçã} e {pão} (/masáN/ e /páN/) é problemática, pois /áN/ pode resultar ora em [ɐ̃] ora em [ɐ̃ũ]. Embora o processo pelo qual se chega a cada um desses resultados seja direto e consistente com os dados já apresentados, persiste o problema de como marcar a palavra ou a forma subjacente para indicar o processo correto para cada lexema. Há duas possíveis soluções: ou marcar o processo correto ([ẽ] ou [ẽũ̯]) no léxico, ou alterar uma das formas subjacentes para diferenciá-la da outra, o que produziria formas fonéticas diferentes. Essa alteração geraria uma forma subjacente mais abstrata baseada em modelos históricos.

Uma possível solução seria alterar a forma subjacente de {maçã} para /masáN+a/, incluindo um sufixo de gênero. Essa forma resultaria em [masẽ] e seria diferente de /páN+o/, que resulta em [pẽũ̯]. Em suma, cabe a quem aprende o português saber qual é a pronúncia seja qual for a solução ou descrição teórica.²³ ◀⋵

Um problema semelhante existe entre [õ#] e [ẽũ̯#] exemplificado pelas palavras [sṍ] {som} e [sẽũ̯] {são}, cujas especificações fonológicas podem ser /sóN/ e /sáoN/.

O problema das formas plurais

Os substantivos flexionam-se em número. A regra geral da pluralização substantival é que se acrescenta /S/ ao final de substantivos terminados em vogal e /eS/ ao final de substantivos terminados em consoantes. Vemos a aplicação dessa regra nas palavras {casa/casas} e {ser/seres}. Existem, porém, algumas complicações. Primeiro, há só quatro consoantes que aparecem em posição final de palavra: /N R S l/. Segundo, no caso de /N/ e /l/ há o fator adicional de que a consoante vocaliza-se foneticamente nas formas plurais. E terceiro, existe a polêmica quanto a como se deve representar o plural: se deve ser /S/ ou /eS/. Seja qual for a especificação fonológica, o morfema plural tem dois alomorfos [s] e [is], considerando-se que o /e/ ou /eS/ alça-se a [i] (ou [ɨ] em Portugal) em posição átona final.

No caso de substantivos terminados em /N/, se a forma fonética termina numa vogal simples oronasal, a forma plural forma-se com [s] como se vê nas seguintes palavras:²⁴ ◀⋵

{maçã} /masáN/ [masẽ]
　　　{maçãs} /masáN+S/ [masẽs]
{fim} /fíN/ [fĩ]
　　　{fins} /fíN+S/ [fĩs]

{tom} /tóN/ [tṍ]
　　　{tons} /tóN+S/ [tṍs]
{jejum} /ʒeʒúN/ [ʒeʒũ]
　　　{jejuns} /ʒeʒúN+S/ [ʒeʒũs]

Se a forma fonética termina num ditongo oronasal, o plural forma-se com [is] (ou [ɨʃ] em Portugal e no Rio). Em alguns casos o /e/ ou [i] não é evidente devido à fusão vocálica como nas seguintes palavras:²⁵ ◀⋵

{mãe} /máeN/ [mẽĩ̯]
　　　{mães} /máeN+eS/ [mẽĩ̯s]
{trem} /tréN/ [trẽĩ̯]
　　　{trens} /tréN+eS/ [trẽĩ̯s]

Em outros casos o /e/ ou [i] é evidente, como na pluralização da maioria dos substantivos terminados em {-ão}. As formas plurais desses substantivos são as mais problemáticas devido a existirem três possíveis resultados como já foi apresentado. A seguinte lista resume essas três possibilidades:²⁶ ◀⋵

{leão} /leóN/ [leẽũ̯]
　　　{leões} /leóN+eS/ [leṍĩ̯s]
{pão} /páN/ [pẽũ̯]
　　　{pães} /paN+eS/ [pẽĩ̯s]
{pagão} /pagáoN/ [pagẽũ̯]
　　　{pagãos} /pagáoN+eS/ [pagẽũ̯s]

Já se apresentou como a forma subjacente, tanto da forma singular quanto da plural, se converte na forma fonética falada. Outra vez, o aluno precisa aprender a forma plural correta de cada vocábulo. Nesse caso, é útil saber a fonte histórica do latim ou a palavra em espanhol que indica a natureza da forma fonológica subjacente em português:

{león/leones} (esp.) → /leóN+eS/ [leṍĩ̯s]
{pan/panes} (esp.) → /paN+eS/ [pẽĩ̯s]
{mano/manos}(esp.) → /máoN+eS/ [mẽũ̯s]

Existe um problema ainda não resolvido, relativo à resolução fonética da forma subjacente /pagáoN+eS/; o problema é o que fazer com o /e/. A melhor solução é dizer que a forma subjacente é /pagáoN+S/ com a explicação de que acrescenta-se o alomorfo /S/ quando a forma subjacente do radical do substantivo já contém um ditongo.

Problemáticos também são os substantivos em [ẽũ̯] que aceitam mais de uma desinência de pluralidade como a forma plural de {cidadão} que pode ser {cidadãos} ou {cidadões}.

O problema de formas femininas

Vários substantivos têm formas masculinas e femininas que são palavras derivadas do mesmo radical. Alguns exemplos são bem diretos como {primo/prima} ou {soberano/soberana}, outros são um pouco menos, como {autor/autora}. É importante notar que essas formas não são flexões, mas sim derivados, o que significa que existem vários padrões diferentes e que esses padrões se aplicam só a um número bem reduzido do total de substantivos. Alguns exemplos mais incomuns seriam {sacerdote/sacerdotisa} e ainda outros têm radicais totalmente distintos como {genro/nora}, {cão/cadela}, ou {cavalo/égua}.

Pode haver alternâncias interessantes quando se trata de substantivos terminados em /N/. Em alguns casos, a alternância é [ẽũ̯/ẽ̞] como nas palavras {irmão/irmã} ou {espião/espiã}. A forma subjacente /iRmáoN+o/ dá diretamente [iɾmẽũ̯], mas a passagem de /iRmáoN+a/ a [iɾmẽ̞] não é tão direta. O radical tem que ser /iRmáoN/ porque a forma plural masculino é [iɾmẽũ̯s]. A passagem das formas subjacentes /eSpióN+o/ e /eSpióN+a/ para [espiẽũ̯] e [espiẽ̞], porém, não é tão direta. O radical tem que ser /eSpióN/ porque a forma plural masculino é [espióĩ̯s].²⁷ ◀⋲

Ainda há casos em que a alternância vem da elisão histórica de /n/ intervocálico como nas palavras {leão/leoa}, {patrão/patroa}, {ladrão/ladra}. Em todo caso, as formas femininas são palavras derivadas e o aluno simplesmente precisa aprender a forma feminina correta em cada caso.

Alternâncias nos adjetivos

Os adjetivos flexionam-se tanto em número como em gênero. As alternâncias nos adjetivos que incluem o arquifonema /N/ aparecem tanto como vogais oronasais simples quanto como ditongos.

Existem muito poucos adjetivos terminados nas vogais oronasais simples [í ṍ ű], em torno de 80. Entre os poucos exemplos encontram-se {carmim}, {marrom} e {comum}. Todos eles são adjetivos de dois gêneros o que significa que se emprega a mesma forma tanto no masculino como no feminino. As formas plurais seguem os mesmos padrões estabelecidos para os substantivos, acrescentando-se o alomorfo [s]. O adjetivo mais frequente desse grupo, porém, é {bom} com as formas {bom/bons/boa/boas}.

Existem mais de 300 adjetivos que terminam em {ão} com dois padrões de flexão. Os adjetivos que terminam em /óN/, como {bobão} /bobóN/ [bobẽũ̯], flexionam-se da seguinte maneira: {bobão/bobões/bobona/bobonas}. Os adjetivos que terminam em /áN/, como {alemão} /alemáN/ [alemẽũ̯], flexionam-se da seguinte maneira: {alemão/alemães/alemã/alemãs}.²⁸ ◀⋲

Alternâncias nos verbos

Como já se apresentou antes, o arquifonema /N/ aparece ao final de todo verbo conjugado em 3ª pessoa plural seja qual for o tempo verbal. Fonologicamente a desinência verbal será /aN/ ou /eN/, que se realizam como [ẽũ̯] ({falam/escrevam/falaram}) ou [éĩ̯] ({falem/escrevem}). O [ẽũ̯] é tônico no futuro do presente ({falarão/escreverão}).

A fonética das vogais oronasais e nasalizadas

Nesta seção apresentar-se-ão os detalhes sobre os alofones que resultam da nasalização vocálica do português. Como já foi explicado antes, existem dois tipos de nasalização vocálica: as vogais oronasais e as vogais nasalizadas. Resumindo os dados fonológicos, as oronasais são as que ocorrem numa sílaba fechada pelo arquifonema /N/; as nasalizadas ocorrem numa sílaba aberta diante de fonema consonantal nasal que inicia a próxima sílaba.

Foneticamente as vogais oronasais costumam ter um maior **grau de nasalização** e são mais longas que as vogais nasalizadas. As vogais nasalizadas, por sua vez, costumam ter um menor grau de nasalização e são geralmente mais curtas que as vogais oronasais.

O grau de nasalização

A nasalização, como a maioria dos traços fonéticos, não é um traço binário; existe uma gradação entre um som totalmente oral, em que todo o ar sai pela boca e não há nenhuma saída de ar pelo nariz, e um som totalmente nasal, em que todo o ar sai pelo nariz e não há nenhuma saída de ar pela boca. Se o véu palatino adere-se à parede faríngea, fecha-se a entrada à cavidade nasal, impedindo que o ar passe por ela. Se o véu se separa da parede faríngea, o ar passa pela cavidade nasal. Dependendo do grau de separação, muda a porcentagem do volume total de ar que passa pela boca e pelo nariz.

No laboratório é possível medir o grau de nasalização dos sons usando um aparelho chamado *Nasômetro*. Esse aparelho mede basicamente a porcentagem da onda sonora que vem da cavidade nasal comparada com a que vem da cavidade oral. O procedimento coloca no informante uma placa que separa o nariz da boca. Há um microfone na parte superior da placa que registra a onda sonora emitida acima da placa; há outro microfone na parte inferior, que registra a onda sonora emitida abaixo da placa. O computador, então, calcula o grau de nasalização.

Para fins comparativos é importante lembrar que o aparelho não mede a saída de ar, mas sim a onda sonora. Dessa forma, o som [m], que é totalmente nasal, costuma ter uma nasalização em torno de 95%. Isso acontece por haver transmissão de som por baixo da placa devido à transmissão de energia pelos tecidos do rosto. De maneira semelhante o som [i], que é totalmente oral, costuma ter uma nasalização em torno de 20% devido à transmissão de som por cima da placa, que também se deve à transmissão de energia pelos tecidos da cara.

A Fig. 15.5 contém três **nasogramas** que mostram o grau de nasalização de uma vogal oronasal (da palavra {limpo}), de uma vogal nasalizada (da palavra {lima}) e de uma vogal oral (da palavra {lida}) pronunciadas por um falante da norma culta de Rio de Janeiro. Na palavra {lima} pode-se ver o grau de nasalização da consoante nasal [m].[29]

Também é importante lembrar que o grau de nasalização não é um valor estável ao longo da pronúncia da vogal. Como se pode ver no nasograma da palavra {limpo} na Fig. 15.5, a vogal tônica oronasal começa com 45% de nasalidade, mas cresce em nasalização ao longo da produção da vogal até atingir 96% de nasalidade na produção da consoante nasal de transição antes da oclusiva [p].

Observa-se um padrão diferente com a palavra {lima} em que a vogal tônica

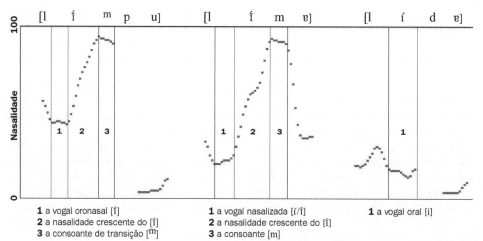

15.5 Nasograma das palavras {limpo}, {lima} e {lida} com vogais tônicas oronasal, nasalizada e oral da norma culta do Rio de Janeiro.

1 a vogal oronasal [í]
2 a nasalidade crescente do [í]
3 a consoante de transição [ᵐ]

1 a vogal nasalizada [í/ĩ]
2 a nasalidade crescente do [í]
3 a consoante [m]

1 a vogal oral [i]

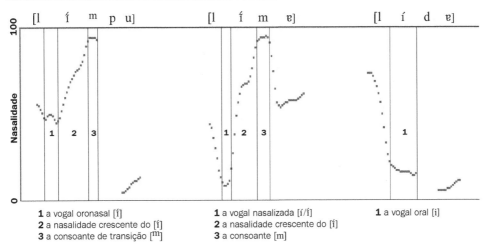

15.6 Nasograma das palavras {limpo}, {lima} e {lida} com vogais tônicas oronasal, nasalizada e oral da norma culta de Lisboa.

nasalizada começa com 25% de nasalidade, chegando a 94% na pronúncia da consoante [m]. Já na palavra {lida}, o grau de nasalidade da vogal tônica é 12%.

A Fig. 15.6 contém três nasogramas que mostram o grau de nasalização de uma vogal oronasal (da palavra {limpo}), de uma vogal nasalizada (da palavra {lima}) e de uma vogal oral (da palavra {lida}) pronunciadas por um falante da norma culta de Lisboa. Como se pode ver no nasograma da palavra {limpo} a vogal tônica oronasal começa com um patamar de 50% de nasalidade, mas cresce em nasalização ao longo da produção da vogal até atingir 94% de nasalidade na produção da consoante nasal de transição antes da oclusiva [p]. Esses valores são bem comparáveis com os resultados do Brasil.[30]

Já na palavra {lima} a produção da vogal [i] começa com 8% de nasalidade e depois cresce até o 94% da consoante [m]. Esse resultado é bastante diferente do resultado no Brasil em que a vogal tônica começa com 25% de nasalidade. Isso quer dizer que a vogal em sílaba aberta diante de consoante nasal inicial de sílaba costuma ser mais nasalizada no Brasil e mais oral em Portugal. Já na palavra {lida}, o grau de nasalidade da vogal tônica é 15%, outra vez comparável à pronúncia no Brasil.

É importante lembrar também que os valores das porcentagens de nasalização não são absolutos, mas sim relativos. Por isso os valores da Tab. 15.7 expressam-se numa faixa aproximada e não com um número exato.[2] Além da diferença de contexto fonológico, o grau de nasalização varia com a vogal como se vê também na Tab. 15.7 que contém dados levemente ajustados de acordo com as pesquisas feitas para este livro.

No caso das vogais nasalizadas, o ponto de articulação da consoante nasal também

---

[2]Willis C. Fails, "O grau de nasalização das vogais oronasais no português paulistano e no espanhol mexicano: Um estudo experimental comparativo," *Hispania* 94 (2011): 443-461.

15.7 As porcentagens de nasalidade das cinco vogais quando oronasais, nasalizadas e orais.

Vogais	/i/	/e/	/a/	/o/	/u/
Oronasais	45-82%	38-78%	35-74%	23-44%	40-60%
Nasalizadas	25-45%	8-38%	33-35%	18-23%	8-40%
Orais	8-25%	5-7%	11-33%	3-18%	3-8%

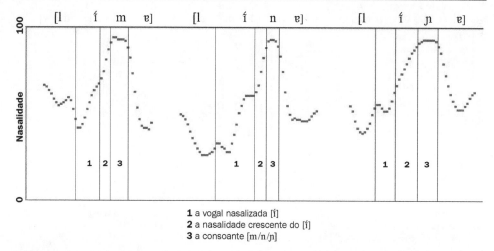

1 a vogal nasalizada [ĩ]
2 a nasalidade crescente do [ĩ]
3 a consoante [m/n/ɲ]

15.8 Nasograma das palavras {lima}, {lina} e {linha} com vogais tônicas nasalizadas da norma culta do Rio de Janeiro.

afeta o grau de nasalidade. O nasograma da Fig. 15.8 mostra a diferença no grau de nasalidade da vogal [ĩ] nas palavras {lima lina linha} da norma culta do Rio de Janeiro.³¹ ◀≋ Observa-se que o grau de nasalização vocálica é menor diante do som [n] em comparação com os sons [m] e [ɲ].

É interessante comparar os resultados do Rio com os do nasograma das mesmas palavras na Fig. 15.9 da norma culta de Lisboa, em que a vogal /i/ realiza-se com uma produção bem mais oral diante de [m] e [n] do que no Brasil.³² ◀≋ Já diante do som nasal palatal [ɲ], porém, o grau de nasalidade da vogal [ĩ] é maior em Portugal que no Brasil. Observa-se também que, em Portugal, a duração da consoante nasal [ɲ] é maior do que a das consoantes [m] e [n].

Já se comentou antes sobre o efeito da tonicidade na nasalização no Brasil — que a vogal tônica se nasaliza, como na palavra {cama} [kɐ̃mɐ], mas a nasalização é optativa quando a vogal é átona como na palavra {acamado} [akamádu/akɐ̃mádu]. O nasograma da Fig. 15.10 mostra a palavra {cama} com nasalização e {acamado} sem ela da norma culta de São Paulo.³³ ◀≋ Em Portugal essas palavras são diferentes,

15.9 Nasograma das palavras {lima}, {lina} e {linha} com vogais tônicas nasalizadas da norma culta de Lisboa.

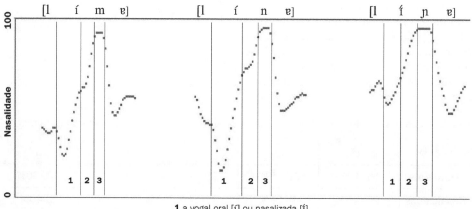

1 a vogal oral [i] ou nasalizada [ĩ]
2 a nasalidade crescente do [ĩ]
3 a consoante [m/n/ɲ]

A nasalização vocálica

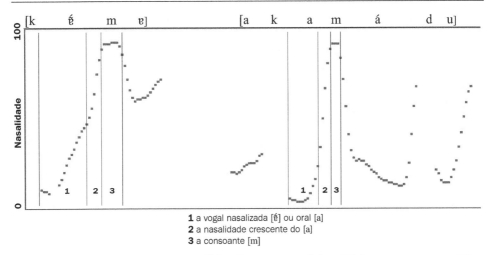

1 a vogal nasalizada [ẽ] ou oral [a]
2 a nasalidade crescente do [a]
3 a consoante [m]

15.10 Nasograma das palavras {cama} [kẽmɐ] e {acamado} [akamádu] da norma culta de São Paulo.

pronunciando-se ambas com alçamento mas sem o grau de nasalidade que adquire no Brasil, nasalizando-se só ao final da transição para a consoante nasal: [kẽmɐ] e [ɐkɐmádu].

Existe também outro fenômeno de nasalização que afeta a pronúncia muito superficialmente — a nasalização progressiva, ou seja, o caso em que a nasalidade da pronúncia de um fonema nasal estende-se para uma vogal seguinte. Esse efeito é muito comum quando a vogal seguinte à consoante nasal vem em posição final de grupo fônico como se vê nas palavras {lima}, {lina} {linha} e {kama} nas Fig. 15.8 a Fig. 15.10. O fenômeno também ocorre em posição interior de grupo fônico sobretudo com a consoante [m] e a vogal [i], como exemplifica a Fig. 15.11 das palavras {mito} e {minto}.[34] ◀

Outros fatores que podem afetar o grau de nasalização são o dialeto, o socioleto e até o idioleto do falante.

É interessante comparar o fenômeno de nasalização vocálica do espanhol com o do português. A Fig. 15.12 mostra a nasalização da sílaba /káN/ da palavra {canta} nos dois idiomas. Observam-se

15.11 Nasograma das palavras {mito} e {minto} da norma culta de São Paulo.

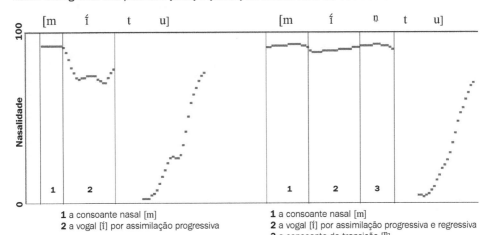

1 a consoante nasal [m]
2 a vogal [í] por assimilação progressiva

1 a consoante nasal [m]
2 a vogal [í] por assimilação progressiva e regressiva
3 a consoante de transição [ⁿ]

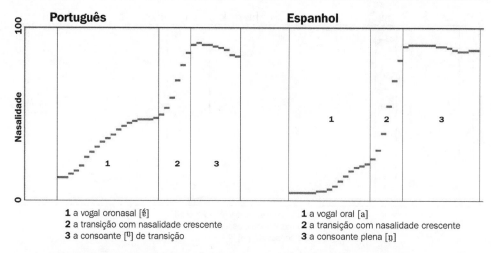

1 a vogal oronasal [ḕ]
2 a transição com nasalidade crescente
3 a consoante [ⁿ] de transição

1 a vogal oral [a]
2 a transição com nasalidade crescente
3 a consoante plena [n]

15.12 Nasogramas da sílaba /káN/ da palavra {canta} em português e em espanhol.

duas diferenças importantes: 1) o maior grau de nasalização na vogal tônica em português (de 14% a 46%) em comparação com o espanhol (de 5% a 24%); 2) a maior duração da consoante nasal em espanhol em comparação com a consoante nasal de transição do português (uma diferença de 28%).[35] ◄⋲

Quanto às vogais nasalizadas, já se comentou que ocorrem quando tônicas e só em posição interior de palavra nas normas cultas brasileiras. Portanto a palavra {cama} vira [kḕmɐ]. Esse fenômeno não ocorre entre palavras: assim não há nasalização do artigo {o} na sequência {o mato}. Em contraste, pode-se ver a forte nasalização na sequência {um mato} na Fig. 15.13. Pode-se observar também o alongamento vocálico e o alongamento concomitante da consoante nasal em {um mato}, assunto esse que será tratado em mais detalhes no Capítulo 18.[36] ◄⋲

Alongamento vocálico das vogais oronasais

Como já comentado, as vogais oronasais costumam alongar-se em média de 27% a 100% devido a representarem dois fonemas:

15.13 Nasogramas das palavras {o mato} e {um mato}.

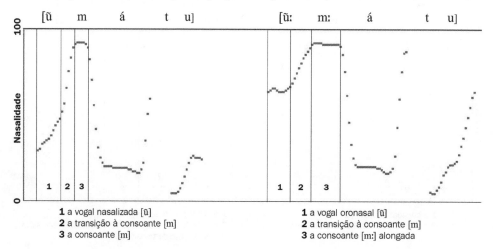

1 a vogal nasalizada [ũ]
2 a transição à consoante [m]
3 a consoante [m]

1 a vogal oronasal [ũ]
2 a transição à consoante [m]
3 a consoante [m:] alongada

A nasalização vocálica

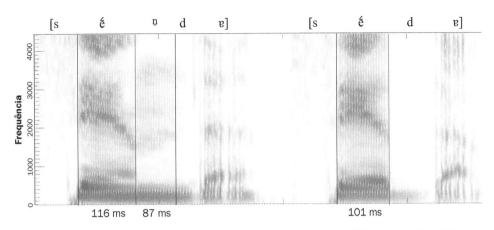

15.14 Sonograma das palavras {senda} e {seda}. A duração da vogal [é] de senda é só 87% da de [e] de seda, mas o conjunto [eⁿ] de senda é o dobro de [e] de {seda}.

a vogal e o arquifonema nasal. Pode-se ver esse **alongamento vocálico** comparando-se o sonograma de {seda} com o de {senda} da Fig. 15.14.³⁷ ◄

Nasalização das vogais simples

As vogais simples sujeitas à nasalização são cinco: /i e a o u/. Aqui serão apresentados os dados de cada vogal individualmente. A Fig. 15.15 mostra a posição no quadro vocálico acústico das vogais oronasais [ĩ ẽ ɐ̃ õ ũ] em relação às vogais orais.

Como mostra a Fig. 15.15, os formantes das vogais oronasais [ĩ ẽ ɐ̃ õ ũ] são todos próximos aos formantes das vogais orais [i e ɐ o u] respectivamente. Isso indica que a abertura da boca e a posição da língua são semelhantes para cada par de vogais: [i ĩ], [e ẽ], etc. A diferença articulatória é que na produção das vogais oronasais, o véu palatino abaixa-se permitindo a passagem de ar pela cavidade nasal, onde a onda sonora ressoa produzindo um timbre fonético diferente para a vogal oronasal. Observa-se esse abaixamento do véu palatino na Fig. 15.16 que mostra o traço articulatório da vogal [ĩ].

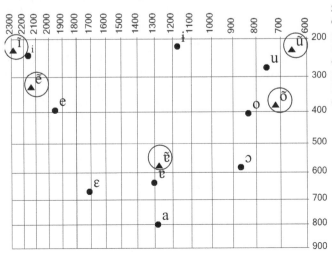

15.15 A posição das vogais ornonasais [ĩ ẽ ɐ̃ õ ũ] do português (indicadas por um triângulo) e das vogais orais [i e ɛ a ɐ ɨ ɔ o u] do português (indicadas por uma bolinha). As vogais oronasais estão circuladas.

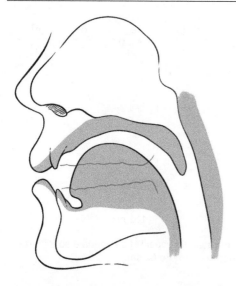

15.16 Traço articulatório da vogal oronasal [ĩ] mostrando como o véu palatino abaixa-se para produzir as vogais oronasais.

A vogal [ĩ]

A vogal oronasal [ĩ] como vogal simples é o alofone do fonema /i/ que aparece em sílabas fechadas pelo arquifonema /N/ ou /NS/. Exemplos incluem /íNtimo/ [ĩⁿtʃimu] e /íNstitúto/ [ĩstʃitútu] em posição não final de palavra e /fíN/ [fĩ] e /fíNS/ [fĩs] em posição final de palavra.[38]

Ortograficamente o alofone [ĩ] corresponde a {i} ante consoante nasal em posição final de sílaba interior de palavra, como nas palavras {limpa} ou {linda}. Em posição final de palavra, escreve-se com {i} ante {m} ou {ns}, como nas palavras {fim} e {fins}.[38]

Fonotaticamente, o alofone oronasal [ĩ] pode ser tônico em posição inicial, medial e final: /íNfimo/ [ífimu], /eStíNto/ [estʃĩⁿtu], /koNfíN/ [kõfĩ]. Pode ser átono em posição inicial e medial mas não ocorre átono em posição final: /iNfámia/ [ĩᵐfɐ̃mja], /oliNpíada/ [olĩᵐpíɐdɐ].[38]

A distribuição do alofone [ĩ] no Brasil

De acordo com a regra de distribuição complementar do fonema /i/ para o Brasil apresentada no Capítulo 12, o alofone [ĩ] aparece como vogal oronasal no contexto __N(S)$ e vogal nasalizada em __$C_{nasal} quando a vogal é tônica. Um exemplo de vogal oronasal seria /iN.póR/ [ĩᵐpóɾ]; um exemplo de vogal nasalizada seria /li.ma/ [límɐ], mas quando a vogal é átona, pode ou não ser nasalizada: /li.má.do/ [limádu/lĩmádu].[39]

A distribuição do alofone [ĩ] em Portugal

De acordo com a regra de distribuição complementar do fonema /i/ para Portugal apresentada no Capítulo 12, o alofone [ĩ] aparece como vogal oronasal no contexto __N(S)$ como no Brasil: /líN.po/ [lĩᵐpu]. No contexto __$C_{nasal}, a vogal não se nasaliza, seja tônica ou átona, exceto pela transição necessária para produzir a consoante nasal: /lí.ma/ [límɐ] e /li.mí.te/ [limíti]. Pode-se ver a diferença entre o grau de nasalidade ao comparar a palavra {lima} da Fig. 15.8 de um falante do Rio de Janeiro com a palavra {lima} da Fig. 15.9 de um falante de Lisboa.[40]

A fonética do alofone [ĩ]

Os traços do alofone [ĩ] são semelhantes aos do alofone [i]: quanto ao modo de articulação, é uma vogal fechada ou alta e quanto ao ponto de articulação, é anterior. Por ser uma vogal anterior, a vogal [ĩ] é não arredondada. Assim as fotos da posição dos lábios na Fig. 12.2 para o som [i] servem também para o som [ĩ]. A diferença entre esses dois sons é que no [ĩ] há um abaixamento do véu palatino como se vê na Fig. 15.16.

A caracterização acústica do som [ĩ] é a de uma onda sonora harmônica, ou seja, a onda tem um tom fundamental e harmônicos. A Fig. 15.17 compara a onda sonora da vogal oral [i] com a da vogal [ĩ].

Os harmônicos que formam a onda composta dão ao som [ĩ] seu timbre característico. O timbre consiste em um primeiro formante de cerca de 230 Hz e um segundo formante de cerca de 2284 Hz, dependendo do falante, mais as características complexas da nasalização.

A percepção auditiva do som [ĩ] por parte do receptor depende da identificação da

15.17 Seis ciclos da forma de onda da vogal oral [i] e da vogal oronasal [ĩ].

vogal pela energia acústica das frequências dos formantes produzidos pelo emissor e pelos traços complexos da nasalização.

A vogal [ũ]

A vogal oronasal [ũ] como vogal simples é o alofone do fonema /u/ que aparece em sílabas fechadas pelo arquifonema /N/ ou /NS/. Exemplos incluem /uNʒíR/ [ũʒíɾ] e /siRkuNSkríto/ [siɾkũskrítu] em posição não final de palavra e /uN/ [ũ] e /uNS/ [ũs] em posição final de palavra.[41]

Ortograficamente o alofone [ũ] corresponde a {u} ante consoante nasal em posição final de sílaba interior de palavra como nas palavras {junto} ou {fungo}. Em posição final de palavra, escreve-se com {u} seguido de {m} ou {ns} como nas palavras {algum} e {alguns}.[41]

Quanto à fonotática, o alofone oronasal [ũ] pode ser tônico em posição inicial, medial e final: /úNta/ [ṹⁿtɐ], /difúNto/ [dʒifṹⁿtu], /komúN/ [komṹ]. Pode ser átono em posição inicial e medial mas não ocorre átono em posição final: /uNtáR/ [ũⁿtáɾ], /siRkuNflékso/ [siɾkũfléksu].[41]

A distribuição do alofone [ũ] no Brasil

De acordo com a regra de distribuição complementar do fonema /u/ para o Brasil apresentada no Capítulo 12, o alofone [ũ] aparece como vogal oronasal no contexto __N(S)$ e vogal nasalizada em __$C_{nasal} quando a vogal é tônica. Um exemplo de vogal oronasal seria /kuN.príR/ [kũᵐpríɾ]; um exemplo de vogal nasalizada seria /sú.ma/ [sṹmɐ], mas quando a vogal é átona, pode ou não ser nasalizada: /sumáR/ [sumáɾ/súmáɾ].[42]

A distribuição do alofone [ũ] em Portugal

De acordo com a regra de distribuição complementar do fonema /u/ para Portugal apresentada no Capítulo 12, o alofone [ũ] aparece como vogal oronasal no contexto __N(S)$ como no Brasil: /kúN.pɾe/ [kṹᵐpɾɨ]. No contexto __$C_{nasal}, a vogal não se nasaliza, seja tônica ou átona, exceto pela transição necessária para produzir a consoante nasal: /a.lú.na/ [alúnɐ] e /tri.bu.nál/ [tribunáɫ].[43]

A fonética do alofone [ũ]

Os traços do alofone [ũ] são semelhantes aos do alofone [u]: quanto ao modo de articulação, é uma vogal fechada ou alta e quanto ao ponto de articulação é posterior. Por ser uma vogal posterior, a vogal [ũ] é arredondada. Assim as fotos da posição dos lábios na Fig. 12.11 para o som [u] servem também para o som [ũ]. A diferença entre esses dois sons é que no [ũ] há um abaixamento do véu palatino como se vê na Fig. 15.16 para a vogal [ĩ].

A caracterização acústica do som [ũ] é a de uma onda sonora harmônica, isto é, a onda tem um tom fundamental e harmônicos. A Fig. 15.18 compara a onda sonora da vogal oral [u] com a da vogal [ũ].

Os harmônicos que formam a onda composta dão ao som [ũ] seu timbre característico. O timbre consiste em um primeiro

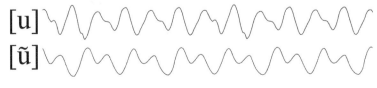

15.18 Seis ciclos da forma de onda da vogal oral [u] e da vogal oronasal [ũ].

formante de cerca de 230 Hz e um segundo formante de cerca de 656 Hz, dependendo do falante, mais as características complexas da nasalização.

A percepção auditiva do som [ũ] por parte do receptor depende da identificação da vogal pela energia acústica das frequências dos formantes produzidos pelo emissor e pelos traços complexos da nasalização.

A vogal [ẽ]

A vogal oronasal [ẽ] como vogal simples é o alofone do fonema /e/ que aparece em posição interior de palavra em sílabas fechadas pelo arquifonema /N/. Exemplos incluem /eNsináR/ [ẽsináɾ]. Em posição final de palavra ocorre só o ditongo oronasal [ẽj̃] como se verá mais adiante.[44] ◀≶

Ortograficamente o alofone [ẽ] corresponde a {e} seguido de consoante nasal em posição final de sílaba interior de palavra como nas palavras {entra} ou {ênfase}.[44] ◀≶

Fonotaticamente, o alofone oronasal [ẽ] pode ser tônico em posição inicial ou medial: /éNte/ [ẽⁿʧi/ẽⁿti], /karéNte/ [kaɾẽⁿʧi/kaɾẽⁿti]. O alofone [ẽ] pode ser átono em posição inicial e medial: /eNtráR/ [ẽⁿtɾáɾ], /komeNtáR/ [komẽⁿtáɾ].[44] ◀≶

A distribuição do alofone [ẽ] no Brasil

De acordo com a regra de distribuição complementar do fonema /e/ para o Brasil apresentada no Capítulo 12, o alofone [ẽ] aparece como vogal oronasal no contexto __N(S)$ e vogal nasalizada em __$C_{nasal} quando a vogal é tônica. Um exemplo de vogal oronasal seria /eN.pá.te/ [ẽᵐpáʧi]; um exemplo de vogal nasalizada seria /pé.na/ [pẽnɐ], mas quando a vogal é átona, pode ou não ser nasalizada: /penál/ [penáw/pẽnáw].[45] ◀≶

A distribuição do alofone [ẽ] em Portugal

De acordo com a regra de distribuição complementar do fonema /e/ para Portugal apresentada no Capítulo 12, o alofone [ẽ] aparece como vogal oronasal no contexto __N(S)$ como no Brasil: /eN.gá.nu/ [ẽⁿgénu]. No contexto __$C_{nasal}, porém, a vogal não se nasaliza, seja tônica ou átona, exceto pela transição necessária para produzir a consoante nasal: /pé.na/ [penɐ] e /penál/ [pɨnáɫ].[46] ◀≶

A fonética do alofone [ẽ]

Os traços do alofone [ẽ] são semelhantes aos do alofone [e]: quanto ao modo de articulação, é uma vogal meio-fechada e quanto ao ponto de articulação é anterior. Por não ser uma vogal posterior, a vogal [ẽ] é não arredondada. Assim as fotos da posição dos lábios na Fig. 12.17 para o som [e] servem também para o som [ẽ]. A diferença entre esses dois sons é que no [ẽ] há um abaixamento do véu palatino como se vê na Fig. 15.16 para a vogal [ĩ].

A caracterização acústica do som [ẽ] é a de uma onda sonora harmônica, ou seja, a onda tem um tom fundamental e harmônicos. A Fig. 15.19 compara a onda sonora da vogal oral [e] com a da vogal [ẽ].

Os harmônicos que fazem parte da onda composta dão ao som [ẽ] seu timbre característico. O timbre consiste em um primeiro formante de cerca de 329 Hz e um segundo formante de cerca de 2139 Hz, dependendo do falante, mais as características complexas da nasalização.

A percepção auditiva do som [ẽ] por parte do receptor, depende da identificação da vogal pela energia acústica das frequências dos formantes produzidos pelo emissor e pelos traços complexos da nasalização.

15.19 Seis ciclos da forma de onda da vogal oral [e] e da vogal oronasal [ẽ].

A vogal [õ]

A vogal oronasal [õ] como vogal simples é o alofone do fonema /o/ que aparece em sílabas fechadas pelo arquifonema /N/ ou /NS/. Exemplos incluem /oNtéN/ [õ̞tẽj̃] e /kóNSta/ [kṍstɐ] em posição não final de palavra e /bóN/ [bṍ] e /bóNS/ [bõs] em posição final de palavra.⁴⁷ ◄

Ortograficamente o alofone [õ] corresponde a {o} seguido de consoante nasal em posição final de sílaba interior de palavra como nas palavras {onda} ou {longo}. Em posição final de palavra, escreve-se com {o} antes de {m} ou {ns} como nas palavras {bom} e {bons}. A letra {o} só aparece com til no ditongo {õe}.⁴⁷ ◄

Quanto à fonotática, o alofone oronasal [õ] pode ser tônico em posição inicial, medial e final: /óNde/ [ṍⁿdʒi/ṍⁿdɨ], /apóNta/ [apṍⁿtɐ], /batóN/ [batṍ]. Pode ser átono em posição inicial e medial mas não ocorre átono em posição final: /oNdulǎR/ [õⁿdulǎɾ], /apoNtǎR/ [apõⁿtǎɾ].⁴⁷ ◄

A distribuição do alofone [õ] no Brasil

De acordo com a regra de distribuição complementar do fonema /o/ para o Brasil, apresentada no Capítulo 12, o alofone [õ] aparece como vogal oronasal no contexto __N(S)$ e vogal nasalizada em __C_{nasal}$ quando a vogal é tônica. Um exemplo de vogal oronasal seria /di.tóN.go/ [dʒitṍⁿgu]; um exemplo de vogal nasalizada seria /lo.na/ [lṍnɐ], mas quando a vogal é átona, pode ou não ser nasalizada: /alonádo/ [alonádu/alõnádu].⁴⁸ ◄

Quanto ao alofone [õ], a maioria dos falantes o produzem com ditongação em [õṹ] em posição final de palavra. Assim a palavra {bom} [bṍ] pode pronunciar-se [bṍṹ], sobretudo em posição final de grupo fônico. Alguns até o ditongam como [bẽṹ], o que deve ser evitado por não refletir uma norma culta.

A distribuição do alofone [õ] em Portugal

De acordo com a regra de distribuição complementar do fonema /o/ para Portugal, apresentada no Capítulo 12, o alofone [õ] aparece como vogal oronasal no contexto __N(S)$ como no Brasil: /kóN.pɾa/ [kṍᵐpɾa]. No contexto __C_{nasal}$, a vogal não se nasaliza, seja tônica ou átona, exceto pela transição necessária para produzir a consoante nasal: /ló.na/ [lónɐ] e /a.lo.na.do/ [ɐlunádu].⁴⁹ ◄

A fonética do alofone [õ]

Os traços do alofone [õ] são semelhantes aos do alofone [o]: quanto ao modo de articulação, é uma vogal meio-fechada e quanto ao ponto de articulação é posterior. Por ser uma vogal posterior, a vogal [õ] é arredondada. Assim as fotos da posição dos lábios na Fig. 12.26 para o som [o] servem também para o som [õ]. A diferença entre esses dois sons é que no [õ] há um abaixamento do véu palatino como se vê na Fig. 15.16 para a vogal [ĩ].

A caracterização acústica do som [õ] é a de uma onda sonora harmônica, isto é, a onda tem um tom fundamental e harmônicos. A Fig. 15.20 compara a onda sonora da vogal oral [o] com a da vogal [õ].

Os harmônicos que fazem parte da onda composta dão ao som [õ] seu timbre característico. O timbre consiste em um primeiro formante de cerca de 383 Hz e um segundo formante de cerca de 721 Hz, dependendo do falante, mais as características complexas da nasalização.

A percepção auditiva do som [õ] por parte do receptor, depende da identificação da vogal pela energia acústica das frequências dos formantes produzidos pelo emissor e pelos traços complexos da nasalização.

15.20 Seis ciclos da forma de onda da vogal oral [o] e da vogal oronasal [õ].

A vogal [ẽ]

A vogal oronasal [ẽ] como vogal simples é o alofone do fonema /a/ que aparece em sílabas fechadas pelo arquifonema /N/ em posição não final. Em alguns casos aparece também em posição final de palavra como na palavra {maçã} conforme já se explicou. É importante lembrar que o fonema /a/ ao nasalizar-se, também se alça.[50] ◄⁝

Ortograficamente o alofone [ẽ] corresponde a {a} seguido de consoante nasal em posição interior de palavra como nas palavras {canta} ou {campo} ou a {ã} como nas palavras {maçã} ou {alemã}. Em posição final de palavra, {am} resulta no ditongo [ẽũ̯] como será discutido depois.[50] ◄⁝

Quanto à fonotática, o alofone oronasal [ẽ] pode ser tônico em posição inicial, medial e final: /áNplo/ [ẽᵐplu], /amáNte/ [amẽⁿʧi/emẽⁿtɨ], /iRmáN/ [iɾmẽ]. Também pode ser átono em posição inicial, medial e final: /aNpliáR/ [ẽᵐpliáɾ], /eStaNpáR/ [estẽᵐpáɾ], /óRfáN/ [ɔ́ɾfẽ].[50] ◄⁝

A distribuição do alofone [ẽ] no Brasil

De acordo com a regra de distribuição complementar do fonema /a/ para o Brasil, apresentada no Capítulo 12, o alofone [ẽ] aparece como vogal oronasal no contexto __N(S)$ e vogal nasalizada em __$C_{nasal} quando a vogal é tônica. Um exemplo de vogal oronasal seria /káN.po/ [kẽᵐpu]; um exemplo de vogal nasalizada seria /ká.ma/ [kẽmɐ], mas quando a vogal é átona, pode ou não ser nasalizada: /a.ka.má.do/ [akamádu/akẽmádu].[51] ◄⁝

A distribuição do alofone [ẽ] em Portugal

De acordo com a regra de distribuição complementar do fonema /a/ para Portugal, apresentada no Capítulo 12, o alofone [ẽ] aparece como vogal oronasal no contexto __N(S)$ como no Brasil, mas no contexto __$C_{nasal}, a vogal se reduz, mas sem a nasalização típica do Brasil: /ká.ma/ [kémɐ].[52] ◄⁝

A fonética do alofone [ẽ]

Os traços do alofone [ẽ] são semelhantes aos do alofone [ɐ]: quanto ao modo de articulação, é uma vogal meio-aberta e quanto ao ponto de articulação é central. Por não ser posterior, a vogal [ẽ] é não arredondada. Assim as fotos da posição dos lábios na Fig. 12.21 para o som [ɐ] servem também para o som [ẽ]. A diferença entre esses dois sons é que no [ẽ] há um abaixamento do véu palatino como se vê na Fig. 15.16 para a vogal [ĩ].

A caracterização acústica do som [ẽ] é a de uma onda sonora harmônica, isto é, a onda tem um tom fundamental e harmônicos. A Fig. 15.21 compara a onda sonora da vogal oral [ɐ] com a da vogal [ẽ].

Os harmônicos que fazem parte da onda composta dão ao som [ẽ] seu timbre característico. O timbre consiste em um primeiro formante de cerca de 578 Hz e um segundo formante de cerca de 1276 Hz, dependendo do falante, mais as características complexas da nasalização.

A percepção auditiva do som [ẽ] por parte do receptor, depende da identificação da vogal pela energia acústica das frequências dos formantes produzidos pelo emissor e pelos traços complexos da nasalização.

Dicas pedagógicas

A nasalização vocálica é um fenômeno que destaca o português da maioria dos idiomas românicos. A nasalização vocálica ocorre quando, além de formar a vogal com a língua, abaixa-se o véu palatino, abrindo a passagem de ar para a cavidade nasal. Com isso a onda sonora ressoa em duas cavidades

15.21 Seis ciclos da forma de onda da vogal oral [ɐ] e da vogal oronasal [ẽ].

— a oral e a nasal. O grau de nasalidade depende do grau de abaixamento do véu palatino, o que afeta a porcentagem de ar que passa pelo nariz em comparação com a que passa pela boca.

Como já apresentado, há dois tipos de nasalização. O primeiro são as vogais oronasais, que, em geral, apresentam um maior grau de nasalidade e que, fonotaticamente, ocorrem em sílabas fechadas diante do arquifonema /N/. O segundo tipo são as vogais nasalizadas, que, em geral, têm um menor grau de nasalidade comparadas com as vogais oronasais. No Brasil, as vogais nasalizadas são obrigatórias quando tônicas e optativas quando átonas em sílabas abertas diante de uma consoante nasal /m n ɲ/ em posição inicial de sílaba interior de palavra.

Para pronunciar as vogais oronasais simples e as nasalizadas, quem aprende a falar português como segunda língua precisa produzir as vogais orais [i u e o ɐ] e depois produzi-las de novo com o véu abaixado resultando nas vogais [ĩ ũ ẽ õ ɐ̃]. Nesse processo, é importante evitar a tendência de produzir uma consoante nasal velar /ŋ/ no final da vogal oronasal. A palavra {sim} /síN/, por exemplo, é [sí]; Não é *[síŋ] como a palavra {sing} do inglês. A palavra {bom} /bóN/, por exemplo, é [bó] ou [bóṷ] e não *[bóŋ]. A palavra {um} /úN/, por exemplo, é [ũ] e não *[uŋ]. A palavra {maçã} /masáN/, por exemplo, é [masɐ̃] e não *[məsʌ́ŋ]. É importante não fechar a saída de ar pela boca a não ser que o próximo som seja uma consoante que comece com oclusão velar.

É de notar-se que, no caso da vogal central, a vogal alça-se de [a] a [ɐ] quando oronasal ou nasalizada. Assim sendo, não existe o som [ã] em português.

Conselhos práticos

O anglofalante que queira adquirir uma boa pronúncia das vogais oronasais ou nasalizadas simples [ĩ ũ ẽ õ ɐ̃] do português deve:

- lembrar que as vogais oronasais ou nasalizadas [ĩ ũ ẽ õ] se produzem como as vogais [i u e o] mas com o véu palatino baixado, permitindo a saída de ar tanto pela boca como pelo nariz;

- lembrar que a vogal /a/ se produz com alçamento quando oronasal ou nasalizada; assim se produz a vogal oral [ɐ] com o véu palatino baixado e o ar sai tanto pela boca quanto pelo nariz, resultando na vogal [ɐ̃].

Nasalização dos ditongos

O português conta com cinco ditongos oronasais [ɐ̃ṷ ẽĩ̯ õĩ̯ ẽĩ̯ ũĩ̯]. Todos eles são decrescentes, como descritos no Capítulo 14, mas formam-se com o véu palatino abaixado. Com pouquíssimas exceções todos ocorrem em posição final de palavra, seja tônica ou átona.

O ditongo [ɐ̃ṷ]

O ditongo oronasal [ɐ̃ṷ] é o de mais problemática aquisição para o anglofalante. É mais problemático ainda devido a ser o ditongo oronasal mais frequente: 58,1% dos ditongos oronasais são [ɐ̃ṷ]. A alta frequência deve-se a vários fatores. Em primeiro lugar, ocorre átono como desinência verbal de 3ª pessoa plural em verbos no presente do indicativo da 1ª conjugação (*falam*) e em verbos no presente do subjuntivo da 2ª e 3ª conjugações (*escrevam*). Ocorre átono também em 3ª pessoa plural no pretérito perfeito (*falaram*), imperfeito (*falavam*) e mais-que-perfeito (*falaram*) do indicativo e no futuro do pretérito (*falariam*). Ocorre tônico no futuro do presente (*falarão*). Em segundo lugar, ocorre tônico em muitas palavras em posição final de substantivos {*chão, carvão*}; ocorre átono com pouca frequência em posição final de substantivos {*órgão, bênção*}. Ocorre também nas formas plurais de certos substantivos terminados em {ão} como {mãos} e {órgãos}. Em terceiro lugar ocorre em aumentativos adjetivais na forma masculina singular {*grandão, quentão*}.[53] ◀

O ditongo oronasal [ɐ̃ṷ] é problemático principalmente porque não existe em inglês nem como ditongo oral. O ditongo sem nasalização seria [ɐṷ]. O ditongo mais próximo do inglês americano é [æṷ] como

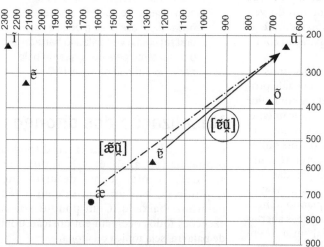

15.22 O ditongo correto [ẽũ̯] do português indicado com a linha sólida e o ditongo errôneo [æ̃ũ̯] baseado no inglês com a linha pontilhada.

na palavra {now} [næṵ̃]. Porém, a palavra inglesa {now} não produz o resultado fonético nasalizado correto da palavra {não} [nẽũ̯] em português. Em alguns dialetos americanos do inglês ouve-se a pronúncia [náṵ̃], mas esse ditongo também não produz o resultado correto para o português. O ditongo oral mais próximo do som correto seria uma pronúncia britânica de {oh} [ɐṵ]. A nasalização desse ditongo resulta no ditongo [ẽũ̯] do português.[53] 🔊 A Fig. 15.22 indica o movimento do ditongo correto [ẽũ̯] e do incorreto [æ̃ũ̯].

O ditongo [ẽĩ̯]

O ditongo oronasal [ẽĩ̯] é o segundo ditongo oronasal mais frequente do português, representando 31,7%, quase um terço, dos ditongos oronasais. A alta frequência deve-se também a fatores morfológicos. Em primeiro lugar, ocorre átono como desinência verbal de 3ª pessoa plural em verbos no presente do subjuntivo da 1ª conjugação (*falem*) e em verbos no presente do indicativo da 2ª e 3ª conjugações (*escrevem*). Ocorre átono também em 3ª pessoa plural no pretérito imperfeito e futuro do subjuntivo (*falassem, falarem*). Em segundo lugar, ocorre tônico ou átono em muitos substantivos (*armazém, bagagem, imagem*), como também adjetivos (*jovem*), advérbios (*ontem*), pronomes (*alguém, ninguém*) e até conjunções (*porém*).[54] 🔊

O ditongo oronasal [ẽĩ̯] não é problemático principalmente porque o ditongo oral [eĩ̯] é um ditongo comum, existente tanto em inglês {say} [séĩ̯] como em português {sei} [séĩ̯]. O ditongo oronasal [ẽĩ̯] é produzido como [eĩ̯] com o abaixamento do véu palatino. A Fig. 15.23 mostra o movimento do ditongo.[54] 🔊

O ditongo [oĩ̯]

O ditongo oronasal [õĩ̯] é o terceiro ditongo oronasal mais frequente do português, mas representa só 5,6% dos ditongos oronasais. A baixa frequência deve-se também a fatores morfológicos. O ditongo [õĩ̯] só ocorre em dois contextos. O primeiro contexto é o das formas plurais de muitos substantivos terminados em {-ão} como {*corações*} e {*leões*}. O segundo contexto são as formas do verbo *por* e seus derivados como {*pões, opõem*}.[55] 🔊

O ditongo oronasal [õĩ̯] é um pouco problemático porque o ditongo oral [oĩ̯] não existe em inglês; só existe [ɔĩ̯] como na palavra {boy} [bɔ́ĩ̯]. Esse ditongo existe, porém, em português como na palavra {oito} [óĩ̯tu]. O ditongo oronasal [õĩ̯] é produzido como [oĩ̯] com o abaixamento do véu palatino. A Fig. 15.23 mostra o movimento do ditongo.[55] 🔊

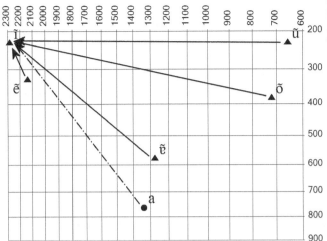

15.23 Os ditongos oronasais [ẽj̃ ɐ̃j̃ õj̃ ũj̃] do português indicado com linhas sólidas e o ditongo errôneo [ãj̃] baseado no inglês com a linha pontilhada.

O ditongo [ũj̃]

O ditongo oronasal [ũj̃] é o segundo ditongo oronasal menos frequente do português, representando 2,9% dos ditongos oronasais, apesar de ocorrer só em uma palavra e suas flexões e derivados. A palavra, porém, é de alta frequência: *muito*. A nasalização é o resultado de uma assimilação progressiva ou perseveratória histórica em que o traço de nasalização da consoante inicial /m/ continuou afetando o ditongo que a segue. O fenômeno foi reforçado com a analogia com {não} [nɐ̃ũ̯].[56] ◀⋲

O ditongo oronasal [ũj̃] não é problemático porque o ditongo oral [uj] existe tanto em inglês {dewy} [dúj] como em português {fui} [fúj]. O ditongo oronasal [új̃] é produzido como [uj] com o abaixamento do véu palatino. A Fig. 15.23 mostra o movimento do ditongo.[56] ◀⋲

O ditongo [ɐ̃j̃]

O ditongo oronasal [ɐ̃j̃] é o ditongo oronasal menos frequente do português, representando só 1,7% dos ditongos oronasais. O ditongo [ɐ̃j̃] só ocorre em dois contextos. O primeiro contexto ocorre com as formas plurais de alguns substantivos terminados em {-ão} como {capitães} e {cães}. O segundo contexto é na palavra {mãe} e suas flexões e derivados.[57] ◀⋲

O ditongo oronasal [ɐ̃j̃] é problemático porque o ditongo oral em que se baseia não existe em inglês nem no português brasileiro, só no português europeu. O ditongo sem nasalização seria [ɐj]. O ditongo mais próximo do inglês americano é [aj] como na palavra {my} [maj]. Como se pode ver na Fig. 15.23, o ponto de partida do ditongo em inglês [a] é mais baixo que o alçamento em português [ɐ]. Assim, a nasalização da palavra inglesa {my} não produz o resultado fonético correto da palavra {mãe} [mɐ̃j̃] em português. O ditongo oral [ɐj] existe em Portugal como alofone do fonema /e/ como na palavra {queijo} /kéjʒo/ [kɐ́jʒu]. A nasalização do ditongo europeu [ɐj] produz corretamente o ditongo oronasal [ɐ̃j̃].[57] ◀⋲

Dicas pedagógicas

Os ditongos oronasais são um elemento distintivo da língua portuguesa, sendo assim, é muito importante que o aluno adquira a habilidade de pronunciá-los corretamente. É interessante notar que todos os ditongos oronasais são decrescentes, ou seja, a abertura da boca é maior no início do ditongo e vai-se reduzindo na transição para a semivogal. Dos cinco ditongos oronasais, há só um que termina em semivogal posterior — [ẽũ̯] — e esse é o mais comum dos ditongos oronasais. Os outros quatro terminam em semivogal anterior: [ẽj̃ ɐ̃j̃ õj̃ ũj̃]. Como no caso das vogais oronasais simples, a nasalização é sempre motivada pela presença do arquifonema nasal /N/.

Os ditongos oronasais [ẽw̃] e [ẽj̃] são os mais frequentes devido a seu emprego em formas verbais. É importante lembrar que as palavras terminadas ortograficamente em {-am} e {-em} pronunciam-se com esses ditongos oronasais átonos.

O plural de substantivos terminados em [ẽw̃] realiza-se mediante um de três ditongos oronasais e a desinência plural /S/ ou /eS/. Os ditongos são [õj̃] (corações), [ẽj̃] (capitães) e [ẽw̃] (mãos). Apesar de existirem motivos históricos que explicam a forma correta de cada substantivo, para o aluno que não tenha estudado a história da língua portuguesa ou que não saiba espanhol, o mais prático é simplesmente decorar a forma plural.

É importante lembrar que a vogal /a/ sempre se alça ao nasalizar-se, inclusive nos ditongos: [ẽw̃] e [ẽj̃], sendo este o menos frequente e aquele o mais frequente. A pronúncia correta dos ditongos oronasais é essencial para uma boa pronúncia do português.

Conselhos práticos

O anglofalante que queira adquirir uma boa pronúncia dos ditongos oronasais [ẽw̃ éj̃ õj̃ ũj̃ ẽj̃] do português deve:

- lembrar que o grau de nasalização é bastante alto e é melhor ter um maior grau que um menor grau para produzir uma pronúncia aceitável;

- lembrar que num ditongo há movimento de uma vogal para uma outra, sendo a primeira o núcleo da sílaba, mas terminando numa semivogal bem perceptível.

Resumo

Existem duas teorias fonológicas quanto à nasalização vocálica do português: a teoria monofonemática e a teoria bifonemática. De acordo com a teoria monofonemática, as vogais oronasais seriam fonemas. Os defensores dessa teoria apontam para pares mínimos como [sí/sĩ], [sédɐ/sédɐ̃], [kásɐ/késɐ], [kotár/kõtár], [múdu/mũdu]. dizendo que esses pares mínimos provam a oposição fonológica entre /i/~/ĩ/, /e/~/ẽ/, /a/~/ɐ̃/, /o/~/õ/ e /u/~/ũ/, respectivamente.

De acordo com a teoria bifonemática, as vogais oronasais derivam-se de uma sequência de dois fonemas: um fonema vocálico oral e um arquifonema nasal em posição final de sílaba interior de palavra ou em posição final de palavra. Os defensores dessa teoria apontam para alternâncias morfológicas como [fí/fináw̃], [aɾmazéj̃/aɾmazenáɾ], [nasẽw̃/nasionáw̃], [bṍ/bonísimu], [atũ/atunẽj̃ɾu], dizendo que a presença da consoante nasal nas formas derivadas prova a sua presença também no radical, já que esses pares de palavras devem compartilhar o mesmo radical. Essa é a teoria aceita aparentemente pela maioria dos linguistas brasileiros e portugueses.

Existem dois tipos de nasalização vocálica: há vogais oronasais e vogais nasalizadas. O termo *vogal nasal*, que tanto se ouve, tecnicamente é inadequado, já que não existe nenhuma vogal em que todo o ar saia pelo nariz.

As vogais oronasais ocorrem fonotaticamente quando se tem uma vogal seguida de um arquifonema nasal em posição final de sílaba, onde a vogal precede uma consoante em posição inicial de sílaba, ou em que o arquifonema nasal ocorre em posição final de palavra, que também é final de sílaba. Nesses casos a vogal sempre se nasaliza tanto no Brasil quanto em Portugal. A seguinte regra geral descreve esse tipo de nasalização.

$$V \rightarrow \tilde{V} \, / \_\_ \, N\$$$

Depois da nasalização ocorre a elisão do arquifonema nasal ante certas consoantes, fenômeno esse que será comentado em mais detalhes no Capítulo 18.

As vogais nasalizadas ocorrem fonotaticamente quando se tem uma vogal em posição final de sílaba diante de uma consoante nasal em posição inicial da sílaba seguinte. No Brasil, a tendência é de nasalizar essa vogal sempre que é tônica e optativamente quando é átona. Seja qual for a vogal ou a consoante nasal seguinte, como expressa a regra:

Brasil: $V \rightarrow \tilde{V} / \underline{}' \$C_{nasal}$
$\tilde{V}/V / \underline{}*\$C_{nasal}$
*vogal átona

Em Portugal, a tendência é de nasalizar essa vogal quando é tônica somente diante do fonema /ɲ/ como demonstra a seguinte regra:

Portugal: $V \rightarrow \tilde{V} / \underline{}' \$ɲ$

Comparando-se os nasogramas do Rio de Janeiro na Fig. 15.8 como os de Lisboa na Fig. 15.9, podem-se ver essas diferenças.

Outro conceito importante é o grau de nasalidade, que se pode ver com facilidade nos nasogramas. De modo geral, as vogais oronasais têm maior grau de nasalidade que as vogais nasalizadas. O mesmo pode-se dizer do alongamento da nasalização vocálica. As vogais oronasais, já que representam dois fonemas, costumam ter maior duração que as vogais nasalizadas, que só representam um fonema. As vogais oronasais exigem nasalização, enquanto a nasalização das vogais diante de consoantes nasais simples em posição inicial da sílaba seguinte no Brasil é obrigatório com vogais tônicas e optativo com vogais átonas. Em Portugal, a vogal é nasalizada quando tônica diante do fonema /ɲ/.

O português tem cinco vogais oronasais simples [ĩ ẽ ɐ̃ õ ũ] que se pronunciam com distintos graus de nasalidade. Há também cinco ditongos oronasais [ẽũ̯ ẽj̃ õj̃ ẽj̃ ũj̃]. Para adquirir uma boa pronúncia de português é imprescindível aprender a pronunciá-los todos corretamente.

Perguntas de revisão

1. Quais são as implicações fonológicas da teoria monofonemática da nasalização vocálica em português?

2. Quais são os argumentos a favor da teoria monofonemática?

3. Quais são as implicações fonológicas da teoria bifonemática da nasalização vocálica em português?

4. Quais são os argumentos a favor da teoria bifonemática?

5. As vogais oronasais são fonemas ou são alofones de fonemas vocálicos orais? Defenda a sua posição.

6. Existem "vogais nasais?" Defenda a sua posição.

7. Explique as diferenças fonológicas e fonéticas entre vogais oronasais, vogais nasalizadas e vogais orais.

8. Quais são as vogais oronasais simples e quais são as suas fontes fonológicas subjacentes?

9. Quais são as posições fonotáticas em que as vogais oronasais simples aparecem?

10. Quais são os grafemas que se usam para representar as vogais oronasais simples?

11. Quais são os ditongos oronasais e quais são as suas fontes fonológicas subjacentes?

Conceitos e termos

alongamento vocálico	grau de nasalização	teoria monofonemática
alternâncias morfológicas	nasalização vocálica	vogais nasalizadas
ditongos oronasais	nasograma	vogais oronasais
forma fonológica subjacente	teoria bifonemática	vogais oronasais simples

12. Quais são as posições fonotáticas em que os ditongos oronasais aparecem? Dê exemplos.

13. Quais são os grafemas usados para representar os ditongos oronasais?

14. Qual é a variação dialetal em torno das vogais nasalizadas?

15. Comente o papel das vogais oronasais do português no contexto da alternância morfológica derivativa dos substantivos.

16. Comente a pluralização dos substantivos terminados em {-ão}.

17. Comente o papel das vogais oronasais do português no contexto da alternância morfológica flexiva dos adjetivos.

18. Quais são as posições fonotáticas em que as vogais nasalizadas aparecem?

19. Explique o conceito de grau de nasalização. Como se mede?

20. Como varia o grau de nasalização e como essa variação se manifesta no sistema vocálico do português?

21. Qual é o papel do alongamento na nasalização vocálica em português?

22. Qual é o ditongo oronasal mais frequente? Qual é a dica para a sua pronúncia correta?

23. Como se realizam as sequências /iN$/, /eN$/, /aN$/, /oN$/, /uN$/ frente a /iN#/, /eN#/, /aN#/, /oN#/, /uN#/?

benzer
bons
canto
comum
empada
fundimos
gente
honrar
inchado
informe
ingrato
irmã
junta

lento
limpamos
longa
maçã
onde
ontem
perguntar
pondera
simples
transmitir
umbral
ungir
vim

Vogais simples orais/nasalizadas

Pronuncie as seguintes palavras com uma vogal oral ou nasalizada de acordo com o dialeto e posição fonotática:[59] EX

acamado
acumular
acúmulo
amargo
ano
anual
cama
come
comer
dinheiro
emanar
fumo
ganho
gênio
hinário

hino
humano
lema
lenha
lima
ótimo
pena
penal
puma
soma
sonho
sono
tomado
úmido
vinha

Ditongos oronasais

Pronuncie as seguintes palavras com ditongos oronasais:[60] EX

avião
aviões
barragem
beberem
bens
escrevam
escrevem
falaram
falarão
falarem

lançaram
mãe
muito
opõe
órgão
órgãos
pães
pão
também
têm

Exercícios de pronúncia

Vogais oronasais simples

Pronuncie as seguintes palavras com a devida vogal oronasal:[58] EX

acendo
ampliar
andar
aprendemos

Ditongos orais e oronasais

Pronuncie os seguintes pares de palavras com ditongos orais e seus respectivos ditongos oronasais:[61] **EX**

a nau	anão
arei	harém
ademais	alemães
anais	aldeães
ao	hão
assei	acém
atei	atém
botei	botem
cais	cães
caos	cão
depois	depõem
grau	grão
hei	hem
lei	além
mais	mães
mau	mão
muito	intuito
pais	pães
pau	pão
pois	põem
sei	sem
sois	nações
treino	trem
votei	votem

Recursos eletrônicos

1. 🔊 Supostos pares mínimos entre vogais orais e vogais oronasais.
2. 🔊 Alternâncias morfológicas com vogais oronasais e consoantes nasais.
3. 🔊 Alongamento de vogais oronasais.
4. 🔊 Vogais oronasais seguidas ou não de consoante nasal de transição.
5. 🔊 Pares de palavras que contrastam uma vogal oral com vogal mais arquifonema /N/.
6. 🔊 Vogais oronasais em posição átona.
7. 🔊 Vogais nasalizadas em posição tônica.
8. 🔊 Vogais tônicas e átonas em sílabas abertas diante de consoante nasal.
9. 🔊 Vogais oronasais simples tônicos e átonos em posição interior e final de palavra. (Tab. 15.1)
10. 🔊 Ditongos oronasais tônicos e átonos em posição interior e final de palavra. (Tab. 15.3)
11. 🔊 Exemplos do ditongo oronasal [ẽũ̯].
12. 🔊 Outros exemplos do ditongo oronasal [ẽũ̯].
13. 🔊 Mais exemplos do ditongo oronasal [ẽũ̯].
14. 🔊 Ainda mais exemplos do ditongo oronasal [ẽũ̯].
15. 🔊 Exemplos do ditongo oronasal [ẽĩ̯].
16. 🔊 Outros exemplos do ditongo oronasal [ẽĩ̯].
17. 🔊 Exemplos do ditongo oronasal [ẽĩ̯] em Portugal.
18. 🔊 Exemplos do ditongo oronasal [ẽĩ̯] no Brasil e em Portugal.
19. 🔊 Exemplos do ditongo oronasal [ẽĩ̯].
20. 🔊 Exemplo do ditongo oronasal [ũĩ̯]: [mũĩ̯tu].
21. 🔊 Vogais nasalizadas diante das três consoantes nasais.
22. 🔊 Vogais orais/nasalizadas diante de consoantes nasais de acordo com a tonicidade.
23. 🔊 O problema de /áN/ em posição final de palavra: [masẽ́] e [pẽ́ũ̯].
24. 🔊 Vogais oronasais simples tônicos em posição final de palavra: singular e plural.
25. 🔊 Ditongos oronasais tônicos em posição final de palavra: singular e plural.
26. 🔊 Formas singular e plural de substantivos terminados em {-ão}.

Capítulo 15

27. 🔊 Alternâncias morfológicas de substantivos com vogais oronasais.

28. 🔊 Alternâncias morfológicas de adjetivos com vogais oronasais.

29. 🔊 O grau de nasalização em distintos contornos fonotáticos no Rio de Janeiro. (Fig. 15.5)

30. 🔊 O grau de nasalização em distintos contornos fonotáticos em Lisboa. (Fig. 15.6)

31. 🔊 O grau de nasalização diante das três consoantes nasais no Rio de Janeiro. (Fig. 15.8)

32. 🔊 O grau de nasalização diante das três consoantes nasais em Lisboa. (Fig. 15.9)

33. 🔊 O grau de nasalização em sílabas abertas diante de consoante nasal de acordo com a tonicidade em São Paulo. (Fig. 15.10)

34. 🔊 A nasalização perseveratória em São Paulo: {mito} e {minto}. (Fig. 15.11)

35. 🔊 Contraste entre {canta} em espanhol e português. (Fig. 15.12)

36. 🔊 Alongamento vocálico e grau de nasalização em {o mato} e {um mato}. (Fig. 15.13)

37. 🔊 Alongamento vocálico e grau de nasalização em {seda} e {senda}. (Fig. 15.14)

38. 🔊 Exemplos da vogal simples oronasal [ĩ] em posição inicial, medial e final.

39. 🔊 O alofone [ĩ] no Brasil.

40. 🔊 O alofone [ĩ] em Portugal.

41. 🔊 Exemplos da vogal simples oronasal [ũ] em posição inicial, medial e final.

42. 🔊 O alofone [ũ] no Brasil.

43. 🔊 O alofone [ũ] em Portugal.

44. 🔊 Exemplos da vogal simples oronasal [ẽ] em posição inicial, medial e final.

45. 🔊 O alofone [ẽ] no Brasil.

46. 🔊 O alofone [ẽ] em Portugal.

47. 🔊 Exemplos da vogal simples oronasal [õ] em posição inicial, medial e final.

48. 🔊 O alofone [õ] no Brasil.

49. 🔊 O alofone [õ] em Portugal.

50. 🔊 Exemplos da vogal simples oronasal [ɐ̃] em posição inicial, medial e final.

51. 🔊 O alofone [ɐ̃] no Brasil.

52. 🔊 O alofone [ɐ̃] em Portugal.

53. 🔊 O ditongo [ɐ̃ũ̯].

54. 🔊 O ditongo [ẽĩ̯].

55. 🔊 O ditongo [õĩ̯].

56. 🔊 O ditongo [ũĩ̯].

57. 🔊 O ditongo [ɐ̃ĩ̯].

58. 🎬 Exercícios de pronúncia: vogais oronasais simples.

59. 🎬 Exercícios de pronúncia: vogais simples orais/nasalizadas.

60. 🎬 Exercícios de pronúncia: ditongos oronasais.

61. 🎬 Exercícios de pronúncia: ditongos orais e oronasais.

SEÇÃO V
Os fonemas consonantais e seus sons

Capítulos 16–20

Com as vogais já estudadas, é preciso agora estudar as consoantes. Os capítulos desta seção tratam cada fonema e arquifonema consonantal do português de acordo com suas características fonológicas das seguintes perspectivas: a oposição, a frequência, a distribuição e a fonotática. Também se apresentam os detalhes articulatórios, acústicos e auditivos de cada um de seus alofones. Seguindo o modelo da seção anterior, os próximos capítulos contêm dicas pedagógicas e conselhos práticos dirigidos ao estudante de português para a aquisição de uma boa pronúncia. Incluem-se também notas sobre as principais variações dialetais. Ao final de cada capítulo, encontram-se exercícios que ajudarão o estudante a incorporar essas dicas e conselhos em sua pronúncia.

Capítulo 16

Os fonemas oclusivos

O português tem seis fonemas oclusivos. Os fonemas oclusivos são /p b t d k g/. Este capítulo começa com uma apresentação geral das características fonológicas dos fonemas oclusivos. Depois, apresenta as características fonéticas gerais dos alofones dos fonemas oclusivos. Em seguida, traz uma análise de cada fonema oclusivo. Nessa análise se apresentam os dados fonológicos e fonéticos de cada fonema. Incluem-se também dicas para o anglofalante para a aquisição de uma boa pronúncia dos alofones dos fonemas oclusivos do português.

Características gerais dos fonemas oclusivos

Os fonemas oclusivos têm em comum certas características gerais quanto aos fenômenos de oposição, distribuição e a fonotática. Os fonemas oclusivos são muito frequentes, representando como grupo 17,7% dos fonemas da cadeia falada.

A oposição entre os fonemas oclusivos

Os seis fonemas oclusivos se dividem em duas séries segundo o estado das cordas vocais; os fonemas /p t k/ são surdos e os fonemas /b d g/ são sonoros. Os seis fonemas oclusivos dividem-se em três séries segundo o ponto de articulação: isto é, os fonemas /p b/ são bilabiais, os fonemas /t d/ são dentais e os fonemas /k g/ são velares. Todos os fonemas oclusivos se opõem entre si como mostram os dados da Tab. 16.1.[1]

A fonotática dos fonemas oclusivos

Os fonemas oclusivos aparecem principalmente em posição inicial de palavra ou inicial de sílaba interior de palavra seguidos de vogal ou de líquida (/l/ ou /ɾ/) e vogal. A consoante oclusiva seguida de líquida forma um encontro consonantal indivisível. São raros em posição final de sílaba interior de palavra e inexistentes em palavras distintamente portuguesas em posição final

16.1 Pares mínimos/análogos que mostram oposições entre os fonemas oclusivos do português em posição inicial de palavra e em posção inicial de sílaba interior de palavra.

Representação ortográfica	Representação fonética	Representação ortográfica	Representação fonética
{pala}	[pálɐ]	{sopa}	[sópɐ]
{tala}	[tálɐ]	{sota}	[sótɐ]
{cala}	[kálɐ]	{soca}	[sókɐ]
{bala}	[bálɐ]	{soba}	[sóbɐ]
{dala}	[dálɐ]	{soda}	[sódɐ]
{gala}	[gálɐ]	{soga}	[sógɐ]

de palavra. Existem pouquíssimas palavras de origem culta ou científica com oclusiva mais outra consoante em posição inicial de palavra. A Tab. 16.2 mostra exemplos dos fonemas oclusivos nessas posições.

Todos os fonemas oclusivos aparecem tanto em posição inicial de palavra quanto em posição inicial de sílaba interior de palavra. Como já se apresentou na Tab. 16.1, há oposição entre todos os fonemas oclusivos em posição inicial. Nessa posição, os fonemas oclusivos são seguidos ou de uma vogal (ex. [kásɐ]) ou de uma líquida, isto é, /l/ ou /ɾ/ (ex. [klási]).[2] ◀≲ De fato, 99,2% das ocorrências dos fonemas oclusivos em português ocorrem em posição inicial. Dos fonemas oclusivos em posição inicial, 89,0% ocorrem seguidos de vogal e 11,0% seguidos de líquida. Dos fonemas oclusivos em posição inicial, 44,4% ocorrem em posição inicial de palavra e 55,6% em posição inicial de sílaba interior de palavra.

Como grupo, os fonemas oclusivos são escassos em posição final. De fato, só 0,8% das ocorrências dos fonemas oclusivos aparecem nessa posição. Quanto à posição final, é preciso diferenciar entre a posição final de palavra e final de sílaba interior de palavra.

Em posição final de palavra, como já foi explicado no Capítulo 10, não ocorre nenhum fonema oclusivo em palavras distintamente portuguesas. Os únicos exemplos de palavras que terminam em um dos fonemas oclusivos são empréstimos lexicais de outros idiomas, por exemplo: {backup}, {bit}, {link}, {web}, {upload} e {blog}. Como é fonotaticamente impossível uma oclusiva nessa posição, costumam-se pronunciar tais palavras com uma vogal epentética em posição final. No Brasil a vogal epentética é [i]; em Portugal é [ɨ]. As palavras acima, então, pronunciam-se no Brasil como [bekápi], [bítʃi], [líŋki], [wébi], [apilóudʒi], [blógi].[3] ◀≲

Alguns empréstimos são tão comuns e existem há tanto tempo que a vogal epentética já se incorporou na ortografia como {clube} e {ziguezague}. Ainda que as palavras portuguesas {sob} e {sub} sejam escritas sem vogal final, já estão lexicalizadas como /sobi/ e /subi/. O mesmo fenômeno observa-se em abreviaturas de língua portuguesa. Assim FAB (Força Aérea Brasileira) pronuncia-se [fábi] e USP (Universidade de São Paulo, [úspi].[4] ◀≲

Em posição final de sílaba interior de palavra, ocorre o mesmo fenômeno. É preciso lembrar que os fonemas oclusivos aparecem muito pouco em posição implosiva interior de palavra; de fato, entre todas as ocorrências dos fonemas oclusivos, só 0,7% aparece nessa posição. Para que uma consoante se encontre em posição implosiva dentro de uma palavra, é preciso que haja uma sequência de duas consoantes, sem que a segunda seja líquida, como nas palavras {apto, étnico, pacto, abdominal, administrar, agnóstico}, etc. É importante notar que essas palavras são cultismos, ou seja, são palavras eruditas que não passaram pela evolução histórica do idioma. Os processos de evolução preferiram

16.2 Os fonemas oclusivos nas distintas posições fonotáticas em que aparecem.

Posição fonotática	/p/	/t/	/k/	/b/	/d/	/g/
#__V	/pá.to/	/tɔ́.ma/	/ká.pa/	/bɔ́.di/	/dá.ta/	/gá.na/
#__CliquidaV	/plá.no/	/trá.to/	/klé.ɾo/	/brí.ga/	/drá.ma/	/grá.to/
#__CoutraV	/pnéu/	/tsu.ná.mi/	/kza.rí.na/	—	—	/gnɔ́s.ti.ko/
$__V	/a.pí.to/	/do.táR/	/a.kí/	/ká.bo/	/bɔ́.di/	/pá.ga/
$__CliquidaV	/a.kɔ́.pla/	/óu.tro/	/a.klá.ɾo/	/á.bɾo/	/ví.dɾo/	/a.lé.gɾe/
__$	/áp.to/	/et.nía/	/pák.to/	/ab.né.ga/	/ad.víR/	/síg.no/
__#	/klíp/	/ka.pút/	/fe.si.búk/	/ez.nɔ́b/	/ap.lód/	/blóg/

a eliminação ou simplificação de sequências consonantais internas. Dessa maneira, a palavra latina *fac-tum* tornou-se *fa-to* em português. Às vezes existem duas palavras em português derivadas de uma única palavras latina. As palavras *obs-cu-ro* e *es-cu-ro* em português derivam-se da palavra latina *ob-scu-rus*, a primeira mantendo a sua forma clássica e a segunda seguindo o processo popular. Esses pares de palavras chamam-se dobletes etimológicos.

A distribuição alofônica dos fonemas oclusivos

Há duas variantes principais que afetam a distribuição alofônica dos fonemas oclusivos. A primeira é a posição do fonema na fonossintaxe: se ocorre em posição inicial ou final de sílaba. A segunda é o dialeto: se existe palatalização dos fonemas oclusivos dentais diante do som [i] ou não.

O Capítulo 9 explicou que os fonemas /p k b g/ têm distribuição única como também os fonemas /t d/ em dialetos sem palatalização. Aqui se apresenta uma regra expandida para incluir o fato de que nos poucos casos em que os fonemas oclusivos ocorrem em posição final de sílaba, insere-se uma vogal epentética.

$$/\text{p t k}/ \longrightarrow \begin{matrix} [\text{pi ti ki}] & / \_\$ \\ [\text{p t k}] & / \text{ n.o.l.} \end{matrix}$$

$$/\text{b d g}/ \longrightarrow \begin{matrix} [\text{bi di gi}] & / \_\$ \\ [\text{b d g}] & / \text{ n.o.l.} \end{matrix}$$

A vogal epentética é [ɨ] em Portugal. As regras para /t d/ são para dialetos sem palatalização. As vogais epentéticas podem ser curtas e/ou ensurdecidas.

Os casos de oclusiva final de sílaba interior de palavra resultam na produção de uma vogal epentética. Dependendo da rapidez da fala, a vogal epentética pode ter a duração de uma vogal plena [i] ou [ɨ], ou pode ser de duração mais breve [ⁱ] ou [ᵼ]. A vogal epentética pode ser também ensurdecida depois de um oclusiva surda, sobretudo diante de outra consoante surda ou diante de uma pausa. No Brasil, então, a pronúncia das palavras da Tab. 16.2 nesse contexto fonológico pode ser: [ápi̥tu], [etʃi̥níɐ], [pákⁱtu], [abinégɐ], [adʒivír], [síginu]. Em Portugal a pronúncia dessas mesmas palavras é: [ápⁱtu], [etⁱníɐ], [pákⁱtu], [abⁱnégɐ], [ɐdⁱvír], [síg ᵼnu]. A vogal epentética em Portugal muitas vezes é quase inaudível, mas está presente na distensão da oclusiva. Percebe-se melhor a existência da vogal epentética em Portugal comparando-se a pronúncia da palavra portuguesa {pacto} [pá.kᵼ.tu] com a palavra espanhola [pák˺to]. Devido à vogal epentética, as consoantes oclusivas viram essencialmente todas iniciais de sílaba.[5]

A segunda regra referente às oclusivas, é a regra de palatalização dos fonemas /t d/ que ocorre nos dialetos da norma culta paulista e carioca.

$$/\text{t d}/ \longrightarrow \begin{matrix} [\text{tʃ dʒ}] & / \_[\text{i}] \\ [\text{t d}] & / \text{ n.o.l.} \end{matrix}$$

É importante observar que esse fenômeno chama-se palatalização devido ao processo de assimilação em que o ponto de articulação dos fonemas /t d/, consoantes dentais, convertem-se em palatais por influência da vogal seguinte, cujo ponto de articulação é anterior ou palatal. É importante notar que essa palatalização só ocorre diante do som [i], que pode aparecer em três casos fonotáticos. Primeiro, resulta do fonema /i/ como na palavra {tipo} /típo/ [tʃípu]. Segundo, resulta do fonema /e/ em posição átona final com na palavra {bate} /báte/ [bátʃi]. Terceiro, resulta da vogal epentética [i] como na palavra {advogado} /advogádo/ [adʒivogádu].[6]

É interessante notar que esse processo de palatalização é o mesmo que ocorre em inglês quando a pronúncia de {can't you} vira [kæntʃuu̯] e {did you} vira [dídʒuu̯].[7]

Características gerais dos alofones oclusivos

Como toda consoante, os alofones oclusivos definem-se por três traços: o modo de articulação, o ponto de articulação e o estado das cordas vocais.

O modo de articulação

A produção dos sons oclusivos, como ocorre com todos os sons, têm três fases: a intensão, a tensão e a distensão, como se vê na Fig. 16.3.

Nos sons oclusivos, a fase intensiva realiza-se mediante o fechamento completo do canal articulatório. O fechamento completo ocorre por dois fatores. Primeiro, o véu palatino levanta-se, aderindo-se à parede faríngea e impedindo a saída de ar pelas fossas nasais, produzindo assim um som totalmente oral. Segundo, dois órgãos articulatórios fecham totalmente a passagem de ar pela boca em determinado ponto de articulação. É esse fechamento ou oclusão que dá nome a essa classe de consoantes.

Durante a fase tensiva, o falante mantém os fechamentos formados na intensão enquanto aumenta a pressão do ar retido atrás do ponto de oclusão. Isso acontece quando o falante emprega os músculos intercostais e o diafragma para pressionar os pulmões. É a diminuição do volume de uma quantidade fixa de ar que produz o aumento de pressão.

A fase distensiva começa quando se desfaz a oclusão entre os dois órgãos articulatórios, criando a saída repentina de uma corrente de ar em que o ar sai da boca para restabelecer o equilíbrio de pressão. Devido a essa saída súbita de ar, que é em efeito uma explosão, esses sons também se chamam explosivos. O som de uma oclusiva é *momentâneo*, porque não se pode prolongar o som criado pelo escape do ar. Essa descrição do modo de articulação vale tanto para o português quanto para o inglês.

O ponto de articulação

Os pontos de articulação dos alofones oclusivos do português são bilabial [p b], dental [t d] e velar [k g]. Em inglês [p b] e [k g] têm os mesmos pontos de articulação que em português, respectivamente, bilabial e velar. O ponto de articulação dos sons [t d] em inglês, porém, é diferente, sendo alveolar.

É importante destacar, porém, mais detalhes com respeito ao ponto de articulação dos alofones [t d] ao comparar os dois idiomas. Em inglês, a articulação é apicoalveolar, isto é, o ápice da língua se curva para cima e toca os alvéolos. Em português, em contraste, a articulação é apicodental-laminoalveolar. Ao pronunciar [t d] em português, a língua estende-se para frente: o ápice toca o alto da face interior dos dentes superiores e a lâmina faz contato com a maior parte dos alvéolos.

Observa-se que se empregam os mesmos símbolos fonéticos [t d] tanto para o inglês, cuja articulação exclusiva é apicoalveolar, como para o português, cuja articulação exclusiva é apicodental-laminoalveolar. Na linguística, permite-se o emprego dos mesmos símbolos devido ao fato de que não existe nenhum idioma que contraste as duas articulações de [t].

O estado das cordas vocais

A ação das cordas vocais na pronúncia dos alofones oclusivos depende de dois fatores: primeiro, a posição silábica da oclusiva, seja explosiva ou implosiva; e, segundo, se a oclusiva é sonora ou surda. As diferenças entre as várias possibilidades giram em torno do **início da vibração laríngea** (inglês: *Voice-Onset Time—VOT*). Isso refere-se ao exato momento em que começa a vibração das cordas vocais em relação ao momento em que se desfaz a oclusão bucal. Pode-se medir o início da vibração laríngea (VOT) num sonograma. Se a vibração começa depois da abertura bucal, o VOT tem um valor (número) positivo, que é a medida em milissegundos do tempo transcorrido entre a abertura da oclusão e o início da vibração das cordas vocais. Se a vibração começa antes da abertura, o VOT tem um valor (número) negativo, que é a medida em milissegundos do tempo transcorrido entre o início da vibração das cordas vocais e o momento em que ocorre a abertura bucal. Se a vibração

16.3 A produção dos sons oclusivos com suas três fases: intensão, tensão e distensão.

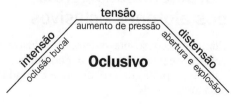

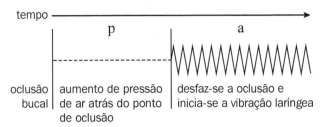

16.4 Representação temporal dos passos para a articulação de uma oclusiva surda em posição inicial de sílaba seguida de uma vogal em português.

começa simultaneamente com a abertura, o valor do VOT é zero.

As oclusivas surdas em posição inicial de sílaba

Em posição inicial de sílaba o inicio da vibração das cordas vocais das oclusivas surdas do português é simultâneo com a abertura bucal.

Como mostra a Fig. 16.4, o processo da articulação de uma oclusiva surda inicial começa com a oclusão bucal seguida de um aumento da pressão do ar retido atrás do ponto de oclusão. Depois, simultaneamente, desfaz-se a oclusão bucal e inicia-se a vibração das cordas vocais, que começa a produção da vogal ou consoante líquida seguinte. Em outras palavras, o VOT é zero. O modelo apresentado aqui para o som [p] vale também para os sons [t] e [k].

Os passos da produção de uma oclusiva surda inicial do português diferem muito dos passos de uma oclusiva surda do inglês. O som oclusivo surdo inglês que ocorre em posição inicial destaca-se por sua **aspiração** ou **sonorização retardada**, como mostra a Fig. 16.5. Em outras palavras, o VOT tem um valor positivo. Essa aspiração é, na verdade, um período surdo da vogal seguinte.

É importante entender o que produz a aspiração dos sons oclusivos surdos iniciais do inglês para evitar essa aspiração na pronúncia do português. Como, com a cavidade bucal ainda fechada, a língua e os lábios se preparam para a produção da vogal que segue a oclusiva, o resultado é que a aspiração é, na realidade, um período surdo dessa vogal. O modelo apresentado na Fig. 16.5 para o som inglês $[p^h]$ vale também para os sons $[t^h]$ e $[k^h]$.

Pode-se sentir facilmente a diferença entre os modelos do som português [p] e o som inglês $[p^h]$ pondo-se a mão na frente da boca e dizendo [pá] e $[p^há]$. Em português, mal se sente a saída de ar ao abrir a boca; em inglês, sente-se um forte sopro de ar. A diferença reside no fato de que a produção de um som surdo exige mais ar: é o que ocorre no início da produção de uma vogal inglesa que venha após uma oclusiva surda.

A Fig. 16.6 contém as formas de onda e sonogramas da palavra portuguesa [pá] {pá} e da palavra inglesa $[p^há]$ {paw}.[8] Pode-se observar que o VOT entre a consoante [p] e a vogal [a] na palavra portuguesa {pá} é insignificante: 9 milissegundos. Por outro lado, o VOT entre a consoante [p] e a vogal [ɑ] na palavra inglesa {paw} é notável: 80 milissegundos. Os dados dos sonogramas desse fenômeno

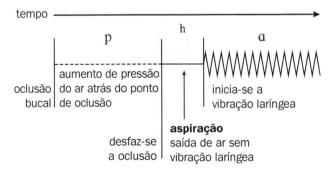

16.5 Representação temporal dos passos para a articulação de uma oclusiva surda em posição inicial de sílaba seguida de uma vogal em inglês.

Capítulo 16

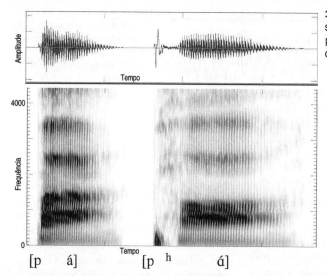

16.6 Forma de onda e sonograma da articulação da palavra portuguesa [pá] {pá} e da palavra inglesa [pʰá] {paw}.

indicam que o VOT para os sons oclusivos surdos do português corre numa faixa de 0 ms a 15 ms, em quanto o VOT para os sons oclusivos surdos de inglês corre numa faixa de 60 ms a 100 ms.

Vale examinar mais a fundo a diferença entre o português e o inglês quanto a o que ocorre na transição entre uma consoante oclusiva surda e o começo da vocalização da vogal seguinte. A Fig. 16.7 contém uma ampliação das formas de onda da Fig. 16.6 que mostram essas transições em mais detalhes. Na Fig. 16.7, nota-se que, em português, a onda sonora começa com um estalo da oclusiva que dura 9 ms e é imediatamente seguida pela vogal sonora. Em inglês, o estalo dura 29 ms e é seguido por um período de aspiração de 51 ms. Essa aspiração é, com já foi explicado, um segmento surdo da vogal subsequente. Descontando-se o estalo do cálculo do VOT, o exemplo em português tem um VOT de 0 ms e, em inglês, um VOT de 51 ms. O que se mostrou aqui para a realização do [p] português e do [pʰ] inglês em posição inicial de sílaba, vale também para a realização do [t] português e do [tʰ] inglês e para a realização do [k] português e do [kʰ] inglês. Em geral, quanto mais posterior o ponto de articulação maior é o VOT; isto é, o VOT costuma ser um pouco mais curto quando consoante é bilabial e um pouco mais longo quando a consoante é velar.

As oclusivas sonoras em posição inicial de grupo fônico

Em posição inicial de grupo fônico, o começo da vibração laríngea das oclusivas

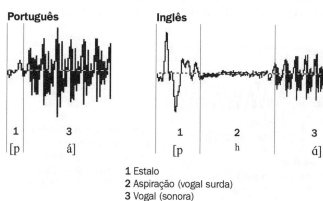

1 Estalo
2 Aspiração (vogal surda)
3 Vogal (sonora)

16.7 As formas de onda da transição entre uma oclusiva surda e uma vogal em português e em inglês.

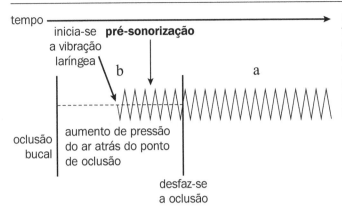

16.8 Representação temporal dos passos para a articulação de uma oclusiva sonora em posição inicial de grupo fônico seguida de uma vogal, indicando a pré-sonorização típica do português.

sonoras do português ocorre bem antes do começo do escape do ar. Como mostra a Fig. 16.8, o processo da articulação de uma oclusiva sonora inicial em português começa com uma oclusão bucal seguida de um aumento da pressão de ar retido atrás do ponto de oclusão. Durante o aumento da pressão do ar, ainda com a boca fechada, inicia-se a vibração das cordas vocais, o que produz um som sonoro audível de pouca duração. Esse som é o mesmo para todos os pontos de articulação, pois resulta da vibração das cordas vocais enquanto se força o ar pelas mesmas e aumenta-se a pressão do ar preso no canal articulatório mediante a redução do volume dos pulmões. Sendo assim, é impossível prolongar esse som sonoro, já que, uma vez que se chegue a uma igualdade da pressão de ar nas cavidades infraglótica e supraglótica, não pode haver passagem de ar para acionar as cordas vocais. Uma vez que se abra a oclusão, começa de imediato a produção da vogal sonora subsequente. O modelo apresentado na Fig. 16.8 para o som [b], com uma forte **pré-sonorização** ou **sonorização antecipada**, vale também para os sons [d] e [g].

Os passos na produção de uma oclusiva sonora em inglês são mais variáveis que em português. Embora as oclusivas sonoras dos dois idiomas possam ter um valor negativo de VOT, os valores do VOT em inglês podem chegar até zero, o que é impossível em português, sendo o valor de zero um valor que em português representa um som surdo. Entre os falantes de inglês, então, existe grande variabilidade no grau de pré-sonorização das oclusivas sonoras: para algumas articulações ou falantes, o VOT é zero ou um pouco negativo; para outros o VOT é bastante negativo, com até 100 ms de pré-sonorização. O modelo da Fig. 16.9 mostra a sequência de eventos para a produção do som [b] em inglês com pouca pré-sonorização. O modelo para [b], vale também para os sons [d] e [g].

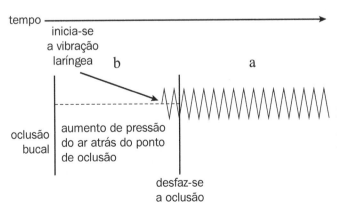

16.9 Representação temporal dos passos para a articulação de uma oclusiva sonora em posição inicial de grupo fônico seguida de uma vogal do inglês, indicando um mínimo de pré-sonorização com respeito ao português.

A Fig. 16.10 contém as formas de onda e sonogramas da palavra portuguesa [bé] (a letra B) e da palavra inglesa [béi̯] {bay}.⁹ ◀⋲ Pode-se observar que o VOT entre a consoante [b] e a vogal [é] da palavra portuguesa {bê} é considerável: –162 ms. Por outro lado, o VOT entre a consoante [b] e a vogal [éi̯] na palavra inglesa {bay} é mínimo: 12 ms. Os dados dos sonogramas desse fenômeno indicam que o VOT dos sons oclusivos sonoros do português corre na faixa de –200 ms a –100 ms enquanto o VOT dos sons oclusivos sonoros do inglês corre na faixa de –100 ms a 0 ms.

Vale antecipar um comentário sobre a percepção da distinção entre oclusivas surdas e sonoras iniciais em português e inglês. Em português [p t k] e [b d g] distinguem-se pela presença ou ausência de pré-sonorização: quer dizer, se há pré-sonorização, o som é percebido como sonoro; na ausência de pré-sonorização, o som é percebido como surdo. Em inglês [p t k] e [b d g] distinguem-se em posição inicial pela presença ou ausência de aspiração: quer dizer, se há aspiração, o som é percebido como surdo; na ausência de aspiração, o som é percebido como sonoro.

As oclusivas sonoras dentro de grupos fônicos

No meio do grupo fônico, as oclusivas sonoras ocorrem fonotaticamente entre vogais ou entre uma vogal e uma consoante líquida sonora. Nesse caso, a consoante oclusiva sonora fica rodeada por sons sonoros, e o vozeamento das cordas vocais continua ao longo de toda a oclusão.

Características gerais dos alofones africados

Como toda consoante, os alofones africados definem-se por três traços: modo de articulação, ponto de articulação e estado das cordas vocais. Em português, ocorrem somente africados palatais em dialetos que palatalizam os fonemas /t/ e /d/.

O modo de articulação

A produção dos sons africados, como ocorre com todo som, têm três fases: a intensão, a tensão e a distensão. Por definição, um som africado é um som oclusivo seguido de um **som fricativo homorgânico**, ou seja, um fricativo que se produz no mesmo ponto de articulação.

A fase intensiva de um som africado é igual à de um som oclusivo: efetua-se mediante o fechamento completo do canal articulatório. O fechamento completo ocorre por dois fatores. Primeiro, o véu palatino levanta-se, aderindo-se à parede

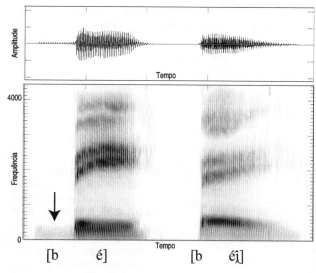

16.10 Forma de onda e sonograma da articulação da palavra portuguesa [bé] {"B"} e a palavra inglesa [béi̯] {bay}. A flecha indica a zona de pré-sonorização do português.

faríngea, impedindo a saída de ar pelas fossas nasais, produzindo assim um som totalmente oral. Segundo, dois órgãos articulatórios fecham totalmente a passagem do ar pela boca em determinado ponto de articulação.

Durante a fase tensiva dos sons africados, mantêm-se o fechamento formado na intensão, enquanto a pressão do ar retido atrás do ponto de oclusão aumenta. Isso acontece quando o falante emprega os músculos intercostais e o diafragma para pressionar os pulmões. É a diminuição do volume de uma quantidade fixa de ar que produz o aumento de pressão. Vê-se assim que a fase tensiva dos sons africados é idêntica à fase tensiva dos sons oclusivos.

A fase distensiva dos sons africados, porém, é bifásica; isto é, tem duas fases. Na distensão, desfaz-se a oclusão entre os dois órgãos articulatórios, mas, ao contrário do que ocorre com os sons oclusivos, a separação entre os dois órgãos articulatórios é mínima: separam-se somente o suficiente para formar o estreitamento necessário para produzir um som fricativo. Depois de manter a produção do som fricativo durante algum tempo, abre-se o canal bucal, que resulta na dissolução do elemento fricativo como se vê na Fig. 16.11. Depois, em português, passa-se sempre à produção de uma vogal. Os sons africados, então, caracterizam-se por uma **distensão retardada**.

O ponto de articulação e o estado das cordas vocais

Os dois alofones africados do português são palatais: o [tʃ] é surdo e o [dʒ] é sonoro. Conforme já dito, são alofones de /t/ e /d/, respectivamente, que aparecem diante do som [i] em dialetos com palatalização.

Os fonemas oclusivos

Nesta seção serão apresentados os detalhes fonológicos e fonéticos de cada um dos seis fonemas oclusivos: /p t k b d g/. A apresentação será feita fonema por fonema.

16.11 O modo de articulação dos sons africados.

O fonema /p/

Em relação aos demais fonemas oclusivos, o fonema /p/ compartilha o ponto de articulação com a consoante /b/ e o estado das cordas vocais com as consoantes /t/ e /k/.

A fonologia do fonema /p/

O fonema /p/ se opõe aos demais fonemas oclusivos /t k b d g/ como exemplifica a série [pálɐ tálɐ kálɐ bálɐ dálɐ gálɐ].[10] 🔈 O fonema /p/ é o décimo-quarto fonema mais frequente do português com uma porcentagem de frequência de 2,7% do total dos fonemas. Há uma correspondência exata entre o grafema {p} e o fonema /p/.

Como já se explicou, o fonema /p/ tem distribuição complementar com dois alofones. Seu alofone principal é o som oclusivo bilabial surdo pleno [p], que ocorre em posição inicial de sílaba. O fonema /p/ também realiza-se como [p] mais vogal epentética em posição final de sílaba, conforme já foi explicado.

/p/ ⟶ [pi] / __$
[p] / n.o.l.

A vogal epentética é [ɨ] em Portugal.

Fonotaticamente, o fonema /p/ ocorre quase exclusivamente em posição inicial de sílaba: 99,4% das ocorrências de /p/ ocorrem nessa posição, enquanto só 0,6% das ocorrências de /p/ aparecem em posição final de sílaba, todas elas em posição final de sílaba interior de palavra. Os poucos casos de estrangeirismos em que o fonema /p/ aparece em posição final de palavra são estatisticamente irrelevantes

Contexto fonotático do fonema /p/		Exemplo	%
__$	posição final de sílaba interior de palavra	{ap-to}	0,6%
#__V	posição inicial de palavra seguido de vogal	{par-te}	49,4%
#__C	posição inicial de palavra seguido de líquida	{pla-no}	14,5%
$__V	posição inicial de sílaba interior de palavra seguido de vogal	{a-par-te}	28,2%
$__C	posição inicial de sílaba interior de palavra seguido de líquida	{a-plas-tar}	7,3%

16.12 Porcentagens de ocorrência do fonema /p/ em seus distintos contornos fonológicos.

e, em todo caso, pronunciam-se seguidos de vogal epentética. A Tab. 16.12 indica as porcentagens de ocorrência do fonema /p/ em seus distintos contornos fonológicos.

A fonética do alofone [p]

A articulação do som [p] começa com o fechamento total dos lábios ao mesmo tempo que o véu palatino se mantém aderido à parede faríngea. Formada a oclusão, aumenta-se a pressão do ar no trato vocal mediante a compressão dos pulmões. Ao abrirem-se os lábios, produz-se uma pequena explosão de ar; as cordas vocais começam a vibrar simultaneamente com a abertura. A Fig. 16.13 mostra a posição articulatória do som [p]. Vale observar que a posição da língua e dos lábios durante a tensão do som [p] variam conforme a vogal subsequente.

Acusticamente, o alofone [p], como os demais alofones oclusivos surdos, destaca-se por um período de silêncio. Como já foi explicado no Capítulo 6, distingue-se o ponto de articulação pelas transições dos formantes vocálicos que precedam o sucedam ao som oclusivo. Antes do som [p], vê-se uma queda na frequência do segundo formante na transição entre a vogal e a consoante. Depois do som [p], observa-se que o segundo formante sobe na transição para a vogal ou líquida. Podem-se ver esses padrões no sonograma do som [p] intervocálico na Fig. 16.14.[11] ◀≶ Pode-se notar também a ausência de aspiração entre o período de silêncio e o começo da vogal que segue. Vê-se essa ausência de aspiração tanto no [p] inicial como no [p] intervocálico.

Auditivamente, reconhece-se o som [p] como oclusivo pela ausência de estímulo acústico por alguns milissegundos. Reconhece-se que é um som bilabial pelas transições dos formantes das vogais adjacentes. Reconhece-se que é um som surdo e não sonoro pela falta de estrias verticais de sonorização.

A fonética do alofone [p] mais vogal epentética

O alofone [p] só é seguido de vogal epentética em posição final de sílaba interior de palavra ou em posição final de palavra, no caso de estrangeirismos ou acrônimos. Se for final de sílaba interior de palavra,

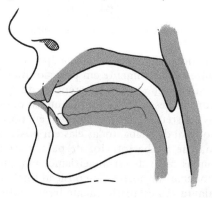

16.13 A posição articulatória do som [p]. A posição da língua e dos lábios varia com a vogal ou consoante líquida subsequente.

Os fonemas oclusivos

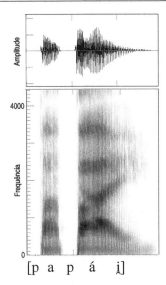

[p a p á i̥]

16.14 Forma de onda e sonograma da articulação do som português [p].

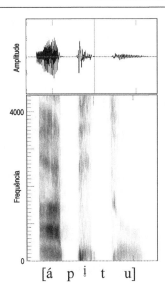

[á p i̥ t u]

16.15 Forma de onda e sonograma da articulação do som português [p] seguido de vogal epentética [i̥].

sempre é seguido de outra consoante ao começo da sílaba seguinte. A articulação do som [p] é a mesma já descrita, pois por ser seguido de vogal epentética, o [p] torna-se efetivamente inicial de sílaba. Como já explicado, a vogal epentética costuma ser [i] no Brasil e [ɨ] em Portugal e pode ser ensurdecida ou ter sua duração reduzida ou ambas as coisas.

A Fig. 16.15 contém a forma de onda e o sonograma da palavra {apto} com a pronúncia brasileira de [ápi̥tu].[12] 🔊 Pode-se observar a clara presença da vogal epentética entre o [p] e o [t], neste caso ensurdecida e um pouco reduzida. Também observa-se que a sílaba [pi̥] é até um pouco mais longa que a sílaba [á]. Insere-se também uma vogal epentética depois do fonema [p] em posição final, mesmo que seja reduzida. Em posição final de palavra o /p/ só ocorre em estrangeirismos, como {chip} [ʃĩpi], ou acrônimos, como CEP (Código de Endereçamento Postal) [sépi].[13] 🔊

Dicas pedagógicas

O aluno anglofalante de português tende a aplicar ao português a regra complementar do fonema /p/ do inglês. A regra do inglês para o fonema /p/ tem três alofones:

$$/p/ \longrightarrow [p^h] \ / \ \$\underline{\quad}$$
$$[p] \ / \ \$s\underline{\quad}$$
$$[p^\neg] \ / \ \underline{\quad}C_0\$$$

A regra do inglês indica que em posição inicial, produz-se a variante aspirada já descrita como nas palavras [ˈpʰɪn] {pin} ou [əˈpʰɑl] {appall}. Indica que o som [p], isto é, a consoante oclusiva bilabial surda com distensão e sem aspiração, ocorre somente depois da consoante /s/ inicial de sílaba como na palavra [ˈspɪn] {spin}. O alofone sem distensão, quer dizer, [p̚], ocorre em posição final de sílaba ou palavra, sem outra consoante intermédia ou com uma, como nas palavras [ˈnæp̚] {nap} ou [ˈæp̚tʰ] {apt}.[14] 🔊

A regra de distribuição do fonema /p/ do inglês cria um grande problema de interferência negativa para o anglofalante que estuda português. Ainda que o som [p] do português exista na língua inglesa, nesse idioma, ele só ocorre em uma posição fonotática que seria inaceitável em português, que não aceita nunca a consoante /s/ seguida de outra consoante qualquer na mesma sílaba. A tendência natural do anglofalante é de produzir a variante aspirada sempre em posição inicial de sílaba, seguindo o modelo apresentado na Fig. 16.5. O anglofalante tem que evitar a sonorização retardada das oclusivas surdas do inglês e aprender a colocar as cordas vocais em vibração no mesmo instante da abertura bucal, seguindo o modelo apresentado na Fig. 16.4. O anglofalante tende a perceber o som [p] do português como o som [b] do inglês apresentado na Fig. 16.9, devido à falta de aspiração.

Em posição final, é importante lembrar que é preciso inserir a vogal epentética correspondente da norma culta que se queira seguir. É preciso lembrar que essa vogal é sempre átona e nunca alongada.

Conselhos práticos

Quanto aos alofones do fonema /p/, o aluno que aprende português deve lembrar que em português:

- Não há aspiração do som [p] em posição inicial de sílaba;
- O som [p] em posição final é seguido de uma vogal epentética.

O aluno precisa concentrar-se em eliminar a produção de aspiração ou sonorização retardada em posição inicial. Tem que treinar até conseguir colocar as cordas vocais em vibração no mesmo instante da abertura bucal. Para verificar se é isso o que está fazendo, basta colocar uma folha de papel em frente da boca e dizer {pai}. Se o papel saltar, o som foi produzido com aspiração.

O fonema /t/

Em relação aos demais fonemas oclusivos, o fonema /t/ compartilha o ponto de articulação com a consoante /d/ e o estado das cordas vocais com as consoantes /p/ e /k/.

A fonologia do fonema /t/

O fonema /t/ se opõe aos demais fonemas oclusivos /p k b d g/ como exemplifica a série [palɐ talɐ kalɐ balɐ dalɐ galɐ]. O fonema /t/ é o oitavo mais frequente do português, com uma porcentagem de frequência de 4,6% do total dos fonemas. Há uma correspondência exata entre o grafema {t} e o fonema /t/.

Como já foi explicado, há dois padrões para a distribuição dos alofones do fonema /t/. Nos dialetos sem palatalização, o fonema /t/ tem uma distribuição complementar com dois alofones. Seu alofone principal é o som oclusivo dental surdo pleno [t], que ocorre em posição inicial de sílaba. Em posição final de sílaba geralmente é seguido de uma vogal epentética. As exceções ocasionais serão apresentadas no Capítulo 20 sobre encontros consonantais.

Nos dialetos com palatalização o fonema /t/ também tem distribuição complementar com dois alofones: o alofone principal dental [t] e o alofone palatal [tʃ]. Nesses dialetos, há palatalização do fonema /t/ por assimilação à vogal [i] seguinte como já explicado. Esse processo também chama-se **africação**, devido a que a oclusiva vira africada. A vogal [i] que produz a palatalização pode resultar de três fontes: 1) o fonema /i/ ({tipo} /típo/ [tʃípu]), 2) o fonema /e/ em posição átona final de palavra ({bate} /báte/ [bátʃi]) e 3) a vogal epentética [i] ({ritmo} /rítmo/ [hítʃimu]). Nos outros lugares, produz-se o alofone principal dental [t].[15] 🔊
Expressam-se essas regras da seguinte forma:

Sem palatalização:
/t/ ⟶ [ti] / __$
[t] / n.o.l.

Com palatalização:
/t/ ⟶ [tʃ] / __[i]
[t] / n.o.l.

A vogal epentética é [i] em Portugal.
As vogais epentéticas podem ser curtas e/ou ensurdecidas.

Fonotaticamente, o fonema /t/ ocorre quase exclusivamente em posição inicial de sílaba: 99,9% das ocorrências de /t/ ocorrem nessa posição, enquanto só 0,1% das ocorrências de /t/ ocorrem em posição final de sílaba, sempre em posição final de sílaba interior de palavra com a única exceção de pouquíssimos estrangeirismos ou acrônimos. A Tab 16.16 indica as porcentagens de ocorrência do fonema /t/ em seus distintos contornos fonológicos.

Os fonemas oclusivos

Contexto fonotático do fonema /t/	Exemplo	%
__$	posição final de sílaba interior de palavra	{rit-mo}	0,1%
#__V	posição inicial de palavra seguido de vogal	{tan-to}	14,1%
#__C	posição inicial de palavra seguido de /ɾ/	{trem}	3,5%
$__V	posição inicial de sílaba interior de palavra seguido de vogal	{a-ta-que}	70,4%
$__C	posição inicial de sílaba interior de palavra seguido de líquida	{a-trás}	11,9%

16.16 Porcentagens de ocorrência do fonema /t/ em seus distintos contornos fonológicos.

A fonética do alofone [t]

A articulação do som [t] começa mediante um fechamento total formado pelo contato entre o ápice da língua a face lingual dos dentes superiores. A lâmina da língua também mantém contato com os alvéolos e o véu palatino mantém-se aderido à parede faríngea. Pode-se dizer, portanto, que o som é, na realidade, um som apicodental-laminoalveolar. Formada a oclusão, aumenta-se a pressão do ar. Ao abrir-se a oclusão, produz-se uma pequena explosão de ar; as cordas vocais começam a vibrar simultaneamente com a abertura da boca. A Fig. 16.17 mostra a posição articulatória do som [t]. Vale observar que a posição da língua e dos lábios durante a tensão do som [t] varia um pouco dependendo da vogal seguinte.

Acusticamente, o alofone [t], como os demais alofones oclusivos surdos, destaca-se por um período de silêncio. Como já foi explicado no Capítulo 6, são as transições dos formantes das vogais que precedem ou sucedem o som oclusivo que indicam qual é o ponto de articulação. Antes do som [t], vê-se que a frequência do segundo formante na transição entre a vogal e a consoante se mantém estável. Depois do som [t], observa-se que a frequência do segundo formante na transição para a vogal ou para a vibrante simples também se mantém estável ou baixa um pouco. Veem-se esses padrões no sonograma do som [t] na Fig. 16.18.[16]

16.17 A posição articulatória do som [t].

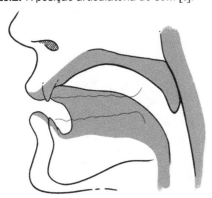

16.18 Forma de onda e sonograma de duas articulações do som português oclusivo dental surdo [t].

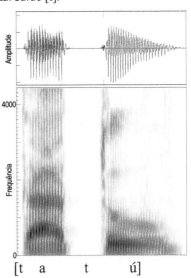

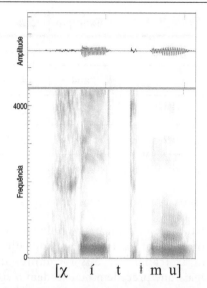

16.19 Forma de onda e sonograma do som [t] mais uma vogal epentética na pronúncia lisboeta de [χítɨmu].

Auditivamente, o som [t] é reconhecido como oclusivo pela ausência de estímulo acústico durante alguns milissegundos. Reconhece-se que é um som dental pelas transições dos formantes vocálicos vizinhos. Reconhece-se que é um som surdo e não um som sonoro pela falta de vibração das cordas vocais que se vê no sonograma pela falta das estrias de sonorização.

A fonética do alofone [t] mais vogal epentética

O alofone [t] só é seguido de vogal epentética em posição final de sílaba interior de palavra ou em posição final de palavra, no caso de estrangeirismos ou acrônimos. Se for final de sílaba interior de palavra, sempre precede outra consoante ao começo da sílaba seguinte. A articulação do som [t] é a mesma já descrita, pois com a vogal epentética, o [t] torna-se efetivamente inicial de sílaba. Como já explicado, a vogal epentética costuma ser [i] no Brasil e [ɨ] em Portugal e pode ser ensurdecida ou ter sua duração reduzida ou ambas as coisas.

A Fig. 16.19 contém a forma de onda e sonograma da palavra {ritmo} com a pronúncia lisboeta de [ʁítɨmu].[17] ◀⦂ Pode-se observar a clara presença da vogal epentética entre o [t] e o [m], neste caso ensurdecida e um pouco reduzida. Insere-se também uma vogal epentética depois do fonema [t] em posição final, mesmo que seja reduzida. Isso resulta no alofone [tʃ] nos dialetos com palatalização. Em posição final de palavra o /t/ só ocorre em estrangeirismos, como {diet} [dájetʃi/dájetɨ], ou acrônimos, como DPVAT (Danos pessoais causados por veículos automotores de via terrestre) [depevátʃi/depevati].[18] ◀⦂

A fonética do alofone [tʃ]

A articulação do som [tʃ] começa mediante um fechamento total formado pelo contato da pós-lâmina e do pré-dorso da língua com a região pós-alveolar e pré-palatal do céu da boca. Formada a oclusão, aumenta-se a pressão de ar. Em seguida, afasta-se a língua do pré-palato para formar um estreitamento acanalado pelo qual passa o ar criando o elemento fricativo surdo [ʃ]. A Fig. 16.20 indica a posição articulatória do som [tʃ].

Acusticamente, o alofone [tʃ] resulta numa onda inarmônica que representa os dois elementos do som africado. O primeiro elemento destaca-se por um breve período de silêncio. A onda sonora do segundo elemento apresenta turbulência acústica forte que começa por volta de 1800 ciclos por segundo. Esse som apresenta

16.20 A posição articulatória do som [tʃ]. O desenho articulatório da língua representa a posição da oclusiva. A linha pontilhada abaixo da superfície da língua representa a posição da fricativa.

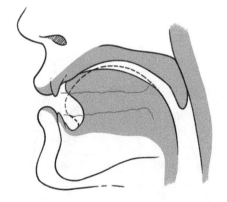

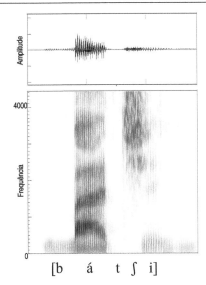

16.21 Forma de onda e sonograma da articulação do som [tʃ] na palavra {bate}.

turbulência forte em frequências mais baixas que o som fricativo surdo [s]. É fácil distinguir os dois componentes acústicos no sonograma do som [tʃ] na Fig. 16.21.[19] ◀︎

Auditivamente, reconhece-se o som [tʃ] pelo silêncio de seu componente oclusivo surdo pós-alveolar seguido da turbulência forte do componente fricativo surdo palatal.

Notas dialetais

A variação fonética dialetal das realizações dos alofones do fonema /t/ gira em torno de palatalização. De forma geral os dialetos que palatalizam o /t/ incluem as normas cultas de São Paulo e Rio de Janeiro; os dialetos que não palatalizam o /t/ incluem a norma culta de Lisboa, os demais dialetos europeus e no Brasil, as zonas de Recife e Porto Alegre.

O alofone [t], em início de sílaba, não sofre variação dialetal, mas o alofone [tʃ] sofre. Essa variação tem a ver com a relação temporal entre os componentes do som africado.

O som africado, por definição, se compõe de um elemento oclusivo seguido de um elemento fricativo homorgânico. Em teoria, a duração relativa entre esses dois componentes gera toda uma faixa de possibilidades entre [t] (100% de um elemento oclusivo seguido 0% de um elemento fricativo) até [ʃ] (0% de um elemento oclusivo seguido de 100% de um elemento fricativo); a faixa teórica permite também todas as possibilidades intermediárias. Na prática, as realizações fonéticas podem ser agrupadas em cinco categorias mostradas no gráfico da Fig. 16.22.[20] ◀︎

O som mais comum para o fonema africado /tʃ/ é a **africada equilibrada** [tʃ] em que os componentes oclusivo e fricativo têm aproximadamente a mesma duração. Mesmo assim, existem outras variantes em que o elemento oclusivo ou o elemento fricativo têm uma duração menor. Esses sons representam-se com o símbolo do elemento reduzido sobrescrito. Alguns falantes, então, produzem o som [ᵗʃ], com o

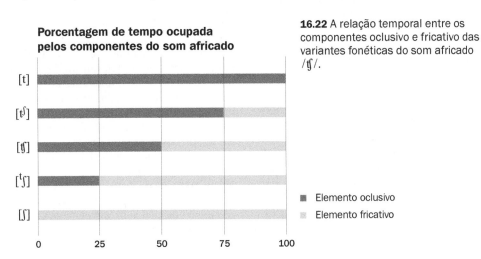

16.22 A relação temporal entre os componentes oclusivo e fricativo das variantes fonéticas do som africado /tʃ/.

elemento oclusivo inicial reduzido. Outros produzem o som [tˢ], com o elemento fricativo final reduzido. A ocorrência das variantes totalmente oclusiva [t] ou totalmente fricativa [ʃ] é praticamente inexistente.

Dicas pedagógicas

O anglofalante que aprende português tende a aplicar ao português a regra complementar do fonema /t/ do inglês, que tem a distribuição mais complexa de todos os fonemas desse idioma. A regra do inglês para o fonema /t/ tem seis alofones. A regra indica que quando o fonema /t/ aparece entre uma vogal tônica e outra vogal, realiza-se como vibrante simples como nas palavras [ˈsɪɾi] {city} ou [ˈmaɪɾi] {mighty}. É importante notar que quando a primeira vogal não é tônica, o [ɾ] não ocorre: compare {atom} e {atomic}. Também se produz uma vibrante simples entre uma vogal tônica e o que é, na verdade, uma líquida silábica ([l̩] ou [ɹ̩]) como nas palavras [ˈlɪɾl̩] {little} e [ˈbʌɾɹ̩] {butter}. O inglês emprega uma vibrante simples retroflexa [ɽ] entre o fonema /r/ e uma vogal como nas palavras [ˈpʰaɽi] {party} ou [ˈθɝɽi] {thirty}. Ante uma nasal alveolar silábica se produz comumente um golpe de glote, como nas palavras [ˈbʌʔn̩] {button} ou [ˈkʰɪʔn̩] {kitten}.[21] ◀≶

Os demais alofones do inglês são análogos aos do fonema /p/. A regra indica que em posição inicial, se produz a variante aspirada já descrita, como nas palavras [ˈtʰeɪk̚] {take} ou [əˈtʰæk̚] {attack}. Mas essa variante também se produz em posição final de palavra precedida de oclusiva, como nas palavras [ˈstæmp̚tʰ] {stamped} ou [ˈæk̚tʰ] {act}. Indica também que o som [t], ou seja, a consoante oclusiva dental surda, com distensão mas sem aspiração, ocorre somente depois da consoante /s/ inicial de sílaba como na palavra [ˈsteɪk] {steak, stake}. O alofone sem distensão, quer dizer, [t̚], ocorre em posição final de sílaba, haja ou não outra consoante intermediária, como nas palavras [ˈnæt̚] {gnat} ou [ˈfɪt̚] {fit}. Expressa-se a regra da seguinte maneira:[21] ◀≶

$$/t/ \longrightarrow [ɾ] \;/\; \begin{matrix} \acute{V}\_V \\ \acute{V}\_\begin{Bmatrix} ɹ̩ \\ l̩ \end{Bmatrix} \end{matrix}$$

$$[ɽ] \;/\; ɹ\_V$$

$$[ʔ] \;/\; \_n̩$$

$$[tʰ] \;/\; \begin{matrix} \$\_ \\ C_{oclusiva}\_\# \end{matrix}$$

$$[t] \;/\; \$s\_$$

$$[t̚] \;/\; \_C_0\$$$

A regra de distribuição do fonema /t/ do inglês cria vários problemas de interferência negativa para o anglofalante que estuda português. O primeiro é que o som [t] do português, como já foi comentado, é dental e não alveolar como o som [t] do inglês. A Fig. 16.23 contrasta a configuração articulatória do som [t] dental do português com o som [t] alveolar do inglês. Apesar de haver contato entre a língua e os alvéolos em ambos os idiomas, pode-se observar que a conformação articulatória do som [t] nos dois idiomas é muito distinta. Em português, a língua estende-se para frente e o ápice da língua toca na face interior dos dentes incisivos superiores, o que resulta em um contato apicodental-laminoalveolar. Em inglês, a língua não se estende para frente, em vez disso, o ápice encurva-se para cima, resultando em um contato apicoalveolar sem que a língua toque os dentes incisivos.

O segundo problema é análogo à situação do fonema /p/. Ainda que o som do português exista em inglês, em inglês ocorre somente numa posição fonotática impossível em português. Por exemplo, na palavra inglesa [ˈsteɪk] {steak, stake} o som [t] não tem aspiração; isto é, o VOT é zero, como em português, mas esse alofone só aparece depois de /s/ inicial de sílaba, uma posição fonotática que é impossível em português. A tendência natural do anglofalante é a de produzir a variante aspirada sempre em posição inicial de sílaba. O anglofalante tende a dizer *[tʰúdu] em vez de [túdu], já que a regra inglesa especifica uma consoante aspirada

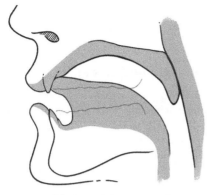
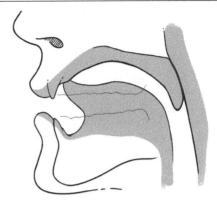

[t] dental do português   [t] alveolar do inglês

16.23 A posição articulatória do som [t] do português em contraste com o som [t] do inglês.

em posição inicial de sílaba. O anglofalante tem que evitar a sonorização retardada das oclusivas surdas e aprender a colocar as cordas vocais em vibração no mesmo instante da abertura bucal, produzindo assim um som que, ao ouvido do anglofalante, parece representar mais propriamente o fonema /d/.

O terceiro problema que o anglofalante tem quanto ao fonema /t/ é a tendência de produzir o som [ɾ] quando o fonema aparece em posição intervocálica depois de vogal tônica. Assim, o anglofalante tende a pronunciar a palavra {cata} com vibrante simples, e o lusofalante entenderá a palavra {cara}. Nesse caso, o anglofalante tem que aprender a produzir uma consoante oclusiva dental em posição intervocálica depois de vogal tônica. Isso exige que o contato da língua com os dentes, em português, seja mais prolongado do que seu contato com os alvéolos em inglês na produção da vibrante simples [ɾ].

O quarto problema que o anglofalante tem com o fonema /t/ é a tendência de produzir um golpe de glote [ʔ] em posição final de sílaba seguida de consoante nasal. Por exemplo, a palavra {atmosfera} deve ser produzida com uma oclusiva dental mais uma vogal epentética, [atʃimosfɛɾɐ/ɐtʲimuʃfɛɾɐ] e não com golpe de glote como seria a tendência do inglês.[22] ◀⑀

O quinto problema que o anglofalante tem com o fonema /t/ é a tendência de produzir uma africada palatal surda [tʃ] diante da semiconsoante inglesa [j], como nas sequências {natural} [ˈnætʃəɹəɫ] ou {not you} [nɑˈtʃuu̯]. A palatalização ao som [tʃ] nessas sequências ocorre por causa do som [j] na vogal [juu̯]. Já em português, a palavra [natuɾál] {natural}, por exemplo, deve ser pronunciada com uma oclusiva dental.[22] ◀⑀

O alofone inglês [ɾ] não apresenta nenhum problema para o anglofalante que estuda português, já que o fonema /t/ do português nunca seguirá ao som retroflexo aproximante [ɹ] nas normas cultas descritas neste livro.

Em posição final de sílaba, é preciso lembrar que se cria uma vogal epentética, o que já foi muito comentado. No Brasil, nos dialetos de palatalização, devido à vogal epentética [i], o fonema /t/ realiza-se como [tʃ].

Conselhos práticos

Quanto aos alofones do fonema /t/, o aluno que aprende português deve lembrar que em português:

- O ponto de articulação do alofone [t] é apicodental-laminoalveolar.
- Não há aspiração no som [t] em posição inicial de sílaba.
- Não se produz nunca em português o som [ɾ] como alofone de /t/.
- Não se produz nunca em português o som [ʔ] como alofone de /t/.
- O fonema /t/ em posição final de sílaba ou palavra cria uma vogal epentética.
- O som [tʃ] só ocorre como alofone de /t/ diante do som [i] em dialetos de palatalização.

O aluno deve assegurar-se de que o ponto de articulação do som [t] seja dental e não alveolar como no inglês como se vê na Fig. 16.23. A produção desse som com modo de articulação alveolar pode contribuir para que os lusofalantes detectem um sotaque estrangeiro.

Quem aprende português como segundo idioma precisa reconhecer que a pronúncia do /t/ em posição inicial é a que exige mais treino. Nessa posição, não pode produzir a aspiração ou a sonorização retardada. Precisa treinar para colocar as cordas vocais em vibração no mesmo instante da abertura bucal. Para verificar se é isso o que está fazendo ao produzir palavras com /t/ inicial, basta colocar uma folha de papel frente à boca. Se o papel saltar, o som foi aspirado.

A regra fonotática segundo a qual se produz o som [ɾ] para o fonema [t] é característica do inglês. A aplicação dessa regra ao português é uma transferência negativa que pode ter dois resultados: O primeiro é simplesmente o sotaque inglês/americano. O segundo, é o de gerar mal-entendidos. Por exemplo, se o anglofalante pronunciar a palavra {cata} como [kʰáɾə], o lusofalante entenderá a palavra {cara}. Se o anglofalante pronunciar a palavra {foto} como [fóɯɾoʊ], o lusofalante poderá entender a palavra {foro}. Se o anglofalante pronunciar a palavra {meto} como *[méɾu], o lusofalante poderá entender a palavra {mero}.[23] ◀€

O fonema /k/

Em relação aos demais fonemas oclusivos, o fonema /k/ compartilha o ponto de articulação com a consoante /g/ e o estado das cordas vocais com as consoantes /p/ e /t/.

A fonologia do fonema /k/

O fonema /k/ opõe-se aos demais fonemas oclusivos /p t b d g/ como exemplifica a série [pálɐ tálɐ kálɐ bálɐ dálɐ gálɐ]. O fonema /k/ é o décimo-segundo fonema mais frequente do português com uma porcentagem de frequência de 3,3% do total de fonemas. O fonema /k/ corresponde aos grafemas indicados na Tab. 16.24.

Como já foi explicado, o fonema /k/ tem uma distribuição complementar com dois alofones. Seu alofone principal é o som oclusivo velar surdo pleno [k], que ocorre em posição inicial de sílaba. O fonema /k/ também realiza-se como [k] mais vogal epentética em posição final de sílaba, conforme já foi explicado.

$$/k/ \longrightarrow [ki] \ / \ \_\_\$$$
$$[k] \ / \ n.o.l.$$

A vogal epentética é [ɨ] em Portugal.

Fonotaticamente, o fonema /k/ ocorre quase exclusivamente em posição inicial de sílaba: 99,1% das ocorrências de /k/ aparecem nessa posição, enquanto 0,9% das ocorrências de /k/ ocorrem em posição final de sílaba, todos eles em posição final de sílaba interior de palavra e, salvo uns poucos estrangeirismos, nenhuma em posição final de palavra. A Tab. 16.25

16.24 A correspondência grafêmica do fonema /k/.

Grafema	Contexto	Exemplos
{c}	• ante vogais não anteriores, ou seja, {a o u} • em posição inicial de sílaba seguido de líquida • em posição final de sílaba seguido de consoante	caso, cola, cujo classe, cria pacto, fricção
{qu}	seguido de vogais anteriores, ou seja, {i e} núcleos de sílaba	quis, queijo
{q}	seguido dos ditongos {ua} e {uo}	quando, quórum
{x}=[ks]	*há uma seção no Capítulo 17 que comenta esse grafema	táxi, anexo
{k}	em palavras de origem estrangeira	kit, ketchup

Os fonemas oclusivos

Contexto fonotático do fonema /k/		Exemplo	%
_$	posição final de sílaba interior de palavra	{pac-to}	0,9%
#_V	posição inicial de palavra seguido de vogal	{ca-pa}	60,8%
#_C	posição inicial de palavra seguido de líquida	{kla-ro}	2,7%
$_V	posição inicial de sílaba interior de palavra seguido de vogal	{bi-co}	35,5%
$_C	posição inicial de sílaba interior de palavra seguido de líquida	{a-cla-mar}	2,1%

16.25 Porcentagens de ocorrência do fonema /k/ em seus distintos contornos fonológicos.

indica as porcentagens de ocorrência do fonema /k/ em seus distintos contornos fonológicos.

A fonética do alofone [k]

A articulação do som [k] começa mediante um fechamento formado pelo contato entre o pós-dorso da língua e o véu palatino enquanto o véu palatino se mantém aderido à parede faríngea. Formada a oclusão, aumenta-se a pressão do ar. Ao abrir-se a oclusão, produz-se uma pequena explosão de ar; as cordas vocais começam a vibrar simultaneamente com a abertura da boca. A Fig. 16.26 mostra a posição articulatória do [k]. Vale observar que o ponto de contato entre a língua e o véu palatino pode ser mais anterior no caso de [kís] {quis} ou mais posterior no caso de [kúbu] {cubo}.[24]

Acusticamente, o alofone [k], como os demais alofones oclusivos surdos, destaca-se por um período de silêncio. Como já foi explicado no Capítulo 6, são as transições do primeiro e do segundo formantes das vogais que precedem ou sucedem o som oclusivo que indicam qual é o ponto de articulação. Diante do som [k], vê-se uma convergência do segundo e terceiro formantes; isto é, o terceiro formante baixa e o segundo formante sobe até se encontrarem antes da consoante velar. Depois do som [k], observa-se uma divergência do segundo e terceiro formantes da vogal seguinte ou líquida; isto é, o terceiro formante sobe de um ponto em comum com o segundo formante que desce depois da

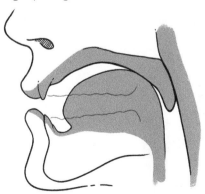

16.26 A posição articulatória do som [k]. A posição exata do contato velar varia segundo a vogal que segue.

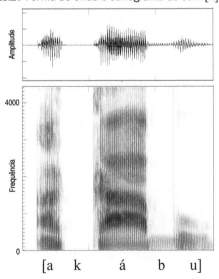

16.27 Forma de onda e sonograma do som [k].

consoante velar. Esses padrões se veem no sonograma do som [k] na Fig. 16.27.[25] ◂⋲

Auditivamente, é possível reconhecer que o som [k] é oclusivo pela ausência de estímulo acústico durante alguns milissegundos. Reconhece-se que é um som velar pelas transições dos formantes vocálicos. Reconhece-se que é um som surdo e não sonoro pela falta das estrias verticais de sonorização.

A fonética do alofone [k] mais vogal epentética

O alofone [k] só é seguido de vogal epentética em posição final de sílaba interior de palavra ou em posição final de palavra. Se for final de sílaba interior de palavra, sempre é seguido de outra consoante ao começo da sílaba seguinte. Aparece em posição final de palavra só no caso de estrangeirismos ou acrônimos. A articulação do som [k] nesses casos é a mesma já descrita, pois, por ser seguido de vogal epentética, o [k] torna-se efetivamente inicial de sílaba. Como já explicado, a vogal epentética costuma ser [i] no Brasil e [ɨ] em Portugal e pode ser ensurdecida ou ter duração reduzida ou ambas as coisas.

A Fig. 16.28 contém a forma de onda e o sonograma da palavra {pacto} com a pronúncia brasileira de [pákitu].[26] ◂⋲ Pode-se observar a clara presença da vogal epentética entre o [k] e o [t], neste caso ensurdecida e um pouco reduzida. Insere-se também uma vogal epentética depois do fonema [k] em posição final, mesmo que seja reduzida. Em posição final de palavra o /k/ só ocorre em estrangeirismos, como {facebook} [feisibúki], ou acrônimos, como PUC (Pontifícia Universidade Católica) [púki].[27] ◂⋲

Dicas pedagógicas

O aluno anglofalante que aprende português tende a aplicar ao português a regra complementar do fonema /k/ do inglês. A regra do inglês para o fonema /k/ tem três alofones:

/k/ ⟶ [kʰ] / $\_\_$

[k] / $s\_\_$

[k̚] / __C_0\$

A regra do inglês indica que, em posição inicial, produz-se a variante aspirada já descrita como nas palavras [ˈkʰɪn] {kin} ou [əˈkʰɪn] {akin}. A regra indica que o som [k], ou seja, a consoante oclusiva velar surda plena, com distensão e sem aspiração, ocorre somente depois da consoante /s/ inicial de sílaba como na palavra [ˈskɪn] {skin}. O alofone sem distensão [k̚], ocorre em posição final de sílaba, com ou sem outra consoante intermediária, como nas palavras [ˈnæk̚] {knack} ou [ˈæk̚tʰ] {act}.[28] ◂⋲

A regra de distribuição do fonema /k/ do inglês cria um grande problema de interferência negativa para o anglofalante que estuda português. Ainda que o som [k] do português exista em inglês, nesse idioma ele só ocorre numa posição fonotática que seria inaceitável em português, que não aceita nunca a consoante /s/ seguida de outra consoante qualquer na mesma sílaba. A tendência natural do anglofalante é de produzir a variante aspirada sempre

16.28 Forma de onda e sonograma do som [k] mais uma vogal epentética na pronúncia paulistana de [pákitu].

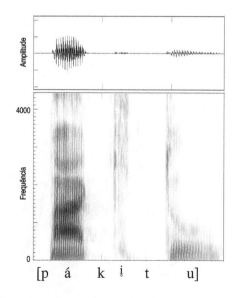

em posição inicial de sílaba, seguindo o modelo apresentado na Fig. 16.5. O anglofalante tem que evitar a sonorização retardada das oclusivas surdas do inglês e aprender a colocar as cordas vocais em vibração no mesmo instante da abertura bucal, seguindo o modelo apresentado na Fig. 16.4. O anglofalante tende a perceber o som [k] do português como o som [g] do inglês apresentado na Fig. 16.9, devido à falta de aspiração.

Em posição final, é importante lembrar que é preciso inserir a vogal epentética correspondente à norma culta que se queira seguir. É preciso lembrar que essa vogal é sempre átona e nunca alongada.

Conselhos práticos

Quanto aos alofones do fonema /k/, o aluno que aprende português deve lembrar que em português:

- Não há aspiração do som [k] em posição inicial de sílaba;

- O som [k] em posição final é seguido de uma vogal epentética.

O aluno precisa concentrar-se em eliminar a produção de aspiração ou sonorização retardada em posição inicial. Tem que treinar até conseguir colocar as cordas vocais em vibração no mesmo instante da abertura bucal. Para verificar se é isso o que está fazendo, basta colocar uma folha de papel em frente da boca e dizer {cara}. Se o papel saltar, o som foi aspirado.

O fonema /b/

Em relação aos demais fonemas oclusivos, o fonema /b/ compartilha o ponto de articulação com a consoante /p/ e o estado das cordas vocais com as consoantes /d/ e /g/.

A fonologia do fonema /b/

O fonema /b/ se opõe aos demais fonemas oclusivos /p t k d g/ como exemplifica a série [pálɐ tálɐ kálɐ bálɐ dálɐ gálɐ]. O fonema /b/ também se opõe ao fonema labiodental sonoro /v/ como exemplifica o par mínimo [bótu] e [vótu].[29] O fonema /b/ é o décimo-nono fonema mais frequente do português com uma porcentagem de frequência de 1,0% do total dos fonemas. Há uma correspondência exata entre o grafema {b} e o fonema /b/.

Como já se explicou, o fonema /b/ tem uma distribuição complementar com dois alofones. Seu alofone principal é o som oclusivo bilabial sonoro pleno [b], que ocorre em posição inicial de sílaba. O fonema /b/ também realiza-se como [b] mais vogal epentética em posição final de sílaba, como já explicado.

/b/ ⟶ [bi] / __$
[b] / n.o.l.

A vogal epentética é [ɨ] em Portugal.

Fonotaticamente, o fonema /b/ ocorre principalmente em posição inicial de sílaba: 95,3% das ocorrências de /b/ são nessa posição, enquanto só 4,7% das ocorrências de /b/ são em posição final de sílaba: 3,8% em posição interior de palavra e 0,9% em posição final de palavra, contando com as palavras {sob} e {sub}.[30] Os outros poucos casos de estrangeirismos em que o fonema /b/ aparece em posição final de palavra são estatisticamente irrelevantes e, em todo caso, pronunciam-se seguida de vogal epentética. A Tab. 16.29 indica as porcentagens de ocorrência do fonema /b/ em seus distintos contornos fonológicos.

A fonética do alofone [b]

A articulação do som [b] começa fechando-se os lábios enquanto o véu palatino se mantém aderido à parede faríngea. Formada a oclusão, aumenta-se a pressão do ar no trato vocal. Ao abrirem-se os lábios, produz-se uma pequena explosão de ar. A Fig. 16.30 mostra a posição articulatória do som [b]. Vale observar que a posição da língua e dos lábios durante a tensão do som [b] variam dependendo do som seguinte.

Acusticamente, o alofone [b], como os demais alofones oclusivos sonoros, destaca-se por um período de ausência de energia

Contexto fonotático do fonema /b/		Exemplo	%
_$	posição final de sílaba interior de palavra	{ab-ne-ga}	3,8%
_#	posição final de palavra	{sob}	0,9
#_V	posição inicial de palavra seguido de vogal	{bo-ta}	28,6%
#_C	posição inicial de palavra seguido de líquida	{bra-vo}	8,1%
$_V	posição inicial de sílaba interior de palavra seguido de vogal	{a-bo-no}	40,6%
$_C	posição inicial de sílaba interior de palavra seguido de líquida	{a-bra-ço}	18,0%

16.29 Porcentagens de ocorrência do fonema /b/ em seus distintos contornos fonológicos.

acústica salvo a vibração das cordas vocais cuja energia acústica é bem visível na parte inferior do sonograma como se vê na Fig. 16.31.[31] ◀≲ Como já explicado no Capítulo 6, distingue-se o ponto de articulação pelas transições dos formantes vocálicos que precedam ou sucedam ao som oclusivo. Antes do som [b], vê-se uma queda na frequência do segundo formante na transição entre a vogal e a consoante. Depois do som [b], observa-se que o segundo formante sobe na transição para a vogal ou líquida. Esses padrões são visíveis no sonograma dos sons [b], outra vez na Fig. 16.31. Nesse sonograma pode-se notar a pré-sonorização do [b] precedida de pausa e a continuação da sonorização do [b] intervocálico durante o período de oclusão.

Auditivamente, reconhece-se o som [b] como oclusivo pela ausência de estímulo acústico durante alguns milissegundos com a exceção das estrias de vibração das cordas vocais em torno da frequência do tom fundamental. Reconhece-se que é um som bilabial pelas transições dos formantes das vogais adjacentes. Reconhece-se que é um som sonoro e não surdo pela presença das estrias verticais de sonorização.

A fonética do alofone [b] mais vogal epentética

O alofone [b] só é seguido de vogal epentética em posição final de sílaba interior de palavra ou em posição final de palavra. Se for final de sílaba interior de palavra, a sílaba seguinte é sempre iniciada por consoante. Aparece em posição final de palavra só no caso de estrangeirismos ou acrônimos. A articulação do som [b] nesses casos é a mesma já descrita, pois, por ser seguido de vogal epentética, o [b] torna-se efetivamente inicial de sílaba. Como já explicado, a vogal epentética costuma ser [i] no Brasil e [ɨ] em Portugal. Nesse caso, por ser precedida pela consoante sonora [b], a vogal epentética nunca se ensurdece, mas pode ter sua duração reduzida.

A Fig. 16.32 contém a forma de onda e o sonograma da palavra {abnega} com a pronúncia brasileira de [abⁱnégɐ].[32] ◀≲ Pode-se observar a clara presença da vogal epentética entre o [b] e o [n]. Insere-se também uma vogal epentética depois do fonema /b/ em posição final, mesmo que

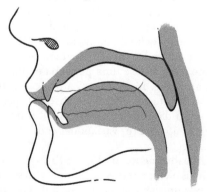

16.30 A posição articulatória do som [b]. A posição da língua varia com a vogal ou consoante que segue.

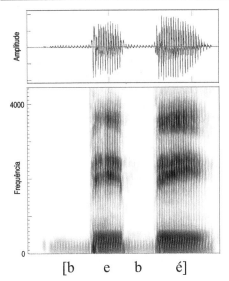

16.31 Forma de onda e sonograma do som [b].

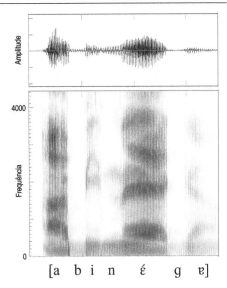

16.32 Forma de onda e sonograma do som [b] mais uma vogal epentética na pronúncia paulistana de [abinéga].

seja reduzida. Em posição final de palavra, o /b/ só ocorre na preposição {sob}, pronunciada com vogal epentética: [sobi/ sobⁱ]. Há pouquíssimos estrangeirismos escritos com {b} final de palavra, já várias palavras se adaptaram ortograficamente à fonotática do português com a vogal epentética: por exemplo, {clube}, {bóbi} e {esnobe}. Há muitos acrônimos terminados em {B}, sempre pronunciados com a vogal epentética, como FAB (Força Aérea Brasileira) [fábi].[33] ◀⋲

Notas dialetais

A principal variação na realização do fonema /b/ ocorre em alguns dos dialetos do norte de Portugal onde os oclusivos sonoros /b d g/ podem ser pronunciados como fricativos [β ð ɣ] em posição intervocálica quando sós ou em grupos consonantais indivisíveis. Assim a palavra {obrigado} pronuncia-se [oβriɣáðo] nesses dialetos.[34] ◀⋲

Dicas pedagógicas

O aluno anglofalante precisa aprender a diferenciar bem entre a pronúncia do [b] e [p] em posição inicial, produzindo este sem aspiração e aquele com pré-sonorização, conforme já explicado. Ao pronunciar corretamente o [b] do português, deve-se ouvir um breve vozeamento antes da abertura bucal e da explosão resultante do [b]. Esse vozeamento não pode ser muito prolongado, já que o ar não tem saída, sendo obstruídos tanto o canal bucal com o fechamento dos lábios e o canal nasal pelo levantamento do véu palatino.

Quando o fonema /b/ ocorre em posição final, é preciso lembrar que sempre se insere depois uma vogal epentética, a vogal [i] no Brasil e a vogal [ɨ] em Portugal.

Conselhos práticos

Quanto aos alofones do fonema /b/, o aluno que aprende português deve lembrar que em português:

- O [b] em posição inicial é sempre precedido de pré-sonorização.
- O [b] em posição final é sempre seguido de vogal epentética.

O fonema /d/

Em relação aos demais fonemas oclusivos, o fonema /d/ compartilha o ponto de articulação com a consoante /t/ e o estado das cordas vocais com as consoantes /b/ e /g/.

A fonologia do fonema /d/

O fonema /d/ se opõe aos demais fonemas oclusivos /p t k b g/ como exemplifica a série [pále tále kále bále dále gále]. O fonema /d/ é o sexto fonema mais frequente do português com uma porcentagem de frequência de 5,2% do total dos fonemas. Há uma correspondência exata entre o grafema {d} e o fonema /d/.

Como já foi explicado, há dois padrões de distribuição dos alofones do fonema /d/. Nos dialetos sem palatalização, o fonema /d/ tem uma distribuição complementar com dois alofones. Seu alofone principal é o som oclusivo dental sonoro pleno [d], que ocorre em posição inicial de sílaba. Em posição final de sílaba geralmente insere-se uma vogal epentética depois do fonema /d/. As exceções ocasionais serão apresentadas no Capítulo 20 sobre encontros consonantais.

Nos dialetos com palatalização o fonema /d/ também tem uma distribuição complementar com dois alofones: o alofone principal dental [d] e o alofone palatal [ʤ]. Nesses dialetos, há palatalização do fonema /d/ por assimilação à vogal [i] que segue, como já explicado. Esse processo também chama-se **africação**, devido a que a oclusiva vira africada. A vogal [i] que produz a palatalização pode resultar de três fontes: 1) o fonema /i/ ({dica} /díka/ [ʤíke]), 2) o fonema /e/ em posição átona final de palavra ({grade} /gráde/ [gráʤi]) e 3) a vogal epentética [i] ({advogado} /advogádo/ [aʤivogádu]). Nos outros lugares utiliza-se o alofone principal dental sonoro [d].[35] ◀∈

Em forma de regra, essa distribuição expressa-se da seguinte forma:

Sem palatalização:

/d/ ⟶ [di] / __$
[d] / n.o.l.

Com palatalização:

/d/ ⟶ [ʤ] / __[i]
[d] / n.o.l.

A vogal epentética é [ɨ] em Portugal. As vogais epentéticas podem ser curtas.

Fonotaticamente, o fonema /d/ ocorre quase exclusivamente em posição inicial de sílaba: 99,7% das ocorrências de /d/ ocorrem nessa posição, enquanto só 0,3% das ocorrências de /d/ ocorrem em posição final de sílaba, todas elas em posição final de sílaba interior de palavra com a única exceção de pouquíssimos estrangeirismos ou acrônimos. A Tab. 16.33 indica as porcentagens de ocorrência do fonema /d/ em seus distintos contornos fonológicos.

A fonética do alofone [d]

A articulação do som [d] começa mediante um fechamento total formado pelo contato entre o ápice da língua e a face lingual dos dentes superiores. A lâmina da língua também mantém contato com os alvéolos e o véu palatino mantém-se aderido à parede faríngea. Pode-se dizer, portanto, que o som é, na realidade, um som apicodental-laminoalveolar. Formada a oclusão, aumenta-se a pressão do ar no trato vocal. Com a abertura da oclusão entre a língua e os dentes e alvéolos, produz-se uma pequena explosão de ar; as cordas vocais começam a vibrar ao mesmo tempo que a boca se abre para enunciar o som seguinte. A Fig. 16.34 mostra a posição articulatória do som [d]. Vale observar que a posição da língua e dos lábios durante a tensão do som [d] pode variar ligeiramente dependendo da vogal seguinte.

Acusticamente, o alofone [d], como os demais alofones oclusivos sonoros, destaca-se por um período de ausência de energia acústica, salvo a vibração das cordas vocais cuja energia acústica é bem visível na parte inferior do sonograma como se vê na Fig. 16.35. Como já explicado no Capítulo 6, são as transições dos formantes das vogais que precedem ou sucedem o som oclusivo que indicam qual é o ponto de articulação. Antes do som [d], vê-se que a frequência do segundo formante na transição entre a vogal e a consoante se mantém estável. Depois do som [d], observa-se que a frequência do segundo formante na transição para a vogal ou para a vibrante simples também se mantém estável ou baixa um pouco. Veem-se esses padrões no sonograma do som [d] na Fig. 16.35.[36] ◀∈

Contexto fonotático do fonema /d/	Exemplo	%
_$	posição final de sílaba interior de palavra	{ad-mi-ro}	0,3%
#_V	posição inicial de palavra seguido de vogal	{dan-do}	49,6%
#_C	posição inicial de palavra seguido de /ɾ/	{dra-ma}	0,1%
$_V	posição inicial de sílaba interior de palavra seguido de vogal	{a-do-ta}	49,1%
$_C	posição inicial de sílaba interior de palavra seguido de /ɾ/	{pa-dre}	0,9%

16.33 Porcentagens de ocorrência do fonema /d/ em seus distintos contornos fonológicos.

Auditivamente, reconhece-se o som [d] como oclusivo pela ausência de estímulo acústico durante alguns milissegundos com a exceção das estrias de vibração das cordas vocais em torno da frequência do tom fundamental. Reconhece-se que é um som dental pelas transições dos formantes das vogais adjacentes. Reconhece-se que é um som sonoro e não surdo pela presença das estrias verticais de sonorização.

A fonética do alofone [d] mais vogal epentética

O alofone [d] só é seguido de vogal epentética em posição final de sílaba interior de palavra ou em posição final de palavra. Se for final de sílaba interior de palavra, a sílaba seguinte é sempre iniciada por consoante. Aparece em posição final de palavra só no caso de estrangeirismos ou acrônimos. A articulação do som [d] nesses casos é a mesma já descrita,

16.34 A posição articulatória do som [d].

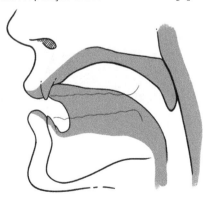

pois, por ser seguido de vogal epentética, o [d] torna-se efetivamente inicial de sílaba. Como já explicado, a vogal epentética costuma ser [i] no Brasil e [ɨ] em Portugal. Nesse caso, por ser precedida pela consoante sonora [d], a vogal epentética nunca se ensurdece, mas pode ter sua duração reduzida.

A Fig. 16.36 contém a forma de onda e o sonograma da palavra {advir} com a pronúncia lisboeta de [ɐdⁱvíχ].[37] ◀̧ Pode-se observar a clara presença da vogal epentética entre o [d] e o [v], neste caso um pouco reduzida. Insere-se também uma vogal epentética depois do fonema [d] em posição final, mesmo que seja reduzida. Isso resulta no alofone [ʤ] nos dialetos de

16.35 Forma de onda e sonograma do som [d].

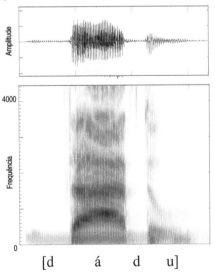

[d   á   d   u]

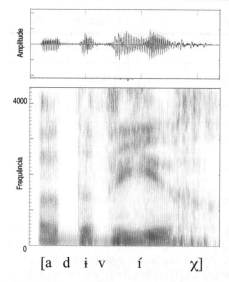

16.36 Forma de onda e sonograma do som [d] mais uma vogal epentética na pronúncia lisboeta de [adivíχ].

palatalização. Em posição final de palavra o /d/ só ocorre em estrangeirismos, como {upload} [apilóu̯dʒi/ɐpilóu̯dⁱ], ou acrônimos, como BID (Banco Interamericano de Desenvolvimento) [bídʒi/bídⁱ].[38]

A fonética do alofone [dʒ]

A articulação do som [dʒ] começa mediante a formação de um fechamento total formado pelo contato da pós-lâmina e do pré-dorso da língua com a região pós-alveolar e pré-palatal do céu da boca. Formada a oclusão, aumenta-se a pressão de ar. Em seguida, afasta-se a língua do pré-palato para formar um estreitamento acanalado pelo qual passa o ar criando o elemento fricativo sonoro [ʒ]. A Fig. 16.37 indica a posição articulatória do som [dʒ].

Acusticamente, o alofone [dʒ] gera uma onda quase-harmônica que representa os dois elementos do som africado. O primeiro elemento destaca-se por um período de ausência de energia acústica, salvo a vibração das cordas vocais, cuja energia acústica é bem visível na parte inferior do sonograma que se vê na Fig. 16.38. A onda sonora do segundo elemento apresenta turbulência acústica forte que começa por volta de 1900 ciclos por segundo. Esse som apresenta turbulência forte em frequências mais baixas que o som fricativo sonoro [z]. É fácil distinguir os dois componentes acústicos no sonograma do som [dʒ] na Fig. 16.38.[39]

Auditivamente, reconhece-se o som [dʒ] pela ausência de energia acústica com a exceção das estrias de vibração das cordas vocais na parte inferior do sonograma. A isso acrescenta-se a turbulência sonora forte da fricativa palatal sonora na parte superior.

Notas dialetais

A variação fonética dialetal das realizações dos alofones do fonema /d/ gira em torno de palatalização. De forma geral os dialetos que palatalizam o /d/ incluem as normas cultas de São Paulo e Rio de Janeiro; os dialetos que não palatalizam o /t/ incluem a norma culta de Lisboa, os demais dialetos europeus e no Brasil, as zonas de Recife e Porto Alegre.

O alofone [d], em início de sílaba, não sofre variação dialetal, mas o alofone [dʒ] sofre. Essa variação tem a ver com a relação temporal entre os componentes do som africado como já foi explicado para o alofone [tʃ] e exemplificado na Tab. 16.22.

Uma outra variação na realização do fonema /d/ ocorre em alguns dos dialetos do norte de Portugal onde os oclusivos sonoros /b d g/ podem ser pronunciados como fricativos [β ð ɣ] em posição intervocálica quando sós ou em grupos consonantais indivisíveis. Assim a palavra {obrigado} pronuncia-se [oβriɣáðo] nesses dialetos.

16.37 A posição articulatória do som [dʒ]. O desenho articulatório da língua representa a posição da oclusiva. A linha pontilhada abaixo da superfície da língua representa a posição da fricativa.

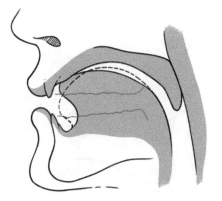

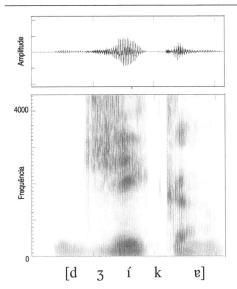

16.38 Forma de onda e sonograma da articulação do som [ʤ] na palavra {dica}.

Dicas pedagógicas

O aluno anglofalante precisa aprender a diferenciar bem a pronúncia do [d] e do [t] em posição inicial, produzindo este sem aspiração e aquele com pré-sonorização, como já explicado. Quando o [d] do português é pronunciado corretamente, ouve-se um breve vozeamento antes da abertura bucal e da explosão resultante do [d]. Esse vozeamento não pode ser muito prolongado, já que o ar não tem saída visto que o canal bucal é obstruído pelo contato da língua com os dentes e o canal nasal pelo levantamento do véu palatino.

Quando o fonema /d/ ocorre em posição final, é preciso lembrar que sempre é seguido por uma vogal epentética, a vogal [i] no Brasil e a vogal [ɨ] em Portugal.

Além disso, o aluno anglofalante do português tende a aplicar ao português a regra complementar do fonema /d/ do inglês. A regra do inglês para o fonema /d/ tem quatro alofones. A regra indica que, quando aparece entre uma vogal tônica e outra vogal, o /d/ realiza-se como uma vibrante simples, como nas palavras [ˈleɪɾi] {lady} ou [ˈɹiɾəbɫ] {readable}. Também se produz uma vibrante simples entre uma vogal tônica e o que seria, na verdade, uma líquida silábica como nas palavras [ˈlæɾɫ]

{ladder} e [ˈsæɾɫ] {saddle}. O inglês emprega uma vibrante simples retroflexa [ɽ] entre o fonema /r/ e uma vogal como na palavra [ˈbɝɽi] {birdie}.[40]

Os demais alofones do inglês são análogos aos do fonema /b/. A regra indica que em posição inicial, se produz a variante com ou sem pré-sonorização já descrita, como nas palavras [ˈdeɪ] {day} ou [əˈdɔɹ] {adore}. O alofone sem distensão, quer dizer, [d̚], ocorre em posição final de sílaba ou palavra, como nas palavras [ˈkæd̚] {cad} ou [ˈfiɪd̚] {feed}. Expressa-se a regra da seguinte maneira:[40]

$$/d/ \longrightarrow [ɾ] \; / \; \begin{array}{l} \acute{V}\_V \\ \acute{V}\_\{{\underset{\sim}{\text{ɫ}}} \atop {\underset{\sim}{\text{l}}}\} \end{array}$$

$$[ɽ] \; / \; ɹ\_V$$

$$[d] \; / \; \$\_$$

$$[d̚] \; / \; \_\$$$

A regra de distribuição do fonema /d/ do inglês cria vários problemas de interferência negativa para o anglofalante que estuda português. O primeiro problema é que o som [d] do português, como já comentado, é dental e não alveolar como o som [d] do inglês. A Fig. 16.23 contrasta a configuração articulatória do som dental do português com o som alveolar do inglês. Apesar de haver contato entre a língua e os alvéolos em ambos os idiomas, pode-se observar que a conformação articulatória do som [d] em cada um é muito distinta. Em português, a língua estende-se para frente e o ápice da língua toca a face lingual dos dentes incisivos superiores, o que resulta em um contato apicodental-laminoalveolar. Em inglês, a língua não se estende para frente, em vez disso, o ápice encurva-se para cima, resultando em um contato apicoalveolar sem que a língua toque os dentes incisivos.

O segundo problema que o anglofalante tem quanto ao fonema /d/ é a tendência de produzir o som [ɾ] quando o fonema aparece em posição intervocálica depois de vogal tônica. Assim, o anglofalante tende a pronunciar a palavra {modo} com vibrante simples, e o lusofalante entenderá a palavra {moro}. Nesse caso, o anglofalante tem que aprender a produzir uma consoante oclusiva dental em posição intervocálica seguida de vogal tônica. Isso exige que o contato da língua com os dentes, em português, seja mais prolongado do que seu contato com os alvéolos na produção da vibrante simples [ɾ] em inglês.

O terceiro problema que o anglofalante tem com o fonema /d/ é a tendência de, na fala popular em inglês, produzir-se o africado palatal sonoro [ʤ] diante da semiconsoante inglesa [j], como nas sequências {during} [ˈʤʊɹiŋ] ou {did you} [ˈdɪʤuʊ]. A palatalização ao som [ʤ] nessas sequências ocorre por causa do som [j] na vogal [juʊ]. Já em português, a palavra [duɾẽⁿʧi] {durante}, por exemplo, deve ser pronunciada com uma oclusiva dental sonora.[41] ◀€

O alofone inglês [ɾ] não apresenta nenhum problema para o anglofalante que estuda português, já que o fonema /d/ do português nunca seguirá o som retroflexo aproximante [ɻ] nas normas cultas descritas neste livro.

Em posição final de sílaba, é preciso lembrar que se cria uma vogal epentética, o que já foi muito comentado. No Brasil, nos dialetos de palatalização, devido à vogal epentética [i], o fonema /d/ pode realizar-se como [ʤ].

Conselhos práticos

Quanto aos alofones do fonema /d/, o aluno deve-se lembrar que em português:

- O ponto de articulação do alofone [d] é apicodental-laminoalveolar.
- O som [d] em posição inicial de sílaba sempre se produz com pré-sonorização.
- Não se produz nunca em português o som [ɾ] como alofone de /d/.
- O fonema /d/ em posição final de sílaba ou palavra cria uma vogal epentética.
- O som [ʤ] só ocorre como alofone de /d/ diante do som [i] em dialetos de palatalização.

O aluno deve assegurar-se de que o ponto de articulação do som [d] seja dental e não alveolar como no inglês, como se vê na Fig. 16.23. A produção desse som com modo de articulação alveolar pode contribuir a que os lusofalantes detectem um sotaque estrangeiro.

Quem aprende português como segundo idioma precisa reconhecer que a pronúncia do [d] em posição inicial é a que exige mais treino. Nessa posição, precisa haver pré-sonorização, ou seja, as cordas vocais começam a vibrar vários milissegundos antes da abertura bucal. Para verificar se é isso o que está fazendo, o aluno precisa escutar com atenção à própria pronúncia: se ouvir um zumbido antes de desfazer a oclusão, houve pré-sonorização.

O fonema /g/

Em relação aos demais fonemas oclusivos, o fonema /g/ compartilha o ponto de articulação com a consoante /k/ e o estado das cordas vocais com as consoantes /b/ e /d/.

A fonologia do fonema /g/

O fonema /g/ opõe-se aos demais fonemas oclusivos /p t k b d/ como exemplifica a série [pálɐ tálɐ kálɐ bálɐ dálɐ gálɐ]. O fonema /g/ é o vigésimo-terceiro fonema mais frequente do português com uma porcentagem de frequência de 0,9% do total de fonemas. O fonema /g/ corresponde aos grafemas indicados na Tab. 16.39.

Como já se explicou, o fonema /g/ tem uma distribuição complementar com dois alofones. Seu alofone principal é o som oclusivo velar sonoro pleno [g], que ocorre em posição inicial de sílaba. O fonema /g/ também realiza-se como [g] mais vogal epentética em posição final de sílaba, conforme já foi explicado e de acordo com a seguinte regra:

$$/g/ \longrightarrow \begin{array}{l} [gi] \ / \ \_\$ \\ [g] \ \ / \ n.o.l. \end{array}$$

A vogal epentética é [ɨ] em Portugal.

Fonotaticamente, o fonema /g/ ocorre quase exclusivamente em posição inicial de

Os fonemas oclusivos

Grafema	Contexto	Exemplos
{g}	• seguido de vogais não anteriores, o seja {a o u} • em posição inicial de sílaba seguido de líquida • em posição final de sílaba seguido de consoante	gás, gole, gula globo, graça signo, dogma
{gu}	seguido de vogais anteriores, ou seja, {i e} núcleos de sílaba	guerra, seguir
{g}	seguido dos ditongos {ua} e {uo}	guarda, ambíguo

16.39 A correspondência grafêmica do fonema /g/.

sílaba: 97,8% das ocorrências de /g/ ocorrem nessa posição, enquanto só 2,2% das ocorrências de /g/ aparecem em posição final de sílaba, sempre em posição final de sílaba interior de palavra. Os poucos casos de estrangeirismos em que o fonema /g/ aparece em posição final de palavra são estatisticamente irrelevantes e, em todo caso, pronunciam-se seguido de vogal epentética. A Tab. 16.40 indica as porcentagens de ocorrência do fonema /g/ em seus distintos contornos fonológicos.

A fonética do alofone [g]

A articulação do som [g] começa mediante um fechamento formado pelo contato entre o pós-dorso da língua e o véu palatino ao mesmo tempo que o véu palatino se mantém aderido à parede faríngea. Formada a oclusão, aumenta-se a pressão do ar no trato vocal. Com a abertura da oclusão, produz-se uma pequena explosão de ar; as cordas vocais começam a vibrar simultaneamente com a abertura da boca. A Fig. 16.41 mostra a posição articulatória do som [g]. Vale observar que o ponto de contato entre a língua e o véu palatino pode ser mais anterior no caso de [gísɐ] {guisa} ou mais posterior no caso de [gúlɐ] {gula}.[42] ◀❊

Acusticamente, o alofone [g], como os demais alofones oclusivos sonoros, destaca-se por um período de ausência de energia acústica, salvo a vibração das cordas vocais cuja energia acústica é bem visível na parte inferior do sonograma que se vê na Fig. 16.42. Como já foi explicado no Capítulo 6, são as transições do primeiro e do segundo formantes das vogais que precedem ou sucedem o som oclusivo que indicam qual é o ponto de articulação. Diante do som [g], vê-se uma convergência do segundo e terceiro formantes já que o segundo sobe e o terceiro desce. Depois do som [g], observa-se uma divergência do segundo e terceiro formantes da seguinte vogal ou líquida já que o segundo desce e o terceiro sobe. Esses padrões se veem no sonograma do som [g] na Fig. 16.42.[43] ◀❊

Auditivamente, percebe-se que o som [g] é oclusivo pela ausência de um estímulo acústico durante alguns milissegundos com a exceção das estrias de vibração das cordas

16.40 Porcentagens de ocorrência do fonema /g/ em seus distintos contornos fonológicos.

	Contexto fonotático do fonema /g/	Exemplo	%
__$	posição final de sílaba interior de palavra	{dog-ma}	2,2%
#__V	posição inicial de palavra seguido de vogal	{go-ta}	13,0%
#__C	posição inicial de palavra seguido de líquida	{gra-ve}	9,7%
$__V	posição inicial de sílaba interior de palavra seguido de vogal	{a-gu-do}	66,6%
$__C	posição inicial de sílaba interior de palavra seguido de líquida	{i-gre-ja}	8,5%

Capítulo 16

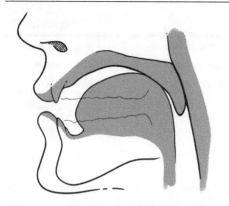

16.41 A posição articulatória do som [g]. A posição exata do contato velar varia segundo a vogal que segue.

vocais em torno da frequência do tom fundamental. Reconhece-se que é um som velar pelas transições dos formantes das vogais adjacentes. Reconhece-se que é um som sonoro e não surdo pela presença das estrias verticais de sonorização.

A fonética do alofone [g] mais vogal epentética

O alofone [g] só é seguido de vogal epentética em posição final de sílaba interior de palavra ou em posição final de palavra. Se for final de sílaba interior de palavra, a sílaba seguinte é sempre iniciada por consoante. Aparece em posição final de palavra só no caso de estrangeirismos ou acrônimos. A articulação do som [g] nesses casos é a mesma já descrita, pois, por ser seguido de vogal epentética, o [g] torna-se efetivamente inicial de sílaba. Como já explicado, a vogal epentética costuma ser [i] no Brasil e [ɨ] em Portugal. Nesse caso, por ser precedida pela consoante sonora [g], a vogal epentética nunca se ensurdece, mas pode ter sua duração reduzida.

A Fig. 16.43 contém a forma de onda e sonograma da palavra {dogma} com a pronúncia brasileira de [dɔ́gimɐ].[44] ◀⋲ Pode-se observar a clara presença da vogal epentética entre o [g] e o [m], mesmo que seja bem reduzida. Insere-se também uma vogal epentética depois do fonema [g] em posição final, mesmo que seja reduzida. Em posição final de palavra o /g/ só ocorre em estrangeirismos, como {blog} [blɔ́gi]. Interessante é o uso da escrita "Loja Peg Pag" para [lɔ́ʒɐpégipági]. Um bom exemplo de um acrônimo é "VARIG" [várigi] para "Viação Aérea Rio-Grandense".[45] ◀⋲

Notas dialetais

A principal variação na realização do fonema /g/ ocorre em alguns dos dialetos

16.42 Forma de onda e sonograma do som [g].

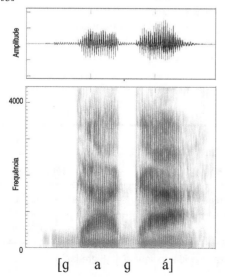

[g a g á]

16.43 Forma de onda e sonograma do som [g] mais uma vogal epentética na pronúncia paulistana de [dɔ́gⁱmɐ].

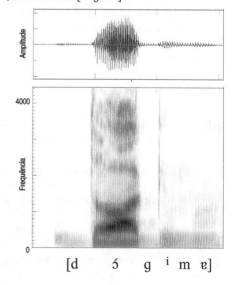

[d ɔ́ g ⁱ m ɐ]

do norte de Portugal onde os oclusivos sonoros /b d g/ muitas vezes são pronunciados como fricativos [β ð ɣ] em posição intervocálica quando sós ou em grupos consonantais indivisíveis. Assim a palavra {obrigado} pronuncia-se [oβriɣáðo] nesses dialetos.

Dicas pedagógicas

O aluno anglofalante precisa aprender a diferenciar bem entre a pronúncia do [g] e [k] em posição inicial, produzindo este sem aspiração e aquele com pré-sonorização, como já explicado. Quando o [g] do português é pronunciado corretamente, ouve-se um breve vozeamento antes da abertura bucal e da explosão resultante do [g]. Esse vozeamento não pode ser muito prolongado, já que o ar não tem saída visto que o canal bucal é obstruído pelo contato da língua com o véu palatino e o canal nasal pelo levantamento do véu palatino.

Quando o fonema /g/ ocorre em posição final, é preciso lembrar que sempre é seguido por uma vogal epentética, a vogal [i] no Brasil e a vogal [ɨ] em Portugal. Isso é diferente do que acontece em inglês, língua em que, nessa posição, costuma-se produzir a oclusiva sem distensão [g̚].

Conselhos práticos

Quanto aos alofones do fonema /g/, o aluno que aprende português deve lembrar que, em português:

- O [g] em posição inicial é sempre precedido de pré-sonorização.
- O [g] em posição final é sempre seguido de vogal epentética.

Resumo

Como grupo, os fonemas oclusivos representam 17,7% da ocorrência dos fonemas do português e 33,9% da ocorrência de consoantes em português. Eles ocorrem principalmente em posição inicial de sílaba, seja inicial de palavra ou inicial de sílaba interior de palavra como se vê na Tab. 16.44. Os fonemas oclusivos se opõem em posição inicial. Nessa posição aparecem principalmente seguidos de vogal. Com menos frequência aparecem seguidos de consoante líquida, formando assim um encontro consonantal indivisível.

A aparência de fonemas oclusivos em posição final de sílaba interior de palavra é escassa. Em posição final, ocorre a inserção de uma vogal epentética, como já amplamente explicado e exemplificado.

Pela distribuição dos alofones dos fonemas oclusivos, os falantes de português podem ser divididos em dois grupos: os que palatalizam os fonemas /t d/ e os que não palatalizam esses fonemas.

Nos dialetos sem palatalização, as distribuições dos fonemas oclusivos são praticamente únicas, já que a oclusiva seguida de vogal epentética ocorre muito pouco fonotaticamente.

Nos dialetos com palatalização, segue-se o mesmo padrão com a exceção de que, para os fonemas /t d/, empregam-se os alofones

16.44 Porcentagens de ocorrência dos fonemas oclusivos em seus distintos contextos fonotáticos. O asterisco indica que nessa posição só ocorre em estrangeirismos e acrônimos.

	% do total de fonemas	#_V	#_C	$_V	$_C	_$	_#
/p/	2,7%	49,4%	14,5%	28,2%	7,3%	0,6%	*
/t/	4,6%	14,1%	3,5%	70,3%	11,9%	0,1%	*
/k/	3,3%	60,8%	2,7%	33,5%	2,1%	0,9%	*
/b/	1,0%	28,6%	8,1%	40,6%	18,0%	3,8%	0,9
/d/	5,2%	49,6%	0,1%	49,1%	0,9%	0,3%	*
/g/	0,9%	13,0%	9,7%	66,6%	8,5%	2,2%	*

africados [tʃ] e [dʒ] respectivamente diante do som [i], seja qual for a sua origem fonológica.

Quanto à produção fonética dos alofones oclusivos dos fonemas oclusivos, o aluno precisa prestar atenção ao inicio da vibração laríngea (VOT). A Tab. 16.45 contrasta o momento do VOT dos alofones oclusivos surdos e sonoros de português e inglês.

É interessante notar que, dos quatro sons representados na Tab. 16.45, os dois sons mais semelhantes entre si em posição inicial absoluta são o som [p] do português e o som [b] do inglês. Tanto que, quando se produz uma oclusiva bilabial com um VOT zero, percebe-se esse som como [p] em português, mas como [b] em inglês. É importante analisar a diferença entre o alofone sonoro e o alofone surdo dos dois idiomas. Em português o som surdo tem um VOT entre 0 ms e +15 ms, enquanto o som sonoro tem um VOT entre –150 ms e –100 ms. Em inglês, o som surdo tem um VOT entre +60 ms e +100 ms, enquanto o som sonoro tem um VOT entre 0 ms e –150 ms. Por isso, ocorre a confusão entre o som [p] do português e o som [b] do inglês: um som oclusivo com um VOT de zero percebe-se como surdo em português, mas como sonoro em inglês.

O que importa é que haja uma separação perceptiva suficiente entre os sons surdos e sonoros de cada idioma. Observa-se que a base dessa separação é diferente para o português e para o inglês. Em inglês, a chave perceptiva é a presença ou ausência de aspiração. Em português, a chave perceptiva é a presença ou ausência de pré-sonorização.

As principais dicas pedagógicas para a boa pronúncia dos alofones dos fonemas oclusivos são:

- não produzir aspiração na produção de [p t k] em posição inicial de sílaba;
- produzir os sons [b d g] com pré-sonorização em posição inicial de grupo fônico;
- lembrar que os sons [t d] são apicodental-laminoalveolares;
- lembrar que nos dialetos de palatalização /t d/ se realizam como [tʃ dʒ] antes do som [i].

Perguntas de revisão

1. Quais são os fonemas oclusivos?

16.45 Comparação do momento de VOT dos alofones oclusivos surdos e sonoros do português e do inglês.

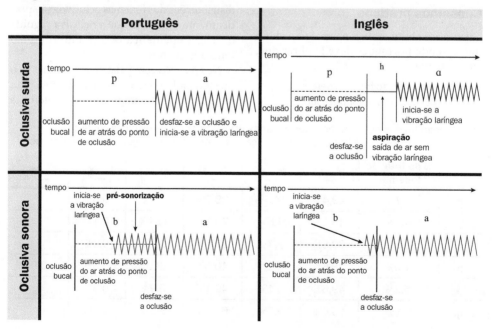

Conceitos e termos

acrônimos	distensão retardada	pré-sonorização
africação	dobletes etimológicos	sonorização antecipada
africada equilibrada	estrangeirismos	sonorização retardada
apicoalveolar	homorgânico	vogal epentética
apicodental-laminoalveolar	início de vibração laríngea	VOT
aspiração	palatalização	

2. Qual é a regra de distribuição complementar dos fonemas /p k/?

3. Qual é a regra de distribuição complementar dos fonemas /b g/?

4. Qual é a regra de distribuição complementar dos fonemas /t d/ sem palatalização?

5. Qual é a regra de distribuição complementar dos fonemas /t d/ com palatalização?

6. Qual é o fenômeno fonético que explica a palatalização? Explique o mesmo fenômeno em inglês.

7. Explique o fenômeno da vogal epentética. Dê exemplos.

8. Explique o fenômeno da palatalização dos fonemas /t d/ na língua portuguesa. Dê exemplos e regras.

9. Em que posições fonotáticas aparecem os fonemas /p t k/?

10. Em que posições fonotáticas aparecem os fonemas /b d g/?

11. Quais são as diferenças entre uma oclusiva em posição explosiva e uma em posição implosiva.

12. O que é um som oclusivo? Quais são as suas três fases?

13. Quais são as diferenças entre o ponto de articulação de [t d] em inglês e em português.

14. O que é e onde ocorre a aspiração ou sonorização retardada?

15. O que é e onde ocorre a pré-sonorização ou sonorização antecipada?

16. Como se identifica o modo de articulação de um som oclusivo em um sonograma?

17. Como se identifica o ponto de articulação de um som oclusivo em um sonograma?

18. Quais são os problemas que os fonemas /t d/ do português representam para o anglofalante?

19. Quais são os grafemas que correspondem ao fonema /k/? Dê exemplos e regras.

20. Quais são os grafemas que correspondem ao fonema /g/? Dê exemplos e regras.

21. Comente o som [b] do inglês e o som [p] do português.

22. Explique o papel do VOT nas diferenças entre os alofones [p t k] do inglês e do português.

23. Explique o papel do VOT nas diferenças entre os alofones [b d g] em posição inicial de grupo fônico em inglês e em português.

Capítulo 16

Exercícios de pronúncia

Os fonemas oclusivos surdos /p t k/

Pronuncie as seguintes palavras com o fonema /p/, tomando cuidado para não aspirar a oclusiva inicial e para inserir uma vogal epentética depois de uma oclusiva final:[46] EX

amplo	deprime	pó
aparelho	imputar	prata
apito	inepto	primo
aplica	opor	pronto
aprumo	opto	pulo
apto	pá	septo
apuro	pala	soprar
CEP	pelo	tampa
cripta	pleno	UNESP
cumpro	pluma	USP

Pronuncie as seguintes palavras com o fonema /t/, tomando cuidado para não aspirar a oclusiva inicial e para inserir uma vogal epentética depois de uma oclusiva final. Escolha uma norma culta e palatalize ou não as oclusivas de acordo com essa norma:[47] EX

atlas	íntimo	tirar
atmosfera	istmo	tivera
ato	late	toco
atriz	litro	tolo
atroz	obtivemos	traça
bit	ritmo	trela
chato	roto	trema
déficit	taxa	trilha
ente	tem	troco
estimar	time	truco
étnica	tímido	tudo
Everest	tina	último
habitat	típico	Vietnã

Pronuncie as seguintes palavras com o fonema /k/, tomando cuidado para não aspirar a oclusiva inicial e para inserir uma vogal epentética depois de uma oclusiva final:[48] EX

acato	arque	brinque
aquece	bica	busco
aqui	bicudo	cacto
carente	cratera	lácteo
cascata	crê	pacto
cato	crú	prospecto
cisque	cume	quero
claro	curto	quinto
clima	faca	quito
cloro	invicto	York

Os fonemas oclusivos sonoros /b d g/

Pronuncie as seguintes palavras com o fonema /b/, tomando cuidado para produzir pré-sonorização na oclusiva inicial e para inserir uma vogal epentética depois de uma oclusiva final:[49] EX

aba	bloco	FAB
abjeto	blusa	habita
abjurar	boca	lobo
ablui	branca	oba
abnegar	brio	obceca
abre	broa	óbito
abril	bruma	objeto
árbitro	bule	obter
barca	cabra	obturo
beco	clube	rublo
bica	CONAB	sob
blefe	cubro	sub

Pronuncie as seguintes palavras com o fonema /d/, tomando cuidado para produzir pré-sonorização na oclusiva inicial e para inserir uma vogal epentética depois de uma oclusiva final. A palatalização dependerá da norma culta que quiser usar:[50] EX

ácido	diferente	edita
açude	digno	educa
advento	dissera	ida
adverte	domo	ladra
advir	dou	lido
advoga	draga	padre
cidra	drama	pedra
dá	dreno	rápido
dado	droga	Riad
dama	druida	ruído
dedo	duelo	vidro
dia	duvido	vodca

Pronuncie as seguintes palavras com o fonema /g/, tendo cuidado para produzir

366

pré-sonorização na oclusiva inicial e para inserir uma vogal epentética depois de uma oclusiva final:⁵¹ **EX**

agrura	grata	magma
agudo	greve	migre
angra	grilo	paga
cego	grosso	pegue
digno	grupo	sangria
dogma	guerra	sangue
ego	guincho	segmento
gato	gula	segui
gosto	iceberg	signo
gota	ígneo	sogro

Oposições entre fonemas oclusivos surdos e sonoros

Pronuncie as seguintes palavras tomando cuidado para diferenciar bem os fonemas oclusivos surdos dos sonoros:⁵² **EX**

par/bar	torso/dorso	cama/gama
paço/baço	tato/dato (v.)	cala/gala
pala/bala	tardo/dardo	calo/galo
pardo/bardo	dais/tais	cabo/gabo
parco/barco	te/de	cabe/gabe
peça/beça	temos/demos	calho/galho
pelo (v.)/belo	tela/dela	coma/goma
pela/bela	teus/deus	cola/gola
peca/beca	tenso/denso	coles/goles
peque/beque	teço/desço	cato/gato

Recursos eletrônicos

1. 🔊 Pares mínimos de fonemas oclusivos. (Tab. 16.1)
2. 🔊 As palavras {caça} e {classe}.
3. 🔊 Vogais epentéticas em posição final de palavras estrangeiras.
4. 🔊 Vogais epentéticas em acrônimos.
5. 🔊 Vogais epentéticas em posição interior de palavra.
6. 🔊 A palatalização de /t d/ diante da vogal [i].
7. 🔊 A palatalização de /t d/ em inglês.
8. 🔊 A palavra {pá} de português e {paw} de inglês.
9. 🔊 A palavra {bê} de português e {bay} de inglês.
10. 🔊 Pares mínimos entre os fonemas oclusivos em posição inicial de palavra.
11. 🔊 A palavra {papai}. (Fig. 16.14)
12. 🔊 A palavra {apto}. (Fig. 16.15)
13. 🔊 Vogal epentética depois de /p/ final.
14. 🔊 O /p/ inglês em posição final.
15. 🔊 A palatalização do fonema /t/.
16. 🔊 A palavra {tatu}. (Fig. 16.18)
17. 🔊 A palavra {ritmo}. (Fig. 16.19)
18. 🔊 Vogal epentética depois de /t/ final.
19. 🔊 A palavra {bate}. (Fig. 16.21)
20. 🔊 Variações na pronúncia de [tʃ]. (Fig. 16.22)
21. 🔊 Variações na pronúncia do fonema /t/ do inglês.
22. 🔊 As palavras {atmosfera} e {natural} do português e {not you} e {natural} do inglês.
23. 🔊 As palavras {cara}, {foro} e {mero}.
24. 🔊 As palavras {quis} e {cubo}.
25. 🔊 A palavra {acabo}. (Fig. 16.27)
26. 🔊 A palavra {pacto}. (Fig. 16.28)
27. 🔊 Vogal epentética depois de /k/ final.
28. 🔊 O /k/ inglês em posição final.
29. 🔊 As palavras {boto} e {voto}.
30. 🔊 As palavras {sob} e {sub}.
31. 🔊 A palavra {bebê}. (Fig. 16.31)
32. 🔊 A palavra {abnega}. (Fig. 16.32)
33. 🔊 Vogal epentética depois de /b/ final.
34. 🔊 A pronúncia dialetal de {obrigado} no norte de Portugal.
35. 🔊 A palatalização do fonema /d/.

36. 🔊 A palavra {dado}. (Fig. 16.35)
37. 🔊 A palavra {advir}. (Fig. 16.36)
38. 🔊 Vogal epentética depois de /d/ final.
39. 🔊 A palavra {dica}. (Fig. 16.38)
40. 🔊 Variações na pronúncia do fonema /d/ do inglês.
41. 🔊 A palavra {durante} do português e {during} e {did you} do inglês.
42. 🔊 As palavras {guisa} e {gula}.
43. 🔊 A palavra {gagá}. (Fig. 16.42)
44. 🔊 A palavra {dogma}. (Fig. 16.43)
45. 🔊 Vogal epentética depois de /g/ final.
46. EX Exercícios de pronúncia do fonema /p/.
47. EX Exercícios de pronúncia do fonema /t/.
48. EX Exercícios de pronúncia do fonema /k/.
49. EX Exercícios de pronúncia do fonema /b/.
50. EX Exercícios de pronúncia do fonema /d/.
51. EX Exercícios de pronúncia do fonema /g/.
52. EX Exercícios de pronúncia dos fonemas oclusivos surdos e sonoros.

Capítulo 17

Os fonemas fricativos

O português tem seis fonemas fricativos. Os fonemas fricativos são /f v s z ʃ ʒ/. Também existe o arquifonema fricativo /S/. Este capítulo começa com uma apresentação geral das características fonológicas dos fonemas fricativos. Apresenta depois as características fonéticas gerais dos alofones desses fonemas e, em seguida, uma análise de cada fonema. Nessa análise os dados fonológicos e fonéticos de cada fonema serão apresentados. Incluem-se também dicas para o anglofalante quanto à aquisição de uma boa pronúncia desses sons do português.

Características gerais dos fonemas fricativos

Os fonemas fricativos apresentam características gerais quanto aos fenômenos de oposição, distribuição e fonotática. Os fonemas fricativos, com a exceção do fonema /s/ e o arquifonema /S/, são pouco frequentes.

A oposição entre os fonemas fricativos

Os seis fonemas fricativos se dividem em duas séries segundo o estado das cordas vocais; isto é, são surdos os fonemas /f s ʃ/ e sonoros os fonemas /v z ʒ/. Os seis fonemas fricativos dividem-se em três séries segundo o ponto de articulação: isto é, são labiodentais os fonemas /f v/, são alveolares os fonemas /s z/ e são palatais os fonemas /ʃ ʒ/. Todos os fonemas fricativos se opõem entre si tanto em posição inicial de palavra como em posição inicial de sílaba interior de palavra como mostram os dados da Tab. 17.1.[1] ◀︎

A distribuição alofônica dos fonemas fricativos

Os alofones dos fonemas fricativos têm sempre distribuição única. No entanto, o arquifonema /S/ tem duas distribuições complementares dependendo do dialeto, como se verá mais adiante.

17.1 A oposição entre os fonemas fricativos em posição inicial.

Fonema	Representação ortográfica	Representação fonológica	Fonema	Representação ortográfica	Representação fonológica
/f/	{faca}	/fáka/	/f/	{afiar}	/afiáR/
/v/	{vaca}	/váka/	/v/	{aviar}	/aviáR/
/s/	{saga}	/sága/	/s/	{caça}	/kása/
/z/	{zaga}	/zága/	/z/	{casa}	/káza/
/ʃ/	{chato}	/ʃáto/	/ʃ/	{acho}	/áʃo/
/ʒ/	{jato}	/ʒáto/	/ʒ/	{ajo}	/áʒo/

A fonotática dos fonemas fricativos

Os fonemas fricativos seguem o padrão geral para as consoantes do português: isto é, tendem a aparecer principalmente em posição inicial e não em posição final. A Tab. 17.2 indica as posições fonotáticas em que os fonemas fricativos ocorrem e em que não ocorrem. Inclui também a porcentagem de ocorrência de cada fonema. Observa-se que o arquifonema /S/ é a consoante fricativa mais frequente do português, representando 4,3% da cadeia fônica. Em segundo lugar vem o fonema /s/ com 3,6%. Juntos representam um total de 7,9%. Os outros cinco fonemas fricativos somam a 8,4% do total de fonemas.

Como já mostrado, todos os fonemas fricativos aparecem tanto em posição inicial de palavra como em posição inicial de sílaba interior de palavra. Dos fonemas fricativos em português, 64,8% se dão em posição inicial. O fonema /f/ pode combinar-se com uma líquida para formar um encontro consonantal tanto em posição inicial de palavra (ex. [flóɾ] ou [frás.ku]) como em posição interior de palavra (ex. [a.flí.tu] ou [kó.fɾi]). O fonema /v/ pode combinar-se com a líquida /ɾ/, mas nunca /l/, e só em posição interior de palavra (ex. [lí.vɾu] ou [pa.lá.vɾɐ]). Em posição final basicamente aparece só o arquifonema /S/, que representa 35,2% dos fonemas fricativos. Dos outros fonemas fricativos /f v s z ʃ ʒ/, só o fonema /f/ aparece em posição final, que representa só 0,003% do total dos fonemas fricativos.[2]

Como grupo, os fonemas fricativos são escassos em posição final, com a exceção, claro, do arquifonema /S/, que só aparece em posição final representando a neutralização entre os fonemas /s/ e /z/. Existem poucas palavras em que o fonema /f/ se dá nessa posição (ex. [áf.ta] ou [of.táɰ̃.mi.ku]). Já os outros fonemas fricativos /v ʃ ʒ/ nunca aparecem em posição final em português.[2]

Em posição final de palavra, como já se expôs no Capítulo 10, o único fonema fricativo que se dá sistematicamente é o arquifonema /S/, que representa 35,2% das ocorrências dos fonemas fricativos em português e 4,3% do total dos fonemas/arquifonemas /s z S/.

A neutralização e os fonemas fricativos

No Capítulo 8 apresentou-se o conceito de neutralização em que desaparece a oposição entre dois fonemas em determinado contexto fonológico. Esse fenômeno ocorre entre os fonemas /s/ e /z/.

A neutralização de /s/ ~ /z/

Para que haja uma neutralização ou perda de oposição é preciso que primeiro exista uma oposição. Pode-se constatar a oposição entre /s/ e /z/ mediante o par mínimo [kásɐ] e [kázɐ]. No entanto, quando se

17.2 Porcentagens de ocorrência dos fonemas fricativos em seus distintos contextos fonotáticos. O asterico indica que nessa posição só ocorre em estrangeirismos e acrônimos.

	% do total de fonemas	#_V	#_L	$_V	$_L	_$	_#
/f/	0,9%	56,6%	5,7%	33,6%	3,9%	0,003%	*
/v/	1,5%	32,7%	0%	65,5%	1,8%	0%	*
/s/	3,6%	41,4%	0%	58,6%	0%	0%	0%
/z/	0,9%	1,7%	0%	98,3%	0%	0%	0%
/S/	4,3%	0%	0%	0%	0%	25,1%	74,9%
/ʃ/	0,3%	38,7%	0%	61,3%	0%	0%	0%
/ʒ/	0,6%	41,0%	0%	59,0%	0%	0%	0%

Os fonemas fricativos

Fenômeno	Oposição/Distinção	Neutralização
Posição	inicial de sílaba/palavra	final de sílaba/palavra
Exemplos	{caça} [kásɐ] ⟶ /s/ {casa} [káza] ⟶ /z/	{os três} ⟶ [us] {os dois} ⟶ [uz] ⟶ /S/

17.3 Oposição e neutralização em relação com os fonemas /s/ e /z/.

muda o som de [s] para [z] nas sequências [uskaʃóhus] e [uzgátos], o significado de {os} não muda: continua a representar o artigo definido nos dois sintagmas. Nesse caso houve uma neutralização e não uma oposição. A neutralização, que é representada pelo arquifonema /S/, ocorre em posição final de sílaba interior de palavra ou em posição final de palavra. Outro exemplo seria a palavra {dez} /déS/, que muda de pronúncia dependendo do contexto em que se encontra: {dez homens} [ðézómẽɪ̃s] mas {são dez} [sɐ̃ũdés]. A Tab. 17.3 mostra a diferença entre a oposição e a neutralização. A distribuição do arquifonema /S/ será apresentada com mais detalhes mais adiante.[3]

Características gerais dos alofones fricativos

Como toda consoante, os alofones fricativos definem-se por três traços: modo de articulação, ponto de articulação e estado das cordas vocais.

O modo de articulação

Como ocorre com todos os sons, a produção dos sons fricativos tem três fases: a intensão, a tensão e a distensão como mostra a Fig. 17.4.

Nos sons fricativos, a fase intensiva ocorre mediante a formação de um estreitamento no canal bucal, sem que se chegue a fechar por completo o canal articulatório. Ao mesmo tempo, o véu palatino se levanta, aderindo-se à parede faríngea, impedindo a saída de ar pelas fossas nasais, produzindo assim um som totalmente oral.

Na fase tensiva, força-se o ar pelo estreitamento quando o falante emprega os músculos intercostais e o diafragma para comprimir os pulmões. Essa ação aumenta a pressão de ar atrás do estreitamento e restringe a passagem de ar. O som é produzido pela fricção entre as moléculas de ar ao passar pelo estreitamento. É por essa fricção que essa classe de consoantes recebe seu nome. O som de uma fricativa é, pois, contínuo, já que o escape de ar pelo estreitamento pode ser prolongado.

Na fase distensiva, desaparece a fricção entre as moléculas de ar. Isso ocorre em três situações. A primeira é quando a boca se abre ao final da produção da fricativa. Isso se dá quando o som seguinte é uma vogal (por exemplo [ásɐ]). A segunda ocorre quando a boca se fecha ao final da produção fricativa. Isso se dá quando o som seguinte é outra consoante (por exemplo [pástɐ]). A terceira ocorre quando simplesmente se deixa de forçar o ar pelo estreitamento. Isso se dá quando a fricativa é seguida de pausa (por exemplo [més]).[4]

O ponto de articulação

Os pontos de articulação dos alofones dos fonemas fricativos do português são labiodental [f v], alveolar [s z] e palatal [ʃ ʒ]. Esses seis sons, têm todos um equivalente

17.4 O modo de articulação dos sons fricativos.

em inglês. Os detalhes serão apresentados mais adiante.

O estado das cordas vocais

Os alofones dos fonemas fricativos, como já foi comentado, dividem-se em duas séries segundo o estado das cordas vocais: uma série surda [f s ʃ] e uma série sonora [v z ʒ].

Os fonemas fricativos

Nesta seção serão apresentados os detalhes fonológicos e fonéticos de cada um dos seis fonemas fricativos /f v s z ʃ ʒ/ e do arquifonema /S/. A apresentação será por ordem de modo de articulação.

O fonema /f/

Com relação aos demais fonemas fricativos, o fonema /f/ compartilha o ponto de articulação com o fonema /v/ e o estado das cordas vocais com os fonemas /s/ e /ʃ/.

A fonologia do fonema /f/

O fonema /f/ opõe-se aos demais fonemas fricativos /v s z ʃ ʒ/ como se exemplifica com as séries [fákɐ vákɐ], [féɾu séɾu zéɾu] e [fátu ʃátu ʒátu].[5] ◀÷ O fonema /f/ é o vigésimo-segundo fonema mais frequente do português com uma porcentagem de frequência de 0,9% do total dos fonemas. Há uma correspondência exata entre o grafema {f} e o fonema /f/.

Como já se expôs no Capítulo 9, o fonema /f/ tem uma distribuição única com o alofone [f].

Fonotaticamente, o fonema /f/ aparece quase exclusivamente em posição inicial de sílaba: basicamente 100% das ocorrências de /f/ aparecem nessa posição como se vê na Tab. 17.5.[6] ◀÷ Nessa posição inicial ocorre seguido de vogal e dos fonemas líquidos /l/ e /ɾ/, tanto em posição inicial de palavra como em posição inicial de sílaba interior de palavra. Só 0,003% das ocorrências de /f/ são em posição final de sílaba interior de palavra, sendo muito poucos os exemplos como /afta/ e /náfta/. O fonema /f/ ocorre em posição final de palavra só em acrônimos como UNICEF [unicéfi] ou nomes estrangeiros como Maluf [malúfi], e essas palavras sempre pronunciam-se com vogal epentética. Há alguns empréstimos que terminavam em /f/ mas que já se ajustaram ao português com uma vogal epentética como {chefe} e {xerife}.[7] ◀÷

A fonética do alofone [f]

A articulação do som [f] começa mediante a criação de um estreitamento formado pela aproximação e contato entre o lábio inferior e os dentes superiores mediante o levantamento da mandíbula. Ao mesmo tempo, o véu palatino se levanta, aderindo-se à parede faríngea. Formado o estreitamento, aumenta-se a pressão

17.5 A distribuição fonotática do fonema /f/.

Contexto fonotático do fonema /f/		Exemplo	%
#__V	posição inicial de palavra seguido de vogal	{fal-ta}	56,6%
$__V	posição inicial de sílaba interior de palavra seguido de vogal	{ca-fé}	33,6%
#__ɾ	posição inicial de palavra seguido de vibrante simples	{fru-to}	4,5%
$__ɾ	posição inicial de sílaba interior de palavra seguido de vibrante simples	{co-fre}	2,5%
#__l	posição inicial de palavra seguido de lateral	{flor}	1,3%
$__l	posição inicial de sílaba interior de palavra seguido de lateral	{a-flar}	1,4%
__$	posição final de sílaba interior de palavra	{af-ta}	0,003%

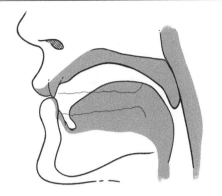

17.6 A posição articulatória dos sons [f] e [v].

do ar na cavidade bucal, e o ar é forçado pelo estreitamento sem que haja vibração das cordas vocais. A turbulência causada quando as moléculas de ar são forçadas a passar entre os dentes e o lábio inferior produz um som fricativo. Na distensão abre-se o estreitamento e deixa de haver fricção na transição para o próximo som. Durante a articulação do som [f], a língua e os lábios adotam a posição necessária para a vogal seguinte. A Fig. 17.6 mostra a posição articulatória do som [f].

Acusticamente, o alofone [f], como os demais alofones fricativos surdos, gera uma onda inarmônica que se destaca por um período de turbulência. Como já se expôs no Capítulo 6, identifica-se o ponto de articulação pela intensidade e frequência da zona de turbulência acústica. Sendo surda, não há estrias de vibração. No caso do som [f], a zona de turbulência costuma ser débil em geral, tornando-se mais forte por volta de 5000 Hz como se vê no sonograma da Fig. 17.7.[8] ◀

Auditivamente, reconhece-se o som [f] como fricativo pela presença de uma zona de energia acústica débil dispersa pelas frequências acima de 5000 Hz sem vozeamento das cordas vocais.

Notas dialetais

A distribuição do fonema /f/ é única em todas as normas cultas sem variação na pronúncia do alofone [f], seu único alofone.

Dicas pedagógicas

O som [f] do português se produz igual ao som equivalente do inglês. O fato de que há uma diferença fonotática entre o fonema /f/ do inglês e o fonema /f/ do português, não deve causar dificuldades para o aluno anglofalante quanto à pronúncia correta do som [f]. Quer dizer, em inglês o fonema /f/ se da tanto em posição inicial de palavra ou sílaba (por exemplo: [ˈfʌn] {fun}; [əˈfɛk˺t] {effect}) como em posição final de palavra ou sílaba (por exemplo: [ˈseɪ̯f] {safe}; [ˈæf.tɹ̩] {after}). Em português, porém, o fonema /f/ não aparece sistematicamente em posição final.

Conselhos práticos

O aluno pode valer-se do som [f] do inglês para a pronúncia do português.

O fonema /v/

Em relação aos demais fonemas fricativos, o fonema /v/ compartilha o ponto de articulação com o fonema /f/ e o estado das cordas vocais com os fonemas /z/ e /ʒ/.

17.7 Forma de onda e sonograma da articulação do som português [f] na palavra {fofo}.

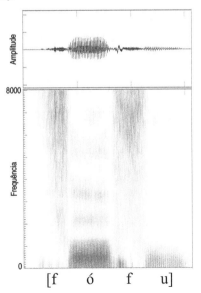

Contexto fonotático		Exemplo	%
#__V	posição inicial de palavra seguido de vogal	{va-ca}	32,7%
$__V	posição inicial de sílaba interior de palavra seguido de vogal	{hou-ve}	65,5%
$__ɾ	posição inicial de sílaba interior de palavra seguido de vibrante simples	{li-vre}	1,8%

17.8 A distribuição fonotática do fonema /v/.

A fonologia do fonema /v/

O fonema /v/ opõe-se aos demais fonemas fricativos /f s z ʃ ʒ/ como exemplificam as séries [vákɐ fákɐ], [voár soár zoár] e [vá ʃá ʒá].[9] ◀ᖭ O fonema /v/ é o décimo-oitavo fonema mais frequente do português com uma porcentagem de frequência de 1,5% do total dos fonemas. Há uma correspondência exata entre o grafema {v} e o fonema /v/.

Como já se expôs no Capítulo 9, o fonema /v/ tem distribuição única com o alofone [v].

Fonotaticamente, o fonema /v/ aparece quase exclusivamente em posição inicial de sílaba: basicamente 100% das ocorrências de /v/ são nessa posição como demonstra a Tab. 17.8.[10] ◀ᖭ Ocorre diante de vogal tanto em posição inicial de palavra como também em posição inicial de sílaba interna. Ocorre também em poucas palavras diante do fonema líquido /ɾ/, mas só em posição interior de palavra. Não ocorre diante de /l/ em palavras portuguesas. O fonema /v/ não aparece em posição final de palavra nem de sílaba interior de palavra salvo em pouquíssimos estrangeirismos ({Tel Aviv} [telavívi]) ou acrônimos ({OVNI} [óvini] *Objeto Voador Não Identificado*), casos em que é seguido de vogal epentética.[11] ◀ᖭ

A fonética do alofone [v]

A articulação do som [v] começa mediante a criação de um estreitamento formado pela aproximação e contato entre o lábio inferior e os dentes superiores mediante o levantamento da mandíbula. Ao mesmo tempo, o véu palatino se levanta, aderindo-se à parede faríngea. Formado o estreitamento, aumenta-se a pressão do ar na cavidade bucal, e o ar é forçado pelo estreitamento enquanto vibram as cordas vocais. A turbulência causada quando as moléculas de ar são forçadas a passar entre os dentes e o lábio inferior produz um som fricativo. Na distensão abre-se o estreitamento e deixa de haver fricção na transição para o som seguinte. Durante a articulação do som [v], a língua e os lábios adotam a posição necessária para a vogal seguinte. A Fig. 17.6 mostra a posição articulatória do som [v].

Acusticamente, o alofone [v], como os demais alofones fricativos sonoros, gera uma onda quase-harmônica que se destaca por um período de turbulência. Como já se expôs no Capítulo 6, identifica-se o ponto de articulação pela intensidade e frequência da zona de turbulência acústica. Sendo

17.9 Forma de onda e sonograma da articulação do som português [v] na palavra {vovô}.

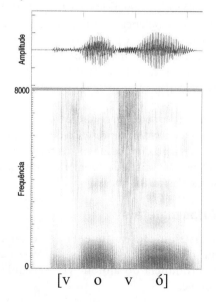

sonoro, aparecem as estrias de vibração. No caso do som [v], a zona de turbulência costuma ser débil e começa a tornar-se mais forte por volta de 5000 Hz como se vê no sonograma da Fig. 17.9.[12] ◀⋲

Auditivamente, reconhece-se o som [v] como fricativo pela presença de uma zona de energia acústica débil dispersa pelas frequências acima de 5000 Hz com vozeamento das cordas vocais.

Notas dialetais

A distribuição do fonema /v/ é única em todas as normas cultas sem variação na pronúncia do [v], seu único alofone.

Dicas pedagógicas

Produz-se o som [v] do português da mesma forma que o som equivalente do inglês. O fato de haver uma diferença fonotática entre o fonema /v/ do inglês e o fonema /v/ do português, não deve causar dificuldades de pronúncia para o aluno anglofalante. Em inglês, o fonema /v/ se dá tanto em posição inicial de palavra ou sílaba (por exemplo: [ˈvæt̚] {vat}; [əˈvæʊ̯] {avow}) como em posição final de palavra [ˈkʰeɪ̯v] {cave}, mas não aparece em posição final de sílaba interior de palavra. Já em português, o fonema /v/ não aparece em posição final.

Conselhos práticos

O aluno pode pronunciar o som [v] do português da mesma forma que o do inglês.

O fonema /s/

Em relação aos demais fonemas fricativos, o fonema /s/ compartilha o ponto de articulação com o fonema /z/ e o estado das cordas vocais com os fonemas /f/ e /ʃ/.

A fonologia do fonema /s/

O fonema /s/ se opõe aos demais fonemas fricativos /f v ʃ ʒ/ como exemplificam as séries [kásɐ kázɐ kávɐ], [sé fé] e [ásu áʃu áʒu].[13] ◀⋲

O fonema /s/ é o nono fonema mais frequente do português com uma porcentagem de frequência de 3,6% do total dos fonemas do português, mas contando-se também o arquifonema /S/, a frequência chega a 7,9% dos fonemas.

O fonema /s/ é representado por muitos grafemas: {s, ss, c, ç, sc, sç, xc, x}. A Tab. 17.10 lista essas possibilidades e dá exemplos de cada grafia.[14] ◀⋲

Como já foi explicado, o fonema /s/ tem distribuição única devido a sua fonotática.

Fonotaticamente, o fonema /s/ ocorre só em posição inicial seja de palavra ou

17.10 As correspondências grafêmicas do fonema /s/. *Em Portugal, essa sequência representa /S.s/, pronuciada [ʃs]. **O grafema {x} será comentado numa seção ao final deste capítulo.

Grafema	Contextos	Exemplos
s	inicial de palavra: #__w inicial de sílaba precedido de consoante: C$__	{sim, saúde} {cansa, lapso}
ss	posição intervocálica: V__V	{passo, essa}
c	seguido de {e} ou {i}	{cerro, cima}
ç	seguido de {a}, {o} ou {u} interior de palavra	{faça, poço, açúcar}
sc*	seguido de {e} ou {i} interior de palavra	{nascer}
sç*	seguido de {a} ou {o} interior de palavra	{cresça, nasço}
xc*	seguido de {e} ou {i} interior de palavra	{excelente, excisão}
x**	não há regra	{próximo, máximo}

Contexto fonotático		Exemplo	%
#__V	posição inicial de palavra seguido de vogal	{solto}	41,5%
V$__V	posição inicial de sílaba interior de palavra entre vogais	{passo}	52,6%
C$__V	posição inicial de sílaba interior de palavra precedido de consoante	{lapso}	5,9%

17.11 A distribuição fonotática do fonema /s/.

sílaba interior de palavra, lembrando que em posição final o fonema /s/ se neutraliza com o fonema /z/ resultando no arquifonema /S/. Em posição interior de palavra, o fonema /s/ inicial de sílaba pode suceder uma vogal ({caça}) ou uma consoante ({cansa}). Existem pares mínimos que comprovam a oposição entre os fonemas /s/ e /z/ em todas essas posições: em posição inicial de palavra [soáɾ] e [zoáɾ] {soar/zoar}, em posição inicial de sílaba interior de palavra precedidos de vogal [káse] e [káze] {caça/casa} e em posição inicial de sílaba interior de palavra precedido de consoante [trẽ́se] e [trẽ́ze] /tráNsa/ e /tráNza/ {trança/transa}. Nesse último contexto, a grafia não contém indicação alguma de qual fonema representa, pois {ns} pode representar tanto /Ns/ como em {cansa} quanto /Nz/ como em {transa}.[15] ◀⦂

É importante observar que o fonema /s/ não pode ser seguido de qualquer consoante em posição inicial de sílaba. Como prova dessa restrição fonotática, pode-se ver que a palavra {ski} do norueguês foi adaptada para o português como {esqui}. Outra prova é que o falante de português ao aprender o inglês tipicamente tende a pronunciar a palavra {school} como [eskúɯ]. Nesses exemplos ainda existe a sequência {sk}, mas fica dividida entre duas sílabas e a sequência nunca fica em posição inicial de sílaba. A Tab. 17.11 indica as porcentagens de ocorrência do fonema /s/ nos distintos contornos fonológicos.[16] ◀⦂

A fonética do alofone [s]

A articulação do som [s] começa mediante a formação de um estreitamento entre a lâmina da língua e os alvéolos. Para que a lâmina da língua se aproxime dos alvéolos, o ápice da língua avança na boca encurvando-se para baixo, aproximando-se ou tocando a face lingual dos dentes inferiores ou a gengiva logo abaixo deles. Sendo assim pode-se descrever o ponto de articulação do som [s] como sendo **apicodental-laminoalveolar**. Formado o estreitamento, força-se o ar por ele e a fricção assim causada produz o som desejado. Durante a produção dessa fricativa, as cordas vocais não vibram. A Fig. 17.12 mostra a posição articulatória do som [s]. Vale observar que, durante a produção do som [s], a posição dos lábios e da língua varia dependendo da vogal seguinte. O som [s] aqui descrito é essencialmente o som [s] mais comum na pronúncia do inglês padrão.

Acusticamente, o alofone [s], como os demais alofones fricativos surdos, gera uma onda inarmônica que se destaca por um período de turbulência. Ao contrário dos outros fricativos, porém, o som [s] se destaca por uma turbulência muito mais forte. Devido a essa intensa turbulência, esse som classifica-se como **sibilante**, que é um som fricativo mais ruidoso. Como já explicado no Capítulo 6, distingue-se o ponto de articulação pela intensidade e frequência da zona de turbulência acústica. No caso do

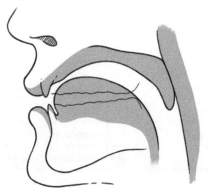

17.12 A posição articulatória dos sons [s] e [z] apicodental-laminoalveolares.

Os fonemas fricativos

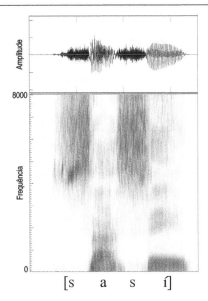

17.13 Forma de onda e sonograma da articulação do som português [s] na palavra {saci}.

som [s], a zona de turbulência costuma ser muito forte acima de 4000 Hz como se vê na Fig. 17.13.[17] ◀≋

Auditivamente, reconhece-se o som [s] como fricativo pela presença de uma zona de energia acústica forte de alta perceptibilidade dispersa pelas frequências acima de 4000 Hz.

Notas dialetais

A distribuição do fonema /s/ é única em todas as normas cultas sem variação na pronúncia do [s], seu único alofone. A variação só entra com o arquifonema /S/ que será discutida mais à frente. No norte de Portugal, porém, existe um [s̺] apicoalveolar.

Dicas pedagógicas

Produz-se o som [s] do português da mesma forma que o som equivalente do inglês. O fato de haver uma diferença fonotática entre o fonema /s/ do inglês e o fonema /s/ do português, não deve causar dificuldades de pronúncia para o aluno anglofalante. Os problemas principais ocorrem por causa da neutralização entre /s/ e /z/ que será discutida mais adiante e as representações grafêmicas já discutidas.

Conselhos práticos

O aluno pode pronunciar o som [s] do português da mesma forma que o do inglês.

O fonema /z/

Em relação aos demais fonemas fricativos, o fonema /z/ compartilha o ponto de articulação com o fonema /s/ e o estado das cordas vocais com os fonemas /v/ e /ʒ/.

A fonologia do fonema /z/

O fonema /z/ se opõe aos demais fonemas fricativos /f v s ʃ ʒ/ como exemplificam as séries [kázɐ kásɐ kávɐ], [zéɾu féɾu] e [ázɐ áʃɐ áʒɐ]. O fonema /z/ é o vigésimo-primeiro fonema mais frequente do português, com uma porcentagem de frequência de 0,9% do total dos fonemas.[18] ◀≋

O fonema /z/ não tem uma correspondência grafêmica exata; pode ser representado pelos grafemas {z s x}. A Tab. 17.14 lista essas possibilidades e dá exemplos de cada grafia.[19] ◀≋

Como já ficou explicado, o fonema /z/ tem distribuição única devido a sua fonotática.

Fonotaticamente, o fonema /z/ só ocorre em posição inicial seja de palavra ou sílaba interior de palavra, lembrando que em posição final o fonema /s/ se neutraliza com o fonema /z/ resultando no arquifonema /S/. Em posição interior de palavra, o fonema /z/ inicial de sílaba pode suceder uma vogal ({beleza}) ou uma consoante ({anzol}). Existem pares mínimos que comprovam a oposição entre os fonemas /s/ e /z/ em todas essas posições: em posição inicial de palavra [soáɾ] e [zoáɾ] {soar/zoar}, em posição inicial de sílaba interior de palavra trás vogal [kásɐ] e [kázɐ] {caça/casa} e em posição inicial de sílaba interior de palavra precedido de consoante [tɾẽ́sɐ] e [tɾẽ́zɐ] /tɾáNsa/ e /tɾáNza/ {trança/transa}. Nesse último contexto a grafia não contém indicação alguma de qual fonema representa, pois {ns} pode representar tanto /Ns/, como em {cansa}, quanto /Nz/, como em {transa}. Entretanto, não é muito comum que uma consoante venha seguida de /z/.

Grafema	Contextos	Exemplos
z	inicial de palavra: #__ posição intervocálica: V__V inicial de sílaba trás consoante: C$__	{zero, zoar} {azar, rezar} {anzol, catorze}
s	posição intervocálica: V__V inicial de sílaba trás consoante: C$__	{casa, mesa} {trânsito}
x*	em posição intervocálica, mas não há regra	{exato, exame}

17.14 As correspondências grafêmicas do fonema /z/. *O grafema {x} será comentado numa seção ao final deste capítulo.

Ocorre principalmente com o prefixo {trans-} seguido de vogal, situação em que vira inicial de sílaba. Ocorre também excepcionalmente na palavra {obséquio} [ob^{i}zékiu̯], mas não na palavra {observar} [ob^{i}seɾváɾ].[20]

É importante observar que o fonema /z/ nunca vem seguido de consoante nem em português nem em inglês. A Tab. 17.15 lista as porcentagens de ocorrência do fonema /z/ nos distintos contornos fonológicos.[21]

A fonética do alofone [z]

A articulação do som [z] começa mediante a formação de um estreitamento entre a lâmina da língua e os alvéolos. Para que a lâmina da língua se aproxime dos alvéolos, o ápice da língua avança na boca encurvando-se para baixo, aproximando-se ou tocando a face lingual dos dentes inferiores ou a gengiva imediatamente abaixo deles. Sendo assim, pode-se descrever o ponto de articulação do som [s] como sendo **apicodental-laminoalveolar**. Formado o estreitamento, força-se a passagem do ar e a fricção assim causada produz o som desejado. Durante a produção dessa fricativa, as cordas vocais vibram. A Fig. 17.12 mostra a posição articulatória para o som [z]. Vale observar que, durante a produção do som [z], a posição dos lábios e da língua varia dependendo da vogal seguinte. O som [z] aqui descrito é essencialmente o som [z] mais comum na pronúncia do inglês padrão.

Acusticamente, o alofone [z], como os demais alofones fricativos sonoros, gera uma onda quase-harmônica que se destaca por um período de turbulência. Ao contrário dos outros fricativos, porém, o som [z] se destaca por uma turbulência muito mais forte. Devido a essa intensa turbulência, esse som classifica-se como **sibilante**, que é um som fricativo mais ruidoso. Como já explicado no Capítulo 6, distingue-se o ponto de articulação pela intensidade e frequência da zona de turbulência acústica. No caso do som [z], a zona de turbulência costuma ser muito forte, acima de 4000 Hz como se vê na Fig. 17.16. Como é som sonoro, observam-se também as estrias de sonorização.[22]

Auditivamente, reconhece-se o som [z] como fricativo pela presença de uma zona de energia acústica forte de alta perceptibilidade dispersa pelas frequências acima de 4000 Hz bem como pelo vozeamento das cordas vocais.

17.15 A distribuição fonotática do fonema /z/.

	Contexto fonotático	Exemplo	%
#__V	posição inicial de palavra seguido de vogal	{zero}	1,7%
V$__V	posição inicial de sílaba interior de palavra entre vogais	{reza}	96,0%
C$__V	posição inicial de sílaba interior de palavra precedido de consoante	{trânsito}	2,3%

Notas dialetais

A distribuição do fonema /z/ é única em todas as normas cultas, sem variação na pronúncia do alofone [z], seu único alofone. A variação só entra com o arquifonema /S/ que será discutida na próxima seção. No norte de Portugal, porém, existe um [z̺] apicoalveolar.

Dicas pedagógicas

Produz-se o som [z] do português da mesma forma que o som equivalente do inglês. O fato de haver uma diferença fonotática entre o fonema /z/ do inglês e o fonema /z/ do português não deve criar dificuldades de pronúncia para o aluno anglofalante por causa da neutralização entre /s/ e /z/ que será discutida mais adiante e as representações grafêmicas já discutidas.

Conselhos práticos

O aluno pode pronunciar o som [z] do português da mesma forma que o do inglês.

O arquifonema /S/

O arquifonema /S/ representa a neutralização entre os fonemas /s/ e /z/ que ocorre tanto em posição final de palavra quanto em posição final de sílaba interior de palavra.

A fonologia do arquifonema /S/

Considerando-se que o arquifonema representa a perda de oposição entre dois fonemas, é importante demonstrar a oposição entre /s/ e /z/ antes de falar de sua neutralização. Já se apresentaram pares mínimos que provam a oposição entre /s/ e /z/ em posição inicial de palavra ([soaɾ/zoaɾ]) e em posição inicial de sílaba interior de palavra, seja depois de vogal ([kásɐ/kázɐ]) ou depois de consoante ([tɾẽsɐ/tɾẽzɐ]). Como já visto, é só neste último caso que a ortografia não ajuda a discriminar entre os dois fonemas.[23] ◀≲

Em posição final de palavra, porém, não existe uma oposição e o arquifonema resultante é grafado com {s}, {z} ou {x}. A pronúncia não depende do grafema mas sim do contorno fonológico. A palavra {amigas}, escrita com {s}, pronuncia-se [ẽmígɐs] ou [ẽmígɐʃ] antes de uma pausa, mas a sequência {amigas antigas} pronuncia-se [ẽmígɐzẽⁿtígɐs] ou [ẽmígɐzẽⁿtígɐʃ]. A palavra {dez}, escrita com {z}, pronuncia-se [dés] ou [déʃ] antes de uma pausa; neste contexto pronunciar a palavra com [z] ou [ʒ] é um erro. Seguido de uma vogal, porém, tanto o {z} como o {s} pronunciam-se com [z]: assim, a sequência {dez horas} pronuncia-se [dézɔɾɐs] ou [dézɔɾɐʃ].[24] ◀≲

Enquanto o fonema /s/ tem uma distribuição única, o arquifonema /S/ tem uma distribuição complementar. Há duas versões da regra que representam uma variação dialetal muito importante. Uma variedade é sem palatalização, ou seja o inventário alofônico só conta com alofones alveolares. Essa regra expressa-se da seguinte maneira:

Sem palatalização:

/S/ ⟶ [z]   __C_sonora
             __#V
       [s] / n.o.l.

Os dialetos sem palatalização do /S/ basicamente incluem os falados no Brasil inteiro, com a exceção da norma culta do Rio de Janeiro. Portugal não tem dialetos sem palatalização.

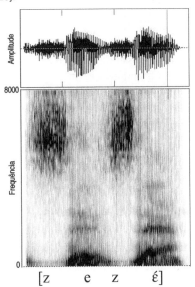

17.16 Forma de onda e sonograma da articulação do som português [z] na palavra {Zezé}.

[z e z é]

Grafema	Contextos	Exemplos
s	final de palavra: __# final de sílaba interior de palavra: __$C	{três, vimos} {aspa, asno}
z	final de palavra: __# final de sílaba interior de palavra: __$C	{luz, veloz} {felizmente}
x*	final de sílaba interior de palavra: __$C	{extra, excelente}*

17.17 As correspondências grafêmicas do arquifonema /S/. *O grafema {x} será comentado numa seção ao final deste capítulo.

De acordo com essa regra o arquifonema /S/ realiza-se com [z] diante de consoante sonora, seja final de sílaba interior de palavra, como na palavra {mesmo} /méSmo/ [mézmu], ou final de palavra, como na sequência {fez bem} /féSbéN/ [fézbéĩ]. Também realiza-se com [z] em posição final de palavra diante de uma vogal em posição inicial da palavra seguinte como no exemplo de {fez um} /féSúN/ [fézũ]. Nos outros lugares o arquifonema /S/ realiza-se com [s]. Esses outros lugares incluem posição final de sílaba interior de palavra, como na palavra {isto} /íSto/ [ístu], ou final de palavra, como na sequência {fez quatro} /féSkuátro/ [féskwátru]. Também realiza-se com [s] em posição final absoluta, ou seja, ante pausa como no exemplo de {Ele fez.} /élifés/ [élifés].[25]

Existe também a variedade em que o arquifonema /S/ tem uma regra com palatalização, assim chamado porque o seu inventário alofônico conta com alofones palatais. A regra com palatalização expressa-se da seguinte maneira:

Com palatalização:

/S/ ⟶ [ʒ] / __C$_{sonora}$
    [z] / __#V
    [ʃ] / n.o.l.

Os dialetos com palatalização do /S/ basicamente incluem a norma culta do Rio de Janeiro e Portugal. De acordo com essa regra o arquifonema /S/ realiza-se com [ʒ] diante de consoante sonora seja final de sílaba interior de palavra, como na palavra {mesmo} /méSmo/ [méʒmu], ou final de palavra, como na sequência {fez bem} /féSbéN/ [féʒbéĩ]. Também realiza-se com [z] em posição final de palavra diante de uma vogal em posição inicial da palavra seguinte como no exemplo de {fez um} /féSúN/ [fézũ]. Nos outros lugares o arquifonema /S/ realiza-se com [ʃ]. Esses outros lugares incluem posição final de sílaba interior de palavra, como na palavra {isto} /íSto/ [íʃtu], ou final de palavra, como na sequência {fez quatro} /féSkuátro/ [féʃkwátru]. Também se realiza com [ʃ] em posição final absoluta, ou seja, ante pausa como no exemplo de {Ele fez.} /élifés/ [éliféʃ].[26]

O arquifonema /S/ é o oitavo fonema mais frequente do português com uma porcentagem de frequência de 4,3% do total dos fonemas. Em parte, a frequência do arquifonema /S/ é reforçada por fatores morfológicos, já que emprega-se nas formas plurais substantivais e adjetivais como também nas formas verbais de primeira pessoa plural e, ainda que pouco usadas, na segunda pessoa singular e plural.

O arquifonema /S/ tem uma correspondência grafêmica muito básica. O arquifonema /S/ pode corresponder aos seguintes grafemas: {s, z x}. A Tab. 17.17 indica essas possibilidades e dá exemplos de cada correspondência.[27]

Fonotaticamente, como já visto, o arquifonema /S/ só ocorre em posição final, seja de palavra ou de sílaba interior de palavra, onde não existe a oposição entre os fonemas /s/ e /z/. A Tab. 17.18 indica as porcentagens de ocorrência do arquifonema /S/ nos distintos contornos fonológicos.[28]

A fonética dos alofones [s], [z], [ʃ] e [ʒ]

Os detalhes fonéticos dos alofones [s] e [z] já foram apresentados junto com os fonemas /s/ e /z/. Os detalhes fonéticos dos alofones

Os fonemas fricativos

Contexto fonotático		Exemplo	%
__#	posição final de palavra	{três, paz}	74,9%
V__$	posição final de sílaba interior de palavra seguido de V	{asno, velozmente}	23,4%
C__$	posição final de sílaba interior de palavra seguido de C	{instrumento}	1,7%

17.18 A distribuição fonotática do arquifonema /S/.

[ʃ] e [ʒ] serão apresentados com os fonemas /ʃ/ e /ʒ/ a seguir neste capítulo.

Notas dialetais

A principal variação dialetal referente ao arquifonema /S/ é se o dialeto segue a distribuição do padrão sem palatalização ou com ela. Essa variação já foi amplamente explicada e exemplificada. A Fig 17.19 mostra claramente a diferença na pronúncia da palavra {pasta}: [pástɐ], sem palatalização, e [páʃtɐ] com palatalização.[29]

Há outras variações dialetais relacionadas ao fenômeno da palatalização do arquifonema /S/. A primeira a ser comentada ocorre em Portugal onde as sequências grafêmicas de {sc} seguida de {e o}, {sç} seguida de {a o} e {xc} seguida de {e i} representam o arquifonema /S/ em posição final de sílaba seguido do fonema /s/ em posição inicial de sílaba, que se representa como /S.s/. De acordo com a regra de distribuição do arquifonema com palatalização, essa sequência pronuncia-se [ʃs]. As palavras {nascer}, {desço} e {exceto}, então, pronunciam-se [naʃsér], [déʃsu] e [eʃsétu]. No Brasil, como já visto, o grafema {xc} representa o fonema /s/ e essas palavras pronunciam-se [nasér], [désu] e [esétu].[30]

O segundo fenômeno dialetal relativo à palatalização do arquifonema /S/ ocorre no dialeto do Rio de Janeiro e é mais ligado à pronúncia da vogal diante do /S/ palatalizado. No português carioca é comum que a vogal /a/ diante do /S/ palatalizado se ditongue em [aɪ̯] e que a vogal /e/ nessa posição se ditongue em [eɪ̯]. Dessa forma o verbo {faz} pronuncia-se [fáɪ̯ʃ] e o verbo {fez}, [féɪ̯ʃ]. Observa-se que com isso as palavras {mas} e {mais} viram homófonas: [máɪ̯ʃ].[31]

17.19 Forma de onda e sonograma da articulação da palavra {pasta} sem palatalização e com palatalização.

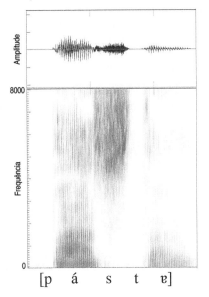
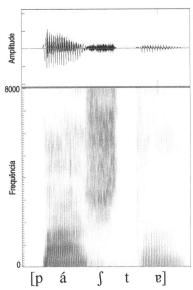

Dicas pedagógicas

A aquisição do arquifonema /S/ pode ser problemática para o anglofalante devido à neutralização entre os fonemas /s/ e /z/. Esses fonemas se opõem tanto em inglês como em português. Já se apresentaram pares mínimos para o contraste em português; para o inglês citam-se [súu̯] e [zúu̯] {sue/zoo}, [pɹɛ́səsdəntʰ] e [pɹɛ́zədəntʰ] {precedent/president} e [ɹáɪ̯s] e [ɹáɪ̯z] {rice/rise}. Já se apresentaram também exemplos da neutralização entre /s/ e /z/ em português. No inglês, a neutralização também ocorre, só que o contexto é diferente.

Em inglês, forma-se o plural regular de substantivos mediante o acréscimo de /S/, o morfema de pluralização. Esse morfema, porém, realiza-se mediante três alomorfos diferentes dependendo do som final do substantivo. Realiza-se com [s] depois de um som surdo: [kʰǽts] {cats}, [híps] {hips}, [báɪ̯ks] {bikes}. Realiza-se com [z] depois de um som sonoro: [kʰǽdz] {cads}, [ɹíbz] {ribs}, [dágz] {dogs}, [sóu̯fəz] {sofas}. Realiza-se com [ɨz] depois de consoante sibilante [s z ʃ ʒ tʃ dʒ], seja surda ou sonora: [bʌ́sɨz] {buses}, [ɹǽʃɨz] {rashes}, [dʒʌ́dʒɨz] {judges}. Neste último caso, é claro que acrescentar [s] ou [z] não é satisfatório, já que é praticamente o som final do singular do substantivo. Por isso, insere-se a vogal reduzida [ɨ], que é sonora e, portanto, é seguida pelo som sonoro [z]. Em todos os casos, o /S/ assimila-se ao estado das cordas vocais do som anterior. Como já visto, em português o arquifonema /S/ assimila-se ao som seguinte: [ístu], [mézmu] ou [íʃtu], [méʒmu]. Devido a isso, nunca é sucedida de vogal epentética.³² ◀

Conselhos práticos

Em primeiro lugar, quem adquire o português como segundo idioma precisa escolher se vai seguir o padrão "sem palatalização" ou "com palatalização" referente ao arquifonema /S/. Daí precisa ser consistente na pronúncia, pois alternar entre a palatalização e a não palatalização ao falar fica estranho.

O anglofalante precisa reconhecer que apesar das oposições que podem existir em posição inicial entre /s z ʃ ʒ/, em posição final os sons [s z ʃ ʒ] são alofones do mesmo fonema, o arquifonema /S/. Isso é diferente do inglês onde [swís] e [swíʃ] {Swiss/swish} são palavras distintas, enquanto [tɾés] e [tɾéʃ] representam a mesma palavra {três} em português.³³ ◀

O aluno pode valer-se dos sons [s z ʃ ʒ] do inglês para a realização do arquifonema /S/ do português.

O fonema /ʃ/

Em relação aos demais fonemas fricativos, o fonema /ʃ/ compartilha o ponto de articulação com o fonema /ʒ/ e o estado das cordas vocais com os fonemas /f/ e /s/.

A fonologia do fonema /ʃ/

O fonema /ʃ/ opõe-se aos demais fonemas fricativos /f v s z ʒ/ como exemplificam as séries [ʃá fá vá ʒá] e [ʃúhu súhu zúhu].³⁴ ◀ O fonema /ʃ/ é o vigésimo-nono fonema mais frequente do português, ou seja, é o fonema menos frequente com uma porcentagem de frequência de 0,3% do total dos fonemas. Os grafemas que representam o fonema /ʃ/ são {ch} e {x} conforme especifica a Tab. 17.20.³⁵ ◀

Como já se expôs no Capítulo 9, o fonema /ʃ/ tem distribuição única com o alofone [ʃ].

Fonotaticamente, o fonema /ʃ/ aparece exclusivamente em posição inicial de sílaba, seja inicial de palavra ou inicial de sílaba como mostra a Tab. 17.21.³⁶ ◀

A fonética do alofone [ʃ]

A articulação do som [ʃ] começa mediante a formação de um estreitamento, levantando-se o pré-dorso da língua até uma posição próxima à região anterior do palato duro. Ao mesmo tempo o véu palatino se levanta, aderindo-se à parede faríngea. Formado o estreitamento, aumenta-se a pressão do ar na cavidade bucal, forçando o ar pelo estreitamento sem que haja vibração das cordas vocais. A turbulência causada quando as moléculas de ar são forçadas por entre a língua e o palato duro produz um som fricativo. Na distensão desfaz-se o estreitamento e deixa de haver fricção na passagem para

Os fonemas fricativos

Grafema	Contextos	Exemplos
ch	posição inicial de palavra posição inicial de sílaba interior de palavra	{chato, chão} {acho, ficha}
x*	posição inicial de palavra em posição intervocálica, mas não há regra	{xícara, xingar} {eixo, feixe}

17.20 As correspondências grafêmicas do fonema /ʃ/. *O grafema {x} será comentado numa seção ao final deste capítulo.

Contexto fonotático		Exemplo	%
#__V	posição inicial de palavra	{chá}	38,7%
V$__V	posição inicial de sílaba interior de palavra seguido de vogal	{acho}	61,3%

17.21 A distribuição fonotática do fonema /ʃ/.

o som seguinte, que é sempre uma vogal. A Fig. 17.22 mostra a posição articulatória do som [ʃ].

Acusticamente, o alofone [ʃ], como os demais alofones fricativos surdos, gera uma onda inarmônica que se destaca por um período de turbulência. Como já se expôs no Capítulo 6, identifica-se o ponto de articulação pela intensidade e frequência da zona de turbulência acústica. Sendo surda, não há estrias de vibração. No caso do som [ʃ], a zona de turbulência costuma ser intensa, em geral começando ao redor de 1500 Hz como se vê no sonograma da Fig. 17.23.³⁷ ◀

Auditivamente, reconhece-se o som [ʃ] como fricativo pela presença de uma zona de energia acústica forte difusa pelas frequências acima de 1500 Hz sem vozeamento das cordas vocais.

17.22 A posição articulatória dos sons [ʃ] e [ʒ].

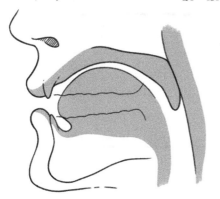

Notas dialetais

A distribuição do fonema /ʃ/ é única em todas as normas cultas sem variação na pronúncia de [ʃ], que é seu único alofone.

Dicas pedagógicas

O som [ʃ] do português é produzido da mesma forma que o som equivalente do inglês. O fato de haver uma diferença fonotática entre o fonema /ʃ/ do inglês e o fonema

17.23 Forma de onda e sonograma da articulação do som português [ʃ] na palavra {chuchu}.

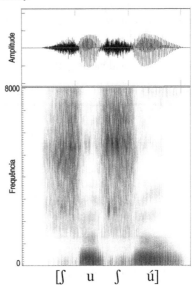

/ʃ/ do português, não deve causar dificuldades de pronúncia para o aluno anglofalante. Em inglês, o fonema /ʃ/ dá-se tanto em posição inicial de palavra ou sílaba (por exemplo: [ʃʌn] {shun}; [ʌ́.ʃɹ̩] {usher}) como em posição final de palavra ou sílaba (por exemplo: [ɹʌ́ʃ] {rush}; [lǽʃ] {lash}). Em português, porém, o fonema /ʃ/ não aparece em posição final.

Conselhos práticos

O aluno pode pronunciar o som [ʃ] do português da mesma forma que o do inglês.

O fonema /ʒ/

Em relação aos demais fonemas fricativos, o fonema /ʒ/ compartilha o ponto de articulação com o fonema /ʃ/ e o estado das cordas vocais com os fonemas /v/ e /z/.

A fonologia do fonema /ʒ/

O fonema /ʒ/ opõe-se aos demais fonemas fricativos /f v s z ʃ/ como exemplificam as séries [ʒá fá vá ʃá], [ʒákɐ sákɐ] e [ʒéɾu zéɾu].[38] ◀⋵ O fonema /ʒ/ é o vigésimo-sexto fonema mais frequente do português, ou seja, é o quarto fonema menos frequente com uma porcentagem de frequência de 0,6% do total dos fonemas. Os grafemas que representam o fonema /ʒ/ são {g} e {j} como se vê na Tab. 17.24.[39] ◀⋵

Como já se expôs no Capítulo 9, o fonema /ʒ/ tem uma distribuição única com o alofone [ʒ].

Fonotaticamente, o fonema /ʒ/ aparece exclusivamente em posição inicial, seja inicial de palavra ou inicial de sílaba como demonstra a Tab. 17.25.[40] ◀⋵

A fonética do alofone [ʒ]

A articulação do som [ʒ] começa mediante a formação de um estreitamento, levantando-se o pré-dorso da língua até uma posição próxima à região anterior do palato duro. Ao mesmo tempo o véu palatino se levanta, aderindo-se à parede faríngea. Formado o estreitamento, aumenta-se a pressão do ar na cavidade bucal. O ar é forçado pelo estreitamento e, ao mesmo tempo, vibram as cordas vocais. A turbulência causada quando as moléculas de ar são forçadas a passar por entre a língua e o palato duro produz um som fricativo. Na distensão abre-se o estreitamento e deixa de haver fricção na transição para o som seguinte. A Fig. 17.22 mostra a posição articulatória do som [ʒ].

Acusticamente, o alofone [ʒ], como os demais alofones fricativos sonoros, gera uma onda quase-harmônica que se destaca por um período de turbulência. Como já se expôs no Capítulo 6, identifica-se o ponto de articulação pela intensidade e frequência da zona de turbulência acústica. Sendo sonora, há estrias de vibração. No caso do som [ʒ], a zona de turbulência costuma ser intensa em geral começando por volta de 1500 Hz como se vê no sonograma da Fig. 17.26.[41] ◀⋵

17.24 As correspondências grafêmicas do fonema /ʒ/.

Grafema	Contextos	Exemplos
j	inicial de palavra: #__ inicial de sílaba interior de palavra: $__	{jacaré, jaca} {haja, ajuste}
g	seguido de {e} ou {i} inicial de palavra: #__: seguido de {e} ou {i} interior de palavra: $	{gema, girar} {foge, ágil}

17.25 A distribuição fonotática do fonema /ʒ/.

Contexto fonotático		Exemplo	%
#__V	posição inicial de palavra	{gera}	41,0%
V$__V	posição inicial de sílaba interior de palavra seguido de vogal	{age}	59,0%

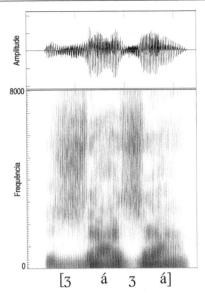

17.26 Forma de onda e sonograma da articulação do som português [ʒ] na expressão {já já}.

Auditivamente, reconhece-se o som [ʒ] como fricativo pela presença de uma zona de energia acústica forte difusa pelas frequências acima de 1500 Hz, com vozeamento das cordas vocais.

Notas dialetais

A distribuição do fonema /ʒ/ é única em todas as normas cultas sem variação na pronúncia de [ʒ], que é seu único alofone.

Dicas pedagógicas

O som [ʒ] do português é produzido da mesma forma que o som equivalente do inglês. O fato de haver uma diferença fonotática entre o fonema /ʒ/ do inglês e o fonema /ʒ/ do português, não deve causar dificuldades de pronúncia para o aluno anglofalante. O fonema /ʒ/ é o fonema menos frequente do inglês. Em inglês, ocorre em posição interior de palavra como em {vision, leisure}. É mais raro ainda em posição inicial de palavra {genre} ou final de palavra {beige}. Em português, o fonema /ʒ/ não aparece em posição final.

Conselhos práticos

O aluno pode pronunciar o som [ʒ] do português da mesma forma que o do inglês.

O grafema {x}

O grafema {x} é um dos melhores exemplos da falta de correspondência exata entre a ortografia e a fonologia, já que representa cinco possibilidades fonemáticas. O grafema {x} é muito problemático, pois, pela grafia é impossível saber que fonema ou sequência de fonemas representa. É necessário simplesmente aprender como se pronuncia cada palavra escrita com {x} e como se escreve cada palavra com os possíveis fonemas que o {x} pode representar.

O grafema {x} pode representar os fonemas /ʃ/, /z/ e /s/. Pode representar a sequência /ks/ como também o arquifonema /S/. No corpus usado para este livro, há 17.427 instâncias do grafema {x}. A Tab. 17.27 indica a porcentagem da correlação do grafema {x} com as suas correspondências fonemáticas.[42]

17.27 As correspondências fonemáticos do grafema {x}.

Fonema	Contexto fonotático	Exemplo	Porcentagem
/ʃ/	posição inicial de palavra, posição intervocálica	{xingo, feixe}	39,2%
/z/	posição intervocálica	{exemplo}	25,8%
/S/	posição final de sílaba interior de palavra	{excelente}	21,5%
/ks/	posição intervocálica	{táxi}	8,0%
/s/	posição intervocálica	{próximo}	5,5%

É interessante notar que o grafema {x} representa o fonema /z/ entre {e} inicial de palavra e outra vogal como na palavra {exato} [ezáto]. Esse é o caso até quando se antepõe um morfema derivacional como {inexato} [inezáto].⁴³ ◂⋲

Em Portugal, o grafema {xc} seguido de {e} ou {i} (como também {sc} seguido de {e} ou {i} ou {sç} seguido de {a} ou {o}) representa a sequência de fonemas /S.s/ e é pronunciada [ʃs]. No Brasil, essas sequências representam simplesmente o fonema /s/. Assim, a palavra {nascer} é [naʃséɾ] em Portugal e [naséɾ] no Brasil.⁴⁴ ◂⋲

Pode haver outras diferenças entre Portugal e o Brasil quanto à realização do grafema {x}. Por exemplo, a palavra {sintaxe} é [sĩⁿtási] em Portugal e [sĩⁿtáksi] no Brasil. Outra vez, com o grafema {x}, é preciso aprender o que o {x} representa palavra por palavra.⁴⁵ ◂⋲

Resumo

O português têm seis fonemas fricativos (/f v s z ʃ ʒ/) e um arquifonema fricativo (/S/). Os seis fonemas dividem-se em dois grupos segundo o estado das cordas vocais: /f s ʃ/ são surdos e /v z ʒ/ são sonoros. Dividem-se em três grupos segundo o ponto de articulação: /f v/ são bilabiais, /s z/ são alveolares e /ʃ ʒ/ são palatais. Como grupo, os fonemas fricativos ocorrem quase exclusivamente em posição inicial de sílaba. O arquifonema /S/ resulta da neutralização entre os fonemas /s/ e /z/ em posição final de sílaba ou palavra.

Foneticamente, produzem-se os alofones fricativos forçando a passagem do ar por um estreitamento. O som é produzido pela fricção entre as moléculas de ar e entre essas e os órgãos articulatórios. A pronúncia em si dos alofones fricativos do português não representa nenhum problema para o anglofalante, já que todos esses sons [f v s z ʃ ʒ] existem também em inglês com a mesma pronúncia. O problema principal do aluno é que os grafemas que representam os fonemas fricativos podem ser diferentes e variados.

Não obstante as semelhanças com o inglês, existem dois problemas para o anglofalante. O primeiro, como já foi explicado, é a neutralização entre os fonemas /s/ e /z/. Embora o inglês também tenha essa neutralização, em português o contorno fonológico em que ocorre é diferente, como também já foi explicado. Além disso, o aluno tem que lidar com as distribuições complementares do arquifonema /S/, sem e com palatalização, como também com as variações grafêmicas.

O fonema /f/:

- O fonema /f/ do português tem distribuição única com {f} como grafema único,
- O som [f] do português é igual ao do inglês.

O fonema /v/:

- O fonema /v/ do português tem distribuição única com {v} como grafema único,
- O som [v] do português é igual ao do inglês.

O fonema /s/:

- O fonema /s/ do português tem distribuição única e pode ser representado mediante vários grafemas: {s, ss, c, ç, sc, sç, x}.
- O som [s] do português é igual ao do inglês.
- O grafema {s} em posição intervocálica NÃO se pronuncia com [s].

O fonema /z/:

- O fonema /z/ do português tem distribuição única e pode ser representado mediante os grafemas: {z, s, x}.
- O som [z] do português é igual ao do inglês.

O arquifonema /S/:

- O arquifonema /S/ resulta da neutralização entre os fonemas /s/ e /z/ em posição final de sílaba ou palavra.
- Os grafemas que podem representar o arquifonema /S/ são {z, s, x}.

Os fonemas fricativos

Conceitos e termos

apicoalveolar	estreitamento	palatalização
apicodental-laminoalveolar	fricativização	sibilante
arquifonema	neutralização	

- Há duas regras de distribuição para o arquifonema /S/: uma com e outra sem palatalização,
- O grafema {z} em posição final de palavra NÃO se realiza necessariamente como [z]; segue a regra de distribuição complementar do arquifonema /S/ e, assim, pode-se realizar como [s z ʃ ʒ] dependendo do dialeto e do contexto.

O fonema /ʃ/:
- O fonema /ʃ/ do português tem distribuição única e pode ser representado mediante {ch, x}.
- O som [ʃ] do português é igual ao do inglês.

O fonema /ʒ/:
- O fonema /ʒ/ do português tem distribuição única e pode ser representado mediante {j, g}.
- O som [ʒ] do português é igual ao do inglês.

O grafema {x}:
- O grafema {x} pode representar vários fonemas: /s z ks ʃ/. Também pode representar o arquifonema /S/. Não há regra que indique qual é o fonema representado; o aluno precisa aprender cada palavra individualmente.

Perguntas de revisão

1. Quais são os fonemas fricativos e como se classificam?
2. Em que posições fonotáticas aparecem os fonemas fricativos?
3. Que tipo de distribuição têm os fonemas fricativos?
4. Como é um som fricativo? Quais são as suas três fases?
5. Quais são os grafemas que correspondem ao fonema /s/? Dê exemplos.
6. Quais são os grafemas que correspondem ao fonema /z/? Dê exemplos.
7. Quais são os grafemas que correspondem ao arquifonema /S/? Dê exemplos.
8. Comente a distribuição de alofones do arquifonema /S/. Dê exemplos.
9. Comente o fenômeno de palatalização do arquifonema /S/. Dê exemplos.
10. Comente a realização do grafema {-z} em posição final de palavra em português. Dê exemplos.
11. Quais são os grafemas que correspondem ao fonema /ʃ/? Dê exemplos.
12. Quais são os grafemas que correspondem ao fonema /ʒ/? Dê exemplos.
13. Comente a pronúncia dos alofones dos fonemas fricativos do português.
14. Comente a realização fonética do grafema {x} em português.

Exercícios de pronúncia

O fonema /f/

Pronuncie as seguintes palavras com o fonema /f/.[46] **EX**

afano	afeto	eficaz
afável	afina	enfado

faca	fio	oferta	lisinho	vaso	zero
faça	fofo	olfato	liso	vazo	zinco
feito	fósforo	ufano	lisura	visar	zombar
fere	influente	unifica	piso	visual	zonzo
ficha	informa	usufrui	teimoso	zebra	zune
			tesouro	zurra	zurra

O fonema /v/

Pronuncie as seguintes palavras com o fonema /v/.[47] **EX**

alcova	privado	viúva
bovino	trava	viva
breve	vaga	vívido
cívico	válvula	votava
grave	vara	vovó
povo	vem	vovô
previu	vingativo	vulto

O fonema /s/

Pronuncie as seguintes palavras com o fonema /s/.[48] **EX**

acervo	cinta	salva
alvíssimo	coça	sapo
alvoroço	fissura	silva
ancestral	força	sinta
anseio	manso	sono
caça	massa	sonoro
canso	máxima	sova
censor	meço	suma
censura	messe	sumo
cento	missa	terço
cilício	próxima	torça

O fonema /z/

Pronuncie as seguintes palavras com o fonema /z/.[49] **EX**

abusar	exato	êxodo
asa	exausto	exótico
azar	executivo	exultar
azeite	exemplo	exumar
base	exequível	fase
benze	exercício	faze
casa	exército	fazer
cosi	exibir	glorioso
cozi	exigir	hexagonal
desespero	exíguo	hexágono
dezena	exílio	inexequível
exala	eximir	inexistente
exasperar	existir	juízo

O arquifonema /S/

Pronuncie as seguintes palavras com o arquifonema /S/, tendo cuidado para seguir a regra de distribuição complementar do dialeto que você preferir.[50] **EX**

abanes	giz
abanes a menina	giz inteiro
abas	juiz
abonos	juiz animado
abonos antecipados	lenços
algoz	mãos
antes	mãos inertes
arroz	mãos levantadas
atriz	mãos santas
atriz ajuizada	mas
cicatriz	mas ontem
depois	más
depois eu encontro	más notícias
dois	más ocorrências
dois abacates	olhos
espiar	olhos amáveis
faz	raiz
faz amanhã	raiz aérea
feliz	raiz profunda
feliz ano-novo	tenaz
feliz Natal	três vezes
feroz	vez
fez	voz
folhas amarelas	voz acanhada

O fonema /ʃ/

Pronuncie as seguintes palavras com o fonema /ʃ/.[51] **EX**

baixa	cheia	deixo
bicho	chia	ducha
bruxa	chibata	eixo
bucho	choro	enchi
cacho	chuchu	enxotar
chá	chumbo	ficha
chaga	chuva	flecha
chama	coaxar	machado
chão	cochilo	manchei
chegar	colchão	marcha

mecha	peixe	rocha
mexer	prancha	sabichona
mixaria	racha	salsicha
mochila	recheio	tacha
murcho	relincho	tacho
nicho	riacho	trecho

O fonema /ʒ/

Pronuncie as seguintes palavras com o fonema /ʒ/.⁵² **EX**

aja	gentil	pejo
almejar	germe	pelejo
anjo	gigante	penugem
arejar	ginga	queijo
beijo	homenagem	suje
botija	jangada	tange
brejo	jardinagem	tigela
caju	juiz	tinjo
calejado	laje	traje
fugir	pagem	trovejar
gêmeo	paisagem	viagem
gente	passagem	viajem

O grafema {x}

Pronuncie as seguintes palavras com o grafema {x}, prestando atenção para realizar os fonemas corretos para cada vocábulo.⁵³ **EX**

afixar	exercício	flexão
ameixa	exército	fluxo
anexo	exibir	frouxo
asfixiar	exigir	hexagonal
axila	exíguo	hexágono
baixo	exílio	inexequível
caixa	eximir	inexistente
convexo	existir	léxico
coxo	êxodo	madeixa
eixo	exótico	mexia
elixir	expansão	óxido
enxaguar	expectativa	reflexo
enxame	expedição	roxo
enxugar	experiência	sexagésimo
enxuto	experiente	sexto
exala	expiar	taxa
exasperar	explosão	táxi
exato	extrair	texto
exausto	exultar	tórax
executivo	exumar	tóxico
exemplo	faixa	vexar
exequível	fixe	xá

Recursos eletrônicos

1. 🔊 A oposição entre os fonemas fricativos. (Tab. 17.1)
2. 🔊 Fonemas /f/ e /v/ seguidos de líquidas e fonema /f/ em posição final.
3. 🔊 Oposição e neutralização entre /s/ e /z/. (Tab. 17.3)
4. 🔊 A distensão do som fricativo [s].
5. 🔊 Oposições com o fonema /f/.
6. 🔊 Distribuição fonotática do fonema /f/. (Tab. 17.5)
7. 🔊 Fonema /f/ em acrônimos e palavras emprestadas.
8. 🔊 A palavra {fofo}. (Fig. 17.7)
9. 🔊 Oposições com o fonema /v/.
10. 🔊 Distribuição fonotática do fonema /v/. (Tab. 17.8)
11. 🔊 Fonema /v/ em acrônimos e estrangeirismos.
12. 🔊 A palavra {vovô}. (Fig. 17.9)
13. 🔊 Oposições com o fonema /s/.
14. 🔊 Correspondências grafêmicas do fonema /s/. (Tab. 17.10)
15. 🔊 Posicionamentos fonológicos do fonema /s/.
16. 🔊 Distribuição fonotática do fonema /s/. (Tab. 17.12)
17. 🔊 A palavra {saci}. (Fig. 17.13)
18. 🔊 Oposições com o fonema /z/.
19. 🔊 Correspondências grafêmicas do fonema /z/. (Tab. 17.14)
20. 🔊 Posicionamentos fonológicos do fonema /z/.
21. 🔊 Distribuição fonotática do fonema /z/. (Tab. 17.15)
22. 🔊 A palavra {Zezé}. (Fig. 17.16)

Capítulo 17

23. 🔊 Pares mínimos que provam a oposição entre os fonemas /s/ e /z/.

24. 🔊 Palavras com o arquifonema /S/ em posição final.

25. 🔊 A distribuição do arquifonema /S/ sem palatalização.

26. 🔊 A distribuição do arquifonema /S/ com palatalização.

27. 🔊 Correspondências grafêmicas do arquifonema /S/. (Tab. 17.17)

28. 🔊 Distribuição fonotática do arquifonema /S/. (Tab. 17.18)

29. 🔊 A palavra {pasta} sem e com palatalização. (Fig. 17.19)

30. 🔊 O arquifonema /S/ em posição final de sílaba interior de palavra em Portugal.

31. 🔊 A ditongação carioca diante do arquifonema /S/.

32. 🔊 A assimilação dos alofones do arquifonema /S/ em posição interior de palavra.

33. 🔊 A assimilação dos alofones do arquifonema /S/ em posição final de palavra.

34. 🔊 Oposições com o fonema /ʃ/.

35. 🔊 Correspondências grafêmicas do fonema /ʃ/. (Tab. 17.20)

36. 🔊 Distribuição fonotática do fonema /ʃ/. (Tab. 17.21)

37. 🔊 A palavra {chuchu}. (Fig. 17.23)

38. 🔊 Oposições com o fonema /ʒ/.

39. 🔊 Correspondências grafêmicas do fonema /ʒ/. (Tab. 17.24)

40. 🔊 Distribuição fonotática do fonema /ʒ/. (Tab. 17.25)

41. 🔊 A palavra {já já}. (Fig. 17.26)

42. 🔊 As correspondências fonemáticas do grafema {x}. (Fig. 17.27)

43. 🔊 As palavras {exato} e {inexato}.

44. 🔊 A sequência {xc} mais vogal em Portugal e no Brasil.

45. 🔊 A palavra {sintaxe} em Portugal e no Brasil.

46. EX Exercícios de pronúncia: o fonema /f/.

47. EX Exercícios de pronúncia: o fonema /v/.

48. EX Exercícios de pronúncia: o fonema /s/.

49. EX Exercícios de pronúncia: o fonema /z/.

50. EX Exercícios de pronúncia: o arquifonema /S/.

51. EX Exercícios de pronúncia: o fonema /ʃ/.

52. EX Exercícios de pronúncia: o fonema /ʒ/.

53. EX Exercícios de pronúncia: o grafema {x}.

Capítulo 18
Os fonemas nasais

O português tem três fonemas nasais e um arquifonema nasal. Os fonemas são /m n ɲ/ e o arquifonema é /N/. Este capítulo começa com uma apresentação geral das características fonológicas dos fonemas nasais e do arquifonema nasal. Apresenta depois as características fonéticas gerais dos alofones nasais. Segue uma análise de cada fonema nasal e do arquifonema. Nessa análise, apresentam-se os dados fonológicos e fonéticos de cada alofone. Incluem-se também chaves para a aquisição de uma boa pronúncia dos sons nasais do português.

Características gerais dos fonemas nasais

Os fonemas nasais têm certas características gerais em questões de oposição, distribuição e fonotática. Os fonemas nasais /m n ɲ/ e o arquifonema nasal /N/ são bastante frequentes, representando o 10,6% dos fonemas da cadeia fônica.

A oposição entre os fonemas nasais

Os fonemas nasais são sempre sonoros e os três fonemas nasais opõem-se somente por seu ponto de articulação: o fonema nasal /m/ é bilabial, o fonema nasal /n/ é alveolar e o fonema nasal /ɲ/ é palatal. Essa oposição comprova-se através dos pares mínimos de [mímɐ] {mima}, [mínɐ] {mina}, [míɲɐ] {minha}.[1] 🔊

A distribuição alofônica dos fonemas nasais

Como se apresentará mais adiante, os três fonemas nasais têm distribuição única e o arquifonema nasal tem distribuição complementar.

A fonotática dos fonemas nasais

Os três fonemas nasais, /m n ɲ/, ocorrem exclusivamente em posição inicial de sílaba, mas sistematicamente só dois, /m n/, aparecem em posição inicial de palavra. O fonema /ɲ/ não ocorre sistematicamente em posição inicial de palavra. A 5ª edição do *Dicionário Aurélio da Língua Portuguesa* contém 67 verbetes que começam com o grafema {nh}, a grande maioria sendo de fonte indígena ou africana. Há também uma palavra de fonte italiana (*nhoque*) e duas que são simplesmente reduções fonéticas de palavras com /ɲ/ intervocálico (*nhô/nhá* de *senhor/senhora*). Esses fatos confirmam que a ocorrência do fonema /ɲ/ em posição inicial de palavra é assistemática. A Tab. 18.1 apresenta os fatos fonotáticos referentes aos fonemas nasais.

A situação fonológica dos fonemas nasais em posição final de sílaba ou palavra é muito diferente, já que eles se neutralizam sistematicamente nessas posições resultando no arquifonema nasal /N/. O fato de haver uma oposição entre os fonemas nasais no ataque silábico (ou seja em posição silábica explosiva) e de haver uma neutralização na coda silábica (ou seja em posição silábica implosiva) já foi exposto no Capítulo 8. Por isso, os fonemas nasais (/m n ɲ/) não aparecem em posição silábica implosiva.

18.1 Os fatos fonotáticos referentes aos fonemas nasais.

	/m/	/n/	/ɲ/
#__	/máto/	/náto/	—
$__	/míma/	/mína/	/míɲa/

O sistema fonológico do português exclui a oposição entre fonemas nasais em posição final de sílaba em geral. Como no caso da fonotática dos fonemas consonantais já estudados, é necessário diferenciar entre a posição final de sílaba interior de palavra e a posição final de palavra.

A resolução sistemática dos nasais em posição final de sílaba interior de palavra, como já comentado, é a neutralização. Ainda que as palavras {mima} /míma/ e {mina} /mína/ sejam um par mínimo, comprovando a oposição /m/ ~ /n/, não existe tal oposição em posição final de sílaba interior de palavra. Nesse contexto a análise das palavras [kẽᵐpo] e [kẽⁿto] mostra que tanto o som nasal bilabial [m] como o som nasal dental [n̪] podem ocorrer em posição final de sílaba interior de palavra.[2] ◄⋲ Não obstante, o contraste entre essas duas palavras não depende do contraste entre os fonemas /m/ e /n/, mas sim do contraste entre os fonemas /p/ e /t/, e são esses fonemas que determinam o ponto de articulação da realização fonética da consoante nasal. Em português não existe contraste fonológico entre /m/ e /n/ nas sequências */kámpo/ e */kámto/. Devido a essa falta de contraste, as consoantes nasais que ocorrem em tais contornos são consideradas alofones do arquifonema nasal — como explicado no Capítulo 15 — e, portanto, a transcrição fonológica dessas palavras é respectivamente /káNpo/ e /káNto/.

A resolução sistemática dos nasais em posição final de palavra também é neutralização. Nesse contexto, a análise das sequências fonéticas [ũᵐbárku] e [ũⁿdédu] mostra que não há diferença de significado entre o elemento [ũᵐ] e o elemento [ũⁿ].[3] ◄⋲ Esse fato indica que, nesses grupos de palavras, tanto o som [m] como o som [n̪] representam o mesmo conceito mental ou fonológico, nesse caso, o arquifonema /N/. Não há nenhum caso em português em que haja oposição entre o fonema /m/ e o fonema /n/ em posição final de palavra.

Sistematicamente as palavras terminadas em /N/ escrevem-se com {m}, inclusive as desinências verbais de terceira pessoa plural. As palavras escritas com {n} final, que ainda representa o arquifonema /N/, são assistemáticas, sendo principalmente palavras cultas ou científicas vindas do latim ou de outras línguas estrangeiras.

Em posição final de sílaba interior de palavra, o grafema {m} é usado sistematicamente só diante de {p} ou {b}, não ocorre diante de outras consoantes. Isso inclui palavras com a sequência -mn- provenientes do latim ou do grego, idiomas que admitem nasais nessa posição fonotática. Em contraste com o espanhol, que tem palavras como {alumno, columna, gimnasio, himno, indemnizar, solemne}, em português essa sequência ficou reduzida a {n}, resultando nas palavras portuguesas de {aluno, coluna, ginásio, hino, indenizar, solene}. As únicas palavras que não sofreram essa redução são {amnésia} e variantes de {mnemônico}, pronunciadas [aminésiɐ] e [minemóniku] no Brasil.

Características gerais dos alofones nasais

Como toda consoante, os alofones nasais definem-se por três traços: o modo de articulação, o ponto de articulação e o estado das cordas vocais.

O modo de articulação

Os sons nasais articulam-se com um fechamento bucal total. Ao mesmo momento, o véu palatino separa-se da parede faríngea, ao contrário dos sons orais. Com essa conformação, a única saída possível de ar é pela cavidade nasal; não há escape de ar pela cavidade oral. Apesar de não haver escape de ar pela cavidade oral, a onda sonora produzida ressoa tanto na cavidade bucal quanto na cavidade nasal. Isso quer dizer, em efeito, que há duas cavidades de ressonância que se combinam para produzir uma consoante nasal: a cavidade oral e a cavidade nasal, esta aberta e aquela fechada.

Como a cavidade principal de ressonância das consoantes nasais é a nasal, cuja forma é invariável, não é de se admirar que as consoantes nasais tenham formas de onda muito parecidas. A Fig. 18.2 mostra as formas de onda dos três sons [m n ɲ], que são pouco diferentes. Os sons nasais são reconhecíveis

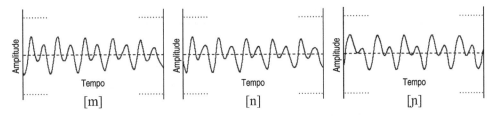

18.2 Cinco ciclos das formas de onda das consoantes nasais [m n ɲ].

nos sonogramas porque têm um primeiro formante muito forte, depois um zero acústico seguido de formantes mais altos atenuados, como se verá nos sonogramas a seguir.

É a ressonância da onda sonora na cavidade nasal que dá aos sons desse modo de articulação seu caráter auditivo único.

O ponto de articulação

O modo de articulação nasal é o que tem o maior número de pontos de articulação, num total de seis. Os pontos de articulação dos alofones nasais do português são bilabial [m], labiodental [ɱ], dental [n̪], alveolar [n], palatalizado [n̠], palatal [ɲ] e velar [ŋ].

Acusticamente, os diferentes sons nasais resultam da combinação de ressonância e filtração que ocorrem na cavidade oral e na cavidade nasal. O ar que sai da laringe entra nas duas cavidades quase simultaneamente. A cavidade de ressonância oral é fechada e sua extensão varia segundo o ponto de articulação do som, ou seja, dependendo do ponto de oclusão da cavidade bucal. No caso do som [m], a onda sonora ressoa em toda a extensão da cavidade bucal devido à cerração bilabial, mas com o som [n], reduz-se a extensão da cavidade de ressonância devido à oclusão linguoalveolar. Com o som [ɲ], a extensão da cavidade de ressonância reduz-se ainda mais devido à oclusão linguopalatal. É a ressonância na cavidade oral que dá aos diferentes sons nasais suas características individuais. A cavidade nasal, por sua vez, é invariável e fica sempre aberta devido à posição do véu palatino.

Como já visto, as formas de onda das consoantes nasais são bastante parecidas. Como no caso das vogais, é mais fácil distingui-las nos sonogramas, que se apresentarão mais afrente.

O estado das cordas vocais

Os sons nasais do português sempre se produzem com a vibração das cordas vocais; quer dizer, são sempre sonoros.

Os fonemas nasais

Nesta seção serão apresentados os detalhes fonológicos e fonéticos de cada um dos três fonemas nasais /m n ɲ/ e do arquifonema nasal /N/. A apresentação sera feita fonema por fonema.

O fonema /m/

Em relação aos demais fonemas nasais, o fonema /m/ se distingue dos fonemas /n/ e /ɲ/ por ser bilabial quanto a seu ponto de articulação.

A fonologia do fonema /m/

O fonema /m/ se opõe aos outros dois fonemas nasais /m ɲ/ como exemplifica a série [mímɐ mínɐ míɲɐ]. O fonema /m/ é o décimo-quinto fonema mais frequente do português com uma porcentagem de frequência de 2,3% do total dos fonemas. Há uma correspondência exata entre o grafema {m} e o fonema /m/ quando o grafema ocorre em posição inicial de palavra ou inicial de sílaba interior de palavra, como nas palavras {mapa} /mápa/ ou {cama} /káma/. Entretanto, o grafema {m} pode representar também ao arquifonema /N/ quando ocorre em posição final de sílaba seguido de consoantes bilabiais como na

Contexto fonotático		Exemplo	%
#__V	posição inicial de palavra	{modo}	39,6%
V$__V	posição inicial de sílaba interior de palavra seguido de vogal	{cama}	48,8%
C$__V	posição inicial de sílaba interior de palavra seguido de consoante	{dogma}	11,6%

18.3 A distribuição fonotática do fonema /m/.

palavra {campo} /káNpo/ e em posição final de palavra {fim} /fíN/.

Como já visto, o fonema /m/ tem distribuição única. O alofone nasal bilabial sonoro [m] é o único som para a realização do fonema /m/ em todos os contextos fonológicos em que o fonema ocorre: inicial de palavra [mápa] e inicial de sílaba interior de palavra [kẽmɐ].[4] ◀∈

Fonotaticamente, o fonema /m/ aparece exclusivamente em posição inicial de sílaba, seja inicial de palavra ou inicial de sílaba interior de palavra como mostra a Tab. 18.3. Em posição interior pode ser precedida ou por vogal ou por consoante.

A fonética do alofone [m]

A articulação do som [m] começa fechando-se lábios ao mesmo tempo que o véu palatino se afasta da parede faríngea. Produz-se o som expelindo-se o ar com vibração das cordas vocais. Dessa forma a onda sonora resultante ressoa na cavidade bucal e na cavidade nasal, mas todo o ar que escapa, sai pelo nariz. A Fig. 18.4 mostra a posição articulatória do som [m].

Acusticamente, os sons nasais destacam-se por uma sequência de três indicadores. Primeiro, há um primeiro formante reforçado. Segundo, há uma zona de amortecimento, ou seja, uma zona de ausência de energia acústica ou um zero acústico. Terceiro há uma série de formantes atenuados ou debilitados. O posicionamento dessas estruturas acústicas indicam que o modo de articulação é nasal e também indicam o ponto de articulação. A transição entre vogais e consoantes nasais costuma ser abrupta.

A Fig. 18.5 contém um nasograma e um sonograma que mostram as características acústicas do som [m] na palavra [kẽmɐ].

No nasograma, pode-se observar a crescente nasalidade da vogal [ẽ], que passa de 50% antes da transição para a consoante nasal [m] com 96% de nasalidade. Como a última vogal ocorre ao final do grupo fônico, ela mantém um alto grau de nasalidade.[5] ◀∈

No sonograma da Fig. 18.5, além de serem visíveis as características acústicas do som [m] em si, veem-se as transições nos formantes vocálicos antes e depois do [m], as quais indicam o ponto de articulação da consoante nasal. Pode-se ver que no final do primeiro e segundo formantes da vogal tônica [ẽ], há uma queda. Já no começo do primeiro e segundo formantes da vogal átona final [ɐ], há uma subida. Esses fatos indicam que o ponto de articulação é bilabial, conforme já foi visto com os sons oclusivos.

Auditivamente, o som [m] é reconhecido como nasal bilabial pela percepção da conformação do primeiro formante, do zero acústico e dos demais formantes atenuados. As transições dos formantes das vogais que

18.4 A posição articulatória do som [m]. A posição da língua varia de acordo com a vogal seguinte.

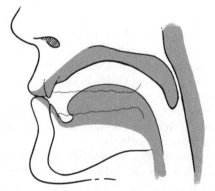

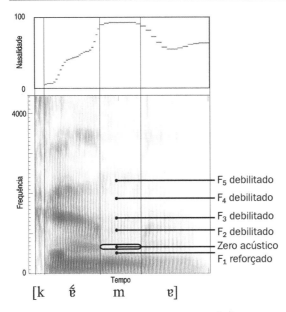

18.5 Nasograma e sonograma do alofone [m] na palavra [káma].

o precedem e das vogais que o sucedem também indicam o ponto de articulação.

Notas dialetais

Não há variação dialetal do alofone [m].

Dicas pedagógicas e conselhos práticos

Como a pronúncia do som [m] do português é idêntica a sua pronúncia em inglês, o anglofalante pode utilizar a pronúncia que já lhe é familiar.

O fonema /n/

Em relação aos demais fonemas nasais, o fonema /n/ se diferencia dos fonemas /m/ e /ɲ/ por ter ponto de articulação alveolar.

A fonologia do fonema /n/

O fonema /n/ se opõe aos outros dois fonemas nasais /m ɲ/ como exemplifica a série [mímɐ mínɐ míɲɐ]. O fonema /n/ é o décimo-sétimo fonema mais frequente do português com uma porcentagem de frequência de 1,9% do total dos fonemas. Há uma correspondência exata entre o grafema {n} e o fonema /n/ quando o grafema ocorre em posição inicial de palavra ou inicial de sílaba interior de palavra, como nas palavras {nata} /nátɐ/ ou {cana} /kɐ́nɐ/. Entretanto, o grafema {n} pode representar também ao arquifonema /N/ quando ocorre em posição final de sílaba interior de palavra ou em posição final de palavra.

Como já visto, o fonema /n/ tem uma distribuição única. O alofone nasal alveolar sonoro [n] é o único som para a realização do fonema /n/ em todos os contextos fonológicos em que o fonema ocorre, como já visto com os exemplos acima.

Fonotaticamente, o fonema /n/ aparece exclusivamente em posição inicial de sílaba, seja inicial de palavra ou inicial de sílaba interior de palavra, como se vê na Tab. 18.6. Em posição interior pode ser precedido ou por vogal ou por consoante.

A fonética do alofone [n]

A articulação do som [n] começa pelo contato entre a lâmina da língua e os alvéolos, com a continuação do contato entre os lados da língua e os dentes laterais superiores com o efeito de impedir a saída de ar pela boca. Ao mesmo tempo, o véu palatino se afasta da

18.6 A distribuição fonotática do fonema /n/.

Contexto fonotático		Exemplo	%
#__V	posição inicial de palavra	{nata}	49,2%
V$__V	posição inicial de sílaba interior de palavra seguido de vogal	{cana}	44,4%
C$__V	posição inicial de sílaba interior de palavra seguido de consoante	{dogma}	6,4%

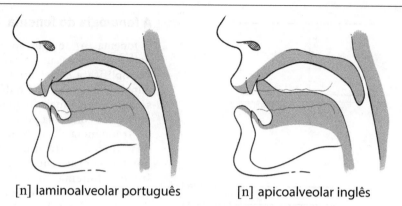

[n] laminoalveolar português   [n] apicoalveolar inglês

18.7 A posição articulatória do som [n] em português e inglês.

parede faríngea. Produz-se o som expelindo-se o ar pelo nariz enquanto vibram as cordas vocais. Dessa forma a onda sonora resultante ressoa na cavidade bucal e na cavidade nasal, mas todo o ar que escapa, sai pelo nariz. A Fig. 18.7 mostra a posição articulatória do som [n] laminoalveolar do português em contraste com a do som apicoalveolar do inglês. Alguns falantes até avançam a língua mais e o som torna-se dentoalveolar.

Acusticamente, os sons nasais destacam-se por uma sequência de três indicadores. Primeiro, há um primeiro formante reforçado. Segundo, há uma zona de amortecimento, ou seja, uma zona de ausência de energia acústica ou um zero acústico. Terceiro, há uma série de formantes atenuados ou debilitados. O posicionamento dessas estruturas acústicas indicam que o modo de articulação é nasal e também indicam o ponto de articulação. A transição entre vogais e consoantes nasais costuma ser abrupta.

A Fig. 18.8 contém um nasograma e um sonograma que mostram as características acústicas do som [n] na palavra [kẽnɐ]. No nasograma, pode-se observar a estabilidade da vogal [ẽ] na faixa de 40% de nasalidade antes da transição para a consoante nasal [n] com 96% de nasalidade. Como a última vogal ocorre ao final do grupo fônico, ela mantém um alto grau de nasalidade na transição à posição de repouso para a respiração.[6]

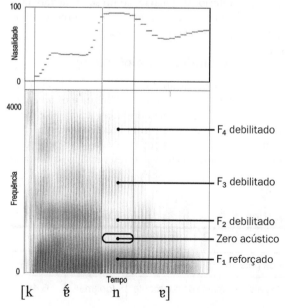

18.8 Nasograma e sonograma do alofone [n] na palavra [kẽnɐ].

No sonograma da Fig. 18.8, além de serem visíveis as características acústicas do som [n] propriamente dito, veem-se as transições dos formantes vocálicos antes e depois do [n], as quais indicam o ponto de articulação da consoante nasal. Pode-se ver que, no final da vogal tônica [ẽ], o primeiro formante baixa enquanto o segundo é estável. Já no começo da vogal átona final [ɐ], o primeiro formante sobe mas o segundo é estável. Esses fatos indicam que o ponto de articulação é na região alveolar.

Auditivamente, o som [n] é reconhecido como nasal alveolar pela percepção da conformação do primeiro formante, do zero acústico e dos demais formantes atenuados. As transições dos formantes das vogais que o precedem e das vogais que o sucedem também indicam o ponto de articulação.

Notas dialetais

Não há variação dialetal do alofone [n].

Dicas pedagógicas e conselhos práticos

O aluno anglofalante precisa fazer uma pequena modificação na pronúncia do [n], já que é apicoalveolar em inglês e laminoalveolar em português como mostra a Fig. 18.7.

O fonema /ɲ/

Em relação aos demais fonemas nasais, o fonema /ɲ/ diferencia-se dos fonemas /m/ e /n/ por ter ponto de articulação palatal e porque sistematicamente não ocorre em posição inicial de palavra.

A fonologia do fonema /ɲ/

O fonema /ɲ/ opõe-se aos outros dois fonemas nasais /m n/ como exemplifica a série [mímɐ mínɐ míɲɐ]. O fonema /ɲ/ é o vigésimo-sétimo fonema mais frequente do português com uma porcentagem de frequência de 0,4% do total dos fonemas. Há somente dois fonemas menos frequentes: /ʎ/ e /ʃ/. Há uma correspondência exata entre o grafema {nh} e o fonema /ɲ/.

Como já visto, o fonema /ɲ/ tem distribuição única. O alofone nasal palatal sonoro [ɲ] é o único som para a realização do fonema /ɲ/.

Fonotaticamente, o fonema /ɲ/ só aparece sistematicamente em posição inicial de sílaba interior de palavra. Dos 67 verbetes iniciados em {nh} constantes no Aurélio Eletrônico, só quatro não são indigenismos. Uma palavra {nhoque} é italianismo e três são reduções de formas de {senhor} difundidos pelos escravos cujos idiomas nativos tinham /ɲ/ em posição inicial de palavra.

A fonética do alofone [ɲ]

A articulação do som [ɲ] começa pelo contato do meio-dorso da língua com quase toda a extensão do pós-palato duro e dos lados da língua com os molares superiores de tal maneira que se cria uma obstrução total. Ao mesmo tempo o véu palatino afasta-se da parede faríngea de forma que todo o ar sai pelo nariz enquanto vibram as cordas vocais. Desse modo, a onda sonora produzida ressoa em menos da metade da cavidade bucal e por toda a extensão da cavidade nasal. A Fig. 18.9 mostra a posição articulatória do som [ɲ].

Acusticamente, o alofone [ɲ] destaca-se por uma sequência de três indicadores: um primeiro formante reforçado, um zero acústico e uma série de formantes atenuados. Podem-se ver as características acústicas do som [ɲ] na Fig. 18.10, que contém um sonograma da palavra [kḛ́ɲɐ]. Pode-se notar que o segundo e terceiro formantes da vogal tônica [ḛ́] convergem na transição para [ɲ] e que o segundo e terceiro formantes divergem na transição para a segunda vogal [ɐ]. Essas transições indicam que a consoante nasal é palatal.[7] ◀

Auditivamente, reconhece-se o som [ɲ] como nasal palatal pela percepção da conformação do primeiro formante, do zero acústico e dos demais formantes atenuados já descritos. As transições dos formantes das vogais que o precedem e das vogais que o sucedem também indicam o ponto de articulação.

18.9 A posição articulatória do som [ɲ].

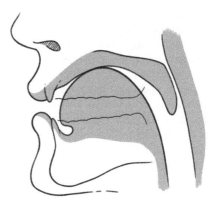

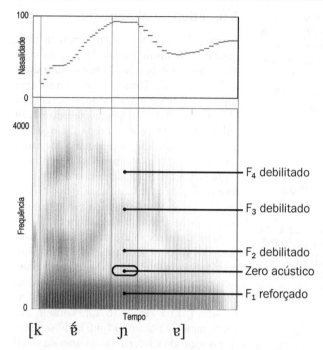

18.10 Nasograma e sonograma do alofone [ɲ] na palavra [kẽɲɐ].

Notas dialetais

Não há variação dialetal do alofone [ɲ].

Dicas pedagógicas

O som [ɲ] do português é um som problemático para o anglofalante por não ter nenhum equivalente em inglês. Lamentavelmente, porém, algumas descrições da pronúncia portuguesa ensinam que o som [ɲ] é equivalente a {ny} da palavra inglesa {canyon} e palavras semelhantes; como será apresentado mais à frente; e esse não é o caso.

Do ponto de vista fonológico, a palavra inglesa {canyon} contém duas sílabas: /kʰæn.jən/. Isso quer dizer que a sequência inglesa que essas descrições comparam com o som [ɲ] do português resulta de uma sequência de dois fonemas distintos que aparecem em sílabas separadas: o fonema nasal alveolar /n/ ao final da primeira sílaba seguido do fonema aproximante palatal /j/ ao começo da sílaba seguinte.

Do ponto de vista fonético, a pronúncia da palavra inglesa {canyon} é [kʰænjən]. O ponto de articulação da consoante nasal ao final da primeira sílaba é claramente alveolar [n]. Depois desse som, vem uma aproximante palatal [j], uma semiconsoante anterior na terminologia do português. Em inglês, o som [ɲ] não existe. Só o que existe é a sequência [nj].

O caso da palavra portuguesa {canhão} é muito distinto. Do ponto de vista fonológico, a palavra se divide em duas sílabas: /ka.ɲáuN/. Isso quer dizer que o fonema ou som nasal ocorre ao começo da segunda sílaba em português e que não ocorre ao final da primeira como é o caso do inglês. A palavra inglesa {canyon} contém seis fonemas, enquanto a palavra portuguesa {canhão} tem só cinco.

Do ponto de vista fonético, a pronúncia da palavra portuguesa {canhão} é [kẽ.ɲẽũ]. O ponto de articulação da consoante nasal no começo da segunda sílaba é pós-palatal [ɲ]. Esse som é seguido imediatamente da vogal [ẽ]. Isso quer dizer que o fonema /ɲ/ é um só som palatal e não uma sequência de um som alveolar seguido de um som palatal como é o caso do inglês.[8]

A prova da existência de todo fonema é a existência de um par mínimo. Existe em português uma oposição entre o fonema nasal palatal /ɲ/ e a sequência do fonema nasal alveolar /n/ seguido do fonema /i/ seguidos de outra vogal. Comprova-se essa oposição comparando-se as sequências fonéticas [uniẽũ/unjẽũ] {união} e [uɲẽũ] {unhão}, entre outras. Observa-se que nem [ɲ] nem [nj] aparecem em posição inicial de palavra em português.[9]

A Tab. 18.11 contrasta os fatos fonológicos e fonéticos do som [ɲ] do português e da sequência dos sons [nj] do português e do inglês.

Os fonemas nasais

	Idioma		
Língua	Português	Português	Inglês
Palavra	{canha}	{união}	{canyon}
	Fonologia		
Fonemas	/ɲ/	/niV/	/nj/
Silabação	ca.ña	u.ni.ão (BR); u.nião (PO)	can.yon
Fonotática	$_	$_	_n.j_ (interior de palavra)
	Fonética		
Alofones	[ɲ]	[ni] ou [nj]	[nj]
Pontos de articulação	1	2	2
Descrição	nasal palatal	nasal alveolar + semiconsoante anterior	nasal alveolar + aproximante palatal
Articulação			+

18.11 Os fatos fonológicos e fonéticos do som [ɲ] do português e da sequência de sons [nj] do português e do inglês.

A comparação da pronúncia da sequência [nj] com a do som [ɲ] revela vários pontos de diferença muito importantes. Primeiro, enquanto a sequência [nj] tem dois pontos de articulação, o som [ɲ] só tem um.

Para pronunciar corretamente o som [ɲ] do português, o anglofalante tem de lembrar-se que o ápice da língua não se levanta para fazer contato com os alvéolos. De fato, o ápice da língua mantém uma forma convexa, com o ápice atrás dos dentes inferiores, enquanto o meio-dorso da língua mantém contato com a maior parte do pós-palato duro. Na produção do primeiro som da sequência [nj], a língua mantém uma forma plana, com a lâmina da língua em contato com os alvéolos. O contato entre a lâmina da língua estende-se a longo dos alvéolos de frente para trás na produção do primeiro som da sequência [nj]; o contato entre o dorso da língua e o pós-palato duro na produção do som [ɲ] é maior, distribuindo-se ao longo da segunda metade do palato duro. Para conseguir um contato tão distribuído, a língua tem que realizar o contato bastante tenso com o palato.

Como em todos os sons nasais do português, as cordas vocais vibram durante a produção do som nasal palatal [ɲ]. Na distensão, a língua separa-se do palato na transição para a vogal seguinte.

Conselhos práticos

Como visto na seção anterior, o português utiliza tanto o som nasal palatal [ɲ] como a sequência de um som nasal alveolar [n] seguido de uma semiconsoante anterior palatal [j]. Para o anglofalante, a sequência

[nj] que ocorre em palavras como [unjẽũ] na pronúncia de Portugal, ainda representa um problema já que a silabação é diferente: [u.njẽũ] em português e [ju̯úu̯n.jən] em inglês.

Quanto à pronúncia do som nasal palatal [ɲ], o problema para o anglofalante é a tendência a utilizar a sequência [nj] para o fonema /ɲ/. Essa transferência negativa indevida, de modo general, não resulta em mal-entendidos, mas sim contribui a um sotaque estrangeiro. Para pronunciar corretamente o som [ɲ], o anglofalante precisa lembrar-se que:

- O som [ɲ] tem um só ponto de articulação.
- O ápice da língua mantém-se atrás dos dentes inferiores.
- O meio-dorso da língua estende-se ao longo do pós-paladar duro.
- A língua é convexa na produção do som [ɲ].

O arquifonema /N/

Como já apresentado no Capítulo 8, o arquifonema /N/ resulta da neutralização entre os fonemas /m n/ em posição final de sílaba e de palavra.

A fonologia do arquifonema /N/

Já foi estabelecida a oposição fonológica que existe entre os fonemas nasais /m/, /n/ e /ɲ/. É importante notar que no exemplo dos pares mínimos [mĩma mĩna mĩɲa], as nasais aparecem em posição inicial de sílaba interior de palavra. Existe uma oposição entre /m/ e /n/ também em posição inicial de palavra como mostra o par mínimo [mẽũ] [nẽũ].[10]

Em posição silábica implosiva, no entanto, ou em posição final de palavra, não existe a oposição; as características do alofone empregado depende do contexto fonológico em que aparece o arquifonema nasal /N/. A Tab. 18.12 mostra a relação entre o arquifonema e seus alofones nesses dois contextos.[11]

O arquifonema /N/ é o quinto fonema mais frequente do português com uma porcentagem de frequência de 5,7% do total dos fonemas. Isso deve-se em parte a sua presença nas formas morfológicas verbais. Só as vogais /a e o i/ são mais frequentes que o arquifonema /N/.

O arquifonema /N/ pode ser representado pelos grafemas {m} e {n} tanto em posição final de sílaba (exemplos: {campo} /káNpo/ e {canso} /káNso/) como em posição final de palavra (exemplos: {item} /íteN/ e {hífen} /ífeN/).

Como já visto no Capítulo 9, o arquifonema /N/ tem uma distribuição complementar. Em todo caso, a presença do arquifonema nasal resulta na nasalização obrigatória da vogal anterior. A base da distribuição complementar, porém, é a assimilação ao ponto de articulação da consoante seguinte se ela tiver um fechamento suficiente para a produção de uma consoante nasal. Neste caso incluem-se as consoantes oclusivas, africadas e as fricativas labiodentais. Nos outros lugares, não se produz uma consoante nasal. A regra para o arquifonema é a seguinte:

18.12 A relação entre o arquifonema nasal /N/ e seus alofones em posição silábica implosiva interior de palavra e em posição final de palavra.

A nasal em posição final de palavra		A nasal em posição final de sílaba interior de palavra	
TRANSCRIÇÃO FONÉTICA	TRANSCRIÇÃO FONOLÓGICA	TRANSCRIÇÃO FONÉTICA	TRANSCRIÇÃO FONOLÓGICA
[ũᵐbẽɲu]	/uNbáɲo/	[kẽᵐpu]	/káNpo/
[ũⁿdédu]	/uNdédo/	[kẽⁿto]	/káNto/

Posição física	Vogal oronasal $\tilde{V}$	Transição: [m ɱ n̪ n ŋ]	Consoante oclusiva, africada ou fricativa labiodental C
da boca	aberta	fechada	fechada
do véu palatino	separado da faringe	separado da faringe	aderido à faringe

18.13 A transição entre uma vogal oronasal e uma consoante oclusiva, africada ou fricativa labiodental. A boca fecha-se antes do véu palatino aderir-se á parede faríngea.

/VN/ ⟶ [$\tilde{V}^m$] / ___$C_{ocl.\ bilabial}$
[$\tilde{V}^ɱ$] / ___$C_{fr.\ labiodental}$
[$\tilde{V}^{n̪}$] / ___$C_{ocl.\ dental}$
[$\tilde{V}^n$] / ___$C_{afr.\ palatal}$
[$\tilde{V}^ŋ$] / ___$C_{ocl.\ velar}$
[$\tilde{V}$]* / n.o.l.

*Dependendo da vogal, pode haver ditongação também, conforme explicado no Capítulo 15.

Nesse contexto, o símbolo para as consoantes nasais é menor e sobrescrito por representar consoantes de transição que aparecem naturalmente entre a vogal oronasal e uma consoante com fechamento suficiente para a articulação de uma consoante nasal. Na transição entre uma vogal oronasal e essas consoantes é preciso que haja dois movimentos. Um deles é a abertura da boca e o outro é o posicionamento do véu palatino. Na produção de uma vogal oronasal a boca fica aberta e o véu palatino separado da parede faríngea. Na produção das consoantes oclusivas, africadas e fricativas labiodentais, a boca fecha-se e o véu palatino adere-se à parede faríngea. A transição, então, envolve dois movimentos: um é o fechamento da boca e o outro é o fechamento da entrada à cavidade nasal. Esses dois movimentos não ocorrem simultaneamente: completa-se sempre o fechamento da boca antes do fechamento da entrada à cavidade nasal. Na transição há alguns milissegundos em que a boca já está fechada mas a passagem para a cavidade nasal está desimpedida — justamente a posição em que se produzem as consoantes nasais como provam os nasogramas que serão apresentados mais à frente. A Tab. 18.13 mostra essa transição.

Fonotaticamente, 53,1% das ocorrências do arquifonema /N/ são em posição final de sílaba interior de palavra, enquanto 46,9% das ocorrências são em posição final de palavra.

O arquifonema /N/ diante de consoantes

O arquifonema /N/ ocorre diante de consoantes tanto em posição final de sílaba interior de palavra quanto em posição final de palavra. Em todo caso, o arquifonema /N/ nasaliza a vogal que o precede. Quando é seguido de uma consoante oclusiva, africada ou fricativa labiodental, produz-se uma consoante nasal de transição, como já descrito. Essa consoante nasal de transição assimila-se ao ponto de articulação da consoante que a segue e transcreve-se com o símbolo fonético reduzido e sobrescrito. Seguido de outros tipos de consoante, não há produção de uma consoante nasal: o arquifonema nasal realiza-se só pela nasalização da vogal precedente. A Tab. 18.14 indica todas as possibilidades.[12]

O arquifonema /N/ diante de consoantes bilabiais

O alofone [m] ocorre como consoante de transição somente diante das consoantes oclusivas bilabiais, isto é, diante de [p b], tanto em posição final de sílaba interior de palavra como em posição final de palavra. O alofone [m] do arquifonema /N/, tem a mesma articulação que o alofone [m] do fonema /m/ já apresentado, como se vê na Fig. 18.4.

Capítulo 18

Alofone	Ponto de articulação	Ante os sons	VN$C	VN#C
[m]	bilabial	[p] [b] [m]	[kẽᵐpu] {campo} [ẽᵐbus] {ambos} não existe exemplo	[ũᵐpapéɯ] {um papel} [ũᵐbói̯] {um boi} [ũːmːédu] {um medo}
[ɱ]	labiodental	[f] [v]	[ẽᶬfiár] {enfiar} [ẽᶬviár] {enviar}	[ũᶬfátu] {um fato} [ũᶬvótu] {um voto}
[n̪]	dental	[t] [d]	[kẽⁿtu] {canto} [ẽn̪du] {ando}	[ũⁿtóu̯ru] {um touro} [ũⁿdédu] {um dedo}
[Ṽ]	alveolar	[s] [z] [n] [l] [r]	[kẽsu] {canso} [sízɐ] {cinza} não existe exemplo [ẽnláse] {enlace} [óʀɐ] {honra}	[ũsápu] {um sapo} [ũzéru] {um zero} [ũnɔ́] {um nó} [ũlásu] {um laço} [ũrámu] {um ramo}
[Ṽ]	palatal	[ʃ] [ʒ]	[ẽʃi] {enche} [ẽʒu] {anjo}	[ũʃútʃi] {um chute} [ũʒéstu] {um gesto}
[ɲ]	palatal	[tʃ] [dʒ]	[ʒẽⁿtʃi] {gente} [óⁿdʒi] {onde}	[ũⁿtʃíu] {um tio} [ũⁿdʒíɐ] {um dia}
[ŋ]	velar	[k] [g]	[síŋku] {cinco} [tẽŋgu] {tango}	[ũŋkázu] {um caso} [ũŋgátu] {um gato}
[Ṽ]	uvular	[χ/ʀ/ʁ]	[óχɐ] {honra}	[ũχámu] {um ramo}
[Ṽ]	glotal	[h]	[óhɐ] {honra}	[ũhámu] {um ramo}

18.14 A aplicação da regra de distribuição complementar do arquifonema /N/ diante de consoantes.

A maioria das transcrições fonéticas de outros livros e dicionários não incluem a consoante nasal de transição, preferindo transcrever só a vogal nasal seguida imediatamente da consoante oclusiva [p b]. O nasograma da palavra {ambos} na Fig. 18.15, porém, mostra claramente a presença da consoante nasal com o grau de 96% de nasalação.[13] ◄€

No caso em que o arquifonema /N/ é seguida da consoante /m/, ocorre uma fusão e alongamento. A Fig. 18.16 contém o nasograma e sonograma das sequências {o mato} e {um mato}.[14] ◄€ Comparando-se o grau de nasalidade da primeira vogal dessas duas sequências, observa-se que o grau de nasalidade do artigo definido {o} corresponde ao grau de uma vogal nasalizada conforme a descrição dada no Capítulo 15. Já o grau de nasalidade do artigo indefinido {um} corresponde ao grau de uma

18.15 Nasograma da palavra [ẽᵐbus], indicando a clara presença da consoante de transição [m].

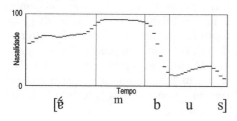

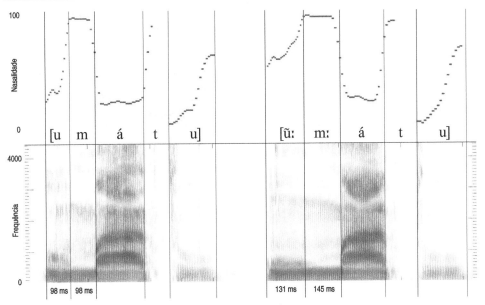

18.16 Nasograma e sonograma de {o mato} e {um mato}.

vogal oronasal. É de notar também que o tempo que se passa na pronúncia da vogal nasalizada ou oronasal e da consoante nasal é equilibrado, apesar de o tempo total da produção da sequência alongar-se em 40%. Tudo isso deve-se ao fato de que, com o artigo definido, há fonologicamente um fonema nasal em posição inicial de sílaba. Já com o artigo indefinido, há dois fonemas nasais: o arquifonema /N/ na coda silábica do artigo e o fonema /m/ no ataque silábico da palavra seguinte.

O arquifonema /N/ antes de consoantes labiodentais

O alofone [ɱ] ocorre como consoante de transição somente antes de uma consoante labiodental, isto é, antes de [f] ou [v], tanto em posição final de sílaba interior de palavra como em posição final de palavra. A posição articulatória do som [ɱ] é igual à do som [f], com a diferença de que se produz com o véu palatino baixado e afastado da parede faríngea e que se produz com a vibração das cordas vocais. Vê-se essa conformação articulatória na Fig. 18.17.

A maioria das transcrições fonéticas de outros livros e dicionários não incluem a consoante nasal de transição, preferindo transcrever só a vogal nasal seguida imediatamente da consoante fricativa [f v]. O nasograma e sonograma da Fig. 18.18, porém, mostram claramente a presença da consoante nasal. O grau de nasalidade da consoante [ɱ] nem sempre chega a ser tão alto quanto o da consoante [m], pois o fechamento entre os dentes superiores e o lábio inferior não é total, mas mesmo assim 93% de nasalidade é suficiente para formar uma consoante nasal.[15]

O caso do alofone [ɱ] é diferente porque é o único caso em que aparece uma consoante nasal de transição diante de uma consoante fricativa. Isso deve-se ao

18.17 A posição articulatória do som [ɱ].

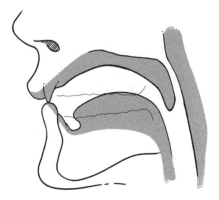

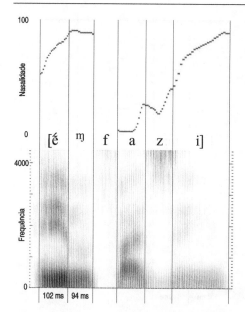

18.18 Nasograma e sonograma de {ênfase}.

fato dos sons [f] e [v] serem as consoantes fricativas mais fechadas que existem, com fechamento suficiente para poder produzir uma consoante nasal sem fechamento total. A inclusão dos fricativos labiodentais com os oclusivos tem seus antecedentes fonotáticos. São justamente esses fonemas fricativos junto com os fonemas oclusivos que podem preceder um fonema líquido (/l/ ou /ɾ/) em posição inicial de sílaba ou palavra.

Auditivamente, o som [ɱ] reconhece-se como nasal pela conformação do primeiro formante, do zero acústico e os demais

18.19 A posição articulatória do som [ṉ].

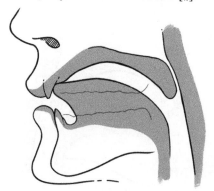

formantes atenuados. Como o som representa o arquifonema, o único traço que se percebe é a nasalidade. Os falantes de português, em sua maioria nem reconhecem que o som que se produz nesse contexto é labiodental.

Notas dialetais

Não há variação dialetal do alofone [ɱ].

Dicas pedagógicas e conselhos práticos

O som [ɱ] aparece também no mesmo contexto em inglês. Na fala comum, a pronúncia da palavra {information} ou {emphasis} costuma ser [ɪɱfɹ̩méɪʃən] e [éɱfəsis]. A posição articulatória do som [ɱ] é igual ao do som [f], com a diferença de que se produz com o véu palatino baixado e com a vibração das cordas vocais.

O arquifonema /N/ antes de consoantes dentais

O alofone [ṉ] ocorre como consoante de transição somente diante de uma consoante dental, isto é, diante de [t] ou [d], tanto em posição final de sílaba interior de palavra como em posição final de palavra. A posição articulatória do som [ṉ] é igual à do som [d], com a diferença de que se produz o som com o véu palatino baixado e afastado da parede faríngea. Vê-se essa conformação articulatória na Fig. 18.19.

A maioria das transcrições fonéticas de outros livros e dicionários não incluem a consoante nasal de transição, preferindo transcrever só a vogal nasal seguida imediatamente da consoante fricativa [t d]. O

18.20 Nasograma da palavra [kéṉtu], indicando a clara presença da consoante de transição [ṉ].

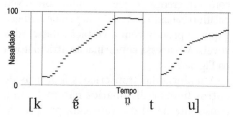

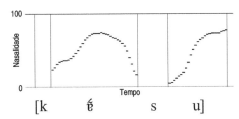

18.21 Nasograma da palavra [kẽ́su], indicando a clara ausência de uma consoante nasal de transição.

nasograma da Fig. 18.20, porém, mostra claramente a presença da consoante nasal. O grau de nasalidade da consoante [n̪] chega a 95%, confirmando a presença de uma consoante nasal.[16] 🔊

Auditivamente, reconhece-se o som [n̪] como nasal pela conformação do primeiro formante, do zero acústico e os demais formantes atenuados. Como o som representa o arquifonema, o único traço que se percebe é a nasalidade. Os falantes de português, em sua maioria, nem reconhecem que o som que se produz nesse contexto é dental.

Notas dialetais

Não há variação dialetal do alofone [n̪].

Dicas pedagógicas e conselhos práticos

O som [n̪] não existe em inglês. A posição articulatória do som [n̪] é igual à dos sons [t d], com a diferença de que se produz com o véu palatino baixado e com a vibração das cordas vocais. Se o aluno aprende a pronunciar [t d] como sons dentais, como devem ser em português, então automaticamente vai produzir o som nasal que os precede com o mesmo ponto de articulação.

O arquifonema /N/ antes de consoantes alveolares

Como não existe nenhum fonema oclusivo nem africado alveolar, o arquifonema /N/ só se realiza mediante a nasalização da vogal que o antecede sem a produção de uma consoante nasal de transição. Sendo assim, o alofone [n] nunca ocorre como alofone do arquifonema /N/ antes de /s z l r/. O nasograma da Fig. 18.21 da palavra {canso} [kẽ́so] mostra claramente a ausência de uma consoante nasal, já que a nasalidade da primeira sílaba só atinge um valor máximo de 70%.[17] 🔊

No caso em que o arquifonema /N/ é seguido da consoante /n/, ocorre uma fusão e alongamento. A Fig. 18.22 contém

18.22 Nasograma e sonograma de {o navio} e {um navio}.

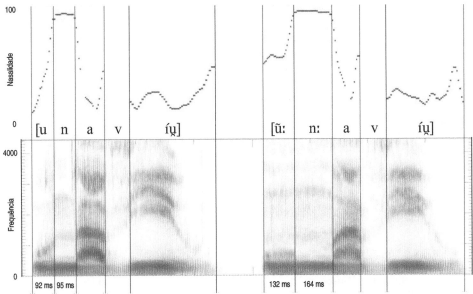

o nasograma e sonograma das sequências {o navio} e {um navio}.[18] ◀≶ Ao comparar o grau de nasalidade da primeira vogal dessas duas sequências, observa-se que o grau de nasalidade do artigo definido {o} corresponde ao grau de uma vogal nasalizada conforme a descrição dada no Capítulo 15. Já o grau de nasalidade do artigo indefinido {um} corresponde ao grau de uma vogal oronasal. Observa-se também que o tempo decorrido na pronúncia da vogal nasalizada ou oronasal e da consoante nasal é mais ou menos equilibrado, apesar de o tempo total da produção da sequência alongar-se em 58%. Tudo isso deve-se ao fato de que com o artigo definido, há fonologicamente um fonema nasal em posição inicial de sílaba. Já com o artigo indefinido, há dois fonemas nasais: o arquifonema /N/ na coda silábica do artigo e o fonema /n/ no ataque silábico da palavra seguinte.

O arquifonema /N/ antes de consoantes palatais

No caso do arquifonema /N/ antes de consoantes palatais, existem duas possibilidades: pode preceder os fonemas fricativos /ʃ ʒ/, ou os fonemas /t d/ palatalizados, ou seja, os sons [tʃ dʒ].

Quando o arquifonema /N/ precede uma fricativa palatal, ou seja, [s z], não se forma uma consoante nasal de transição, já que na produção dessas fricativas, mesmo com o véu palatino baixado, o fechamento bucal não é suficiente para que todo o ar saia pelo nariz.

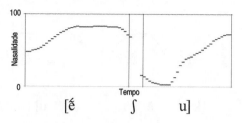

[é   ʃ   u]

18.23 Nasograma da palavra [éʃu], indicando a clara ausência de uma consoante nasal de transição.

A presença do arquifonema nasal reflete-se só na forte nasalização da vogal anterior como mostra o nasograma da palavra {encho} na Fig. 18.23 em que o [é] só atinge 83% de nasalidade.[19] ◀≶

Como os sons africados começam com um som oclusivo, quando o arquifonema /N/ precede uma africada palatal, ou seja, [tʃ dʒ], forma-se uma consoante palatalizada nasal [n̪] de transição. Chama-se palatalizada porque ocorre como resultado de assimilação e para diferenciá-la do som nasal palatal [ɲ] já discutido. Os sons [tʃ dʒ] ocorrem como alofones dos fonemas /t d/ nos dialetos em que esses se palatalizam diante do som /i/. A Fig. 18.24 compara a posição articulatória do som nasal palatalizado [n̪] com a do som nasal palatal já apresentado. Pode-se observar que o som palatalizado é pré-palatal enquanto o som palatal é pós-palatal.

A Fig. 18.25 contém um nasograma das palavras {um dia}, mostrando a clara presença da consoante nasal de transição [n̪] com 95% de nasalidade.[20] ◀≶

18.24 A posição articulatória do som nasal palatalizado [n̪] comparado com som nasal palatal [ɲ].

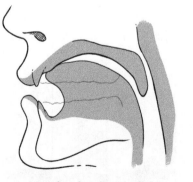

Nasal palatalizado [n̪]

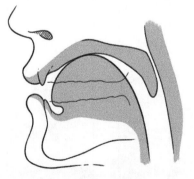

Nasal palatal [ɲ]

Os fonemas nasais

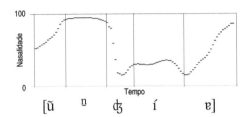

18.25 Nasograma das palavras [ũⁿʤíɐ], indicando a clara presença de uma consoante nasal de transição [n̪].

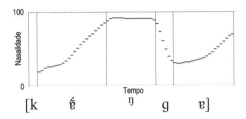

18.27 Nasograma da palavra [kẽᵑgɐ], indicando a clara presença da consoante de transição [ŋ].

O arquifonema /N/ antes de consoantes velares

O alofone [ŋ] ocorre como consoante de transição somente antes de consoante velar, isto é, diante de [k] ou [g], tanto em posição final de sílaba interior de palavra como em posição final de palavra. A posição articulatória do som [ŋ] é igual ao do som [g], com a diferença de que se produz com o véu palatino baixado e afastado da parede faríngea. Vê-se essa conformação articulatória na Fig. 18.26.

A maioria das transcrições fonéticas de outros livros e dicionários não incluem a consoante nasal de transição, preferindo transcrever só a vogal nasal seguida diretamente da consoante fricativa [k g]. O nasograma da Fig. 18.27, porém, mostra claramente a presença da consoante nasal. O grau de nasalidade da consoante [ŋ] chega a 95% de nasalidade, confirmando a presença de uma consoante nasal.[21]

Auditivamente, reconhece-se o som [ŋ] como nasal pela conformação do primeiro formante, do zero acústico e os demais formantes atenuados. Como o som representa o arquifonema, o único traço que se percebe é a nasalidade. Os falantes de português, em sua maioria nem reconhecem que o som que se produz nesse contexto é uma consoante nasal velar.

O arquifonema /N/ antes de consoantes uvulares e glotais

Os sons uvulares [χ/ʀ/ʁ] e o som glotal [h] são possíveis alofones tanto do fonema /r/ quanto do arquifonema /R/. Quando precedidos pelo arquifonema /N/, este tem o efeito de nasalizar a vogal anterior sem deixar uma consoante nasal de transição. Vê-se isso nos nasogramas da Fig. 18.28 das palavras {um ramo} produzidas [ũʀámu] e [ũhẽ́mu].[22]

18.28 Nasograma das palavras [ũʀámu] e [ũhẽ́mu], indicando a ausência de uma consoante nasal de transição.

18.26 A posição articulatória do som [ŋ].

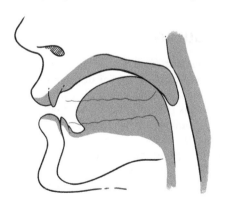

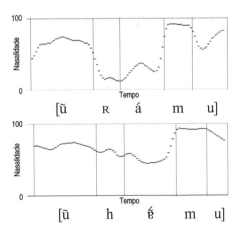

O arquifonema /N/ em posição final de palavra ou grupo fônico

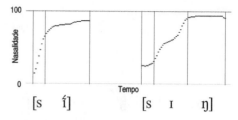

18.29 Nasograma das palavras {sim} [sĩ] do português e {sing} [sɪŋ] do inglês.

Fonotaticamente, o arquifonema /N/ só aparece depois de uma vogal e sempre causa a nasalização dessa vogal. Em alguns casos, como já comentado no Capítulo 15, resulta também na ditongação dessa vogal. Além de considerar o efeito na vogal anterior, é preciso considerar se o arquifonema /N/ resulta na produção de uma consoante nasal ou não.

Outro fato fonotático do arquifonema /N/ é que sempre ocorre numa posição final. Há três possibilidades: 1) diante de $ — ou seja, em posição final de sílaba interior de palavra, que só pode acontecer quando é seguida de uma consoante; 2) diante de # — ou seja, em posição final de palavra, que pode ser seguida de consoante ou vogal, ou 3) diante de / — ou seja, em posição final de grupo fônico.

Em posição final de sílaba interior de palavra, a vogal anterior ao arquifonema /N/ sempre se torna vogal oronasal: /i/→[ĩ], /e/→[ẽ], /o/→[õ], /u/→[ũ]. Se essa vogal for aberta também sofre alçamento: /a/→[ẽ]. O arquifonema nessa posição é sempre seguido de consoante, e é essa consoante que determina se ocorrerá ou não uma consoante nasal de transição, como mostra a Tab. 18.14. Há uma consoante de transição quando a consoante seguinte é oclusiva ou fricativa labiodental. Nos outros casos não há consoante nasal de transição como detalhado na seção anterior.

Em posição final de palavra, a vogal anterior ao arquifonema /N/ sempre se torna oronasal: /i/→[ĩ], /o/→[õ], /u/→[ũ]. A vogal média anterior também sofre ditongação: /e/→[ẽɪ̯]. Já a vogal aberta também sofre alçamento com ou sem ditongação conforme explicado no Capítulo 15: /a/→[ẽ] ou /a/→[ẽʊ̯]. A palavra terminada no arquifonema /N/ pode ser seguida de outra palavra, que pode começar com qualquer consoante ou vogal. Se começar com uma consoante, seguem-se as mesmas regras dos encontros em interior de palavra. Se começar com uma vogal, seguem-se os mesmos padrões dos encontros vocálicos já apresentados nos Capítulos 14 e 15.

Quando o arquifonema /N/ vem em final de grupo fônico, a vogal que o antecede torna-se sempre oronasal: /i/→[ĩ], /o/→[õ], /u/→[ũ]. A vogal aberta também sofre alçamento: /a/→[ẽ] e a vogal média anterior também sofre ditongação: /e/→[ẽɪ̯]. O grupo fônico sempre termina com a vogal oronasal.

Dicas pedagógicas e conselhos práticos

Em posição final, é importante observar que nem toda vogal oronasal [Ṽ] é seguida de uma consoante nasal velar — só quando é seguida de uma consoante oclusiva velar. É bastante comum ensinar aos anglofalantes que a palavra {sim} do português é igual a {sing} do inglês, mas como mostra o nasograma da Fig. 18.29, não são iguais.[23] Pode-se ver que a vogal [ĩ] de {sim} só atinge um grau de 81% de nasalidade, próprio da vogal oronasal [ĩ] em português, mas não atinge o grau de 95% de nasalidade próprio da consoante nasal [ŋ]. Sendo assim, o aluno deve praticar a pronúncia de [i e a o u], as vogais orais, e depois baixar o véu palatino para produzir [ĩ ẽ ẽ õ ũ], as vogais oronasais, sem nunca produzir o som [ŋ] ao final.

Resumo

Os fonemas /m n ɲ/ opõem-se em português em posição inicial de sílaba interior de palavra como exemplificam os pares mínimos [kɐ́mɐ kɐ́nɐ kɐ́ɲɐ]. Os fonemas /m n/ opõem-se em português em posição inicial de palavra como exemplifica o par mínimo [mátɐ nátɐ]. Em posição final de sílaba interior de palavra e em posição final de palavra os fonemas nasais neutralizam-se no arquifonema /N/.

Os fonemas nasais

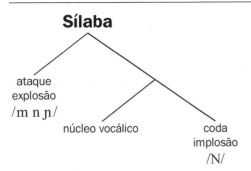

18.30 Possibilidades dos sons nasais na estrutura silábica.

Os fonemas /m n ɲ/ têm distribuição única e não sofrem variação dialetal. O arquifonema /N/, por sua vez, têm uma distribuição complementar complexa com seis alofones. A distribuição baseia-se na nasalização da vogal anterior e da produção de uma consoante nasal de transição que se assimila ao ponto de articulação da consoante seguinte caso seja uma oclusiva, africada, ou fricativa labiodental.

Os fonemas nasais do português ocorrem exclusivamente em posição inicial de sílaba. No caso de /m/ e /n/, ocorrem tanto em posição inicial de palavra como em posição inicial de sílaba interior de palavra. O fonema /ɲ/ só aparece sistematicamente em posição inicial de sílaba interior de palavra. O arquifonema /N/ ocorre em posição final de sílaba interior de palavra e em posição final de palavra. Isto é, os fonemas nasais opõem-se em posição silábica explosiva ou no ataque silábico, mas neutralizam-se em posição silábica implosiva ou na coda silábica como se vê na Fig. 18.30.

As principais dicas pedagógicas para a boa pronúncia dos alofones dos fonemas e do arquifonema nasais são:

- O alofone único [m] do fonema /m/ tem a mesma articulação que o alofone [m] do inglês.
- O alofone único [n] do fonema /n/ tem a mesma articulação que o alofone [n] do inglês.
- O alofone único [ɲ] do fonema /ɲ/ é um som totalmente novo para o anglofalante porque não existe nenhum som equivalente em inglês. Não é, como dizem alguns autores, equivalente à sequência [nj] da palavra [kǽn.jən] {canyon} do inglês. O anglofalante precisa aprender a pronunciar um só som palatal em posição inicial de sílaba.
- Em posição final de sílaba interior de palavra ocorre o arquifonema /N/. Nessa posição o arquifonema sempre será seguido de uma consoante. O arquifonema sempre nasalizará a vogal antecedente, com alçamento no caso do /a/. Também deixará uma consoante de transição assimilada ao ponto de articulação da consoante seguinte quando essa for oclusiva, africada, ou fricativa labiodental.
- O arquifonema /N/ também ocorre em posição final de palavra. Se a palavra seguinte começa com consoante, o resultado fonético é igual ao que acontece diante de uma consoante em posição interior de palavra. Se a palavra seguinte começar com uma vogal ou se a palavra terminada em /N/ for a última do grupo fônico, nasaliza-se a vogal anterior formando ou não um ditongo conforme os critérios expostos no Capítulo 15.

Conceitos e termos

arquifonema nasal	fonema nasal	nasal palatal
cavidade nasal	formante atenuado	nasal palatalizada
consoante nasal de transição	formante debilitado	nasograma
	formante reforçado	zero acústico
dentoalveolar	grau de nasalidade	

Capítulo 18

Perguntas de revisão

1. Comente o alofone [m] fonética e fonologicamente.

2. Comente o alofone [n] fonética e fonologicamente.

3. Comente o alofone [ɲ] fonética e fonologicamente.

4. Compare os contornos fonotáticos em que aparecem os fonemas /m/, /n/ e /ɲ/.

5. Qual é a representação grafêmica de /ɲ/?

6. Explique a diferença entre [ɲ] e [nj] fonética e fonologicamente.

7. Explique a diferença entre [ɲ] (palatal) e [n̪] (palatalizada) fonética e fonologicamente.

8. O que é o arquifonema /N/? Onde aparece na fonossintaxe?

9. Compare a posição silábica dos fonemas nasais com a do arquifonema nasal.

10. Explique a diferença entre o arquifonema /N/ seguido de consoantes por um lado e seguido de vogal ou pausa por outro.

11. Dê a regra de distribuição complementar do arquifonema /N/.

12. Explique o conceito de consoante nasal de transição.

13. Qual é o resultado fonético do encontro do arquifonema /N/ em posição final de palavra seguida do fonema /m/ ou /n/ ao começo da palavra seguinte?

Exercícios de pronúncia

O fonema /m/

Pronuncie as seguintes palavras com o fonema /m/.[24] EX

amar	maduro	mel
bramar	mãe	mesa
cama	mágica	mito
camada	mago	misto
chama	magoar	moço
cometer	magro	omelete
dumas	maldade	ótimo
edema	maleta	poema
exime	malha	remate
fama	malícia	resumo
gamado	maluco	rima
gemeu	malvado	semeia
ínfimo	mapear	sumo
maçã	mares	suprema
macia	martelo	tema
maciço	medo	temer

O fonema /n/

Pronuncie as seguintes palavras com o fonema /n/.[25] EX

aluno	negação	nulo
cana	nervo	nupcial
canal	neto	oportuno
divino	neve	pena
ébano	nexo	penoso
enojo	nicho	pino
fortuna	nítida	plano
grana	nitrito	rabino
ícone	nível	sanar
lunar	noção	serena
nação	noite	soneto
nada	norte	tenaz
nariz	nota	ufana
nasal	novo	ufanado
natais	nuca	una
nave	nudez	urbano

O fonema /ɲ/

Pronuncie as seguintes palavras com o fonema /ɲ/, procurando não pronunciar a sequência inglesa /nj/.²⁶ EX

advinha	bolinho	ranhura
alinho	burrinho	rebanho
apanho	caminho	risonha
arranha	canhão	sanha
assanho	ganhar	senhor
atinha	munheca	sonhar
banheiro	piranha	tacanho
beijinho	punhal	unha

O arquifonema /N/

Pronuncie as seguintes palavras com o arquifonema /N/ de acordo com a regra de distribuição complementar.²⁷ EX

acento	assim	convir
afixam	banco	crerem
agente	bebem	cupom
algum	bom	desejem
alojam	bomba	enfado
ambos	bondade	ênfase
amplo	cambia	enviar
andar	campo	enxuto
ângulo	compõe	jejum
anjo	confiar	onça
ânsia	confuso	sim
apelam	constar	zonzo

Recursos eletrônicos

1. 🔊 Os três fonemas nasais /m n ɲ/.
2. 🔊 A realização de [kẽᵐpu] e [kẽⁿtu].
3. 🔊 A realização de [ũᵐbárku] e [ũⁿdédu].
4. 🔊 A realização de [mápɐ] e [kẽmɐ].
5. 🔊 A realização de [kẽmɐ].
6. 🔊 A realização de [kẽnɐ].
7. 🔊 A realização de [kẽɲɐ].
8. 🔊 A realização de [kẽɲẽũ̃].
9. 🔊 A realização de [uniẽũ̃] e [ũɲẽũ̃].
10. 🔊 A realização de [mẽũ̃] e [nẽũ̃].
11. 🔊 O arquifonema /N/ em posição final de palavra e em posição final de sílaba interior de palavra.
12. 🔊 Os alofones do arquifonema /N/ seguidos de consoantes.
13. 🔊 A realização de [ẽᵐbus].
14. 🔊 A realização de {o mato} e {um mato}.
15. 🔊 A realização de [ẽᵐfazi].
16. 🔊 A realização de [kẽⁿtu].
17. 🔊 A realização de [kẽsu].
18. 🔊 A realização de {o navio} e {um navio}.
19. 🔊 A realização de [ẽʃu].
20. 🔊 A realização de [ũⁿdʒíɐ].
21. 🔊 A realização de [kẽⁿgɐ].
22. 🔊 A realização de [ũʀẽmu] e [ũhẽmu].
23. 🔊 A realização de {sim} em português e {sing} em inglês.
24. EX Exercícios de pronúncia: o fonema /m/.
25. EX Exercícios de pronúncia: o fonema /n/.
26. EX Exercícios de pronúncia: o fonema /ɲ/.
27. EX Exercícios de pronúncia: o arquifonema /N/.

Capítulo 19
Os fonemas laterais e vibrantes

O português tem dois fonemas laterais: um fonema lateral alveolar /l/ e um fonema lateral palatal /ʎ/. O português também tem dois fonemas vibrantes e um arquifonema vibrante. Os fonemas vibrantes são o vibrante simples /ɾ/ e o vibrante múltiplo /r/; o arquifonema é /R/. A convenção linguística é de usar o termo **líquida** para referir-se a todas essas consoantes. Este capítulo examina primeiro os fonemas laterais e depois examina os fonemas vibrantes. Conclui com algumas dicas para a aquisição de uma boa pronúncia desses sons.

Características gerais dos fonemas laterais

Os fonemas laterais apresentam características gerais quanto aos fenômenos de oposição e quanto à distribuição e à fonotática. O fonema lateral alveolar /l/ é frequente, representando 4,9% dos fonemas da cadeia fonológica. O fonema lateral palatal /ʎ/, por outro lado, é muito pouco frequente, representando só 0,3% dos fonemas da cadeia fonológica.

A oposição entre os fonemas laterais

Os fonemas laterais são sempre sonoros e os dois só se opõem sistematicamente em posição inicial de sílaba interior de palavra. A oposição entre o lateral alveolar /l/ e o lateral palatal /ʎ/ comprova-se através de pares mínimos como {calar} [kalár] {calhar} [kaʎár], {falar} [falár] {falhar} [faʎár], {colido} [kolídu] {colhido} [koʎídu] ou {vela} [vélɐ] {velha} [véʎɐ].[1] ◀≀

A distribuição alofônica dos fonemas laterais

Como será apresentado adiante, o fonema lateral alveolar /l/ tem distribuição complementar enquanto o fonema lateral palatal /ʎ/ tem distribuição única.

A fonotática dos fonemas laterais

O fonema lateral alveolar /l/ ocorre em posição inicial (tanto de palavra {lado} [ládu] como de sílaba interior de palavra {sala} [sálɐ]). Ocorre também em posição final (tanto de palavra {final} [fináu̯/fináɫ] como de sílaba interior de palavra {algo} [áu̯gu/áɫgu]). Ademais admite-se em grupos consonantais iniciais (tanto de palavra {plano} [plɐ̃nu] como de sílaba interior de palavra {duplo} [dúplu]). Já o fonema lateral palatal /ʎ/ só aparece sistematicamente em posição inicial de sílaba interior de palavra {calha} [káʎɐ]).[2] ◀≀

Características gerais dos alofones laterais

Como toda consoante, os alofones laterais definem-se por três traços: o modo de articulação, o ponto de articulação e o estado das cordas vocais.

O modo de articulação

Os sons laterais articulam-se sem fechamento bucal total e o véu palatino adere-se à parede faríngea. Dessa maneira produz-se um som contínuo totalmente oral. Nos sons laterais, o ar passa por um ou ambos os lados da língua, enquanto esta impede sua passagem pela linha central da cavidade bucal; por isso o nome "lateral".

A caixa de ressonância das consoantes laterais é a cavidade oral, já que, na sua produção, o véu palatino adere-se à parede faríngea. A Fig. 19.1 mostra cinco ciclos das formas de onda dos dois sons [l ʎ], que são bastante diferentes. Reconhecem-se os sons laterais nos sonogramas pela conformação de seus formantes atenuados, como se verá nos próximos sonogramas.

É a ressonância da onda sonora na cavidade oral, passando pelo espaço desimpedido ao longo de um ou de ambos os lados da língua, o que dá aos sons desse modo de articulação seu caráter auditivo distintivo. Observa-se que os canais laterais pelos quais o ar passa são reduzidos, mas não o suficiente para causar fricção.

O ponto de articulação

São três os pontos de articulação dos sons laterais do português. O fonema /l/ tem distribuições diferentes no Brasil e em Portugal com alofones alveolares e dentais e até um alofone vocalizado. O fonema /ʎ/ tem distribuição única com seu único alofone palatal.

Acusticamente, os diferentes sons laterais resultam da combinação de ressonância e filtração que ocorrem na cavidade oral. Nessa cavidade, o ar escapa pela passagem que fica desimpedida de um ou ambos os lados da língua. Na cavidade oral, ocorre um contato central cuja extensão varia segundo o ponto de articulação do som.

O estado das cordas vocais

Os sons laterais do português são sempre produzidos com a vibração das cordas vocais; isto é, são sempre sonoros.

Os fonemas laterais

Nesta seção serão apresentados os detalhes fonológicos e fonéticos de cada um dos dois fonemas laterais /l ʎ/. A apresentação será feita fonema por fonema.

O fonema /l/

O fonema /l/ é muito comum, sendo o terceiro fonema consonantal mais frequente do português.

A fonologia do fonema /l/

O fonema /l/ opõe-se a todos os demais fonemas consonantais. Essas oposições exemplificam-se com a série [kálu káɾu káru kánu kábu kásu kátu], etc. Também opõe-se ao outro fonema lateral, /ʎ/, como exemplifica o par mínimo [kála káʎa]. O fonema /l/ é o sétimo fonema mais frequente do português com uma porcentagem de frequência de 4,9% do total dos fonemas. Há uma correspondência exata entre o grafema {l} e o fonema /l/, levando-se em conta que o grafema {lh} é distinto do grafema {l}.[3]

Como já foi exposto, o fonema /l/ tem distribuição complementar. A principal base de sua distribuição complementar é a posição silábica, ou seja, se ocorre no ataque ou na coda. Uma segunda base é a assimilação ao ponto de articulação caso ocorra diante de uma oclusiva dental.

19.1 Cinco ciclos das formas de onda das consoantes laterais [l] e [ʎ].

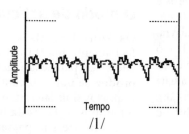

/l/

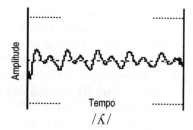

/ʎ/

Existem duas regras de distribuição complementar para o fonema /l/, uma para o Brasil e outra para Portugal. A regra para o Brasil é:

No Brasil:

$$/l/ \longrightarrow \begin{array}{l} [l] \ / \ \$C_0\_\_ \\ [ɫ̪] \ / \ \_\_\$C_{dental} \\ [ɰ] \ / \ \_\_\$ \end{array}$$

Nas normas cultas de São Paulo e Rio de Janeiro, o fonema /l/ tem três alofones. O primeiro é o laminoalveolar sonoro [l] que ocorre em posição inicial de sílaba precedida ou não de uma oclusiva [p b k g] ou fricativa [f]. O segundo é o apicodental-laminoalveolar sonoro de transição [ɫ̪] que ocorre em posição final de sílaba assimilando-se às oclusivas dentais [t d] que seguem. O terceiro é a semivogal posterior deslabializada ou não arredondada [ɰ] que ocorre nos demais casos de posição final de sílaba ou palavra. Vê-se a aplicação dessa regra na Tab. 19.2, que mostra exemplos tanto em posição final de sílaba interior de palavra como em posição final de palavra seguida de consoante.[4] ◀€

A regra para Portugal é:

Em Portugal:

$$/l/ \longrightarrow \begin{array}{l} [l] \ / \ \$C_0\_\_ \\ [ɫ̪] \ / \ \_\_\$C_{dental} \\ [ɫ] \ / \ \_\_\$ \end{array}$$

Na norma culta de Lisboa, o fonema /l/ também tem três alofones. O primeiro é o laminoalveolar sonoro [l] que, como no Brasil, ocorre em posição inicial de sílaba precedida ou não de uma oclusiva [p b k g] ou fricativa [f]. O segundo é o dentoalveolar velarizado sonoro pleno [ɫ̪] que ocorre em posição final de sílaba assimilando-se às oclusivas dentais [t d] que seguem. O terceiro é o apicoalveolar velarizado [ɫ] que ocorre nos demais casos de posição final de sílaba ou palavra. Vê-se a aplicação dessa regra na Tab. 19.2, que mostra exemplos tanto em posição final de sílaba interior de palavra como em posição final de palavra precedido de consoante.[4] ◀€

Fonotaticamente, como já visto, o fonema /l/ aparece tanto em posição inicial de palavra e de sílaba interior de palavra como em posição final de palavra e final de sílaba interior de palavra. Sendo soante, o fonema /l/ aparece também como o segundo elemento de grupos consonantais que começam com um fonema oclusivo (menos /t/ ou /d/) ou com o fonema fricativo /f/. Das ocorrências do fonema /l/, 62,3% ocorre em posição inicial, 28,9% aparece em posição final e 8,8% em grupos consonantais. A Tab. 19.3 indica os detalhes de sua distribuição fonotática.

A fonética do alofone [l]

A articulação do som [l] começa pelo contato entre a lâmina da língua plana e os alvéolos superiores. A língua encurva-se lateralmente, mantendo assim contato também com as gengivas mediais até os molares. Os lados da língua abaixam-se ao longo dos molares deixando uma abertura

19.2 Exemplos da distribuição complementar do fonema /l/ no Brasil e em Portugal.

Alofone BR/PO	Ponto de articulação	Contexto	Brasil	Portugal
[l]	alveolar	inicial de sílaba	[ládu] {lado}	[plákɐ] {placa}
[ɫ̪/ɫ̪]	dental	antes de [t d]	[áɫ̪to] {alto} [fináɫ̪do] {final do}	[áɫ̪tu] {alto} [fináɫ̪du] {final do}
[ɰ/ɫ]	vocalizado/ alveolar velarizado	final de sílaba n.o.l.	[áɰsɐ] {alça} [máɰasέitu] {mal aceito}	[áɫsɐ] {alça} [máɫɐséitu] {mal aceito}

Contexto fonotático		Exemplo	Porcentagem
#__	posição inicial de palavra	{la-ta}	16,4%
#C__	encontro consonantal inicial de palavra	{cla-ro}	2,7%
V$__	posição inicial de sílaba precedida de vogal	{ca-la}	45,0%
C$__	posição inicial de sílaba precedida de consoante	{or-la}	0,9%
$C__	encontro consonantal inicial de sílaba interior de palavra	{pú-bli-co}	6,1%
__#	posição final de palavra	{fi-nal}	14,1%
__$	posição final de sílaba interior de palavra	{al-ta}	14,8%

19.3 A distribuição fonotática do fonema /l/.

para a passagem contínua de ar. Essa articulação cria uma cavidade atrás do ponto de contato linguoalveolar como se pode ver na Fig. 19.4. Enquanto o contato ocorre principalmente entre a lâmina da língua e os alvéolos, o ápice da língua pode estender-se até entrar em contato com a face lingual dos dentes incisivos superiores como se vê na Fig. 19.4. O véu palatino mantém-se aderido à parede faríngea, sendo o som oral. A Fig. 19.4 também contém um palatograma que mostra o contato da língua com o céu da boca.

A conformação dos órgãos articulatórios na produção do som [l] deixa uma cavidade bucal atrás do ponto de contato da língua com os alvéolos. Nas laterais, porém, por onde sai o ar, a abertura se reduz, mas ainda permite a saída contínua sem que haja fricção. Dessa forma, a onda sonora harmônica resultante ressoa na cavidade bucal. Devido à cavidade de ressonância que se forma atrás do ponto de contato, sem que haja fechamento total, produzem-se formantes na onda sonora.

Acusticamente, o alofone [l], como os demais alofones laterais, destaca-se pela presença de formantes atenuados. O ponto de articulação interpreta-se pela frequência dos formantes atenuados e pelas transições vocálicas. A transição entre vogais e laterais não costuma ser tão abrupta quanto a dos sons nasais. A Fig. 19.5 contém um sonograma da palavra [kálɐ] em que se veem as características acústicas do som [l].[5] ◀ Como se pode notar, os formantes são atenuados com as seguintes frequências: F_1=484 Hz, F_2=1016 Hz, F_3=1887 Hz, F_4=2935 Hz, F_5=3555 Hz. Também se pode notar na Fig. 19.5 que o segundo formante da primeira vogal [a] desce na transição para [l] e que o segundo formante da

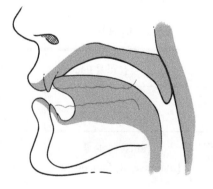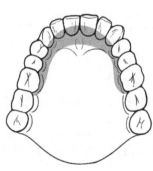

19.4 A posição articulatória do som lateral alveolar [l] junto com seu palatograma.

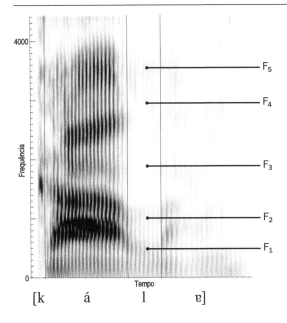

[k á l ɐ]

19.5 Sonograma do alofone [l] na palavra [kálɐ].

segunda vogal [ɐ] sobe na transição depois da consoante [l].

Auditivamente, os sons laterais caracterizam-se por serem sons orais com formantes atenuados devido ao contato central da língua com o céu da boca e a resultante saída de ar pelas laterais. Reconhece-se o [l] como alveolar tanto pela conformação dos formantes atenuados como pelas transições vocálicas.

A fonética dos alofones [ɫ̪/ɫ]

A articulação do som [ɫ̪] começa mediante o contato do ápice da língua com a face lingual dos dentes incisivos superiores devido ao princípio de assimilação ao ponto de articulação da consoante dental [t] ou [d] seguinte. Na produção desse som, a língua estende-se para os dentes como se vê na Fig. 19.6. O pós-dorso da língua também se estende para trás na direção do véu palatino, dando ao som a sua característica **velarizada**. O véu palatino, por sua vez, mantém-se aderido à parede faríngea, sendo o som oral. A Fig. 19.6 também contém um palatograma que mostra o contato da língua com os dentes e alvéolos.

Uma das diferenças entre o som [l] e o som [ɫ̪] é que o alvo do ápice da língua para este são os dentes e para aquele pode ser tanto os dentes como os alvéolos. Nos dois casos, o ar sai continuamente pela abertura entre a língua e os dentes ao longo dos molares. A diferença principal, porém, é que o [l] não é velarizado mas o [ɫ̪] é.

A diferença entre o alofone [ɫ̪] do Brasil e o alofone [ɫ] de Portugal é principalmente a duração. Isso se deve ao padrão geral da pronúncia do fonema /l/ em posição implosiva, que será descrito nas próximas duas seções deste capítulo. A Fig. 19.7 mostra a pronúncia brasileira e portuguesa de {alto}.[6] ◀︎ Vê-se que a duração do [ɫ̪] na pronúncia brasileira é de 99 ms enquanto a duração do [ɫ] na pronúncia portuguesa é de 188 ms, ou seja, quase o dobro. Pode-se observar que houve também alongamento do som oclusivo [t].

Como será visto, no Brasil ocorre a vocalização e deslateralização do fonema /l/ resultando no alofone [ʊ̯]. Porém, diante dos alofones [t] ou [d], que requerem o contato dental (e como consequência alveolar

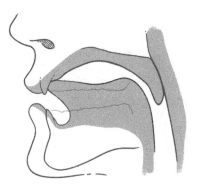
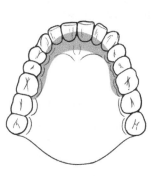

19.6 A posição articulatória do som lateral dental velarizado [ɫ̪] e seu palatograma.

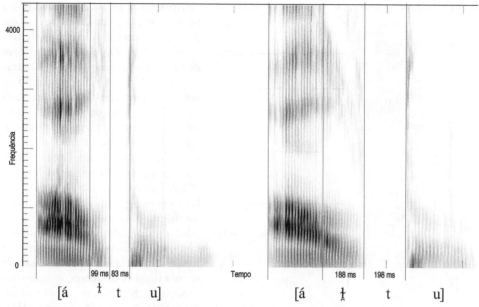

19.7 Sonograma da palavra {alto} na pronúncia do Brasil e de Portugal.

também), ocorre uma lateralização ou a produção de uma consoante lateral de transição transcrita [ɫ]. Em Portugal, o alofone comum em posição implosiva é o alofone alveolar velarizado [ɫ], que diante de sons dentais assimila-se a uma articulação dental [ɫ̪].

Acusticamente, o alofone [ɫ], como os demais alofones laterais, distingue-se pela presença de formantes atenuados. Interpreta-se o ponto de articulação pela frequência dos formantes atenuados e pelas transições vocálicas como se vê na Fig. 19.7. Como se pode notar, os formantes são atenuados e os primeiros dois formantes são: F_1=358 Hz e F_2=776. Também se nota que o limite entre a vogal e o som lateral não é tão nítido quanto entre uma vogal e uma consoante nasal.

Auditivamente, o som [ɫ] reconhece-se como lateral pela conformação de seus formantes atenuados. Como o som representa o fonema /l/, o único traço que se percebe é sua lateralidade, já que /ʎ/ nunca ocorre nesse contexto.

A fonética do alofone [ɯ̯] (Brasil)

O alofone [ɯ̯] é o que se usa no Brasil na coda silábica menos diante de [t] ou [d]. Esse alofone representa uma vocalização do fonema /l/ que, nesse contexto, vira uma semivogal posterior não arredondada. Sendo assim, a língua não faz contato nenhum com o céu da boca. A Fig. 19.8 mostra a posição articulatória do alofone [ɯ̯]. Esse som é semelhante ao som [u̯], só que o [u̯] é arredondado. Na pronúncia do [ɯ̯], os lábios não se projetam como no [u̯]. A Fig. 19.9 mostra essas diferenças.

Acústica e auditivamente, identifica-se o alofone [ɯ̯] por seus primeiros dois formantes baixos. Pode-se ver isso na Fig. 19.10 da palavra {mal} [máɯ̯] com o F_1=210 Hz e F_2=502 Hz.[7] ◀◉

19.8 A posição articulatória do som [ɯ̯] (Brasil). Não há contato com o céu da boca.

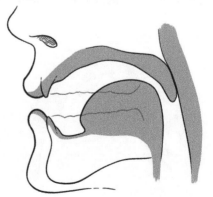

Os fonemas laterais e vibrantes

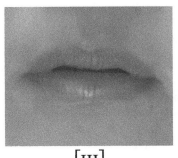
[ɰ̝]

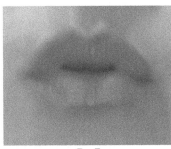
[ʊ̯]

19.9 O alofone [ɰ̝] é não arredondado com os lábios distendidos, enquanto o alofone [ʊ̯] é arredondado.

A fonética do alofone [ɫ] (Portugal)

O alofone [ɫ] é o que se usa em Portugal na coda silábica menos diante de [t] ou [d]. Esse alofone resulta de uma velarização do som [l], fenômeno que ocorre na coda silábica. Na pronúncia do som [ɫ], além do contato apicoalveolar, o pós-dorso da língua estende-se na direção do véu palatino. Como se verá adiante, esse é o mesmo processo que ocorre nessa mesma posição silábica em inglês. A Fig. 19.11 mostra a posição articulatória do alofone [ɫ].

Acústica e auditivamente, reconhece-se o alofone [ɫ] pelos formantes baixos. Pode-se ver isso na Fig. 19.12 com o F_1=237 Hz e F_2=576 Hz.

Notas dialetais

A principal diferença dialetológica do fonema /l/ ocorre com os alofones que aparecem em posição final de sílaba. Como já visto, nas normas cultas descritas neste livro, esse alofone é [ɰ̝] no Brasil e

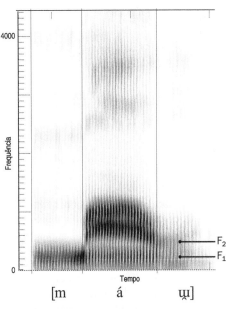

[m á ɰ̝]

19.10 Sonograma do alofone [ɰ̝] (Brasil) na palavra {mal}.

19.11 A posição articulatória do som lateral apicoalveolar velarizado [ɫ] e seu palatograma.

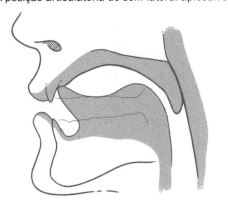
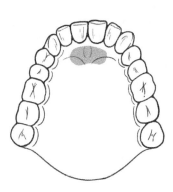

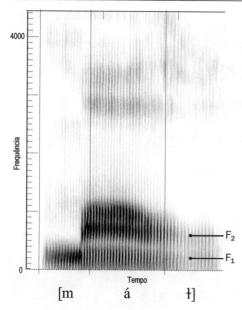

19.12 Sonograma do alofone [ɫ] (Portugal) na palavra {mal}.

[ɫ] em Portugal. A primeira vista, pode parecer que os dois alofones são totalmente distintos, já que o [w] é vocálico e o [ɫ] é consonantal. Porém, os dois alofones têm um elemento muito importante em comum. Comparando-se a Fig. 19.8 com a Fig. 19.11, observa-se que, nas duas, o pós-dorso da língua sobe na direção do véu palatino. A diferença principal é que, no Brasil, o ápice da língua separa-se dos alvéolos, adotando uma posição mais baixa na boca sem encurvar-se numa conformação côncava. As duas variantes, [w] e [ɫ], são velarizadas, mas o [w] é ainda vocalizada, isto é, torna-se uma semivogal.

Comparando-se a duração do alofone brasileiro [w] na palavra {mal} da Fig. 19.10 com a do alofone europeu [ɫ] da Fig. 19.12, observa-se que o [ɫ] é 30% mais longo que o [w].[8] ◄⋲ Isso bate com a diferença já observada entre a duração dos alofones [ɫ̪] e [ɫ̪] que ocorrem diante de [t] e [d].

É importante que o aprendiz de português escolha a variante do Brasil [w] ou a variante de Portugal [ɫ] e utilize as demais características vocálicas e consonantais do dialeto escolhido.

Há também outro fenômeno dialetal que ocorre no extremo sul do Brasil em que o /l/ na coda silábica ainda pronuncia-se como [l], assim, por exemplo, a palavra {sal} seria [sál] em vez de [sáw], mas esse fenômeno está desaparecendo.

Outro fenômeno dialetal e até idioletal é a ocorrência do [ɫ] velarizado em posição inicial em Portugal. Assim a palavra {lado} seria [ɫádu] em vez de [ládu].

Dicas pedagógicas

Para aprender a pronunciar bem os alofones do fonema /l/ do português, é útil que o anglofalante leve em conta as diferenças sistemáticas entre o fonema /l/ do português e o fonema /l/ do inglês. Agora que já foram apresentados os dados fonológicos do fonema /l/ do português, falta apresentar os dados do fonema /l/ do inglês para comparar as semelhanças e diferenças desse fonema nesses dois idiomas.

O fonema /l/ do inglês ocorre fonotaticamente em posição inicial de palavra {lady} e em posição inicial de sílaba interior de palavra {elite}. Ocorre também em posição final de sílaba {altar} e palavra {call}. Além disso, ocorre em grupos consonantais iniciais de sílaba {play/apply} como também finais de sílaba {milk}. A distribuição do fonema /l/ do inglês é complementar e há semelhanças e diferenças entre ela e as distribuições do português.

A regra de distribuição complementar do inglês para o fonema /l/ especifica três alofones: o som lateral alveolar ensurdecido [l̥], o som lateral alveolar sonoro normal [l] e o som lateral alveolar sonoro velarizado [ɫ].

/l/ ⟶ [l̥]   / $C_{oclusiva\ surda}$—
      [l]   / C_0—
      [ɫ]   / —$C_0$$

O som lateral alveolar ensurdecido [l̥] ocorre em grupos consonantais iniciais de sílaba formados de uma consoante oclusiva surda seguida do fonema /l/, por exemplo: {play} [pl̥éi̯] ou {apply} [əpl̥ái̯], {climb} [kl̥ái̯m] ou {acclaim} [əkl̥éi̯m].

O som lateral alveolar sonoro normal [l] ocorre no contorno C_0—. Essa regra introduz uma nova convenção: C_0. Essa convenção significa que podem intervir zero ou mais consoantes. Isto é, que o alofone lateral alveolar sonoro normal ocorre depois de uma divisão silábica, ou seja, que ocorre em posição inicial de sílaba precedido ou não de uma ou mais consoantes que não seja uma só oclusiva surda. Alguns exemplos em que o /l/ não é precedido de consoante são {lie} [lái̯] e {alive} [əlái̯v]; alguns exemplos em que o /l/ é precedido de uma consoante são {blind} [blái̯nd] e {oblige} [əblái̯ʤ]; um exemplo no qual é precedido por duas consoantes é {splice} [splái̯s].

O som lateral alveolar sonoro velarizado [ɫ] ocorre diante da divisão silábica que pode ser seguida ou não de outras consoantes. Um exemplo do [ɫ] não seguido de consoante é {fill} [fíɫ]. Um exemplo do [ɫ] seguido de uma consoante é {field} [fíi̯ɫd]. Alguns exemplos do [ɫ] seguido de duas consoantes são {fields} [fíi̯ɫdz] ou {milks} [míɫks].[9] ◀︎

O som lateral alveolar sonoro normal [l] do inglês é igual ao som lateral alveolar normal do português como apresentado na Fig. 19.4. Nota-se que a posição da língua nos diagramas articulatórios para os sons [l] do português e inglês e para o som [n] do português são idênticos. Há, porém, duas diferenças. Primeiro, no [n], as laterais da língua encurvam-se para cima entrando em contato com as faces linguais ao longo dos molares, vedando o escape de ar pela boca; já no [l] as laterais se abaixam, permitindo o escape de ar. Segundo, no [n], o véu palatino se afasta da parede faríngea, permitindo a passagem do ar para a cavidade nasal; já no [l], o véu palatino adere-se à parede faríngea, impedindo a entrada do ar na cavidade nasal.

O som lateral alveolar ensurdecido [l̥] ocorre em inglês após consoantes oclusivas surdas iniciais de sílaba como nas palavras {play} [pl̥éi̯] e {climb} [kl̥ái̯m]. Esse ensurdecimento é o equivalente da aspiração que ocorre após as consoantes oclusivas surdas iniciais como na palavra {pie} [pʰái̯], em que o som depois da oclusiva surda começa com um ensurdecimento, ou seja, com sonorização retardada, também chamada de aspiração.

O ensurdecimento do /l/ só é possível optativamente em casos muito restritos. Já se comentou no Capítulo 11 o ensurdecimento vocálico optativo antes de uma pausa e após uma consoante surda. Esse ensurdecimento pode atingir a consoante lateral nos encontros /pl/ ou /kl/. Assim, em posição final de grupo fônico, a palavra {ampla} pode ser [ẽᵐpl̥e̥] e a palavra {ciclo} pode ser [síkl̥u̥].

Fora desse contexto muito específico não existe esse ensurdecimento em português. Por isso, o aluno tem que ter cuidado para produzir o som lateral alveolar sonoro após as consoantes oclusivas surdas com vocalização imediata no momento da abertura da boca, isto é, com um VOT de zero: {placa} [pláke], {clima} [klíme].[10] ◀︎

O som lateral alveolar velarizado [ɫ] do inglês ocorre no português europeu em posição silábica implosiva. É o mesmo som e no mesmo contorno fonológico do inglês. O som [ɫ] não ocorre nas normas cultas brasileiras aqui consideradas.

Conselhos práticos

Quanto aos alofones do fonema /l/, o estudante deve lembrar-se que em português:

- A base principal da regra de distribuição complementar dos dois idiomas é a mesma: a posição silábica.
- O som [l] do português é o mesmo que o som [l] do inglês.
- Em posição silábica implosiva, o português brasileiro emprega a semivogal posterior não arredondada [ɰ], enquanto o português europeu emprega a lateral alveolar velarizada [ɫ], como o inglês.
- Em posição final de sílaba diante de [t] ou [d], o [ɫ] velarizado, por assimilação, passa a [l̪] dental em Portugal. No Brasil produz-se um [ɫ] de transição.
- O português não tem uma lateral alveolar ensurdecida [l̥].

O anglofalante que estuda português precisa lembrar-se que, na posição silábica implosiva no Brasil, a semivogal [ɰ] se produz sem nenhum contato da língua com o céu da boca: o pós-dorso da língua estende-se na direção do véu palatino e o ápice esconde-se na parte inferior da cavidade bucal. Ao mesmo tempo, os lábios são distendidos como se viu na Fig. 19.9.

O anglofalante que estuda português precisa lembrar-se que, na posição silábica implosiva em Portugal, a lateral alveolar velarizada [ɫ] se produz com contato apicoalveolar enquanto o pós-dorso da língua se levanta e se retrai em direção ao véu palatino como se viu na Fig. 19.11. Esse é o mesmo som que se usa em inglês na coda silábica.

No português brasileiro, é importante diferenciar entre o som [ɯ] (alofone do fonema /l/) e o som [u̯] (alofone do fonema /u/). Este é arredondado como nas palavras [áu̯tu] {auto}, [méu̯] {meu} ou [sóu̯] {sou}, enquanto aquele é distendido, ou seja, não arrendondado, como nas palavras [áɯgu] {algo}, [méɯ] {mel} ou [sóɯ] {sol}.[11] ◀‿

O anglofalante precisa resistir à tendência de produzir o som lateral alveolar ensurdecido [l̥], que ocorre em inglês em grupos consonantais iniciados por uma consoante oclusiva surda. Assim o aluno que aprende português tem que se esforçar para produzir [plánu] e não *[pl̥ḛnu], [kláɾu] e não *[kl̥áɾu].

O fonema /ʎ/

O fonema lateral palatal /ʎ/ se diferencia do fonema lateral alveolar /l/ por seu ponto de articulação e porque sistematicamente só aparece em posição intervocálica, isto é, em posição inicial de sílaba interior de palavra.

A fonologia do fonema /ʎ/

O fonema lateral palatal /ʎ/ opõe-se ao outro fonema lateral /l/ como exemplifica o par mínimo [fĩle fĩʎe]. O fonema /ʎ/ é o vigésimo-oitavo fonema mais frequente do português com uma porcentagem de frequência de 0,3% do total dos fonemas. Há somente um fonema menos frequente: /ʃ/. Há uma correspondência exata entre o grafema {lh} e o fonema /ʎ/.

Como já visto, o fonema /ʎ/ tem distribuição única. O alofone lateral palatal sonoro [ʎ] é o único som para a realização do fonema /ʎ/.

Fonotaticamente, o fonema /ʎ/ só aparece sistematicamente em posição inicial de sílaba interior de palavra. Dos 8 verbetes iniciados em {lh} constantes no Aurélio Eletrônico, todos são estrangeirismos (indigenismos ou hispanismos) com a exceção das formas de {lhe}. Esse pronome não conta como inicial de palavra devido ao fato de ser pronome clítico, que só pode ser usado quando ligado a um verbo; nunca pode ocorrer em posição inicial de grupo fônico.

A fonética do alofone [ʎ]

A articulação do som [ʎ] começa pelo contato do pré-dorso da língua com quase toda a extensão do pré-palato duro na região centro-medial da boca. Ao mesmo tempo, o véu palatino adere-se à parede faríngea de forma que não há saída de ar pela cavidade nasal. As cordas vocais vibram, já que é um som sonoro. A Fig. 19.13 mostra a posição articulatória do som [ʎ].

Acusticamente, o alofone [ʎ] destaca-se pela presença de formantes atenuados. Identifica-se o ponto de articulação pela frequência dos formantes atenuados e pelas transições vocálicas. A transição entre vogais e a lateral palatal costuma ser mais abrupta que entre vogais e a lateral alveolar. A Fig. 19.14 contém um sonograma da palavra [páʎe] em que se podem ver

19.13 A posição articulatória do som [ʎ].

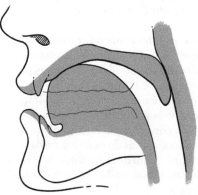

as características acústicas do som [ʎ].[12] ◀︎ Como se pode notar, os formantes são atenuados com as seguintes frequências: $F_1=241$ Hz, $F_2=1799$ Hz, $F_3=2753$ Hz, $F_4=3291$ Hz. Nota-se também na Fig. 19.14 que o segundo formante da primeira vogal [a] sobe na transição para [ʎ] e que o segundo formante da segunda vogal [ɐ] desce na transição depois da consoante [ʎ].

Auditivamente, reconhece-se o som [ʎ] como lateral por seu caráter distintivo típico de um som oral com formantes atenuados devido a um fechamento central com resultante saída de ar lateral. Reconhece-se como palatal tanto pela conformação dos formantes atenuados como pelas transições vocálicas.

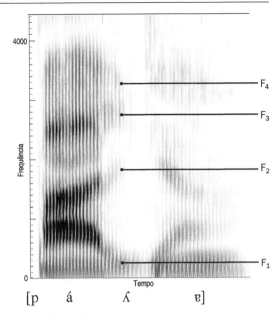

19.14 Sonograma do alofone [ʎ] da palavra [páʎɐ].

Notas dialetais

Não há variação dialetal do alofone [ʎ].

Dicas pedagógicas

O som [ʎ] do português é problemático para o anglofalante porque não há nenhum equivalente em inglês. Lamentavelmente, porém, algumas descrições da pronúncia portuguesa ensinam que o som [ʎ] é equivalente ao {li} da palavra inglesa {million} e de palavras semelhantes; esse, porém, não é o caso, como será apresentado mais à frente.

Do ponto de vista fonológico, a palavra inglesa {million} contém duas sílabas: /míl.jən/. Isso quer dizer que a sequência inglesa que essas descrições comparam com o som [ʎ] do português resulta de uma sequência de dois fonemas distintos que aparecem em sílabas separadas: o fonema lateral alveolar /l/ ao final da primeira sílaba seguido do fonema aproximante palatal /j/ ao começo da sílaba seguinte.

Do ponto de vista fonético, a pronúncia da palavra inglesa {million} é [míɫ.jən]. O ponto de articulação da consoante lateral ao final da primeira sílaba é claramente alveolar velarizado [ɫ]. Depois desse som, vem uma aproximante palatal [j], uma semiconsoante anterior na terminologia do português. Em inglês não existe o som [ʎ] e só existe a sequência [ɫj].

O caso da palavra portuguesa {palha} é muito diferente. Do ponto de vista fonológico, a palavra divide-se em duas sílabas: /pá.ʎa/. Isso quer dizer que o fonema ou som lateral ocorre ao começo da segunda sílaba em português e que não ocorre no final da primeira, como é o caso do inglês.

Do ponto de vista fonético, a pronúncia da palavra portuguesa {palha} é [pá.ʎɐ]. O ponto de articulação da consoante lateral no começo da segunda sílaba é pré-palatal [ʎ]. Esse som é seguido diretamente da vogal [ɐ]. Isso quer dizer que a realização do fonema /ʎ/ é um só som palatal e não uma sequência de um som alveolar seguido de uma semiconsoante anterior como é o caso do inglês.

A prova da existência de todo fonema é a existência de um par mínimo. Existe em português uma oposição entre o fonema lateral palatal /ʎ/ e a sequência do fonema lateral alveolar /l/ seguido do fonema /i/ ante outra vogal. Pode-se comprovar essa oposição ao comparar as sequências fonéticas [fi.ʎáɾ] {filhar} e [fi.li.áɾ/fi.ljáɾ] {filiar}, ou [si.ʎáɾ] {cilhar} e [si.li.áɾ/si.ljáɾ] {ciliar}, entre outros. É de notar que, em português, o fonema /ʎ/ não aparece sistematicamente em posição inicial de palavra e nem /li/ seguido de vogal.[13] ◀◉

A Tab. 19.15 contrasta os fatos fonológicos e fonéticos do som [ʎ] do português e da sequência dos sons [lj/ɫj] do português e do inglês.[14] ◀◉

Comparando-se a pronúncia da sequência [lj] com a do som [ʎ], observam-se várias diferenças muito importantes. Primeiro, enquanto a sequência [lj] tem dois pontos de articulação, o som [ʎ] só tem um.

Para pronunciar corretamente o som [ʎ] do português, o anglofalante tem que se lembrar que o ápice da língua se esconde atrás dos dentes incisivos inferiores. A língua mantém uma forma convexa e o pré-dorso da língua mantém contato com a maior parte do pré-palato duro. Dessa forma, a parte inferior da língua fica invisível. Ao mesmo tempo, as laterais da língua baixam, afastando-se do molares posteriores e abrindo um canal lateral por onde escapa o ar.

Na produção do primeiro som da sequência [lj] em português a língua mantém uma forma plana, com a lâmina da língua em contato com os alvéolos, deixando a parte inferior da língua pouco visível. Enquanto a lâmina da língua entra em contato com quase toda a extensão dos alvéolos na produção do primeiro som da sequência [lj], o contato entre o pré-dorso da língua e o pré-palato duro na produção do som [ʎ] é maior, distribuindo-se ao longo da primeira metade do palato duro. Para ser tão distribuído, o contato da língua com o palato tem que ser bastante tenso.

É importante observar que a sequência /li/ mais vogal tônica no Brasil produz um hiato e assim a palavra {aliado} vira [a.li.á.du], enquanto em Portugal produz um ditongo crescente [a.ljá.du].

19.15 Os fatos fonológicos e fonéticos do som [ʎ] do português e da sequência de sons [lj/ɫj] do português e do inglês.

	Idioma		
Língua	Português	Português	Inglês
Palavra	{calha}	{filiar}	{million}
Fonologia			
Fonemas	/ʎ/	/liV/	/lj/
Silabação	ca.lha	fi.li.ar (BR); fi.liar (PO)	mill.ion
Fonotática	$_	$_	_l.j_ (interior de palavra)
Fonética			
Alofones	[ʎ]	[li] ou [lj]	[ɫ.j]
Pontos de articulação	1	2	2
Descrição	lateral palatal	lateral laminoalveolar + vogal ou semiconsoante	lateral alveolar velarizado + aproximante palatal
Articulação em português			+

Como em todos os sons laterais do português, as cordas vocais vibram durante a produção do som lateral palatal [ʎ]. Na distensão, a língua separa-se do palato na transição para a vogal seguinte.

Conselhos práticos

Como apresentado na seção anterior, o português utiliza tanto o som lateral palatal [ʎ] como a sequência de um som lateral alveolar [l] seguido de uma semiconsoante anterior palatal [j]. Devido à silabação, a sequência /li/ mais vogal que ocorre em palavras como [a.ljá.du] na pronúncia de Portugal, também representa um problema para o anglofalante, cuja tendência é produzir [aɫ.já.du].

Quanto à pronúncia do som lateral palatal [ʎ], o problema para o anglofalante é a tendência a utilizar a sequência [ɫj] para o fonema /ʎ/. Essa transferência negativa, de modo geral, não resulta em mal-entendidos, mas contribui sim para o sotaque estrangeiro em que o anglofalante produz *[aɫ.yuų] {all you} em vez de [á.ʎu] {alho}. Para pronunciar corretamente o som [ʎ], o anglofalante precisa lembrar que:[15] ◀≋

- O som [ʎ] tem um só ponto de articulação.
- O ápice da língua mantém-se atrás dos dentes inferiores.
- O pré-dorso da língua mantém contato com toda a extensão do pré-palato duro.
- A língua é convexa na produção do som [ʎ], isso significa que ao articulá-lo a parte inferior da língua não deve ser visível.

Características gerais dos fonemas vibrantes

Os fonemas vibrantes apresentam características gerais quanto aos fenômenos de oposição, distribuição e fonotática. Os fonemas vibrantes /ɾ/ e /r/ e o arquifonema vibrante /R/ são bastante frequentes, representando, como grupo, 6,4% dos fonemas da cadeia fônica.

Linguisticamente, os fonemas e alofones do tipo "R" chamam-se **róticos**.

A oposição entre os fonemas vibrantes

Os dois fonemas vibrantes são sonoros e opõem-se somente em posição inicial de sílaba interior de palavra. A oposição entre a vibrante simples alveolar /ɾ/ e a vibrante múltipla alveolar /r/ comprova-se através dos pares mínimos de [káɾu] {caro} e [káru] {carro}, [éɾɐ] {era} e [érɐ] {erra} ou [fóɾu] {foro} e [fóru] {forro}.[16] ◀≋

A distribuição alofônica dos fonemas vibrantes

Como será apresentado adiante, o fonema /ɾ/ tem distribuição única, enquanto o fonema /r/ tem distribuição livre. Já o arquifonema vibrante /R/ tem distribuição mista.

A fonotática dos fonemas vibrantes

Os dois fonemas vibrantes, /ɾ r/, ocorrem exclusivamente em posição inicial de sílaba, mas sistematicamente só a vibrante múltipla /r/ aparece em posição inicial de palavra. O fonema /ɾ/ do português não ocorre em posição inicial de palavra. O fonema vibrante simples /ɾ/ ocorre, então, em posição inicial de sílaba interior de palavra e em posição secundária de grupos consonantais iniciais de sílaba ou palavra. O fonema vibrante múltiplo /r/ ocorre em posição inicial de sílaba interior de palavra como também em posição inicial de palavra e em posição inicial de sílaba após consoante alveolar.

A situação fonológica dos fonemas vibrantes /ɾ/ e /r/ em posição final de sílaba ou palavra é outra, pois as vibrantes neutralizam-se nessas posições resultando no arquifonema vibrante /R/. O sistema fonológico do português exclui a oposição entre fonemas vibrantes em posição final de sílaba em geral. O fato de haver uma oposição entre os fonemas vibrantes no ataque silábico interior de palavra (ou seja, em posição silábica explosiva) e de haver uma neutralização parcial na coda silábica (ou seja, em posição silábica implosiva), já foi exposto no Capítulo 8.

A resolução sistemática das vibrantes em posição final de sílaba interior de palavra, como já foi comentado, é a neutralização. Ainda que as palavras {moro} /móɾo/ e {morro} /móro/ formem um par mínimo, comprovando a oposição /ɾ/ ~ /r/, não há tal oposição em posição final de sílaba interior de palavra. Nesse contexto, tanto a pronúncia [káɾta] como [kárta] (entre outras possibilidades) representam a palavra {carta} sem alterar-lhe o significado e ambas são igualmente aceitáveis. Nesse caso, os sons [ɾ] e [r] representam o mesmo conceito mental: o arquifonema /R/. Na ausência de um contraste de significado, esses dois sons vibrantes têm que ser considerados como alofones de um arquifonema vibrante e assim a caracterização fonológica de ambas as realizações é /káRta/.

A resolução sistemática das vibrantes em posição final de palavra é a mesma neutralização. Nesse contexto, a análise das sequências fonéticas [séɾtúdu] e [sértúdu] (entre outras possibilidades) mostra que o uso do som [ɾ] ou do som [r] ao final da palavra {ser} não altera o significado. Esse fato indica que, nesse caso, os dois sons vibrantes representam de novo o mesmo conceito mental ou fonológico, ou seja, o arquifonema /R/. Não há nenhum caso em português em que haja uma oposição entre o fonema /ɾ/ e o fonema /r/ em posição final de palavra. A Tab. 19.16 resume a distribuição fonotática dos fonemas vibrantes e do arquifonema /R/.[17] 🔊

Características gerais dos alofones vibrantes

Como toda consoante, os alofones vibrantes definem-se por três traços: o modo de articulação, o ponto de articulação e o estado das cordas vocais.

	/ɾ/	/r/	/R/
#__		/ráto/	
$__	/káɾo/	/káro/	
C_alveolar_$__		/óNra/	
#C__	/pɾáto/		
$C__	/lúkɾo/		
__$			/káRta/
__#			/saíR/

19.16 A distribuição fonotática dos fonemas vibrantes e do arquifonema /R/.

O modo de articulação

Os sons vibrantes articulam-se mediante movimentos rápidos em que um órgão articulatório bate contra outro órgão enquanto o véu palatino mantém-se aderido à parede faríngea. Há dois modos de articulação de vibrantes: a vibrante simples, com um único toque, e a vibrante múltipla, com dois toques ou mais. Os detalhes de suas articulações serão apresentados adiante. Reconhecem-se os sons vibrantes nas formas de onda pelas interrupções de curta duração entre os outros sons. A Fig. 19.17 mostra as formas de onda dos dois sons [ɾ r], que são bastante diferentes. Na forma de onda da vibrante simples [ɾ], o toque único tem uma duração de 24 milissegundos. Na forma de onda da vibrante múltipla [r], os quatro toques têm uma duração média de 13 ms que ocorrem num período de 104 ms. Há também outras diferenças significativas entre os dois tipos de vibrantes cujos detalhes serão examinados mais adiante quando se apresentarem os alofones de cada fonema.

O ponto de articulação

O ponto de articulação dos principais alofones vibrantes [ɾ r] é alveolar. Porém, em alguns dialetos de Portugal, existe também a vibrante múltipla uvular [ʀ].

Os fonemas laterais e vibrantes

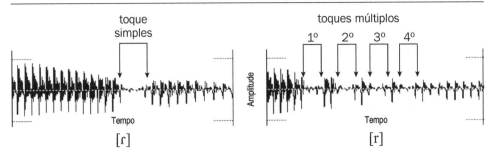

19.17 Formas de onda das consoantes vibrantes [ɾ r]. As flechas indicam o começo e o fim de cada contato alveolar.

O estado das cordas vocais

Os principais alofones vibrantes [ɾ r] são sonoros. Devido ao processo de assimilação, existem variantes surdas que serão comentadas mais adiante.

Os fonemas vibrantes

Nesta seção serão apresentados os detalhes fonológicos e fonéticos de cada um dos dois fonemas vibrantes /ɾ r/. A apresentação será feita fonema por fonema.

O fonema /ɾ/

O fonema /ɾ/ é o único fonema vibrante simples.

A fonologia do fonema /ɾ/

O fonema /ɾ/ opõe-se aos demais fonemas. Essas oposições exemplificam-se com a série [káɾu káru kálu kábu kápu kásu kázo], etc. O fonema /ɾ/ é o décimo primeiro fonema mais frequente do português com uma porcentagem de frequência de 3,6% do total dos fonemas. O fonema /ɾ/ é representado exclusivamente pelo grafema {r}, mas o grafema {r} também é empregado para representar tanto o fonema /r/ quanto o arquifonema /R/, como se verá depois. É preciso levar em conta que {rr} e {r} são grafemas distintos.

Como já visto, o fonema /ɾ/ tem distribuição única:

$$/ɾ/ \longrightarrow [ɾ]$$

Fonotaticamente, o fonema /ɾ/ ocorre em posição inicial de sílaba interior de palavra e como o segundo elemento de grupos consonantais tanto em posição inicial de palavra como em posição inicial de sílaba interior de palavra. Esses grupos consonantais seguem os critérios fonotáticos já apresentados no Capítulo 10. Os grupos consonantais iniciais de palavra com o fonema /ɾ/ sempre começam com um fonema oclusivo ou com o fonema fricativo /f/ seguido do fonema /ɾ/. O encontro consonantal /vɾ/ só se dá em posição inicial de sílaba interior de palavra, posição em os demais grupos também ocorrem. A Tab. 19.18 indica os detalhes de sua distribuição fonotática.[18] ◀≋

A fonética do alofone [ɾ]

A articulação do som [ɾ] realiza-se mediante um toque rápido do ápice da

19.18 A distribuição fonotática do fonema /ɾ/.

	Contexto fonotático	Exemplo	Porcentagem
V$__	posição inicial de sílaba interior de palavra (intervocálica)	[káɾɐ] {cara}	54,4%
#C__	encontro consonantal inicial de palavra	[pɾátu] {prato}	19,7%
$C__	encontro consonantal inicial de sílaba interior de palavra	[abɾíɾ] {abrir}	25,9%

língua contra uma faixa central dos no plano anterior-posterior. É basicamente o mesmo ponto de articulação do som alveolar nasal do inglês. Com a língua em posição côncava, realiza-se uma oclusão momentânea com contato entre o ápice da língua e os alvéolos. Além do contato apicoalveolar, a língua mantém contato com as gengivas e as faces linguais dos molares superiores produzindo uma oclusão total momentânea. A Fig. 19.19 ilustra essa posição articulatória tanto no diagrama articulatório quanto no palatograma. Durante os movimentos articulatórios, as cordas vocais continuam a vibrar.

Por ser vibrante simples, o som [ɾ] forma-se mediante uma atuação muscular da língua em que o ápice da mesma toca os alvéolos uma vez. O contato entre a língua e os alvéolos é de curta duração. A Fig. 19.20 mostra um sonograma da produção das palavras [káɾɐ] e [kádɐ]. Nesse sonograma a cerração para o som [ɾ] dura só 19 milissegundos.[19] ◀ Em comparação, a duração da oclusiva [d] é de 102 milissegundos. Essa comparação indica que, nesse caso, o toque da vibrante simples durou mais ou menos um quinto do tempo do toque do som oclusivo. A diferença, então, entre um som vibrante simples e um som oclusivo sonoro consiste principalmente na duração da oclusão. Um dos resultados disso é que o som [ɾ] produz-se sem o aumento de pressão e explosão subsequente típicos do som oclusivo [d].

Acusticamente, o alofone [ɾ] destaca-se pela interrupção momentânea da onda sonora. Identifica-se o ponto de articulação alveolar pelas transições vocálicas. Na Fig. 19.20 vê-se que o primeiro formante da vogal tônica [á] baixa na transição à vibrante simples [ɾ] e que o segundo formante mantém-se estável, o que é típico das consoantes alveolares. O som é sonoro, como se vê pelas estrias de vocalização.

Auditivamente, reconhece-se o som [ɾ] por sua interrupção momentânea já comentada. Basta essa interrupção para identificar o som [ɾ], já que é o único som vibrante simples do português.

Notas dialetais

Não há variação dialetal do alofone [ɾ].

Dicas pedagógicas

Para adquirir uma boa pronúncia do som [ɾ], é útil entender a diferença entre os sistemas fonológicos do português e do inglês quanto aos fonemas róticos. O português tem três fonemas desse tipo: os fonemas /ɾ/ e /r/ e o arquifonema /R/. O inglês tem só um fonema desse tipo: o fonema /r/. Usar o símbolo /r/ para o fonema do inglês, não implica que o inglês tenha um som vibrante múltiplo: de fato, não tem. O símbolo /r/ simplesmente representa o conceito mental de "R" em inglês, cujas realizações fonéticas, que são completamente diferentes das do português, serão consideradas mais adiante.

Como já foi explicado neste capítulo, o fonema /ɾ/ do português ocorre em três contornos fonotáticos: em posição intervocálica interior de palavra V$___V {caro} [káɾu], em encontro consonantal inicial de palavra #C___ {três} [tɾés] ou em encontro consonantal inicial de sílaba interior de palavra $C___ {outro} [óu̯tɾu].[20] ◀

O fonema /r/ do inglês, por sua vez, ocorre em dois contornos fonotáticos: em

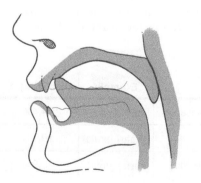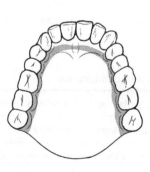

19.19 A posição articulatória do som [ɾ] com seu palatograma.

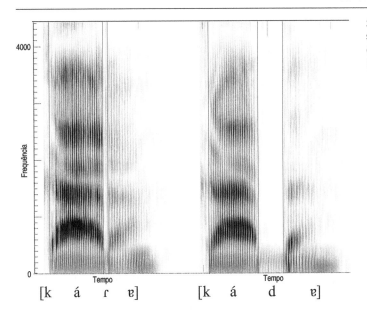

19.20 Sonograma do som [ɾ] na palavra {cara} e do som [d] da palavra {cada}.

posição inicial de sílaba ou palavra C_0___V {ride, arrive}, ou em posição final de sílaba ou palavra V___$C_0$$ {par, pardon}. O "0" subscrito, pela convenção linguística já introduzida, quer dizer que nessa posição pode haver zero consoantes ou mais. Exemplos de C_0___V, então, incluem {rate}, com zero consoantes, {great}, com uma consoante e {strike}, com duas consoantes antepostas ao /r/. Exemplos de V___$C_0$$ incluem {car}, com zero consoantes, {cart}, com uma consoante, e {carts}, com duas consoantes pospostas ao /r/.

O fonema /r/ do inglês, na maioria dos dialetos americanos, tem uma distribuição complementar com três alofones. A regra que descreve sua distribuição é:

$$/r/ \longrightarrow \begin{matrix} [\underset{\circ}{\text{ɹ}}] & / & \$C_{\text{oclusiva surda}}\_\_ \\ [\text{ɹ}] & / & \$C_0\_\_ \\ [\text{ɻ}] & / & \_\_C_0\$ \end{matrix}$$

O principal som em posição silábica inicial é [ɹ], cuja definição fonética é aproximante alveolar sonora produzida geralmente com labialização. Na produção da palavra {rate} [ɹéɪt̚], a maioria dos falantes nativos do inglês americano articulam o "r" com uma ligeira labialização com os lábios sobressaídos. Quando vem depois de uma consoante oclusiva surda num encontro consonantal inicial de palavra ou sílaba, a aproximante alveolar ensurdece-se em [ɹ̥] como nas palavras {pry} [pɹ̥áɪ], {try} [tɹ̥áɪ] ou {cry} [kɹ̥áɪ]. Esse ensurdecimento é análogo à aspiração vocálica ou sonorização retardada já mencionada como nas palavras {pan} [pʰǽn], {tan} [tʰǽn] ou {can} [kʰǽn].

O principal som em posição silábica final é [ɻ], cuja definição fonética é aproximante retroflexa sonora produzida sem labialização. Na produção da palavra {car} [kʰáɻ], a maioria dos falantes nativos do inglês americano articulam o "r" com uma retroflexão do ápice da língua para a região entre os alvéolos e o palato duro.

Enquanto aproximadamente 80% dos falantes do inglês norte-americano produzem o /r/ final com [ɻ] retroflexo, 20% emprega um [ɻ̈] que pode ser chamado r-molar ou r-retraído (*bunched-r* em inglês). Pode-se descrever esse som como uma aproximante dorso-pós-palatal. Articula-se retraindo a língua em forma embolada em que o ápice quase não aparece. A Fig. 19.21 contém diagramas articulatórios desses três sons do inglês: o [ɹ] aproximante alveolar, o [ɻ] aproximante retroflexo e o [ɻ̈] aproximante retraído. É importante observar, porém, que apesar dos sons [ɻ] e [ɻ̈] serem diferentes

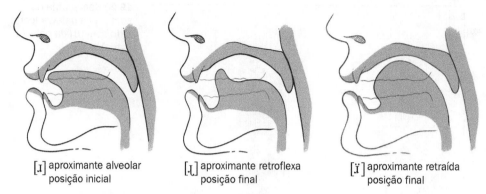

[ɹ] aproximante alveolar
posição inicial

[ɻ] aproximante retroflexa
posição final

[ɪ̈] aproximante retraída
posição final

19.21 Os principais alofones do fonema /r/ do inglês.

articulatoriamente são indistinguíveis acústica e auditivamente.

É importante lembrar que os sons ingleses [ɹ ɻ ɪ̈] não ocorrem nunca como alofones do fonema português /ɾ/, que tem uma distribuição única com o alofone vibrante simples [ɾ]. Esse som do português não apresenta nenhuma dificuldade fonética para o anglofalante, já que o som [ɾ] em si também existe em inglês. Porém, apresenta sim uma grande dificuldade fonológica para o anglofalante, porque o som [ɾ] do inglês é alofone dos fonemas /t/ e /d/ quando ocorrem entre uma vogal tônica e uma átona. A vibrante simples [ɾ] que ocorre nas palavras inglesas {city} [síɾi] e {lady} [léɾi] é igual à vibrante simples [ɾ] nas palavras portuguesas {cara} [káɾɐ] e {touro} [tóu̯ɾu].²¹ ◀︎ O fato de que o anglofalante associa esse som com os fonemas /t d/, às vezes reforça sua tendência de realizar o fonema /ɾ/ em posição intervocálica como uma retroflexa. É importante não realizá-lo dessa maneira, porque é indicador de um forte sotaque inglês. A pronúncia da palavra {caro} tem que ser [káɾu] e nunca *[kʰáɻou̯].

O ensurdecimento de /ɾ/ só é possível optativamente em casos muito restritos. Já se comentou no Capítulo 11 o ensurdecimento vocálico optativo antes de uma pausa e após uma consoante surda. Esse ensurdecimento pode incluir a consoante vibrante simples nos encontros /pɾ/, /tɾ/ ou /kɾ/. Assim, em posição final de grupo fônico, a palavra {sempre} pode ser [sẽᵐpɾ̥i̥], a palavra {outro} pode ser [ou̯tɾ̥u̥] e a palavra {micro} pode ser [míkɾ̥u̥].

Fora desse contexto muito específico não existe esse ensurdecimento em português. Por isso, o aluno tem que ter cuidado para produzir o som vibrante simples alveolar sonoro após as consoantes oclusivas surdas com vocalização imediata no momento da abertura da boca, isto é, com um VOT de zero: {prata} [pɾátɐ], {trato} [tɾátu] e {cravo} [kɾávu]. A pronúncia da palavra {três} tem que ser [tɾés] ou [tɾéi̯ʃ] mas nunca *[tɻéi̯s] que seria a pronúncia da palavra inglesa {trace}.²² ◀︎

Conselhos práticos

Quanto ao fonema /ɾ/, o aluno que aprende português deve lembrar-se que em português:

- O som vibrante simples [ɾ] é alofone único e exclusivo do fonema /ɾ/.
- O som vibrante simples [ɾ] do português é igual ao som [ɾ] do alofone dos fonemas /t d/ do inglês usado no contexto V́___V.
- Os sons [ɹ], [ɻ] e [ɪ̈] do inglês não aparecem nunca nas normas cultas do português apresentadas neste livro.

O fonema /r/

O fonema /r/ é o único fonema vibrante múltiplo, mas mesmo assim, a maioria de seus alofones não são vibrantes múltiplos. Uma pergunta que se pode fazer é por que se classifica o fonema como vibrante múltiplo se hoje em dia usa-se relativamente pouco a vibrante múltipla para representá-lo. A razão é de origem histórica: a oposição era entre dois fonemas vibrantes — um simples /ɾ/ e um múltiplo /r/, exemplificada pelo par mínimo [káɾu] e [káru].[23] ◀⋲

A fonologia do fonema /r/

O fonema /r/ opõe-se aos demais fonemas. Essas oposições exemplificam-se com a série [káru káɾu kálu kábu kápu kásu kázo], etc. O fonema /r/ é o quinto fonema menos frequente do português com uma porcentagem de frequência de 0,6% do total dos fonemas. O fonema /r/ é representado pelo grafema {rr} ({carro}) em posição intervocálica interior de palavra e pelo grafema {r} em posição inicial de palavra ({rato}) ou em posição inicial de sílaba interior de palavra precedida de consoante alveolar ({honra}).[24] ◀⋲

Como já apresentado, o fonema vibrante múltiplo /r/ tem a seguinte distribuição livre:

/r/ ⟶ [h χ r R ʁ]*
*variantes dialetais/idioletais

O fonema /r/ apresenta uma grande variedade de representações alofônicas que podem ser dialetais ou idioletais. O conceito de uma distribuição livre não é que em toda ocorrência do fonema /r/ o falante possa empregar qualquer alofone da lista, mas sim que cada falante escolhe um dos alofones e o emprega consistentemente na sua fala. Assim, o falante de português reconhece que [káhu], [káχu], [káru], [káRu] e [káʁu] representam o mesmo conceito. Os detalhes fonéticos de cada um desses alofones serão apresentados na próxima seção.[25] ◀⋲

Fonotaticamente, o fonema /r/ pode ocorrer em posição inicial de sílaba interior de palavra, tanto em posição intervocálica como precedido de consoante alveolar. Ocorre também em posição inicial de palavra. A Tab. 19.22 indica os detalhes da distribuição fonotática.

Os alofones do fonema /r/

Os detalhes fonéticos dos alofones do fonema /r/ serão apresentados na ordem em que aparecem na regra de distribuição livre já dada.

O alofone fricativo glotal surdo [h]

O alofone fricativo glotal surdo [h] é o alofone mais comum da norma culta paulistana e, como consequência, é muito difundido pelo Brasil inteiro. Para o norte-americano, o som não representa nenhuma dificuldade fonética já que existe em inglês como alofone único do fonema /h/ como nas palavras {heat, home, ahead}. Até fonologicamente existe uma semelhança entre o português e o inglês, pois tanto o fonema /h/ do inglês e o fonema /r/ do português só aparecem em posição inicial de sílaba. São diferentes, porém, em que o alofone [h] representa o fonema /r/ em português e o fonema /h/ em inglês.

Foneticamente, o alofone [h] não é nada mais que um segmento surdo da vogal seguinte como confirma a Fig. 19.23 que contém um sonograma das palavras [hímɐ] {rima} e [káhu] {carro}. Podem-se observar as transições no [h] para os formantes do [í] e no [h] entre o [á] e o [u]. Não se inclui um diagrama articulatório porque a articulação depende das vogais que antecedem ou sucedem o [h].[26] ◀⋲

Por ser simplesmente um segmento surdo vocálico, produz-se como uma vogal sussurrada, ou seja, a boca prepara-se para a produção normal da vogal, qualquer que seja, mas as cordas vocais apartam-se o suficiente para não entrarem em vibração com a

19.22 A distribuição fonotática do fonema /r/.

	Contexto fonotático	Exemplo	Porcentagem
V$__V	posição intervocálica interior de palavra	[káru] {carro}	32,5%
#__	inicial de palavra	[róxu] {roxo}	66,0%
C$_{alveolar}$$__	inicial de sílaba interior de palavra precedida de consoante alveolar	[ónrɐ] {honra}	1,5%

Capítulo 19

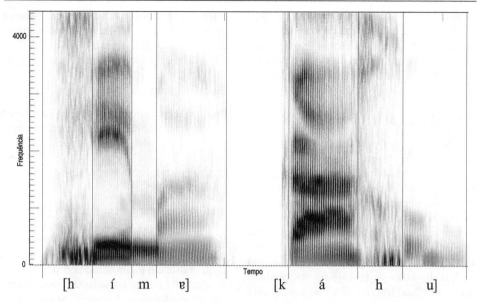

19.23 Sonograma do som fricativo glotal sonoro [h] nas palavras {rima} e {carro}.

passagem do ar. Como já comentado, esse é um processo normal do inglês, o que faz do [h] o alofone de /r/ de mais fácil aquisição para o anglofalante.

O alofone fricativo uvular surdo [χ]

O alofone fricativo uvular surdo [χ] é o alofone mais comum da norma culta carioca.

Esse som é de difícil aquisição para o norte-americano, já que não existe nenhum som semelhante no inglês.

Foneticamente, o alofone [χ] forma-se retraindo-se a língua de modo a formar um estreitamento entre a língua e a úvula como se vê no diagrama articulatório da Fig. 19.24. A região da língua que se aproxima da úvula

19.24 Diagrama articulatório e sonograma do som fricativo uvular surdo [χ].

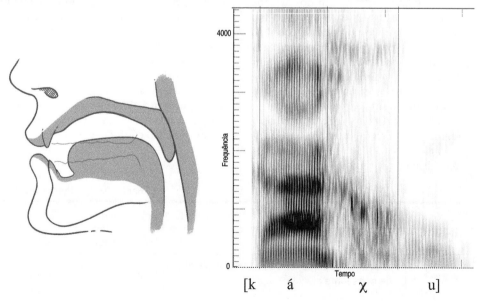

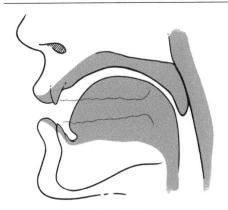

19.25 A posição articulatória do som [x].

é o final do pós-dorso e o começo da raiz. Pode-se ver no sonograma da Fig. 19.24 que o alofone [χ] é fricativo devido à energia espaçada e a falta de formantes bem formados. Reconhece-se como uvular devido às transições dos formantes além do padrão de energia espaçada. Nota-se que é surdo devido à ausência de estrias verticais de sonorização.[27] ◀≋

Para alguns falantes desse grupo dialetal o ponto de articulação é velar, assim o som [x], em que a língua se aproxima do véu palatino e não da úvula. A Fig. 19.25 mostra o diagrama articulatório desse som. Para outros desse grupo dialetal existe uma distribuição complementar devido à assimilação: o fonema /r/ realiza-se como [x] (um som mais anterior) diante de vogais anteriores e como [χ] (um som mais posterior) diante das outras vogais, ou seja diante das vogais posteriores e centrais.[28] ◀≋

O alofone vibrante múltiplo alveolar sonoro [r]

O alofone vibrante múltiplo alveolar sonoro [r] é um alofone que aparece no sul do Brasil e em Portugal. Esse som é de difícil aquisição para o norte-americano, já que não existe nenhum som semelhante no inglês.

Articula-se o som [r] mediante múltiplos toques rápidos do ápice da língua contra a região posterior dos alvéolos. Não é só o número de toques que diferencia a vibrante múltipla [r] da vibrante simples [ɾ]. Enquanto o contato único da língua contra os alvéolos do som [ɾ] depende da ação muscular da língua, os contatos múltiplos da língua contra os alvéolos no som [r] dependem do movimento de ar. A frequência com que ocorrem os toques na produção de [r] é alta demais para serem resultado de movimento muscular. Enfim, a vibrante múltipla não é simplesmente uma concatenação de vibrantes simples: a base do modo de articulação dos dois sons vibrantes é totalmente diferente.

Os dois sons vibrantes diferem também na posição da língua. Na vibrante simples, o corpo da língua encontra-se numa posição mais baixa na boca e o ápice da língua levanta-se para os alvéolos mediante o movimento muscular já descrito. Na vibrante múltipla, o corpo da língua encontra-se numa posição mais alta na boca para que o ápice da língua não tenha que mover-se tanto para alcançar os pós-alvéolos e para que a corrente de ar faça que o ápice da língua se mova em direção aos pós-alvéolos.

Os dois sons vibrantes também diferem foneticamente em seu ponto de articulação. Ambos são alveolares, mas a zona de contato é diferente. Já se comentou que o contato da vibrante simples [ɾ] é medioalveolar. Os toques ou oclusões múltiplas da vibrante múltipla [r], porém, são pós-alveolares, como se pode ver no traço articulatório e o palatograma da Fig. 19.26. Enquanto o ápice e a pré-lâmina da língua vibram contra os pós-alvéolos, os lados da língua mantém contato com as gengivas e as faces linguais dos molares superiores, produzindo uma série de oclusões totais. Durante esses movimentos articulatórios, as cordas vocais seguem vibrando. Pode-se ver uma animação da produção desse som no *eResource*.[29] 🎥

Como vibrante múltiplo, o som [r] é gerado por uma série de contatos da língua com a região pós-alveolar. Os contatos são ocasionados pela corrente de ar que passa por acima da língua. Os contatos entre a língua e os alvéolos na produção da vibrante múltipla [r] são de duração muito curta, mais curta ainda que o contato único na produção da vibrante simples [ɾ]. No sonograma da Fig. 19.27, enquanto o contato único da vibrante simples [ɾ] dura 18 ms,

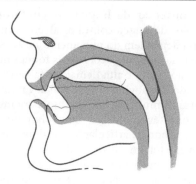
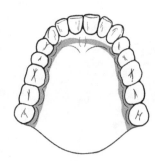

19.26 A posição articulatória do som [r] com seu palatograma. A linha pontilhada indica o grau de afastamento da língua na vibração.

a média de cada um dos sete contatos da vibrante múltipla [r] é de 9 ms, a metade do tempo da duração da vibrante simples. Mesmo assim, a duração total do som é maior. A produção total da vibrante múltipla [r] é de 184 ms; a produção da vibrante simples [ɾ] dura 18 ms. Da Fig. 19.27, pode-se calcular que a média da duração de cada ciclo vibratório da língua é de 26 ms, o que permite calcular que a frequência de vibração da língua nessa articulação foi 38 vezes por segundo. A produção de cada vibrante múltipla costuma ter uma média de três a cinco vibrações da língua.[30]

É possível simular o movimento vibratório da língua empregando um papelzinho retangular de mais ou menos 4 cm por 10 cm, fazendo o seguinte:

1. segurar as duas pontas do lado mais curto entre os dedos indicadores e os polegares;
2. manter o lado curto do papelzinho esticado;
3. aproximar esse mesmo lado da base do lábio inferior;
4. soprar com força por cima do papelzinho.

Isso produz uma vibração múltipla do papelzinho análoga à vibração da língua. Essa ação é semelhante à de uma bandeira içada que se agita ao vento.[31]

A física explica a vibração do papelzinho e, por conseguinte, a vibração da língua. A corrente de ar que passa por cima do papelzinho é rápida e, de acordo com o princípio de Bernoulli, tem a pressão de ar mais baixa que o ar atmosférico. Como consequência, o ar abaixo do papel, por ter uma pressão mais alta, empurra o papelzinho para cima. Quando o papelzinho se encurva para cima, o ar fica impedido de passar por cima e sua pressão sobe. Quando a pressão acima e abaixo dele se equilibra, o papelzinho começa a baixar. Assim que o papel baixa o suficiente, a corrente de ar volta a passar por cima dele provocando nova queda de pressão, o que faz que o papel volte a subir. Esse ciclo vibratório repete-se enquanto a posição do papelzinho e a passagem de ar o permitirem.

Acusticamente, o alofone [r] se destaca por uma série de interrupções momentâneas rápidas na onda sonora. Identifica-se o ponto de articulação como alveolar pelas transições vocálicas. Na produção da vibrante múltipla [r] da Fig. 19.27, as estrias verticais de matiz claro representam os toques ou oclusões entre a língua e os alvéolos. Por outro lado, as estrias verticais de matiz escuro representam o tempo que a língua permanece separada dos alvéolos. Esses momentos apresentam características vocálicas em que se podem ver as transições dos formantes vocálicos da vogal que precede a vibrante múltipla para a vogal seguinte. O som é sonoro, como se vê pelas estrias verticais de sonorização que aparecem tanto durante os momentos de separação como também durante os momentos de oclusão.

Auditivamente, reconhece-se o som [r] pela série de interrupções momentâneas já comentadas. Esse não é o único som vibrante múltiplo do português, como se verá mais adiante, mas os alofones vibrantes múltiplos sempre representam o mesmo fonema /r/ ou o arquifonema /R/.

O alofone vibrante múltiplo uvular sonoro [R]

O alofone vibrante múltiplo sonoro uvular [R] costuma ser mais usado em Portugal. Esse som também é de difícil aquisição para o norte-americano, já que também não existe nenhum som semelhante no inglês.

Foneticamente, forma-se o alofone [R] selando a entrada da cavidade nasal com o véu palatino e retraindo a língua de modo a formar um estreitamento entre a língua e a úvula, como se vê no diagrama articulatório da Fig. 19.28. A região da língua que se aproxima da úvula é o final do pós-dorso e o começo da raiz. Pode-se ver no sonograma da Fig. 19.28 que o alofone [R] é basicamente fricativo com alguns sinais de batidas da úvula contra a parte superior da raiz da língua.[32] ◀ Não se veem as paradas da vibrante alveolar porque as batidas da úvula na língua nem chegam perto de formar uma oclusão. A aproximação entre a língua e a úvula tem que ser exata para possibilitar que o fluxo de ar entre esses dois órgãos gere os repetidos contatos entre eles. Pode-se ver uma animação da produção desse som no *eResource*.[33] 🎥

Para alguns falantes desse grupo dialetal a pronúncia do som é surda, ou seja, o modo e ponto de articulação são os mesmos que os do som [R], só que as cordas vocais não vibram. O símbolo fonético é [R̥].

O alofone fricativo uvular sonoro [ʁ]

O alofone fricativo múltiplo sonoro [ʁ] é o alofone mais comum em Portugal. Esse som também é de difícil aquisição para o norte-americano, já que também não existe nenhum som semelhante no inglês.

Foneticamente, o alofone [ʁ] é a versão sonora do som [χ], já apresentado, que é a norma carioca. Na articulação do alofone [ʁ], a língua se retrai formando um estreitamento com a úvula como se vê no diagrama articulatório da Fig. 19.29. A região da língua que se aproxima da úvula é o final do pós dorso e o começo da raiz. Pode-se ver no sonograma da Fig. 19.29 que

19.27 Sonograma do alofone [r] na palavra [káru] e do alofone [ɾ] na palavra [káɾu]. Na produção da vibrante múltipla, as estrias verticais de matiz claro representam os toques ou oclusões entre a língua e os alvéolos. Esta produção do [r] teve sete toques da língua.

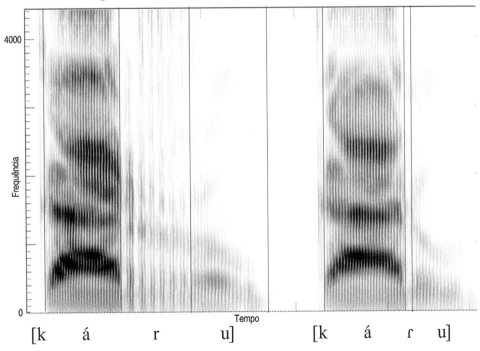

o alofone [ʁ] é fricativo devido à energia espaçada e a falta de formantes bem formados.[34] Reconhece-se como uvular devido às transições dos formantes além do padrão de energia espaçada. Nota-se que é sonoro devido às estrias verticais de sonorização.

Notas dialetais

Os comentários dialetais referentes aos alofones do fonema /r/ feitos anteriormente, serão aqui resumidos com algumas outras observações.

Como o fonema /r/ tem distribuição livre, é natural que exista variação na sua realização fonética. Essa variação, porém, é consistente, ou seja, os falantes podem preferir uma ou outra realização fonética mas a usam consistentemente. Um falante que escolhe usar o alofone [h] dirá [káhuhápidu], outro pode preferir [r] e dizer [kárurápidu]. Mas é muito pouco provável que alguém diga *[káruhápidu] ou *[káhurápidu].[35]

Na norma culta de São Paulo, como já se expressou, predomina o alofone fricativo glotal surdo [h] para o fonema /r/. Porém, devido à natureza cosmopolita da metrópole, em São Paulo podem-se ouvir todas as possibilidades. É também interessante notar que, há duas ou três gerações, no português paulistano predominava o alofone vibrante múltiplo [r].

Na norma culta do Rio de Janeiro, como já se expressou, predomina o alofone fricativo uvular surdo [χ] para o fonema /r/. Sendo, porém, uma grande área metropolitana, ouvem-se todas as outras possibilidades também. Já se comentou a possibilidade de ocorrência do alofone fricativo velar surdo [x] e até de uma distribuição complementar devido à assimilação com os alofones [x] e [χ]. Existe também a possibilidade de uma articulação vibrante múltipla uvular surda [R̥] caso a úvula comece a vibrar contra a raiz da língua. É interessante notar que não há contraste entre uma fricativa uvular e uma vibrante múltipla uvular em idioma algum.

A região do Brasil onde persiste mais o alofone vibrante múltiplo alveolar sonoro [r] é o sul do país, mas mesmo nessa região essa pronúncia parece estar perdendo terreno para a fricativa glotal surda [h].

Na norma culta de Lisboa, existem a vibrante múltipla uvular sonora [R] e a fricativa uvular sonora [ʁ] já descritas. A norma parece estar em fase de transição, pois o [R], que é o mais tradicional historicamente,

19.28 Diagrama articulatório e sonograma do som vibrante múltiplo uvular sonora [R]. A linha pontilhada indica o padrão de movimento da úvula contra a língua.

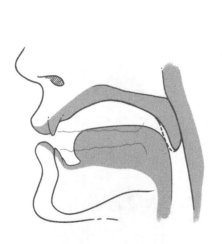
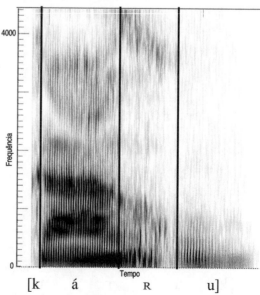

[k á R u]

parece estar perdendo terreno para o [ʁ], que é uma inovação. Em outras partes de Portugal, é comum ouvir o alofone mais tradicional, o alofone vibrante múltiplo alveolar [r].

Dicas pedagógicas

Com cinco possíveis alofones em distribuição livre para o fonema /r/, o aluno precisa escolher a variante que prefere e usá-la em todos os três contornos fonológicos do fonema /r/. Esses três contextos são: 1) posição intervocálica interior de palavra V$___V {carro} /káro/, 2) posição inicial de palavra #___ {roxo} /róʃo/ e 3) posição inicial de sílaba interior de palavra após consoante alveolar C$_{alveolar}$$___ {honra} [óNra].

Das cinco variantes alofônicas [h χ r ʀ ʁ], só a fricativa glotal surda [h] é um som existente em inglês. É, portanto, de fácil aquisição para o anglofalante, não só porque existe em inglês, mas também porque existe no mesmo contexto fonológico: inicial de palavra ou inicial de sílaba interior de palavra.

Das outras possibilidades, duas são fricativas uvulares: uma surda [χ] e outra sonora [ʁ]. Para pronunciar bem esses sons, é preciso acertar a posição da língua em relação à úvula. Como os sons são orais, o véu palatino adere-se à parede faríngea com a úvula pendente ao final do véu. O pós-dorso da língua levanta-se para que a sua superfície fique numa posição mais alta que a úvula, como se vê na Fig. 19.24 e na Fig. 19.29. É preciso experimentar até acertar o grau de proximidade entre a língua e a úvula: se ficarem longe demais, não se cria a fricção desejada; se ficarem perto demais, cria-se uma vibrante múltipla com contatos repetidos entre a úvula e o pós-dorso da língua.

As outras variantes são vibrantes múltiplas: uma alveolar [r] e outra uvular [ʀ]. Esses dois sons são de difícil aquisição para o anglofalante, já que nenhum deles existe nas principais normas cultas do inglês.

Para alguns alunos anglofalantes, a aquisição da vibrante múltipla alveolar sonora [r] é fácil porque conseguem aprendê-la por imitação, mas para a maioria é mais difícil. Os alunos que têm dificuldade em produzir a vibrante múltipla, devem lembrar-se dos princípios físicos já apresentados com a analogia da vibração do papelzinho. É preciso lembrar que, na realidade, é o ápice da língua que tem que vibrar tocando a região pós-alveolar, movido por uma corrente de

19.29 Diagrama articulatório e sonograma do som fricativo uvular sonoro [ʁ].

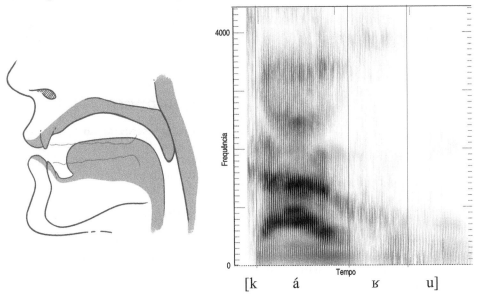

[k á ʁ u]

ar. Quando um aluno não consegue produzir essa vibração da língua, é porque há pelo menos um de três problemas que precisam ser corrigidos. Todos os problemas podem ser demonstrados com o papelzinho. Segue a descrição dos três:

Primeiro, quando se seguram as extremidades do papelzinho com os dedos de forma a retesá-lo, ele se mantém rígido, o que impede sua vibração. Na produção da vibrante múltipla isso equivaleria a manter o ápice, a lâmina e o pré-dorso da língua rígidos com tensão muscular. Essa tensão muscular da própria língua impede sua vibração. O aluno tem que aprender a relaxar essa região da língua. Esse relaxamento só vem com a prática.

Segundo, quando se coloca o papelzinho muito abaixo do lábio inferior e se sopra, o papelzinho não entra em vibração porque está afastado da corrente de ar. Na produção da vibrante múltipla isso corresponderia a manter o meio-dorso e pós-dorso da língua muito baixos na boca, o que não permite que o ápice se aproxime o suficiente dos alvéolos para vibrar. Outra vez, o posicionamento correto da língua só vem com a prática.

Terceiro, se a corrente de ar não é suficiente, o papelzinho também não entra em vibração, mesmo que a tensão e o posicionamento da língua estejam corretos. Na produção da vibrante múltipla, isso equivaleria a não movimentar o volume de ar necessário para baixar a pressão do ar acima da língua o suficiente para que o ápice da língua seja atraído à região pós-alveolar segundo o princípio de Bernoulli. Para acertar a corrente de ar necessária para causar a vibração desejada, também é preciso prática.

Para a aquisição da pronúncia do som [r], além de seguir o processo ilustrado pela analogia do papelzinho, é importante encurvar as laterais da língua de forma a tocar os molares. Isso veda a passagem de ar pelos lados da língua, canalizando o ar só por cima dela, o que cria a corrente de ar necessária para causar a vibração.

Há mais duas dicas quanto à pronúncia do [r]. Primeiro, é mais fácil aprender primeiro a produzir o som isolado e depois introduzi-lo nos seus três contextos fonotáticos. Para fazê-lo, o aluno pode colocar o ápice da língua nos alvéolos como se fosse a articular o som [d] do inglês como na palavra {deed}. Usar o som oclusivo alveolar do inglês como ponto de partida põe a língua numa posição ligeiramente anterior à posição correta para a produção da vibrante múltipla de português. Com o ápice da língua em contato com os pós-alvéolos, o aluno deve relaxar o ápice da língua e ao mesmo tempo soprar com bastante força por cima da língua. A força do ar deve separar o ápice da língua dos alvéolos iniciando a vibração típica do efeito de Bernoulli. Durante o processo, as cordas vocais têm que vibrar como em qualquer som sonoro. Esses movimentos resultam na produção da vibrante múltipla alveolar [r] do português.

A produção da vibrante múltipla uvular [ʀ], como já comentado, é muito semelhante à fricativa uvular. A única diferença é que a separação entre a língua e a úvula é menor, o que faz com que o fluxo de ar seja mais rápido. Isso baixa a pressão, puxa a úvula na direção da língua e mantém a úvula em vibração contra o pós-dorso da língua.

Conselhos práticos

Quanto ao fonema /r/, o aluno primeiramente precisa decidir qual dos alofones vai querer usar para consistentemente representá-lo. É importante que essa decisão seja tomada considerando os outros aspectos dialetais que queira imitar. Por exemplo não é adequado usar o alofone [ʀ] (comum na norma culta lisboeta) se outros aspectos fonéticos são da norma culta paulistana.

O arquifonema /R/

Como já apresentado no Capítulo 8, o arquifonema /R/ resulta da neutralização dos fonemas /ɾ/ e /r/ em posição final de sílaba e final de palavra.

A fonologia do arquifonema /R/

Já se estabeleceu a oposição fonológica entre os fonemas vibrantes /ɾ/ e /r/. É importante notar que, no exemplo do

A vibrante em posição final de palavra		A vibrante em posição final de sílaba interior de palavra	
Transcrição fonética	Transcrição fonológica	Transcrição fonética	Transcrição fonológica
[séɾóu̯tɾu] [sé†nóvu]	/séRóutro/ /séRnóvo/	[á†ku]	/áRko/

19.30 A distribuição fonológica do arquifonema /R/ em posição final de sílaba interior de palavra e em posição final de palavra. A cruz (†) representa indistintamente os alofones [ɾ h χ r ʀ ʁ].

par mínimo [káɾu] [káru], as vibrantes aparecem em posição inicial de sílaba interior de palavra; de fato, esse é o único contexto fonológico em que esses fonemas se opõem.

Em posição silábica implosiva, não existe oposição, e o caráter do alofone empregado depende do contexto fonológico em que o arquifonema vibrante /R/ aparece. A Tab. 19.30 mostra a relação entre o arquifonema e seus alofones nesses dois contextos fonológicos.[36] ◀≲

O arquifonema /R/ é o décimo-sexto fonema mais frequente de português com uma porcentagem de frequência de 2,2% do total dos fonemas. Nessa posição, o arquifonema /R/ é menos frequente que o fonema /ɾ/ (com 3,6% do total de fonemas) e mais frequente que o fonema /r/ (com 0,6% do total de fonemas).

Representa-se sempre o arquifonema /R/ com o grafema {r}, tanto em posição final de sílaba interior de palavra (exemplos: {arte} /áRte/ e {perna} /péRna/) como em posição final de palavra (exemplos: {ser} /séR/ e {lugar} /lugáR/).

Como já exposto no Capítulo 9, o arquifonema /R/ tem uma distribuição mista com vários alofones. Os diversos alofones que podem ser empregados para representar o arquifonema /R/ variam segundo três fatores: 1) a sua posição fonotática (se aparece em posição interior ou final de palavra e em posição final de palavra, se aparece diante de vogal ou consoante), 2) a natureza da consoante seguinte (se é sonora ou surda) e 3) o dialeto.

Quando ocorre em posição final de palavra diante de uma vogal que inicia a próxima palavra, o arquifonema /R/ torna-se uma consoante intervocálica que precisa realizar-se mediante a vibrante simples [ɾ].

O arquifonema /R/ aparece em outros três contextos: em posição final de palavra diante de uma consoante, em posição final absoluta ou em posição final de sílaba interior de palavra (que sempre será diante de consoante). Em todos esses contextos, existe uma distribuição livre em que há vários alofones possíveis. Há uma diferença importante entre a distribuição livre do fonema /r/ e a parte livre da distribuição mista do arquifonema /R/ porque este inclui tanto a vibrante simples [ɾ] quanto a vibrante múltipla [r], já que representa uma neutralização. A regra completa é:

$$/R/ \longrightarrow [ɾ] \; / \; \_\_\#V$$
$$[ɾ \; h \; χ \; r \; ʀ \; ʁ]^* \; / \; \text{n.o.l.}$$
*variantes dialetais/idioletais

A Tab. 19.31 mostra a aplicação dessa regra com exemplos do arquifonema /R/ em todos os contextos fonotáticos.[37] ◀≲

Fonotaticamente, do total das ocorrências do arquifonema /R/, 56,4% são em posição final de sílaba interior de palavra, enquanto 43,6% são em posição final de palavra.

Os alofones do arquifonema /R/

Os detalhes fonéticos da produção dos alofones da regra de distribuição do arquifonema /R/ já foram apresentados nas seções sobre os fonemas /ɾ/ ou /r/.

Outras observações fonéticas

O arquifonema vibrante /R/ apresenta muita variabilidade fonética, variabilidade essa que surge em parte por sua posição fonotática. Em português a coda

Contexto	Descrição do contexto	Exemplo	Transcrição fonológica	Transcrição fonética
R#V	final de palavra seguido de vogal	{ser outro}	/séRóutro/	[séróu̯tɾu]
R#C	final de palavra seguido de consoante	{ser novo}	/séRnóvo/	[sé†nóvu]
R$C	final de sílaba interior de palavra	{harpa}	/áRpa/	[á†pɐ]
R/	posição final absoluta	{ser}	/séR/	[sé†]

19.31 A aplicação da distribuição mista do arquifonema /R/. A cruz (†) representa indistintamente os alofones [ɾ h χ r ʀ ʁ].

silábica é a posição mais suscetível a debilitamento e neutralização. Além dos principais alofones alistados na parte livre da regra mista para o arquifonema /R/, aparecem vários outros alofones como resultado de distintos processos fonéticos nos diferentes dialetos e idioletos do português.

Entre os processos que afetam a variação alofônica do arquifonema /R/, encontram-se o ensurdecimento e a sonorização, que podem ocorrer com todos os alofones principais do arquifonema /R/ especificados na regra de distribuição mista. Assim os alofones sonoros [ɾ r ʀ ʁ] podem ensurdecer-se em [ɾ̥ r̥ ʀ̥ χ] diante de uma consoante surda ou em posição final absoluta. Os alofones surdos [h χ] podem sonorizar-se em [ɦ ʁ] diante de uma consoante sonora.[38]

Na seção sobre o fonema vibrante múltiplo /r/ já foi comentado que o alofone fricativo velar surdo /x/ podia substituir o alofone fricativo uvular surdo [χ]. O mesmo pode acontecer com o arquifonema /R/. Assim a palavra {parte} no Rio de Janeiro pode ser pronunciado tanto [páχʧi] quanto [páxʧi].[39]

Quanto ao alofone fricativo glotal surdo, ele é muito mais perceptível em posição interior de palavra [páhtu] ou interior de grupo fônico [faláhtagálo]. Quando ocorre em posição final de grupo fônico, porém, o som [h] torna-se muito menos audível e muitas vezes acaba sendo eliminado e [faláh] acaba sendo simplesmente [falá].[40]

Uma outra variante que ocorre com muita frequência, mas que não foi incluída na regra de distribuição livre é a aproximante retroflexa [ɻ]. Esse é o som do "r" comum do inglês em posição final de sílaba no inglês americano como na palavra {car} [kʰáɻ]. Esse som é a norma do dialeto chamado "caipira" que é comum no interior do estado de São Paulo, mas não na cidade. Exemplos são [póɻta] e [faláɻ]. Já se apresentou o diagrama articulatório na Fig. 19.21.[41]

Dicas pedagógicas e conselhos práticos

Quando o arquifonema /R/ aparece em posição final de palavra, seguido por outra palavra que comece com vogal, a pronúncia tem que ser com vibrante simples [ɾ]. Quando o arquifonema /R/ aparece em posição final seguido de palavra iniciada por consoante, a distribuição é livre e existem muitas opções, porém, de modo geral, é bom que o som escolhido para o arquifonema seja o mesmo som escolhido para o fonema /r/. Como conselho prático, é melhor que o anglofalante evite a produção do som retroflexo [ɻ] do inglês. Quando usado por brasileiros, é reconhecido como variante dialetal, mas o som retroflexo, se usado por americanos, poderá ser atribuído a seu sotaque estrangeiro.

Resumo

Os fonemas laterais e vibrantes tradicionalmente são classificados como fonemas líquidos. Ainda que essa classificação tenha certa utilidade fonotática, carece de valor fonético.

Os fonemas laterais

Em português existem dois fonemas laterais: o fonema lateral alveolar sonoro /l/ e o fonema lateral palatal sonoro /ʎ/. Eles opõem-se aos demais fonemas consonantais do português como demonstram os pares mínimos {cala} [kálɐ] {calha} [káʎɐ] {capa} [kápɐ] e {mala} [málɐ] {malha} [máʎɐ] {massa} [másɐ].

Conforme já apresentado no capítulo, o fonema /l/ tem duas regras de distribuição complementar: uma para o Brasil e outra para Portugal. As duas distribuições dependem basicamente da posição silábica. Em posição silábica explosiva, tanto o Brasil quanto Portugal usam o mesmo alofone laminoalveolar [l]. Em posição implosiva, ambas exibem velarização — deslateralizada no Brasil [w] e ainda lateral em Portugal [ɫ]. Em Portugal, diante de uma oclusiva dental [t d], ocorre uma assimilação ao ponto de articulação: [ɫ̪]. No Brasil, diante de uma oclusiva dental [t d] ocorre a mesma assimilação na consoante de transição: [ɫ̪]. No Brasil, a mesma assimilação também ocorre diante das africadas palatalizadas [tʃ dʒ], já que essas africadas palatais começam com uma oclusão pós-alveolar.

Como já visto, o fonema /l/ exibe certa variabilidade quanto ao ponto de articulação (dental ou alveolar) e à parte da língua que faz o contato (ápice ou lâmina). Já comentada também foi a base das distribuições que é a posição silábica.

O fonema /l/ do inglês também tem uma distribuição complementar que se baseia na posição silábica. Em posição inicial de sílaba, isto é, diante do núcleo silábico, emprega-se o mesmo alofone lateral laminoalveolar sonoro [l] que em português. Em posição inicial, depois de consoante oclusiva surda, emprega-se o alofone lateral alveolar ensurdecido [l̥], que não ocorre em português. Em posição final de sílaba, isto é, depois do núcleo silábico, emprega-se o alofone lateral apicoalveolar sonoro velarizado [ɫ], o mesmo som empregado nessa posição em Portugal.

Em português o fonema /l/ ocorre fonotaticamente tanto em posição inicial de palavra ou sílaba como em posição final de palavra ou sílaba. É também um dos fonemas consonantais (sendo o outro o fonema /ɾ/) que se combina com os fonemas oclusivos /p b k g/ ou com o fonema fricativo /f/ em grupos iniciais de palavra ou sílaba.

Os principais conselhos práticos para a boa pronúncia dos alofones do fonema /l/ em português são:

- O próprio som [l], que ocorre no ataque silábico, é igual nos dois idiomas.
- O /l/ nunca se ensurdece depois de consoante surda como ocorre em inglês.
- O /l/ assimila-se ao ponto de articulação de uma consoante dental seguinte.
- O /l/ na coda produz-se como [w] no Brasil e como [ɫ] em Portugal.

O outro fonema lateral, o fonema palatal /ʎ/, apesar de ter uma distribuição única, apresenta sim problemas para o anglofalante, já que não existe nenhum som equivalente em inglês. Os principais conselhos práticos para a boa pronúncia do alofone [ʎ] em português são:

- O inglês tem a sequência [ɫ.j] como na palavra {million}, que NÃO é um bom modelo do som [ʎ] do português, conforme já descrito no capítulo.
- Articula-se o [ʎ] com a língua em forma convexa, com o ápice escondido atrás dos dentes inferiores e o pré-dorso da língua em contato com toda a extensão do pré-palato.
- Há contraste entre [ʎ] e [lj] conforme explicado no capítulo, como exemplificam as palavras {filhar} e {filiar}.

Os fonemas vibrantes

Os fonemas /ɾ/ e /r/ opõem-se em português em posição inicial de sílaba interior de palavra como prova o par mínimo [káɾu káru]. Além dessa posição, o fonema /ɾ/ se combina com os fonemas oclusivos /p b t d k g/ ou com o fonema fricativo /f/ em grupos iniciais de palavra ou sílaba ou com o fonema fricativo /v/ em grupos iniciais de sílaba interior de palavra. O fonema /r/ ocorre em posição inicial de palavra e em posição inicial de sílaba interior de palavra depois de consoante alveolar. Em posição final de sílaba interior de palavra e em posição final de palavra, os fonemas vibrantes neutralizam-se no arquifonema /R/. Como se vê na Fig. 19.32, os fonemas vibrantes ocorrem em posição silábica explosiva ou no ataque silábico, enquanto se neutralizam em posição silábica implosiva ou na coda silábica.

O fonema /ɾ/ tem distribuição única, enquanto o fonema /r/ tem distribuição livre. O arquifonema /R/, por sua vez, tem uma distribuição mista, que especifica o alofone vibrante simples sonoro em posição final de palavra antes de vogal inicial da palavra seguinte e uma distribuição livre entre vários alofones nos outros lugares.

As principais dicas pedagógicas para a boa pronúncia dos alofones dos fonemas e o arquifonema vibrantes são:

- O único alofone vibrante simples alveolar sonoro [ɾ] do fonema /ɾ/ tem a mesma articulação que o alofone [ɾ], que é um dos alofones dos fonemas /t/ e /d/ do inglês, como, por exemplo, nas palavras {city} [síɾi] e {lady} [léɾi]. O estudante tem que evitar o uso do sons aproximantes [ɹ], [ɻ] e [ï].

- O fonema /r/ tem uma distribuição livre entre os alofones [h χ r ʀ ʁ]. O estudante deve usar o alofone compatível com a norma culta que tenha decidido seguir conforme explicado no capítulo.

- Em posição final de sílaba ou palavra os fonemas vibrantes neutralizam-se no arquifonema /R/. Em posição final de palavra antes de vogal inicial da palavra seguinte, o arquifonema realiza-se mediante o alofone vibrante simples alveolar sonoro [ɾ]. Em posição final de palavra ou final de sílaba seguida por consoante, há uma distribuição livre entre os alofones [ɾ h χ r ʀ ʁ]. O estudante deve usar o alofone compatível com a norma culta que tenha decidido seguir conforme explicado no capítulo.

Perguntas de revisão

1. Qual é a diferença entre líquida e lateral?

2. Quais são os fonemas laterais?

3. Compare as distribuições complementares do /l/ em inglês e do /l/ em português.

4. Compare as diferenças entre a regra de distribuição do /l/ no português brasileiro e no europeu.

5. Quais são as semelhanças e as diferenças entre o [ɫ] do português europeu e o [w] do português brasileiro?

6. Quais são os grafemas que correspondem ao fonema /ʎ/? Dê exemplos.

7. Compare os sons [ʎ] e [lj] do português fonética e fonologicamente, comentando as diferenças entre eles.

19.32 Os sons vibrantes na estrutura silábica.

Sílaba

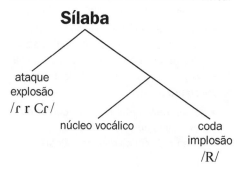

ataque
explosão
/ɾ r Cɾ/

núcleo vocálico

coda
implosão
/R/

Conceitos e termos

aproximante	labialização	sonorização
arredondado	lateral	sonorização retardada
aspiração	lateralização	uvular
deslabialização	líquida	velarização
deslateralização	palatograma	vibrante
ensurdecimento	retroflexo	vocalização
glotal	rótico	

8. Compare os sons [ʎ] do português e [ɫj] do inglês fonética e fonologicamente, comentando as diferenças entre eles.

9. Quais são as diferenças fonológicas entre os fonemas róticos do inglês e do português?

10. A que som inglês se compara o [ɾ] português? Dê exemplos e regras.

11. Comente o alofone [ɾ] fonética e fonologicamente.

12. Comente o alofone [r] fonética e fonologicamente.

13. Quais são as diferenças fonéticas e fonológicas entre [ɾ] e [r].

14. Compare os contornos fonotáticos em que ocorrem os fonemas /ɾ/ e /r/ e o arquifonema /R/.

15. Quais são os grafemas que correspondem ao fonema /r/? Dê exemplos.

16. O que é o arquifonema /R/? Onde ocorre na fonotática?

17. Explique a regra de distribuição do arquifonema /R/?

18. Comente a variação dialetal do fonema /r/.

19. Comente a variação dialetal do arquifonema /R/.

Exercícios de pronúncia

O fonema /l/

Pronuncie as seguintes palavras com o fonema /l/.[42] **EX**

afluente	dupla	legar
ágil	eslavo	legislar
aglomerar	exultar	plantar
aldeia	falcões	mil
alto	falso	rifle
aplicar	falta	sala
atlas	flor	saldo
atleta	globo	soslaio
balde	lábio	tal
blusa	lácio	tecla
bolsa	lado	total
caldo	largo	vislumbrar
claro	latir	vogal
desligar	leal	vulcão

O fonema /ʎ/

Pronuncie as seguintes palavras com o fonema /ʎ/.[43] **EX**

abelha	bilhete	centelha
agulhar	bolha	cisalhar
ajoelhar	borbulho	coelho
alheio	brilho	colher
alho	caixilho	colhera
arrolhar	calha	entulho
atalha	canalha	lhama
barulho	caolho	lhe
batalhar	carvalho	malha
bedelho	cascalho	silhueta
bilhares	cedilha	zilhão

O fonema /ɾ/

Pronuncie as seguintes palavras com o fonema /ɾ/.⁴⁴ EX

abrir	bruxa	freio
aclara	célebre	frito
alegre	cetro	garota
amparo	charuto	grande
aprovar	compra	grave
ara	crise	oprime
arado	crisma	padre
arame	cruz	parente
aroma	cura	paro
atrito	decifrar	pároco
atriz	desgrudar	paródia
atura	drena	prato
avaro	farol	tarifa
breve	fraco	truta

O fonema /r/

Pronuncie as seguintes palavras com o fonema /r/.⁴⁵ EX

abalroa	disruptivo	ração
acorre	enredo	radio
aferra	erro	raiz
arranha	enriquecer	ralha
arranque	enrolar	rapaz
arraça	ferrugem	rápido
arredado	genro	raposa
arrimo	guerra	rato
arrogante	honra	razão
burro	honra	reles
chilrear	irrita	rumo
desterro	raça	serra

O arquifonema /R/

Pronuncie as seguintes palavras com o arquifonema /R/.⁴⁶ EX

acordo	borda	farpado
alarme	cardo	fêmur
alvor	carga	forte
âmbar	certo	harpia
aorta	circo	largo
árduo	corte	órbita
armado	curto	órgão
arte	derme	torpe
autor	elixir	turco
barco	emir	urbano
berço	erguer	verbo

Recursos eletrônicos

1. 🔊 A oposição entre os fonemas laterais /l ʎ/.

2. 🔊 A fonotática dos fonemas laterais /l ʎ/.

3. 🔊 Pares mínimos com o fonema /l/.

4. 🔊 Distribuição complementar do fonema /l/ no português brasileiro e europeu. (Tab. 19.2)

5. 🔊 A palavra [kálɐ].

6. 🔊 A palavra {alto} no português brasileiro e europeu.

7. 🔊 A palavra {mal} [máw] no português brasileiro.

8. 🔊 A comparação da palavra {mal} no português europeu [máɫ] e no português brasileiro [máw]. (Fig. 19.10)

9. 🔊 O [ɫ] velarizado do inglês. (Fig. 19.12)

10. 🔊 O ensurdecimento do [l] em inglês.

11. 🔊 A comparação entre [u̯] e [w] no português brasileiro.

12. 🔊 A palavra [páʎɐ].

13. 🔊 O contraste entre {filhar/filiar} e {cilhar/ciliar}.

14. 🔊 O contraste entre [ʎ], [lj] e [ɫj] em português e inglês. (Tab. 19.15)

15. 🔊 O contraste entre {all you} do inglês e {alho} do português.

16. 🔊 A oposição entre os fonemas vibrantes /ɾ r/.

17. 🔊 A distribuição fonotática dos fonemas vibrantes e o arquifonema /R/. (Tab. 19.16)

18. 🔊 A distribuição fonotática do fonema vibrante simples /ɾ/. (Tab. 19.18)

19. 🔊 As palavras [káɾɐ] e [kádɐ].

20. 🔊 O fonema /ɾ/ nos seus três contornos fonotáticos.
21. 🔊 As palavras [káɾɐ] e [tóy̆ɾu].
22. 🔊 As palavras {três} do português e {trace} do inglês.
23. 🔊 As palavras [káɾu] e [káru].
24. 🔊 A distribuição fonotática do fonema vibrante múltiplo /r/. (Tab. 19.22)
25. 🔊 As variantes dialetais do fonema vibrante múltiplo /r/.
26. 🔊 O alofone [h] nas palavras [hímɐ] e [káho].
27. 🔊 O alofone [χ] nas palavras [χímɐ] e [káχo].
28. 🔊 Os alofones [x] e [χ] nas palavras [xímɐ], [káχo] e [búχo].
29. 🎥 Animação da vibrante múltipla alveolar [r].
30. 🔊 As palavras [káɾu] e [káru].
31. 🎥 A vibração do papelzinho.
32. 🔊 O alofone [ʀ] nas palavras [ʀímɐ] e [káʀu].
33. 🎥 Animação da vibrante múltipla uvular [ʀ].
34. 🔊 O alofone [ʁ] nas palavras [ʁímɐ] e [káʁo].
35. 🔊 Variantes prováveis e improváveis de {carro rápido}.
36. 🔊 A distribuição fonotática do arquifonema vibrante /R/. (Tab. 19.30.)
37. 🔊 A distribuição fonotática do arquifonema vibrante /R/ com as variantes dialetais. (Tab. 19.31)
38. 🔊 O ensurdecimento e a sonorização dos alofones do arquifonema vibrante /R/.
39. 🔊 Os alofones [χ] e [x] do arquifonema vibrante /R/.
40. 🔊 Os alofones [h] e o zero fonético para o arquifonema vibrante /R/.
41. 🔊 O alofone [ɻ] no dialeto caipira para o arquifonema vibrante /R/.
42. 🏋 Exercícios de pronúncia: o fonema /l/.
43. 🏋 Exercícios de pronúncia: o fonema /ʎ/.
44. 🏋 Exercícios de pronúncia: o fonema /ɾ/.
45. 🏋 Exercícios de pronúncia: o fonema /r/.
46. 🏋 Exercícios de pronúncia: o arquifonema /R/.

Capítulo 20

Encontros consonantais

A língua portuguesa permite vários tipos de encontros consonantais que serão examinados neste capítulo. Esses encontros podem ocorrer dentro de uma sílaba, dentro de uma palavra como também entre morfemas e entre palavras. Nessas sequências pode ocorrer uma ligação ou enlace, em que as consoantes podem fundir-se. Há também encontros consonantais que ocorrem no ataque ou na coda silábica e há encontros consonantais que aparecem em sílabas diferentes. Neste capítulo serão examinados os três tipos de encontros consonantais: consoantes homólogas, encontros consonantais dentro da mesma sílaba e encontros consonantais que atravessam o limite silábico.

Encontros de consoantes homólogas

Os encontros entre consoantes homólogas ocorrem entre duas palavras quando a primeira palavra termina em determinado fonema consonantal e a segunda palavra começa com o mesmo fonema. A solução fonética para tais encontros de dois fonemas consonantais homólogos ou idênticos depende tanto das consoantes envolvidas quanto do dialeto ou idioleto do falante. Em português não há encontros sistemáticos entre consoantes homólogas dentro de uma palavra.

Já que os encontros entre consoantes homólogas ocorrem só entre palavras diferentes e que são poucas as consoantes que aparecem em posição final de palavra, a lista desses encontros é muito curta. Como visto no Capítulo 10, há só um fonema e três arquifonemas que ocorrem sistematicamente em posição final de palavra em português: /l S N R/.

Encontros homólogos com o fonema /l/

Quando uma palavra termina no fonema /l/ e a palavra seguinte começa com /l/, a solução fonética pode variar segundo o dialeto do falante. Exemplos desse encontro são {mil lagos} e {funil leve}.

No Brasil, de acordo com a regra de distribuição para o fonema /l/, o /l/ em posição final de palavra realiza-se com a semivogal posterior não arredondada [ɰ] e com a lateral alveolar sonora [l] em posição inicial de palavra. Assim {mil lagos} é pronunciado [míɰlágus].

Em Portugal, de acordo com a regra de distribuição para o fonema /l/, o /l/ em posição final de palavra realiza-se mediante a lateral alveolar sonora velarizada [ɫ] e mediante a lateral alveolar sonora não velarizada em posição inicial de palavra [l]. O resultado fonético nesse caso, porém, não é uma sequência de [ɫl], mas sim, uma lateral alveolar sonora velarizada alongada [ɫː]. Assim {mil lagos} é pronunciado [míɫːágus].

A Fig. 20.1 contém os sonogramas da pronúncia brasileira e europeia de {mil lagos}.[1] Os sonogramas mostram três diferenças importantes quanto aos fonemas /l/. Primeiro, o [l] do PB dura 89 ms e o [ɫː] do PE dura 186 ms, mais ou menos o dobro do tempo. Segundo, os formantes da realização do /l/ são diferentes: o [l] do PB é alveolar sem velarização e o [ɫː] do PE é alveolar velarizado. Terceiro, no final da vogal [i] no PB vêm-se os formantes da semivogal posterior deslabializada, enquanto no PE vê-se a transição da vogal [i] diretamente à consoante [ɫː]. Como regra, esses fenômenos podem ser expressados da seguinte maneira:

$$/l/ \# /l/ \longrightarrow [\textrm{ɰl}] \textrm{ (Brasil)}$$
$$[\textrm{ɫː}] \textrm{ (Portugal)}$$

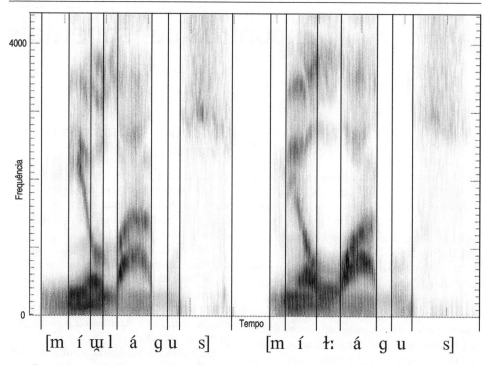

20.1 Sonograma de {mil lagus} pronúncia brasileira e europeia. O som [l] da pronúncia brasileira dura 89 ms e o [ɫː] alongado europeu dura 186 ms.

Encontros homólogos com o arquifonema /S/

Quando uma palavra termina no arquifonema /S/ (que representa a neutralização entre os fonemas /s/ e /z/) e a palavra seguinte começa com o fonema /s/ ou /z/, a solução fonética também pode variar segundo o dialeto do falante. Exemplos desse encontro são {os sapos} e {as zonas}. Como já apresentado, há duas regras de distribuição para o arquifonema /S/ — uma sem palatalização e outra com palatalização.

Nos dialetos sem palatalização o arquifonema /S/ realiza-se com uma fricativa alveolar que se assimila ao estado das cordas vocais da consoante seguinte. Quando a consoante seguinte é também uma fricativa alveolar, a solução fonética é uma fusão à mesma fricativa alveolar sem alongamento. Assim as palavras {os sapos} e {as zonas} realizam-se como [usápus] e [azónɐs]. As formas de onda da Fig. 20.2 contrastam {o sapo} com {os sapos} e {a zona} com {as zonas}, onde pode-se observar que o [s] e o [z] têm aproximadamente a mesma duração.[2] ◀⋲

Nos dialetos com palatalização o arquifonema /S/ realiza-se com uma fricativa palatal que se assimila ao estado das cordas vocais da consoante seguinte. Quando a consoante seguinte é uma fricativa alveolar, a solução fonética é a sequência de uma fricativa palatal com o mesmo estado das cordas vocais da fricativa alveolar seguinte. Assim as palavras {os sapos} e {as zonas} realizam-se como [uʃsápus] e [aʒzónɐs]. sonogramas da Fig. 20.3 mostram as sequências de [ʃs] e [ʒz] que têm maior duração que as consoantes [s] e [z] não alongadas dos dialetos sem palatalização mostradas na Fig. 20.2. De fato, o [s] plural da Fig. 20.2 durou 153 ms e o [ʃs] da Fig. 20.3 durou 262 ms — um aumento de duração de 71%. O [z] plural da Fig. 20.2 durou 142 ms e o [ʒz] da Fig. 20.3 durou 264 ms — um aumento de duração de 86%. Nas sequências de duas fricativas, é interessante também notar a duração relativa entre elas. Na Fig. 20.3 pode-se ver que na sequência [ʃs] a fricativa palatal [ʃ] ocupa 59% do tempo da produção das fricativas e a fricativa alveolar [s], 41%. Já na sequência

Encontros consonantais

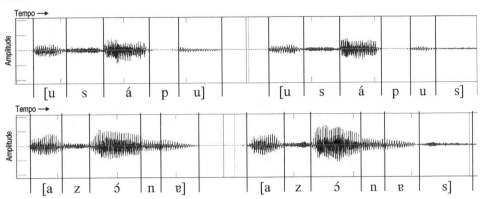

20.2 As formas de onda de {o sapo/os sapos} e {a zona/as zonas} no Brasil, mostrando a falta de alongamento no caso dos fonemas fricativos dos dialetos sem palatalização. O [s] de {o sapo} durou.158 ms e de {os sapos}, 153 ms. O [z] de {a zona} durou.150 ms e de {as zonas}, 142 ms.

[ʒz], a fricativa palatal [ʒ] ocupa 62% do tempo da produção das fricativas e a fricativa alveolar [z], 38%. o arquifonema /S/ também pode ocorrer diante de /ʃ/ e /ʒ/ como nas sequências {os chás} e {os jatos}. Nesses casos há fusão sem alongamento: [uʃáʃ] e [uʒátuʃ]. [3]

Como regra, esses fenômenos, tanto sem palatalização quanto com ela, podem ser expressos da seguinte maneira:

Sem palatalização:
/S/ # /s/ ⟶ [s]
/S/ # /z/ ⟶ [z]

Com palatalização:
/S/ # /s/ ⟶ [ʃs]
/S/ # /z/ ⟶ [ʒz]
/S/ # /ʃ/ ⟶ [ʃ]
/S/ # /ʒ/ ⟶ [ʒ]

20.3 Sonogramas de {os sapos} e {as zonas} em Portugal, mostrando a produção das sequências [ʃs] e [ʒz] nos encontros entre os arquifonema /S/ e os fonemas fricativos alveolares /s/ e /z/.

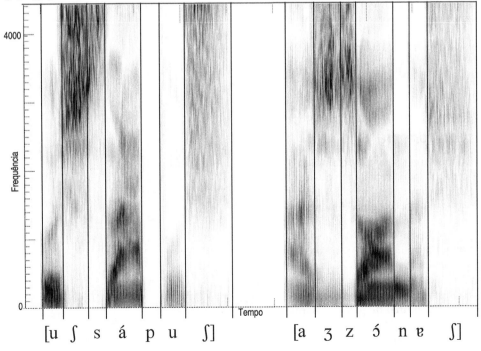

Encontros homólogos com o arquifonema /N/

Quando uma palavra termina no arquifonema /N/ (que representa a neutralização entre os fonemas /n/ e /m/) e a palavra seguinte começa com o fonema /n/ ou /m/, a solução fonética é bastante regular para todos os dialetos. Exemplos desse encontro são {um mato} e {maçã nova}. A solução fonética desses encontros já foi discutida no Capítulo 18. A Fig. 18.16 contém um nasograma e um sonograma que mostram o contraste ente {o mato} e {um mato}, o que permite ver o efeito do encontro /Nm/. A Fig. 18.22 contém um nasograma e um sonograma que mostram o contraste entre {o navio} e {um navio}, o que permite ver o efeito do encontro /Nn/. Como se vê nessas figuras, a solução fonética desses encontros é o alongamento tanto da vogal oronasal quanto da consoante nasal. No caso de {o mato/um mato} o [ũ] inicial aumentou em 34% e o som [m] aumentou em 48%. No caso de {o navio/um navio} o [ũ] inicial aumentou em 43% e o som [n] aumentou em 72%. No total a sequência /uN#m/ durou 41% mais que a sequência /u#m/, sequência /uN#n/ durou 58% mais que a sequência /u#n/.[4] Isso mostra que é a consoante nasal que aumenta mais nesses encontros. Já em forma de regra, pode-se expressar esse fenômeno da seguinte maneira:

$$/VN/ \#/m/ \longrightarrow [\tilde{V}{:}m{:}]$$
$$/VN/ \#/n/ \longrightarrow [\tilde{V}{:}n{:}]$$

Encontros homólogos com o arquifonema /R/

Quando uma palavra termina no arquifonema /R/ (que representa a neutralização entre os fonemas /ɾ/ e /r/) e a palavra seguinte começa com o fonema /r/ (lembrando que o fonema /ɾ/ não ocorre em posição inicial de palavra), a solução fonética varia muito de acordo com o dialeto, devido ao arquifonema /R/ ter distribuição mista e o fonema /r/ ter distribuição livre. Teoricamente, então, o arquifonema /R/ em posição final de palavra diante de /r/ em posição inicial da palavra seguinte poderia realizar-se mediante [ɾ r χ h ʀ ʁ]

e o fonema /r/ inicial de palavra mediante [r χ h ʀ ʁ]. Na prática, porém, poucas dessas trinta possíveis combinações ocorrem. De fato, a tendência predominante é empregar para o arquifonema /R/ o mesmo alofone empregado para o fonema /r/ seguinte, o que resulta numa fusão sem alongamento. Assim, a sequência {mar raso} pode ser articulada: [máɾazu], [máχazu], [máhazu], [máʀazu], [máʁazu].[5]

Os sonogramas confirmam que no encontro de /R/ com /r/ entre palavras não há alongamento da consoante fundida. Assim não há uma diferença fonética entre as sequências {sê ruim} e {ser ruim}, sendo elas diferenciadas só pelo contexto.[6]

Quando se emprega o alofone [ɾ] para o arquifonema /R/, porém, é preciso usar um alofone diferente para o fonema /r/, já que [ɾ] não pode ser alofone do fonema /r/. Isso acontece muito na norma culta paulistana com a sequência [ɾh] como em [máɾházu].[7] A Fig. 20.4 contém um sonograma que mostra a presença dessa sequência. A regra desse encontro resume-se da seguinte maneira:

$$/R/\ \#/r/ \longrightarrow [r\ \chi\ h\ ʀ\ ʁ]^*$$
$$/R/\ \#/r/ \longrightarrow [ɾh]\ \text{(norma de SP)}$$

*dependendo do dialeto

20.4 Sonograma de [máɾházu] na norma culta paulistana.

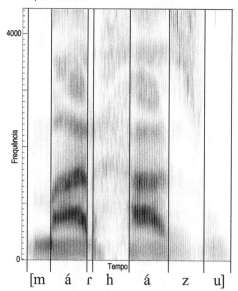

[m   á   ɾ   h   á   z   u]

Dicas pedagógicas

Os encontros consonantais homólogos do português são só quatro devido às regras fonotáticas que só permitem /l S N R/ em posição final de palavra. A solução fonética para esses encontros é variada: ocorre a fusão sem alongamento, a fusão com alongamento como também a produção de um som para cada fonema. A solução também pode variar segundo o dialeto. Por isso, o aluno precisa tanto seguir as regras já apresentadas como também evitar as regras do inglês para esses encontros.

O inglês tem duas tendências no processamento de encontros consonantais homólogos. A mais comum é o alongamento que ocorre com quase todas as consoantes inglesas. Assim, a sequência {white tie} vira [hwáɪtːʰáɪ], {this sea} vira [ðɪsːíɪ] e {for real} vira [fɔɹːɪ́ɪɫ].[8] ◀⋦ O processo de alongamento não é geral em português. É especialmente importante lembrar que não ocorre com /S/. Ocorre com /N/ conforme a regra dada e com [ɫː] em Portugal.

Outra tendência do aluno de fala inglesa ao aprender português é a de separar as consoantes homólogas, pensando erroneamente que precisa haver uma separação entre as palavras. Ele faz isso mediante a intercalação de um golpe de glote [ʔ], semelhante ao que costuma produzir-se entre as vogais homólogas em inglês, por exemplo {for real} [fɔɹʔɪ́ɪɫ], como mostra o seguinte gráfico:[8] ◀⋦

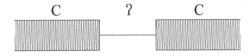

Conselhos práticos

O anglofalante que queira adquirir uma boa pronúncia das sequências de consoantes homólogas do português deve:

- selecionar o dialeto que quer imitar;
- aplicar a regra de cada um dos quatro encontros de acordo com esse dialeto;
- evitar a interferência negativa do inglês quanto ao alongamento indevido ou à intercalação de um golpe de glote [ʔ] entre as consoantes homólogas.

Encontros consonantais tautossilábicos

Fonológica e foneticamente, as sequências de duas consoantes heterólogas dentro da mesma sílaba chamam-se encontros consonantais **tautossilábicos**. São mais comuns no ataque silábico, mas ocorrem também na coda. Quando o encontro ocorre no ataque silábico, ou seja em posição explosiva, a sílaba conterá duas consoantes inseparáveis antes do núcleo vocálico: $CCV. Quando o encontro ocorre na coda silábica, ou seja em posição implosiva, a sílaba conterá duas consoantes depois do núcleo vocálico: VCC$. Os encontros consonantais na coda não formam um grupo inseparável, como se verá mais adiante. Em português é fonotaticamente impossível que haja três consoantes seguidas na mesma sílaba.

Encontros tautossilábicos consonantais no ataque

Como se apresentou no Capítulo 10 sobre a fonotática, os únicos encontros de duas consoantes no ataque silábico, seja em posição inicial de palavra ou em posição inicial de sílaba interior de palavra, são combinações de um fonema oclusivo ou um fonema fricativo labiodental com um fonema líquido, ou seja, /l/ ou /ɾ/. De todas as possíveis combinações, há só duas que não ocorrem: /dl/ e /vl/. Os encontros /tl/ e /vɾ/ só ocorrem em posição interior de palavra, mas nunca em posição inicial de palavra. Os encontros tautossilábicos, também chamados inseparáveis ou perfeitos, são apresentados na Tab. 20.5, repetida do Capítulo 10.

Dicas pedagógicas para encontros consonantais iniciais com /l/

Ao produzir os encontros consonantais iniciais com /l/, é preciso lembrar que quando o encontro consonantal começa com oclusiva surda, a consoante lateral seguinte em inglês torna-se um som lateral alveolar ensurdecido [l̥], como nas palavras {play} [pl̥éɪ] e {climb} [kl̥áɪm]. Esse ensurdecimento é o equivalente da aspiração do inglês que ocorre após as consoantes

/p t k/ /b d g/ /f v/	/l/ /ɾ/
oclusiva ou /f v/ (obstruinte)	líquida (soante)
pl	pɾ
*tl	tɾ
kl	kɾ
bl	bɾ
dl ✖	dɾ
gl	gɾ
fl	fɾ
vl ✖	*vɾ

*somente interior de palavra

20.5 Encontros consonantais no ataque. O símbolo ✖ indica que a combinação não existe.

oclusivas surdas iniciais como na palavra {pie} [pʰái̯], em que o som depois da oclusiva surda começa com um ensurdecimento, ou vocalização retardada. Esse fenômeno não ocorre em português e o estudante precisa ter cuidado para produzir o som lateral alveolar sonoro logo em seguida dessas consoantes: {pleno} [plénu], {clima} [klímɐ].⁹ ◀≋ Nesses encontros do português, a vocalização começa com a abertura da oclusiva; isto é, o VOT é zero.

O grupo [fl] não presenta nenhum problema especial, sendo muito parecido com o inglês.

Dicas pedagógicas para encontros consonantais iniciais com /ɾ/

Ao produzir os encontros consonantais iniciais com /ɾ/, é preciso lembrar-se que o som português [ɾ] é um som vibrante simples alveolar sonoro que é muito diferente do som aproximante alveolar inglês [ɹ] que aparece nos encontros semelhantes do inglês. É muito importante que o aluno pratique a pronúncia da vibrante simples nesse contexto.

Como no caso dos encontros com /l/, o encontro com /ɾ/ após oclusiva inicial surda também merece atenção especial. Em inglês, esses encontros resultam num som aproximante alveolar ensurdecido [ɹ̥], como nas palavras {pray} [pɹ̥éi̯], {try} [tɹ̥ái̯] {crime} [kɹ̥ái̯m]. Outra vez, esse ensurdecimento é o equivalente da aspiração do inglês que ocorre após consoantes oclusivas surdas iniciais como na palavra {pie} [pʰái̯], em que o som seguinte à oclusiva surda começa com um ensurdecimento ou vocalização retardada. Esse fenômeno não ocorre em português e o aluno precisa ter cuidado para produzir o som vibrante simples alveolar sonoro logo em seguida dessas consoantes: {prato} [pɾátu], {três} [tɾés] e {cruz} [kɾús].¹⁰ ◀≋

Os grupos [fɾ] e [vɾ] são menos problemáticos já que o som inicial não é oclusivo. Mesmo assim, o aluno tem que evitar a tendencia de produzir a sequência ensurdecida [fɹ̥] do inglês.

Encontros tautossilábicos consonantais na coda

Como apresentado no Capítulo 10 sobre a fonotática, os encontros consonantais mais frequentes na coda silábica são combinações em que os arquifonemas /N/ e /R/ vem seguidos do arquifonema /S/. Também existem raros exemplos dos fonemas /b d l/ seguidos do arquifonema /S/. A Tab. 20.6 apresenta essas possibilidades.

Os encontros tautossilábicos na coda são fundamentalmente diferentes dos encontros no ataque. No ataque, os encontros são inseparáveis, isto é, o encontro /pɾ/, por exemplo, nunca pode separar-se em duas sílabas diferentes. Na coda, porém, os encontros podem separar-se, dependendo do contorno fonológico. O encontro /NS/ ocorre na mesma sílaba na palavra /traNS.póR.te/, mas separa-se na palavra /kaN.sáR/.

O encontro /NS/ dentro da mesma sílaba ocorre na coda em posição final de sílaba interior de palavra, mas, devido à flexão morfológica, ocorre também em posição

Encontros consonantais

/N/ /R/ /l/ /b/ /d/	/S/
arquifonemas/fonema soantes fonemas oclusivos anteriores sonoros	fricativa /S/ (obstruinte)
NS ou RS bS ou dS	

20.6 Encontros consonantais na coda.

final de palavra. A maioria dos exemplos desse encontro em posição interior de palavra devem-se ao prefixo *trans-*: *transbordar, transferir, transportar*. Existem também outros exemplos como *inspirar* e *monstro*. Abundam exemplos do encontro em posição final de palavra devido às formas plurais: *maçãs* /masáNS/, *bens, fins, bons* e *comuns*.[11]◀≲

O encontro tautossilábico /RS/ também ocorre na coda somente em posição final de sílaba interior de palavra. O encontro é raro, existindo só nos exemplos de *perscrutar, perspicaz, perspectiva e superstição*. O encontro /lS/ só existe na palavra *solstício*.[12]◀≲

Os encontros com /bS/ e /dS/ são raríssimos. As palavras {abs.ter} e {ads.tri.to} constam entre os poucos exemplos. Mesmo assim, essas palavras costumam sofrer uma ressilabação com a inserção de uma vogal epentética que altera a estrutura silábica para evitar o encontro de duas consoantes na coda. Essas palavras, então, costumam ser pronunciadas como [a.bis.tér] e [a.dʑis.trá.tu] no Brasil. A vogal epentética em Portugal é [ɨ].[13]◀≲

Dicas pedagógicas

Os três arquifonemas que aparecem nos encontros da coda silábica seguem as suas regras de distribuição de acordo com o conceito de **coesão dialetal**, princípio que descreve a necessidade de que todas as variantes alofônicas escolhidas pelo falante ocorram no mesmo dialeto. Assim, a palavra {perspicaz} pode realizar-se com [perspikás] ou [peχʃpikáiʃ], a palavra {trens} como [trẽɪ̃s] ou [trẽɪ̃ʃ].[14]◀≲

No encontro entre uma consoante oclusiva e o arquifonema /S/ na coda silábica, costuma-se inserir uma vogal epentética para separar as duas consoantes, acrescentando uma sílaba à palavra. Com o encontro /NS/, a vogal epentética é desnecessária pois o arquifonema /N/ só nasaliza a vogal precedente e a consoante nasal ou se realiza como consoante nasal de transição ou desaparece.

Encontros consonantais heterossilábicos

Fonológica e foneticamente, as sequências de duas consoantes heterólogas que pertençam cada uma a uma sílaba diferente chamam-se encontros consonantais **heterossilábicos**. Existem muitas possibilidades de tais encontros, porém, devido à fonotática geral do português, muitos deles são raros e ocorrem em palavras rebuscadas não usadas no dia a dia. Esses encontros, também chamados imperfeitos ou disjuntos, podem ocorrer tanto dentro de uma só palavra (C$C) como entre duas palavras (C#C).

Encontros heterossilábicos consonantais na mesma palavra

Como se apresentou no Capítulo 10 sobre a fonotática, em posição final de sílaba interior de palavra, pelo menos ortograficamente, ocorrem todos os fonemas consonantais com a exceção de /v ʃ ʒ ɲ ʎ/. Podem-se incluir aqui também os fonemas /s z m n ɾ r/, que, nessa posição, se neutralizam nos arquifonemas /S N R/. Por outro lado, em posição inicial de sílaba interior de palavra após consoante ocorrem todos os fonemas menos /ɲ ʎ r/.

São onze as consoantes que podem aparecer em posição final de sílaba interior de palavra e dezesseis as que podem ocorrer em posição inicial de sílaba interior de palavra. Excetuando-se as combinações de consoantes homólogas, então, são teoricamente 176 possíveis encontros de C$C. De todos esses possíveis encontros, mesmo contando exemplos de cultismos e estrangeirismos, há somente 91 que se apresentam em palavras portuguesas; isto é, o português emprega somente 52% dos encontros que teoricamente seriam possíveis.

Há dois motivos pelos quais os encontros consonantais heterossilábicos são limitados. O primeiro é relacionado à estrutura silábica do português, que se comentará mais a fundo no próximo capítulo. Basta dizer por agora que o português prefere uma estrutura silábica CV/CV/CV. Historicamente, portanto, a tendência foi eliminar os encontros consonantais entre sílabas; os que sobreviveram são anomalias fonotáticas. Contudo, ainda existem algumas palavras cultas ou semicultas que mantém tais encontros da palavra fonte. Como já explicado, os cultismos são palavras de uso acadêmico ou eclesiástico que se integraram ao português em época tardia e que não se adaptaram totalmente a seu sistema fonológico. Às vezes existem dobletes etimológicos, que são duas palavras que vêm do mesmo radical, uma que é cultismo e uma que se adaptou ao sistema fonológico do português, havendo perdido a sequência C$C. Exemplos incluem advir/avir, afectar/afeitar, concepção/conceição, obscuro/escuro, signo/sino.

Os encontros consonantais heterossilábicos ocorrem tanto em palavras fonotaticamente sistemáticas como em cultismos (ou semicultismos) com estruturas fonotáticas clássicas do latim ou de outros idiomas estrangeiros. Há também alguns encontros que simplesmente não ocorrem. As próximas duas seções apresentam os possíveis encontros consonantais heterossilábicos com exemplos de palavras que os contém. Primeiro, serão examinados os encontros em que a segunda sílaba começa com uma obstruinte. Segundo, serão examinados os encontros em que a segunda sílaba começa com uma soante.

Encontros consonantais heterossilábicos com obstruinte no início da segunda sílaba

A Tab. 20.7 apresenta os encontros consonantais em que o segundo elemento, isto

20.7 Tabela dos possíveis encontros consonantais entre sílabas (C$C) em que a segunda sílaba começa com obstruintes. A coluna indicadora contém todas as consoantes que podem terminar uma sílaba interior de palavra. O cabeçalho da tabela contém todas as consoantes obstruintes que podem iniciar uma sílaba interior de palavra. As casas com o símbolo "✱" indicam encontros inexistentes. As casas sombreadas representam encontros que resultam na inserção de uma vogal epentética.

C↓$C→	/p/	/t/	/k/	/b/	/d/	/g/	/f/	/v/	/s/	/z/	/ʃ/	/ʒ/
/p/	✱	apto	✱	✱	✱	✱	✱	✱	lapso	✱	✱	✱
/t/	✱	✱	✱	✱	✱	✱	✱	✱	pizza	✱	✱	✱
/k/	✱	pacto	✱	✱	✱	✱	✱	✱	tóxico	✱	✱	✱
/b/	subpolar	obter	subcorpo	sub-base	abdicar	subgrupo	subface	óbvio	absurdo	subzona	subchefe	subgênero
/d/	adpresso	✱	vodca	✱	ad-digital	✱	✱	advir	adsorver	✱	✱	adjetivo
/g/	✱	✱	✱	✱	amígdala	✱	✱	✱	✱	✱	✱	✱
/f/	✱	afta	✱	✱	✱	✱	✱	✱	✱	✱	✱	✱
/l/	culpa	alto	palco	álbum	molde	algo	golfo	alvo	alça	azulzinho	colcha	fulgir
/S/	aspa	gosto	asco	esboço	desde	rasgar	esfera	desvio	✱	✱	✱	disjunto
/N/	campo	anta	banco	ambos	ainda	canga	enfadar	envio	canso	onze	encho	longe
/R/	torpe	arte	arco	orbe	borde	órgão	órfão	servo	verso	serzir	marcha	forja

é o elemento inicial da segunda sílaba, é uma obstruinte.[15] ◀€ Pode-se notar que, teoricamente, há muitas as combinações possíveis para esse tipo de encontro, mas poucas realmente ocorrem. O símbolo "✱" assinala os encontros inexistentes. As casas sombreadas indicam que o encontro resulta na inserção de uma vogal epentética.

Vogais epentéticas

Como já introduzido antes, uma vogal epentética é uma vogal inserida na cadeia fônica para adequá-la à fonotática da língua portuguesa. De modo geral, a vogal epentética é mais proeminente no Brasil, especialmente na fala popular/informal. Mesmo assim, a sua presença também é visível nos sonogramas do português europeu.

A vogal epentética ocorre em três circunstâncias. Na primeira, serve para separar duas consoantes de um encontro consonantal entre consoante oclusiva e certas consoantes no começo da sílaba seguinte.

A natureza da vogal epentética pode variar em três dimensões: o timbre, a duração e o estado das cordas vocais. Quanto ao timbre, a vogal epentética no Brasil costuma ser a fechada anterior [i] ([o.bi.téɾ]); em Portugal costuma ser a fechada central [ɨ] ([o.bɨ.téɾ]). Quanto à duração, a vogal epentética pode variar entre a duração de uma vogal átona normal ([o.bi.téɾ]) e uma simples distensão da oclusiva ([o.bⁱ.téɾ]). Quanto ao estado das cordas vocais, a vogal epentética pode ser sonora ([o.bi.téɾ]) ou surda ([pá.kɪ̥.tʊ̥]). O ensurdecimento da vogal ocorre optativamente depois de uma consoante oclusiva surda e com mais frequência entre consoantes surdas. O Capítulo 16 contém vários sonogramas que mostram todas essas possibilidades. A Fig. 20.8 contém sonogramas da palavra {ritmo} que contrastam a pronúncia típica de São Paulo e Lisboa.[16] ◀€

É importante comentar o efeito que a vogal epentética [i] tem sobre a consoante que a precede nos dialetos de palatalização de /t/ e /d/. A regra de distribuição nesse contexto especifica a sua realização como africada palatal diante da vogal [i], resultando nas sequências [t͡ʃi] e [d͡ʒi] nas palavras {ritmo} e {advogado}. Assim {adjetivo} vira [a.d͡ʒi.ʒe.t͡ʃí.vu] e {Rio de Janeiro} vira [χiu̯d͡ʒiʒanéiɾu] ou simplesmente [χiu̯d͡ʒanéiɾu].[17] ◀€

A segunda circunstância em que ocorre a vogal epentética é em posição final de palavra quando a palavra é estrangeirismo, sigla ou de origem onomatopeica terminada num fonema fonotaticamente impróprio para posição final de palavra. Exemplos incluem {clube} — já adaptado ortograficamente — [klúbi/klúbɨ], {UNICEF} [uniséfi/uniséfⁱ], {tique-taque} — já adaptado ortograficamente — [t͡ʃíkitáki/tíkɨtáki].[18] ◀€

A terceira circunstância em que se insere uma vogal epentética é entre as consoantes de certos encontros consonantais assistemáticos como {gn}, {pn}, {pt}, {ps}. Exemplos são: {gnomo}, {pneu}, {Ptolomeu} e

20.8 Sonogramas de {ritmo} de São Paulo e Lisboa, mostrando a produção das vogais epentéticas [i] e [ɨ].

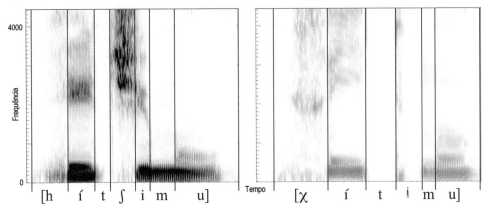

{psicólogo}. Na pronúncia dessas palavras, esses encontros são separados por uma vogal epentética, seja [i] ou [ɨ]: [gi.nó.mu/ gɨ.nó.mu], [pi.néu/pe.néu], [pi.tó.lo.méu̯] e [pi.si.kó.lo.gu].¹⁹ ◀͟

Encontros entre fonemas obstruintes

Há muito poucas palavras com encontros consonantais heterossilábicos que começam com uma oclusiva surda. Nesses casos, a oclusiva surda sempre precede uma consoante surda, por exemplo: {lapso} e {pacto}.

De todos os possíveis encontros entre consoantes oclusivas surdas e outra consoante oclusiva, só ocorrem dois. Nesses encontros, /pt/ e /kt/, existe a forte tendência à produção de uma vogal epentética que as separe, mesmo que seja uma simples distensão da primeira consoante na transição do ponto de oclusão para a segunda consoante. Já que ocorre entre duas consoantes surdas, o ensurdecimento da vogal epentética é frequente. Assim a palavra {apto} pode-se pronunciar como [ápᶦtu] no Brasil, como se vê na Fig. 16.15, e [ápᶦtu] em Portugal.²⁰ ◀͟

De todos os possíveis encontros entre oclusivas surdas e fricativas, ocorrem todas as possibilidades com o fonema /s/: /ps/, /ts/ e /ks/. Assim a palavra {lapso} é pronunciada como [lápsu], sem vogal epentética. Os exemplos, porém, são limitados.²⁰ ◀͟

As palavras que contêm encontros consonantais heterossilábicos iniciados por oclusiva sonora são mais numerosas que as que contêm esse tipo de encontro iniciado por oclusiva surda. Como se pode ver na Tab. 20.7, isso ocorre principalmente devido aos prefixos *sub-* e *ad-*.

Nos encontros em que uma oclusiva sonora é seguida por obstruinte, se a oclusiva for /b/, ocorrem todas as combinações. Quando a segunda consoante é oclusiva, esses encontros produzem-se com uma vogal epentética. A palavra {obter} serve de exemplo como explicado na página anterior. Diante de fricativa esses encontros podem produzir-se com vogal epentética ou sem ela no Brasil e sem ela em Portugal. Serve de exemplo a palavra {óbvio} que pode ser pronunciada como [ɔ́.bi.viu] até [ɔ́b.vju]. Quando se trata do prefixo *ab-* ou *sub-*, porém, a tendência à vogal epentética no Brasil é mais forte: [a.bi.dʒi.káɾ], [a.bi.súɾ. du], [su.bi.dʒi.vi.dʒíɾ].²¹ ◀͟

No caso do fonema /d/ antes de obstruinte só existem seis dos doze encontros possíveis. Esses encontros costumam produzir-se com vogal epentética mesmo que seja com uma simples distensão da primeira oclusiva. No Brasil, quando se trata do prefixo *ad-*, a tendência à vogal epentética é mais forte. Como exemplo cite-se {advir} que no Brasil pode ser [a.dʒi.víɾ] e em Portugal [a.dɨ.víɾ]. como se vê na Fig. 16.36.²² ◀͟

No caso do fonema /g/ diante de obstruinte só existe o exemplo da palavra {amígdala}. Em Portugal, o encontro realiza-se com uma vogal breve epentética que é só a distensão do som [g] antes da oclusão para o som [d]: [a.mí.gᶦ.dɐ.lɐ]. No Brasil, o encontro já se reduziu simplesmente a [d] até na ortografia: [a.mí.dɐ.lɐ].²³ ◀͟

O fonema /f/ diante de obstruinte só existe no encontro /ft/ que se produz sem vogal epentética. Existem muito poucos exemplos como a palavra {afta} [áftɐ].²³ ◀͟

Encontros entre /l S N R/ e obstruintes

A situação com as soantes ou o arquifonema /S/ como o primeiro elemento de um encontro consonantal heterossilábico é muito diferente. Nesses encontros não se introduz vogal epentética e, com três exceções ocorrem todas as combinações. Como se vê na Tab. 20.7, o fonema /l/ e os arquifonemas /N R/ formam esse tipo de encontro diante de todos os fonemas obstruintes. As três exceções ocorrem com o arquifonema /S/.

Com o fonema /l/ em posição final de sílaba seguido de consoante obstruinte, a aplicação da regra complementar resulta no alofone [w] no Brasil e [ɫ] em Portugal, com os alofones [ɫ̪] e [ɫ̪] respectivamente diante de oclusivas dentais. Esses alofones simplesmente se produzem diante da obstruinte que os segue. Exemplos no Brasil são [kúw.pɐ], [áɫ̪.tu] e [áw.vu]; em Portugal, [kúɫ.pɐ], [áɫ̪.tu] e [áɫ.vu].²⁴ ◀͟

Com o arquifonema /S/ em posição final de sílaba seguido de consoante obstruinte, a aplicação da regra de distribuição complementar resulta nos alofones [s] e [z] em dialetos sem palatalização e nos alofones [ʃ] e [ʒ] em dialetos com palatalização. Cada regra baseia-se no princípio de assimilação ao estado das cordas vocais da consoante seguinte. Exemplos sem palatalização são [ás.pɐ] e [haz.gáɾ]; exemplos com palatalização são [áʃ.pɐ] e [ʀaʒ.gáɾ]. Em interior de palavra, o arquifonema /S/ não ocorre antes de sibilantes, isto é, /s z ʃ ʒ/, com a exceção de {disjunto}: [diz.ʒṹⁿ.tu] sem palatalização e [di.ʒṹⁿ.tu] com palatalização.[25]

Com o arquifonema /N/ em posição final de sílaba seguido de consoante obstruinte, a aplicação da regra de distribuição complementar resulta na nasalização vocálica da vogal precedente. Se a consoante inicial da sílaba seguinte for oclusiva, africada ou fricativa labiodental, ocorre uma consoante nasal de transição na passagem da vogal nasalizada para a oclusiva. Em todos os outros casos, só ocorre a nasalização da vogal, sem consoante de transição. O Capítulo 18 contém exemplos, sonogramas e nasogramas que explicam os detalhes fonéticos desses encontros. Com o /N/ não existe variação dialetal com a exceção do grau de nasalização vocálica discutida também no Capítulo 18. Exemplos incluem [kẽᵐ.pu], [ẽᵐ.fa.dáɾ] e [kẽsɐ].[26]

Com o arquifonema /R/ em posição final de sílaba diante de consoante obstruinte, a aplicação da parte livre da regra de distribuição mista resulta em muitas opções dialetais. Assim a palavra {arco} pode ser realizada como [áɾ.ku], [ár.ku], [áχ.ku], [áʀ.ku], ou [áʁ.ku]. Diante de consoantes surdas, também pode haver ensurdecimento dos alofones sonoros: [áɾ̥.ku], [áṛ.ku], ou [áʁ̥.ku].[27]

Encontros consonantais heterossilábicos com soante no início da segunda sílaba

A Tab. 20.9 apresenta os encontros consonantais em que o segundo elemento, isto é o elemento inicial da segunda sílaba, é uma soante.[28] Pode-se notar que são relativamente poucos os encontros que não ocorrem. O símbolo "✻" indica os encontros inexistentes. As casas sombreadas indicam que o encontro resulta na inserção de uma vogal epentética. As casas riscadas

C↓$C→	/m/	/n/	/l/	/ɾ/ /r/
/p/	✻	hipnose	duplo	compra
/t/	ritmo	étnico	atlas	cetro
/k/	dracma	técnico	tecla	concreto
/b/	submerso	abnegar	tablado	obrigar
/d/	admirir	adnato	adligar	ladra
/g/	dogma	digno	sigla	alegre
/f/	✻	✻	afluir	cifra
/v/	✻	✻	✻	livre
/l/	alma	vulnerável	✻	melro
/S/	mesmo	cisne	deslizar	disruptivo
/N/	✻	✻	enlaço	honra
/R/	arma	perna	perla	✻

20.9 Tabela dos possíveis encontros consonantais entre sílabas (C$C) em que a segunda sílaba começa com soante. A coluna indicadora contém todas as consoantes que podem terminar uma sílaba interior de palavra. O cabeçalho da tabela contém todas as consoantes obstruintes que podem iniciar uma sílaba interior de palavra. As casas com o símbolo "✻" indicam encontros inexistentes. As casas sombreadas representam encontros que resultam na inserção de uma vogal epentética. As casas riscadas indicam que o encontro é inseparável e assim ocorre em posição inicial de sílaba. Nas casas riscadas, o fonema vibrante é /r/ e nas demais é /ɾ/.

indicam que o encontro é inseparável e que ocorre em posição inicial de sílaba.

Encontros de fonemas obstruintes seguidos de soantes

Os fonemas soantes que podem seguir um fonema obstruinte podem ser divididos em dois grupos: nasais, isto é, /m/ e /n/, e líquidas, isto é, /l/ e /r/. Como se pode observar, o fonema fricativo /f/ não ocorre antes de fonemas nasais. Também não existe o encontro /pm/.

Quando um encontro consiste de um fonema oclusivo seguido de um fonema nasal, a sequência se produz mediante a inserção de uma vogal epentética, que pode variar desde uma vogal plena até uma simples distensão da consoante oclusiva (ou africada no caso de dialetos com palatalização). Depois de uma consoante surda, a vogal epentética pode ensurdecer-se. Assim, a palavra {ritmo} pode ser [hí.tʃi̥.mu] em São Paulo e [ʁí.tɨ.mu] em Lisboa, como se vê na Fig. 20.8.[29] ◀∈

Os encontros em que um fonema obstruinte é seguido de um fonema líquido nunca são heterossilábicos, mas sim encontros consonantais inseparáveis tautossilábicos que constituem o ataque da próxima sílaba. Assim a palavra {duplo} vira [dú.plu] e a palavra {livre} vira [lí.vɾi/lí.vɾɨ].[30] ◀∈

Há também algumas outras restrições quanto aos encontros inseparáveis. Como já comentado, o encontro /vɾ/ aparece só em posição inicial de sílaba interior de palavra e nunca em posição inicial de palavra. O encontro /vl/ não ocorre em palavras portuguesas. O encontro /dl/ não ocorre como grupo inseparável e entre sílabas só aparece na palavra {adligar} com o prefixo *ad-*. Como /dl/ não é um encontro inseparável, a palavra pronuncia-se com vogal epentética, isto é, [a.dʒi.li.gáɾ] até [adⁱ.li.gáɾ].[31] ◀∈

Encontros entre /l S N R/ *e soantes*

No caso dos fonemas /l S N R/ antes de soantes, todas as combinações existem menos as que seriam homólogas.

Com o fonema /l/ em posição final de sílaba diante de consoante soante, a aplicação da regra complementar resulta no alofone [ɰ] no Brasil e [ɫ] em Portugal. Esses alofones simplesmente se produzem diante da soante que segue. Exemplos no Brasil são {alma} [áɰ.mɐ], {vulnerável} [vuɰ.ne.ɾá.veɰ] e {melro} [méɰ.hu]. No último caso o fonema /r/ poderia realizar-se mediante qualquer das variantes da distribuição livre que tenha coesão dialetal. Em Portugal, esses exemplos seriam [áɫ.mɐ], {vulnerável} [vuɫ.ni.ɾá.vɛɫ] e {melro} [méɫ.ʁu], com o mesmo comentário referente ao fonema /r/.[32] ◀∈

Com o arquifonema /S/ em posição final de sílaba diante de consoante soante, a aplicação da regra de distribuição complementar resulta nos alofones [s] e [z] em dialetos sem palatalização e nos alofones [ʃ] e [ʒ] em dialetos com palatalização. Cada regra baseia-se no princípio de assimilação ao estado das cordas vocais da consoante que segue. Exemplos sem palatalização do /S/ são [méz.mu], [síz.ni], [dez.li.záɾ] e [dʒis.hu.pi̥.tʃí.vu]. Os mesmos exemplos com palatalização são [méʒ.mu], [síʒ.ni], [deʒ.li.záɾ] e [dʒiʃ.ʁu.pi̥.tʃí.vu]. Outra vez, a pronúncia do /r/ varia também com o dialeto.[33] ◀∈

Com o arquifonema /N/ em posição final de sílaba diante de consoante soante não nasal, a aplicação da regra de distribuição complementar resulta só na nasalização vocálica da vogal precedente sem consoante nasal de transição. Exemplos incluem {enlaço} [ẽ.lá.su] e {honra} [ṍ.hɐ], com a mesma variabilidade quanto ao fonema /r/.[34] ◀∈

Com o arquifonema /R/ em posição final de sílaba diante de consoante soante, a aplicação da parte livre da regra de distribuição mista resulta em muitas opções dialetais. Assim a palavra {arma} pode ser realizada como [áɾ.mɐ], [áɾ.mɐ], [áχ.mɐ], [áʀ.mɐ], ou [áʁ.mɐ]. A mesma variabilidade ocorre nas palavras como {perna} e {orla}.[35] ◀∈

Outros possíveis encontros

Até agora só foram examinados os encontros de C$C, mas existe também a possibilidade de grupos consonantais tanto na coda quanto no ataque, isto é: CCC, CCC e CC$CC.

As sequências C$CC. As possibilidades para a consoante simples implosiva em português incluem onze fonemas: /p t k b d g f l S N R/. As possibilidades para os encontros consonantais em posição explosiva são catorze /pl pɾ tl tɾ kl kɾ fl fɾ bl bɾ dɾ gl gɾ vɾ/. Isso dá uma possibilidade de 154 sequências de C$CC, porém, só 44 (28,6%) desses encontros de fato ocorrem em palavras do português. As palavras em que ocorrem encontros do tipo C$CC incluem palavras cultas e **bimorfemáticas** (palavras com dois morfemas) como também palavras comuns. É importante observar que vários desses encontros contém só uma ou duas palavras como exemplos. Na maioria, as palavras cultas são rebuscadas como *dioptra*. As palavras bimorfemáticas costumam começar com prefixos latinos como *sub-*, *des-*, *in-*, *inter-*: por exemplo, *subgrupo*, *desprezar*, *imperfeito*, *interglacial*. As palavras comuns costumam ter os arquifonemas /S N R/ em posição implosiva: por exemplo, *esfriar*, *escrever*, *ampliar*, *sangrar*, *surpreso*, *artrite*. Quando a consoante implosiva da primeira sílaba é oclusiva, insere-se uma vogal epentética diante do encontro inseparável da segunda sílaba: assim, por exemplo, [su.bi.tɾa.íɾ] e [a.ʤi.pɾé.su] no Brasil.[36]

As sequências de CC$C. As possibilidades para os encontros consonantais em posição implosiva são cinco: /NS RS lS bS dS/. As possibilidades para a consoante simples em posição explosiva são dezessete: /p t k b d g f v s z ʃ ʒ m n l ʎ r/. Com isso, seriam matematicamente possíveis 85 encontros de CC$C, porém, só 16 (18,8%) desses encontros de fato ocorrem em palavras do português. As palavras em que ocorrem encontros do tipo CC$C incluem palavras cultas e bimorfemáticas. A maioria das palavras bimorfemáticas começam com o prefixo *trans-*. Existem também muitas palavras comuns como *inspirar*, *constante*, *transferir*. Quando a primeira sílaba termina num encontro com oclusiva mais /S/, costuma-se intercalar uma vogal epentética como nas palavras [o.bis.táɾ] ou [o.bis.kú.ru].[37]

As sequências de CC$CC. As possibilidades para os encontros consonantais em posição implosiva outra vez são cinco: /NS RS lS bS dS/. As possibilidades de encontros consonantais em posição explosiva são catorze: /pl pɾ tl tɾ kl kɾ fl fɾ bl bɾ dɾ gl gɾ vɾ/. Com isso, matematicamente seriam possíveis 70 sequências de CC$CC, porém, só 8 (11,4%) desses encontros de fato ocorrem em palavras do português. As palavras em que ocorrem encontros do tipo CC$CC são principalmente bimorfemáticas que começam com prefixos latinos como *trans-*, *pers-*, *obs-*, *ads*. Exemplos incluem *transplante*, *perscrutar*, *subscrever*. A única palavra comum é *monstro*. Outra vez, com os encontros /bS/ e /dS/, costuma-se inserir uma vogal epentética: assim, [o.bis.tru.íɾ] ou [a.ʤis.trí.tu].[38]

Dicas pedagógicas

Quanto aos encontros entre consoantes de sílabas diferentes dentro da mesma palavra, o aluno deve lembrar que todas as regras de distribuição já apresentadas são vigentes também nesse contexto. Com isso, devido às regras de distribuição, é importante considerar o princípio de coesão dialetal.

Com referência à consoante implosiva na sequência C$C, o aluno deve lembrar-se que:

- Depois de fonemas oclusivos insere-se uma vogal epentética, processo esse que coloca a oclusiva em posição inicial de sílaba, por exemplo: [o.bi.téɾ/o.bⁱ.téɾ], [hí.tʃi.mu/ʀí.tⁱ.mu], [ʤí.gi.nu/dí.gⁱ.nu].
- O fonema /l/, já que aparece em posição final de sílaba realiza-se como [ɫ] ou [w̃] de acordo com o dialeto.
- O arquifonema fricativo surdo /S/ tem uma distribuição complementar com [ʂ] ou [ʒ] antes de consoante sonora e [s] ou [ʃ] nos outros lugares.
- O arquifonema /N/ segue a regra de distribuição complementar, nasalizando a vogal anterior e deixando uma consoante nasal de transição diante da certas consoantes de acordo com a regra.
- O arquifonema /R/ antes de consoante tem uma distribuição mista. O aluno precisa escolher um alofone que seja consistente com o dialeto desejado.

Com referência à consoante explosiva na sequência C$C, o aluno deve lembrar-se que:

- O fonema /r/ tem distribuição livre e o aluno precisa escolher um alofone baseado no princípio da coesão dialetal.
- Os demais fonemas seguem suas regras de distribuição, sejam únicas ou complementares.

Os outros possíveis encontros, CCC, CCC e CC$CC, não representam novidades, já que são simplesmente recombinações de encontros na coda, encontros no ataque e sequências C$C.

A última dica pedagógica é concernente ao /mn/. Esse encontro, como já visto, foi reduzido historicamente a /n/, como nas palavras {hino}, {coluna}, {solene} e {onipresente}. Ficaram só dois radicais que preservaram o encontro {mn}: {amnésia} e {mnemônico}. No Brasil essas palavras pronunciam-se com uma vogal epentética: [a.mi.né.zi.ɐ] e. [mi.ne.mó.ni.ku]. Em Portugal, produzem-se sem a vogal epentética: [ɐm.né.zjɐ] e [mne.mó.ni.ku].[39] ◀€

Encontros consonantais entre palavras

Os encontros consonantais entre palavras podem ser do tipo C#C, C#CC, CC#C, ou CC#CC. O número dos possíveis encontros consonantais limita-se, por um lado, porque em posição final de palavra só ocorrem o fonema /l/ e os três arquifonema /S N R/. Por outro lado, as possibilidades expandem-se por serem apenas três os fonemas que sistematicamente não podem aparecer em posição inicial de palavra.

Com isso, entre palavras, pode haver sequências consonantais que não são comuns em interior de palavra. Por exemplo, o encontro /S$ʒ/ só existe em palavras bimorfemáticas como {desjejum}. Entre palavras, porém, é comum como no exemplo {os jatos}. Essas palavras podem ser pronunciadas [uʒátus] ou [uʒátuʃ], dependendo do dialeto.[40] ◀€ De fato, é possível encontrar exemplos em português de todas as 64 combinações possíveis entre as quatro consoantes que aparecem em posição final de palavra e as dezesseis que aparecem em posição inicial de palavra.

Quanto à realização fonética desses encontros entre palavras, não há nada novo a dizer, já que a maioria dos possíveis encontros também ocorrem em interior de palavra e já foram comentados. Em todo caso, todos os encontros seguem as regras já apresentadas.

Resumo

Os encontros consonantais já explicados podem ser de diferentes tipos. Por um lado os encontros podem ocorrer na mesma sílaba ou entre sílabas. Por outro lado podem ocorrer na mesma palavra ou entre palavras. E ainda pode haver encontros entre consoantes homólogas ou heterólogas, separáveis ou inseparáveis.

Os encontros de consoantes homólogas só ocorrem entre palavras e limitam-se às poucas consoantes que podem vir em posição final de palavra: /l S N R/. A solução fonética desses encontros varia de acordo com os fonemas/arquifonemas do encontro e com o dialeto, como especificado no capítulo.

Os encontros de consoantes não homólogas ocorrem tanto entre sílabas da mesma palavra como entre sílabas de diferentes palavras. Dentro da mesma palavra, as possíveis sequências são CC, CCC, C$CC e CC$CC. Entre duas palavras, as possíveis sequências são C#C, CC#C, C#CC e CC#CC. Em posição final de palavra o encontro CC limita-se a /NS/, ou seja, a forma plural de substantivos ou adjetivos terminados em /N/. Para o anglofalante, esses encontros não apresentam dificuldades, só é preciso aplicar as regras de distribuição e seguir as dicas pedagógicas apresentadas.

Os encontros consonantais tautossilábicos incluem principalmente os encontros inseparáveis de consoantes oclusivas ou fricativas labiodentais mais líquida que ocorrem no ataque silábico. Existem também, com muito menos frequência, encontros que aparecem na coda silábica. Esses começam principalmente com os arquifonemas /N R/ e terminam com o arquifonema /S/. Há, porém, raríssimos exemplos de /lS/, /bS/ e /dS/, estes últimos dois resultando na inserção de uma vogal epentética.

Os encontros consonantais heterossilábicos do tipo C$C são vários e as soluções fonéticas tomam dois rumos. Quando o fonema final da primeira sílaba é oclusivo, insere-se uma vogal epentética. Isso altera a estrutura silábica e essa primeira consoante vira inicial de sílaba: CV$C. Os outros

Conceitos e termos

alongamento	encontro inseparável	lateral velarizada
coesão dialetal	encontro perfeito	ligação
consoantes heterólogas	enlace	vogal epentética
consoantes homólogas	ensurdecimento	semivogal não arredondada
encontro consonantal	fusão	tautossilábico
encontro disjunto	heterossilábico	

fonemas consoantais ao final da primeira sílaba não provocam essa inserção. Nesses encontros seguem-se as regras de distribuição lembrando o princípio de coesão dialetal.

Com isso encerra-se o conteúdo dos fonemas e seus sons. O próximo passo será uma análise dos elementos suprassegmentais.

Perguntas de revisão

1. Quais são as situações fonotáticas que resultam em consoantes homólogas? Quais são os possíveis encontros e as suas soluções fonéticas?

2. Qual é a diferença entre as tendências do inglês e do português quanto à solução fonética dos encontros de consoantes homólogas?

3. Qual é a diferença entre encontros tautossilábicos e heterossilábicos? Dê exemplos.

4. Qual é a diferença entre encontros inseparáveis e separáveis? Dê exemplos.

5. Qual é a diferença entre encontros consonantais homólogos e heterólogos? Dê exemplos.

6. Que encontros consonantais ocorrem no ataque silábico?

7. Que encontros consonantais ocorrem na coda silábica?

8. Qual é a diferença entre os encontros que podem aparecer em posição inicial de sílaba interior de palavra e em posição inicial de palavra?

9. Qual é a diferença entre os encontros que podem aparecer em posição final de sílaba interior de palavra e em posição final de palavra?

10. Explique o conceito de vogal epentética. Quais são? Qual é o seu efeito fonotático? Dê exemplos.

11. Quais são os possíveis encontros heterossilábicos dentro de uma palavra? Quais são possíveis entre palavras?

12. Explique o que acontece com encontros consonantais assistemáticos como {ps}, {gn}, {mn}, {pt} em posição inicial de palavra.

13. Que são palavras cultas, bimorfemáticas e estrangeiras? Qual é a diferença entre os encontros consonantais dessas palavras e os encontros sistemáticos do português?

Exercícios de pronúncia

Encontros de consoantes homólogas

Pronuncie as seguintes sequências com consoantes homólogas de acordo com as regras dadas.[41] EX

ágil lacaio
álbum marrom
além-mar
anzol leve

aventail limpo
caçar raposa
canal límpido
canil lotado

Capítulo 20

capataz zonzo	nuvens suaves	obscuro	rifle	transfusão
caviar roubado	olhar reticente	observar	sigla	transgredir
cem marcos	olhos serenos	obstar	solstício	translação
chacoalhar ritmado	olhos zombeteiros	obstruir	subsidio	transladar
chegas suado	ordem maligna	padre	subsistir	translúcido
cigarras ciciantes	ordem náutica	palavra	substituir	transmigrar
colher relva	origem misteriosa	pedra	superstição	transmite
comem manga	ouves zunidos	perscrutar	tecla	transmudar
comer rapadura	pratos saborosos	perspectiva	transbordar	transplante
coragem nenhuma	rapaz sonolento	perspicaz	transcurso	transportar
correr raramente	regras severas	perspícuo	transferir	transversa
dançar rumba	sabem mandar	público	transformar	transviar
dar respaldo	sair rapidinho			
débil latido	sem ninguém			
divã macio	ser romano			
escrever rebuscado	senhores servidores			
falsos zéfiros	sutil latejar			
funil longo	tal livro			
irmã nívea	também merece			
leves sílfides	tem motivo			
mal lavado	tirar rolha			
meninas sapecas	tonel lustroso			
metal líquido	túnel largo			
mil labores	vem nevoeiro			
mulheres sedentas	viver reto			
neném manhoso	vozes sibilantes			

Encontros consonantais heterossilábicos dentro da mesma palavra

Pronuncie as seguintes palavras com encontros consonantais heterólogos entre sílabas da mesma palavra de acordo com as regras dadas.[43] EX

Encontros consonantais tautossilábicos

Pronuncie as seguintes palavras com encontros consonantais heterólogos dentro da mesma sílaba de acordo com as regras dadas.[42] EX

abster	bons	escrever	abdicar	canga	molde
adstrato	bruto	espremer	abnegar	canso	obter
adstrito	bruxo	flor	absurdo	cisne	óbvio
agravar	cabra	fluxo	ad-digital	colcha	onze
álbuns	catre	fraco	adjetivo	culpa	orbe
alegre	ciclo	frase	admirar	desde	órfão
amplo	cifra	globo	adnato	deslizar	órgão
aplicar	clero	inglês	adpresso	desvio	orla
apreço	cloro	inscrito	adsorver	digno	pacto
aprovar	constar	inspetor	advir	disjunto	palco
assoprar	crer	inspira	afta	disruptivo	perna
Atlântico	crú	inspirar	ainda	dogma	pizza
atlas	cruel	instar	álbum	dracma	rasgar
atrair	desprezar	instável	alça	encho	ritmo
atrás	droga	instruir	algo	enfadar	servo
bens	duplo	livre	alma	enlaço	serzir
Bíblia	emigrar	livro	alto	envio	sub-base
blusa	escravo	monstro	alvo	esboço	subchefe
			ambos	esfera	subcorpo
			amígdala	étnico	subface
			anta	forja	subgênero
			apto	fulgir	subgrupo
			arco	golfo	submerso
			arma	gosto	subpolar
			arte	hipnose	subzona
			asco	honra	técnico
			aspa	lapso	torpe
			azulzinho	longe	tóxico
			banco	marcha	verso
			borde	melro	vodca
			campo	mesmo	vulnerável

Encontros consonantais heterossilábicos entre palavras

Pronuncie as seguintes sequências com encontros consoantais heterólogos entre palavras de acordo com a regras dadas.[44] EX

abacates verdes
andam bravos
andam vagando
armar laço
arsenal naval
ator barbado
autor senil
bom grado
bom samaritano
caçar tatu
calor demais
cantam roucos
cantor nervoso
casal tímido
cem zebras
chegar gente
com chá
contém pratos
coronel manco
correm colados
dar zebra
dois pulos
dólar perdido
duas narinas
falem tudo
farol gigante
faz jogadas
faz lentilhas
fazer manha
fel puro
general zeloso
grandes chefes
inflar balão
inspetor xereta
juiz furioso
lar carente
lençol divertido
mais dados
médicos loucos
mexes bem
motor fraco
papel verde
pardal bobo
perfil correto
podem girar
quem luta
rouxinol raro
seis taças
sem documento
setor vermelho
sinal sutil
tem faca
tonel cheio
traz marmita
três casas
túnel fechado
varal gozado
várias gatas

Recursos eletrônicos

1. ◁⋲ Encontros homólogos com o fonema /l/.

2. ◁⋲ Encontros homólogos com o arquifonema fonema /S/ sem palatalização.

3. ◁⋲ Encontros homólogos com o arquifonema fonema /S/ com palatalização.

4. ◁⋲ Encontros homólogos com o arquifonema fonema /N/.

5. ◁⋲ Encontros homólogos com o arquifonema fonema /R/.

6. ◁⋲ O contraste entre {sê ruim} e {ser ruim}.

7. ◁⋲ A sequência fonética [rh].

8. ◁⋲ Consoantes homólogas em inglês com alongamento ou golpe de glote.

9. ◁⋲ O ensurdecimento de /l/ trás oclusivas surdas em inglês.

10. ◁⋲ O ensurdecimento de /r/ trás oclusivas surdas em inglês.

11. ◁⋲ O encontro /NS/ na coda silábica.

12. ◁⋲ Os encontros /RS/ e /lS/ na coda silábica.

13. ◁⋲ Os encontros /bS/ e /dS/ na coda silábica.

14. ◁⋲ As palavras {perspicaz} e {trens}.

15. ◁⋲ Palavras com encontros C$C terminando em obstruinte. (Tab. 20.7.)

16. ◁⋲ Vogais epentéticas dentro de uma palavra.

17. ◁⋲ A palatalização resultante de vogal epentética.

18. ◁⋲ Vogais epentéticas em posição final de palavra.

19. ◁⋲ Vogais epentéticas em encontros consonantais assistemáticos em posição inicial de palavra.

20. ◁⋲ As palavras {apto} e {lapso}.

21. ◁⋲ Encontros C$C começando com /b/.

22. ◁⋲ Encontros C$C começando com /d/.

23. ◁⋲ Encontros C$C começando com /g/ e /f/.

24. ◁⋲ Encontros entre /l/ e obstruinte.

25. ◁⋲ Encontros entre /S/ e obstruinte.

Capítulo 20

26. 🔊 Encontros entre /N/ e obstruinte.
27. 🔊 Encontros entre /R/ e obstruinte.
28. 🔊 Palavras com encontros C$C terminando em soante. (Tab. 20.9)
29. 🔊 Ensurdecimento da vogal epentética.
30. 🔊 Encontros inseparáveis.
31. 🔊 O encontro /dl/.
32. 🔊 Encontros entre /l/ e soante.
33. 🔊 Encontros entre /S/ e soante.
34. 🔊 Encontros entre /N/ e soante.
35. 🔊 Encontros entre /R/ e soante.
36. 🔊 Palavras com encontros C$CC.
37. 🔊 Palavras com encontros CC$C.
38. 🔊 Palavras com encontros CC$CC.
39. 🔊 O encontro /mn/.
40. 🔊 Variantes dialetais de {os jatos}.
41. EX Exercícios de pronúncia: encontros de consoantes homólogas.
42. EX Exercícios de pronúncia: encontros consonantais tautossilábicos.
43. EX Exercícios de pronúncia: encontros consonantais heterossilábicos dentro da mesma palavra.
44. EX Exercícios de pronúncia: encontros consonantais heterossilábicos entre palavras.

SEÇÃO VI
Os elementos suprassegmentais

Capítulos 21–24

Com o estudo dos distintos fonemas e suas realizações fonéticas já feito, falta agora examinar o que ocorre com a ligação de fonemas e de alofones. As unidades superiores ao segmento incluem a sílaba, a palavra, o sintagma, o grupo fônico, a oração e o período. Com essas unidades entram em vigor os elementos suprassegmentais. Como já apresentado na introdução da primeira seção do livro, os aspectos suprassegmentais são três: a tonicidade, a duração e a entonação.

Capítulo 21
A sílaba e a silabação

A sílaba é uma unidade linguística bastante polêmica. Enquanto há linguistas que declaram que a sílaba é "a unidade fundamental da linguagem",[1] há outros que nem se referem à unidade da sílaba.[2] O certo é que não existe uma única definição geral da sílaba que seja aceita por todos os linguistas. Também não existe uma única definição geral da sílaba que abranja todas as distintas situações que existem nos distintos idiomas do mundo.

Problemas na definição da sílaba

É problemático definir a sílaba, em parte, porque é possível abordá-la de diversas perspectivas. É um elemento oral ou escrito? É um elemento fonético ou fonológico? Fica visível como essas considerações afetam o conceito de sílaba ao examinarem-se três casos específicos do inglês.

Pode-se perguntar, por exemplo, quantas sílabas tem a palavra inglesa {laboratory}? A resposta correta pode ser três, quatro ou cinco. Do ponto de vista ortográfico, por exemplo, a resposta costuma ser *cinco* {lab-o-ra-to-ry}. Mas se dividimos a palavra foneticamente, a resposta muda de acordo com o dialeto: há *três* sílabas em [ˈlæ.bɹə.tɹii], *quatro* sílabas em [ˈlæ.bɹə.ˌtɔ.ɹii] ou [lə.ˈbɔ.ɹə.tɹii] e *cinco* sílabas em [lə.ˈbɔ.ɹə.ˌtɔ.ɹii] ou [ˈlæ.bə.ɹə.ˌtɔ.ɹii]. É óbvio, então, que o conceito da sílaba ortográfica é diferente da sílaba fonética.[1]

Pode-se também perguntar, por exemplo, quantas sílabas têm as palavras inglesas {hire} e {higher}? A resposta correta pode ser uma para {hire} e duas para {higher}. Essas respostas baseiam-se na estrutura morfológica ou fonológica das palavras: /ˈhai̯ɹ/ para o verbo e /ˈhai̯+eɹ/ para o adjetivo mais o morfema comparativo. Do ponto de vista fonético, porém, pode-se dizer que ambas as palavras têm uma só sílaba, já que na fala comum, as duas palavras costumam ter a mesma pronúncia: [ˈhai̯ɹ]. É óbvio, então, que pode haver uma diferença entre uma sílaba fonológica e uma sílaba fonética.[2]

A definição fonológica da sílaba

A definição da sílaba baseia-se nos elementos fonemáticos que a constituem, sejam vogais ou consoantes. Existem diversos modelos teóricos de formação de sílaba: um modelo estrutural, um modelo gerativista e um modelo fonotático.

O modelo silábico estrutural

O modelo estrutural apresenta três possíveis elementos de uma sílaba: um núcleo obrigatório e duas margens ou limites optativos. O elemento pré-nuclear é a explosão e o elemento pós-nuclear é a implosão. De modo geral, o núcleo é uma vogal e os limites ou margens são consoantes. O modelo estrutural apresenta-se na Fig. 21.1.

O modelo silábico gerativista

O modelo gerativista da sílaba também apresenta três possíveis elementos de uma sílaba correspondentes aos elementos do modelo estruturalista. No modelo gerativista, a explosão chama-se *ataque* e a implosão chama-se *coda*. Além dessas diferenças de nomenclatura, há uma diferença fundamental: O modelo gerativista especifica uma hierarquia dos elementos na qual o núcleo e a coda fazem parte da rima, como se vê na Fig. 21.2.

---

[1] Bohuslav Hála, *La sílaba* (Madrid: Consejo Superior de Investigaciones Científicas, 1973), p. 87.

[2] Noam Chomsky & Morris Halle, *The Sound Pattern of English* (New York: Harper & Row, 1968), p. 354.

Capítulo 21

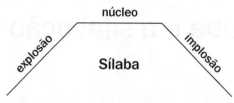

21.1 O modelo estrutural da sílaba.

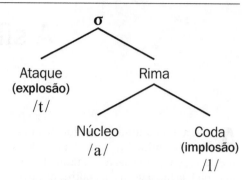

21.2 O modelo gerativista da sílaba.

O fato de que o vínculo entre o núcleo e a coda é mais estreito que o vínculo entre o ataque e o núcleo foi comprovado por estudos de investigação psicolinguística. Nesses estudos, quando se pediu que diferentes grupos de informantes anglofalantes fizessem uma lista de palavras terminadas em [æn] (núcleo mais coda), eles completaram a tarefa facilmente. Por outro lado, quando se pediu que fizessem uma lista de palavras que começassem com [fæ] (ataque mais núcleo), o processo não só foi mais lento, mas as listas geralmente incluíram palavras que não se iniciavam pela sequência [fæ], como por exemplo {father}, {fate}, etc. Por isso, o modelo da Fig. 21.2 é o que se emprega neste livro.

O modelo fonotático da sílaba portuguesa

O modelo fonotático do Capítulo 10 repete-se aqui na Fig. 21.3. Esse modelo simplesmente dá mais detalhes sobre os elementos que podem preceder ou suceder o núcleo da sílaba, com base nas classes naturais dos sons: vogais, deslizantes, soantes e obstruintes. Indica também a sequência em que os elementos aparecem na sílaba.

Como se pode ver, há três elementos — um obstruinte, soante e deslizante — que podem aparecer no ataque e três elementos — um deslizante, soante e obstruinte — que podem aparecer na coda. O deslizante, nesse caso, será uma vogal alta átona, que no ataque realiza-se como semiconsoante e na coda como semivogal. O soante será uma consoante nasal, lateral ou vibrante. O obstruinte será uma consoante oclusiva fricativa ou africada. No Capítulo 10, já foram examinados vários exemplos de tais combinações.

A definição fonética da sílaba

Há três pontos de vista a partir dos quais se pode considerar a definição fonética da sílaba: o articulatório, o acústico e o auditivo.

Aspectos articulatórios da sílaba

Como já exposto, a produção de um som depende de vários movimentos físicos de uma série de órgãos articulatórios.

Primeiro, os órgãos infraglóticos atuam para providenciar o ar necessário para produzir o som. Já houve tentativas para averiguar se uma sílaba corresponde a um impulso expiratório, ou seja a uma só contração dos músculos que controlam o tamanho dos pulmões. A evidência física electro-muscular, porém, não apoia essa teoria.

A segunda região de atividade articulatória são as cordas vocais, cujo movimento

21.3 O modelo fonotático da sílaba portuguesa.

Ataque			Núcleo	Coda		
-3	-2	-1	0	+1	+2	+3
Obstruinte	Soante	Deslizante	Vogal	Deslizante	Soante	Obstruinte(s)

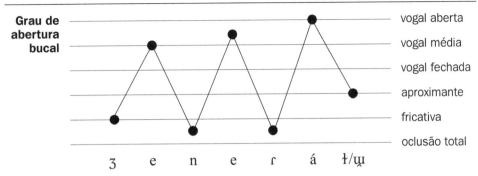

21.4 Esquema silábico com base na abertura bucal da palavra portuguesa {general} com três sílabas.

produz diferenças entre vogais e consoantes sonoras ou surdas. As tentativas de definir a sílaba segundo esse movimento também não foram produtivas.

A terceira região, as cavidades supraglóticas, é onde se fazem a maioria dos movimentos articulatórios para produzir os diversos sons. Uma das definições propostas para a sílaba baseia-se no traço da abertura relativa: que a sílaba inclui tudo que se encontra entre dois pontos de abertura bucal mínima. A Fig. 21.4 mostra como a palavra {general} tem três sílabas em português segundo essa definição.

O gráfico da Fig. 21.4 representa as mudanças articulatórias dos distintos sons com referência a sua abertura geral. Sendo assim, representa-se o som [n] com o mesmo grau de abertura que a fricativa, porque, apesar de haver uma oclusão alveolar total, mantém-se sempre aberta a faringe nasal. Já que a oclusão para a produção do som [ɾ] é brevíssima, o grau de abertura bucal para sua produção é intermediário entre a oclusão total e a abertura de uma fricativa. Voltando à premissa de que uma sílaba é tudo que se encontra entre dois pontos mínimos de abertura bucal, o gráfico demonstra claramente que a palavra {general} contém três sílabas.[3]

Ainda que à primeira vista esse modelo pareça ser promissor, ele não explica todos os casos. Por exemplo, em inglês, não há dúvida de que a palavra {cats} contém uma só sílaba. Porém, segundo esse modelo, a palavra {cats} teria duas sílabas, já que o fonema /t/ representa um ponto mínimo de abertura que, de acordo com a definição proposta acima, indicaria o limite silábico de uma segunda sílaba, como demonstra a Fig. 21.5.

Um outro problema que o modelo não resolve é que, como demonstra o gráfico da palavra {general}, ele só indica a posição do limite silábico sem indicar a que sílaba pertence. O modelo não indica se a silabação deve ser /ʒe.ne.ɾáɫ/ como é o caso da palavra em português ou /ʤén.ɛɫ.əl/ como é o caso do inglês.[3]

Aspectos acústicos da sílaba

O mesmo tipo de modelo já foi aplicado também à análise acústica da sílaba em que a sílaba se define como tudo que se encontra entre dois pontos mínimos de tom ou frequência ou de intensidade. Essas definições, porém, sofrem dos mesmos problemas que a definição articulatória já apresentada. Já houve também tentativas de definir a sílaba segundo sua duração, mas a duração das

21.5 Divisão da palavra inglesa {cats} em duas sílabas baseada na abertura bucal de seus sons.

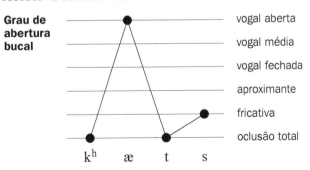

sílabas varia tanto dentro do mesmo idioma como entre idiomas diferentes, como se verá no Capítulo 22, portanto esse não é um parâmetro fiável no qual pautar uma definição geral de sílaba.

Aspectos auditivos da sílaba

O mesmo tipo de modelo foi também aplicado à análise auditiva da sílaba, no qual se define a sílaba como tudo o que se encontra entre dois pontos mínimos de sonoridade e no qual cada som é classificado segundo sua perceptibilidade auditiva. Essa definição é bastante subjetiva e difícil de comprovar.

A definição ortográfica da sílaba

A divisão das palavras em sílabas ortográficas é aplicada no idioma escrito para a divisão de palavras entre duas linhas e é geralmente indicada nos dicionários. A identificação de sílabas ortográficas costuma seguir os padrões fonológicos. O rigor com que se seguem esses padrões depende do idioma. Por exemplo, em português, as regras fonológicas da divisão silábica são rígidas e as regras ortográficas são consistentes. Em inglês, como já demonstrado, os padrões fonológicos são menos fixos e a silabação ortográfica do inglês é menos consistente.

As caraterísticas da sílaba ortográfica do português serão abordadas mais a fundo posteriormente. Neste capítulo, porém, a sílaba será abordada tanto do prisma fonológico como do fonético, mas principalmente do último.

Os elementos da sílaba do português

A sílaba pode ser dividida em três partes: o ataque, o núcleo e a coda. Antes de prosseguir com o exame da questão da silabação, será útil recapitular a estrutura desses três elementos básicos.

O ataque silábico

O ataque é um elemento optativo da sílaba, ou seja, nem toda sílaba contém ataque. É possível, portanto, que o primeiro elemento de uma sílaba seja, de fato, o núcleo. De acordo com o modelo fonotático da Fig. 21.3, o ataque pode ter até três elementos: um obstruinte, um soante e um deslizante.

Ataque com um só elemento consonantal

Como explicado no Capítulo 10, os únicos fonemas consonantais simples que não aparecem sós no ataque em posição inicial de palavra são /ɾ/, /ʎ/ e /ɲ/. Os outros dezesseis aparecem sim em posição inicial de palavra. Em posição inicial de sílaba interior de palavra, aparecem todos os

21.6 Os obstruintes oclusivos simples no ataque, tanto em posição inicial de palavra como em posição inicial de sílaba interior de palavra.

	/p/	/t/	/k/	/b/	/d/	/g/
#__	/páto/	/táto/	/káto/	/báto/	/dáto/	/gá.to/
$__	/ká.pa/	/pá.ta/	/sá.ko/	/cá.be/	/ná.da/	/vá.ga/

21.7 Os obstruintes fricativos simples no ataque, tanto em posição inicial de palavra como em posição inicial de sílaba interior de palavra.

	/f/	/v/	/s/	/z/	/ʃ/	/ʒ/
#__	/fá.to/	/ve.lo/	/sá.ko/	/zá.ga/	/ʃá/	/ʒá/
$__	/ka.fé/	/ká.va/	/ká.sa/	/ká.za/	/á.ʃa/	/á.ʒa/

A sílaba e a silabação

	/m/	/n/	/ɲ/	/l/	/ʎ/	/ɾ/	/r/
#__	/má.to/	/ná.to/		/lá.do/			/rá.to/
$__	/ká.ma/	/ká.na/	/ká.ɲa/	/ká.la/	/ká.ʎa/	/ká.ɾo/	/ká.ro/

21.8 As soantes simples no ataque tanto em posição inicial de palavra como em posição inicial de silába interior de palavra.

fonemas consonantais. As Tab. 21.6, 21.7 e 21.8 mostram essas estruturas.[4] ◀≋

Ataque com dois elementos consonantais

Se há duas consoantes juntas no ataque em palavras sistematicamente portuguesas serão sempre um encontro de oclusiva ou fricativa labiodental mais líquida (excetuando-se /dl/ e /vl/). Todos esses possíveis encontros ocorrem tanto em posição inicial de palavra como em posição inicial de sílaba interior de palavra com a exceção de /tl/ e /vɾ/, que só ocorrem em posição inicial de sílaba interior de palavra. As Tab. 21.9 e 21.10 apresentam exemplos dessas possibilidades.[5] ◀≋

Como já comentado, existem também encontros assistemáticos no ataque como /ps/, /gn/, /mn/ e /pt/. Tais encontros só ocorrem em palavras cultas que não passaram pela evolução histórica natural que serviu para simplificar essas sequências. No Brasil, esses encontros simplificam-se mediante a inserção de uma vogal epentética, conforme já explicado e exemplificado.

O elemento vocálico no ataque

O elemento vocálico no ataque será sempre uma vogal alta e átona: /i/ ou /u/. Foneticamente essas vogais sempre resultam nas semiconsoantes [j] ou [w].

Como já discutido no Capítulo 14, a presença da vogal /i/ ou /u/ pode produzir resultados diferentes dependendo do dialeto. A palavra {hiato}, por exemplo, pode ser pronunciada [i.á.to] (como no Brasil) ou [já.to] (como em Portugal). No Brasil, essa palavra tem três sílabas e o /i/ é vogal nuclear; em Portugal, essa palavra tem duas sílabas e o /i/ é uma vogal pré-nuclear no ataque. A palavra {cueca}, pode ser pronunciada [ku.é.kɐ] (em três sílabas) ou [kwé.kɐ] (em duas sílabas). Em Portugal costuma ser pronunciada em duas sílabas; no Brasil costuma ser pronunciada em três, mas também ocorre com duas.[6] ◀≋

21.9 Encontros de duas consoantes no ataque com uma oclusiva ou fricativa labiodental mais vibrante simples tanto em posição inicial de palavra como em posição inicial de silába interior de palavra.

	/pɾ/	/tɾ/	/kɾ/	/bɾ/	/dɾ/	/gɾ/	/fɾ/	/vɾ/
#__	/pɾá.to/	/tɾés/	/kɾús/	/bɾá.bo/	/dɾɔ́.ga/	/gɾís/	/fɾá.ko/	
$__	/a.pɾɔ́.va/	/a.tɾás/	/de.kɾé.to/	/á.bɾe/	/lá.dɾa/	/a.gɾá.da/	/sí.fɾa/	/lí.vɾo/

21.10 Encontros de duas consoantes no ataque com uma oclusiva ou fricativa labiodental mais lateral alveolar tanto em posição inicial de palavra como em posição inicial de silába interior de palavra.

	/pl/	/tl/	/kl/	/bl/	/dl/	/gl/	/fl/	/vl/
#__	/plá.no/		/klá.ro/	/blɔ́.ko/		/glɔ́.te/	/flóR/	
$__	/a.plí.ko/	/á.tlas/	/té.kla/	/du.bláR/		/sí.gla/	/rí.fle/	

O núcleo silábico

O núcleo silábico em português é um elemento obrigatório da sílaba e é sempre uma vogal. O núcleo costuma apresentar o máximo de abertura bucal como também o máximo de intensidade, frequência e duração da sílaba. O núcleo vocálico pode ser tônico ou átono. Quanto à identificação do núcleo silábico, é preciso considerar também os casos de encontros vocálicos.

No caso de vogais homólogas, as vogais fundem-se em uma só vogal. Essa vogal, seja alongada ou não, seja tônica ou não é o núcleo vocálico.

No caso de ditongos, o núcleo pode ser precedido de um deslizante (nos ditongos crescentes) ou sucedido de um deslizante (nos ditongos decrescentes). O núcleo vocálico ainda pode ser tônico ou átono como se vê nos exemplos de {expiação/expiar}, {água/aguar}, {baixa/baixar} e {pausa/pausar}. No caso de um tritongo, o núcleo é rodeado por deslizantes: {aguei}, {confiai}.

A sinérese e a sinalefa definem-se como a ocorrência de duas vogais não altas em uma só sílaba. No Capítulo 14, ficou estabelecido que os dois componentes da sinalefa ou sinérese têm estruturas acústicas estáveis, mas que ambos se produzem com uma duração reduzida em comparação com sua produção em hiato. Nesse caso, a sinérese ou sinalefa resulta num núcleo bivocálico.

O hiato é a separação de duas vogais contíguas em sílabas separadas. Nesse caso, cada uma das duas vogais forma um núcleo silábico. Como já explicado, o hiato pode resultar da ruptura de um ditongo ([pi.ẽ.nu]), da ruptura de uma sinérese ou sinalefa ([re.áu̯], [ɛ.o.tá.vju]) ou pode ser um hiato natural ([sa.í.ɐ]).[7] ◀╴

Existem alguns idiomas, como o inglês, que têm núcleos consonantais (geralmente soantes) como na palavra {mountain} cuja pronúncia costuma ser [mæ̃ũ̯ʔ.n̩], em que foneticamente a segunda sílaba é simplesmente [n̩].[8] ◀╴

A coda silábica

A coda é um elemento optativo de uma sílaba, o que significa que nem toda sílaba tem coda. É possível, portanto, que o último elemento de uma sílaba seja, de fato, o núcleo. Segundo o modelo fonotático, a coda pode conter três tipos de elementos: deslizantes, soantes, obstruintes.

Coda com um só elemento consonantal

Como já explicado no Capítulo 10, os únicos fonemas ou arquifonemas consonantais simples que aparecem sistematicamente na coda em posição final de palavra são /l/, /S/, /N/ e /R/. Em posição final de sílaba interior de palavra, ocorrem sistematicamente só o fonema /l/ e os arquifonemas /S/, /N/ e /R/. Os fonemas /p t k b d g f/ ocorrem muito pouco na coda silábica e os fonemas /v ʃ ʒ ɲ ʎ/ não aparecem nunca na coda. Também não ocorrem os fonemas /s z m n ɾ r/ já que se neutralizam nos arquifonemas em posição final. A Tab. 21.11 mostra os fonemas obstruintes simples na coda e a Tab. 21.12 mostra o fonema /l/ e os arquifonemas /S/, /N/ e /R/ na coda.[9] ◀╴

Coda com dois elementos consonantais

O único encontro de dois fonemas consonantais em posição final de palavra em português é /NS/, nos casos de formas

21.11 Os obstruintes simples na coda em posição final de sílaba interior de palavra. Não ocorrem em posição final de palavra.

	/p/	/t/	/k/	/b/	/d/	/g/	/f/
__#							
__$	/áp.to/	/rít.mo/	/pák.to/	/ob.téR/	/ad.víR/	/dóg.ma/	/áf.ta/

A sílaba e a silabação

21.12 O fonema /l/ e os arquifonemas na coda tanto em posição final de palavra quanto em posição final de sílaba interior de palavra.

	/l/	/S/	/N/	/R/
__#	/sál/	/déS/	/úN/	/poR/
__$	/ál.to/	/páS.ta/	/múN.do/	/káR.ne/

	/NS/	/RS/	/lS/	/bS/	/dS/
__#	/béNS/				
__$	/kóNS.ta/	/peRS.pi.káS/	/solS.tí.siu/	/obS.tru.íR/	/ádS.trá.to/

21.13 Dois elementos consonantais na coda tanto em posição final de palavra quanto em posição final de sílaba interior de palavra. O primeiro elemento será um dos arquifonemas /N R/ou um dos fonemas /l b d/ e o segundo sempre será o arquifonema /S/.

plurais de substantivos ou adjetivos. Em posição final de sílaba interior de palavra há só cinco possibilidades: /NS/, /RS/, /lS/, /bS/ e /dS/. A Tab. 21.13 apresenta exemplos dessas possibilidades.[10] ◀≋

O elemento vocálico na coda

O elemento vocálico na coda será sempre uma vogal alta e átona: /i/ ou /u/. Foneticamente essas vogais sempre resultam nas semivogais [i̯] ou [u̯].

A categorização das sílabas

Os linguistas costumam categorizar as sílabas em abertas ou fechadas. Uma **sílaba aberta** termina em vogal, ou seja, a sílaba termina com o núcleo; isto é, não contém coda. Uma **sílaba fechada** termina em consoante ou deslizante, ou seja a sílaba contém uma coda. A vogal de uma sílaba aberta chama-se uma **vogal livre**; a vogal de uma sílaba fechada chama-se uma **vogal travada**. A Tab. 21.14 mostra o contraste entre uma sílaba aberta e uma fechada.

As formas silábicas canônicas do português e do inglês

A estrutura silábica preferida de determinada língua é chamada a forma canônica. A forma canônica é a estrutura mais frequente e a que serve de modelo do que o falante espera produzir ou encontrar. Em inglês a forma canônica da sílaba é **CVC**. Nota-se que a sílaba canônica do inglês é uma sílaba fechada, ou seja, que termina em coda. Em português a forma canônica da sílaba é **CV**.

Sílaba canônica do português	Sílaba canônica do inglês
CV	**CVC**

É importante observar que a sílaba canônica do português é uma sílaba aberta, isto é, que termina com o núcleo. Pode-se

21.14 O contraste entre uma sílaba aberta e uma fechada.

Categorização da sílaba	A sílaba termina em	A vogal é	Exemplo
Aberta	Vogal	Livre	/de/
Fechada	Consoante	Travada	/déS/

ver essa diferença na silabação da palavra {general} nos dois idiomas, como se vê na seguinte representação:

{gen.er.al}	{ge.ne.ral}
inglês	português

No exemplo ortográfico do inglês {gen.er.al}, pode-se ver que a primeira sílaba segue a forma canônica com uma estrutura de CVC. As outras duas sílabas são do formato VC e seguem o padrão geral do inglês, que prefere a sílaba fechada. No inglês falado, porém, a palavra costuma ser pronunciada em duas sílabas: [ʤén.ɹəɫ] em vez de [ʤén.ɹ.əɫ]. Na fala, a palavra forma-se de duas sílabas canônicas, isto é, com o formato CVC.

No exemplo ortográfico do português, pode-se ver que as primeiras duas sílabas seguem a forma canônica com uma estrutura de CV: {ge.ne.ral}. A última sílaba, não obstante, é uma sílaba fechada. Isso ocorre porque não há outro remédio: o fonema /l/ só pode combinar-se à vogal nuclear precedente.[11] ◀≡

As estruturas silábicas do português

As possíveis estruturas silábicas do português são uma mera extensão dos fatos fonotáticos já apresentados. Tanto o ataque silábico quanto a coda silábica podem conter até duas consoantes. Existem, então, nove possíveis estruturas silábicas com um só elemento vocálico:

V	VC	VCC
CV	CVC	CVCC
CCV	CCVC	CCVCC

Em um estudo sobre a frequência das estruturas silábicas baseado num corpus falado, Seara[3] constatou que 58,5% das sílabas do português são do tipo canônico: CV. O segundo tipo mais comum são as sílabas CVC com 19,6%, mais ou menos um terço das sílabas CV. Como grupo, as sílabas abertas representam 74,6% das sílabas do português e as fechadas representam 25,4%. As sílabas que terminam em duas consoantes são muito raras e representam só 1,44% das sílabas do português. É interessante notar também que as sílabas que começam com uma só consoante representam 78,2% das sílabas do português, as que começam com o núcleo vocálico representam 9,4% e as que começam com duas consoantes representam 11,2%.

De acordo com o modelo fonotático da sílaba, existe a possibilidade de que a sílaba contenha dois elementos vocálicos porque pode haver uma vogal alta como deslizante ou no ataque ou na coda. A seguinte tabela indica as estruturas silábicas existentes quando há um ditongo (D) na sílaba.

D	DC	
CD	CDC	CDCC
CCD	CCDC	CCDCC

Quanto à presença de ditongos, as estatísticas de Seara, indicam que apenas 6,5% dos sons do português são semiconsoantes ou semivogais, que só ocorrem em ditongos. Além disso, indicam que os ditongos aparecem mais em sílabas tônicas que nas sílabas átonas. Indicam também que a estrutura CD é a mais frequente. No Brasil, pode-se dizer que os ditongos decrescentes são mais frequentes que os crescentes.

A silabação

A silabação refere-se à divisão de elementos linguísticos em sílabas. Essa divisão em sílabas pode operar-se na fonologia, na fonética ou na ortografia.

A **silabação fonológica** ocorre no âmbito da língua. Nesse tipo de silabação, aplicam-se as regras aos fonemas do grupo fônico levando em conta os limites léxicos e morfológicos. Por exemplo, a frase {*Pode ver as outras casas aqui.*} divide-se em

---

[3]Izabel Christine Seara, *Estudo estatístico dos fonemas do português falado na capital de Santa Catarina para elaboração de frases foneticamente balanceadas*, Tese de Mestrado, Universidade Federal de Santa Catarina, Florianópolis, Santa Catarina, Brasil, 1994.

sílabas fonológicas da seguinte maneira: /pó.de#veR#aS#ou̯.traS#ká.zaS#a.kí/.

A **silabação fonética** ocorre na linguagem no âmbito da fala, isto é, divide a cadeia de alofones ou sons produzidos de um grupo fônico em sílabas. Foneticamente não se levam em conta os limites entre palavras nem entre morfemas. As sílabas fonéticas também se chamam sílabas fonossintáticas, já que podem formar-se de elementos entre duas palavras cujos sons uniram-se devido a sua justaposição na sintaxe. Por exemplo, a frase {Pode ver as outras casas aqui.} divide-se em sílabas fonéticas da seguinte maneira: [pó.dʒi.ve.ɾa.zou̯.tɾɐs.ká.zɐ.za.kí].

A **silabação ortográfica** opera na língua escrita baseada na palavra e as outras técnicas da escrita que incluem espaços para a separação de palavras e sinais de pontuação para indicar a separação de alguns dos grupos fônicos. Seguindo o modelo fonológico, separam-se as sílabas de cada palavra individualmente. Por exemplo, a frase {Pode ver as outras casas aqui.} divide-se em sílabas ortográficas da seguinte maneira: {Po.de ver as ou.tras ca.sas a.qui.}.

Os três tipos de silabação têm sua utilidade na aquisição do português como se apresentará mais adiante. A Tab. 21.15 demostra esses três tipos de silabação.[12] ◄╡

É importante ter em mente que cada tipo de sílaba representa uma perspectiva distinta. O conceito da silabação começa com um entendimento das estruturas fonotáticas do português, ou seja, da linguagem e da sílaba fonológica. Essas estruturas são a base da conformação silábica do português — tanto da sílaba fonética, na fala, quanto da ortográfica, na escrita — e é essencial que os alunos a aprendam.

21.15 Os três tipos de silabação.

silabação fonológica	/pó.de#véR#aS#ou̯.traS#ká.zaS#a.kí/
silabação fonética	[pó.dʒi.vé.ɾa.zou̯.tɾɐs.ká.za.za.kí]
silabação ortográfica	{po.de ver as ou.tras ka.sas a.qui}

Português: sempre V/CV	Inglês: preferência por VC/V
é.ba.no	eb.on.y
cho.co.la.te	choc.o.late
có.le.ra	chol.er.a
a.bo.lir	a.bol.ish

21.16 Regra um: contraste entre o modelo prototípico da sílaba em português e inglês.

Regras gerais da silabação

A silabação do português leva em conta o modelo fonotático da sílaba bem como a preferência do português pela sílaba aberta. As regras gerais para a silabação do português baseiam-se na aplicação desses dois fatores a uma palavra ou à cadeia fônica.

Regra 1: V/CV

Em português quando se tem uma consoante entre duas vogais, a consoante sempre faz parte da sílaba seguinte. Essa regra basicamente expressa que a preferência automática do português é a sílaba aberta. Isso contrasta fortemente com o inglês que prefere a sílaba fechada. Esse contraste vê-se na Tab. 21.16 da silabação de palavras cognatas.[13] ◄╡

Regra 2: VC/CV ou V/CCV

Em português, quando há duas consoantes entre vogais, há duas possibilidades para a silabação. A silabação depende da presença ou ausência de um encontro consonantal inseparável, indicado por texto sublinhado (CC).

Caso as duas consoantes formem um encontro consonantal inseparável, ambas, como grupo, seguem a Regra 1 e o encontro passa à sílaba seguinte. Os encontros consonantais inseparáveis formam-se de uma oclusiva /p t k b d g/ ou fricativa labiodental /f v/ seguida de líquida /ɾ l/ (com a exceção de /dl/ e /vl/). Todos esses encontros podem aparecer em posição inicial de sílaba interior de palavra e todos menos /tl/ e /vl/ podem aparecer em posição inicial de palavra. Exemplos dessa divisão encontram-se nas Tab. 21.9 e 21.10.

Se as duas consoantes não formam um encontro consonantal inseparável, dividem-se em sílabas separadas. Exemplos dessa divisão encontram-se nas Tab. 21.11 e 21.12.

Regra 3: VCC/CV ou VC/CCV, VCC/CCV

Em português, quando há três ou quatro consoantes entre vogais, a silabação também depende da presença ou ausência de um encontro consonantal inseparável. Se na sequência de consoantes houver um encontro inseparável, ele pertence à sílaba seguinte, seguindo o padrão da Regra 2.

É importante observar que o inglês permite mais encontros consonantais inseparáveis do que o português. Por exemplo, o inglês permite o encontro do fonema /s/ mais consoante em posição inicial de palavra {spin} ou inicial de sílaba interior de palavra {in.spire}. Em português, segundo as regras de silabação, essas consoantes precisam ser separadas em duas sílabas: /es.pá.da/, /iNS.pi.raR/. A Tab. 21.17 apresenta exemplos da aplicação das Regras 2 e 3.[14] ◀≲

Número de consoantes	Sem encontro inseparável	Com encontro inseparável
2 (VCCV)	/pák.to/	/a.grá.da/
3 (VCCCV)	/iNS.pi.Rár/	/iN.pláN.te/
4 (VCCCCV)		/iNs.trúi/

21.17 Regras dois e três: exemplos de sua aplicação.

A silabação fonética

A silabação fonética precisa levar em conta várias considerações que afetam tanto a percepção quanto a produção da língua portuguesa. Para captar esses aspectos da pronúncia do português, o anglofalante tem que deixar de pensar nos limites entre palavras e começar a tratar o grupo fônico como uma simples cadeia de sons do começo ao fim. Dentro da cadeia fônica, o anglofalante tem que analisar as sequências de sons que formam as sílabas, sempre considerando as seguintes situações.

Ligação entre consoante final de palavra e vogal inicial de palavra

A sílaba canônica do português é CV, o que dita que a divisão de uma sequência de VCV sempre resulte em V/CV. Na silabação fonética ou fonossintática isso se aplica sem levar em consideração a separação de palavras. É a aplicação dessa regra que diferencia a divisão silábica fonossintática da ortográfica, como já se apresentou na Tab. 21.15 com a silabação de {Pode ver as outras casas aqui.}. Esse exemplo mostra que há uma **ressilabação** dos elementos na fonossintaxe que reflete a produção física do lusofalante. O lusofalante prefere a sílaba aberta. Por isso, na sequência {ver as}, o som [ɾ] que aparece no fim da palavra {ver} transforma-se no ataque da sílaba [ɾa], combinando-se com o som vocálico inicial da palavra seguinte.

O anglofalante tem que se acostumar à percepção dessas ressilabações que são parte da produção normal do lusofalante. O anglofalante também precisa adaptar-se a essas ressilabações em sua própria produção fonética para aproximá-la mais da produção normal lusófona. Essa ressilabação ocorre sempre que há uma palavra terminada em consoante fonética seguida de uma palavra no mesmo grupo fônico que comece com uma vogal.

Há somente quatro fonemas/arquifonemas consonantais que aparecem em posição final de palavra: alguns casos resultam na ressilabação e outros não. A ressilabação é um processo que ocorre depois da aplicação das outras regras fonéticas.

O caso do fonema /l/ em posição final de palavra diante de vogal mostra resultados diferenciados entre o Brasil e Portugal. A sequência {mil atos}, por exemplo, é pronunciada como [mí.ɰ.á.tus] no Brasil, sem ressilabação devido à vocalização do fonema /l/ na semivogal [ɰ]. Em Portugal, porém, essa sequência é produzida como [mí.ɫa.tus] com ressilabação devido à presença da consoante lateral [ɫ]. É importante observar que a ressilabação ocorre depois da aplicação da regra de distribuição complementar para o fonema /l/ que já converteu o fonema /l/ em [ɫ] por estar este ainda em posição final de sílaba.[15] ◀⁞

O caso do arquifonema /S/ em posição final de palavra diante de vogal sempre resulta em ressilabação, formando uma sílaba [zV], porque o arquifonema /S/ sempre se realiza como [z] nessa posição, seja qual for o dialeto, e a sequência VCV sempre se divide V/CV. Assim a sequência {os atos} vira [u.zá.tus] ou [u.zá.tuʃ].[16] ◀⁞

O caso do arquifonema /N/ em posição final de palavra diante de vogal não resulta em ressilabação devido ao processo de vocalização e nasalização ao final da palavra terminada em /N/. Assim a sequência {um ato} vira [ũ.á.tu].[17] ◀⁞

O caso do arquifonema /R/ em posição final de palavra diante de vogal sempre resulta em ressilabação, formando uma sílaba [ɾV], porque o arquifonema /R/ sempre se realiza como [ɾ] nessa posição, em todos os dialetos, e a sequência VCV sempre se divide V/CV. Assim a sequência {ler isso} vira [lé.ɾí.su].[18] ◀⁞

Ligação entre vogal final de palavra e vogal inicial de palavra

No Capítulo 14, foram especificados os tipos de ligações vocálicas em que dois fonemas vocálicos são produzidos na mesma sílaba, inclusive as possíveis variações dialetais. Todos esses processos que acontecem dentro das palavras ocorrem também na fonossintaxe, isto é, entre palavras: a fusão, o ditongo e a sinalefa. Inclui-se nisso a ressilabação como na sequência {falei aqui}, que vira [fa.lé.ja.kí]. A Tab. 21.18 mostra exemplos desses processos.[19] ◀⁞

Separação entre vogal alta tônica final de palavra e vogal inicial de palavra

No Capítulo 14 também foi especificado que uma vogal alta tônica seguida de outra vogal resulta num hiato natural: [dʒí.ɐ], [co.mí.ɐ], [hú.ɐ]. Isto é, as duas vogais contíguas pertencem a duas sílabas distintas. O mesmo ocorre entre palavras como demonstram os exemplos de [sa.í.õⁿ.tẽ̞ĩ] {saí ontem} e [ta.bú.ẽⁿ.tʃí.gu] {tabu antigo}.[20] ◀⁞

Fusão de consoantes homólogas

No Capítulo 20 foi explicada a fusão de consoantes homólogas que ocorre principalmente, por motivos fonotáticos, entre palavras. Também, por motivos fonotáticos, são poucas as sequências possíveis.

Outra vez, há somente quatro fonemas/arquifonemas consonantais que aparecem em posição final de palavra. O resultado dos possíveis encontros varia segundo o fonema ou arquifonema.

O caso do fonema /l/ em posição final de palavra diante de vogal mostra resultados diferenciados entre o Brasil e Portugal. A sequência {mil lagos}, por exemplo, é produzida [míɰ.lá.gus] no Brasil, sem ressilabação devido à vocalização do fonema /l/ na semivogal [ɰ]. Em Portugal, porém, essa sequência é produzida como [mí‿ɫ‿á.gus]. Conforme já explicado, o resultado fonético é um [ɫː] alongado. Neste caso, a ligadura dupla (‿‿) indica que a consoante alongada divide-se entre duas sílabas, unindo-se tanto com o núcleo da sílaba anterior como com o núcleo da sílaba posterior. É, pois, uma consoante **ambissilábica**.[21] ◀⁞

O arquifonema /S/ em posição final de palavra diante de fonema /s/ ou /z/, produz uma fusão simples em que o som [s] ou [z] não alongados passam à sílaba seguinte nos dialetos sem palatalização: {os sapos} [u.sá.pus] ou {as zonas} [a.zó.nɐs].[22] ◀⁞

O caso do arquifonema /N/ em posição final de palavra diante do fonema /n/ ou /m/, conforme já explicado, resulta no alongamento tanto da vogal oronasal quanto da consoante nasal. Do ponto de vista silábica, isso cria uma consoante ambissilábica devido ao alongamento da consoante. Assim {um mato} vira [ũ‿m‿á.tu] e {um navio} vira [ũ‿n‿a.víɰ].[23] ◀⁞

O caso do arquifonema /R/ em posição final de palavra diante do fonema /r/ pode

21.18 O efeito da ligação entre vogais na fonotática entre palavras.

fusão	{está aqui}	[ɛs.tá.kí]
ditongo	{se ele}	[sjé.li]
sinalefa	{vê algo}	[véáɰ.gu]

ser muito variado devido à distribuição livre tanto do arquifonema /R/ seguido de consoante quanto do fonema /r/. Há duas possibilidades. Se o mesmo alofone for usado tanto na produção do arquifonema /R/ como do fonema /r/ fundem-se em uma só consoante fonética que inicia a sílaba seguinte: {ser roxo} [sé.χó.ʃu]. Se o alofone usado na produção do arquifonema /R/ for diferente do empregado para o fonema /r/, os alofones ficarão em sílabas distintas: {ser roxo} [sér.hó.ʃu].[24] ◀

A Tab. 21.19 exemplifica como se aplicam os três tipos de silabação aos dois tipos de fusão consonantal: a simples e a alongada.[25] ◀

A silabação ortográfica

Quando se compara a sílaba ortográfica com a sílaba fonética, é preciso levar em conta dois fatores. Primeiro, na silabação ortográfica, é preciso reconhecer que a língua escrita emprega dígrafos, a combinação de duas letras ortográficas para representar um só fonema: {ch} para /ʃ/, {lh} para /ʎ/, {nh} para /ɲ/. Nesses casos os dígrafos não se separam, sendo fiéis a seu caráter fonológico. Exemplos disso em sílabas ortográficas são {ma-cha-do}, {ca-lha} e {a-pa-nha}. Quando se trata de uma sequência de duas letras idênticas como {ss} ou {rr}, a regra ortográfica pede a divisão entre as duas letras mesmo que isso contrarie a estrutura fonológica. Exemplos disso em sílabas ortográficas são {pas-so} e {kar-ro}. O caso do {sc} é interessante. A regra ortográfica separa as letras tanto em Portugal quanto no Brasil: por exemplo, {nas-cer}. Em Portugal, onde a palavra pronuncia-se [naʃ.sér], isso tem sentido porque segue a fonologia. No Brasil, porém, a pronúncia é [na.sér] e a silabação ortográfica não bate com os fatos fonológicos.[26] ◀

Quanto aos encontros vocálicos, as regras separam as vogais que formariam um ditongo crescente. Assim a palavra {pa.ci.ên.si.a} seja pronunciada em cinco sílabas [pa.si.ẽ.si.ɐ] ou em três [pa.sjẽ.sjɐ]. Já que os ditongos decrescentes sempre se realizam como tais, não se separam os seus componentes ortograficamente: por exemplo {an.dai.me}.[26] ◀

Dicas pedagógicas

Para adquirir uma pronúncia natural em português, o aluno precisa aprender a separar a cadeia fônica em sílabas fonéticas. É só depois de aprender a ressilabar um texto em sílabas fonéticas que o estudante soará como quem fala português como idioma materno.

O princípio básico da silabação é que a forma canônica da sílaba do português é CV. Na silabação fonética é sempre essa a forma preferida, e é a silabação fonética que serve de base para a boa pronúncia do português. Na silabação fonética, é preciso lembrar que as regras operam na cadeia de sons de todo o grupo fônico, isto é, opera na cadeia de todos os sons corridos que se encontram entre duas pausas; o limite entre palavras ou morfemas não afeta a silabação fonética.

Em termos práticos, o processo da silabação consiste em identificar os núcleos, ataques e codas das sílabas. Seguem-se dicas pedagógicas de como identificar esses elementos.

Identificar o núcleo

O núcleo será sempre uma vogal que se pode identificar de acordo com os seguintes critérios:

21.19 A aplicação dos três tipos de silabação aos dois tipos de fusão consonantal: a simples e a alongada.

Ortografia	Sílabas fonológicas	Sílabas fonéticas	A separação da ortografia em sílabas fonéticas
{as suas}	/aS#sú.aS/	[a.sú.ɐs]	{a/s su/as}
{um mato}	/uN#má.to/	[ũːmá.tu]	{um_ma/to}

A sílaba e a silabação

- Quando há uma só vogal, essa vogal sempre será o núcleo. Essa vogal pode estar:
    - entre duas consoantes (ex. g**e**n**e**r**a**l**i**z**a**r)
    - entre pausa e consoante (ex. **e**ntrar)
    - entre consoante e pausa (ex. trat**a**)
- Quando há duas vogais homólogas, sempre há uma fusão vocálica na fonética. Se qualquer das duas vogais for tônica, o resultado será uma só vogal tônica alongada, porém, se é só a primeira que for tônica, o alongamento é optativo. Sendo assim, nesses casos, o núcleo vocálico é a vogal fundida (ex. [víː.do.lus] {vi ídolos}, [es.tá.kɪ́] {está aqui}).
- Quando há duas vogais contíguas não homólogas, é preciso examinar a natureza das duas vogais para identificar o núcleo. Segundo demonstram a Tab. 21.20 (com duas vogais altas),[27] e Tab. 21.21 (sem duas vogais altas),[28] o resultado fonético pode ser:
    - um ditongo, em que a vogal não alta é o núcleo (ex. [kwá.tɾu] {quatro});
    - uma sinérese/sinalefa, em que o núcleo é bivocálico (ex. [heáu̯] {real});
    - um hiato, em que há dois núcleos (ex. [he.áu̯] {real}).
- Quando há três vogais contíguas, é preciso examinar a natureza das três vogais para identificar o núcleo. Essas sequências podem ser identificadas pelos critérios da Tab. 21.20. São três as possibilidades:
    - um tritongo, em que o núcleo é a vogal do meio (ex. [fjéi̯s] {fiéis});[29]
    - um ditongo crescente seguido de uma vogal que forma uma sinérese/sinalefa com o núcleo do ditongo ou um ditongo crescente seguido de um hiato (ex. [sa.bjáe̯. zɔ́.tʃi.ku] {sabiá exótico}). (Também pronunciável como [sa.bjá.e.zɔ́. tʃi.ku], [sa.bi.áe̯.zɔ́.tʃi.ku] ou [sa. bi.á.e.zɔ́.tʃi.ku].)[29]

- uma sinérese/sinalefa entre uma vogal e o núcleo de um ditongo decrescente que a segue (ex. [ʒé. mee̯ɪ̯.dén̪.tʃi.kɐ] {gêmea idêntica}). (Também pronunciável como [ʒé. me.e̯ɪ̯.dén̪.tʃi.kɐ], [ʒé.mee̯.i.dén̪. tʃi.kɐ] ou [ʒé.me.e̯.i.dén̪.tʃi.kɐ].)[30]

- É possível uma sequência de quatro vogais em uma só sílaba quando há uma sinérese ou sinalefa entre a vogal nuclear de um ditongo crescente e a vogal nuclear de um ditongo decrescente (ex. [sa.bjáo̯u̯.zá.du] {sabiá ousado}).[31]

Identificar o ataque

Depois de identificar o núcleo, é preciso considerar os elementos que compõem o ataque da sílaba. Segundo o modelo fonotático da sílaba, há três tipos de elementos que podem preceder o núcleo.

- **Deslizante (elemento vocálico).** Se houver uma vogal alta e átona antes do núcleo que forme um ditongo crescente, a vogal faz parte da mesma sílaba (ex. [kwá.tɾu] {quatro}).[32]
- **Soante.** Se antes do núcleo ou conjunto vocálico houver uma soante, essa soante também se acrescenta à sílaba do núcleo posterior (ex. [náu̯] /náu/ {nau}; [máɾ] /máR/ {mar}; [láɾ] /láR/ {lar} e [ʁéi̯/héi̯] /réi/ {rei}).[32]
- **Obstruinte.** Se antes do núcleo ou conjunto vocálico houver uma só obstruinte, essa obstruinte acrescenta-se ao núcleo da mesma sílaba (ex. [fa.bu.ló.zu] {fabuloso}, [sá.po] {sapo}). Se antes do núcleo ou conjunto vocálico houver duas consoantes, essas formam um

encontro consonantal inseparável (ex. [trá.su] {traço}). Observa-se que os encontros consonantais inseparáveis são sempre combinações de uma obstruinte com uma soante.³³ ◀ᚽ

Nem sempre há um ataque. Por exemplo, quando um núcleo vocálico segue a uma pausa, não há ataque: (ex. [étrisʧi] {é triste}, [átɾabáʎu] {há trabalho}). Quando duas vogais ocorrem em sílabas separadas devido a um hiato, não há ataque na segunda sílaba: (ex. [fa.zí.a] {fazia}).³⁴ ◀ᚽ

Identificar a coda

Depois de identificar o núcleo e o ataque, tudo o que resta faz parte da coda da sílaba precedente. Segundo o modelo fonotático da sílaba, há três tipos de elementos que podem suceder o núcleo.

- **Deslizante (elemento vocálico)**. Se houver uma vogal depois do núcleo, e se essa vogal for alta e átona, forma-se um ditongo decrescente, e essa vogal faz parte da mesma sílaba (ex. [káu̯.zɐ] {causa}).³⁵ ◀ᚽ
- **Soante**. Se depois do núcleo ou do conjunto vocálico houver uma soante, essa soante também se acrescenta à sílaba do núcleo anterior (ex. [áɫ.to] {alto}, [kár.ta] {carta}, [éⁿ.ʧis] {antes}).³⁶ ◀ᚽ
- **Obstruinte**. Se depois do núcleo vocálico houver duas, três ou quatro consoantes, será preciso determinar se há um encontro consonantal inseparável. Se houver, o encontro consonantal passará ao ataque da sílaba seguinte, e o restante das consoantes fará parte da coda da sílaba anterior (ex. [a.pli.kár] {aplicar}, [ĩᵐ.plo.ɾár] {implorar}, [tɾẽs.plẽⁿ.tár] {transplantar}). Se não houver encontro consonantal inseparável, a última consoante passará ao ataque da sílaba seguinte, e as consoantes restantes farão parte da coda da sílaba anterior (ex. [ĩs.táɾ] {instar}). Em palavras como [digno], porém, insere-se uma vogal epentética, o que produz uma sequência de três sílabas canônicas: [ʤí.gi.nu]. Quando há duas consoantes na coda, são sempre uma sequência de consoante mais o arquifonema obstruinte /S/.³⁷ ◀ᚽ

É importante considerar também o caso das consoantes homólogas. Como

21.20 Os critérios para identificar o núcleo silábico de uma sequência de duas vogais altas. A tabela especifica o resultado fonético, o núcleo silábico e dá exemplos. O Capítulo 14 contém os detalhes sobre os casos em que há mais de uma opção.

Condições		Resultado fonético	O núcleo	Exemplos
As duas vogais são altas?				
SIM	Com a primeira vogal tônica	Ditongo decrescente	A vogal tônica	caiu, flui [ka.íu̯/flúi̯]
	Com a segunda vogal tônica	Hiato ou ditongo crescente	A vogal tônica	ruína, viúva, cuida [hu.í.nɐ/vi.ú.vɐ/kwí.dɐ] ou [ʀwí.nɐ/vjú.vɐ/kwí.dɐ]
	Com as duas vogais tônicas	Hiato ou sinalefa	Dois núcleos ou núcleo bivocálico	vi ursos, tatu ínfimo [ví.úɾ.sus/ta.tú.íᵐ.fi.mu] ou [vi̯úɾ.sus/ta.túí̯ᵐ.fi.mu]
	Com as duas vogais átonas	Ditongo crescente ou decrescente	A vogal plena	silêncio, vácuo [si.lé.sju/vá.kwu] ou [si.lé.siu̯]

Condições				Resultado fonético	Núcleo	Exemplos
Uma das vogais é alta?						
SIM	Essa vogal é tônica?					
	SIM	Essa vogal é a segunda?				
		SIM		Hiato	A vogal alta tônica	ainda, reúne, veículo [a.ĩⁿ.dɐ/he.ú.ni/ve.í.ku.lu]
		NÃO		Hiato ou ditongo decrescente	A vogal alta tônica	fazía, recúo [fá.zí.ɐ/he.kúu̯]
	NÃO	Essa vogal é a segunda?				
		SIM		Ditongo decrescente	A vogal não alta	causa, reina [káu̯.zɐ/héi̯.nɐ]
		NÃO		Hiato ou ditongo crescente	Dois núcleos ou a vogal não alta	piano, cueca, quatro exemplos [pi.ẽ.nu/ku.é.kɐ] ou [pjẽ.nu/kwé.kɐ] / [kwá.tɾwe.zẽᵐ.plus]
NÃO	As duas vogais são tônicas?					
	SIM			Hiato ou sinalefa	Dois núcleos ou núcleo bivocálico	está ébrio [es.tá.é.briu̯] ou [es.táé.briu̯]
	NÃO	Uma das vogais é tônica?				
		SIM		Hiato ou Sinérese/ Sinalefa	Dois núcleos ou núcleo bivocálico	real, poeta, sê ativo [he.áu̯/po.é.ta/sé.a.tʃi.vu] ou [heáu̯/poé.ta/séa.tʃi.vu]
		NÃO		Hiato ou Sinérese/ Sinalefa	Dois núcleos ou núcleo bivocálico	beato, poesia [be.a.tu/po.e.zí.ɐ] ou [bea̯.tu/poe̯.zí.ɐ]

21.21 Os critérios para identificar o núcleo silábico de uma sequência de duas vogais exceto quando ambas forem altas. A tabela especifica o resultado fonético, o núcleo silábico e dá exemplos. O Capítulo 14 contém os detalhes dos casos em que há mais de uma opção.

já foi demonstrado no Capítulo 20, no caso de um encontro de duas consoantes fonológicas homólogas pode haver uma fusão consonantal na fonética. Se as consoantes homólogas são nasais ou laterais, pode haver também um alongamento consonantal ([mː], [nː], [ɫː]); essa consoante alongada é ambissilábica (ex. [ũːmːá.tu] {um mato}; [ũːnːa.víu̯] {um navio}, [míɫːá.gus] {mil lagos}). A consoante ambissilábica pertence a duas sílabas, formando a coda da primeira e o ataque da segunda. As demais consoantes fundidas são simples — sem alongamento — e sempre pertencem ao ataque da sílaba seguinte.

Nem sempre há coda; de fato, é mais comum que não haja, pois as sílabas abertas são mais comuns que as sílabas fechadas. Não há coda quando um núcleo vocálico precede o ataque da sílaba seguinte (ex. [sé.a.léɾ.tɐ] {sê alerta}). Não há coda quando o núcleo vocálico precede uma pausa (ex. [vá.ljóu̯.ɾu] {vale ouro}).

Conselhos práticos

Para falar ou ler o português em voz alta com uma pronúncia natural, o aluno precisa concentrar-se em:

- aplicar as regras da silabação fonética do português e não as regras da silabação fonológica nem ortográfica;
- efetuar a ressilabação para atingir o padrão da sílaba canônica CV ou pelo menos de sílaba aberta sempre que for possível, lembrando que, às vezes, para isso, é preciso formar a sílaba de elementos de duas palavras distintas;
- inserir uma vogal epentética, como já explicado, para atingir o padrão da sílaba canônica CV ou pelo menos de sílaba aberta;
- seguir as regras dos encontros vocálicos: a fusão, a ditongação, a sinérese/sinalefa e o hiato;
- seguir as regras das consoantes homólogas: a fusão simples que passa a ser o ataque da sílaba seguinte e a fusão alongada que passa a ser uma consoante ambissilábica;
- praticar a silabação como nos seguintes exemplos.

A silabação fonética de palavras

A seguinte lista de palavras é um exemplo da aplicação dessas regras da silabação fonética.[38] ◀≶

afrouxar		a	frou	xar	
agrupar		a	gru	par	
quadro		qua	dro	
inseparável		in	se	pa	rá	vel	
artista		ar	tis	ta	
contrair		con	tra	ir	
construir		cons	tru	ir	

aéreo		aé	reo	
Europa		Eu	ro	pa	
adiais	|a|di|áis| ou |a|diáis|
boi		boi	
baú		ba	ú	
falhando		fa	lhan	do	
aclamar		a	cla	mar	
atlas		a	tlas	
livrar		li	vrar	
conta		con	ta	
empregados		em	pre	ga	dos	
linguista		lin	guis	ta	
instaurar		ins	tau	rar	
vergonha		ver	go	nha	
balear	|ba|le|ar| ou |ba|lear|
ânsia	|ân|sia| ou |ân|si|a|
airoso		ai	ro	so	
cearense	|ce|a|ren|se| ou |cea|ren|se|
passar		pa	ssar	

A silabação fonética de textos

A Fig. 21.22 contém uma mostra de como se divide um texto ortográfico em sílabas fonéticas.[39] ◀≶

Resumo

A sílaba é uma unidade muito importante para a boa pronúncia do português, mas também é uma unidade difícil de definir. Em parte, a dificuldade em chegar a uma definição exata é porque é possível falar da sílaba nos âmbitos fonológico, fonético e ortográfico. No âmbito fonético, pode-se expressar a definição em termos articulatórios, acústicos ou auditivos. Uma das definições mais práticas para o português vem da fonética articulatória: a sílaba abarca tudo que se contém entre dois mínimos de abertura. A isso é preciso juntar a regra firme que favorece a sílaba aberta na silabação fonética do português: isto é, que uma sequência de VCV sempre se separará em V/CV. A sílaba canônica, isto é, a forma silábica mais frequente do português é CV.

O fato de CV ser a sílaba canônica ou padrão do português resulta em dois processos que ocorrem com o fim de produzir uma cadeia fônica com o máximo de sílabas padrões. O primeiro é a ressilabação, o processo pelo qual {ser o modo} vira [sé.ru.mó.du], uma sequência de quatro sílabas canônicas. O segundo é a inserção de vogais epentéticas, o processo pelo qual {digno} vira [dʒí.gi.nu], uma sequência de três sílabas canônicas.

O modelo gerativista da sílaba a divide inicialmente entre um ataque e uma rima; a rima, por sua vez, divide-se em um núcleo e uma coda. O núcleo da sílaba portuguesa é sempre uma vogal, que se identifica de acordo com as normas estabelecidas neste capítulo. Na identificação do núcleo, é importante prestar atenção aos encontros vocálicos que incluem os fenômenos de fusão, ditongação, como também exemplos de sinérese/sinalefa e hiato.

De acordo com o modelo fonotático, o ataque é um elemento optativo que pode conter um obstruinte, um soante ou um componente vocálico ou uma combinação deles. Também de acordo com o modelo fonotático, a coda é um elemento optativo que pode conter um componente vocálico, um soante ou um obstruinte ou uma combinação deles.

Todas as sílabas do português se conformam ao modelo fonotático da Tab. 21.3. A sílaba canônica do português, isto é, a forma silábica mais frequente, é CV. As sílabas abertas (que terminam em vogal) são mais frequentes que as sílabas fechadas (que terminam em consoante).

Dos três tipos de silabação (fonológica, fonética e ortográfica), a mais importante para o aluno é a fonética, porque sua fala e leitura devem basear-se nas regras da silabação fonética. As regras fundamentais são três:

Regra 1: V/CV

No português, sempre que se tem uma consoante entre duas vogais, a consoante faz parte da sílaba seguinte.

Regra 2: VC/CV ou V/CCV

No português, quando há duas consoantes entre vogais, há duas possibilidades de silabação. A silabação depende da presença ou ausência de um encontro consonantal inseparável, indicado por texto sublinhado (CC).

Regra 3: VCC/CV ou VC/CCV, VCC/CCV

No português, quando há três ou quatro consoantes entre vogais, a silabação também depende da presença ou ausência de um encontro consonantal inseparável. Se na sequência de consoantes houver um encontro inseparável, esse encontro passará à sílaba seguinte, de acordo com o padrão da Regra 2.

Perguntas de revisão

1. Quais são os problemas na definição da sílaba?

2. Dê uma definição fonética da sílaba.

3. Quais são os dois modelos da sílaba apresentados e como são diferentes?

21.22 Texto ortográfico dividido em sílabas fonéticas.[4]

TEXTO ORTOGRÁFICO:

{passei a noite muito incomodada / estive metida dentro do baú / para tragar o príncipe / quando estivesse dormindo / mas o cão maldito é tão pesado / que não consegui erguer-me de dentro / temos aqui três cães / que são os meus maiores inimigos}

SILABAÇÃO FONÉTICA:

{pa|ssei|a|noi|te|mui|to‿in|co|mo|da|da / es|ti|ve|me|ti|da|den|tro|do|ba|ú / pa|ra|tra|ga|r‿o|prín|ci|pe / quan|do‿es|ti|ve|sse dor|min|do / ma|s‿o|cão|mal|di|to‿é|tão pe|sa|do / que|não|con|se|gui|er|guer|me|de|den|tro / te|mo|s‿a|qui|três|cães / que|são‿os|meus|mai|o|re|s‿i|ni|mi|gos}

[4] "Os Três Cães" em *Contos Populares Portugueses: Antologia*, ed. Viale Moutinho ([Lisboa]: Publicações Europa-América Lda, 40ª ed., s/d), 94.

4. Dê e explique o modelo fonotático da sílaba.

5. Quais são os possíveis elementos do ataque silábico? Dê exemplos.

6. Como se identifica o núcleo silábico? Dê exemplos.

7. Quais são os possíveis elementos da coda silábica? Dê exemplos.

8. Contraste as sílabas canônicas do português e do inglês.

9. Quais são as possíveis estruturas silábicas do português?

10. Como as estruturas silábicas do português se enquadram no modelo fonotático da sílaba?

11. Contraste os três tipos de silabação: a fonológica, a fonética e a ortográfica.

12. Quais são as regras da silabação fonética?

13. Explique o processo da ressilabação. Dê exemplos.

14. Explique a solução fonética e a silabação que ocorre com uma consoante final de palavra e uma vogal inicial da palavra seguinte. Dê exemplos.

15. Explique a solução fonética e a silabação que ocorre com uma vogal final de palavra e uma vogal inicial da palavra seguinte. Dê exemplos.

16. Explique a solução fonética e a silabação que ocorre com uma vogal alta tônica final de palavra e uma vogal inicial da palavra seguinte. Dê exemplos.

17. Explique como a fusão de consoantes homólogas afeta a silabação. Dê exemplos.

18. Que regras explicam o resultado fonético de [míɫːá.guʃ] em Portugal e em que ordem elas se aplicam?

Exercícios de pronúncia

Separe as sílabas dos seguintes textos seguindo as regras de silabação fonética. Leia o resultado em voz alta sílaba por sílaba. O gabarito encontra-se no apêndice.[40]

1. {não pense que eu estou a sangue-frio / vendo os meios de que a minha mãe se serve para o matar / mas eu nada posso fazer em seu favor / minha mãe é uma fada muito poderosa / e muito má / não sei se os seus cães ganharão vitória / eu vou experimentar minha mãe / e

Conceitos e termos

ataque	ligação	sílaba aberta
coda	ligadura	sílaba canônica
consoante ambissilábica	modelo estrutural	sílaba fechada
CV	modelo fonotático	silabação
CVC	modelo gerativista	silabação fonética
dígrafo	núcleo	silabação fonológica
estruturas silábicas	núcleo bivocálico	silabação ortográfica
explosão silábica	regras de silabação	vogal epentética
fusão	ressilabação	vogal livre
implosão silábica	sílaba	vogal travada

saber em que consiste / o segredo da sua morte}[5]

2. {a pequena saiu com as autoridades / que mandaram encher o surrão / de todas as porcarias / de sorte que / quando o velho foi ao outro dia / mostrar o surrão que cantava / este não cantou / deu-lhe com o bordão / e então tudo o que tinha dentro se derramou / o povo obrigou o velho a lamber tudo / sendo dali levado para a cadeia / enquanto a menina era entregue à mãe}[6]

3. {passados alguns meses / houve nesta cidade grandes festas / as quais concorreu muita gente de diversas terras / e entre ela / o nosso caixeiro e dois amigos deste / da mesma profissão / encontraram os três a velha / mas esta pôs em ação nova artimanha}[7]

4. {agora / a segurança é completa / não tem havido mais assaltos / ninguém precisa temer pelo seu patrimônio / os ladrões que passam pela calçada / só conseguem espiar através do grande portão de ferro e / talvez avistar um ou outro condômino agarrado às grades da sua casa / olhando melancolicamente para a rua / mas surgiu outro problema / as tentativas de fuga / e há motins constantes de condôminos que tentam de qualquer maneira / atingir a liberdade}[8]

[5] "Os Três Cães" em *Contos Populares Portugueses: Antologia*, ed. Viale Moutinho ([Lisboa]: Publicações Europa-América Lda, 40ª ed., s/d), 95.

[6] "O Surrão" em *Contos Populares Portugueses: Antologia*, ed. Viale Moutinho ([Lisboa]: Publicações Europa-América Lda, 40ª ed., s/d), 149.

[7] "Uma Velha Endiabrada" em *Contos Populares Portugueses: Antologia*, ed. Viale Moutinho ([Lisboa]: Publicações Europa-América Lda, 40ª ed., s/d), 166.

[8] Veríssimo. Luis Fernando. "Segurança", *Comédias para se ler na escola* (Rio de Janeiro: Objetiva, 2001), pp. 98–99.

Recursos eletrônicos

1. 🔊 As várias pronúncias de {laboratory} em inglês.

2. 🔊 A pronúncia de {hire} e {higher} em inglês.

3. 🔊 A pronúncia de {general} em português e inglês.

4. 🔊 A pronúncia de consoantes simples no ataque. (Tab. 21.6, 21.7 e 21.8)

5. 🔊 A pronúncia de encontros consonantais inseparáveis no ataque. (Tab. 21.9 e 21.10)

6. 🔊 O elemento vocálico no ataque.

7. 🔊 Exemplos dos tipos de hiato.

8. 🔊 A palavra {mountain} em inglês.

9. 🔊 A pronúncia de consoantes simples na coda. (Tab. 21.11 e 21.12)

10. 🔊 A pronúncia de duas consoantes na coda. (Tab. 21.12 e 21.13)

11. 🔊 A pronúncia canônica de {general} em português e inglês.

12. 🔊 A pronúncia de {Pode ver as outras casas aqui.} em sílabas fonéticas.

13. 🔊 A silabação do português e do inglês com sílabas prototípicas segundo Regra 1. (Tab. 21.16)

14. 🔊 A silabação de palavras segundo as Regras 2 e 3. (Tab. 21.17)

15. 🔊 A pronúncia de palavras terminadas em /l/ seguidas de outra palavra.

16. 🔊 A pronúncia de palavras terminadas em /S/ seguidas de outra palavra.

17. 🔊 A pronúncia de palavras terminadas em /N/ seguidas de outra palavra.

18. 🔊 A pronúncia de palavras terminadas em /R/ seguidas de outra palavra.

19. 🔊 A pronúncia de palavras terminadas em vogal seguidas de outra palavra iniciada em vogal. (Tab. 21.18)

20. 🔊 A pronúncia de palavras terminadas em vogal alta tônica seguidas de outra palavra iniciada em vogal.

21. 🔊 A pronúncia de palavras terminadas em /l/ seguidas de outra palavra iniciada em /l/.

22. 🔊 A pronúncia de palavras terminadas em /S/ seguidas de outra palavra iniciada em /s/ ou /z/.

23. 🔊 A pronúncia de palavras terminadas em /N/ seguidas de outra palavra iniciada em /m/ ou /n/.

24. 🔊 A pronúncia de palavras terminadas em /R/ seguidas de outra palavra iniciada em /r/.

25. 🔊 Dois tipos de fusão consonantal. (Tab. 21.19)

26. 🔊 A pronúncia das palavras {nascer} e {paciência} no Brasil e em Portugal.

27. 🔊 A pronúncia do encontro de duas vogais altas. (Tab. 21.20)

28. 🔊 A pronúncia do encontro de duas vogais não altas. (Tab. 21.21)

29. 🔊 A pronúncia do encontro de três vogais em uma sílaba: tritongo ou ditongo crescente mais sinalefa/sinérese.

30. 🔊 A pronúncia do encontro de três vogais em uma sílaba: sinalefa/sinérese mais ditongo decrescente.

31. 🔊 A pronúncia do encontro de quatro vogais em uma sílaba.

32. 🔊 Deslizantes e soantes no ataque.

33. 🔊 Obstruintes no ataque.

34. 🔊 Sílabas sem ataque.

35. 🔊 Deslizantes na coda.

36. 🔊 Soantes na coda.

37. 🔊 Obstruintes na coda.

38. 🔊 A silabação fonética de palavras.

39. 🔊 A silabação fonética de um texto. (Fig. 21.22)

40. 🗙 Exercícios de pronúncia: a silabação de textos.

Capítulo 22
A tonicidade ou acento fonético

A tonicidade refere-se à maior intensidade sonora de uma sílaba em comparação com as demais sílabas da mesma palavra ou grupo fônico. Esse fenômeno é também chamado *acento*, mas essa palavra é ambígua. Em sua acepção linguística mais ampla, pode referir-se a um **sotaque**, isto é, ao conjunto das caraterísticas fônicas da fala de determinado dialeto regional ou social. O acento pode também referir-se ao **acento ortográfico**, ou seja ao **sinal diacrítico** do **acento agudo** (´), **acento grave** (`), ou **acento circunflexo** (^), que se empregam na ortografia. Neste capítulo, a não ser que se refira especificamente ao acento escrito ou ortográfico, o termo acento se refere ao **acento** fonético ou fonológico. O acento fonético resulta de uma modificação dos aspectos físicos da própria onda sonora. Quando o **acento fonético** ou o **acento fonológico** recai sobre uma vogal ou uma sílaba, diz-se que a vogal ou sílaba é **tônica**. Quando a vogal ou sílaba carece de acento fonético ou fonológico, denomina-se **átona**.

Obviamente existe uma relação entre o acento ortográfico e o acento fonético, mas não é direta. Os detalhes dessa relação serão comentados mais adiante, mas basta dizer por enquanto que, na ortografia, usa-se o acento escrito apenas para indicar alguns dos acentos fonéticos. A Tab. 22.1 resume as diferenças entre o acento escrito e o acento fonético.

Considerações teóricas de tonicidade

O acento fonético produz-se mediante modificações que ocorrem na produção do núcleo silábico. Os elementos acústicos de qualquer vogal que se podem modificar são quatro:

1. a amplitude da onda (ou seja, a intensidade ou o volume);
2. a frequência da onda (ou seja, o tom);
3. a duração da vogal;
4. o timbre ou qualidade vocálico (ou seja, o padrão ou modelo do ciclo vibratório).

O acento fonético serve para destacar ou dar ênfase a determinada sílaba de uma palavra ou de um grupo fônico. Pode-se obter esse ênfase mediante a alteração de uma ou mais das quatro características acústicas já mencionadas. O acento fonético, então, pode ter indicadores ou dicas múltiplas baseadas em qualquer combinação desses elementos acústicos. As modificações acústicas que resultam na identificação do acento são relativas e não absolutas.

Aspectos acústicos da onda sonora que indicam a tonicidade

A **intensidade** (relacionada à amplitude ou volume) é um indicador que se emprega

22.1 Resumo das diferenças entre o acento ortográfico e o acento fonético referentes à tonicidade.

	Como se indica	Outros termos	Onde se coloca	Exemplos
acento ortográfico	sinal diacrítico	acento agudo ou circunflexo	sobre a vogal tônica em alguns casos	{fácil} {ênfase}
acento fonético	modificação acústica da onda sonora	vogal ou sílaba tônica	sobre toda vogal tônica	[kádɐ] [falóu̯]

comumente em muitos idiomas para indicar a tonicidade. Geralmente, um aumento contrastivo na amplitude é sinal de acento fonético.

O tom ou **frequência** também é empregado em vários idiomas como indicador de acento fonético. De modo geral, o acento fonético é caracterizado por uma subida no tom. É preciso entender, porém, que o aumento é relativo e que pode variar segundo a posição da palavra na oração.

A **duração** é outro indicador de acento fonético. Em geral, um aumento contrastivo de duração indica tonicidade, mas a duração também pode ser influenciada pelas consoantes da sílaba, pela estrutura silábica ou pela posição da palavra dentro do grupo fônico ou oração.

O indicador menos usado para assinalar o acento fonético é o **timbre vocálico**. Mesmo assim, em alguns idiomas existem sistemas vocálicos diferentes para sílabas tônicas e para sílabas átonas como já ficou demonstrado para o inglês e português.

A tonicidade em português e inglês

O acento fonético é assinalado mediante modificações na articulação que produzem diferenças acústicas na onda sonora da vogal tônica. O português e o inglês empregam traços acústicos diferentes para indicar tonicidade.

Em primeiro lugar, é importante reconhecer que a tonicidade, tanto em português como em inglês, é um fenômeno fonológico. Isto é, a colocação do acento fonético em uma palavra é uma caraterística da palavra em si. Em ambos os idiomas é possível que a colocação do acento mude o significado de uma palavra. Em inglês, por exemplo, há uma diferença entre a palavra *record* [ɹɛ́.kɹd], que é um substantivo (*He kept a record of the events.*), e a palavra *record* [ɹə.kɔ́ɹd], que é um verbo (*He needs to record the events.*). Em português as diferenças de significado também podem ser entre verbo e substantivo e entre formas verbais. Exemplos incluem *calo, calô*; *para, Pará*; *cântara, cantara, cantará.*[1]

A questão, porém, é como se indica o tonicidade? Em outras palavras, dos quatro possíveis indicadores de acento, quais se empregam para indicá-lo em português e quais em inglês? Na busca de uma resposta a essa pergunta, é preciso considerar três fatores intrínsecos. Primeiro, é preciso considerar que o tom não é só um fenômeno de acento, mas também a principal característica da **entonação** e seus diversos padrões, que serão tratados no Capítulo 24. O segundo fator é o fenômeno da **diminuição**, que descreve o que ocorre naturalmente na fala ao aproximar-se do final de um grupo fônico. Essa diminuição afeta os valores de intensidade, duração e tom.

O timbre como indicador de tonicidade

O timbre entra como indicador de tonicidade tanto em inglês quanto em Português, mas de formas diferentes.

O inglês exibe uma forte tendência a reduzir a vogal átona ao som *schwa* [ə], apesar de existirem também vogais plenas em posição átona como exemplifica a Tab. 11.14. Serve de exemplo da redução a *schwa* a palavra *multiplication*.[2]

$$\text{mul.ti.pli.}\overset{\text{eɪ}}{\text{ca}}\text{.tion}$$
$$\text{ə} \quad \text{ə} \quad \text{ə} \quad \quad \text{ə}$$

Neste exemplo, nota-se que a palavra tem cinco sílabas e que a sílaba tônica é a quarta. Também observa-se que a sílaba tônica é a única que contém uma vogal plena e que todas as sílabas átonas contém como núcleo a vogal reduzida *schwa* [ə]. Sendo assim, em inglês, o timbre pode ser significativo na questão da tonicidade, pois a vogal reduzida *schwa* [ə] é indicador de sílaba átona.

Não obstante, a vogal *schwa* não é o único indicador de sílaba átona em inglês, porque como já visto no Capítulo 11, uma sílaba átona também pode conter vogais plenas. Existe ainda a vogal reduzida [ɨ] comentada no Capítulo 11. A Tab. 22.2 mostra a relação entre

A tonicidade ou acento fonético

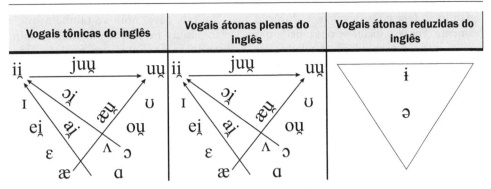

22.2 Os sistemas vocálicos do inglês de acordo com a tonicidade.

a tonicidade e os três sistemas vocálicos do inglês americano apresentados no Capítulo 11: vogais tônicas, vogais átonas plenas e vogais átonas reduzidas. A Tab. 11.14 dá exemplos de todas elas.

Em português, também existe a redução vocálica em posição átona. Essas reduções são diferentes no Brasil e em Portugal. Há também uma diferença entre a redução em posição átona não final e em posição átona final como resume a Tab. 22.3. Em geral, as reduções vocálicas costumam resultar em alçamentos vocálicos mais consistentes no Brasil, conforme explicado nos Capítulos 11 e 12. Em Portugal, o tratamento da vogal átona é muito complicado, já que os alçamentos costumam ser menos consistentes e mais severas que no Brasil. Pode haver também centralização das vogais átonas anteriores, e até podem aparecer as vogais meio-abertas em posição átona conforme explicado em capítulos anteriores.

Em resumo, o timbre é um fator importante tanto na tonicidade do inglês como no do português.

A duração como indicador de tonicidade

A questão da duração como indicador de tonicidade é problemática já que há muitos fatores que podem afetar a duração de uma sílaba. Entre eles, figuram o número de segmentos da sílaba, o vozeamento ou não dos sons (sons surdos ou sonoros) e a classificação dos sons consonantais (soantes ou obstruintes). Outros fatores importantes incluem a posição da sílaba na palavra, a posição da palavra no grupo fônico e também se a sílaba é tônica ou átona. Outro fator que afeta a duração é o conceito da velocidade da fala. Quando se fala mais rápido, a duração de cada sílaba diminui;

22.3 Os sistemas vocálicos do português de acordo com a tonicidade.

Vogais tônicas do português	Vogais átonas não finais do português		Vogais átonas finais do português	
i u e o ɛ ɔ a	BRASIL	i u e o a	BRASIL	i u ɐ
	PORTUGAL	i ɨ u ɐ	PORTUGAL	ɨ u ɐ

quando se fala mais devagar, a duração aumenta. Por isso inclui-se nas tabelas um índice, que compara a duração relativa das sílabas de uma palavra, o que diminui a influência da velocidade da fala.

Como indicador de tonicidade em português, a duração pode ser considerada um fator relativo porque, em geral, as vogais átonas são mais breves que as tônicas, em parte devido à redução do timbre vocálico já explicado. Também existe uma tendência geral, tanto em inglês como em português, de diminuir a velocidade da fala com a aproximação do final do grupo fônico. Devido a essa tendência, na maioria dos casos, a sílaba mais longa de um grupo fônico costuma ser a sílaba final, seja átona ou tônica.

Em inglês, a duração entra como indicador de tonicidade. Isso deve-se à forte tendência de reduzir a duração da sílaba átona, mas é preciso lembrar-se da tendência de aumentar a duração das sílabas no final do grupo fônico; esse alongamento também afeta as palavras articuladas em realizações isoladas. A duração da sílaba inglesa também é afetada pela qualidade da vogal, seja longa, curta ou reduzida.

Na Tab. 22.4,[3] ◀ nota-se que a sílaba acentuada do inglês costuma ser mais longa que as sílabas que a rodeiam, com a exceção da sílaba átona final de grupo fônico, que inclui o caso em que a palavra se realiza isoladamente. Nesse caso, ao aproximar-se o final do grupo fônico, diminui-se a velocidade da fala, criando uma sílaba átona final de duração mais longa.

No caso da palavra *multiplication*, a sílaba átona final de palavra tem 112% da duração da vogal tônica quando ocorre em posição final de grupo fônico e só 81% da duração da vogal tônica quando aparece em posição interior de grupo fônico.

No caso contrastivo das palavras *content* (substantivo) e *content* (adjetivo), nota-se que o alongamento da sílaba átona final do substantivo é só de dez por cento, sendo a sílaba anterior a tônica. Já no caso do adjetivo, o alongamento da sílaba final é de 205%, sendo a última sílaba tanto tônica quanto final. Vale observar que as sílabas mais curtas são as que contêm a vogal reduzida *schwa* [ə].

Na Tab. 22.4, nota-se também que a sílaba átona final tem um índice maior quando se encontra em posição final absoluta que em posição final de palavra interior de grupo fônico. Dos exemplos demonstrados na Tab. 22.4, nota-se que no caso da palavra *politically*, a sílaba átona final de palavra tem 211% da duração da vogal tônica quando ocorre em posição final de grupo fônico e só 107% da duração da vogal tônica quando aparece em posição interior de grupo fônico.

Em português, pode-se considerar a duração como indicador de tonicidade já que as sílabas tônicas em média duram 75% mais que as sílabas átonas. Como no caso do inglês, porém, as sílabas mais longas costumam ser as sílabas finais de grupo fônico. A Tab. 22.5 mostra a duração silábica de algumas palavras portuguesas tanto isoladas como em posição não final de orações.

Comparando-se a duração das sílabas da palavra *multiplicação* em posição final e não final da Tab. 22.5,[4] ◀ observa-se que com a exceção da anomalia da sílaba -*pli*-, todas as sílabas da palavra são mais longas em posição final (isolada) que em posição não final. A sílaba tônica final, a mais longa, é 38% mais longa em posição final absoluta. Comparando-se os índices, porém, as sílabas mais longas em ambos os casos são as últimas e as primeiras.

O caso da palavra *perfeito* é interessante porque contrasta a pronúncia do português brasileiro com a do português europeu. No PB, a sílaba mais longa é a sílaba átona final, que reflete a tendência geral devido ao princípio da diminuição. No PE, a primeira sílaba átona é 25% mais curta que no PB, que reflete a redução vocálica típica. Até a última vogal átona no PE é 19% mais curta que no PB.

Com as palavras *cântara*, *cantara* e *cantará*, a sílaba tônica é a mais longa em todas as articulações. No caso da palavra *cântara*, porém, a sílaba tônica é só 8 ms mais longa que a sílaba átona final, essa diferença é insuficiente para indicar a tonicidade.

Já no caso da palavra *justiça*, vê-se outra vez o efeito da diminuição de velocidade em posição final, o que aumenta a duração:

multiplication (palavra isolada)

sílaba	məl	tʰə	pl̩ə	kʰéɪ̯	ʃən
duração	142 ms	79 ms	157 ms	272 ms	307 ms
índice*	180%	100%	199%	344%	389%

multiplication ("He learned the multiplication tables.")

sílaba	məl	tʰə	pl̩ə	kʰéɪ̯	ʃən
duração	167 ms	60 ms	149 ms	247 ms	201 ms
índice*	278%	100%	248%	412%	335%

content (substantivo)

sílaba	kʰɑ́n	tʰɛnt			
duração	289 ms	317 ms			
índice*	100%	110%			

content (adjetivo)

sílaba	kʰən	tʰɛ́nt			
duração	184 ms	378 ms			
índice*	100%	205%			

politically (palavra isolada)

sílaba	pʰə	lí	ɾə	kl̩ɪi̯	
duração	87 ms	141 ms	94 ms	298 ms	
índice*	100%	162%	108%	343%	

politically ("He's politically motivated.")

sílaba	pʰə	lí	ɾə	kl̩ɪi̯	
duração	108 ms	146 ms	66 ms	156 ms	
índice*	164%	221%	100%	236%	

*o índice indica a duração em relação à sílaba mais curta da palavra.

22.4 A duração relativa das sílabas em palavras inglesas com foco na comparação entre a duração das vogais tônicas e a das vogais átonas.

a última sílaba átona é 154% mais longa em posição final que em posição interna.

Com base nos dados da Tab. 22.5, podem-se fazer três observações quanto à duração silábica em português.

1. A sílaba tônica de uma palavra costuma ser a sílaba de mais longa duração com a exceção das sílabas átonas finais de grupo fônico.

2. A sílaba final de palavra é mais longa em sua forma isolada do que no interior de um grupo fônico. Isso ocorre porque a sílaba final do grupo fônico sofre os efeitos da diminuição já descritos.

3. Como no inglês, em geral, as vogais tônicas são mais longas que as vogais átonas. Esse encurtamento das vogais átonas é mais exagerado em Portugal que no Brasil devido à redução vocálica mais extrema de Portugal.

Em suma: no inglês, a duração tem mais peso como fator indicador de tonicidade, já que a sílaba tônica inglesa pode durar de duas a seis vezes mais que a sílaba átona. No português, especialmente no PE, a duração

multiplicação (palavra isolada PB)

sílaba	muɯ	tʃi	pli	ka	sẽ̞ũ
duração	193 ms	141 ms	140 ms	176 ms	474 ms
índice*	138%	101%	100%	126%	339%

multiplicação ("Foi uma multiplicação de erros.")

sílaba	muɯ	tʃi	pli	ka	sẽ̞ũ
duração	189 ms	96 ms	158 ms	144 ms	344 ms
índice*	197%	100%	165%	150%	358%

perfeito (palavra isolada PB)

sílaba	per	fé̞j	tu		
duração	127 ms	300 ms	318 ms		
índice*	100%	236%	250%		

perfeito (palavra isolada PE)

sílaba	pi̞r	fé̞j	tu		
duração	95 ms	329 ms	257 ms		
índice*	100%	346%	271%		

cântara (palavra isolada PB)

sílaba	kẽ̞ⁿ	ta	ɾɐ		
duração	235 ms	188 ms	227 ms		
índice*	125%	100%	121%		

cantara (palavra isolada PB)

sílaba	kẽⁿ	tá	ɾɐ		
duração	186 ms	306 ms	223 ms		
índice*	100%	165%	120%		

cantará (palavra isolada PB)

sílaba	kẽⁿ	ta	ɾá		
duração	210 ms	183 ms	257 ms		
índice*	115%	100%	174%		

justiça (palavra isolada PB)

sílaba	ʒus	tʃí	sɐ		
duração	325 ms	246 ms	427 ms		
índice*	132%	100%	174%		

justiça ("A justiça foi imediata.")

sílaba	ʒus	tʃí	sɐ		
duração	289 ms	248 ms	168 ms		
índice*	172%	148%	100%		

*o índice indica a duração em relação à sílaba mais curta da palavra.

22.5 A duração relativa das sílabas em palavras portuguesas com foco na comparação entre a duração das vogais tônicas e a das vogais átonas.

tem um papel como indicador de tonicidade ainda que as diferenças de duração não sejam tão marcantes.

O tom como indicador de tonicidade

A questão do tom como indicador de tonicidade é também problemática porque além de ser um possível indicador de tonicidade, o tom é também obviamente a essência da entonação, como se verá no Capítulo 24. É importante não atribuir alterações de tom à tonicidade quando forem uma manifestações dos eventos relacionados à entonação.

Como indicador de tonicidade em português, o tom só pode ser considerado um fator relativo inconsistente. Isso ocorre porque devido à entonação, o tom costuma mudar com a aproximação do final do grupo fônico, tanto em inglês quanto em português. Muitos estudos já indicaram que o tom é o principal indicador de tonicidade. Alguns já sugeriram que um tom mais alto indica tonicidade; outros, que a tonicidade recai sobre a sílaba que segue o tom mais alto; ainda outros, que qualquer mudança de tom indica a tonicidade. Na realidade, todas essas possibilidades existem, mas não por motivos de tonicidade, mas sim por motivos de entonação. Muitos dos estudos utilizaram palavras isoladas. Quando se pronunciam palavras isoladas, porém, é preciso entender que efetivamente é equivalente a produzi-las em posição final de grupo fônico com seus efeitos concomitantes de entonação.

Em inglês, o tom entra mesmo como possível indicador de tonicidade. Isso deve-se à forte tendência de aumentar o tom na sílaba tônica como se vê na Fig. 22.6, que é um traço tonal do substantivo *content* [kʰántʰɛnt] e do adjetivo *content* [kʰəntʰɛ́nt]. Como se pode ver, a sílaba tônica de cada palavra tem o tom mais alto.[5] ◀︎

Mesmo assim, é preciso considerar os efeitos da entonação, que demonstram que o tom mais alto em si não é um indicador fiável de tonicidade como demonstram os exemplos da Fig. 22.7. Nessa figura, a primeira oração é uma declarativa não enfática: *She's content*. Pode-se ver que a última sílaba tem o tom mais baixo apesar de ser tônica. Isso se deve aos efeitos da entonação ao final de uma oração declarativa. A segunda oração é uma interrogativa enfática em que se expressa incredulidade: *She's content?* Nesse caso, pode-se ver que o tom mais baixo aparece na última sílaba tônica antes de que suba o tom devido aos efeitos da entonação interrogativa típica.[6] ◀︎

Examinando-se o papel do tom no acento em português, é preciso considerar também a possível variedade de produção. Por exemplo, a Fig. 22.8 contém dois traços tonais da palavra *caminho* [kɐmíɲu] ao final de uma oração declarativa. A primeira articulação mostra o tom mais alto na sílaba tônica [mí], que costuma aparecer num contexto enfático ou quando a palavra *caminho* representa informação nova. Um exemplo será ao final da resposta à pergunta: —*Onde está?* —*Está no caminho.*

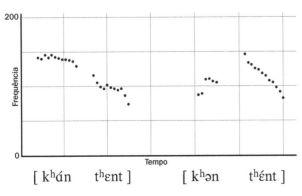

22.6 O traço tonal do substantivo inglês *content* [kʰántʰɛnt] e do adjetivo inglês *content* [kʰəntʰɛ́nt].

Capítulo 22

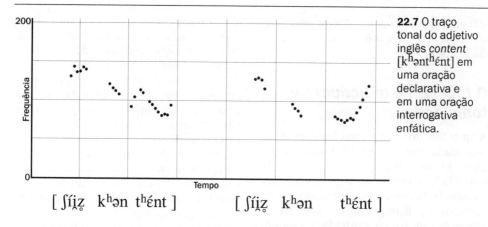

22.7 O traço tonal do adjetivo inglês *content* [kʰəntʰént] em uma oração declarativa e em uma oração interrogativa enfática.

[ʃíiz̥ kʰən tʰént]   [ʃíiz̥ kʰən tʰént]

A segunda mostra o tom mais alto na primeira sílaba átona [ka] da palavra *caminho*. Essa pronúncia corresponde a uma articulação não enfática ao final de uma oração, por exemplo: *Saiu do caminho.* Apesar de não ter o tom mais alto na segunda articulação, a sílaba [mí] continua sendo a sílaba tônica. Com isso vê-se que o tom em si não é um indicador fiável de acento em português.[7] ◀፨

É preciso considerar também os efeitos da entonação. É evidente que há diferenças importantes entre a entonação das orações declarativas e das orações interrogativas. A Fig. 22.9 contém um traço tonal da palavra *caminho* [kamíɲo] e um traço tonal da palavra *caminhou* [kamíɲóu̯] ao final das orações interrogativas: *Está no caminho?* e *João caminhou?* Como é de esperar-se, o tom sobe durante a produção de ambas as palavras que se encontram ao final de suas respectivas orações interrogativas. Nesses dois exemplos, o tom mais alto encontra-se na sílaba átona final de [kamíɲo] e na sílaba tônica final de [kamíɲóu̯]. Outra vez, apesar de não ter o tom mais alto na primeira articulação, a sílaba [mí] continua sendo a sílaba tônica. Com isso, vê-se de novo que o tom em si não é um indicador fiável de tonicidade.[8] ◀፨

Em resumo, o tom como indicador de tonicidade só pode ser considerado fator relativo. Ainda que haja exemplos tanto em inglês como em português em que a sílaba tônica tem mesmo o tom mais alto da palavra, é fácil encontrar exemplos em que o tom mais alto de uma palavra não se encontra na sílaba tônica. Isso deve-se principalmente aos efeitos da entonação e assim varia de acordo com a posição da palavra no grupo fônico.

22.8 O tom em duas articulações da palavra *caminho* [kamíɲo]. Na primeira, o tom sobe na sílaba tônica; na segunda, o tom mais alto ocorre na primeira sílaba, que é átona.

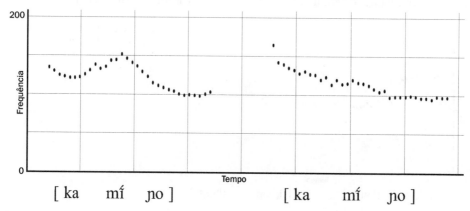

[ka   mí   ɲo]   [ka   mí   ɲo]

A tonicidade ou acento fonético

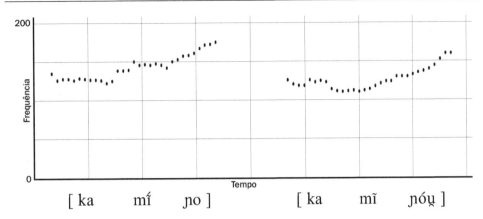

22.9 O tom na pronúncia interrogativa da palavra *caminho* [kamíɲo] e na pronúncia interrogativa da palavra *caminhou* [kamĩɲóu̯].

A intensidade como indicador de tonicidade

A intensidade como indicador de tonicidade por um lado é muito importante e por outro muito problemático porque é um traço relativo, muito suscetível ao princípio da diminuição.

Como se vê na Fig. 22.10, que mostra a intensidade do substantivo inglês *content* [kʰántʰɛnt] e do adjetivo inglês *content* [kʰəntʰɛ́nt], a sílaba tônica tem a amplitude

22.10 A intensidade do substantivo inglês *content* [kʰántʰɛnt] e do adjetivo inglês *content* [kʰəntʰɛ́nt] representada no traço da onda sonora e no traço da intensidade em decibéis.

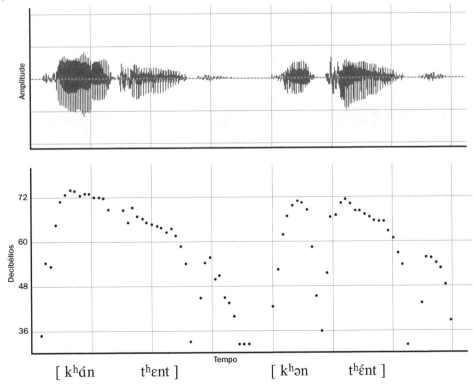

mais alta. No traço de onda vê-se mais claramente que a onda tem mais amplitude nas sílabas tônicas. O traço da intensidade mostra os efeitos da diminuição. No traço de intensidade do substantivo *content* [kʰántʰɛnt], vê-se que a primeira sílaba, a tônica, tem uma intensidade maior (com o núcleo da sílaba a aproximadamente 73 decibéis) e a segunda sílaba, a átona, tem uma intensidade mais baixa (com o núcleo da sílaba ao redor de 65 decibéis). No traço de intensidade do adjetivo *content* [kʰəntʰɛ́nt], nota-se que as medidas em decibéis das duas sílabas são semelhantes. Aqui entra em jogo o conceito da diminuição, que diz que os valores das características acústicas tendem a diminuir com a aproximação do final do grupo fônico. O fato de que a segunda sílaba do adjetivo mantém aproximadamente a mesma medida em decibéis, indica claramente que é uma sílaba tônica; de outra forma teria um valor reduzido devido à diminuição. Por isso é preciso considerar a intensidade como um indicador fundamental de tonicidade.[9] ◀⋵

Em português, a intensidade também entra como possível indicador de tonicidade. Isso deve-se à forte tendência de aumentar a amplitude ou o volume da sílaba tônica. Mesmo assim, como no caso do inglês, é preciso lembrar que a intensidade é um indicador relativo devido ao princípio de diminuição. Aplicado à intensidade, esse princípio explica que, com a aproximação do final do grupo fônico, a intensidade da onda sonora tende a diminuir. Isso vê-se claramente na Fig. 22.11, que mostra a intensidade do substantivo português *cântara* [kẽ́ⁿtaɾɐ] e das formas verbais *cantara* [kẽⁿtáɾɐ] e *cantará* [kẽⁿtaɾá]. No traço da onda de *cântara* [kẽ́ⁿtaɾɐ], vê-se que a sílaba mais intensa é a primeira, a tônica. No traço da onda de *cantara* [kẽⁿtáɾɐ], observa-se que a sílaba mais intensa é a segunda, também a tônica. No traço da onda de *cantará* [kẽⁿtaɾá], nota-se que não há nenhuma sílaba que pareça ser muito mais intensa que as demais. Mesmo assim, em contraste com os outros dois exemplos, a última sílaba mantém a intensidade da sílaba anterior. Somando-se esse fato ao princípio da diminuição, vê-se

22.11 A intensidade do substantivo português *cântara* [kẽ́ⁿtaɾɐ] e das formas verbais *cantara* [kẽⁿtáɾɐ] e *cantará* [kẽⁿtaɾá] representada no traço da onda sonora e no traço da intensidade em decibéis.

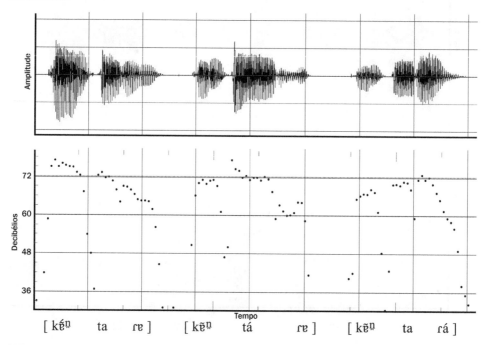

que a última sílaba é tônica: caso contrário, sua intensidade teria diminuído.[10] 🔊

Em resumo, pode-se dizer que a intensidade é mesmo um indicador importante de tonicidade em português em todas as possíveis posições ao longo do grupo fônico quando se leva em conta o princípio da diminuição.

Comparação dos indicadores de tonicidade

As Tabs. 22.12, 22.13 e 22.14 resumem os dados numéricos de duração, tom e amplitude das sílabas átonas e tônicas dos exemplos apresentados até aqui tanto do inglês como do português. Dessa forma pode-se comparar diretamente a contribuição de cada um dos possíveis indicadores acústicos à percepção da tonicidade. Ao comparar os valores das medidas dos indicadores, é preciso ter em mente que, às vezes, a tonicidade é indicada mediante uma medida absoluta (ou seja quando a medida mais alta indica diretamente o acento) e às vezes o acento é indicado mediante uma medida relativa (ou seja quando a medida da sílaba tônica não é a mais alta em termos absolutos, mas pelo princípio de diminuição ainda indica a sílaba tônica em termos relativos).

Nas Tabs. 22.12, 22.13 e 22.14 as casas sombreadas contêm o valor das sílabas tônicas; as casas de cor preta contêm os valores que ultrapassam o valor da sílaba tônica. Mais adiante há uma explicação dos ajustes necessários para interpretar a percepção de tonicidade, com base nos dados acústicos de duração, tom, amplitude e diminuição.

No exemplo da Tab. 22.12, nota-se, na palavra inglesa isolada *multiplication*, que a duração da sílaba tônica aumenta muito em comparação com as sílabas átonas anteriores. Não obstante, a última sílaba átona é ainda mais longa em posição final absoluta devido ao princípio da diminuição da velocidade da fala que ocorre com a aproximação do final do grupo fônico. Nota-se no segundo exemplo, em que a palavra *multiplication* não ocorre em posição final de grupo fônico. Sendo assim, a última sílaba átona não é mais longa que a tônica. Quanto ao tom, nota-se que nos dois casos, a sílaba tônica tem o tom mais alto. Quanto à amplitude, nota-se em ambos os casos que há duas sílabas com amplitude mais alta, a primeira e a quarta. Na análise do inglês, de fato, há duas sílabas tônicas nessa palavra, e o aumento da amplitude nessas duas sílabas assim o indica.[11] 🔊

No caso de *content* (substantivo inglês) e *content* (adjetivo), como se vê na Tab. 22.13, nota-se no substantivo, em que a sílaba tônica é a primeira, que essa sílaba tem o valor mais alto de tom e de amplitude. Em

22.12 A comparação dos indicadores de acento em duas articulações da palavra inglesa *multiplication*. A sílaba tônica está sombreada e a casa de cor preta indica um valor mais alto que o valor da sílaba tônica.

multiplication (palavra isolada)

sílaba	məl	tʰə	pl̩ə	kʰéi̯	ʃən
duração	142 ms	79 ms	157 ms	272 ms	307 ms
tom	115–106 Hz	113–110 Hz	115–111 Hz	134–108 Hz	115–94 Hz
amplitude	72–76–68 db	63–57 db	71–69 db	71–74–67 db	69–54 db

multiplication ("He learned the multiplication tables.")

sílaba	məl	tʰə	pl̩ə	kʰéi̯	ʃən
duração	167 ms	60 ms	149 ms	247 ms	201 ms
tom	110–107 Hz	106–105 Hz	104–99 Hz	138–123 Hz	110–106 Hz
amplitude	69–72–69 db	48–51 db	67–62 db	68–71–68 db	67–65 db

content (substantivo)

sílaba	kʰán	tʰɛnt
duração	289 ms	**317 ms**
tom	141-128 Hz	115-87 Hz
amplitude	74-71 db	66-61 db

content (adjetivo)

sílaba	kʰən	tʰɛ́nt
duração	184 ms	378 ms
tom	88-105 Hz	145-91 Hz
amplitude	**67-71-68 db**	72-63 db

22.13 A comparação dos indicadores de acento na articulação do substantivo inglês *content* e do adjetivo *content*. A sílaba tônica está sombreada e a casa de cor preta indica um valor mais alto que o da sílaba tônica.

quanto à duração, observa-se que a sílaba átona final é somente um pouco mais longa que a sílaba tônica. Isso se deve à diminuição na velocidade da fala, que é algo que se espera em posição final de grupo fônico. No caso de *content* (adjetivo), que tem a última sílaba tônica, a sílaba tem o valor mais alto de duração e tom. Quanto à duração, vê-se que a sílaba tônica final tem o dobro da duração da sílaba átona. Essa diferença tão grande é porque além de ser tônica, é também final. O tom, como é de esperar-se, primeiro sobe e logo baixa na sílaba tônica. Quanto à amplitude, observa-se que as medidas de energia das duas sílabas são semelhantes. Pelo princípio de diminuição, o fato de que a última sílaba tem o mesmo valor que a penúltima, indica que a última sílaba é a tônica. Se assim não fosse, a amplitude diminuiria como na palavra *content* (substantivo). Isso se vê facilmente comparando-se o traço de onda das duas palavras na Fig. 22.10.[12]

A Tab. 22.14 contrasta a palavra *politically* como palavra isolada (que, em efeito, é final de grupo fônico) e como palavra não final dentro de um grupo fônico. Na palavra isolada, a amplitude da sílaba tônica é a maior. Quanto à duração, a sílaba tônica é muito mais longa que as sílabas átonas adjacentes, mas outra vez, a sílaba átona final é a mais longa de todas. Quanto ao tom, vê-se que é a terceira sílaba, uma sílaba átona, a que tem o tom mais alto, o que indica que, em inglês, o tom não é indicador de tonicidade totalmente fiável. Com uma palavra em posição não final de grupo fônico, o tom e a amplitude da sílaba tônica tem os valores mais altos entre as sílabas da palavra. Quanto à duração, a última sílaba não dura o dobro da sílaba tônica (como no caso da palavra isolada); em contrapartida, a última sílaba da palavra *politically* em posição interior de grupo fônico tem aproximadamente a mesma duração que a sílaba tônica.[13]

As Tabs. 22.15, 22.16 e 22.17 seguem o mesmo formato que as anteriores, mas apresentam um resumo dos dados recolhidos para o português. Ao examinar os seguintes dados do português, é útil compará-los com os do inglês.

politically (palavra isolada)

sílaba	pʰə	lí	rə	kl̩iɪ̯
duração	87 ms	141 ms	94 ms	**298 ms**
tom	120 Hz	118-130 Hz	**122-144 Hz**	112-92 Hz
amplitude	71-74-71 db	68-74 db	70-71 db	66-60 db

politically ("He's politically motivated.")

sílaba	pʰə	lí	rə	kl̩iɪ̯
duração	108 ms	146 ms	66 ms	**156 ms**
tom	73-81 Hz	119-127 Hz	121-112 Hz	127-111 Hz
amplitude	66 db	64-69 db	62-66 db	59-64 db

22.14 A comparação dos indicadores de tonicidade em duas articulações da palavra inglesa *politically*. A sílaba tônica está sombreada e a casa de cor preta indica um valor mais alto que o da sílaba tônica.

multiplicação (palavra isolada)

sílaba	muɯ	tʃi	pli	ka	sẽỹ
duração	189 ms	131 ms	154 ms	176 ms	474 ms
tom	**125-173 Hz**	170-162 Hz	170-149 Hz	161-129 Hz	130-101 Hz
amplitude	64-73-68 db	61-59 db	66-61 db	70-64 db	72-57 db

multiplicação ("Foi uma multiplicação de erros.")

sílaba	muɯ	tʃi	pli	ka	sẽỹ
duração	179 ms	110 ms	151 ms	154 ms	338 ms
tom	134-120 Hz	121 Hz	121 Hz	137-131 Hz	148-145 Hz
amplitude	63-68 db	54-57 db	53 db	60-62 db	69 db

22.15 A comparação dos indicadores de acento em duas articulações da palavra portuguesa *multiplicação*. A sílaba tônica está sombreada e a casa de cor preta indica um valor mais alto que o da sílaba tônica.

A Tab. 22.15 contrasta a palavra *multiplicação* como palavra isolada e como palavra no meio de um grupo fônico. Como palavra isolada, nota-se que a sílaba tônica só tem valor mais alto na duração, o que é de esperar-se sendo a sílaba tanto tônica como final. Quanto ao tom, a sílaba tônica tem a frequência mais baixa de todas, já que é a última sílaba do grupo fônico. Não obstante, comparando-se os valores do tom da sílaba tônica dos dois exemplos de *multiplicação*, observa-se que o tom é mais baixo na pronúncia isolada do que no meio do grupo fônico "*Foi uma multiplicação de erros*". Isso simplesmente reflete os efeitos da entonação: como palavra isolada, a sílaba tônica [sẽỹ] está em posição final absoluto do grupo fônico produzido no tom mais baixo, enquanto na oração, no meio do grupo fônico, o tom da sílaba tônica [sẽỹ] se encontra em transição para o tom mais baixo, que só aparece no final da oração. Como se verá no Capítulo 24, isso também é de esperar-se devido à entonação típica do português. Quanto à amplitude, a sílaba tônica também não tem o valor mais alto em decibéis, mas outra vez, devido ao princípio de diminuição, o fato de que a última sílaba não diminua em intensidade, indica que é a sílaba tônica. Como palavra no meio do grupo fônico, a sílaba tônica tem a duração e amplitude mais altas. O fato de que não tenha o tom mais alto, outra vez, é sinal que o tom não é indicador fiável de tonicidade em português.[14]

Nas palavras *cântara, cantara* e *cantará*, como se vê na Tab. 22.16, nota-se que a sílaba tônica é sempre a que tem a duração mais longa. Também tem o tom mais alto com a exceção da palavra *cantará*; nesse caso, o tom cai na última sílaba apesar de ser a tônica, devido à entonação. Quanto à amplitude, vê-se que a sílaba tônica nesses três exemplos tem a maior amplitude, outra vez com a exceção da palavra *cantará*. Nesse caso, as três sílabas chegam a pelo menos 68 decibéis. O princípio de diminuição indica que a intensidade da última sílaba de *cantará* seria mais baixa que as demais se não fosse tônica, como se vê nas palavras *cântara* e *cantara*. Pelo princípio de diminuição, a intensidade da última sílaba de *cantará* se mantém sem baixar, o que indica que a sílaba é tônica.[15]

A Tab. 22.17 apresenta as palavras *caminho* e *caminhou* ao final de uma oração interrogativa. Aqui nota-se o mesmo fenômeno de diminuição de velocidade com o resultado de que a última sílaba é a sílaba mais longa, seja tônica ou átona. Como essas duas orações são perguntas, a última sílaba em ambas também tem o tom mais alto, independente de ser tônica ou átona. Devido à grande variabilidade do tom por motivos de entonação, outra vez o tom não serve como indicador fiável de tonicidade. Quanto à amplitude, ainda que todas as sílabas tenham medidas semelhantes, a sílaba tônica nesses exemplos tem a amplitude maior.[16]

cântara (palavra isolada)

sílaba	kẽⁿ	ta	ɾɐ
duração	227 ms	196 ms	**234 ms**
tom	133-122 Hz	110-105 Hz	102-98 Hz
amplitude	71-73-70 db	67-63 db	63-56 db

cantara (palavra isolada)

sílaba	kẽⁿ	tá	ɾɐ
duração	193 ms	304 ms	214 ms
tom	129-112 Hz	131-109 Hz	101-92 Hz
amplitude	67-69-65 db	74-70 db	62-58 db

cantará (palavra isolada)

sílaba	kẽⁿ	ta	rá
duração	208 ms	175 ms	250 ms
tom	119 Hz	**127-114 Hz**	119-99 Hz
amplitude	64 db	68-67 db	68-52 db

22.16 A comparação dos indicadores de acento em três palavras portuguesas *cântara*, *cantara*, *cantará*. A sílaba tônica está sombreada e a casa de cor preta indica um valor mais alto que o da sílaba tônica.

caminho ("Está no caminho?")

sílaba	ka	mí	ɲu
duração	107 ms	251 ms	**269 ms**
tom	123 Hz	126-147 Hz	**147-172 Hz**
amplitude	62-69-66 db	67-66 db	65-60 db

caminou ("João caminhou?")

sílaba	ka	mĩ	ɲṍṹ
duração	93 ms	124 ms	418 ms
tom	118 Hz	123-109 Hz	109-157 Hz
amplitude	66 db	66 db	67 db

22.17 A comparação dos indicadores de acento nas articulações das palavras portuguesas *caminho* e *caminhou*. A sílaba tônica está sombreada e a casa de cor preta indica um valor mais alto que o da sílaba tônica.

Resumo dos indicadores de tonicidade

Para resumir, os traços físicos que podem influir na percepção de tonicidade são:

1. o timbre vocálico,
2. a duração da sílaba,
3. o tom ao longo da sílaba e
4. a intensidade ao longo da sílaba.

Ao examinar esses traços físicos, é preciso considerar vários fatores gerais. Primeiro, como esses traços são componentes integrais da onda sonora, sempre se encontram presentes na onda sonora de cada sílaba. Segundo, ao usar as medidas físicas desses traços para identificar a sílaba tônica, é preciso lembrar que o que indica a sílaba tônica não são as medidas absolutas, mas sim as medidas relativas. Terceiro, essa relatividade deve-se em parte ao princípio da diminuição, segundo o qual certos aspectos, como tom, intensidade e velocidade de fala (relacionada à duração) tendem a diminuir ao longo do grupo fônico, sobretudo com a aproximação do final do grupo fônico. Quarto, é preciso considerar os efeitos da entonação, particularmente em relação ao tom. Quinto, é preciso considerar que, sobretudo na última sílaba do grupo fônico, as medidas absolutas podem ser enganosas devido à diminuição e à entonação.

O seguinte resumo contrasta o português e o inglês quanto aos possíveis indicadores de tonicidade:

O timbre. Em inglês, o timbre vocálico pode ser um indicador de tonicidade, pois é só em sílabas átonas que as vogais se reduzem à vogal neutra *schwa*. Apesar disso, como já examinado no Capítulo 11, as vogais plenas inglesas também ocorrem em sílabas átonas. Em português, o timbre também pode ser indicador de tonicidade, já que existem três sistemas de vogais: um em posição tônica, outro em posição átona não final e um terceiro em posição átona final de palavra. Como visto neste capítulo, esses sistemas, no Brasil, contêm sete, cinco e três vogais respectivamente. Em Portugal os três sistemas têm de 7 a 8, de 4 a 9 e 3 vogais respectivamente, conforme examinado no Capítulo 12.

A duração. Em inglês, uma duração mais longa tende a ser indicadora de tonicidade. Os dados apresentados indicam uma tendência geral de alongar a sílaba tônica. Como já foi comentado várias vezes, é preciso considerar, porém, os efeitos da diminuição, que faz que a velocidade diminua com a aproximação do final do grupo fônico, alongando a sílaba final, seja tônica ou átona. Também é preciso levar em conta que o inglês tem vogais plenas longas e breves. Em português existe uma tendência de abreviar a sílaba átona. Em geral, essa tendência é mais forte em Portugal que no Brasil e mais forte no inglês que no português brasileiro. O fato de existirem algumas correlações entre a duração e tonicidade, apesar de serem afetadas pelo princípio de diminuição, faz com que a duração possa ser considerada como um indicador de tonicidade em português.

O tom. Tradicionalmente considera-se a elevação do tom como indicação de tonicidade em inglês. Porém, há exceções devido às possíveis variações na entonação. Tradicionalmente muitos autores já comentaram que o tom é o principal indicador de tonicidade em português. Não obstante, devido às muitas exceções sistemáticas, parece melhor reavaliar essa posição. Essas exceções surgem principalmente devido aos padrões de entonação que variam tanto que fazem com que o tom em si seja pouco fiável como indicador de tonicidade. Isso comprova-se com os casos já citados em que, quando a sílaba tônica vem em posição final de grupo fônico, seu tom é o mais baixo da palavra.

A intensidade. Em inglês, uma intensidade mais alta tende a ser indicadora de tonicidade. Os dados apresentados mostram uma tendência geral de um aumento de intensidade na sílaba tônica em ambas as línguas. Em português, a intensidade acaba sendo o indicador mais fiável quando se consideram os efeitos do princípio de diminuição. Isso quer dizer que a intensidade absoluta não tem que ser a mais alta da palavra para indicar um acento tônico, o que indica a tonicidade é o aumento da intensidade relativa da sílaba, como visto anteriormente.

Dizer que o indicador de tonicidade mais relevante em português é a intensidade não quer dizer que a intensidade sempre indique o acento fonético nem que seja o único indicador dele; quer dizer simplesmente que a intensidade relativa indica o acento na grande maioria dos casos. Como exposto no princípio do capítulo, o acento tônico pode ter múltiplos indicadores. Sendo assim, um indicador pode vir ou não acompanhado de outros. Por exemplo, a intensidade relativa pode ser acompanhada ou não de um aumento de tom ou de uma maior duração, mas o indicador relativo mais consistente é a intensidade. Nos poucos casos em que a intensidade relativa não indica a sílaba tônica, são o timbre, a duração e o tom os que têm que indicá-lo. A Tab. 22.18 identifica o papel dos possíveis indicadores acústicos no acento fonético do inglês e do português.

É interessante notar que muitos alunos anglofalantes, sobretudo os principiantes, têm bastante dificuldade em identificar a sílaba tônica. É útil entender os motivos pelos quais isso ocorre. Essa dificuldade surge porque a combinação de indicadores empregados em português difere daquela empregada em inglês e o estudante anglofalante precisa acostumar-se a isso. De fato, em termos do número de indicadores consistentes, o anglofalante, ao deparar-se com o português, tem que aprender a reconhecer a sílaba tônica com menos informação do que está acostumado, porque, como se vê na Tab. 22.18, o inglês tem quatro indicadores importantes e consistentes de tonicidade, enquanto o português tem três.

Indicadores	Inglês	Português
Timbre	✓	✓
Duração	✓	✓
Tom	✓	✗
Amplitude	✓	✓

Código: ✓=indicador importante e consistente; ✗=indicador inconsistente

22.18 O papel dos possíveis indicadores acústicos de tonicidade em inglês e português.

A posição da sílaba tônica

Quanto à posição da sílaba tônica na palavra, há três questões a examinar. O primeiro refere-se a um aspecto teórico da tipologia do acento entre os idiomas do mundo. O segundo é relativo à posição da sílaba tônica na palavra. O terceiro refere-se à variabilidade do acento de uma mesma palavra.

Tipologia do acento

Os idiomas do mundo costumam ser divididos em dois tipos segundo sua tonicidade: idiomas com **acento fixo** e idiomas com **acento variável** ou **livre**. Os idiomas de acento fixo são os em que o acento sempre recai sobre determinada sílaba. Exemplos de idiomas com acento fixo incluem o hebraico moderno e o quiché em que a sílaba tônica sempre cai na última sílaba da palavra. Em polonês e em samoano a sílaba tônica é sempre a penúltima sílaba da palavra. As palavras originárias do tcheco ou do húngaro sempre são acentuadas na primeira sílaba.

Nos idiomas de acento variável, a posição de acento pode refletir uma distinção léxica. O inglês é um bom exemplo de um idioma com acento livre, como já foi demonstrado com as palavras *content* (substantivo) [kʰántʰɛnt] e *content* (adjetivo) [kʰəntʰɛ́nt]. Há vários exemplos em inglês de palavras diferenciadas pela posição do acento fonético: *address* (substantivo) [ǽdɹɛs] e *address* (verbo) [ədɹɛ́s]; *record* (substantivo) [ɹɛ́kɻd] e *record* (verbo) [ɹəkɔ́ɻd]; *increase* (substantivo) [íŋkɻis] e *increase* (verbo) [ɪŋkɻíɪs].[17] ◀

O português também tem acento variável como o inglês. Assim, é possível que o significado de uma palavra mude segundo a posição da sílaba tônica dentro da palavra. Isso se chama acento fonológico, porque é preciso indicar o acento na especificação fonológica da palavra, já que o acento não recai numa posição fixa para todas as palavras do idioma. Em português abundam exemplos de pares de palavras que se diferenciam pela posição do acento: *fábrica* e *fabrica*, *agência* e *agencia*, *secretária* e *secretaria*. Na Tab. 22.19 apresentam-se tríades de palavras diferenciadas principalmente pela posição do acento, havendo também uma diferença de timbre quando a última vogal é tônica.[18] ◀

Posição da sílaba tônica

Em português, as palavras classificam-se segundo a posição da sílaba tônica dentro da palavra. Essa classificação sempre se realiza

‿ ‿ ′	‿ ′ ‿	′ ‿ ‿
ânimo	animo	animou
árbitro	arbitro	arbitrou
cântara	cantara	cantará
célebre	celebre	celebrei
depósito	deposito	depositou
estímulo	estimulo	estimulou
hábito	habito	habitou
íntimo	intimo	intimou
sábia	sabia	sabiá
término	termino	terminou

22.19 Tríades de palavras que varíam principalmente pela posição do acento fonético.

comparando a posição da sílaba tônica em relação à última sílaba. Em português, então, o acento recai na última, penúltima ou antepenúltima sílaba da palavra. Há duas séries de termos que se empregam para denominar as distintas posições da sílaba tônica: uma série de termos baseada no grego e outra série baseada no latim. Hoje em dia, a terminologia grega é mais usada, mas é bom saber a latina também. A Tab. 22.20 mostra esses termos e dá exemplos de cada tipo.

Variabilidade na posição da sílaba tônica

Em inglês pode haver variabilidade na posição da sílaba tônica por vários motivos. Como já explicado, palavras de diferentes significados podem ter como única diferença a posição do acento. Isso ocorre tanto em inglês como em português. Já foram citados vários exemplos desse fenômeno nos dois idiomas.

Em inglês, também pode haver variabilidade léxica em que uma palavra tem duas possíveis pronúncias que se diferenciam pela posição da sílaba tônica. Há muito poucos exemplos dessa variabilidade em inglês, mas alguns deles são: *mischievous* ([místʃəvəs] ou [mɪstʃíjvjəs]), *harassment* ([héɹəsmənt] ou [həɹǽsmənt]), *Caribbean* ([kʰɛɹəbíən] ou [kʰəɹíbiən]). Este tipo de mudança quase que não existe em português e sempre resulta em formas estigmatizadas, como por exemplo [gɾatuítu/gɾɛtwítu] em vez de [gɾatúitu] *gratuitu*, [hṹĩ] em vez de [huí/hwí] *ruim*.[19] ◀⁞

Em inglês há casos em que a posição do acento muda dentro de uma palavra para evitar que haja dois acentos tônicos seguidos no grupo fônico. Exemplos desse fenômeno são as palavras *sixteen* e *clarinet* nos seguintes contextos (as sílabas tônicas estão indicadas em negrito):[20] ◀⁞

*. . . four**teen**, fif**teen**, six**teen**, seven**teen** . . .*
*She **just** turned sixteen.*
*There are **six**teen **can**dles on the **cake**.*

*She **plays** the clari**net**.*
*She **played** a **clar**inet **so**lo.*

Usa-se o termo **acento frasal** para descrever esse fenômeno, que, no entanto, resulta numa mudança no acento léxico da palavra, geralmente para evitar duas sílabas tônicas seguidas. Esse tipo de mudança de acento léxico não ocorre em português.

Em inglês também se fala comumente de acento primário e "acento secundário" em uma só palavra. Assim os dicionários costumam indicar que, na palavra *diplomatic*, a primeira sílaba leva

22.20 Termos para denominar as distintas posições da sílaba tônica.

Posição	Sílaba tônica	Termo grego	Termo latino	Exemplos
‿ ‿ ‿ ′	última	oxítona	aguda	sofá, civil
‿ ‿ ′ ‿	penúltima	paroxítona	grave	casa, fácil
‿ ′ ‿ ‿	antepenúltima	proparoxítona	esdrúxula	hábito, íntimo

"acento secundário", a segunda sílaba é átona, a terceira sílaba leva acento primário e a quarta é átona: [ˌdɪpləˈmæɾɪk]. Não obstante, pode-se atribuir essa suposta diferença entre acento primário e "acento secundário" aos efeitos da entonação ou acento frasal como exemplificam as seguintes orações inglesas:[21] ◀︎

In his response, he was very diplomatic.
He is a diplomatic writer.

Nessas orações, nota-se que o "acento" mais forte da primeira oração recai na sílaba [mǽ] de *diplomatic*. Na segunda oração, já o "acento" mais forte recai na sílaba [ɹáɪ̯] de *writer*. De fato, na palavra *diplomatic* dessa segunda oração, o acento léxico que recai na sílaba [mǽ] não é mais forte do que recai na sílaba [dí]. Mesmo assim, quando *diplomatic* é enunciada como palavra isolada ou ao final de uma oração (como a primeira oração acima), parece que a sílaba [mǽ] é mais forte que [dí]. Isso, porém, não se deve a fatores de acento léxico, mas sim ao acento frasal e à entonação que resulta no reforço da última sílaba tônica da frase. Esse tipo de reforço não ocorre em português.

Palavras tônicas e palavras átonas em português

As palavras tônicas são as que contêm uma sílaba tônica. As palavras átonas são as que não contêm sílaba tônica. O que determina se uma palavra é tônica ou átona é sua categoria lexical ou sua função. Há categorias lexicais que só contêm palavras tônicas e há categorias com subcategorias de palavras tônicas e de palavras átonas. Há também algumas palavras com duas sílabas tônicas.

Categorias de palavras tônicas

Entre as palavras com uma sílaba tônica, ou seja, as que sempre contêm uma sílaba com acento fonético ou fonológico, encontram-se todas as palavras das quatro principais categorias lexicais:

- os substantivos
- os verbos
- os adjetivos
- os advérbios

Categorias com palavras tônicas e palavras átonas

Há várias categorias que contém tanto palavras tônicas como palavras átonas. Nesses casos, há motivos funcionais ou históricos para diferenciar entre as palavras tônicas e as palavras átonas de cada categoria. Essas categorias são:

- os pronomes pessoais
- os pronomes relativos e indefinidos
- os determinantes
- os numerais
- as preposições
- as conjunções
- as palavras interrogativas/exclamativas

Os pronomes pessoais

Há pronomes pessoais tônicos e pronomes pessoais átonos. Os pronomes pessoais tônicos são os que funcionam como o sujeito da oração ou como objeto de uma preposição. A Tab. 22.21 mostra os pronomes que sempre levam um acento fonético.

Os pronomes pessoais átonos são os que funcionam como objeto direto ou objeto indireto de uma oração. Eles também se chamam pronomes clíticos, já que o pronome átono tem que apoiar-se prosodicamente no verbo precedente (ex. *para dar-lhe o dinheiro*) ou subsequente (ex. *João lhe deu o dinheiro*). A Tab. 22.22 mostra os pronomes que sistematicamente não levam acento fonético.[22] ◀︎

Os pronomes relativos e indefinidos

As palavras *que, quando, como, quem, onde, aonde, porque, qual, quanto, quão, cujo* são átonas quando funcionam como pronomes relativos, como mostram os seguintes exemplos

*O homem **que** escreveu o livro é meu tio.*
*Foi Deodoro da Fonseca **quem** proclamou a república no Brasil.*
*Os estudantes **cujas** provas foram fáceis, festejaram demais.*

Os pronomes indefinidos são sempre tônicos e incluem as palavras *algo, alguém, ambos..., nada, ninguém, quem, tudo*, etc.

Os determinantes

Os determinantes são as palavras que introduzem o substantivo. Há vários tipos de determinantes; alguns são tônicos e outros são átonos. Por estarem ligados a um substantivo, os determinantes flexionam-se em número e gênero como os adjetivos.

Os determinantes tônicos incluem:
- demonstrativos (este..., esse..., aquele...).
- quantificadores (algum..., ambos..., cada, certa..., muito..., nenhum..., outro..., pouco..., tal..., todo..., vários..., etc.

Os determinantes átonos incluem:
- artigos
  - definidos (o, a, os, as)
  - indefinidos (um, uma, uns, umas)
- possessivos prepostos (meu..., teu..., seu..., nosso..., vosso...) [Os possessivos pospostos são considerados adjetivos.]

Os numerais

Os numerais são interessantes porque segundo sua posição, podem ser tônicos ou átonos. Os numerais são sempre tônicos

22.21 Pronomes pessoais que sempre levam acento fonético.

Pronomes pessoais sujeitos	
eu [éu̯]	nós [nós]
tu [tú], você [vosé]	vós [vós], vocês [vosés]
ele [éli], ela [élɐ]	eles [élis], elas [élɐs]

Pronomes pessoais objetos de preposição	
mim [mí]	nós [nós]
ti [tʃí/tí], você [vosé]/si [sí] PE	vós [vós], vocês [vosés]
ele [éli], ela [élɐ]	eles [élis], elas [élɐs]

22.22 Pronomes pessoais que não levam acento fonético.

Pronomes pessoais objetivos diretos	
me [mi/mɨ]	nos [nus/nos]
te [tʃi/ti/tɨ][1]	vos [vus/os],[1] se [si/sɨ][2]
o [u], a [a], se [si/sɨ][2]	os [us], as [as], se [si/sɨ][2]

[1]você [vosé]/vocês [vosés] (sempre tônicos)
[2]no caso de objeto direto reflexivo

Pronomes pessoais objetos indiretos	
me [mi/mɨ]	nos [nus/nos]
te [tʃi/ti/tɨ]	vos [vus/os], se [si/sɨ][1]
lhe [ʎi/ʎɨ], se [si/sɨ][1]	lhes [ʎis], se [si/sɨ][1]

[1]no caso de objeto indireto reflexivo

quando empregados de forma isolada; assim, os números *seis, nove, vinte, cem, mil* quando aparecem isolados sempre contêm uma sílaba tônica. A situação se torna um pouco mais complicada quando se trata de números compostos. Os números compostos sempre se apresentam em grupos de três dígitos segundo o seguinte esquema tradicional:

Classe dos bilhões*			Classe dos milhões			Classe dos milhares			Classe das unidades simples		
\multicolumn{3}{c}{523}	\multicolumn{3}{c}{.230}	\multicolumn{3}{c}{.389}	\multicolumn{3}{c}{.249}
centenas	dezenas	unidades	centenas	dezenas	unidades	centenas	dezenas	unidades	centenas	dezenas	unidades

*Antes mil milhões

Ao dizer um número composto, sempre se separa o número por suas classes numéricas. Sendo assim, diz-se o número acima da seguinte maneira:[23]

quinhentos e vinte e três bilhões, duzentos e trinta milhões, trezentos e oitenta e nove mil, duzentos e quarenta e nove

A pergunta, no entanto, é quais são os elementos tônicos? A resposta se resume com dois princípios:

1. acentua-se o último elemento de cada classe, e

2. acentuam-se as formas de *cento*.

Sendo assim, o número acima, com as sílabas tônicas em negrito, é:

quinhentos *e vinte e três* **bilhões***, duzentos e trinta* **milhões***, trezentos e oitenta e nove* **mil***, duzentos e quarenta e* **nove**

As frações seguem as mesmas regras já descritas para os números cardinais. Quando o denominador é de dois a dez, usam-se as formas tônicas de *metade, terço, quarto, quinto, sexto, sétimo, oitavo, nono, décimo*. Quando o denominador é de cem, mil ou um milhão, usam-se as formas tônicas de *centésimo, milésimo,* ou *milionésimo*. Em todos os demais casos, usa-se para o denominador o número cardinal com o sufixo *-avo(s)*, que sempre é tônico. Seguem alguns exemplos com as sílabas tônicas em negrito:

$3/17$ **três** *dezessete* **a**vos
$17/231$ *dezessete duzentos e trinta e um* **a**vos
$529/1030$ *qui***nhen***tos e vinte e* **nove**, **mil** *e* **trin***ta* **a**vos

Os números ordinais também podem seguir o padrão dos números cardinais, mas, por serem menos usados, resistem a tendência à desacentuação de elementos tônicos. Por exemplo:

$23°$ *vigésimo terceiro* ou *vigesimoterceiro*
$354°$ *tricentésimo quinquagésimo* **quar***to*
  ou *tricentésimo quinquagesimo***quar***to*
1.011^a *milésima un***dé***cima* ou *milésima décima primeira*

As preposições

As preposições dividem-se em duas subcategorias: uma de preposições átonas e outra de preposições tônicas.

As preposições átonas incluem a maioria das preposições simples, isto é, as que se formam de uma só palavra. As principais preposições da categoria átona são as preposições monossilábicas *a, com, de, em, por, sem* e as preposições dissilábicas *ante, contra, desde, entre, para, sob* (com vogal epentética), *sobre*. Há uma preposição simples trissilábica átona: *perante*. As exceções, ou seja, as preposições simples tônicas, são as preposições dissilábicas *após* e *até*. Existem também conjuntos de preposições simples: *para com, por entre, até por*. Essas recebem a mesma tonicidade que receberiam separadamente.

As preposições tônicas incluem as preposições simples excepcionais já citadas (as preposições dissilábicas *após* e *até*) e um bom número de preposições acidentais, assim chamadas por pertencerem ao mesmo tempo a outras categorias. Essas podem ser de duas ou três sílabas: por exemplo, *durante, exceto, mediante, menos, salvo, segundo, senão, via*.

Existem também muitas locuções prepositivas, assim chamadas por serem formas compostas. São duas as possíveis estruturas dessas locuções: A primeira começa com uma preposição simples seguida de substantivo tônico e outra preposição átona: por exemplo, *a fim de, de acordo com, em cima de, por causa de*. A segunda estrutura começa com um advérbio tônico seguido de uma preposição átona: por exemplo, *abaixo de, acima de, além de, atrás de, junto a, perto de.*

As conjunções

As conjunções também se dividem em duas subcategorias: uma de conjunções átonas e outra de conjunções tônicas.

As conjunções átonas incluem a maioria das conjunções simples, isto é, as que se formam de uma só palavra. As conjunções principais da categoria átona são: *apenas, caso, como, e, enquanto, mas, nem, ou, pois, porque, qual, quando, que, se*. Há também conjunções átonas compostas de uma preposição átona mais uma conjunção átona, algumas escritas como uma só palavra e outras escritas como duas palavras: *para que, por que, porque, sem que.*

As palavras *que, quando, como, quem, onde, aonde, porque, qual, quanto, quão, cujo* são átonas quando funcionam como conjunções.

*Sei **que** o fizeste.*
*Pede dinheiro **quando** quer comprar algo.*
*Eu o faço **como** ele quer.*

As conjunções tônicas incluem tanto advérbios convertidos em conjunções (*assim, logo*) quanto as chamadas locuções conjuntivas. Estas seguem basicamente três padrões distintos:

1. Preposição átona mais um substantivo (mais uma preposição átona) mais uma conjunção átona: *com a condição (de) que, com tanto que, de maneira que*.
2. Advérbio tônico mais uma conjunção átona: *antes que, assim que, desde que, sempre que*.
3. Ademais há várias outras locuções conjuntivas com elementos tônicos ou átonos segundo as categorizações já feitas: *contudo, bem como, embora, enquanto (que), não obstante, no entanto, senão (que)*.

Existem também conjunções correlativas, ou seja, conjunções que se empregam em pares com expressões intermediárias. Essas também são tônicas ou átonas segundo as categorizações já feitas: *já ... já, não só ... mas também, ora ... ora, ou ... ou, quanto mais ... mais, quer ... quer, nem ... nem, seja ... seja.*

As palavras interrogativas e exclamativas

As palavras *que, o que, quando, como, quem, onde, aonde, porque, qual..., quanto..., quão* são sempre tônicas quando funcionam como palavras interrogativas. Como interrogativas são incógnitas linguísticas empregadas para formar perguntas que pedem nova informação. São palavras tônicas tanto em perguntas diretas como em perguntas indiretas:[24]

*O **que** ele fez?*
*Eu me pergunto **o que** ele fez.*
*Não sei **o que** devo fazer.*

As palavras *que, quando, como, quem, onde, aonde, por que, qual, quanto, quão* também são tônicas quando funcionam como exclamativas.

Que bom que vieste!
Quanto trabalho!
Como te amo!

É importante observar as diferenças que podem existir quanto à tonicidade das palavras *que, quando, como, quem, onde, aonde, porque, qual, quanto, quão, cujo*. Como visto, são tônicas quando interrogativas diretas e átonas quando conjunções. Como interrogativas indiretas podem ser ou átonas ou tônicas; emprega-se a forma tônica para ênfase. Os seguintes exemplos com *quando* servem de modelo (*quando* aparece em negrito quando tônico):

***Quando** ele vem?* (pergunta direta)
Ele vem quando quer. (conjunção)
Não sei quando vem. (pergunta indireta)
*Ele vem, mas não sei **quando** ele vem.*
  (pergunta indireta enfatizada)

Palavras com duas sílabas tônicas

Há três tipos de palavras que, por sua composição, contêm duas sílabas tônicas. Dois vêm, pelo menos historicamente, de palavras compostas: isto é, palavras que se formaram ou se criaram de dois radicais semânticos. No entanto, é importante reconhecer que nem todas as palavras compostas têm duas sílabas tônicas — o que reflete o processo de adaptação léxica. O terceiro tipo vem de um radical mais sufixo derivativo.

Advérbios que terminam em -mente

Os advérbios que terminam em -*mente* sempre contêm duas sílabas tônicas. Isso deve-se a sua evolução histórica, sendo que vêm da forma feminina de um adjetivo mais o substantivo feminino -*mente*. No português moderno, essas palavras mantêm sua tonicidade original; isto é, o componente adjetival mantém seu acento fonético como também o sufixo derivativo -*mente* que o converte em advérbio, como demonstram os seguintes exemplos:[25] ◀⋲

exatamente [ezátaméⁿʧi]
eficazmente [efikázméⁿʧi]
rapidamente [hápidaméⁿʧi]

É interessante notar que, antes da reforma ortográfica de 1945, empregava-se o acento grave no elemento adjetival para indicar a sua tonicidade conforme as regras gerais de acentuação. Assim, o advérbio baseado em *rápido*, escrevia-se *ràpidamente* e o advérbio baseado em *acadêmico*, escrevia-se *acadèmicamente*.

É importante enfatizar que a presença de duas sílabas tônicas aplica-se somente a advérbios que terminam em -*mente* e não simplesmente a qualquer palavra que termine em -*mente*. Por isso, o adjetivo *veemente* [veméⁿʧi] tem somente uma sílaba tônica, enquanto que o advérbio *veementemente* [veméⁿʧiméⁿʧi] tem duas.

Palavras compostas

A questão das palavras compostas é difícil por ser problemático definir o que constitui uma palavra composta. Obviamente, palavras como *girassol* e *paraquedas* são palavras compostas, pois contêm dois radicais (nesses casos um verbo mais um substantivo) e até se escrevem como uma só palavra. Pode-se perguntar, porém, se é necessário que uma palavra composta se escreva como uma só palavra. A palavra *paraquedas* contém dois radicais que se referem a um só objeto. O mesmo acontece com *para-brisas*, só que nesse caso, a palavra escreve-se com hífen como a maioria das palavras compostas iniciadas pelo verbo *para-*. Já no caso de *secretária eletrônica*, há também dois radicais para referir-se a um só objeto, mas nesse caso se escrevem como duas palavras separadas. De modo geral, a grafia das palavras compostas (seja como uma só palavra, com hífen ou como duas palavras) reflete sua evolução histórica e/ou sua tonicidade.

O processo da integração de uma palavra composta no léxico e a adoção da grafia como uma só palavra inclui a desacentuação de seu primeiro elemento: *guardanapo* [gwardanápʊ], *paraquedas* [parakédɐs]. A regra a seguir, porém, é simples: Quando se escreve a palavra composta como uma só palavra, o resultado é um vocábulo com uma só sílaba tônica em seu último radical. Se a palavra composta se escreve com hífen ou como duas palavras, cada elemento contém uma sílaba tônica: *guarda-roupa* [gwárdɐhóupɐ], *para-brisas* [párɐbrízɐs]. As palavras compostas com hífen podem ser também adjetivos: *hispano-francês*, *árabe-israelense*, *luso-brasileiro*. Essas palavras também contêm duas sílabas tônicas, uma em cada radical.[26] ◀⋲

Palavras derivadas com -z-

Um sufixo diminutivo muito comum é {-zinho/-zinha}. Quando acrescentado a um vocábulo, a palavra assim derivada costuma ter duas sílabas tônicas como se fosse uma palavra composta. Assim, a palavra *amor* [amór] vira *amorzinho* [amórzíɲo], *azul* [azúɯ] vira *azulzinho* [azúɯzíɲu], *leve* [lévi] vira *levezinho* [lévizíɲo], *pé* [pé] vira *pezinho* [pézíɲo] e *café* [kafé] vira *cafezinho* [kafézíɲo]. Como exceção, porém cita-se o caso das paroxítonas terminadas em [zɐ], que perdem a últimas sílaba: *casa* [kázɐ] vira *casinha* [kazíɲɐ] e *mesa* [mézɐ] vira *mesinha* [mézíɲɐ]. Pode-se ver o papel do {-z} ao comparar duas formas diminutivas da palavra *tarde* [táɾdʒi]: *tardezinha* [táɾdʒizíɲɐ] com duas sílabas tônicas e *tardinha* [taɾdʒíɲɐ] com só uma.²⁷ ◀⋲

O acento ortográfico

O acento ortográfico em português, seja agudo (´) ou circunflexo (ˆ), pode servir duas funções importantes. Em primeiro lugar, pode ser usado para indicar no idioma escrito a vogal tônica do idioma oral. Em segundo lugar, no caso das vogais médias, pode ser usado para indicar o grau de abertura da vogal, seja meio-fechada [e o] ou meio-aberta [ɛ ɔ]. É importante lembrar, porém que os sinais diacríticos não indicam todas as vogais tônicas nem indicam o grau de abertura de todas as vogais médias. Além disso, desde a reforma ortográfica de 1945, a função principal do acento ortográfico é indicar a tonicidade e não a abertura vocálica. De fato, de modo geral, o acento ortográfico só indica a qualidade vocálica quando é também necessário para indicar a tonicidade.

A acentuação ortográfica é um artifício da linguagem escrita, que é uma manifestação secundária do idioma. Sendo assim, o acento ortográfico não é componente nem da fala nem da compreensão auditiva. Entretanto, como o aluno tem que atentar para a acentuação ortográfica tanto ao escrever como ao ler, a próxima seção deste capítulo aborda a questão da acentuação ortográfica desse prisma.

Como princípio, emprega-se o acento ortográfico para indicar as exceções. Por isso, a maioria das palavras escritas não têm acento ortográfico, pois sem acento ortográfico sabe-se onde recai o acento fonético devido a aplicação das regras gerais, que serão apresentadas abaixo.

O acento ortográfico na escrita

Ao escrever uma palavra em português, há três passos a seguir:

1. Grafar a palavra usando as letras ortográficas que correspondem aos fonemas que a constituem.

2. Descobrir em que vogal recai o acento fonético, isto é, a vogal que se percebe como a mais intensa ou destacada da palavra. Para descobrir qual é, pode-se dizer a palavra em voz alta; mas é preciso saber pronunciar a palavra antes de escrevê-la e a tonicidade faz parte da pronúncia da palavra. Compare *cântara*, *cantara* e *cantará*. Nos exemplos do restante desta seção, as vogais tônicas estão sublinhadas e em negrito.

3. Determinar, de acordo com as seguintes regras, se é necessário colocar um acento ortográfico sobre a vogal tônica. No caso das vogais médias, o acento é agudo (´), se a vogal for meio-aberta [ɛ ɔ], e circunflexo (ˆ), se for meio-fechada [e o]. As regras se baseiam no conceito da sílaba já apresentado no Capítulo 21. A aplicação das regras depende da silabação, ou seja a identificação das sílabas da palavra.

Regra 1: Palavras oxítonas

As palavras oxítonas ou agudas recebem o acento fonético na última sílaba. A norma geral é que as palavras oxítonas terminam nas VOGAIS {I} ou {U} (seguidas ou não das consoantes {S} ou {M} ou {NS}) ou terminam em CONSOANTES exceto por {S} ou {M}. Por seguirem o padrão geral, essas palavras escrevem-se sem acento ortográfico. Exemplos incluem: *guri, abacaxis, capim, caju, tatus, atum, comuns, marrom, bombons, normal, rapaz* e *escrever*.

As oxítonas excepcionais, porém, acentuam-se ortograficamente. São acentuadas, então, as oxítonas terminadas:

- em vogais não altas seguidas ou não de (s), a saber, a(s), e(s), o(s);
- ou em (ens).

Exemplos: *cantará, atrás, café, revés, avô, avós, além* e *parabéns*.²⁸ ◀⋲

Regra 2: Palavras paroxítonas

As palavras paroxítonas ou graves recebem o acento fonético na penúltima sílaba. A norma geral é que as palavras paroxítonas terminam nas VOGAIS {A E O} (seguidas ou não das consoantes {S} ou {M} ou {NS}) ou que terminam nas CONSOANTES {S} ou {M}. Essas palavras escrevem-se sem acento. Exemplos incluem: *casa, falas, este, pareces, calo, gostosos, ontem, falam e margens.*

As paroxítonas excepcionais, porém acentuam-se ortograficamente. São acentuadas, então as paroxítonas que terminam em:

- vogais altas seguidas ou não de (s), a saber, i(s), u(s);
- vogais oronasais ã, ão, um;
- consoantes r, x, l, n, ps;
- ditongos.

Exemplos: *júri, lápis, bônus, órfã, órgão, álbum, ímpar, difícil, hífen, bíceps, colégio, água, série, vácuo.*[29]

Regra 3: Palavras proparoxítonas

As palavras proparoxítonas ou esdrúxulas recebem o acento fonético na antepenúltima sílaba. São acentuadas ortograficamente todas as palavras paroxítonas. Exemplos: *acadêmico, acústica, álibi, ângulo, décimo, dúvida, fósforo, lâmpada, líquido, música, página, vítima.*[30]

Regra 4: Palavras monossilábicas tônicas

As palavras terminadas em vogais não altas seguidas ou não de {S} que se formam de uma só sílaba tônica levam o acento ortográfico apropriado. O acento gráfico é importante para indicar que a última vogal não se reduz. Assim sabe-se que a palavra {dê} é [dé] e não [di/ʤi/di]. Outros exemplos: *lá, pás, vê. lês, sé, pés, pó, nós, vô.*[31]

Os ditongos, tritongos e hiatos

Os casos mais problemáticos quanto à aplicação dessas regras ocorrem quando as palavras contém ditongos, tritongos ou hiatos. Nesses casos, é importante lembrar o que constitui uma sílaba de acordo com as especificações do Capítulo 21. É sempre útil ter em mente que um ditongo se compõe de uma sequência de duas vogais, sendo pelo menos uma delas uma vogal alta átona; um tritongo forma-se de uma vogal alta átona, seguida de uma vogal não alta seguida de outra vogal alta átona. O hiato é uma sequência de duas vogais contíguas em sílabas separadas.

Em todos esses casos, é preciso identificar o núcleo silábico, que sempre será a vogal não alta do ditongo ou tritongo, a não ser que o ditongo se forme de duas vogais altas, caso que será comentado logo adiante. A situação torna-se ainda mais complicada quando há uma sequência de três vogais. Contudo, é preciso lembrar que o português tem preferência pelo ditongo decrescente.

Ditongos crescentes ou hiatos em posição final de palavra

Quando uma palavra termina em uma vogal alta seguida de uma vogal não alta (seguidas ou não de {S}), interpreta-se a regra da seguinte maneira: como a palavra termina em {A E O}, deve levar acento fonético na penúltima sílaba, ou seja no {I} ou {U} formando-se um hiato. Se for esse o caso, a palavra não leva acento ortográfico. Se essa vogal não for tônica, é preciso colocar o acento apropriado sobre a vogal tônica. Exemplos:

Ex.		
	sab*i*a	s*á*bia, sabi*á*
	ser*i*e	s*é*rie
	sac*i*o	s*ó*cio
	rec*u*a	r*é*gua
	sit*u*e	t*ê*nue
	jej*u*o	m*ú*tuo

Pode-se perguntar, então porque a palavra *saía* (*left*) leva acento e a palavra *sabia* (*knew*) não. É porque como o {i} de *saía* é precedido por uma vogal; sem o acento ortográfico, devido à preferência por ditongo decrescente, a palavra passaria a ser *saia* (*skirt*).[32]

Ditongos decrescentes ou hiatos em posição final de palavra

Quando uma palavra termina em um encontro vocálico (seguido ou não de {S}), interpreta-se a regra da seguinte maneira: como a palavra termina em {I U}, deve levar acento fonético na última sílaba, e o {I} ou {U} final forma um ditongo decrescente com a vogal anterior sendo o ditongo tônico. Se for esse o caso, a palavra não leva acento ortográfico. Se o ditongo não for tônico, é preciso colocar o acento apropriado sobre a vogal tônica. Essas últimas são raríssimas, com a exceção das formas verbais do pretérito perfeito em 1ª pessoa singular. Exemplos:

Ex.	partiu	—
	valeu	—
	mingau	baú
	falou	—
	falei	jóquei, fizésseis
	atrai	atraí
	foi	corroí
	possui	incluí

Pode-se perguntar, então por que a palavra *país* (*country*) leva acento e a palavra *raiz* (*root*) não. É porque como o {i} de *país* é sucedido por {s}; sem o acento ortográfico, e como o ditongo decrescente tem preferência, a palavra viraria *pais* (parents/fathers). Já que a palavra *raiz* termina em consoante que não seja {M} ou {S} e a palavra é naturalmente oxítona, isso puxa o acento tônico para o {i}, formando um hiato.[33] ◀≶

Ditongos ou hiatos em posição não final de palavra

Quando se tem encontros vocálicos em posição interior de palavra e, nesse encontro, existe pelo menos uma vogal alta, as regras já apresentadas aplicam-se de maneira regular. Só é preciso lembrar que a preferência do português é o ditongo decrescente. Por isso, se, no encontro, a segunda vogal for alta e também tônica, essa vogal leva um acento ortográfico. Se a segunda vogal não for tônica, a palavra segue as regras normais de acentuação. Exemplos:

Ex.	baixo, baixar	saída
	ajeito, ajeitar	veículo
	oito	proíbo
	ajuizar	ajuíza
	causa, causar	saúde
	reunir	reúne
	viuvar	viúva
	douto, dourar	—

Pode-se perguntar, então por que a palavra *saído* (*left*) leva acento e a palavra *saindo* (*leaving*) não. É porque quando as vogais altas tônicas são a segunda vogal de um hiato e aparecem diante de uma consoante (exceto {S}) na mesma sílaba, não levam acento ortográfico. Exemplos:

Ex.	sair	saíram
	Raul	egoísta
	ruim	arruína

Também pode-se perguntar por que a palavra *ruína* (*ruin*) leva acento e a palavra *rainha* (*queen*) não. É porque o {I} como segundo elemento de um hiato excepcionalmente não se acentua diante do {NH}. Outros exemplos incluem: *moinho, campainha, prainha, feinho*.

Outra pergunta possível seria por que as palavras *joia* e *ideia* não se escrevem mais com acento depois do Acordo de 1990. A resposta é que, como o ditongo decrescente é o preferencial, a silabação natural das palavras é *joi-a* e *i-dei-a*. Como terminam em {A} e são paroxítonas, não precisam de acento ortográfico.[34] ◀≶

Casos especiais

Há três casos de acentuação ortográfica que não cabem dentro da aplicação das regras já apresentadas.

Ditongos tônicos com vogais abertas em palavras oxítonas

No Acordo Ortográfico de 1945, foi tirada a maioria dos acentos ortográficos que só serviam para indicar a qualidade de uma vogal média e que não serviam para indicar a tonicidade. Por exemplo, a palavra *môça* escrevia-se com acento circunflexo, que não era necessário para saber que a palavra era paroxítona, já que terminava na vogal {A}. O acento só servia para indicar que a vogal era meio-fechada [o] apesar de a maioria dos substantivos terminados em [a] ter a vogal tônica meio-aberta.

A despeito da tendência de tirar os acentos ortográficos que só serviam para indicar a qualidade vocálica, mesmo depois do Acordo de 1990, os ditongos decrescentes tônicos com vogal aberta em palavras oxítonas ainda levam acento. Assim os ditongos *éis, éu, éus, ói, óis.* escrevem-se com acento agudo, cuja única função é indicar a qualidade da vogal tônica como meio-aberta. Assim a palavra *papel* [papéu̯/papéɫ] tem a forma plural de *papéis* [papéi̯s/papéi̯ʃ] e a palavra *farol* [faɾóu̯/fɐɾóɫ] tem a forma plural de *faróis* [faɾói̯s/fɐɾói̯ʃ]. E ainda a palavra *céu* [séu̯] tem a forma plural de *céus* [séu̯s/séu̯ʃ].³⁵ ◀⋵

Diferenciação de palavras

Antes do Acordo de 1990, existiam vários casos em que se usava o acento ortográfico para diferenciar palavras. Por exemplo a forma verbal *pára* (palavra tônica) escrevia-se com acento para diferenciá-la da preposição *para* (palavra átona) escrita sem acento. O acordo de 1990 tirou todos esses acentos com a exceção de três casos:

1. **Pôr** (verbo) e **por** (preposição);
2. O verbo poder: **pôde** [póʤi/pódɨ] (pretérito perfeito) e **pode** [pɔ́ʤi/pɔ́dɨ] (presente);
3. Os verbos *ter* e *ver* (e seus derivados) em 3ª pessoa singular e plural: **ele vem** [véĩ̯] e **eles vêm** [véĩ̯]; **ele contém** [kõⁿtéĩ̯] e **eles contêm** [kõⁿtéĩ̯].

As palavras compostas

As palavras compostas escritas sem hífen contém só uma sílaba tônica e são consideradas uma só palavra para a aplicação das regras de acentuação ortográfica (*pontapé*). As palavras escritas com hífen contêm duas sílabas acentuadas e são consideradas palavras distintas na aplicação das regras de acentuação (*gramático-histórico*). Mesmo assim não se acentuam os prefixos *semi-, inter-* nem *super-* escritos com ou sem hífen: *semiativo, semi-integral*.

Incluem-se aqui as formas verbais infinitivas ou conjugadas mais pronomes clíticos átonos, que seguem a regra de palavras separadas por hífen. Nesse caso, as formas verbais seguem as regras normais de acentuação: *estudá-lo, comê-lo-ia, traduzi-los, fá-lo-á,* etc.³⁶ ◀⋵

Diferenças entre Brasil e Portugal

No Brasil, as vogais tônicas /a e o/ diante de /m n/ são sempre alçadas e nasalizadas; sendo assim, quando precisam de acento é sempre o acento circunflexo: *ânimo, acadêmico, fenômeno*. Em Portugal, porém, as vogais médias nesse contexto fonotático podem ser ou meio abertas ou meio fechadas. Assim, o acento, quando necessário, será ou agudo ou circunflexo dependendo de como se pronuncia a palavra: *académico* [ɐkɐdémiku], *fêmea* [fémjɐ], *cômoro* [kómuɾu], *fenómeno* [fenɔ́minu].

Outra diferença de acentuação também reflete uma diferença na pronúncia entre os dois países. No Brasil, a 1ª pessoa plural dos verbos da 1ª conjugação no presente do indicativo e no pretérito perfeito são idênticas: amamos [amɐ̃mus]. Em Portugal, porém, o presente do indicativo é [ɐmémuʃ] e o pretérito perfeito é [ɐmámuʃ] e, por isso, este escreve-se com acento agudo {amámos}.

Um fenômeno semelhante ocorre com o verbo *dar* no presente do subjuntivo e o pretérito perfeito. No Brasil, ambas são *demos* [démus]. Em Portugal são *demos* [démuʃ] e *démos* [démuʃ] respectivamente.³⁷ ◀⋵

O acento ortográfico na leitura

Ao ler uma palavra desconhecida, é importante saber onde pôr a ênfase fonética para refletir a tonicidade correta da palavra. Para tal, devem-se seguir as seguintes regras:

1. Se há um acento ortográfico, deve-se dar ênfase à vogal sobre a qual aparece o acento.

2. Se não há acento ortográfico e a palavra termina na VOGAL {A, E, ou O} seguida ou não de {M, S, ou NS}, deve-se dar ênfase ao núcleo vocálico da penúltima sílaba.

3. Se não há acento ortográfico e a palavra termina em {I ou U} seguidos ou não de {M, S, ou NS}, ou na CONSOANTE exceto {M ou S}, deve-se dar ênfase ao núcleo vocálico da última sílaba.

4. Se não há acento ortográfico e a palavra termina num encontro vocálico de vogal alta seguida de vogal não alta (seguida ou não de {S}), é a vogal alta que é tônica: sabia [sabíɐ], recua [hekúɐ].

5. Se não há acento ortográfico e a palavra termina num encontro vocálico de qualquer vogal seguida de vogal alta, a palavra termina num ditongo decrescente tônico: partiu [parʧíṷ], possui [possúi̯].

6. Se não há acento ortográfico e a palavra contém um encontro vocálico não final de qualquer vogal seguida de vogal alta, forma-se um ditongo decrescente tônico ou átono dependendo das regras 2 ou 3 acima: baixo [bái̯ʃu], ajuizar [aʒui̯zár].

7. Se não há acento ortográfico e a palavra contém um encontro vocálico não final de qualquer vogal seguida de vogal alta, essa vogal alta será tônica se for sucedida por uma consoante (exceto {S}) na mesma sílaba ou pela consoante {nh} /ɲ/: saindo [saíⁿdu], rainha [haíɲɐ].

Outros sinais diacríticos

Além dos acentos agudo (´) e circunflexo (ˆ), que sempre indicam tonicidade, há outros sinais diacríticos em português que merecem ser comentados.

O til (˜). O til é usado em português para indicar a nasalização vocálica, como são também os grafemas {n} ou {m} em posição final de sílaba interior de palavra ou em posição final de palavra. Essas grafias representam o arquifonema /N/. Exemplos: *maçã, vêm, assim, bom, comum, hífen*.

É interessante observar que a origem do próprio til é um {m} ou {n} que se escreviam acima da vogal, que foi estilizado em (˜). No português moderno o til aparece somente sobre o {a} e o {o} como nas palavras {alemã} e {põe}. O {õ} só aparece no ditongo oronasal decrescente {õe} [ói̯].

Além de indicar nasalização, o til também indica tonicidade, a não ser que haja outro sinal diacrítico de tonicidade. Assim, a palavra *alemã* é oxítona, mas a palavra *bênção* é paroxítona.

O acento grave (`). O acento grave, também chamado de crase, nunca indica tonicidade, pois a vogal assim indicada é sempre átona. Indica sim uma crase ou contração da preposição {a} com um determinante que comece com {a} átono. Assim, a preposição {a} mais o artigo definido {a} vira {à}, a preposição {a} mais o artigo definido {as} vira {às} e preposição {a} mais o demonstrativo {aqueles} vira {àqueles}.

O trema (¨). O trema foi extinto pelo Acordo Ortográfico de 1990. O trema tinha uma função importante na ortografia. Empregava-se só acima do {u} depois de {g} ou {q} e antes do {e} ou {i} para indicar que o {u} fazia parte de um ditongo crescente. Com o trema sabia-se que {que, qui, gue, gui} eram [ke, ki, ge, gi], porque [kwe, kwi, gwe, gwi] escreviam-se {qüe, qüi, güe, güi}. Com o novo acordo, é impossível saber pela ortografia se a palavra {alcaguete}, por exemplo, é [au̯kagéʧi] ou [au̯kagwéʧi].

A cedilha (¸). Em português, a cedilha só aparece em baixo da letra {c} diante das letras {a o u} para indicar que representa o fonema /s/. Exemplos incluem: *dança, laço, açúcar*. A origem histórica da cedilha, tanto da forma quanto do termo, é do espanhol *zeta pequeña* (assim, *zedilla*), um pequeno {z} escrito em baixo da letra {c} que foi estilizado como {ç}.

Capítulo 22

Dicas pedagógicas

Neste capítulo, foram tratados quatro assuntos relativos ao acento: os indicadores do acento, a posição da sílaba tônica na palavra, as palavras tônicas e átonas e o acento ortográfico.

Os indicadores de tonicidade

É necessário que o aluno anglofalante reconheça as diferenças que existem entre a natureza do acento em português e a natureza do acento em inglês. Basicamente, em inglês, indica-se a tonicidade mediante quatro recursos: o timbre, a duração, o tom e a intensidade. Em português, o indicador mais forte e mais consistente é a intensidade. Em segundo lugar vem a duração (já que as vogais átonas costumam ser mais breves que as tônicas) e o timbre (já que existem sistemas vocálicos um pouco diferentes para sílabas tônicas e átonas). O tom têm um papel muito menos relevante. É preciso lembrar, porém, que todos os indicadores são relativos devido aos efeitos do fenômeno de diminuição.

Vários livros, mesmo assim, dizem que o indicador principal do acento em português é o tom, porém, a investigação apresentada neste capítulo demonstra a inconsistência do tom como indicador de acento. Um dos problemas de propor o tom como indicador principal de acento é que o tom é o indicador essencial da entonação, assim que é preciso entender que uma subida ou baixada no tom é geralmente mais um reflexo da entonação que um indicador de acento. Como se verá no Capítulo 24, as mudanças tonais se devem mais à entonação do que à tonicidade, sobretudo com a aproximação do final de cada grupo fônico.

A posição da sílaba tônica em português

É importante reconhecer que a maioria das palavras, tanto em português quanto em inglês, contém uma sílaba tônica. Como já foi demonstrado também, tanto o português quanto o inglês têm um acento variável, o que quer dizer que o acento pode recair ou sobre a última sílaba, sobre a penúltima, ou sobre a antepenúltima, dependendo da palavra. Saber qual é a sílaba tônica é parte integral de saber a palavra.

Palavras tônicas e átonas em português

Quanto às palavras tônicas e átonas, é necessário saber que a distinção acha-se principalmente na categoria ou função da palavra. As palavras das principais categorias léxico-semânticas sempre levam uma sílaba tônica: os substantivos, os verbos, os adjetivos e os advérbios. As outras categorias contêm tanto palavras tônicas como palavras átonas: os pronomes pessoais, os pronomes relativos e indefinidos, os determinantes, os numerais, as preposições, as conjunções e as palavras interrogativas e exclamativas.

O acento ortográfico e outros sinais diacríticos

Os acentos ortográficos e os demais sinais diacríticos são recursos muito úteis da linguagem escrita. Devido aos sinais diacríticos do português, não é necessário buscar toda palavra desconhecida no dicionário para saber onde recai o acento fonético para escrevê-la ou pronunciá-la ao ler, como é o caso do inglês: é somente uma questão de aplicar as regras já apresentadas.

Conselhos práticos

Para aplicar os princípios do acento em português, o aluno deve seguir os seguintes conselhos práticos.

Os indicadores de acento

O aluno anglofalante precisa ter em mente o seguinte para indicar o acento em sua produção fônica:

- O aluno deve evitar uma subida de tom para indicar o acento em português como se faz em inglês. De fato, na

- maioria das vezes, sobretudo ao final de uma oração declarativa, o tom baixa na sílaba tônica, como ficou demonstrado neste capítulo.
- O aluno precisa atentar para os sistemas de vogais tônicas e átonas na sua articulação.
- O aluno tem que evitar o alongamento excessivo da vogal nas sílabas tônicas.
- O aluno precisa aumentar a intensidade relativa nas sílabas tônicas como já foi apresentado neste capítulo.

A posição da sílaba tônica em português

Como o acento é um elemento essencial das palavras, recomenda-se que o aprendizado de vocabulário novo não seja somente uma experiência visual, mas também uma experiência auditiva. O aluno deve escutar a palavra nova e depois pronunciá-la, repetindo-a várias vezes para fixar a posição do acento na memória. Por exemplo, ao aprender a palavra inglesa *syllable*, o anglofalante aprendeu que a palavra é [ˈsɪləbɫ] e não *[səˈlæbɫ]. De igual forma, é importante que o aluno anglofalante que estuda português aprenda que a palavra portuguesa para *captain* é [kapitẽṹ] e não *[kápitẽṹ] nem *[kapítẽṹ].

Palavras tônicas e átonas em português

O ponto mais importante na questão do acento é que haja uma clara diferença entre a sílaba tônica e a sílaba átona. Como já foi indicado, a principal característica distintiva em português é a intensidade, seguida do timbre. Isso aplica-se também quando se trata de uma palavra átona, que sempre se apoia numa palavra ou expressão tônica.

O acento ortográfico

O acento ortográfico é um conceito novo para o anglofalante, mas não é um conceito difícil, embora haja várias regras e complexidades. Ao escrever, o aluno deve ter em mente as regras e aplicá-las sistematicamente até que o processo torne-se automático.

Resumo

O acento é um dos elementos suprassegmentais da fonética e fonologia. É importante aplicar os princípios deste capítulo não só porque afetam a percepção de acento, mas também porque podem ter um valor contrastivo: ou seja, pode afetar o significado de uma palavra (*íntimo* [ĩⁿtʃimu] versus *intimo* [ĩⁿtʃímu]).

Os indicadores de acento

Os principais indicadores de acento são diferentes em português e inglês, como indica a Tab. 22.18, que resume os resultados da investigação apresentados no corpo do capítulo. Em inglês há quatro indicadores que marcam a sílaba tônica: intensidade, tom, duração e timbre. Em português há três indicadores consistentes que marcam a sílaba tônica, sendo um deles consistentemente o mais distintivo: a intensidade. É comum que o anglofalante que aprende português tenha dificuldade em identificar a sílaba tônica devido à falta de subida de tom característica da sílaba tônica do inglês.

A posição da sílaba tônica em português

Há três possibilidades para a posição da sílaba tônica em uma palavra portuguesa. A Tab. 22.20 resume esses dados.

Palavras tônicas e átonas em português

As palavras tônicas são aquelas que contêm uma sílaba tônica e as palavras átonas são aquelas que não têm sílaba tônica. As principais categorias lexicais, ou aquelas com mais peso semântico são constituídas por palavras tônicas:

Categoria	Palavras tônicas	Palavras átonas
pronomes pessoais	sujeito ou objeto de preposição	objeto direto ou indireto
pronomes relatvos e indefinidos	pronomes indefinidos	pronomes relativos
determinantes	demonstrativos, quantificadores	artigos, possessivos prepostos
numerais	o último elemento de uma classe numérica; formas de cem	os demais elementos da classe numérica
preposições	em geral as preposições compostas	em geral as preposições simples
conjunções	as conjunções compostas	as conjunções simples
as palavras *que, quando, como, quem, onde, aonde, porque, qual, quanto, quão, cujo*	interrogativas diretas, exclamativas	conjunções, pronomes relativos ou interrogativas indiretas

22.23 Categorias de palavras que comtêm palavras tanto tônicas como átonas.

- os substantivos
- os verbos
- os adjetivos
- os advérbios

As demais categorias contêm palavras tônicas e palavras átonas. A Tab 22.23 indica as palavras tônicas e átonas de cada categoria.

O acento ortográfico

Sendo artifício da linguagem escrita, só se lida com o acento ortográfico ao escrever ou ao ler.

O acento ortográfico na escrita. Neste capítulo já foram explicadas as regras para empregar corretamente a acentuação gráfica. Foram apresentadas tanto as situações em que é preciso escrever um acento ortográfico, seja agudo ou circunflexo, como as situações em que não se usa o acento ortográfico em palavras oxítonas, paroxítonas, proparoxítonas e monossilábicas.

O acento ortográfico na leitura. Neste capítulo também já foram explicadas as regras para a leitura de uma palavra e como se emprega a acentuação ortográfica para indicar as vogais tônicas. É evidente que se a palavra escreve-se com acento ortográfico, é ali que se põe o acento fonético. Na ausência de um acento ortográfico é possível saber onde recai o acento fonético pela aplicação das regras apresentadas neste capítulo.

Perguntas de revisão

1. Quais são os possíveis indicadores de acento?

2. Compare os principais indicadores de acento fonético em português e em inglês.

3. Compare a amplitude como indicador de acento em português e em inglês. Dê exemplos.

4. Compare o tom como indicador de acento em português e em inglês. Dê exemplos.

5. Compare a duração como indicador de acento em português e em inglês. Dê exemplos.

6. Compare o timbre como indicador de acento em português e em inglês. Dê exemplos.

7. Qual é o efeito da diminuição na produção e percepção do acento? Dê exemplos.

8. Quais são as três classificações de palavras portuguesas pela posição do acento? Dê as duas séries de termos com exemplos.

9. Quais são as categorias de palavras com sílabas acentuadas?

10. Quais são as categorias de palavras que contêm tanto palavras tônicas como palavras átonas?

11. Compare as palavras tônicas e átonas na categoria de pronomes pessoais. Dê exemplos.

12. Compare as palavras tônicas e átonas na categoria de pronomes relativos e pronomes indefinidos. Dê exemplos.

13. Compare as palavras tônicas e átonas na categoria de determinantes. Dê exemplos.

14. Compare as palavras tônicas e átonas na categoria de preposições. Dê exemplos.

15. Compare as palavras tônicas e átonas na categoria de conjunções. Dê exemplos.

16. Compare as palavras tônicas e átonas na categoria dos numerais. Dê exemplos.

17. Diferencie os contextos nos quais as palavras *que, quando, como, quem, onde, aonde, porque, qual, quanto, quão, cujo* são tônicas dos contextos nos quais são átonas. Dê exemplos.

18. Que palavras têm duas sílabas tônicas? Dê exemplos.

19. Compare o acento fonético com o acento ortográfico. Dê exemplos.

20. Ao escrever uma palavra oxítona, como é possível saber se leva acento ortográfico ou não? Dê exemplos.

21. Ao escrever uma palavra paroxítona, como é possível saber se leva acento ortográfico ou não? Dê exemplos.

Conceitos e termos

acento	classe numérica	paroxítona
acento agudo	cedilha	penúltima sílaba
acento circunflexo	crase	proparoxítona
acento fixo	desacentuação	relatividade
acento fonético	diminuição	*schwa*
acento fonológico	duração	suprassegmental
acento frasal	esdrúxula	til
acento grave	frequência	timbre
acento ortográfico	grave	tom
acento variável/livre	intensidade	tônica
alongamento	oxítona	tonicidade
amplitude	palavra átona	trema
antepenúltima sílaba	palavra tônica	última sílaba
átona		

22. Ao escrever uma palavra proparoxítona, como é possível saber se leva acento ortográfico ou não? Dê exemplos.

23. Ao escrever uma palavra monossilábica tônica, como é possível saber se leva acento ortográfico ou não? Dê exemplos.

24. Quando se usa o acento agudo e quando se usa o acento circunflexo? Dê exemplos.

25. Explique o uso do til. Dê exemplos.

26. Explique o uso do acento grave ou crase. Dê exemplos.

27. Explique o uso histórico do trema. Dê exemplos.

28. Explique o uso da cedilha. Dê exemplos.

29. Ao ler uma palavra sem acento ortográfico, como é possível saber onde produzir o acento fonético? Dê exemplos.

Exercícios de pronúncia

Pronuncie as seguintes palavras prestando atenção à tonicidade, tendo cuidado para usar a amplitude como indicador de acento e não a mudança tonal nem o alongamento silábico.[38] EX

ânimo	animo	animou
árbitro	arbitro	arbitrou
cântara	cantara	cantará
célebre	celebre	celebrei
depósito	deposito	depositou
estímulo	estimulo	estimulou
hábito	habito	habitou
íntimo	intimo	intimou
limite	limite	limitei
sábia	sabia	sabiá
término	termino	terminou

Recursos eletrônicos

1. 🔊 Variabilidade na posição de acento em inglês e português.
2. 🔊 A palavra inglesa *multiplication*.
3. 🔊 A Tab. 22.4.
4. 🔊 A Tab. 22.5.
5. 🔊 A Tab. 22.6.
6. 🔊 A Tab. 22.7.
7. 🔊 A Tab. 22.8.
8. 🔊 A Tab. 22.9.
9. 🔊 A Tab. 22.10.
10. 🔊 A Tab. 22.11.
11. 🔊 A Tab. 22.12.
12. 🔊 A Tab. 22.13.
13. 🔊 A Tab. 22.14.
14. 🔊 A Tab. 22.15.
15. 🔊 A Tab. 22.16.
16. 🔊 A Tab. 22.17.
17. 🔊 Variabilidade contrastiva na posição de acento em inglês.
18. 🔊 Variabilidade contrastiva na posição de acento em português. (Tab. 22.19)
19. 🔊 Variabilidade optativa na posição de acento em inglês e português.
20. 🔊 Variabilidade posicional do acento em inglês.
21. 🔊 Acento "primário" e "secundário" em inglês.
22. 🔊 Os pronomes pessoais.

23. 🔊 O número 523.230.389.249.

24. 🔊 As palavras *que, quando, como, quem, onde, aonde, por que, qual, quanto, quão, cujo*.

25. 🔊 A tonicidade nos advérbios terminados em *-mente*.

26. 🔊 As palavras compostas.

27. 🔊 Palavras derivadas com *-z-*.

28. 🔊 Palavras oxítonas.

29. 🔊 Palavras paroxítonas.

30. 🔊 Palavras proparoxítonas.

31. 🔊 Palavras monossilábicas.

32. 🔊 Ditongos crescentes ou hiatos em posição final de palavra.

33. 🔊 Ditongos decrescentes ou hiatos em posição final de palavra.

34. 🔊 Ditongos ou hiatos em posição não final de palavra.

35. 🔊 Ditongos tônicos com vogais abertas em palavras oxítonas.

36. 🔊 As palavras compostas.

37. 🔊 Diferenças na forma verbal {demos} entre o português brasileiro e o europeu.

38. 🎯 Exercícios de pronúncia: a posição do acento fonético.

Capítulo 23
A duração, o ritmo e a ênfase

A duração tradicionalmente figura entre os elementos suprassegmentais da fonética e da fonologia dos idiomas. Neste capítulo, serão examinados o conceito de duração e sua relação com a fonética e a fonologia do português. Serão também examinadas as diferenças entre essa relação e a que ocorre na fonética e fonologia do inglês. A duração afeta tanto os segmentos fonéticos e fonológicos como também a sílaba, que é um elemento suprassegmental. Será examinada também a relação entre a duração e o conceito de ritmo e a comparação do ritmo do português com o do inglês. Como a duração pode relacionar-se com o conceito da ênfase, neste capítulo serão examinados também os diversos recursos disponíveis em português para indicar ênfase.

A duração segmental

A duração dos segmentos fônicos é um aspecto essencial na produção dos sons do idioma. Como já se apresentou, a duração é uma das características acústico-articulatórias que permite variação na formação de um som. Essa variabilidade tem distintos propósitos em distintos idiomas. Nesta seção serão analisados os efeitos de variação na duração dos segmentos vocálicos e consonantais do português e do inglês.

A duração vocálica

Em inglês, existe uma diferença entre as chamadas vogais longas e curtas. Essa distinção se usa para dividir os fonemas vocálicos do inglês em dois grupos:

Vogais longas (long vowels): /iɪ̯ eɪ̯ aɪ̯ oʊ̯ uʊ̯/
Vogais curtas (short vowels): /ɪ ɛ æ ʌ ʊ/

A distinção entre as vogais longas e breves do inglês é uma distinção fonológica porque representam fonemas que se opõem entre si no sistema vocálico. O Capítulo 11 contém muitos exemplos de pares mínimos que comprovam essas oposições. Mesmo assim, há quem argumente que a diferença entre os dois grupos é simplesmente ortográfica, mas além dos pares mínimos, existem outras diferenças fonológicas fundamentais entre os dois grupos.

Uma das diferenças fonéticas entre as chamadas vogais longas e curtas do inglês é que as longas costumam ter maior duração que as curtas. Na análise realizada para este livro, constatou-se que a duração média das vogais curtas em posição tônica foi de 172 ms e das vogais longas foi de 236 ms, um aumento de 37%. Esses grupos vocálicos também se diferenciam por sua qualidade vocálica ou timbre, como demonstram os valores de seus formantes e seu posicionamento no triângulo vocálico apresentados no Capítulo 11. Por último, as vogais listadas acima como longas e curtas variam segundo sua ditongação ou estabilidade, isto é, os formantes vocálicos são estáveis nas vogais curtas, mas as vogais longas apresentam transições típicas dos ditongos. Além das vogais já apresentadas, há outros cinco núcleos vocálicos do inglês, /ɑ ɔ ɔɪ̯ æʊ̯ juʊ̯/, que também se consideram longas.

Há também distinções fonotáticas entre os dois grupos de vogais inglesas. Por exemplo, as vogais longas podem aparecer numa sílaba aberta tônica em posição final de palavra; as vogais curtas não podem. Por exemplo, as palavras inglesas [ˈbiɪ̯t] e [ˈbɪt] são um par mínimo que comprova a oposição entre /iɪ̯/ e /ɪ/ numa sílaba fechada. Mas numa sílaba aberta, existe a palavra [ˈbiɪ̯], mas a palavra *[ˈbɪ] é fonotaticamente impossível.

Em português, a diferença entre vogais longas e breves não é fonológica, mas sim fonética. Isto é, não há contrastes fonológicos entre fonemas longos e breves. Há, não obstante, sons vocálicos longos que resultam da fusão de dois fonemas vocálicos homólogos justapostos. Esse fenômeno foi apresentado amplamente no Capítulo 14. O princípio é o seguinte: o resultado da justaposição dos fonemas vocálicos homólogos sempre produz uma fusão vocálica: /V + V/ → [V]. Se qualquer dos dois fonemas vocálicos for tônico, a fusão também será. Essa fusão alonga-se num promédio de 89% a 120% mais do que a vogal não alongada quando pelo menos uma das vogais é tônica. Por exemplo: /V + V́/ → [V́:].

No Capítulo 14, foram apresentados também os dados sobre a duração relativa do ditongo por um lado e a sinérese/sinalefa por outro. As vogais, ao combinarem-se nas distintas sequências, produzem os seguintes aumentos de duração, tendo por base a duração das vogais simples:

- ditongo crescente +42%
- ditongo decrescente +36%
- tritongo +147%
- sinérese/sinalefa +130%
- hiato +176%

Os detalhes completos de todos esses encontros apresentam-se no Capítulo 14.

Ao comparar a duração vocálica do português com a do inglês, nota-se que, em português, há muito menos variação que em inglês. Como já se viu no Capítulo 22, a duração é um indicador de acento em inglês, mas não é um indicador fiável em português. Uma das características do inglês

é a grande diferença que há na duração de uma vogal tônica e a de uma vogal átona, sobretudo quando é reduzida. Os dados apresentados no Capítulo 22 para a palavra inglesa *multiplication* numa oração, indicam que a duração da sílaba tônica [kʰéj] é 412% da duração da sílaba átona [tʰə]. O português não apresenta diferenças tão marcadas. Os dados apresentados no Capítulo 22 para a palavra portuguesa *multiplicação* numa oração, indicam que a duração da sílaba tônica [sẽ͂ʊ̃] é 307% da duração da sílaba átona [tʃi]. Nesse caso específico, porém, é importante considerar que a sílaba átona [tʃi] contém dois segmentos enquanto a sílaba tônica [sẽ͂ʊ̃] contém três e além disso, é a sílaba tônica. O aumento relativo, então, é 202%.

A duração consonantal

Tanto em inglês como em português há consoantes breves e consoantes longas. Nos dois idiomas, o alongamento consonantal sempre resulta da fusão de duas consoantes homólogas, uma em posição final de palavra e outra em posição inicial da palavra seguinte. As consoantes que admitem alongamento são diferentes em inglês e em português.

Em inglês, qualquer sequência de consoantes homólogas produz um alongamento. A Tab. 23.1 mostra os resultados do alongamento consonantal de uma consoante fricativa, oclusiva e nasal.[1]

Em português, as únicas consoantes homólogas que admitem alongamento,

23.1 A duração das consoantes inglesas: uma fricativa, uma oclusiva e uma nasal.

Sequências contrastivas	Duração da consoante simples	Duração da consoante alongada	Duração percentual da alongada em relação à simples
the sea this sea	153 ms	277 ms	181%
why tie white tie	148 ms	288 ms	195%
two nights ten nights	57 ms	172 ms	302%

Sequências contrastivas	Duração da vogal/ consoante simples	Duração da vogal/ consoante alongadas	Duração percentual da alongada em relação à simples
o mato um mato	98 ms/98 ms total 196 ms	131 ms/145 ms total 276 ms	134%/148% total 141%
milagre mil lagos	89 ms	186 ms	209%

23.2 A duração das consoantes homólogas portuguesas alongadas: nasais e laterais.

como visto no Capítulo 20, são as nasais e, em Portugal, as laterais

O arquifonema /N/ é um de quatro fonemas que podem aparecer em posição final de palavra. Como já examinado no Capítulo 18, nessa posição o arquifonema /N/ nasaliza a vogal anterior e, se a próxima palavra começa com oclusão, forma-se uma consoante homóloga de transição. Quando a segunda palavra começa com /m/ ou /n/, ocorre um alongamento muito interessante: tanto a vogal nasalizada quanto a consoante nasal se alongam. Assim {o mato} vira [ũ.má.tu] e {um mato} vira [ũːmːátu]. A Tab. 20.2 mostra os resultados comparativos de {o mato} e {um mato}.²◀﹦

O fonema /l/ é outro fonema que aparece em posição final de palavra. A solução fonética é diferente no Brasil que em Portugal quando a próxima palavra começa com /l/. No Brasil, onde o /l/ implosivo se vocaliza, {mil lagos} vira [míw̞lágus]. Em Portugal, onde o /l/ implosivo se velariza, há alongamento da consoante lateral velarizada e {mil lagos} vira [mɨɫːágus]. A Tab. 20.2 mostra os resultados comparativos de {milagre} e {mil lagos}.²◀﹦

Os outros dois fonemas consonantais que podem aparecer em posição final de palavra, /s R/, não resultam em consoantes fonéticas alongadas.

Dicas pedagógicas

Em português, é preciso lembrar e implementar os seguintes princípios que são diferentes dos que ocorrem em inglês:

- As vogais portuguesas não se classificam como "longas" e "curtas" como ocorre em inglês. Ainda que haja diferenças de duração entre vogais tônicas, átonas não finais e átonas finais, todas as vogais tônicas têm aproximadamente a mesma duração relativa, o mesmo ocorre com as vogais átonas não finais e também com as vogais átonas finais. (É preciso lembrar que em inglês a distinção principal entre as chamadas vogais "longas" e "curtas" não é somente uma diferença de duração, mas de timbre também.)
- As vogais portuguesas tônicas, embora mais longas que as átonas (em média 49% mais), não se alongam tanto como as sílabas tônicas do inglês (que se alongam em média 412%).
- As vogais contíguas dentro de um grupo fônico, sejam idênticas ou não, nunca se separam por golpe de glote, como costuma ser o caso do inglês.
- As vogais homólogas em português, isto é, as sequências de dois fonemas vocálicos idênticos, fundem-se numa só vogal, que não se alonga a não ser que uma delas seja tônica, caso em que a vogal se alonga em média 220% em relação à vogal não alongada.
- Em português, as consoantes homólogas de um mesmo grupo fônico não se separam nunca com um golpe de glote, como pode acontecer em inglês.
- Em português, as consoantes homólogas de um mesmo grupo fônico não se alongam a não ser que se trate de uma sequência de dois fonemas nasais ou laterais, conforme explicado nesta seção.

Conselhos práticos

Um resumo das dicas pedagógicas produz a seguinte lista de conselhos práticos que o estudante deve ter em mente e pôr em prática ao falar português:

- atentar aos três sistemas vocálicos: tônico, átono não final, átono final prestando atenção tanto a seu timbre como quanto a sua duração;
- não produzir golpe de glote [ʔ];
- fundir as vogais homólogas numa só vogal, alongando-a somente quando uma delas for tônica;
- fundir as consoantes homólogas em uma só consoante, alongando-a somente se forem nasais ou laterais, conforme explicado nesta seção.

A duração silábica

Existe variação na duração da sílaba tanto em português como em inglês, mas há mais variabilidade na duração da sílaba do inglês que na do português. Esta seção trata da variação da duração da sílaba em português. Há três elementos que afetam a duração da sílaba em português: 1) a composição da sílaba, 2) a tonicidade e 3) a posição no grupo fônico.

O efeito da composição da sílaba na duração

É evidente que a duração da sílaba varia segundo a composição da mesma. Isto é, a duração da sílaba pode variar segundo o número de elementos que a compõe. Como já visto no Capítulo 21, a sílaba pode ter nove possíveis estruturas (a sílaba canônica está sombreada):

V	VC	VCC
CV	CVC	CVCC
CCV	CCVC	CCVCC

Ademais, o que se indica com "V" nas estruturas silábicas pode ser também um ditongo ou tritongo.

Em geral, os dados indicam que quanto mais elementos a sílaba contenha, maior será sua duração. Comparando a duração silábica da amostra deste capítulo, fica comprovado que, em geral, a sílaba fechada CVC tem uma duração de 30% maior que a sílaba aberta CV.

O efeito da tonicidade na duração

Como já visto no Capítulo 22, a tonicidade pode afetar a duração da sílaba: as sílabas tônicas portuguesas costumam ser mais longas que as sílabas átonas em todas as posições. Os dados do Capítulo 22 para a duração silábica do português comprovam que, em geral, as sílabas portuguesas tônicas duram 75% mais que as sílabas portuguesas átonas. Mesmo assim, embora um aumento de 75% entre a sílaba portuguesa átona e a sílaba portuguesa tônica possa parecer muito, é pouco ao comparar-se com o aumento de 200% a 400% da sílaba tônica em relação à sílaba átona que ocorre em inglês. A diferença entre 100 ms e 175 ms em português é perceptível, portanto a duração é um possível indicador de tonicidade, mas não é tão relevante quanto no inglês, em que a tônica pode ser de 200% até 400% mais longa.

O efeito da posição da sílaba no grupo fônico

Ao examinar os dados da duração silábica no Capítulo 22, foi comentada a variação temporal resultante do efeito da diminuição que ocorre em ambas as línguas com a aproximação do final do grupo fônico. O efeito do princípio de diminuição na questão da duração é o seguinte: quanto mais próximo o final do grupo fônico, mais diminui a velocidade da fala, o que resulta em sílabas mais longas. É por isso que a sílaba final de uma palavra em posição final de grupo fônico pode ser a sílaba de maior duração. Isso também é válido para a produção de uma palavra isolada. Devido ao princípio de diminuição, a última sílaba do grupo fônico (seja de uma só palavra ou de uma frase inteira) costuma ser a mais longa, seja tônica ou átona.

Dicas pedagógicas

O inglês, por sua natureza, tem pronunciadas diferenças na duração de sílabas tônicas e sílabas átonas. O português também tem diferenças entre a duração de sílabas tônicas e sílabas átonas; essas diferenças costumam ser mais marcadas em Portugal que no Brasil devido à maior tendência de redução vocálica no português europeu. Nisso o português europeu é mais comparável ao inglês que o português brasileiro. Em todo caso, o aluno precisa empenhar-se para, ao falar português, não diferenciar tanto a duração das vogais tônicas e átonas como se faz em inglês, mas manter uma discrepância menor entre a duração dessas vogais.

Conselhos práticos

Um resumo das dicas pedagógicas produz o seguinte conselho prático que o aluno pode implementar. A seguinte sugestão serve para melhorar sua produção do português com respeito à duração silábica:

- praticar a leitura do português produzindo a cadeia fônica de cada sílaba levando em conta as regras da silabação fonética especificadas no Capítulo 21 e tentando produzir todas as sílabas com mais ou menos a mesma duração. Depois, o aluno deve pronunciar o enunciado na velocidade normal, mantendo a duração relativa das sílabas equilibrada.

O ritmo

O ritmo na música diz respeito à variabilidade da duração das notas através do tempo. O ritmo na fala é semelhante: refere-se à variabilidade da duração das sílabas através do tempo. Na música, há muitos ritmos diferentes e na fala também. Ainda assim, os ritmos da música são diferentes dos da fala.

Tradicionalmente, afirma-se que o inglês é uma língua de **ritmo acentual**. Nas línguas de ritmo acentual, as sílabas tônicas ocorrem em intervalos basicamente regulares e, para manter essa regularidade, a tendência é comprimir as sílabas átonas entre duas sílabas tônicas. O oposto é o **ritmo silábico**, como o do espanhol, em que todas as sílabas têm aproximadamente a mesma duração. O ritmo do português pode ser acentual ou silábico, dependendo do dialeto.

Em anos recentes, muitos linguistas têm insistido em deixar de lado esse contraste, já que os resultados de várias investigações acústicas demonstraram que, em termos absolutos, a duração das sílabas, e como consequência o ritmo, não se atém estritamente a essas definições. Mesmo assim, como se verá, o princípio ainda é válido em termos relativos e gerais.

O ritmo na poesia

Tanto em inglês como em português, a poesia serve para demonstrar que esse princípio de descrição do ritmo é válido, pois a poesia é a comunicação verbal na qual o ritmo é mais essencial.

Na metrificação de um verso poético do inglês, costuma-se dividir o verso (ingl. *line of poetry*) em pés métricos (ingl. *metric feet*). Um **pé** é o conjunto de duas ou três sílabas que seguem um padrão repetido de sílabas tônicas e átonas. Uma das metrificações mais conhecidas do inglês é o pentâmetro iâmbico (ingl. *iambic pentameter*). Isso quer dizer que o verso se compõe de cinco pés, cada um formado por um iambo (ingl. *iamb*), que é o conjunto de uma sílaba átona seguida de uma sílaba tônica. O seguinte trecho de *Romeo e Julieta* de William Shakespeare serve de exemplo:[3]

but, SOFT! what LIGHT through YONder WINdow BREAKS?
it IS the EAST, and JUliet IS the SUN.
aRISE, fair SUN, and KILL the ENvious MOON,
who IS alREADy SICK and PALE with GRIEF,
that THOU her MAID art FAR more FAIR than SHE:

Nesse exemplo, as letras maiúsculas indicam as sílabas tônicas e as letras minúsculas indicam as sílabas átonas. Pode-se ver, então, que cada verso contém cinco pés, cada pé formado de uma sílaba átona e uma sílaba tônica.

Além do pentâmetro iâmbico, há outras métricas poéticas, que sempre especificam tanto a estrutura do pé quanto o número de pés por verso. O pé pode ter várias outras estruturas: o troqueu (uma sílaba tônica mais uma sílaba átona), o anapesto (duas sílabas átonas mais uma sílaba tônica), entre outras estruturas. Quanto ao número de pés por verso, além do pentâmetro, existem também várias outras possibilidades: o verso monômetro (um pé por verso), o verso dímetro (dois por verso), o verso trímetro (três por verso), o verso tetrâmetro (quatro por verso), o verso hexâmetro (seis por verso), etc. Serve de exemplo de octâmetro trocaico em inglês o seguinte verso de *The Raven* de Edgar Allen Poe:[3] ◀≣

ONCE upON a MIDnight DREARy,
WHILE I PONdered WEAK and
WEARy.

Na metrificação do inglês, então, o posicionamento de cada sílaba tônica é de primordial importância.

A metrificação do português é muito diferente da do inglês, porque se baseia principalmente no número de sílabas por verso e não no número e tipo de pés. A seguinte citação de uma cantiga popular serve de exemplo:[4] ◀≣

O cra-vo bri-gou co̻a ro-sa
De-bai-xo de̻u-ma sa-ca-da
O cra-vo sa-iu fe-ri-do
E̻a ro-sa des-pe-ta-la-da

O cra-vo fi-cou do-en-te
A ro-sa foi vi-si-tar
O cra-vo te-ve̻um des-mai-o
E̻a ro-sa pôs-se̻a cho-rar

No exemplo, os hífens e os espaços entre palavras indicam divisões silábicas e as ligaduras indicam uma ligação silábica, ou seja os casos em que se combinam duas vogais numa sílaba só ou em que se combinam uma consoante final de palavra com uma vogal inicial de palavra em uma sílaba. Dessa forma, todos os versos têm oito sílabas com duas exceções que serão explicadas abaixo.

Já que a metrificação poética do português é feita principalmente por sílabas e não por pés, o posicionamento dos acentos é menos importante em português que em inglês. De fato, é somente a posição do último acento do verso que conta na metrificação. Na escansão de poesia em português, contam-se as sílabas até a última sílaba tônica. A grande maioria das palavras portuguesas são paroxítonas ou graves e quando um verso termina numa dessas palavras, simplesmente para-se de contar na penúltima sílaba. Sendo assim, o primeiro verso da segunda estrofe do poema citado acima metrifica-se da seguinte maneira:[4] ◀≣

O cra-vo fi-cou do-EN-te
(7 sílabas até a última tônica)

O próximo verso, porém, termina numa palavra oxítona ou aguda, que metrifica-se da seguinte maneira:[4] ◀≣

A ro-sa foi vi-si-TAR
(7 sílabas até a última tônica)

O mesmo processo é seguido quando o verso termina numa palavra proparoxítona, contam-se a sílabas até a última tônica. Assim, o seguinte verso *A invenção dos jardins* por António Feliciano de Castilho metrifica-se da seguinte maneira:[4] ◀≣

Vós, testemunhaS̻Únicas
(6 sílabas até a última tônica)

Na metrificação do português, então, o posicionamento de cada acento de modo geral não é tão importante, e é mais o número de sílabas por verso, até a última tônica, que é de primordial importância.

Como se verá, porém, em português, nem sempre é só a metrificação que conta, no ritmo de alguns poemas é fácil reconhecer a presença de pés, como no poema *Canção do Exílio* de Gonçalves Dias:[5] ◀≣

MInha TErra TEM palMEIras,
ONde CANta_o SAbiÁ;
aS_Aves, que_aQUI gorJEIam,
NÃO gorJEIam COmo LÁ.

NOsso CÉU tem MAIs_esTRElas,
NOssas VÁRzeasTÊM mais FLOres,
NOssos BOSques TÊM mais VIda,
NOssa VIda MAIs_aMOres.

Com a declamação dessas estrofes, é possível perceber o ritmo criado pelos acentos tônicos: para manter a regularidade do intervalo entre as sílabas tônicas, reduz-se a duração das sílabas átonas entre duas tônicas.

O ritmo do inglês

Tradicionalmente o ritmo do inglês é classificado como acentual. Esse ritmo já foi também denominado "ritmo de Código Morse" por suas sequências de sílabas longas e breves. A ideia é que a fala seria ritmada de forma a manter a regularidade do intervalo entre os acentos tônicos. Ao extremo, isso significaria que o intervalo entre as vogais tônicas seria constante. Como já foi comentado, isso não ocorre em termos exatos. Mesmo assim, há vários indicadores na realização oral do inglês que demonstram que existe de fato uma tendência de adesão a esse princípio.

O primeiro indicador é o que já foi explicado quanto à poesia: que a métrica poética do inglês mede-se em pés, que levam em conta as combinações de sílabas tônicas e átonas.

O segundo indicador é o que já se viu quanto à grande diferença entre a duração das sílabas tônicas e das sílabas átonas do inglês. Como já foi visto, em inglês, a duração de uma sílaba tônica costuma ser de duas a quatro vezes maior que a de uma sílaba átona.

O terceiro indicador é resultado do segundo: o inglês tende a ter sílabas átonas muito curtas, o que promove a redução vocálica ou a tendência à redução vocálica ao *schwa* na sílaba átona. Isso deve-se à facilidade de produzir uma vogal "neutra" para a qual basta que a língua e a boca cheguem a uma posição intermediária nas duas dimensões do espaço vocálico.

O efeito da tendência ao ritmo acentual do inglês é uma regularização da duração do pé, ou seja da duração de uma sílaba tônica com as sílabas átonas que a acompanham. Um exemplo é o contraste entre as seguintes propagandas de sabonete com as sílabas tônicas em letra maiúscula:[6]

GETS OUT DIRT PLAIN SOAPS CAN'T REACH.
Gets OUT the DIRT that COMmon SOAPS can NEVer REACH.

STOP, LOOK, LISten!
STOP and LOOK and LISten

A primeira propaganda contém sete sílabas, todas elas tônicas. A segunda contém doze sílabas, com seis sílabas tônicas. O interessante é que as duas têm mais ou menos a mesma duração. Isso deve-se ao fato de que as duas propagandas têm mais ou menos o mesmo número de acentos. O mesmo acontece com o segundo grupo de orações: apesar de o segundo ter quase o dobro de sílabas, costuma levar mais ou menos o mesmo tempo para dizer cada uma.

O ritmo do português

Tradicionalmente classifica-se o ritmo do português ora como silábico, ou seja, um ritmo marcado pela uniformidade de duração das sílabas, ora como acentual, ou seja, um ritmo marcado pela uniformidade do intervalo entre os acentos tônicos. O ritmo silábico já foi também denominado "ritmo de metralhadora" por seu disparo rápido de sílabas com a mesma duração aproximada. A ideia é que a fala seria ritmada de forma a manter a regularidade da duração das sílabas. Ao extremo, isso significaria que não haveria diferença de duração entre as sílabas. Como já foi comentado, isso não ocorre em termos exatos. Ainda assim, há alguns indicadores na realização oral do português que demonstram que, de fato, existe uma tendência de adesão a esse princípio em alguns dos dialetos e estilos do português.

O primeiro indicador que favorece a classificação do português como idioma de ritmo silábico é a poesia, já que os poemas são metrificados em sílabas e, em geral, na contagem silábica, só se considera o acento no caso da última sílaba tônica.

Um segundo indicador que favorece um ritmo silábico para o português é a inserção da vogal epentética já comentada, que, no Brasil, chega a ser uma vogal plena, embora em Portugal pode ser bem reduzida. A introdução da vogal epentética regulariza o ritmo silábico.

Como se verá abaixo em mais detalhes, a distinção entre idiomas de ritmo acentual e ritmo silábico não é uma dicotomia; é mais propriamente uma escala ou contínuo. Nesse contínuo, o português europeu tende mais ao ritmo acentual devido principalmente à redução vocálica. O português brasileiro tende mais ao ritmo silábico.

O contraste entre os dois sistemas rítmicos

Os fatos físicos da fala são quase sempre relativos. Como já se apresentou, levado ao extremo, um ritmo acentual implicaria a uniformidade do intervalo entre uma sílaba tônica e outra, o que, em termos absolutos, não existe. Levado ao extremo, o ritmo silábico implicaria a uniformidade na duração de todas as sílabas produzidas, o que, em termos absolutos, também não existe. Porém, em termos relativos e práticos, essas duas caracterizações rítmicas se mantêm. Como já foi comentado, elas representam dois extremos de um contínuo rítmico. Por motivos comparativos, inclui-se a Fig. 23.3 que representa a posição relativa do espanhol, português brasileiro, português europeu e inglês.

A relatividade desses conceitos é afetada também pelo princípio da diminuição, assim sendo, não se podem comparar diretamente em termos absolutos a duração de uma sílaba no começo de um grupo fônico com a de uma sílaba no final de um grupo fônico.

Dicas pedagógicas

Em termos gerais, o ritmo do inglês é acentual enquanto o do português varia de acordo com o país: é semiacentual em Portugal e semissilábico no Brasil. Ainda que as medidas em milissegundos não comprovem essas distinções com exatidão, é preciso lembrar que essas caracterizações representam tendências, apoiadas até pela poesia dos dois idiomas. A duração de um enunciado no português brasileiro depende mais do número de sílabas enquanto a duração de um enunciado no português europeu e no inglês depende mais do número de acentos.

Conselhos práticos

Os seguintes conselhos práticos ajudarão o estudante a melhorar o ritmo da fala em português:

- não alongar demais a duração das sílabas tônicas;
- atentar aos sistemas de vogais reduzidas (átona não final e átona final) do padrão que queira seguir (português brasileiro ou português europeu).

A ênfase ou foco contrastivo

A indicação de ênfase ou foco na fala tem múltiplas facetas devido à grande variedade de elementos linguísticos que podem ser enfatizados e devido à grande variedade de recursos linguísticos que podem ser

23.3 Comparação relativa dos ritmos do espanhol, português brasileiro, português europeu e inglês.

empregados para destacar os elementos enfatizados. Já que um dos recursos pode ser a duração, ou seja, o alongamento do elemento destacado, inclui-se ênfase neste capítulo.

O conceito de ênfase é contrastivo por natureza. Enfatizar qualquer elemento da oração implica em não enfatizar outros. Ademais, a ênfase sempre implica no contraste entre aquilo a que o falante se refere e aquilo a que não se refere. Em linguística, isso se chama "foco contrastivo" ou "ênfase contrastiva". Por exemplo, a oração "Foi *João* quem fez" enfatiza *João*, o que quer dizer "Foi *João* quem fez, e não outro".

Outro exemplo, esta vez do inglês, é a oração "*John* did the work" com ênfase em "John" (em contraste com "John did the work" sem ênfase em "John"). Com ênfase em "John", o que se quer dizer é que não foi nenhuma outra pessoa mas sim o "John" mesmo quem fez.[7]

É preciso reconhecer também a diferença entre acento e ênfase; ainda que um elemento enfatizado seja sempre tônico, nem todo elemento tônico é enfatizado. Por exemplo, na oração "João fez isto", não se enfatiza necessariamente *João*. Nessa oração, "João", sendo substantivo, é palavra tônica mesmo que não seja enfatizada. Ocorre o mesmo em inglês. Na oração não enfática "John did the work", "John" não é enfatizado, ainda que seja uma palavra tônica.[7]

Elementos linguísticos que podem ser enfatizados

Em princípio, qualquer sílaba, palavra ou sintagma pode ser enfatizada ou destacada das demais. Outra vez, é preciso lembrar que a ênfase ou foco é contrastiva.

Ênfase ou foco na sílaba

Às vezes é importante destacar só uma sílaba de uma palavra por motivos contrastivos. As seguintes orações servem de exemplos (o elemento destacado escreve-se em negrito):[8]

*É preciso **cons**truir o alicerce e não **des**truí-lo.*

*É necessário **re**considerar a proposta.*
(Enfatiza o fato de que já foi considerada pelo menos uma vez.)
*Não, a palavra é **pe**lar e não **pi**lar.*

Nesses casos o contraste não ocorre em âmbito de palavra, mas em âmbito de sílaba, contrastando uma sílaba com outra (***cons**-truir* em contraste com ***des**-truir*) ou contrastando uma sílaba com um "zero" (***re**-con-si-de-rar* em contraste com *Ø-con-si-de-rar*). Em todos esses casos, por si mesma, a sílaba em negrito não seria uma sílaba tônica, mas, com a ênfase contrastiva em questão, a sílaba torna-se tônica. Esse fenômeno é chamado acento enfático ou acento de insistência em estudos acadêmicos.

Ênfase ou foco na palavra

A ênfase mais comum é a de uma palavra dentro de uma oração. Os elementos da oração que costumam ser enfatizados ou destacados em português são os de função nominal ou de função verbal. A ênfase ou foco que se dá aos distintos elementos nominais de uma oração também é chamada **topicalização**. Ademais, podem ser enfatizados ou destacados os verbos, os advérbios, ou os adjetivos. Para resumir, pode-se dizer que os elementos da oração mais susceptíveis à ênfase são as palavras das principais categorias lexicais: substantivos (e seus pronomes), verbos, adjetivos e advérbios. Nas orações abaixo estão sublinhados os elementos que podem ser enfatizados. Entre parênteses, sugere-se um valor contrastivo que a forma enfatizada poderia implicar. É importante frisar que o sublinhado indica em cada oração um elemento que poderia ser enfatizado. Em seguida será explicado como esses elementos podem ser enfatizados em português.[9]

Substantivos (ou pronomes)
- João fez o trabalho. (Foi João e não Pedro quem o fez.)
- João fez o trabalho. (Fez o trabalho e não outra coisa.)
- João me entregou o trabalho. (Foi a mim e não a outra pessoa que o entregou.)
- João foi a Portugal. (Foi a Portugal e não a Espanha.)

Verbo
- João o <u>fez</u> ontem. (João não o deixou sem fazer.)

Adjetivo (ou função adjetival)
- João é <u>alto</u>. (É alto e não baixo.)

Advérbio
- João o fez <u>ontem</u>. (Foi ontem e não anteontem que o fez.)

Preposição
- João o fez <u>sem</u> ajuda. (... e não com a ajuda de alguém.)

Conjunção
- Viu João <u>e</u> Maria. (Viu os dois e não só um deles.)

Nesses casos, o contraste é entre uma palavra e as demais. Nos estudos acadêmicos, esse tipo de ênfase é chamado acento enfático ou foco. Observa-se que com o substantivo, o verbo, o adjetivo e o advérbio a ênfase recai sobre uma palavra já tônica; no caso da preposição e da conjunção, porém, a ênfase recai sobre uma palavra que é geralmente átona.

Em inglês, até é possível enfatizar ou focalizar as palavras átonas em geral, como por exemplo os artigos e os possessivos como se vê nas seguintes orações:[10]

*Rafael is **the** expert in the field.*
*This is **your** book.*

Há outro tipo de "acento" comentado na literatura: o acento afetivo. Esse tipo de "acento" destaca uma palavra não por motivos contrastivos, mas sim por motivos afetivos ou emotivos. Alguns exemplos de essas emoções são carinho, desprezo, admiração, raiva, alegria, surpresa, persuasão, dúvida, sarcasmo, reticência, etc. O alongamento é sempre característico do acento afetivo. As seguintes orações servirão de exemplos:[11]

*Dá-me um **beijo**.* (carinho)
*Mas que **idiota**!* (desprezo)
*Que bonito teu **vestido**!* (admiração)
*Que diabo **fazes**?* (raiva)
*Ai, que **susto**!* (surpresa)
***Goooooool**!* (alegria)

Só o contexto pode indicar se a ênfase em determinada palavra é contrastiva ou afetiva.

Ênfase ou foco no sintagma

De modo geral, os únicos sintagmas que aceitam ênfase contrastiva ou acento de insistência são os preposicionais, sejam em função adjetival ou adverbial. Os exemplos mais comuns ocorrem quando a preposição é uma palavra átona e o foco contrastivo ou afetivo recai sobre seu complemento. Às vezes o contraste envolve uma mudança de preposição, às vezes não. As seguintes orações demonstram esse tipo de contraste, com o elemento a ser enfatizado sublinhado:[12]

Função adjetival
- João é <u>de Coimbra</u>. (...e não de Lisboa.)

Função adverbial
- João o fez <u>à tarde</u>. (... e não de madrugada.)

Recursos linguísticos empregados para indicar os elementos focalizados

Os recursos que se podem empregar para indicar os elementos destacados ou focalizados são vários: podem ser empregados tanto recursos fonéticos como recursos morfológicos, sintáticos e semânticos. Também se podem empregar recursos paralinguísticos e extralinguísticos. Para indicar a ênfase, é preciso mudar algo na oração para diferenciar esse elemento do que se considera a produção mais comum. Mesmo que esses distintos recursos existam tanto em português como em inglês, os dois idiomas diferem quanto aos recursos mais usados e quanto ao modo de usá-los.

Recursos fonéticos

A onda sonora de uma vogal pode modificar-se de quatro maneiras: a amplitude, a duração, o tom e o timbre. Teoricamente, poder-se-ia indicar a ênfase com a alteração de qualquer dessas características. Como já se demonstrou no Capítulo 22, todas essas características podem afetar o conceito de acento; mas indica-se a ênfase apenas pela diferença de amplitude, duração e tom. Como sempre, essas mudanças são relativas.

Em português, os recursos mais usados para indicar foco ou ênfase são a duração e a intensidade. Isto é, articula-se o elemento a ser destacado com duração mais longa e volume mais alto, como se verá com os exemplos a seguir.

Quanto à relatividade do tom, é útil examinar as mudanças tonais usando um sistema de níveis. Nesse sistema, o Nível 2 se define como a base tonal de um enunciado, isto é, a zona tonal da maior parte do enunciado. Do Nível 2, se chega ao Nível 1 quando o tom baixa; isso é típico ao final de uma oração declarativa. Do Nível 2 chega-se ao Nível 3 quando o tom sobe; isso é típico ao final de certas orações interrogativas. Em inglês, há um Nível 4 em que o tom sobe muito. Esse reserva-se para ênfase.

O Nível 4 costuma ter um tom bem mais alto do que se emprega em qualquer oração não enfática. Além do mais, o português europeu, em geral emprega uma faixa tonal mais restrita que o inglês, o que significa que os níveis do português europeu costumam ser menos espaçados que os do inglês. Já no português brasileiro, os primeiros três níveis são compatíveis com o inglês, mas o Nível 4 de ênfase não existe. O seguinte diagrama representa esses níveis entonacionais do português e do inglês:

		Nível 4	●
Nível 3	●	Nível 3	●
Nível 2	●	Nível 2	●
Nível 1	●	Nível 1	●
Português europeu	**Português brasileiro**	**Inglês**	

(diagrama de níveis entonacionais: Português europeu – Nível 3, 2, 1; Português brasileiro – Nível 3, 2, 1; Inglês – Nível 4, 3, 2, 1)

Pelo diagrama se nota que, em inglês, o principal indicador de foco ou ênfase é o tom, ou seja, o emprego do Nível 4, que é distintivo do inglês.

Para enfatizar uma palavra em inglês, a palavra enfatizada, em particular sua sílaba tônica, é produzida com um aumento de tom (Nível 4), duração e amplitude. Isso implica que se a palavra enfatizada for normalmente átona, passará a ser tônica. O mesmo vale para o português, mas a mudança tonal só costuma chegar ao Nível 3. Apenas ocasionalmente, em situação de extrema insistência ou emoção, é que se chega a um Nível 4 como no inglês.

As seguintes orações do inglês são exemplos de como se podem enfatizar distintos elementos da oração mediante um aumento de tom até o Nível 4, acompanhado de um aumento de amplitude:[13] 🔊

***I** want John to do the work.*
*I **want** John to do the work.*
*I want **John** to do the work.*
*I want John **to do** the work.*
*I want John to do the **work**.*

Para efetuar este mesmo tipo de ênfase, como se verá abaixo, o português prefere recorrer a recursos sintáticos, mas às vezes indica a ênfase só foneticamente, principalmente com um aumento de amplitude e duração. Ainda que, às vezes, além de aumentar-se a duração e a amplitude, suba-se o tom para indicar ênfase, esse não é o recurso mais comum e é raro que o aumento tonal chegue ao Nível 4 do inglês. O estudante anglofalante precisa aprender e ajustar-se a esses novos padrões.

Os seguintes exemplos do português indicam como se podem enfatizar distintos elementos da oração só com recursos fonéticos:[14] 🔊

***Eu** quero que o André lave a louça.*
*Eu **quero** que o André lave a louça.*
*Eu quero que o **André** lave a louça.*
*Eu quero que o André **lave** a louça.*
*Eu quero que o André lave a **louça**.*

Recursos morfológicos

Em português, é possível enfatizar um modificador, ou seja um adjetivo ou um advérbio, mediante um intensificador morfológico. Os intensificadores desse tipo são os prefixos derivativos *ultra-*, *super-* e *mega-* e sufixos superlativos *-íssimo* e *-érrimo*. Exemplos são:[15]

> O vestido era *ultra-chique*.
> Ontem fui a uma *superfesta*.
> Encontrei uma *megoferta*.
> É uma mulher *inteligentíssima*.
> É um homem *paupérrimo*.

Apesar de existirem essas formas morfológicas, a solução preferida e mais usada é a introdução de um modificador como *muito*:[15]

> A comida está *muito* gostosa.
> Ela corre *muito* rápido.

Recursos sintáticos

A primeira preferência do português para indicar o foco ou a ênfase é usar um recurso sintático; de fato, em português os recursos mais usados para indicar a ênfase são os sintáticos: principalmente a permutação de elementos, a adição de elementos e a substituição, que são basicamente técnicas de topicalização para fazer ressaltar distintos componentes da oração. Empregando essas técnicas sintáticas, o lusofalante pode enfatizar os mesmos elementos que se destacaram nas orações inglesas da página anterior. A Tab. 23.4 compara essas orações enfatizadas do inglês e do português.[16]

As permutações podem incluir técnicas de orações clivadas e construções de voz passiva. As Tabs. 23.5 e 23.6 mostram como essas técnicas podem ser usadas para complementar as outras já introduzidas para enfatizar distintos elementos da oração portuguesa.[17]

Como já se mencionou antes, em inglês, até é possível enfatizar as palavras átonas em geral, como por exemplo os artigos e os possessivos prepostos. Em português é marginal o uso de recursos fonéticos para enfatizar esses elementos; o português prefere uma solução sintática ou semântica:[18]

> Rafael is **the** expert in the field.
> Rafael é o *maior* perito no campo.

> This is **your** book.
> Este livro é o *seu*.
> Este é o *seu* livro.
> O *seu* livro é este.

É notável que, em alguns casos, não exista uma solução sintática para a ênfase de certos elementos, a não ser o agregamento de uma sequência de palavras que explique o contraste. Nesses casos, pode-se recorrer a uma solução fonética, lembrando que, em português, geralmente se indica a ênfase pela duração e intensidade e a mudança tonal para o Nível 3, e que é raro chegar ao Nível 4. Outra opção é simplesmente acrescentar uma sequência contrastiva. Isso é o que ocorre com os demais exemplos citados na seção sobre "Ênfase na palavra", como se vê na Tab. 23.6.[19]

Recursos semânticos

Tanto em inglês como em português é possível indicar ênfase por meio de recursos semânticos. Tradicionalmente incluem-se os intensificadores nessa categoria, que também inclui o recurso da reduplicação.

23.4 Comparação da ênfase fonética do inglês com a ênfase sintática do português.

Ênfase inglesa a Nível 4	Ênfase portuguesa sintática	Recurso sintático
I want John to do the work.	Sou *eu* que quero que João faça o trabalho.	permutação
I **want** John to do the work.	Eu quero *sim* que João faça o trabalho.	adição
I want **John** to do the work.	Quem eu quero que faça o trabalho é o *João*.	permutação
I want John to **do** the work.	Eu quero que João faça *mesmo* o trabalho.	adição
I want John to do the **work**.	É o *trabalho* que eu quero que o João faça.	permutação

Oração declarativa	Ênfase portuguesa sintática	Recurso sintático
João fez o trabalho.	Foi <u>João</u> quem fez o trabalho.	oração clivada
João fez **o trabalho**.	O trabalho <u>foi feito por João</u>.	voz passiva
João entregou-**me** o trabalho.	João entregou o trabalho <u>a mim</u>.	substituição
João o **fez** ontem.	João o fez ontem <u>sim</u>.	adição
João o fez **ontem**.	Foi <u>ontem</u> que João o fez.	oração clivada
Quero que **João faça o trabalho**.	<u>Que João faça o trabalho</u> é o que quero.	oração clivada

23.5 Ênfase em orações declarativas mediante recursos sintáticos.

Os intensificadores são principalmente advérbios que modificam a adjetivos ou advérbios. Os intensificadores incluem palavras como *muito*, *tão*, *bem*, *bastante*, como nas seguintes orações:[20]

João é muito exigente.
Minha esposa é tão inteligente!
A menina é bem bonita.
É bastante afastado.

Alguns exemplos desse tipo em inglês são:[20]

John is very insistent.
My wife is so intelligent.
The girl is really cute.
It is awfully far away.

A reduplicação ocorre com alguns modificadores. Alguns exemplos são:[21]

Ele disse que chega já já.
Foi boa, mas boa mesmo.
O vento é muito muito forte.
Ela era linda linda.

Alguns exemplos desse tipo em inglês são:[21]

He is very very capable.
The professor is really really smart.
The wind was awfully awfully strong.
He did poorly poorly on the test.

Recursos paralinguísticos e extralinguísticos

Existem também vários recursos paralinguísticos e extralinguísticos de dar ênfase a algum elemento de uma oração.

Os recursos paralinguísticos são elementos acústicos do enunciado que não se

Oração declarativa	Ênfase portuguesa fonética
João é <u>alto</u>.	João é **alto**. (Nível 3) João é alto e *não baixo*.
João foi a <u>Portugal</u>.	João foi a **Portugal**. (Nível 3) João foi a Portugal e *não a Espanha*.
João o fez <u>ontem</u>.	João o fez **ontem**. (Nível 3) João o fez ontem e *não em outro dia*.
João o fez <u>sem</u> ajuda.	João o fez **sem** (Nível 3) ajuda. João o fez sem ajuda e *não com ajuda*.
Viu João <u>e</u> Maria.	Viu João **e** (Nível 3) Maria. Viu João e Maria e *não só um deles*.

23.6 Ênfase em orações declarativas mediante recursos fonéticos com explicações contrastivas.

associam diretamente com os elementos segmentais ou suprassegmentais já discutidos. Assim pode-se indicar a ênfase alterando-se a velocidade da fala em determinado elemento ou até enunciando-se a palavra destacada sílaba por sílaba. Por exemplo:[22] 🔊

> *Este é um princípio* im-por-tan-tís-si-mo *que quero deixar claro.*

Outra possibilidade seria dizer uma palavra em voz muito forte ou alterada, em contraste com o restante da oração. Por exemplo:[22] 🔊

> *Este menino é um* **terror**. (pronunciando *terror* em voz de terror)

O uso de elementos extralinguísticos para fins enfáticos inclui as comunicações não verbais, principalmente os movimentos físicos. Esses podem incluir gestos, expressões faciais, movimentos corporais, etc., que acompanhem o enunciado para destacar determinado elemento de uma oração.

Dicas pedagógicas

O inglês e o português costumam usar sistemas básicos diferentes para indicar a ênfase. Ainda que existam recursos sintáticos (voz passiva, orações clivadas, etc.) para indicar a ênfase em inglês, o inglês emprega principalmente recursos fonéticos: o elemento enfatizado é produzido com um aumento de tom significativo, a Nível 4, com um aumento concomitante de volume ou intensidade. O sistema do português, por outro lado, utiliza principalmente recursos sintáticos: é mais comum alterar-se a sintaxe da oração para destacar o elemento desejado.

Conselhos práticos

O aluno de português precisa fazer o seguinte com referência à ênfase para não soar estrangeiro:

- não recorrer a tons equivalentes ao Nível 4 do inglês para dar ênfase a elementos da oração;
- aprender as estruturas sintáticas usadas para enfatizar os distintos elementos de uma oração;
- lembrar que ainda que seja mais frequente o uso de recursos sintáticos para dar ênfase, também existe o recurso fonético do Nível 3 (e excepcionalmente o Nível 4) como também recursos morfológicos, semânticos e extralinguísticos.

Resumo

Este capítulo trata dos fenômenos de duração, ritmo e ênfase. Incluem-se o ritmo e a ênfase junto com a duração porque a duração figura como elemento principal do ritmo e como elemento contribuinte à ênfase.

A duração foi apresentada tanto em sua função segmental como em sua função silábica. Em sua função segmental, foram abordadas tanto suas manifestações vocálicas como consonantais na língua portuguesa. Em português, produz-se uma vogal alongada quando há uma sequência de duas vogais homólogas sendo pelo menos uma delas tônica. Produz-se uma consoante alongada [ɫ:] em Portugal para o encontro do fonema /l/ final de palavra e o fonema /l/ inicial de palavra. O encontro do arquifonema /N/ final de palavra com um fonema nasal /m/ ou /n/ em posição inicial de palavra produz a sequência de uma vogal oronasal alongada seguida de uma consoante nasal alongada.

Há vários fatores que afetam a duração da sílaba em português. Um dos fatores é a composição da sílaba. Normalmente, quanto mais segmentos a sílaba contenha, tanto maior sua duração. Outro fator é a tonicidade da sílaba. As sílabas tônicas costumam ter maior duração que as sílabas átonas: na média 75% maior. É preciso lembrar, porém, que essa diferença em decorrência da tonicidade nunca chega ao extremo atingido em inglês. O terceiro fator relativo à duração da sílaba examinado neste capítulo é sua posição no grupo fônico: isso tem relação com o princípio de diminuição, ou seja, que ao aproximar-se do final do grupo fônico, o falante tende a diminuir a velocidade da fala, o que produz sílabas mais longas.

23.7 A caracterização do ritmo do português e do inglês.

Idioma	Ritmo	Unidade rítmica poética	Consequências
Português brasileiro	Tende ao ritmo silábico	A sílaba	Diferenças menores na duração vocálica Reduções menores no timbre vocálico
Português europeu	Tende ao ritmo acentual	A sílaba	Diferenças maiores na duração vocálica Reduções maiores no timbre vocálico
Inglês	Ritmo acentual	O pé métrico	Grandes diferenças na duração silábica Redução vocálica a *schwa*

O ritmo marca a relação entre os elementos produzidos e o tempo. Existe uma diferença fundamental não só entre o ritmo do inglês e o do português, como também entre o ritmo de diferentes dialetos do português. O que os diferencia são os elementos que marcam o ritmo da fala, ou seja os elementos que marcam a isocronia da produção fônica. A caracterização do ritmo dos dois idiomas apresenta-se na Tab. 23.7.

A ênfase é um recurso que se emprega para destacar um elemento da fala. Isso implica um contraste, que pode ser explícito ou implícito. Os elementos que se podem enfatizar são as sílabas, as palavras e os sintagmas. Os recursos empregados para dar ênfase a determinado elemento podem ser fonéticos, morfológicos, sintáticos, semânticos, paralinguísticos ou até extra-linguísticos. Os recursos mais usados nos dois idiomas para realizar a ênfase estão resumidos na Tab. 23.8.

Por recurso sintático, entende-se qualquer modificação na estrutura do que se consideraria a forma mais básica ou normal da oração, seja pela adição de novos elementos pela permutação de elementos existentes ou pela reduplicação de elementos segundo os exemplos dados no capítulo. As principais transformações de permutação são para formar orações de voz passiva ou orações clivadas. Por recurso fonético, entende-se alguma modificação na duração, no volume ou no tom do elemento destacado. Quanto ao tom, é importante lembrar que o nível máximo para o inglês é o Nível 4 e para o português é o Nível 3. É rara a produção de um Nível 4 em português.

Perguntas de revisão

1. Como a duração segmental se diferencia da duração silábica?

2. Explique a duração segmental vocálica e a consonantal.

3. Contraste a duração vocálica do português com a do inglês.

4. Contraste a duração silábica do português com a do inglês.

5. Qual é o efeito de tonicidade na duração silábica do português e do inglês?

Ênfase	Recurso principal	Recurso secundário
Português	Recursos **sintáticos**	Fonética (Nível 3)
Inglês	**Fonética** (Nível 4)	Recursos sintáticos

23.8 Os recursos mais usados em português e inglês para dar a ênfase.

Conceitos e termos

duração
  consonantal
  segmental
  silábica
  vocálica

ênfase

foco
  na palavra
  na sílaba
  no sintagma

indicador

metrificação

níveis tonais
  Nível 1
  Nível 2
  Nível 3
  Nível 4

pé métrico

ritmo
  acentual
  do inglês
  do português brasileiro
  do português europeu
  na poesia
  silábico

topicalização

verso poético

6. Qual é o efeito da posição da sílaba na duração silábica?

7. Quais são as diferenças entre o ritmo do português e o do inglês?

8. Contraste a metrificação poética básica do português com a do inglês.

9. Quais são algumas consequências fonéticas dos distintos ritmos do português e do inglês?

10. O que é o acento afetivo? Como se realiza? Dê exemplos.

11. Para que se usa a ênfase?

12. Que elementos podem ser enfatizados? Dê exemplos.

13. Que recursos linguísticos podem ser empregados para criar ênfase? Dê exemplos.

14. Como se aplica o conceito de níveis tonais à realização da ênfase?

15. Quais são as diferenças entre os principais recursos empregados em português e em inglês para indicar ênfase? Dê exemplos.

16. Que recursos sintáticos são usados para dar ênfase em português? Dê exemplos.

Exercícios de pronúncia

A duração[23] EX

Pronuncie as seguintes palavras mantendo a duração relativa correta das sílabas e a redução vocálica correta segundo o dialeto desejado.

armazém   biblioteca   impossível
americano   eclesiástico   loucura
amizade   embarcação   triângulo
andarilho   goiabada   verdadeira
antropologia   helicóptero   virtuoso

O ritmo[24] EX

Leia os seguintes ditados populares com o ritmo apropriado do dialeto desejado.

A bom entendedor, meia palavra basta.
A cavalo dado não se olham os dentes.
Tal pai, tal filho.
Roupa suja se lava em casa.
Cada macaco no seu galho.
Mais vale um pássaro na mão do que dois voando.

Quem dá o que tem, a pedir vem.
Água mole em pedra dura, tanto bate até que fura.
Amigos, amigos, negócios à parte.
Fiado, só amanhã.
Deus ajuda quem cedo madruga.
Quem ri por último ri melhor.
Filho criado, trabalho dobrado.
Mais tem Deus a dar, que o diabo a tomar.
Manda quem pode, obedece quem tem juízo.
Águas passadas não movem moinho.
Apressado come cru.

Recursos eletrônicos

1. 🔊 Consoantes homólogas do inglês. (Tab. 23.1)

2. 🔊 Consoantes homólogas do português. (Tab. 23.2)

3. 🔊 O ritmo na poesia do inglês.

4. 🔊 O ritmo na poesia do português.

5. 🔊 O ritmo em *Canção do exílio* de Gonçalves Dias.

6. 🔊 O ritmo acentual do inglês.

7. 🔊 Exemplos de ênfase em inglês e português.

8. 🔊 Exemplos de ênfase ou foco na sílaba em português.

9. 🔊 Exemplos de ênfase ou foco na palavra em português.

10. 🔊 Exemplos de ênfase ou foco em palavras átonas em inglês.

11. 🔊 Exemplos de acento afetivo em português.

12. 🔊 Exemplos de ênfase ou foco no sintagma em português.

13. 🔊 Exemplos de ênfase com Nível 4 na oração "I want John to do the work".

14. 🔊 Exemplos de ênfase com Nível 3 na oração "Eu quero que o André lave a louça".

15. 🔊 Exemplos de ênfase morfológica em português.

16. 🔊 Exemplos de ênfase sintática em português. (Tab. 23.4)

17. 🔊 Exemplos de ênfase sintática em português. (Tab. 23.5)

18. 🔊 Exemplos de ênfase em palavras átonas em inglês e português.

19. 🔊 Exemplos de ênfase fonética em português. (Tab. 23.6)

20. 🔊 Exemplos de ênfase semântica com intensificadores em inglês e português.

21. 🔊 Exemplos de ênfase semântica com reduplicação em inglês e português.

22. 🔊 Exemplos de ênfase paralinguística em português.

23. 📋 Exercícios de pronúncia: a duração.

24. 📋 Exercícios de pronúncia: o ritmo.

Capítulo 24

A entonação

A entonação consiste no conjunto de mudanças tonais utilizadas ao longo da realização fonética do **enunciado**.[1] Acusticamente, essas mudanças tonais correspondem a variações no tom fundamental (F_0) da onda sonora. De todas as mudanças tonais possíveis, porém, há certas características da entonação que são linguisticamente significativas. Na percepção da fala, o receptor se apoia nessas variações tonais para interpretar o enunciado. De fato, a entonação é o primeiro elemento fonético que a criança adquire.

As mudanças tonais podem ser fonéticas ou fonológicas. São fonológicas as que comunicam informação significativa de caráter sintático ou semântico. Por exemplo, as seguintes orações sofrem diferentes mudanças tonais, devido às quais comunicam significados distintos:[1] ◀

João não vem amanhã.
(o tom desce ao final do grupo fônico)

João não vem amanhã?
(o tom sobe ao final do grupo fônico)

Não, vem na quinta.
(o tom desce ao final de cada um dos dois grupos fônicos)

Não vem na quinta.
(o tom desce ao final do único grupo fônico)

São fonéticas as mudanças tonais que comunicam informação de caráter pessoal, por exemplo, informação com respeito ao falante: seu sexo, sua idade, sua origem, sua formação, sua procedência, etc. Enfim, é informação que não altera o significado semântico do enunciado.

A entonação é um recurso fonológico para indicar a **força ilocutória** de um enunciado, ou seja o objetivo pragmático do enunciado. Em outras palavras, usa-se a entonação para indicar se um enunciado é uma declaração, uma interrogação, uma ordem ou um pedido. A entonação também é empregada para indicar os limites da estrutura sintática, como será explicado em maiores detalhes mais adiante. Nessa função, emprega-se a entonação para indicar o final de um grupo fônico (definição a seguir), ainda que outros fatores como a duração e a amplitude também possam indicá-lo.

O estudo da entonação torna-se difícil pela grande variação dialetal e individual na fala. Apesar dessa grande variedade, as mudanças tonais linguisticamente significativas costumam ser comuns à grande maioria dos dialetos e idioletos e são os chamados **padrões de entonação**. Quem aprende um idioma precisa adquirir esses padrões.

É importante não confundir "entonação" com tom absoluto. A voz de um falante pode ser naturalmente mais grave ou mais aguda que a de outro de modo que, como se exemplificou no Capítulo 7, o tom descendente da voz de uma mulher pode ser mais agudo que o tom ascendente da voz de um homem em termos absolutos. Não é a isso que o conceito de mudança ou variação tonal se refere no contexto da entonação. A entonação refere-se aos padrões de variação tonal normalizados ou relativizados à gama de frequências fundamentais empregada por cada emissor.

A entonação, então, é um fenômeno relativo, como os demais elementos suprassegmentais. Pode-se ver isso ao examinar a diferença entre a fala e a música. Tanto a fala quanto a música baseiam-se em sequências de mudanças tonais. Elas se diferenciam, no entanto, no fato de que a música baseia-se no conceito do tom absoluto e a fala, no de tom relativo. Na execução de qualquer tipo de música, cantada ou instrumental, é importante que os músicos se afinem: todos

---

[1] Em linguística, a palavra *enunciado* é usada como equivalente de ato de fala, ou oração, ou grupo fônico. Em outras palavras, usa-se o termo com referência a um grupo de orações, a uma oração ou a um segmento de uma oração. Aqui, usa-se a palavra como equivalente de oração ou conjunto autônomo de palavras.

tem que produzir tons específicos exatos no momento exato para que a música soe como deve. Na fala, por outro lado, não é importante o tom específico: o que importam são as subidas e descidas do tom em relação ao tom em que se começou o enunciado. No canto coral, é preciso dar um tom inicial pelo qual todos se afinam. Em contraste, para que um texto seja declamado em coro, só é preciso indicar o momento de começar, já que não importa o tom específico em que cada membro do grupo comece.

Este capítulo analisará os elementos principais em que opera a entonação: o sirrema, a fronteira entonacional e o grupo fônico. Também serão examinados os métodos que se empregam para representar as mudanças tonais na fala e os padrões de entonação que se empregam nos distintos tipos de orações.

Sirremas, fronteiras entonacionais e grupos fônicos

A entonação examina as mudanças tonais relativas que ocorrem num enunciado. Para poder descrever, produzir e entender essas mudanças da entonação, é importante entender os conceitos de sirrema, fronteira e grupo fônico.

O sirrema

O **sirrema** é a unidade sintática mínima constituinte do grupo fônico. É, portanto, uma unidade gramatical indivisível cujos elementos não podem ser separados por fronteira entonacional,[2] que se definirá em detalhes na próxima seção. Os conjuntos de palavras que formam sirremas são unidades estruturais ou nocionais que correspondem às unidades sintáticas principais: o sintagma nominal (SN), o sintagma verbal (SV), o modificador (Mod), o sintagma adjetival/adverbial (SA), o sintagma preposicional (SP) e até a oração (O).

Com respeito ao sirrema, é preciso lembrar que na fala regular, ele não pode ser dividido por uma fronteira entonacional. Isso não quer dizer, porém, que sempre haja uma fronteira entonacional entre dois sirremas, mas sempre que houver uma fronteira entonacional dentro de uma oração, será entre dois sirremas. Uma divisão entre sirremas é, portanto, uma condição necessária, mas não condição suficiente, para que haja uma fronteira entonacional.

As características que podem condicionar a presença ou ausência de uma fronteira entonacional entre dois sirremas são a extensão do grupo fônico resultante, a estrutura sintática da oração, como também fatores pragmáticos, como a ênfase, a ironia ou efeitos dramáticos, humorísticos, etc.

Às vezes dois sirremas se combinam porque existe uma sobreposição de seus elementos. Por exemplo, ao examinar a oração *O professor escreveu o livro*, nota-se que no SV (*escreveu o livro*) há dois tipos de sirremas: determinante mais substantivo e verbo mais objeto. Neste caso, produz-se um só sirrema, que forma uma unidade indivisível. Os distintos sirremas se formam dos seguintes conjuntos de palavras:

O determinante e o substantivo (SN)

O determinante e o substantivo formam um grupo indivisível dentro do sintagma nominal; ou seja, na fala normal, não pode haver uma fronteira entre o determinante e o substantivo. Por exemplo: *os livros, as três camisas* e *estes outros lápis* são conjuntos de palavras entre as quais não pode haver nem pausa nem disjunção tonal. Tal é o vínculo entre o determinante e o substantivo que, por exemplo, se um falante esquece momentaneamente o substantivo numa conversa e produz uma fronteira entonacional para ter um momento para pensar, o mesmo falante, ao retomar a fala, costuma repetir o artigo junto com o substantivo. Um exemplo seria:[2] 🔊

Deixei o . . . o . . . o . . . o extrato em casa.

---

[2]Uma fronteira entonacional, como se verá em maiores detalhes na próxima seção, consiste numa separação temporal ou tonal. A separação temporal é o que se chama *pausa*; a separação tonal reflete uma *disjunção* ou descontinuidade tonal ao final de um grupo fônico.

A oração de acima é muito mais comum que dizer:

Deixei o . . . o . . . o . . . extrato em casa.

O substantivo e seus modificadores (SN)

O substantivo e seus modificadores formam um grupo indivisível dentro do sintagma nominal. Esses grupos podem incluir também o determinante. O modificador pode ser simples (um adjetivo) como nos exemplos *os livros novos, o Portugal medieval* e *a branca neve*. O modificador pode também ser um sintagma preposicional (*o português do Brasil*) ou pode ser uma oração subordinada adjetiva (*o trabalho que escrevi*). Os modificadores serão comentados em mais detalhes mais adiante.

O verbo e seus objetos (SV)

O verbo e seus objetos diretos e indiretos formam um grupo indivisível dentro do sintagma verbal. Esse grupo forma-se tanto com objetos pronominais como com objetos substantivais. Exemplos de sirremas desse tipo incluem *dei-o para ele, pintei a casa* e *comprei-lhe uma rosa*. Mais adiante, será comentada em maiores detalhes a possibilidade de um objeto direto ser uma oração subordinada substantiva como *Quero que João me faça o trabalho amanhã*.

O verbo e seus modificadores (SV)

O verbo e seus modificadores formam um grupo indivisível dentro do sintagma verbal. Esses conjuntos podem combinar-se também com os tempos compostos e os objetos dos verbos. O modificador pode ser simples (um advérbio) como nos exemplos *anda devagar, chegou rapidamente* e *canta bem*. O modificador pode também ser um sintagma preposicional como *chegou antes da hora* ou pode ser uma oração subordinada adverbial como *chegou antes que saíssemos*. Os modificadores serão comentados em maiores detalhes mais adiante.

Os tempos compostos, a voz passiva e a perífrase verbal (SV)

Os elementos de um tempo composto e de uma perífrase verbal formam um grupo indivisível dentro do sintagma verbal. Os tempos compostos formam-se de duas palavras: um auxiliar e uma forma verbal não finita. Incluem o que em inglês se chamam "perfect tenses" (ter/haver + particípio: *tem começado*), "progressive tenses" (*BR:* estar + gerúndio *estou falando* e *PO:* estar + a + infinitivo *estou a falar*). Os elementos verbais da voz passiva também formam um grupo indivisível: por exemplo, *foi cortado, serão examinadas* e *seremos recebidos*. A perífrase verbal inclui expressões que podem substituir os demais tempos verbais: por exemplo, *vão sair, seguem treinando* e *andam voando*.

A preposição e seu objeto (Mod)

A preposição e seu objeto formam outro grupo indivisível. O sintagma preposicional funciona como modificador, seja adverbial, adjetival ou oracional A preposição sempre indica uma relação entre duas unidades gramaticais, tendo sempre o objeto da preposição uma função nominal. Na fala comum, nunca se insere uma fronteira entonacional entre a preposição e seu sintagma nominal. Exemplos desse tipo de estrutura incluem *do Brasil, pelo menos* e *para terminar*.

A conjunção e a estrutura que a segue (SN/SV/Mod)

A conjunção e estrutura que a segue também formam um grupo indivisível. O sirrema resultante pode aparecer num sintagma nominal, num sintagma verbal ou num modificador. A conjunção pode ser coordenativa: por exemplo, *Vieram João e Maria; Pode aceitá-lo ou não* e *Não o fizeram nem João nem Maria*. A conjunção pode ser subordinativa: *É importante que João venha; Saiu depois que João chegou* e *A tarefa que fizeste está mal feita*.

Conjuntos lexicalizados (SN/SV/Mod)

Existem conjuntos lexicalizados que contêm dois elementos coordenados que são tão comuns que já se transformaram basicamente em um item léxico em que não se pode inserir uma fronteira entonacional. Um exemplo clássico é o conjunto *marido e mulher*, que, como tal, é unitária e indivisível. Outros exemplos desse tipo incluem *arco e flecha*, *unha e carne* e *preto e branco*.

A fronteira entonacional

A **fronteira entonacional** consiste numa separação temporal e/ou tonal entre sirremas. A separação temporal chama-se **pausa**; a separação tonal reflete uma **disjunção tonal** ou descontinuidade tonal entre o fim de um sirrema e o começo do seguinte.

A pausa

A pausa é simplesmente um período de tempo sem que se produza nenhum som. Como a duração dos segmentos fonéticos pode ser muito curta, medida em milissegundos, a pausa também pode ser um período de silêncio de poucos milissegundos. Uma pausa é uma interrupção não segmental na cadeia fônica em que não intervém nenhum dos órgãos articulatórios; é um período de silêncio que não representa nenhum fonema.[3] As pausas são de dois tipos gerais: pausas fisiológicas e pausas linguísticas.

A **pausa fisiológica** é a que surge devido à necessidade de respirar porque já se esgotou o ar necessário nos pulmões para a produção da fala. Sendo assim, sempre que se necessite respirar de novo para adquirir mais ar, suspende-se a fala e ocorre uma pausa para a inspiração. A pausa fisiológica não tem peso linguístico e, na fala, ocorre com pouca frequência, pois o cérebro do falante geralmente coordena a ocorrência das pausas fisiológicas, ou seja a inspiração, com as pausas linguísticas.

A **pausa linguística** é a que o falante produz no decurso da fala para indicar uma separação entre unidades sintáticas. Há duas tipologias que podem ser usadas para a classificação das pausas linguísticas. Uma das tipologias relaciona-se à duração da pausa, que pode ser breve ou longa. Nas transcrições, usa-se uma **barra simples** (/) para indicar as pausas breves e uma **barra dupla** (//) para indicar as longas. Essa dimensão, não obstante, é variável e relativa, visto que a duração de uma pausa pode corresponder a toda uma gama de possibilidades. Como regra, porém, a pausa breve costuma apresentar-se no meio de uma oração e a pausa longa entre orações.

A segunda tipologia de pausas linguísticas relaciona-se à questão do elo linguístico entre a unidade que precede a pausa e a que a sucede. De acordo com essa tipologia, a classificação da pausa é binária: ou seja, a pausa é continuativa ou final. Essencialmente, a **pausa continuativa** indica que a oração terá continuidade; essa pausa costuma ser breve. A **pausa final** assinala a conclusão da oração e costuma ser mais longa.

É óbvio que o silêncio que antecede a produção da primeira oração de um discurso também vale como pausa. Isto é, o primeiro som de uma oração, em efeito, se produz depois de pausa. A pausa final de uma oração também faz com que o primeiro som da oração seguinte ocorra depois de pausa.

Vale mencionar a relação entre a pausa e a pontuação ortográfica. Alguns sinais de pontuação sempre indicam pausas: a vírgula (,), o ponto (.), as reticências (...), o ponto e vírgula (;), os dois pontos (:), o ponto de interrogação (?) e o ponto de exclamação (!). Mesmo assim, nem todas as pausas são indicadas por um sinal de pontuação.

A disjunção tonal

A disjunção tonal resulta de uma descontinuidade no tom. Essa descontinuidade pode ou não ser acompanhada de uma pausa. A disjunção tonal pode assumir várias formas, mas representa uma mudança abrupta de tom. Nesse caso, o tom fundamental ou sobe ou desce ao final de um sirrema, indicando o fim de um grupo fônico, para recomeçar em outro nível tonal no início do grupo fônico seguinte. A disjunção tonal sem pausa sempre ocorre em conjunto com uma subida de tom; nesse caso, indica-se o final do grupo fônico mediante uma **barra vertical** na transcrição (|). Em todo caso, é preciso lembrar que as mudanças tonais de uma disjunção tonal são sempre relativas,

---

[3] A interrupção que se escuta, por exemplo, na produção de uma consoante oclusiva surda, não representa uma pausa, pois há um órgão articulatório que intervém na produção do silêncio inerente a uma oclusiva surda que nesses casos representa um fonema.

pois se comparam sempre com a faixa tonal do falante e com o tom das sílabas vizinhas.

Em resumo, assinala-se a fronteira entonacional mediante uma pausa, uma disjunção tonal ou uma combinação de ambas.

O grupo fônico

A oração pode formar-se de um ou mais grupos fônicos. O termo **grupo fônico** pode referir-se ao mesmo tempo a uma unidade semântica, sintática ou fonética. Em sua qualidade semântica, esse grupo denomina-se "grupo de informação". Em sua qualidade sintática, o termo pode referir-se a todo um período, a uma O (oração) ou a um de seus constituintes: por exemplo, um SN (sintagma nominal), um SV (sintagma verbal) ou um Mod (modificador). Em sua qualidade de unidade fonética, refere-se a um conjunto de sons que termina em uma fronteira entonacional.

O grupo fônico é um conjunto de palavras unidas semântica e sintaticamente que precedem uma fronteira entonacional. O grupo fônico pode também ser de uma só palavra sob certas condições.

Existem três possibilidades de composição de um grupo fônico. Primeiro, é possível que o grupo fônico se componha de um só sirrema, havendo correspondência exata entre o sirrema e o grupo fônico. Segundo, é possível que o grupo fônico se componha de dois sirremas ou mais. Uma terceira possibilidade, e a menos frequente, é que o grupo fônico se componha de um fragmento ou de uma só palavra. O fragmento ocorre em expressões elípticas. Por exemplo, a pergunta "*Vai ao cinema?*" pode ser respondida simplesmente com o fragmento "*Sim*", que por si só é um grupo fônico. Uma só palavra pode ser também um grupo fônico quando a palavra representa toda uma O, um SN ou SV. Por exemplo, a oração "*Chove*" é um grupo fônico.

A diferença entre um grupo fônico e um sirrema é que o grupo fônico, por definição, sempre termina com uma fronteira entonacional, enquanto que o sirrema não termina necessariamente com uma fronteira entonacional, sendo que pode haver mais de um sirrema num grupo fônico. Quando o grupo fônico contém mais de um sirrema, não há fronteira entonacional entre seus sirremas. Nesse caso, porém, seria possível dividir o grupo fônico, de modo que cada sirrema passe a constituir um grupo fônico. Para exemplificar esse princípio, vale examinar a seguinte oração:[3] ◀≶

Os três professores trabalharam juntos na apresentação.

É possível pronunciar essa oração em um só grupo fônico, isto é, sem que intervenham fronteiras entonacionais. Existe também a possibilidade de dividir o grupo fônico, ou seja, de incluir fronteiras entonacionais na produção dessa oração, como se verá em seguida. Isso deve-se à oração conter três sirremas, isto é, três conjuntos de palavras indivisíveis que não admitem separação por uma fronteira entonacional. A barra inclinada, neste caso, representa uma pausa:[3] ◀≶

Os três professores / trabalharam juntos / na apresentação.

Nessa produção da oração, há três grupos fônicos, que correspondem aos três sirremas. É impossível dividir essa oração em mais grupos fônicos, porque o sirrema é uma unidade sintática já indivisível na fala comum.

A extensão do grupo fônico é variável. Pode haver grupos fônicos de uma só sílaba até grupos fônicos de muitas sílabas. O que rege a extensão é a estrutura sintática; porém, a maioria dos estudos indica que a média da extensão de um grupo fônico é de oito a doze sílabas. Na língua falada, a extensão costuma ser mais curta que na língua escrita ou lida, que por sua natureza costuma conter estruturas sintáticas mais complexas. Apesar da variedade possível na formação dos grupos fônicos, há um lugar em que universalmente há um fim do grupo fônico: o fim de uma oração.

Dois sirremas curtos podem combinar-se para formar um só grupo fônico. Por exemplo, a oração *O professor escreveu o livro*, pode ser produzida em um só grupo fônico ou em dois:[3] ◀≶

O professor escreveu o livro.
O professor / escreveu o livro.

Essa dupla opção é possível porque os dois sirremas são curtos. Porém, quando o primeiro sirrema é mais extenso (devido à combinação de outros sirremas: preposição mais seu objeto, determinante mais substantivo, substantivo mais modificador), é comum a presença de uma fronteira entonacional, como se vê no seguinte exemplo:[3]

> *O novo professor do extremo sul do país / escreveu o livro.*

Os grupos fônicos podem classificar-se segundo a situação em que se encontram. Há situações em que é preciso encerrar um grupo fônico, situações em que se pode encerrar um grupo fônico e situações em que não se pode encerrar um grupo fônico. Como já explicado, encerra-se o grupo fônico mediante uma fronteira entonacional.

Grupos fônicos obrigatórios

Há quatro casos em que é preciso encerrar um grupo fônico mediante uma pausa.

Grupo fônico final

Precisa haver uma pausa ao final de cada oração do discurso. O último sirrema ou o último conjunto de sirremas, então, forma um grupo fônico final, que se encerra mediante uma pausa final. Na transcrição, indica-se a pausa final por uma barra dupla: //. As seguintes orações, com o grupo fônico final em negrito, servem de exemplo:[4]

> *// Os novos alunos / **chegaram com dois dias de atraso**. //*
> *// Te aceito / **com tal que prometas comportar-te bem**. //*

Grupo fônico enumerativo

Precisa haver uma fronteira entonacional entre os elementos enumerados de uma série. Os sirremas assim separados formam grupos fônicos enumerativos. As seguintes orações, com grupos fônicos que contêm elementos enumerados em negrito, servem de exemplos:[5]

> *// A menina **pulou**, / **correu** / e **dançou** pelo parque. //*
> *// A bandeira **azul claro**, / **branca**, / **amarela**, / ondulava na brisa. //*

Grupo fônico explicativo

O grupo fônico explicativo tem que vir separado do restante da oração por pausas: há sempre uma pausa ao começo do grupo fônico explicativo e uma ao final, mesmo que seja também a pausa final da oração. Um grupo explicativo é uma modificação que, em seu contexto, não contém informação necessária para a identificação exata do que se modifica. Servem de exemplos as seguintes orações com o grupo fônico explicativo em negrito:[6]

> *// Os trabalhadores, / **que passavam de fome**, / deixaram de trabalhar. //*
> *// Os trabalhadores, / **passando fome**, / deixaram de trabalhar. //*

Grupo fônico adverbial anteposto

Quando a oração contém um modificador adverbial que se antepõe ao restante da oração, esse constitui um grupo fônico obrigatório. Servem de exemplos as seguintes orações com o grupo fônico adverbial anteposto em negrito:[7]

> *// **Depois do feriado**, / os alunos voltam a estudar. //*
> *// **Com tal que completem o trabalho**, / receberão o salário inteiro. //*

Grupos fônicos distintivos

Há varias situações em que existem "pares mínimos" de acordo com a presença ou ausência de uma fronteira entonacional na oração; isto é, a presença ou ausência da fronteira entonacional altera a interpretação semântica e sintática da oração.

Orações explicativas ou orações restritivas

Como já mencionado acima, uma oração explicativa tem que vir entre pausas. Nesse caso, a oração acrescenta informação a respeito de seu antecedente que, no contexto não seria necessária para sua identificação. Uma oração restritiva, por outro lado, contém sim informação crucial para a identificação do antecedente. Servem de exemplos as seguintes orações:[8] ◄

// Os alunos, / que estudaram, / tiraram nota "10". // [explicativa] (Todos os alunos estudaram e todos tiraram nota "10".)
// Os alunos que estudaram / tiraram nota "10". // [restritiva] (Só os alunos que estudaram tiraram nota "10"; os outros não.)

No exemplo da oração explicativa, nota-se que a oração "que estudaram" vem entre pausas obrigatórias. No exemplo da oração restritiva, nota-se que a oração "que estudaram" não é precedida de pausa. A pausa ao final da oração "que estudaram", nesse caso, é optativa, como será visto mais adiante.

Elementos explicativos ou restritivos

Nos exemplos acima, os modificadores são orações subordinadas adjetivas. A mesma distinção entre explicativa e restritiva também se aplica quando o modificador é uma palavra ou locução e não uma oração. Servem de exemplos as seguintes orações com elemento explicativo ou restritivo em negrito:[9] ◄

*// Os vizinhos, / **curiosos**, / decidiram investigar a situação. //* [explicativa] (Todos os vizinhos estavam curiosos e todos investigaram a situação.)
*// Os vizinhos **curiosos** / decidiram investigar a situação. //* [restritiva] (Só os vizinhos que estavam curiosos investigaram a situação; os demais não.)

Outra vez, no exemplo do elemento explicativo, nota-se que a palavra "curiosos" vem entres pausas obrigatórias. No exemplo do elemento restritivo, nota-se que a palavra "curiosos" não é precedida de pausa, nem poderia ser. A pausa ao final da palavra "curiosos" é, outra vez, optativa.

A propriedade associativa linguística

A divisão de um conjunto de palavras em sirremas pode afetar o significado de uma oração linguística da mesma maneira que numa expressão matemática. Por exemplo: na matemática as duas expressões que seguem produzem resultados, ou significados, diferentes:

$(2 + 3) \times 5 = 25$
$2 + (3 \times 5) = 17$

Expressadas linguisticamente, estas duas "orações" serão:[10] ◄

// Dois mais três / vezes cinco / são vinte cinco. //
// Dois / mais três vezes cinco / são dezessete. //

Esses exemplos mostram como se pode usar a estrutura do grupo fônico para indicar as associações entre as palavras que são mais vinculadas. Pode-se notar a aplicação desse mesmo princípio nos seguintes contrastes.[10] ◄

// João, / fecha a porta. // [vocativo mais imperativo]
// João fecha a porta. // [oração declarativa]

Na primeira oração, "João" vem separado do verbo porque não é o sujeito [o sujeito é "tu"]; na segunda oração, "João" junta-se ao verbo no mesmo grupo fônico precisamente por ser o sujeito da oração.[10] ◄

// João perguntou: / —Por que o fizeste? // [pergunta direta]
// João perguntou por que o fizeste. // [pergunta indireta]

Na primeira oração, separa-se "Por que o fizeste?" do verbo porque se reproduz exatamente o que foi dito; na segunda oração, não há separação entre "por que o fizeste" e o verbo porque reproduz indiretamente o que foi dito. Essa distinção pode ser observada melhor nas seguintes orações:[10] ◄

// —João vem hoje? //
// —Não, / vem amanhã. //
[negação do antecedente]
// —João vem amanhã? //
// —Não vem amanhã. //
[negação do verbo]

Na primeira oração, separa-se o "não" do verbo porque é a negação de uma oração antecedente e não do verbo que vem depois; na segunda oração, não há separação entre o "não" e o verbo porque é sim a negação do verbo que o segue. Esse mesmo princípio aplica-se a "sim" como demonstram as seguintes orações:[10] ◀≋

// —João veio? //
// —Sim, / veio. //
[afirmação do antecedente]
// —Acho que João não veio. //
// —Veio sim. // [afirmação enfática do verbo]

Grupos fônicos optativos

Sempre que haja um limite entre sirremas, é possível que haja uma fronteira entonacional. Há vários fatores que podem resultar na presença ou não de uma fronteira entonacional: a complexidade sintática da oração, a extensão da oração e de seus constituintes, a rapidez da fala, o conteúdo semântico dos sirremas, o desejo de enfatizar determinados elementos da oração, etc. As seguintes orações servirão de exemplos.[11] ◀≋

// A prova será na quinta. //
// A prova | será na quinta. //
// A prova / será na quinta. //

Nos exemplos de acima, há dois sirremas: o primeiro, "a prova", forma-se do determinante mais substantivo; o segundo, "será na quinta", forma-se do verbo copulativo e seu complemento. No primeiro caso, a oração produz-se com um só grupo fônico. Nos outros dois casos, a oração se produz com dois grupos fônicos, havendo uma fronteira entonacional entre os dois sirremas em forma de disjunção tonal ou de pausa. O significado das orações em si não muda; é só que a separação dos sirremas dá certa ênfase a "a prova".

Os grupos fônicos optativos ocorrem quando se juntam dois sirremas que poderiam separar-se ou não mediante uma fronteira entonacional. A inclusão ou não de uma fronteira entonacional, nesses casos, não altera a estrutura sintática da oração; tem, no máximo, o efeito de destacar ou enfatizar um dos sirremas.

Grupos fônicos assistemáticos

Às vezes se introduz uma pausa na fala por motivos alheios à estrutura sintática ou alheios ao conteúdo semântico da oração. Entre os exemplos de grupos fônicos assim formados estão os casos em que algo, de repente, interrompe a cadeia falada, como quando o falante se detém para pensar na palavra adequada para expressar-se; quando introduz marcadores discursivos; quando hesita; quando, no meio de uma oração, vacila no que diz; ou até quando no meio de uma oração, muda de rumo, etc. Exemplos incluem:[12] ◀≋

// O que quero fazer é... / é... / é formar-me... / o mais rápido possível. //

// Vou sair logo para... / pois... // Hoje à noite tenho que fazer o trabalho. //

No primeiro exemplo, o falante dá uma pausa para pensar no que quer dizer, ou pelo menos em como expressá-lo. Segue com o marcador discursivo "é" para ganhar um momento para continuar pensado sem ceder controle da conversa. Quando volta a falar, repete o verbo para produzir o sirrema inteiro e logo acrescenta outro pensamento ao final. No segundo exemplo, o falante se atrapalha; detém-se para pensar, outra vez com marcador discursivo, mas quando recomeça, já mudou completamente de rumo e começa uma nova oração.

A representação de tom no grupo fônico

Como todo som sonoro se produz com a vibração das cordas vocais, todo som sonoro produz-se num tom, ou seja, um som com

F_0. Nisso, a fala é comparável à música. A grande diferença encontra-se nos conceitos de tom absoluto e tom relativo. Na música coral, o valor tonal de cada sílaba, ou seja, de cada nota, é especificada em termos absolutos. Quando um coral canta, todos os membros tem que afinar-se ou a apresentação não fica harmoniosa. O valor das subidas e descidas tonais são especificadas em frequências absolutas. Por isso, a representação gráfica das mudanças tonais na música se faz mediante um pentagrama, em que a posição de cada nota especifica exatamente o tom ou frequência que representa.

Na fala, porém, o valor tonal de cada sílaba é relativo. Numa declamação coral, por exemplo, não é necessário que os membros do grupo comecem exatamente no mesmo tom, ou seja, na mesma nota musical. O que importa sim é que todos subam ou desçam de tom nos mesmos pontos, e nem é importante que subam ou desçam na mesma medida.

A representação da entonação pode ser bastante complexa por se dar em duas dimensões. A primeira dimensão refere-se ao aspecto representado. Quanto ao aspecto representado, também há duas possibilidades: Uma possibilidade é a representação em âmbito fonético ou de fala, ou seja, a representação de todas as mudanças tonais físicas (F_0) ao longo de cada grupo fônico. Outra possibilidade é a representação em âmbito fonológico ou sintático-semântico, na qual se representam apenas as mudanças tonais que afetam a estrutura ou o significado da oração. A segunda dimensão refere-se ao método empregado para representar as mudanças relativas de tom.

A entonação em âmbito fonológico e fonético

Na representação fonética de um enunciado, é importante indicar o tom de cada um dos sons sonoros ao longo de cada grupo fônico. Assim descrevem-se todos os detalhes da produção de cada grupo fônico no contexto da oração, inclusive as mudanças tonais que não tenham relação com o significado nem com a estrutura da oração. Já na representação fonológica da entonação, representam-se exclusivamente os elementos que afetam o significado e a estrutura da oração. As seguintes orações servem de exemplo:[13]

//João chega na quinta. //
//João chega na quinta? //

Na especificação fonética de cada oração, será preciso indicar o tom relativo de cada uma de suas seis sílabas: [ʒwẽṹ.ʃé.gɐ.na.kĩⁿ.tɐ]. O que diferencia o significado ou força ilocutória dessas duas orações, porém, são as mudanças tonais que ocorrem ao final do grupo fônico, ou seja, a entonação no âmbito fonológico. É a diferença de entonação que comunica que uma oração é uma declaração e a outra uma pergunta: O tom descendente indica que a primeira oração é declarativa e o ascendente indica que a segunda oração é interrogativa.

Enfim, na transcrição da entonação, então, é preciso decidir que tipo de transcrição fazer: fonético ou fonológico?

Níveis tonais na fala

Na seção sobre ênfase do Capítulo 23, foi introduzido o conceito de **níveis tonais**. Esse conceito, no entanto, pertence ao sistema da entonação. Como já explicado, a entonação baseia-se em tons relativos. O tom usado na produção de uma oração, pode variar segundo o falante e até pode variar de uma ocasião a outra no mesmo falante devido a múltiplos fatores. O conceito básico é simples: quando se descreve a entonação de um evento articulatório, o tom do núcleo da primeira sílaba tônica da oração proferida serve de base para toda a descrição. Uma vez estabelecida a base, não importa o valor absoluto do tom (F_0); o que importa é o quanto o tom sobe ou desce em relação à base já estabelecida. Como o ponto de partida é relativo, a altura à qual os demais tons sobem ou descem também é; alguns falantes usam uma faixa tonal mais ampla que outros. Repete-se aqui o esquema comparativo entre os níveis tonais do português e do inglês:

	Nível 3	Nível 4
Nível 3 •	Nível 3 •	Nível 3 •
Nível 2 •	Nível 2 •	Nível 2 •
Nível 1 •	Nível 1 •	Nível 1 •
Português europeu	Português brasileiro	Inglês

O conceito fundamental da entonação, outra vez, é que o tom em que se começa um grupo fônico fixa um tom de Nível 2 para esse evento articulatório. Daí, o tom do grupo fônico ou sobe ou desce. Apesar de todas as subidas e descidas, o importante é a comparação entre o tom inicial do grupo fônico e o tom final do grupo. Geralmente considera-se a primeira sílaba tônica como marco do início; o final do grupo fônico consiste nas mudanças tonais a partir da última sílaba tônica. Em português, há quatro padrões:

1. O tom pode sofrer pequenas oscilações ascendentes e descendentes mas ainda termina num tom próximo de seu ponto de partida na faixa do Nível 2.
2. O tom pode descer o suficiente para que o grupo fônico termine no Nível 1.
3. O tom pode subir o suficiente para que o grupo fônico termine no Nível 3.
4. No final do grupo fônico, o tom pode subir para o Nível 3 e descer para o Nível 1.

Outra vez, o quanto o tom precisa subir ou descer para mudar de nível tonal dependerá da faixa tonal geral usada por cada falante em sua fala.

Como já explicado, a fronteira entonacional, que marca o fim de um grupo fônico, pode consistir em uma disjunção tonal, em uma pausa, ou em ambas as coisas. O primeiro caso da lista, em que o tom ao longo do grupo fônico fica na faixa do Nível 2, sempre termina com uma pausa; o grupo fônico termina num padrão de **suspensão**. O segundo caso da lista, em que o tom desce ao Nível 1 ao final do grupo fônico, termina em uma **cadência**. O terceiro caso da lista, em que o tom sobe ao Nível 3 ao final do grupo fônico, termina em uma **anticadência**. O quarto caso da lista, em que o tom sobe ao Nível 3 e, em seguida, desce ao Nível 1 ao final do grupo fônico, termina num padrão **circunflexo**.

Métodos de representação da entonação

Como o tom é um elemento suprassegmental, é problemático encontrar uma maneira de representá-lo, sobretudo em conjunto com uma transcrição fonética ou fonológica segmental. A primeira decisão que é preciso tomar com respeito à transcrição da entonação é se essa representação será fonética ou fonológica.

Um dos problemas da representação fonética da entonação é que as mudanças tonais ao longo do grupo fônico são susceptíveis a diferenças dialetais, sociolinguísticas e idioletais. Por isso, é difícil indicar as pequenas mudanças tonais fonéticas dentro do grupo fônico. O que ocorre ao final do grupo fônico, porém, é muito menos susceptível a diferenças de cunho dialetal, sociolinguístico ou idioletal. Não obstante, vale examinar os diferentes métodos de representação da entonação. As representações podem enfatizar ou o âmbito fonético ou o âmbito fonológico.

A representação da entonação com ênfase fonética

Há basicamente duas técnicas usadas para a representação fonética da entonação. Ambas baseiam-se no **tom fundamental** (F_0).

Uma técnica usada é simplesmente representar o tom fundamental do evento articulatório. Na prática, essa representação é feita traçando-se uma linha ou uma sequência de pontos, dependendo do instrumento que se use para a análise do tom fundamental. Uma das vantagens dessa técnica é que indica todas as mudanças tonais ao longo do grupo fônico, ainda que sejam mínimas. Há, porém, algumas desvantagens inerentes nesse método. Primeiro, a entonação é mais que simplesmente o **traço tonal**; é necessário também indicar os outros elementos suprassegmentais (tonicidade e duração) que ajudam a identificar os limites dos grupos fônicos. Outro problema visível desse método é que os sons surdos não têm nem tom nem traço. Para superar esse problema, alguns investigadores encontraram formas de preencher as lacunas dos sons surdos. Contudo, é importante lembrar do princípio de diminuição, que nesse caso indica que o tom mais baixo no final de um enunciado pode ser o equivalente a um tom mais alto no começo do mesmo.

A Fig. 24.1 traz a representação do tom fundamental da oração declarativa "A prova será na quinta". Pode-se observar que o tom mais alto é o da primeira sílaba tônica e daí o tom basicamente cai até a pausa final. A Fig. 24.1 também contém o traço do tom fundamental da interrogativa "O João está em casa?" Pode-se observar que há dois pontos altos ou picos na curva: o primeiro em "João" e o segundo na sílaba "ca" de "casa". Ainda que o primeiro pico pareça muito mais alto que o segundo, devido ao princípio de diminuição, pode-se considerar o segundo como um Nível 3.[14]

Uma segunda técnica de representação fonética da entonação é o sistema de **pontos tonais silábicos**, baseado no conceito do pentagrama. Nesse sistema emprega-se uma série de pontos como se fossem notas musicais, mas como a entonação não se baseia em frequências absolutas, não há pentagrama. O posicionamento dos pontos é relativo: os pontos que representam os tons mais altos ficam acima dos que representam tons mais baixos. Usam-se pontos maiores para representar as sílabas tônicas e menores para representar as sílabas átonas. Dessa forma, a entonação da oração "A prova será na quinta" pode ser representada da seguinte maneira:

[a.pɾó.vɐ.se.ɾá.na.kĩⁿ.tɐ]

Outro método para a representação da entonação é o **sistema "ToBI"**, que é um acrônimo que representa "Tone and Break Indices". É, pois, uma referência ao papel do tom e das fronteiras entonacionais, sejam de pausa ou de disjunção tonal, na entonação do evento articulatório. O método pertence à fonologia autossegmental em que a representação fonética se faz em duas linhas: a linha segmental e a linha tonal. O sistema "ToBI" emprega diferentes símbolos para representar os elementos tonais acima dos segmentais. Os símbolos usados na linha tonal indicam o tom, a tonicidade e a fronteira entonacional.

24.1 O traço do tom fundamental da oração "A prova será na quinta." e da pergunta "O João está em casa?"

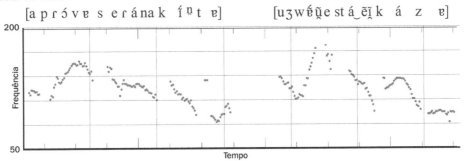

Os símbolos que representam o tom são:
  H ("High" indica um tom mais alto em relação ao tom anterior.)
  L ("Low" indica um tom mais baixo em relação ao tom anterior.)
  ! (Indica um escalonamento tonal descendente.[4])
O símbolo empregado para indicar o acento tônico é o asterisco *.
Os símbolos que representam as fronteiras tonais são:
  % (Indica uma disjunção final correspondente a uma pausa.)
  – (Indica uma disjunção intermediária correspondente a uma disjunção tonal.)

Aplicando-se o sistema ToBI, a transcrição das orações dadas como exemplo fica assim:

```
   L  *H  !H *L  *H  L%
  [apróveseránakiⁿte]
  {A prova será na quinta.}

   L  *H   !L*   *H–L%
  [uʒwḛw̰está̰ḛĩŋkáze]
  {O João está em casa?}
```

Esse sistema permite que se indiquem as mudanças tonais ao longo do grupo fônico com pormenores suficientes para possibilitar a representação de distintos dialetos e distintas situações pragmáticas. Contudo essas representações não se prestam ao ensino introdutório de entonação por serem de difícil interpretação. A seguir, serão examinadas as representações de caráter fonológico.

A representação da entonação com ênfase fonológica

Há basicamente dois métodos para representar a entonação do prisma fonológico. Ambos baseiam-se principalmente na percepção do tom e não na análise acústica da onda sonora. Essas representações não permitem a análise das mudanças tonais ao longo de todo o grupo fônico, pois se concentram no que ocorre ao final do grupo fônico em comparação com seu começo.

O primeiro método de notação da entonação com ênfase fonológica é o **uso de números** para representar os níveis tonais de uma articulação. Esses números, obviamente, representam níveis tonais relativos. Em geral, usa-se um sistema que representa a entonação empregando os números de 1 a 3. Nesse sistema, a entonação em início de grupo fônico corresponde ao número intermediário (ou seja 2) e, a partir daí, os números 1 e 3 são empregados para indicar os tons descendentes e ascendentes em relação ao ponto de partida.[5] Uma das vantagens desse sistema é permitir a quantificação relativa dos momentos chave de mudança tonal. Por outro lado, isso pode ser uma desvantagem, já que não reflete o movimento pormenorizado de variações tonais como se pode ver no traço completo do tom fundamental ou no sistema ToBI. Na transcrição da entonação, os números são colocados acima da transcrição fonética ou ortográfica, como demonstram os seguintes exemplos das orações já empregadas:

```
      2              1
  [apróveseránakiⁿte]
  {A prova será na quinta.}

   2  3   2-1  3  1
  [uʒwḛw̰está̰ḛĩŋkáze]
  {O João está em casa?}
```

O segundo método de notação da entonação com ênfase fonológica é o uso do **tonema**. O tonema representa o tom ao final do grupo fônico em comparação com o tom inicial do mesmo grupo. Nesse sistema, empregam-se quatro símbolos para representar os tonemas entonacionais do

---

[4]Um escalonamento tonal descendente (ingl. *downstep*) reflete a diminuição relativa do tom que ocorre perto do final de um grupo fônico. É por isso que uma sílaba tônica pode ser produzida num tom mais baixo que a sílaba anterior ainda que seja tônica.

[5]Há também autores que fazem a representação tonal com números de 1 a 5 e até de 1 a 7. Nesses sistemas o conceito é o mesmo: começa-se com um número intermediário (seja 3 ou 4) e depois se indicam os tons ascendentes e descendentes em relação ao ponto de partida. Com isso, o sistema torna-se mais fonético.

português: ⌐ **anticadência**, ¯ **suspensão**, ¬ **cadência** e ⌐¬ **circunflexo**. Aplicando-se esse sistema, a transcrição dos exemplos fica assim:

[apɾóvɐseɾánakḯⁿtɐ]
{A prova será na quinta.}

[uʒwéŷestáɛ̯ḯŋkázɐ]
{O João está em casa?}

A próxima seção trata o conceito do tonema em mais detalhes.

O tonema

Como já expressado, o tonema é uma representação entonacional das mudanças tonais significativas que ocorrem ao final de cada grupo fônico. Como a entonação se baseia em tons relativos, a análise do tom ao final do grupo fônico é sempre feita tendo o tom inicial desse mesmo grupo como referência. O tonema, então, é basicamente um resumo das mudanças de tom ao longo do grupo fônico. Isso quer dizer que existe uma correlação exata entre tonema e grupo fônico: cada grupo fônico tem um tonema que descreve sua entonação e que se coloca acima da parte final da transcrição segmental de cada grupo fônico. Empregam-se os tonemas para representar os padrões gerais da entonação da norma culta. Em português são quatro os tonemas fonológicos empregados na norma culta. O inglês tem os mesmos quatro tonemas, mas seu emprego é diferente nos dois idiomas.

Os tonemas do português

Como já dito, os tonemas fonológicos do português são quatro: ⌐ anticadência, ¯ suspensão, ¬ cadência e ⌐¬ circunflexo. As subidas e descidas de tom nos tonemas relacionam-se com os níveis de entonação já apresentados. Na anticadência, o tom começa no Nível 2 e termina no Nível 3. Na suspensão, o tom começa no Nível 2, e apesar de pequenas subidas e descidas ao longo do grupo fônico, termina ainda no Nível 2. Na cadência, o tom começa no Nível 2 e termina no Nível 1. No tonema circunflexo, o tom começa no Nível 2, mas ao final sobe, beirando o Nível 3 antes de baixar ao Nível 1. Vale repetir que o quanto o tom sobe ou desce é relativo e pode variar entre um falante e outro, mas, em todo caso, a variação tonal do português costuma ser mais ou menos equivalente à do inglês. Exemplos:[15] ◀⋲

anticadência	*João está aqui?*
suspensão	*É que...*
cadência	*João chegou ontem.*
circunflexo	*João está aqui?*

Os tonemas do inglês

Os tonemas do inglês também são quatro: ⌐ anticadência, ¯ suspensão, ¬ cadência e ⌐¬ circunflexo. A descrição dos tonemas é a mesma do português. Exemplos:[16] ◀⋲

anticadência	*Is John here?*
suspensão	*It's just...*
cadência	*John came.*
circunflexo	*I'm going home.*

Os padrões de entonação do português

Este capítulo utilizará o tonema para descrever os padrões de entonação do português. Os principais motivos disso são três: primeiro, os tonemas se prestam a uma análise mais fonológica e, por isso, são menos susceptíveis a diferenças dialetais; segundo, a compreensão dos enunciados opera em âmbito fonológico; e terceiro, é um sistema simples e transparente porque em vez de usar números e símbolos abstratos emprega um formato gráfico adequado para descrever os padrões fonológicos gerais da entonação do português.

Os padrões de entonação variam de acordo com o tipo de frase. Em português as frases podem ser declarativas, interrogativas, imperativas ou exclamativas. Cada qual tem o seu padrão entonacional que será descrito a seguir.

As frases declarativas

As frases declarativas ou enunciativas servem para declarar ou asseverar proposições. Quanto às frases declarativas, é importante entender três princípios gerais. Primeiro, se uma frase declarativa contém um só grupo fônico, este termina em cadência e é seguido de uma pausa longa que assinala o fim da unidade sintática frasal. Se uma frase contém mais de um grupo fônico, o último grupo fônico, de igual forma, termina em cadência. Segundo, o penúltimo grupo fônico de uma frase declarativa, se houver, costuma terminar em anticadência seguido de uma fronteira entonacional que indique a continuação da oração. Terceiro, os grupos fônicos que aparecem antes do penúltimo, se houver, podem terminar em anticadência (seguido ou não de pausa breve), ou em uma suspensão (sempre acompanhada de uma pausa breve), ou em cadência (sempre seguida de uma pausa breve). A Tab. 24.2 resume esses dados.

Os padrões gerais, então, se baseiam no número de grupos fônicos que a frase declarativa contém, seja um, dois, três ou mais.

Declarativas com um só grupo fônico

Quando a frase declarativa se compõe de um só grupo fônico, este termina sempre em cadência seguida de uma pausa longa. As seguintes orações servem de exemplos:[17]

[uprofesórʃegará:mẽɲẽ]
{O professor chegará amanhã.}

[saíusẽɪsidespeʤír]
{Saiu sem se despedir.}

Declarativas com dois grupos fônicos

Quando a frase declarativa se compõe de dois grupos fônicos, o penúltimo grupo fônico, como regra, termina em anticadência seguida ou não de uma pausa breve ou de uma disjunção tonal. O fato de terminar em anticadência indica que a oração continuará. O último grupo da oração declarativa, como sempre, termina em cadência seguido de uma pausa longa. Dos exemplos a seguir, os dois primeiros são da mesma oração. No primeiro exemplo, o primeiro grupo fônico termina numa disjunção tonal com anticadência sem pausa. No segundo exemplo, o primeiro grupo fônico termina numa anticadência com uma pausa breve.[18]

[uprofesór|ʃegará:mẽɲẽ]
{O professor chegará amanhã.}

[uprofesór/ʃegará:mẽɲẽ]
{O professor chegará amanhã.}

[uprofesórkeskrevéulívru/ʃegará:mẽɲẽ]
{O professor que escreveu o livro chegará amanhã.}

[kwẽndwakabóuaféste/saíusẽɪsidespeʤír]
{Quando acabou a festa, saiu sem se despedir.}

Declarativas com três ou mais grupos fônicos

Quando a frase declarativa se compõe de três ou mais grupos fônicos, o último grupo fônico sempre termina em cadência seguida de uma pausa longa. O penúltimo

24.2 Os padrões de entonação das frases declarativas segundo seus grupos fônicos.

Frases declarativas		
Antepenúltimo grupo fônico	Penúltimo grupo fônico	Último grupo fônico
↗ seguido ou não de pausa breve — seguido de pausa breve ↘ seguido de pausa breve	↗ seguido ou não de pausa breve ou disjunção tonal	↘ seguido de pausa longa

grupo fônico, como descrito para as frases com dois grupos fônicos, costuma terminar em anticadência com ou sem pausa breve. (As poucas exceções a essa norma serão discutidas mais adiante.) O antepenúltimo grupo fônico e os grupos fônicos anteriores a esse, apresentam uma variação dialetal geral: no Brasil, os grupos fônicos que precedam o penúltimo costumam terminar em anticadência, enquanto em Portugal, os grupos fônicos que precedam o penúltimo costumam terminar em cadência. É importante entender que essa caracterização geral não é absoluta, pode variar de acordo com o idioleto ou até com a circunstância. O símbolo ⌒ será usado para indicar essas duas possibilidades. Nos exemplos abaixo, podem-se observar as duas possíveis realizações da entonação do antepenúltimo grupo fônico:[19] ◀⋦

[uzvakéi̯ɾuzduvéʎwoésʧe / sofɾéɾẽŭmúĩ̯tu / devídwaoklĩmɐ]
{Os vaqueiros do velho oeste / sofreram muito / devido ao clima.}

[ukapitẽŭⁿdekípi / faʎóɥẽĩ̯m:aɾkáɾugól / kiteɾíɐgẽɲáduzógu]
{O capitão da equipe / falhou em marcar o gol / que teria ganhado o jogo.}

Casos especiais

A esses padrões gerais, é preciso acrescentar algumas adaptações para situações específicas.

Séries com conjunções e sem elas

Quando a oração contém uma série ou lista de elementos com uma conjunção, a oração segue a norma geral de acordo com os seguintes exemplos:[20] ◀⋦

[azmõⁿtẽɲɐs / ushíɥs / iɥzlágus / nuspɾopoɾsiónẽŭmomẽⁿtuzineskesíveɪ̯s]
{As montanhas, os rios e os lagos nos proporcionam momentos inesquecíveis.}

[usaɾʒẽⁿtusẽɥᵐpɾáʧikus / fírmis / ideʤikádus]
{Os sargentos são práticos, firmes e dedicados.}

Todavia, quando a oração contém uma série ou lista sem conjunção, todos os elementos da série terminam em cadência, segundo os seguintes exemplos:

[azmõⁿtẽɲɐs / ushíɥs / uzlágus / tóduznus pɾopoɾsiónẽŭmomẽⁿtuzineskesíveɪ̯s]
{As montanhas, os rios, os lagos, todos nos proporcionam momentos inesquecíveis.}

[usaɾʒẽⁿtusẽɥᵐpɾáʧikus / fírmis / deʤikádus]
{Os sargentos são práticos, firmes, dedicados.}

Elementos explicativos, apostos e casos de hipérbato

Já foi explicada acima a distinção entre orações e elementos restritivos e explicativos. No caso das subordinadas restritivas, a oração segue a norma geral de acordo com o seguinte exemplo:[21] ◀⋦

[uzalúnuskjestudáɾẽɥ / ʧiɾáɾẽɥⁿótɐdés]
{Os alunos que estudaram tiraram nota "10".}

Mesmo assim, quando a oração apresenta uma subordinada explicativa, essa representa uma interrupção na cadeia da oração e, por isso, sempre se precede por um tonema de suspensão como se vê no seguinte exemplo:

[uzalúnus / kjestudáɾẽɥ / ʧiɾáɾẽɥⁿótɐdés]
{Os alunos, que estudaram, tiraram nota "10".}

Nota-se que nessa suspensão, nem todas as sílabas pronunciam-se no mesmo tom, sendo que há uma leve subida de tom na sílaba tônica, mas essa subida encontra-se ainda no Nível 2, e o tom final do grupo fônico é mais ou menos equivalente ao tom inicial.

Também representam interrupções os casos de sintagmas explicativos introduzidos por um tonema suspensivo mas que podem terminar ou em anticadência ou em suspensão:

[uhapás/asustádupelubaɾuʎo/
pulóu̯múɾu]
{O rapaz, assustado pelo barulho, pulou o muro.}

O mesmo princípio estende-se aos casos de hipérbato, em que uma frase adverbial, que geralmente viria no final da oração, é inserida no começo ou no meio da oração. A Tab. 24.3 compara as orações sem hipérbato com as com hipérbato.

Outra vez, a suspensão serve para indicar a interrupção introduzida pelo hipérbato. Nas duas orações abaixo, o primeiro grupo fônico termina em suspensão: na primeira oração, por vir antes da oração principal e, na segunda, por vir antes do hipérbato.

[kẽⁿtẽⁿdu/viɲɐpelɐhúɐ]
{Cantando, vinha pela rua.}

[ubẽⁿʤídu/kõu̯ʤĩɲéi̯ɾunamẽũ̯/fuʒíu̯]
{O bandido, com o dinheiro na mão, fugiu.}

Modificadores adverbiais da oração

Há certos modificadores adverbiais que modificam a oração inteira e não só um de seus constituintes. Por exemplo, na oração "*Lamentavelmente, João chegou atrasado*", o advérbio *lamentavelmente* não modifica o sintagma verbal, pois não indica de que forma, nem por que, nem quando João chegou; indica, no entanto, um juízo valorativo sobre o fato da chegada atrasada de João: modifica, então, toda a oração. Esses modificadores precedem a oração principal e, sendo assim, terminam em suspensão. As seguintes orações exemplificam esse princípio.[22] ◀︎

[lamẽⁿtáveu̯mẽⁿʧi/ʒwẽũ̯ʃegówatɾazádu]
{Lamentavelmente, João chegou atrasado.}

[vẽsídabatáʎɐ/astɾópɐsiʤispeɾsáɾẽũ̯]
{Vencida a batalha, as tropas se dispersaram.}

Sintagmas adversativos

Os sintagmas adversativos sempre começam com uma conjunção ou locução adversativa, que basicamente contrapõe duas alternativas ou oferecem uma outra alternativa. Esses sintagmas sempre sucedem a oração principal. As palavras *mas, porém, contudo, senão, todavia* são conjunções adversativas. Nesse caso, a oração principal pode terminar em cadência ou anticadência e o sintagma adversativo termina em cadência.[23] ◀︎

[épóbɾe/mazõhádu]
{É pobre, mas honrado.}

Existem também locuções adversativas, ou seja, conjuntos de palavras que funcionam como conjunções adversativas, como, por exemplo: *no entanto, não obstante, ainda assim, apesar disso, mesmo assim, de outra sorte, ao passo que*. Os períodos compostos pela coordenação de duas orações ligadas por essas locuções costumam ter três grupos fônicos. Nesses casos, a primeira oração termina em cadência. O grupo fônico que contém a locução termina ou em suspensão com pausa ou em disjunção tonal com anticadência e, como toda oração declarativa, acaba com um tonema de cadência, como demonstra o seguinte exemplo:

[ugoléi̯ɾufaʎóu̯/aĩⁿdasí/aekípigẽɲóu̯]

[ugoléi̯ɾufaʎóu̯/aĩⁿdasí|aekípigẽɲóu̯]
{O goleiro falhou, ainda assim a equipe ganhou.}

24.3 Comparação de duas orações sem hipérbato e com hipérbato.

Sem hipérbato	Com hipérbato
Vinha pela rua cantando.	Cantando, vinha pela rua.
O bandido fugiu com o dinheiro na mão.	O bandido, com o dinheiro na máo, fugiu.

Comentários parentéticos

Às vezes se acrescenta a uma oração informação suplementar que esclarece um de seus elementos, mas que não é constituinte da oração em si. Esse tipo de comentário pode ser um sintagma ou até outra oração. Essa categoria inclui também os apositivos e os apartes dramáticos. Nesse tipo de oração, o elemento que precede o comentário parentético termina em suspensão, o que indica interrupção. O comentário parentético em si termina em cadência, mas todo o grupo fônico se produz com um tom mais baixo que o restante da oração. Como sempre, a oração declarativa termina em cadência.[24] 🔊

[mĩnezirmḗs/elénisarítɐ/sə̃ũĩn̪teliʒḗn̪tʃis]
{Minhas irmãs, Elena e Sarita, são inteligentes.}

[kamṍĩs/au̯tórʤjuzluzíɐdɐs/mohéu̯ẽĩ̪lizbóɐ̯]
{Camões, autor de *Os Lusíadas*, morreu em Lisboa.}

Discurso relatado direto e indireto

A reprodução do enunciado de alguém pode ser feita por meio do discurso direto ou do discurso indireto. O discurso direto reproduz exatamente as palavras de um texto ou enunciado oral: "João disse: 'Sairei amanhã.'" O discurso indireto relata em terceira pessoa o que se disse ou escreveu, sem reproduzir as palavras exatas do enunciado original: "João disse que sairia amanhã". No discurso direto, os dois componentes da oração terminam em cadência, ainda que o primeiro possa terminar no que se chama **semicadência**, que é uma nuance fonética, pois o tom não baixa tanto quanto na cadência do último grupo fônico. Usa-se o símbolo ⌒ para representar a semicadência. Quando o discurso é indireto, a oração segue o padrão declarativo geral de acordo com o número de grupos fônicos que contém.[25] 🔊

[ʒwḗũ̯ʤísi/saɪ̯réɪ̯ɐ̃mẽɲɐ̃]
{João disse: "Sairei amanhã."}

[ʒwḗũ̯ʤísi/kisaɪ̯ríɐ̃mẽɲɐ̃]
{João disse que sairia amanhã.}

Vocativos nas declarativas

Um vocativo chama ou nomeia a pessoa ou entidade a quem se dirige uma oração. O vocativo pode vir antes, depois ou no meio da oração declarativa. O vocativo é sempre isolado por pausas, pois não faz parte da oração em si. Quando vem no início da oração, o vocativo sempre termina em cadência, e o restante da oração segue os padrões declarativos gerais. Quando o vocativo se encontra no meio da oração, o grupo fônico anterior ao vocativo termina em suspensão, o vocativo em si termina em semicadência ou cadência e o restante da oração segue os padrões declarativos gerais. Quando o vocativo vem ao final, a oração principal segue os padrões declarativos gerais e o vocativo, para diferenciar-se do restante da oração, termina ou em **semianticadência**, que é uma nuance fonética, ou em suspensão. O tonema de semianticadência sobe menos que o de anticadência e representa-se mediante o símbolo ⌒. Seguem os exemplos:[26] 🔊

[ʒwẽũ̯/maríɐʒáu̯fés]
{João, Maria já o fez.}

[éɪ̃mporteén̪tʃi/ʒwẽũ̯/kjufásɐ]
{É importante, João, que o faça.}

[maríɐʒáu̯fés/ʒwẽũ̯]
{Maria já o fez, João.}

As orações interrogativas

Uma oração interrogativa serve para eliciar uma resposta. Basicamente há dois tipos de resposta que correspondem a dois tipos de pergunta. O primeiro tipo de pergunta simplesmente pede uma confirmação: uma pergunta a que se responde com "Sim" ou com "Não". O segundo tipo de pergunta pede informação nova; essas perguntas sempre contêm uma palavra interrogativa que tem a mesma função sintática da nova informação eliciada. Os padrões de entonação são diferentes para cada tipo. Ademais, há casos especiais desses dois tipos de pergunta cujos padrões também serão comentados.

Perguntas fechadas

Qualquer oração declarativa pode converter-se numa interrogativa que pede a confirmação ou não da veracidade da proposta mediante uma mudança de entonação: esse tipo de pergunta chama-se uma **pergunta fechada**. Existem dois padrões de entonação comuns para as perguntas que pedem uma resposta afirmativa ou negativa. Um deles termina em anticadência e o outro no tonema circunflexo.[27]

[ʒwẽũʃegóŭóⁿtẽjanóiʧi]

[ʒwẽũʃegóŭóⁿtẽjanóiʧi]
{João chegou ontem à noite?}

[vosékũᵐpríŭapromésɐ]

[vosékũᵐpríwapromésɐ]
{Você cumpriu a promessa?}

Para o lusofalante esses dois padrões de entonação sempre indicam uma pergunta fechada. O problema para o anglofalante é que o tonema circunflexo, em inglês, sempre se emprega em orações declarativas. Às vezes, então, uma pergunta feita com tonema circunflexo passa despercebida pelo anglofalante que acha que escutou uma declaração e não uma pergunta.

Perguntas fechadas com resposta implícita

Além do padrão básico para as perguntas fechadas, há outro padrão de pouca frequência que se emprega especificamente quando, ao fazer a pergunta, já se implica a resposta. Nesses casos, a pergunta termina em cadência e é a pragmática da situação que faz com que se entenda que foi pergunta. Por outro lado, a resposta fica implícita na forma (negativa ou afirmativa) do enunciado. Por exemplo, ao sair de casa, o marido pode dizer para a esposa pouco antes de fechar a porta:[28]

[vosé:stákõasʃávis]
{Você está com as chaves?}

Ainda que termine em cadência, sabe-se que é pergunta porque evoca uma resposta.

A esposa pode responder com um simples "estou" (equivalente ao "sim"), ou com um "NÃO!" veemente. A razão pela qual a resposta afirmativa pode ser descontraída é porque a "pergunta" em si implica uma resposta afirmativa por ter forma afirmativa. A resposta "NÃO!", porém, necessita ser veemente para contradizer a implicação da pergunta.

O oposto pode ocorrer com uma "pergunta" negativa. Por exemplo, os companheiros de quarto decidiram ir ao cinema. Na hora de sair, um deles ainda está estudando à mesa, e um dos demais diz ao estudioso:

[nẽũváiaŭsinémɐ]
{Não vai ao cinema?}

A que o estudioso responde calmamente "não" ou energicamente "SIM!", visto que nesse caso, com a pergunta feita em forma negativa, a implicação foi de uma resposta negativa.

Perguntas abertas

As palavras interrogativas em perguntas servem como uma espécie de incógnita linguística pois a resposta fornecerá a informação desconhecida na pergunta: esse tipo de pergunta chama-se uma **pergunta aberta**. Por exemplo, na pergunta "Quando chegou João?", a interrogativa "quando" pede informação temporal; já na resposta "João chegou ontem", a palavra "ontem" identifica a incógnita linguística da pergunta.

As palavras interrogativas podem evocar como resposta informação substantiva, verbal, adjetival, ou adverbial. As palavras interrogativas são sempre tônicas, mesmo sendo escritas sem acento ortográfico: elas incluem *que, quando, como, quem, onde, aonde, por que, qual, quanto, quão* e suas formas de concordância. Em geral, as perguntas com palavras interrogativas terminam em cadência, como nos seguintes exemplos.[29]

[kwẽⁿduʒwẽũʃegóŭ]
{Quando João chegou?}

[ukévoséfézõⁿtḗɪ̃]
{O que você fez ontem?}

Perguntas com palavras interrogativas com cortesia

Além do padrão comum para as perguntas com palavras interrogativas, há outro padrão que se emprega com certa frequência em casos em que se queira indicar deferência ou cortesia. Por exemplo, ao perguntar a uma pessoa qualquer de onde ela é, costuma-se fazer a pergunta terminando em cadência. Ao fazer a mesma pergunta a um senador, por outro lado, costuma-se fazer a pergunta terminando em anticadência para indicar deferência ou respeito, como no seguinte exemplo:[30] ◀℈

[ʤiṍn̪ʤusẽɲóɾɛ́]
{De onde o senhor é?} (para indicar deferência o respeito)

Perguntas repetidas

Ao repetir uma pergunta já respondida, geralmente se altera a entonação. A repetição pode ser para expressar incredulidade ou pode ser simplesmente porque não se escutou bem a resposta. Essa situação ocorre com perguntas que pedem nova informação. Na primeira instância, a pergunta termina em cadência, mas na repetição, a entonação muda a anticadência, como demonstra o seguinte diálogo:[31] ◀℈

[ʤjṍⁿʤivoséé] {De onde você é?}

[dakalifórnjɐ] {Da Califórnia.}

[ʤjṍⁿʤi] {De onde?}

Perguntas disjuntivas

Uma pergunta disjuntiva é uma pergunta que apresenta duas opções mediante o uso da conjunção "ou". Nesse caso, a pergunta contém pelo menos dois grupos fônicos; o penúltimo termina em anticadência e o último, em cadência, como no seguinte exemplo:[32] ◀℈

[akapitáɰʤimosẽᵐbikjébéjɾɐ/oɰmapútu]
{A capital de Moçambique é Beira, ou Maputo?}

Perguntas de confirmação

As perguntas de confirmação são aquelas nas quais se apresenta uma declaração seguida de uma palavra ou expressão que pede a confirmação ou negação dela. Em português essas perguntas podem ser de dois tipos. O primeiro tipo realiza-se mediante o acréscimo de um elemento simples como "não?", "não é?", "né?" Nesse caso, a declaração termina em cadência e a confirmação termina em anticadência, o que corresponde a uma pergunta fechada:[33] ◀℈

[akapitáɰémapútu/nẽ́ɰ̃é]
{A capital é Maputo, não é?}

O segundo tipo de pergunta de confirmação realiza-se mediante a repetição do verbo principal da declaração. Se a declaração for positiva, a confirmação será negativa; se a declaração for negativa, a confirmação será positiva. Nesse caso, tanto a declaração quanto a confirmação terminam em cadência. Isso corresponde a uma pergunta fechada com uma resposta implícita. Seguem dois exemplos:[34] ◀℈

[voséfálɐportugés/nẽ́ɰ̃fálɐ]
{Você fala português, não fala?}

[vosénẽ́ɰ̃fálɐportugés/fálɐ]
{Você não fala português, fala?}

Casos especiais

A esses padrões gerais, é preciso acrescentar algumas adaptações para situações específicas.

Perguntas indiretas

As perguntas indiretas são aquelas em que se incorpora uma pergunta dentro de uma oração declarativa. Isso ocorre com os dois tipos gerais de perguntas. A Tab. 24.4 mostra os dois tipos em perguntas diretas e indiretas.

Sendo que as perguntas indiretas são de fato orações declarativas, aplicam-se os padrões de entonação desse tipo de frase. Os seguintes exemplos podem produzir-se em um ou dois grupos:[35] ◀≲

[ʒwẽũᵐperguⁿtóųsjamaɾíɐvéĩ]
{João perguntou se a Maria vem.}

[ʒwẽũᵐperguⁿtóų | sjamaɾíɐvéĩ]
{João perguntou se a Maria vem.}

[ʒwẽũᵐperguⁿtóųkwéⁿdwamaɾíɐvéĩ]
{João perguntou quando a Maria vem.}

[ʒwẽũᵐperguⁿtóų | kwéⁿdwamaɾíɐvéĩ]
{João perguntou quando a Maria vem.}

Vocativos nas interrogativas

Como já indicado na seção sobre o vocativo nas declarativas, o vocativo não faz parte da estrutura da oração em si e, por isso, sempre é separado do restante da oração: na língua escrita por vírgulas e na língua oral por pausas. O vocativo pode preceder ou suceder a oração interrogativa. Quando vem no começo da oração, o vocativo sempre termina em cadência, e o restante da oração segue os padrões interrogativos gerais. Quando vem no final, porém, a oração principal segue os padrões interrogativos gerais, mas o vocativo termina em semianticadência. Os seguintes exemplos demonstram esses padrões tanto em perguntas abertas como em fechadas:[36] ◀≲

[ʒwẽũ/poɾkévoséfézísu]
{João, por que você fez isso?}

[poɾkévoséfézísu/ʒwẽũ]
{Por que você fez isso, João?}

[ʒwẽũ/ʃegóųbéĩ]
{João, chegou bem?}

[ʃegóųbéĩ/ʒwẽũ]
{Chegou bem, João?}

Perguntas com valor afetivo

Às vezes o falante acrescenta uma nuança afetiva à pergunta para indicar valores como cortesia, surpresa, admiração, incredulidade, alegria, consentimento, etc. A maneira de indicar tais valores afetivos depende do tipo de pergunta, seja uma pergunta fechada ou uma pergunta aberta.

Para acrescentar um deses valores afetivos a uma pergunta fechada, o que se faz é simplesmente exagerar a entonação da pergunta normal. O padrão de entonação ainda é de anticadência, mas se usa uma faixa tonal mais ampla para produzir a pergunta afetiva: isto é, na última sílaba tônica o tom desce ao Nível 1 e até o final do grupo fônico o tom sobe ao Nível 3. Exemplo:[37] ◀≲

[éparaíɾẽᵐbóɾɐ]
{É para ir embora?}

O que diferencia uma pergunta fechada com valor afetivo de uma pergunta normal é o grau de mudança tonal. Usando-se o sistema de números já introduzido, expressa-se a diferença entre as duas perguntas da seguinte maneira:

2   2   2 3
[éparaíɾẽᵐbóɾɐ]
(pergunta normal)

2   2   1 3
[éparaíɾẽᵐbóɾɐ]
(pergunta afetiva)

24.4 Comparação de perguntas diretas e indiretas.

	Pergunta direta	Pergunta indireta
Pergunta fechada	João perguntou: "A Maria vem?"	João perguntou se a Maria vem.
Pergunta aberta	João perguntou: "Quando a Maria vem?"	João perguntou quando a Maria vem.

Para acrescentar um desses valores afetivos a uma pergunta com palavra interrogativa, o que se faz é exagerar a entonação da pergunta feita com cortesia. O padrão de entonação é de anticadência, mas se usa uma faixa tonal mais ampla ao produzir a pergunta afetiva: isto é, o tom desce mais antes de subir como no seguinte exemplo:

[ʒwẽũʃegóukwẽⁿdu]
{João chegou quando?}

Perguntas com mais de um grupo fônico

Quando a pergunta tem mais de um grupo fônico, a entonação do último grupo fônico segue os padrões já apresentados para perguntas fechadas ou para perguntas abertas. A entonação dos grupos fônicos anteriores ao grupo fônico final é a mesma dos grupos anteriores ao grupo final das orações declarativas; quer dizer, o penúltimo grupo fônico costuma terminar em anticadência ⌒ e os anteriores a ele em cadência ou anticadência dependendo do dialeto. Servirão de exemplos as seguintes orações:[38]

[vosévájaus̃ẽntru/tóduzusábadus]
{Você vai ao centro / todos os sábados?}

[aõṉdʒifórẽũuzalúnus/depoizdʒjestudár parapróve]
{Aonde foram os alunos / depois de estudar para a prova?}

As orações imperativas

Uma oração imperativa serve para expressar uma ordem. A maioria das orações imperativas consiste em um só grupo fônico que termina em cadência. A esse grupo fônico é bastante comum acrescentar-se um segundo grupo fônico com uma expressão de cortesia. Nesse caso, o primeiro grupo fônico termina em semicadência e o segundo, em cadência como demonstram os seguintes exemplos:[39]

[pásamjupẽũ]
{Passa-me o pão!}

[pásamjupẽũ/poɾfavóɾ]
{Passa-me o pão, por favor!}

[poɾfavóɾ/pásamjupẽũ]
{Por favor, passa-me o pão!}

Vocativos nas imperativas.

Como já indicado, o vocativo não faz parte da estrutura da oração em si e, por isso, sempre vem separado do restante da oração por vírgulas na língua escrita e por pausas na língua oral. O vocativo pode preceder ou suceder a oração imperativa. Quando vem no começo da oração, tanto o vocativo como o imperativo sempre terminam em cadência. Quando o vocativo vem ao final, os dois grupos fônicos também terminam em cadência como nos seguintes exemplos:[40]

[ʒwẽũ/fásparemí]
{João, faz para mim!}

[fásparemí/ʒwẽũ]
{Faz para mim, João!}

As expressões exclamativas

As expressões exclamativas por sua natureza são de um só grupo fônico que sempre termina em cadência como nos seguintes exemplos.[41]

[kélívɾwĩⁿteresẽⁿtʃi]
{Que livro interessante!}

[bóɐtáɾdʒi]
{Boa tarde!}

Notas dialetais

Os padrões gerais apresentados servem para a grande maioria dos dialetos da norma culta da língua portuguesa, já que apresentam somente os tonemas fonológicos, isto é, a especificação das mudanças tonais ao final de cada grupo fônico que afetam o significado e a compreensão do enunciado. Isso porque, normalmente, os tonemas são estáveis através dos dialetos lusitanos. Mesmo assim, os lusofalantes costumam dizer que identificam a origem de um falante nativo de português por sua entonação ou por seu "canto". Na realidade costumam juntar também diferenças de alofones segmentais, duração e amplitude ao julgar essa origem. Os traços da entonação empregados para identificar a origem do falante não são simplesmente os tonemas, senão todas as mudanças de tom, duração e amplitude que afetam a entonação como um todo, bem como a direção e o grau da mudança. Tais mudanças ocorrem em âmbito fonético.

O propósito desta seção não é especificar detalhadamente os padrões fonéticos de cada dialeto; é simplesmente indicar que, além dos tonemas há mudanças tonais menores ao longo dos grupos fônicos que variam de dialeto para dialeto. Como exemplo disso, apresenta-se o caso das normas cultas de São Paulo e Lisboa e os dialetos de Porto Alegre (BR) e Braga (PO) da pergunta "O tio viu o mercado?":[42] ◀≶

2 2 2 3	2 1 1 3 3
[utʃíṷvíṷmerkádu]	[utíṷvíṷmerkádu]
(São Paulo)	(Lisboa)
2 1 2 3-1 1	1 1 3 3
[utíṷvíṷmerkádu]	[utíṷvíṷmerkádu]
(Porto Alegre)	(Braga)

É importante observar que com a exceção de Porto Alegre, todas as perguntas terminam em anticadência, que é um dos padrões normais para uma pergunta fechada. O padrão de Porto Alegre termina no tonema circunflexo (⌒), outro padrão normal, que também se usa em São Paulo. Pode-se observar a variação dialetal nos tons que precedem o tom final. Por exemplo, no exemplo de Braga, nota-se que a pergunta começa no Nível 1, em contraste com todos os demais, o que é reconhecido como uma característica singular desse dialeto. Por exemplo, em Lisboa, em contraste com São Paulo, sobe-se ao Nível 3 na sílaba tônica.

Dicas pedagógicas

Para obter uma boa entonação em português, o aluno deve prestar atenção aos sirremas e grupos fônicos. Para isso, será preciso lembrar-se que não se pode inserir uma pausa entre os componentes de um sirrema, que por definição é um grupo indivisível de palavras. Com respeito ao grupo fônico, o aluno tem que se lembrar que cada grupo fônico termina com um tonema e que se marca o fim do grupo fônico também ou com uma disjunção tonal ou com uma pausa.

Quanto aos tonemas, é preciso lembrar-se de três generalizações:

1. A primeira generalização é que o último grupo fônico termina em cadência em orações declarativas, imperativas e exclamativas. As perguntas fechadas costumam terminar em anticadência ou no tonema circunflexo; as perguntas abertas, em cadência.

2. A segunda generalização é que o penúltimo grupo fônico costuma terminar em anticadência, o que indica uma continuação da oração.

3. A terceira generalização é que termina em suspensão qualquer grupo fônico que anteceda um grupo fônico intercalado na oração, como um apositivo ou elemento explicativo.

Conselhos práticos

Algumas apresentações sobre a entonação do português para os alunos que o aprendem como segundo idioma alegam que, como a entonação do português é muito parecida com a entonação do inglês, não é necessário preocupar-se com ela. Ainda que haja semelhanças, também há diferenças importantes. Se um norte-americano fala português com uma entonação inglesa, seu sotaque será percebido imediatamente pelos lusofalantes nativos.

- A entonação do português costuma usar uma faixa tonal mais ou menos igual à que se emprega de modo geral em inglês. Princípio esse que foi examinado quando se compararam os níveis de entonação neste capítulo.
- A entonação do português não emprega sistematicamente um Nível 4 como o inglês para indicar ênfase. Em vez de usar a entonação para indicar ênfase, como se faz em inglês, o português emprega recursos sintáticos, como explicado no Capítulo 23.
- O inglês emprega comumente o tonema circunflexo (⌒) em orações declarativas, mas, em português, emprega-se esse tonema em perguntas fechadas.
- A essas diferenças tonais, é preciso acrescentar o que já foi apresentado nos capítulos anteriores sobre a duração e amplitude, já que a "musicalidade" do idioma depende de todos os três elementos acústicos suprassegmentais.

Resumo

A entonação, como já visto, é o conjunto das mudanças tonais ao longo da fala, que resultam da variação no tom fundamental (F_0) da onda sonora. É claro que as mudanças tonais na fala são relativas, enquanto na música são absolutas.

A análise da entonação é feita em âmbito de frase, que pode ser nominal ou abranger toda uma oração ou período. A fronteira entonacional divide um grupo fônico de outro e indica-se mediante uma pausa ou uma disjunção tonal. A Tab. 24.5 resume esses conceitos.

O grupo fônico é a unidade em que o tonema opera. Isso quer dizer que existe uma correspondência exata entre grupos fônicos e tonemas: cada grupo fônico contém exatamente um tonema. Há várias classificações de grupos fônicos que se baseiam na estrutura sintática, as quais resumem-se na Tab. 24.6.

O conceito de níveis relativos de tom é útil na descrição da entonação. Segundo esse conceito, o tom inicial dos grupos fônicos é quase sempre de Nível 2 e, ao longo de cada grupo o tom pode subir ao Nível 3, descer ao Nível 1 ou ficar no Nível 2.

Pode-se descrever a entonação tanto em âmbito fonológico como em âmbito fonético. Em âmbito fonológico, a análise da entonação concentra-se na descrição das mudanças tonais que afetam o significado ou a força ilocutória do enunciado. Em âmbito fonético,

24.5 Os elementos suprassegmentais da oração — o sirrema, a fronteira entonacional e o grupo fônico — com suas definições e estruturas.

Conceito	Definição	Estruturas/Exemplos
Sirrema	Unidade sintática indivisível mínima constituinte do grupo fônico	Determinante e substantivo; substantivo e seus modificadores; o verbo e seus objetos; o verbo e seus modificadores; os tempos compostos, a voz passiva e a perífrase verbal; a preposição e seu objeto; a conjunção e a estrutura que a segue; conjuntos lexicalizados.
Fronteira entonacional	Indica o fim do grupo fônico	A fronteira entonacional marca o final do grupo fônico mediante uma pausa ou uma disjunção tonal.
Grupo fônico	Agrupamento de sirremas em que o tonema opera	Indica-se o fim do grupo fônico mediante uma fronteira entonacional.

Classificação	Exemplos específicos
Grupos fônicos obrigatórios	Grupos fônicos finais Grupos fônicos enumerativos Grupos fônicos explicativos Grupos fônicos adverbiais antepostos
Grupos fônicos distintivos	Orações explicativas/restritivas Frases explicativas/restritivas A propriedade associativa linguística
Grupos fônicos optativos	(a possível separação de sirremas)
Grupos fônicos assistemáticos	(interrupções ou descontinuidades na fala)

24.6 Tipos de grupos fônicos com exemplos.

a análise da entonação descreve as mudanças tonais que refletem o dialeto ou idioleto do falante. Existem diversos métodos de transcrição ou representação gráfica da entonação. Seu resumo encontra-se na Tab. 24.7.

Neste livro, optou-se por usar o sistema de tonemas que representam as mudanças tonais significativas que ocorrem ao final de cada grupo fônico. Tanto o português quanto o inglês têm quatro tonemas básicos: ⌐ anticadência, ⎯ suspensão, ⌐ cadência e ⌐ circunflexo.

Os padrões de entonação variam segundo o tipo de oração ou frase: declarativa, interrogativa, imperativa e exclamativa. A Tab. 24.8 resume os padrões entonacionais das frases

24.7 Métodos de representação gráfica da entonação tanto em âmbito fonético como em âmbito fonológico.

Tipos gerais de transcrição	Exemplos específicos	Amostra
Fonéticos	traço do tom fundamental	
	pontos tonais silábicos	[a.pɾó.vɐ.se.ɾá.na.kĩⁿ.tɐ]
	sistema ToBI	L *H !H *L *H L% [a p ɾ ó v ɐ s e ɾ á n a k ĩ ⁿ t ɐ] {A prova será na quinta.}
Fonológicos	sistema de números	2 1 [apɾóvɐseɾánakĩⁿtɐ] {A prova será na quinta.}
	sistema de tonemas	[apɾóvɐseɾánakĩⁿtɐ]⌐ {A prova será na quinta.}

declarativas. A Tab. 24.9 resume os padrões entonacionais das frases interrogativas. A Tab. 24.10 resume os padrões entonacionais das frases imperativas e a Tab. 24.11 resume o padrão entonacional das expressões exclamativas.

A entonação é um aspecto da fala muito mais difícil de explicar e de aprender que os elementos segmentais da fonética. É contudo, um elemento fundamental na aquisição de uma boa pronúncia. Sugere-se que o aluno não só aprenda a aplicar as regras aqui apresentadas, mas também se valha de todas as oportunidades possíveis de escutar falantes nativos do dialeto que queira adquirir e que tente imitar a melodia de seus enunciados.

24.8 Padrões de entonação das frases declarativas.

Padrões gerais das frases declarativas			
pré-antepenúltimo grupo	antepenúltimo grupo	penúltimo grupo	último grupo
/↙/	/↙/	/↗/	/↘/

	Casos especiais das frases declarativas	
Modificações	Oração/frase explicativa, hipérbato:	/—/↗/↘/
	Modificador adverbial de oração:	/—/↘/
	Comentário parentético:	/—/↘/↘/
Adversativas	Sintagma adversativo:	/↙/↘/
	Locução adversativa:	/↘/—/↘/
Enumerativas	Enumerativa com conjunção:	/↘/↗/↘/
	Enumerativa sem conjunção:	/↘/↘/↘/
Discurso relatado	Discurso direto:	/↘/↘/
	Discurso indireto:	/↗/↘/
Vocativos	Vocativo inicial:	/↘/↘/
	Vocativo medial:	/—/↘/↘/
	Vocativo final:	/↘/↗/

Capítulo 24

	Padrões gerais das frases interrogativas	
	Pergunta fechada	Pergunta aberta
Padrão básico	/⌣/	/⌢/
Variação	Com resposta implícita: /⌢/	Com cortesia: /⌣/
Disjuntiva	/⌣/⌢/	
Confirmação	Simples: /⌢/⌣/	Repetição do verbo: /⌢/⌢/
	Casos especiais das orações interrogativas	
Mais de um grupo fônico	Pergunta fechada: /⌅/⌣/⌣/	
	Pergunta aberta: /⌅/⌣/⌢/	
Valor afetivo	Pergunta fechada com valor afetivo: /⌄/	
	Pergunta aberta com valor afetivo: /⌄/	
Discurso relatado	Discurso direto: /⌢/⌣/	
	Discurso indireto: /⌢/	
Vocativos	Pergunta fechada	Pergunta aberta
	Vocativo inicial: /⌢/⌣/	Vocativo inicial: /⌢/⌢/
	Vocativo final: /⌣/⌣/	Vocativo final: /⌢/⌣/

24.9 Padrões de entonação das orações interrogativas.

Conceitos e termos

- anticadência
- barra
- barra dupla
- cadência
- descida
- disjunção tonal
- elemento explicativo
- elemento restritivo
- entonação
- enunciado
- expressão exclamativa
- força ilocutória
- frase
- frase declarativa
- frase imperativa
- frase interrogativa
- grupo fônico
- fronteira entonacional
- níveis de entonação
- padrões de entonação
- pausa
- pausa continuativa
- pausa final
- pausa fisiológica
- pausa linguística
- pergunta aberta
- pergunta fechada
- pontos tonais silábicos
- semianticadência
- semicadência
- sirrema
- sistema "ToBI"
- subida
- suspensão
- tom fundamental (F_0)
- tonema
- tonema circunflexo
- traço tonal

Padrões gerais das frases imperativas
/‾﹈/

Casos especiais das frases imperativas		
Com cortesia	Cortesia inicial:	/‾﹈/‾﹈/
	Cortesia final:	/‾﹈/‾﹈/
Vocativos	Vocativo inicial:	/‾﹈/‾﹈/
	Vocativo final:	/‾﹈/‾﹈/

24.10 Padrões de entonação das orações imperativas.

Padrão geral das expressões exclamativas
/‾﹈/

24.11 Padrão de entonação de expressões exclamativas.

Perguntas de revisão

1. O que a entonação indica?
2. Diferencie entre o conceito de tom absoluto e tom relativo.
3. O que é sirrema e que tipos há? Dê exemplos.
4. O que é pausa e que tipos há? Dê exemplos.
5. Como se identifica uma fronteira entonacional?
6. Como se identificam e para que servem as disjunções tonais?
7. Como se identificam e para que servem as pausas?
8. Identifique os tipos de grupos fônicos e dê exemplos.
9. Quais são as diferenças entre a análise da entonação em âmbito fonológico e a análise em âmbito fonético? Compare e contraste a análise.
10. Quais são os métodos de representação gráfica da entonação?
11. Como os níveis tonais do português diferem dos do inglês?
12. Qual é a relação entre tonema e grupo fônico?
13. Quais são os tonemas do português e do inglês?
14. Quais são as vantagens de usar o sistema de tonemas para a transcrição da entonação?
15. Qual é a relação entre tom e a tonicidade em português?
16. Qual é a relação entre níveis tonais e tonemas?
17. Dê os padrões de entonação das frases declarativas.
18. Dê os padrões de entonação das frases interrogativas.
19. Dê os padrões de entonação das frases imperativas e das expressões exclamativas.
20. Quais são as diferenças entre a entonação do português e a do inglês?

Exercícios de pronúncia

Pronuncie os seguintes textos com a entonação indicada pelos tonemas.[43] EX

1. //tudo bem⌢ // não quer um chá⌢ // pode trazer⌣ // o chá vem⌣ // uma bandeja⌣ / uma toalhinha⌢ // vai o primeiro gole⌢ // os olhos se arregalam⌣ / e os ouvidos se apuram⌣ // e o vizinho⌢ // entrou nas nuvens⌣ // e é natural⌣ // naturalíssimo //[6]

2. //uma irmã | de caridade⌣ / debulha um terço⌣ // o avião vai descer na chegada⌢ // mas o motor | mudou o ruído⌣ // grita o passageiro da frente⌣ // é porque vai descer⌣ // aterrissa⌣ / abre-se a portinhola⌢ // as fisionomias | se transformam⌣ // e uns | para os outros⌣ // voo magnífico⌢ // e o do chá⌢ // avião é uma maravilha //

3. //você leu meu livro⌢ // ele perguntou⌢ // lí⌣ // essa terrível necessidade de não magoar os outros⌢ // principalmente os autores novos⌣ // não leu⌣ // disse ele⌣ // li // li⌣ // essa obscena compulsão de ser amado⌣ // leu todo⌢ // todo //[7]

4. //em outra casa⌣ / na sagração da primavera⌣ / a moça noiva teve um êxtase de piedade⌣ // mamãe⌣ / olhe o retratinho dela⌣ / coitadinha⌢ // olhe só como ela é tristinha⌣ // mas⌣ / disse a mãe⌣ / dura⌣ / e derrotada⌣ / e orgulhosa⌢ // é tristeza de bicho⌣ / não é tristeza humana⌣ // oh mamãe⌣ / disse a moça desanimada //[8]

5. //quis o destino⌣ / que os filhos de dona morgadinha⌣ / puxassem pelo pai no relaxamento | e na irreverência⌢ // todos os três⌢ // meu filho⌣ / aí não é lugar de deixar os livros da escola⌢ // qual é⌣ / mãe⌢ // está esperando o marajá⌢ // minha filha⌣ / a sala não é lugar de cortar as unhas⌣ // ih⌣ // hoje é dia do marajá chegar⌣ // oscar⌣ / na mesa⌣ // quando o marajá vier almoçar⌣ / eu prometo⌣ / que não faço isto //[9]

6. //que ideia mais descabida⌣ / eduardo⌢ // eu nunca entrei num avião⌢ // morro de medo⌣ // ah⌣ / vovó⌢ // bem que seria legal⌣ / interveio marcos⌢ // já imaginou⌢ // poderíamos ver tanta geografia lá do alto⌣ // rios⌣ / montes⌣ / planaltos⌣ / e planícies⌣ / tudo a nossos pés⌣ / como num mapa⌢ // e amanhã⌣ / estaríamos em todos os jornais⌢ // sexagenária⌣ / dois netos⌣ / uma menina⌣ / e um cachorro num balão amarelo //[10]

Recursos eletrônicos

1. ◀ Frases declarativas e interrogativas
2. ◀ O sirrema é indivisível.
3. ◀ O grupo fônico.
4. ◀ Grupos fônicos com pausa final.
5. ◀ Grupos fônicos enumerativos.
6. ◀ Grupos fônicos explicativos.
7. ◀ Grupos fônicos com modificadores adverbiais antepostos.

---

[6]Alberto Deodato. "Uma maravilha andar de avião" em *Roteiro da Lapa e outros roteiros: crônicas*. Belo Horizonte, Editora Itatiaia, 1960, p. 69.

[7]Luís Fernando Veríssimo. "Sebo" em *As mentiras que os homens contam*. Rio de Janeiro: Editora Objetiva, 2001, pp. 23-24.

[8]Clarice Lispector. "A menor mulher do mundo" em *Laços de família*. Editora Rocco: Rio de Janeiro, 2007, p. 71.

[9]Luís Fernando Veríssimo. "O marajá" em *Comédias para se ler na escola*. Rio de Janeiro: Editora Objetiva, 2001, p. 24.

[10]Lucília de Almeida Prado. *O Balão Amarelo*, 12ª ed. São Paulo: Editora Brasiliense, 1983, p. 17.

8. 🔊 Contraste entre orações explicativas e restritivas.

9. 🔊 Contraste entre elementos explicativos e restritivos.

10. 🔊 Frases que demonstram a propriedade associativa linguística.

11. 🔊 Grupos fônicos optativos.

12. 🔊 Grupos fônicos assistemáticos.

13. 🔊 Frases em que a entonação altera o significado.

14. 🔊 Frases exemplares para a transcrição da entonação.

15. 🔊 Frases exemplares para os tonemas do português.

16. 🔊 Frases exemplares para os tonemas do inglês.

17. 🔊 A entonação das frases declarativas de um só grupo fônico.

18. 🔊 A entonação das frases declarativas de dois grupos fônicos.

19. 🔊 A entonação das frases declarativas de três grupos fônicos ou mais.

20. 🔊 Séries com conjunções e sem elas.

21. 🔊 Orações e sintagmas explicativos e casos de hipérbato.

22. 🔊 Modificadores adverbiais de oração.

23. 🔊 Locuções e sintagmas adversativos.

24. 🔊 Comentários parentéticos.

25. 🔊 Frases declarativas no discurso direto e indireto.

26. 🔊 Vocativos nas declarativas.

27. 🔊 Perguntas fechadas.

28. 🔊 Perguntas fechadas com resposta implícita.

29. 🔊 Perguntas com palavras interrogativas.

30. 🔊 Perguntas com palavras interrogativas com cortesia.

31. 🔊 Perguntas repetidas.

32. 🔊 Perguntas disjuntivas.

33. 🔊 Perguntas de confirmação simples.

34. 🔊 Perguntas de confirmação com repetição do verbo.

35. 🔊 Perguntas indiretas.

36. 🔊 Vocativos nas interrogativas.

37. 🔊 Perguntas com valor afetivo.

38. 🔊 Perguntas com mais de um grupo fônico.

39. 🔊 Frases imperativas.

40. 🔊 Vocativos nas imperativas.

41. 🔊 Expressões exclamativas.

42. 🔊 Exemplos de entonação dialetal.

43. 🆔 Exercícios de pronúncia: entonação.

Apêndice

Exercícios—Capítulo 8: Transcrição fonológica

#1 {Veio à Justiça. / Ele pôs-se a contar o sucedido com o compadre pobre / e levaram este preso. / No caminho, / os guardas quiseram descansar, / amarraram o pobre a uma árvore / e deitaram-se a dormir a sesta. / Passou um pastor com uns carneiros / e perguntou-lhe o que era.}

//véio a ʒuStísa // éle póS se a koNtáR o susedído koN o koNpádre póbre / e levá+raN éSte prézo / no camíɲo / oS guáRdaS quiS+éraN deS+kaNsáR / amará+raN o póbre a uma áRvore / e deitá+raN se a doRmíR a séSta / pasóu uN paStóR koN uNS kaRnéiroS / e peRguNtóu ʎe o ke éra //

#2 {Ora o irmão que estava preso / tinha um cão e um gato, / e estes, / logo que souberam que seu dono estava na cadeia, / trataram de lá ir ter com ele. / Uma vez chegados, / tomaram conhecimento de que o conde, / irmão do seu dono, / lhe tinha roubado a caixa / e cuidaram ambos de ir ao palácio dele / para a trazer. / Para esse fim / fizeram um batel de casca de abóbora, / pois tinham de atravessar o mar.}

//óra o iRmáoN ke eStáva prézo / tíɲa uN káoN e uN gáto / e éSteS / lógo ke soubé+raN ke seu dóno eStáva na kadéia / tratá+raN de lá íR téR koN éle / uma véS ʃegádoS / tomá+raN koɲesiméNto de ke o kóNde / iRmáoN do seu dóno / ʎe tíɲa roubádo a káiʃa / e kuidá+raN áNboS de íR ao palásio déle / para a trazéR // para ése fíN / fizé+raN uN batél de káSka de abóbora / poiS tíɲaN de atravesáR o máR //

#3 {Havia fora da cidade / uma quadrilha de ladrões, / e o capitão deles / andava à espera da ocasião da partida do mercador. / Assim que soube o dia em que ele saiu da cidade, / vestiu-se com trajes de mendigo, / e ao anoitecer / estava toda a sua quadrilha / no canto da rua onde moravam as três meninas.}

//avía fóra da sidáde / uma kuadríʎa de ladróN+eS / e o kapitáoN déleS / aNdáva a eSpéra da okaziáoN da paRtída do meRkadóR / asíN ke sóube o día eN ke éle saíu da sidáde / veStíu se koN tráʒeS de meNdígo / e ao anoitesséR / eStáva tóda a sua kuadríʎa / no káNto da rúa oNde morávaN as tréS menínaS. //

#4 {Mas no bar / já se sabia da entrevista mal sucedida, / da cólera de Ramiro. / Exageravam-se os fatos: / que houvera bate-boca violento, / que o velho político expulsara Altino de sua casa, / que este fora mandado por Mundinho propor acordos, / pedir trégua e clemência.}

Apêndice

//maS no báR / ʒá se sabía da eNtrevíSta mál susedída / da kɔ́lera de ramíro // ezaʒerávaN se oS fátoS / ke ouvéra báte bóka violéNto / ke o véʎo polítiko eSpulsára altíno de sua káza / ke éSte fóra maNdádo por muNdíɲo propóR akóRdoS / pedíR trégua e kleméNsia //

#5 {Andava o genro do rei / visitando as suas tropas, / quando viu o seu desalmado companheiro / alistado em um dos batalhões do reino. / Mandou-o ir ao palácio / e deu-se a conhecer. / Ficou o malvado aflito, / mas o príncipe disse-lhe / que não lhe tencionava fazer mal algum, / apesar da infâmia que ele praticara.}

//aNdáva o ʒéNro do réi / vizitáNdo aS suaS trɔ́paS / kuaNdo víu o seu deS+almádo koNpaɲéiro / aliStádo eN úN doS bataʎóN+eS do réino / maNdóu o íR ao palásio / e déu se a koɲeséR / fikóu o malvádo aflíto / maS o príNsipe díse ʎe / ke náoN ʎe teNsionáva fazéR mál algúN / apezáR da iNfámia ke éle pratikára //

#6 {O cavaleiro recebeu o vidro, / mandou avançar o leão / e matou a velha. / Depois desencantou todos os que estavam na torre. / O irmão / porém, / apenas soube que a mulher, / por engano, / havia quebrado os laços conjugais, / assassinou o seu salvador.}

//o kavaléiro resebéu o vídro / maNdóu avaNsáR o leóN / e matóu a véʎa / depóiS deS+eNkaNtóu tódoS oS ke eStávaN na tóre / o iRmáoN / poréN / apenaS sóube ke a muʎéR / poR eNgáno / avía kebrádo oS lásoS koNʒugáiS / asasinóu o seu salvadóR //

#7 {No dia seguinte, / foi ele ao curral, / tirou os olhos a cinco cabras, / guardou-os no bolso / e foi visitar a noiva. / Mal a viu, / atirou-lhe com os olhos das cabras / e passou-lhe pela cara as mãos cheias de sangue. / A rapariga indignou-se, / repreendeu-o asperamente / e pô-lo fora de casa.}

//no día segíNte / fói éle ao kurál / tiróu oS ɔ́ʎoS a síNko kábraS / guaRdóu oS no bólso / e fói vizitáR a nóiva / mál a víu / atiróu ʎe koN oS ɔ́ʎoS daS kábraS / e pasóu ʎe pela kára aS máoN+eS ʃéiaS de sáNge / a raparíga iNdignóu se / repreeNdéu o áSperaméNte / e pó lo fɔ́ra de káza //

#8 {A rainha, / sob a impressão das injúrias do marido, / feriu o braço com um alfinete, / e nas três pingas de sangue / molhou a caneta / e com ela escreveu o seu nome / num papel que o cavaleiro lhe apresentou. / Em seguida, / o cavaleiro guardou o documento / e desapareceu.}

Apêndice

//a raíɲa / sob a iNpresáoN daS iNʒúriaS do marído / feríu o bráso koN uN alfinéte / e naS tréS píNgaS de sáNge / moʎóu a kanéta / e koN éla eSkrevéu o seu nóme / nuN papél ke o kavaléiro ʎe aprezeNtóu / eN segída / o kavaléiro guaRdóu o dokuméNto / e deS+apareséu //

Exercícios—Capítulo 9: Transcrição fonética

#1 {Veio à Justiça. / Ele pôs-se a contar o sucedido com o compadre pobre / e levaram este preso. / No caminho, / os guardas quiseram descansar, / amarraram o pobre a uma árvore / e deitaram-se a dormir a sesta. / Passou um pastor com uns carneiros / e perguntou-lhe o que era.}

SÃO PAULO	RIO DE JANEIRO	LISBOA
[véɪwaʒustʃíse //élipósjakõⁿtárususeʤídukõŋkõᵐpádɾ ipɔ́bɾi /ileváɾẽŋéstʃiprézu // nukɐmíɲu /uzgwáɾdeskizé ɾẽŋdeskẽsáɾ /amaháɾẽŋpɔ́ bɾiaɰmáɾvoɾi /ideɪtáɾẽŋsja doɾmíɾaséste //pasóŋᵐpas tóɾkõŋskaɾnéɪɾus /ipeɾgũⁿ tóŋʎjukjéɾe]	[véɪwaʒustʃíse //élipɔ́ʃsjakõⁿtárususeʤídukõŋkõᵐpádɾ ipɔ́bɾi /ileváɾẽŋéʃtʃiprézu // nukɐmíɲu /uʒgwáɾdeʃkizé ɾẽŋdeʃkẽsáχ /amaχáɾẽŋpɔ́ bɾiaɰmáχvoɾi /ideɪtáɾẽŋsja doχmíɾaséʃte //pasóŋᵐpaʃ tóχkõŋʃkaχnéɪɾuʃ /ipeχgũⁿ tóŋʎjukjéɾe]	[véɪwaʒustʃíse // élipósjakõⁿtárususeʤídukõŋkõᵐpádɾ ipɔ́bɾi /ileváɾẽŋéstʃiprézu // nukɐmíɲu /uzgwáɾdeskizé ɾẽŋdeskãsáɾ /ɐmʁáɾẽŋpɔ́ bɾiaɰmáɾvuɾi /ideɪtáɾẽŋsia duɾmíɾeséʃte //pasóŋᵐpɐʃ tóɾkõŋskɐɾneɪɾus /ipiɾgũⁿ tóŋʎiukiéɾe]

#2 {Ora o irmão que estava preso / tinha um cão e um gato, / e estes, / logo que souberam que seu dono estava na cadeia, / trataram de lá ir ter com ele. / Uma vez chegados, / tomaram conhecimento de que o conde, / irmão do seu dono, / lhe tinha roubado a caixa/ e cuidaram ambos de ir ao palácio dele / para a trazer. / Para esse fim, / fizeram um batel de casca de abóbora, / pois tinham de atravessar o mar.}

SÃO PAULO	RIO DE JANEIRO	LISBOA
[ɔ́ɾɐwiɾmẽŋⁿkjestávɐpɾézu /tʃĩɲeŋⁿkẽŋjũⁿgátu /jéstʃis / lɔ́gukisoɰbéɾẽŋⁿkiseɰdónw estávɐnakadéɪe /tɾatáɾẽŋⁿʤ iláɪɾtéɾkõéli //umɐvéssegá dus /tomáɾẽŋⁿkõɲesimẽ́ⁿtu ʤikjukõⁿʤi /iɾmẽŋⁿduseɰ dónu /ʎitʃíɲehoɰbádwakáɪ ʃe /ikwidáɾẽŋᵐbuʤíːɾaɰ palásjudéli /paɾatɾazéɾ // paɾésifi /fizéɾẽŋᵐbatéɰʤi káskeʤjabɔ́boɾe /poɪstʃíɲẽŋ ⁿʤjatɾavɐsáɾumáɾ]	[ɔ́ɾɐwiχmẽŋⁿkjestávɐpɾézu /tʃĩɲeŋⁿkẽŋjũⁿgátu /jéʃtʃiʃ / lɔ́gukisoɰbéɾẽŋⁿkiseɰdónw estávɐnakadéɪe /tɾatáɾẽŋⁿʤ iláɪχtéχkõéli //umɐvéʃsegá duʃ /tomáɾẽŋⁿkõɲesimẽ́ⁿtu ʤikjukõⁿʤi /iχmẽŋⁿduseɰ dónu /ʎitʃíɲeχoɰbádwakáɪ ʃe /ikwidáɾẽŋᵐbuʤíːɾaɰ palásjudéli /paɾatɾazéχ // paɾésifi /fizéɾẽŋᵐbatéɰʤi káʃkeʤjabɔ́boɾe /poɪʃtʃíɲẽŋ ⁿʤjatɾavɐsáɾumáχ]	[ɔ́ɾɐwiʁmẽŋⁿkistávɐpɾézu /tʃíɲeŋⁿkẽŋjũⁿgátu /jéstiʃ / lɔ́gukisoɰbéɾẽŋⁿkiseɰdónw iʃtávɐnɐkɐdéɪe /tɾɐtáɾẽŋⁿd ⁱláɪʁtéʁkõéⁱlⁱ //umɐvéʃigá duʃ /tumáɾẽŋⁿkũɲisimẽ́ⁿtu dikiukõⁿdⁱ /iʁmẽŋⁿduseɰ dónu /ʎitíɲɐʁoɰbádwɐkáɪ ʃe /ikwidáɾẽŋᵐbuzdíɪʁeɰ pɐlásjudélⁱ /pɐɾɐtɾɐzéʁ // pɐɾésifi /fizéɾẽŋᵐbɐtéɫdⁱ káʃkɐdɐbɔ́buɾɐ /poɪʃtʃíɲẽŋ ⁿdɐtɾɐvisáɾumáʁ]

#3 {Havia fora da cidade / uma quadrilha de ladrões, / e o capitão deles / andava à espera da ocasião da partida do mercador. / Assim que soube o dia em que ele saiu da cidade, / vestiu-se com trajes de mendigo, / e ao anoitecer / estava toda a sua quadrilha / no canto da rua onde moravam as três meninas.}

571

Apêndice

SÃO PAULO	RIO DE JANEIRO	LISBOA
[avíɐfóɾɐdasidáʤi/umɐ kwadríʎɐʤiladróɪ̯ʃ/jukapi téũⁿdélis/ẽⁿdávaɐspéɾɐdao̯ kaziéũⁿdapartʃídɐdumeɾ kadóɾ/asíⁿkisóu̯bjuʤíẽɪ̯ⁿ kjélisaíu̯dasidáʤi/vestʃíu̯si kõⁿtráʒiʤimẽⁿʤígu/jaw ano̯i̯teséɾ/estávɐtódasuɐ kwadríʎɐ/nukéⁿtudahúɐ̯õ ⁿʤimorávẽũ̯astrézmenínɐs]	[avíɐfóɾɐdasidáʤi/umɐ kwadríʎɐʤiladróɪ̯ʃ/jukapi téũⁿdéliʃ/ẽⁿdávaɐspéɾɐdao̯ kaziéũⁿdapaχtʃídɐdumeχ kadóχ/asíⁿkisóu̯bjuʤíẽɪ̯ⁿ kjélisaíu̯dasidáʤi/vestʃíu̯si kõⁿtráʒiʤimẽⁿʤígu/jaw ano̯i̯teséχ/estávɐtódasuɐ kwadríʎɐ/nukéⁿtudaχúɐ̯õ ⁿʤimorávẽũ̯astrézmenínɐʃ]	[ɐvíɐfóɾɐdasidádɨ/umɐ kwɐdríʎɐdilɐdróɪ̯ʃ/jukɐpi téũⁿdéliʃ/ẽⁿdávɛʃpéɾɐdo kɐzjéũⁿdɐpɐʁtídɐdumiʁ kɐdóʁ/ɐsíⁿkisóu̯bjudíẽɪ̯ⁿ kjélisɐíu̯dɐsidádɨ/veʃtíu̯si kõⁿtráʒizdimẽⁿdígu/jaw ɐno̯i̯tiséʁ/iʃtávɐtódɐsuɐ kwɐdríʎɐ/nukéⁿtudɐʁúɐ̯õ ⁿdimurávẽũ̯ɐʃtrézmɨnínɐʃ]

#4 {Mas no bar / já se sabia da entrevista mal sucedida, / da cólera de Ramiro. / Exageravam-se os fatos: / que houvera bate-boca violento, / que o velho político expulsara Altino de sua casa, / que este fora mandado por Mundinho propor acordos, / pedir trégua e clemência.}

SÃO PAULO	RIO DE JANEIRO	LISBOA
[maznubár/ʒásisabíɐdaẽⁿ trevístɐmáu̯susɛʤídɐ/da kólerɐʤihamíru //ezaʒerá vẽũ̯sjusfátus/kjo̯u̯véɾɐbá tʃibókɐvioléⁿtu/kjuvéʎu polítʃikwespuu̯sáɾau̯tʃínu ʤisuɐkáze/kjéstʃifóɾɐmẽⁿ dáduporm̃ⁿʤínupropóra kórdus/peʤírtrégwe̯ɪ̯kle mésjɐ]	[maʒnubáχ/ʒásisabíɐdaẽⁿ trevístɐmáu̯susɛʤídɐ/da kólerɐʤihamíru //ezaʒerá vẽũ̯sjuʃfátuʃ/kjo̯u̯véɾɐbá tʃibókɐvioléⁿtu/kjuvéʎu polítʃikweʃpuu̯sáɾau̯tʃínu ʤisuakáze/kjéstʃifóɾɐmẽⁿ dáduporm̃ⁿʤínupropóra kóχdus/peʤíχtrégwe̯ɪ̯kle mésjɐ]	[maʒnubáʁ/ʒásisɐbíɐdẽⁿ triví̧ʃtɐmáɫsusiʤídɐ/dɐ kólirɐdihɐmíru //izeʒirá vẽũ̯sju̯ʃfátuʃ/kjuvéɾɐbá tibókɐvjuléⁿtu/kjuvéʎu pulítikwe̯i̯ʃpuɫsáɾɐɫtínu disuɐkáze/kjéstifóɾɐmẽⁿ dádupurmũⁿdínpruɾupóɾɐ kórduʃ/pidíʁtrégwe̯ɪ̯kli mésjɐ]

#5 {Andava o genro do rei / visitando as suas tropas, / quando viu o seu desalmado companheiro / alistado em um dos batalhões do reino. / Mandou-o ir ao palácio / e deu-se a conhecer. / Ficou o malvado aflito,/ mas o príncipe disse-lhe / que não lhe tencionava fazer mal algum, / apesar da infâmia que ele praticara.}

SÃO PAULO	RIO DE JANEIRO	LISBOA
[ẽⁿdávuʒéhuduhéi̯/vizitéⁿ dwasuɐstrópɐs/kwẽⁿduvíu̯ seu̯dezau̯mádukõᵐpẽɲéi̯ ɾu/alistádwẽi̯ũⁿduzbataʎóɪ̯ zduhéi̯nu/mẽⁿdówírau̯palá sju/idéu̯sjakõɲeséɾ/fikóu̯ ma̯u̯vádwaflítu/mazuprí sipiʤísiʎi/kinéũ̯ʎitẽsjoná vefazérmáu̯au̯gú/apezáɾ daĩ̯ᵐfẽmjɐkjélipratʃikáɾɐ]	[ẽⁿdávuʒéχuduχéi̯/vizitéⁿ dwasuɐʃtrópɐʃ/kwẽⁿduvíu̯ seu̯dezau̯mádukõᵐpẽɲéi̯ ɾu/aliʃtádwẽi̯ũⁿduzbataʎóɪ̯ 3duχéi̯nu/mẽⁿdówírau̯palá sju/idéu̯sjakõɲeséχ/fikóu̯ ma̯u̯vádwaflítu/mazuprí sipiʤísiʎi/kinéũ̯ʎitẽsjoná vefazéχmáu̯au̯gú/apezáχ daĩ̯ᵐfẽmjɐkjélipratʃikáɾɐ]	[ẽⁿdávuʒéʁuduʁéi̯/vizitéⁿ dwɐsuɐʃtrópɐʃ/kwẽⁿduvíu̯ seu̯dizaɫmádukõᵐpẽɲéi̯ ɾu/ɐliʃtádwẽi̯ũ̯duʒbɐtɐʎóɪ̯ʒ duʁéi̯nu/mẽⁿdówírɐu̯pɐlá sju/idéu̯sjɐkũɲiséʁ/fikóu̯ mɐɫvádwɐflítu/mɐzuprí sipɨdísiʎi/kinéũ̯ʎitẽsjuná vɐfɛzéʁmáɫɐɫgú/ɐpizáʁ deĩ̯ᵐfẽmjɐkjélipɾɐtikáɾɐ]

#6 {O cavaleiro recebeu o vidro, / mandou avançar o leão / e matou a velha. / Depois desencantou todos os que estavam na torre. / O irmão / porém, / apenas soube que a mulher, / por engano, / havia quebrado os laços conjugais, / assassinou o seu salvador.}

SÃO PAULO	RIO DE JANEIRO	LISBOA
[ukavaléi̯ɾuhesebéu̯vídɾu / mẽⁿdówavẽsáɾuleẽ̯ũ / ima tówavéʎɐ / depói̯zdezẽⁿkẽ ⁿtóu̯tóduzuskjestávẽu̯na tóhi / wiɾmẽ̯ũ / poɾẽi̯ / apénɐ sóu̯bikjamuʎéɾ / poɾẽⁿgẽ́ nu / avíɐkebɾáduzlásuskõ ʒugái̯s / asasinóu̯seu̯sau̯va dóɾ]	[ukavaléi̯ɾuχesebéu̯vídɾu / mẽⁿdówavẽsáɾuleẽ̯ũ / ima tówavéʎɐ / depói̯ʒdezẽⁿkẽ ⁿtóu̯tóduzuʃkjeʃtávẽu̯na tóχi / wiχmẽ̯ũ / poɾẽi̯ / apénɐ ʃsóu̯bikjamuʎéɾ / poɾẽⁿgẽ́ nu / avíɐkebɾáduʒlásuʃkõ ʒugái̯ʃ / asasinóu̯seu̯sau̯va dóɾ]	[ukɐvɐléi̯ɾuʁisibéu̯vídɾu / mẽⁿdówɐvẽsáɾuljẽ̯ũ / imɐ tówɐvéʎɐ / dipói̯ʒdizẽⁿkẽ ⁿtóu̯tóduzuʃkiʃtávẽu̯nɐ tóʁi / wiʁmẽ̯ũ / puɾẽi̯ / ɐpénɐ ʃsóu̯bikɐmuʎéɾ / puɾẽⁿgẽ́ nu / ɐvíɐkibɾáduzlásuʃkõ ʒugái̯ʃ / ɐsɐsinóu̯seu̯saɫvɐ dóɾ]

#7 {No dia seguinte, / foi ele ao curral, / tirou os olhos a cinco cabras, / guardou-os no bolso / e foi visitar a noiva. / Mal a viu, / atirou-lhe com os olhos das cabras / e passou-lhe pela cara as mãos cheias de sangue. / A rapariga indignou-se, / repreendeu-o asperamente / e pô-lo fora de casa.}

SÃO PAULO	RIO DE JANEIRO	LISBOA
[nud͡ʑíɐsegíⁿt͡ʃi / fójéljau̯ku háu̯ / t͡ʃiɾówuzóʎuzasíⁿku kábɾɐs / gwaɾdóu̯znubóu̯ su / ifói̯vizitáɾanói̯vɐ / máu̯ avíu̯ / at͡ʃiɾóu̯ʎikõu̯zóʎuz daskábɾɐs / ipasóu̯ʎipelɐ káɾazmẽ̯ũʃéi̯ɐzd͡ʑisẽⁿgi / ahapaɾígɐi̯ⁿd͡ʑiginóu̯si / hepɾeⁿdéwáspeɾamẽ́ⁿt͡ʃi / ipólufóɾɐd͡ʑikázɐ]	[nud͡ʑíɐsegíⁿt͡ʃi / fójéljau̯ku χáu̯ / t͡ʃiɾówuzóʎuzaʃsíⁿku kábɾɐʃ / gwaɾdóu̯znubóu̯ su / ifói̯vizitáɾanói̯vɐ / máu̯ avíu̯ / at͡ʃiɾóu̯ʎikõu̯zóʎuʒ daʃkábɾɐʃ / ipasóu̯ʎipelɐ káɾaʒmẽ̯ũʃéi̯ɐʒd͡ʑisẽⁿgi / aχapaɾígɐi̯ⁿd͡ʑiginóu̯si / χepɾeⁿdéwáʃpeɾamẽ́ⁿt͡ʃi / ipólufóɾɐd͡ʑikázɐ]	[nudíɐsigíⁿti / fójéleu̯ku ʁáɫ / tiɾówuzóʎuzeʃsíⁿku kábɾeʃ / gweʁdóu̯ʒnubóɫ su / ifói̯vizitáɾenói̯vɐ / máɫ ɐvíu̯ / ɐtiɾóu̯ʎikõu̯zóʎuʒ deʃkábɾeʃ / ipɐsóu̯ʎipelɐ káɾɐʒmẽ̯ũʃéi̯ɐʒdisẽⁿgⁱ / ɐʁɐpɐɾígɐi̯ⁿdigⁱnóu̯sⁱ / ʁipɾjẽⁿdéwáʃpiʁɐmẽ́ⁿtⁱ / ipólufóɾɐdikázɐ]

#8 {A rainha, / sob a impressão das injúrias do marido, / feriu o braço com um alfinete, / e nas três pingas de sangue / molhou a caneta / e com ela escreveu o seu nome / num papel que o cavaleiro lhe apresentou. / Em seguida, / o cavaleiro guardou o documento / e desapareceu.}

SÃO PAULO	RIO DE JANEIRO	LISBOA
[ahaíɲɐ / sobjai̯ᵐpɾesẽ̯ũⁿda zĩʒúɾjɐzdumaɾídu / feɾíu̯bɾá sukõu̯au̯finét͡ʃi / inastɾés píⁿgɐzd͡ʑisẽⁿgi / moʎówa kanétɐ / ikõ̯éleskɾevéu̯seu̯ nómi / nũᵐpapéu̯kjukava léi̯ɾuʎjapɾezẽⁿtóu̯ / ẽi̯segí dɐ / ukavaléi̯ɾugwaɾdóu̯do kumẽ́ⁿtu / idezapaɾeséu̯]	[aχaíɲɐ / sobjai̯ᵐpɾesẽ̯ũⁿda zĩʒúɾjɐʒdumaɾídu / feɾíu̯bɾá sukõu̯au̯finét͡ʃi / inaʃtɾéʃ píⁿgɐʒd͡ʑisẽⁿgi / moʎówa kanétɐ / ikõ̯éleʃkɾevéu̯seu̯ nómi / nũᵐpapéu̯kjukava léi̯ɾuʎjapɾezẽⁿtóu̯ / ẽi̯segí dɐ / ukavaléi̯ɾugwaχdóu̯do kumẽ́ⁿtu / idezapaɾeséu̯]	[ɐʁɐíɲɐ / sobjɐi̯ᵐpɾisẽ̯ũⁿdɐ zĩʒúɾjɐʒdumɐɾídu / fiɾíu̯bɾá sukõu̯aɫfinétⁱ / inɐʃtɾéʃ píⁿgɐʒdisẽⁿgⁱ / muʎówɐ kɐnétɐ / ikõ̯éliʃkɾivéu̯seu̯ nómⁱ / nũᵐpapéɫkukɐvɐ léi̯ɾuʎɐpɾizẽⁿtóu̯ / ẽi̯sigí dɐ / ukɐvɐléi̯ɾugweʁdóu̯du kumẽ́ⁿtu / idizɐpɐɾiséu̯]

Apêndice

Exercícios—Capítulo 21: Silabação fonética

#1 {não pense que eu estou a sangue-frio / vendo os meios de que a minha mãe se serve para o matar / mas eu nada posso fazer em seu favor / minha mãe é uma fada muito poderosa / e muito má / não sei se os seus cães ganharão vitória / eu vou experimentar minha mãe / e saber em que consiste / o segredo da sua morte}

{não | pen|se | que e|u es|to|u a | san|gue|frio / ven|do os | mei|os | de | que a | mi|nha | mãe | se | ser|ve | pa|ra o | ma|tar / ma|s eu | na|da | po|sso | fa|ze|r em | seu | fa|vor / mi|nha | mã|e é u|ma |fa|da | mui|to | po|de|ro|sa / e | mui|to | má / não | sei | se o|s seus | cães | ga|nha|rão | vi|tó|ria / eu | vou ex|pe|ri|men|tar | mi|nha | mãe / e | sa|be|r em | que | con|sis|te / o |se|gre|do | da | su|a | mor|te}

#2 {a pequena saiu com as autoridades / que mandaram encher o surrão / de todas as porcarias / de sorte que / quando o velho foi ao outro dia / mostrar o surrão que cantava / este não cantou / deu-lhe com o bordão / e então tudo o que tinha dentro se derramou / o povo obrigou o velho a lamber tudo / sendo dali levado para a cadeia / enquanto a menina era entregue à mãe}

{a | pe|que|na | sa|iu | com a|s au|to|ri|da|des / que | man|da|ram | en|che|r o | su|rrão | de | to|da|s as | por|ca|ri|as / de | sor|te | que / quan|do o | ve|lho | fo|i ao | ou|tro |di|a / mos|tra|r o | su|rrão | que | can|ta|va / es|te | não | can|tou / deu | lhe | com o | bor|dão / e en|tão | tu|do o | que | ti|nha | den|tro | se | de|rra|mou / o | po|vo o|bri|gou o | ve|lho a | lam|ber | tu|do / sen|do | da|li | le|va|do | pa|ra a | ca|dei|a / en|quan|to a | me|ni|na e|ra en|tre|gue à | mãe}

#3 {passados alguns meses / houve nesta cidade grandes festas / as quais concorreu muita gente de diversas terras / e entre ela / o nosso caixeiro e dois amigos deste / da mesma profissão / encontraram os três a velha / mas esta pôs em ação nova artimanha}

{pa|ssa|do|s al|guns | me|ses / hou|ve | nes|ta | ci|da|de | gran|des | fes|tas / as | quais | con|co|rreu | mui|ta | gen|te | de | di|ver|sas | te|rras / e en|tre e|la / o | no|sso | cai|xei|ro e | doi|s a|mi|gos | des|te / da | mes|ma | pro|fi|ssão / en|con|tra|ram os | trê|s a | ve|lha / ma|s es|ta | pô|s em | a|ção | no|va ar|ti|ma|nha}

#4 {agora / a segurança é completa / não tem havido mais assaltos / ninguém precisa temer pelo seu patrimônio / os ladrões que passam pela calçada / só conseguem espiar através do grande portão de ferro e / talvez avistar um ou outro condômino agarrado às grades da sua casa / olhando melancolicamente para a rua / mas surgiu outro problema / as tentativas de fuga / e há motins constantes de condôminos que tentam de qualquer maneira / atingir a liberdade}

{a|go|ra / a |se|gu|ran|ça é | com|ple|ta / não | tem | ha|vi|do | mai|s a|ssal|tos / nin|guém | pre|ci|sa | te|mer | pe|lo | seu | pa|tri|mô|nio / os | la|drões | que | pa|ssam | pe|la | cal|ça|da / só |con|se|guem | es|pi|a|r a|tra|vés | do | gran|de | por|tão | de | fe|rro e / tal|ve|z a|vis|ta|r um | o|u ou|tro | con|dô|mi|no a|ga|rra|do às | gra|des | da | su|a | ca|sa / o|lhan|do | me|lan|co|li|ca|men|te | pa|ra a | ru|a / ma|s sur|gi|u ou|tro | pro|ble|ma / as | ten|ta|ti|vas | de | fu|ga | e há | mo|tins | cons|tan|tes | de | con|dô|mi|nos | que | ten|tam | de | qual|quer | ma|nei|ra / a|tin|gi|r a | li|ber|da|de}

Índice remissivo

A

abdução 63, 78, 104. *Veja tb.* abertura das cordas vocais
abertura
  da boca 34, 69, 73, 79, 317, 325, 345, 351, 361, 401, 421, 430
  das cordas vocais 63, 69, 79, 145
acento fonético 166, 487–488, 501–505, 508–511, 514, 516
acento fonológico 487, 502
  fixo 502, 517
  variável/livre 502, 514, 517
acento frasal 503–504
acento ortográfico 183, 192, 257, 284, 487, 509–516
  agudo 48, 206, 212, 217, 223, 228, 231, 250–251, 257, 487, 512
  circunflexo 48, 217, 223, 250–251, 487, 511–512
  grave 48, 270, 487, 508, 513
acrônimo 23, 165, 342–344, 346, 352, 354–358, 362–363, 370, 372, 374, 549
adelgaçamento 63, 78
adução 63, 78. *Veja tb.* fechamento das cordas vocais
AFI. *Veja* Alfabeto Fonético Internacional
africação 344, 356
africada 70, 72–73, 101, 108, 128, 149, 344, 347, 349, 356, 401, 406, 409, 455, 457–458, 468
afrouxamento 63, 78
aguda. *Veja* oxítona
alçamento 151–152, 166, 190–191, 200, 217–219, 221–222, 224–226, 235–237, 255–256, 263, 270, 278, 288–290, 292, 294, 302, 304, 306–310, 315, 322–323, 325–326, 408–409, 415, 454, 462
alfabeto 32, 44–52, 54, 163, 281
Alfabeto Fonético Internacional 51–52, 54, 74, 79, 146, 155, 263
alofone 33–35, 39, 53, 74–75, 118, 121, 123, 125–128, 130–131, 141, 145–150, 153, 155–159, 163, 169, 177, 180–182, 186, 190, 201–202, 205–221, 223–225, 228–232, 234–236, 238–240, 263, 302, 304, 306, 311, 318–322, 325, 330–331, 333, 335–336, 340–364, 369, 371–380, 382–386, 391–398, 400–401, 403–407, 409, 413–423, 425–442, 450, 456–459, 465, 475, 478, 560
alógrafo 45, 48, 53
alongamento 33, 63, 481, 490, 501, 528, 530
  afetivo/enfático 272, 529–530
  consonantal 316, 402–403, 405–406, 417, 447–451, 477–478, 481–482, 522–524, 534
  vocálico 91, 183, 212, 217, 222, 226, 237–238, 240, 249–250, 269–273, 275, 292–293, 316–317, 327, 344, 353, 403, 406, 450, 472, 477, 479, 515, 522–524, 534
alongamento das cordas vocais 63, 78
alterações suprassegmentais 30, 32
alternâncias morfológicas 248, 309, 328
alternância vocálica 252–256, 258, 263–264
alveolar (ponto de articulação) 72–73, 76, 82, 100, 102–103, 108, 118, 127–131, 133, 136–138, 140, 143, 146–150, 153, 155, 157, 166, 336, 346–350, 358–360, 369, 371, 379, 386, 391, 393, 395–399, 402, 405, 413–418, 420–431, 433–438, 441–442, 447–449, 451–452, 469, 471
alvéolos 68, 70, 71, 93, 336, 345, 348–349, 356, 359–360, 376, 378, 395, 399, 415–417, 420, 424, 428–429, 433–435, 438
âmbito de fala 12–13, 20, 24, 26, 29, 35, 37, 57, 475
âmbito de língua 12–13, 20, 24, 26, 29, 35, 123, 126, 474
amplitude e tom fundamental 94, 98
amplitude (tb. intensidade, volume) 30, 60–62, 70, 86–87, 89–91, 94–99, 104–106, 112–113, 115, 117–118, 120, 179–180, 183–184, 201, 239, 269, 271–272, 275, 284, 289, 292–293, 312, 336, 339,

341, 373-374, 376, 378, 383-384, 438, 469, 472, 487-488, 495-502, 514-515, 530-532, 534-535, 539, 560-561
análise fonética 205
análise fonológica 199, 205
análise instrumental da onda sonora 94
antepenúltima sílaba 503, 510, 514
anticadência. *Veja* tonema
apicoalveolar (ponto de articulação) 336, 348, 359, 377, 379, 396-397, 415, 419, 422, 428, 441
apicodental-laminoalveolar (ponto de articulação) 336, 345, 348-349, 356, 359-360, 376, 378
aproximante 349, 360, 398-399, 423-424, 429-430, 440, 442, 452
área de Broca 59-60
área de Wernicke 115-116, 118, 120-121
arquifonema 133, 137-138, 141, 147, 155, 157, 170, 174, 331, 452, 459-460
   fricativo /S/ 136-137, 139-141, 146, 148-149, 155, 159, 165, 217-219, 224-225, 235, 283, 369-372, 375-377, 379-382, 385-387, 448-449, 452-453, 456-460, 473, 477, 480
   nasal /N/ 134, 138-139, 147-153, 155-156, 165, 168, 182, 207-208, 213, 218-219, 223-225, 227, 235, 301-304, 306-307, 309, 311, 317-323, 326, 391-393, 395, 400-409, 450, 453, 457-459, 477, 513, 523, 534
   vibrante /R/ 135-136, 153, 155, 159, 166, 407, 413, 425-428, 434, 438-440, 442, 450, 457-459, 477-478
arredondado 182-183, 202, 214, 225, 232, 250, 319, 321, 418-419, 422
aspiração 337-338, 340, 342-344, 348-350, 352-353, 355, 359, 363-364, 421, 429, 451-452
assimilação. *Veja* coarticulação
ataque silábico 32, 133-135, 137, 145, 150, 164-166, 169-174, 185-186, 191, 206, 212, 391, 403, 406, 409, 414, 426, 441-442, 447, 451-452, 458, 460, 467-468, 470-471, 474, 476, 478-481, 482-483
ataque vocálico 168, 183-184, 195-196, 201, 274
   abrupto 184, 195, 274
   crescente 184, 195
ato de comunicação 3, 11, 29
ato de fala 11, 16-17, 30, 539
átona. *Veja* vogais: posição silábica
audição 111-115, 120-121

B

banda estreita 95-97, 99, 102-103, 105-106, 209-210, 215, 220-221, 226, 230, 234, 237
banda larga 95-97, 99-107, 209-210, 215, 220-221, 226, 230, 234, 237, 272
barra 12, 33, 35, 52-53, 133, 146, 542-543
barra dupla (//) 146, 542, 544
barra vertical (|) 542
bigorna (incus) 112, 121
bilabial 70-73, 77, 102, 108, 127-131, 139-140, 150, 159, 333, 336, 338, 341-343, 353-354, 364, 386, 391-394, 401-402
brônquios 60, 78

C

cadeia fônica 29-34, 37, 51, 57, 59, 74-75, 79-80, 116, 126, 137, 141, 164, 205, 240, 370, 391, 425, 455, 475-476, 478, 482, 525, 542
cadência. *Veja* tonema
campos básicos da linguística 15, 26-27
canal auditivo externo 111-113, 115, 121
cartilagem cricoide 62-63
cartilagem tireoide 62-64, 66
cartilagens aritenoides 62-66
cavidades infraglóticas 59, 61, 78, 81. *Veja* brônquios, diafragma, músculos intercostais, pulmões, traqueia
cavidades supraglóticas
   bucal 66, 68-70, 78, 337, 373-374, 382, 384, 392-394, 414, 416, 422
   faríngea 66-67, 78
   nasal 66-67, 69, 70, 78, 182, 301, 312, 317, 322, 392-394, 396-397, 401, 421, 422, 435
cedilha 48, 513
centralização vocálica 151-152, 190-193, 199-200, 207-208, 211, 218-219, 307-308, 489
cérebro 25, 29-30, 59-60, 78, 111, 115-

116, 120, 147, 179, 201, 542
cessação vocálica 183–185, 195–196, 201–202, 274
  abrupta 184–185, 274
  decrescente 184–185
chaves { } 39, 52–53
ciclo 24, 30, 65–66, 86–91, 93–96, 98, 102–103, 105, 208–209, 214, 220–221, 226, 230, 233, 237, 239, 319–322, 346, 358, 393, 414, 421, 434, 487
circunflexo. *Veja* acento e tonema
classe numérica 516
coarticulação 32, 75, 77, 79–80, 181, 183, 193, 239, 335, 344, 356, 400, 406, 414, 417, 421, 427, 433, 436, 441, 457–458
  antecipatória (tb. assimilação regressiva) 75–77, 308, 315
  convergente (tb. assimilação convergente) 75, 77
  perseveratória (tb. assilimilação progressiva) 75–77, 239, 307–308, 315, 325
  recíproca (tb. assimilação dupla) 75, 77
cóclea 113–115, 120–121
coda silábica 32, 133–137, 145, 149–150, 164–166, 168, 170–174, 185–186, 191, 197, 199, 206, 212, 283, 391, 403, 406, 409, 414, 418–420, 422, 426, 439, 441–442, 447, 451–453, 458, 460, 467–468, 470, 472–474, 480–483
codificação/codificar 6–9, 11, 14–15, 25–27, 29, 59, 78
coesão dialetal 453, 458–459, 461
colchetes [ ] 12, 29, 35, 53, 74
competência 11
compreensão 12, 46, 141, 205, 285, 551, 560
  auditiva 7–9, 509
  visual 7
comunicação 1, 3, 5–8, 11–14, 29, 38–39
  humana 1, 3, 8–9, 11, 26, 133, 172
  não verbal 3–9, 37, 172
  verbal 3–9, 11–13, 26, 37, 49, 52, 78, 80, 141, 525
consoante 69–73, 138–140
  ambissilábica 477, 481–482
  nasal de transição 149–150, 302–303, 312–313, 316, 401–409, 441, 453, 457–459, 523

consoantes
  heterólogas 451–453
  homólogas 447–448, 450–451, 453, 458, 460, 477, 480–482, 522–524
contração (fisiológica) 60–61, 63, 78, 468
contração (morfológica) 251, 273, 293, 513
cordas vocais 63–66. *Veja tb.* adelgaçamento, afrouxamento, alongamento, espessamento
  abertura. *Veja* abdução
  fechamento. *Veja* adução
  não vibração 29, 63–65, 72, 76–78, 93, 181–182, 346, 373, 376, 382–383, 431, 435
  vibração 63–66, 69, 72, 75, 77–78, 91, 93, 100, 104–105, 181, 184, 193, 336–339, 342, 344, 346, 349–351, 353–354, 356–358, 360–361, 364, 374–375, 378, 382, 384, 393–394, 396–397, 399, 403–405, 414, 422, 425, 428, 438, 546
correspondência exata 50–51, 53–54, 74, 79, 126, 147, 205, 234, 341, 344, 353, 356, 372, 374, 385, 393, 395, 397, 414, 422, 543, 561
córtex
  anterior da fala 59
  auditivo central 115, 121
  motor 59
  posterior da fala 115, 121
cps (ciclos por segundo). *Veja* frequência
crase 270, 513
CV. *Veja* sílaba
CVC. *Veja* sílaba

D

declarativo 493–494, 515, 531, 533, 545, 547, 549, 551–552, 554–563
decodificação 6–9, 11–12, 14–15, 25–27, 29, 111, 125
decrescente. *Veja* ditongo
dental (ponto de articulação) 32, 70–72, 102, 108, 128–131, 139–140, 147–148, 150, 333, 335–336, 344–346, 348–350, 350, 356–357, 359–360, 392–393, 402, 404–405, 414–415, 417–418, 421, 441, 456
dentes 29–30, 31–32, 34, 68, 70, 336, 345,

348-349, 356, 359-360, 372-374, 376, 378, 395, 399-400, 403, 416-417, 424-425, 441
dentoalveolar (ponto de articulação) 396, 415
derivação
  fonológica 307-309
  morfológica 22-23
desacentuação 506, 508
desempenho 11
desenho. *Veja* pré-escrita
deslabialização (processo fonético) 415, 447
deslateralização (processo fonético) 417, 441
deslizante (glide) 169, 171, 174, 468, 470, 472-474, 479-480. *Veja* semi-consoante, semi-vogal
determinativo fonológico 40-42, 44, 53
determinativo semântico 40-42, 53
diafragma 59-61, 78, 336, 341, 371
dialetal xxxiii, 15, 25, 51, 77, 80, 147, 153-155, 183, 201, 205, 221, 225, 228, 231, 248, 262, 283-284, 303, 309, 331, 347, 355, 358, 362, 373, 375, 377, 379, 381, 383, 385, 395, 397-398, 404-405, 409, 419-420, 423, 428, 431, 433, 435-436, 438-440, 457-458, 477, 539, 548, 551, 553, 559-560, 567
dialeto xxxi, xxxii, 12, 25, 34, 42, 50, 70, 145, 147-148, 150, 182, 185-187, 189, 197, 207, 218, 222, 226, 232-233, 236, 248-250, 258, 262, 264, 308, 315, 324, 335, 340-341, 344, 346-347, 349, 355-358, 360, 362-364, 369, 379-381, 387, 406, 419-420, 426, 429, 439-440, 447-451, 453, 455, 457-460, 467, 471, 477, 487, 525, 527, 535, 539, 550, 559-560, 562-563
  dialetos brasileiros (PB) 70, 148, 150-151, 221-222, 225-226, 262, 283, 309, 335, 347, 358, 379-381, 386, 419-420, 431-433, 435-436, 440, 447, 490, 492, 553, 560
  dialetos europeus (PE) 70, 77, 148, 150, 152-153, 207, 218, 223, 262, 284, 309, 347, 355, 357-358, 363, 377, 379-381, 386, 419-420, 426, 433, 435-437, 553,

560
dialetologia xxxii, xxxiii, 25-27
dígrafo 48, 50, 52-53, 478
diminuição 31, 60-61, 65, 70, 184, 193, 284, 336, 341, 488-491, 495-501, 514, 524-525, 528, 534, 549-550
disjunção tonal 540, 542-543, 546, 548-550, 552, 554, 560-561
distensão 31-32, 75, 116, 183-184, 218, 335-336, 340, 343, 348, 352, 359, 363, 371, 373-374, 382, 384, 399, 425, 455-456, 458
distensão retardada 341
distribuição 34, 145-147, 157. *Veja* Capítulo 9
  complementar 147-149, 153, 155, 157, 165, 206-207, 212-213, 217-218, 223-224, 228, 234-235, 318-322, 341, 344, 350, 353, 356, 360, 379, 387, 391, 400, 402, 409, 413-415, 420-421, 429, 433, 436, 441, 456-459, 476
  livre 147, 153, 155, 157-158, 425, 431, 436-437, 439-440, 442, 450, 458-459, 478
  mista 147, 153, 155, 157, 159, 166, 425, 439-440, 442, 450, 457-459
  única 147-148, 155, 157, 228, 231, 335, 369, 372, 374-375, 377, 379, 382, 384, 386-387, 391, 394-395, 397, 409, 413-414, 422, 425, 427, 430, 441-442
ditongação 150, 187, 190, 193, 195, 197-199, 210-212, 215-219, 222, 226-227, 240, 276-279, 283, 288-290, 294, 296, 307-308, 321, 401, 408, 482-483, 521
ditongo 275-276
  crescente 275-276, 279, 283-287, 289-291, 293-294, 424, 478-481, 510, 513, 522
  decrescente 192, 275-276, 278-282, 284-287, 290, 292-294, 307, 472, 474, 478-481, 510-513, 522
  oronasal 150, 303, 305-310, 320, 323-327, 513
ditongos oronasais 306-308, 310, 320, 323-325, 328-329, 513
dobletes etimológicos 335, 454
duração segmental 521
  consonantal 522-523. *Veja tb.* alon-

gamento consonantal vocálica 521–522. *Veja tb.* alongamento vocálico
duração silábica 490–491, 524–525, 535

E

eliminação 24, 48, 53, 212, 335
emissão acústica 4–5, 7, 9
emissor 6–7, 9, 11–14, 29–30, 34, 57, 59, 75–76, 79–80, 85, 88, 105, 107, 111, 118–120, 126, 205, 209–210, 215, 220–221, 225, 230, 232, 236, 260, 319–322, 539
empréstimo lexical 24, 34, 39, 43, 172, 174, 334, 372
encaixamento silábico 43–44, 53
encontro
  consonantal 32, 34, 164–166, 169–174, 193, 207, 333, 344, 356, 363, 370, 416, 427–429, 447, 451–460, 475–476, 480, 483, 485
  disjunto 453
  imperfeito 453
  inseparável 457–461, 475–476, 480, 483
  misto 171, 176
  perfeito 451
  separável 460
  vocálico 169, 177, 179, 269, 276, 279, 281, 287, 290, 292–296, 307, 408, 472, 478, 482–483, 511, 513
encontros consonantais. *Veja* Capítulo 20
  entre palavras 460
  heterossilábicos 453–454, 456–457, 460
  homólogos 447, 450–451
  tautossilábicos 451, 460
encontros vocálicos 169, 269, 292–293. *Veja* alongamento, ditongo, fusão vocálica, hiato, sinalefa, sinérese, tritongo; *Veja* Capítulo 14
  considerações fonológicas 282–283
  heterólogos 273, 275, 292–293
  homólogos 269–273, 275, 292–293, 295, 472, 479, 523–524, 534
  variação dialetal 201, 221, 225, 283
ênfase 528–529
ênfase—elementos linguísticos
  palavra 529–530
  sílaba 529
  sintagma 530
ênfase—recursos 530, 535
  extralinguísticos 533–534
  fonéticos 530–533
  morfológicos 531–532
  paralinguísticos 533
  semânticos 532
  sintáticos 532–533
enlace 269, 288, 447
ensurdecida 181, 202–203, 212, 239
ensurdecimento 77, 80, 181, 207, 218–219, 224–225, 228, 231, 235, 239, 421, 429–430, 440, 451–452, 455–457
entonação 25, 32–33, 89, 99, 118, 465, 488, 493–494, 499, 501, 504, 514, 539–540, 547–551, 553, 556–563
  representação 546–550, 562
enunciado 4, 15–17, 20, 26, 39, 79, 99, 103, 141, 205, 525, 528, 531, 533–534, 539–540, 547, 549, 551, 555–556, 560–561, 563–564
epentética. *Veja* vogais: fenômenos secundários
escala média 113–114, 121
escala timpânica 113–114, 121
escala vestibular 113–114, 122
escrita 7–9, 27, 37, 52. *Veja* Capítulo 4
  alfabética 39, 46, 50–51, 250
  consonantal 39, 44–46
  logográfica 39–42, 49
  silábica 39, 42–44, 49
esdrúxula 503, 510
espectrograma. *Veja* sonograma
espessamento 63, 78, 91
estado das cordas vocais 69, 72–73, 75–76, 78, 101–102, 107–108, 127, 129, 131, 136, 139–141, 180–182, 201–202, 218–219, 224–225, 235, 333, 335–336, 340–341, 344, 350, 353, 355, 360, 369, 371–373, 375, 377, 382, 384, 386, 392–393, 413–414, 426–427, 448, 455, 457–458
estado dos lábios 180, 182–183, 201–202
estado do véu palatino 76, 180, 182, 201–202
estrangeirismo 41, 44, 165–166, 169, 341–344, 346, 350, 352–358, 361–363,

370, 374, 422, 454-455
estreitamento 31, 66, 70, 93, 101, 105, 341, 346, 358, 371-374, 376, 378, 382, 384, 386, 432, 435
estribo 112-114, 121
estrutura silábica 44, 163, 168, 172, 174, 206, 213, 292, 409, 442, 453-454, 460, 473-474, 484, 488, 524
exclamativa 33, 504, 507, 514, 516, 551, 559-560, 562-563, 565
expiração 60-62, 78
explicativo 18, 544-545, 553-554, 560, 562-563
explosão silábica. *Veja* ataque silábico
expressão 266, 507, 541, 543, 557, 559, 563, 565

F

facilidade de articulação **75**, 79
fala 4-5, 7-9, 11-17, 20, 24-26, 29-35, 37, 39, 41, 51, 53, 57, 59-61, 78, 80, 88-89, 91-93, 95-96, 104-105, 115, 118-119, 121, 125-126, 145, 147, 154-156, 221, 225, 269-270, 272-273, 276-277, 284, 288-290, 293, 335, 360, 404, 431, 451, 455, 467, 474-475, 478, 483, 487-490, 497-498, 500, 503, 509, 524-525, 527-528, 534-535, 539-543, 546-548, 561-563
fase de compressão 88-89
fase de rarefação 88-89
fechamento. *Veja tb.* adução
  boca 69-70, 78, 262, 274, 336, 340-342, 345-346, 351, 355-356, 358, 361, 392, 400-401, 403-404, 406, 413, 416, 423
  cordas vocais 64-65, 179, 181, 184, 201
filtração 92-93, 106, 393, 414
flexão 22-23, 44, 166, 186, 252, 258-259, 261, 305-306, 308-311, 325, 452, 505
foco contrastivo. *Veja* ênfase
fonema 25, 33-34. *Veja* Capítulo 3
fonemas consonantais e seus sons.
  Veja Seção V
fonemas fricativos. *Veja* Capítulo 17
  arquifonema /S/ 379-382
  fonema /f/ 34-35
  fonema /s/ 375-377

fonema /ʃ/ 382-384
fonema /v/ 373-375, 529
fonema /z/ 375-377
fonema /ʒ/ 384-385
fonemas laterais. *Veja* Capítulo 19
  fonema /l/ 414-422
  fonema /ʎ/ 422-425
fonemas nasais. *Veja* Capítulo 18
  arquifonema /N/ 400-408
  fonema /m/ 393-395
  fonema /n/ 395-397
  fonema /ɲ/ 397-400
fonemas oclusivos. *Veja* Capítulo 16
  fonema /p/ 341-344
  fonema /t/ 344-350
  fonema /k/ 350-353
  fonema /b/ 353-355
  fonema /d/ 355-360
  fonema /g/ 360-363
fonemas vibrantes. *Veja* Capítulo 19
  arquifonema /R/ 438-441
  fonema /ɾ/ 427-430
  fonema /r/ 430-438
fonemas vocálicos e seus sons. *Veja* Capítulo 12
  fonema /a/ 234-238. *Veja tb.* Capítulo 13
  fonema /e/ 217-223. *Veja tb.* Capítulo 13
  fonema /ɛ/ 228-231. *Veja tb.* Capítulo 13
  fonema /i/ 206-212. *Veja tb.* Capítulos 13 e 14
  fonema /o/ 223-228. *Veja tb.* Capítulo 13
  fonema /ɔ/ 231-234. *Veja tb.* Capítulo 13
  fonema /u/ 212-217. *Veja tb.* Capítulos 13 e 14
fonética 29-33, 35. *Veja* Seção II
  acústica. *Veja* Capítulo 6
  articulatória. *Veja* Capítulo 5
  auditiva. *Veja* Capítulo 7
fonologia 35-37. *Veja* Seção III
  distribuição. *Veja* Capítulo 9
  fonotática. *Veja* Capítulo 10
  neutralização. *Veja* Capítulo 8
  oposição. *Veja* Capítulo 8
fonotática. *Veja* Capítulo 10
  encontros consonantais 169-171.
    Veja Capítulo 20
  encontros mistos 171
  encontros vocálicos 169. *Veja* Capítulo

14
fonemas consonantais na fonotática 164–166
fonemas vocálicos na fonotática 166–168
posições fonotáticas na sílaba e palavra 168–169
restrições fonotáticas na formação de palavras 171
força ilocutória 539, 547, 561, 564
forma de onda 30, 85–86, 88–94, 96, 98–99, 105–106, 205, 208–209, 214, 220–221, 225–226, 229–230, 232–233, 236–237, 239, 319–322, 338, 340, 343, 345–347, 351–352, 354–355, 357–359, 362, 373–374, 377, 379, 381, 383, 385, 426
forma fonológica subjacente 132, 258, 302, 304–311
formante 96–97. *Veja tb.* sonograma; *Veja* Capítulo 6
   atenuado 92, 96–97, 100, 393–394, 396–397, 404–405, 407, 409, 414, 416–418, 422–423
   debilitado 394, 396, 409
   estável 137, 145, 198, 275, 278–279, 282, 287, 289–291, 294–295, 312, 345, 356, 396, 428, 472, 521, 560
   reforçado 92, 96–97, 325, 394, 396–397, 409
frase 20–21
frequência 87, 89
frequência dos fonemas do português 137–139
fricativização 77, 80, 387
fricativo (modo de articulação) 31, 70, 72–73, 76–77, 81–82, 101–104, 108–109, 117–119, 128–131, 133, 136–138, 146–149, 153, 155, 157, 165, 168, 170, 340–341, 346–348, 355, 358, 363, 369–378, 382–387, 389, 400–401, 403–404, 406–409, 415, 427, 431–433, 435–438, 440–442, 448–449, 451, 453, 456–457, 459–460, 468–471, 475, 522. *Veja* Capítulo 17
fronteira entonacional 540–544, 546, 548–549, 552, 561
fusão
   consonantal 477–478, 481
   vocálica 269–271, 273–275, 290–293, 310, 479, 522

G

gasto de ar 69, 79, 179, 201
glide. *Veja* deslizante (glide)
glotal (ponto de articulação) 71–72, 108, 128, 153, 402, 407, 431–432, 436–437, 440
glote 62–66, 71
golpe de glote 46, 64, 66, 78, 184, 274–275, 290, 292, 348–349, 451, 523–524
grafema 39. *Veja* Capítulo 4
grafema {x} 385–386
grau de nasalidade/nasalização 303, 308–309, 311–316, 318, 323, 326–327, 394, 396, 402–403, 405–407, 457
grupo fônico 33, 145, 149, 163, 166, 183–184, 195, 201, 207, 218–219, 224–225, 239, 292, 315, 321, 338–340, 364, 394, 396, 408–409, 421–422, 430, 440, 465, 474–476, 478, 487–491, 493–494, 496–501, 503, 514, 523–525, 528, 534, 539–540, 542–555, 558–562, 564

H

habilidades na comunicação verbal 7–8
harmônico 91–93. *Veja tb.* sonograma, Capítulo 6
helicotrema 113–115
hertz. *Veja* frequência
heterólogas 269, 273–275, 292–293, 460
heterossilábico 453–454, 456–458, 460
hiato 269, 273, 276–277, 281, 283–295, 424, 471–472, 477, 479–483, 510–511, 522
hiato natural 290–294, 472, 477
homorgânico 340, 347

I

identificação dos sons 116–117, 120–121
ideograma. *Veja* pré-escrita
ideogramas 38–40, 52
idioleto 182, 207, 218, 315, 440, 447, 539, 553, 562
imperativo 206, 545, 551, 559–560,

562-563, 565
implosão silábica. *Veja* coda silábica
indicador 430, 487-491, 493-499, 501-502, 514, 516-518, 522, 524, 527-528, 531, 536
indicadores de ênfase 528-534. *Veja* ênfase
indicadores de nasalidade 394, 396-397
indicadores de ritmo 527-528
   comparação português/inglês 528
   inglês. *Veja* duração silábica, pé métrico, redução vocálica
   português. *Veja* sílaba, redução vocálica, vogais: fenômenos secundários
indicadores de tonicidade/acento fonético 487-488, 497-502
   duração 489-493, 498, 501, 515, 522, 524
   intensidade 495-497, 501, 514-515
   outros sinais diacríticos 513
   timbre 488-489, 501, 515
   tom 493-494, 501, 515
infraglótico 59-62, 78, 81, 339, 468
início de vibração laríngea. *Veja* VOT
inspiração 60-61, 542
intensão 31-32, 116, 183-184, 336, 340-341, 371
intensidade. *Veja* amplitude
interferência 8, 205, 211, 216, 275, 343, 348, 352, 359, 451
interrogativo 33, 493-495, 499, 504, 507, 514, 516, 531, 547, 549, 551, 555-559, 562-564

J

janela oval 112-114, 121
janela redonda 113-114, 121

L

labialização (processo fonético) 429
labiodental (ponto de articulação) 29, 31, 70-72, 103, 108, 127-128, 130-131, 139-140, 147, 150, 170, 302, 353, 369, 371, 393, 400-404, 408-409, 451, 457, 460, 471, 475
lábios 29-31, 47, 65, 68, 70, 73, 77, 91, 93, 180-183, 201-202, 208-209, 214, 220, 225, 228, 232, 236, 250, 318-322, 337, 342, 345, 353, 355-356, 372-374, 376, 378, 394, 403, 418-419, 422, 429, 434
lacuna acidental 171-172
lacuna sistemática 171-172, 176
laringe 59-63, 66, 78, 104, 181, 184, 393
lateralização (processo fonético) 418
lateral (modo de articulação) 4, 6, 70, 72, 94, 101-102, 104, 108, 117, 128-130, 138, 140, 147-148, 150, 157, 165-166, 169, 372, 413-414, 416-425, 441, 447, 451-452, 468, 471, 476, 481, 523-524
ligação 269, 447, 465, 476-477, 526
ligadura (‿) 288, 294, 477, 526
língua de sinais 5, 7, 9
língua (fisiologia)
   ápice 32, 68, 70, 336, 345, 348, 356, 359, 376, 378, 399, 400, 416-417, 420, 422, 424-425, 427-429, 433, 437-438, 441
   lâmina 68, 336, 345-346, 356, 358, 376, 378, 395, 399, 415-416, 424, 433, 438, 441
   meio-dorso 68, 397, 399-400, 438
   pós-dorso 68, 71, 73, 351, 361, 417, 419-420, 422, 433, 435, 437-438
   pré-dorso 68, 73, 93, 346, 358, 382, 384, 422, 424-425, 438, 441
   raiz 62, 68-71, 433, 435-436
linguagem 3, 11-12, 14, 24-27, 35, 37, 44, 49, 52, 119, 125-126, 172, 274, 467, 475, 509, 514, 516
língua (idioma) 8, 12, 20-21, 24-26
língua (vs. fala) 11-14, 20, 24, 26
linguística. *Veja* Capítulo 2
líquida 170, 173-174, 181, 207, 218, 224, 239, 333-334, 337, 340, 342, 345, 348, 350-351, 354, 359, 361, 363, 370, 413, 452, 457, 460, 471, 475
líquido endolinfático 113
líquido perilinfático 113-114
logograma 39-43, 49

M

manutenção 154, 235
marco 41
martelo (malleus) 112, 121
meios de comunicação. *Veja* vias de comunicação
membrana basilar 113-115

membrana tectória 113–114
membrana timpânica 111–113, 115, 120–121
mensagem 3–4, 6–9, 11–12, 14, 26, 29, 38, 57, 78, 80, 85, 107, 115, 118, 120
metrificação 525–526
modelo de comunicação 6, 9, 11
modelo gerativista 467–468, 483
modificador (MOD) 17–20, 531–533, 540–541, 543–545, 554, 561, 563
modo de articulação 69–73
morfema 21–23, 39–40, 228, 272–273, 302–303, 306–307, 309–310, 382, 386, 447, 458, 467, 475, 478
morfologia 21–24
movimentos das cordas vocais 63–66
músculos intercostais 59–61, 78, 336, 341, 371
músculos tireoaritenóideos 62–63

N

não arredondado 150, 182–183, 202, 208–209, 220, 228, 236, 318, 320, 322, 415, 418–419, 421, 447
não redução 190–193, 253, 263
nasalização de ditongos 323–326
    ditongo [ẽĩ] 325
    ditongo [ẽũ] 323–324
    ditongo [ẽĩ] 324
    ditongo [õĩ] 324
    ditongo [ũĩ] 325
nasalização de vogais simples 317–323
    vogal [ẽ] 322
    vogal [ẽ] 320
    vogal [ĩ] 318–319
    vogal [õ] 321
    vogal [ũ] 319–320
nasalização (processo fonético) 76, 80, 133, 182, 206–208, 212–214, 217–219, 301, 303, 312, 315–316, 513
nasalização vocálica 134, 149, 150, 177, 179, 182, 224–225, 235, 238–239, 248, 253, 280, 301–303, 307–309, 311–315, 317–327, 400–401, 405–406, 408–409, 457–458, 477, 513. *Veja* grau de nasalização
    alongamento de vogais oronasais 316–317, 327, 450, 477, 523
    alternâncias morfológicas nos adjetivos 311
    alternâncias morfológicas nos substantivos 309–311
    alternâncias morfológicas nos verbos 311
    teoria bifonemática 301–303, 326
    teoria monofonemática 301, 326
    vogais nasalizadas 51, 182, 223, 227, 301, 303, 308, 311–316, 318–323, 326–327, 402–403, 406, 457, 523
    vogais oronasais 76, 79, 149–150, 182, 238–239, 301–304, 306, 308–309, 311–313, 316–323, 325–327, 401, 403, 406, 408, 450, 477, 510, 534
nasal (modo de articulação) 51, 72–73, 76–77, 79, 101–102, 108, 127–130, 133–134, 146, 148–153, 155–157, 165, 172, 182, 211, 216, 235, 262, 301–304, 306–309, 311–323, 326–327, 348–349, 391–409, 418, 428, 450, 453, 457–459, 468, 477, 522–523, 534
nasograma 312–316, 327, 394–396, 398, 401–408, 450, 457
nervo auditivo 113–115, 121
nervo frênico 59
nervo hipoglosso 59
nervo laríngeo recorrente 59
neutralização 123, 125–126, 133–137, 139, 141, 155, 163–166, 174, 187, 197, 248, 370–371, 377, 379, 382, 386, 391–392, 400, 426, 438–440, 448, 450. *Veja tb.* arquifonema
níveis tonais 531–533, 535, 542, 547–548, 550–551, 558, 561
norma culta i, xxxiii, 25, 136, 145, 147–151, 154–155, 158–160, 179, 186, 198, 228, 247, 250, 253, 262–263, 284, 289–290, 308–309, 312–316, 321, 335, 344, 347, 349, 353, 358, 360, 373, 375, 377, 379, 380, 383, 385, 415, 419, 421, 430–432, 436–438, 442, 450, 551, 559, 560
    Lisboa (PE) i, xxxii, 25, 70, 73, 136, 145, 149, 151, 154–155, 158–160, 179, 262–263, 308, 313–314, 318, 327, 346–347, 357–358, 415, 436, 438, 455, 458, 560
    português brasileiro (PB) i, 25, 150, 208,

214, 217, 219, 225, 228–229, 232, 236, 240, 273, 325, 421–422, 490, 501, 525, 528, 531, 535–536, 548
  português europeu (PE) i, 90, 132, 150, 190–191, 193, 200, 218, 240, 263, 294, 325, 421, 455, 490, 525, 528, 531, 535, 548
  Rio de Janeiro (RJ) i, xxxii, 25, 70–71, 136, 145, 149, 154–155, 158–160, 179, 262–263, 283, 309–310, 312, 314, 318, 327, 335, 347, 358, 379–381, 415, 432, 436, 440, 455
  São Paulo (SP) i, xxxii, 18–19, 25, 70–72, 145, 149, 154–155, 158–160, 165, 179, 228, 262–263, 308–309, 314–315, 335, 347, 352, 355, 358, 362, 415, 431, 436, 438, 440, 450, 455, 458, 560
normalização 118, 120
notas dialetais xxxiii, 147, 205, 347, 355, 358, 362, 373, 375, 377, 379, 381, 383, 385, 395, 397–398, 404–405, 419, 423, 428, 436, 559
nuclear 151–152, 166–169, 179, 181, 206–207, 213, 217–218, 223–224, 241, 260, 281, 294, 471, 474, 479
núcleo 21, 25, 32, 36, 145, 164, 172–174, 186, 199, 276, 279, 287–288, 295, 467–468, 470, 472, 477–481, 483, 488
  bivocálico 288, 472, 479–481
  silábico 32, 92, 145, 166–168, 172, 179, 181, 185–186, 195, 199–200, 208, 214, 269, 275, 278–279, 281–283, 286, 288–289, 326, 350, 361, 441, 468, 472–473, 480–481, 483, 487, 496, 510, 547
  vocálico 186–189, 193–194, 197, 202, 206, 212, 217, 223, 228, 231, 234, 278–279, 281–282, 284–285, 287, 294–295, 409, 442, 451, 472, 474, 479–480, 482, 513, 521

O

obstruinte 138, 140, 147–148, 169–171, 174, 452–458, 468, 470, 472, 479, 480, 483, 489
oclusivo 67, 69–70, 72–73, 77, 79, 82, 98, 101–102, 104, 108, 116–117, 127–131, 138, 140, 147–150, 156, 164–165, 168, 170–174, 302–303, 312–313, 333–358, 360–361, 363–364, 400–402, 404–406, 408–409, 414–415, 417, 420–422, 427–430, 438, 441–442, 451–453, 455–460, 470–471. *Veja* Capítulo 16
onda sonora 29–30, 57, 79–80, 85, 87–91, 93–96, 98–100, 102, 104–108, 111–113, 115–116, 118–120, 125, 184, 205, 209, 214, 220, 225, 229, 232, 236, 239, 301, 312, 317–322, 338, 346, 358, 392–394, 396–397, 414, 416, 428, 434, 487–488, 495–496, 500, 530, 539, 550, 561
onda sonora: propriedade de ondas harmônicas. *Veja* amplitude, duração, timbre, tom
onda sonora: tipos de onda
  complexa 87–88, 91–93, 95–96, 104–105, 114
  harmônica/periódica 87–91, 93–94, 99–100, 104–106, 209, 214, 220, 225, 229, 232, 236, 318–322, 358, 374, 378, 384, 416
  inarmônica/aperiódica 87–88, 93–94, 99–100, 104–106, 117, 239, 346, 373, 376, 383
  quase-harmônica 93–94, 105, 358, 374, 378, 384
  simples 87, 91
oposição fonológica 33–35, 75, 123, 125–137, 139, 141, 163–165, 174, 177, 180, 182–183, 185–187, 193, 199, 232, 240, 247–250, 261, 263, 283, 301, 326, 331, 333–334, 369–371, 376–377, 379–380, 382, 391–392, 398, 400, 413–414, 423, 425–427, 431, 438–439, 521. *Veja* Capítulo 8
oração 11, 14–21, 23–24, 26–27, 98–99, 104, 119, 146, 163, 270, 289, 465, 488, 490, 493–494, 499, 504, 515, 522, 527, 529–535, 539–547, 549–550, 552–565. *Veja tb.* explicativo, imperativo, interrogativo, restritivo
órgão de Córti 113–114
órgãos infraglóticos. *Veja* cavidades infraglóticas
órgãos supraglóticos. *Veja* cavidades supraglóticas
orientação 39, 44, 46–47

ouvido
  externo 111-112
  interno 113-114
  médio 112-113
  sistema nervoso auditivo 114-115
oxítona 503, 509, 511-513, 516, 526

P

padrões de entonação 118, 501, 539-540, 551-559, 562, 564-565
  expressões exclamativas 559, 563, 565
  frases declarativas 552-555, 562-563, 565, 567
  notas dialetais 559
  orações imperativas 559, 565
  orações interrogativas 494, 531, 555-559, 564
palatais 71, 148, 335, 340-341, 369, 380, 386, 406, 441
palatalização (processo fonético) 148-149, 159, 222, 283, 335, 341, 344, 346-347, 349, 356, 358, 360, 363-364, 379-382, 386-387, 448-449, 455, 457-458, 477
palatal (ponto de articulação) 51, 71-73, 103, 108, 128-132, 139-140, 148-150, 152, 166, 219, 223, 314, 335, 340, 344, 347, 349, 356, 358, 360, 371, 391, 393, 397-402, 406, 409, 413-414, 422-425, 441, 448-449, 455
palato 67-68, 71, 382, 384, 399, 424-425, 429
palatograma 416-417, 419, 428, 433-434
palavra 5-6, 8
palavras tônicas e átonas 504-509
par análogo 253, 266
par mínimo 33, 35, 126-133, 135, 139, 141, 186-187, 197, 232, 247, 249, 283, 302, 353, 370, 392, 398, 400, 408, 414, 422-423, 426, 431, 439, 442, 521
paroxítona 503, 508, 510-513, 516, 526
pausa 542
  assistemática 546, 562
  breve 542, 552-553
  continuativa 542, 564
  final 542, 544, 549, 564, 566
  fisiológica 542, 564
  linguística 542, 564
  longa 542, 552
  obrigatória 544-545
  optativa 546, 562, 567
pé métrico 142, 161, 197, 229, 243, 249, 266, 508, 510, 525-527, 535
penúltima sílaba 253, 498, 502-503, 510, 513-514, 526
percepção 115
  categorização dos sons 116-118
  percepção dos suprassegmentais 118
  teorias gerais e incógnitas 120
pergunta aberta 556, 558, 564
pergunta fechada 556-558, 560, 564
período (fonética acústica) 86-87, 89-91, 93, 101, 103, 105-107, 426
período (sintaxe) 21, 465, 543, 554, 561
pictograma. *Veja* pré-escrita
ponto de articulação 70-74, 181
pontos tonais silábicos 549, 562
posição silábica 32, 133-137, 145, 179, 336, 391, 400, 409, 414, 419, 421-422, 426-427, 429, 439, 441, 442
posicionamento de fonemas. *Veja* fonotática
pós-nuclear 168-169, 279, 290, 467
pós-palatal 398, 406, 429
pós-palato 397, 399
pragmática 15-16, 550, 556
pré-escrita 37-39
  desenho 4, 37-38, 52, 55, 91, 205, 219, 243, 346, 358
  ideograma 38, 40, 55
  pictograma 38-40, 49, 52
pré-nuclear 168-169, 276, 290, 467, 471
pré-palatal 34, 346, 358, 406, 423
pré-palato 346, 358, 422, 424-425, 441
pré-sonorização 339-340, 354-355, 359-360, 363-364
primeiro formante (F1). *Veja* sonograma
primeiro harmônico (A1). *Veja* sonograma
princípio acrofônico 44
princípio de rébus 40
princípio do som mais próximo 205
processo fonético 32, 74-77
proparoxítona 503, 510, 519, 526
pulmões 29, 31, 59-63, 69-70, 78, 184, 336, 339, 341-342, 371, 468, 542

Q

quadro fonético
  consoantes do português 72
  vogais do inglês 194, 196, 200
  vogais do português 74, 180, 190–191, 193, 196, 200
quadro fonológico
  consoantes do português 128
  vogais do inglês 186
  vogais do português 131, 180
qualidade vocálica. *Veja* timbre

R

radical 15, 21–23, 195, 212, 254–258, 261–262, 264–265, 269, 273, 283, 305–306, 310–311, 326, 454, 508
raiz da língua 62, 68, 70–71, 433, 435–436
raiz morfológica 21, 69, 511
receptor 6–7, 9, 12–14, 29–30, 57, 74–75, 79, 85, 88, 99, 105, 107, 111, 116–120, 125–126, 205, 209–210, 215, 220–221, 225, 230, 232, 236, 318, 320–322, 539
redução vocálica 191–193, 253, 262–263, 489–491, 525, 527–528, 535
regras de distribuição. *Veja* Capítulo 9
regras de silabação 475–476
relatividade 500, 528, 531
representações gráficas 4–5, 7, 9, 30, 35, 37–38, 50–53, 74, 86, 89, 94, 100, 126, 155, 269, 271, 547, 562
ressilabação 453, 476–477, 482, 484
ressonância 67, 78, 92–93, 96, 104, 106, 117, 301, 317, 322, 392–394, 396–397, 414, 416
restritivo 173, 544–545, 553, 562
retroflexo 348–349, 359–360, 429–430, 440
rima 32, 145, 164, 467–468, 483
rima da glote 62–63
ritmo 521, 525–528, 534–535
  acentual 525, 527–528, 535
  contraste português brasileiro/europeu 528, 531, 535, 548
  contraste português/inglês 528
  inglês 527–528, 535
  poesia 525–527
  português 521, 525, 527–528, 535
  silábico 525, 527–528, 535

rótico 425, 428

S

schwa 193, 195, 199, 202, 211–212, 216–217, 237, 488, 490, 501, 527, 535
seção espectrográfica 94, 97–98, 106
segmentação 30, 74, 116, 120–121
segmento 30–32, 75, 79, 116, 118, 120–121, 125–127, 302, 338, 431, 465, 489, 521–522, 534, 539, 542, 548–549, 551, 560, 563
segundo formante (F2). *Veja* sonograma
semântica 15–17
semianticadência 555, 558
semicadência 555, 559
semiconsoante 73–74, 131, 151–152, 168–169, 171, 180–181, 206–207, 211, 213, 216, 218–219, 223–224, 276, 278, 281–282, 284, 286–288, 294–295, 349, 360, 398–399, 423–425, 468, 471, 474
semivogal 73–74, 131, 150–152, 168–169, 171, 180–181, 199, 206–207, 212–213, 219, 279–284, 286–288, 294–295, 307, 325–326, 415, 418, 420–421, 447, 468, 473–474, 476–477
semivogal posterior não arredondada 150, 418, 421, 447
separação perceptiva suficiente 75, 79, 229, 232, 248, 250, 364
sequência de fonemas. *Veja* fonotática
sibilante 376, 378, 382, 457
sigla 23, 146, 455
significado 3–5, 12–17, 21–27, 33–35, 37–38, 40–43, 53, 120, 126–128, 134–136, 139, 146, 171–172, 186, 371, 392, 426, 488, 502–503, 515, 539, 545–547, 560–561
significante 12–15, 26, 29, 33, 35, 37, 39–41, 52–53, 57, 120, 123, 133, 172, 337
signo linguístico 12–13, 26, 37
sílaba 32, 467–470. *Veja* Capítulo 21
  abertas e fechadas 211, 216, 323, 473–474, 482–483
  definição fonética 468–470
  definição fonológica 467–468
  definição ortográfica 470

elementos (ataque/núcleo/coda) 470-473
estruturas silábicas 474. *Veja tb.* estrutura silábica
formas canônicas 473-474
modelo estrutural 467-468
modelo fonotático 467-468, 470, 472, 474-475, 479-480, 483
modelo gerativista 467-468, 483
posição da sílaba tônica 502-504
sílabas tônicas e átonas 488-496, 500-504
silabação. *Veja* Capítulo 21
   fonética 476-482
   fonológica (regras gerais) 475-476
   ortográfica 470, 475, 478
silabário 42-44, 49
sinais vocálicos 45
sinal diacrítico 15, 76, 181-182, 212, 228, 231, 251, 487, 509-513
sinalefa 169, 269, 271, 273, 275, 288-296, 472, 477, 479, 479-483, 522
sinérese 169, 269, 288-292, 294-296, 472, 479, 481-483, 522
sintagma 17-19, 21, 23, 371, 465, 529, 530, 535, 540-541, 543, 554-555, 563
sintaxe 17-21
sirrema 540-544, 546, 560-566
sistema nervoso 25, 59, 78, 111, 114, 121
sistemas plenos de escrita 39, 52-53
sistemas vocálicos. *Veja* Capítulo 11
sistemas vocálicos: comparação português/inglês 177, 179, 183, 185, 190, 195-197, 199, 201-202, 488
   ataque/cessação vocálicos 183-184, 195
   ditongos 199
   pontos essenciais 200-201
   posição átona 199-200
   posição tônica 197-199
   sistemas segundo sua tonicidade 195-197
sistemas vocálicos: inglês
   vogais átonas 193-195
   vogais tônicas 186-189
sistemas vocálicos: português
   redução átona no Brasil 190-191
   redução e não redução átona em Portugal 191-193
   vogais tônicas 185-186
sistematização 116, 118, 120-121, 125, 179, 201, 205
sistema ToBI 549-550, 562
soante 170, 174, 415, 452, 454, 457, 458, 464, 468, 470, 479-480, 483
socialização 3, 125, 154
som. *Veja* alofone
   classificação das consoantes 69-73
   classificação das vogais 73, 180
   comparação entre consoantes e vogais 69, 145
   descrição dos sons 69-74
sonograma 95. *Veja* banda estreita, banda larga
   formante zero (F_0). *Veja* tom fundamental (F_1)
   interpretação 99-104
   primeiro formante (F_1) 100-101, 106-107, 116-117, 119, 209, 215, 220-221, 225, 229, 232, 236, 318-322, 393-394, 396-397, 404-405, 407, 428
   primeiro harmônico 91, 95, 102, 105
   segundo formante (F_2) 100-101, 106-107, 116-117, 183, 209, 215, 220-221, 225, 230, 232, 236, 318, 320-322, 342, 345, 351, 354, 356, 416, 423, 428
sonorização antecipada 339, 365
sonorização (processo fonético) 75-76, 80, 337, 342, 344, 346, 349-350, 352-354, 357, 362, 378, 421, 429, 433-434, 436, 440
sonorização retardada 337, 344, 349-350, 353, 421, 429, 443
sonoro 64, 69, 72-73, 128
sotaque 8, 125, 154, 201, 205, 211, 240, 350, 360, 400, 425, 430, 440, 487, 561
supraglótico 59, 62, 66-69, 78, 104, 339, 469
suprassegmental 30, 32, 118, 461, 465, 521, 534, 539, 548-549, 561
supressão 23, 43-44, 53
suprimento 43, 53
surdo 72, 76-78, 98, 102-103, 106, 127-131, 139-140
suspensão. *Veja* tonema

T

tautossilábico 451-453, 458, 460

tensão 31-32, 75, 183, 336, 340-342, 345, 353, 356, 371
tensão das cordas vocais 63, 69, 79, 179, 201
tensão muscular 60-61, 63, 438
teoria bifonemática. *Veja* nasalização vocálica
teoria monofonemática. *Veja* nasalização vocálica
til 48, 185, 223, 321, 513
timbre 30, 89-90, 92-93, 96-97, 104-105, 115, 120, 187, 190, 193, 195, 197-199, 209-212, 214-217, 220-223, 225, 227, 229-234, 236-238, 249-251, 254, 258, 261-264, 269, 275-276, 285-286, 292, 294, 317-322, 455, 487-490, 500-502, 509, 512, 514-515, 521, 523-524, 530, 535
tom 4, 33, 41, 63, 89-91, 95-99, 103, 105, 118, 179, 201, 269, 272, 275, 284, 292-293, 469, 487-488, 493-495, 497-501, 514-515, 530-531, 534-535, 539-540, 542-543, 546-551, 553, 555, 558-561
tom fundamental (F_0) 78, 91-98, 102-107, 117-120, 209, 214, 220, 225, 229, 232, 236, 239, 318-322, 354, 357, 362, 539, 542, 548-550, 561-562
tonema 550-551, 553-556, 560-562
  anticadência 548, 551-560, 562
  cadência 548, 551-560, 562
  circunflexo 548, 551, 556, 560-562
  suspensão 548, 551-555, 560, 562
tônica. *Veja* vogais: posição silábica
tonicidade/acento fonético. *Veja* Capítulo 22
  considerações teóricas 487
  posição da sílaba tônica 502-503
  tipologia do acento 502
  variabilidade na posição da sílaba tônica 503-504
tonicidade/acento fonético: acento ortográfico 509-513
  casos especiais 511
  ditongos, tritongos e hiatos 510-511
  na escrita 509-512
  na leitura 512-513
  palavras monossilábicas tônicas 510, 516
  palavras oxítonas (Regra 1) 509, 511-512, 516
  palavras paroxítonas (Regra 2) 510
  palavras proparoxítonas (Regra 3) 510
tonicidade/acento fonético: indicadores. *Veja* indicadores de tonicidade/acento fonético
  comparação dos fatores 497-500
  duração 489-493, 501
  intensidade 495-497, 501
  timbre 488-489, 501
  tom 493-494, 501
tonicidade/acento fonético: palavras com duas sílabas tônicas 508-509
  advérbios que terminam em -mente 508
  palavras compostas 508
  palavras derivadas com -z- 508
tonicidade/acento fonético: palavras tônicas substantivos, verbos, adjetivos, advérbios 504
tonicidade/acento fonético: palavras tônicas e átonas 504-507
  conjunções 507
  determinantes 505
  numerais 505-506
  palavras interrogativas e exclamativas 504, 507, 514, 556-557
  preposições 506-507
  pronomes pessoais 259, 504-505, 514, 516
  pronomes relativos e indefinidos 504-505, 514, 516
topicalização 529, 532
traços dos sons
  distintivos/funcionais/pertinentes 127-130
  não distintivos/não funcionais/não pertinentes 127-130
traços dos sons consonantais 69-73, 129-130
traços dos sons vocálicos 73-74
  fonéticos 180-183, 202
  fonológicos 130-132, 180
traço tonal 493-494, 549
transcrição
  fonética 52-54, 74, 79, 133-137, 155, 199, 207, 219, 224, 236, 282, 294, 400, 439-440, 548, 550
  fonológica 52, 133-137, 141, 392, 400,

439–440
ortográfica 52
transferência negativa xxxi, xxxii, 154, 211, 216, 240, 274–275, 350, 400, 425
transição 30–32, 69, 74, 77, 116, 120, 149–150, 156, 287, 289–291, 294–295, 318–321, 325, 338, 341, 373–374, 384, 394, 399, 401, 415, 421, 425, 431, 433–434, 436, 441, 447, 456, 499, 521
transição de formantes 96–97, 102–104, 108, 117, 198, 210, 215, 278–280, 282, 286, 288, 338, 342, 345–346, 351–352, 354, 356–357, 361–362, 396–397, 416–418, 422–423, 428, 521
transição vocálica 290, 294, 416–418, 422–423, 428, 434
transliteração 41, 44–47
traqueia 60, 62–63, 67, 78
trema 48, 212, 278, 294, 513
triângulo vocálico 100, 521
tritongo 166, 169, 187, 197, 199, 206–207, 210, 212–213, 215, 217, 221, 225, 240, 269, 275, 279, 281, 282, 286–295, 472, 479, 510, 522, 524

U

última sílaba 254–255, 264, 474, 490–491, 493, 496–499, 501–504, 509, 511, 513–514, 525–526, 528, 548, 558
uvular (ponto de articulação) 71–72, 108, 128, 153, 402, 426, 432–433, 435–438, 440

V

variação dialetal xxxiii, 25, 51, 147, 153–154, 157, 183, 201, 221–222, 225–226, 228, 231, 283, 303, 309, 331, 347, 358, 379, 381, 395, 397–398, 404–405, 409, 423, 428, 431, 439, 440, 457, 477, 539, 553, 560
variante
  ensurdecida 181, 208, 238–240, 335, 343, 346, 352, 421, 452
  nasalizada. *Veja* nasalização vocálica
  reforçada 325, 380, 394, 396–397
  velarizada 150, 407, 415, 417–424, 441, 447, 523

veículos de comunicação. *Veja* vias de comunicação
velarização (processo fonético) 76, 419, 441, 447
velar (ponto de articulação) 51, 71–73, 102, 108, 128, 130–131, 139–140, 156, 181, 323, 336, 338, 350–352, 360, 362, 393, 402, 407–408, 433, 436, 440
verso poético 525
véu palatino 67–71, 76, 78, 180, 182, 201–202, 301, 312, 317–325, 336, 340, 342, 345, 351, 353, 355–356, 359, 361, 363, 371–372, 374, 382, 384, 392–395, 397, 401, 403–408, 413–414, 416–417, 419–422, 426, 433, 435, 437
vias de comunicação 4, 6
  escrita 7–9, 27, 37, 52
  gestual 7–9
  oral 7–9, 11, 14, 37, 39, 52, 78, 80, 85
vibrante múltipla (modo de articulação) 70, 72–73, 75, 101–102, 108, 117, 128, 153, 425–426, 431, 433–439
vibrante simples (modo de articulação) 70, 72, 75, 77, 101–102, 108, 117–118, 128–129, 147, 153, 166, 302, 345, 348–349, 356, 359–360, 372, 374, 413, 425–428, 430, 433–434, 439–440, 442, 452, 471
vocalização (processo fonético) 150, 338, 417–418, 421, 428, 430, 452, 476–477
vogais 73–74, 130–132, 137–139
  características 69, 79, 99–102, 179–183
  não altas 269, 281, 286, 288–290, 292–294, 472, 479, 481, 509–510, 513
  orais 67, 79, 182, 239, 301–302, 304, 312–323
  plenas/simples 166–167, 195, 197–198, 248–249, 276, 278–280, 282, 284–287, 289, 291, 294, 301, 303, 305, 317, 335, 458, 480, 488, 501, 522, 528
  traços fonéticos 180–183
  traços fonológicos 180
vogais: encontros
  alongados 271–275
  heterólogos 273–275
  homólogos 269–273
  não alongados 269–270
vogais: fenômenos secundários

arredondadas/não arredondadas (labializadas/deslabializadas) 150, 182–183, 202–203, 209, 220, 225, 228, 232, 236, 318–322, 415, 418, 421, 447, 461
   átonas reduzidas 199–200
   epentéticas 148, 164–165, 168–169, 171, 181, 207–208, 212, 239, 334–335, 341–344, 346, 349–350, 352–363, 372, 374, 382, 453–460, 471, 480, 482–483, 506, 528
vogais: inglês
   átonas plenas 193–195, 199–200
   átonas reduzidas 193–195, 199
   curtas (frouxas) 187–190
   ditongos 187–189
   longas (tensas) 187–189
   tônicas 183, 186–190, 196–199, 211, 216, 231, 234, 238
vogais médias. *Veja* Capítulo 13
   a fonética das vogais médias 219–223, 225–234, 248–250
   a fonologia das vogais médias 217–219, 223–225, 228, 231, 247–248
   a ortografia das vogais médias 250–251
   as vogais médias nas preposições 261
   as vogais médias nos adjetivos 258–259
   as vogais médias nos advérbios 261
   as vogais médias nos determinantes 260
   as vogais médias nos pronomes 259–260
   as vogais médias nos substantivos 252–253
   as vogais médias nos verbos 253–258
   considerações dialetais 262
   exemplos de contraste 261–262
   recursos úteis 263
vogais: modo de articulação 73, 132
   aberta (baixa) 73–74, 168, 190, 235–236, 304, 408, 512
   fechadas (altas) 73–74, 166–167, 197, 200, 206, 212
   médias 247–249. *Veja* vogais médias
   meio-abertas 73, 138, 148, 167–168
   meio-fechadas 73, 138, 167–168, 180
   semiconsoantes. *Veja* semiconsoante
   semivogais. *Veja* semivogal
vogais: nasalização. *Veja* Capítulo 15
   ditongos oronasais. *Veja* ditongos oronasais
   nasalizadas. *Veja* nasalização vocálica: vogais nasalizadas
   oronasais. *Veja* nasalização vocálica: vogais oronasais
   oronasais em contraste com nasalizadas 303, 311, 313, 322–323
   oronasais simples 303–305, 309, 317–323
vogais: ponto de articulação 73, 132
   anterior 206–212, 217–223, 228–231
   central 234–238
   posterior 212–217, 223–227, 231–234
vogais: posição silábica. *Veja* posição silábica
   átona 166, 199–200, 488, 497
   livre 473
   tônica 185–186, 197–199, 491, 500–502
   travada 473
volume. *Veja* amplitude
VOT (início de vibração laríngea) 336–340, 348, 364, 421, 430, 452

Z

zero acústico 393–398, 404–405, 407